GESCHICHTE DER STADT SALZBURG

Heinz Dopsch
Robert Hoffmann

GESCHICHTE DER STADT SALZBURG

VERLAG ANTON PUSTET
Salzburg – München

Die Deutsche Bibliothek – CIP-Einheitsaufnahme
Dopsch, Heinz:
Geschichte der Stadt Salzburg/Heinz Dopsch;
Robert Hoffmann. – Salzburg; München: Pustet, 1996
ISBN 3-7025-0340-4
NE: Hoffmann, Robert:

1. Auflage 1996
© by Verlag Anton Pustet
A-5020 Salzburg, Bergstraße 12
Sämtliche Rechte vorbehalten.
Gedruckt in Österreich.
Lektorat und Umschlaggestaltung: Mona Leitner
Titelbild: Anton Faistauer, Blick auf Salzburg vom Mönchsberg aus, 1920
(Sammlung Salzburger Nachrichten)
Druck: Salzburger Druckerei
ISBN 3-7025-0340-4

INHALT

EIN STANDARDWERK ZUR STADTGESCHICHTE SALZBURGS... 9
VORWORT 10

I. SPUREN IM BODEN – DIE VORGESCHICHTE 11

Wasser und Eis formen die Landschaft – Zur Geologie der Stadtberge............ 11
Vom Jäger zum Bauern – Der Mensch in der Steinzeit 15
Bronze und Eisen verleihen Macht 18
Die „Fürsten" vom Hellbrunnerberg und das „weiße Gold"........................ 24

**II. KELTEN UND RÖMER –
ALS SALZBURG NOCH IUVAVUM HIESS** 28

Die Kelten – „Salzherren" auf dem Dürrnberg 28
Krise und Ende – das keltische Königreich Noricum 33
Iuvavum – Das römische Salzburg 39
Marcus Haterius Summus – Ein Bürgermeister lindert die Hungersnot 51
„Hier wohnt die Glückseligkeit" – Leben im römischen Salzburg 55
Krisenzeiten – Das Ende der römischen Herrschaft und der heilige Severin 64

**III. HEILIGE UND ERZBISCHÖFE –
SALZBURG ALS GEISTLICHES ZENTRUM** 72

Ein neues Volk und neue Herren –
Die Bayern und das Herzogshaus der Agilolfinger 72
Ortsnamen als Zeugen der bayerischen Besiedlung 76
Iuvavum-Salzburg als Residenz der Agilolfinger 80
Rupert – Der Adelsheilige vom Rhein 84
Die Errichtung des Bistums Salzburg (739) 91
Der heilige Virgil – Salzburg als Zentrum von Mission, Kunst und Kultur 95
Arn und Karl der Große – Salzburgs Erhebung zum Erzbistum (798) 103
Karl der Große in Salzburg (803) – Die Leistungen Erzbischof Arns 109
Salzburg als Zentrum der Slawenmission 113

**IV. VOM MARKT ZUR STADT –
SALZBURG VOM KAISERLICHEN MARKTRECHT
ZUM ÄLTESTEN SCHRIFTLICHEN STADTRECHT (996–1287)** 119

Auf dem Weg zum Deutschen Reich 119
Salzburg im 10. Jahrhundert: Bischofshof und Klosterbezirke 123
Ein kaiserliches Marktrecht für Salzburg (996)................................... 126
Ein Bollwerk gegen den König – Salzburg im Investiturstreit 129
Wann wurde Salzburg Stadt? 134
Stadtrichter und Bürger 136

Die Salzburger Bürgerzeche 143
Stadtherrschaft und Grundherrschaft – Das Programm Erzbischof Konrads I. ... 145
„Die Geschichte des Unheils" – Friedrich Barbarossa und Salzburg 150
Friede und Wiederaufbau – Der Dom des Kardinals Konrad von Wittelsbach ... 154
Auf dem Weg zur Hauptstadt – Die Entstehung des geistlichen Fürstentums ... 157
Die „reichen" und die „armen" Bürger –
Der Sühnebrief (1287) als ältestes Stadtrecht 162

V. ZWISCHEN KAISER UND ERZBISCHOF – DER KAMPF DER BÜRGERSCHAFT UM SELBSTVERWALTUNG UND POLITISCHE MITBESTIMMUNG (1287–1524) 173

Die Schlacht bei Mühldorf (1322) und die Trennung Salzburgs von Bayern 174
Die Bürger schaffen sich ein neues Recht – Das Stadtrecht als Weistum 177
Kriegsmann oder Poet? – Erzbischof Pilgrim II. und die Bürgerschaft 181
Igelbund und Judenverfolgung 187
Die Krise des 15. Jahrhunderts 191
Das Bürgertum erwacht – Der Ratsbrief Kaiser Friedrichs III. 194
Bürgerrecht und Bürgeraufnahme, bürgerliche Stiftungen und Armenfürsorge 200
Der Konflikt mit Erzbischof Leonhard von Keutschach –
Die „Schlittenfahrt der Ratsherren" 211
Kardinal Matthäus Lang und der „Lateinische Krieg" 221
Das Ende bürgerlicher Freiheiten –
Die Salzburger Stadt- und Polizeiordnung 1524 225

VI. HANDEL UND HANDWERK – GRUNDLAGEN DER STÄDTISCHEN WIRTSCHAFT 228

Die rod von Venezia aus gen Saltzpurg – Zur Position der Stadt im Fernhandel ... 228
Salzburger Kaufleute und Unternehmer 237
Unter dem Schutz von Fahne und Schwert – Die Märkte der Stadt Salzburg ... 240
Handwerk zwischen Fürstenhof und Bürgerschaft 246
Zechen, Bruderschaften und Zünfte –
Organisationsformen des städtischen Handwerks 248
Lehrlinge, Gesellen und Meister – die Laufbahn im zünftischen Handwerk 253
Städtische Versorgung und Entsorgung –
Umweltschutz und Hygiene in früheren Jahrhunderten 260
Grundlagen der städtischen Finanzgebarung 262

VII. LUSTSCHLÖSSER UND BASTIONEN – AUF DEM WEG ZUM „DEUTSCHEN ROM" (1525–1635) 264

„Um einen weltlichen Herrn" – Paracelsus und der Bauernkrieg 264
Gesetzgebung, Polizei und Fürsorge –
Auf dem Weg zum landesfürstlichen Absolutismus 270

„Herbst des Mittelalters" –
Gestalt und Größe der Stadt im 16. Jahrhundert 277
Die ideale Stadt? – Salzburg im Zeichen italienischer Architektur 283
Despot oder Märtyrer? – Zur Beurteilung Wolf Dietrichs von Raitenau 291
Markus Sittikus und Santino Solari – Hellbrunn als fürstliches Lustschloß 303
„Wehrhafte Friedensinsel" – Salzburgs Umbau zur Festungsstadt 309
Universitas Salisburgensis –
Paris Lodron als Universitätsgründer und „Vater des Vaterlandes" 315

VIII. GLANZ UND ELEND – SPÄTZEIT UND ENDE DER GEISTLICHEN HERRSCHAFT (1653–1803) 324

Das späte 17. Jahrhundert – Jubiläumsfeiern, Unglücksfälle, Hexenwahn 325
Vollendung im Zeichen österreichischer Baukunst – Johann Bernhard Fischer
von Erlach und Lukas von Hildebrandt in Salzburg 330
Jahrzehnte des Niedergangs – Protestantenausweisung,
Kriegsgefahr und erste Säkularisationspläne 338
Wachsende Aufgaben und politische Ohnmacht –
Die Stadtverwaltung im 18. Jahrhundert 350
Wirtschaftskrise und wachsende Armut –
Stadtbevölkerung und städtisches Leben 360
Als Mozart Salzburg verließ – Erzbischof Hieronymus Graf Colloredo,
die Aufklärung und das Ende der geistlichen Herrschaft 382

IX. SALZBURG IM BIEDERMEIER 399

Von der Haupt- und Residenzstadt zur k. k. Kreishauptstadt 399
Bauliche und demographische Entwicklung 403
Kommunale Wirtschaft im Zeichen von Schrumpfung und Stagnation 408
Die ‚Schöne Stadt': Romantische Entdeckung und früher Tourismus 413
Gesellschaft und Kultur im Vormärz 422
Armut und Not 429
Gemeindeverwaltung unter staatlicher Kuratel (1803 bis 1848) 432
Der Weg zur kommunalen Selbstverwaltung (1848 bis 1860) 437

X. DIE STADT IM BÜRGERLICHEN ZEITALTER 444

Soziales Profil der Gründerzeit 444
Eisenbahnanschluß und Stadterweiterung 451
Bürgerlicher Wohnbau und proletarisches Wohnungselend 457
Wirtschaftliche Entwicklung 461
Salzburg als ‚Saisonstadt' 468
Politische und kulturelle Dimensionen der bürgerlichen Gesellschaft 477
Die ‚freie Gemeinde' als Grundlage des ‚freien Staates':
Gemeindepolitik zu Beginn der liberalen Ära (1860 bis 1869) 484
Gemeindestatut und Gemeindewahlordnung von 1869 488

Blütezeit liberaler Kommunalpolitik (1869 bis 1889) 491
Sieg der antiliberalen Parteien 498
Die Ära des „Bürgerklubs" (1889 bis 1914) 500
Kommunale Modernisierung um die Jahrhundertwende 504
Scheitern einer Gemeindewahlreform 513
Erster Weltkrieg – der Zusammenbruch des alten Systems 517

XI. ZWISCHENKRIEGSZEIT UND ZWEITER WELTKRIEG 520

Landeshauptstadt und Kulturmetropole 520
Kommunalpolitik im Zeichen des allgemeinen Wahlrechts (1918 bis 1934) ... 527
Die Gemeinde im ‚Christlichen Ständestaat' 535
Stadtentwicklung und Wohnbau (1918 bis 1938) 545
Der ‚Anschluß' 549
Nationalsozialistische Stadtverwaltung 553
Nationalsozialistische Neugestaltungspläne für Salzburg 555
Nationalsozialistische Kommunalpolitik 559
Verfolgung und Widerstand 562
Krieg und Zerstörung 567

XII. DIE STADT NACH 1945 572

Wirtschaftsmetropole und Kulturhauptstadt 572
Kontinuität und Bruch: das Jahr 1945 578
Zusammenarbeit im Zeichen des Wiederaufbaus (1946 bis 1949) 585
Kommunale Regierung und politisches System nach 1949 588
Hauptstadt der Wohnungsnot 592
Rücktritt Neumayrs und Gemeinderatswahl 1953 595
Zusammenarbeit im Zeichen des Wirtschaftsaufschwungs (1957 bis 1965) 597
Verschlechterung des ‚Salzburger Klimas' (1965 bis 1971) 601
Der Wandel des politischen Systems seit den 1970er Jahren 604
Probleme der Stadtentwicklung 607
Die Rettung der Altstadt 613
Kommunalpolitische Entwicklungslinien (1977 bis 1995) 616

ANHANG 628

DAS SALZBURGER STADTRECHT DES 14. JAHRHUNDERTS............. 628
DIE BÜRGERMEISTER DER STADT SALZBURG 635
STADT SALZBURG: HÄUSER UND BEVÖLKERUNGSZAHL 642
ABKÜRZUNGEN 644
ANMERKUNGEN 646
QUELLEN- UND LITERATURVERZEICHNIS 735
REGISTER 771

EIN STANDARDWERK ZUR STADTGESCHICHTE SALZBURGS

Als Geburtsort von Wolfgang Amadeus Mozart und als „Deutsches Rom", dessen prachtvolle Altstadt mit dem Dom, der Festung Hohensalzburg, den vielen Kirchen und Palästen Besucher aus aller Welt anzieht, genießt Salzburg internationalen Ruf. Weniger bekannt ist die große Geschichte dieser Stadt, die Salzburg schon im 8. Jahrhundert zum ältesten und bedeutendsten kulturellen Zentrum des Ostalpenraums werden ließ. Am 28. Mai 996 – ein halbes Jahr vor der ersten urkundlichen Erwähnung des Namens Österreich – verlieh Kaiser Otto III. an Erzbischof Hartwig das Markt-, Maut- und Münzrecht für Salzburg. Es gibt in Österreich keine andere Stadt, die über ein annähernd vergleichbares Privileg verfügt.

Kaiser Otto III. hat in der Urkunde des Jahres 996 allen Kaufleuten und Händlern, die den Markt in Salzburg besuchten, einen friedlichen Zugang und Rückweg durch seinen kaiserlichen Schutz zugesichert. Der Fernhandel, der mit der Verleihung dieser Rechte zielstrebig gefördert wurde, hat die rasche Entwicklung Salzburgs zur Stadt eingeleitet. Bereits am Beginn des 12. Jahrhunderts war Salzburg eine mittelalterliche Stadt mit einem Stadtrichter, Bürgern und der ältesten im deutschen Sprachraum bekannten Bürgerzeche als karitativer Vereinigung. Wie neueste Forschungen ergeben haben, war die Stadt bereits damals durch Mauern und Tore geschützt. Damit geht Salzburg in der Entwicklung zur Stadt allen Städten Österreichs, einschließlich der Bundeshauptstadt Wien, deutlich voran. Mit der konsequenten Förderung des Fernhandels hat das kaiserliche Privileg des Jahres 996 das wirtschaftliche Profil für Jahrhunderte festgelegt: Salzburg war stets eine bedeutende Handelsstadt und hat – neben seinem Rang als Universitätsstadt und seit einem dreiviertel Jahrhundert auch als Kulturmetropole und Festspielstadt – diesen Charakter bis heute bewahrt.

Als Bürgermeister nehme ich das 1000-Jahr-Jubiläum des kaiserlichen Marktrechts zum Anlaß, sowohl den Stadtbewohnern als auch allen interessierten Besuchern die große Geschichte Salzburgs ins Gedächtnis zu rufen. Mehr als ein Jahrhundert, nachdem der bedeutende Arzt und Heimatforscher Franz Valentin Zillner seine „Geschichte der Stadt Salzburg" in drei Bänden vorgelegt hat, woran noch heute eine Tafel am Salzburger Rathaus erinnert, wird mit finanzieller Förderung durch die Stadtgemeinde eine neue, wissenschaftlich fundierte Darstellung der Salzburger Stadtgeschichte veröffentlicht. Die Stadtgemeinde will damit anstelle von teuren, rasch vergänglichen Feiern einen bleibenden Beitrag zum großen Stadtjubiläum leisten. Möge die neue Stadtgeschichte – so wie einst das Werk von Zillner – durch viele Jahrzehnte Bestand haben und das kulturelle Bewußtsein unserer Bürger inmitten eines wachsenden Europa stärken!

Dr. Josef Dechant
Bürgermeister der
Landeshauptstadt Salzburg

VORWORT

In den Jahren 1885 und 1890 hat der hochverdiente Arzt und Heimatforscher Franz Valentin Zillner seine „Geschichte der Stadt Salzburg" in drei Teilen veröffentlicht. Seither ist keine wissenschaftlich fundierte Darstellung der Stadtgeschichte erschienen. Das vorliegende Werk stellt einen Kompromiß dar: Es wendet sich einerseits durch die Beschränkung auf einen Band und die Ausstattung mit reichem Bildmaterial an einen breiten Leserkreis, der sowohl Einheimische als auch interessierte Besucher der Festspielstadt umfaßt. Andererseits präsentiert die neue Stadtgeschichte, gestützt auf die in zwanzigjähriger Forschungsarbeit erstellte „Geschichte Salzburgs – Stadt und Land" den letzten Stand der wissenschaftlichen Forschung. In vielen wichtigen Bereichen, besonders in der Frühgeschichte der Stadt, konnten wesentliche neue Ergebnisse eingebracht werden, die vor allem der unermüdlichen Forschungstätigkeit der Archäologen zu verdanken sind.
Die Kapitel I bis VIII, in denen die Zeit von den Anfängen bis 1803 dargestellt ist, hat Heinz Dopsch verfaßt, die folgenden Abschnitte von 1803 bis zur Gegenwart Robert Hoffmann. Als Autoren ist es uns eine angenehme Pflicht, jenen Personen zu danken, ohne deren tatkräftige Hilfe die Fertigstellung dieser Stadtgeschichte nicht möglich gewesen wäre. Die Archäologen Dir. SR Dr. Fritz Moosleitner und OR Dr. Wilfried Kovacsovics von Salzburger Museum C.A., der Althistoriker Univ.-Doz. Dr. Norbert Heger und Herr SR Dr. Wilfried Schaber vom Altstadtamt haben ihre Forschungsergebnisse in großzügiger Weise zur Verfügung gestellt und beratend mitgewirkt. Bei der Interpretation mittelhochdeutscher Texte und deren Übertragung ins Neuhochdeutsche waren uns Univ.-Doz. Dr. Gerold Hayer vom Institut für Germanistik und Univ.-Prof. Dr. Peter Putzer vom Institut für Österreichische Rechtsgeschichte behilflich. Frau Dr. Lore Telsnig, Frau Dr. Christa Swoboda und Herr Dr. Nikolaus Schaffer haben uns bei der Suche nach neuem Bildmaterial aus den reichen Beständen des Salzburger Museums C.A. unterstützt. Am Archiv der Stadt Salzburg standen uns der Leiter, Herr SR Dr. Erich Marx, und die Archivare Dr. Peter F. Kramml und Mag. Thomas Weidenholzer bei den Recherchen hilfreich zur Seite.
Herr Univ.-Ass. Dr. Alfred Stefan Weiß hat zahlreiche Beiträge korrekturgelesen und ebenso wie Herr Univ.-Ass. DDr. Gerhard Ammerer wertvolle fachliche Ratschläge erteilt. Herr Dr. Gerhard Plasser war bei der Zusammenstellung und der Auswahl des Bildmaterials behilflich. Frau Renate Hirsch hat einen Großteil der Manuskripte mit EDV erfaßt.
Dem Verlag Anton Pustet mit der stellvertretenden Verlagsleiterin Mag. Mona Leitner und Frau Mag. Leibetseder gilt unser Dank für ihr Verständnis bei der Fertigstellung des Bandes. Wir hoffen, daß die „Geschichte der Stadt Salzburg" wohlwollende Aufnahme bei einem möglichst breiten Publikum findet, vor allem aber dazu beiträgt, daß Einheimische und interessierte Besucher neben den Schönheiten der Stadt auch ihre reiche Geschichte kennen und schätzen lernen.

Salzburg im Juni 1996   Heinz Dopsch und Robert Hoffmann

I. SPUREN IM BODEN – DIE VORGESCHICHTE

Als Geschichte bezeichnen wir jenen Abschnitt der menschlichen Vergangenheit, über den schriftliche Zeugnisse vorliegen. Sie setzt in Stadt und Land Salzburg so wie in großen Teilen Mitteleuropas nur zögernd mit den Kelten ein, aus deren später Zeit einige Münzen und Inschriften erhalten sind. Helleres Licht werfen erst die Berichte römischer und griechischer Schriftsteller auch auf unser Gebiet. Die Epochen, die vor dieser Zeit liegen, bezeichnet man dementsprechend als Vorgeschichte (Urgeschichte). Der Prähistoriker oder Urgeschichtsforscher kann sich nicht auf schriftliche Quellen stützen, sondern muß seine Erkenntnisse aus jenen Überresten früher Epochen schöpfen, die der Boden als Zeugnisse menschlichen Lebens vor der Vernichtung bewahrte. In Form der „Spatenforschung" legt der Archäologe Siedlungen, Gräber oder Einzelfunde frei, aus denen zu folgern ist, wann und wie lange an diesen Plätzen Menschen verweilten, wovon sie sich ernährten und wie der Alltag ihres kurzen Lebens aussah. Vor wenigen Jahren hat am Hauslabjoch in Tirol der Fund einer im Eis konservierten männlichen Leiche, die als „Ötzi" internationales Aufsehen erregte, gezeigt, wie stark unser Bild von der Vorgeschichte durch einen Einzelfund bereichert, aber auch erschüttert werden kann.

Je weiter man in die Vorgeschichte zurückschreitet, desto stärker zeigt sich die Abhängigkeit des Menschen von der Natur, von der Landschaft, vom Klima und von der Tier- und Pflanzenwelt. Frühe Siedlungen entstanden deshalb bevorzugt an Plätzen, die natürlichen Schutz und freien Ausblick auf das Umland boten, gut zu verteidigen waren, aber auch in der Nähe von wichtigen Handelsrouten und Fernstraßen lagen. Das Stadtgebiet von Salzburg bot dem vorgeschichtlichen Menschen nicht nur einen, sondern etliche solcher günstigen Plätze und war deshalb seit der Jungsteinzeit relativ dicht besiedelt. Wie kaum in einer anderen Stadt wurde und wird Salzburgs Vorgeschichte, Geschichte und Gegenwart von der Landschaft geprägt.

Wasser und Eis formen die Landschaft – Zur Geologie der Stadtberge

Die Gegenden von Salzburg, Neapel und Constantinopel
zähle ich zu den schönsten der Erde.

Diese dem weltberühmten Naturforscher Alexander von Humboldt zugeschriebene Äußerung wird von den Salzburgern bis heute mit Stolz zitiert, aber zu Unrecht auf die Stadt selbst bezogen. Humboldt spricht ausdrücklich von den *Gegenden* und meint damit die weitere Umgebung der Stadt mit dem markanten Übergang von den schneebedeckten Berggipfeln der Hochalpen in die sanfte Hügellandschaft des Alpenvorlandes mit ihren lieblichen Seen. Auf Humboldt als einen der ersten prominenten Besucher sollten noch zahlreiche Wissenschafter, Dichter und Maler folgen, die auf ihren Wanderungen die Schönheit der Salzburger Landschaft immer neu entdeckten.[1]

Bis heute wird die Bischofsstadt an der Salzach gerne als das „Deutsche Rom" gepriesen. Diesen Vergleich legt die Vielzahl großartiger Kirchenbauten nahe, die das Antlitz Salzburgs prägen. Er bezieht sich aber auch auf die Lage der Stadt: denn so wie Rom auf den berühmten sieben Hügeln erbaut wurde, liegt die Altstadt von Salzburg malerisch hingestreckt am Fuß einer Reihe von Stadtbergen zu beiden Ufern der Salzach. Nonnberg, Festungsberg und Mönchsberg boten durch viele Jahrhunderte den Stadtbewohnern am linken Salzachufer Schutz, der Brückenkopf am rechten Flußufer wurde vom Kapuzinerberg gedeckt.

Diese Stadtberge trugen schon in vorgeschichtlicher Zeit menschliche Siedlungen. Wichtiger hingegen waren damals einige kleinere Erhebungen im Stadtbereich, die heute dem Besucher kaum mehr auffallen: der Rainberg, ein Ausläufer des Mönchsbergs nach Süden, der Hellbrunnerberg und der heute fast zur Gänze abgetragene Grillberg bei Elsbethen. Auch auf dem unscheinbaren Bürglstein am rechten Salzachufer wurden Scherben der Bronzezeit geborgen, zahlreiche weitere Funde sind allerdings Fälschungen des 19. Jahrhunderts.[2] Um zu verstehen, warum sich die Anfänge menschlicher Siedlung auf diesen Inselbergen im Stadtgebiet konzentrierten, ist es notwendig, sich die andersartige Landschaft jener vorgeschichtlichen Zeit zu vergegenwärtigen. Damals zogen sich als Überreste des einstigen Salzachgletschers große Seen vom Mönchsberg und Rainberg bis zum Untersberg im Süden der Stadt und vom Kapuzinerberg bis zum Gaisberg, Heuberg und Plainberg im Osten und Norden hin. Sie verwandelten sich im Laufe der Jahrtausende in große Moorgebiete, die für den prähistorischen Menschen kaum zu durchqueren waren. Die Stadtberge, die wie Inseln aus diesen Mooren aufragten, boten für die Anlage von Siedlungen günstige Voraussetzungen.

Hier führten zudem die wichtigsten Verkehrswege vorbei, da das sonst ausufernde Flußbett der Salzach von den Bergen eingeengt wurde und deshalb gut zu überqueren war. Nicht zufällig bildete der heute unscheinbare Rainberg in vorgeschichtlicher Zeit den Siedlungsmittelpunkt im Salzburger Becken. Er lag unmittelbar am Schnittpunkt jener Wege, die an Salzach und Saalach entlang der überschwemmungssicheren Terrassenränder verliefen. Es gilt daher zunächst einen Blick auf die Entstehung dieser Landschaft mit ihren Moorgebieten und Inselbergen zu werfen, welche die Voraussetzungen für die ältesten menschlichen Siedlungen im Stadtgebiet von Salzburg boten.[3]

Die Bewohner Salzburgs wußten schon seit den Anfängen der Stadt um den unterschiedlichen Gesteinsaufbau der Stadtberge. Am Beginn des 12. Jahrhunderts klagten die Mönche von St. Peter über die Steinschlaggefahr von der Mönchsbergwand.[4] Als einige Jahrzehnte später die Abtei St. Peter gemeinsam mit dem Salzburger Domkapitel den Bau des Almkanalstollens durch den Mönchsberg in Angriff nahm, stürzte dieser nach erfolgreichem Beginn wegen der schwierigen Gesteinsverhältnisse ein.[5] Der furchtbare Bergsturz des Jahres 1669, der 220 Menschenleben kostete und das Gstättenviertel verwüstet hat[6], führte zum Einsatz von „Bergputzern", die seither in regelmäßigen Abständen die steilen Felswände kontrollieren und von losem Gestein säubern. So ruft der Mönchsberg immer wieder jenen Bürgern seine Gefährlichkeit in Erinnerung, die sich allzu nahe an seinen Abhängen niederlassen.

Wasser und Eis formen die Landschaft – Zur Geologie der Stadtberge 13

Das Siedlungsareal von Salzburg wird von den Stadtbergen zu beiden Ufern der Salzach geprägt. Im Bild links die Ausläufer des Gaisbergs und der Kapuzinerberg, rechts der Festungsberg mit dem Mönchsberg und dem (am rechten Bildrand) vorgelagerten Rainberg. (Foto: Lothar Beckel)

Ursache hierfür ist das weiche Konglomeratgestein, auch Nagelfluh oder Breccie genannt, aus dem Mönchsberg und Rainberg aufgebaut sind. Sie blieben als einzige Relikte der eiszeitlichen Schotterablagerungen bestehen, weil sie gleichsam im „Windschatten" des viel älteren, aus hartem Kalkstein und Hauptdolomit aufgebauten Festungsbergs lagen. Festungsberg und Nonnberg sind, so wie die Stadtberge am rechten Ufer der Salzach, Teil der Nördlichen Kalkalpen.[7]

Man sieht es unseren Stadtbergen nicht an, daß die meisten von ihnen eigentlich „Exoten" sind. Ihre Entstehung begann nämlich – wie wir dank modernster paläomagnetischer Untersuchungen wissen – in einer unendlich fernen Zeit etwa 2500 Kilometer südlich von Salzburg auf der geographischen Breite des heutigen Nordafrika. Dort wurden vor mehr als 220 Millionen Jahren in einer seichten, zum Teil übersalzenen Lagune jene Sedimente abgelagert, aus denen Hauptdolomit und Dachsteinkalk, also die Gesteine des Nonnbergs und Festungsbergs am linken Salzachufer sowie des Bürglsteins und des Kapuzinerbergs an der rechten Flußseite, zusammengesetzt sind.

Die Nördlichen Kalkalpen, zu denen die genannten Stadtberge gehören, lagen einst – auch das erscheint uns merkwürdig genug – im Süden jener Gesteinszonen, aus denen die Hohen Tauern aufgebaut wurden. Durch den Vorstoß der *Afrikanischen Platte* gegen Norden wurden Kalk- und Dolomitgestein zusammengeschoben und nach Norden verfrachtet. Sie glitten dabei über jene Meeresablagerungen, aus denen später die Hohen Tauern entstanden, hinweg. Auf diese Weise gelangten die Gesteine der Nördlichen Kalkalpen und damit auch unserer Stadtberge in ihre heutige Position.

Als in einer jüngeren Phase vor etwa 80 Millionen Jahren die Gebirgsbildung einsetzte und vor ungefähr 55 Millionen Jahren ihren Höhepunkt erreichte, tauchten die unter hohem Druck und hoher Temperatur entstandenen kristallinen Schiefer und Gneise der Hohen Tauern aus großer Tiefe auf, vergleichbar einem Korken, den man unter Wasser gedrückt hat. Mit der Auffaltung der Hohen Tauern zu einem imposanten Gebirgszug glitten auch die Kalk- und Dolomitgesteine an ihrem Nordrand ab, wurden zusammengeschoben und durch den Druck zu einem eigenen Gebirge, den Nördlichen Kalkalpen, aufgefaltet. Das Nordende des Salzburger Beckens wird durch eine Reihe von Felsriegeln begrenzt, die stufenförmig von Osten gegen Westen absinken. Dazu zählen im Osten der Kühberg (702 Meter), ein Ausläufer des Nocksteins, der Kapuzinerberg (638 Meter), der Nonnberg und der anschließende Festungsberg (542 Meter). Diese Stadtberge sind, wie bereits dargelegt, aus relativ harten Gesteinen, nämlich aus Kalken und Dolomiten, aufgebaut.

Ihr heutiges Aussehen hat die Umgebung der Stadt Salzburg aber erst in einer viel jüngeren Epoche der Erdgeschichte durch die Einwirkung großer Gletscher und urzeitlicher Ströme erhalten. Entlang von Bruchlinien, die durch die Gesteinsverschiebungen und die Auffaltung der Gebirge vorgegeben waren, schnitten sich Flüsse ein und formten Täler, die während der Eiszeit mehrfach vom „Salzachgletscher" durchflossen wurden. In den Kälteperioden stießen die Eismassen weit nach Norden vor. Bei Neumarkt am Wallersee und bei Berndorf am Grabensee sind noch heute die vom Salzachgletscher aufgehäuften Endmoränen deutlich zu erkennen. Das Eis der Gletscher hat die Täler verbreitert und ausgeschliffen. Damit entstanden die eher sanften, lieblichen Formen des Alpenvorlands nördlich von Salzburg.

Während der wärmeren Zwischeneiszeiten schmolzen die Gletscher wieder ab und bildeten einen großen See, in den die Flüsse jenen Schutt abluden, den sie von den umliegenden Bergen abgetragen hatten. Aus diesem Schotter entstanden die weichen Konglomeratgesteine des Mönchs- und Rainbergs. Die Gletscher der beiden letzten Kälteperioden, der „Riß-" und „Würm-Eiszeit", haben die bereits verfestigten Schotter im Talboden weitgehend ausgeräumt. Nur im Schutz von Nonnberg und Festungsberg, die dank ihres harten Gesteins dem Druck der Gletscher standhielten, konnten sich jene Konglomerate halten, die heute den Mönchsberg und den Rainberg bilden.[8]

Nach dem Ende der Würm-Eiszeit vor ungefähr 10.000 Jahren schmolz der Salzachgletscher durch die erhöhten Temperaturen ab. An seiner Stelle entstand der „Salzburger See", dessen Wasserspiegel zunächst in 465 Meter Seehöhe lag und allmählich absank. Heute erinnern nur mehr kleine Relikte im Alpenvorland wie die Trumer Seen und der Wallersee daran. Aus anderen Seen dieser Zeit entstanden große Moore. Die Namen Riedenburg, Leopoldskroner Moos und Moosstraße am linken Salzachufer sowie Schallmoos, Samer Mösl und Söllheimer Moor an der rechten Flußseite weisen noch darauf hin. Mit der Trockenlegung dieser Moorgebiete, die einst schwer überwindliche Verkehrshindernisse bildeten, wurde unter Erzbischof Paris Graf Lodron im 17. Jahrhundert begonnen. Erst der Bau der Moosstraße am Beginn des 19. Jahrhunderts eröffnete für die Vororte Grödig und St. Leonhard eine direkte Anbindung an die Stadt durch jenen sumpfigen Landstrich, der sich als letzter Rest des Salzburger Sees und des daraus hervorgegangenen Untersberger Moores erhalten hat.[9]

Vom Jäger zum Bauern – Der Mensch in der Steinzeit

Als sich vor eineinhalb bis zwei Millionen Jahren Menschen in Mitteleuropa niederließen, herrschte hier die Eiszeit. Große Teile des Landes waren mit Gletschern bedeckt, die in den sogenannten Zwischeneiszeiten zwar stark zurückwichen, in den Eiszeiten aber erneut vorstießen. Dieser klimatisch bedingte Wechsel hat dazu geführt, daß die ältesten menschlichen Siedlungsspuren wieder vom Eis überdeckt und weitgehend zerstört wurden. Aufhalten konnten sich die Menschen damals nur in solchen Gebieten, die auch während der Kaltzeiten günstige Lebensbedingungen boten.

In der älteren Steinzeit *(Paläolithikum)*, die in Mitteleuropa von ca. 800.000 – 18.000 v. Chr. angesetzt wird, lebte der Mensch als Jäger, Fischer und Sammler. Da er sich meist nur kurzfristig an einem Ort aufhielt, ist für diese älteste Epoche auch nicht mit dem Fund von Siedlungen zu rechnen. Der prähistorische Jäger folgte dem Selbsterhaltungstrieb gehorchend seiner Beute. Todesmutig griff er auch das größte jagdbare Wild dieser Zeit, den Höhlenbären, an, der in relativ hochgelegenen Höhlen zwischen 800 und 2000 Meter Seehöhe lebte. Dort finden sich vereinzelt Spuren von primitiven Steinklingen und Schabern, die dem vorgeschichtlichen Jäger als Werkzeug dienten.

In der weiteren Umgebung der Stadt Salzburg sind der Bärenhorst am Untersberg, die Schlenken-Durchgangshöhle am Schlenken bei Vigaun (nahe Hallein) und die Bärenhöhle bei Torren (nahe Golling) als Wohnstätten des Höhlenbären nachgewiesen, in denen große Mengen von Tierknochen gefunden wurden. In der Durchgangshöhle unterhalb des Schlenkengipfels traf man neben Überresten von Bären und begleitenden Tieren wie Steinbock, Wolf, Marder und Hamster auch auf Knochen und Steine, die als „Artefakte" (von Menschenhand künstlich bearbeitet) gelten. Dazu zählen durchbohrte Knochen und Klingen aus Hornstein. Die Anwesenheit des Menschen in der weiteren Umgebung der Stadt Salzburg kann damit schon für die Altsteinzeit als gesichert gelten.[10]

16   Spuren im Boden – Die Vorgeschichte

Jungsteinzeitliche Pfeilspitzen aus Feuerstein (Silex) vom Rainberg.   (Foto: Fritz Moosleitner)   *Jungsteinzeitliche Lanzenspitzen aus Feuerstein (Silex) vom Rainberg.   (Foto: Fritz Moosleitner)*

Im Stadtgebiet selbst wurden in Maxglan an drei Stellen Geräte aus Feuerstein *(Silex)* gefunden, die ihrer Form nach der mittleren Steinzeit *(Mesolithikum)*, den Jahren von 18.000–4500 v. Chr., angehören. Spuren von Siedlungen aus diesem Zeitraum sind bisher nicht bekannt. Es ist aber durchaus wahrscheinlich, daß sich im Gebiet von Maxglan schon in dieser frühen Zeit Menschen aufgehalten haben. So stammt ein Kindergrab im Zigeunerloch bei Elsbethen aus dem frühen 6. Jahrtausend v. Chr., also aus der mittleren Steinzeit.[11]

Als Menschen an der Wende zum 3. Jahrtausend n. Chr. gehen wir davon aus, daß die entscheidenden Fortschritte im Bereich der menschlichen Kultur an die neuzeitliche Industrialisierung, im besonderen an die elektronischen Möglichkeiten des 20. Jahrhunderts, geknüpft sind. Für die Entwicklung der Menschheit insgesamt bedeutete jedoch die Jungsteinzeit *(Neolithikum)*, die Epoche von 4500–2000 v. Chr., einen mindestens ebenso wichtigen Sprung vorwärts, eine Kulturrevolution von gewaltigem Ausmaß. Damals gelang es den Menschen, ihr Leben aus der totalen Abhängigkeit von der Natur, von Landschaft und Klima, von Fauna und Flora, zu lösen und selbst in die Hand zu nehmen.

Aus den Jägern, Fischern und Sammlern der Alt- und Mittelsteinzeit wurden Ackerbauern und Viehzüchter, die sich an den günstigsten Siedlungsplätzen niederließen und erstmals Dauersiedlungen errichteten. Die Herstellung von geschliffenen, polierten und mit Schaftbohrung versehenen Steinwerkzeugen, vor allem die Erfindung des Beils, ermöglichte einen Wohnbau, der die Menschen der Jungsteinzeit von den Unbilden der Witterung unabhängig machte. Neben Kleingeräten aus Felsgestein wie Klingen, Kratzern, Schabern, Bohrern und Pfeilspitzen, war der sogenannte Schuhleistenkeil ein typisches Werkzeug der Jungsteinzeit.[12]

Jagd und Fischerei wurden zwar mit besseren Waffen und besserer Ausrüstung betrieben, traten aber dennoch gegenüber der Verwertung von Haustieren (Rindern, Schweinen, Schafen und Ziegen) zurück. Die von den Schafen gewonnene Wolle, aber auch Pflanzenfasern wurden gesponnen, geflochten und gewoben. Als Getreide baute man Zwergweizen, gemeinen Weizen, Emmer, Einkorn und Roggen an. Einen tiefen Einschnitt bedeutete die Erfindung der Töpferei. Die Oberfläche der Tongefäße wurde durch das Einritzen von Bändern, später in Kombination mit Einstichmustern, verziert. Danach bezeichnet man die Hauptabschnitte der Jungsteinzeit als Bandkeramik und Stichbandkeramik.

In der späten Jungsteinzeit entfaltete sich eine große Zahl von regional unterschiedlichen Kulturen, die man nach deren wichtigstem Fundort bezeichnet. Ihren Abschluß findet die Jungsteinzeit mit der Chamer Kultur (benannt nach Cham im Bayerischen Wald), deren Gefäße als „Schnurkeramik" mit Abdrücken von gedrillten Schnüren verziert wurden, und mit der Glockenbecherkultur.[13]

Im Stadtgebiet von Salzburg haben sich Siedler während der Jungsteinzeit vor allem auf jenen geschützten Höhen niedergelassen, die Sicherheit vor Hochwasser boten und gut zu verteidigen waren. Neolithische Siedlungen lagen am Ostabfall des Kapuzinerbergs gegen Gnigl und auf dem Südhang des Mönchsbergs unterhalb der Richterhöhe. Das Zentrum bildete aber der Rainberg im Stadtteil Riedenburg, auf dem zahlreiche Wohnschichten und Spuren der verschiedensten lokalen Kulturen nachgewiesen werden konnten. Das Fundmaterial, das sich über die gesamte Oberfläche des oberen und unteren Rainbergs verteilte, weist besonders viele Pfeilspitzen, Steinklingen und Steinbeile auf. Am Stadtrand lagen jungsteinzeitliche Siedlungen auf dem Hellbrunnerberg, wo zwei Wohnstellen ergraben wurden, und auf dem südlichen Teil des Grillbergs (bei Elsbethen), der inzwischen einem Steinbruch zum Opfer gefallen ist.[14]

Neben Geräten aus Feuerstein und Keramik finden sich erstmals auch Spuren von Häusern. Es waren einfache Wohnhütten mit einer Grundfläche von ca. 3 x 5 bis 3 x 8 Metern, aus Rundhölzern in Blockwandbauweise errichtet, mit schmaler Vorderseite und Eingang im geschützten Süden. Die Wandfugen waren zur Abdichtung mit Lehm verschmiert. Zu den einzelnen Wohnhütten gehörten überdeckte Vorplätze. Im Flachland wurden Siedlungen vor allem an den spät- und nacheiszeitlichen Terrassen angelegt, wo die Bewohner, ebenfalls vor Hochwasser geschützt, dennoch fast immer Grundwasserquellen vorfanden, die ihnen Trinkwasser lieferten. Diese Flachlandsiedlungen bestanden häufig aus runden Wohngruben, die mehr als einen Meter in den Boden eingetieft und mit Holz überdacht waren. Nur mehr selten wurden Halbhöhlen oder schützende Felsüberhänge, wie das Zigeunerloch bei Elsbethen, als Wohnplätze gewählt.[15]

Die ersten Siedler der Jungsteinzeit sind aus östlicher und nordöstlicher Richtung in das Salzburger Becken eingewandert, zunächst aber nicht weiter vorgedrungen. Erst in der späten Jungsteinzeit werden die Siedlungsspuren dichter und greifen auf das alpine Gebiet über. In der Vielfalt des Fundmaterials sind Einflüsse aus östlichen Kulturkreisen (Lengyel-, Bükk- und Theiß-Kultur im heutigen Ungarn) ebenso zu fassen wie aus dem Gebiet des heutigen Bayern (Chamer, Rössener und Munzinger Gruppe, Münchshöfener Kultur etc.). Begangen wurden vom Salzburger Becken aus vor allem das Salzach- und Saalachtal bis in den Unter- und Mitterpinzgau, aber auch das Lammertal, das den

Übergang nach Hallstatt öffnete. Die Verbindung nach Osten zu den oberösterreichischen Seen und nach Norden ins heutige Bayern ist durch zahlreiche Funde gesichert. In auffallendem Gegensatz zu der sonst günstigen Fundlage steht die Tatsache, daß bisher in Salzburg noch keine Gräber der Jungsteinzeit gefunden wurden.[16]

Bronze und Eisen verleihen Macht

Die Verwendung von Metall bedeutet einen tiefen Einschnitt in der Entwicklung der menschlichen Kultur. Seit es der bäuerlichen Bevölkerung Mitteleuropas am Beginn des zweiten Jahrtausends v. Chr. gelang, zunächst Kupfer zu gewinnen und bald darauf die härtere Bronze zu erzeugen, konnte sie damit bessere Arten von Geräten, Waffen und Schmuck herstellen. Der Kupferbergbau und das komplizierte, vierstufige Schmelzverfahren erforderten bereits eine ausgeprägte Arbeitsorganisation. Die damit verbundene soziale Schichtung wirkte sich auf die Gesamtbevölkerung aus. Seit der Bronzezeit (1900–1250 v. Chr.) und in verstärktem Ausmaß seit der Urnenfelderzeit (1250–750 v. Chr.), die den Übergang von der Bronze- zur Eisenzeit darstellt, zeichnet sich in den Siedlungen selbst, vor allem aber in der Ausstattung der Gräber, eine gesellschaftliche Differenzierung der Bevölkerung ab.

Kupfer stellte auch ein wertvolles Handelsobjekt dar. Sogenanntes Ostkupfer aus der heutigen Slowakei und Ungarn wurde über Hunderte von Kilometern transportiert. Auch das ostalpine Kupfer aus dem Raum Salzburg und Tirol wurde ausgeführt. Aufgrund des hohen Wertes dienten Kupfer und Bronze nicht nur als Handelsgut, das zunächst in Form von Ringbarren, dann von Spangenbarren und schließlich als Gußkuchen auf den Markt kam, sie wurden auch als Kapital gehortet. Die zahlreichen Depot- oder Hortfunde, die in Stadt und Land Salzburg bisher geborgen wurden, deuten auf den Versuch der Sicherstellung in Krisenzeiten hin.[17]

Die Produktion von Kupfer und Bronze führte zu regionalen Schwerpunktverlagerungen: Erzreiche Gegenden erlangten rasch eine Vorrangstellung gegenüber anderen Gebieten und stiegen zu Produktions- und Handelszentren auf. Im Bereich des heutigen Landes Salzburg dominierte das Bergbaugebiet Mitterberg bei Mühlbach am Hochkönig. Der Mitterberger Hauptgang erschloß die bei weitem bedeutendste Lagerstätte, die in der Bronzezeit genutzt wurde. Außerdem wurde Kupfer in den Bergbaugebieten von Einöden bei St. Johann im Pongau, am Buchberg bei Bischofshofen und im Glemmtal bei Viehhofen gewonnen. Die vorgeschichtlichen Bergleute erreichten am Mitterberg Abbautiefen bis zu 100 Meter, am Einödberg sogar 180 Meter, die Gesamtmenge des produzierten Kupfers betrug mehr als 20.000 Tonnen. In der Hochblüte des Bergbaus um 1250 v. Chr. standen etwa 500 bis 1000 Bergleute im Einsatz. Im Mitterberger Hauptgang wurde der Abbau in der frühen Bronzezeit um 1800 v. Chr. aufgenommen und gegen Ende der Urnenfelderzeit um 800 v. Chr. aufgegeben; kleinere Abbaue standen jedoch bis ins 5. Jahrhundert v. Chr. in Betrieb.[18]

Der Kupferbergbau brachte im Alpenvorland eine Siedlungsverdichtung, aber auch in den inneralpinen Gebieten – bedingt durch die Produktion – eine starke Bevölkerungs-

Bronze und Eisen verleihen Macht 19

Bronzegegenstände als Grabinventar der frühen Urnenfelderzeit (um 1200 v. Chr.) aus der Köllerergrube in Morzg (Grab 4): Nadel, Ring, Rasiermesser und Lanzenblatt. (Foto: Fritz Moosleitner)

zunahme. Der Wohnbau entsprach den Formen der Jungsteinzeit, die Häuser wurden in Ständer- und Blockbauweise errichtet. Bald aber entstanden größere Dörfer, in denen Wohnhäuser und Stallungen getrennt waren. In den Bergbaugebieten kam es zudem zur Errichtung aufwendiger technischer Anlagen.[19]

Im Gegensatz zur Jungsteinzeit kennen wir aus der Bronzezeit viele Einzelgräber und Gräberfelder. In der frühen Bronzezeit war das Hockergrab üblich, in dem man die Toten mit angezogenen Beinen bestattete. Im Land Salzburg ist diese Bestattungsform allerdings bisher nicht nachgewiesen. In der mittleren Bronzezeit dominierte das Hügelgrab in verschiedenen Bauformen, das sowohl zur Beisetzung der Leichen als auch zur Brandbestattung diente. In der späten Bronzezeit und in der frühen Eisenzeit (Hallstattzeit) ging man allgemein zur Verbrennung der Toten über. Die Leichenbrandreste wurden in Urnen gesammelt und diese in Friedhöfen (Urnenfeldern) von oft beachtlichen Ausmaßen beigesetzt. Gemäß dieser Bestattungsform spricht man von der Urnenfelderzeit (1250–750 v. Chr.) als einer selbständigen Epoche zwischen Bronzezeit und Hallstattzeit. In so manchem prächtig ausgestatteten Grab zeichnet sich die Absonderung einer reichen und mächtigen Herren- oder Adelsschicht von der übrigen Bevölkerung ab.[20]

Den Grabbeigaben, die man den Toten für ihre Reise ins Jenseits mitgab, verdanken wir eine gute Kenntnis der materiellen Kultur dieser Zeit. Aus den langen Dolchen der frühen Bronzezeit entwickelten sich verschiedene Schwertformen. Auch anhand der Bronzebeile läßt sich eine Entwicklung nachweisen und einigermaßen genau datieren. Besonders arten- und formenreich ist der Bronzeschmuck. Die Damen jener Zeit trugen verschiedene Arten von Nadeln, Stachelscheiben, Blechgürtel und Blechmanschetten, Noppenringe und Armspiralen. Auch die Keramik bietet mit Töpfen, Schüsseln, Amphoren, Krügen, Tassen, Seihern und Vorratsgefäßen eine beachtenswerte Formenvielfalt.

Mancher Fund gibt auch erste Hinweise auf die Ausübung von Kult und Religion. Am nordostseitigen Hang des Morzger Hügels und auf dem Hellbrunnerberg wurden Brandopferplätze der Bronze- und Urnenfelderzeit entdeckt. Große Mengen verbrannter Tierknochen und Tausende von Gefäßscherben deuten darauf hin, daß man Brandopfer darbrachte und nach der Kulthandlung jene Gefäße, die dem Opfermahl dienten, zerschlug. Opfergaben fand man aber auch in Mooren und Gewässern, Schwerter, Beile, Äxte und Lanzenspitzen aus Bronze wurden, vor allem in der Salzach, absichtlich hinterlegt. Bronzenadeln aus dem Untersberg- und dem Leopoldskroner Moor sowie weitere Moorfunde in Söllheim und Gnigl standen ebenfalls in einem kultischen Zusammenhang.[21]

Die jungsteinzeitliche Siedlung auf dem niederen Rainberg blieb die ganze Bronzezeit hindurch bestehen. Aus der Übergangsphase von der Jungsteinzeit zur Bronzezeit, die man auch als „Kupferzeit" bezeichnet, liegen Schaftlochäxte, Flachäxte und ein Pfriem (Ahle, Vorstecher) aus Kupfer vor. Tonmodel für Schaftlochäxte bezeugen auf dem Rainberg die frühe gußtechnische Verarbeitung von Kupfer.[22]

Eine weitere wichtige Siedlung trug der Hellbrunnerberg, dessen geschützte Lage mit den am Fuße entspringenden Trinkwasserquellen besonders günstige Siedlungsbedingungen bot. Funde von bronzezeitlichen Scherben deuten darauf hin, daß auch der Festungsberg, der Grillberg bei Elsbethen und der Hügel von Muntigl damals besiedelt waren. Größere Siedlungen bzw. Dörfer lagen in Mülln nahe dem Salzachufer, in Liefering und in Maxglan. Zur Saalach hin gab es bronzezeitliche Dörfer in Siezenheim, Kleßheim und Rott. So wie in Liefering waren auch mit der Siedlung in Morzg ein Schmelzofen und eine Metallgießerei verbunden. Am rechten Ufer der Salzach lagen bronzezeitliche Siedlungen bei Itzling, in Froschheim (Elisabethvorstadt), in Aigen, in Gnigl und in Parsch, wo es ebenfalls eine Bronzegießerei gab.[23]

Die bisher reichsten Funde aus der Bronzezeit erbrachte eine umfangreiche Notgrabung, die 1992/93 auf einem landwirtschaftlich genutzen Areal an der Kleßheimer Allee in Maxglan, nahe der Glan, durchgeführt wurde. In der frühen und mittleren Bronzezeit stand dort eine Siedlung aus Holzhäusern in Ständerbauweise, von denen sich vor allem die damit verbundenen Keller- und Vorratsgruben im Boden abzeichneten. Im Füllmaterial dieser Gruben fanden sich Reste verschiedenartiger Keramik; das zugehörige Gräberfeld wurde jedoch noch nicht entdeckt.

Von der Spätbronzezeit über die Urnenfelderzeit bis in die ältere Eisenzeit (Hallstattzeit) um 700 bestand auf diesem Areal ein ausgedehnter Friedhof, durchwegs mit Brandbestattungen, aber mit verschiedenartigen Grabformen. Neben zahlreichen „mannslangen Gräbern mit Rollsteinpackung", die teilweise mit hölzernen Einbauten ausgestattet und so lang waren, daß auch der Leichnam des Verstorbenen Platz gefunden hätte, fanden sich fünf Steinkistengräber, die ebenfalls der Spätbronzezeit angehören. Von den mehr als 300 Brandbestattungen der Urnenfelderzeit mit ihren typischen Graburnen wurden auffallend viele, nämlich fast die Hälfte, schon in antiker Zeit ihrer Grabbeigaben beraubt. In der Hallstattzeit setzte man den Leichenbrand in Behältern aus organischem Material, von dem sich keine Spuren erhalten haben, bei. Das Frauengrab Nr. 400, dem in die große hölzerne Grabkammer zwölf Tongefäße, eine bronzene Henkeltasse, Harfenfibeln, ein Gürtel mit Bronzebeschlag, spiralige Armreifen aus Golddraht, ein vielteiliges Pferdezaumzeug und zwei Eisenmesser beigegeben wurden, zählt zu den reichsten Bestattungen dieser Zeit in ganz Mitteleuropa. Der Friedhof in Maxglan ist wahrscheinlich der in Sichtweite liegenden, zentralen Siedlung auf dem Rainberg zuzuordnen, wo es am notwendigen Platz für die Beisetzung der Toten fehlte.[24]

Die bronzezeitlichen Siedlungen in Parsch, am niederen Rainberg, in Morzg und auf dem Hellbrunnerberg bestanden auch in der Urnenfelderzeit fort. Dazu kamen Wohnstellen auf dem Kapuzinerberg oberhalb des Klosters, südlich der Kirche von Maxglan und bei Liefering. Ein Gräberfeld der Urnenfelderzeit wurde am Nordrand von Morzg aufgedeckt. Die 16 Gräber weisen verschiedene Bestattungsformen auf, die wertvollen Waffen und Beigaben wurden wohl zur Vorbeugung gegen Grabräuber absichtlich unbrauchbar gemacht.[25]

Die ältere Eisenzeit (750–450 v. Chr.) nennt man nach dem bedeutenden Fundort Hallstatt in Oberösterreich auch Hallstattzeit. Neben Bronze fand also bereits Eisen als Werkmetall Verwendung, in der Herstellung von Schmuck und Prunkwaffen dominierte weiterhin die Bronze. Der Reichtum von Hallstatt kam von der Salzproduktion, die hier bereits im 12./11. Jh. v. Chr. in bergmännischer Form aufgenommen wurde. Die Anfänge des Salzbergbaus auf dem Dürrnberg bei Hallein erfolgten erst fünf Jahrhunderte später.[26]

Reichtum und Macht, die sich mit der Salzgewinnung einstellten, verstärkten die gesellschaftlichen Unterschiede. Sehr deutlich zeigt sich das in den Bestattungsformen. Neben einfachen Flachgräbern mit Körperbestattungen, gelegentlich auch Brandbeisetzungen, wurden mächtige Hügelgräber *(Tumuli)* mit großzügigen Einbauten errichtet. Darunter stechen vor allem die „Fürstengräber" ins Auge, in denen die vornehmen Toten auf vierrädrigen Wagen beigesetzt wurden. Diese Streitwagen, die im alpinen Gelände gar nicht eingesetzt werden konnten und letztlich ein Standesmerkmal der „Fürsten" darstellten, wurden ab der frühen Latènezeit von zweirädrigen Typen abgelöst. Die Be-

Kerbschnittverzierte Henkeltasse der späteren Bronzezeit (13. Jahrhundert v. Chr.) aus dem Gräberfeld an der Kleßheimer Allee. *(Foto: Fritz Moosleitner)*

waffnung der vornehmen Krieger zeichnet sich durch Vielfalt aus: neben eisernen Schwertern, oft mit kunstvollen Griffen aus verschiedenen Materialien, begegnen prächtige Lappenbeile aus Bronze, kleinere Lappen- und Ärmchenbeile aus Eisen, geschweifte Eisenmesser, eiserne Lanzenspitzen und einfache, mit Bronzeplatten verstärkte Lederhelme (Schüsselhelme).

Zum Schmuck der Frauen gehörten Bronzenadeln in verschiedensten Formen, Ketten und Gürtel aus kleinen Bronzeringen, lange Gewandnadeln mit profiliertem Kopf, gerippte oder glatte Arm- und Fußreifen, Spiralnadeln, verzierte Gürtelbleche und ganze Gürtel aus Bronzeblech mit angenieteten Kettengehängen. Daneben finden sich auch Schmuck aus Bernstein und Goldzierat in den Gräbern. Auf den Reichtum einzelner Familien weisen die vielen Bronzegefäße hin, die mitunter figural geschmückt sind. Unter den Keramikobjekten finden sich eimerartige Gefäße *(Situlen),* Kegelhalsurnen, große

Bronze und Eisen verleihen Macht   23

Grab der Urnenfelderzeit (um 1000 v. Chr.) aus dem Areal an der Kleßheimer Allee. Deutlich sind eine Anzahl von Urnen zu erkennen, die Grabbeigaben enthielten.   (Foto: Fritz Moosleitner)

doppelkonische Gefäße, abgetreppte Schalen mit Innenverzierung, Henkeltöpfe und bombenförmige Gefäße. Die Oberflächen wurden sorgfältig verziert, teils mit farbiger Bemalung, teils mit eingestempelten oder eingeritzten Ornamenten.[27]

Durch den Rückgang des Kupferbergbaus kam es zu einer Abwanderung der Bevölkerung aus den Gebirgsgauen und zu einer Siedlungsverdichtung im Salzburger Becken. Im Stadtbereich von Salzburg trug immer noch der Rainberg die bedeutendste Höhensiedlung der Hallstattzeit. Auch auf der Hochfläche des niederen Rainbergs lagen Wohnstellen der frühen bis mittleren Hallstattzeit. In Liefering konnte eine Dorfanlage aus der Zeit von 550–450 v. Chr., die acht Häuser umfaßte, genauer untersucht werden. Die auffallend großen Häuser waren 10–13 Meter lang und 3–5 Meter breit, in Ständerbauweise (mit tragenden Pfosten) errichtet und dienten wohl einer viehzuchttreibenden Bevölkerung als Gehöfte. Wie die Rückstände zeigen, wurde darin auch Getreide gemahlen. Weitere Wohnstellen der Hallstattzeit lagen am Südhang des Plainbergs bei Gaglham, auf der Westseite des Kapuzinerbergs und in Kleßheim. Ein Hügelgräberfeld, das 35 Grabhügel mit Brandbestattungen umfaßte, wurde in der Nähe des Flugfelds Maxglan freigelegt. Die bisher angenommenen Siedlungen der Urnenfelder- und der Hallstattzeit auf dem Bürglstein beruhen hingegen nur auf gefälschtem Fundmaterial.[28]

Die „Fürsten" vom Hellbrunnerberg und das „weiße Gold"

Der Mensch kann ohne Gold leben
aber nicht ohne Salz.
Cassiodor (um 540 n. Chr.)

In der Zeit von 750–550 v. Chr. erlebte der Salzbergbau in Hallstatt seine Hochblüte; er hatte im Ostalpenraum eine Monopolstellung und sicherte den „Salzherren" Macht und Reichtum. Seit dem Ende des 6. Jahrhunderts leiteten in Hallstatt eine Reihe von Murenabgängen und Grubenkatastrophen den Niedergang ein, der um 400 v. Chr. zur Einstellung des Bergbaus führte. Es waren wohl Salzherren aus Hallstatt, die am Beginn des 6. Jahrhunderts v. Chr. ihre bergbautechnischen Erfahrungen benützten, um auf dem Dürrnberg (oberhalb von Hallein) neue Salzlager auszubeuten. Obwohl es aufwendig war, die 30–40 Meter starken Deckschichten von ausgelaugten Salzzonen zu durchdringen, bevor man die abbauwürdigen Steinsalzbänke des Dürrnbergs erreichte, stellte sich doch der erhoffte Erfolg ein. Die Salzgewinnung auf dem Dürrnberg erlebte im 6. und 5. Jahrhundert, noch parallel zur Hallstätter Produktion, eine erste Blüte und übernahm dann bis in die Zeit um Christi Geburt die Vorrangstellung.[29]

Der Dürrnberger Salzstock besteht aus „Haselgebirge", einem Mischgestein aus Steinsalz, Ton und Anhydrit. In dieses Haselgebirge sind Linsenkörper aus fast reinem Steinsalz eingelagert, die der vorgeschichtliche Bergmann im „Streichen", das heißt den salzführenden Schichten folgend, abgebaut hat. Das Kernsalz, möglichst reines Salz, das man auf diese Weise im Trockenabbau gewann, wurde mit den darin enthaltenen Einschlüssen und Verunreinigungen zerkleinert bzw. gemahlen und so in den Handel gebracht.[30]

Die Salzherren, die den schwierigen aber letztlich doch erfolgreichen Abbau in Angriff genommen hatten, wohnten zunächst nicht selbst an den eher abgelegenen, steilen Hängen des Dürrnbergs, wo die Bergleute für sie arbeiteten. Aus der Spätphase der Hallstattzeit wurde auf dem Hellbrunnerberg eine große Siedlung aufgedeckt, die den nordwestlichen Teil des Höhenrückens umfaßte und mehreren hundert Menschen als Wohnsitz diente. Eine Abfallhalde, unterhalb der Siedlung am Berghang, enthielt nicht nur außerordentlich vielfältiges, sondern auch wertvolles Fundmaterial: mehr als zweihundert Omphalosschalen (in der Bodenmitte aufgewölbte Gefäße), Hochhalsgefäße mit verschiedensten Verzierungsformen, fünf Schalen mit Stierkopfhenkeln, etwa 30 Scha-

Der Archäologe Martin Hell und seine Gattin Lina untersuchten bereits 1919 die Abfallhalde unterhalb der hallstattzeitlichen Siedlung am Hellbrunnerberg. (SMCA)

len mit hohem Standfuß, Tonschnabelkannen und eine verwirrende Vielfalt von Fibeln und anderen Schmuckgegenständen.

In diesem Fundgut spiegeln sich bereits die Handelsbeziehungen jener Menschen zu den umliegenden Gebieten des Ostalpenraums, aber auch über die Alpen bis ins heutige Slowenien und nach Friaul. Ein großer gerippter Pokal mit schwarzglänzendem Überzug ist ein Erzeugnis der „krainischen Gruppe" der südostalpinen Hallstattkultur und damit Importware aus Slowenien. Neben einem Bronzegewicht, das wohl aus dem korinthisch-griechischen Bereich stammt, und einer prächtigen Pintadera, einem Farbstempel, der vor allem in Italien und auf dem Balkan verbreitet war, verdient eine gerippte Schale aus honigfarbenem Glas besondere Beachtung. Nördlich der Alpen sind bisher nur in Hallstatt drei derartige Schalen gefunden worden, die so wie das Stück vom Hellbrunnerberg aus dem Isonzogebiet im heute slowenisch-italienischen Grenzland importiert wurden.

Diese und weitere Fundstücke lassen den Schluß zu, daß sich auf dem Hellbrunnerberg in der späten Hallstattzeit ein „Fürstensitz" befand. Hier lebten jene „Salzherren", die den Salzabbau am Dürrnberg organisierten. Von der repräsentativen Wohnlage des Hellbrunnerberges aus konnte man zu Fuß in zwei bis drei Stunden das Bergbaugebiet erreichen. In ruhigen Zeiten war es also durchaus möglich, von hier den Salzabbau am Dürrnberg zu leiten und zu kontrollieren. Erst als im 5. Jahrhundert tiefgreifende gesellschaftliche Wandlungen eintraten, die offenbar auch zu kriegerischen Auseinandersetzungen führten, mußten der „Fürst" bzw. die Salzherren selbst am Dürrnberg zur Stelle sein. Damals wurde der späthallstattzeitliche „Fürstensitz" auf dem Hellbrunnerberg aufgegeben.[31] Gleichzeitig entstand auf dem Ramsaukopf, der das Bergbaugebiet des Dürrnbergs beherrscht, eine neue, befestigte Höhensiedlung in unmittelbarer Nachfolge zum Hellbrunnerberg. Sie war in den folgenden Jahrhunderten Sitz des „Fürsten" bzw. der Salzherren.

In einer Zeit, wo Salz zu Billigstpreisen als Streumittel auf schnee- und eisbedeckten Straßen und in der chemischen Industrie eingesetzt wird, kann man sich seine Bedeutung als „weißes Gold" vor 2500 Jahren kaum mehr vorstellen. Sie gründete vor allem darin, daß damals Salz das einzige Mittel gewesen ist, um Fleisch durch „Einpökeln" Wasser zu entziehen und dauerhaft zu konservieren. Da Vorratshaltung als Voraussetzung für die Winterfütterung des Viehs in beschränktem Ausmaß möglich war, wurde nur ein geringer Teil der Haustiere den Winter über genährt. Der Großteil mußte geschlachtet und mit Hilfe von Salz für längere Zeit haltbar gemacht werden.[32]

Die Monopolstellung, die zunächst Hallstatt und später Hallein in der Salzproduktion einnahmen, erklärt den außerordentlichen Reichtum der Salzherren, der aus einer Fülle prachtvoller Grabbeigaben deutlich wird. Im 6. Jahrhundert setzte man die Verstorbenen meist in Grabhügeln bei, in deren Zentrum eine Holzkammer die Körper der Toten aufnahm. Sie wurden vor der Bestattung in ihre Festtagstracht gekleidet und samt Schmuck und Trachtzubehör auf Stoffe oder ähnliche Unterlagen gebettet. Daraus ergibt sich für uns ein relativ genaues Bild von Tracht, Bewaffnung und Schmuck der Menschen jener Zeit. Frauen trugen Haarnetze mit kleinen Ringen aus Bronze, seltener auch aus Gold, große Bernsteinringperlen teils einzeln am Hals, teils in Form von Kolliers. Das Gewand hielten mehrere Fibeln (Gewandspangen in der Form von Sicherheitsnadeln) und breite Ledergürtel mit vorne aufgenieteten Bronzeblechstreifen, später Blechgürtel mit Gehängeketten, zusammen. Diese Ausstattung wurde oft durch drei gegossene Arm- und Beinringe aus Bronze ergänzt. Charakteristisch sind die großen Doppelspiralnadeln aus Bronze, von denen ebenfalls je drei Stück getragen wurden.

Das Gewand der Männer wurde meist nur von einer Fibel gehalten. Die Gürtelbleche glichen jenen der Frauen und lassen keine zusätzliche Funktion als Waffengürtel erkennen. Als Nahkampfwaffe diente das eiserne Lappen- oder Tüllenbeil. Es wurde den Toten in die rechte Armbeuge gelegt. Zur weiteren Bewaffnung zählte ein Satz von drei Wurflanzen und wahrscheinlich auch ein Holzschild ohne Metallbeschläge, dessen Aussehen uns auf zahlreichen Abbildungen überliefert ist. Eine kleine Gruppe von Gräbern zeichnet sich dadurch aus, daß den Verstorbenen zusätzlich zu der sonst üblichen Ausstattung noch ein Dolch mitgegeben wurde. Vor allem die sogenannten Antennendolche bestechen in ihrer eleganten Form und aufwendigen Verzierung (Koralleneinlagen). Vielleicht gehörten diese Männer einer Führungsschicht an, die sich in einem Separatfriedhof bestatten ließ.[33]

Daneben gibt es zahlreiche Gräber, die nicht die ortsübliche Tracht- und Waffenausstattung aufweisen; sie sind wohl „Fremdarbeitern" zuzuordnen. Wahrscheinlich waren es Zuwanderer aus den südalpinen bzw. ostalpinen Regionen, die in den Wintermonaten im Salzbergbau Beschäftigung fanden. In dieser Zeit erreichte die Produktion ihren Höhepunkt, da die Versorgung der Stollen mit Frischluft („Bewetterung") nur bei kalten Außentemperaturen klaglos funktionierte.

Weitere Grabbeigaben zeigen, daß damals weitreichende Handelsbeziehungen bestanden. Der aus dem Harz von Nadelbäumen entstandene Bernstein wurde von der Ostsee importiert und auf dem Dürrnberg zu Halsschmuck verarbeitet. Als Importgüter aus dem Mittelmeerraum sind eine etruskische Bronzekanne und ein eiserner Kultstab aus Bronze- und Eisenscheiben zu nennen. Vom Wohlstand, der in diesen Luxusgütern zum Ausdruck kommt, vor allem vom Handel mit Salz, profitierten neben den Salzherren vom Dürrnberg und den dort tätigen Bergleuten auch die Siedlungen im Stadtbereich von Salzburg, etwa auf dem Hellbrunnerberg, der dem Dürrnberg am nächsten liegt, aber auch auf dem Rainberg, dem Bürglstein und dem Kapuzinerberg. Die wirtschaftliche Bindung an den Salzbergbau sollte in den folgenden Jahrhunderten unter der Herrschaft der Kelten noch intensiviert werden.[34]

II. KELTEN UND RÖMER – ALS SALZBURG NOCH IUVAVUM HIESS

Irrtümer, die ihren Weg in die meisten Geschichts- und sogar in die Schulbücher gefunden haben, sind kaum mehr richtigzustellen. Auch heute noch liest man allerorts von den Illyrern als dem ersten bekannten „Volk", das große Teile Europas beherrschte, und dem mit Vorliebe alle ungelösten Probleme unserer Vorgeschichte in die Schuhe geschoben werden. Namen, die der Sprachforscher nicht wirklich deuten kann, werden letztlich als „illyrisch" bezeichnet, so auch Iuvavum, der Name des römischen Salzburg. Obwohl seit Jahrzehnten bekannt ist, daß die Illyrer als Volk nur in einem beschränkten Gebiet auf dem Balkan, im heutigen Albanien und Mazedonien, ansässig waren, werden sie in Österreich noch immer als Träger der späten Urnenfelder- und der frühen Hallstattkultur angesehen. Dieser Irrtum ist vor allem darauf zurückzuführen, daß man aus ähnlichen Kultur- und Sprachformen, die sich durch den damals schon florierenden Fernhandel und Verkehr ergaben, auf ein einzelnes „Volk" als Träger dieser Kultur geschlossen hat. Mittlerweile ist es höchst an der Zeit, sich in Österreich endgültig von den Illyrern zu verabschieden.[1]

Die Kelten – „Salzherren" auf dem Dürrnberg

Die erste auch durch schriftliche Quellen namentlich bezeugte „Volksgruppe" in unserem Raum waren die Kelten. Sie beherrschten seit dem Ende des 6. Jahrhunderts v. Chr. Teile Europas im Norden der Alpen und dehnten ihre Herrschaft später auch auf Gebiete in Spanien, auf den Britischen Inseln und dem Balkan aus. Abgesandte der auf dem Balkan ansässigen Kelten, wahrscheinlich der Skordisker, erschienen 332 v. Chr. vor Alexander dem Großen und machten die stolze Bemerkung, sie würden sich nicht vor ihm, sondern einzig und allein davor fürchten, daß ihnen der Himmel auf den Kopf fallen könnte. Dieses geflügelte Wort ist – nicht zuletzt durch die Gestalt des Häuptlings Majestix in den weit verbreiteten Asterix-Heften – zum Sinnbild für den Stolz und Wagemut der Kelten geworden. Daneben haben auch Meisterwerke der bildenden Kunst wie die Figur des sterbenden Galliers vom Kapitol in Rom, der Marmorkopie von einer Bronzestatue in Bergamo, unsere Vorstellung von den Kelten als einem kampferprobten, furchtlosen Volk geprägt.[2]

Die „Herkunft" der Kelten stellt in der Forschung bis heute ein ungelöstes Problem dar, vor allem deshalb, weil die Frage in dieser Form gar nicht gestellt werden kann. Denn die Vorstellung, daß die Kelten – ähnlich den germanischen Stämmen der Völkerwanderungszeit – als geschlossenes Volk in Europa einwanderten und große Teile des Kontinents ihrer Herrschaft unterwarfen, ist falsch. Die moderne Forschung bietet statt dessen folgende Erklärung an: An der Wende vom 7. zum 6. Jahrhundert entstanden zunächst im Bereich der „westlichen Hallstattkultur", das heißt westlich einer Grenze, die über die Täler von Etsch und Eisack zum Brenner und von dort den Inn entlang bis zur Donau führte, eine neue Religion und eine spezifische Kunst. Deren Träger bezeichnete man, egal ob sie zuwanderten oder Religion und Kunst von ihren neuen Herren übernahmen, insgesamt als Kelten.[3]

Von diesem ältesten Siedlungsgebiet aus haben die Kelten ihre Herrschaft und ihren Kultureinfluß kontinuierlich ausgeweitet. Kennzeichen dafür war der enge kulturelle Kontakt mit den Gebieten südlich der Alpen, vor allem mit Italien und Südfrankreich. Aus Oberitalien wurde die Sitte übernommen, das Gewand nicht mehr durch einfache Nadeln, sondern durch Fibeln, die nach der Art von Sicherheitsnadeln konstruiert sind, zu schließen. Diese Mode setzte sich um 600 durch und wurde in den folgenden Jahrhunderten beibehalten. Die Möglichkeit der Importe von Luxuswaren und vor allem von teuren Süßweinen aus dem Süden vergrößerte die sozialen Standesunterschiede.

Um 600 setzte eine spürbare Machtkonzentration in den Händen weniger keltischer Familien ein. Lagen vorher die mit wertvollen Beigaben ausgestatteten „Adelsgräber" noch innerhalb der Sippenfriedhöfe, so entstanden im 6. und 5. Jahrhundert v. Chr. „Fürstengräber" isoliert von den Bestattungsplätzen der einfachen Bevölkerung und durch den Reichtum ihrer Beigaben alles Bisherige weit in den Schatten stellend. Mächtige Adelige, die in engem Kontakt zum Süden standen, sonderten sich von der einfachen Bevölkerung ab. Sie dokumentierten ihren Herrschaftsanspruch in befestigten Höhensiedlungen, die sie mit ihrer Gefolgschaft gegen andere „Fürsten" verteidigten. Zugleich unternahmen sie Raubzüge, um Vieh und auch Menschen zu erbeuten; letztere verkauften sie als Sklaven. Für den Erlös importierten sie teure griechische und etruskische Importwaren, die den Glanz ihrer „Hofhaltung" und ihr Ansehen bei den Gefolgsleuten steigern sollten. Die Konzentration der Macht in den Händen weniger Männer, die sich bald zu regelrechten Stammesfürsten aufschwangen, vielleicht sogar die Erbfolge innerhalb ihrer Familie durchsetzten, erleichterte auch die Verhandlungen mit den Partnern im Süden. Manches Prunkstück der Kunst des Mittelmeerraumes kam als Geschenk oder verpflichtende Gabe an die keltischen Fürstensitze des Nordens. Zugleich inspirierten mediterrane Kunstformen das keltische Kunstschaffen.[4]

Dieser durchgreifende Wandel ist im Fundmaterial des Dürrnbergs deutlich zu fassen. Bereitwillig wurde der neue, alle Bereiche der Tracht umfassende Stil von der alteingesessenen Bevölkerung übernommen. Auch die bis dahin benützten Gräberfelder aus der Hallstattzeit wurden mit wenigen Ausnahmen weiter belegt. Häufig ist festzustellen, daß die alten Grabkammern von neuen überlagert wurden, bisweilen in zwei, manchmal sogar in drei Etagen. Diese Bestattungsform deutet auf verwandtschaftliche Beziehungen der Toten hin.

Auf dem Dürrnberg wurden im Ramsautal Blockwandbauten errichtet, die vor allem gewerblichen Zwecken dienten. Innerhalb dieser Siedlung gab es spezialisierte holzverarbeitende Betriebe, worauf Halbfabrikate und Ausschußware von Arbeitsgeräten für den Bergbau hinweisen. Auf dem Ramsaukopf an der Ostseite des Tals entstand, wohl in der Nachfolge des älteren „Fürstensitzes" auf dem Hellbrunnerberg, der damals aufgegeben wurde, eine teilweise befestigte Höhensiedlung. Sie diente den „Fürsten" bzw. Salzherren als Sitz, die damit den Salzbergbau kontrollierten. Vom Ramsaukopf aus waren sowohl die weitere Umgebung, das Bergbauareal einschließlich der Gräberfelder und einzelner Höfe, als auch der Zugang zum Salzachtal einzusehen.[5]

Im Kunsthandwerk zeigt der neue „keltische" Kunststil eine atemberaubende Vielfalt von Formen und Mustern, die in dieser Fülle von keiner anderen Region Mitteleuropas bekannt ist. Die Fibeln zieren Motive aus dem Tierreich, aber auch fratzenhaft verzerrte menschliche Masken. Die älteren Haarnetze der Damen wurden durch Kopfreifen aus Bronze ersetzt. Anstelle von Bernsteinringperlen und Kolliers trug man dünne Halsreifen aus Bronzedraht, auf denen blaue Glasperlen oder sogenannte Schichtaugenperlen aufgereiht wurden. Auch Arm- und Beinringe wurden zunächst aus dünnem Bronzedraht gefertigt, später aus gerolltem Bronzeblech. Dunkelblaue Glasarmreifen erfreuten sich in späterer Zeit besonderer Beliebtheit. An die Stelle der unbequemen Blechgürtel traten einfache, kästchenförmige Gürtelhaken, die manchmal gemeinsam mit dreieckigen Zierplatten in Durchbruchstechnik auf Leder oder Stoff montiert wurden. Später verwendeten Frauen wieder behäbige Gürtelketten aus gegossenen Kreuz- und Ringgliedern.

In der Bewaffnung der Männer setzte sich das Schwert als wichtigste neue Nahkampfwaffe durch. Die Lanzen erhielten längere Schäfte und wurden nur mehr als Einzelstücke mit ins Grab gegeben. Die oval geformten Holzschilde waren mit Zierbeschlägen aus Metall versehen. Helme aus Metall gehörten nicht zur üblichen Bewaffnung, sondern waren einem kleinen Kreis von adeligen Kriegern vorbehalten. Während sie als Grabbeigaben früher nur in der Champagne bekannt waren, sind mittlerweile am Dürrnberg neun Gräber mit Metallhelmen aufgedeckt worden.[6]

Rangmäßig über diesem ortsansässigen Adel stand der „Fürst". Zu seinen spezifischen Standessymbolen zählte vor allem die Beisetzung auf einem zweirädrigen Streitwagen, außerdem die Beigabe von aus dem Süden importierten Luxusgütern, ein Metallhelm und schließlich der Grabhügel, dessen überdimensionale Größe und exponierte Lage im Gelände den Herrschaftsanspruch dokumentieren sollte. Von den beiden bisher bekannten Fürstengräbern auf dem Dürrnberg wurde eines schon in der Antike der meisten Beigaben beraubt. Erhalten hat sich davon aber das schönste Objekt, das jemals auf dem Dürrnberg geborgen wurde: eine reich verzierte Schnabelkanne aus Bronze von etwa 50 Zentimeter Höhe. Die um 450 v. Chr. entstandene Kanne in „frühkeltischem Stil" folgt dem Vorbild der etruskischen Bronzeschnabelkannen, weist dazu auch Stileinflüsse aus dem westlichen Mitteleuropa auf und wurde auf dem Dürrnberg selbst von einer hochqualifizierten Werkstätte, die im Dienste der Salzherren tätig war, hergestellt.[7]

Ein zweites Fürstengrab wies noch den ganzen Reichtum der ursprünglichen Beigaben auf. Neben den Beschlägen des zweirädrigen Streitwagens fanden sich zwei Goldscheibenfibeln, ein Schwert, zwei Wurflanzen, Pfeil und Bogen für die Jagd, der Bronzehelm zu Füßen des Toten und außerdem fünf Gefäße. Von diesen faßte das größte, ein aus Bronzeblech gefertigter konischer Eimer *(Situla)* von 88 Zentimeter Höhe fast 200

Die Kelten – „Salzherren" auf dem Dürrnberg 31

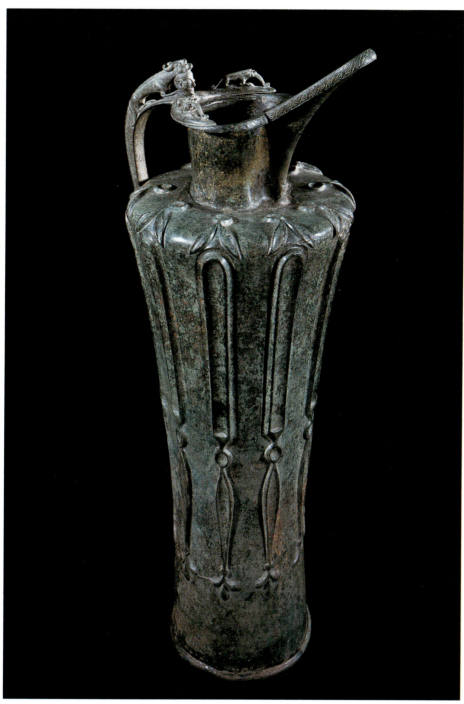

Keltische Schnabelkanne vom Dürrnberg (Bronze, Höhe ca. 50 cm). Ein Meisterwerk des „frühkeltischen Stils" um 450 v. Chr., gefunden 1932. (SMCA, Foto: Oskar Anrather)

Liter. Dazu kamen noch eine schwarz gefirnißte Schale aus Athen, eine hölzerne Röhrenkanne mit zahlreichen Bronzebeschlägen aus heimischer Erzeugung und ein großes trommelförmiges Standgefäß aus Bronzeblech, das auf bronzenen Standfüßen von menschlicher Form steht. Es ist fast 52 Zentimeter hoch und war einst mit 18 Liter eines südeuropäischen Gewürzweins gefüllt.[8]

Die Zeit der Fürstengräber setzte am Dürrnberg in der Hallstattzeit ein, endete aber schon in der Frühlatènezeit am Beginn des 4. Jahrhunderts. In diesem Zeitraum war die Gesellschaftsordnung ganz auf den Fürsten ausgerichtet. Ihm unterstand auch der gesamte Salzbergbau und Salzhandel.

Im 4. Jahrhundert verschwand allmählich diese ausgeprägte hierarchische Gesellschaftsordnung, die sozialen Abstufungen traten zurück. In den Grabbeigaben sind die einstigen Rangabstufungen kaum mehr zu fassen. Dieser tiefgreifende gesellschaftliche Wandel spiegelt die Umwälzungen, die sich damals in der Welt der Kelten vollzogen. Unter anderem kam es zu einer Verlagerung des politischen und wirtschaftlichen Schwergewichts nach Norden und auch zu einer Bevölkerungszunahme, die sich in den großen Kriegszügen und Wanderbewegungen des 4. Jahrhunderts entlud.[9] Als die Kelten seit dem 3. Jahrhundert immer stärker in die Defensive gerieten, erfaßte die Abwanderung größerer Bevölkerungsteile auch den Dürrnberg. Nur mehr wenige Gräber sind aus dieser Zeit bekannt. Am Ende des 3. Jahrhunderts wurden die Gewerbebauten im Ramsautal eingeäschert und verlassen, wahrscheinlich wurde auch die befestigte Höhensiedlung auf dem Ramsaukopf aufgegeben. Andere Siedlungsplätze hingegen bestanden bis in die Zeit der römischen Herrschaft fort.

Die Gründe für den Rückgang des Salzbergbaus am Dürrnberg lassen sich nur vermuten. Der Bedarf an Salz war nach wie vor gegeben, aber offenbar bevorzugten die Abnehmer nun andere Produkte. Beim Trockenabbau von Kernsalz, das ohne weiteren Reinigungsprozeß in den Handel kam, wies das Salz stets Verunreinigungen auf. Deshalb ging man in der Spätphase des 2. und 1. Jahrhunderts v. Chr. dazu über, stärker verunreinigtes Salz in Wasser zu lösen und in Pfannen aus Ton zu versieden. Eine derartige Salinenanlage ist auf dem Dürrnberg im Ramsautal nachgewiesen. So konnte man reineres Salz produzieren, dessen Herstellung allerdings wesentlich aufwendiger war.[10]

Konkurrenz dürfte dem Dürrnberg in den Quellsalinen des nahe gelegenen Reichenhall entstanden sein. Die etwa 20 Solequellen, die dort mit relativ starker Schüttung zutage traten, wurden in Solebrunnen gefaßt, die Sole mit Schöpfgalgen ausgeschöpft und in Pfannen versotten. Für diese Form der Produktion war kein aufwendiger Bergbau nötig, dafür erforderte der Siedeprozeß für die mindergrädige Sole große Mengen an Holz, die auf der Saalach herangetriftet wurden. Die Saline von Reichenhall lag im Tal, war daher wesentlich bequemer zugänglich als der Dürrnberg und verfügte mit dem Wasserweg auf Inn und Salzach über die besseren Handelsverbindungen. Es ist sicher kein Zufall, daß damals in Karlstein gegenüber den Reichenhaller Solequellen ein neues Macht- und Siedlungszentrum mit weitreichenden Verbindungen entstand. Die seit dem 4. Jahrhundert unterbrochenen Handelsverbindungen nach Italien wurden erneut aufgenommen.[11]

Vielleicht stellte schon damals das qualitätvollere Meersalz der Römer eine Konkurrenz für den Dürrnberg dar. Für das keltische Königreich Noricum, das in engen wirtschaftlichen Verbindungen zu Rom stand, wären derartige Salzimporte durchaus denkbar. Mit der Besetzung Noricums und dem Beginn der römischen Herrschaft im Jahre 15. v. Chr. war für die überregionale Salzproduktion auf dem Dürrnberg das Ende gekommen. Erst zwei Jahrtausende später sollte der Boden jene Funde freigeben, die uns Macht und Reichtum der keltischen Salzherren am Dürrnberg so eindrucksvoll vor Augen führen.

Krise und Ende – Das keltische Königreich Noricum

Im 5. Jahrhundert war es zu einer wirtschaftlichen und politischen Schwerpunktverlagerung nach Norden gekommen. Die Champagne, das Mittelrheingebiet, die Oberpfalz und Böhmen gewannen, teilweise bedingt durch reiche Vorkommen an qualitätvollem Eisen, zunehmend an Bedeutung, während mit der Ablösung der Bronze bei Waffen und Werkzeugen durch Eisen die alpinen Kupferbergbaue ihre einst wichtige Position einbüßten. Diese Epoche der jüngeren Eisenzeit (450 v. Chr. bis Christi Geburt) wird nach La Tène, einer Untiefe im Neuenburger See (in der Schweiz), wo viele Funde geborgen wurden, „Latènezeit" genannt. Sie umfaßte die Blütezeit und das Ende der keltischen Kultur.[12]

Im 4. Jahrhundert entlud sich nach einer Phase der gesellschaftlichen Angleichung der zunehmende Bevölkerungsdruck in großen Wander- und Kriegszügen, die keltische Stämme nach Italien, auf den Balkan und nach Griechenland führten. Mit den Galatern gelangte ein keltisches Volk sogar bis nach Kleinasien und gründete im Gebiet um das heutige Ankara ein Reich. Das von Kelten besiedelte Gebiet entlang der Adriaküste bis Ancona bezeichneten die Römer später als keltische Mark *(ager Gallicus)*, während sie die Poebene einfach „Gallien diesseits der Alpen" *(Gallia Cisalpina)* nannten.[13]

Im Jahre 389 wurde die damals noch wenig bedeutende Stadt Rom von den Kelten eingeäschert und mußte nach siebenmonatiger Belagerung des Kapitols den Abzug der Feinde um große Mengen Gold erkaufen. Ein Jahrhundert später wurden die Kelten jedoch durch die aufstrebende Macht Roms zunehmend in die Defensive gedrängt. Nachdem sich die Kelten mit Hannibal gegen Rom verbündet hatten, war mit dessen Niederlage auch ihr Schicksal in Oberitalien besiegelt. Sie gingen entweder über die Alpen nach Norden zurück oder wurden im Römischen Reich rasch assimiliert. Im 2. und vor allem im 1. Jahrhundert v. Chr. sahen sich die Kelten nicht nur durch die Römer im Süden sondern auch durch germanische Stämme bedroht. Während Gallien von Cäsar erobert wurde, drangen von Norden die Germanen vor und eroberten große Teile des ehemaligen keltischen Herrschaftsgebietes.[14]

Im Ostalpenraum war um 200 v. Chr. das Königreich Noricum als ein loser Verband von keltischen Stämmen entstanden. Der Name Noricum wird von der Hauptgottheit Noreia oder von der gleichnamigen Hauptstadt, deren Lokalisierung im Raum von

Kärnten umstritten ist, abgeleitet. Auch das Gebiet des heutigen Landes Salzburg und der anschließende Chiemgau gehörten zu Noricum, das seit 186 v. Chr. mit Rom in Kontakt stand und schließlich einen Freundschaftsvertrag mit den Römern schloß. Wirtschaftliches Zentrum war im 1. Jahrhundert v. Chr. die „Stadt" auf dem Magdalensberg in Kärnten, die das Zentrum des Handels mit dem für die Waffenherstellung begehrten „norischen Eisen" bildete. Um 45 v. Chr. gelang die Ausdehnung des norischen Herrschaftsgebietes bis zur Donau im Norden und bis an den Plattensee im Osten. Auch die im Pinzgau ansässigen Ambisonten und die nördlich davon vom unteren Saalachtal bis in den Chiemgau siedelnden Alaunen zählten zum locker gefügten Verband von Fürstentümern, über die der norische König eine Oberhoheit vor allem im Bereich der Außenpolitik und der Kriegsführung ausübte.[15]

Über diese Spätzeit der Kelten in Mitteleuropa liegen etliche Berichte von griechischen und römischen Geschichtsschreibern vor, die erstmals einen genaueren Einblick in die gesellschaftlichen, wirtschaftlichen und religiösen Verhältnisse ermöglichen. Aus dem Mittelmeergebiet hatten die Kelten das Vorbild der befestigten Höhensiedlungen, wie sie bei den Griechen als Akropolis (Oberstadt) bekannt sind, übernommen. Die keltischen Oppida waren großräumige Befestigungsanlagen mit mächtigen Steinmauern und raffiniert angelegten Torzugängen, die den Feind beim Angriff zwangen, die vom Schild ungedeckte Flanke den Verteidigern darzubieten. Nach einem genauen Bebauungsplan wurden Straßen, Zisternen und Speicher angelegt. Diese Oppida waren meist Mittelpunkt eines Stammesgebietes, Sitz von Verwaltung und Rechtsprechung sowie eines Stammesheiligtums. Sie bildeten Zentren des Handwerks und waren zugleich Zollstation und Stätten der Münzprägung. Sie dienten nicht nur als Wohnsitze des Adels, sondern auch als Fluchtburgen für die Bewohner der offenen Dörfer *(vicus)* und als Versammlungsplatz für das Heer. Im Fundgut zeigen die zahlreichen Importartikel aus Italien die engen Handelsverbindungen nach dem Süden an. In der weiteren Umgebung von Salzburg war das keltischen Oppidum von Manching (bei Ingolstadt) mit seinem mächtigen Mauerring die größte Anlage dieser Art.[16]

In der kleineren Höhensiedlung auf dem Biberg bei Saalfelden hat man das Stammeszentrum der im Pinzgau ansässigen Ambisonten vermutet. Auch der Karlstein bei Bad Reichenhall trug eine befestigte Höhensiedlung, die in der Spätlatènezeit aufblühte und über eine eigene Münzprägung verfügte. Ob der Karlstein das „Oppidum" der Alaunen war, wie bisweilen vermutet wurde, ist umstritten. Einerseits weisen Weihealtäre für die *Alounae* als Stammesgottheiten das Gebiet nördlich und östlich des Chiemsees um Seebruck und Stöffling als Siedlungsraum der Alaunen aus. Andererseits könnte der Name Alaunen, der vom keltischen Wort für „weiß" abgeleitet ist und sprachlich mit Hall (Salz) in Verbindung steht, auf die Salzgewinnung verweisen. Auch die Nachricht des Ptolemaios, daß die Alaunen nördlich von den Ambisonten wohnten, wäre mit Karlstein gut in Einklang zu bringen. Vielleicht erstreckte sich das Siedlungsgebiet des Stammes vom unteren Saalachtal um Reichenhall bis in den Raum um den Chiemsee.[17]

Eine genaue Vorstellung von der Gesellschaft dieser Zeit verdanken wir vor allem den Berichten von Julius Cäsar, der in Jahren 58–51 v. Chr. die Kelten in Gallien der römischen Herrschaft unterwarf. Er beschreibt das Bild von einer hierarchischen, militaristischen, männerorientierten Gesellschaft, die eher an mittelalterliche als an römische Verhältnisse erinnert. Die einzelnen Stämme wurden meist von einer Adelsclique *(Oligarchie)* regiert. Eine kleine Anzahl von Familien bildete den Ältestenrat und stellte die höchsten Beamten *(Vergobreten)*, die jeweils ein Jahr amtierten. Die Volksversammlung, an der alle waffentragenden Männer teilnahmen, besaß keinen Einfluß mehr, da die meisten Teilnehmer als Soldaten oder Leibwächter einem Herrn gehörten oder als Bauern und Hirten jenem Adeligen, der ihnen Grund und Boden verpachtete, zu Gehorsam und Gefolgschaft verpflichtet waren. Der gemeine Mann wurde nach den Worten Cäsars fast wie ein Sklave behandelt. Er konnte nichts auf eigene Faust unternehmen und wurde zu keiner Beratung hinzugezogen. Unter dem Druck von Schulden, aufgrund hoher Abgaben oder durch die Übergriffe der Mächtigen wurden die meisten gezwungen, ihre Freiheit aufzugeben und dem Adel als leibeigene Knechte zu dienen. Die Bewaffnung des keltischen Kriegers bestand in dieser Zeit aus dem Langschwert, der Lanze und dem Schild. Das charakteristische Trachtzubehör bildeten der massive Halsring *(Torques)* und die bisweilen schön gestalteten Fibeln, die das Gewand zusammenhielten. Eine reiche Ausstattung mit Prunkwaffen, prächtig verzierten Gürteln, Helmen aus Bronze und Eisen, Panzerhemden und Streitwagen war allein dem Adel vorbehalten. Manche dieser Adeligen oder Fürsten verfügten über eine Klientel von einigen tausend abhängigen Leuten und Leibeigenen.[18]

Keltische Eberfigur vom Rainberg (Bronze, ca. 7 cm). 1. Jahrhundert v. Chr. (SMCA)

Den zweiten Stand, der dem Adel an Macht und Einfluß durchaus gleichkam, bildeten die Druiden, die Priester der Kelten. Ihr Amt beschränkte sich keineswegs auf die Pflege der Religion und die Abhaltung von Gottesdiensten. Zu bestimmten Zeiten im Jahr kamen sie an einem geweihten Ort zusammen, um Gericht zu halten. Sie fällten die Entscheidungen in allen öffentlichen und privaten Streitigkeiten. Bei jedem Verbrechen, auch bei Mord, bei Erbschafts- oder Clanstreitigkeiten kam ihnen das letzte Urteil zu. Sie setzten Belohnungen und Strafen fest. Außerdem besaßen sie großen Einfluß auf die Jugend, die zu ihnen kam, um sich unterweisen zu lassen. Druiden zahlten keine Steuern, waren vom Heeresdienst und von allen anderen Leistungen befreit und nahmen in der Regel auch nicht bewaffnet am Kampf teil. Trotzdem prägten sie die Kriegsführung, da sich unter ihrer Anleitung die keltischen Kämpfer in jenen Trancezustand versetzten, der sie mit völliger Todesverachtung blindwütig auf die Gegner einstürmen ließ.[19]

Die Götterwelt der Kelten ist in ihrer Deutung bis heute umstritten. Daß die drei Hauptgottheiten der Gliederung des Volkes in Priester, Adel und einfache Leute entsprachen, ist nur eine ansprechende Vermutung. Der oberste Gott Taranis, der Blitze schleuderte und dem Wetter gebot, wird häufig in Gestalt eines wilden Tieres oder Ungeheuers dargestellt. Er verschmolz mit dem vorkeltischen pferdegestaltigen Mars (Kriegsgott) und lebte etwa in Kärnten in der lokalen Form des *Mars Latobius* noch in römischer Zeit weiter. Neben Taranis stand Teutates, der Gott des Stammes in seinen kriegerischen und friedlichen Aktivitäten, der meist in Gestalt eines Widders bzw. als menschlicher Kopf mit Widderhörnern, bisweilen auch als Eber, erscheint. Esus, der Gott des Reichtums und des Krieges, hat die Mistelblätter als Attribut. Er verschmolz später mit dem Hirschgott Cerunnos, der in bildlichen Darstellungen meist ein Hirschgeweih auf dem Kopf trägt. Die Gleichsetzung bildlicher Darstellungen mit keltischen Göttern beruht, wie bei der Schnabelkanne vom Dürrnberg, oft nur auf Vermutungen moderner Forscher. Menschliche Köpfe im Rachen von Tieren zeigen bereits die Schnabelkannen der Etrusker, die den Kelten als Vorbild dienten. Dazu kamen, nicht zuletzt durch die Kontakte zum griechischen Kulturkreis, die vor allem über die griechische Gründung Massilia (Marseille) liefen, weitere Gottheiten, die mit Vertretern der griechischen Götterwelt gleichgesetzt wurden. Zu diesen zählte eine keltische Muttergottheit, die mit Athene-Minerva in Verbindung gebracht wird. Weitere Beispiele sind Belenus-Apollo, die Dioskuren und Smertrius-Herkules. Für die Darbringung von Menschenopfern zu Ehren der drei Hauptgötter, die nach dem Bericht römischer Schriftsteller durch Ertränken, Vierteilen und Verbrennen vollzogen wurden, findet sich im Umkreis von Salzburg kein archäologischer Hinweis. An den bekannten Brandopferplätzen, darunter zwei auf dem Dürrnberg, wurden rituelle Festmähler abgehalten, dann die Gefäße zerschlagen und die Knochen zu Ehren der Götter verbrannt.[20]

Im Stadtgebiet von Salzburg blieben zunächst die Höhensiedlungen der Hallstattzeit und älterer Epochen auch in der Latènezeit bestehen. Der Bürglstein, der Walserberg, der Hellbrunnerberg, der Grillberg bei Elsbethen und vor allem der Rainberg trugen keltische Siedlungen. Durch das reiche Fundmaterial ist die Funktion des Rainbergs für die spätkeltische Zeit sicher überschätzt worden. Schon von der Fläche her bot dieses

„Felsennest" nur einer begrenzten Anzahl von Menschen Raum. Bedeutender war die ausgedehnte keltische Siedlung auf dem Kapuzinerberg, die freilich noch einer genaueren Untersuchung harrt. Die wichtigste Entdeckung wurde auf dem Festungsberg gemacht. Durch Grabungen im Bereich der Feste Hohensalzburg konnte nachgewiesen werden, daß dort schon seit der Bronzezeit Menschen ansässig waren und die Besiedlung auf diesem strategisch wichtigen Punkt nicht nur bis in die Spätantike, sondern bis ins frühe Mittelalter bestehen blieb.[21]

Im engeren Altstadtgebiet wurde als keltisch angesprochenes Fundmaterial in der Linzer Gasse, im Arkadenhof des Universitätsgebäudes und im Friedhof von St. Peter geborgen, allerdings durchwegs aus römischen Gebäuden. Keltische Wohnbauten wurden in der Altstadt nicht aufgedeckt. Die bisher vorliegenden Befunde legen den Schluß nahe, daß erst mit dem Beginn der römischen Herrschaft die keltischen Höhensiedlungen aufgegeben werden mußten und die Besiedlung des Altstadtgebietes am Salzachufer einsetzte.[22]

Während die Siedlungen in Kleßheim und Maxglan sowie das Dorf bei Liefering in die Hallstattzeit zurückreichen, entstand in Hellbrunn beim heutigen Alpenzoo ein keltisches Gehöft, das von der mittleren bis in die späte Latènezeit Bestand hatte. Keltisches Fundmaterial, das auf Wohnplätze hindeuten könnte, wurde außerdem in Itzling und Parsch, auf dem Gersberg, in Gnigl, Glasenbach und Goldenstein, im Nonntal und bei Mülln sowie auf dem Plainberg geborgen. Am Osthang des Untersberges bestand im Gemeindegebiet von Grödig ein Schmelzplatz für Eisen. Keltische Gräberfelder und Einzelgräber wurden in Kleßheim, vor allem aber in Maxglan beim Flughafen und bei der Kirche nachgewiesen.[23]

Das Fundmaterial spiegelt die allgemeine Entwicklung dieser Zeit wieder. Das qualitätvolle norische Eisen wurde für die Herstellung von Waffen und Gerät verwendet. Die Keramik zeigt die Verwendung der Töpferscheibe, die aus dem mediterranen Raum übernommen wurde. Sie fand im Spiel mit der Form aber auch in der reichen Profilierung von Schalen, Töpfen, Kannen und Gefäßen aller Art ihren Niederschlag. Zu den interessantesten, in der Datierung aber umstrittensten Funden zählt der „keltische Kopf", der über der Roßpforte der Festung Hohensalzburg eingemauert war. Dieses Stück kann durch die Umsetzung eines älteren keltischen Kultbilds entstanden sein. Da Marmor, aus dem der „keltische Kopf" gefertigt ist, erst von den Römern abgebaut wurde, dürfte das Stück eher als ein Kunstwerk der Romanik des 12. Jahrhunderts einzustufen sein.[24]

Der Übergang von der Natural- zur Geldwirtschaft zeichnet sich schließlich im Fund keltischer Münzen ab. Die keltischen Gepräge orientierten sich, vor allem im Gewicht, am Vorbild der griechischen Münzen. Im unmittelbaren Altstadtbereich wurde bei Grabungen im Kapitelhaus 1988 eine keltische Münze vom Typ einer Tetradrachme gefunden. Ansonsten dominiert im heutigen Stadtbereich erneut der Rainberg mit elf keltischen Silbermünzen. In Maxglan wurde neben einer Tetradrachme mit dem Königsnamen ATTA auch eine keltische Goldmünze, ein sogenannter Regenbogenschlüssel-Stater geborgen, aus Loig und Taxham sind je eine Münze bekannt. Goldmünzen fanden sich auch am Dürrnberg und in St. Veit im Pongau. Die reichen Funde in den Gebirgsgauen, darunter sechs Münzen aus Rauris, weisen auf die Bedeutung der Handelswege über die Tauern in keltischer Zeit hin. Den absoluten Höhepunkt stellt das Hochtor dar, wo in Verbindung mit einem Herkules-Heiligtum bisher 132 Münzen geborgen wurden. Die ältesten Münzen in Salzburg stammen aus der Zeit um 200 v. Chr. Die Prägestätten lagen teils in der weiteren Umgebung, in Bayern (Manching) und Kärnten, teils hunderte Kilometer entfernt in Böhmen, in der heutigen Slowakei und in Kroatien. Um die Mitte des 1. Jahrhunderts v. Chr. setzte auch in der bedeutenden Siedlung Karlstein (bei Bad Reichenhall) die Prägung einfacher keltischer Silbermünzen ein.[25]

Zu dieser Zeit waren adelige Flüchtlinge mit ihrem Gefolge nach Noricum gekommen, die von der Unterwerfung Galliens und damit des gesamten Keltentums zwischen Atlantik, Rhein und Pyrenäen durch Cäsar berichteten. Für den von Augustus geplanten großen Angriff auf die Germanen war die Ausschaltung der alpinen Kelten, die als letzte ihre Unabhängigkeit bewahrt hatten, Voraussetzung. Im Sommer des Jahres 15 v. Chr. rückten Tiberius und Drusus, die Stiefsöhne des Augustus, an der Spitze ihrer beiden Heere vom Westen und Süden in die Alpen ein. Vergeblich wehrten sich die inneralpinen Stämme der Räter gegen die Übermacht. Heldenmut und Todesverachtung der rätischen Krieger, die in ihrer Kampfesweise immer Individualisten blieben, vermochten gegen die Disziplin und überlegene Taktik der römischen Truppen nichts auszurichten. Tausende Männer starben in diesem Krieg, auch die Frauen kämpften mit und töteten bisweilen die eigenen Kinder, um sie nicht in die Hände der Römer fallen zu lassen.[26]

Das heute noch 30 Meter hoch aufragende Siegesdenkmal des Augustus bei La Turbie (nahe Monaco) nennt fast fünfzig „Alpenstämme", die im Verlauf des Feldzugs besiegt wurden, darunter vier Stämme der Vindeliker. Unter diesen erscheint als einziger der im Königreich Noricum zusammengeschlossenen Völker der im Pinzgau ansässige Stamm der Ambisonten, der wohl seinen rätischen Nachbarn militärische Hilfe geleistet hatte. Das übrige Noricum beugte sich dem politischen Druck und dürfte weitgehend friedlich dem Römischen Reich einverleibt worden sein. Etwa fünf Jahre nach diesen Ereignissen unterzeichneten auch die Ambisonten gemeinsam mit sieben anderen norischen Stämmen Ehreninschriften für die Frauen des römischen Kaiserhauses, die sich damals in Aquileia aufhielten.[27]

Die Kelten, die von den Zeitgenossen als groß und stark, blond und blauäugig beschrieben werden, hatten damit ihre politische Selbständigkeit eingebüßt. Sie gingen aber nicht unter, sondern stellten auch in den folgenden Jahrhunderten den Großteil der Bevölkerung im Ostalpenraum und damit auch im Gebiet von Stadt und Land Salzburg. Während fünf Jahrhunderten römischer Herrschaft wurden sie zwar weitgehend romanisiert, übernahmen Sprache und Tracht der Römer und wurden deshalb von den germanischen Völkern als „Romanen" eingestuft. Trotzdem lassen zahlreiche Darstellungen, vor allem auf Grabdenkmälern, erkennen, daß diese Kelten in besonderen Merkmalen ihrer Tracht und wohl auch in ihrer Lebensform, vielleicht auch in ihrem Aussehen, noch lange ihre alten Eigenheiten bewahrten.

„Keltischer Kopf" von der Festung Hohensalzburg. Die Skulptur aus Untersberger Marmor (Höhe 50 cm) war über der Roßpforte eingemauert. Sie geht vielleicht auf ein Vorbild aus keltischer Zeit zurück und stammt in dieser Form wohl aus dem 12. Jahrhundert.
(Foto: Landesbildstelle Salzburg)

Muttergottheit mit zwei Säuglingen. Statuette aus weißem Ton (ihre Höhe beträgt 17,6 cm), auf der Stirn finden sich rote Farbspuren. Die Frisur entspricht der Mode des ausgehenden 1. Jahrhunderts n. Chr. Gefunden im römischen Gräberfeld beim Bürglstein.
(SMCA)

Iuvavum – Das römische Salzburg

Der Politik des Römischen Reichs entsprach es, daß die keltischen Höhensiedlungen, die auf dem Rainberg, dem Kapuzinerberg und dem Festungsberg bestanden, aufgelassen wurden, um die Bevölkerung im Tal anzusiedeln. Einerseits garantierte der im Römischen Reich gebotene Friede *(Pax Romana)* allen Einwohnern ein von Kriegen ungefährdetes Leben, andererseits konnten die Angehörigen der verschiedensten Völker, die unter römische Herrschaft kamen, in Talsiedlungen und Landstädten viel besser von den Behörden überwacht werden. Im Stadtgebiet von Salzburg ist nach den neuesten Grabungsergebnissen die Umsiedlung an die Ufer der Salzach viel rascher vor sich gegangen, als man bisher angenommen hatte. Schon unmittelbar nach der Besetzung von Noricum wurde mit der Anlage einer großflächigen, sorgfältig geplanten Siedlung begonnen, die im Bereich der heutigen Altstadt am linken Ufer der Salzach lag. Noch unter der Regierung des Kaisers Augustus, die bis zum Jahre 14 n. Chr. währte, wurden erste Häuser errichtet. Die Gebäude aus dieser Zeit, von denen bisher nur ein einziges in der Kapitelgasse Nr. 2 aufgedeckt wurde, waren in Holz gebaut, mit einfachen Wänden aus Rutengeflecht, das mit Lehm oder Mörtel abgedichtet wurde. Aus der Kaigasse stammen Streufunde der augusteischen Epoche. Bis in die Regierungszeit des Kaiser Claudius rückte die Verbauung von diesem ältesten Zentrum langsam nach Westen vor.[28]

Der Name der neuen, rasch aufblühenden Siedlung, *Iuvavum*, wurde wohl von den Kelten übernommen, könnte aber auch noch weiter zurückreichen. Gerne wüßten wir, was er bedeutet hat. Eine sprachlich gesicherte Erklärung ist aber bis heute nicht gelungen. Die Ableitung von einem angeblich illyrischen Ort *Djuvavum in der Bedeutung „Stadt des Himmelsgottes" wird heute im Detail ebenso abgelehnt wie die früher übliche Rückführung vorkeltischer Wörter auf das „Illyrische". In späteren Jahrhunderten wurde der Name Iuvavum mit dem lateinischen Wort *iuvare* = helfen in Verbindung gebracht. Schon seit dem Spätmittelalter, vor allem aber in der Barockzeit begegnet deshalb die deutsche Übersetzung „Helfenburg" für Salzburg. So schön diese Ableitung auch wäre, scheitert sie doch daran, daß der Name Iuvavum eindeutig in die vorrömische Zeit zurückreicht. Das in ihm enthaltene Suffix -av-, das wir auch in *Genava*, dem heutigen Genf finden, ist dafür ein sicheres Zeichen. Festzuhalten bleibt jedenfalls, daß schon in römischer Zeit der Name der Stadt und der Name des Flusses, an dem sie lag – so wie später bei Salzburg und Salzach – vom selben Wortstamm abgeleitet wurden. Die Salzach hieß bei den Römern *Iuvarus* oder *Ivarus*, womit der Name *Iuvavum* (*Ivavo* in der Tabula Peutingeriana) korrespondiert.[29]

Dank der günstigen Lage am Schnittpunkt wichtiger römischer Verkehrswege und an einem schiffbaren Fluß blühte die Siedlung an der Salzach rasch auf. Schon in der sogenannten Okkupationszeit, als das einstige Königreich Noricum nur als „besetztes Gebiet" eingestuft war, entwickelte sich Iuvavum zu einem wichtigen regionalen Zentrum. Unter Kaiser Claudius (41-54 n. Chr.) war die politische Lage soweit gefestigt, daß Noricum als römische Provinz eingerichtet wurde. Hatte bis dahin wohl ein römischer Offizier das Kommando geführt, so trat nun ein ziviler Statthalter *(Procurator)* an die Spitze der Provinzverwaltung.[30]

Der bekannte römische Schriftsteller und Naturforscher, Plinius der Ältere, berichtet über die römischen Städte in Noricum: *Virunum* (nördlich von Klagenfurt), *Celeia* (Cilli/Celje in Slowenien), *Teurnia* (bei Spittal an der Drau), *Aguntum* (bei Lienz in Osttirol), *Iuvavum sind claudische Städte, Solva* (bei Leibnitz in der Steiermark) *ist eine flavi-*

sche. Damit bezeugt Plinius, daß in Noricum fünf Gemeinden, darunter auch Iuvavum, unter Kaiser Claudius das Stadtrecht erhielten, während Solva erst unter Kaiser Vespasian (69–79 n. Chr.) zur Stadt erhoben wurde. Von den ältesten römischen Städten in Noricum war Iuvavum die einzige nördlich der Alpen, alle anderen lagen im Süden, wo sich auch der alte wirtschaftliche und politische Schwerpunkt der Provinz befand.[31]

Spätestens seit dem Jahre 54 n. Chr. besaß Iuvavum also die Rechtsstellung eines *municipium,* einer römischen Landstadt mit weitgehender Selbstverwaltung. Für das Römische Reich war es charakteristisch, daß ein größerer Teil der Verwaltung dem Wirkungsbereich der autonomen Städte überlassen blieb. Durchaus zutreffend wurde das *Imperium Romanum* als eine „ungeheure Konföderation sich selbst regierender Städte mit einer Zentralregierung in Rom" bezeichnet. Im Gegensatz zur urspünglichen Lebensform der Kelten, aber auch der Germanen und der Steppenvölker war römisches Leben vor allem städtisches Leben.

Zu den römischen Städten gehörte jeweils ein größeres Landgebiet, das von der Stadt verwaltet wurde. Der Verwaltungsbezirk von Iuvavum war wesentlich größer als das

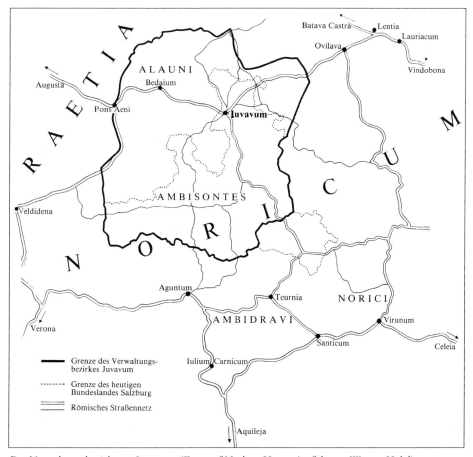

Der Verwaltungsbezirk von Iuvavum (Entwurf Norbert Heger, Ausführung Werner Hölzl).

heutige Land Salzburg. Er reichte im Süden zwar nur bis zum Tauernhauptkamm, so daß der Lungau der Stadt *Teurnia* (bei Spittal an der Drau) unterstand. Dafür aber gehörten der westlichste Teil von Nordtirol, der gesamte Chiemgau bis zum Innbogen und der Rupertiwinkel, das Innviertel und der Attergau zum Verwaltungsbezirk Iuvavums. Vor allem im Alpenvorland entstanden innerhalb des Landbezirks bald eine Fülle von römischen Landhäusern *(villae rusticae)*.[32]

Wo immer im Stadtgebiet Salzburgs der Archäologe seinen Spaten ansetzt, stößt er in geringerer oder größerer Tiefe auf die Spuren der römischen Vergangenheit. Schon am Ende des 18. Jahrhunderts wurden am Bürglstein derart viele römische Altertümer gefunden, daß der Besitzer dieses Areals im frühen 19. Jahrhundert seine reiche Sammlung an König Ludwig I. von Bayern verkaufen konnte. In den letzten Jahren und Jahrzehnten wurden dank großflächiger Notgrabungen im Bereich der alten Universität, im Toskanatrakt der Residenz, am Domplatz, Residenzplatz, Waagplatz und in den Kapitelhäusern wertvolle Erkenntnisse gewonnen. Trotz vieler wichtiger Details, die wir diesen Grabungen verdanken, ist es nicht möglich, das Stadtbild Iuvavums auch nur in den Grundzügen zu rekonstruieren. Die Möglichkeiten für archäologische Untersuchungen unter einer bewohnten, mit Leben erfüllten Stadt wie Salzburg werden immer beschränkt sein.[33]

Damit aber bleibt die Topographie von Iuvavum zwangsläufig nur Stückwerk. Bis heute konnten weder das römische Forum als politisches und wirtschaftliches Zentrum der Stadt, noch das Kapitol als sakraler Mittelpunkt von Iuvavum gefunden werden. Die Annahme, daß ein großer Tempel der kapitolinischen Trias, der Reichsgötter Jupiter, Juno und Minerva, auf dem Festungsberg stand, ist zwar verlockend, kann aber weder durch Funde noch durch schriftliche Quellen gestützt werden. Die Situierung derartiger Tempel in Italien und in etlichen römischen Provinzen spricht eher dagegen. Diese Einschränkungen sind zu berücksichtigen, wenn im folgenden versucht wird, ein Bild des römischen Iuvavum in groben Umrissen zu entwerfen: es war eine römische Kleinstadt mit unverkennbar keltisch-nordalpinem Charakter. Niedrige, höchstens einstöckige Häuser mit hellroten Ziegeldächern, zum Großteil gemauert, aber auch etliche Holz- oder Fachwerkbauten darunter, und Straßen, die mit großen Steinplatten gepflastert waren, prägten das Stadtbild. So wie im heutigen Salzburg lag das Zentrum der Stadt am linken Ufer der Salzach, wo allerdings die besiedelte Fläche durch den ausufernden Fluß und den Abhang des Mönchsbergs, an dessen Fuß sich ein sumpfiger Graben hinzog, eingeschränkt war. Von der Residenz über den Festspielbezirk und den Universitätsplatz bis zum Bürgerspital erstreckte sich ein ausgedehntes Handwerkerviertel.[34]

An der Stelle des Kleinen Festspielhauses lag eine römische Töpferei, deren Reste sieben Meter unter dem heutigen Bodenniveau freigelegt wurden. Zwischen Holzhäusern, die in Blockwandbauweise ausgeführt waren, lag der Werkplatz mit den Brennöfen. Wegen des feuchten und versumpften Untergrunds – wahrscheinlich verlief hier einst ein toter Salzacharm – hatten die Töpfer durch mehrmaliges Aufschütten von Keramikbruch und Fehlbrandware versucht, bessere Bedingungen zu schaffen. Der Standplatz war an ein Tonvorkommen in der unmittelbaren Nachbarschaft gebunden, das den not-

Ringkämpfer vom Achelóos-Mosaik, gefunden 1841 bei Fundamentarbeiten für das Mozartdenkmal auf dem Mozartplatz. Die Bildfelder mit den Ringkämpfern stammen aus dem frühen 3. Jahrhundert und wurden nachträglich in das Mosaik des 2. Jahrhunderts eingefügt. (SMCA)

wendigen Rohstoff für die hier erzeugte Keramik lieferte. Nach einer Überschwemmung am Ende des 1. Jahrhunderts n. Chr. war der Betrieb eingestellt und das Areal später mit römischem Schutt aufgefüllt worden.[35]

Zwischen der Kollegienkirche und der Aula der Universität stand eine römische Bronzegießerei in Betrieb. Auch im Hof der alten Universität, wo mehr als 1000 Kilogramm Tonscherben geborgen wurden, und im Toskanatrakt der Residenz konnten Überreste des ausgedehnten römischen Handwerkerviertels festgestellt werden. Wegen der Rauchentwicklung und der Brandgefahr, die von den Werkstätten ausgingen, war diese Handwerkersiedlung deutlich von den vornehmen Wohnvierteln im Osten der römischen Stadt geschieden. Neben der Bronzegießerei und einer von insgesamt drei Töpferwerkstätten gab es einige Ziegeleien sowie eisenverarbeitende Werkstätten, auf die zumindest Spuren von Schlacken hinweisen. Auch Steinmetzen, Mosaikenhersteller und wenigstens ein Goldschmied waren hier tätig.³⁶ Eine Hirschhornschnitzerei konnte im rechtsufrigen Stadtteil lokalisiert werden. Von Handwerkern, die vorwiegend organische Stoffe verarbeiteten, wie Gerbern, Schustern, Tischlern, Zimmerleuten, Webern, Schneidern, Färbern, auch Bäckern und Metzgern, konnten sich kaum Spuren erhalten. Ihre Existenz ist aber für das städtische Leben vorauszusetzen. Wahrscheinlich waren sie – so wie in anderen römischen Munizipalstädten – in Gilden oder Zünften *(collegia)* zusammengeschlossen.

Die Blüte der handwerklichen Produktion, die mit der Erhebung Iuvavums zur Munizipalstadt um 45 n. Chr. eingesetzt hatte, währte bis in die zweite Hälfte des 2. Jahrhunderts n. Chr. Im Markomannenkrieg (168–180 n. Chr.) wurde mit der Stadt auch das Handwerkerviertel zerstört. Ein Wiederaufbau erfolgte nur in stark eingeschränktem Umfang, viele Gebäude blieben in Schutt und Asche liegen. Spätestens am Ende des 3. Jahrhunderts n. Chr. fand die handwerkliche Produktion ein Ende. Kein Fund weist darauf hin, daß später in diesem Gebiet noch Menschen siedelten.³⁷

Vom Wallistrakt der Residenz über den Domplatz, den Residenzplatz, den Waagplatz und den Mozartplatz erstreckte sich ein vornehmes Wohnviertel. An zahlreichen Stellen wurden die Reste von römischen Häusern aufgedeckt, deren Räume mit Wandmalereien geschmückt waren. Besonders eindrucksvoll sind die prachtvollen Mosaikböden dieser Häuser, die mit der Vielfalt ihrer Motive, mit der hervorragenden Qualität und künstlerischen Gestaltung deutlich über dem Niveau anderer römischer Landstädte liegen. Die Mosaiken von Iuvavum, die an Ort und Stelle produziert wurden, müssen der Stadt schon in römischer Zeit einen besonderen Ruf verliehen haben und setzen uns auch heute noch in Erstaunen.³⁸

Als Beispiel sei auf jenes römische Haus verwiesen, das bei der Errichtung des Mozartdenkmals 1841 aufgedeckt wurde. Die Räume dieses Gebäudes waren mit Mosaiken geschmückt, im Hauptraum lagen insgesamt vier Fußböden übereinander: Zuunterst ein einfacher Mörtelestrich, darüber das prachtvolle Acheloosmosaik, das in seinen Bildfeldern den griechischen Flußgott Acheloos, der von Herakles im Zweikampf besiegt wurde, sowie Darstellungen von Faustkämpfern zeigt. Nach Zerstörungen wurde im 4. Jahrhundert ein weiterer Mosaikboden mit rein ornamental verzierten Feldern darübergelegt. Die nur unvollständig überlieferte Inschrift wurde bisher so gelesen: „Hier wohnt die Glückseligkeit, nichts Böses soll Zutritt finden" *(Hic habitat felicitas, nihil intret mali)*. Leider ist genau die Stelle mit dem Wort „Glückseligkeit" *(felicitas)* zerstört. Es könnte dort auch „Hercules" oder vielleicht sogar „Christus" gestanden haben. Über diesem „Felicitasmosaik" wurde zuletzt, in der kritischen Spätzeit der römischen Stadt, noch ein bescheidener Ziegelboden verlegt. Auch die schönsten römischen Fresken Salzburgs stammen aus diesem Haus unter dem Mozartdenkmal.³⁹

Während der kalten Jahreszeit wurden diese vornehmen Wohnhäuser mit Warmluft beheizt. Für die römische Hypokaustheizung wurde der ganze Fußboden auf Pfeilern von etwa einem halben Meter Höhe verlegt. Dadurch entstand unter dem Fußboden ein Hohlraum. In einem kleinen Anbau an der Außenseite des Hauses befand sich die Feuerstätte *(praefurnium)*. Das Feuer wurde dreimal täglich mit Holzkohle genährt und brannte Tag und Nacht ohne zu erlöschen. Die heiße Luft strich unter den Fußboden, erwärmte diesen und wurde häufig auch in Steigleitungen, die in den Wänden unter Verputz verlegt waren, hochgeführt. Damit gab es in den Wohnräumen weder Rauch noch Ruß, Gestank, Asche oder Zugluft, dafür eine gleichmäßige und sehr angenehme Wärme.

Auf dem Domplatz stand ein elegantes Peristylhaus. In diesem waren die Wohntrakte um einen Säulenhof *(Peristyl)* angeordnet. Um den Innenhof lief ein gedeckter Wandelgang, dessen Dach von Säulen getragen wurde. Schließlich gehörten zu den Häusern der vornehmeren Bürger mehr oder weniger ausgedehnte Bäder, oft in ein Kalt- und Warmwasserbad sowie ein Schwitzbad samt Nebenräumen gegliedert. Wer es sich leisten konnte, verstand es schon im römischen Salzburg, ein komfortables Leben zu führen.[40]

Der merkwüdig gewinkelte Verlauf der Kaigasse zwischen den Hausnummern 27 bis 31 ist bis heute durch das größte Bauwerk Iuvavums bestimmt, das bisher aufgedeckt wurde. Von der Kaigasse an der Einmündung der Kapitelgasse bis zur Krotachgasse erstreckte sich ein mächtiger römischer Tempel, der 150 × 100 römische Fuß, das sind 45,4 × 29,6 Meter, maß. Es war ein Umgangstempel *(Peripteros)*, bei dem der Hauptraum *(cella)* auf allen vier Seiten von Säulen umstanden war. Bereits 1885 wurden ganz in der Nähe zerschlagene Marmorstatuetten der Gottheiten Asklepios, Hygieia, Mater Magna und Sarapis gefunden. Daraus schließt man, daß die mächtige Tempelanlage in der Kaigasse Asklepios, dem Gott der Heilkunst, geweiht war. Damit würden auch die drei anderen genannten Götterstatuen gut übereinstimmen.[41]

Über den Verlauf der Straßenzüge im linksufrigen Stadtgebiet von Iuvavum ist wenig bekannt. Nur vor dem Hauptportal des Domes gelang auf dem Domplatz die Auffindung einer römischen Straße, die mit großen Kalksteinplatten gepflastert und von Abwassergräben begleitet war. Links und rechts davon standen Gebäude, die sich mit kleinen Geschäften *(tabernae)* zur Straße hin öffneten. Ein paralleler, von Osten nach Westen verlaufender Straßenzug wurde im Bereich der Landeshypothekenbank auf dem Residenzplatz und im Toskanatrakt der Residenz angeschnitten. Das Stück einer schmalen römischen Gasse, das im Bereich des Alten Marktes aufgedeckt wurde, folgte etwa dem Verlauf der Brodgasse. Das würde einen annähernd rechten Winkel zur großen Straße auf dem Domplatz ergeben und auf eine planmäßige, rasterartige Verbauung im Stadtgebiet hindeuten. Die meisten römischen Städte waren in dieser Art angelegt. Die römischen Bauten am Mozartplatz, am Waagplatz und in der Kaigasse zeigen allerdings eine abweichende Ausrichtung. Ihre Achse bildete mit dem zuvor erwähnten Straßenverlauf einen stumpfen Winkel. Die Hauptachse am linken Salzachufer, die im wesentlichen der Flußrichtung folgte, war also geknickt. Vielleicht sind zwei voneinander abweichend ausgerichtete Verbauungszonen anzunehmen, die in sich vollkommen regelmäßig gestaltet waren.[42]

Einige Meter flußaufwärts von der heutigen Staatsbrücke führte vom Klampferergäßchen die römische Brücke über die Salzach zum Stein. Neben Resten vom Widerlager wurde auch eine Stierfigur gefunden. Der Stier hatte einst die Götterfigur des Jupiter Dolichenus getragen. Diese Gottheit, eine römische Umsetzung des Baal von Doliche, stand in voller Rüstung auf dem Stier. Nachdem die Jupiterfigur abgebrochen war, wurde der Bronzestier in Zweitverwendung als Personifikation des Flusses in einer Nische des römischen Brückenpfeilers aufgestellt. Der Flußgott in Stiergestalt war ein sehr beliebtes Symbol in römischer Zeit.[43]

Der Stadtteil am rechten Salzachufer, der eigentlich nur einen Brückenkopf bildete, war für den Fernverkehr von besonderer Bedeutung. Die Reichsstraße aus dem Süden, die von der Provinzhauptstadt *Virunum* über den Radstädter Tauernpaß nach Iuvavum führte, war mit dem Verlauf der heutigen Steingasse identisch. Sie traf nahe dem heutigen Platzl mit der Straße aus *Ovilava* (Wels) und *Lauriacum* (Enns) zusammen, die entlang der Schallmoser Hauptstraße und der Linzer Gasse in das rechtsseitige Iuvavum führte. Wer nach Westen in Richtung *Augusta Vindelicum* (Augsburg) weiterreisen wollte, der mußte über die Salzachbrücke ans linke Flußufer, wo die Reichsstraße zunächst die Salzach entlangführte, etwa der heutigen Getreidegasse folgend, beim Klausentor ganz hart am Fuß des Mönchsbergs verlief und dann über Mülln nach Kleßheim ins flache Land hinausführte.[44]

Entlang der heutigen Linzer Gasse lagen einfache Häuser, die durch eine Holzrohrleitung mit Wasser versorgt wurden. An der Ecke Linzer Gasse–Bergstraße wurden die Fundamente eines stattlichen römischen Gebäudes von fast 17 Meter Breite und auch qualitätvoll ausgeführte Teile eines Pfeilers samt Basis und Kapitell gefunden. Welche Funktion dieser Bau hatte, ist noch umstritten. Eine frühchristliche Basilika, wie der Ausgräber vermutete, ist es sicher nicht gewesen. Im Hof des Priesterhauses in der Dreifaltigkeitsgasse gab es außerdem eine weitere römische Töpferei.[45]

Die Friedhöfe mit den römischen Grabstätten lagen, wie im Römischen Reich üblich, außerhalb der Stadt an den Ausfallstraßen. Das größte Gräberfeld dehnte sich entlang der Tauernstraße beim Bürglstein aus. Dort wurde auch der Verbrennungsplatz *(ustrina)* unmittelbar am alten Salzachufer gefunden. Kleinere Friedhöfe lagen vor dem ehemaligen Linzer Tor und im Nonntal, einzelne Bestattungen fanden sich auch an den Nebenstraßen in Mülln, am Mirabellplatz und in Schallmoos.

Am Stadtbild des römischen Salzburg zu beiden Ufern der Salzach bleibt damit vieles offen. Wir wissen zwar, daß an der Stelle des Alten Marktes schon in römischer Zeit ein Platz lag, der in seinen Dimensionen sogar breiter war als der heutige. Dieser Platz war aber nicht das Forum, das man am ehesten im Raum Residenzplatz – Kapitelplatz vermuten darf. Dafür bietet zumindest der Fund eines kleinen Altars beim Residenzbrunnen, der „dem Jupiter und allen Göttern" geweiht war, einen gewissen Hinweis. Ungelöst ist auch die Frage nach dem Haupttempel Iuvavums, der sicher der kapitolinischen Trias, den drei Hauptgöttern Jupiter, Juno und Minerva, geweiht war. Es bleibt zu hoffen, daß künftige archäologische Untersuchungen und Funde darüber Aufschluß bringen und damit unsere Vorstellung von der Topographie des römischen Salzburg wesentlich erweitern werden. Es wäre auch interessant zu wissen, ob es auf dem Boden des römischen Salzburg ein Amphitheater gegeben hat. Mit Schauspiel hatte ein derartiges „Theater", in dem vor allem Gladiatorenkämpfe und Tierhatzen zur Volksbelustigung geboten wurden, allerdings nichts zu tun.[46]

Der Stier aus der Salzach. Bronzestatuette (Höhe 19,8 cm, Länge 20,5 cm), Anfang 3. Jahrhundert n. Chr. Gefunden 1943 bei Fundamentarbeiten für den Neubau der Staatsbrücke. (SMCA)

Dafür kann Iuvavum noch mit zwei Besonderheiten aufwarten. Nahe dem Linzer Tor wurde um 1899 das unscheinbare Bruchstück einer Bronzescheibe gefunden. Darauf sind drei menschliche Gestalten eingraviert: die Königstochter Andromeda, die an einen Felsen gekettet einem Seeungeheuer vorgeworfen werden sollte; der Held Perseus, der zu ihrer Befreiung herbeistürmt, und schließlich ein Wagenlenker. Sie waren als Personifikation für die entsprechenden Sternbilder abgebildet worden. Damit aber erwies sich das Bruchstück als Teil einer großen Bronzescheibe mit stereographischer Himmelsprojektion. Sie gehörte zu einer astronomischen Wasseruhr, die irgendwo im Stadtbereich aufgestellt war. Derartige Uhren, wie sie der römische Schriftsteller Vitruv beschreibt, stellten die Spitzenleistung antiker Uhrmacherkunst dar. An ihnen waren nicht nur Tag und Monat, sondern auch die tägliche Bewegung der Sonne, das Zu- und Abnehmen des Tages, die Deklination der Sonne und noch anderes abzulesen. Das Salzburger Fragment ist bis jetzt der einzige Rest eines derartigen Wunderwerkes, der sich im Gebiet des riesigen Römischen Reiches gefunden hat.[47]

Von einem zweiten römischen Denkmal haben sich nur schriftliche Nachrichten aber keine Bruchstücke erhalten. Am Ufer der Glan wurde 1567 eine große Zahl von Marmorblöcken entdeckt, darunter auch Reliefdarstellungen mit dem Triumph des Kaisers Septimius Severus (193–211 n. Chr.) und einer Opferszene, auf der vielleicht ebenfalls der Kaiser dargestellt war. Wenn die Marmorblöcke wirklich so groß waren, daß man daraus eine Kirche bauen konnte, wie es in dem alten Fundbericht heißt, dann muß auch dieses imposante Triumphdenkmal einen Abglanz der großen römischen Welt in der biederen Landstadt Iuvavum dargestellt haben.[48]

Im heutigen, stark vergrößerten Stadtgebiet von Salzburg wurde in Liefering ein römischer Gutshof aufgedeckt, den man am ehesten als großen Bauernhof einstufen würde. Die Hoffläche im Ausmaß von 180 x 100 Metern war von einer Mauer umgeben. An der Südwestseite lag das Wohnhaus des Gutsherrn, das reichlich mit Hypokaustanlagen versehen war. In der Mitte des Hofes befand sich das Badegebäude, in der Nordostecke wurden Spuren eines einfachen Gesindehauses festgestellt. Entlang der Hofmauer lagen Wirtschaftsgebäude, die als Stall und Scheune angesprochen wurden. Unter dem bescheidenen Fundmaterial gab es Reste zahlreicher landwirtschaftlicher Geräte. Der Lieferinger Gutshof stand vom späteren 1. Jahrhundert n. Chr. bis ins 4. Jahrhundert in Betrieb.[49]

Nahe der Stadtgrenze lag in Kemeting am Abhang des Plainberges das Landhaus *(villa)* des Lucius Vedius Optatus, dessen Name als Stifter eines Weihealtars, der in der Ruine gefunden wurde, überliefert ist. Die stattliche Anlage entspricht vom Typ her einer Porticusvilla mit Eckrisaliten, bei der ein offener Säulengang *(porticus)* im Erdgeschoß zwischen den Eckbauten eingefügt war. Das Dach des langgestreckten Gebäudes war mit Ziegeln gedeckt, die Mauern gut gemörtelt, die einzelnen Räume mit Estrichen aus rotem Kalkmörtel versehen. Der Mitteltrakt überragte die Seitenflügel. Unter den fast 20 Räumen, die identifiziert werden konnten, nahm der ausgedehnte Badetrakt beinahe den gesamten Westflügel ein. Neben einem Kaltwasserbad, einem Heißwasserbad und einem Warmluftraum *(tepidarium)*, der einen allzu schroffen Temperaturwechsel verhindern sollte, gab es auch ein Schwitzbad *(sudatorium)* und einen eigenen Auskleideraum. Während von der Villa in Kemeting zumindest das Hauptgebäude untersucht wurde und von den Landhäusern in Aigen-Glas und Kerath (bei Bergheim) Teilbefunde vorliegen, ist von weiteren römischen Villen in Morzg, in Maxglan und in Elsbethen nur der Standort bekannt.[50]

Eine Sonderstellung unter all diesen Bauten nahm die römische Villa in Loig auf den Walserfeldern im Westen der Stadt ein. Bereits im Jahre 1815, als die bayerische Akademie die Grabungen in Angriff nahm (Salzburg gehörte damals zu Bayern), erregten die Dimensionen des Gebäudes weit über die Landesgrenzen hinaus Aufsehen. Die größte Länge des ausgegrabenen Baukomplexes betrug 170 Meter, die größte Breite über 70 Meter. Es war ein Palast von imponierender Größe, mit dem in Österreich nur die römische Villa von Graz-Thalerhof verglichen werden kann. Welchen Bautyp die Villa in Loig verkörperte, ist offen. Vermutet wurde ein „Fassadenbau", bei dem der langgestreckte Haupttrakt von zwei kräftig betonten Eckbauten flankiert wird. Eine lange Wandelhalle schließt den Baukörper zusammen und verbindet ihn mit den Nebengebäuden. Ergraben wurden in Loig bisher nur die Rückseite des Haupttraktes und der östliche Eckbau. Der Hauptbau schaute nach Süden und bot den Bewohnern einen überwältigenden Blick auf den nahen Untersberg. Vor der Südfassade, von den Eckbauten eingefaßt, lag eine ausgedehnte Gartenanlage.[51]

Der Großzügigkeit der Maße entsprach die Gediegenheit der Innenausstattung. Von den Fresken, der Marmorvertäfelung und den Säulenkapitellen, die in alten Fundberichten erwähnt werden, hat sich leider nichts erhalten. Einen guten Eindruck von der künstlerischen Qualität vermitteln aber die Mosaikfußböden, mit denen der gesamte Osttrakt ausgestattet war. Berühmt ist das fast zur Gänze erhaltene Theseus-Mosaik, das sich heute im Kunsthistorischen Museum in Wien befindet. Im Mittelteil sind in vier großflächigen Bildfeldern und in höchster künstlerischer Qualität die Hauptmotive der Sage von Theseus und Ariadne dargestellt:

1. Ariadne, die Tochter des Minos, gibt dem Helden Theseus einen Wollknäuel, damit er den Weg aus dem unterirdischen Labyrinth zurückfinden kann.

2. Theseus erschlägt im Inneren des Labyrinths den Minotaurus, ein Ungeheuer mit einem menschlichen Körper, auf dem ein Stierkopf sitzt.

3. Theseus führt nach seinem Sieg Ariadne auf ein Segelschiff, das am Strande von Kreta auf die beiden wartet.

4. Ariadne sitzt trauernd auf einer Steinbank am Strand der Insel Naxos, wo Theseus sie auf Befehl des Gottes Dionysos zurückgelassen hat.

Neben dem Dionysosboden aus Virunum ist das Theseus-Mosaik aus Loig die reifste Leistung römischer Mosaikkunst, die sich in Österreich erhalten hat.[52]

Die Villa in Loig mit ihren riesigen Proportionen war nicht wie jene in Liefering einfach der Landsitz eines vermögenden Gutsherrn samt seiner Familie und seinem Gesinde, sondern ein großer landwirtschaftlicher Betrieb, in dem wohl einige hundert Personen lebten und arbeiteten. Auch Werkstätten von Handwerkern waren darin eingebunden. Als im Jahre 1979 in Loig erneut archäologische Untersuchungen aufgenommen

Bruchstück einer Bronzescheibe von einer astronomischen Wasseruhr (Radius 40,6 cm, Bogenlänge 55 cm). Gefunden um 1899, wahrscheinlich vor dem ehemaligen Linzer Tor. (SMCA)

wurden, stieß man auf beachtenswerte Zeugnisse der Bildhauerkunst. Gefunden wurden unter anderem zerbrochene Säulen aus Marmor und Konglomerat sowie Bruchstücke eines Kapitells. Im September 1983 wurden außerdem drei monumentale Marmorplatten mit Reliefverzierung gehoben, die an ihrer vorzüglich erhaltenen Schauseite jeweils zwei auseinanderstrebende Delphine zeigen. Diese Platten stammen von der Einfassung eines Wasserbeckens und die Delphine sollten das nasse Element verkörpern, das durch den Dreizack des Gottes Neptun in einem der Bildfelder unterstrichen wird. Die Stücke, die dem späteren römischen Kunststil entsprechen, sind aus weißem bis leicht rötlichem Marmor vom nahen Untersberg gefertigt. Vielleicht befand sich auf dem großen Areal der Villa in Loig ein eigener Steinmetzbetrieb, der den Marmor vom Untersberg verarbeitete.[53]

Der Verlust reicher römischer Fundgüter aus Loig, vor allem qualitätvoller Mosaiken, die nur teilweise zur Ausstattung der Kaiservilla in Laxenburg verwendet wurden, ist aufs höchste zu bedauern. Die erhaltenen Stücke vom Theseus-Mosaik bis zu den Delphin-Platten demonstrieren aber immer noch eindrucksvoll die Erhabenheit römischer Baukunst und Kultur, die es nicht nur in der Stadt Iuvavum sondern auch in ihrem Umland gegeben hat.

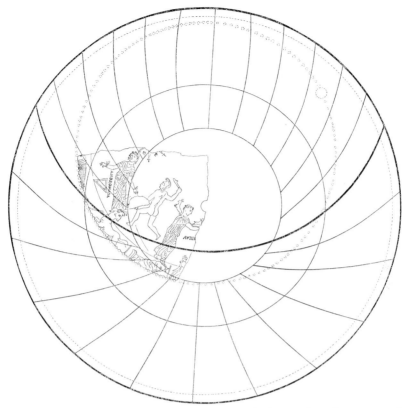

Rekonstruktion der Bronzescheibe aus Iuvavum mit den Sternbildern Andromeda, Perseus und Fuhrmann sowie der Zeitskala vor der Scheibe. *(aus: Norbert Heger, Salzburg in römischer Zeit)*

Marcus Haterius Summus – Ein Bürgermeister lindert die Hungersnot

M(arco) Haterio	*Für Marcus Haterius Summus*
Luci fil(io)	*Sohn des Lucius*
Claud(ia tribu) Summo	*aus dem Bürgerbezirk Claudia*
dec(urioni) municipi(i)	*Ratsherr des Municipium*
Iu(v)avi	*Iuvavum*
II viro iur(is) d(icundi)	*Bürgermeister.*
plebes oppidan(a)	*Die Stadtbevölkerung*
optimo civi	*dem edlen Mitbürger*
ob annonam	*für den Getreidepreis,*
relevatam	*den er gesenkt hat.*

Diese Inschrift steht auf einer in der Kaigasse gefundenen Marmortafel.[54] Sie gewährt uns einen tiefen Einblick in Verwaltung und öffentliches Leben des römischen Iuvavum. So wie der verdiente Bürgermeister Marcus Haterius Summus aus seinem Privatvermögen teures Getreide angekauft und zu einem ermäßigten Preis an die notleidende Bevölkerung abgegeben hatte, war in den römischen Städten vieles von der Großzügigkeit reicher Familien abhängig; sie riefen Stiftungen ins Leben und veranstalteten Spiele für das Volk. Der Bau von Rathäusern, Theatern, Arenen, Bibliotheken, Bädern und Parkanlagen entsprang fast ausschließlich dem Mäzenatentum wohlhabender Bürger. Deshalb konnte nur Zugang zu höheren Ämtern erhalten, wer über ein ansehnliches Privatvermögen verfügte, wie das zum Teil noch heute in den USA der Fall ist. Nur wer ein Mindestvermögen von 400.000 Sesterzen nachweisen konnte und dem Ritterstand angehörte, hatte Aussicht auf den Statthalterposten der Provinz Noricum. Damit wollte man der Bestechlichkeit von ranghöchsten Beamten vorbeugen.

Auch in der Stadt Iuvavum führte die ehrenamtliche Ausübung der Gemeindeämter als wichtigster Grundsatz der Selbstverwaltung zur praktischen Vererbung dieser Ämter innerhalb einer begrenzten Zahl von Familien. Nach dem Vorbild des Senats in Rom gab es in den kleineren Städten den Rat *(ordo decurionum)*, der gewöhnlich aus 100 Mitgliedern bestand. Voraussetzung für die Ratsfähigkeit war meist ein Mindestvermögen von 100.000 Sesterzen. Die Gemeinderäte *(decuriones)* wurden nicht für eine bestimmte Amtszeit gewählt, sondern auf Lebenszeit in den Rat berufen. Der Gemeinderat stand an der Spitze der städtischen Selbstverwaltung, die in Iuvavum – so wie in anderen römischen Munizipalstädten – durch ein Gesetz *(lex Iulia municipalis)* geregelt war.

Als ausführende Organe des Rates wurden zwei Bürgermeister oder Stadtrichter *(duoviri iuris dicundi)* vom Volk für jeweils ein Jahr gewählt. Neben der städtischen Gerichtsbarkeit als ihrer wichtigsten Aufgabe fielen auch die Überwachung der Finanzgebarung, die Einberufung von Versammlungen des Rates und des Volkes, die Ausschreibung von Wahlen, die Pflege der in der Stadt üblichen Kulthandlungen, die Verpachtung städtischer Liegenschaften, Vertragsabschlüsse mit Nachbargemeinden, Empfänge usw. in ihre Zuständigkeit.

Einen Rang unter ihnen standen die beiden Aedilen, die vor allem die Markt- und Bauaufsicht wahrnahmen. Sie waren für die ausreichende Versorgung der Stadt mit Lebensmitteln und für die Kontrolle der Maße und Gewichte verantwortlich. Verdorbene Waren ließen sie beschlagnahmen und vernichten, gegen erhöhte Preise und versuchten Betrug schritten sie ein. Mit der Sorge um die Stadt *(cura urbis)* war ihnen auch die Erhaltung und Sauberkeit der öffentlichen Gebäude, die Aufsicht über die Reinhaltung von Wegen und Gehsteigen durch die Anrainer, die Sorge für einen ungehinderten und sicheren Verkehr sowie die Erhaltung eines ungestörten Stadtbildes übertragen. Rangmäßig unter den Aedilen standen die Quästoren als Verwalter der städtischen Kasse. Die Aufgabe der Finanzverwaltung wurde allerdings in kleinen Gemeinden auch von den Bürgermeistern selbst wahrgenommen. In ihrer Arbeit wurden die leitenden Beamten von einer Reihe subalterner Bediensteter, vor allem von Schreibern, unterstützt, die bei dem jährlichen Wechsel ihrer Vorgesetzten zugleich die einheitliche Linie der Verwaltung garantierten.[55]

Decurionen, Duoviren und Aedilen von Iuvavum sind aus mehreren Inschriften bekannt, die meist in der Umgebung der Stadt gefunden wurden. Der Schluß liegt nahe, daß die Ehrenämter und die Sitze im Gemeinderat meist von den Grundbesitzern der Umgebung eingenommen wurden. Als Beispiel sei eine Grabinschrift für einen Bürgermeister von Iuvavum zitiert, die sich im bayerischen Trostberg und damit in doch beachtlicher Entfernung von der römischen Stadt, erhalten hat. Sie lautet in deutscher Übersetzung:

„Für Lucius Bellicius Quartio, Sohn des Lucius, Ratsherr der Iuvavenser, Bürgermeister, er lebte 58 Jahre; und für Saplia Belatumara, seine Gattin, verstorben mit 62 Jahren, haben Bellicius Seccio und Bellicius Achilles mit ihren Gattinnen das Grabdenkmal aufgrund des Testamentes errichten lassen."

Die Inschrift ist deshalb interessant, weil aus ihr hervorgeht, daß auch Angehörige einheimischer Geschlechter zum städtischen Adel zählten. Die Gattin des Bürgermeisters war eine vornehme Keltin mit dem schönen Namen Belatumara. Ihrem Familiennamen Saplius ist zu entnehmen, daß sie einer Ratsherrnfamilie aus Ovilava (Wels) entstammte. Dem ältesten Sohn gaben der Bürgermeister Bellicius Quartio und seine Gattin den keltischen Namen Seccio, den zweiten nannten sie nach dem größten griechischen Helden Achilles.[56]

Häufig begnügten sich Männer damit, nur das Aedilenamt auszuüben und nicht die ganze Ämterlaufbahn zu durchschreiten. Damit konnten sie schon nach dem Ablauf eines Amtsjahres das römische Bürgerrecht erwerben. Es gibt allerdings aus der Stadt selbst einen Grabstein, dessen Inschrift dem Verstorbenen nachrühmt, daß er alle Ämter seiner Heimatstadt der Reihe nach bekleidet habe. Ganz vereinzelt findet man den Hinweis auf einen subalternen Beamten. Die Inschrift auf dem Grabstein des Gemeindesklaven Venustinus berichtet, daß dieser Kassier bei der Stadtkasse war.[57]

Die finanzielle Großzügigkeit und das Mäzenatentum der reichen Familien trugen im 1. Jahrhundert n. Chr. auch in Iuvavum wesentlich zu einer Blüte des kommunalen Lebens bei. Als aber seit dem 2. Jahrhundert die Ansprüche der Gemeinden wuchsen und ihre finanziellen Forderungen größer wurden, mehrten sich die Klagen über die drückende Belastung. Die Freude am städtischen Leben nahm ab, und es mangelte auch an geeigneten Kandidaten, die sich für die städtischen Ämter zur Verfügung stellten. Diese Tendenz hat sich in den folgenden Jahrhunderten noch verstärkt.

In Iuvavum waren die gesellschaftlichen Unterschiede in der Bevölkerung natürlich nicht so kraß ausgebildet wie im großstädtischen Rom mit seinem steinreichen Patriziat und ausgeprägtem Proletariat. Es gab aber doch gravierende Unterschiede in der Rechtsstellung der Stadtbewohner. Die meisten von ihnen besaßen das römische Bürgerrecht. Bereits an der Gründung von Iuvavum muß neben der einheimischen keltischen Bevölkerung eine größere Zahl von zugezogenen römischen Bürgern beteiligt gewesen sein, weil zunächst nur sie die städtische Selbstverwaltung nach römischem Muster verwirklichen konnten. Die Verleihung des Munizipalrechts durch den Kaiser deutet auf eine bereits fortgeschrittene „Romanisierung" hin, die allein die Gewähr für das Funktionieren der städtischen Verwaltung bot.

Aber auch die alteingesessenen Führungskräfte konnten durch die Bekleidung von Ämtern, durch den Militärdienst, aber auch durch Adoption und Freilassung das volle römische Bürgerrecht erlangen. Da in Iuvavum als häufigster Name Julius, also jener des Kaisergeschlechts der Julier, begegnet, haben vielleicht schon Augustus und Tiberius das Bürgerrecht an Einheimische verliehen. Zu rechnen ist aber auch damit, daß viele Zuzügler, vor allem aus Oberitalien, bereits von dort den Gentilnamen Julius mitbrachten. Soldaten aus Iuvavum dienten in Pannonien, am Rhein und in Britannien, meist in ethnisch bunt zusammengewürfelten Einheiten. Nach einer Dienstzeit von 25 Jahren zählten die ehemaligen Soldaten, die mit dem Bürgerrecht ausgestattet und auch finanziell verhältnismäßig gut gestellt waren, zur gehobenen Schicht der Stadt. Kaiser Caracalla (211–217 n. Chr.) hat durch ein Gesetz im Jahre 212 das römische Bürgerrecht auf fast alle freien Reichsbewohner ausgedehnt.[58]

Neben den Bürgern gab es in der Stadt auch Freigeborene, die als *Peregrini* das römische Bürgerrecht nicht besaßen. Zu ihnen zählten in der Stadt Iuvavum und im umgebenden Landbezirk vor allem Kelten, die man an ihren Namen deutlich erkennt. Dane-

Theseus-Mosaik aus der römischen Villa in Loig bei Salzburg. 3. Jahrhundert n. Chr., Maße ursprünglich 636 cm x 550 cm, heute nur noch 410 x 420 cm, gefunden 1815. (KHM, Wien)

ben gab es auch eine Unterschicht, die aus Freigelassenen und Sklaven bestand. So begegnet in einer Inschrift aus Iuvavum der Kelte Saxio, der zuvor Sklave des Kelten Volovicus gewesen und von diesem freigelassen worden war. Die Zahl der Sklaven nahm zwar stetig ab, und mancher Kaiser versuchte das Los dieser Menschen zu bessern; die Einrichtung der Sklaverei blieb aber auch in der Spätantike bestehen. Das persönliche Los der Sklaven war vor allem von der Einstellung ihrer Herren abhängig. Einerseits konnte man einen Sklaven auf dem Markt kaufen und wie ein Maultier für die schwersten Arbeiten einsetzen, andererseits bekleideten Sklaven als Verwalter, Erzieher, Lehrer und Leibärzte ausgesprochene Vertrauensstellungen. Man war bereit, ihnen die Kinder und auch das eigene Leben anzuvertrauen. Was den materiellen Besitz betrifft, gab es sicher zahlreiche Freigeborene, die mehr darben mußten als mancher Sklave in reichem Haus. Der bereits genannte Gemeindesklave Venustinus, der bei der Stadtkasse tätig war, konnte der Kultgemeinschaft, der er angehörte, schließlich einen Altar samt Statue stiften. Eine mindere Rechtsstellung mußte also im römischen Iuvavum nicht unbedingt bedeuten, daß man der Willkür des Herrn ausgeliefert war und sein Leben in Armut und Hunger fristete.[59]

„Hier wohnt die Glückseligkeit" – Leben im römischen Salzburg

Als die Stadt Salzburg im Jahre 1841 endlich daran ging, ihrem größten Sohn, Wolfgang Amadeus Mozart, ein Denkmal zu setzen, stieß man bei den Fundamentierungsarbeiten auf ein römisches Mosaik. „Diese unerwartete Entdeckung erregte in Salzburg sehr lebhafte Freude, welche umso größer war, je weniger eine solche Auffindung vermuthet werden konnte...", berichtet ein Zeitgenosse.[60] Vielleicht sollte es wirklich mehr als ein Zufall sein, daß gerade dieses „Felicitas-Mosaik" in seiner bereits dargelegten Inschrift die Glückseligkeit des Ortes beschwor. Als es im 4. Jahrhundert n. Chr. verlegt wurde, waren freilich die Tage eines glücklichen Alltagslebens in Iuvavum längst vorüber. Denn die Stadt hatte ihre größte Blüte von der Mitte des 1. Jahrhunderts bis zu den Markomannenkriegen erlebt, die 171 n. Chr. ausbrachen. In einer Zeit, die von ständiger Bedrohung und Furcht erfüllt war, sollte die Inschrift wohl jene längst vergangene „Glückseligkeit" nochmals heraufbeschwören. Eine Fülle von verschiedenartigen Funden, vor allem auch Grabdenkmäler mit ihren Inschriften, ermöglichen es, ein Bild vom Alltagsleben in der Blütezeit Iuvavums zu entwerfen.

Die Spitzenstellungen der städtischen Gesellschaft nahm ein gutes Dutzend von „römischen" Familien ein, die vor allem aus Oberitalien stammten. Familiennamen wie *Firmius, Gavius, Lollius, Lucretius, Naevius, Novellius* und *Terentius*, die in Iuvavum immer wieder bezeugt sind, finden sich häufig auch in Friaul und Venetien. Wahrscheinlich sind die Begründer dieser Familien wirklich aus diesen Gebieten nach Iuvavum zugewandert. Speziell auf die damals bedeutende Stadt Aquileia verweisen die Familien der *Caesii, Erbonii* und *Vedii;* die *Barbii* waren überhaupt eines der führenden Geschlechter dieses Adriahafens.

Während diese Namen sicher römischen Ursprungs sind, fällt die Entscheidung in anderen Fällen schwer. Die Namensgebung konnte sich nämlich von einer Generation zur anderen ändern. Keltische Familien gaben ihren Kindern bald lateinische oder griechische Namen. Im allgemeinen kennzeichnet den römischen Bürger die Dreiheit von Vornamen, Familiennamen und Zunamen, wie das am Beispiel des Bürgermeisters Marcus Haterius Summus gezeigt wurde. Der Peregrine, der das römische Bürgerrecht nicht besaß, erscheint in den Inschriften hingegen nur mit zwei Namen, seinem eigenen und dem seines Vaters. Auch nach Erhalt des römischen Bürgerrechts sind sie meist an ihren

Sogenanntes Felicitas-Mosaik, 4. Jahrhundert n. Chr. (500 x 490 cm), gefunden 1841 bei Fundamentarbeiten für das Mozartdenkmal auf dem Mozartplatz. Nach einem Aquarell im SMCA.

Zunamen als Kelten zu erkennen. Als Beispiele seien *Valeria Iantumara* oder *Voticcia Ategenta* genannt, wobei *Ategenta* „die Wiedergeborene" bedeutet und vielleicht mit dem keltischen Glauben an die Seelenwanderung zusammenhängt. Mancher römische Familienname ist von ursprünglich keltischen Namen abgeleitet wie *Bellicius, Cottionius, Peccius, Saprius, Seccius, Togionius* oder *Vindius*. Insgesamt ist der Anteil der Kelten an der Stadtbevölkerung zumindest in den ersten beiden Jahrhunderten der römischen Herrschaft höher zu veranschlagen, als aus den Inschriften hervorgeht. Auf dem Land blieb die keltische Bevölkerung noch in der Folgezeit dominant.[61]

Etliche Grabreliefs zeigen uns die Tracht der Kelten. Die Kleidung der norischen Frauen gilt als die ausgeprägteste Landestracht im gesamten Römischen Reich. Besonders charakteristisch war die „norische Haube", die einem Turban ähnelte. Ein Tuch wurde zu einem Wulst eingerollt, um das Haupt gelegt, der Zipfel am Hinterkopf verknotet und nach vorne unter den Wulst geschoben. Das Haar trat unter der norischen Haube, die modischen Veränderungen unterworfen war, breit hervor. Die Kleidung bestand aus einem langen Rock und einem ärmellosen, etwas kürzerem Überwurf, der an den Schultern von Trachtenfibeln zusammengehalten war. Während die Kopfbedeckung den Ehefrauen vorbehalten war, trugen Mädchen offenes, halblanges Haar und zudem breite, mit einer Schnalle und Bronzebeschlägen verzierte Ledergürtel. Als Schmuck dienten Halsketten oder Halsringe, bisweilen auch eine dritte Fibel an der Brust.

Die Kleidung der norischen Männer unterschied sich nicht markant von der römischen Soldatentracht, da die Römer von den Kelten manches übernommen hatten – etwa den fransenbesetzten Mantel *(sagum)*. Das römische Staatsgewand, die Toga, wurde als unbequemes Kleidungsstück im Alltag nur selten getragen. Dennoch war es für alle Männer mit römischem Bürgerrecht Brauch, sich auf Grabsteinen in der Toga verewigen zu lassen. Das Keltische als Umgangssprache ist in der Stadt Iuvavum sicher früher erloschen als im umliegenden Bauernland, wo es zumindest bis ins späte 3. Jahrhundert in Gebrauch blieb. Bemerkenswert ist, daß die norischen Besonderheiten in Tracht, Schmuck, Hausrat und Kunst am Inn, der die Westgrenze zu Rätien bildet, fast schlagartig enden. Das belegt, wie hoch die Eigenständigkeit der einzelnen Provinzen auch während der römischen Herrschaft respektiert wurde.[62]

Neben zugezogenen „Römern" und einheimischen Kelten finden sich in Iuvavum auch Spuren anderer Volksgruppen. Etliche griechische Zunamen, die uns auf Grabsteinen begegnen, deuten auf eine Herkunft aus dem griechischen Osten des Reiches hin. Diese Personen können Griechen, aber auch Syrer oder Ägypter gewesen sein. Aus Siebenbürgen stammte der Sklave Dacus, den es wohl als Kriegsgefangenen nach den Dakerfeldzügen der Kaiser Domitian oder Traian an der Wende vom 1. zum 2. Jahrhundert n. Chr. an die Salzach verschlagen hatte. Ethnische Gegensätze spielten im Römischen Reich keine besondere Rolle, da niemand wegen seiner nationalen Eigenart unterdrückt wurde. Die beiden Weltsprachen Latein und Griechisch ermöglichten zusammen mit der im Reich garantierten Freizügigkeit eine Mobilität, wie sie viele Jahrhunderte lang nicht mehr erreicht werden sollte.[63]

Grabporträt einheimischer Kelten. Bruchstück einer Grabstele aus kristallinem Marmor, eingemauert am Turm der Kirche von St. Martin im Lungau (Höhe 70 cm, Breite 100 cm). Der Mann hält als Attribut statt der üblichen Schriftrolle eine sechsteilige Schreibtafel. (Foto: Oskar Anrather)

Auch das Bildungsniveau der Stadtbevölkerung war in römischer Zeit deutlich höher als in späteren Jahrhunderten. Die Kunst des Lesens und Schreibens war weit verbreitet. Darauf deuten zahlreiche Inschriften hin, die offenbar von einem Großteil der Bevölkerung gelesen werden konnten. Einzelne Grabporträts zeigen den Verstorbenen mit Buchrolle in der Hand, auf die er unmißverständlich mit dem Finger hinweist. Die Bedeutung dieser Darstellung ist allerdings heftig umstritten. Den wichtigsten Beschreibstoff bildeten die Wachstäfelchen, in die man mit dem Schreibgriffel *(stilus)* aus Eisen oder Bronze die Schriftzeichen einritzte. Mit dem breiten Ende des Griffes konnte eine schriftliche Mitteilung nach dem Lesen sofort gelöscht und an ihrer Stelle eine Antwort in die Wachstafel eingeritzt werden. Höhere Bildung war allein den Bewohnern der Städte und den Besitzern der großen Landgüter vorbehalten. Aus Iuvavum sind – so wie aus ganz Noricum und den benachbarten Provinzen Rätien und Pannonien – dennoch keine besonderen literarischen Leistungen bekanntgeworden.

Die Gesellschaft war nach römischem Vorbild patriarchalisch geprägt. Der *Pater familias* stand als Hausherr an der Spitze der Familie, die alle Hausbewohner einschließlich des Gesindes und der Sklaven umfaßte. Die Frau, die nach außen weniger in Erscheinung trat, führte im Haushalt das Regiment. Für besondere Wertschätzung und eine gewisse Gleichberechtigung der Frau sprechen die zahlreichen, oft von den Kindern gesetzten Grabsteine, die fast durchwegs beide Ehepartner zeigen, auch wenn sie zu sehr unterschiedlichen Zeiten verstorben waren. Die Inschriften vermerken Frau und Mann mit vollem Namen.

Es wurde bereits dargelegt, daß die wohlhabenden Bürger in ihren gut ausgestatteten Wohnhäusern an überdurchschnittlichen Komfort gewohnt waren. Dank des florierenden Fernhandels konnten sie sich auch von Delikatessen ernähren, die heute kaum mehr üblich sind. Feinschmecker ließen regelmäßig frische Austern kommen, auf deren Schalenreste man an diversen Fundstellen der Altstadt immer wieder stieß. Verschiedenste Sorten von Meeres- und Süßwasserfischen waren am hiesigen Markt erhältlich. Auf dem Mozartplatz wurde eine römische Amphore gefunden, in der man Reste von 24 verschiedenen Fisch- und Krebsarten des Mittelmeeres fand. Diese Zutaten waren Voraussetzung für die römische Fischsoße *allec*. Auch Wein, Öl und Oliven wurden in Amphoren aus Italien importiert. Als bestes Olivenöl galt jenes aus den kaiserlichen Ölbaumplantagen in Istrien. Auf dem Hals einer Amphore ist in schöner roter Pinselschrift zu lesen: „Schwarze Oliven, in Süßwein, prima Qualität, 10 Pfund."[64]

Der Hauptanteil der täglichen Nahrung bestand freilich nicht aus derartigen Spezialitäten. Ihn lieferten jene Produkte, welche die heimische Landwirtschaft, darunter auch die umliegenden römischen Gutshöfe in den heutigen Außenbezirken von Salzburg, bereitstellte. Beim Getreide dominierte der Weizen, aber auch Dinkel, Roggen, Gerste und Ackerbohnen wurden angebaut. An Obstsorten waren es vor allem Äpfel, Birnen und Nüsse. In der Viehzucht überwog die Rinderhaltung. Neben den kleinwüchsigen Rinderrassen, deren erstaunliche Milch- und Arbeitsleistung Plinius der Ältere rühmt, wurden besonders große Rinder als Zugvieh eingeführt. Käse aus den Alpen gelangte im 2. Jahrhundert sogar bis an den kaiserlichen Hof in Rom. Schafe, die vorwiegend in den gebirgigen Landesteilen gehalten wurden, lieferten neben dem geschmackvollen Käse den begehrten norischen Wollstoff, aus dem vor allem Mäntel hergestellt wurden. Er war eines der wenigen Exportgüter, wie aus einem Relief, das die Verschnürung eines Tuchballens zeigt, hervorgeht. Das begehrte, aber relativ teure Geflügel kam in kleineren Abständen nur in den Herrenhäusern der Gutshöfe und bei den wohlhabenden Bürgern auf den Tisch.[65]

Importiert wurden nach Iuvavum zahlreiche Güter des täglichen Bedarfs. An erster Stelle ist das römische Tafelgeschirr *(terra sigillata)* zu nennen. Die italienische Ware, vor allem aus Arezzo und Oberitalien, wurde am Ende des 1. Jahrhunderts durch jene aus dem südlichen Gallien verdrängt. Im 2. Jahrhundert setzten sich zunächst Fabrikate aus dem mittleren Gallien, vor allem aus Lezoux (östlich von Clermont) durch, bis schließlich Gefäße der größten römischen Töpferzentrale in Rheinzabern (nordwestlich von Karlsruhe) die Konkurrenz weitgehend vom Markt verdrängten. In Iuvavum hat man allerdings auch einfachere Produkte aus dem nahen Westerndorf und aus Pfaffenhofen (bei Rosenheim) geschätzt. Außerdem wurden in größerem Umfang Öllampen, Gläser, Bronzegefäße, Schmuck und Ziergegenstände eingeführt. Die wichtigsten Umschlagplätze für die Importe nach Iuvavum waren Aquileia und Altinum (bei Venedig) in Oberitalien.[66]

Am Fernhandel scheinen Salzburger Kaufleute kaum beteiligt gewesen zu sein. Auf eine interessante Ausnahme ist jedoch hinzuweisen. Aus Grabinschriften sind ein Fährtensucher *(vestigator)* und vielleicht auch ein Netzsteller *(cinctor)* bekannt. Auf einer römischen Aschenkiste im Eingang zur Stiftskirche von St. Peter wird ebenfalls ein Fährtenleser, Profuturus, genannt, der im Dienst des Lollius Honoratus stand. Er gehörte als Spezialist einer kleinen Truppe von Jägern *(familia venatoria)* an, die den Auftrag hatten, wilde Tiere lebend zu fangen. Vor allem Braunbären und Steinböcke sollten in den gebirgigen Landesteilen erbeutet werden. Die Lollier als eine der reichsten Familien Iuvavums betätigten sich somit auch als Jagdunternehmer großen Stils; sie belieferten Arenen mit den Raubtieren für die beliebte Tierhatz.[67]

Voraussetzung für den gut entwickelten Fernhandel war ein funktionierender Geldverkehr. Jene Münzen, die bereits die Kelten entwickelt und verwendet hatten, blieben neben den Reichsmünzen noch bis in die Regierungszeit des Kaisers Claudius im Umlauf. Die römische Währung, die während der ersten zwei Jahrhunderte n. Chr. ziemlich stabil blieb, basierte auf Gold und Silber als Münzmetallen, wobei der *aureus* als Goldmünze 25 Silberpfennige *(denare)* wert war. Gold- und Silbermünzen wurden aber vorwiegend als Spargeld gehortet, während das in Bronze geprägte Kleingeld, die Sesterzen, Dupondien und Asse, im täglichen Zahlungsverkehr Verwendung fanden. Nach der Krisenzeit des 3. Jahrhunderts wurde dieses Münzsystem unter den Kaisern Diokletian (284–305 n. Chr.) und Konstantin I. (305–337 n. Chr.) durch ein neues ersetzt. Dank ihres oft angegebenen Prägedatums sind römische Münzen ein wichtiges Hilfsmittel für den Archäologen bei der Datierung von Fundgütern und Gebäuden.[68]

Religiosität, Totenkult und Aberglaube nahmen im Alltagsleben Iuvavums immer mehr Raum ein. Drei Religionskreise mit sehr unterschiedlichen Kultformen spielten eine wichtige Rolle: die römische Staatsreligion, die Verehrung einheimisch-keltischer Gottheiten und die orientalischen Erlösungsreligionen. Mit der Einrichtung Noricums als römische Provinz waren die griechisch-römischen Götter der Reichsreligion übernommen worden. Die Hauptrolle spielte dabei der Kult der kapitolinischen Trias mit der Verehrung der Götter Jupiter, Juno und Minerva sowie der Kaiserkult. Die damit verbundenen Kulthandlungen waren Staatsaktionen ohne religiösen Wert. Vor allem die Honoratioren waren verpflichtet, an bestimmten Festen stellvertretend für die ganze Gemeinde den höchsten Reichsgöttern und dem Genius des Kaisers Opfer darzubringen. Erst in der späteren Kaiserzeit wurde diese Vorschrift auf alle Reichsangehörigen ausgedehnt. Daneben wurden in Iuvavum Asklepios, der Gott der Heilkunst, und Hygieia, die Göttin der Gesundheit, denen offenbar der große Tempel in der Kaigasse geweiht war, besonders verehrt. Die vielen lokalen Facetten der Religiosität deutet auch die kleine Bronzestatuette einer an den Ort gebundenen Gottheit *(genius loci)* an, die im Hof der alten Universität gefunden wurde.[69]

Die weniger bekannten Glaubensvorstellungen der Kelten, die bereits kurz skizziert wurden, konnten dank der religiösen Toleranz der Römer ungestört weitergepflegt werden. Häufig wurden keltische Gottheiten aber mit ähnlichen römischen Göttern gleichgesetzt und auch mit deren Namen bezeichnet. Bodenständig war und blieb eine große Muttergottheit, die in Iuvavum unter den verschiedensten Namen als Venus, Kybele, Fortuna, Victoria, Minerva oder einfach als stillende Mutter mit Zwillingen verehrt wurde. Viele Terrakottastatuetten aus dem Gräberfeld vom Bürglstein stellen diese Gottheit dar und symbolisieren das Leben in seiner vitalsten Form: Zeugung, Geburt, Aufziehen der Kinder, Vermehrung der Familie, der Sippe, des Stammes. Aber auch Darstellungen des Hercules und des Merkur weisen so viele einheimische Züge auf, daß man den Einfluß keltischer Gottheitsattribute annehmen darf.[70]

Da die römische Staatsreligion auf die drängenden Fragen des Gläubigen keine Antwort hatte und den Menschen in Notzeiten keine seelische Hilfe geben konnte, stieg seit der mittleren Kaiserzeit im ganzen Reich die Attraktivität der orientalischen Erlösungsreligionen. Deren bekannteste Form, der Kult des persischen Sonnengottes Mithras, ist in Iuvavum bisher nicht nachgewiesen. Im Gebirgsland hingegen ist er durch das eindrucksvolle Mithräum von Moosham im Lungau vertreten.[71] Die verschiedenen heidnischen Kulte fanden mit dem Siegeszug des Christentums in der Spätantike jedoch nicht ihr Ende. Im späten 5. Jahrhundert wurden in Iuvavum – wie die Lebensbeschreibung des heiligen Severin bezeugt[72] – noch heidnische Riten vollzogen und auch die Wurzel manch seltsamer Bräuche, die sich bis weit in die Neuzeit hinein erhalten haben, kann man in der Antike finden.

Die Römer bestatteten ihre Toten zwar, wie bereits erwähnt, außerhalb der Stadt, verbannten sie aber nicht in einen abgelegenen Winkel, sondern setzten sie an den belebtesten Straßen bei. Gemäß dem Wortlaut zahlreicher römischer Grabinschriften hielten die Verstorbenen mit dem Wanderer oder Reisenden, der an ihrem Grab vorüberkam, gleichsam Zwiesprache – manchmal auf recht originelle Art. Bei der Brandbestattung in den beiden ersten Jahrhunderten n. Chr. wurde der Leichenbrand in Urnen aus Ton oder Glas, bisweilen auch aus Stein, beigesetzt. Ab der Mitte des 2. Jahrhunderts n. Chr. ließ man größere marmorne Aschenkisten anfertigen, in denen die Urnen einer ganzen Familie Platz finden konnten. Diese Aschenkisten standen auf einem Sockel, damit die Inschrift, die auf der Vorderseite eingemeißelt war, gut gelesen werden konnte.[73]

Für die seit dem 3. Jahrhundert übliche Körperbestattung wurden große Sarkophage verwendet. Leider ist nur ein einziger in der Stiftskirche von St. Peter erhalten, der lange als „Felsengrab des heiligen Rupert" verehrt wurde. Um den Verstorbenen das Leben im Jenseits und den Weg dorthin zu erleichtern, gab man ihnen zahlreiche Beigaben ins Grab mit: Münzen als Lohn für den Fährmann Charon, der die Seele über den Grenzstrom der Unterwelt führen sollte; dazu Speise und Trank, Geräte und Werkzeuge, bei Kindern häufig auch Spielwaren. Während Frauen vor allem Spiegel, Parfumfläschchen, Haarnadeln, Schmuckkästchen und Glasgefäße als Beigaben erhielten, legte man den Männern Werkzeug, Schreibgerät, Waage und Gewichte mit in den Sarkophag. Die Hinterbliebenen pflegten am Grab ein rituelles Mahl abzuhalten, zerschlugen anschließend das dabei verwendete Tongeschirr und warfen die Scherben auf das Grab. Eine Beisetzung in Grabhügeln, die teilweise aus Steinen gefügte Grabkammern enthielten, stellt eine norische Besonderheit dar; solche Hügel wurden vor allem beim alten Flughafen Maxglan angetroffen.[74]

Das Setzen von Grabsteinen war eine Sitte, die die Römer nach Noricum mitbrachten. Vor allem durch die Grabinschriften, die in knapper Form Auskunft über Alter,

Stand, Herkunft, Volkszugehörigkeit und Familienverhältnisse des Verstorbenen geben, den Beruf allerdings meist verschweigen, bilden diese Grabsteine eine wichtige Quelle zur Erschließung der Geschichte Iuvavums. Bei größeren Grabsteinen findet sich neben den Inschriften auch plastischer Schmuck, häufig mit Darstellungen der Verstorbenen.[75]

Im Zeichen des Totenkults und der Religiosität standen auch die meisten Erzeugnisse der bildenden Kunst, die aus Iuvavum erhalten sind. Als besondere Leistungen der Architektur wurden bereits der große Asklepiostempel in der Kaigasse und die imposante Villa in Loig vorgestellt. Die Reste der Bauplastik von diesen und anderen Gebäuden weisen eine ausgezeichnete Qualität auf. Statuen wurden vor allem aus weißem Untersberger Marmor, bisweilen auch aus kristallinen Sorten unbekannter Herkunft gefertigt. Von lebensgroßen Statuen sind leider nur geringe Fragmente erhalten. Die zahlreichen Statuetten von Göttern zeigen, daß es in Iuvavum zumindest eine Werkstätte gab, die klassische Vorlagen zwar vereinfacht, aber doch mit Geschick und Einfühlungsvermögen wiedergeben konnte. Daneben gab es Steinmetzbetriebe, deren Produkte nur bescheidenes Niveau erreichten. Reliefs sind vor allem auf Grabsteinen erhalten, darunter auch Familienportraits in der beliebten Form des Rundmedaillons. Westlicher Einfluß ist nicht nur in Szenen des täglichen Lebens zu fassen, sondern auch in figürlichen und ornamentalen Bildelementen, die im übrigen Noricum fehlen und in das Rhein- und Moselgebiet weisen. Als künstlerische Spitzenleistungen wurden bereits die Mosaiken aus Iuvavum vorgestellt. Auch die Reste römischer Wandmalerei, die erst zum Teil veröffentlicht sind, zeigen eine außerordentliche Qualität.[76]

Auf welche Irrwege die Wertschätzung für römische Kunst führen konnte, zeigt folgende Episode aus Salzburg: Der Kunstgärtner Joseph Rosenegger, der am Ende des 18. Jahrhunderts das Gut Bürglstein gekauft hatte, war dort auf römische Altertümer gestoßen. Sie stammten von einem der größten Friedhöfe Iuvavums. Bereits 1804 konnte er der Gemahlin von Kaiser Franz I., Maria Theresia, einige römische Münzen und Schmuckstücke verehren. Angeregt durch Grabungen des königlichen Konservators Stark aus München, die er als Zuschauer verfolgt hatte, begann Rosenegger 1816–1835 das Gräberfeld auszubeuten und förderte so viele Funde zutage, daß Salzburg als „deutsches Pompei oder Herculaneum" in den Zeitungen gefeiert wurde. Nachdem ein Verkauf der Rosenegger'schen Sammlung an den Kaiser gescheitert war, weil dieser Verdacht bezüglich der Qualität der Fundstücke geschöpft hatte, erwarb König Ludwig I. von Bayern 1833 und 1837 die gesamten Fundstücke. Das Pikante an der Sache war, daß dieses Sammelsurium von Gegenständen verschiedenster Herkunft zahlreiche Fälschungen enthielt. Es waren zumeist Statuetten aus weißem Ton, der den schwach gebrannten Terrakotten aus den Gräbern vom Bürglstein sehr ähnlich sah. Durch Theodor Mommsen und Otto Jahn wurden die Fälschungen aufgedeckt. Aber erst nach dem Tode des Monarchen wagte man, die ganze Sammlung aus dem Verkehr zu ziehen.[77]

Herkules-Statuette aus Bronze (Höhe 22,8 cm), gefunden in Salzburg-Mülln. Die Statuette war, auf einen Stab gesteckt, an einem Gerät befestigt. (SMCA)

Krisenzeiten – Das Ende der römischen Herrschaft und der heilige Severin

Die Verleihung des Stadtrechts durch Kaiser Claudius leitete in Iuvavum eine lange Phase des ungehemmten Aufschwungs ein. Von den militärischen Verheerungen des „Dreikaiserjahres" (69 n. Chr.), in dem sich Galba, Otho und Vitellius bekämpften, blieben sowohl die Stadt als auch der Landbezirk verschont. Norische Truppen haben aber im benachbarten Rätien furchtbar gehaust. Kaiser Vespasian (69–79 n. Chr.), dessen Name auf dem Bruchstück einer Bronzetafel aus Iuvavum erhalten ist, stellte Ordnung und öffentliche Sicherheit rasch wieder her.[78]

Unter der von Vespasian gegründeten Dynastie der Flavier und stärker noch unter den folgenden Adoptivkaisern erlebte Iuvavum seine größte Blüte. Die Bevölkerung nahm zu und der wirtschaftliche Aufschwung führte zu allgemeinem Wohlstand. Weder vorher noch nachher gab es so viele Importgüter, wurden Luxusartikel so hemmungslos konsumiert, niemals zirkulierte mehr Geld als in der ersten Hälfte des zweiten Jahrhunderts. Am Beginn dieses Säkulums setzte die prachtvolle Ausgestaltung der Wohnhäuser mit Mosaikböden und Wandmalereien ein, auch die Grabmäler wurden größer und kostspieliger angelegt. Die *Pax Romana*, mit der das Römische Reich allen Einwohnern Friede, Ordnung und öffentliche Sicherheit garantierte, schenkte damals den Bewohnern von Iuvavum jene Glückseligkeit auf Erden, nach der man sich später vergeblich zurücksehnen sollte.

Aus diesem „goldenen Zeitalter" wurden die Bewohner Iuvavums und Noricums sowie des gesamten Römischen Reiches durch eine Katastrophe gerissen, mit der niemand in diesen Ausmaßen gerechnet hatte. Gerade als das römische Heer durch eine aus dem Orient eingeschleppte Epidemie stark geschwächt war, überrannten die germanischen Stämme der Markomannen und Quaden sowie mit diesen verbündete sarmatische Stämme 171 n. Chr. den Limes, die feste Grenzverteidigung des Römischen Reiches an der Donau. Sie durchzogen in raschem Vorstoß das Alpenvorland, verwüsteten die Provinz Noricum, zerstörten die blühende Stadt Iuvavum und konnten, nachdem sie auch die Alpen überschritten hatten, erst in Oberitalien gestellt werden. Marc Aurel, der „Philosoph auf dem Kaiserthron" (161–180 n. Chr.), übernahm selbst den Oberbefehl, konnte die Feinde an der Donau besiegen und den Krieg in deren eigenem Land fortsetzen. Die Provinzen Noricum und Rätien wurden erst durch den späteren Kaiser Helvius Pertinax von den plündernden germanischen Heerscharen befreit.[79]

Iuvavum, das damals fast völlig zerstört wurde, hat sich von dieser Katastrophe lange nicht erholt. Die Bevölkerung in Stadt und Land war von den Germanen teils getötet, teils verschleppt worden. Eine verheerende Seuche forderte weitere Opfer. Schließlich kam es während der Regierungzeit Kaisers Commodus (180–192 n. Chr.) zu einer argen Inflation. Unter diesen schwierigen äußeren Bedingungen zog sich der Wiederaufbau der zerstörten Stadt jahrzehntelang hin. Obwohl auch Militär zur Arbeit eingesetzt wurde, erstanden einige große Gebäude erst um das Jahr 205 n. Chr. in neuem Glanz. Ein monumentaler Ehrenbogen, den man für Kaiser Septimius Severus (193–211 n. Chr.)

errichtete, könnte auf den Abschluß dieser Arbeiten hindeuten. Manche der zerstörten Gebäude blieben noch länger in Trümmern liegen oder wurden – so wie größere Teile des Handwerkerviertels – überhaupt nicht wiederaufgebaut. Dazu kam noch der Verlust des Vertrauens in den Schutz des Römischen Reiches, der sich in einer mehr als hundertjährigen Friedenszeit bewährt hatte. Schließlich war Noricum eine Grenzprovinz, und so wie im Jahre 171 n. Chr. konnten immer wieder germanische Stämme vom Norden her über die Donau vorstoßen.[80]

Das schwächste Glied in der römischen Grenzverteidigung war jener Abschnitt des Limes, der vom Rhein über den Main zur Donau verlief. Gerade dort, im Südwesten des heutigen Deutschland, erwuchs den Römern schon in der ersten Hälfte des 3. Jahrhunderts ein neuer, gefährlicher Feind: der germanische Stamm der Alemannen. Daß man sich in Iuvavum dieser neuen Gefahr bald bewußt war, zeigt der „Schatzfund vom Mitterbacherbogen" (an der Ecke Paris-Lodron-Straße – Dreifaltigkeitsgasse) aus dem Jahre 1872, der über 2300 römische Münzen enthielt. Das Geld wurde wahrscheinlich vor dem Alemanneneinfall (241 n. Chr.) vergraben und gehört zu einer Reihe ähnlicher Hortfunde, die im östlichen Rätien die Stoßrichtung der Germanen ins rätisch-norische Grenzgebiet erkennen lassen. Schon 254 gab es weitere Einbrüche der Alemannen nach Gallien und Obergermanien, zwischen 260 und 270 ging das Kastell Lauriacum (Lorch bei Enns) in Flammen auf. Zur äußeren Bedrohung kam die unsichere Lage im Inneren. Die von der Armee in raschem Wechsel erhobenen „Soldatenkaiser" bekämpften einander, ein wirtschaftlicher Niedergang war die Folge. Der Höhepunkt der Krise unter Kaiser Gallienus (253–268 n. Chr.) ist uns in den Worten eines unbekannten Autors überliefert: „Rätien war verloren, Noricum und die beiden Pannonischen Provinzen verwüstet." Während in anderen, ruhigen Teilen des Reiches Plastik und Mosaikkunst eine Blüte erlebten, wurde in Iuvavum nach dem Alemanneneinfall zwischen 260 und 270 n. Chr. die Altstadt zum Großteil verlassen; Rückzugssiedlungen entstanden auf dem Nonnberg und dem Festungsberg.[81]

Die scheinbar hoffnungslose Situation meisterte Kaiser Diokletian (284–305 n. Chr.) mit seiner tiefgreifenden Staatsreform, in deren Verlauf die meisten Provinzen geteilt wurden: Ufernoricum *(Noricum ripense)* umfaßte das Gebiet von der Donau bis zum Alpenhauptkamm, zu dem Iuvavum mit seinem Landbezirk gehörte, Binnennoricum *(Noricum mediterraneum)* erstreckte sich vom Alpenhauptkamm nach Süden bis zu den Karnischen Alpen, den Karawanken und an die Save. Unter Kaiser Konstantin dem Großen (306–337) erlebte Iuvavum eine letzte, bescheidene Nachblüte, die den Bewohnern zumindest eine Zeit des Friedens ohne Angst vor ständigen Überfällen bescherte. Ab der Mitte des 4. Jahrhunderts n. Chr. verschlechterte sich die Situation jedoch wieder. Kaiser Valentinian I. (364–375 n. Chr.) gelang es zwar nochmals, die Grenzbefestigungen an der Donau instandzusetzen, auf Dauer konnten sie aber den ständigen Angriffe germanischer Stämme nicht mehr standhalten.[82]

Diese Entwicklung hatte zur Folge, daß im 4. Jahrhundert die Gutshöfe auf dem flachen Land – soferne sie nach dem Markomanneneinfall überhaupt erneuert worden waren – endgültig aufgegeben wurden. Die Bevölkerung zog sich in die Stadt Iuvavum und auf die wenigen befestigten Plätze wie das Kastell *Cucullis* (Kuchl) auf dem Georgenberg zurück. Allgemein suchte man erneut jene sicheren Höhen auf, die man am Beginn der römischen Herrschaft verlassen hatte. In Iuvavum selbst wurde spätestens im 3. Jahrhundert auf dem beherrschenden Festungsberg eine befestigte Anlage errichtet, vielleicht in der Art eines Kastells oder einer Fluchtburg. Sie war der Mittelpunkt eines Wehrsystems, das auch die hochgelegene Nonnbergterrasse in seinen Schutz miteinbezog. Eine teilweise mit Mauern gesicherte Sperrstellung, die vom Untersberg unter Ausnützung des großen Moores als eines natürlichen Hindernisses zum Mönchsberg und weiter zwischen Kapuzinerberg und Kühberg verlief und im Ernstfall das Salzachtal abriegeln konnte, dürfte ebenfalls damals entstanden sein.[83]

Dieses Wehrsystem hat seine Funktion durch Jahrhunderte hindurch bewahrt, denn die ältesten Salzburger Güterverzeichnisse nennen im 8. Jahrhundert Wehrmänner (*exercitales*), die zur „oberen Burg" auf dem Nonnberg gehörten.[84] Die Stadt am Salzachufer wurde größtenteils aufgegeben. Nur das Haus unter dem Mozartdenkmal und ein langgestrecktes, spätantikes Gebäude auf dem Residenzplatz haben das 4. Jahrhundert sicher überdauert. Wahrscheinlich kam es zu einer Abwanderung wohlhabender Familien, vor allem „römischer" Abkunft, in die sicheren Gebiete südlich der Alpen.[85]

Der Verfall der Provinz Ufernoricum und die sich ständig verschlechternden Zustände kommen in den wenigen zeitgenössischen Nachrichten deutlich zum Ausdruck. So merkte der Gotenkönig Alarich im Jahre 408 Kaiser Honorius gegenüber an, die beiden norischen Provinzen seien „ununterbrochenen Angriffen ausgesetzt und brächten dem Staat kaum eine Steuerleistung ein". Die damals erwogene Ansiedlung der Westgoten im Gebiet des heutigen Kärnten ist allerdings gescheitert. Vandalen und Alanen hielten zwischen 401 und 406 „die vindelikischen Schluchten und die norischen Landstriche" besetzt. Darunter ist wohl auch der Landbezirk von Iuvavum zu verstehen, der in unmittelbarer Nachbarschaft zu Vindelikien lag. Die ständigen Kriege führten zu einem für die Bevölkerung fast unerträglichen Steuerdruck. Er provozierte die sonst so friedliche Bevölkerung Noricums zu einem Aufstand, der vom römischen Feldherrn Aetius 430/31 blutig niedergeworfen wurde.[86]

Im Jahre 451 zogen die Heere des Hunnenkönigs Attila durch Ufernoricum nach Westen, wo bei Troyes im heutigen Frankreich auf den Maurikianischen Feldern (fälschlich meist Katalaunische Felder genannt) eine gewaltige Schlacht stattfand. Der Rückzug führte die Scharen des Hunnenkönigs erneut durch unser Gebiet. Nach dem Tode Attilas 453 und dem raschen Zerfall des Hunnenreichs durchstreiften die vom hunnischen Joch befreiten Völker plündernd nach allen Richtungen das Reich.[87]

Das 5. Jahrhundert bliebe wohl die finsterste Epoche in der Geschichte Iuvavums, würden seine letzten Jahrzehnte nicht durch eine Quelle von einzigartigem Rang erhellt: die Lebensbeschreibung des heiligen Severin.[88] Dieser Mann, dem alle Zeitgenossen, auch Fürsten und Könige, wegen seines vorbildlichen Lebenswandels und seines diplomatischen Geschicks mit Ehrerbietung begegneten, war bald nach dem Tode Attilas in den bedrohten Provinzen an der Donau erschienen. Severin hatte etliche Jahre im Orient verbracht und sich dort mit der Askese des östlichen Mönchtums vertraut gemacht, die ihm Ruhe und innere Sicherheit verlieh. Dazu kam seine große Erfahrung auf politischem Gebiet, die er wohl zuvor als hoher Staatsbeamter erworben hatte.[89]

Severin predigte nicht nur das Evangelium und gründete Klöster, er kämpfte zudem mit ganzer Kraft gegen das schwere Los der notleidenden Bevölkerung. Er organisierte Sammlungen für die Armen, sorgte für deren Ernährung und Bekleidung, siedelte die Bevölkerung bedrohter Städte und Orte um und versuchte in persönlichen Verhandlungen germanische Fürsten von Angriffen auf die Donauprovinzen abzuhalten. Sein Ansehen stieg im Laufe der Zeit derart, daß ihn die Bevölkerung fast aller Städte und Kastelle Ufernoricums einlud, weil man sich von seiner Anwesenheit Schutz erhoffte. Als er um 475 den drängenden Bitten der Bewohner von Kuchl *(Cucullis)* folgte, führte ihn der Weg auch nach Iuvavum.

Der Bericht seines Biographen Eugippius über ein von Severin in der Kirche bewirktes Kerzenwunder ist das erste sichere Zeugnis für das spätantike Christentum in Iuvavum. Seit den „Mailänder Vereinbarungen", die Kaiser Konstantin der Große 313 mit seinem Mitregenten Licinius geschlossen hatte, galt das Christentum im Römischen Reich als eine „zugelassene Religionsgemeinschaft" *(religio licita)*. Unter Kaiser Theodosius dem Großen (379–395) wurde es Staatsreligion, freilich nur auf dem Papier. All die anderen Kult- und Religionsgemeinschaften blieben zwar weiterhin bestehen, die christliche Kirche konnte sich aber auch nördlich der Alpen besser organisieren. Auf der Synode von Serdika (Sofia) im Jahre 343 waren erstmals Bischöfe aus Noricum vertreten.[90]

Für Iuvavum enthält der Bericht über den Aufenthalt Severins zwei wichtige Hinweise: Jener Gottesdienst, von dem der Wunderbericht spricht, fand in einer *Basilika* statt, womit der Autor Eugippius wohl eine Klosterkirche meint, da er die Gemeindekirche mit dem lateinischen Wort *ecclesia* bezeichnet. Es gab also ein Kloster „bei der Stadt" *(iuxta oppidum)*, wohl am Stadtrand, außerdem eine Gemeindekirche und wahrschein-

Blick auf Salzburg mit der Ausgrabung am Bürglstein 1825 im Vordergrund. Ölgemälde von Johann Michael Sattler. (SMCA)

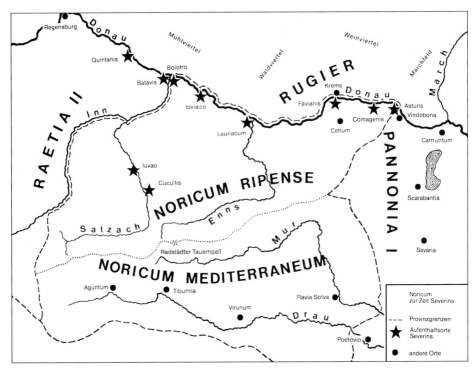

Die Provinzen Ufernoricum und Binnennoricum zur Zeit des heiligen Severin mit den Aufenthaltsorten des Heiligen (nach Wilfried Menghin).

lich auch eine eigene Friedhofskirche. Mit diesem Befund stimmt überein, daß jene Geistlichen, die mit Severin den Gottesdienst feierten, als *spiritales* bezeichnet werden, worunter Eugippius Angehörige einer klösterlichen Gemeinschaft zum Unterschied von den Weltpriestern *(sacerdotes)* versteht.

Ein zweiter Bericht über die Heilung einer sterbenden Frau durch Severin bekräftigt diese Beobachtung. Das dabei gebrauchte Wort „Zelle" *(cellula)* verwendet Eugippius wechselweise mit *monasterium* zur Bezeichnung eines Klosters. Damit dürfte für Iuvavum im 5. Jahrhundert die Existenz eines Klosters samt einer Klosterkirche gesichert sein. Die Frage, ob diese klösterliche Gemeinschaft zu den zahlreichen Gründungen des heiligen Severin zählte oder schon früher entstanden war, muß allerdings offenbleiben.[91]

Im Gegensatz zur Lebensbeschreibung des heiligen Severin als einer Quelle von höchstem Rang sind alle anderen Zeugnisse für das frühe Christentum in Iuvavum entweder gefälscht oder zumindest zweifelhaft in ihrem Wert. Ein großer Bau in der Linzer Gasse, der als „spätantike Basilika in Iuvavum" gedeutet und mit der von Eugippius erwähnten Klosterkirche gleichgesetzt wurde[92], hatte offenbar eine andere Bestimmung. Auch ein rechteckig unterteilter Saal von ca. 7,5 Meter Breite mit einer Apsis im Norden, der im Zuge der Salzburger Domgrabungen freigelegt wurde, weist wohl kaum auf einen spätantiken Kirchenbau. Im Zentrum der Stiftskirche von St. Peter stieß man bei den Grabungen 1981/82 auf einen kleinen, rechteckigen Bau von 8,85 × 6,4 Meter mit auffallend starken Fundamenten, der in eine fast quadratische Hauptkammer und eine kleine, rechteckige Vorkammer geteilt war. Auch dieser „Zweikammerbau" war keine frühchristliche Kirche, sondern eine spätantike Grabkammer (Mausoleum) für eine bedeutende Persönlichkeit, da man an der Jahrtausendwende den Bau der Stiftskirche von St. Peter nach diesem, damals noch deutlich erkennbaren Mausoleum ausgerichtet hat.[93]

Schließlich wurden auch die Höhlen im Konglomeratgestein des Mönchsbergs beim Friedhof von St. Peter als Zufluchtsstätten des spätantiken Christentums gedeutet und deshalb als „Katakomben" angesprochen. Katakomben im eigentlichen Sinn des Wortes, unterirdische Begräbnisstätten, sind diese hochgelegenen Höhlen schon aufgrund ihrer Lage nicht. Anlaß für diese Bezeichnung bot ein bogenförmig überwölbtes Nischengrab *(Arkosolium)* in der Maximuskapelle. Dieser Grabtyp ist nämlich aus den römischen Katakomben gut bekannt. Den zahlreichen Besuchern aus aller Welt wird an dieser Stelle immer noch die Leidensgeschichte des Märtyrers Maximus aufgetischt, der im Jahre 477 n. Chr. mit 40 Gefährten von den blutrünstigen Herulern außen an der Mönchsbergwand zu Tode gestürzt wurde. Diese Legende macht seit Jahrhunderten zwar großen Eindruck auf die Zuhörer, hat an dieser Stelle aber absolut nichts verloren![94]

Freilich hat auch die Legende vom angeblichen „Märtyrer Maximus" ihren wahren Kern. Im 24. Kapitel der Lebensbeschreibung des heiligen Severin wird berichtet, daß dieser dank seiner göttlichen Gabe der Prophezeiung die Bewohner von Ioviaco vor einem drohenden Überfall warnen ließ. Alle Menschen sollten dieses Städtchen, das etwas mehr als 20 Meilen von Passau *(Batavis)* entfernt lag, unverzüglich verlassen, sonst würden sie umkommen. Trotz wiederholter Mahnung gaben jedoch die Einwohner, unter ihnen auch der Priester Maximianus, ihre Siedlung nicht preis. *In der folgenden Nacht machten die Heruler unerwartet einen Überfall, verwüsteten das Städtchen, führten die meisten in die Gefangenschaft ab und hängten den erwähnten Presbyter an den Galgen.*[95] Man mag darüber streiten, ob Ioviaco mit Schlögen oder Aschach an der Donau (in Oberösterreich) zu identifizieren ist. Mit Iuvavum kann es jedenfalls nicht gleichgesetzt werden, denn das römische Salzburg war nicht 20 Meilen, sondern über 60 Meilen von Passau entfernt.

Trotzdem wurde schon seit dem 12. Jahrhundert *Ioviacum* mit *Iuvavum* gleichgesetzt. Kilian Püttricher, der humanistisch gebildete Abt von St. Peter (1525–1535), glaubte bei der Lektüre der Lebensbeschreibung Severins ein Kapitel der Frühgeschichte Salzburgs entdeckt zu haben und „adaptierte" die Angaben der Vita Severini, sodaß daraus die „Katakombenlegende" entstehen konnte. Aus dem Priester Maximianus wurde der Märtyrer Maximus, dessen angebliches Grab man vorweisen konnte. Da sich in den Höhlen des Mönchsbergs andere Hinrichtungsarten als der Tod am Galgen anboten, wurde er zu einem standesgemäßer Märtyrertod durch Hinabstürzen verurteilt und dieses Los teilten schließlich auch seine Gefährten. Als „Beweis" für dieses Martyrium ließ Abt Kilian in der „Maximus-Kapelle" eine Tafel anbringen, die über die Hinrichtung des Priesters Maximus und seiner Gefährten durch die bösen Heruler berichtet. Die von Georg Pezolt um 1860 entworfenen Tonaltäre sollten den Eindruck einer frühchristlichen Märtyrerstätte noch verstärken.

Die Maximuslegende ist aus heutiger Sicht ein Stück interessanter humanistischer Wissenschaftsgeschichte. Im Zeichen eines verantwortungsvollen Umgangs mit der eigenen Vergangenheit ist es an der Zeit, sie den Besuchern der „Katakomben" nicht mehr als ein wahres Stück der römischen Geschichte Salzburgs zu präsentieren.

Die Frage nach dem Alter der Mönchsberghöhlen ist bis heute nicht geklärt. Einerseits kann die Form des Dreiapsidenschlusses *(Trikonchos)* in der Maximuskapelle bis in die Spätantike zurückreichen. Das würde auch der Bedeutung des heutigen St.-Peter-Bezirks als einem Begräbnisplatz, der seit der Spätantike in Verwendung stand, entsprechen. Von den römischen Aschenkisten in der Vorhalle und dem Mausoleum im Zentrum der heutigen Stiftskirche bis zu den jüngst aufgedeckten, in den Felsboden eingetieften Gräbern aus der Zeit um 700 weisen darauf eine Reihe von eindrucksvollen Zeugnissen hin. Der gelehrte Angelsachse Alkuin widmete in seinen Lobgedichten auf Salzburg 803 dem „Friedhof des heiligen Amandus" – die Friedhofskirche stand an der Stelle der heutigen Margarethenkapelle – eine eigene Strophe.[96]

Andererseits findet sich in den reichen schriftlichen Quellen, die aus dem frühmittelalterlichen Salzburg überliefert sind, vor dem 12. Jahrhundert kein einziger Hinweis auf diese „Katakomben". Ihr heutiges Erscheinungsbild haben die Mönchsberghöhlen erst dadurch erhalten, daß sie bei einem Bergsturz teilweise freigelegt und später mit Holzwänden verkleidet wurden. Vielleicht sind sie erst im 11./12. Jahrhundert, nach dem Bau der Stiftskirche von St. Peter, als Einsiedlerwohnungen *(Eremitorien)* in den strengen Zeiten der Kirchenreform und der inneren Askese benützt worden. Als solche wurden sie jedenfalls noch im 15. und 16. Jahrhundert bezeichnet.

Offen bleiben muß auch die Frage, ob bereits das römische Iuvavum ein Bischofssitz war. Für Virunum, Teurnia und Aguntum, die Städte in Binnennoricum, wo die römische Verwaltung noch unter dem Gotenkönig Theoderich dem Großen fortbestand, sind Bischöfe im 6. Jahrhundert nachgewiesen. In Lauriacum (Lorch) wird in der Lebensbeschreibung Severins ein Bischof genannt. Für Iuvavum fehlen derartige schriftliche Hinweise, auch die Aufdeckung einer Bischofskirche wie in Teurnia ist bisher nicht gelungen. Als *municipium* bot das römische Salzburg die rechtliche Voraussetzung für einen Bischofssitz, weshalb sich noch am Ende des 7. Jahrhunderts der heilige Rupert in der Ruinenstadt Iuvavum niederließ. Daß dabei auch die Kenntnis von spätantiken Bischöfen Iuvavums mitspielte, ist eine geistreiche Überlegung, die nicht bewiesen werden kann.[97]

Der Sturz des letzten weströmischen Kaisers, Romulus Augustulus, durch den germanischen Heerführer Odoakar im Jahre 476 n. Chr. bedeutet keineswegs jene „Zeitenwende", als die er in unseren Schulbüchern immer dargestellt wird. Die Bewohner Iuvavums und Noricums werden das Ereignis höchstens als einen unter vielen Herrschaftswechseln im fernen Rom empfunden und spät davon gehört haben. Von wesentlich größerer Bedeutung war der Tod Severins im Jahre 482. Was der Heilige zu Lebzeiten vorausgesagt hatte, vollzog sich nun in rascher Folge. Die Reste der römischen Grenzverteidigung brachen zusammen und die Städte an der Donau mußten aufgegeben werden. Als im Jahre 488 römische Truppen das Reich der Rugier im nördlichen

Niederösterreich zerstörten, gab Odoakar den Befehl, unter ihrem Schutz die Bevölkerung aus der bedrohten Provinz Ufernoricum zu evakuieren. Ein Großteil der Bürger Iuvavums und auch die Mehrheit der Landbevölkerung ist diesem Aufruf nachgekommen und über die Alpen nach Süden gezogen.[98]

Es blieben aber zahlreiche Romanen, vor allem jene, die nichts zu verlieren hatten, auf dem Land und auch in der Stadt zurück. Sie haben in späteren Jahrhunderten manche Errungenschaften der römischen Wirtschaft und Kultur wie den Weinbau, die Almwirtschaft, die Herstellung glasierter Keramik oder die Technik der Salzgewinnung aus den Solequellen von Reichenhall an ihre neuen Herren, die Bayern (Baiuwaren), weitergegeben. Auch das spätantike Christentum hat als kleine, aber wohlbehütete Flamme an manchen Orten die Stürme der Völkerwanderung überdauert.[99]

Welche Änderungen sich in den beiden folgenden „dunklen Jahrhunderten" in Iuvavum vollzogen, läßt sich nur in groben Umrissen erahnen. Daß die Stadt im Jahre 477 von den Herulern zerstört wurde, beruht auf einer Fehldeutung der Lebensbeschreibung Severins. Die Gräber des 6. und 7. Jahrhunderts, die im Bereich des Domplatzes und Kapitelplatzes aufgedeckt wurden, deuten aber an, daß man die Talsiedlung am Salzachufer aufgegeben hatte. Nach den römischen Gesetzen war es nämlich streng verboten, innerhalb des Stadtgebietes Bestattungen vorzunehmen. Da die Gräber nahe dem bequemsten Zugang auf die höhergelegene Nonnbergterrasse liegen, sind sie wohl den spätantiken Befestigungsanlagen auf Nonnberg und Festungsberg zuzuordnen. Nach dem Jahre 488 dürften sich die Reste der Bevölkerung dorthin zurückgezogen und die beiden folgenden Jahrhunderte überdauert haben. Bei der Ankunft des heiligen Rupert am Ende des 7. Jahrhunderts stand dort jedenfalls die „obere Burg" *(castrum superius)* der „Iuvavenser", womit wohl die Vertreter der romanischen Stadtbevölkerung angesprochen sind.[100]

Fünf Jahrhunderte römischer Herrschaft hatten aus der einheimischen keltischen Bevölkerung Romanen, „echte Iuvavenser", werden lassen. Von der einst blühenden Munizipalstadt Iuvavum war nach der Völkerwanderung kaum ein Stein auf dem anderen geblieben. Wo immer aber im Altstadtgebiet ein größerer Bau in Angriff genommen wird, stößt der Spaten des Archäologen auf die reichen Zeugnisse der römischen Vergangenheit. In keiner anderen Stadt Österreichs ist die römische Kultur in der Vielfalt des Fundguts derart präsent wie unter dem Boden Salzburgs. Und obwohl nur geringe Reste der römischen Bevölkerung die Zeitenwende überdauerten, trug das, was sie im Bereich von Wirtschaft, Kunst und Kultur tradierten, wesentlich zu einem Neubeginn bei.

III. HEILIGE UND ERZBISCHÖFE – SALZBURG ALS GEISTLICHES ZENTRUM

Die Epoche der römischen Herrschaft in Salzburg wird durch eine Fülle von Bodenfunden, vor allem aber durch die Berichte antiker Geschichtsschreiber erhellt. Die Lebensbeschreibung des heiligen Severin stellt den letzten, sehr späten Höhepunkt in dieser Tradition dar. Mit dem Ende der römischen Herrschaft und dem Abzug des größten Teils der romanischen Bevölkerung aus Ufernoricum gingen auch die Errungenschaften der römischen Kultur und Zivilisation und besonders die Schriftlichkeit weitgehend verloren. Manches vermochten die Romanen, die im heutigen Flachgau, im Pinzgau und besonders im südlichen Salzburger Becken bis zum Paß Lueg in größeren und kleineren Gruppen zurückgeblieben waren, zu bewahren. Mit einer weitverbreiteten Kenntnis des Lesens und Schreibens war es jedoch für viele Jahrhunderte vorbei.[1]

Damit sieht sich die Forschung vor allem für das 6. und 7. Jahrhundert einer ähnlichen Situation gegenüber, wie sie in der Vorgeschichte gegeben war. Sie kann die Entwicklung in diesen beiden „dunklen Jahrhunderten" fast nur anhand von Bodenfunden rekonstruieren. Gerade in dieser Zeit aber vollzog sich ein tiefgreifender Wandel in der Bevölkerung. Das Vakuum, das mit dem Abzug des Großteils der romanischen Bevölkerung entstanden war, zog im schönen und fruchtbaren Salzburger Alpenvorland neue Siedler an.

Ein neues Volk und neue Herren – Die Bayern und das Herzogshaus der Agilolfinger

Die Bayern oder Bajuwaren stellen unter den germanischen Völkern einen Sonderfall dar. Sie tauchen im 6. Jahrhundert unerwartet in den schriftlichen Quellen auf und werden – da man über ihre Herkunft nichts erfährt – gerne als „Findelkinder der Völkerwanderung" charakterisiert. Es hat deshalb nicht an Versuchen gefehlt, die Bayern aus den verschiedensten Teilen Europas, vom Schwarzmeergebiet bis Böhmen und Burgund in den Donauraum einwandern zu lassen. Die Bodenfunde, die in den letzten Jahrzehnten geborgen wurden, liefern uns ein anderes Bild. In den großen bayerischen Gräberfeldern wie Altenerding-Klettham oder Straubing-Bajuwarenstraße, aus denen hunderte von Gräbern samt Beigaben geborgen wurden, gibt es keine Anzeichen für Diskontinuitäten. Die Bestattungsformen, die man dort schon im 3. und 4. Jahrhundert n. Chr. praktizierte, wurden bis ins 7. Jahrhundert kontinuierlich gepflegt, was nicht auf die Einwanderung eines neuen Stammes hindeutet.[2] An den Beigaben nämlich kann der Archäologe deutlich den Anteil unterschiedlicher Völker und Stämme nachweisen. Es sind vor allem die Fibeln (Gewandnadeln), die charakteristische Formen aufweisen. Neben den typischen Formen der Ostgoten, die sich als „ostgermanisch" abheben, finden sich

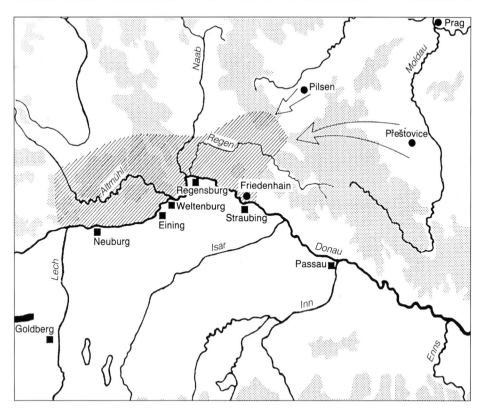

Die Verbreitung von Keramik des Typs Friedenhain/Přeštovice in Bayern nördlich der Donau (nach Thomas Fischer).

vor allem alamannische, thüringische und langobardische Stücke. Ein ähnliches Bild bieten weitere Schmuckstücke und die Waffen. Gräber ohne Beigaben hingegen weisen auf Romanen hin, die als Christen ihren Toten nichts ins Grab mitgaben. Auch bei den germanischen Stämmen findet mit dem Siegeszug des Christentums im 8. und 9. Jahrhundert die Beigabensitte ihr Ende.[3] Für die Archäologen ergibt sich aus diesem Befund der Schluß, daß die Bayern nicht als geschlossener Volksstamm in die Gebiete an der Donau und im Alpenvorland eingewandert sind, sondern daß sich ihre Stammesbildung *(Ethnogenese)* in jenem altbayerischen Siedlungsgebiet um Regensburg und Straubing vollzogen hat, wo die Bayern seit der ersten Hälfte des 6. Jahrhunderts auch in den schriftlichen Quellen genannt werden.[4]

Einen wichtigen Hinweis bieten die Bezeichnungen: *Baiuvarii* oder *Baiovari*, wie die Bayern in den ältesten schriftlichen Zeugnissen genannt werden; sie beide bedeuten „Männer aus Böhmen".[5] Mit diesem sprachlichen Befund stimmt der archäologische Befund überein, welcher als „Leitfossil" eine typische Form von Keramik sowohl im südlichen Böhmen als auch in den ältesten bayerischen Siedlungszentren an der Donau von Straubing über Regensburg bis Neuburg an der Donau nachweist. Es ist dies eine flache, weitmundige Schale mit Schrägriefen (Kanneluren) in der Schulterzone, die häufig Einstichverzierungen aufweist. Nach den beiden wichtigsten Fundorten, Přeštovice im südlichen Böhmen und Friedenhain nahe bei Straubing, bezeichnet man diese Keramik als Typ „Friedenhain/Přeštovice". Sie dürfte von jenen „Männern aus Böhmen", die zum namengebenden Kern des neuen Stammes der Bayern geworden sind, über die Chamer Senke an die Donau gebracht worden sein.[6]

Aus diesen Indizien ergibt sich – stark vereinfacht dargestellt – folgendes Bild von der Stammesbildung der Bayern: Um die Mitte des 5. Jahrhunderts, jedenfalls noch vor dem Ende der römischen Herrschaft, zogen größere und kleinere Gruppen von Elbgermanen aus dem südlichen Böhmen an die Donau und traten dort als *Foederaten,* d. h. als Soldaten, die zur Grenzverteidigung eingesetzt wurden, in römische Dienste. Nach dem Ende der römischen Herrschaft blieben sie an der Donau und hatten mit den Kastellen und befestigten Stützpunkten Straubing, Regensburg, Weltenburg und Neuburg die militärischen Schlüsselpositionen in ihrer Hand. Deshalb wurden sie, obwohl ihre Zahl sicher nicht sehr hoch war, zum namengebenden Kern für den neuen Stamm der Bayern. Dieser entstand dadurch, daß sowohl die Reste der romanischen Bevölkerung als auch größere Gruppen von Alamannen, Langobarden, Ostgoten, Thüringern und anderen Stämmen mit den elbgermanischen „Männern aus Böhmen" zu einem neuen Stamm verschmolzen.[7]

Im frühen 6. Jahrhundert, nach etwa zwei Generationen, kam die Stammesbildung zum Abschluß. Um 530 werden in der „Fränkischen Völkertafel" die Bayern als „Brüder" (Nachbarn) der Langobarden, Thüringer und Burgunder genannt. Der gotische Geschichtsschreiber Jordanes übernahm aus der verlorenen Gotengeschichte des Cassiodor die um 540 aufgezeichnete Nachricht, daß östlich von den Sueven (Schwaben) die Baiuwaren wohnen. Bald darauf erzählte der italienische Bischof und Dichter Venantius Fortunatus (536–608) in seiner Lebensbeschreibung des heiligen Martin, daß man östlich des Lechs auf die Bayern stoße.[8]

Das bayerische Stammesrecht *(Lex Baiuvariorum),* das um die Mitte des 8. Jahrhunderts aufgezeichnet wurde, liefert uns ein gutes Bild der rechtlichen, wirtschaftlichen und gesellschaftlichen Verhältnisse der Bayern vom 6. bis zum 8. Jahrhundert.[9] Auffallend sind die zahlreichen Strafbestimmungen für schwere Körperverletzungen. Der Eindruck, daß die Bayern ein besonders streitbares, rauflustiges und jähzorniges Volk waren, ist dennoch falsch. Auch die alten Baiuwaren lebten von Ackerbau und Viehzucht, also waren ein bäuerlich geprägter Stamm. Freilich wußten sie ihre Waffen, von denen sich vor allem das Kurzschwert *(Sax),* seltener auch das Langschwert *(Spatha)* in den Gräbern findet, entsprechend zu handhaben, um sich gegen kriegerische Nachbarn zu behaupten.

Der Großteil der Bevölkerung war persönlich frei, doch gab es auch die rechtlich schlechter gestellten Freigelassenen und, als unterste Schicht, die Knechte oder Leibeigenen, die sich kaum von den Sklaven der Antike unterschieden. An der Spitze des Stammes standen die Herzoge aus dem Geschlecht der Agilolfinger, die einst von den Frankenkönigen aus dem Hause der Merowinger eingesetzt worden waren und auch weiterhin von den Franken abhängig blieben. Das bayerische Stammesrecht sicherte den

Agilolfingern ausdrücklich ein erbliches Recht auf die Herrschaft über die Bayern zu. Während das bayerische Volk damals noch im Heidentum verharrte und den alten Naturreligionen anhing, waren die Agilolfinger oder zumindest einzelne Angehörige ihrer Familie bereits katholische Christen. Die bayerische Prinzessin Theodelinde, die Gattin von zwei Königen der Langobarden in Italien wurde, stand in engem Kontakt zu Papst Gregor dem Großen.[10]

Von ihren frühen Zentren an der Donau mit Straubing, der Herzogsstadt Regensburg und Neuburg aus, besiedelten die Bayern bereits in der zweiten Hälfte des 6. Jahrhunderts das südlich gelegene Alpenvorland vom Chiemgau über den Salzburger Flachgau und das heutige Oberösterreich bis in die Gegend von Linz. Die Enns bildete den Grenzfluß zum Reich der Awaren, einem aus den Steppen Innerasiens eingedrungenen Reitervolk, von dem man sich bis ins 8. Jahrhundert möglichst fernhielt. Es war ein weitgehend entvölkertes, aber kein menschenleeres Land, das die Bayern im späten 6. Jahrhundert in Besitz nahmen. Die noch im Land verbliebenen Romanen, die teils einzeln, teils in geschlossenen Gruppen ansässig waren, wurden dem Schutz des Herzogs unterstellt und waren ihm zinspflichtig. Damit standen sie als Unfreie im Eigentum des Herzogs und konnten von diesem samt den Gütern, die sie bewohnten und bebauten, verschenkt oder vertauscht werden. Dasselbe galt auch für die unfreien Knechte und Mägde *(servi)* der Bayern.[11]

Bayerischer Krieger mit Tracht und Bewaffnung der zweiten Hälfte des 6. Jahrhunderts. *Bayerische Frau mit Tracht und Schmuck. (beide Röm. Germ. Zentralmuseum, Mainz)*

Ortsnamen als Zeugen der bayerischen Besiedlung

Bereits im 6. Jahrhundert haben sich Bayern sowohl im heutigen Flachgau als auch im Stadtgebiet von Salzburg niedergelassen. Wichtigstes Zeugnis für die frühe bayerische Besiedlung sind jene Ortsnamen, die auf die Endsilben *-ing* und *-ham (-heim)* enden. Während die Endsilbe *-heim (-ham)* unschwer als „das Heim von" zu deuten ist, bezeichnet die Endsilbe *-ing,* die bis ins 12. Jahrhundert *-ingen* lautete, den Personenkreis, der von einem Grundherrn oder Siedlungsleiter abhängig war. Diese frühbayerischen Ortsnamen ziehen sich in auffallender Dichte fast über den gesamten Flachgau und den benachbarten Rupertiwinkel hin, die einst gemeinsam den alten Salzburggau bildeten, und reichen auch in das Stadtgebiet von Salzburg hinein.[12] Itzling im Norden der Stadt, das bereits im 8. Jahrhundert als *Uzilinga* genannt wird, ist vom Personennamen Uzilo, wohl einer Koseform von Utto *(Udo),* abgeleitet.[13] Der im Nordwesten gelegene Stadtteil Liefering, der erst 1939 eingemeindet wurde, geht hingegen auf den romanischen Namen *Liverio* oder *Liberio* zurück.[14] In beiden Fällen sind hier die „Gründer" der Großdörfer, in denen auch bayerische Reihengräber gefunden wurden, angesprochen. Während Uzilo/Utto ein Bayer war, zählte Liverio/Liberio zu jenen im Lande verbliebenen Romanen, die auch unter bayerischer Herrschaft eine einflußreiche Position behaupten konnten. Einer jüngeren Schicht gehört hingegen der Weiler Pointing in der Gemeinde Siezenheim an, der kein von einem Personennamen abgeleiteter „patronymischer Ortsname" ist, sondern eine jüngere Bildung zum Wort *Peunt* darstellt, das soviel wie „umzäunte Wiese" bedeutet.[15]

Zur Gruppe der Namen auf *-heim* gehört im Stadtgebiet Kleßheim, das wahrscheinlich auf den Personennamen *Claffo* oder *Chlef* zurückgeht.[16] Die zweite Namensform ist vor allem bei den Langobarden bezeugt, die an der Stammesbildung der Bayern großen Anteil hatten. Das nahe der Stadt gelegene Dorf Siezenheim ist nach einem bayerischen Adeligen namens *Suozo* oder *Sizo* benannt.[17] Da *Sizo* die Kurzform für den bekannten Namen Sigehard war, liegt der Schluß nahe, daß ein Mitglied der mächtigen Sippe der Sighardinger der Gründer dieses Ortes war. Dem kleinen Ort Käferheim in der Gemeinde Wals-Siezenheim hat wohl ein *Kefari* den Namen gegeben.[18] Im Gegensatz zu Sizo-Sigehard, der mit seinen Gefolgsleuten ein Dorf gründete, dürfte Kefari nur ein Grundbesitzer gewesen sein. Nicht zu diesen frühen Namen gehört das erst 1409 urkundlich genannte Taxham. Es geht auf das Wort Taxen (Dächsen) zurück, das soviel wie „Zweige von Nadelbäumen" bedeutet.[19]

Zu den frühen bayerischen Ortsnamen zählt auch Salzburgs älteste „Vorstadt" Mülln, die nach den alten Mühlen am Almkanal benannt ist und bereits im 8. Jahrhundert – teilweise in der lateinischen Form *ad molendinas* (bei den Mühlen) – urkundlich aufscheint. In Mülln wurde ein reich ausgestattetes bayerisches Frauengrab mit wertvollen Beigaben, darunter ein goldener Ohrring, ein Armreifen und eine Glasperlenkette, gefunden.[20] Mit diesem Befund der Ortsnamen stimmen auch die bisher von den Archäologen aufgedeckten bayerischen Reihengräberfelder überein. Sie erstrecken sich vom Bergheim im Norden und Salzburghofen im Nordwesten nach Siezenheim am Stadt-

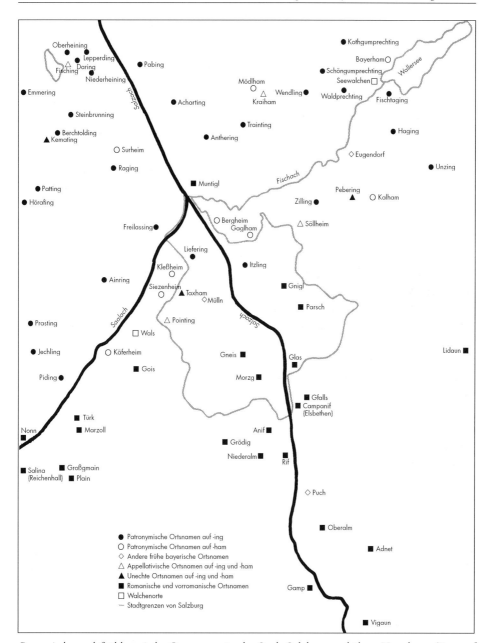

Romanische und frühbayerische Ortsnamen in der Stadt Salzburg und ihrer Umgebung (Entwurf Heinz Dopsch, Ausführung Verlag Anton Pustet).

rand und weiter nach Liefering und Itzling ins nördliche Stadtgebiet von Salzburg.[21] Jene Stadtteile hingegen, die nicht von einer frühen bayerischen Besiedlungswelle erfaßt wurden, behielten ihre alten Bezeichnungen. Gnigl, Parsch, Glas, Gneis, Gois und Morzg sind durchwegs Namen, die in römische, teilweise auch in vorrömische Zeit

Skelett einer bayerischen Frau mit Bronzearmreifen aus dem Gräberfeld an der Lexengasse in Liefering; Grab Nr. 22, freigelegt 1980. (SMCA)

zurückreichen. Sie finden im südlichen Salzburger Becken mit Anif, Grödig, Rif, Gfalls (bei Elsbethen), Oberalm, Gamp, Vigaun, Kuchl und Torren sowie in einer Reihe von Ortsnamen um Reichenhall (Nonn, Türk, Marzoll, Plain, Gmain) ihre Fortsetzung.[22]

Das bei weitem interessanteste Beispiel ist Wals, das heute gemeinsam mit dem „altbayerischen" Siezenheim eine Gemeinde bildet. Wals wurde von den Bayern, die sich in der Nachbarschaft niederließen, zunächst einfach als „romanisches Dorf" *(vicus Romaniscus)* bezeichnet. Dies wurde dann zu *Walchwis* eingedeutscht, wobei die erste Silbe auf die Walchen, das sind die Romanen, zurückgeht, während die Endsilbe *-wis* vom althochdeutschen Wort *wichs* = Flecken, Dorf abgeleitet ist. Im Laufe der Zeit wurde dann *Walchwis* zur heutigen Form Wals zusammengezogen.[23] Derartige „Walchenorte" wie Wals, Seewalchen (am Attersee und als Ortsteil in Seekirchen), Straßwalchen oder der

Walchsee in Tirol erinnern daran, daß dort einst unter bayerischer Herrschaft noch Romanen *(Walchen)* ansässig waren.

Aus den ältesten schriftlichen Quellen erfahren wird, daß etwa im Gebiet um Oberalm *(Albina)* eine einflußreiche romanische Adelssippe ansässig war, die im frühen 8. Jahrhundert sowohl mit dem heiligen Rupert als auch mit den bayerischen Herzogen in enger Verbindung stand.[24] Archäologen bestätigten auch die Existenz eines romanischen Gräberfeldes im Umfeld der Kirche von Grödig, in welchem die Toten aufgrund ihres christlichen Glaubens in Leichentüchern, ohne Waffen und auch fast ohne Beigaben bestattet wurden. Ein ähnliches Gräberfeld wurde auch in Anif entdeckt.[25]

Es wäre freilich verfehlt, daraus zu schließen, daß die Bayern im 6. und 7. Jahrhundert nur nördlich von Iuvavum siedelten und die alte Römerstadt samt dem südlichen

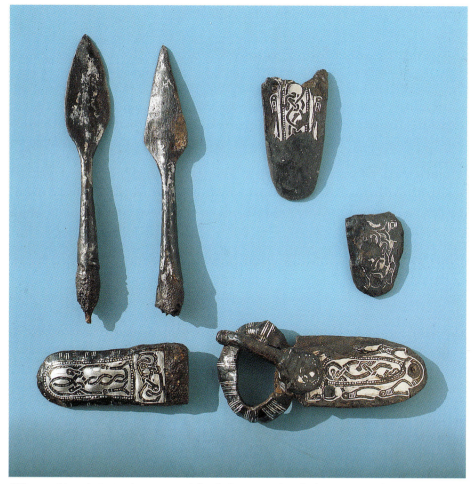

Silbertauschierte (mit eingehämmertem Silberdraht verzierte) und -plattierte Gürtelgarnitur und Lanzenspitzen aus dem bayerischen Gräberfeld im Areal der Schwarzenbergkaserne in Siezenheim; Grab Nr. 6, geborgen 1985. (SMCA)

Salzburger Becken den Romanen überließen, weil sie durch alte „Befestigungsanlagen" aufgehalten wurden. Die Bayern haben das ganze Land in Besitz genommen, die Romanen ihren Herzogen zinspflichtig gemacht und als wichtigste Stützpunkte Iuvavum, das alsbald den deutschen Namen Salzburg erhielt, und Kuchl besetzt. Auch das römische Kastell *Cucullis* auf dem Georgenberg wurde, wie die Namenkunde zeigt, schon vor der Mitte des 8. Jahrhunderts von den Bayern übernommen und zu Kuchl umgelautet.[26] Außerdem gibt es im südlichen Salzburger Becken, das man gerne als die „Romania" Salzburgs bezeichnet, frühe bayerische Ortsnamen. In unmittelbarer Nähe des romanischen Oberalm *(Albina)* liegt Puch, dessen Name auf eine im frühen 8. Jahrhundert erwähnte Hainbuche *(haganpuocha)* als alte Grenzmarke zurückgeht.[27]

Iuvavum-Salzburg als Residenz der Agilolfinger

Immer wieder wird die Frage diskutiert, ob Iuvavum-Salzburg erst unter dem „Gründerheiligen" Rupert zu neuem Leben erwachte oder ob schon vor dessen Ankunft unter bayerischer Herrschaft ein Neubeginn stattfand. Die Lebensbeschreibung Ruperts, die, wie alle hagiographischen Werke, seine wunderbaren Leistungen herausstellen will, beschreibt Iuvavum als eine von Bäumen überwucherte Ruinenstätte, in der das städtische Leben erloschen war.[28] Wie bereits dargelegt wurde, weisen vor allem die Bestattungen im Bereich von Domplatz, Kapitelplatz und Residenzplatz, die im Zentrum der römischen Stadt und inmitten römischer Profanbauten vorgenommen wurden, darauf hin, daß die Talsiedlung am Ufer der Salzach nach dem Ende der römischen Herrschaft aufgegeben und von der Bevölkerung verlassen wurde. Die bayerischen Gräber auf Kapitelplatz und Domplatz durchstießen teilweise die alten römischen Mauerzüge. Der bisher nur vereinzelte Fund eines Pfostenlochs in antiken Mauern deutet an, daß sich die bayerischen Siedler, so wie in anderen Römerstädten auch, in Iuvavum zunächst in den römischen Ruinen niederließen und diese mit Hilfe primitiver Holzeinbauten und Dächer wieder provisorisch bewohnbar machten.[29] Auch die bayerischen Bestattungen in Mülln, die in das späte 7. Jahrhundert gesetzt werden, weisen auf die Niederlassung bayerischer Siedler im Stadtbereich schon vor der Ankunft des heiligen Rupert hin.[30]

Im Gegensatz zur Talsiedlung war auf der höher gelegenen Nonnbergterrasse und auf dem Festungsberg eine Siedlungs-Kontinuität von der Spätantike zum frühen Mittelalter gegeben. Dort überstanden größere Gruppen der römischen Stadtbevölkerung die Stürme der Völkerwanderungszeit, dort stand auch die „Obere Burg" *(castrum superius),* von den Agilolfingern zur Residenz ausgebaut und – im Gegensatz zu den Angaben des ältesten Salzburger Güterverzeichnisses – wohl kaum an den heiligen Rupert geschenkt wurde.[31] Was aber hat man sich unter dieser „Oberen Burg" auf dem Festungsberg und der Nonnbergterrasse vorzustellen, wann ist sie entstanden und wer hat sie gebaut?

Die lateinische Bezeichnung *castrum superius* meint keine Burg im Verständnis des hohen Mittelalters, sondern eine befestigte Hochsiedlung oder „Oberstadt", die auf dem

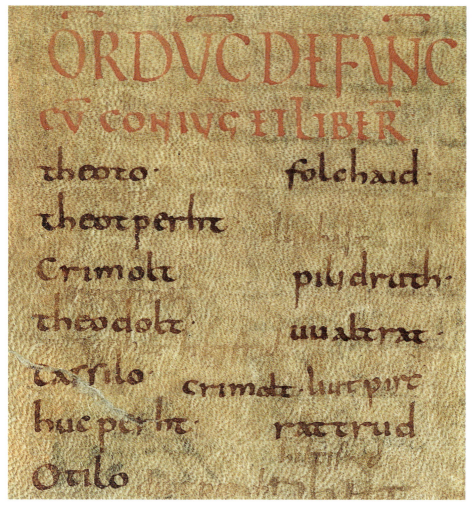

Eintragung der verstorbenen Herzoge aus dem Geschlecht der Agilolfinger von Theodo bis zu Odilo im Verbrüderungsbuch von St. Peter in Salzburg 784. (Foto: Oskar Anrather)

Festungsberg stand und auch die Nonnbergterrasse in ihre Mauern miteinbezog. Erst vor kurzem ist den Archäologen der Nachweis gelungen, daß der Festungsberg, auf dem die ältesten Siedlungsspuren bis ins 2. Jahrtausend v. Chr. zurückreichen, von der Antike bis ins frühe Mittelalter durchgehend besiedelt war.[32] Auf dem Nonnberg stand eine Martinskirche, die schon vor dem Wirken Ruperts in Iuvavum errichtet worden war. Der heilige Martin, der aus der römischen Stadt Savaria (Steinamanger, heute Szombathély in Westungarn) stammte und Bischof von Tours wurde, war der „Nationalheilige" im Frankenreich der Merowinger. Da die bayerischen Herzoge aus dem Geschlecht der Agilolfinger von den Merowingern eingesetzt worden waren, liegt der Schluß nahe, daß sie die Martinskirche auf dem Nonnberg zu Ehren der fränkischen Könige errichtet hatten. Späteren Nachrichten zufolge war die Martinskirche zum Nockstein, einem felsigen Vorsprung im Abhang des Gaisberges, ausgerichtet.³³ Wahrscheinlich stand sie am äußersten Rand der Nonnbergterrasse zur Salzach, etwa an der Stelle des späteren Hofrichterhauses des Klosters Nonnberg. Bei der Ankunft Ruperts befand sich die „Obere Burg" auf dem Festungsberg im Besitz des bayerischen Herzogs. Außerdem erfahren wir, daß sie den Mittelpunkt eines Wehrsystems bildete, das in seinen Wurzeln noch in die Spätantike reichte, von den bayerischen Herzogen aber übernommen und erneuert wurde.³⁴

Außer der römischen Vergangenheit des weitgehend zerstörten Iuvavum muß es noch einen anderen Grund dafür gegeben haben, daß sich die bayerischen Herzoge gerade hier, am Ufer der Salzach, besonders engagierten. Den wichtigsten Hinweis bietet uns der deutsche Name, den Iuvavum wohl noch in der ersten Hälfte des 8. Jahrhunderts erhielt: Salzburg. Es ging ihnen um die reichen Solequellen in Reichenhall, die damals eine Monopolstellung für Bayern und den gesamten Ostalpenraum besaßen. Nachdem die bergmännische Salzgewinnung auf dem Dürrnberg bei Hallein und im älteren Hallstatt zum Erliegen gekommen war, lieferten nur die natürlichen Solequellen von Reichenhall genügend Salz, um damit eine exportorientierte Produktion aufziehen zu können.³⁵

Die romanische Bevölkerung, die nach dem Befund der zahlreichen romanischen Ortsnamen in Reichenhall und seiner Umgebung ansässig geblieben war, führte den Betrieb der Saline mit vielen kleinen Sudpfannen fort und vermittelte auch den Bayern als ihren neuen Herren die technischen Fertigkeiten für die Salzgewinnung.³⁶ Die wirt-

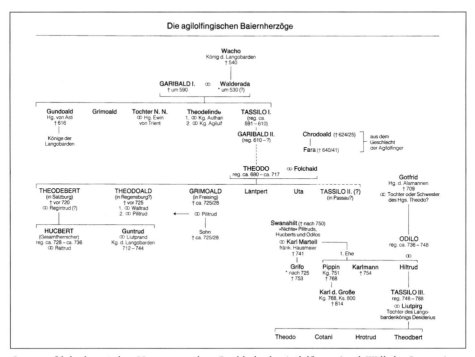

Stammtafel der bayerischen Herzoge aus dem Geschlecht der Agilolfinger (nach Wilhelm Störmer).

schaftliche Bedeutung der Quellsalinen von Reichenhall, die samt Personal in den Besitz des Bayernherzogs übergegangen waren, ist kaum hoch genug zu veranschlagen. Zum Schutz der Salinen, die immerhin 150 Kilometer von der Herzogstadt Regensburg entfernt lagen, bot sich Iuvavum als militärischer Stützpunkt an.

Die alte Römerstadt bildete aber auch die wichtigste Basis für die Ausweitung der herzoglichen Macht nach Süden. Nicht nur die Herzogstadt Regensburg sondern auch die anderen frühen Zentren der Bayern wie Straubing, Neuburg oder Passau waren einst in der Provinz Rätien Donaukastelle. Wollte man nun auch die Provinz Noricum herrschaftlich erfassen, bot sich wiederum Iuvavum als Verwaltungsmittelpunkt und Operationsbasis nach Süden an. Die Agilolfinger errichteten deshalb, spätestens unter Herzog Theodo in den letzten Jahren des 7. Jahrhunderts, in Iuvavum auf dem Festungsberg einschließlich der Nonnbergterrasse einen stark befestigten Stützpunkt mit Kirche, dem im Rahmen dieser Expansionspolitik eine wichtige Aufgabe zugedacht war. Am Ende des 7. Jahrhunderts nahm Theodbert, der älteste Sohn des Bayernherzogs Theodo, seinen Sitz in Iuvavum und unterstützte von hier aus seinen Vater als Mitregent in ganz Bayern und über Bayern hinaus.[37]

Von Salzburg aus konnte Theodbert auch gegenüber den Langobarden in Italien eine eigenständige Politik entfalten. Als 702 der von den Langobarden vertriebene Herzog Ansprand mit seinem Sohn Liutprand Schutz suchte, gewährte Theodbert ihm politisches Asyl. Zehn Jahre später unternahm er 711/12 von Salzburg aus eine erfolgreiche militärische Intervention in Italien. Es gelang ihm, den Herzog Aripert von Turin, der mittlerweile die Herrschaft übernommen hatte, zu vertreiben – dieser fand auf der Flucht zu den Franken den Tod – und Ansprand als neuen König der Langobarden zu installieren. Als dieser bereits nach drei Monaten starb, folgte ihm sein Sohn Liutprand in der Herrschaft. Durch die Hochzeit von Liutprand und Theodberts Tochter Guntrud, die sich während des Aufenthalts der beiden langobardischen Flüchtlinge in Salzburg kennengelernt hatten, wurde das feste Bündnis zwischen Bayern und Langobarden besiegelt.[38] Diese Ereignisse hatten deutlich gemacht, welche Bedeutung Salzburg als Operationsbasis für die Gebiete südlich der Alpen – sei es Italien oder, wenige Jahrzehnte später, Karantanien – zukam.

Auch der heilige Rupert sah sich durch diese Machtverhältnisse veranlaßt, mit beiden Herzogen, dem Vater Theodo und dem Sohn Theodbert, aufs engste zusammenzuarbeiten. Gerade der Ausbau des römischen Iuvavum zum bayerischen Salzburg, zu einem herrschaftlichen und kirchlichen Zentrum für den südostbayerischen Raum und nahe dem slawischen Siedlungsgebiet, war eine Leistung, die Theodbert und Rupert in einträchtigem Zusammenwirken vollbrachten.[39] Damit muß man sich aber von der liebgewonnenen Vorstellung trennen, daß erst mit dem heiligen Rupert neues Leben aus den Ruinen der Römerstadt Iuvavum erblühte. Bereits die Agilolfinger hatten die wirtschaftliche und militärische Bedeutung dieses Platzes erkannt und ihm eine wichtige Rolle in der Organisation des Herzogtums Bayern zugedacht. Es war also kein Zufall, daß sich das Wirken des Salzburger „Gründerheiligen" nicht auf die Herzogstadt Regensburg, sondern auf Iuvavum-Salzburg konzentrierte.

Rupert – Der Adelsheilige vom Rhein

*Zur Zeit Childeberts, des Königs der Franken, und zwar im zweiten Jahre seiner Königsherrschaft,
wirkte der heilige und gläubige Bekenner Christi, Rupert (Hrodbertus) in der Stadt Worms als Bischof.
Er stammte aus vornehmem, königlichem Geschlecht der Franken,
war aber noch vornehmer durch seinen Glauben und seine Frömmigkeit.*

Mit diesen Worten beginnt die Lebensbeschreibung des heiligen Rupert, die am Ende des 8. Jahrhunderts in Salzburg verfaßt wurde.[40] An den einleitenden Satz knüpft sich eine Reihe Fragen, die von den Geschichtsforschern des In- und Auslandes seit vielen Generationen heftig diskutiert wurden: Wann kam der heilige Rupert nach Salzburg? Warum verließ er seine Heimat? War er der erste Glaubensbote, der in Bayern wirkte? Warum blieb er nicht in Regensburg? Fand Rupert in Iuvavum noch ein aus der Spätantike stammendes Kloster vor? Wo stand die erste Kirche des heiligen Rupert? Wann und wo ist Rupert gestorben?

Es würde zu weit führen, die zum Teil bis heute widersprüchlichen Meinungen und Forschungsergebnisse zu diesen Fragen im Detail vorzuführen. Statt dessen soll versucht werden, ein möglichst anschauliches Bild vom Wirken des heiligen Rupert in Salzburg zu entwerfen, das dem letzten Stand der Forschung entspricht.

Die oben zitierten Worte aus Ruperts Lebensbeschreibung fallen stilistisch aus dem weiteren Text dieses Werkes vollkommen heraus. Sie sind offenbar der formelhaften Datierung einer Urkunde entnommen, die dem Autor bei der Abfassung der Lebensbeschreibung noch vorlag und die er für so wichtig hielt, daß er sie als Beweismittel an den Anfang seines Werkes stellte.[41] Der in der Datierung genannte König *Hiltiperht* ist Childebert III. aus dem Hause der Merowinger, der von 694 bis 711 regierte. Mit dem zweiten Jahr seiner Königsherrschaft ist das Jahr 696 angesprochen, das traditionell als der Beginn von Ruperts Wirken in Salzburg gilt. Nahm man früher an, daß diese Datierung aus jener Urkunde stammte, mit der Herzog Theodo von Bayern dem heiligen Rupert die alte Römerstadt Iuvavum zum Geschenk machte, so wurde zuletzt erwogen, sie könnte einer Generalvollmacht entnommen sein, die der Herzog dem Heiligen für die Missionstätigkeit in ganz Bayern erteilte. In einer jüngeren Fassung von Ruperts Lebensbeschreibung findet sich das Jahr 693, das ursprünglich wohl eine Randglosse darstellte und bei der Abschrift mit in den Text mitübernommen wurde. Dieses Jahr wird mit der Abreise Ruperts aus Worms in Verbindung gebracht. Nach seinem Aufenthalt bei Herzog Theodo in Regensburg hat er wahrscheinlich 696 seine Missionsreise angetreten, die ihn nach Iuvavum führte.[42]

Rupert entstammte dem fränkischen Hochadelsgeschlecht der Rupertiner, die mit dem Königshaus der Merowinger versippt waren. Er wirkte im späten 7. Jahrhundert als Bischof in Worms am Rhein, gab aber entgegen den kanonischen Vorschriften sein angestammtes Bistum auf und ging als Missionar nach Bayern. Es müssen schwerwiegende persönliche Gründe gewesen sein, die ihn zu diesem folgenschweren, vorschriftswidrigen Entschluß veranlaßten. Wahrscheinlich war er zum eigentlichen Machthaber im Frankenreich, dem Hausmeier Pippin II. „dem Mittleren" aus dem Geschlecht der Ka-

Sebastian Stief, Der heilige Rupert erblickt die Ruinen von Iuvavum. Ölgemälde, 1859, im erzbischöflichen Palais, Salzburg. (Foto: Oskar Anrather)

rolinger, in Gegensatz geraten. Ein zeitgenössischer Chronist, der Pippin durchaus positiv beurteilte, bemerkte einschränkend, daß dessen Vorgänger Ebroin „im Umbringen von Bischöfen allzu eifrig" gewesen sei. Angesichts dieser Gefahr zog Rupert es vor, außer Landes zu gehen und erst nach dem Tod Pippins nach Worms zurückzukehren. Da seine Verwandte Folchaid, die ebenfalls der Sippe der Rupertiner entstammte, mit dem Bayernherzog Theodo verheiratet war, knüpfte Rupert zunächst Beziehungen nach Regensburg.[43] Angeblich hatte der Bayernherzog schon vorher von Rupert gehört und diesen dringend um einen Besuch gebeten. Rupert aber tauschte zunächst Gesandte mit Theodo aus, bevor er sich entschloß, der Einladung Folge zu leisten.[44]

Herzog Theodo selbst ging dem fränkischen Bischof mit vornehmen Gefolgsleuten entgegen und geleitete Rupert voll Ehrerbietung nach Regensburg. Rupert erhielt wesentlich bessere Ausgangsbedingungen als die beiden anderen fränkischen Glaubensboten in Bayern, Emmeram und Korbinian. Er stellte Forderungen an den Herzog, und Theodo war offenbar zu großen Zugeständnissen bereit, um Rupert nach Bayern zu holen. Das bedeutet aber auch, daß Rupert im politischen und kirchlichen Konzept des Bayernherzogs eine entscheidende Aufgabe zugedacht war, die nur ein Mann von seinem hohen Rang und seiner Erfahrung wahrnehmen konnte.

Nach seinem erfolgreichen missionarischen Wirken in Regensburg, in dessen Verlauf er angeblich den Herzog selbst getauft und dessen adelige Gefolgschaft zum Christentum bekehrt hatte,[45] erhielt Rupert von Theodo eine umfassende Vollmacht für das Wirken als Missionar im Herzogtum Bayern. Rupert reiste zunächst nach Osten, um die Awaren zum christlichen Glauben zu bekehren. Er gelangte zu Schiff bis in die alte Römerstadt Lauriacum (Lorch bei Enns) an der Grenze des Awarenreiches. Dort mußte er die Aussichtslosigkeit seines Vorhabens einsehen, da erneut kriegerische Auseinandersetzungen zwischen Awaren und Bayern drohten.[46] Dem Verlauf der alten Römerstraße folgend gelangte Rupert ins Salzburger Alpenvorland. Für kurze Zeit ließ er sich in Seekirchen am Wallersee nieder. Mit den dort ansässigen Romanen, die das Christentum bewahrt hatten, errichtete er eine Kirche zu Ehren des Apostelfürsten Petrus.[47] Wahrscheinlich trat er von Seekirchen aus mit dem Herzogssohn Theodbert, der in Iuvavum residierte, in Verbindung. Erst als dieser entsprechende Zusagen gemacht hatte, begab sich Rupert zu ihm.

Als römisches Munizipium war Iuvavum ein „geeigneter Ort" zur Errichtung eines kirchlichen Zentrums. Ruperts Biograph stellt die alte Römerstadt jedoch als eine gänzlich verfallene, von Wald überdeckte Ruinenstätte dar. Nachdem der Herzog ihm die Stadt und reichen Besitz im Umkreis geschenkt hatte, begann Rupert die Ruinenstätte zu roden und zu säubern, um dort den Gottesdienst einzurichten. Er baute eine stattliche Kirche, die dem heiligen Petrus geweiht wurde, und ein Kloster mit allen notwendigen Gebäuden.[48]

Den Wortlaut der Lebensbeschreibung wird man hier freilich nicht für bare Münze nehmen dürfen. Es gehört zu den Gemeinplätzen vieler Viten, daß die „Gründerheiligen" sich einen „geeigneten Platz" in der Einsamkeit oder überhaupt in der Wildnis suchen und dort mit harter Rodungsarbeit ihr Gründungswerk beginnen. Wie vorher dargelegt wurde, hatte die Niederlassung bayerischer Siedler in Iuvavum schon vorher eingesetzt, und der Ort mit der „Oberen Burg" auf dem Festungsberg bildete den wichtigsten herzoglichen Stützpunkt im südöstlichen Bayern. Er diente als Basis für die organisatorische Erfassung der einstigen Provinz Noricum, die Rupert gemeinsam mit dem Herzogssohn Theodbert in Angriff nahm. Theodbert hatte schon damals seinen Sitz in Iuvavum genommen und konnte Ruperts Wirken vor Ort tatkräftig unterstützen.[49]

Die Abtei St. Peter, heute das älteste Kloster im deutschen Sprachraum, gilt als die „Wiege" von Stadt und Land Salzburg. Ruperts Biograph erwähnt ausdrücklich die Errichtung eines Klosters. Statt von Mönchen, die nach einer strengen Ordensregel lebten, spricht er einfach von „Geistlichen".[50] Ihre Aufgabe war nicht das beschauliche, kontemplative Leben, wie es später in Benediktinerklöstern üblich war, sondern die tatkräftige Unterstützung ihres Abtes Rupert in allen Aufgaben der Seelsorge und der Mission. Sie waren nicht an den Ort ihres Klosters gebunden, sondern gingen als Missionare dorthin, wo ihr Einsatz erforderlich war: noch unter Rupert zu den Slawen des Pongaus, wenige Jahrzehnte später nach Karantanien (Kärnten) und im neunten Jahrhundert bis nach Pannonien im heutigen Ungarn.[51] Rupert schuf mit dieser Klostergründung eine leistungsfähige, praxisorientierte Gemeinschaft von Klerikern, die in den folgenden Jahrzehnten die „Salzburger Kirche" bildete. Die Benediktinerregel mit ihrer strengen Ortsgebundenheit sollte sich in St. Peter erst zwei Jahrhunderte später durchsetzen.[52]

Rupert – Der Adelsheilige vom Rhein 87

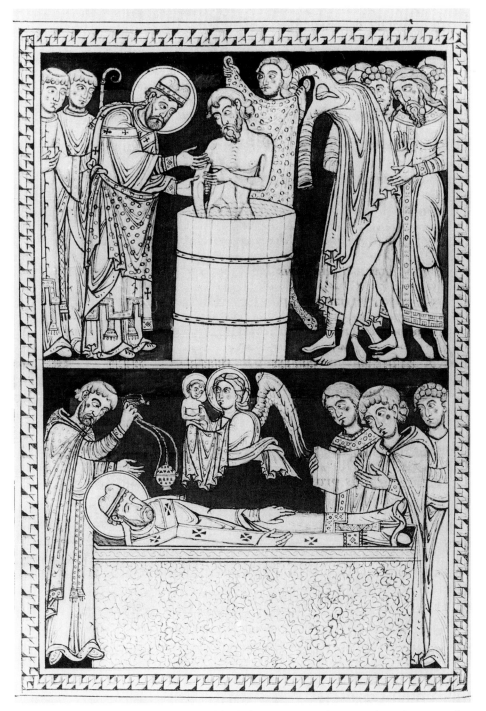

Der heilige Rupert tauft Heiden – Der Tod des heiligen Rupert. Kolorierte Federzeichnung aus dem Antiphonar von St. Peter in Salzburg, um 1160. (Foto: Oskar Anrather)

Über die Lage des Klosters an einem feuchten, lichtlosen Ort, die noch im 12. Jahrhundert immer wieder zu Klagen der Mönche über die ständige Bedrohung durch Steinschlag führte, ist viel diskutiert worden. Die Nähe der „Katakomben", ein noch lebendiger christlicher Kult an diesem Ort oder sogar der Fortbestand eines Klosters seit der Zeit Severins seien für diese Ortswahl Ruperts verantwortlich gewesen, wenngleich ihm das gesamte Altstadtgebiet zur Verfügung stand.[53] Erst die Forschungsergebnisse der letzten Jahre haben gezeigt, daß die Anfänge von St. Peter nicht im Bereich des heutigen Klosterbezirks zu suchen sind.

Rupert errichtete seine Kirche bereits an der Stelle der späteren Dombauten und damit am günstigsten Platz, der für ihn in Frage kam. Darauf deutet jedenfalls ein wichtiger Befund, der im Verlauf der Salzburger Domgrabungen gewonnen wurde, hin: Der 774 geweihte Virgildom weist im Fundament der Ostmauer einen deutlichen Knick auf. Daraus ist zu schließen, daß Virgil beim Bau seines Domes noch Teile der Fundamente von Ruperts ältester Kirche, die an dieser Stelle lag, verwendete.[54] Ruperts stattlicher Kirchenbau *(ecclesia formosa)* diente als Klosterkirche, da er und seine Nachfolger bis zum Jahre 739 nicht Bischöfe von Salzburg sondern nur Äbte von St. Peter waren. Auch die von Rupert erbauten Klostergebäude lagen in der weiteren Umgebung der Kirche, am ehesten wohl im Bereich des heutigen Kapitelplatzes zum Petersfriedhof hin.

Erst 987 wurde St. Peter im Verlauf der großen Kloster- und Kirchenreform vom Erzbistum getrennt und erhielt jenes alte Friedhofsareal nahe der Mönchsbergwand zugewiesen, das heute den geschlossenen „St.-Peter-Bezirk" bildet.[55] Grabungen, die anläßlich des Jubiläums 1982 durchgeführt wurden, haben gezeigt, daß bald nach der Jahrtausendwende der erste Kirchenbau an der Stelle der heutigen Stiftskirche errichtet wurde. Er war nach einem damals noch deutlich sichtbaren Mausoleum des 5. Jahrhunderts orientiert, das genau im Zentrum des Kirchenschiffs liegt. Leider ist nicht bekannt, wer in diesem spätantiken Grabmal beigesetzt war.[56]

Unter den Mönchen von St. Peter, die in dem 784 angelegten Verbrüderungsbuch verzeichnet sind, tragen viele romanische Namen. Da die im Salzburger Raum verbliebenen Romanen sowohl ihren christlichen Glauben als auch ihre Schriftkenntnisse bewahrt hatten, erklärt sich ihr relativ hoher Anteil am Salzburger Klerus des 8. und 9. Jahrhunderts. Er betrug in den Klöstern St. Peter und Nonnberg und auch im Umfeld der Slawenmission in Karantanien zwischen 30 und 40 Prozent.[57]

Gemeinsam mit Herzog Theodbert hat Rupert noch zwei weitere geistliche Gemeinschaften ins Leben gerufen. Um 711/12 gründete er im Ort Pongau, dem heutigen Bischofshofen, ein kleines Kloster zu Ehren des heiligen Maximilian. Den Anlaß dafür bot ein Kult, den dort lebende Romanen seit der Spätantike praktizierten. Die Gründung dieser Maximilianszelle erfolgte in engem Zusammenwirken mit der romanischen Adelssippe von Albina (Oberalm) und den bayerischen Herzogen Theodo und Theodbert.[58] Unterstützt wurde Rupert auch von seinen Gefährten Chuniald und Gisilhari (Gislar), die später in Salzburg als Heilige verehrt wurden. Um oder nach 712 kehrte der Heilige in sein Bistum Worms zurück, um von dort weitere Helfer für die Aufbauarbeit nach Iuvavum zu holen. Unter diesen wird seine Nichte Erintrudis hervorgehoben.[59]

Die Initiative zur Gründung eines Frauenklosters in der „Oberen Burg" 713/15 ging auf das Herzogspaar Theodbert und Regintrud zurück. Sie stellten außerordentlich reichen Besitz für die Ausstattung zur Verfügung und siedelten das Kloster auf der Nonnbergterrasse, unmittelbar unter ihrer Burg auf dem Festungsberg an. Nonnberg, das älteste Frauenkloster nördlich der Alpen, war das erste bayerische Herzogskloster. Rupert hat das Kloster geweiht und seine Nichte Erintrudis als dessen erste Äbtissin eingesetzt. Dann aber folgten als Äbtissinnen fast ausschließlich Witwen und Töchter von bayerischen Herzogen. Bis zum Ende der Agilolfinger 788 blieb Nonnberg ein Hauskloster des Herzogsgeschlechts. Seinen Charakter als „adeliges Damenstift", in das vorwiegend Angehörige des bayerischen Hochadels eintraten, hat Nonnberg weit über das Ende der Agilolfinger hinaus bis ins Hochmittelalter bewahrt.[60]

Die Abtei Nonnberg, das älteste Frauenkloster nördlich der Alpen, liegt auf einer Hochterrasse (links im Vordergrund) über der Altstadt von Salzburg. (Foto: Lothar Beckel)

Es wäre freilich verfehlt, in Rupert nur den Klostergründer zu sehen. Neben den wichtigen organisatorischen Aufgaben, mit denen er von Herzog Theodo betraut worden war, hat er auch jene wirtschaftliche Basis geschaffen, die den weiteren Aufstieg Salzburgs sicherte und den Ort binnen einiger Jahrzehnte zunächst zum Bischofssitz und schließlich zur geistlichen Metropole ganz Bayerns werden ließ. Es waren vor allem die Herzoge Theodo und Theodbert, die Rupert und seine Salzburger Kirche mit auffallend reichem Besitz ausstatteten. Vielleicht war die besondere Großzügigkeit der Herzoge schon eine jener Bedingungen, die Rupert vor seiner Abreise nach Bayern gestellt hatte.

Von größter Bedeutung war die Schenkung des Ortes Reichenhall. Dieser wurde mit 20 Sudöfen und Salzpfannen sowie dem dritten Teil des Salzbrunnens, der die Schüttung der Solequellen auffing, an die Salzburger Kirche übergeben. Außerdem erhielt Rupert jene Abgaben, die bis dahin als Salzzehent bzw. als Zins an den Herzog geleistet worden waren. Damit besaßen Rupert und die von ihm gegründete Salzburger Kirche den mit Abstand größten Anteil an der Salzproduktion von Reichenhall.[61] Der Bedeutung des „weißen Goldes" gemäß, das das damals einzige wirkungsvolle Konservierungsmittel für Fleisch und auch in der Viehhaltung und Gerberei unersetzlich war,[62] sollte es nur wenige Jahrzehnte dauern, bis sich für die alte Römerstadt Iuvavum als Hauptumschlagplatz des Reichenhaller Salzes ein neuer deutscher Name durchsetzte: Salzburg. Auch die weitere Ausstattung mit Grundbesitz und Eigenleuten, die Theodo und Theodbert der Salzburger Kirche zuteil werden ließen, war auffallend großzügig. Salzburg erhielt schon damals jene wirtschaftliche Grundlage, die am Ende des 8. Jahrhunderts seinen Aufstieg zum Metropolitansitz für Bayern ermöglichte.[63]

Dank der Gefährten, die Rupert aus seiner fränkischen Heimat geholt hatte, wußte er sein Werk in guten Händen. Als 714 mit dem Hausmeier Pippin dem Mittleren sein gefährlichster Gegner starb, entschloß sich Rupert, an seinen angestammten Bischofssitz Worms zurückzukehren. Gegen Ende des Jahres 715 verließ er, von Todesahnungen bewogen, Iuvavum und starb bald darauf, wahrscheinlich am 27. März 716, in Worms. Sein Biograph wertet das als Rückkehr in sein Herkunftsland *(patria)* und an seinen eigenen Bischofssitz *(propria sedes)*.[64]

In Salzburg verblaßte das Andenken an den „Gründerheiligen", der hier höchstens zwei Jahrzehnte gewirkt hatte, rasch. Kaum einer der nachfolgenden Äbte und Bischöfe nahm Bezug auf Ruperts Wirken. Erst der gelehrte, aus Irland stammende Abt und Bischof Virgil knüpfte in seinem Streit um die Maximilianszelle bewußt an Rupert an und berief sich auf die Leistungen seines Vorgängers. Als 774 der großartige Salzburger Dom geweiht wurde, ließ Virgil die Gebeine Ruperts aus Worms in den Dom überführen und feierlich beisetzen. Erst damit wurde das Andenken Ruperts der Vergessenheit entrissen und Rupert selbst zum Schutzheiligen des Doms (der das ältere Petruspatrozinium allmählich ganz in das Kloster St. Peter verdrängte) und schließlich zu Salzburgs Landesheiligen.[65]

Beschreibungen vom Aussehen Ruperts oder zeitgenössische Bildnisse existieren nicht. Die zahlreichen Bilder und Statuen von Rupert, die sich auf Altären, in Kirchen und Kapellen, an Brücken, auf Brunnen und öffentlichen Plätzen finden, erwecken meist falsche

Vorstellungen. Er ist oft im Bischofsornat mit Mitra und Bischofsstab dargestellt und mit dem Salzfaß als typischem Attribut versehen. Dieses aus hölzernen Taufeln (Faßdauben) gefertigte Fäßchen ist eine Salzkufe, in der das Salz aus der Saline Hallein in den Handel gebracht wurde. Mit dieser Saline, die erst im späten 12. Jahrhundert eröffnet wurde, hatte Rupert nichts zu tun. Die ältesten Darstellungen, wie sie etwa im berühmten Antiphonar von St. Peter überliefert sind, zeigen Rupert als Bischof mit Heiligenschein, mit dem Bischofsstab und meist mit einem Buch. Bisweilen wird er, seiner eigentlichen Funktion entsprechend, als Missionar dargestellt, der den bekehrten Heiden die Taufe spendet. Erst am Ende des 13. Jahrhunderts, als das Halleiner Salz zur wirtschaftlichen Basis für den Aufstieg von Stadt und Fürstentum Salzburg wurde, vereinnahmte man Rupert für den Dürrnberg und machte ihn zum dortigen „Salzheiligen".[66]

Eine vorsichtige Auswertung der historischen Quellen erschließt Rupert als einen typischen „Adelsheiligen". Aus hochadeliger Sippe stammend, entfernt verwandt mit dem alten fränkischen Königshaus der Merowinger und als Bischof im traditionsreichen Worms am Rhein tätig, war sich Rupert seiner Bedeutung wohl bewußt. Nach Bayern kam er erst, als Theodo ihm weitreichende Zusagen gemacht hatte, und er legte Wert darauf, „mit großem Zeremoniell" empfangen zu werden. Er trat nicht als einfacher Missionar auf, der sich ausschließlich der Bekehrung von Heiden durch Predigt und Taufe widmete, er war vielmehr der Vertraute des Herzogs, war mit großen Vollmachten ausgestattet und mit wichtigen diplomatischen Aufgaben betraut. In engem Zusammenwirken mit den Agilolfingern machte er Salzburg zu einem politischen und kulturellen Zentrum, von dem aus wenige Jahrzehnte später die missionarische und politische Erfassung des slawischen Fürstentums Karantanien, der einstigen Provinz Binnennoricum, in Angriff genommen wurde. Rupert war kein vom orientalischen Mönchtum geprägter Asket wie Severin, aber ähnlich wie dieser ein Mann von Welt.

Im Gegensatz zu seinem großen Nachfolger Virgil ist Rupert niemals formell heiliggesprochen worden. Er gehört zu jener älteren Kategorie von Heiligen, deren Kult in Rom anerkannt und deren Fest in den offiziellen Heiligenkalender der römischen Kirche aufgenommen wurde; eine Ehre, die nur seine Nichte Erintrudis mit ihm teilte, die aber seinen Schülern, Gefährten und Nachfolgern wie Chuniald, Gislar und Vitalis trotz der Verehrung, die sie in Salzburg genossen, versagt blieb.[67] Von den beiden Festtagen wird der Todestag am 27. März als „Ruprecht in der Fasten" bezeichnet und auch in den Bistümern Worms, Speyer, Würzburg und Breslau gefeiert. In Salzburg hat sich der 24. September, der Tag der Translation, an dem die Gebeine Ruperts von Worms in den Virgildom überführt wurden, als „Herbstruperti" zum Hauptfest des Heiligen entwickelt.[68] So wie Rupert zum Landesheiligen, wurde dieses Fest zum Landesfeiertag. In der Stadt Salzburg wird der „Rupertikirtag", auch Dult genannt, seit Jahrhunderten ausgiebig gefeiert.[69]

Die Errichtung des Bistums Salzburg (739)

Herzog Theodo von Bayern war 711/12 erkrankt und hatte sich von der Herrschaft zurückgezogen. Nach seiner Genesung bewog ihn ein Überfall der Awaren auf Lorch im

Jahre 712, die Zügel wieder selbst in die Hand zu nehmen. „Als erster seines Stammes" unternahm der Bayernherzog 715 eine Bußfahrt nach Rom, da sein Sohn Lantperht den aus Poitiers stammenden Bischof Emmeram getötet hatte. Emmeram, neben Rupert und Korbinian einer der drei großen bayerischen Glaubensboten, hatte drei Jahre lang erfolgreich in Regensburg missioniert und dann die Schuld eines anderen, der die Herzogstochter Ota geschwängert hatte, auf sich genommen. Auf dem Weg nach Rom, wo Emmeram sich vor dem Papst verantworten wollte, wurde er in Helfendorf von Lantperht und dessen Begleitern eingeholt und grausam verstümmelt. Noch vor dem Eintreffen im benachbarten Aschheim, wohin man den sterbenden Bischof bringen wollte, verschied er.[70]

Das Wirken Emmerams in Regensburg wurde zumeist im späten 7. Jahrhundert und damit vor der Ankunft Ruperts in Salzburg angesetzt. Vieles spricht aber dafür, daß er 712 bis 715 in Regensburg tätig war, zu jener Zeit, als Rupert sein Aufbauwerk in Salzburg vollendete.[71] Der Tod Emmerams und die Heimkehr Ruperts nach Worms veranlaßten Herzog Theodo, in Rom nicht nur Buße zu tun, sondern mit Papst Gregor II. den Aufbau einer Kirchenorganisation für das verwaiste Bayern zu erörtern. Dieser Ablauf der Ereignisse bedeutet aber, daß Rupert als erster Glaubensbote, etwa 15 Jahre vor dem heiligen Emmeram, nach Bayern kam. Die Verehrung Ruperts als „Apostel der Bayern", der den Herzog Theodo getauft haben soll, wäre so keine spätere Erfindung, mit der man die Erhebung Salzburgs zum Erzbistum und Metropolitansitz für Bayern zusätzlich begründen wollte, sondern könnte historischen Tatsachen entsprechen.[72]

Papst Gregor II. ging auf die herzoglichen Vorschläge zur Errichtung einer Landeskirche ein und erteilte am 15. Mai 716 die schriftliche Anweisung, daß ein Bischof und zwei Gefährten, die er nach Bayern entsandte, an jenen Orten, wo bayerische Teilherzöge residierten, Bistümer errichten sollten. Als Erzbistum und Metropolitansitz war die Herzogsstadt Regensburg vorgesehen, Salzburg, Passau und Freising sollten Bischofssitze werden.[73] Durch den Tod Herzog Theodos (717/18) und wegen der Streitigkeiten, die unter seinen Söhnen ausbrachen, kam dieser Bistumsplan nicht zur Ausführung. Die Verbindungen nach Rom rissen damit aber nicht ab, denn der fränkische Missionar Korbinian, der in Freising wirkte, erhielt einige Jahre später in Rom die Bischofsweihe, und noch vor 739 hat Papst Gregor III. auch Bischof Vivilo von Passau persönlich in Rom geweiht.[74]

Das 784 angelegte Verbrüderungsbuch von St. Peter nennt als Nachfolger Ruperts den Abt Anzogolus, Abtbischof Vitalis, Abt Sauolus, Abt Izio, Abtbischof Flobrigis und Abtbischof Johannes, der 739 vom heiligen Bonifatius eingesetzt wurde.[75] Eine jüngere Tradition, die behauptet, Rupert selbst habe entgegen den kanonischen Vorschriften den Bischof Vitalis zu seinem Nachfolger bestimmt, besitzt nur geringe Glaubwürdigkeit.[76] Von den genannten Äbten und Abtbischöfen, die als Vorsteher des Klosters St. Peter die Salzburger Kirche leiteten, liegen kaum weitere Nachrichten vor. Abtbischof Flobrigis wird im Totenbuch von Michaelbeuern genannt, weshalb man die Gründung dieser Abtei mit ihm in Verbindung gebracht hat.[77] Vitalis genoß im Pinzgau, wo das Vitalis-Brot an ihn erinnert, lokale Verehrung. Sein prachtvoller spätgotischer Grabstein in der Stiftskirche von St. Peter ist Zeugnis dafür, daß die Mönche ihn zu ihrem „Haushei-

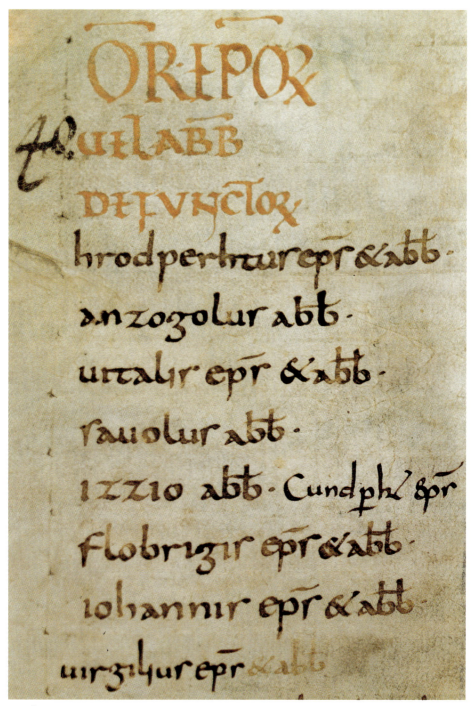

Die Äbte und Bischöfe der Salzburger Kirche von Rupert bis Virgil. Eintragung im Verbrüderungsbuch von St. Peter in Salzburg. *(Foto: Oskar Anrather)*

ligen" machten, nachdem sie Rupert seit der Trennung vom Erzbistum 987 an den Salzburger Dom verloren hatten. Erst der Abtbischof Johannes wird in der Lebensbeschreibung des heiligen Bonifatius und auch in den ältesten Salzburger Güterverzeichnissen genannt, als er von den bayerischen Herzogen Schenkungen erhielt.[78]

Nach dem Tod Herzog Theodberts residierte sein Sohn Hugbert ebenfalls in Salzburg. Der militärischen Hilfe der Langobarden und vor allem zwei Interventionen des mächtigen Hausmeiers Karl Martell, des Sohnes Pippins des Mittleren, hatte es Hugbert zu verdanken, daß er um 725/28 nach dem Tod seines Bruders Grimoald in Freising die Herrschaft über ganz Bayern antreten konnte. Die Einigung des bayerischen Herzogtums ist also von Salzburg aus erfolgt.[79] Mit der Übertragung von reichem Grundbesitz zu Safferstätten im niederbayerischen Rottachgau wollte Hugbert das Salzburger Peterskloster offenbar mit Aufgaben in weiter entfernt gelegenen Gebieten betrauen.[80] Hugbert, der als Herr über ganz Bayern nach Regensburg übersiedelt war, starb 736. Da mit ihm die bayerische Linie der Agilolfinger erlosch, folgte ihm ein Vertreter der schwäbischen Linie.

Odilo, der Sohn des Herzogs Gottfried von Schwaben, wurde 736 mit Unterstützung des fränkischen Hausmeiers Karl Martell Herzog von Bayern. Aus seinen ersten Regierungsjahren ist nur wenig bekannt. Das bedeutendste Ereignis war die Errichtung von vier kanonischen Bistümern in Bayern, die er in engem Zusammenwirken mit dem päpstlichen Legaten und Missionserzbischof Bonifatius (Wynfried) vollzog. Von Papst Gregor III. mit umfassenden Vollmachten ausgestattet, knüpfte der Angelsachse Bonifatius an den Bistumsplan des Jahres 716 an. Er setzte in Absprache mit Herzog Odilo und den bayerischen Großen 739 zunächst Johannes als Bischof in Salzburg ein. Erst dann folgten Erenbert als Bischof in Freising und Gaubald als Bischof in Regensburg. In Passau mußte Bonifatius den bereits amtierenden Bischof Vivilo, der vom Papst selbst die Weihe empfangen hatte, anerkennen.[81] In dieser Reihenfolge kommt ein gewisser Vorrang zum Ausdruck, den Salzburg als geistliches Zentrum in Bayern besaß.

Die um 770 abgefaßte Lebensbeschreibung des heiligen Bonifatius ist die älteste Quelle, die anstelle des bis dahin üblichen römischen Namens Iuvavum das deutsche Wort *Salzburg* verwendet.[82] Der Name Salzburg, der sich für Stadt und Bistum rasch durchsetzte, stellt in mehrfacher Hinsicht eine Besonderheit dar. In den meisten Städten mit antiker Vergangenheit wurde der römische Name zur Grundlage für die mittelalterliche Bezeichnung. Als Beispiel sei auf Lentia-Linz, Augusta Vindelicum-Augsburg oder Brigantium-Bregenz verwiesen. In Salzburg hingegen erfolgte ein völliger Bruch mit der römischen Vergangenheit, an die Stelle von Iuvavum trat der neue Name Salzburg. Berücksichtigt man noch, daß auch der Fluß Ivarus-Igonta in Salzach umbenannt wurde, dann wird der Bruch um so auffallender; denn die Namen der größeren Flüsse stammen fast durchwegs aus vorrömischer oder römischer Zeit. Ob hinter dieser Umbenennung eine bewußte Distanzierung von der römischen Vergangenheit zu sehen ist, muß dennoch offenbleiben.[83] Angesichts der bedeutenden Rolle, die den Romanen auf kulturellem und auch auf politischem Gebiet in Salzburg noch zukam, wäre ein vorsätzliches Abrücken vom römischen Namen kaum verständlich.

Sicher ist hingegen, daß in dem neuen Namen die politische und wirtschaftliche Funktion des Bischofssitzes an der Salzach deutlich zum Ausdruck kommt. Während die erste Silbe auf das Salz, das „weiße Gold" aus Reichenhall hinweist, dessen Produktion mittlerweile zum Großteil in den Besitz der Salzburger Kirche übergegangen war, nimmt die zweite Silbe auf die herzogliche Burg und zeitweilige Residenz der Agilolfinger an diesem Ort Bezug. Salzburg war sowohl der Hauptumschlagplatz, über den das Reichenhaller Salz in den Handel kam, als auch das politisch-militärische Zentrum im südlichen Bayern. Daß der heilige Rupert selbst seiner Wirkungsstätte den neuen Namen Salzburg gegeben habe, wie sein Biograph behauptet,[84] ist wohl Legende. Dasselbe wird dem Heiligen ja auch beim Ort Pongau, dem späteren Bischofshofen, zugeschrieben. Es ist aber durchaus möglich, daß der Gebrauch des Namens Salzburg in der Umgangssprache bis in die Zeit Ruperts zurückging. In den schriftlichen Aufzeichnungen weltlicher Art wie etwa in Urkunden, Güterverzeichnissen, Annalen und Chroniken hat der Name Salzburg das alte Iuvavum rasch und gründlich verdrängt. Im geistlichen Bereich hingegen begegnet der römische Name Iuvavum noch länger, vor allem als Bezeichnung für die Salzburger Kirche *(ecclesia Iuvavensis)*.

Der heilige Virgil – Salzburg als Zentrum von Mission, Kunst und Kultur

Nur ein Jahr nach der Errichtung der bayerischen Bistümer sah sich Odilo einer starken Opposition im Lande gegenüber, die ihn dazu bewog, Bayern zu verlassen und bei seinem früheren Protektor Karl Martell Schutz zu suchen. Es verursachte allerdings am Hofe der karolingischen Hausmeier einen Skandal, als der freundlich aufgenommene Odilo sich Karls Tochter Hiltrud näherte und mit ihr ein Kind zeugte, den späteren Bayernherzog Tassilo III. Obwohl Odilo rasch nach Bayern zurückkehrte und Hiltrud, die zu ihm nach Regensburg floh, noch vor der Niederkunft zur Frau nahm, hat diese Familienaffäre die fränkisch-bayerischen Beziehungen bis zum Sturz Tassilos III. 788 überschattet.[85] In Bayern konnte Odilo seine Macht rasch festigen und brachte das auch bei der Besetzung der Bistümer zum Ausdruck. Als Johannes, der erste Salzburger Diözesanbischof, 745 starb, erhielt auf Betreiben Odilos ein landfremder Mann das Bistum, der selbst noch gar nicht Bischof war – der Ire Virgil.

So wie Rupert entstammte auch Virgil dem Hochadel, wahrscheinlich dem Königsgeschlecht von Loegaire im westlichen Irland.[86] Was die Zeitgenossen an ihm bewunderten, war nicht das hoheitsvolle, achtunggebietende Auftreten, sondern seine umfassende Bildung und Gelehrsamkeit, die ihn selbst zu einem bedeutenden und bewunderten Literaten werden ließ. Virgil, in Irland *Feirgil* genannt, war im berühmten Kloster Iona auf der Insel Hy vor der schottischen Küste, dessen gesamten Konvent er später in seinem Verbrüderungsbuch verewigte,[87] Mönch gewesen, und hatte dann ein irisches Kloster als Abt geleitet. Gemeinsam mit etlichen Gefährten, zu denen Sidonius, der spätere Bischof von Passau, und der Bischof Dubdá-chrich, der ihn bei seiner Arbeit in Salzburg unterstützte, zählten, ging Virgil als Missionar auf das europäische Festland. Er

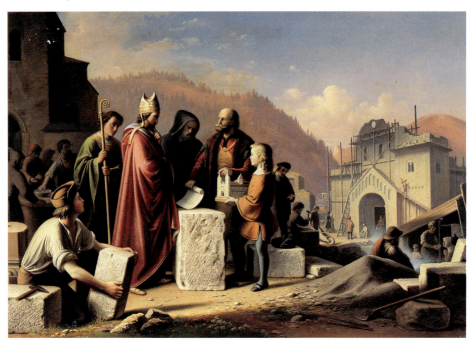

Sebastian Stief, Der heilige Virgil erbaut den Salzburger Dom. Ölgemälde, 1860, im erzbischöflichen Palais in Salzburg. (Foto: Oskar Anrather)

folgte dem Ideal der *peregrinatio*, aus Liebe zu Gott aufzugeben, was dem Menschen auf Erden am meisten am Herzen liegt: Die Heimat. Der Hausmeier Pippin III. „der Jüngere", an dessen Hof in Quierzy Virgil zwei Jahre lang (743–745) gewirkt hatte, sandte den Iren zu seinem Schwager Odilo nach Bayern.[88]

Noch während Virgil als einfacher Priester tätig war, stieß er zweimal mit dem mächtigen Erzbischof Bonifatius zusammen. Virgil stellte dabei seine typisch irische Unbeugsamkeit unter Beweis und erhielt zumindest im Falle jener in schlechtem Latein gespendeten Taufen, die er nach dem Willen des Bonifatius nochmals vollziehen sollte, von Papst Zacharias recht. Der zweite Fall zeigte, daß Virgil nicht nur Kenntnis von der Kugelgestalt der Erde hatte, sondern auch ein Vertreter der von der katholischen Kirche verpönten Antipodenlehre war, die für die Anerkennung der Existenz von Menschen auf der anderen Seite der Erdkugel eintrat.[89] Auch gegenüber dem Bayernherzog Odilo, dem er das Bistum Salzburg verdankte, erwies sich Virgil als unnachgiebiger Kontrahent. Um die Ausstattungsgüter der Maximilianszelle in Bischofshofen, die 720 von heidnischen Slawen aus dem benachbarten Pongau zerstört und etliche Jahre später durch den herzoglichen Kaplan Ursus, einen Angehörigen der romanischen Adelssippe aus Oberalm, erneuert worden war, kam es zu einem langen und heftigen Konflikt. Als Virgil seine Forderungen beim Herzog nicht durchsetzen konnte, verhängte er über eine von Ursus erbaute Kirche in Oberalm oder Puch, die ein Bischof ohne Diözese namens Liuti geweiht hatte, als „Kirche der Zwietracht" das Interdikt und verbot jedem Priester, dort Gottesdienst zu halten.[90]

Trotzdem hat Virgil mit dem Bayernherzog in hervorragender Weise zusammengearbeitet. Er leitete nach irischem Vorbild das Bistum Salzburg zunächst als Abt von St. Peter und ließ die bischöflichen Funktionen von seinem Gefährten Dubdá-chrich, der bereits die Bischofsweihe besaß, wahrnehmen. Erst zwei Jahre später, am 15. Juni 749, empfing Virgil selbst die Bischofsweihe und wurde damit nach kanonischem Recht Diözesanbischof von Salzburg.[91] Seine Leistungen für die Salzburger Kirche sind selbst in Anbetracht seiner langen Amtszeit von fast 40 Jahren als Abt und Bischof kaum hoch genug einzuschätzen. Mit der ihm eigenen Energie und Zähigkeit brachte er das bischöfliche Eigenkirchenwesen bei den vom Adel gegründeten Klöstern in Otting (bei Waging im Rupertiwinkel), in Au und Gars am Inn und in Zell am See unnachgiebig zur Geltung.[92] Durch den Bau zahlreicher bischöflicher Eigenkirchen wurde die Seelsorge auf den weitgestreuten Gütern des Bistums Salzburg intensiviert. Schenkungen des Bayernherzogs aber auch von zahlreichen bayerischen Adeligen trugen zu einem beträchtlichen Anwachsen des Kirchenbesitzes bei, so daß Salzburg unter Virgil das bei weitem reichste bayerische Bistum wurde.[93] Von Salzburg aus wurde auch die Missionsarbeit in Karantanien aufgenommen, die trotz erheblicher Schwierigkeiten noch während der Amtszeit Virgils zur Christianisierung der slawischen Karantanen im heutigen Kärnten führte.[94]

Am Bischofssitz Salzburg entstanden unter Virgil neue Bauten, darunter die Tauf- und Synodalkirche der heiligen Maria, die spätere Stadtpfarrkirche und heutige Franziskanerkirche. Das bedeutendste architektonische Denkmal setzte sich Virgil mit dem Bau des großen Domes. Obwohl das Werk erst 767 in Angriff genommen wurde, konnte nach der unglaublich kurzen Bauzeit von sieben Jahren 774 die Weihe vorgenommen

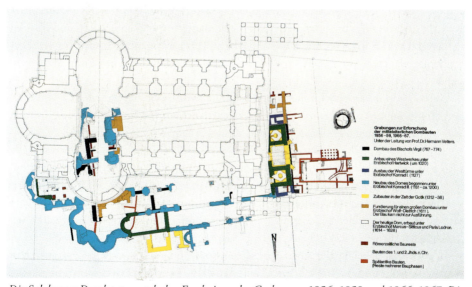

Die Salzburger Dombauten nach den Ergebnissen der Grabungen 1956–1959 und 1966–1967. Die Mauern des Virgildoms sind in schwarzer Farbe gehalten. (SMCA)

werden. Wahrscheinlich war damals der Virgildom noch nicht als Gesamtbau vollendet, sondern nur dessen Unterkirche fertiggestellt. Die sorgfältig durchgeführten Domgrabungen haben ein relativ genaues Bild von Größe und Form dieser Bischofskirche geliefert. Der Virgildom war eine dreischiffige Basilika mit einer halbrunden Apsis am Mittelschiff; die Seitenschiffe besaßen gerade Abschlüsse. Das Langhaus des Virgildomes hatte ein Gesamtausmaß von 66 mal 33 Metern.[95] Ein großes, rechteckiges Atrium an der Westseite, das dem Gesamtbau eine Länge von mehr als 90 Metern verliehen haben soll, ist allerdings erst in späterer Zeit, unter Erzbischof Hartwig (991–1023), entstanden.[96] Auf jeden Fall wird man angesichts dieser Dimensionen verstehen, daß schon die Zeitgenossen die vollendete Form des Virgildoms priesen und daß er von späteren Chronisten als eine „Kirche von wunderbarer Größe" gerühmt wurde.[97]

Virgils Dom entstand in deutlicher Konkurrenz zum Neubau des fränkischen Nationalheiligtums Saint Denis. Er wurde ein Jahr vor dem 785 fertiggestellten Saint Denis geweiht – das erklärt die Eile beim Bau und die Weihe nur nach Vollendung der Unterkirche – und übertraf die fränkische Kirche deutlich. Deshalb wurde mit Recht angenommen, daß neben Virgil noch ein anderer für die Konzeption des Salzburger Doms verantwortlich war – der Bayernherzog Tassilo III., der 748 als siebenjähriger Knabe seinem Vater Odilo in der Herrschaft gefolgt war.[98] Er befand sich zur Zeit des Dombaus auf der Höhe seiner Macht und setzte alles daran, seinen Vetter, den Frankenkönig Karl den Großen, zu übertrumpfen. Da Tassilos kleiner Sohn Theodo als erster nichtkarolingischer Prinz 772 von Papst Hadrian I. in Rom getauft und gesalbt wurde, hatte der Bayernherzog den Salzburger Dom vielleicht als Krönungskirche für ein künftiges Königtum der Agilolfinger in Bayern ausersehen. In das Jahr 772 fiel auch Tassilos militärischer Sieg über die slawischen Karantanen, aufgrund dessen er sich als „neuer Konstantin" feiern ließ.[99] Als zwei Jahre später der Salzburger Dom geweiht wurde, hatte Karl der Große allerdings das Reich der Langobarden in Italien erobert und Tassilos Schwiegervater, König Desiderus III., abgesetzt.[100] Damit begann sich auch für den Bayernherzog als letzten bedeutenden Gegner des Frankenherrschers das Ende abzuzeichnen.

Ein Bau von derartigen Dimensionen aber auch von so hervorragender Qualität wie der Virgildom setzte eine entsprechende Infrastruktur am Bischofssitz Salzburg voraus. Neben bedeutenden Architekten waren dazu vor allem eine leistungsfähige Dombauhütte und qualifizierte Handwerker aller Art für die Innenausstattung erforderlich. Daß Salzburg damals über ein großes Potential an Künstlern und Handwerkern verfügte, zeigte sich auf den verschiedensten Gebieten. Unter Virgil wurde der Bischofssitz an der Salzach zur Wiege der mittelalterlichen Kunst und Kultur im Ostalpenraum. Hier fertigte ein kunstreicher Goldschmied in einer klösterlichen Werkstatt den berühmten Tassilokelch für den Bayernherzog an, der heute im Kloster Kremsmünster aufbewahrt wird. Der Spendekelch, der für die Meßfeier bestimmt war, ist aus feuervergoldetem Kupfer gefertigt und in Niellotechnik (Einschmelzen einer in Schwarz kontrastierenden Silberlegierung) reich verziert. Vorbild waren die Formen und Motive der insularen Kunst mit angelsächsischen und irisch-keltischen Elementen, denen der bodenständige

Künstler auch festländische, vor allem aus Italien übernommene Motive beifügte. Neben den fünf Bildern auf dem Kelch sticht auch die Inschrift ins Auge: „Tassilo, der starke Herzog" *(Tassilo dux fortis)* „Liutpirc, königlicher Sproß" *(Liutpirc virga regalis).* Ob der Kelch an die Hochzeit Tassilos mit der Tochter des Langobardenkönigs erinnern soll, ob er für die Taufe des Herzogsohnes Theodo bestimmt war oder anläßlich der Gründung des Klosters Kremsmünster 777 hergestellt wurde, bleibt offen. Tassilo hat das Kunstwerk jedenfalls dem vom ihm gestifteten Kloster übertragen.[101]

Ein zweites Meisterwerk der Goldschmiedekunst, das ebenfalls mit dem heiligen Virgil in Verbindung gebracht wird, ist das „Rupertuskreuz" aus Bischofshofen. Dieses monumentale Stand- und Vortragekreuz wurde nicht in Salzburg sondern in Northumbrien in England geschaffen. Es entstand an der Wende vom 7. zum 8. Jahrhundert, so daß es zeitlich noch mit dem Wirken Ruperts in Verbindung gebracht werden könnte. Wahrscheinlich aber hat erst Virgil das mächtige Kreuz auf den Kontinent mitgebracht oder es aus Anlaß der Domweihe 774 nach Salzburg holen lassen. Das Rupertuskreuz ist 1,58 Meter hoch, 94 Zentimeter breit und besitzt einen Holzkern aus Bergahorn, der bereits im Mittelalter erneuert wurde. Vorderseite und Seitenteile sind mit getriebenen und vergoldeten Kupferblechen bedeckt. Von den ursprünglich 38 Emailscheiben, mit denen das Kreuz verziert war, sind heute nur mehr neun erhalten. Die kunstvolle, variationsreiche Weinstock- und Pflanzenornamentik sowie die vielfältige, von Wasservögeln dominierte Tierwelt sind typisch für die insulare Kunst der Zeit. Der Einsteckzapfen am Fuß des Kreuzes weist darauf hin, daß es ursprünglich wohl vor dem Altar, wahrscheinlich auf den Chorschranken, als Standkreuz aufgestellt war. Gleichzeitig wurde es auch als Vortragekreuz bei großen Prozessionen verwendet.[102] Als beim Neubau des romanischen Domes (1179–1198) das Rupertuskreuz seine ursprüngliche Funktion verlor, kam es in das Augustiner-Chorherrenstift Bischofshofen, wo es heute im Pfarrhof verwahrt wird.

Noch in der Spätzeit Virgils fertigte der Angelsachse Cutbercht ein prachtvolles Evangeliar an, das einen Höhepunkt der frühmittelalerlichen Buchmalerei darstellt. Es ist in irischer Schrift geschrieben und mit vier ganzseitigen Evangelistenbildern, mit acht Kanonestafeln und mit fünf großen Initialen ausgestattet. Auch im Cutbercht-Evangeliar treten zu den typischen Merkmalen der insularen Kunst einheimische Elemente, die damals in Salzburg und Bayern üblich waren, hinzu.[103] Mit diesem Meisterwerk, das sich heute in der Österreichischen Nationalbibliothek in Wien befindet, begann die große Tradition der Salzburger Buchmalerei, die bis zum Beginn des 16. Jahrhunderts immer wieder Kunstwerke von europäischem Format hervorbrachte. Es ist eine besondere Tragik der Geschichte Salzburgs, daß in Stadt und Land von diesen Leistungen kaum etwas erhalten ist und man heute nicht nur nach Wien, sondern vor allem in eine Vielzahl amerikanischer Museen pilgern muß, um eine Vorstellung vor der Qualität mittelalterlicher Salzburger Buchkunst zu erhalten.[104]

Virgil selbst war ein großer Literat, der von seinen Zeitgenossen bewundert wurde und manchen als Vorbild diente. Kein geringerer als Bischof Arbeo von Freising hat der von ihm verfaßten Lebensbeschreibung des heiligen Korbinian einen Widmungsbrief an

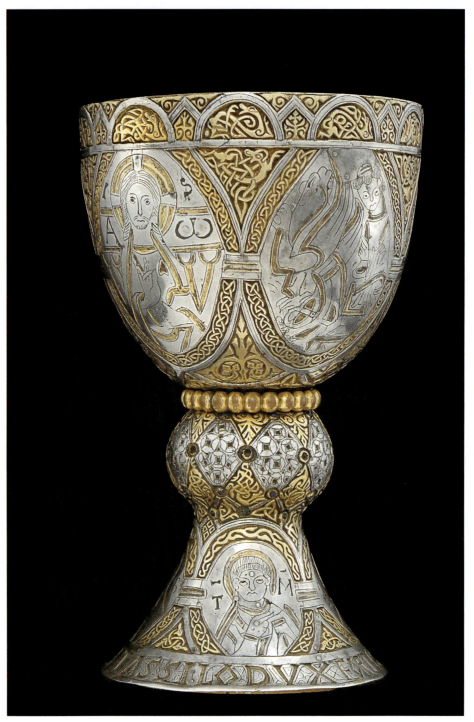

Der Tassilokelch aus Kremsmünster. (Foto: Matthias Michel)

Der heilige Virgil – Salzburg als Zentrum von Mission, Kunst und Kultur

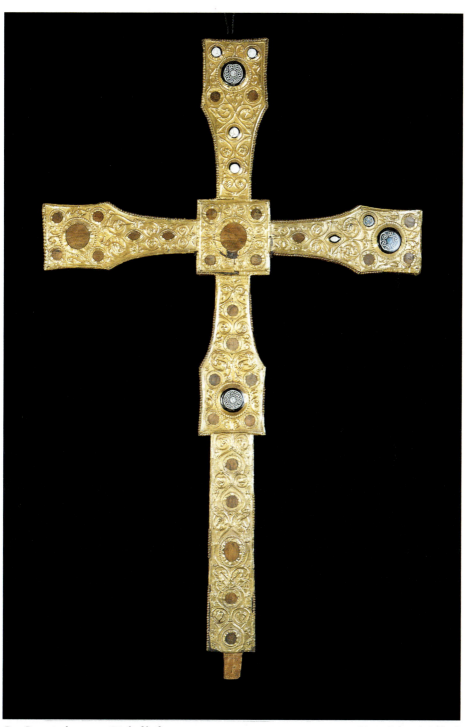

Das Rupertuskreuz aus Bischofshofen. *(Foto: Oskar Anrather)*

Virgil vorangestellt, in dem er bekannte, daß er von diesem Belehrung benötige und sich an Virgils Vorbild stilistisch orientiere.[105] Trotzdem gibt es nur wenige Werke, für die Virgil als Autor gesichert ist. Das gilt zunächst für den sogenannten *Libellus Virgilii*, eine Aufzeichnung, die er im Streit um die Maximilianszelle in Bischofshofen anfertigen ließ. Ob Virgil der Autor der „Kosmographie des Istriers Aethicus" war, ist nach wie vor umstritten. Daß er mit diesem Werk eine späte literarische Rache an seinem Gegner Bonifatius nehmen wollte, ist jedenfalls eine ansprechende Vermutung.[106] Wahrscheinlich hat Virgil auch die Lebensbeschreibung seines großen Vorgängers Rupert angeregt. Der Bischof, während dessen Amtszeit in Salzburg bereits eine eigene Schreibschule *(Scriptorium)* bestand, hat als bedeutender Literat einen Kreis von Schülern und Verehrern um sich geschart, die seinem Vorbild nacheiferten.[107]

Als Vermächtnis Virgils kann das berühmte Verbrüderungsbuch von St. Peter gelten, das er in seinem Todesjahr (784) anlegen ließ. Der in der Erzabtei St. Peter verwahrte Pergamentcodex ist eigentlich ein „Buch des Lebens" *(liber vitae)*, das als Vorlage für die Aufnahme der genannten Personen ins himmlische Lebensbuch diente. Besonderes Interesse verdient das umfassende Konzept, das Virgil der Anlage dieses majestätischen Werkes zugrundelegte. Er beginnt mit Abel und den Vätern des alten Bundes, nimmt die Patriarchen und Propheten in sein Verbrüderungsbuch auf, führt die Apostel und die Märtyrer des neuen Bundes an und bezieht dann die Stände *(ordines)* der lebenden Bischöfe, der Äbte, der Könige und Herzoge sowie alle verstorbenen Vorgänger ein. Letztlich verfolgte Virgil damit die Absicht, das ganze erlöste Menschengeschlecht um Gott als Mittelpunkt zusammenzufassen.[108]

Zudem ist das Verbrüdungsbuch von St. Peter eine historische Quelle von unschätzbarem Wert. Die Nachfolger des heiligen Rupert vom Abt Anzogolus bis zum Abtbischof Flobrigis werden nur hier genannt. Die meisten Angehörigen des bayerischen Herzogshauses der Agilolfinger erscheinen nur im Verbrüderungsbuch von St. Peter, wo sie mit ihren Gattinnen eingetragen sind. Der Herkunft Virgils entsprechen die genauen Informationen über die irische Kirche, beginnend mit dem heiligen Patrick, dem „Apostel Irlands", und weiteren Heiligen, an die sich eine Liste der Äbte des Klosters Iona anschließt. Für den Konvent von St. Peter in Salzburg sind bis zum Tode Virgils insgesamt 104 Namen von Mönchen überliefert. Daraus geht hervor, daß sich die Gründung Ruperts unter der Leitung Virgils zu einer auffallend großen und leistungsfähigen Gemeinschaft entwickelt hatte.[109]

Neben den Mönchen von St. Peter treten unter Virgil bereits Kanoniker auf. Schon anläßlich der Gründung des Klosters Otting (bei Waging) 749 wurde vereinbart, daß Virgil entweder Mönche oder Kanoniker von seinem Bischofssitz Salzburg aus dorthin entsenden konnte. Im Verbrüderungsbuch ist dann der „Stand der Kanoniker" *(ordo canonicorum)* nachgetragen. Hier sind die Anfänge einer eigenen Gemeinschaft zu fassen, aus der sich später das Salzburger Domkapitel entwickelte.[110] Unter Virgil und seinen Nachfolgern versahen sowohl die Mönche von St. Peter als auch die Kanoniker ihren Gottesdienst am Dom. Angesichts der Bedeutung des Verbrüderungsbuches wundert es nicht, daß die Abtei St. Peter beim notgedrungenen Verkauf ihrer wertvollsten Kunstschätze ab 1932 nicht eine der prachtvollen illuminierten Handschriften wie das berühmte Antiphonar aus dem 12. Jahrhundert zurückbehielt, sondern sich für das Verbrüderungsbuch entschied, das einst Bischof Virgil angelegt hatte.

Als Virgil am 27. November 784 nach einer Amtszeit von fast 40 Jahren verschied, stand er auf der Höhe seines Ruhms. Voller Stolz bezeichnete sich der spätere Erzbischof Arn als „Nachfolger des überaus religiösen und berühmten Virgil".[111] Um so mehr verwundert es, daß schon wenige Jahrzehnte nach dem Tode Virgils sein Andenken verblaßte. Einerseits war er durch das enge Zusammenwirken mit dem Bayernherzog Tassilo III., der nach seinem Sturz im Jahre 788 einer „Damnatio memoriae" anheimfiel, in Mißkredit geraten. Andererseits ging mit der Reichskirchenreform unter Kaiser Ludwig dem Frommen im frühen 9. Jahrhundert die große Zeit der irischen Missionare in Bayern und im gesamten Frankenreich zu Ende.

Es war ein Zufall, daß vier Jahrhunderte später Virgils Andenken der Vergessenheit entrissen wurde. Beim Neubau des großartigen romanischen Domes unter Erzbischof Konrad III. stieß man am 16. Februar 1181 auf das „Grab in der Mauer", eine Kammer in der Südmauer des Domes, in der man die Gebeine Virgils samt einem Abbild und einer entsprechenden Inschrift fand.[112] Nachdem sich erste Wunder an der neuen Grabstätte Virgils ereignet hatten, entfaltete sich rasch ein Kult um den Erbauer des Salzburger Domes. Nach 1183 wurde die Lebensbeschreibung Virgils verfaßt, die ausführlich von diesen Wundern berichtet, und nach der Domweihe 1198 das Verfahren zur Kanonisation in Rom eingeleitet. Am 10. Juni 1233 vollzog Papst Gregor IX. die Heiligsprechung Virgils, der bis heute der einzige formell kanonisierte Heilige Salzburgs ist.[113] In den folgenden Jahrhunderten wurde Virgil neben Rupert zum zweiten großen Schutz- und Landespatron Salzburgs. Wie sehr man die beiden Heiligen aus der Frühzeit Salzburgs miteinander verbindet, zeigt sich nicht nur in den zahlreichen gemeinsamen Darstellungen sondern auch daran, daß Virgils Fest- und Todestag am 27. November kaum mehr gefeiert, sondern seiner gemeinsam mit Rupert am 24. September gedacht wird.[114] War Rupert der „Gründerheilige", so hat Virgil die organisatorische, kulturelle und wirtschaftliche Basis für den Aufstieg Salzburgs zum Erzbistum geschaffen.

Arn und Karl der Große – Salzburgs Erhebung zum Erzbistum (798)

Karl der Große, unter dessen Regierung das Frankenreich den Höhepunkt seiner Macht erreichte, war entschlossen, die königgleiche Stellung seines Vetters Tassilo III. in Bayern zu brechen. Als es ihm 781 gelang, Papst Hadrian I. für ein gemeinsames Vorgehen gegen Bayern zu gewinnen, kam Tassilo gegen die Verbürgung freien Geleits nach Worms, erneuerte seinen Lehenseid gegenüber dem Frankenkönig und stellte zwölf Geiseln.[115] Angesichts dieser politischen Situation wurde nach dem Tode Virgils im Juni 785 ein Mann zum Bischof bestellt, der das Vertrauen König Karls besaß und auch von Herzog Tassilo akzeptiert wurde: Arn(o), der Abt des fränkischen Klosters St. Amand zu Elnon im Hennegau (Belgien).

Der Evangelist Markus aus dem Cutbercht-Evangeliar des Stifts St. Peter in Salzburg, spätes 8. Jahrhundert. (ÖNB, Wien)

Der um 740/41 geborene Arn entstammte einer angesehenen bayerischen Adelssippe. Er war im Kloster St. Zeno in Isen erzogen worden und nach seiner Ausbildung in der Freisinger Domschule zunächst Diakon und dann Priester in Freising geworden. Um 778 trat er in das fränkische Kloster St. Amand zu Elnon ein, wo er zunächst ohne Profeß nach Art der Kanoniker lebte und nach dem Tode seines Gönners, des Abtes Gisalbert, 782 zum Abt bestellt wurde. Damals schloß Arn eine tiefe Freundschaft mit dem Angelsachsen Alkuin, dem bedeutendsten Gelehrten im Umkreis Karls des Großen. Die zahlreichen Briefe, die Arn und Alkuin austauschten, zeigen, daß sich Arn mit allen Problemen an den väterlichen Freund um Rat wandte. Auch das Vertrauen Karls des Großen muß sich Arn in diesen Jahren erworben haben, denn der Frankenkönig hatte bei der Ernennung des fränkischen Abtes zum Bischof von Salzburg die Hand im Spiel. Seine Position als Abt von St. Amand behielt Arn noch bis 807/808 bei.[116]

Schon bald nach der Übernahme des Bistums Salzburg sah sich Arn mit schwierigen politischen Aufgaben konfrontiert. Als Karl der Große im März 787 einen Feldzug gegen Herzog Arichis von Benevent, den Schwager Tassilos III. unternahm, reiste Arn im Auftrag des Bayernherzogs zu Papst Hadrian I., um diesen als Vermittler zwischen Bayern und dem Frankenreich anzurufen. Nach dem Scheitern dieser Mission unternahm Karl der Große noch im selben Jahr 787 einen Kriegszug gegen Bayern. Tassilo, der sich von seiner adeligen Gefolgschaft verlassen sah, mußte sich kampflos unterwerfen und seinen Sohn und Mitregenten Theodo als Geisel stellen. Im folgenden Jahr vollzog sich auf der Reichsversammlung in Ingelheim der endgültige Sturz des Bayernherzogs. Tassilo III. wurde angeklagt, ein Bündnis mit den Awaren, erklärten Feinden des Frankenreichs, geschlossen zu haben und gegen die königlichen Vasallen in Bayern vorzugehen. Trotzdem war es notwendig, auf das schon 25 Jahre zurückliegende Verbrechen des *harisliz,* der unerlaubten Entfernung Tassilos vom Feldzug König Pippins gegen Aquitanien 763, zurückzugreifen, um den Bayernherzog zum Tod verurteilen zu können. Er wurde zwar von Karl dem Großen zu lebenslänglicher Klosterhaft begnadigt, schied aber samt seiner Familie aus dem weltlichen Leben aus. Damit war der im bayerischen Stammesrecht verbürgte Anspruch der Agilolfinger auf die Herrschaft über Bayern beseitigt, und Karl der Große konnte das Herzogtum dem Frankenreich eingliedern.[117]

Für Salzburg bedeutete das Ende der agilolfingischen Herrschaft einen tiefen Einschnitt in seiner Entwicklung. Nach Theodbert und Hugbert hatte zwar kein anderer Agilolfinger in der „Oberen Burg" auf dem Festungsberg residiert, aber die bayerischen Herzoge hatten sich weiterhin wichtige Positionen in Salzburg vorbehalten. Noch kurz vor seinem Sturz im Jahre 788 stellte Herzog Tassilo III. eine Urkunde in der Pfalz bzw. im Herzogshof *(curtis publica)* zu Salzburg aus. Diese herzogliche Pfalz der Agilolfinger ist nicht im Bereich der „Oberen Burg" auf der Nonnbergterrasse zu suchen, sondern lag wahrscheinlich neben der *Porta,* dem Haupttor der Bischofsburg, das sich vom heutigen Residenzplatz zum Waagplatz hin öffnete. Die gegenüberliegende Michaelskirche ist wohl als Pfalzkapelle und Eigenkirche der Agilolfinger, ähnlich der Martinskirche auf dem Nonnberg, errichtet worden.[118]

Dieser Pfalzkomplex in Salzburg ist von Karl dem Großen übernommen worden. Eine jüngere Tradition, die dem Frankenkönig in Salzburg den Bau einer Pfalz *(palatium)* zuschreibt, könnte auf eine Erneuerung oder Adaptierung der agilolfingischen hindeuten. Die Michaelskirche wurde nach einem Brand erneuert und 821 geweiht. Noch bis ins 13. Jahrhundert haben sich sowohl die Könige und Kaiser als auch die bayerischen Herzoge bei Bedarf der Salzburger Pfalz bedient und dort Münzen prägen lassen.[119] Die zweite wichtige Position der Agilolfinger in Salzburg, die „Obere Burg" auf dem Festungsberg, hat Karl der Große offenbar nicht beansprucht. Damit ging die Burg in den Besitz des Erzbischofs, die Nonnbergterrasse mit der Klosteranlage jedoch an das Nonnenkloster über, das von einem Eigenkloster der bayerischen Herzoge zu einem unabhängigen adeligen Damenstift wurde.[120]

Mit dem Sturz Tassilos III. schien der Großteil des Salzburger Kirchenbesitzes, der von den Agilolfingern und deren Gefolgsleuten stammte, gefährdet. Aus diesem Anlaß gab Bischof Arn noch im Jahre 788 den Auftrag, ein Verzeichnis aller aus herzoglichem Besitz stammenden Kirchengüter anzulegen, das der Diakon Benedikt im Jahre 790 fertigstellte. Dieses älteste Salzburger Güterverzeichnis, die sogenannte *Notitia Arnonis*, weist im Stadtgebiet von Salzburg und dessen näherer Umgebung Güter in Mülln, Maxglan, Itzling, Liefering, Glas, Morzg, Wals, Fischach und Muntigl (beide bei Bergheim) aus. Gotteshäuser, die als „bischöfliche Eigenkirchen" unmittelbar dem Bischof unterstanden und Zentren der Seelsorge bildeten, gab es damals in Liefering, Wals, Fischach, Anthering, Anif und Grödig. Die Notitia Arnonis, die hunderte von Salzburger Kirchengütern zwischen Augsburg, Regensburg und Linz sowie über 60 bischöfliche Eigenkirchen ausweist, ist in einer Abschrift des 12. Jahrhunderts als Pergamentrolle überliefert und wird im Archiv des Klosters St. Peter verwahrt.[121] Bischof Arn hat mit dieser Maßnahme sein Ziel erreicht. König Karl bestätigte einige Jahre später, wahrscheinlich 793, pauschal den gesamten Salzburger Kirchenbesitz.[122]

Zwischen Arn und Karl dem Großen entwickelte sich schon rasch nach dem Sturz Tassilos III. ein Vertrauensverhältnis. Der Frankenherrscher hatte die diplomatischen Fähigkeiten des Salzburger Bischofs schätzen gelernt und betraute ihn immer häufiger mit heiklen diplomatischen Missionen. Bereits 791 trat Arn, der damals am Feldzug gegen die Awaren teilnahm, im fränkischen Heerlager als Königsbote *(missus dominicus)* auf, der mit weitreichenden Vollmachten zur Entscheidung von Streitfällen ausgestattet war. Diese Funktion als Königsbote hat Arn fast 20 Jahre lang bis 807 zunächst in den verschiedensten Gebieten des großen Frankenreiches, später vor allem in seiner eigenen Diözese, ausgeübt.[123] Ein weiterer Feldzug gegen die Awaren, den Karls Sohn Pippin 796 übernahm, führte zur Einnahme und Plünderung des „Ringes", der Hauptbefestigung der Awaren. Arn, der auch diesen Kriegszug mitgemacht hatte, erhielt im Anschluß daran einen wesentlichen Teil des eroberten Landes, nämlich ein Gebiet in Pannonien um den Plattensee (im heutigen Westungarn), begrenzt von der Raab im Westen, der Drau im Süden und der Donau im Norden und Osten, zur Missionierung übertragen.[124] Solange jedoch die besiegten Awaren militärisch präsent waren und immer noch eine gewisse Bedrohung des bayerischen Ostlandes darstellten, blieben die Salzburger Bemühungen erfolglos. Das erkannte auch Arn und übertrug im Jahre 799 dem von ihm bestellten Chorbischof Theoderich die Leitung der Slawenmission in Karantanien und nominell auch in Pannonien.[125]

Karl der Große hat die aufopferungsvolle Tätigkeit Arns als Königsbote und Diplomat entsprechend anerkannt und honoriert. Gegen Ende des Jahres 797 war der Salzburger Bischof gemeinsam mit dem gelehrten Patriarchen Paulinus von Aquileia nach Rom gereist, um im Auftrag des Königs Auseinandersetzungen zwischen dem stadtrömischen Adel und Papst Leo III. zu untersuchen. Dabei überbrachte Abt Fardulf von St. Denis dem Papst den Auftrag Karls des Großen, in Bayern die Metropolitanverfassung einzuführen und Arn von Salzburg zum Erzbischof zu erheben.[126] „Auf Befehl seiner königlichen Hoheit", wie Leo III. selbst an Karl den Großen schrieb, verlieh der Papst am 20. April 798 Arn als Zeichen der erzbischöflichen Würde das Pallium. Diese aus weißer Wolle gefertigte ringförmige Stola, von der mit Kreuzen geschmückte Stoffstreifen nach vorn und hinten herabhängen, wird um den Hals getragen. Gleichzeitig benachrichtigte der Papst Karl den Großen und die Arn unterstellten Suffraganbischöfe, Alim von Säben, Atto von Freising, Adalwin von Regensburg, Waltrich von Passau und Sintpert von Neuburg von der Erhebung Arns zum Erzbischof und zum Metropoliten (-Oberhaupt) der Kirchenprovinz Bayern.[127] Neben die alte Herzogsstadt Regensburg trat damit Salzburg als geistliches Zentrum und Metropolitansitz für Bayern. Diese Stellung, die Salzburg über ein Jahrtausend lang, bis zum Ende des Römisch-Deutschen Reiches 1806 bzw. bis zum Übergang an Österreich 1816 beibehielt, sollte fortan sowohl den geistlichen und politischen Rang der Metropole an der Salzach als auch deren äußeres Erscheinungsbild bestimmen.

Die Frage, warum gerade Salzburg und nicht die Herzogsstadt Regensburg Sitz des Erzbischofs wurde, ist immer wieder gestellt worden. Die Gründe dafür sind vielfältig: Karl der Große wollte zwar mit der Schaffung eines Metropolitanverbandes die Einheit der bayerischen Kirche auch nach dem Ende der Agilolfingerherrschaft sichern, aber ein unmittelbares Anknüpfen an die alte Residenz und damit an die Tradition der Agilolfinger vermeiden. Als Missionszentrum für die Slawen in Karantanien (Kärnten) und Pannonien erfüllte Salzburg auch eine wichtige politische Aufgabe. Denn diese Missionsarbeit, hinter der zunächst die Agilolfinger und dann die Frankenherrscher standen, diente nicht nur der Bekehrung zum Christentum, sondern auch und vor allem der herrschaftlichen Erfassung und Durchdringung der großen Missionsgebiete. Die Bekehrung im Zeichen des Kreuzes stand damals im Dienste der großen Politik.[128] Durch seine vorgeschobene Lage am Alpenrand bildete Salzburg eine viel günstigere Operationsbasis für die Expansionspolitik über die Alpen nach Süden und in den pannonischen Raum nach Osten als das an der Donau gelegene Regensburg. Dank der reichen Schenkungen der Agilolfinger verfügte der Bischof von Salzburg bereits vor 798 über das größte Diözesangebiet und die beste wirtschaftliche Ausstattung in Bayern. Damit war eine solide Basis für den neuen Metropolitansitz gegeben.

Die größte Bedeutung kam jedoch dem Einvernehmen zwischen Arn und Karl dem Großen zu. Der Salzburger Bischof hatte dem Frankenkönig als Königsbote wertvolle Dienste geleistet, war Karl von dessen Lehrer Alkuin wärmstens empfohlen worden und stand – obwohl selbst ein gebürtiger Bayer – durch die Erfahrungen, die er als Abt eines fränkischen Klosters gesammelt hatte, den geänderten Verhältnissen aufgeschlossen gegenüber. Deshalb hatte der allmächtige Frankenherrscher dem Papst befohlen, gerade Arn zum Erzbischof zu ernennen. Die bayerischen Bischöfe, von denen einige älter und länger im Amt als Arn waren, fühlten sich übergangen und mußten zwei Jahre später vom Papst ausdrücklich an die Gehorsamspflicht gegenüber ihrem neuen Metropoliten gemahnt werden.[129]

In Salzburg war man damals offenbar bemüht, die Rangerhöhung als Erzbistum auch durch einen historischen Vorrang vor den anderen bayerischen Bistümern abzusichern. Karl der Große sprach anläßlich der Bestätigung des Salzburger Kirchenbesitzes Arn als „Bischof der Stadt *Petena*, die nun Salzburg genannt wird" an. Papst Leo III. wiederum titulierte Arn als „Erzbischof der Kirche der Iuvavenser, die auch *Petena* genannt wird". Eine überzeugende Erklärung für den Namen „Petena" ist bis heute nicht gelungen. Am ehesten ist dabei an das kleine Bistum Pedena (heute Pićanj) in Istrien zu denken, das vielleicht nach dem Vordringen der Slawen im 6. Jahrhundert vom römischen Poetovio (Pettau, heute Ptuj in Slowenien) aus als „Fluchtbistum" gegründet wurde. Salzburg war das einzige Bistum, das in der römischen Provinz Noricum lag. Mit dem Titel der *ecclesia Petena* wurden offenbar entweder direkt von Poetovio/Pettau oder mittelbar über das Bistum Pedena in Istrien alte Rechtstitel und Ansprüche auf Noricum übernommen. Da

Salzburg als Metropole der Kirchenprovinz Bayern. (Ausführung Werner Hölzl)

Arn von seinem Freund Alkuin einmal als Patriarch bezeichnet wurde, sollte dem Bistum Pedena in Istrien, vielleicht sogar Aquileia, mit dem man um das Missionsgebiet in Karantanien in Streit geriet, der Patriarchenrang streitig gemacht werden. Die Tradition eines spätantiken Bistums konnte jedenfalls als zusätzliche Legitimation für die Erhebung Salzburgs zum Erzbistum dienen.[130] In ganz ähnlicher Form versuchte später Bischof Pilgrim von Passau an das antike Bistum Lauriacum/Lorch anzuknüpfen.

Dieselbe Tendenz kommt auch in einem zweiten Güterverzeichnis, den „Kurzen Aufzeichnungen" *(Breves Notitiae)* zum Ausdruck, das Erzbischof Arn ab 798 anlegen ließ. Darin wird Rupert nicht nur als Heiliger sondern bereits als „Apostel der Bayern" dargestellt, der Herzog Theodo getauft und in Salzburg einen Bischofssitz errichtet hat. Außerdem enthält dieses jüngere Güterverzeichnis eine genaue Auflistung aller jener Schenkungen, die von adeligen und freien Bayern an Salzburg gemacht wurden, womit es einen fast vollständigen Überblick über den Kirchenbesitz ermöglicht.[131]

Karl der Große in Salzburg (803) – Die Leistungen Erzbischof Arns

Obwohl sich Arn mit Eifer seinen neuen Pflichten als Metropolit widmete und noch im Jahr seiner Ernennung zum Erzbischof eine erste Provinzialsynode für die gesamte Kirchenprovinz Bayern in Reisbach (bei Dingolfing in Niederbayern) abhielt, ließ ihn die große Politik nicht los. Papst Leo III. war 799 nur knapp einem Attentat entgangen und hatte bei Karl dem Großen in Paderborn Zuflucht gesucht. Erzbischof Arn von Salzburg wurde gemeinsam mit dem Kölner Erzbischof Hildebald beauftragt, den Papst nach Rom zurückzuführen und dort die Verhandlung gegen die Attentäter zu leiten.[132] Nach dem Abschluß der Untersuchungen fiel eine endgültige Entscheidung erst im folgenden Jahr 800, in dem Arn als Begleiter Karls des Großen erneut nach Rom zog. Am 23. Dezember leistete dort Papst Leo III. auf der Kanzel der Peterskirche einen Reinigungseid, um die Anschuldigungen seiner Gegner zu entkräften. Erzbischof Arn jedoch hielt die Kritik am Papst und an dessen Lebenswandel für durchaus berechtigt und teilte das seinem Freund Alkuin in einem Brief mit, den dieser voller Entsetzen sofort verbrannte.[133] Die von Papst Leo III. am Weihnachtstag des Jahres 800 vorgenommene Kaiserkrönung Karls des Großen hat Arn, der sie selbst miterlebte, kritisch beurteilt.

Im Jahre 803 kam der Kaiser, der damals in Bayern weilte, selbst nach Salzburg und bestätigte Arn das 796 zugeteilte Missionsgebiet in Pannonien.[134] An den Aufenthalt Karls des Großen in der Bischofsmetropole an der Salzach erinnert bis heute die Sage vom schlafenden Kaiser im Untersberg und vom Birnbaum auf dem Walserfeld, an den der Kaiser nach einer letzten blutigen Schlacht seinen Schild hängen wird.[135] Alkuin verfaßte anläßlich von Karls Besuch einige Preisgedichte *(carminae)* auf Salzburg, die uns erstmals genaueren Aufschluß über die bauliche Gestalt des Metropolitansitzes geben.[136] Zu berücksichtigen ist allerdings, daß Alkuin nie selbst in Salzburg weilte und sich in seinen Angaben auf die persönlichen Erzählungen seines Freundes Arn und jener Schüler, die er zu Arn nach Salzburg gesandt hatte, stützen mußte. Außerdem wird die

Interpretation der in Hexametern gefaßten Gedichte dadurch erschwert, daß Alkuin nicht immer exakt formulierte, weil er vor allem das richtige Versmaß wahren wollte.

Alkuin beschreibt zunächst die Domkirche des heiligen Petrus, die „einst der heilige Rupert geweiht hatte". Erst am Ende der Gedichte fügt er hinzu, daß „jene berühmten Dächer, die der Ankömmling sieht, Virgil gemacht hat". Das entspricht dem Befund der Archäologen, die Ruperts ersten stattlichen Kirchenbau an jener Stelle lokalisieren, an der Virgil später seinen großartigen Dom errichtete. Aus Alkuins Versen geht auch klar hervor, daß es damals nur den Dom, den er als Peterskirche bezeichnet, aber noch keine eigene Stiftskirche von St. Peter gab. Im Dom versammelten sich die Mönche von St. Peter siebenmal täglich zum Chorgebet. Im Chor stand ein Marienaltar und im rechten Seitenschiff ein Altar des heiligen Andreas. Zwei weitere Altäre waren dem heiligen Paulus und dem heiligen Stephan geweiht. Der heilige Rupert war damals nur zweiter Patron der Domkirche, besaß aber eine eigene Kapelle im oder beim Dom mit einem Altar Johannes des Täufers. Wahrscheinlich ließ Virgil dieses Rupertusoratorium schon für die Überführung der Gebeine Ruperts in den Dom 774 oder bald nach der Translation errichten. Zwei ausführliche Gedichte widmet Alkuin dem heiligen Kreuz, das inmitten der Kirche von Licht umflossen stand. Er hat damit wohl das monumentale Rupertuskreuz angesprochen.

Als zweite Kirche nennt Alkuin die Michaelskirche, die zugleich den heiligen Benedikt zum Patron hatte und bereits als Pfalzkapelle der Agilolfinger beschrieben wurde. Neben dem Hauptaltar des heiligen Michael gab es in dieser Kirche noch zwei Altäre zu Ehren Benedikts und der heiligen Brüder Cosmas und Damian. Ein eigenes Gedicht widmet Alkuin dem „Friedhof des heiligen Amandus". In dessen Mitte stand ein Gotteshaus, das Arn wieder aufgebaut und den Heiligen Michael, Petrus und Amandus geweiht hatte. Dank dieser Hinweise ist eine genaue Lokalisierung möglich. Unter der spätmittelalterlichen Margarethenkapelle im Petersfriedhof wurden vor kurzem die Reste der einstigen Amanduskapelle freigelegt. Älteste Bauteile könnten noch aus der Zeit Ruperts stammen.[137] Arn hat den Neubau „seinem Heiligen" Amandus geweiht, dem Schutzpatron jenes fränkischen Klosters, dem er auch, als er Erzbischof war, noch vorstand. Der Petersfriedhof befand sich, wie aus Alkuins Versen hervorgeht, schon im 8. Jahrhundert an seiner heutigen Stelle. Die Klostergebäude hingegen lagen wohl an der anderen Seite des Friedhofs zum Kapitelplatz hin.

Die Marienkirche auf dem Nonnberg wird von Alkuin zwar nur kurz angesprochen, aber als „Mutter der anderen Kirchen" gepriesen. Zwei Altäre, von denen einer den Heiligen Johannes dem Täufer, Anastasius und Maximilian, der andere Paulus, Benedikt und Columba geweiht war, sind wohl der Nonnberger Stiftskirche zuzuordnen. Das Patrozinium des großen irischen Heiligen Columba (Colum Cille, bei uns meist Columban der Ältere genannt), des Gründers von Iona, weist darauf hin, daß die von Virgil stammende irische Tradition in Salzburg noch nicht ganz erloschen war. Eine von Alkuin erwähnte „Aula", die Christus als dem Erretter der Welt geweiht war, ist wohl mit der 1167 zerstörten, rechts der Salzach gelegenen Salvatorkirche gleichzusetzen.[138] Nur bei Alkuin erscheint ein weiteres Gotteshaus, welches den heiligen Florian zum Patron hatte. Auch der heilige Cyriacus mit seiner Mutter Iulitta und Christus wurden, wohl mit eigenen Altären, in dieser Kirche verehrt. In Alkuins Aufzählung vermißt man allerdings die Martinskirche in der „Oberen Burg" auf dem Nonnberg, die in den gleichzeitig angelegten *Breves Notitiae* bezeugt ist, und die schon unter Virgil erbaute Marienkirche, die spätere Stadtpfarrkirche. Vielleicht nimmt Alkuin mit Versen auf zwei Altäre, von denen der eine Johannes dem Täufer und Martin, der andere Maria geweiht war, auf diese Kirchen Bezug.

Den Angaben der ältesten Salzburger Güterverzeichnisse und den Hinweisen in Alkuins Gedichten ist für die Zeit um 800 eine Gliederung Salzburgs in vier Komplexe zu entnehmen:

1. Die Bischofsburg im Zentrum der heutigen Altstadt mit dem beherrschenden Virgildom, der Residenz des Erzbischofs, dem Kloster St. Peter, der Marienkirche (heute Franziskanerkirche), vielleicht auch schon dem ältesten Domkloster. Ob diese Bischofsburg schon damals mit hölzernen Palisaden und Toren versehen war oder erst ein Jahrhundert später, zur Zeit der Ungarnstürme, befestigt wurde, muß offenbleiben.

2. Das Kloster Nonnberg im Areal der stark befestigten „Oberen Burg", zu dessen Immunitätsgebiet auch der Abhang zur Salzach und das gesamte Nonntal gehörten. Bis heute erinnert der Torso eines romanischen Löwen, meist als „Nonnberger Hund" bezeichnet, an die Grenze des Stiftsbezirks.

3. Die Pfalz der Agilolfinger, seit 788 im Besitz des Königs, mit der Pfalzkapelle St. Michael. Die Pfalz lag im Bereich des heutigen Waagplatzes, wo der „Romanische Keller" im Haus Nr. 4 als Rest der einst viel größeren Anlage gedeutet wird.

4. Der Brückenkopf am rechten Salzachufer mit der Salvatorkirche in der heutigen Linzer Gasse. Es ist möglich, daß auch er ursprünglich zum Pfalzbezirk und damit zum Einflußbereich des Herzogs gehörte. Das zwischen Itzling und Maria Plain gelegene „bayerische Platzl", auch „Herzogsschranne" bezeichnet, von dem bis weit in die Neuzeit eine Auslieferungspflicht gefangener Verbrecher nach Bayern bestand, wird freilich erst viel später erwähnt.[139]

Schon vor seiner Erhebung zum Erzbischof hatte Arn von Karl dem Großen für die Besitzungen der Salzburger Kirche Immunität und Königsschutz erhalten.[140] Die Immunität untersagte es den königlichen Beamten, vor allem den Grafen und Richtern, den Kirchenbesitz zu betreten, dort Steuern einzuheben oder Gerichtstage abzuhalten. Die Salzburger Erzbischöfe betrauten deshalb von ihnen ausgewählte weltliche Schutzherren *(Vögte)* mit der Wahrnehmung dieser Aufgaben und setzten später eigene Beamte ein. Aus diesen Wurzeln hat sich die Herrschaft der Erzbischöfe über die spätere Stadt Salzburg und teilweise auch die Landesherrschaft entwickelt.[141]

Arn hat sich nach 807 zunehmend aus der großen Politik zurückgezogen und sich vor allem seinen geistlichen Aufgaben gewidmet. Nach dem Tode Karls des Großen 814 stand Arn auch zu dessen Sohn und Nachfolger, Kaiser Ludwig dem Frommen, in gutem Einvernehmen, mit seinem Einfluß auf die Reichspolitik war es jedoch vorbei.[142] Dafür setzte er die Aufbauarbeit an seinem Metropolitansitz Salzburg mit aller Energie

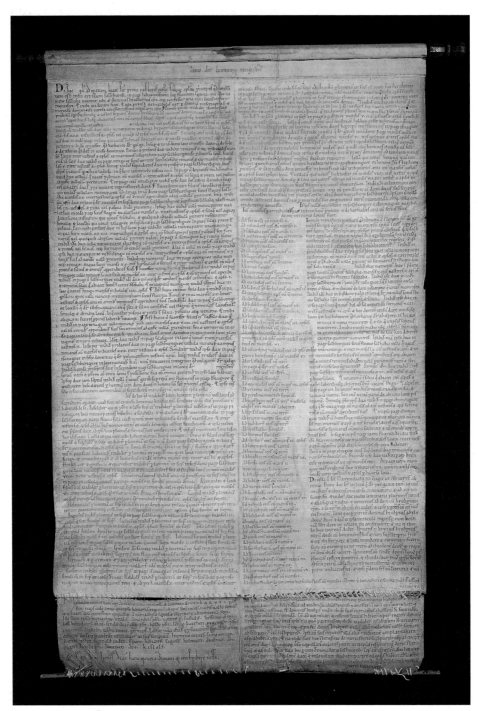

Notitia Arnonis. Ältestes Salzburger Güterverzeichnis (790) in der Abschrift auf einem Pergamentrotulus des 12. Jahrhunderts im Stiftsarchiv St. Peter. (Foto: Oskar Anrather)

fort. Neben den beiden ältesten Güterverzeichnissen entstanden unter Arn und seinem Nachfolger Adalram in Salzburg die ersten historischen Aufzeichnungen in Form von Jahrbüchern *(Annalen)*. Sie enthalten kurze Einträge zu einzelnen Jahren, in denen neben dem politischen Geschehen auch Naturereignisse wie Unwetter, Dürreperioden, Bergstürze und Hungersnöte stichwortartig festgehalten sind.[143]

Auch die Bibliothek wurde großzügig ausgebaut. Mit tatkräftiger Hilfe Alkuins, der zahlreiche Bücher nach Salzburg sandte, sowie nach Vorlagen aus St. Amand wurden zur Zeit Arns etwa 150 Bände abgeschrieben.[144] Diese enorme Leistung setzte eine hochentwickelte Schreibschule voraus. Arn selbst wußte nicht nur die Werke der Kirchenväter sondern auch zeitgenössische Schriften durchaus zu schätzen. Unter anderem ist ihm die Sammlung und Überlieferung der Briefe Alkuins zu danken. Obwohl er als Literat und Wissenschafter nicht an seinen Vorgänger Virgil heranreichte und als Theologe deutlich hinter Alkuin zurückstand, hat sich Arn auch als Lehrer betätigt, zu dem Schüler aus weit entfernten Gebieten kamen.[145]

Dank der Briefe Alkuins besitzen wir auch einige Hinweise auf Aussehen und Charakter des ersten Salzburger Erzbischofs. Arn hatte schwarzes Haar, und seine äußere Erscheinung soll seinem Namen, der soviel wie Adler bedeutet, entsprochen haben. Alkuin rühmt den gütigen Blick und die tiefe Milde Arns, der es andererseits an Energie und Tatkraft, aber auch an einer gewissen Strenge nicht fehlen ließ, wenn die Umstände es erforderten.[146] Er war ein Mann der Praxis, ein großer Organisator, der nicht nur als Bischof, sondern auch als gewandter Diplomat in schwierigen weltlichen Missionen seinen Mann stellte. Mit Rupert und Virgil bildet Arn, der am 24. Jänner 821 starb, das große Dreigestirn der Salzburger Frühzeit. Seiner Person ist nicht nur die Sicherung und Konsolidierung der Salzburger Kirche nach dem Sturz der Agilolfinger zu danken, sondern auch die Erhebung Salzburgs zum Erzbistum und zur Metropole der Kirchenprovinz Bayern. Diese Rangerhöhung hat die Geschichte Salzburgs in den folgenden Jahrhunderten geprägt.

Salzburg als Zentrum der Slawenmission

Auf Erzbischof Arn folgte Adalram, der am 1. Dezember 821 zum Erzbischof geweiht wurde.[147] Kaiser Ludwig der Fromme hatte zwar 816 Immunität und Königsschutz für die Salzburger Kirche erneuert und 819 die Drau als Grenze zwischen den Kirchenprovinzen Aquileia und Salzburg bestätigt,[148] ansonsten aber kein besonderes Interesse an der geistlichen Metropole Bayerns gezeigt. Das änderte sich, als durch die 817 verfügte Reichsteilung Ludwig der Deutsche, ein Sohn Ludwigs des Frommen, die Herrschaft über die Bayern, Karantanen, Böhmen, Awaren und die Slawen, die im Osten Bayerns wohnten, erhielt. Er hat in den mehr als 50 Jahren (817/25–876), die er über Bayern und das Ostfränkische Reich herrschte, die Eigenständigkeit und Bedeutung Bayerns geprägt und vertieft und Salzburg als dessen geistliche Metropole mit umfangreichen Gütern ausgestattet. Mit der großen Schenkung des Jahres 860, teilweise auch schon

In der Margarethenkapelle wurden 1995 Reste der frühmittelalterlichen Amanduskapelle und in den Felsboden eingetiefte Gräber aus rupertinischer Zeit aufgedeckt. (Foto: Oskar Anrather)

vorher, übertrug König Ludwig wichtige Stützpunkte an die Salzburger Kirche,[149] die fast durchwegs im heutigen Niederösterreich, im Burgenland, in Westungarn, in der Steiermark und Kärnten liegen. Sie sollten als Ausgangsbasis für die wichtigste Aufgabe dienen, die Salzburg im 9. Jahrhundert zugedacht war: Die Missionierung der Slawen in Karantanien und vor allem in Pannonien.

Die Salzburger Missionare waren damals auch im Gebiet südlich der Donau zwischen Enns und Wienerwald erfolgreich. Als im Jahre 829 auf Veranlassung König Ludwig des Deutschen das awarische Klientelfürstentum aufgelöst und eine Abgrenzung des Missionsgebietes zwischen Salzburg und Passau vorgenommen wurde, fiel auch der Wiener Raum an die Diözese Passau.[150] Noch heute erinnert die älteste Kirche Wiens, die dem Salzburger Gründerheiligen Rupert (Ruprecht) geweiht ist, daran, daß dieses Gebiet einst von Salzburg aus das Christentum empfangen hat.[151] Es ist doch bezeichnend für das historische Verhältnis der beiden Städte, daß Salzburg zu einem Zeitpunkt Erzbistum wurde, als der Raum von Wien noch unter der Herrschaft der gefürchteten Awaren stand.

Mit dem Ende der awarischen Präsenz 829 eröffnete sich der Salzburger Kirche die Möglichkeit einer erfolgreichen Mission bei den in Pannonien ansässigen Slawen. Von Erzbischof Adalram wird berichtet, daß ihm Gott die Gabe der Sprachen verliehen habe und er deshalb die „Barbaren" gut unterweisen konnte. Persönliche Kontakte knüpfte Adalram zum Slawenfürsten Priwina, dem er an seinem Herrschaftssitz Neutra (heute Nitra in der Slowakei) eine Kirche geweiht hatte. Bald nach 830 wurde Priwina durch den Mährerherzog Moimir verdrängt und erhielt – nach mehreren abenteuerlichen Stationen – von König Ludwig ein Gebiet an der Zala nahe dem Plattensee mit dem Zentrum in Mosapurc (Zalavár in Westungarn) zu Lehen. In dem von Priwina geschaffenen Fürstentum boten sich den Salzburger Erzbischöfen in den Jahren 840/45 bis 866 gute Bedingungen für die Missionierung des Gebietes rund um den Plattensee bis nach Fünfkirchen (heute Pécs in Ungarn).[152]

Die „Bekehrungsgeschichte der Bayern und Karantanen", die 870 als Denkschrift über die Leistungen der Salzburger Missionare verfaßt wurde,[153] zählt 14 Missionskirchen namentlich auf, die in enger Zusammenarbeit zwischen dem slawischen Adel und Salzburger Missionaren errichtet wurden. Erzbischof Liupramm, der Nachfolger Adalrams, hat diese Kirchen selbst geweiht. Von seinem Metropolitansitz Salzburg entsandte er gut ausgebildete Handwerker, Maler und Maurer, Schmiede und Zimmerleute, die am Fürstensitz Mosapurc (Zalavár) eine Kirche zu Ehren des Märtyrers Hadrian errichteten. Neben Christentum und Schriftlichkeit wurde damit auch Salzburger Kunst und Kultur ins weit entfernte Pannonien exportiert.[154]

In Salzburg war 845 der von Virgil erbaute Dom bis auf die Hauptmauern niedergebrannt. Zwei Jahre später wurde die Kathedralkirche durch einen weiteren Brand erneut beschädigt. Im Zusammenhang mit dem Wiederaufbau des Domes reiste Erzbischof Liupramm 851 nach Rom und ersuchte Papst Leo IV. um Hilfe. Von diesem erhielt er die Gebeine des heiligen Hermes, die er nach Salzburg brachte und im Dom beisetzen ließ. Offenbar erhoffte man sich eine intensive Wallfahrt und reiche Spenden am Grabe

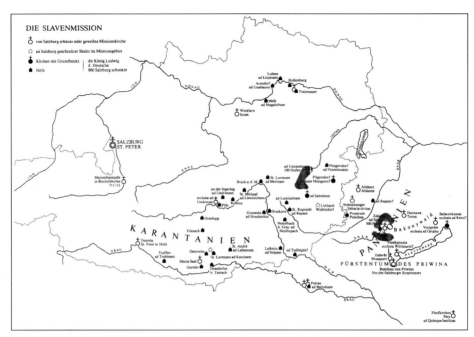

Die Salzburger Slawenmission. (Entwurf Heinz Dopsch, Ausführung Werner Hölzl)

des Märtyrers. Dafür wurde eine eigene Kapelle an den Dom angebaut, deren Grundmauern bei den Domgrabungen aufgedeckt werden konnten.[155]

Erzbischof Adalwin, der im Oktober 859 auf Liupramm gefolgt war, hat sich ganz auf die Missionsarbeit in Karantanien und Pannonien konzentriert. Eine Anerkennung der Missionserfolge, aber auch der treuen Haltung der Salzburger Erzbischöfe gegenüber dem König bedeutete die großzügige Schenkung der Stadt Steinamanger (Szombathély in Westungarn) und von 24 Königshöfen durch Ludwig den Deutschen im Jahre 860. Sie bildeten den Grundstock für den reichen und weitgefächerten „auswärtigen Besitz" des Erzstiftes Salzburg in Kärnten, der Steiermark und Niederösterreich, der fast ein Jahrtausend lang, bis 1810, unter Salzburger Herrschaft blieb.[156] Das enge Verhältnis zum König wird auch daraus ersichtlich, daß Ludwig der Deutsche 861 und 863 selbst nach Salzburg kam.

In Pannonien erwuchs damals den Salzburger Missionaren durch die beiden aus Byzanz entsandten Slawenlehrer Konstantin (Kyrill) und Method eine übermächtige Konkurrenz. Konstantin hatte für die Missionsarbeit das glagolithische Alphabet als völlig eigenständige slawische Schrift entwickelt. Die von den Brüdern eingeführte „Slawische Liturgie", bei der die gesamte Meßfeier in der für das Volk verständlichen slawischen Umgangssprache gehalten wurde, erfreute sich größter Beliebtheit. Als sich Fürst Kozel, der Sohn und Nachfolger Priwinas, den beiden Slawenlehrern zuwandte, stellten die Salzburger Missionare ihre Arbeit in Pannonien ein.[157]

Nach dem Tode Konstantins in Rom, der zuvor in ein Kloster eingetreten war und den Mönchsnamen Kyrill angenommen hatte, wurde sein Bruder Method von Papst

Hadrian II. zum päpstlichen Legaten für die Missionierung der slawischen Völker und zum Erzbischof von Pannonien ernannt.[158] Als er in bayerische Gefangenschaft geriet, machten ihm die bayerischen Bischöfe unter dem Vorsitz Adalwins und in Anwesenheit König Ludwigs des Deutschen 871 in Regensburg den Prozeß. Method wurde ungeachtet seiner erzbischöflichen Würde für schuldig befunden, widerrechtlich in bayerisches Missionsgebiet eingedrungen zu sein, verurteilt und drei Jahre lang in einem schwäbischen Kloster inhaftiert.[159] Erst Papst Johannes VIII. ordnete die sofortige Freilassung Methods an und beauftragte Erzbischof Adalwin, Method nach Pannonien zurückzuführen. In Mähren hat er als Erzbischof noch bis zu seinem Tode 885 erfolgreich gewirkt. Dann aber wurden seine Schüler aus Mähren vertrieben und die slawische Liturgie durch Papst Stefan V. endgültig untersagt. Das Erbe der Slawenlehrer Konstantin und Method ist deshalb nicht in Pannonien, wo sie selbst gewirkt hatten, aufgegangen, sondern vor allem in Bulgarien, wo ihre Schüler Zuflucht fanden.[160]

Der Salzburger Erzbischof Theotmar (Dietmar I.) hatte als Nachfolger Adalwins bereits 874 eine vom Fürsten Kozel erbaute Kirche in Pettau geweiht.[161] Daran knüpfte sich die erfolgreiche Wiederaufnahme der Mission in Pannonien, die allerdings mit dem Vordringen der Ungarn am Ende des 9. Jahrhunderts zunächst beeinträchtigt und dann verhindert wurde. König Arnulf „von Kärnten" berief Theotmar nicht nur zum Erzkapellan und damit zum Leiter der königlichen Hofkapelle, sondern machte ihn 890 auch zu seinem Erzkanzler. Im selben Jahr bestätigte er der Salzburger Kirche ihren gesamten, umfangreichen Besitz. Die nur in gefälschter Form überlieferte Schenkungsurkunde bezeichnet die Salzburger Kirche als Kloster des heiligen Petrus und des heiligen Rupert. Diesem wird im Stadtgebiet von Salzburg auch das „Kastell der heiligen Erintrud" mit Jagdrechten, Höfen und Fischerei von der Martinskirche (auf dem Nonnberg), die zum Nockstein hin ausgerichtet ist, zu beiden Seiten der Salzach flußaufwärts bestätigt.[162] Damit wird das adelige Damenstift Nonnberg angesprochen, das auch weiterhin eine vom Erzbischof unabhängige Position bewahren konnte und sich erst im frühen 12. Jahrhundert zur Einführung der strengeren Regel des heiligen Benedikt bewegen ließ. Am adeligen Lebensstil der Nonnen hat sich trotzdem kaum etwas geändert.

Gegenüber dem Fürstentum Mähren und der mährischen Kirche hegte Erzbischof Theotmar eine unversöhnliche Feindschaft. Als Fürst Moimir II. 889 an Papst Johannes IX. die Bitte um Wiederherstellung des Erzbistums Mähren richtete, verfaßte der Salzburger Erzbischof gemeinsam mit seinen bayerischen Suffraganbischöfen ein Schreiben, das die Verhältnisse in Mähren in schwärzestem Licht darstellt. Die Mährer werden beschuldigt, unter ärgsten Greueln die christlichen Gebiete Bayerns zu verwüsten. In ganz Pannonien stehe keine einzige Kirche mehr, und die Slawen seien vielfach ins Heidentum zurückgefallen. Den Mährern wird Heuchelei, Verrat, Feigheit, Verleumdung und Bestechung des apostolischen Stuhles vorgeworfen und der Papst dringend ersucht, die Lage durch persönliche Gesandte untersuchen zu lassen.[163]

Eine viel größere Gefahr als das Reich der Mährer stellten zu diesem Zeitpunkt bereits die Ungarn (Magyaren) dar. König Arnulf hatte sich ihrer als Verbündete gegen die Mährer bedient. Aber schon 892 war es bei Wien, das aus diesem Anlaß erstmals als *We-*

nia genannt wird, zu Kämpfen mit den Ungarn gekommen.[164] Als durch den Tod Arnulfs das Bündnis mit den Ungarn 899 hinfällig geworden war, unternahmen diese vom pannonischen Raum als ihrem neuen Herrschaftsgebiet aus immer wieder Plünderungs- und Kriegszüge nach Westen, in denen auch bayerisches Gebiet verheert wurde. Nach ersten Abwehrerfolgen, teilweise sogar im Zusammenwirken von Bayern und Mähren, kam es 907 zu einer Katastrophe, mit der in diesem Ausmaß niemand gerechnet hatte.

Unter der Führung des Markgrafen Luitpold und der weltlichen Großen, aber auch der bayerischen Bischöfe, die sich damals noch am Kampf beteiligten, drangen bayerische Truppen donauabwärts tief in ungarisches Gebiet vor. Bei Preßburg erlitt der bayerische Heerbann am 4. Juli 907 eine vernichtende Niederlage. Markgraf Liutpold und Erzbischof Theotmar von Salzburg fielen in der Schlacht, mit ihnen auch die Bischöfe Udo von Freising und Zacharias von Säben. Zeitgenössische Quellen sprechen von einer fast vollständigen Vernichtung des bayerischen Stammes.[165] Die Folgen der Niederlage waren nicht allein für Bayern, sondern auch für das Erzbistum Salzburg katastrophal. Das bayerische Markensystem brach zusammen, ganz Pannonien und die Grenzgebiete zu Karantanien gingen verloren. Die Grenze des Reichs mußte bis an die Enns zurückgenommen werden. Salzburg verlor den größten Teil seines slawischen Missionsgebietes und die wertvollen Besitzungen, die es dort erworben hatte. Die Früchte einer mehr als hundertjährigen Arbeit waren vernichtet. Die Blütezeit Salzburgs als Zentrum von Kunst, Kultur und Glaubenslehre, das nicht nur im Ostalpenraum eine führende Position einnahm, sondern bis nach Pannonien wirkte, ging damit zu Ende.

IV. VOM MARKT ZUR STADT – SALZBURG VOM KAISERLICHEN MARKTRECHT ZUM ÄLTESTEN SCHRIFTLICHEN STADTRECHT (996–1287)

Auf dem Weg zum Deutschen Reich

König Ludwig IV., der letzte ostfränkische König aus dem Haus der Karolinger, war bestrebt, Salzburg für die großen Verluste im Osten durch Schenkungen zu entschädigen. Im Jahre 908 übertrug er den Königshof Salzburghofen mit reichem Zubehör, darunter jene Abgaben, die an Gold, an Salz und Vieh in und um Reichenhall an den König zu leisten waren sowie zwei Zollstätten an die Salzburger Kirche.[1] Der Salzburger Erzbischof Pilgrim, der dem bei Preßburg gefallenen Theotmar gefolgt war, hatte diesen Besitz vorher als Amtslehen innegehabt. Salzburghofen bildet heute einen Teil der bayerischen Grenzstadt Freilassing, die nur durch die Saalach von der Stadt Salzburg getrennt ist. Bis 1816 war Salzburghofen/Freilassing ein Salzburger Vorort, der im alten Herrschaftsbereich der Erzbischöfe lag. Erst die auf dem Wiener Kongreß vereinbarte Grenzziehung entlang der Saalach hat Freilassing zum bayerischen Grenzort werden lassen, der im 20. Jahrhundert dank der Grenzlage einen enormen wirtschaftlichen Aufschwung und die Erhebung zur Stadt erlebte.[2]

Erzbischof Pilgrim, der einer altbayerischen Adelssippe entstammte, sah sich bald mit schweren inneren Auseinandersetzungen im Ostfränkischen Reich konfrontiert. Arnulf, der Sohn des 907 gefallenen Markgrafen Luitpold, hatte sich als Herzog *(dux)* eine weitgehend unabhängige, königgleiche Stellung in Bayern aufgebaut. Nach dem Tode Ludwigs IV. wurde jedoch nicht Arnulf von Bayern, sondern der Frankenherzog Konrad zum König erhoben. Pilgrim, der von Konrad I. zum Erzkapellan und Leiter der königlichen Kanzlei bestellt wurde, ergriff für den neuen König Partei. Der Bayernherzog, der sich gegen König Konrad empörte, fand wiederholt bei den Ungarn Zuflucht und Unterstützung. Für ihn war Salzburg nicht nur als Metropolitansitz, sondern auch als ein in Richtung Ungarn vorgeschobener Stützpunkt von Bedeutung. Sowohl 916 als auch 917 kam er aus seinem ungarischen Exil zunächst nach Salzburg, um von hier aus ganz Bayern zu erobern. Das war auch der Anlaß dafür, daß Herzog Arnulf 916 in Salzburg Silberpfennige *(Denare)* mit der Umschrift *Iuvavo civitas* (Stadt Salzburg) prägen ließ.[3]

König Konrad I. starb 918 an einer Verwundung, die er sich im Kampf gegen Arnulf zugezogen hatte. Zu seinem Nachfolger bestimmte er Herzog Heinrich von Sachsen, der allein mächtig genug schien, ein starkes Königtum gegen die Einzelinteressen der deutschen Stämme durchzusetzen. Die ältesten Salzburger Jahrbücher berichten, daß es 919 zu einer Doppelwahl zwischen Heinrich I., dem Begründer der Dynastie der Ottonen, und Arnulf von Bayern kam. Aus diesem Anlaß wird erstmals der Begriff „Deutsches Reich" *(Regnum Teutonicorum)* verwendet, das an die Stelle des Ostfränkischen Reiches

Die erste Nennung des Deutschen Reichs (regnum Teutonicorum) in den ältesten Salzburger Jahrbüchern (Annales Iuvavenses maximi) zum Jahre 919 (Stiftsbibliothek Admont, Hs. 716). Der Text lautet: Bawarii sponte se reddiderunt Arnolfo duci et regnare eum fecerunt in regno Teutonicorum (Die Bayern wandten sich aus eigenem Antrieb dem Herzog Arnulf zu und übertrugen ihm die Königsherrschaft im Deutschen Reich).

trat und aus den vier Stammesherzogtümern Bayern, Schwaben, Franken und Sachsen gebildet wurde.[4]

Nach erfolglosen militärischen Auseinandersetzungen kam es 920 zu einem politischen Arrangement: König Heinrich gestand Herzog Arnulf in Bayern das Recht der Bischofsernennung sowie weitgehende Unabhängigkeit in der Innen- und Außenpolitik zu. Arnulf verzichtete dafür auf den Königstitel und huldigte Heinrich als Vasall. Als „Herzog von Gottes Gnaden" hatte Arnulf in den folgenden Jahren eine unabhängige Stellung innerhalb des Deutschen Reiches inne. Die Salzburger Erzbischöfe verloren damit ihre enge Bindung an den König und ihre Position als Erzkapelläne; sie waren fortan nur noch Metropoliten der bayerischen Landeskirche und wurden als solche von Arnulf eingesetzt.[5]

Auf Erzbischof Pilgrim folgte 923 Odalbert, der aus der mächtigen bayerischen Adelssippe der Aribonen stammte. Bayern und dessen geistliche Metropole Salzburg waren damals noch immer von den Ungarn bedroht. Vor dem Einfall der Magyaren, die 926 Bayern plünderten, zog sich Odalbert in den abgelegenen Pinzgau nach Zell am See zurück, wo er den Winter 926/27 verbrachte.[6] Erst ein Friedensvertrag, den Herzog Arnulf 927 mit den Ungarn schloß, gab dem Erzbischof seine Bewegungsfreiheit zurück. Er feierte das Osterfest wieder in Salzburg und vollzog dort eine Reihe von Tauschgeschäften.[7] Der Herzogssohn Eberhard, den sein Vater Arnulf zum Nachfolger „im Königreich der Bayern" designierte, kam am 22. Juli 935 gemeinsam mit Erzbischof Odalbert nach Reichenhall. Dort leisteten ihm alle Hallinger *(Salinarii)*, die edlen und auch die anderen, den Treueid. Wahrscheinlich sind darunter sowohl die adeligen Salinenbesitzer und Salinenpächter als auch die Salzarbeiter und Einwohner von Reichenhall zu verstehen. An diesem Ritual läßt sich erkennen, daß die marktbeherrschende Saline Reichenhall unter dem Einfluß des Erzbischofs stand, der die Hallinger zu diesem Eid veranlaßte.[8] Mit dem Tode Herzog Arnulfs ging jedoch zwei Jahre später die königgleiche Herrschaft der Luitpoldinger über Bayern zu Ende. Auf Arnulf folgte sein Bruder Berthold als Herzog in Bayern. Er erhielt von König Otto I. keine besonderen Vorrechte zugestanden, auch nicht mehr das Recht der Bischofseinsetzung.[9]

Damit trat Salzburg wieder in Verbindung zum Königtum. Otto I. erwies sich den Salzburger Erzbischöfen gegenüber als sehr großzügig. Von besonderer Bedeutung war

Auf dem Weg zum Deutschen Reich 121

es, daß der König nicht nur den gesamten Salzburger Kirchenbesitz bestätigte, sondern auch ein wesentlich erweitertes Immunitätsprivileg erteilte. Damit wurden alle Eigenleute der Salzburger Kirche von der Gerichtsbarkeit der Grafen und königlichen Richter befreit, und die volle Gerichtsgewalt dem Erzbischof und dessen Vogt *(advocatus)* übertragen. Von diesem Zeitpunkt an haben bis ins 13. Jahrhundert die Vögte der Salzburger Kirche und später erzbischöfliche Beamten die weltliche Gerichtsbarkeit ausgeübt. Auch die Herrschaft des Erzbischofs über die werdende Stadt Salzburg wurde durch diese Immunitätsverleihung rechtlich abgesichert.[10]

Einen schweren Rückschlag brachte die Beteiligung Erzbischof Herolds am Aufstand der verwandten Luitpoldinger gegen König Otto I. Der Kirchenfürst, der am 1. Mai 955 in einer Schlacht bei Mühldorf dem Bayernherzog Heinrich in die Hände fiel, wur-

Das Kloster St. Peter in Salzburg erhielt anläßlich der Trennung vom Erzbistum 987 ein Areal nahe der Mönchsbergwand zugewiesen, das 1110 durch eine Schenkung Erzbischof Konrads I. erweitert wurde.   (Foto: Lothar Beckel)

de geblendet und nach Säben in die Verbannung geschickt. Als er sich trotzdem weigerte, seiner Würde zu entsagen und weiterhin das Pallium trug, wurde er vom Papst schwer getadelt und schließlich noch mit dem Kirchenbann belegt.[11] Mit Herold, der bald nach 967 starb, endete eine Periode luitpoldingischer Herrschaft über die Salzburger Kirche, die nun immer stärker in die Reichspolitik einbezogen wurde. Die Würde eines Erzkapellans ist den Salzburger Erzbischöfen wegen der Beteiligung Herolds am Aufstand endgültig entzogen worden.

Die mit den Aufständischen verbündeten Ungarn hatten 955 auf dem Lechfeld bei Augsburg eine vernichtende Niederlage erlitten. Damit fanden nach mehr als einem halben Jahrhundert die ständigen Raub- und Plünderungszüge der Magyaren ein Ende. Im Gegensatz zu den Hunnen und Awaren konnten sich die Ungarn jedoch auf Dauer in Mitteleuropa behaupten und siedelten sich in der pannonischen Tiefebene an. Daß sie als einziges Steppenvolk in Europa ein Reich gründeten, das bis heute Bestand hat, war freilich erst dem Wirken König Stephans I. (997–1038) und dessen Übertritt zum Christentum zu verdanken.[12] Mit der Errichtung einer eigenen Kirchenorganisation in Ungarn ging für Salzburg die Hoffnung auf eine Wiederaufnahme der Missionsarbeit in Pannonien verloren. Einen weiteren Rückschlag bedeutete es, daß Otto der Große das 973 errichtete Bistum Prag nicht dem Salzburger, sondern dem Mainzer Erzbischof als Suffraganbistum unterstellte.[13]

Erzbischof Friedrich, der Nachfolger des geblendeten Herold, entstammte der mächtigen bayerischen Adelssippe der Sighardinger. Er begleitete 961 Otto den Großen nach Rom und erlebte dort die Kaiserkrönung, die Papst Johannes XII. am 2. Februar 962 in der Peterskirche vornahm.[14] Das damit begründete römisch-deutsche Kaisertum sollte bis zur Niederlegung der Kaiserkrone durch Franz II. 1806 Bestand haben. Von den Sachsenkaisern wurden Erzbischöfe und Bischöfe immer stärker mit wichtigen Aufgaben der Reichspolitik betraut. Sie mußten dem König als Berater und Gesandte zur Verfügung stehen, ihn und sein Gefolge in ihren bischöflichen Städten und Residenzen aufnehmen und dem Herrscher bei Kriegszügen Truppen zuführen. Als Gegenleistung erhielten sie vom König wichtige Hoheitsrechte und reichen Besitz, darunter auch Grafschaften und Herzogtümer, verliehen. Damit begann die Bildung geistlicher Fürstentümer im Deutschen Reich. Die meisten Reichsbischöfe gingen aus dem Personal der königlichen Hofkapelle hervor und wurden vom König eingesetzt.[15] Auch Erzbischof Friedrich von Salzburg ist 969/970 erneut mit Otto dem Großen nach Italien gezogen und hat 981 dessen Sohn und Nachfolger, Otto II., 70 Panzerreiter für den Krieg in Italien zugeführt. Von beiden Kaisern hat Salzburg dafür wichtige Güter zum Geschenk erhalten.[16]

Nach wiederholten Aufständen des Bayernherzogs Heinrich II. „des Zänkers", entschloß sich Kaiser Otto II. 976 zu einschneidenden personellen und territorialen Veränderungen in Bayern und im Markengebiet. Herzog Heinrich von Bayern wurde abgesetzt, Kärnten von Bayern getrennt und mit den angrenzenden Marken zu einem Herzogtum erhoben. Um die Verbindung nach Italien zu sichern, verwaltete der Herzog von Kärnten in Personalunion die Mark Verona, die zum Königreich Italien gehörte.[17] Die

Leitung der kleinräumigen bayerischen Mark an der Donau *(marchia orientalis)* wurde dem Markgrafen Luitpold, dem Ahnherrn der sogenannten Babenberger übertragen. Dieses Geschlecht hat Mark und Herzogtum Österreich dann durch 270 Jahre regiert.[18] Erzbischof Friedrich von Salzburg, der persönlich am Regensburger Reichstag teilnahm, erhielt dort einen stattlichen Hof in Regensburg vom Kaiser zum Geschenk. Der „Salzburger Hof" in der alten bayerischen Herzogsstadt blieb bis 1807 in Salzburger Besitz.[19]

Salzburg im 10. Jahrhundert: Bischofshof und Klosterbezirke

Mit zunehmendem Alter zog sich Erzbischof Friedrich von seinen Verpflichtungen im Rahmen der Reichskirche zurück und widmete sich der Aufbauarbeit in Salzburg, besonders der Kirchenreform. Nach dem Beispiel seines Suffraganbischofs Wolfgang von Regensburg, der im Zeichen der kirchlichen Erneuerung das Kloster St. Emmeram vom Bistum getrennt und verselbständigt hatte,[20] gab auch er die Leitung der Abtei St. Peter, die bis dahin in den Händen der Erzbischöfe lag, ab und löste das Kloster aus der Verbindung mit dem Erzbistum. Er setzte den Mönch Tito aus dem von Wolfgang reformierten Kloster St. Emmeram in Regensburg zum Abt des Petersklosters ein und gab der Abtei einen eher bescheidenen Grundbesitz, um ihre wirtschaftliche Unabhängigkeit zu sichern.

Da sich die Erstausstattung als viel zu gering erwies und der Fortbestand des Klosters gefährdet schien, berief Erzbischof Friedrich 987 eine Versammlung von geistlichen und weltlichen Großen in den Dom, um mit ihrer Unterstützung St. Peter einen beträchtlich erweiterten Grundbesitz zuzuteilen. In Salzburg selbst zählten hierzu die Porta, also der Bereich um das Haupttor der Bischofsburg, mit der Pfalzkirche St. Michael. Innerhalb der heutigen Stadtgrenzen lagen außerdem Güter in Maxglan und Glanhofen, sowie Mönchhausen, der ehemalige Weichselbaumhof in Parsch. Am Stadtrand und im Nahbereich der Stadt erhielt die Abtei Besitz in Maierwies nördlich von Gnigl (heute Gemeinde Hallwang), außerdem die Kirchen in Wals, Anif, Grödig und Seekirchen mit Gütern in der Umgebung.[21]

Obwohl auch diese Ausstattung und die folgenden Schenkungen verhältnismäßig bescheiden waren, und der Konvent unter Abt Tito nur noch aus 16 Priestern, drei Diakonen, vier Subdiakonen und fünf Mönchen ohne Weihe bestand, zog die Trennung vom Erzbistum auch eine räumliche Verselbständigung des Klosters nach sich. Um die Jahrtausendwende entstand die erste stattliche Stiftskirche, die direkt auf den Mauern römischer Wohnhäuser errichtet und nach einem damals noch deutlich sichtbaren Mausoleum des 5. Jahrhunderts ausgerichtet wurde.[22]

Salzburg erhielt im Rahmen dieser Reform auch baulich eine neue Gestalt. Der Metropolitansitz war fortan von drei geistlichen Zentren geprägt: In der Stadtmitte lag die von Mauern und Palisaden umgebene Bischofsburg mit dem Dom, dem ältesten Domkloster, dem Wohnsitz des Erzbischofs sowie den Wohn- und Werkstätten der bischöflichen Eigenleute. Die Bischofsburg bildete eine große, geschlossene Wirtschaftseinheit, die sich weitgehend selbst versorgte. Sie wurde, durchaus zutreffend, als „großer Fronhof" charakterisiert.[23]

Ähnlich strukturiert waren die beiden Klosterbezirke von Nonnberg und St. Peter. Die relativ kleine Nonnbergterrasse, die ebenfalls durch Mauern und Tore geschützt war, bot Raum für Kloster und Stiftskirche der heiligen Maria, für die vorrupertinische Martinskirche und für die im unmittelbaren Klosterbereich ansässigen Eigenleute. Hörige der Abtei siedelten aber auch im Nonntal und am Fuß des Nonnbergs an der einstigen Nonnberger Hochstraße (in der Richtung zur heutigen Kaigasse). Als neuer Komplex entstand nach 987 der relativ ungünstig an der Mönchsbergwand gelegene Bezirk der Abtei St. Peter. Vor allem die Klostergebäude waren von Steinschlag bedroht, weshalb Erzbischof Konrad I. 1110 den Mönchen jene von Mauern umgebenen Gebäude überließ, die seinem Wohnsitz benachbart waren.[24] An den ebenfalls mit Mauern und Toren abgegrenzten Bezirk von St. Peter, der damals noch kleiner war als im Spätmittelalter, schloß nach Westen das ausgedehnte Gebiet des Frauengartens an, der bereits 931 *pomerium sanctae Mariae* genannt wird und bis ins späte 16. Jahrhundert von den Mönchen und ihren Eigenleuten landwirtschaftlich genutzt wurde. Der Frauengarten umfaßte das Areal von der heutigen Sigmund-Haffner-Gasse bis zum Bürgerspital.[25]

Was außerhalb dieser drei weitgehend autarken Bereichen der Bischofsburg und der beiden Klosterbezirke lag, läßt sich nur indirekt erschließen. Die Pfalz neben der Porta, deren sich Herzog Arnulf als Herrscher über Bayern bedient hatte, war auch nach dem Sturz der Luitpoldinger in herzoglichem Besitz geblieben. Heinrich II. „der Zänker" nahm um 990 die herzogliche Münzprägung in Salzburg wieder auf und schlug Pfennige nach dem Regensburger Münzfuß mit einer Inschrift zu Ehren des heiligen Rupert. Sein Sohn und Nachfolger Heinrich IV. hat daran festgehalten und auch als Kaiser (Heinrich II.) in Salzburg Münzen geprägt.[26]

Die Michaelskirche behielt auch in der Zeit, als sie im Besitz von St. Peter war, die Funktion der Pfalzkapelle bei. Die Porta, bereits 930 urkundlich genannt, umfaßte bei ihrer Übertragung an St. Peter nicht allein die Michaelskirche samt dem Zehent, sondern wohl auch eine Siedlung, die sich vor den Toren der Bischofsburg entwickelte. Wie aus späteren Urkunden hervorgeht, hatten sich dort Kaufleute niedergelassen.

Lokale Märkte innerhalb der Bischofsburg und des Klosterbezirks von Nonnberg hatten sich schon vorher entwickelt. Sie dienten aber nur der Versorgung des Bischofshofs, der Klöster St. Peter und Nonnberg sowie der dort ansässigen bischöflichen und klösterlichen Eigenleute. Mit Hilfe dieser Eigenleute hatte der Erzbischof auch einen durchaus beachtlichen Fernhandel aufgebaut. Es gibt Hinweise auf Waren, die durch Fernhändler nach Salzburg kamen. Eine vor wenigen Jahren entdeckte Salzburger Briefsammlung aus dem 9. Jahrhundert enthält ein Schreiben, in dem ein Abt um die Zusendung von Gewürzen, Olivenöl, griechischem Wein und Balsam ersucht.[27] Alle diese Produkte haben als Importgüter im Salzburger Fernhandel bis weit in die Neuzeit eine wichtige Rolle gespielt. Der griechische Süßwein, der *Malvasier*, erfreute sich

Salzburg im 10. Jahrhundert: Bischofshof und Klosterbezirke 125

Die Völker des Reichs huldigen Kaiser Otto III., Trier, um 983.   (Musée Condé, Chantilly)

in Salzburg auch in den folgenden Jahrhunderten besonderer Wertschätzung. Als weitere Produkte kamen Südtiroler und Friauler Weine, Gänsedaunen, Loden, Tierhäute usw., die im Rahmen der Grundherrschaft auf den entfernten Besitzungen des Erzbischofs und der Klöster produziert wurden, nach Salzburg. Hier wurden sie entweder für den Eigenbedarf des erzbischöflichen Hofs und der Klöster verwendet oder auf den grundherrlichen Märkten in der Bischofsburg bzw. in den Klosterbezirken im Tauschverkehr umgesetzt. Produktion und Handel lagen durchwegs in der Hand von bischöflichen und klösterlichen Eigenleuten. Manche von ihnen erhielten trotz ihrer leibrechtlichen Abhängigkeit vom Erzbischof, vom Domkapitel, vom Abt von St. Peter oder der Äbtissin von Nonnberg relativ große Bewegungsfreiheit, um ihren Aufgaben auch im Fernhandel nachkommen zu können. Nicht nur der Grundbesitz, auch die Handelsbeziehungen des Erzbischofs und der Klöster erstreckten sich damals über hunderte Kilometer bis in den pannonischen Raum, wo Fünfkirchen (Pécs) als äußerster Stützpunkt bezeugt ist.[28] Für den Import wertvoller Handelsgüter spielte Italien eine besondere Rolle.

Der Zugang zu den Märkten in der Bischofsburg und bei den Klöstern war vor allem jenen Eigenleuten und Hörigen vorbehalten, die durch das Hofrecht an den Erzbischof und die Klöster gebunden waren. Deshalb kam dem neuen Markt, der sich im 10. Jahrhundert vor dem Haupttor und damit außerhalb der Bischofsburg entwickelte, eine besondere Bedeutung zu. Er bildete die Keimzelle für die Entstehung und das Wachstum der Bürgerstadt. Die Lage dieses Marktes zwischen der Bischofsburg und dem Fluß ist auch für andere bischöfliche Städte in Deutschland charakteristisch.

Über die Verbauung des Stadtteils am rechten Salzachufer in dieser Zeit besitzen wir keine Nachrichten. Die Häuser standen wohl an den beiden Haupthandelsrouten aus dem Osten und Süden, die dort zusammentrafen und den heutigen Straßenzügen der Linzer Gasse und der Steingasse entsprachen. In der Vorstadt Mülln betrieb schon damals ein künstlich angelegter Kanal jene Mühlen, die dem Ort seinen Namen gegeben haben.[29]

Ein kaiserliches Marktrecht für Salzburg (996)

Hartwig, der 991 zum Erzbischof von Salzburg bestellt wurde, entstammte dem bayerischen Hochadel. Sein gleichnamiger Vater, der bayerische Pfalzgraf und Kärnter „Gewaltbote", hatte seinen Aufstieg als einer der treuesten Anhänger des sächsischen Kaiserhauses genommen.[30] Erzbischof Hartwig erlebte am 21. Mai 996 in Rom die Kaiserkrönung Ottos III., die dessen Vetter, Papst Gregor V. (Brun von Kärnten), vornahm. Am Schluß der Krönungssynode gewährte der Kaiser dem Erzbischof am 28. Mai 996 die Errichtung eines täglichen Marktes und einer Münzstätte nach Regensburger Gewicht in Salzburg und wies den Ertrag aus dem Marktzoll dem Erzbistum zu.[31] Diese Urkunde, deren Original im Wiener Haus-, Hof- und Staatsarchiv aufbewahrt wird, folgt wörtlich jenem Diplom, das der Kaiser kurz zuvor für das Bistum Freising ausgestellt hatte. Der holprige Stil und einige mißverständliche, vom Formular der kaiserlichen Kanzlei abweichende Ausdrücke der Urkunde gehen auf den Schreiber des Freisinger Diploms zurück, der nicht der Kanzlei angehörte. Diese Ungereimtheiten kommen auch in der deutschen Übersetzung des Urkundentextes zum Ausdruck:

Im Namen der heiligen und unteilbaren Dreifaltigkeit. Otto durch die Gunst der göttlichen Gnade Kaiser. Die Aufmerksamkeit aller unserer Getreuen, sowohl der gegenwärtigen als auch der künftigen, möge erfahren, daß wir mit Zustimmung und Rat der anwesenden Bischöfe und Laien und zwar des Papstes Gregor sowie der Römer, der Franken, der Bayern, der Sachsen, der Elsässer, der Schwaben und der Lothringer, zu unserem Seelenheil und auch zu dem unserer Eltern auf Intervention und Bitte des Erzbischofs Hartwig von Salzburg folgendes Nutzungs- und Ehrenrecht gewährt haben: Nämlich im Ort Salzburg einen an jedem Tag rechtmäßigen Markt und eine Münzstätte für Regensburger Pfennige kraft kaiserlicher Vollmacht zu errichten und sogleich in Betrieb zu nehmen; den Zoll aber, der uns davon zusteht, haben wir im Namen (wörtlich „über dem Schoß") des heiligen Petrus und des heiligen Rupert zum Heil unseres Körpers und unserer Seele kraft unserer Macht dorthin (an die Salzburger Kirche) übertragen, auf daß er dort dauernd bestehen soll. Gleichzeitig sichern wir allen, die diesen Markt aufsuchen, einen friedlichen Zugang und Rückweg kraft der Macht unseres kaiserlichen Bannes zu, unter dieser Bedingung und mit dieser Absicht, daß die genannte (Salzburger) Kirche und der angesprochene Erzbischof und alle dessen Nachfolger dieses Nutzungs- und Ehrenrecht bis ans Ende der Zeiten glückselig besitzen sollen. Und damit diese Übertragung unserer Macht jetzt und in Zukunft fest und unversehrt bestehen bleibe, haben wir beschlossen und kraft unserer Machtvollkommenheit angeordnet, die darüber ausgestellte Urkunde durch den Aufdruck unseres Siegels zu bekräftigen und zu bestärken und haben sie mit unserer eigenen Hand, wie unterhalb zu sehen ist, nach der Gewohnheit von Königen und Kaisern mit diesem Zeichen (dem Monogramm) versehen.

Das Zeichen des Herrn Otto (Monogramm), des unbesiegbaren Kaisers und Augustus.
Ich, der Bischof und Kanzler Hildebald, habe anstelle des Erzbischofs Willigis (die Urkunde) überprüft.
Gegeben am fünften Tag vor den Kalenden (Monatsersten) des Juni (28. Mai), im Jahr der Fleischwerdung des Herrn 996, in der neunten Indiktion, im 13. Jahr der Königsherrschaft Ottos III., im ersten Jahr seines Kaisertums. Durchgeführt in Rom.

Kaiser Otto III. nennt in dieser Urkunde den Metropolitansitz Salzburg einfach „Ort" *(locus)*. Das scheint in deutlichem Widerspruch zu den lateinischen Bezeichnungen *urbs*, *oppidum* und *civitas* zu stehen, die für Salzburg bzw. Iuvavum vom 8. bis zum 10. Jahrhundert wiederholt verwendet wurden.[32] Alle drei Begriffe werden im Deutschen meist mit „Stadt" wiedergegeben, wobei der Einstufung als *civitas* besondere Bedeutung zukommt. Es wäre aber verfehlt, daraus auf den durchgehenden Bestand einer städtischen Siedlung seit der Spätantike zu schließen, wie das mehrfach vorgeschlagen wurde. Im frühmittelalterlichen Sprachgebrauch wurden alte Römerstädte, selbst wenn sie völlig zerstört und ohne städtisches Leben waren, nämlich immer noch als *civitates* bezeichnet. Als Sitz des Erzbischofs und als geistliche Metropole Bayerns kam Salzburg ebenfalls noch die Rangbezeichnung *civitas* zu, ohne daß damit die Existenz einer Stadt gemäß der mittelalterlichen Rechtsauffassung verbunden gewesen wäre.[33] Aus dem Wortlaut der Urkunde ist nicht einmal die zweifelsfreie Existenz eines Marktes in Salzburg zu erschließen. Anderseits ist zu berücksichtigen, daß jener Salzburger Schreiber, der diese Urkunde bis auf das Schlußprotokoll verfaßte, dem Diplom Kaiser Ottos III. für das Bistum Freising wörtlich folgte. Im Gegensatz zu Salzburg besaß Freising weder eine Tradition als römische Stadt, noch war es Metropolitansitz. Die Bezeichnung als „Ort" *(locus)*, die Otto III. gebrauchte, war für Freising also durchaus angemessen und wurde von dort in die Salzburger Markturkunde übernommen.

Festzuhalten bleibt jedenfalls, daß Erzbischof Hartwig für Salzburg das Recht erhielt, dort bei Bedarf an jedem Tag der Woche einen öffentlichen Markt abzuhalten. Gegenüber Wochenmärkten, die jeweils an einem bestimmten Wochentag stattfanden, und Jahrmärkten, zu denen sich zu einem fixen Termin einmal im Jahr Händler aus nah und fern versammelten, war das die umfangreichste Form des Marktrechts. Sie wurde in Salzburg – auch in den folgenden Jahrhunderten – nie voll ausgeschöpft, da höchstens vier Markttage pro Woche zur Versorgung der Stadt durchaus genügten.[34] Wie späteren Quellen zu entnehmen ist, hat sich der Markt in Salzburg rasch entwickelt und die Ansiedlung von Fernhändlern und Kaufleuten vor der Porta, die wohl schon vorher eingesetzt hatte, noch verstärkt.

Die gleichzeitige Verleihung des Münzrechts für Salzburg darf hingegen nicht überschätzt werden. Sowohl die bayerischen Herzoge als auch Könige und Kaiser hielten an ihrer Münzprägung in Salzburg auch nach 996 fest. Die Erzbischöfe ihrerseits haben erst um 1010 mit der Prägung eigener Silberpfennige begonnen. Diese fanden als hochwertiges Zahlungsmittel ausschließlich im Fernhandel Verwendung und wurden sogar in

Kaiser Otto III. verleiht Erzbischof Hartwig das Markt-, Münz- und Mautrecht für Salzburg am 28. Mai 996. Originalurkunde auf Pergament mit dem aufgedrückten Wachssiegel des Kaisers im Haus-, Hof- und Staatsarchiv Wien. *(Foto: Otto)*

dem Gebiet zwischen Weichsel und Oder, in Westrußland, Estland, Dänemark, Schweden und Finnland gefunden.[35] Sie sind so ein wichtiger Nachweis für die Blüte des Fernhandels. Salzburger Pfennige kamen etwa beim Einkauf von teuren Pelzen zum Einsatz, aber auch im Sklavenhandel, der seine Opfer aus heidnischen Slawenländern bezog und an die Harems muslimischer Fürsten lieferte. Schon die Zollordnung von Raffelstetten nannte um 905 die besonders teuren Sklavinnen neben dem Reichenhaller Salz als wichtigste Handelsware.[36] In der näheren Umgebung von Salzburg wurde hingegen so wie im übrigen Bayern noch lange nach der Verleihung des Münzrechtes der Tauschhandel praktiziert. Durch die Ereignisse des Investiturstreits kam die erzbischöfliche Münzprägung in Salzburg bald nach 1077 zum Erliegen.

Der Markt gilt als wichtigste Vorstufe und wirtschaftlicher Mittelpunkt der Stadt. In Salzburg lassen sich zwar die Existenz des Marktes und das Aufblühen des Fernhandels gut verfolgen – eines der wichtigsten Kennzeichen der mittelalterlichen Stadt fehlte jedoch am Ende des 10. Jahrhunderts: die Nennung von Bürgern.

Ein Bollwerk gegen den König – Salzburg im Investiturstreit

Mit dem Marktrecht war die Möglichkeit gegeben, daß sich außerhalb von Klosterbezirken und Bischofsburg vor der Porta „städtisches Leben" entwickeln konnte, das von Fernhändlern, Kaufleuten und Handwerkern geprägt war. In welchem Ausmaß diese Chance genützt werden konnte, hing jeweils von den politischen Verhältnissen ab. Bis ins 11. Jahrhundert war Salzburg zunächst von den Bayernherzogen und dann von den fränkischen und römisch-deutschen Königen großzügig ausgestattet und gefördert worden. Solange das Einvernehmen zwischen den Erzbischöfen und den römisch-deutschen Kaisern bzw. Königen fortbestand, schien auch die weitere Entwicklung der erzbischöflichen Metropole an der Salzach gesichert.

Erzbischof Hartwig hat mit Heinrich II., dem letzten Herrscher aus der Dynastie der Ottonen, gut zusammengearbeitet. Der König selbst weilte zu Weihnachten 1009 als Gast des Erzbischofs in Salzburg und hat das Erzbistum wiederholt mit reichen Schenkungen bedacht.[37] Maßgeblich beigetragen hat er zum Neubau der Stiftskirche Nonnberg. Daran erinnern noch heute die am Kirchenportal angebrachten Figuren Heinrichs II. und seiner Gattin Kunigunde, die als zweite Stifter verehrt werden. Erzbischof Hartwig selbst hat den unter Virgil errichteten Dom so großzügig erneuert, erweitert und umgestaltet, daß dieses Bauwerk des frühen 11. Jahrhunderts als „Hartwigdom" bezeichnet wird.[38] Das Langhaus des Virgildoms wurde durch den Anbau einer großzügigen Vorhalle (Atrium) nach Westen verlängert, ein halbkreisförmig schließender Langchor über alle drei Kirchenschiffe angefügt und an der Nordseite des Langhauses eine Kapelle gebaut. Der großzügige Chor war vielleicht mit einem eigenen Chorturm versehen. Wie zuvor der Virgildom fällt auch der Dom Hartwigs aus dem Rahmen der bayerischen Bauformen. Der Erzbischof, der als Angehöriger des Hochadels und Vertrauter des Kaisers in weiten Teilen Europas herumgekommen war, ist wohl von anderen Vorbildern inspiriert worden. Der Hartwigdom ist mehr als ein Jahrhundert später, im Jahre 1127, einem Brand zum Opfer gefallen.

Erzbischof Thietmar (Theotmar II.) erhielt 1026 von Papst Johannes XIX. nicht nur das Pallium sondern auch das Recht, in seiner Kirchenprovinz Bayern in dringenden Fällen, bei denen die Entscheidung des Papstes oder die Anwesenheit eines päpstlichen Legaten nicht abgewartet werden konnte, anstelle des Papstes Entscheidungen zu treffen. Als äußerliches Zeichen dieser Würde durfte er sich ein Kreuz vorantragen lassen und auf einem rotgezierten Pferd reiten.[39] Aus diesem Recht, das zunächst nur Erzbischof Thietmar für seine Person verliehen worden war, entwickelte sich später die ständige Legatengewalt *(legatus natus)* der Salzburger Erzbischöfe. Diese Würde kommt bis heute im Legatenpurpur der Erzbischöfe zum Ausdruck, der älter ist als das Purpurgewand der Kardinäle, mit dem er dennoch meist verwechselt wird.

Thietmars Nachfolger Balduin wohnte 1046 der Synode von Sutri in Italien bei, auf der König Heinrich III. drei rivalisierende Päpste absetzen und Bischof Suitger von Bamberg zum neuen Papst erheben ließ.[40] Heinrich III. verdankte seine unangefochtene Position innerhalb der katholischen Kirche vor allem dem einträchtigen Zusammenwirken mit dem Papsttum zum Wohl der gesamten Christenheit. Das änderte sich jedoch unter seinem Sohn und Nachfolger Heinrich IV., der beim Tod des Vaters erst sechs Jahre alt war. Gerade damals gewannen die Ideen der Kirchenreform in Rom stärker an Einfluß. Zu ihren wichtigsten Forderungen zählten der Kampf gegen die Simonie, den Kauf von Kirchenämtern, gegen die Priesterehe und gegen die Laieninvestitur, die Einsetzung von Geistlichen durch weltliche Herrscher.[41] Damit aber hätte der König die Bischöfe, die er als seine verläßlichsten Partner in der Reichspolitik selbst einsetzte, verloren und zugleich die Verfügungsgewalt über die großen Besitzungen der Reichskirche eingebüßt. Als Heinrich IV. 1066 selbst die Herrschaft antrat, vermochte er noch nicht abzuschätzen, wie stark sich das Kräfteverhältnis von Papsttum, Königtum und Reichskirche in den beiden letzten Jahrzehnten gewandelt hatte. Er glaubte noch immer jene Politik fortsetzen zu können, die sein Vater auf der Synode von Sutri 1046 vorgezeichnet hatte.

In Salzburg war 1060 Gebhard, der aus schwäbischem Hochadel stammte, als Erzbischof eingesetzt worden. Nach einem Studium, das er wahrscheinlich in Paris absolvierte, hatte Gebhard seine geistliche Laufbahn unter Heinrich III. in der königlichen Hofkapelle, der „Pflanzstätte" der Reichsbischöfe, begonnen. Seine Bestellung zum Leiter der Hofkapelle und zum Kanzler der Kaiserin Agnes (1058) markieren die weiteren Stationen seines Aufstiegs.[42] Als Erzbischof war Gebhard zunächst ein typischer Vertreter der Reichskirche, der mit Heinrich IV. in gutem Einvernehmen stand. Mit Zustimmung des Königs und mit jener des Papstes Alexander II. gründete er 1072 in Gurk in Kärnten das erste Salzburger „Eigenbistum". Nach dem Vorbild der einstigen Chorbischöfe in Karantanien erhielt der Gurker Bischof keine eigene Diözese, keinen Bistumszehent und auch kein Domkapitel. Wahl, Einsetzung und Weihe stand allein dem Erzbischof von Salzburg zu.[43] Die Position des neuen Bischofs ohne direkte Bindung an König und

Papst war innerhalb der katholischen Kirche so ungewöhnlich, daß nicht nur die Gurker Bischöfe selbst, sondern auch der große Reformpapst, Gregor VII., heftige Kritik daran übten.[44] Erzbischof Gebhard bewegte sich mit der Errichtung dieses „Eigenbistums" und mit der 1074 vorgenommenen Gründung des Klosters Admont[45] in der Steiermark noch ganz in der Tradition des alten Eigenkirchenrechts und nahm keine Rücksicht auf die Ideen der Kirchenreform.

Als aber 1075 zwischen Papst Gregor VII. und König Heinrich IV. ein schweres Zerwürfnis ausbrach, das in der gegenseitigen Absetzung gipfelte und den jahrzehntelangen „Investiturstreit" auslöste, stellte sich Gebhard nach kurzem Zögern kompromißlos auf die Seite Gregors VII. Obwohl Heinrich IV. durch seinen Bußgang nach Canossa im Jänner 1077 die Lösung vom Kirchenbann erreichte, beteiligte sich Gebhard bald darauf an der Wahl des Herzogs von Schwaben, Rudolf von Rheinfelden, zum Gegenkönig.[46] Die Auswirkungen seines Stellungswechsels vermochte der Salzburger Erzbischof damals wohl noch nicht abzuschätzen. Die Zeit der großzügigen Schenkungen der römisch-deutschen Könige und Kaiser, wie sie noch Heinrich III. in überreichem Maß gewährt hat, war nun zu Ende. An ihre Stelle traten Plünderung, Raub und Verwüstung durch die Königstreuen.

Bereits im Jänner 1076 wurde Friesach, der wichtigste Stützpunkt Salzburgs in Kärnten, vom steirischen Markgrafen Adalbero überfallen und angezündet.[47] Erzbischof Gebhard trat seinerseits offen gegen den König auf, der das Osterfest in Aquileia gefeiert hatte. Er ließ Burgen in Friesach, auf Hohenwerfen und dem Festungsberg in Salzburg anlegen. Heinrich IV. konnte deshalb seine Rückreise aus Aquileia ins Reich nicht auf den günstiger gelegenen Salzburger Alpenübergängen, Katschberg und Radstädter Tauern, antreten, sondern mußte durch „die schroffen Engpässe Kärntens", worunter wohl der Rauriser- oder der Felbertauern zu verstehen ist, heimkehren.[48]

Die knappen Worte der schriftlichen Quellen, die von diesen Vorfällen berichten, bieten nur dürftige Hinweise auf die Anfänge von Hohensalzburg, das wie kaum eine andere Burganlage die an ihrem Fuß liegende Stadt beherrscht. Da Gebhard nach dem Wortlaut seiner Lebensbeschreibung in aller Eile Burgen gegen den König errichten ließ, hat man auf dem Festungsberg nur einen provisorischen, von Palisaden umgebenen Wehrbau vermutet. Die Bodenuntersuchungen der letzten Jahre haben jedoch die Grundmauern einer Burgkapelle freigelegt, die offenbar aus der Zeit Gebhards stammte und bedeutend größer war als die heutige. Qualitätvolle Freskenreste weisen stilistische Übereinstimmungen mit den bekannten Fresken im oberösterreichischen Kloster Lambach aus der Zeit um 1070 auf. Im „Hohen Stock" weisen die starken Mauern aus der Zeit Gebhards, die vom Mauerwerk Konrads I. deutlich zu unterscheiden sind, auf einen längerfristigen massiven Neubau des Erzbischofs hin.[49] Auch die erste Burganlage auf Hohenwerfen geht auf Gebhard zurück, in Friesach ließ der Erzbischof offenbar eine ältere Burg wiederherstellen und verstärken.

Nachdem persönliche Verhandlungen mit Heinrich IV., der sich im Reich rasch wieder durchsetzen konnte, gescheitert waren, ging Erzbischof Gebhard im Herbst 1077 zunächst in seine schwäbische Heimat und dann weiter nach Sachsen ins Exil. Dort wurde er in den folgenden Jahren zum unbestrittenen Führer der päpstlichen Partei in Deutschland, äußerte aber als Mitverfasser der „Sachsenbriefe" auch Kritik an Gregor VII., der vor allem einen universalen Herrschaftsanspruch des Papsttums vertrat und so auf die deutschen Fürsten wenig Rücksicht nahm.[50]

Heinrich IV., der 1084 seinen Einzug in Rom halten konnte und dort zum Kaiser gekrönt wurde, ließ Gebhard auf einer Reichsversammlung in Mainz 1085 absetzen. An dessen Stelle erhob er den Kleriker Berthold aus der Familie der Grafen von Moosburg in Bayern zum neuen Erzbischof.[51] Dieser versuchte durch die Vergabe von Kirchengütern den freien Adel, die aufstrebenden Dienstmannen (Ministerialen) und das Domkapitel für sich zu gewinnen. Gegen den Vogt des Erzbistums, den mächtigen Grafen Engelbert von Spanheim, konnte er sich aber nicht durchsetzen. Während Berthold Engelberts Besitzungen in Kärnten verwüstete, eroberte dieser die Stadt Salzburg und die umliegenden Ortschaften. Nur auf Hohensalzburg konnte sich eine dem Kaiser ergebene Besatzung halten, obwohl sie unter Nahrungsmangel litt. Während die von Gebhard ausgebaute Feste Hohensalzburg in den Händen seiner Gegner die Feuertaufe bestand, bekamen die Stadt Salzburg und ihre Bewohner Krieg, Plünderung und Verwüstung erstmals in voller Härte zu spüren.[52] Der Erzbischof selbst konnte und wollte von seinem Exil aus nichts unternehmen, um die Not seines Kirchenvolks zu lindern.

Erst die Niederlage Heinrichs IV. gegen die Sachsen, in deren Reihen auch der betagte Erzbischof Gebhard kämpfte, wendete das Blatt. Im Sommer 1086 konnte Gebhard, geleitet vom Grafen Engelbert von Spanheim, nach Salzburg zurückkehren, wo er sofort den Kirchenbann über den Gegenbischof Berthold verhängte. Dem greisen Kirchenfürsten waren noch zwei Jahre weitgehend friedlicher Amtszeit in Salzburg beschieden. Warum er am 15. Juli 1088 nach schwerer Krankheit nicht in Salzburg sondern auf der Burg Hohenwerfen starb, ist ungeklärt. Vielleicht hatte er dort vor der wieder auflebenden Opposition der königlichen Partei Schutz gesucht.[53] Das Bild Gebhards bleibt zwiespältig. In der Stadt Salzburg hat er die Feste Hohensalzburg zu einem Bollwerk gegen den König ausgebaut. Durch die Parteinahme für Gregor VII. hat er sich zwar als Führer der päpstlichen Partei im Reich profiliert, gleichzeitig aber nach Jahrhunderten eines bedeutenden wirtschaftlichen Aufschwungs eine lange Phase schwerer innerer Kämpfe und Verwüstungen eingeleitet, die erst nach Jahrzehnten durch den Ausgleich mit dem Königtum im Wormser Konkordat (1122) überwunden werden konnte.

Die päpstliche Partei wählte 1091 Thiemo, den Abt von St. Peter, zum neuen Erzbischof. Dieser erlitt jedoch 1096 bei Saaldorf im Rupertiwinkel eine schwere Niederlage gegen Berthold. Der künstlerisch begabte, aber politisch unfähige Mann fand nach Gefangenschaft und abenteuerlicher Flucht auf dem Kreuzzug 1101 den Märtyrertod.[54] Sein Gegner Berthold konnte durch die Vergabe von Kirchenlehen, von Einkünften aus erzbischöflichem Besitz und von Pretiosen aus dem Domschatz den Adel, die Dienstmannen und die Domherren für sich gewinnen. Immerhin waren nach den Jahren des Kriegs und der Verwüstung dem Erzbistum unter seiner Regierung acht Jahre der Ruhe und Erholung beschieden. Als sich aber 1105 der eigene Sohn gegen Heinrich IV. erhob und das Schicksal des Kaisers besiegelte, waren auch die Tage von Bertholds Herrschaft in Salzburg gezählt.

Der neue Herrscher, König Heinrich V., ließ zu Weihnachten 1105 Konrad aus dem fränkischen Geschlecht der Grafen von Abenberg[55] zum neuen Erzbischof erheben. Konrad, eine der imposantesten Persönlichkeiten unter den Salzburger Kirchenfürsten, war in seiner Jugend durch den Hang zum Kleiderprunk aufgefallen und hatte in der Hofkapelle Heinrichs IV. Karriere gemacht. Der Wechsel ins Lager Heinrichs V. brachte Konrad als Lohn die Metropolitanwürde. Er konnte sich in Salzburg, wo er am 25. Jänner 1106 mit stattlichem Gefolge Einzug hielt, rasch durchsetzen und auch die widerspenstigen Ministerialen zur Unterwerfung zwingen.[56] Der Gegenerzbischof Berthold zog sich auf seinen Stammsitz nach Moosburg in Bayern zurück, wo er um 1115 starb.[57]

In der Stadt Salzburg hat Konrad I. bald nach seinem Amtsantritt wichtige Maßnahmen getroffen. Er überließ, wie bereits erwähnt, im Jahre 1110 den Mönchen von St. Peter, deren Kloster nahe an der Mönchsbergwand lag und von Steinschlag und Erdrutsch bedroht war, die seiner Residenz benachbarten und von Mauern geschützten Gebäude als sichere Wohnstätten.[58] Erst damit entstand jener umfangreiche, in sich geschlossene Klosterbezirk von St. Peter, der noch heute inmitten der Altstadt ein Eigenleben führt. Neben der Kapelle des heiligen Johannes des Täufers, die an der Ostseite des Doms lag, gründete Konrad I. im Jahre 1110 ein Spital für Arme und Pilger.[59] Am Bau einer neuen Bischofsresidenz und an der Durchführung großangelegter kirchlicher Reformen wurde er jedoch durch den erneuten Kampf zwischen Papst und Kaiser gehindert, der damals in aller Schärfe ausgebrochen war.

Der Streit um die Einsetzung der Bischöfe und Äbte im Reich, der unter Gregor VII. begonnen hatte, war damals noch immer nicht entschieden. In Deutschland war es üblich, daß nach dem Tode eines Bischofs Angehörige des Domkapitels, der hohen Geistlichkeit sowie Bürger aus der Bischofsstadt an den Königshof reisten und die bischöflichen Insignien, vor allem den Bischofsstab und den Bischofsring, mit sich führten. Am Königshof wurde nach Beratung mit den dort anwesenden Bischöfen, dem Kanzler und den Mitgliedern der Hofkapelle ein neuer Bischof nach dem Willen des Königs „gewählt" und in sein Amt eingesetzt. Bei dieser feierlichen Zeremonie wurde der Erwählte mit dem bischöflichen Ornat bekleidet und empfing aus der Hand des Königs Bischofsstab und Bischofsring. Nach dem lateinischen Wort für Kleidung, *vestis,* bezeichnet man diese Einsetzung durch den König als Investitur. Der Bischof empfing damit vom König auch die weltlichen Herrschaftsrechte und die Verfügungsgewalt über den Kirchenbesitz. Da die Kirchengüter in Deutschland zum überwiegenden Teil aus königlichen Schenkungen stammten, stand dem König ein „Obereigentum am Reichskirchengut" zu. Im Falle einer schweren Auseinandersetzung konnte er einem widersetzlichen Bischof die Verfügungsgewalt über den Kirchenbesitz entziehen und selbst die Verwaltung übernehmen.[60]

In Italien, wohin Konrad I. den König begleitete, war der Abschluß eines Vertrags zwischen Heinrich V. und Paschal II. vorgesehen. Während der König auf das Investiturrecht verzichtete, sollte der gesamte Kirchenbesitz in Deutschland, soweit er aus Königsgut stammte, an Heinrich V. zurückgestellt werden. Als sich daraufhin unter den deutschen Bischöfen ein Sturm der Entrüstung erhob und die Ministerialen den Papst mit dem Schwert bedrohten, deckte Konrad diesen mit seinem Körper.[61] Paschal II. unterzeichnete nach zweimonatiger Haft den Vertrag von Ponte Mammolo, der dem König das Recht der Investitur mit Ring und Stab zusicherte, und krönte am 13. April 1111 Heinrich V. zum Kaiser.[62]

Erzbischof Konrad I., der sich für den Papst exponiert hatte, sah sich in Salzburg einer starken Opposition des Domkapitels und der Ministerialen ausgesetzt. Als der erzbischöfliche Güterverwalter Albwin, der an der Spitze einer Verschwörung gegen den Erzbischof stand, vom Burggrafen von Hohensalzburg, Friedrich von Haunsberg, gefangen und geblendet wurde, mußte sich Konrad vor Heinrich V. verantworten. Obwohl er am kaiserlichen Hof in Mainz unerschrocken auftrat und allen Nachstellungen entging, entschloß er sich nach seiner Rückkehr zur Flucht aus Salzburg. Nach Aufenthalten bei der Markgräfin Mathilde von Tuszien und in der Steiermark, wo er 1116 den Markgrafen Otakar II. zum Vogt von Nonnberg bestellte, gelangte er nach Sachsen. Dort zählte er gemeinsam mit den Erzbischöfen von Mainz, Magdeburg und Köln zu den bedeutendsten Vertretern der päpstlichen Partei in Deutschland.[63]

Im „Wormser Konkordat" einigten sich 1122 Kaiser Heinrich V. und Papst Calixt II. auf die kanonische Wahl der Bischöfe durch das jeweilige Domkapitel. Während der Kaiser dem neuen Bischof durch die Investitur mit dem Szepter die weltlichen Hoheits- und Herrschaftsrechte *(Temporalien)* erteilte, übertrug ihm der Papst mit der Bischofsweihe, die meist von anderen Bischöfen gespendet wurde, die geistlichen Hoheitsrechte *(Spiritualien)* für seine Diözese.[64] Erzbischof Konrad I., der bereits 1121 aus dem Exil zurückgekehrt war, konnte in Salzburg noch eine Amtszeit von 25 Jahren wahrnehmen, in der er als Reorganisator und Reformator die Leistungen seiner Vorgänger deutlich in den Schatten stellte.

Wann wurde Salzburg Stadt?

Begriffe wie Markt, Stadt oder Land gebrauchen wir selbstverständlich und verbinden damit bestimmte Vorstellungen. Im Gegensatz zu den eindeutigen gesetzlichen Bestimmungen der Gegenwart ist die Diskussion um das Wesen der mittelalterlichen Stadt bis heute nicht verstummt. Zu ihrer Definition wird meist ein Bündel von Kriterien genannt:[65]

1. Die Befestigung mit Mauern und Toren, die häufig auch im Stadtsiegel den Charakter der Stadt symbolisieren, als äußeres Kennzeichen.

2. Die Verteidigungspflicht der Bürger, die selbst mit „Harnisch und Wehr" für die Sicherheit der Stadt zu sorgen hatten.

3. Die wirtschaftliche Funktion der Stadt mit dem vom Kaiser, vom Landesfürsten oder vom Stadtherrn privilegierten Markt als Mittelpunkt.

4. Ein persönlich freies Bürgertum, das sich vor allem aus Fernhändlern, Kaufleuten und Handwerkern zusammensetzte.

5. Bürgerliche Selbstverwaltung, in deren Rahmen die Gerichtsbeisitzer (Genannten), der Stadtrat und ein oder zwei Bürgermeister von den Bürgern gestellt und in der Regel frei gewählt wurden.

6. Als Gegenpol dazu der Stadtherr, der die Herrschaft über die Stadt ausübte und seine Interessen meist durch den Stadtrichter als seinen wichtigsten Beamten wahrnehmen ließ.

7. Ein schriftliches Stadtrecht, das entweder als spezielles Recht vom Stadtherrn verliehen oder von anderen „Mutterstädten" übernommen wurde.

8. Die Führung von Hoheitszeichen wie Siegel und Wappen als Symbol eines städtischen Selbstverständnisses mit der Bezeichnung als Stadt in der Um- oder Inschrift.

9. Die Bezeichnung als Stadt in Urkunden mit den einschlägigen Fachausdrücken in lateinischer oder deutscher Sprache.

Probleme ergeben sich vor allem daraus, daß der moderne Historiker mit einer Präzision vorgehen will, die dem Mittelalter unbekannt war. So verwendeten die Geschichtsschreiber und Annalisten das Wort *civitas* gleichermaßen für alte, längst zerstörte Römerstädte, für Bischofssitze, für stark befestigte Burgen, für Königspfalzen und für Fürstensitze. Das Wort *urbs* wies ein ähnlich breites Anwendungsspektrum auf und wurde gerade im frühen Mittelalter gerne für Burgen verwendet. Der dritte lateinische Begriff, *oppidum*, diente häufig zur Bezeichnung von Märkten oder Kleinstädten.[66] Außerdem waren sich die Zeitgenossen bisweilen selbst über den Charakter einer Siedlung als Stadt oder Markt nicht einig. Es gab ja auch Zwischenformen wie den ummauerten Markt – im Besitz des Erzbistums Salzburg z. B. Traismauer in Niederösterreich oder Althofen und Sachsenburg in Kärnten –, der zwar über die äußerlichen Kennzeichen einer Stadt verfügte, dem aber doch wesentliche Merkmale wie etwa ein Stadtrecht fehlten.[67]

Für die Bischofsstadt Salzburg kommt noch das besondere Problem der Quellenlage hinzu. Die Entwicklung des Bischofssitzes ist im Frühmittelalter bis zur Verleihung des Marktrechtes 996 gut dokumentiert. Für die bewegte Zeit des Investiturstreits, als die Erzbischöfe Gebhard und Konrad I. lange Jahre im Exil verbrachten, liegen hingegen nur spärliche, bruchstückhafte Nachrichten vor. Als nach der Rückkehr Konrads I. die schriftlichen Quellen, vor allem die Traditionsbücher des Salzburger Domkapitels und der Abtei St. Peter, wieder reicher zu fließen beginnen, tritt uns der Bischofssitz an der Salzach bereits als Stadt mit einem ausgeprägten Bürgertum entgegen. Ein genauer Zeitpunkt für die Stadtwerdung ist deshalb aus der schriftlichen Überlieferung nicht zu erschließen. Die mit der Marktrechtsverleihung 996 einsetzende Entwicklung zur Stadt war am Beginn des 12. Jahrhunderts weitgehend abgeschlossen.

Die eingangs genannten Merkmale der mittelalterlichen Stadt zeigen, warum die Situation gerade in Salzburg besonders problematisch ist. Die Ummauerung als äußeres Kennzeichen der Stadt fehlte sowohl in der Antike als auch im Frühmittelalter, da das halbkreisförmige Areal von Nonnberg, Festungsberg und Mönchsberg, das damals nahe an das ausufernde Flußbett heranreichte, einen hervorragenden natürlichen Schutz bot. Die erste Stadtmauer entstand früher als bisher angenommen, wahrscheinlich unter Erzbischof Konrad I. nach 1121.[68] Das älteste Stadtsiegel, das eine Stadtmauer mit zwei Toren und einem Turm in der Mitte zeigt und die Umschrift „Siegel der Salzburger Bürger" trägt, ist an einer Urkunde des Jahres 1249 überliefert.[69] Ein erstes schriftliches Stadtrecht hat Salzburg relativ spät aufzuweisen, erst im Jahre 1287.[70] Bis dahin galt ein mündlich überliefertes Recht, das vom Stadtrichter gehandhabt wurde. Auch die Beisitzer im Stadtgericht, die Genannten, werden im Stadtrecht 1287 erwähnt. Stadtrat und Bürgermeister sind überhaupt erst im 14. Jahrhundert nachzuweisen.[71]

Stadtrichter und Bürger

Diese auffallend späte Entwicklung kommunaler Selbstverwaltung war in Salzburg ein Resultat der übermächtigen Stellung des Erzbischofs als Stadtherr. Seine Beamten kontrollierten die Bürgerschaft sorgfältig und unterliefen alle Versuche politischer Mitbestimmung. Im Gegensatz zu anderen deutschen Bischofsstädten war die Position des Burggrafen auf die Feste Hohensalzburg beschränkt. Die Gerichtsbarkeit in der Stadt lag schon seit dem Beginn des 12. Jahrhunderts in den Händen des Stadtrichters *(iudex civitatis)*. Dieses älteste und einflußreichste Amt innerhalb der Stadt wurde von den Erzbischöfen an Vertrauensleute übertragen, die vor allem ihre Interessen als Stadtherrn zu wahren hatten. Seit etwa 1120 werden Richter genannt, zunächst allerdings in recht untergeordneter Position, so daß nicht für alle Fälle zu entscheiden ist, ob sie tatsächlich Stadtrichter waren. Ab 1130 sind Stadtrichter allerdings einwandfrei belegt, unter denen Gerhoch von Itzling, der Sohn des gleichnamigen Zechmeisters, im 12. Jahrhundert der bekannteste war.[72] Ab dem 13. Jahrhundert haben fast durchwegs Vertreter angesehener Familien aus dem Stand der Dienstmannen oder der Ritter wie der Teisinger, der Kuchler, der Wiesbach und der Züngel das Amt des Stadtrichters ausgeübt. Vom Erzbischof eingesetzt, führte er im späteren Mittelalter als Zeichen seiner richterlichen Würde den Richterstab. Seine Amtszeit konnte sich über ein oder mehrere Jahre erstrecken. Er mußte in der Stadt ansässig sein und das Bürgerrecht besitzen.[73]

Ein Kennzeichen, das für die Entwicklung Salzburgs zur Stadt von noch größerer Bedeutung war, ist die Nennung von Bürgern in den schriftlichen Quellen. Im Gegensatz zu den verschiedenen Bezeichnungen für die Stadt mit ihren wechselnden Inhalten ist bei den lateinischen und deutschen Bezeichnungen für den Bürger kein Zweifel angebracht. Bürger erscheinen in den Salzburger Quellen seit dem Beginn des 12. Jahrhunderts als *cives, burgenses* und *urbani*.[74] Obwohl die Quellenlage für das 11. Jahrhundert ungünstig ist, geht aus den umfangreichen Traditionsbüchern des Klosters St. Peter und des Salzburger Domkapitels hervor, daß die Bürgerschaft in Salzburg vor dem Beginn des 12. Jahrhunderts noch keinen nennenswerten Anteil am politischen Leben erlangt hatte und daß sie deshalb nicht zur Zeugenschaft in Urkunden herangezogen wurde. Im 12. Jahrhundert bieten dieselben Quellen hingegen ein klares Bild von der Entstehung und Zusammensetzung der Salzburger Bürgerschaft aus Handwerkern und Kaufleuten, aus Eigenleuten und Zinspflichtigen und auch aus Ministerialen, die sich in der Stadt angesiedelt hatten. Bevor darauf näher eingegangen wird, gilt es klarzustellen, was unter dem Wort Bürger damals verstanden wurde und woher sie kamen.

Die Annahme, daß mit der Niederlassung in einer Stadt nach Ablauf eines Jahres die persönliche Freiheit des Stadtbewohners gegeben war, ist für die Frühzeit der Stadt Salzburg und der meisten deutschen Städte falsch. Wer sich in einer Stadt ansiedelte, wurde – soferne sein früherer Herr ihn nicht zurückforderte – zu einem Hörigen des Stadtherrn. Dieses Prinzip pflegte man für die Frühzeit der deutschen Stadt mit dem Satz *„Stadtluft macht eigen"* zu umschreiben.[75] Es gab allerdings keinen als verbindlich anzunehmenden Zeitpunkt, an dem sich der Übergang von dieser frühen Hörigkeit zur Freiheit vollzog. Meist lag es an der Macht und im Ermessen des Stadtherrn, wann er den Bürgern die persönliche Freiheit gewährte und diese rechtlich verbriefte. In der Stadt Salzburg haben die Erzbischöfe bis weit ins Spätmittelalter und damit besonders lange an der leibrechtlichen Abhängigkeit der Bürger und Stadtbewohner festgehalten. Im Stadtrecht des 14. Jahrhunderts wurde zwar den Bürgern erlaubt, in die Städte anderer Herrschaften zu heiraten; die im Jahr 1378 erhobenen Klagen über eine erneute Heiratsbeschränkung zeigen jedoch, daß dieses Recht vom Erzbischof nicht beachtet wurde.[76]

Wer aber war ein Bürger in jener Frühzeit der Stadt, als die Freiheit noch kein verbindliches Kennzeichen für ihn war? Während im Spätmittelalter das Bürgerrecht vom Bürgermeister und Stadtrat gegen Bezahlung verliehen wurde, war die Stellung als Bürger im 12. und 13. Jahrhundert an das Burgrecht geknüpft. Dieses Burgrecht *(ius urbanum)* war eine besondere Form der freien Erbleihe, für die keine Naturalabgaben, sondern nur ein Geldzins, der *Burgrechtspfennig*, zu entrichten war. Das Burgrecht hat sich in jenen Städten entwickelt, wo Handel und Verkehr dominierten und wo sich die Geldwirtschaft relativ früh durchsetzte. Nur der Stadtbewohner, der Haus und Hof in der Stadt zu Burgrecht besaß und dafür den Burgrechtspfennig an den Grundherrn entrichtete, war Bürger. Alle anderen Personen in der Stadt, die entweder am Hof ihres Herrn oder im Haus eines anderen Bürgers lebten, waren minderberechtigte „Inwohner".[77]

Woher aber kamen die Bürger der Stadt Salzburg, die am Beginn des 12. Jahrhunderts so häufig in den Quellen auftreten? Nach der „Hofrechtstheorie" hat sich die Bürgerschaft zum größten Teil aus den unfreien, durch das Hofrecht gebundenen Eigenleuten *(familia)* des Stadtherrn und anderer Grundherren entwickelt. Die „Gildentheorie" hingegen erblickt in der Bildung einer Gemeinschaft (Gilde) von Kaufleuten und der Entstehung einer Kaufmannssiedlung die rechtliche und wirtschaftliche Initialzündung für die Entstehung einer Stadt. Da Kaufleute und Fernhändler in der Regel persönlich frei waren, gab ihre Stellung den Anstoß dazu, daß sich früher oder später die persönliche Freiheit der Bürger in der Stadt durchsetzte und auch den Neusiedlern diese Freiheit nach Ablauf eines Jahres, währenddessen sie ihr Leibherr zurückfordern konnte, zugestanden wurde. Aus dem verhältnismäßig reichen Salzburger Quellenmaterial läßt sich

Die Porta mit der Michaelskirche und dem ältesten Marktplatz (heute Waagplatz) mit Schranne und Gerichtshaus (im Vordergrund). Ausschnitt aus der Stadtansicht von 1553, Kolorierte Federzeichnung in der Erzabtei St. Peter. (Foto: Oskar Anrather)

zeigen, daß beide Komponenten maßgeblich zur Entstehung der Bürgerschaft beitrugen.[78]

Einige Beispiele sollen zunächst den Anteil der erzbischöflichen und klösterlichen Eigenleute an der Entstehung der Bürgerschaft illustrieren. Richolf von der Getreidegasse, der mehrfach unter den angeseheneren Bürgern genannt wird, übergab um 1150 seine Dienerin Bertha samt deren Nachkommenschaft als Zinspflichtige an das Kloster St. Peter. Seine Gattin Enzwip gehörte wahrscheinlich dem gehobenen Stand der Ministerialen an. Man würde in Richolf wohl niemals einen Eigenmann des Petersklosters vermuten, wenn er nicht in einer Traditionsnotiz eindeutig unter der *familia* der Abtei aufschiene.[79]

Im Traditionsbuch des Salzburger Domkapitels wird um 1180 unter den Zeugen auch „unser Bürger Ulrich" *(Ulricus civis noster)* genannt. Dieser Salzburger Bürger zählte also zu den Eigenleuten des Salzburger Domkapitels.[80] Mathilde Scherzin, die Gattin des Salzburger Bürgers Heinrich Scherz, war eine Hörige des Augustiner-Chorherrenstiftes Herrenchiemsee. Der Salzburger Dompropst Albert tauschte sie um 1207 gegen eine Hörige des Salzburger Domkapitels. Bei dieser Gelegenheit wird Mathilde, die nun zu einer Zinspflichtigen des Domkapitels geworden war, ausdrücklich als Salzburger Bürgerin bezeichnet.[81] Dazu kamen noch Eigenleute des Salzburger Adels und der Dienstmannen. Der Ministeriale Liebhard von Bergheim übergab zum Beispiel im Jahre 1281 zusammen mit zahlreichen anderen Hörigen auch Konrad von Furt, der ausdrücklich als Bürger von Salzburg bezeichnet wird, an das Salzburger Domkapitel.[82] Wie diese Beispiele, die sich beliebig vermehren ließen, demonstrieren, ging ein Großteil der frühen Salzburger Bürgerschaft aus den Reihen der Eigenleut des Erzbischofs, des Domkapitels, der Abteien St. Peter und Nonnberg, weiterer Klöster und Stifte in der Umgebung sowie des Adels und der Ministerialität hervor.

Von der eher kleinen Gruppe der Kaufleute und Fernhändler kamen hingegen die entscheidenden wirtschaftlichen Impulse zur Stadtwerdung und auch der Anstoß zur Entstehung einer „freien" Bürgerschaft. Seit dem Beginn des 12. Jahrhunderts treten einzelne Bürger auf, die entweder als Kaufleute *(mercatores)* und Händler *(negociatores)* bezeichnet oder nach dem von ihnen bewohnten Platz vor dem Haupttor der Bischofsburg „von der Pforte" *(de Porta)* genannt werden. So schenkte der Bürger Markward um die Mitte des 12. Jahrhunderts sein Gut auf dem Gersberg an das Armenspital des Klosters St. Peter. Er wird auch Markward „der Dicke" *(grossus)* von Salzburg genannt. Sein gleichnamiger Sohn erscheint als Kaufmann *(negociator)*, aber auch als Markward *de Porta*.[83] Die Brüder Kuno und Hartmann werden als „Kaufleute von der Pforte" *(mercatores de Porta)* bezeichnet.[84] Der angesehene Bürger Heinrich von der Pforte *(de Porta)* wurde im 12. Jahrhundert, während der schweren Kämpfe der Erzbischöfe gegen Friedrich Barbarossa, wiederholt als Zeuge bei wichtigen politischen Entscheidungen herangezogen.[85] Wie diese Beispiele zeigen, waren die frühen Kaufleute und Fernhändler fast durchwegs im Stadtviertel „an der Pforte", im Bereich des heutigen Waagplatzes, ansässig. Die Siedlung beim Markt vor dem Haupttor der Bischofsburg wurde damit zur

Keimzelle einer Bürgerstadt, die sich – deutlich abgesetzt vom Bischofshof und den Klosterbezirken – entlang der Salzach ausdehnte.

Während die Kaufleute und Fernhändler durchwegs der Bürgerschaft angehörten, zählte nur ein kleiner Teil der zahlreichen Handwerker, die im 12. Jahrhundert in der Stadt ansässig waren, zu den Bürgern. Das Handwerk stand ja nicht in unmittelbarer Verbindung mit den Anfängen der Stadt Salzburg, sondern hatte sich schon vorher im Rahmen der Bischofsburg und der Klosterbezirke entwickelt. Der Erzbischof und die Klöster waren bemüht, möglichst autark zu wirtschaften, und ließen deshalb auf ihren Besitzungen im Stadtbereich alle wichtigen Gewerbe durch ihre Eigenleute ausüben. Bis ins 13. Jahrhundert werden in Salzburger Quellen nur wenige Handwerker genannt, die das Bürgerrecht besaßen. Zu ihnen zählen Bäcker, Goldschmiede, Kürschner, Maler, Sattler, Schildmacher, Schmiede, und Wirte.[86] Dagegen sind folgende Handwerkszweige bezeugt, deren Angehörige nicht als Bürger bezeichnet werden: Bierbrauer, Metzger, Köche, Lederer, Schwertschleifer, Schneider, Schuster, Weber, Walker, Krämer, Wagner, Korbmacher, Baumeister, Kalkbrenner, Ziegelbrenner, Maurer, Zimmerleute, Steinmetze, Glockengießer, Schreiber, Zither- und Leierspieler sowie Bläser. Auch die Wundärzte *(medici, physici)* gehörten damals noch zu dieser Gruppe. Während in späteren Jahrhunderten mit der Erlangung der Meisterwürde stets das Bürgerrecht verbunden war, blieben die zahlreichen Handwerksgesellen fast durchwegs nur minderberechtigte Inwohner.[87]

Innerhalb der Bürgerschaft zeichnete sich frühzeitig eine gesellschaftliche Differenzierung ab. Neben Kaufleuten und Fernhändlern gab es eine Reihe von weiteren Bürgern, die reich waren, über ansehnlichen Grundbesitz verfügten und großzügige Schenkungen an Spitäler und Klöster machten. So schenkte der Bürger Pabo „von Salzburg" dem Salzburger Domkapitel einen Weingarten in Krems.[88] Der Bürger Liupold von Salzburg übergab 1207 seinen Eigenmann Friedrich an die Domherren.[89] Der Salzburger Bürger Konrad Teisinger, der 1231 als Stadtrichter bezeugt ist, konnte im Kloster St. Peter einen Altar errichten, den er mit vier Lehen in Abtenau ausstattete.[90] Auch Beinamen wie Walchun „der Reiche" *(dives)* oder Raban „der Reiche" weisen auf die Entstehung einer vermögenden Oberschicht hin, die später das Patriziat (Meliorat) der Stadt Salzburg bildete. Als „reiche Bürger" tritt diese Gruppe im ersten schriftlichen Stadtrecht, dem „Sühnebrief" des Jahres 1287, geschlossen in Erscheinung.[91]

Zur städtischen Oberschicht zählten auch jene Bürger, die einflußreiche Ämter in der Stadt bekleideten. Neben dem Stadtrichter war das Amt des Zechmeisters, der an der Spitze der Bürgerzeche stand, im 12. und 13. Jahrhundert am bedeutendsten. Als Stadtrichter und Zechmeister waren in dieser Zeit Dienstmannen (Ministerialen) tätig, die entweder ganz zu Bürgern der Stadt Salzburg wurden oder ab der Mitte des 13. Jahrhunderts zumindest das Bürgerrecht erwarben. Als Beispiel sei auf den bürgerlichen Zweig der Ministerialen von Itzling und auf die Teisinger verwiesen, die als Stadtrichter und Zechmeister im Bürgertum der Stadt Salzburg aufgegangen sind.[92] Auch die wichtigen Ämter des Münzmeisters, des Geldwechslers, des Brückenwärters, des Zöllners und des Kastners standen nur Bürgern der Stadt Salzburg offen.

Daneben gab es eine größere Gruppe von Ministerialen und Rittern, die sich ebenfalls in der Stadt niederließen oder dort Hausbesitz erwarben, aber nicht dem Bürgertum angehörten. Sie legten Wert darauf, weiterhin zur Ministerialität bzw. zum Adel zu zählen und streng von den Bürgern geschieden zu werden. An der Spitze dieser Gruppe stand der Burggraf von Hohensalzburg, der etwa ab 1130 aus dem Stand der Dienstmannen kam. Er verfügte nicht nur über eine ansehnliche ritterliche Mannschaft, die zur Verteidigung der Hauptfeste bestimmt war, sondern zudem über einen eigenen Amtmann, einen Kämmerer und einen Kaplan.[93] Auch die Träger der Erbämter am erzbischöflichen Hof, der Marschall, Kämmerer, Truchseß und Mundschenk, hatten zumindest ein Haus in der Stadt, um den mit ihrem Amt verbundenen Dienst ausüben zu können. Ihnen beigestellt waren schon im 12. Jahrhundert ständige Vertreter, wie der Untermarschall oder der Unterkämmerer, und seit dem 13. Jahrhundert wurden eigenen Hofämter geschaffen, deren Träger verpflichtet waren, ihren Wohnsitz in der Stadt zu nehmen.[94] Auch die leitenden Positionen in der allgemeinen Verwaltung und Gerichtsbarkeit, die Ämter des Vizedoms und des Hauptmanns, zeitweise auch des Hofmeisters, wurden von Ministerialen bekleidet.

Dazu kam noch eine Reihe von Ministerialengeschlechtern, wie die Gutrater, die Itzling-Zaisberger, die Goldegger, die Eichheimer und die Surberger, die seit dem 12./13. Jahrhundert Häuser und Höfe als Standquartier in der Stadt besaßen.[95] Siboto von Surberg verwendete seine Häuser in der Abtsgasse, der heutigen Sigmund-Haffner-Gasse, zur Ausstattung der von ihm gestifteten Kapellen im Friedhof von St. Peter; sein Bruder Meingot, der Burggraf von Hohensalzburg, konnte sich ein Haus nahe der St.-Jakobs-Kapelle beim Dom errichten.[96] Diese „Stadtministerialität", die in den schriftlichen Quellen stets streng von der Bürgerschaft geschieden wird, bildete seit dem 13. Jahrhundert einen eher bescheidenen Stadtadel. Ihren Gerichtsstand hatten diese Ministerialen, seit dem Spätmittelalter dann vorwiegend ritterliche Geschlechter, nicht vor dem Stadtrichter, sondern – so wie die anderen Adelsgeschlechter – vor dem Hofmarschall. Dazu kam noch eine Reihe von Ritterfamilien, die am Stadtrand und in den Vororten, in Söllheim, Muntigl, Gaglham, Bergheim, Itzling, Liefering, Glan, Viehhausen und Glas ansässig waren, die allerdings mit dem Bürgertum in enger Verbindung standen.[97]

Die Entwicklung der Stadtbevölkerung aus den unterschiedlichsten sozialen Schichten und Berufsgruppen, von Ministerialen und Rittern über Kaufleute, Fernhändler und Handwerker bis hin zu Hörigen und Leibeigenen ist auch anhand der Namen von Bürgern und Eigenleuten deutlich zu verfolgen. Die seit dem 12. Jahrhundert bezeugten Beinamen, aus denen sich dann die Familiennamen entwickelten, weisen häufig auf die Herkunft der Bürger aus einem bestimmten Stadtteil oder einer Gasse, bei Zuwanderern auf ihren früheren Wohnsitz, aber auch auf den Berufsstand oder auf die körperlichen und geistigen Eigenschaften der Träger hin. Daß der Humor dabei nicht zu kurz kam, zeigt die häufige Verwendung von Tiernamen, von Scherz- und Spottnamen sowie von Namen, in denen Abstammung oder Verwandtschaftsbeziehungen zum Ausdruck kommen. Die erste Gruppe von bürgerlichen Namen vermittelt zugleich ein deutliches Bild von der Topographie der Stadt und von der Herausbildung einzelner Stadtviertel und Stadtteile im 12. Jahrhundert. Die Bürger nannten sich nach dem Bischofshof *(de curia)*, nach dem Friedhof *(de cimiterio)*, nach der Siedlung vor dem Haupttor der Bischofsburg *(de Porta)*, nach dem Kaiviertel *(de Gehai)*, nach dem Frauengarten *(de pomario)*, nach der Getreidegasse *(de Trabegasse)*, nach dem Spital des Domkapitels *(de hospitale)*, nach der Brücke *(de ponte, de prucca)*, nach der Rechtsstadt jenseits der Salzach *(trans pontem, ent ache)*, nach dem Bürglstein *(de pirgline)*, nach dem Stein *(de lapide)* und nach der Vorstadt Mülln *(de molendino, de mulln)*.[98]

An die Herkunft von zugewanderten Bürgern erinnern Namen wie Teisinger *(Tisingarius)* aus Teising bei Altötting, von Itzling *(de Ucelingen)*, aber auch aus Verona *(Veronensis, de Berne)*, aus Köln *(Coloniensis)*, aus Regensburg *(Ratisponensis)*, aus Schwaben *(Suevus)* und aus Flandern *(Flaminch)*. Zuwanderer aus Italien, die nach lateinischem Recht lebten, werden als *Latini* bezeichnet. Als Berufsbezeichnungen, die den Namen beigefügt wurden, begegnen alle Arten von Handwerk und Gewerbe, die in der Stadt beheimatet waren. Besonders häufig werden Bäcker, Schmiede und Maler genannt. Dazu kommen noch Berufe, die nicht an die Stadt gebunden waren, wie Jäger *(venator)*, Baumeister *(architectus)* und Künstler *(artifex)*.

Auf das Aussehen und auffallende Körpermerkmale deuten Namen wie der Dicke *(grossus)*, der Häßliche *(schich)*, Kröpfel *(chrophil)*, Zopf *(zoph)*, Stutzer *(stuze)*, Finger *(vinger)*, Fuß *(fuz)* und Züngel hin. An die Farbe von Haut und Haaren erinnern Beinamen wie der Weiße *(albus)*, der Rote *(rufus)* und der Schwarze *(niger)*. Auffallende Gewohnheiten kommen in Namen wie Stapfer *(staphaere)*, Zähneknirscher *(gramel)*, Lauscher *(lusnaere)* und Schwertzücker *(zuckswert)* zum Ausdruck. Geistige und moralische Eigenschaften deuten die Namen Weise *(sapiens)*, Lappe, Unrecht *(iniustus)*, fleißiger Rat *(flizrat)* und Selbstberater *(selbrat)* an. Von Tieren abgeleitet sind die Namen Bock *(aries)*, Fuchs *(vulpis)*, Kater *(chater)*, Gänsel, Lamm *(lamp)* und Schaf *(scaph)*. An Verwandtschaftsnamen begegnen Kind *(chind)*, Oheim *(patruus)* und lieber Sohn *(liubersun)*. Eine große Anzahl von Namen hat schließlich scherzhaften Charakter: Sauermilch *(suwermilch)*, Krautfett *(criutsmer)*, Scherz, Setznagel *(sezenagel)*, zähes Fleisch *(zachsfleisch)* usw.[99]

An dieser Vielfalt der frühen Beinamen wird erneut die unterschiedliche Zusammensetzung der Stadtbevölkerung deutlich. Der aufstrebende Wirtschaftsraum der Stadt wurde zum Schmelztiegel für Personen verschiedenster Herkunft und Position: Eigenleute und Hörige, Handwerker, Kaufleute und Fernhändler, Ministerialen und Ritter. Trotz dieser frühen Anfänge hat sich die Lösung der Salzburger Stadtbevölkerung aus der hofrechtlichen Bindung an den Erzbischof sowie an einzelne geistliche und weltliche Grundherren nur langsam vollzogen. Die Bildung einer städtischen Gemeinschaft, einer bürgerlichen Eidgenossenschaft, und damit die Anfänge städtischer Autonomie und Selbstverwaltung, wie sie vor allem in der Wahl von Rat und Bürgermeister zum Ausdruck kommen, sollten in Salzburg länger als in den meisten anderen deutschen Städten auf sich warten lassen. Die Dominanz der Erzbischöfe ließ der aufstrebenden Bürgerstadt kaum politischen Spielraum.

Die Salzburger Bürgerzeche

Es hat den Anschein, daß die erzbischöflichen Stadtherren schon in der frühesten Phase der Stadtentwicklung, im 11. Jahrhundert, zu einer Taktik griffen, die sich auch in späteren Jahrhunderten immer wieder bewährt hat: Man gab der Stadtbevölkerung die Möglichkeit, sich nicht politisch, sondern sozial und karitativ zu betätigen. Darauf weist jene Einrichtung hin, die in Salzburg früher entwickelt war als in jeder anderen deutschen Stadt: die Salzburger Bürgerzeche.

Gilden, Zechen und Zünfte als Zusammenschlüsse von Fernhändlern und Kaufleuten einerseits, von Handwerkern andererseits, haben in der Entwicklung der deutschen Stadt eine entscheidende Rolle gespielt. Während das besonders in Norddeutschland gebräuchliche Wort Gilde vor allem Gemeinschaften von Kaufleuten und Händlern bezeichnet, wird der Ausdruck Zunft für die im Handwerk üblichen Zusammenschlüsse verwendet. Das heute weniger gebräuchliche Wort Zeche besaß einst die umfassendste Bedeutung. Neben Zünften und Bruderschaften wurden auch Kaufmannsgilden als Zechen bezeichnet, wie das Beispiel der „Richerzeche" als Zusammenschluß der reichen Kaufmannsfamilien in Köln zeigt.[100] Die erste schriftliche Nennung des Wortes Zeche im deutschen Sprachraum ist als *zehga* in einem Salzburger Dokument um 1100 überliefert: in den ältesten Statuten der Salzburger Bürgerbruderschaft, die im Volksmund aber „Zeche" genannt wurde.[101] Der lateinische Text dieser Satzungen lautet in deutscher Übersetzung:

In der Stadt Salzburg gibt es eine Bruderschaft, die in der Umgangssprache Zeche genannt wird und von christlichen frommen Leuten gegründet wurde, die ihre Gebete und Gastmähler gemeinsam abhalten. Diese Gemeinschaft steht Klerikern, Mönchen, Nonnen, Frauen im weltlichen Stand, Reichen und Armen und allen, die ihr geziemend beitreten wollen, offen. Innerhalb dieser Bruderschaft gibt es 47 Gruppen von frommen Leuten, die sowohl in der vorgenannten Stadt (Salzburg) als auch in der gesamten Diözese Gott dienen. Jährlich werden für die Seelen aller Verstorbenen der Bruderschaft 8000 Messen gefeiert und ebensoviele Psalmen gesungen. Vor dem Weihnachtsfest werden jedes Jahr Armenmähler im Wert von 100 Mark abgehalten, aber auch an allen Dienstagen und Sonntagen werden den Armen Almosen gespendet. Wer immer dieser Bruderschaft angehören will und auf seine demütige Bitte hin aufgenommen wird, soll täglich zwei Vaterunser beten, eines für die Lebenden und eines für die Verstorbenen; hat er das die ganze Woche hindurch versäumt, dann soll er es am Sonntag nachholen. Wer kann, trägt jährlich zu den Ausgaben für die gemeinsamen Armenmähler 15 Pfennige bei oder statt dessen einen Scheffel Getreide. Wenn er das bis zu seinem Lebensende getan hat, wird ihm nach seinem Tode ein hölzerner Sarg in Form eines Sarkophages beigestellt, in dem er beigesetzt, und ein Begräbnisplatz, an dem er bestattet werden soll; wenn er aber in der Fremde stirbt, dann sollen diese Dinge zu seinem Seelenheil einem Fremden zukommen. Außerdem werden für ihn folgende Gaben den Armen gespendet: Sechs Scheffel Brot, 60 Käse, 12 Urnen Bier und 55 Nachtlichter. Solche Armenmähler werden einzeln für jeden, der in der vorgenannten Bruderschaft beigesetzt wurde, abgehalten, für alle gemeinsam aber jene, die ich vorher genannt habe.

Eine zweite, ausführlichere Satzung ist am Ende des 12. Jahrhunderts aufgezeichnet worden.[102] Die Salzburger Bürgerbruderschaft oder Zeche war demnach eine Vereinigung mit karitativen Zielen. Ihre wichtigsten Aktivitäten waren die Veranstaltung großer Armenmähler und die Sorge um eine standesgemäße Beisetzung der Mitglieder. An der Spitze der Zeche stand der Zechmeister, der die jährlichen Beiträge einhob, ein

fraternitas q̄ wlgari vocabulo zecha d[icitu]r q̄ olim in Salzburga sita fuit & p[er]ficiata

In civitate Sallpurgensi quedam fraternitas habetur que vulgari vocabulo lehga dicitur a fidelibus xpi & piis constituta hominibus orationes & elemosinas suas in unum conferentibus. Hec autem societas comunis e clericis, monachis, sei monialibus, feminis, laicis, divitibus & paupibus, & omnibus eam rite acquirere volentibus. Sunt in eadem fraternitate quadraginta vii congregationes religiosorum hominum & in p[re]dicta civitate & in omni eius p[ro]vincia d[e]o famulantium. Celebrantur quoq[ue] p[ro] anim[ab]us omnium in ea defunctorum octo milia missarum, qua plurima psalmorum fiunt annue ante nativitate[m] d[omi]ni elemosine ad centum fere marcas estimant[ur]. Sed & p[er] singulas secundas ferias & dominicis diebus impendunt paupib[us]. Quicumq[ue] g[au]d[iu]m hui[us] fraternitatis consortium habere voluerit, [i]postulans humilit[er] acceperit dicet cottidie bis pat[er] n[oste]r, semel p[ro] vivis, semel p[ro] defunctis. Et si q[ui]d p[er] tota[m] ebdomada[m] neglexerit dominica die supplebit. Habit etiam singulis annis in expensas comunis elemosine qui potest quindeci denarios sive p[er] ipsis modium frumenti. Si hoc fecerit usq[ue] in fine[m] vite sue, p[ro] mortuo ipsi dat[ur] loculus ligneus in modum sarcofagi, in q[uo] r[e]cedat[ur], in loco cimiterii ubi reponat[ur]. Q[uo]d si absens e idem defunctus dant[ur] hec alicui pegno p[ro] anima illius. Porro tales aguntur p[ro] elemosine vi modii panis, l[ibrae] x[i]i[i] casei, xii urne de cervisia, l v nocturnalia lumina. Hec singulariter actitant[ur] p[ro] unoq[ue] posito in ipsa fraternitatis societate. Emunitaut p[er] oib[us] agunt ea qu[omodo] in p[er]mis[sis] dixi.

Die Statuten der Salzburger Bürgerzeche (um 1100). Pergamenthandschrift in der Bayerischen Staatsbibliothek München.

weiterer Meister *(magister defunctorum)* war für die Verstorbenen zuständig. Erstaunlich ist die Größe dieser Bruderschaft. Sie umfaßte bereits um 1100 47 Vereinigungen von christlichen Personen, sowohl in der Stadt Salzburg als auch in der gesamten Kirchenprovinz. Zu den über 1200 Mitgliedern, die aus den ältesten Statuten zu erschließen sind, zählten auch Adelige, Geistliche und Nonnen. Aus einer bruchstückhaften Liste in den jüngeren Statuten geht hervor, daß der Beitritt zu dieser religiös motivierten Bruderschaft mit Ausnahme von Hörigen der gesamten Bevölkerung offenstand. Männer und Frauen, Kleriker und Laien, Adelige und Bürger konnten in die Gemeinschaft eintreten.

Die Bezeichnung als „Bürgerbruderschaft", die auch anläßlich einer Stiftung im 12. Jahrhundert verwendet wurde, ergab sich daraus, daß die Zeche ihren Sitz in der Stadt hatte und besonders im Bürgertum verankert war. Das Amt des Zechmeisters war neben jenem des Stadtrichters im 12. Jahrhundert das wichtigste. Es war nicht nur im Besitz von Bürgern, sondern auch von Ministerialen, die damit selbst zu Bürgern der Stadt wurden. Ab dem 13. Jahrhundert hat die Bedeutung dieser Bürgerzeche rasch abgenommen, der Stadtpfarrer setzte den Zechmeister ein. Anläßlich einer Jahrtagstiftung wird 1429 die „reiche Kramer- oder Bürgerzeche" genannt, später erscheint sie als „alte Bürgerbruderschaft an der Pfarrkirche zu Salzburg". Erzbischof Markus Sittikus hat 1613 die Bürgerzeche, die ganz unter kirchlichem Einfluß stand, der Corpus-Christi-Bruderschaft einverleibt.[103]

Die Salzburger Erzbischöfe haben schon im 11. Jahrhundert den Eintritt des aufstrebenden Bürgertums in eine karitative Bruderschaft gezielt gefördert. Auch die Bezeichnung als Bürgerbruderschaft oder Bürgerzeche sollte den Bürgern das Gefühl einer „Vereinsfreiheit", die der Erzbischof genehmigte, vermitteln. Deren durchaus erwünschtes soziales Engagement sollte sie davon ablenken, daß sie keinerlei politischen Spielraum besaßen. Dennoch kann man in der Einrichtung der Bürgerzeche und in der großen Zahl ihrer Mitglieder ein Zeichen des bürgerlichen Selbstverständnisses und Gemeinschaftsbewußtseins erblicken.

Obwohl also wichtige Kennzeichen der mittelalterlichen Stadt wie ein schriftliches Stadtrecht, Ansätze einer bürgerlichen Selbstverwaltung oder ein Stadtsiegel fehlten, sind das Auftreten des Stadtrichters, das breite Spektrum der Bürgerschaft, die Existenz der Bürgerzeche, die durchgehende Bezeichnung als Stadt und wohl auch eine erste Ummauerung untrügliche Zeichen dafür, daß von den Zeitgenossen der Charakter Salzburgs als Stadt nicht in Zweifel gezogen wurde. Damit aber geht Salzburg allen heutigen Städten Österreichs einschließlich Wien, das erst ein halbes Jahrhundert später als Stadt bezeichnet werden kann, in der Entwicklung voran.

Stadtherrschaft und Grundherrschaft – Das Programm Erzbischof Konrads I.

Das umfangreiche Reformwerk, das Konrad I. unmittelbar nach seiner Rückkehr aus dem Exil in Angriff nahm, hat sowohl die Herrschaftsverhältnisse als auch die bauliche Gestalt der Stadt Salzburg für Jahrhunderte bestimmt. Diese Reform nahm ihren Ausgang von der neuen Bewegung der Regularkanoniker, die eine Mittelstellung zwischen dem Mönchtum benediktinischer Prägung und den Kollegiatstiften, in denen Weltgeistliche zusammenlebten, einnahmen.[104] Im Zentrum von Konrads Reformwerk stand das Salzburger Domkapitel, das der Erzbischof bereits am Anfang des Jahres 1122 gegen den Widerstand der Domherren in ein Stift der Augustinerchorherren umwandelte. Um die Bedeutung des Domstiftes zu erhöhen, übertrug ihm Konrad I. 1139 die Pfarrechte in der Stadt Salzburg. An die Stelle der Pfalzkirche St. Michael, die bis dahin die Funktion einer Pfarrkirche für die Bürgerstadt vor der Porta wahrgenommen hatte, trat als neue Pfarrkirche die Marienkirche, die heutige Franziskanerkirche.[105] Der Abt von St. Peter mußte fortan auf das Recht der Teilnahme an der Wahl des Erzbischofs verzichten, das seither allein dem Domkapitel zustand. Für ihren Machtverlust hat Konrad I. die Mönche von St. Peter reich entschädigt: Er übertrug ihnen das große Areal des Frauengartens, der westlich an den Klosterbezirk anschloß und machte damit die Abtei zum größten Grundherrn innerhalb der Stadt. Außerdem erhielt das Kloster umfangreichen Besitz in und um Abtenau im Lammertal mit der Aufgabe, neben der Rodung auch den Aufbau der Seelsorge in Angriff zu nehmen.[106]

Das Domkapitel bekam reichen Grundbesitz im Kaiviertel und wurde neben St. Peter und Nonnberg, das über eine ausgedehnte Grundherrschaft im Nonntal verfügte, zum dritten bedeutenden Grundherrn im Bereich der Altstadt.[107] An der Stadtherrschaft des Erzbischofs erhielten die Klöster aber keinen Anteil. Alle drei geistlichen Gemeinschaften gaben ihre in der Stadt gelegenen Häuser und Güter an Bürger aus, von denen sie dafür den Burgrechtspfennig als Geldzins erhielten.

Die Dominanz des Erzbischofs zeigte sich auch in der reichen Bautätigkeit, die Konrad I. entfaltete. Die während der Auseinandersetzungen mit Berthold von Moosburg beschädigte Feste Hohensalzburg ließ Konrad zu einer die Stadt beherrschenden Burg umgestalten.[108] Noch heute sind die damals angelegten starken Mauern des „Hohen Stocks" als älteste Bauteile von Hohensalzburg erhalten. Die erste Stadtansicht um 1460 zeigt deutlich den massiven, von Konrad errichteten Wehrbau in der Form des „festen Hauses", der von einer starken Ringmauer umgeben war. Diese Gestalt hat Hohensalzburg durch Jahrhunderte beibehalten, da der weitere Ausbau der Feste erst im Spätmittelalter erfolgte.

Auch im Bereich um den Dom hat der Erzbischof bauliche Akzente gesetzt. Für das reformierte Domkapitel ließ er an der Südseite des Domes ein großzügiges Kloster errichten, das in drei Komplexe mit jeweils eigenen Kreuzgängen für die Domherren, die Domfrauen und die bärtigen Laienbrüder *(fratres barbati)* gegliedert war. Durch eine Unvorsichtigkeit der Laienbrüder, die als Handwerker für das Stift tätig waren, brach 1127 beim Glockenguß ein Brand aus, der den Dom und auch die Kirche von St. Peter in Mitleidenschaft zog. Aus diesem Anlaß ließ Konrad die Kathedrale durchgreifend restaurieren und mit einem neuen Fußboden versehen. An der Westfassade entstand anstelle der Vorhalle ein Westwerk mit zwei mächtigen Türmen, die große Glocken mit wuchtigem Klang trugen. Die Außenmauern dieser Türme deckten sich mit der Front des Langhauses und gaben so dem Dom eine neue Gestalt.[109] An der Ostseite errichtete

Stadtherrschaft und Grundherrschaft – Das Programm Erzbischof Konrads I.   147

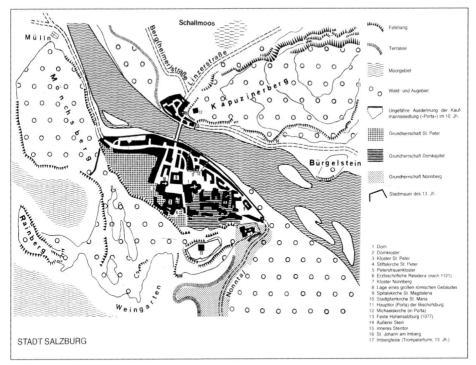

Verbauungszustand und Grundherrschaften in der Stadt Salzburg am Beginn des 13. Jahrhunderts (nach Herbert Klein).

Liutwin, der Burggraf von Hohensalzburg, 1146 die Jakobskapelle, die Erzbischof Konrad noch kurz vor seinem Tod geweiht hat.

Auch den Bau einer großzügigen erzbischöflichen Residenz, den er schon vor seiner Exilszeit geplant hatte, brachte Konrad zum Abschluß. Der neue Bischofshof, der an der Stelle des heutigen Osttraktes der Residenz lag, schloß als ausgedehnte dreiflügelige Anlage direkt im Westen an den Dom an. An der Ostseite des Domes hatte Konrad schon in seiner ersten Regierungszeit ein Spital für Arme und Pilger errichtet. Nach seiner Rückkehr übernahmen die Klöster die Armenfürsorge: Die Abtei St. Peter erbaute im Osten der Stadt, wo sich heute das Krankenhaus der Barmherzigen Brüder befindet, ein Spital, das den Heiligen Laurentius und Magdalena geweiht war. Das Domkapitel errichtete im Zentrum des Kaiviertels noch vor 1143 ein Armenspital, dessen Kirche den Evangelisten Johannes zum Schutzpatron hatte.[110]

Als größte Grundherren in der Stadt, die auf ihren ausgedehnten Gütern im Frauengarten und im Kaiviertel Landwirtschaft zur Deckung ihres Eigenbedarfs betrieben, nahmen die Abtei St. Peter und das Domkapitel damals ein außergewöhnlich kühnes Projekt in Angriff. Um sich Nutzwasser für die Landwirtschaft, Antriebskraft für ihre Mühlen und Löschwasser bei Brandgefahr zu sichern, schlugen sie einen Stollen durch den Mönchsberg. Der „Almkanalstollen", der bis heute in Betrieb steht, ist das älteste Bauwerk dieser Art in Mitteleuropa. Ein ausführlicher Bericht im Traditionsbuch des

Domkapitels gibt Aufschluß über die Schwierigkeiten, die beim Bau des 370 Meter langen Stollens unter der Leitung des Meisters *(artifex)* Albert auftraten. Das 1137 begonnene Werk konnte nach einem schweren Versturz erst um 1143 vollendet werden. Die Zuleitung des vom Untersberg herabströmenden Rosittenbachs, der in offenen Holzgerinnen über das riesige Untersberger Moor geführt werden mußte, erforderte mit 40 Talenten Silber noch wesentlich höhere Aufwendungen als der Stollenbau. Unmittelbar beim Austritt aus dem Mönchsberg teilt sich der Kanal in den Gamperarm, der durch das Peterskloster fließt und den Grundbesitz der Mönche im Frauengarten mit Wasser versorgte, und den Kapitelarm, der durch das Areal der Domherren im Kaiviertel geführt wurde.[111]

Mit Erlaubnis des Abtes von St. Peter wurden Hofstätten an den Rändern des Frauengartens, an der Südseite der Getreidegasse und der Westseite der Abtsgasse (der heutigen Sigmund-Haffner-Gasse) errichtet. Auch auf dem Besitz des Domkapitels im Kaiviertel entstanden neue Bürgerhäuser. Gleichzeitig wird nun die Gliederung der Stadt in Stadtviertel greifbar. Als solche werden das Kaufmannsviertel an der Porta, das Kaiviertel, die Brücke mit der Getreidegasse und die Rechtsstadt jenseits der Salzach genannt. Diese Stadtviertel waren an den Ausfallstraßen durch das Westertor (inneres Klausen- oder Gstättentor), durch das Ostertor (inneres Linzer Tor) in der Linzer Gasse, durch das innere Steintor am Beginn der Steingasse und durch die innere Nonntalklause am Kajetanerplatz gesichert.[112] Archäologische und bautechnische Untersuchungen der letzten Jahre haben Reste massiver Mauerzüge des frühen 12. Jahrhunderts nachgewiesen, die offenbar die einzelnen Stadtviertel voneinander trennten. Auch die unterste Zone der Stadtmauer beim Kumpfmühltor, die an der Basteigasse freigelegt wurde, stammt der Mauertechnik nach vom Beginn des 12. Jahrhunderts.[113] Das legt den Schluß nahe, daß bereits Erzbischof Konrad I. die ersten Stadtmauern in und um Salzburg errichten ließ. In Konrads Gesamtkonzept, das den Schutz möglichst aller erzbischöflichen Stützpunkte durch die Anlage von Befestigungen vorsah, würde sich die Ummauerung der Stadt Salzburg gut einfügen.

Konrads urbanes Programm für seine Bischofsstadt mit Dom und Bischofsresidenz, mit den Doppelklöstern, Spitälern und Prälatenhöfen, wahrscheinlich auch mit den ersten Stadtmauern, hat bis zur durchgreifenden Neugestaltung durch Erzbischof Wolf Dietrich am Ende des 16. Jahrhunderts das Stadtbild von Salzburg geprägt.

Gegenüber dem Königtum nahm Konrad eine überaus selbstbewußte und stolze Haltung ein. Sowohl Lothar von Supplinburg, der 1125 zum König gewählt wurde, als auch Konrad III., mit dem 1138 die Dynastie der Staufer an die Macht kam, verweigerte er den Treueid.[114] Trotzdem hat der Staufer dem Salzburger Erzbischof posthum das schönste Zeugnis ausgestellt. Als er nach der Rückkehr vom Kreuzzug 1149 das Pfingstfest in Salzburg verbrachte, bemerkte er, daß er noch nirgends einen Klerus von so hervorragendem Gesamteindruck gefunden habe wie hier. In Regensburg sagte der König dann zu seinen Begleitern: „Man merkt wohl, daß wir nicht mehr in Salzburg sind, weil die Kirchen, die wir sehen, keinen so anmutigen Eindruck mehr machen."[115]

Nonnberger Fresken. Romanische Wandmalerei des 12. Jahrhunderts unterhalb des Nonnenchores in der Stiftskirche Nonnberg mit Figuren von nur z. T. identifizierten Heiligen und Märtyrern. In der Mitte des vierten Bogens ist Papst Gregor der Große dargestellt. *(Foto: Oskar Anrather)*

„Die Geschichte des Unheils" – Friedrich Barbarossa und Salzburg

Durch das Ereignis der Kirchenspaltung, der die Salzburger Kirche aufs heftigste widersprach, erhob sich gegen sie ein derartiges Unwetter des kaiserlichen Mißfallens und Zornes, daß das gesamte Bistum gefährdet war und die bischöflichen Güter sowohl durch Brandstiftung als auch durch Raub und Mord verheert wurden: Sowohl die Besitzungen der Kanoniker als auch der Mönche und der Nonnen wurden verwüstet, wie es bis heute am Dom des seligen Apostelfürsten Petrus, der auch Kirche des heiligen Rupert genannt wird, zu sehen ist. Dieser, der mit der gesamten Stadt zerstört wurde, bietet bis heute allen, die ihn betrachten, einen elenden und beklagenswerten Anblick, um so mehr, als an ihm kaum ein Stein auf dem anderen blieb. Oh elender und beklagenswerter Zustand!

Der Almkanalstollen durch den Mönchsberg, erbaut etwa zwischen 1137 und 1143 vom Salzburger Domkapitel und der Abtei St. Peter. (Foto: Oskar Anrather)

Dieses düstere Bild vom Zustand der Stadt Salzburg entwarf um 1172 ein unbekannter Geistlicher in der Einleitung zu seiner „Geschichte des Unheils" *(Historia calamitatum)*, die er dem Salzburger Erzbischof Adalbert II. widmete.[116] Wie aber konnte es dazu kommen, daß sich die blühende Metropole an der Salzach innerhalb von drei Jahrzehnten in einen beklagenswerten Trümmerhaufen verwandelt hatte? Zum Nachfolger Konrads I. war 1147 Eberhard, der Abt des Benediktinerklosters Biburg an der Abens in Niederbayern, gewählt worden. Er stand bereits in vorgerücktem Alter und konnte dank seiner reichen Lebenserfahrung und seines diplomatischen Geschicks das erfolgreiche Wirken Konrads I. ungebrochen fortsetzen. Auch das Verhältnis zu Friedrich Barbarossa, der 1152 zum König gewählt und 1155 zum Kaiser gekrönt wurde, war positiv. Der Erzbischof ist mit dem Kaiser wiederholt zusammengetroffen und wohnte auch der Aussöhnung zwischen Welfen und Staufern auf dem Reichstag 1156 in Regensburg bei, auf dem Österreich zum Herzogtum erhoben wurde.[117]

Die Papstwahl des Jahres 1159 und die fast zwei Jahrzehnte währende Auseinandersetzung zwischen Barbarossa und dem von der Mehrheit der Kardinäle gewählten Papst Alexander III. führte in Deutschland zu einer schweren Krise. Der greise Erzbischof Eberhard I. wurde zum unbestrittenen Führer der päpstlichen Partei, der seine Fäden nach Aquileia, nach Ungarn, nach Frankreich und selbst nach Byzanz spannte. Nachdem er jahrelang einem Zusammentreffen mit dem Kaiser geschickt ausgewichen war, kam es Ende März 1162 auf den Trümmern des zerstörten Mailand zur entscheidenden Aussprache mit Barbarossa. Als Eberhard I. auch in dieser Situation unerschrocken für Alexander III. eintrat, konnte selbst der Kaiser dem greisen Kirchenfürsten, der schon zu Lebzeiten als Heiliger galt, seine Achtung nicht versagen.[118]

In der Stadt Salzburg hielt indes der Aufschwung auch in diesen kriegserfüllten Jahren weiter an. Bereits 1148 war der Neubau der von einem Brand zerstörten Marienkapelle in Mülln geweiht worden. Im Kloster Nonnberg entstanden anläßlich eines Umbaus die berühmten Nonnberger Fresken unter dem Nonnenchor im Westen der Stiftskirche, die einst zu einem „Paradies" im Westwerk gehörten. Die eher statisch gehaltenen Heiligenfiguren in den Nischen zeigen ebenso wie das großformatige Antiphonar von St. Peter (um 1160), das den Höhepunkt der Salzburger Buchmalerei verkörpert, den Einfluß der byzantinischen Kunst in jener Zeit.[119] Das sorgfältig gearbeitete spitzovale Typar (Siegelstock) des Erzbischofs aus Bronze wurde 1957 im Verlauf der Domgrabungen gefunden.

Zum Nachfolger Eberhards I., dessen Tugenden und Charakterstärke die Zeitgenossen überschwenglich rühmten, wurde 1164 Bischof Konrad von Passau aus dem Hause der österreichischen Babenberger gewählt. Das Domkapitel und die Ministerialen verpflichteten den neuen Erzbischof zur Parteinahme für Alexander III., hofften aber gleichzeitig auf Rücksichtnahme Friedrich Barbarossas, da Konrad ein Onkel des Kaisers war.[120] Barbarossa jedoch duldete keinen Widerstand mehr. Auf einem Hoftag, den er 1166 in Laufen an der Salzach abhielt, ließ er die Reichsacht über Salzburg verhängen. Damit fielen Salzburger Lehen und Eigengüter an den Kaiser, der sie sogleich an seine Parteigänger verlieh.[121] Für Salzburg begann jene

Widmungsblatt des Antiphonars von St. Peter. Der Abt (unten) überreicht dem heiligen Petrus (oben) das Antiphonar. Miniaturmalerei auf Pergament mit Goldgrund, um 1160. (ÖNB, Wien)

Zeit der Plünderungen und Verwüstungen, die als „Geschichte des Unheils" beschrieben wurde.

Der kaisertreue Adel der Nachbargebiete spielte sich zum Vollstrecker der Reichsacht auf und benützte die Gelegenheit, sich Salzburger Kirchenbesitz anzueignen. Die benachbarten Grafen von Plain ließen – vom Kaiser brieflich ermuntert – jenen verheerenden Brand legen, dem in der Nacht vom 4. zum 5. April 1167 die Stadt Salzburg samt dem Dom, den drei Domklöstern und fünf Kirchen zum Opfer fiel. Mehr als ein Jahrzehnt lang erinnerten die Brandruinen des Doms und der umgebenden Gebäude an diesen schwärzesten Tag in der Geschichte der Stadt.[122] Trotzdem gab sich Erzbischof Konrad II., der sich auf die starken Burgen und die mächtigen Dienstmannen des Erzstifts stützen konnte, nicht geschlagen. Der gescheiterte Italienzug Barbarossas schien auch für Konrad die Chance auf einen Ausgleich mit dem Kaiser zu eröffnen, aber der Erzbischof starb 1168 in Admont.

Klerus, Dienstmannen und Stadtbevölkerung wählten den jungen Prinzen Adalbert, Sohn des Königs Wladislaw von Böhmen und Neffen Kaiser Friedrich Barbarossas, zum neuen Erzbischof. Er sollte die päpstliche Politik seiner Vorgänger fortsetzen, war aber unerfahren und provozierte durch sein Verhalten den Kaiser. Barbarossa kam 1169 nach Bayern, schlug nahe der Stadt Salzburg in Salzburghofen (Freilassing) sein Lager auf und zwang Adalbert II. zur bedingungslosen Unterwerfung. Der Kaiser selbst übernahm die Salzburger Kirche mit allen Besitzungen, mit den weltlichen Hoheitsrechten, den Burgen und den Dienstmannen, den Städten, Dörfern, Einkünften und Zehenten in die Verwaltung des Reiches und schickte Adalbert II. ins Exil.[123]

Im Februar 1170 erschien Barbarossa selbst in Salzburg, um sich der Treue der erzbischöflichen Dienstmannen zu versichern. Die von Konrad I. geschaffene Ministerialität hatte während der kriegsgeschüttelten Jahre die eigentliche Macht im Erzbistum ausgeübt. Die Schlüsselposition nahm der Burggraf von Hohensalzburg, Megingod II. von Surberg, ein. Er verfügte über mindestens 30 ritterliche Gefolgsleute und führte mit seiner Gattin, der reichen Erbtochter Diemut von Högl, eine großzügige Hofhaltung. Als Megingod und die anderen bedeutenden Dienstmannen sich von dem unerfahrenen und sprunghaften Adalbert II. abgewandt hatten, war das Schicksal des Erzbischofs besiegelt gewesen. Die Dienstmannen hatten sich unter dem Eindruck der jahrelangen Kämpfe und Verwüstungen für den Ausgleich mit Barbarossa entschieden.[124] Am Hofe des Kaisers war man vom kampflosen Fall des wohlbewehrten Erzstifts so überrascht, daß sogar Verrat im erzbischöflichen Lager vermutet wurde.

An den Aufenthalt Barbarossas erinnert bis heute das steinerne Porträt des Kaisers im Kreuzgang von St. Zeno in Reichenhall. Der romanische Keller unter dem Haus Waagplatz Nr. 4 wird als ein Rest der mittelalterlichen Pfalz gedeutet, die Barbarossa bei seinen Aufenthalten in Salzburg 1170 und 1172 durchgreifend erneuern ließ. Ein romanisches Kapitell aus dieser Zeit, das ganz in der Nähe bei den Domgrabungen gefunden wurde, könnte ein Überrest von der Bauplastik der Kaiserpfalz sein.[125]

Zu einer endgültigen Entscheidung führte auch der glänzende Hoftag, den Barbarossa am 20. Februar 1172 in Salzburg eröffnete, nicht. Erzbischof Adalbert II. stellte sich nach langem Zögern einem Fürstengericht, entwich aber in der Nacht, ohne die vorbereitete Vertragsurkunde unterzeichnet zu haben.[126] Zwei Jahre später ließ der Kaiser in Regensburg Adalbert II. absetzen und an dessen Stelle den Propst Heinrich von Berchtesgaden zum neuen Erzbischof wählen. Aber auch diese Maßnahme brachte in Salzburg nur weitere Parteikämpfe, Plünderungen und Verwüstungen. Erst der Friede von Venedig, den Barbarossa 1177 mit Papst Alexander III. schloß, beendete auch in Salzburg die Jahrzehnte der Not und des Bürgerkriegs. Adalbert II. und Heinrich mußten auf Salzburg verzichten, mit dem Kardinal Konrad III. von Wittelsbach, der frühere Erzbischof von Mainz, entschädigt wurde.[127]

Friede und Wiederaufbau – Der Dom des Kardinals Konrad von Wittelsbach

Konrad III., der aus Mainz zu Alexander III. geflohen war und von diesem zum Kardinalbischof von Sabina erhoben wurde, konnte in Salzburg rasch Ordnung schaffen. Hart griff er beim sittlich verfallenen Klerus durch. Damals galt nämlich ein Geistlicher bereits dann als fromm und heilig, wenn er so wie ein Laie nur eine Konkubine hatte. Die umstrittenen Rechte über das „Eigenbistum" Gurk brachte er energisch zur Geltung und ließ sie von Papst Lucius III. 1182 bestätigen. Alexander III. hat 1179 die Würde eines päpstlichen Legaten nicht nur an Erzbischof Konrad III. sondern auch an dessen Nachfolger verliehen. Seit damals sind die Salzburger Erzbischöfe „geborene Legaten" *(legati nati)*, die schon mit ihrem Amtsantritt die ständige Vertretung des Papstes in ihrer Kirchenprovinz Bayern (Noricum) wahrnehmen.[128]

Die Stadt Salzburg lag, als Konrad III. Erzbischof wurde, durch den Brand des Jahres 1167 noch zum Großteil in Ruinen. Während die Salvatorkirche am rechten Salzachufer überhaupt nicht mehr aufgebaut wurde, konnte die Michaelskirche dank ihrer Position als Pfalzkirche bereits 1168 neu geweiht werden. In den „Katakomben" bei St. Peter konsekrierte Konrad 1178 die Gertraudenkapelle mit einem Altar zu Ehren seines ermordeten Freundes, des heiligen Thomas Becket von Canterbury, mit dem er Jahre des Exils in Rom verbracht hatte. Es war dies die erste Kirchweihe Konrads III. und zugleich das älteste Patrozinium des heiligen Thomas im süddeutschen Raum.[129]

1181 begann der Erzbischof mit dem Bau eines imposanten romanischen Domes. Mit einer Länge von 110 Metern, einem Mittelschiff von 30 Metern Höhe und einem Querschiff von fast 50 Metern Länge brachte dieser größte Kirchenbau in Süddeutschland die Metropolitangewalt der Salzburger Erzbischöfe weithin sichtbar zum Ausdruck. Die Frage, ob das Langhaus in fünf Schiffe gegliedert war, wie der Ausgräber annahm, oder nur über drei Schiffe verfügte, ist nicht endgültig geklärt. Wahrscheinlich wurde der Eindruck einer fünfschiffigen Anlage dadurch hervorgerufen, daß im Süden der Kreuzgang des neuen Domklosters und im Norden eine Reihe von Kapellen unmittelbar an das Langhaus anschlossen. Vom Vorgängerbau wurde nur das unter Konrad I. errichtete Westwerk mit den beiden Türmen übernommen. Im Osten bestand der Dom aus einem Langchor mit Querschiff, Vierungsturm und zwei Türmen auf den Querschiffen.[130]

Als Erzbischof von Mainz und durch seinen langjährigen Aufenthalt in Italien hatte Konrad III. genügend Anregungen empfangen, um den Plan für einen so gewaltigen Bau zu fassen. Als man 1181 an der Südmauer des Doms das Grab des heiligen Virgil fand, ereigneten sich dort und an den Gräbern der Erzbischöfe Hartwig und Eberhard I. zahlreiche Wunder, die den Anlaß zur Abfassung einer Propagandaschrift über „Leben und Wunder der Salzburger Heiligen" boten. Zweck dieses Heiligenkults, dem man in St. Peter die Verehrung des heiligen Vital gegenüberstellte, war vor allem die Anregung von Wallfahrten und damit auch von Spenden für den Dombau. Die Geldmittel, zu denen wohl auch Konrads Familie beigetragen hat, flossen so reichlich, daß der Dombau rasch voranschritt. Unter der Vierung und dem Langchor des Domes wurde eine dreischiffige Unterkirche (Krypta) eingebaut. Vollendet wurde der mächtige Dom trotzdem erst nach einer Bauzeit von fast zwei Jahrzehnten, im Jahre 1198 unter Erzbischof Adalbert II.[131]

An der Südseite des Domes entstand das neue Domstift, das nur mehr für Männer bestimmt war, während die Domfrauen, die bis dahin den Domherren in einem Doppelkloster angeschlossen waren, in einem Neubau an der Nordseite der Marienkirche, der nunmehrigen Stadtpfarrkirche, untergebracht wurden. Im Norden des Doms wurde vom Domkapitel der Domfriedhof mit einigen Kapellen angelegt.[132] Auch in den anderen Stadtteilen schritten Wiederaufbau und Siedlungsverdichtung voran. Zwischen 1180 und 1185 entstand am nördlichen Ende der Getreidegasse innerhalb des Westertores der Admonter Hof mit seiner Blasiuskapelle, die später zur Kirche des Bürgerspitals wurde.[133]

Als Kardinal Konrad III. 1183 in sein angestammtes Erzbistum Mainz zurückkehrte, wurde Adalbert II. auf Anordnung Barbarossas erneut zum Erzbischof gewählt. Durch die Erfahrungen und Schicksalsschläge während seines ersten Pontifikats deutlich gereift und gefestigt, vermochte er die von Konrad III. begonnene Aufbauarbeit erfolgreich fortzusetzen. Die endgültige Aussöhnung mit seinem Onkel Friedrich Barbarossa, die Adalbert vollzog, bildete dafür eine wichtige Voraussetzung. Er ist mit dem Kaiser, der 1190 auf dem Kreuzzug in den Wellen des Saleph den Tod fand, wiederholt zusammengetroffen und hat ihn sogar in einer Auseinandersetzung mit Papst Urban III. unterstützt.[134]

Auch mit Barbarossas Sohn und Nachfolger, Kaiser Heinrich VI., stand Adalbert II. in gutem Einvernehmen. Der Kaiser verbriefte ihm 1195 das alleinige Recht, im Erzbistum Salzburg Münzen schlagen zu lassen. Bereits Konrad I. hatte die erzbischöfliche Münzprägung wieder aufgenommen, allerdings nicht in der Stadt Salzburg, sondern in Friesach in Kärnten und in Laufen an der Salzach. Das Privileg Heinrich VI. sollte vor allem die Monopolstellung der erzbischöflichen Münzstätte in Friesach gegen die Konkurrenz des Bistums Gurk sichern, das auch das Münzregal beanspruchte. Mit dieser

Der romanische Dom von Salzburg, errichtet 1181–1198, mit der im Westen angefügten Residenz aus der Zeit Konrads I. Im Hintergrund St. Peter, rechts die Stadtpfarrkirche St. Maria (heute Franziskanerkirche). Ausschnitt aus einer Stadtansicht von 1553 in der Abtei St. Peter. (Foto: Oskar Anrather)

Entscheidung verloren aber auch die Bayernherzoge das Recht auf die Münzprägung in der Stadt Salzburg, das sie durch Jahrhunderte ausgeübt hatten. Erzbischof Adalbert II. nützte den Wegfall der Konkurrenz und verlegte die Münzstätte von Laufen in die Stadt Salzburg zurück.[135]

Die Unterstützung Heinrichs VI. ermöglichte dem Erzbischof auch eine für die Zukunft richtungsweisende Maßnahme: Die Erschließung neuer Salzlagerstätten am Dürrnberg bei Hallein. Die Initiative dazu war von der Propstei Berchtesgaden und der Abtei St. Peter ausgegangen. Während um eine Saline am Tuval, dem heutigen Gutratsberg, heftige Auseinandersetzungen tobten, entschied sich Adalbert für den Ausbau der Salzgewinnung am Dürrnberg. Feindselige Übergriffe der Bürger von Reichenhall, die ihre Monopolstellung bedroht sahen, vergalt der Erzbischof 1196 mit einem furchtbaren Rachezug, in dessen Verlauf er die Stadt Reichenhall samt Häusern, Salinen und Kirchen niederbrannte. Den Produktionsausfall benutzte er, um die Erzeugung am Dürrnberg und in der neuen Saline Hallein mit Hilfe von Klöstern als „Mitsiedern" bedeutend auszuweiten. Damit schuf er die Grundlage, auf der sein Nachfolger, Eberhard II., Hallein zur führenden Saline im Ostalpenraum machte.[136]

Gespannt blieb offenbar das Verhältnis Adalberts zu den Salzburger Dienstmannen, die einst wesentlich zu seinem Sturz beigetragen hatten. In den Jahren der Kirchenspaltung hatten die Ministerialen das Schicksal des Erzbistums bestimmt und immer mehr an Einfluß gewonnen. Im Jahre 1198, als der romanische Dom fertiggestellt war und geweiht werden konnte, kam es zu einem offenen Konflikt. Die Salzburger Dienstmannen nahmen den Erzbischof an der Lammer gefangen und hielten ihn zwei Wochen lang auf der Burg Hohenwerfen in Haft. Ob die Ministerialen vom Erzbischof Zugeständnisse erpressen konnten, ist nicht bekannt. Nach seiner Freilassung mußte Adalbert II. erleben, daß am 5. April 1200 ein großer Teil der Stadt Salzburg einem Brand zum Opfer fiel. Noch unter dem Eindruck dieses Unglücks ist er drei Tage später gestorben.[137] In seiner zweiten Amtszeit aber hat er durch den Wechsel ins kaiserliche Lager und durch die Eröffnung der Halleiner Salzproduktion die Weichen für die Zukunft gestellt.

Auf dem Weg zur Hauptstadt – Die Entstehung des geistlichen Fürstentums

Bischof Eberhard von Brixen, der im Jahre 1200 zum Erzbischof von Salzburg gewählt wurde, kam aus der heutigen Schweiz. Er entstammte dem Geschlecht der Edlen von Regensberg (bei Zürich) und gilt als bedeutendster Salzburger Kirchenfürst des Mittelalters, nicht nur weil er am längsten regierte – seine Amtszeit währte mehr als 46 Jahre – sondern weil er in den schwierigen Jahrzehnten der Auseinandersetzungen zwischen Kaisertum und Papsttum das Erzstift Salzburg zu einer neuen Blüte führte. Die Salzburger Geschichtsschreibung sieht in ihm den „Vater des Landes". Tatsächlich gelang es ihm, ein großes geschlossenes Herrschaftsgebiet aufzubauen, aus dem freilich erst ein Jahrhundert später das Land Salzburg hervorgegangen ist. Diesen wohl bedeutendsten Erfolg erreichte er in engem Zusammenwirken mit Kaiser Friedrich II., dem er zeitlebens die Treue hielt.[138]

Eberhard II. sah sich gleich am Beginn seiner Regierung einer schwierigen Situation gegenüber. Der frühe Tod Kaiser Heinrichs VI. (1197), der nur einen unmündigen Sohn hinterließ, hatte Deutschland von der Höhe der Kaisermacht in die Wirren eines zwanzigjährigen Thronstreits gestürzt. Die Doppelwahl zwischen dem Staufer Philipp von Schwaben und dem Welfen Otto IV. gab dem energischen Papst Innozenz III. die Chance, sich als Richter zwischen den beiden Kandidaten aufzuspielen. Erzbischof Eberhard, dessen Wahl der Papst zunächst verworfen hatte, ergriff für Philipp von Schwaben Partei. Nach dessen Ermordung ließ der hochfahrende und jähzornige Welfe Otto IV., der 1209 Kaiser wurde, den Salzburger Erzbischof sogar gefangensetzen, um ihn zum Treueid zu zwingen. Als aber Friedrich II., der Sohn Kaiser Heinrichs VI., zum König gewählt wurde, ergriff Eberhard II. bald dessen Partei und huldigte ihm in Regensburg.[139]

Im Rahmen der Reichspolitik, auf die er zeitweise großen Einfluß besaß, war der Salzburger Erzbischof ein erfolgreicher Friedensvermittler. So hatte er maßgeblichen Anteil am Frieden von San Germano, der 1230 zum Ausgleich zwischen Papst Gregor IX. und Kaiser Friedrich II. und zur Lösung des Staufers vom Kirchenbann führte.[140] Auch in der langwierigen Auseinandersetzung des Kaisers mit Herzog Friedrich II. „dem Streitbaren" von Österreich und Steiermark, der 1236 geächtet worden war, trug Eberhard II. entscheidend zur Aussöhnung bei, die Ende 1239 erfolgte.[141] In seiner Treue zum Kaiser ließ sich der Salzburger Erzbischof weder durch die erneute Verhängung des Kirchenbanns noch durch die Absetzung, die Papst Innozenz IV. 1245 über Friedrich II. aussprach, beirren. Da er selbst mehrfach mit der Absetzung bedroht worden und schließlich dem Kirchenbann verfallen war, wurde ihm nach seinem Tod am 1. Dezember 1246 das kirchliche Begräbnis verwehrt.[142] Mehr als 40 Jahre lang ruhte sein Leichnam in Altenmarkt (das damals noch Radstadt hieß), bis Erzbischof Rudolf von Hohenegg 1288 in Rom die Absolution Eberhards II. erreichte. Damals wurden die Gebeine des heiligen Virgil in einen eigenen Altar übertragen, Eberhard II. aber, der 1233 die Heiligsprechung Virgils durchgesetzt hatte, im leeren Virgilgrab beigesetzt.[143]

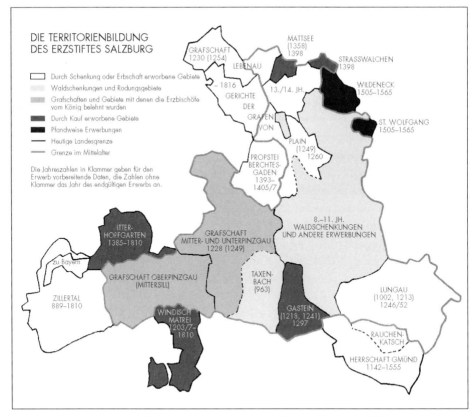

Die Entstehung des erzbischöflichen Territoriums. (Entwurf Heinz Dopsch, Ausführung Verlag Anton Pustet)

Mit Unterstützung des Kaisers sowie der Päpste Innozenz III. und Honorius III. gründete Eberhard II. drei weitere Salzburger „Eigenbistümer" auf der Insel Herrenchiemsee (Bistum Chiemsee), in Seckau in der Steiermark und in St. Andrä im Lavanttal (Bistum Lavant). Auch dort konnte der Salzburger Erzbischof, so wie seit 1072 in Gurk, den Bischof ohne Mitwirkung von Papst und Kaiser einsetzen, weihen und mit den geistlichen und weltlichen Hoheitsrechten ausstatten.[144]

Noch stärker fiel die Hilfe des Kaisers beim Aufbau eines geschlossenen Herrschaftsgebietes ins Gewicht. Bis dahin hatten die Salzburger Erzbischöfe vor allem über weitgestreute Einzelgüter verfügt. Nur in den großen Wäldern des Pongaus als einem „herrschaftsfreien Raum" war es ihnen gelungen, durch Rodung und Besiedlung mit ihren Eigenleuten die Herrschaft über ein geschlossenes Gebiet aufzubauen. Eberhard II. konnte mit kaiserlicher Unterstützung ganze Grafschaften, Gerichtsbezirke und Vogteien erwerben: Bereits 1213 hatte ihm Friedrich II. alle Besitzungen und Rechte des Reiches im Lungau übertragen.[145] 1228 tauschte Eberhard II. vom Herzogtum Bayern die Grafschaften im Ober- und im Unterpinzgau ein und wurde von König Heinrich (VII.) damit belehnt.[146] Schon vorher hatte er die große Herrschaft Windisch-Matrei (heute Matrei in Osttirol) gekauft, die nach Süden hin anschloß an den Oberpinzgau, und mit dem Felbertauern einen weiteren wichtigen Alpenübergang in erzbischöflichen Besitz brachte.[147] Die Grafschaft Gastein, die sich wie ein Keil zwischen den Pinzgau und den Pongau schob, konnte er 1218 und 1241 nur pfandweise für einige Jahre erwerben. Erst 1297 gelang der endgültige Kauf von Bayern.[148] Im Norden der Stadt Salzburg sicherte Eberhard II. durch einen Vertrag mit Herzog Ludwig von Bayern die Grafschaft Lebenau mit dem Zentrum Tittmoning für Salzburg.[149] Als Eberhards Nachfolger Philipp von Spanheim 1249 auch die Gerichte der Grafen von Plain pfandweise erwerben konnte, die 1260 endgültig an das Erzstift kamen, war ein geistliches Fürstentum von bedeutender Ausdehnung entstanden.[150]

Bereits Friedrich Barbarossa hatte 1160 begonnen, Erzbischof Eberhard I. als Reichsfürsten *(princeps imperii)* zu titulieren. Die Reichsgesetze, die Kaiser Friedrich II. zunächst zugunsten der geistlichen Fürsten erließ (1220) und später in ähnlicher Form auch für die weltlichen Reichsfürsten verkündete (1230/1232), stärkten deren Macht und überließen ihnen weitreichende Vollmachten zum Aufbau ihrer eigenen Fürstentümer und Länder.[151] Aus dem deutschen Reich wurde allmählich ein Verband von Fürstentümern. Dem König ließ der Einfluß der Fürsten nur mehr wenig Spielraum.

Erzbischof Eberhard II. hat auch andere Möglichkeiten, die sich ihm boten, konsequent genützt. Nach dem Grundsatz, daß „die Kirche kein Blut vergießt", waren bis in seine Amtszeit die Hochgerichtsbarkeit und alle wichtigen Rechtsgeschäfte von weltlichen Anwälten *(Vögten)* durchgeführt worden. Eberhard gelang es, die Hochstiftsvogtei und fast alle Klostervogteien an sich zu bringen und hinfort mit päpstlicher Erlaubnis selbst auszuüben.[152] Anstelle der Vögte sowie der einstigen Grafen und Richter nahmen seitdem erzbischöfliche Beamte die Ausübung der hohen Gerichtsbarkeit und den militärischen Schutz der Bevölkerung wahr. Meist hatten sie als „Pfleger" ihren Sitz auf einer vom Erzbischof errichteten oder vom Adel übernommenen Burg, die ihnen zur

"Pflege" (Verwaltung) übertragen wurde. In diesem Fall bezeichnet man den Amtsbezirk des Pflegers als Pfleggericht. Gab es keine Burg als festen Mittelpunkt und hatte der Landrichter seinen Sitz im Markt wie z. B. in Rauris oder in Abtenau, dann galten diese Gerichtsbezirke als Landgerichte. Die Bildung derartiger Hochgerichtssprengel, die unter Eberhard II. einsetzte, führte dazu, daß seit dem Spätmittelalter das geistliche Fürstentum und Land Salzburg in insgesamt 32 Land- und Pfleggerichte gegliedert war.[153]

Da neben dem geschlossenen Herrschaftsbereich des geistlichen Fürstentums auch die weitgestreuten Besitzungen in Bayern, Österreich, Steiermark und Kärnten zu verwalten waren, gab es dafür seit dem späten 12. Jahrhundert Vizedomämter als übergeordnete Verwaltungseinheiten. Der Vizedom als Stellvertreter des Erzbischofs mit dem Sitz in Salzburg, der später vom Hofmeister abgelöst wurde, verwaltete den gesamten Besitz nördlich des Alpenhauptkammes, der Vizedom in der erzbischöflichen Stadt Friesach in Kärnten die Güter südlich der Tauern einschließlich des Lungaus. Eberhard II. errichtete, wohl im Zusammenhang mit der Gründung des Bistums Seckau in der Steiermark, ein drittes Vizedomamt in Leibnitz, das für die von Salzburg weit entfernten Güter in der Mittel- und Untersteiermark bis Rann an der Save (heute Brežice in Slowenien) nahe der kroatischen Grenze zuständig war.[154] Die Schaffung des geistlichen Fürstentums Salzburg als geschlossenes Herrschaftsgebiet der Erzbischöfe war allerdings nicht die Leistung Eberhards allein, sondern hat auch von seinen Nachfolgern bis zum Ende des 14. Jahrhunderts noch großen Einsatz erfordert.[155]

Wirtschaft und Handel, die der Erzbischof konsequent förderte, lieferten ihm die notwendigen Geldmittel für den Ausbau seiner Herrschaft. Die Art und Weise, wie er vor fast acht Jahrhunderten der Saline Hallein die Vorherrschaft im Ostalpenraum sicherte, erinnert an Wirtschaftspolitik des 20. Jahrhunderts. Zunächst weitete er mit Hilfe von Klöstern, die er als "Mitsieder" an der Salzherstellung beteiligte, die Produktionsmenge enorm aus. Im frühen 13. Jahrhundert überschwemmte das Halleiner Salz förmlich den Markt und unterbot durch Dumping den üblichen Salzpreis erheblich. Sobald Reichenhall als Hauptkonkurrent vom Markt verdrängt war, schränkte Eberhard II. die Erzeugung ein und sicherte seinem Produkt durch die Maßnahme der Valorisation einen guten Preis. Entscheidend war und blieb, daß die Salzburger Erzbischöfe den Flußlauf der Salzach als einzigen leistungsfähigen Handelsweg bis über Tittmoning hinaus beherrschten und deshalb den Export der Konkurrenzsalinen Reichenhall und Berchtesgaden kontrollieren konnten.[156] Auch den Fernhandel hat Eberhard II. konsequent gefördert und sich mit Nachdruck für die Sicherheit der Verkehrswege eingesetzt.

Als erster Salzburger Erzbischof hat Eberhard eine "Städtepolitik" betrieben. Die wichtigsten Handelsplätze, Marktorte, Mautstätten und Orte von strategischer Bedeutung wurden planmäßig zu Städten ausgebaut. Hallein und Laufen, Tittmoning und Mühldorf haben sich unter seiner Herrschaft zu Städten im mittelalterlichen Rechtssinn entwickelt.[157] Sie erhielten zwar kein schriftliches Stadtrecht, für das städtische Leben galten aber damals wie später die in der erzbischöflichen Metropole angewandten Rechtsgrundsätze. Auf den entlegenen Besitzungen in Niederösterreich, Kärnten und der Untersteiermark entstanden unter seiner Herrschaft die Märkte Traismauer, St. Andrä und Rann an der Save.[158] In Friesach, der damals bedeutendsten Stadt Kärntens, schuf Eberhard II. mit der Bestätigung der Satzungen der Lederer und der Schusterbruderschaft 1220 die älteste Kärntner Zunftordnung.[159] In allen Städten und Märkten des Erzbistums hat er die erzbischöfliche Herrschaft so fest verankert, daß sich bis zum Ende des Mittelalters nur eine bescheidene Bürgerselbstverwaltung entwickeln konnten. Er selbst hat auch das erzbischöfliche Recht auf die Besteuerung der Stadtbürger in seinen Urkunden betont.[160]

Innerhalb der erzbischöflichen Städte und Märkte nahm Salzburg eine Sonderstellung ein. Eberhard II. bezeichnete 1242 die Stadt Salzburg als *civitas* und stellte ihr die Handels- und Mautstätten Laufen, Tittmoning, Mühldorf und Werfen als *oppida* gegenüber.[161] Damit brachte er den Charakter Salzburgs als Haupt- und Residenzstadt des gleichnamigen geistlichen Fürstentums deutlich zum Ausdruck. Mittelpunkt der Stadt war der erzbischöfliche Hof, der mit dem Aufbau einer zentralen Verwaltung und der Reorganisation des Urkundenwesens stark an Bedeutung gewann. Im Jahre 1231 wird erstmals ein eigener „Hofrat" *(curia)* genannt, der sich aus dem Bischof von Chiemsee und drei Prälaten sowie vier erzbischöflichen Ministerialen zusammensetzte.[162] Die mächtigsten unter den Salzburger Dienstmannen, die vom Erzbischof teilweise das Recht auf Burgenbau erhielten und später zu ernsten Gegenspielern der geistlichen Fürsten wurden, erwarben Häuser in Salzburg, um bei Bedarf in der Hauptstadt präsent zu sein. Auch die Eigenbistümer Gurk, Chiemsee, Seckau und Lavant erhielten oder erwarben Hausbesitz in der Stadt, ebenso das Augustiner-Chorherrenstift Berchtesgaden. Damals und in den folgenden Jahrzehnten entstand eine Art geistliches Gesandtschaftsviertel im Kai.[163]

Die Bürgerstadt war, ausgehend von den bescheidenen Anfängen vor der Porta, rasch gewachsen. Auf dem Waagplatz waren zunächst mit der Michaelskirche, dem Markt und der Schranne (Gerichtsplatz), die im 13. Jahrhundert vom Gerichtshaus abgelöst wurde, die wichtigsten Einrichtungen auf engstem Raum vereinigt. Die Judengasse als Zugang zum ältesten Marktplatz weist auf die frühe Niederlassung von Juden hin und ist ein Indikator für den wirtschaftlichen Aufschwung. Durch das kanonische Zinsverbot, das die Christen weitgehend vom Geldverleih ausschloß, kam den Juden im Geldgeschäft und im Fernhandel eine dominierende Position zu. Auch die jüdische Synagoge an der Einmündung der Judengasse in den Waagplatz, im Haus des späteren Höllbräu (heute Altstadthotel Radisson) ist damals entstanden.[164]

Da die günstigen Siedlungsareale im Bereich der Altstadt längst von den geistlichen Institutionen, dem erzbischöflichen Hof, dem Domkapitel und den Klöstern St. Peter und Nonnberg besetzt waren, stand der Bürgerstadt eine Erweiterungsmöglichkeit nur entlang des hochwassergefährdeten Salzachufers offen. Die Achse Judengasse-Getreidegasse entspricht der Ausdehnung der Stadt salzachabwärts, die schließlich im Bereich des Admonter Hofes (des späteren Bürgerspitals) und des Gstättenviertels an die Mönchsbergwand und damit an ihre natürlichen Grenzen stieß.

Bedingt durch das Wachstum von Bevölkerung und Wirtschaft wurde, wohl in den friedlichen Jahrzehnten der Regierung Eberhards II., der „Alte Markt" als geräumiger

Marktplatz neu angelegt. Nach den häufigen Stadtbränden der Jahre 1167, 1196, 1200 und 1203 trugen der nunmehr weiträumige Platz und die Errichtung der Bürgerhäuser aus Stein dazu bei, die Ausbreitung des Feuers zu verhindern und seine Bekämpfung zu erleichtern. Der „Alte Markt" lag außerdem verkehrsgünstig in der Achse vom Klampferergäßchen, das den Brückenkopf zur damals etwas stromaufwärts gelegenen Salzachbrücke bildete, zur Residenz. Vom Stadtteil am rechten Salzachufer, wo die Steingasse und die Linzer Gasse als wichtigste Handelswege zusammentrafen, konnte der gesamte Fernverkehr über die Stadtbrücke direkt auf den Marktplatz geführt werden. Nach dem Passieren der Brücke wurde der 996 verliehene Marktzoll von allen Handelsgütern als „Pflasterzoll" eingehoben. Entsprechend der Besitzverteilung im Altstadtbereich waren nicht nur die Stadtgemeinde sondern auch der Erzbischof, das Domkapitel und die Klöster St. Peter und Nonnberg für die Erhaltung der einzelnen Brückenjoche zuständig.[165]

Der zunehmenden Bedeutung Salzburgs als Handelsplatz entsprach es, daß Eberhard II. auf ausdrücklichen Wunsch Herzog Ottos II. von Bayern den Bürgern der aufstrebenden Stadt München in Salzburg dieselben Rechte wie den Bürgern der alten Herzogsstadt Regensburg gewährte.[166] Schließlich gewann auch die Münzprägung in Salzburg wieder an Bedeutung. Der wirtschaftliche Aufschwung Salzburgs, das vom Metropolitansitz zur Hauptstadt eines bedeutenden geistlichen Fürstentums geworden war, ist in diesen Jahrzehnten unverkennbar. Auch das Bürgertum der Stadt befand sich im Aufbruch. Es sollte nur mehr wenige Jahrzehnte dauern, bis es aus der Anonymität hervortrat und seinen politischen Forderungen Ausdruck verlieh.

Die „reichen" und die „armen" Bürger – Der Sühnebrief (1287) als ältestes Stadtrecht

Nach dem Tod Erzbischof Eberhards II. setzte sich die päpstliche Partei im Domkapitel durch und wählte Philipp von Spanheim, den Sohn Herzog Hermanns II. von Kärnten, zum neuen Erzbischof. Dieser, der eher den Typ des Söldnerführers als eines Kirchenfürsten verkörperte, erzielte bedeutende militärische Erfolge und konnte das gesamte Ennstal, zeitweise auch große Teile von Oberkärnten, erobern. Da Philipp das Erzbistum Salzburg nur als Elekt (erwählter Erzbischof) regierte und den Empfang der höheren Weihen beharrlich verweigerte, um sich die Nachfolge im Herzogtum Kärnten offenzuhalten, enthob ihn der Papst 1255 der Regierung, 1256 verfiel er dem Kirchenbann und 1257 wurde er schließlich abgesetzt.[167] Aber auch sein Gegenkandidat, Bischof Ulrich von Seckau, mit dem 1257 erstmals ein Mann bürgerlicher Herkunft zum Erzbischof gewählt wurde, konnte sich nicht durchsetzen.

Während Philipp in seinem Vetter, dem mächtigen König Přemysl Otakar II. von Böhmen, Rückhalt fand, wurde Ulrich durch Herzog Heinrich XIII. von Niederbayern unterstützt. Der Konflikt zwischen diesen beiden Erzbischöfen spaltete das Kirchenvolk und führte in der Stadt Salzburg zu heftigen Auseinandersetzungen. Im Zuge eines militärischen Vorstoßes, den Heinrich XIII. von Niederbayern 1262 gegen Salzburg unternahm, ging der Stadtteil am rechten Salzachufer in Flammen auf. Aber weder damals, noch im folgenden Jahr, als er die Stadt erneut belagerte, vermochte der Herzog Salzburg einzunehmen. Erst nach dem Abschluß eines Waffenstillstands konnte Erzbischof Ulrich im Frühjahr 1264, fast acht Jahre nach seiner Wahl, seinen Metropolitansitz betreten. Die Atmosphäre in der Bischofsstadt, die von den Kämpfen der feindlichen Lager, von Haß und Gewalttaten gekennzeichnet war, schreckte den zurückhaltenden, eher ängstlichen Mann völlig ab. Bereits nach wenigen Monaten entschloß er sich zum Rücktritt, da er „wegen der Bösartigkeit des Volkes" seine eigene Unfähigkeit einsehen mußte.[168] Es ist deshalb auch kein gutes Zeugnis, das die Salzburger Jahrbücher der damaligen Stadtbevölkerung ausstellten. Philipp von Spanheim, Ulrichs Kontrahent, mußte auf das Erzbistum Salzburg ebenfalls verzichten. Er wurde nach dem Tode seines Bruders Ulrich III. von König Rudolf von Habsburg zwar nominell zum Herzog von Kärnten ernannt, durfte die langersehnte Herrschaft aber nicht antreten, sondern starb 1279 als „Pensionär der Habsburger" in Krems.[169]

Die Regierung des Erzbischofs Wlodizlaus aus dem Hause der Piasten in Schlesien, der auf Betreiben Přemysl Otakars II. 1265 zum Erzbischof gewählt wurde, bewirkte eine rasche Entspannung. Zur Sicherung des Salzhandels erließ der Erzbischof 1267 eine Ordnung für die Schiffherren von Laufen, ritterliche Unternehmer, auf deren Schiffen das Salz aus Hallein nach Burghausen und Passau transportiert wurde. Zentrum des Salzhandels wurde damit nicht die Hauptstadt Salzburg sondern Laufen, wo die namengebenden Stromschnellen zum Umladen des Frachtguts und zu einem kurzen Transport über Land zwangen.[170] Die Salzburger Bürger besaßen aber das Recht, Salz für ihren Eigenbedarf auf Zillen in die Stadt zu bringen und auf dem städtischen Markt zu verkaufen.[171]

Auf Wlodizlaus, der Ende 1268 das Erzbistum verließ und 1270 in Schlesien starb, folgte der energische Dompropst Friedrich von Walchen (im Pinzgau) als Erzbischof. In der entscheidenden Auseinandersetzung zwischen Rudolf von Habsburg, der 1273 zum deutschen König gewählt worden war, und Přemysl Otakar II. von Böhmen, stand der Erzbischof trotz kriegerischer Repressalien des Böhmenkönigs fest auf Seiten des Habsburgers. Sowohl beim Feldzug des Jahres 1276, der zur ersten Unterwerfung Otakars führte, als auch an der siegreichen Schlacht bei Dürnkrut, in der der „Goldene König aus Prag" Kampf und Leben verlor, unterstützte er Rudolf mit einem großen Truppenaufgebot.[172] Der siegreiche Habsburger hat die Treue des Erzbischofs durch wichtige Zugeständnisse belohnt. Er gewährte Mautbefreiungen und das Recht, in der Stadt Salzburg einen Brückenzoll einzuheben. Bereits 1274 konnte Erzbischof Friedrich II. den Dom, der beim Stadtbrand 1270 schwer beschädigt worden war, neu einweihen.[173] 1278 gestattete ihm der König, die Salzburger Städte mit Mauern und Türmen zu sichern. Das war der Anlaß zum Ausbau und zur Verstärkung der Salzburger Stadtmauer, die am linken Salzachufer vom inneren Nonntaltor, das Magdalenaspital von St. Peter umschließend, zum Kumpfmühltor führte. Reste dieses Tores und der Stadtmauer sind vor wenigen Jahren in der Basteigasse freigelegt und als Denkmal erhalten worden. Vom

Kumpfmühltor zog sich die Stadtmauer in sanftem Bogen zwischen dem Flußufer und dem Straßenzug Pfeiffergasse–Mozartplatz–Waagplatz–Judengasse–Klampferertor–Getreidegasse bis zum Westertor hin. Im Stadtteil am rechten Salzachufer nahm die Stadtbefestigung folgenden Verlauf: vom Weg auf den Kapuzinerberg, wo noch heute ein großes Stück der Stadtmauer erhalten ist, über das innere Linzer Tor (Ostertor) an Linzer Gasse–Königsgäßchen–Lederergäßchen mit dem Lederertor zum Platzl, wo sich ein Tränktor für das Vieh befand. Das innere Steintor, später auch Judentor genannt, bildete knapp am alten Brückenkopf das Ende der gemauerten Befestigung der Rechtsstadt, der ein Wall mit Graben vorgelagert war. Da der rechtsufrige Stadtteil einer besonders aufwendigen Sicherung bedurfte, widmete der Erzbischof ein Drittel der Salzburger Stadtmaut zur Befestigung der Rechtsstadt und setzte fest, daß die Baumaßnahmen von zwei Bürgern aus diesem Stadtteil überwacht werden sollten.[174] Auch die alte Vorstadt Mülln wurde unter der Regierung Friedrichs mit Mauer und Tor befestigt und die Mönchsbergtürme in der Scharte und auf der Richterhöhe erbaut.

Erzbischof Friedrich II. war der erste Salzburger Kirchenfürst, der in größerer Zahl gelehrte Juristen, vor allem Absolventen des kanonischen Rechts, an den Hof zog. In seinen Streitigkeiten mit Bayern hat er 1284 sogar Gutachten von Professoren der Universitäten Padua und Bologna, die ältesten Universitätsgutachten nördlich der Alpen, eingeholt. In merkwürdigem Gegensatz dazu steht die Tatsache, daß dieser energische und zielstrebige Mann, der als „echt deutscher Pinzgauer" charakterisiert wurde, selbst nicht schreiben konnte.[175]

Zu seinem Nachfolger wurde der aus Schwaben stammende Rudolf von Hohenegg, der langjährige Kanzler König Rudolfs I., gewählt. Daran wird deutlich, wie stark das Erzbistum Salzburg mittlerweile unter dem Einfluß der Habsburger stand. Der Konflikt mit Herzog Heinrich XIII. von Niederbayern, der zeitweise zum offenen Krieg eskalierte und 1285 zum Brand von Mühldorf und zur Einnahme dieser Salzburger Stadt durch die Bayern führte, konnte durch Vermittlung König Rudolfs beigelegt werden.[176] Dafür wuchs der Gegensatz zu Herzog Albrecht I. von Österreich und Steiermark, der unter dem Einfluß des Abtes Heinrich von Admont die Salzburger Positionen im Ennstal und die Vogtei über Admont beanspruchte. Während der Erzbischof im Herbst 1286 in der Steiermark mit seinen unzufriedenen Dienstmannen verhandelte und im Frühjahr 1287 an einem Hoftag König Rudolfs in Würzburg teilnahm,[177] kam es in der Stadt Salzburg zu Parteikämpfen innerhalb der Bürgerschaft, die mit bewaffneter Hand ausgetragen wurden.

Die unruhigen, kampferfüllten Jahre nach dem Tode Erzbischof Eberhards II. hatten der Stadtbevölkerung von Salzburg größeren politischen Spielraum gelassen, gleichzeitig aber auch zu Streitigkeiten innerhalb der Stadt geführt. So erfahren wir aus einer Urkunde des Jahres 1249, daß Dietmar, der Sohn des Salzburger Arztes Heinrich, einen Hörigen der Abtei St. Peter getötet hatte. Zur Sühne dieses Verbrechens sollte Dietmars jüngerer Bruder eine Frau aus der *familia* des Klosters heiraten und das junge Ehepaar vom Arzt Heinrich ein halbes Haus als Ausstattung erhalten. Interessanter als die daraus ersichtlichen Verbindungen zwischen freien Bürgern der Stadt und Hörigen des Klosters

Die „reichen" und die „armen" Bürger – Der Sühnebrief (1287) als ältestes Stadtrecht 165

Das älteste Siegel der Stadt Salzburg an einer Urkunde der Abtei St. Peter aus dem Jahr 1249. Im Siegelbild die Stadtmauer mit zwei Tortürmen und einem Stadtturm, die Umschrift lautet: Sigillum civium Salceburgensium (Siegel der Salzburger Bürger). (Foto: Oskar Anrather)

St. Peter ist der erste Nachweis für die Existenz einer organisierten Bürgergemeinde und die Ansätzen einer bürgerlichen Selbstverwaltung.

Die Einhaltung des in seinen Einzelheiten recht komplizierten Vertrags sollten von sechs Vertretern der bürgerlichen Oberschicht *(meliores cives)* überprüft werden. Der Stadtrichter oder der Vizedom als die wichtigsten Beamten des Erzbischofs konnten jedoch „zum Nutzen der Stadtgemeinde" *(pro communi civitatis utilitate)* besondere Anordnungen treffen. Die Urkunde trägt neben dem Siegel des Abtes Richker von St. Peter, der sie ausstellte, erstmals auch ein Siegel der Stadt Salzburg. Dieses älteste Stadtsiegel mit der Umschrift „Siegel der Salzburger Bürger" *(sigillum civium Salceburgensium)* zeigt im Siegelbild als Symbol der Stadt die zinnengekrönte Stadtmauer, zwei Tortürme und in der Mitte einen Stadtturm. Siegel und Urkunde sind Zeugnis für den Bestand einer organisierten Stadtgemeinde und eines Patriziats *(Meliorats)* als bürgerlicher Oberschicht.[178]

Einen wesentlich genaueren Einblick in die Rechtsverhältnisse der Stadt Salzburg gewährt der „Sühnebrief" vom 20. April 1287, mit dem Erzbischof Rudolf die bewaffneten Auseinandersetzungen innerhalb der Bürgerschaft schlichtete. Der erste Teil dieser Urkunde ist ein „Stadtfriede", mit dem der Erzbischof als Stadtherr einen als „Sühne" bezeichneten dauerhaften Frieden zwischen den Streitparteien anordnete. Dieses erste größere Gesetz eines Salzburger Erzbischofs mußte von den Bürgern der Stadt beschworen werden. Aus dem Text der Urkunde geht hervor, daß es zwischen zwei Fraktionen innerhalb der Bürgerschaft, den „reichen" und den „armen" Bürgern, zu Mißhelligkeiten und offenen Kämpfen gekommen war, die mit Worten, Taten, Drohungen und Verleumdungen ausgetragen wurden. Während man früher in den Bezeichnungen „reich" und „arm" Streitigkeiten zwischen wohlhabenden Kaufleuten und Fernhändlern mit ärmeren Handwerkern in der Art von Zunftkämpfen, wie es sie damals in zahlreichen deutschen Städten gab, vermutete, hat eine Untersuchung der namentlich bekannten Führer beider Parteien ein anderes Ergebnis gebracht:[179]

Von den vier Vertretern der „reichen Bürger" sind drei als vermögende Fernhändler und auch als Stadtrichter nachzuweisen. Den wenigen Nachrichten, die über den vierten Mann vorliegen, ist immerhin zu entnehmen, daß auch er über ein ansehnliches Vermögen verfügte. Damit gehörten sie der bürgerlichen Oberschicht an. Aber auch die „armen Bürger" mußten keineswegs am Hungertuch nagen. Der an ihrer Spitze stehende Konrad „der Humbel" war ein wohlhabender Mann, der im Dienste des Erzbischofs zahlreiche angesehene Ämter bekleidete, zeitweise zu den Pächtern der Saline Hallein zählte und 1281 sogar vor Meinhard Neumeister, den Führer der „reichen Bürger" gereiht wurde. Heinrich der Payzz besaß ebenfalls ein ansehnliches Vermögen und konnte davon bedeutende Darlehen gewähren. Rudlin der Schneider hatte sein einstiges Handwerk längst aufgegeben und war durch den Handel mit Tuch und Olivenöl reich geworden. Das gemeinsame Merkmal dieser „armen Bürger" war weder Bedürftigkeit noch Zugehörigkeit zum Handwerk, sondern die Tatsache, daß sie erst kurz zuvor in die Stadt Salzburg zugezogen waren, hier aber binnen kurzer Zeit Karriere gemacht hatten. Der Streit zwischen den „reichen" und den „armen" Bürgern war also eine Auseinandersetzung der alteingesessenen Patrizierfamilien, die ihre führenden Positionen in der Stadt behaupten wollten, mit einer relativ großen Gruppe von erfolgreichen, von auswärts zugezogenen Neubürgern.[180] Es lag wohl an diesem scharfen Gegensatz innerhalb der Führungsschichte des Salzburger Bürgertums, daß sich in der Stadt Salzburg nie ein homogenes Patriziat im engeren Sinne bilden konnte, welches sich als geschlossene Gruppe von der übrigen Bevölkerung absetzte.

Aus dem zweiten Teil des Sühnebriefs geht hervor, daß die führenden Geschlechter der Stadt untereinander Krieg führten und sich dafür eine bewaffnete Gefolgschaft, sogenannte Muntmannen, hielten. Derartige Banden waren geeignet, die Sicherheit und den Frieden einer Stadt auf Dauer zu gefährden. Deshalb setzte Erzbischof Rudolf für einen Zeitraum von fünf Jahren außerordentlich hohe Strafen fest: Wer durch Beschimpfungen oder durch verbotene Worte die Streitigkeiten erneuerte, sollte sowohl dem Gericht als auch den Beleidigten fünf Pfund Buße bezahlen. Außerordentlich hoch war auch der Strafsatz für schwere (aber nicht tödliche) Verletzungen. Er betrug das fünfbzw. zehnfache jener Bußgelder, die in den bayerischen Landfrieden festgesetzt waren. Das mag auch ein Hinweis auf Reichtum und Zahlungskräftigkeit der beteiligten Stadtbürger sein. Für schwere Verwundungen, die Lähmung, Verstümmelung oder den Tod zur Folge hatten, galt auch im Sühnebrief noch das Talionsprinzip („Auge um Auge, Zahn um Zahn"), das dem Alten Testament entnommen war. Der eingezogene Besitz von flüchtigen Gewalttätern sollte zumindest teilweise zur Entschädigung des Verstümmelten oder der Angehörigen eines Getöteten verwendet werden.[181]

Um für künftige Zeiten derartige Kämpfe innerhalb der Stadt zu unterbinden, erließ Erzbischof Rudolf ein in zehn Artikel gegliedertes Stadtrecht, das nicht nur für die Hauptstadt Salzburg sondern für alle Städte des Erzstifts Geltung besitzen sollte. Der Text dieses ältesten Stadtrechts lautet, in modernes Deutsch übertragen, folgendermaßen:

Wir verfügen und gebieten auch, daß die nachfolgenden Bestimmungen zum Frieden und zur Ruhe hier in dieser Stadt Salzburg und in allen anderen Städten und von Mauern umschlossenen Märkten unseres Gotteshauses auf ewig eingehalten werden sollen:

1. Zum ersten verbieten wir jede Einung und alle Schwurbünde, die von diesem Tag an gegen uns oder gegen unsere Nachfolger oder gegen unsere Kirche geschlossen werden könnten; wer sich der Teilnahme an derartigen Einungen oder Schwurbünden schuldig macht und dessen überführt wird, daß er sie neu gegründet oder angeführt habe, daß er sie durch Rat, durch Hilfe oder durch andere Förderung wissentlich unterstützt habe, der soll unsere Huld und die Huld der Kirche verlieren, und es sollen ihm Leben und Besitz, Haus und Hof und andere bewegliche und unbewegliche Güter entzogen werden. Außerdem soll er in unserem (Kirchen-)Bann stehen, so wie wir das hier in dieser Urkunde festsetzen; wird aber einer der Schuldigen, der als Flüchtling in eine Stadt kommt, dort mit voller Absicht aufgenommen und beherbergt, dann soll diese Stadt oder Dorf oder Markt, solange er sich darinnen aufhält, unter dem Interdikt stehen und anderen Strafen, die von Papst und Kaiser gegen derartige Missetäter ausgesetzt sind, verfallen.

2. Wir verbieten auch bei einer Strafe von fünf Pfund Pfennigen jedes beschworene Bündnis (Einung), das ohne Wissen und Zustimmung des Erzbischofs von Bürgern gegen Bürger, von Handwerkern gegen Handwerker, von Geschlechtern gegen Geschlechter geschlossen wird; sooft einer dagegen verstößt, ist er einer Strafe von fünf Pfund verfallen.

Der Sühnebrief des Erzbischofs Rudolf von Hohenegg vom 20. April 1287 mit dem ältesten Salzburger Stadtrecht (untere Hälfte). Originalurkunde auf Pergament mit den Siegeln des Erzbischofs und des Domkapitels, das Siegel der Stadt Salzburg ist verloren.

(Haus-, Hof- und Staatsarchiv Wien, Foto: Otto)

3. Wir ordnen auch an, daß das Stadtsiegel durch fünf Schlösser gesichert werde. Von den Schlüsseln sollen vier von Männern aus dem Kreise der Genannten (Gerichtsbeisitzer) verwahrt werden, die dazu mit allgemeiner Zustimmung ausgewählt werden, den fünften Schlüssel soll unser Stadtrichter oder ein anderer Mann, dem wir ihn anvertrauen, verwahren. Diese fünf Männer sollen keine Urkunde ohne Wissen der Genannten, soweit sich diese in der Stadt aufhalten, besiegeln; verläßt einer der fünf Schlüsselherren die Stadt, dann soll er bis zu seiner Rückkehr seinen Schlüssel einem der Genannten überlassen und den Stadtrichter davon in Kenntnis setzen.

4. Wir verordnen und befehlen auch, daß sich niemand Gemeindegrund der Stadt aneignet und einzäunt, und was davon bisher widerrechtlich angeeignet und eingezäunt wurde, das muß zurückgestellt werden.

5. Wir verbieten auch, daß jemand eine Hofstatt kauft, ohne daß er darauf innerhalb von Jahresfrist ein Haus bauen will. Jene Hofstätten innerhalb der Stadtmauer diesseits und jenseits der Salzach, die in Obstgärten oder in andere Gärten umgewandelt wurden, müssen nach dem Spruch der Genannten an jene Leute verkauft werden, die darauf ein Haus bauen wollen.

6. Wir ordnen auch an, daß Bürger keine Knechte in Dienst nehmen sollen, die nicht in ihrem Haus wohnen. Wenn diese Knechte vorsätzlich ein Verbrechen begehen und sie dessen durch das Zeugnis anderer Leute überführt werden, dann müssen die Bürger für das, was ihre Knechte angerichtet haben, Schadenersatz leisten.

7. Außerdem gebieten wir und ordnen wir an: Wer gegen einen anderen Todfeindschaft oder eine andere Art von Feindschaft hegt, der muß das vor Gericht austragen; ist er dazu nicht bereit und will er sich selbst rächen, dann soll ihn der Richter dazu zwingen, daß er dem anderen nach dem Ratschlag der Genannten sicher zusagt, daß er sich an das Recht halten werde und der andere im Vertrauen auf das Recht ohne Angst vor ihm leben könne.

8. Wir ordnen auch an, daß die Genannten keine wichtigen Entscheidungen in städtischen Angelegenheiten treffen, wenn nicht alle Genannten, die in der Stadt wohnen, einschließlich dem Stadtrichter dazu versammelt sind.

9. Wir ordnen auch an und gebieten, daß jedermann Harnisch und Waffen, welche die Bürger besitzen, nach seinem Vermögen zur Unterstützung des Erzstiftes und zum Schutze der Stadt instandhalten soll und daß niemand waffenlos sei; wer keine Waffe besitzt, der soll nach seinem Vermögen bis zu St. Johann in der Sonnwendzeit (24. Juni) einen eigenen Harnisch anschaffen. Der Stadtrichter und der Vizedom sollen zweimal im Jahr Nachschau halten, und wer dann keinen eigenen Harnisch besitzt, der soll der Stadt ein Pfund Geld zahlen und muß außerdem noch einen eigenen Harnisch anschaffen.

10. Wir verfügen auch, daß diese gesetzlichen Bestimmungen weder andere Rechte von uns und unserem Gotteshaus noch andere Rechte der Stadt und der Bürger beeinträchtigen sollen.

Diese gesetzlichen Bestimmungen sind erlassen und diese Urkunde ist geschrieben in Salzburg, am letzten Sonntag vor St.-Georgs-Tag (20. April), im Jahre 1287 nach Christi Geburt.

Beim Verbot der Einungen, daß die beiden ersten Artikel zum Inhalt haben, fällt auf, daß Einungen gegen den Erzbischof und die Salzburger Kirche mit drakonischen Strafen bedroht werden, während Einungen, die von Bürgern gegeneinander geschlossen wurden, mit einer Geldbuße von fünf Pfund gesühnt werden konnten. Unmittelbarer Anlaß für die besonders strenge Strafe, die im Stadtrecht angedroht wurde, war eine Einung *(unio)* der Küfer in Hallein, die 1276 gewaltsam unterdrückt werden mußte. Die

Küfer, denen die Herstellung der hölzernen Salzfässer für den Salztransport oblag, wollten damals eine höhere Bezahlung durchsetzen. Eine derartige Einung konnte die gesamte Salzproduktion und den Salzhandel lahmlegen und damit den wirtschaftlichen Lebensnerv des Erzstiftes bedrohen. Einungen in dieser Form bedeuteten nicht einfach ein Bündnis gegen den Stadtherrn, sondern eine Verbindung von Handwerkern oder Gewerbetreibenden mit dem Ziel verbotener Preisabsprachen oder wirtschaftlicher Kampfmaßnahmen. Deshalb wurde das strenge Verbot jeder Einung auch in die Salzburger Landesordnung des Jahres 1328 und in das Salzburger Stadtrecht des 14. Jahrhunderts aufgenommen.[182]

Die im zweiten Artikel angesprochenen „geschworenen Einungen" waren dagegen Bündnisse, die im Zuge von Fraktionskämpfen innerhalb der Salzburger Bürgerschaft abgeschlossen wurden. Dabei fällt auf, daß derartige Gegensätze nur innerhalb der gleichen sozialen Schichten, der Bürger, der Handwerker und der Patriziergeschlechter, angesprochen werden und sich kein Hinweis auf soziale oder wirtschaftliche Gegensätze – etwa zwischen Handwerkern und Patriziern – findet.

Zwei weitere Verbote dienten der Sicherung des Stadtfriedens: Im sechsten Artikel wurde die Anstellung von Knechten, die nicht im Hause des Herrn wohnten, untersagt. Durch die Anwerbung derartiger Soldknechte oder *Muntmannen,* die Macht und Einfluß ihres Herrn notfalls mit Gewalt erhöhen sollten, wurde die Gefahr von offenen Kämpfen zwischen den einzelnen Geschlechtern heraufbeschworen. Der siebente Artikel verbietet jede Form von Privatrache oder Selbstjustiz innerhalb der Stadt. Der Geschädigte sollte entweder einer ihm angebotenen Sühne zustimmen oder sein Recht vor dem Stadtrichter suchen. Die damit angestrebte Ablösung der Blutrache durch die Autorität des Stadtgerichts konnte sich allerdings erst allmählich durchsetzen.

Der vierte und fünfte Artikel des Stadtrechts betrafen Liegenschaften und Grundverkehr im Stadtgebiet. Der Allmende in ländlichen Dörfern, die von den Bauern gemeinsam genutzt werden konnte, entsprachen in der Stadt größere Flächen, die als Gemeindegrund allen Bewohnern offenstanden. Dazu zählten die öffentlichen Plätze mit ihren Brunnen, die Uferstreifen entlang der Salzach, wo man das Vieh zur Tränke führte, und auch etliche Wiesen, die sich innerhalb der Stadt erhalten hatten. So mancher Stadtbewohner, besonders wenn er arm war oder als Zuzügler in die Stadt kam, war versucht, sich derartigen Gemeindegrund als Weide, Garten oder als Bauland anzueignen. Das wurde nun im Hinblick auf das stetige Wachstum der Stadt untersagt.

Aus dem Verbot, Bauland zu erwerben ohne darauf zu bauen und es stattdessen als Obstgarten oder landwirtschaftliche Fläche zu benutzen, darf man freilich nicht schließen, daß damals zu wenig Bauland zur Verfügung stand. Salzburg war und blieb eine typische Mittelstadt, in der sich neben dem aufstrebenden Handel und Gewerbe noch durch Jahrhunderte auch Landwirtschaft und Viehzucht hielten. Das Gebot, binnen Jahresfrist zu bauen, hatte einen doppelten Grund: Eine dichtere Verbauung und damit eine höhere Einwohnerzahl brachte dem Stadtherrn höhere Steuern und den großen Grundherren St. Peter, dem Domkapitel und Nonnberg höhere Einnahmen aus dem Grundzins, dem sogenannten Burgrechtspfennig, der von den verbauten Liegenschaften zu leisten war. Anderseits sollte damit schon im Jahre 1287 Grundstücksspekulationen vorgebeugt werden. Von einer Lösung dieses Problems ist man allerdings heute, mehr als sieben Jahrhunderte später, weiter denn je entfernt.

Im dritten Artikel des Stadtrechts werden erstmals die Genannten *(nominati)* erwähnt, jene Männer aus den Reihen der Stadtgemeinde, die neben dem erzbischöflichen Stadtrichter als dem mächtigsten Beamten Anteil an der Stadtverwaltung hatten. Sie werden auch als Geschworene *(iurati)* bezeichnet und waren die Beisitzer im Stadtgericht, das unter dem Vorsitz des Stadtrichters zusammentrat. Sie wurden in Salzburg nicht frei gewählt, wie das in vielen anderen Städten üblich war, sondern vom Erzbischof als Stadtherrn nominiert. Ihre Zahl wird im Sühnebrief nicht angegeben; da der Stadtfriede aber im ersten Teil von insgesamt zwölf Bürgern – vier von der Partei der reichen Bürger und acht von der Partei der armen Bürger – beschworen wurde, liegt der Schluß nahe, daß sich das Kollegium der Genannten damals aus zwölf Personen zusammensetzte.

Weil das Amt des Stadtrichters seit 1120/30 bezeugt ist und das Prinzip der genossenschaftlichen Rechtsfindung, bei dem immer Standesgenossen über einen Angeklagten richteten, auch im Stadtgericht Anwendung fand, darf man vermuten, daß schon im 12. Jahrhundert die Genannten als Beisitzer im Stadtgericht tätig waren. Zahlreiche Urkunden, die der Stadtrichter gemeinsam mit bestimmten Bürgern bezeugt, legen den Schluß nahe, in diesen Zeugen Genannte zu erblicken. Gemäß dem Stadtrecht waren aus dem Kreis der Genannten jene vier „Schlüsselherren" zu wählen, die je einen Schlüssel zum Stadtsiegel als dem wichtigsten Beurkundungsmittel verwahrten. Den fünften Schlüssel hatte der Stadtrichter inne, der aber so bei der Ausstellung wichtiger Urkunden an die Mitwirkung der Schlüsselherren gebunden war. Mit dieser Differenzierung innerhalb der Genannten wird bereits jene Entwicklung angedeutet, die im 14. Jahrhundert zur Bildung eines kleineren „inneren Rates" aus den Reihen des größeren äußeren Stadtrates führte.[183]

Das Stadtgericht mit dem Stadtrichter und den Genannten trat ursprünglich unter Laubengängen an der Nordseite der Michaelskirche zusammen, die als Gerichtslauben dienten. Als Erzbischof Friedrich III. 1328 in der ältesten Salzburger Landesordnung die Abhaltung von Gerichtsversammlungen bei Kirchen untersagte, sah sich die Salzburger Bürgerschaft veranlaßt, ein eigenes Gerichtshaus, etwa an der Stelle des heutigen Hauses Waagplatz Nr. 1, zu erbauen. Vor diesem Gerichtshaus befand sich die Schranne, auf der dann das Stadtgericht unter dem Vorsitz des Stadtrichters tagte. Seit dem 14. Jahrhundert sind uns Berichte darüber überliefert, wie der Stadtrichter in offener Schranne Zivilprozesse leitete und Urteile fällte.[184]

Die wachsende Bedeutung der Genannten läßt sich in den Jahrzehnten nach dem Sühnebrief gut verfolgen. Als Erzbischof Konrad IV. 1297 zu den entscheidenen Friedensverhandlungen mit König Albrecht I. nach Wien reiste, wurde er von vier Bürgern der Stadt Salzburg begleitet.[185] Diese entstammten sicher den Reihen der Genannten, wahrscheinlich waren es die vier Schlüsselherren. Der Stadtrichter, die Genannten und die Bürgergemeinde *(iudex, iurati et universitas civium)* der Stadt Salzburg richteten

1312 ein Schreiben an Papst Clemens V; die darin verwendete Bezeichnung „Geschworene" weist deutlich auf die ursprüngliche Funktion der Genannten als Beisitzer im Stadtgericht hin.[186] Im Salzburger Stadtrecht des 14. Jahrhunderts ist schließlich die allmähliche Entwicklung des Kollegiums der Genannten hin zum Stadtrat zu fassen. Es heißt dort bereits im ersten Artikel, daß der Stadtrichter nach dem Rat der Genannten und des (Stadt-)Rates richten soll.[187]

Der neunte Artikel des Stadtrechts weist mit der Bestimmung, daß jeder Bürger zur Verteidigung der Stadt verpflichtet sei und dazu einen eigenen Harnisch besitzen müsse, auf eine der wichtigsten Pflichten des mittelalterlichen Bürgertums hin. Dieser Artikel steht in unmittelbarer Verbindung mit der damals erneuerten und verstärkten Ummauerung der Stadt.

Die Bedeutung des ältesten Salzburger Stadtrechts, das als zweiter Teil des Sühnebriefs für alle Städte des Erzstiftes Geltung erhielt, geht schließlich noch daraus hervor, daß die darin enthaltenen Bestimmungen zur Gänze in die älteste Salzburger Landesordnung des Jahres 1328 aufgenommen wurden.[188] Größere Teile des Sühnebriefs haben auch noch in das umfangreiche Salzburger Stadtrecht des 14. Jahrhunderts, das in Form eines Weistums aufgezeichnet wurde, Eingang gefunden.[189]

V. ZWISCHEN KAISER UND ERZBISCHOF – DER KAMPF DER BÜRGERSCHAFT UM SELBSTVERWALTUNG UND POLITISCHE MITBESTIMMUNG (1287–1524)

Rudolf von Hohenegg blieb auch als Erzbischof noch Kanzler König Rudolfs I. von Habsburg. Trotzdem kam es zu heftigen Auseinandersetzungen mit dem Sohn des Königs, Herzog Albrecht I. von Österreich und Steiermark, der Salzburger Güter im Ennstal und der Obersteiermark besetzte. Im Verlauf der Kämpfe wurde 1289 die Salzburger Stadt Friesach in Kärnten völlig niedergebrannt. Da die mächtigsten Salzburger Ministerialen von ihm abfielen und in die Dienste Herzog Albrechts traten, mußte Erzbischof Rudolf nachgeben. Im Frieden von Wien verzichtete er 1290 auf die Vogtei über das steirische Kloster Admont.[1] Damit schien auch der Besitz der Stadt Radstadt, das auf Admonter Grund errichtet und 1289 mit dem Salzburger Stadtrecht begabt worden war, gefährdet.[2]

Bedingt durch den scharfen Gegensatz zu den Habsburgern wählten nach dem Tode Rudolfs von Hohenegg 1290 Domherren und Ministerialen den jungen Herzog Stephan von Niederbayern aus dem Hause der Wittelsbacher zu dessen Nachfolger. Bischof Konrad von Lavant, der die Salzburger Gesandtschaft nach Rom führte, setzte dort aber seine eigene Wahl zum Erzbischof durch. Er entstammte dem Salzburger Ministerialengeschlecht der Fohnsdorfer (in der Steiermark) und erwies sich in den folgenden Jahren als energischer und zielstrebiger Herrscher. Dienstmannen und Bürger in Salzburg waren aber nicht bereit, den unerwarteten Ausgang ihrer Wahlgesandtschaft einfach hinzunehmen. Sie verbündeten sich mit Herzog Otto III. von Niederbayern und räumten diesem das Bürgerviertel an der Porta samt dem Turm, der zur ehemaligen Pfalz gehörte, ein. Erzbischof Konrad ließ sich vom Papst eine Bulle ausstellen, in der allen, die ihm den Gehorsam verweigerten, kirchliche Strafen angedroht wurden. Erst dann kehrte er, gestützt auf ein stattliches Gefolge aus steirischen und Kärntner Rittern, nach Salzburg zurück und zwang die Bürgerschaft zur Huldigung. Bei dieser Gelegenheit ließ er die Pfalz, die erneut dem bayerischen Herzog als Stützpunkt gedient hatte, samt den Turm zerstören und errichtete an ihrer Stelle ein festes Haus.[3]

Der Gegensatz zu den Wittelsbachern konnte rasch beigelegt werden. An seine Stelle trat ein Bündnis gegen Herzog Albrecht I., in das auch Grafen und Dienstmannen der Steiermark einbezogen wurden. In wechselvollen Kämpfen, die zu einer erneuten Brandschatzung der Stadt Friesach führten, behielt Herzog Albrecht I. schließlich die Oberhand.[4] Nach einem Friedensschluß in Linz 1293 kam es zwei Jahre später zu erneuten Auseinandersetzungen. Erzbischof Konrad, der sich die Unterstützung König Adolfs von Nassau gesichert hatte, ließ durch hundert Berittene sowie durch Bürger von Salzburg und Hallein die von Herzog Albrecht errichtete Saline im oberösterreichischen Gosau zerstören. Er erblickte in ihr eine ernste Konkurrenz für den Halleiner Salzbergbau.[5] Obwohl die zweimonatige Belagerung Radstadts im Sommer 1296 durch österreichische Truppen erfolglos blieb, mußte Erzbischof Konrad IV. schließlich beigeben.

Im September 1296 trat er die schwere Reise zu Herzog Albrecht nach Wien an. Dorthin begleiteten ihn vier Domherren, vier Dienstmannen und erstmals auch vier Bürger der Stadt Salzburg, wahrscheinlich die vier Schlüsselherren. Daraus wird ersichtlich, daß neben dem Domkapitel und dem Adel auch das aufstrebende Bürgertum der Hauptstadt Anteil an der Politik erhielt. Der Friede von Wien 1297 brachte für Salzburg zwar empfindliche Besitzverluste in der Steiermark, stellte aber auch die politischen Weichen für die folgenden Jahrhunderte. Das Erzstift Salzburg schloß sich seitdem immer enger an die Habsburger an und fand bei diesen Unterstützung in den langwierigen Auseinandersetzungen und Grenzstreitigkeiten mit den Wittelsbachern.[6]

Erzbischof Konrad selbst wurde vom einstigen „Hauptfeind" Herzog Albrechts zu dessen Bundesgenossen und persönlichem Freund. Auch nach der Ermordung Albrechts I., der seit 1298 König war, hielt Konrad dessen Söhnen die Treue. Als der Erzbischof am 25. März 1312 starb, brach übrigens in der Stadt Salzburg kurz nach seiner Beisetzung ein großer Brand aus, der den Dom schwer in Mitleidenschaft zog.[7]

Die Schlacht bei Mühldorf (1322) und die Trennung Salzburgs von Bayern

Konrads Nachfolger Weichart von Polheim sah sich mit der Auseinandersetzung um die deutsche Königskrone zwischen Friedrich „dem Schönen" von Österreich aus dem Geschlecht der Habsburger und dem Wittelsbacher Ludwig dem Bayern konfrontiert. Er hielt an dem Bündnis mit Österreich fest und führte Herzog Friedrich seine Braut, Isabella von Aragon, zu. Die spanische Königstochter wurde mit dem harten Leben in den Bergen konfrontiert, als sie ihren Weg mitten im Winter von den Vorlanden aus über die Stadt Salzburg in den Lungau nahm.[8] Bald nach der Doppelwahl des Jahres 1314 von Friedrich dem Schönen als Gegenkönig zu Ludwig dem Bayern ist Erzbischof Weichart verstorben.

Friedrich von Leibnitz, der 1315 zum Erzbischof gewählt wurde, hat das Bündnis mit den Habsburgern erneuert. In den langwierigen Auseinandersetzungen um die Königskrone gewährte er Friedrich dem Schönen wiederholt militärische Unterstützung. Am 28. September 1319 hat er im vereinigten Heerlager der Österreicher und Salzburger bei Mühldorf am Inn nicht weniger als 60 Gefolgsleute zu Rittern geweiht. Zu ihnen zählten neben Vertretern der Ritterschaft aus der Umgebung von Salzburg wie den Thurnern, Radeckern und Haunspergern auch zahlreiche Schiffherren aus der Stadt Laufen, die dort als „Ritterbürger" den Stadtadel bildeten.[9] Das städtische Patriziat war damals dem niederen Adel noch durchaus gleichgestellt und dementsprechend „ritterfähig". Der Erzbischof selbst hat zwei Jahrzehnte später, 1336, den Bürgern der Stadt Salzburg ausdrücklich das Recht bestätigt, im Gericht über Eigen- und Lehenbesitz zu urteilen und selbst Lehen zu empfangen.[10]

Das für den 29. September 1319 angesagte Treffen bei Mühldorf fand jedoch nicht statt, weil die zahlenmäßig unterlegenen Bayern vorher das Weite suchten. Als es drei Jahre später, am 28. September 1322, bei Mühldorf wirklich zur Schlacht kam, erlitten König Friedrich der Schöne und die mit ihm verbündeten Salzburger Truppen eine vernichtende Niederlage. Der Großteil des Salzburger Kontingents, das vor allem aus angeworbenen Soldrittern bestand, geriet in Gefangenschaft und mußte in den folgenden Jahren um enorme Beträge freigekauft werden.[11] Zwei Jahre später fielen Stadt und Festung Tittmoning durch Verrat in die Hände der Bayern. Ihr nächtlicher Überfall auf Tittmoning führte die bayerischen Truppen bis vor die Tore Salzburgs. Die Auslösung der wichtigen Grenzstadt Tittmoning um die hohe Summe von 6500 Pfund Salzburger Pfennigen überforderte in Verbindung mit den hohen Lösegeldzahlungen selbst die Finanzen des reichen Erzbistums.[12]

Bis dahin hatten die Abgaben, die der Erzbischof von seinen eigenen Grundherrschaften, dem sogenannten Hofurbar, bezog und die beträchtlichen Einkünfte aus dem Salzhandel zur Deckung der Ausgaben und Kaufgeschäfte vollkommen gereicht. Jetzt sah sich Erzbischof Friedrich III. veranlaßt, zunächst bei der hohen Geistlichkeit, dem Bischof von Chiemsee und den Salzburger Klöstern, eine außerordentliche Geldaushilfe *(subsidium caritativum)* einzuheben und mit Zustimmung des Adels eine außerordentliche „Schatzsteuer" auszuschreiben, die von den Eigenleuten der weltlichen Grundherren zu leisten war. Der Erzbischof mußte sich 1327 in einem „Schadlosbrief" urkundlich verpflichten, künftig keine derartigen Steuern mehr einzufordern.[13]

Auf Drängen des Adels, der durch die Niederlage bei Mühldorf schwerste Verluste erlitten hatte, erließ Friedrich III. am 29. September 1328 ein erstes umfassendes Gesetz für „seine Herrschaft". Obwohl darin nur von *landen, leuten und gebieten* gesprochen wird, war dieses Gesetz seiner Intention nach eine erste Salzburger „Landesordnung". Von den insgesamt 47 Artikeln sind mehr als die Hälfte teils wörtlich, teils sinngemäß aus den bayerischen Landfrieden des 13. Jahrhunderts übernommen. Dazu kommen acht Artikel aus dem „Sühnebrief", dem Salzburger Stadtrecht des Jahres 1287 sowie einzelne Bestimmungen aus den Stadtrechten von Landshut (1279) und Passau.[14]

Es ging dem Erzbischof also nicht darum, wirklich neues Recht zu schaffen, sondern er verließ mit diesem Gesetz demonstrativ die alte Rechts- und Friedensgemeinschaft der bayerischen Landfrieden. Damit sollte – vor allem auf Drängen des Adels, der diese „Landesordnung" in Verwahrung nahm[15] – auch die Trennung des geistlichen Fürstentums Salzburg als eigenes Land von seinem „Mutterland" Bayern durchgesetzt werden. Dieses Ziel wurde rasch erreicht. Hatten die Erzbischöfe bis zum Erlaß der „Landesordnung" und in den unmittelbar darauf folgenden Jahren sehr deutlich zwischen dem „Land der Herzoge von Bayern" und ihren eigenen „Herrschaften und Territorien" oder auch „Grafschaften, Gerichten und Vogteien" unterschieden, so schrieb Erzbischof Heinrich von Pirnbrunn 1342 der von ihm erlassenen Bergordnung für Gastein und Rauris ausdrücklich Gültigkeit in seinem „Land" zu.[16] Die Stadt Salzburg war damit nicht nur Metropolitansitz für Bayern und Residenz eines geistlichen Fürsten, sondern auch die Hauptstadt eines eigenen Landes unter erzbischöflicher Herrschaft.

Mit der Einhebung der Schatzsteuer war die finanzielle Krise, die sogar zur Verpfändung der Burghauptmannschaft von Hohensalzburg und des Vizedomamts Salzburg geführt hatte, rasch gemeistert worden. Das Aufblühen des Bergbaus auf Gold und Silber im Gastein-Rauriser-Revier eröffnete dem Erzbischof, dem der zehnte Kübel Erz als „Frone" und das Recht auf verbilligten Einkauf des Edelmetalls für die Münzprägung als „Wechsel" zustand, neben der Salzproduktion eine zweite wichtige Einnahmequelle.[17]

Die Außenpolitik blieb weiterhin vom Bündnis mit den Habsburgern bestimmt, die der Erzbischof bei der Erwerbung Kärntens 1335 tatkräftig unterstützte. Kaiser Ludwig der Bayer, der im folgenden Jahr einen Kriegszug gegen Österreich unternahm, überschritt mit seinen Truppen bei Liefering die Salzach, womit die Umgebung der Stadt zum Kriegsschauplatz wurde. Erzbischof Friedrich III. verhielt sich in dieser Situation allerdings neutral, so daß dem Land größere Schäden erspart geblieben sind.[18]

Unter seinem Nachfolger, Heinrich von Pirnbrunn (1338–1343), kam es in der Stadt Salzburg zur ersten überlieferten Ketzerverbrennung. Ein Priester namens Rudolf, der im Salzburger Dom einen Kirchenfrevel begangen hatte und wohl ein Geistesgestörter war, mußte den Feuertod hinnehmen. Wenige Jahre nach diesem traurigen Ereignis war bereits eine namhafte Gruppe der Salzburger Stadtbevölkerung der Verfolgung und Verbrennung ausgesetzt: Die Juden. Ihre Zahl und Bedeutung hatte in der ersten Hälfte des 14. Jahrhunderts beträchtlich zugenommen. Die Juden Samuel (um 1325) und Aaron, der sogar ein eigenes Siegel besaß, konnten bedeutende Summen verleihen.[19] In dieser Entwicklung brachte das „große Sterben", die Pestpandemie 1348/49, eine plötzliche Wende. Zu Beginn des Jahres 1348 hatte die Pest Venedig erreicht, war von dort über

Siegel des Juden Aaron von Salzburg an einer Urkunde des Jahres 1335 im Haus-, Hof- und Staatsarchiv, Wien.

Kärnten gegen Jahresende ins Salzburger Gebirge vorgedrungen und suchte 1349 von Österreich aus das Salzburger Flachland heim. Auch wenn für diese Zeit exakte Zahlenangaben fehlen, waren die Menschenverluste enorm. Auf dem Land fielen etwa 30 bis 40 Prozent der Bevölkerung dem „Schwarzen Tod" zum Opfer, in den Städten werden es nicht weniger gewesen sein.[20]

Die verbreitete Legende von der Brunnenvergiftung durch die Juden als Ursache der Pest war auch in Salzburg Anlaß zu einem großen Pogrom, dem die erste Judengemeinde der Stadt zum Opfer fiel. Nur wenige Juden konnten ihr Leben durch die Annahme der Taufe retten.[21] Trotz dieses schweren Rückschlags setzte wenige Jahre später die Wiederansiedlung der Juden erneut ein. Die Nennung eines jüdischen Schulmeisters in der Stadt Salzburg 1372 läßt auf eine funktionierende Schulgemeinde schließen. Auch die Synagoge (am Anfang der Judengasse im späteren Höllbräu, heute Hotel Radisson), die 1349 in christlichen Besitz übergegangen war, konnte einige Jahrzehnte später von reichen Juden, die zu wichtigen Geschäftspartnern des Erzbischofs geworden waren, zurückerworben werden.[22]

Erzbischof Ortolf (1343–1365), der dem Bamberger Dienstmannengeschlecht der Weißenecker (in Kärnten) entstammte, sah sich bald darauf in die langwierigen Kämpfe verwickelt, die sich um den Besitz des Nachbarlandes Tirol zwischen Habsburgern, Wittelsbachern und Luxemburgern entspannen. Obwohl sich damit die Einkreisung Salzburgs durch die habsburgischen Länder immer stärker abzeichnete, hat der Salzburger Erzbischof die Ansprüche des Herzogs Rudolf IV. von Österreich energisch unterstützt. Für Rudolf „den Stifter" war es von entscheidendem Vorteil, daß er durch das Land Salzburg rasch nach Tirol gelangen konnte. In den Jahren 1359, 1362 und 1363 hat er sich mehrfach in Salzburg aufgehalten und in der Stadt auch Urkunden ausgestellt.[23] Im Verlauf dieser Kämpfe um Tirol, die im Herbst 1363 ausbrachen, wurde die weitere Umgebung der Stadt Salzburg, vor allem der heutige Flachgau und der Rupertiwinkel, von bayerischen Truppen verwüstet. Die Stadt selbst war davon aber nicht unmittelbar betroffen.

Die Bürger schaffen sich ein neues Recht – Das Stadtrecht als Weistum

Das Buch erzählt von den Rechten und Ehren der Bürger und der Stadt Salzburg, wie sie von alters hergekommen sind mit Gunst, Rat und Hilfe der seligen Fürsten, die ihre Gnade dazu erteilt haben.
Das rechte Buch der Christenheit (die Bibel) sagt, daß geistliche Fürsten Pfleger der Wahrheit, des Friedens und des Glaubens sind und ein Abbild des Amtes der christlichen Heiligkeit und der guten Werke. Vernehmt nun vom Recht der Stadt Salzburg, der Bürger und der Gemeinde.

Mit diesen Worten, die aus dem schwer verständlichen Mittelhochdeutsch in modernes Deutsch übertragen wurden, beginnt eine umfangreiche, in insgesamt 131 Artikel gegliederte Rechtssammlung.[24] Salzburg, die älteste Stadt auf dem Boden des heutigen Österreich, zog damit gegenüber jüngeren Städten wie Wien und Enns, die bereits 1198 und 1220 umfangreiche schriftliche Stadtrechte erhalten hatten,[25] nach. Die älteste Handschrift des Stadtrechts, im Stadtarchiv aufbewahrt, wurde wahrscheinlich gegen Ende des

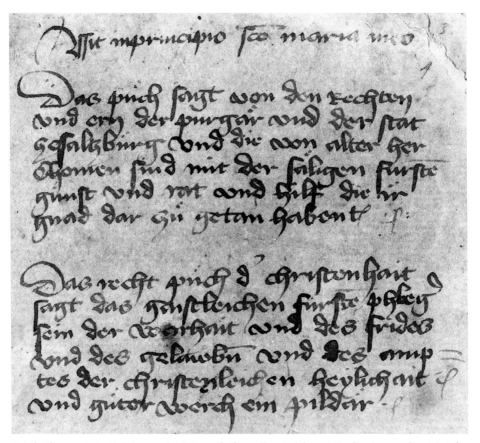

Die beiden ersten Artikel des von der Bürgerschaft erstellten Salzburger Stadtrechts aus dem 14. Jahrhundert. Handschrift im AStS. (Buchförmige Archivalien Nr. 1a)

14. Jahrhunderts niedergeschrieben; sie trägt (nach dem Stadtrecht) die Jahreszahl 1368. Deshalb wurde dieses Salzburger Stadtrecht lange als ein Gesetz des energischen Erzbischofs Pilgrim II. von Puchheim, der es 1368 schriftlich fixieren ließ, angesehen.[26]

Betrachtet man den „Sühnebrief" des Jahres 1287, der als Siegelurkunde des Erzbischofs Rudolf von Hohenegg ausgestellt wurde,[27] und die umfangreiche Stadt- und Polizeiordnung[28] des Kardinals Matthäus Lang aus dem Jahre 1524, dann fällt ein Unterschied sofort auf: Das Stadtrecht trägt weder Namen noch Siegel eines Erzbischofs, sondern es berichtet von den „Rechten und Ehren der Bürger und der Stadt Salzburg", die angeblich mit Zustimmung der Erzbischöfe in dieser Form zusammengestellt worden waren. Auch der Satz „Nun hört vom Recht der Stadt Salzburg, der Bürger und der Gemeinde" als eine direkte Anrede an einen Kreis von Zuhörern weist deutlich auf den Charakter des Stadtrechts hin: Es war eine Rechtssammlung in der Form eines Weistums, das – ähnlich, wie das auch für die erzbischöfliche Stadt Mühldorf am Inn bezeugt ist[29] – ein- bis zweimal im Jahr öffentlich verlesen wurde, um die Genannten in ihre Aufgaben als Gerichtsbeisitzer bzw. Geschworene im Stadtgericht einzuführen. Gleichzeitig sollten damit auch die großjährigen männlichen Bürger, aus denen sich die Gerichtsgemeinde der Stadt zusammensetzte, das geltende Recht kennenlernen und es sich, da kaum einer des Lesens mächtig war, durch wiederholtes Anhören einprägen.[30]

Die Bezeichnung „Weistum" ist zwar eine Neuschöpfung der Historiker, bringt aber den Charakter dieser Art von Rechtsquellen gut zum Ausdruck. Man war der Überzeugung, daß es für alle Rechtsfragen ein geltendes Gewohnheitsrecht gab, das durch die Aussage rechtskundiger Männer – in diesem Fall der Genannten als Mitglieder des Stadtrats – nur „gewiesen" werden mußte. Es ist bezeichnend, daß eine derartige Rechtssammlung im 14. Jahrhundert auf der Initiative der Bürger beruhte, in einer Zeit des Niedergangs der landesfürstlichen Macht, bevor Erzbischof Pilgrim II. von Puchheim die Zügel seiner Herrschaft wieder straff anzog. Das Stadtrecht als Weistum kennzeichnet damit eine erste Phase politischer Mitbestimmung der Bürgerschaft, die am Ende des 14. Jahrhunderts aber wieder unterdrückt wurde, und nach der Mitte des 15. Jahrhunderts einen neuen Höhepunkt erreichen sollte. Daß es neben dem von der Bürgerschaft zusammengestellten Stadtrecht kein gleichzeitiges erzbischöfliches Gesetz gab, geht aus der fast wörtlichen Übernahme des Salzburger Stadtrechts in das Stadtbuch von Radstadt hervor. Der autoritäre Erzbischof Leonhard von Keutschach hat deshalb auch nur die „Landesordnung" des Jahres 1328 und nicht das „bürgerliche" Salzburger Stadtrecht in das 1498 angelegte Privilegienbuch der Stadt Salzburg aufgenommen.[31]

Der Charakter des Stadtrechts als Weistum wird nicht nur durch den relativ unübersichtlichen Aufbau, sondern vor allem durch die mehr oder weniger wörtliche Übernahme von Einzelbestimmungen aus anderen, teilweise viel älteren Stadtrechten, deutlich. An „bodenständigem" Salzburger Recht zählten dazu größere Teile des Sühnebriefs von 1287, die teils wörtlich, teils sinngemäß in das Stadtrecht übertragen wurden.[32] Noch stärker ist der Einfluß der „Landesordnung" Erzbischof Friedrichs III. aus dem Jahre 1328 zu spüren. Daneben finden sich einzelne Anklänge an bayerische Stadtrechte, vor allem an jene von Regensburg, von Landshut 1279 und von München 1294. Der verstärkten Hinwendung zu Österreich, nicht nur im Bereich der Politik, sondern auch im Rechtswesen, die nach der Schlacht von Mühldorf 1322 eingesetzt hatte, entspricht die fast wörtliche Übernahme von zahlreichen Bestimmungen aus dem Wiener Stadtrecht des Jahres 1220, die in der „Landesordnung" des Jahres 1328 noch nicht auftauchen.[33]

Da das Stadtrecht mit der Übernahme der Wiener Artikel bis ins frühe 13. Jahrhundert zurückgreift und aus sehr unterschiedlichen Partien zusammengesetzt ist, kann nicht von einer einheitlichen Abfassungszeit gesprochen werden. Zusammenstellung und Niederschrift waren zum Großteil wohl in jenem Jahr 1368 abgeschlossen, das am Ende der Handschrift genannt wird. Der Artikel 130 weist allerdings auf ein Handelsprivileg König Ludwigs von Ungarn hin, mit dem er erst 1371 den Salzburger Bürgern besondere Freiheiten für den Tuchhandel nach Ofen gewährte. Die einzelnen Handschriften des Stadtrechts enthalten durchwegs noch spätere Zusätze, die vor allem Handel und Gewerbe betreffen (Artikel 134–140) und wahrscheinlich nach 1402 anzusetzen sind.[34]

Der etappenweise Aufbau dieser Rechtssammlung ist auch daran zu erkennen, daß sich trotz sichtlicher Bemühung um eine gewisse Systematik einzelne Komplexe in größerem Abstand wiederholen und einzelne Artikel in fast wörtlicher Übereinstimmung ein zweites Mal auftauchen (z. B. Artikel 24 und 120). Legt man eine großzügige Betrachtungsweise zugrunde, dann läßt sich das Stadtrecht in die folgenden inhaltlichen Abschnitte gliedern:[35]

1. Stadtverfassung und Freiheitsrechte der Bürgerschaft (Artikel 1–19)
2. Landfriedenssätze mit besonderer Berücksichtigung von kirchlichen Vorschriften und Bestimmungen des Pfandrechts (Artikel 20–42)
3. Strafrecht (Artikel 43–64)
4. Gerichtsverfahren (Artikel 65–75)
5. Pfand und Bürgschaft (Artikel 76–78)
6. Gewerberecht (Artikel 79–80)
7. Anfangsklage am Beispiel des Pferdediebstahls (Artikel 81)
8. Steuern (Artikel 82–85)
9. Gerichtsverfahren (Artikel 86–90)
10. Einzelbestimmungen (Artikel 91–93)
11. Strafrecht (Artikel 94–120)
12. Nachträge: Privilegien der Stadt und der Bürgerschaft, Handwerksordnungen, städtische Bedienstete, Salzfuhren, Ungeld und Zusätze

Hier sollen nur jene Artikel herausgegriffen werden, an denen die politische Entwicklung und die Ansätze zu einer bürgerlichen Selbstverwaltung deutlich abzulesen sind. Erstmals wird der Stadtrat erwähnt, der gemeinsam mit den Genannten das Stadtgericht besetzt. Die insgesamt zwölf Genannten sollten wöchentlich zu den Ratssitzungen zusammentreten und schwierige Aufgaben notfalls mit Hilfe des Erzbischofs lösen.[36] Fünf Schlüsselherren, zu denen im Gegensatz zu 1287 nicht mehr der Stadtrichter zählte, verwahrten das Stadtsiegel, durften es aber nur mit Zustimmung des Richters und der Genannten benützen. Geldbußen konnten nur auf Beschluß der Genannten und in Gegenwart des Stadtrichters verhängt werden.[37] Zu den Aufgaben der Bürger zählte es, die vier Türme auf dem Mönchsberg und alle Stadttore in Verteidigungsbereitschaft zu halten. Die anfallenden Baukosten sollten aus dem dafür gewidmeten Ungeld, einer städtischen Maut, bestritten werden.[38]

Auffallend ist an diesen ausführlichen Bestimmungen über die politischen Rechte der Bürger, daß kein Bürgermeister genannt wird. Falls es dieses nach dem Stadtrichter wichtigste Amt in der Stadtverwaltung bei der Aufzeichnung des Stadtrechts wirklich noch nicht gab, muß es kurz darauf geschaffen worden sein. Im Jahre 1374 wird nämlich erstmals ein Bürgermeister der Stadt Salzburg, Konrad Taufkind, genannt: An ihn erinnert der monumentale Grabstein in der Marienkapelle von St. Peter.[39]

Unter den bürgerlichen Freiheitsrechten wurde das 1337 verliehene Privileg der Bürger, über Lehen und Eigen zu richten und selbst Lehen empfangen zu dürfen, erneut aufgenommen.[40] Über die unerhört wichtige Bestimmung, daß alle Bürger, Frauen und Männer, uneingeschränkt Ehen mit Bürgern anderer Fürsten und Herren schließen und in deren Städte ziehen durften, hat sich Erzbischof Pilgrim II. von Puchheim bald darauf wieder hinweggesetzt.[41] Damit kommt deutlich zum Ausdruck, daß die leibrechtliche Abhängigkeit der Bürger vom Stadtherrn – im Gegensatz zu anderen Städten – in Salzburg immer noch nicht erloschen war.

Großer Wert wurde auch auf den Schutz der Frauen gelegt. Auf Notzucht stand nach wie vor die Todesstrafe, und ein Diener, der mit der Frau, der Schwester oder der Tochter seines Herrn Geschlechtsverkehr trieb, sollte als Treubrüchiger enthauptet werden.[42] Einer Witwe kam das Recht zu, die Vormundschaft über ihre Kinder zu führen und deren Vermögen zu verwalten.[43] Im Gegensatz dazu waren das Gesinde und die fahrenden Leute gleichsam schutzlos: Knechte und Mägde konnten von ihrem Herrn ebenso wie herumstreifende Knaben, Spielleute und Dirnen mit Knüppeln straflos blutig geschlagen werden.[44]

Da das Salzburger Stadtrecht des 14. Jahrhunderts bisher nur an entlegener Stelle gedruckt wurde[45] und die in mittelhochdeutscher Sprache gefaßten Rechtsbestimmungen schwer verständlich sind, wird im Anhang erstmals der gesamte Text in modernem Deutsch wiedergegeben.[46] An die umfangreichen Bestimmungen des eigentlichen Stadtrechts mit 129 Paragraphen schließen noch weitere zehn Artikel an, die teilweise später hinzugefügt wurden. Sie betreffen wichtige Urkunden (130–133), setzen die Löhne der städtischen Abmesser (134) und der Faßzieher (136) fest, die Abgaben der Bäcker für die Burghut der Türme auf dem Mönchsberg (135), und schließlich die Mautsätze für alle Waren, die Händler auf Schiffen, Fuhrwerken oder Karren in die Stadt brachten.[47] Insgesamt bietet das Stadtrecht einen genauen Einblick in die politischen, sozialen und wirtschaftlichen Verhältnisse der Stadt. Die Selbstverwaltung der Bürger war – zumindest nach den Einzelbestimmungen des Stadtrechts – relativ weit gediehen, wurde aber in den folgenden Jahrzehnten von den Erzbischöfen wieder zunehmend eingeschränkt.

Kriegsmann oder Poet? – Erzbischof Pilgrim II. und die Bürgerschaft

Erwach in liber sach dein ärmlin rek
dein füslin strek
ich wek dich aus der dek dein hercz enplek
und brüstlin wolgestalt
dy dem armen tun dy nacht gewalt
dein haup enpör und hör das wunderlich geschell
wy dein gesell dich weken well
frau ich betracht all tag und nacht den libsten anevang
wy mich betwang liblich scherczen in dem herczen
da ich den libsten wechsel traib
so das mein hercz pey dir belaib
des wechsels ich her wider wart
von dir mein libstes freulein zart
und han all vart
dich pey mir in meins herczen grund

Erwache liebesfroh. Die Arme reck,
die Füße streck.
Ich wecke dich, nehm dir die Decke weg, entblöß
dein Herz und deine schönen Brüste,
die in der Nacht Begierden wecken.
So heb den Kopf, gib acht auf die besondere Musik,
mit der dein Freund dich wecken will.
Ich denke Tag und Nacht daran, wie unser Glück
begann, wie mich das Liebesspiel gefangennahm
als wir die Herzen tauschten
und mein Herz bei dir blieb.
Jetzt hab ich keins und wart auf deins,
du schönes, liebes Mädchen
und immer bist du
wo ich bin, bei mir der Herzensgrund.

Diese Verse samt der dazugehörenden Melodie verfaßte der Mönch von Salzburg, der wohl beliebteste und erfolgreichste deutsche Dichterkomponist des Spätmittelalters. Seine insgesamt 57 weltlichen und 49 geistlichen Lieder sind in mehr als 100 Handschriften überliefert.[48] Obwohl den Texten zu entnehmen ist, daß er am Hof des Salzburger Erzbischofs Pilgrim II. von Puchheim wirkte, ist bis heute nicht geklärt, wer sich hinter dem Mönch von Salzburg verbirgt. Am erzbischöflichen Hof schufen damals verschiedene Kleriker, von denen die Namen Hermann, Hans und Martin überliefert sind, aber auch die Dichterkomponisten Jakob von Mühldorf und Peter von Sachsen, geistliche und weltliche Lieder. Es wurde aber auch vermutet, daß niemand anderer als Erzbischof Pilgrim II. selbst der Mönch von Salzburg gewesen sei.[49] Darauf scheint ein weiteres Lied aus der Feder des Mönchs hinzudeuten. Die entscheidenden Passagen, in modernes Deutsch übertragen, lauten folgendermaßen:[50]

Dem liebsten und dem schönsten Weib
Schloß Freudensaal ist ihm ergeben
send ich den Brief worin ich schreib
den Wunsch nach seinem Glück und Segen
Du Anfang aller Zärtlichkeit
du weißt mit Herz und Kopf wär ich bereit und weit
vor Sehnsucht dehnt sich mir die Zeit

Noch niemals hab ich so geliebt
Ich freu mich sehr daß es dich gibt

Schreib deine Antwort liebe E
dem Pilgrim der die Sehnsucht hat
Im Jahre römisch M drei C
und zweiundneunzig ganz genau.

Im vollkommenen Gegensatz zu diesem Bild eines erfolgreichen und beliebten Lyrikers, dessen geistliche Lieder sich durch eine tiefe Marienverehrung auszeichnen, steht allerdings der Kriegsmann Pilgrim von Puchheim. Als Erzbischof ist er wiederholt an der Spitze angeworbener Söldnertruppen ins Feld gerückt und hat sich nach dem Zeugnis des italienischen Chronisten Gatari durch seine militärischen Fähigkeiten ausgezeichnet.[51] Mit den Stimmen der österreichischen Partei im Domkapitel, die sich damals gegen die Bayern durchsetzte, zum Erzbischof gewählt, war Pilgrim II. (1365–1396) der letzte Salzburger Landesfürst des Mittelalters, der noch einmal entscheidend in die europäische Politik eingriff. Er löste zunächst die enge Verbindung zu den Habsburgern und blieb in den Kämpfen zwischen Bayern und Österreich um den Besitz von Tirol neutral. Er weigerte sich auch, im Krieg der Habsburger gegen Venedig die Salzburger Alpenpässe zu sperren.[52] Gerade die Kaufmannschaft der Stadt Salzburg, die ihre wichtigsten Einkünfte aus dem Handel nach Venedig bezog, wäre von einer derartigen Straßensperre am stärksten betroffen worden. Im Verlauf seiner wechselnden Bündnispolitik hat Pilgrim II. aber später die Habsburger wieder unterstützt und an einem Kriegszug gegen die Venezianer, die Treviso belagerten, selbst teilgenommen.[53]

Das Land Salzburg erfuhr unter der Regierung Pilgrims seine größte Ausdehnung. Bereits 1379 konnte die große Herrschaft Itter mit dem Markt Hopfgarten sowie Besitzungen um Partschins (bei Meran) in Südtirol vom Bistum Regensburg angekauft werden. Auch Burg und Herrschaft Mattsee samt dem Markt Straßwalchen erwarb Pilgrim II. 1390 vom Bistum Passau, endgültig aber hat diesen Kauf erst sein Nachfolger Gregor Schenk von Osterwitz 1398 abgewickelt.[54] Grundlage für die kostspielige Expansionspolitik war der aufblühende Gold- und Silberbergbau, vor allem in den Bergrevieren von Gastein und Rauris. Die reichen Erträge erlaubten es Pilgrim, gestützt auf ein kaiserliches Privileg, als erster Salzburger Erzbischof Goldmünzen, Gulden nach Florentiner Muster, zu prägen.[55]

Sein größter Antrieb aber galt dem Erwerb der Fürstpropstei Berchtesgaden, die seit dem Beginn des 14. Jahrhunderts ein eigenes geistliches Land bildete. In der Zeit der Kirchenspaltung versuchte der Erzbischof mit Hilfe des in Avignon residierenden Papstes, Clemes VII., zu diesem Erfolg zu kommen. Er hegte den ehrgeizigen Plan, König Wenzel aus dem Hause der Luxemburger vom römischen Papst, Urban VI., weg in das avignonesische Lager zu ziehen. Dafür sollte Clemens VII. Berchtesgaden dem Erzbistum Salzburg einverleiben. Dieser Plan ist 1391 endgültig gescheitert, da Wenzel unannehmbare Forderungen stellte.[56]

Die Auseinandersetzung mit den Wittelsbachern um den Besitz von Berchtesgaden spitzte sich gefährlich zu. Pilgrim, der zuvor ein Geheimbündnis mit dem Schwäbischen Städtebund abgeschlossen hatte, traf mit den Herzogen Stefan III. von Oberbayern und Friedrich dem Weisen von Niederbayern zu Verhandlungen in Raitenhaslach zusammen, wurde aber am 27. November 1387 gefangengesetzt. Die Wittelsbacher wollten von ihm den Abschluß eines Bündnisses, die Zahlung von 30.000 Gulden und die Auslieferung der Burgen Kropfsberg im Inntal und Itter (im heutigen Tirol) erpressen.[57]

In dieser Situation zeigte sich aber, daß die bayerischen Herzoge sowohl das von der Landschaft getragene Landesbewußtsein in Salzburg als auch die militärische Kraft des jungen Landes unterschätzt hatten. Der Dompropst Gregor Schenk von Osterwitz übernahm die Verwaltung, warb Truppen an und schloß mit dem Domkapitel, dem Bischof von Chiemsee, dem Abt von St. Peter sowie Vertretern des Adels und der Stadt Salzburg ein Bündnis zur Befreiung des Erzbischofs.[58] Es war das erste Mal, daß neben den Prälaten und dem Adel auch die Stadt Salzburg als eigenständige politische Kraft auftrat und anerkannt wurde. In den damals ausgestellten Urkunden wurde mit Nachdruck vom „Land des Gotteshauses Salzburg" gesprochen, womit das geschlossene Herrschaftsgebiet der Erzbischöfe und der mittelalterliche Personenverband des Gotteshauses verbunden wurden.

Am entschlossenen Auftreten der Landschaft sind die Wittelsbacher bald gescheitert. Sie verfielen samt dem Kloster Raitenhaslach, der Stätte des Überfalls, dem Kirchenbann und dem Interdikt. König Wenzel sagte den Bayern die Fehde an, und der Schwäbische Städtebund verwüstete mit seinen Truppen das Land bis in die Gegend von Regensburg.[59] Erzbischof Pilgrim, der sich nach seiner Freilassung in Kropfsberg aufgehalten hatte, durfte die Regierung erst wieder übernehmen, nachdem er alle erpreßten Zugeständnisse widerrufen hatte. Die folgenden Kämpfe, bei denen er sich erneut als Kriegsmann auszeichnete, endeten mit klaren Erfolgen der Salzburger und ihrer Verbündeten. Nachdem durch Vermittlung König Wenzels 1389 in Prag ein Waffenstillstand geschlossen worden war, kam es 1390 endgültig zum Ausgleich mit Bayern.[60]

Die Bürgerschaft der Stadt Salzburg hatte den Druck der autoritären Regierung Pilgrims II. seit langem zu spüren bekommen. Dieser sah sich bald nach seinem Regie-

Großes Thronsiegel des Erzbischofs Pilgrim II. von Puchheim aus rotem Wachs mit den Wappen des Erzstifts Salzburg und der Puchheimer. (Foto: Oskar Anrather)

rungsantritt mit einer wachsenden Opposition des Adels konfrontiert. Zahlreiche Ritter im Land Salzburg und auch auf den auswärtigen Besitzungen in Bayern, Kärnten und der Steiermark griffen zur damals üblichen Form der Selbsthilfe und sagten dem Erzbischof die Fehde an. Durch die engen Verflechtungen des städtischen Patriziats mit dem landsässigen Adel waren auch etliche Bürgerfamilien der Stadt Salzburg in diese Fehden verwickelt.[61]

Pilgrim II. ließ daraufhin am 17. April 1378 die Bürgerschaft in seine Residenz entbieten. Dort trat er den Vertretern der Gemeinde in Begleitung von Domherren, Rittern und Edelknechten gegenüber und fragte sie, ob sie in seinen Auseinandersetzungen mit den Adeligen des Landes und einigen Bürgern ihm oder der Gegenpartei beistehen wollten. Nach kurzer Beratung erhielt er die Antwort, daß die Bürger sowohl in diesem Fall als auch in anderen Streitfällen ihn und die Salzburger Kirche unterstützen würden. Auf

Verlangen des Erzbischofs, der eine klare Entscheidung wollte, mußten alle geschlossen auf seine Seite treten und dann nochmals durch ein Handzeichen ihre Treue bekräftigen. Jedesmal fiel das Votum für Pilgrim II. einstimmig aus. Zur Sicherheit ließ der Erzbischof diese Abstimmung durch den Notar Herman Purkheimer urkundlich festhalten und von Domherren und Rittern bezeugen. Damit konnte er die Bürgerschaft jederzeit an die Einhaltung ihres Versprechens gemahnen.[62]

Ein Jahrzehnt später versuchte die Bürgerschaft nach ihrem entschlossenen Eintreten für den gefangenen Erzbischof von diesem Zugeständnisse zu verlangen. Es ging vor allem um die bürgerlichen Freiheitsrechte, die Selbstverwaltung und die Privilegien für Handel und Gewerbe, die gegenüber dem Stadtrecht vom Erzbischof deutlich eingeschränkt worden waren. Unter dem Hinweis auf die Wohltaten, die sie dem Erzbischof wiederholt erwiesen hatten, verfaßten sie, wohl im Jahre 1388, eine in 19 Artikeln gegliederte Beschwerdeschrift.[63] Manche der Vorwürfe wirken geradezu ungeheuerlich. So habe der Erzbischof der Stadt die Mitwirkung an der Rechtsprechung entzogen, seinem parteiischen Hofgericht übertragen und auch die Strafgelder, die der Stadt zustanden, für sich vereinnahmt. In deutlichem Gegensatz zum Stadtrecht werde den Kindern von Bürgern die Heirat in fremde Städte verboten und den Bürgern selbst die Verleihung von Lehen vorenthalten. Während sich die Bürger den Schutz außerhalb der Stadt selbst erkaufen müßten, werde sowohl räuberischen Leuten, die im Umkreis der Stadt ihr Unwesen trieben, als auch den Schuldnern der Bürger ohne Wissen und Zustimmung der Stadt freies Geleit gewährt. Der Erzbischof habe die Türme am Mönchsberg, die Klause gegen Mülln und die Stadttore der Bürgerschaft entzogen und mit seinen Leuten besetzt, auch die Sackträger, Abmesser und Faßzieher anstelle der Bürger selbst ernannt.

Feierlicher Einzug eines neugewählten Erzbischofs vom Schloß Freisaal aus in die Stadt Salzburg. Fresko von Hans Bocksberger d. Ä. (?) im Schloß Freisaal. Dargestellt ist wahrscheinlich der Einzug des Erzbischofs Michael von Kuenburg 1558. *(Foto: Oskar Anrather)*

Besonders ausführlich sind die Beschwerden über die Begünstigung fremder Kaufleute, die entgegen den Bestimmungen des Stadtrechts in allen Bereichen Detailverkauf betrieben, Wein ausschenkten und im Wechselgeschäft tätig waren. Den Bürgern hingegen stehe zu Wasser und zu Lande kaum ein Handelsweg offen, auch die Einfuhr von Getreide und anderen Waren sei unterbrochen, das Wechselgeschäft habe ihnen Pilgrim entzogen und an seinen Wechsler übertragen. Schließlich habe der Erzbischof die geringen Mehreinnahmen von 60 Pfund, die bei der letzten Steuereinhebung erzielt und zur Instandsetzung der Stadtbefestigung gewidmet wurden, an sich genommen, sodaß die Verteidigungswerke zunehmend verfielen. Am Ende der Beschwerdeschrift wird in fast drohendem Ton bemerkt, daß der Erzbischof und sein Hofrat damit die Wahrheit erfahren hätten. Im einzelnen wären der Stadt so umfangreiche Nachteile entstanden, daß sie nicht schriftlich fixiert, sondern auf Wunsch dem Erzbischof und dessen Rat mündlich erläutert werden könnten. Der schwere Gegensatz zwischen dem Landesherrn und der Stadt wurzelte vor allem in der Weigerung Pilgrims, das von der Bürgerschaft zusammengestellte Stadtrecht anzuerkennen. Als politischer Pragmatiker suchte er mit allen Mitteln die landesfürstlichen Einkünfte zu steigern. Deshalb verbot er die Heirat von Bürgerkindern, vor allem von reichen Erbinnen, in fremde Städte, um damit einen Vermögensabfluß aus Salzburg zu verhindern. Da die Bürgerschaft innerhalb der Stadt von allen Maut- und Zollabgaben befreit war und im ganzen Land nur ermäßigte Sätze entrichten mußte, förderte der Erzbischof bewußt ausländische Kaufleute, aus deren Tätigkeit ihm wesentlich höhere Abgaben zuflossen. Während die Stadt einen Protektionismus zum Schutz der einheimischen Kaufleute forderte, steigerte der Erzbischof konsequent die Konkurrenz auf dem freien Markt und damit seine eigenen Einkünfte. Der Druck auf die städtische Kaufmannschaft hatte auch zur Folge, daß die Preise für die wichtigsten Lebensmittel in der Hauptstadt Salzburg und in den anderen erzbischöflichen Städten relativ günstig waren. Die zeitgenössischen Chronisten haben das als Verdienst Erzbischof Pilgrims II. gerühmt.[64] Deshalb waren auch weder er noch sein Nachfolger, Gregor Schenk von Osterwitz, bereit, den bürgerlichen Beschwerden nachzugeben.

Nach dem Scheitern seiner Pläne mit Clemens VII. in Avignon ließ sich Pilgrim die Anerkennung des römischen Papstes, zu der er sich gezwungen sah, entsprechend honorieren. Am 16. Juni 1393 hat Bonifaz IX. die Propstei Berchtesgaden dem Gebiet des Erzbistums Salzburg einverleibt,[65] womit Pilgrim sein wichtigstes Ziel erreicht hatte. Daß seine Nachfolger diese Erwerbung gegen den Widerstand der Wittelsbacher nicht lange behaupten konnten, war damals noch nicht abzusehen.

In der Stadt Salzburg hat Pilgrim die erzbischöfliche Hofhaltung ausgestaltet, den romanischen Dom großzügig renoviert und neue Glocken angeschafft.[66] Für sein eigenes Andenken hat er durch die Stiftung der Pilgrimskapelle gesorgt, die 1393 fertiggestellt wurde. Sie lag in der Nordwestecke des Domes, verfügte über sechs Altäre, für die sechs eigene Kaplanstellen geschaffen wurden, und über ein Haus am Residenzplatz. Zu jeder der sechs Kaplanstellen widmete Pilgrim auch die Stelle eines *schulers*, der die Pflicht hatte, „die Messe löblich zu singen". An diese Stiftung erinnert noch heute der Chor der Salzburger Kapellknaben.[67]

Schloß Freisaal, das in dem bereits zitierten Lied des Mönchs von Salzburg 1392 erstmals erwähnt wird, ist wahrscheinlich von Pilgrim II. errichtet worden. Von hier aus hielten, wohl schon seit dem 15. Jahrhundert, die Salzburger Erzbischöfe beim Regierungsantritt hoch zu Roß, im Legatenpurpur und angetan mit allen Würdezeichen, ihren prunkvollen Einritt in die Stadt Salzburg.[68] Pilgrim selbst hat diesen festlichen Zug, der für den 19. Mai 1366 bezeugt ist, noch von einem anderen Ort aus angetreten. Die eingangs gestellte Frage, wer sich hinter dem Mönch von Salzburg verbirgt, ist damit freilich nicht gelöst. Jener Erzbischof, der von den Zeitgenossen als Kriegsmann bezeichnet wird, der gestaltend in die europäische Politik eingriff und sich zum Mittler zwischen Papst und König aufspielen wollte, war mit dem feinsinnigen Lyriker, der die Freuden der fleischlichen Liebe anschaulich beschrieb, wohl kaum identisch. Keine der zahlreichen Handschriften seiner Lieder enthält einen Hinweis auf diese Identität, die doch den Zeitgenossen bekannt gewesen sein mußte. Ein Lied im Namen eines anderen zu schreiben war aber, wie das zitierte Beispiel zeigt, im Spätmittelalter durchaus üblich. Die Lieder des Mönchs, die Oswald von Wolkenstein, Heinrich von Laufenberg und Paul Hofhaymer nachhaltig beeinflußt haben, stehen ihrerseits in Rhythmik, Melodik und Dichtung stark in der französischen Tradition.[69] Erzbischof Pilgrim II. hatte selbst jahrelang in Avignon studiert und dort das Baccalaureat des Kirchenrechts erworben. Vielleicht hat er damals oder in seinen späteren Kontakten zur Kurie in Avignon, vielleicht auch am Hof König Wenzels in Prag,[70] jenen erfolgreichen Lyriker kennengelernt und an seinen Hof gezogen, der uns als „Mönch von Salzburg" ein reiches Liedgut hinterlassen hat.

Igelbund und Judenverfolgung

Erzbischof Gregor Schenk von Osterwitz (1396–1403) setzte die autoritäre, teilweise rücksichtslose Herrschaftspraxis seines Vorgängers Pilgrim von Puchheim fort. Mit dem endgültigen Kauf der Herrschaft Mattsee samt Straßwalchen[71] und der durch König Ruprecht von der Pfalz 1401 erneuerten Einverleibung der Propstei Berchtesgaden[72] gelang es ihm, die Erwerbungen Pilgrims II. von Puchheim zu sichern. Der harte Regierungsstil des Erzbischofs rief jedoch den Widerstand der Landschaft hervor. Sein Versprechen, die Forderungen der Stände zu erfüllen, hatte Gregor nach dem Empfang der Bischofsweihe nicht eingelöst. Deshalb schlossen nach seinem Tod der Salzburger Adel und die Bürgerschaft der Städte Salzburg, Laufen, Tittmoning, Hallein und Radstadt ein Bündnis, um den künftigen Landesfürsten zur Erfüllung ihrer zahlreichen Forderungen zu zwingen.[73] Die Urkunde, mit der sich die Vertragspartner zur Einhaltung des Bündnisses verpflichteten, trägt insgesamt 35 Siegel – eigentlich sollten es 54 sein –, die an allen vier Seiten befestigt sind. Das merkwürdige Aussehen erinnerte schon die Zeitgenossen an die Stacheln eines Igels, weshalb die Urkunde im Volksmund als „Der Igel" und danach der Zusammenschluß als „Igelbund" bezeichnet wurde.[74] Wenn auch zahlenmäßig die Siegel der Ritter und Edelknechte an der am 20. Mai 1403 ausgestellten Urkunde

Igelbundurkunde vom 20. Mai 1403, Original im AStS. In der Bildmitte, obere Reihe, das Siegel der Stadt Salzburg. (Foto: Oskar Anrather)

bei weitem überwiegen, so nimmt doch das Siegel der Stadt Salzburg den zentralen Platz ein, und die Siegel der Städte übertreffen an Größe jene des Adels deutlich. Darin kommt das Selbstbewußtsein und das politische Gewicht der Städte zum Ausdruck, welches vor allem in ihrem bedeutenden Steueraufkommen begründet war. Auch in dieser Hinsicht ging die Haupt- und Residenzstadt Salzburg den anderen Städten weit voran.

Die Verbündeten äußerten in der Igelbundurkunde ihre Beschwerden über die Unterdrückung durch die Erzbischöfe Pilgrim II. und Gregor, sie beklagten überhöhte Abgaben nach Rom und die Ausschreibung von Weihsteuern ohne ihre Zustimmung, die ungerechtfertigte Einziehung von Lehen, die Bedrückung von Witwen und Waisen, die gegen ihren Willen zur Heirat gezwungen wurden, die Gefangennahme und harte Bestrafung von Untertanen wegen kleiner Schulden, während sich die Erzbischöfe selbst über ihre eigenen Schuldverschreibungen hinwegsetzten. Dem künftigen Erzbischof wollten sie erst huldigen, wenn er sich zur Abschaffung dieser Mißstände und zur Einhaltung ihrer alten Rechte und Privilegien verpflichtet hatte. Für den Fall erneuter Streitigkeiten sollte ein Schiedsgericht aus Adeligen und Bürgern vermitteln, für den Notfall behielten sich die Verbündeten eine Berufung an das Reich vor.[75] Der Zusammenschluß im Igelbund zeigt, daß neben dem Adel und den Prälaten, die zunächst abseits standen, auch das Bürgertum der Salzburger Städte an Bedeutung gewonnen hatte und, so wie die beiden anderen Stände, eine Beteiligung an der landesfürstlichen Politik beansprucht.

Gescheitert ist dieses für viele Jahre wichtigste Bündnis der Landschaft gegen den Erzbischof nicht zuletzt am Fernbleiben des Domkapitels. Die Domherren, die nach dem Tode des Erzbischofs die Zwischenregierung anführten und wenige Jahrzehnte später begannen, den künftigen Regenten in Form von Wahlkapitulationen auf die Einhaltung wichtiger Forderungen zu verpflichten,[76] verfolgten ihre eigenen politischen Ziele. Ohne das Domkapitel aber konnte die Landschaft gegen den Erzbischof nicht bestehen. Daran vermochte auch der Beitritt des Bischofs von Chiemsee und zahlreicher weiterer Adeliger zum Igelbund wenige Wochen später nichts zu ändern.[77] Die Forderung nach der Einführung jährlicher Landtage, auf denen die Landschaft ihre Probleme mit dem Landesfürsten besprechen wollte, blieb ebenso unerfüllt wie die Forderungen der Stände insgesamt. Der Dompropst Eberhard von Neuhaus, der zum neuen Erzbischof ge-

Das Haus Judengasse 15, bis vor wenigen Jahren als „Höllbräu" bekannt (heute Altstadthotel Radisson), diente im 14. Jahrhundert den Salzburger Juden als Synagoge. (Foto: Oskar Anrather)

wählt wurde, machte zunächst einige Zugeständnisse, weil er sich gegen den päpstlichen Gegenkandidaten, Bischof Berthold von Freising durchsetzen mußte. Aber auch er hat seine Versprechungen, so wie vor ihm Erzbischof Gregor, später nicht mehr eingelöst.[78]

Schon bevor die Auseinandersetzung um das Erzbistum zwischen Eberhard und seinem Gegner Berthold entschieden war, brach im Juli 1404 die große Judenverfolgung in der Stadt Salzburg aus. Noch am 25. Mai 1404 hatte Erzbischof Eberhard III. mit Nachem, dem Vertreter der Salzburger Juden, und dessen Söhnen einen Vertrag abgeschlossen, in dem er ihnen das Haus in der Judengasse (Nr. 15), in welchem sich die Synagoge *Judenschule* befand, gegen eine jährliche Abgabe von 16 Gulden überließ. Zwei Wochen später brach der Sturm los. Ein Kirchendieb, der in Laufen gefangen wurde, gab zu Protokoll, daß er gegen Bezahlung aus der Müllner Kirche zahlreiche geweihte Hostien und Kirchengeräte entwendet hatte.[79] Unter Anwendung der Folter wurden die notwendigen Geständnisse erpreßt, wobei die Anschuldigung weiterer Hostienkäufe und eines Ritualmords an einem christlichen Knaben hinzukamen. Die beiden Hauptangeklagten haben sich im Gefängnis das Leben genommen.

Am 10. Juli jenes Jahres wurde die Salzburger und Halleiner Judengemeinde zusammengetrieben und öffentlich verbrannt. Ausgenommen waren lediglich 25 Kinder, die das Alter von elf Jahren noch nicht erreicht hatten, ein erwachsener Jude, der sich taufen ließ, sowie zwei schwangere Frauen, deren Hinrichtung bis nach der Geburt ihrer Kinder aufgeschoben wurde.[80] Man ging auch hier nach dem üblichen Schema vor: Man suchte die Vernichtung der Judengemeinde, die damals in der Stadt Salzburg etwa 70 Personen gezählt hatte, durch Sendschreiben an benachbarte Städte wie München und Linz zu rechtfertigen.[81] Der wahre Grund für dieses Pogrom war wohl die prekäre Finanzlage, in der sich Erzbischof Eberhard III. befand. Er zog nämlich den Besitz ein, hierzulande ebenso wie in den erzbischöflichen Städten Friesach und Pettau, aus welchen die Juden zur selben Zeit vertrieben wurden. Die jüdischen Häuser dieser Städte übergab er seinen Brüdern Siegmund von Neuhaus, Hauptmann in Salzburg und Andreas von Neuhaus, Hauptmann in Friesach.[82]

Es dauerte aber auch diesmal nicht lange, bis sich Juden in Salzburg erneut niederließen. Im Jahre 1409 nahm derselbe Eberhard III. den Juden Isaak, der vermutlich aus Regensburg kam, in Salzburg auf und gab ihm ein Empfehlungsschreiben an die Stadt Regensburg, um ihn dort beim Eintreiben von ausständigen Schulden zu unterstützen.[83] Daran wird das vor allem finanziell motivierte Interesse deutlich, das die Erzbischöfe den Juden entgegenbrachten. Alle Juden hatten an den Erzbischof (als ihren Schutzherrn) regelmäßig Steuern zu entrichten. Um 1300 betrug diese jährliche Abgabe für jeden verheirateten Mann 60 Pfennige.[84] Außerdem wurden die Salzburger Juden so wie alle jüdischen Einwohner im Reich von den Königen immer wieder mit Vermögenssteuern belegt.

Die Salzburger Judengemeinde hat in den folgenden Jahrzehnten ihre alte Bedeutung nicht mehr erlangt. Ob sie nach dem Verlust der alten Synagoge im späteren Gasthof zur Hölle nochmals eine eigene Synagoge erhielt, geht aus dem schriftlichen Quellen nicht hervor. Erzbischof Leonhard von Keutschach verfügte 1498 die Ausweisung der letzten

Juden aus Salzburg. Er gab damit dem Drängen der Salzburger Landstände nach, nachdem König Maximilian bereits 1496 die Juden aus der Steiermark vertrieben hatte.[85]

Die Krise des 15. Jahrhunderts

Die drei Jahre währende Auseinandersetzung um das Erzbistum Salzburg hatte die Stellung Eberhards III. sowohl an der Kurie als auch im Reich deutlich geschwächt. Auf Intervention Herzog Stephans III. von Oberbayern-Ingolstadt widerrief Papst Bonifaz IX. 1404 die Inkorporation der Propstei Berchtesgaden, die allerdings noch bis zum „Eichstätter Rezeß" von 1556 finanziell vom Erzbistum Salzburg völlig abhängig blieb.[86] Zu diesem bedeutenden Gebietsverlust kam ein unaufhaltsamer Niedergang im Inneren. Obwohl Eberhard III. keine so dominante Persönlichkeit war wie seine Vorgänger Pilgrim II. und Gregor Schenk, weigerte er sich beharrlich, den bisweilen durchaus berechtigten Forderungen des Adels nachzugeben. Er zog erledigte Lehen ohne Rücksicht auf die Verwandten ein, blieb selbst etlichen Rittern Geld schuldig und hielt auch andere Verpflichtungen nicht ein. Dadurch nahmen die Fehden, von denen vor allem die schutzlose bäuerliche Bevölkerung betroffen war, überhand. In den letzten Jahren Eberhards III., der 1427 verstarb, häuften sich die Absagen an den Erzbischof in ungewöhnlichem Ausmaß.[87]

Der Verfall der landesfürstlichen Macht hielt auch in der Regierungszeit der nächsten Erzbischöfe an. Wohl trugen auch die schwierigen außenpolitischen Verhältnisse, mit denen sich die Erzbischöfe konfrontiert sahen, dazu bei. Die große Kirchenspaltung zwischen den Päpsten von Rom und Avignon wurde zwar durch das Konstanzer Konzil (1414–1418) überwunden, aber die Hinrichtung des Reformators Johannes Hus (1415) führte zu den langwierigen, mit großer Grausamkeit geführten Hussitenkriegen.[88] Salzburg war davon nicht unmittelbar betroffen, mußte aber zur Unterstützung König Siegmunds und Herzog Albrechts V. von Österreich bedeutende Summen an Hussitensteuer entrichten.[89] Das Konzil von Basel (1431–1449) vermochte 1436 zwar einen Ausgleich mit den Hussiten zu vermitteln, scheiterte aber in dem Anspruch, den allgemeinen Konzilen eine dem Papst übergeordnete Stellung zu verschaffen. Der vom Konzil abgesetzte Papst Eugen IV. einigte sich 1445 mit König Friedrich III., worauf das Konzil 1448 nach Lausanne übersiedelte und sich im folgenden Jahr auflöste.[90]

Im Wiener Konkordat, das Friedrich III. 1448 als Reichsoberhaupt der „Deutschen Nation" mit Eugens Nachfolger, Papst Nikolaus V., schloß, wurde dem König das Recht auf die Besetzung von sechs Bistümern zugestanden.[91] Zu diesen zählten das Salzburger Suffraganbistum Brixen und das wichtige „Eigenbistum" Gurk in Kärnten, für das die Erzbischöfe das Recht der Bischofsernennung ohne Mitwirkung von Papst und Kaiser beanspruchten.[92] Für Erzbischof Friedrich IV. von Emmerberg (1441–1452) bedeutete das einen empfindlichen Rückschlag. Seine Stellung war schon deshalb geschwächt, weil seine Wahl nur vom Baseler Konzil, dessen strikter Parteigänger er war, aber nicht vom

Papst anerkannt worden war. Eugen IV. hatte den Erzbischof erst im Februar 1447, kurz vor seinem Tod, bestätigt.[93] König Friedrich III. nützte diese Situation geschickt aus und griff mit dem Ernennungsrecht für die Bistümer Brixen und Gurk erstmals tief in die Metropolitanrechte der Salzburger Erzbischöfe ein. Wenige Jahrzehnte später hat er versucht, auch das Erzbistum in seine Hand zu bekommen.

Unter Erzbischof Siegmund von Volkensdorf (1452–1461) wurde die Salzburger Wirtschaft 1458 durch die Münzkrise der „Schinderlingszeit" schwer getroffen. Ob Kaiser Friedrich III. selbst oder einer der süddeutschen Fürsten mit der Ausprägung minderwertiger Pfennige begann, die man wegen des geringen Gehalts an Edelmetall als „schwarze Münzen" oder „Schinderlinge" bezeichnete, ist ungeklärt.[94] Die Auswirkungen der Münzkrise hatten jedenfalls in Salzburg chaotische Verhältnisse hervorgebracht. Die Rücknahme der schlechten Münzen wurde verweigert, für einen der wenigen guten alten Pfennige, die noch im Umlauf waren, mußten zehn bis zwölf Schinderlinge bezahlt werden. Stadt und Land wurden von einer ungeheuren Teuerungswelle erfaßt. 1459 erreichten die wirtschaftlichen Einbußen ihren Höhepunkt. Auch der gesamte Salzhandel wurde schwer in Mitleidenschaft gezogen.[95]

Dem auf dem Landshuter Münztag 1459 gefaßten Beschluß, wieder bessere Münzen zu prägen, folgte Erzbischof Siegmund erst mit Verspätung. Mit der Prägung „guter weißer Münze", sechs Schillinge sollten einen ungarischen Goldgulden wert sein, wurde die Krise schließlich überwunden. Der Erzbischof erließ am 25. Juni 1460 eine allgemeine Taxordnung, mit der neue, niedrigere Preise für die wichtigsten Nahrungsmittel und neue Löhne festgesetzt wurden.[96] Damit sollten der neuen Münze entsprechende Geltung verschafft und die Auswirkungen der großen Inflation beseitigt werden.

Unter Siegmunds Nachfolger, dem Kardinal Burkhard von Weißpriach (1461–1466), gab es jedoch noch ein ernstes Nachspiel der Münzkrise. Der „Aufwechsel", bei dem drei bis vier der schlechten alten Münzen für einen guten neuen Pfennig bezahlt werden mußten, traf vor allem die bäuerliche Bevölkerung hart. Sie verlor so den Großteil ihrer meist ohnehin bescheidenen Ersparnisse. Dazu kam, daß Kardinal Burkhard zur Deckung der Taxen, die er an die Kurie entrichten mußte, eine Weihsteuer in der mehrfachen Höhe des sonst üblichen Betrags ausschrieb.[97] Als Folge brach im Sommer 1462 ein Aufstand der Bauern im Gebirge aus, der vor allem den Pongau, den Pinzgau und das Brixental erfaßte. Da Burkhard von Weißpriach über keine Truppen verfügte, mußte er die Forderungen der Aufständischen erfüllen. Erst dann konnten die Räte Herzog Ludwigs von Niederbayern-Landshut einen Waffenstillstand vermitteln.[98]

Unter den Forderungen, die von den Aufständischen auf einem Landtag am 3. Oktober vorgelegt wurden, fällt das Verlangen nach Einführung eines geregelten Prozeßverfahrens nach dem Vorbild der Stadtbücher auf. Noch stärker als hier ist der Einfluß des städtischen Rechts in den Forderungen der Märkte (Artikel 9–12) faßbar. Mehr als ihre Hälfte ist dem Salzburger Stadtrecht des 14. Jahrhunderts direkt entnommen oder nachgeformt.[99] Wahrscheinlich hat der Marktbürger Ulrich Dienstl als Führer des Aufstands dieses Forderungsprogramm verfaßt. Anläßlich der endgültigen Beilegung des Konflikts schloß Kardinal Burkhard mit Herzog Ludwig dem Reichen von Niederbay-

Die Krise des 15. Jahrhunderts 193

ern-Landshut und Herzog Siegmund von Tirol ein umfassendes Bündnis, das eine deutlich gegen Kaiser Friedrich III. gerichtete Geheimklausel enthielt.[100] Am 9. Oktober zog Burkhard in Begleitung Herzog Ludwigs erneut feierlich in die Stadt Salzburg und in den Dom ein, diesmal geschmückt mit den Insignien eines Kardinals.[101]

Bereits Burkhards Vorgänger Siegmund hatte in Salzburg eine rege Bautätigkeit entfaltet. Die gotische Kirche von Mülln wurde 1453 vollendet und geweiht, im folgenden Jahr die Kuppel des Salzburger Doms mit Blei gedeckt. Der Erzbischof selbst stiftete im Dom die St.-Kolomans-Kapelle und besetzte sie mit einer Kaplanstelle. Auch das prachtvolle Hauptportal des romanischen Doms wurde noch unter seiner Regierung begonnen.[102] Burkhard von Weißpriach gedachte als Kardinal Baumaßnahmen von ganz anderen Dimensionen zu setzen. Er stiftete in Mülln ein Kollegiatstift, an das er 1465 die Pfarren Mülln und Maxglan übertrug. Die Ausstattung des Stiftes war jedoch so gering, daß die zehn Kanoniker in Mülln ständig um ihre Existenz zu kämpfen hatten.[103] Das Kollegium von sechs Welt- und sechs Ordensgeistlichen, die Burkhard als Chorsänger statt der weltlichen Choralisten berief und im aufgehobenen Kloster der Domfrauen ansiedelte, wurde gleich nach seinem Tode aufgelöst.[104]

Größeren Umfang nahm die Bautätigkeit des Kardinals auf der Feste Hohensalzburg an. Burkhard ließ eine Auffahrt über die Ostseite anlegen und diese durch zwei neue Tore und Zwingermauern sichern. Im Verlauf der Ringmauer wurden 1465 die vier großen Rundtürme, Schmiedturm, Krautturm, Trompeterturm und Glockenturm, errichtet und der Ringmauerwehrgang umgebaut.[105] Am Dom veranlaßte Burkhard die Vollendung des Hauptportals und die Bleiabdeckung der drei Rundtürme.[106] Die Residenz hat er um einen neuen Trakt gegenüber dem Marktplatz, das sogenannte Rinderholz, erweitert, der seinem Bruder Balthasar und dessen Familie als Wohnsitz diente.[107]

Die Bürgerstadt wuchs seit dem 14. Jahrhundert stark an. Gstättengasse, Steingasse und Linzer Gasse waren bereits damals verbaut. Die große Stadterweiterung, mit der Kardinal Burkhard begann, führte 1465 bis 1480 zur Errichtung einer neuen Stadtmauer. Diese verlief am linken Salzachufer etwa parallel zur ersten Stadtmauer, aber näher am Fluß. Am Gries wurde in der Nähe der alten Münzstätte ein Rondell eingebaut. Im Stadtteil am rechten Salzachufer zog sich die neue Stadtmauer vom äußeren Ostertor (Linzer Tor) über die Wolf-Dietrich-Straße zum Rondell des sogenannten Hexenturms hin, weiter entlang der heutigen Paris-Lodron-Straße quer durch das Alte Borromäum und entlang dem Makartplatz zur Salzach, wo das dritte Rondell stand, und von dort weiter zum Platzl.[108] Damit stimmt auch die Nennung neuer Stadttore überein. Die äußere Nonntaler Klause, die sich im Hause Schanzlgasse 12 erhalten hat, wird 1466 erstmals genannt, das Sterngäßchen 1473. Letzteres führte zu einem Tränktor, da die Wiese am Gries als Viehweide benutzt wurde. Die Erbauung des äußeren Steintores erfolgte im Jahr 1477.[109]

Mit den größten seiner Baupläne hat der Kardinal jedoch Schiffbruch erlitten. Nach langen Auseinandersetzungen war es ihm zwar gelungen, den Abt Petrus Klughammer von St. Peter gegen eine Entschädigung zur Abtretung des Frauengartens (Frongartens) zu bewegen. Diese große landwirtschaftlich genutzte Fläche im Westteil der Stadt, die nur an den Rändern durch die Häuser der Abtsgasse (Sigmund-Haffner-Gasse) und der Getreidegasse verbaut war, wollte der Kardinal für eine großzügige Stadterweiterung nützen. Er ließ in der Wiese Straßen abstecken und lud die Bürger zum Bau neuer Häuser ein. Da aber niemand daran Interesse zeigte, stellte der Erzbischof den Grund, der danach bis ins frühe 17. Jahrhundert unverbaut blieb, wieder an die Abtei St. Peter zurück.[110] Auch der ehrgeizige Plan einer Universitätsgründung, der Burkhard zugeschrieben wurde, kam nicht zur Ausführung. Angeblich wollte der Kardinal das Kloster St. Peter nach Grödig verlegen und auf dem Klosterareal die für eine Universität nötigen Gebäude errichten.[111] Als Kardinal und Diplomat scheint Burkhard – so wie einige Jahrzehnte später Matthäus Lang – die finanziellen Ressourcen seines geistlichen Fürstentums und auch die Anziehungskraft der Landeshauptstadt Salzburg überschätzt zu haben.

Die anhaltende Krise des 15. Jahrhunderts hatte die einst so dominante Stellung der Erzbischöfe als Landesherren geschwächt und dafür einzelnen Gruppen der Bevölkerung größere Entfaltungsmöglichkeiten geöffnet. Das Salzburger Domkapitel stellte 1427 erstmals Wahlkapitulationen auf, die den künftigen Erzbischof an die Forderungen der Domherren binden sollten.[112] Die Bauern traten 1462 erstmals offen gegen den Landesherrn auf und legten ein umfangreiches Forderungsprogramm vor. Aber auch die Bürger der Haupt- und Residenzstadt Salzburg sahen ihre Stunde gekommen. Viele von ihnen waren als Faktoren süddeutscher Handelshäuser oder als selbständige Handelsherren zu Reichtum und Ansehen gelangt. Auch das in Zechen und Bruderschaften organisierte Handwerk stand auf einer sicheren wirtschaftlichen Basis. Es lag daher nahe, daß die Vertreter des wohlhabenden Bürgertums bestrebt waren, sich der politischen Bevormundung durch den Erzbischof zu entziehen und einen angemessenen Anteil an der Stadtverwaltung zu übernehmen. Für dieses Vorhaben bot ihnen ein schwerer Konflikt zwischen Erzbischof und Kaiser den notwendigen Spielraum.

Das Bürgertum erwacht – Der Ratsbrief Kaiser Friedrichs III.

Als Nachfolger des Kardinals Burkhard von Weißpriach wurde 1466 Bernhard von Rohr zum Erzbischof gewählt. Er war ein umgänglicher und gütiger Mann, der in Wien studiert hatte, dem es aber als Landesherr an Charakterstärke fehlte. Äußerlich bot er das Bild eines kränklichen frühzeitig gealterten Menschen. Er liebte prunkvolles Auftreten, war den Freuden der Tafel zugetan und wandte sich lieber der Zerstreuung und dem Vergnügen zu als den Aufgaben der Regierung.[113] Seine Vorliebe für das weibliche Geschlecht veranlaßte ihn, im aufgelassenen Kloster der Domfrauen ein Quartier für seine Konkubinen einzurichten. Über einen geschlossenen Gang, der von der Residenz zum Klostergebäude führte, konnte er dieses jederzeit ungesehen erreichen.[114]

Über die ersten Jahre von Bernhards Regierung kann man eine durchaus erfolgreiche Bilanz ziehen, obwohl die äußeren Bedingungen schwierig waren. Die Salzburger Güter in der Steiermark waren durch die Fehde des Söldnerführers Andreas Baumkircher gegen Kaiser Friedrich III. schwer mitgenommen, und die verheerenden Einfälle der Osmanen bedrohten zunächst den Kirchenbesitz in Kärnten und der Steiermark, schließlich mit dem Lungau und der Herrschaft Gmünd aber auch Teile des geschlossenen Landes. Ende Juli 1478 wurden die Grenzgebiete des Lungaus von türkischen Streifscharen geplündert.[115] Als das 1456 geschaffene Landesaufgebot im Lungau eintraf, waren die „Renner und Brenner" längst über alle Berge. Dafür wurde unter den aus dem Pongau aufgebotenen Bauern eine Verschwörung aufgedeckt, die angeblich auf die Beseitigung des Erzbischofs und die Errichtung einer „Bauernrepublik" abzielte.[116]

Auf zwei Landtagen, die Bernhard 1479 nach Salzburg berief, wurde erstmals über die mögliche Abdankung des Erzbischofs verhandelt. Zu dieser Tatsache trug nicht zuletzt der wachsende Gegensatz Bernhards zu Friedrich III. bei. Der Kaiser hatte nicht nur das kleine Bistum Wiener Neustadt inmitten der Erzdiözese Salzburg gegründet, sondern sich auch bei der Besetzung der Salzburger „Eigenbistümer" Gurk, Seckau und Lavant gegen Erzbischof Bernhard durchgesetzt.[117] Schwere Konflikte Bernhards mit Rupert Keutzl, dem Abt von St. Peter, und dem Dompropst Kaspar von Stubenberg verschärften die Situation noch.[118] Nachdem Friedrich III. den Erzbischof vorgeladen hatte, begab sich dieser im Herbst 1478 zu dem vom Kaiser ausgeschriebenen Landtag nach Graz.

Zwei Jahre vorher war Johann Beckenschlager, der Erzbischof von Gran und Primas von Ungarn, mit einem ungeheuren Barvermögen und mit dem Kirchenschatz seines Erzbistums zu Friedrich III. geflüchtet. Der stets geldbedürftige Kaiser hatte Beckenschlager mit offenen Armen aufgenommen und ihm für große Darlehen wichtige Herrschaften, Burgen und Städte verpfändet.[119] Die Bestellung Beckenschlagers zum Koadjutor und Administrator des kleinen Bistums Wien war für den Primas von Ungarn keine angemessene Entschädigung. Deshalb sah Friedrich III. auf dem Grazer Landtag die Möglichkeit gekommen, seinem Günstling das Erzbistum Salzburg zu verschaffen. Es gelang ihm, Bernhard von Rohr sowohl durch Drohungen als auch durch große finanzielle Zusagen zu einem schriftlichen Rücktrittsversprechen zu bewegen.[120] Dazu war jedoch auch die Zustimmung des Salzburger Domkapitels und der Landstände erforderlich.

Nach Salzburg zurückgekehrt, widersetzte sich das Domkapitel auf Betreiben des Dompropstes Christoph Ebran von Wildenberg, des Führers der bayerischen Partei, dem Rücktritt des Erzbischofs. Auf einem Landtag am 10. Jänner 1479 widerrief Bernhard auf Drängen des Kapitels und der Stände seine Resignation und schloß im Oktober desselben Jahres ein Bündnis mit dem mächtigen König von Ungarn, Matthias Corvinus.[121] Damit brach der „Ungarische Krieg" zwischen Kaiser Friedrich III. und Matthias Corvinus aus, in dessen Mittelpunkt die Salzburger Besitzungen in Kärnten und der Steiermark, aber auch der Lungau standen.[122] Zu den verheerenden Kämpfen kamen Einfälle der Osmanen, aber auch Unwetter und Heuschreckenschwärme, denen die Ernte zum Opfer fiel.

Auf militärischem Gebiet blieben die Ungarn siegreich. Friedrich III. erkannte aber bald den schwachen Punkt in der Front seiner Gegner: Es war die Stadt Salzburg. Die Bürgerschaft war durch die Handelssperre, die der Kaiser bei Ausbruch des Krieges gegen Stadt und Land Salzburg verhängt hatte, schwer getroffen worden. Sie sehnte, genauso wie das schutzlose Landvolk, nach Jahren des Krieges den Frieden herbei. Der

Kaiser nutzte diese Stimmung aus, indem er am 6. Dezember 1480 der Bürgerschaft von Salzburg den Handel mit Venezianerwaren und anderen Gütern auf der Donau und dem Landweg sowie den Besuch von Jahrmärkten in Österreich wieder gestattete.[123] Diese Maßnahme führte in Verbindung mit der totalen wirtschaftlichen Erschöpfung zu einem Stimmungsumschwung.

Erzbischof Bernhard, der sich in der Stadt Salzburg nicht mehr sicher fühlte, hatte auf der Feste Quartier bezogen und den von Burkhard begonnenen Ausbau Hohensalzburgs fortgeführt. Er ließ die Ringmauer erhöhen, im Osten den Schlangengang errichten und im Süden die Bernhard-von-Rohr-Bastei mit einem Fluchtweg ins Nonntal anlegen.[124] Als sich trotzdem die Resignation des Erzbischofs abzeichnete und er für den 28. September 1481 einen Landtag ausschrieb, versuchte der Dompropst Christoph Ebran durch eine Verzweiflungstat erneut das Blatt zu wenden. Er hatte am Südabhang des Festungsberges das Gut Weingarten erworben und stark befestigen lassen. Von dort sollte ein unterirdischer Gang zum Almkanal, der durch den Mönchsberg in die Stadt führt, gegraben werden, um am Rupertusfest (24. September) ungarische Truppen in die Stadt einzuschleusen. Auf kaiserlichen Befehl wurde jedoch der Richter des Salzburger Domkapitels Thomas Ebenauer gefangengenommen, der während der Folterungen den Plan gestand.[125]

Auf dem Landtag, der am 29. September 1481 zusammentrat, rieten die Stände angesichts der tristen Situation in Stadt und Land zum Ausgleich. Eine Gesandtschaft, der auch drei Bürger der Stadt Salzburg angehörten, wurde zu Verhandlungen mit dem Kaiser nach Wien abgeordnet. Ihr folgte Erzbischof Bernhard, der trotz der Mahnungen des Königs Matthias Corvinus am 29. November einen Abdankungsvertrag unterzeichnete. Er behielt zwar den Titel eines Erzbischofs von Salzburg, übergab aber aus „Unvermögen, Alter und Blödigkeit" die Regierung an den Erzbischof Johann von Gran als Koadjutor und Administrator. Kaiser Friedrich III. hat diesem Vertrag, der auch einen Ersatz der Kriegsschäden in Stadt und Land Salzburg vorsah, sofort zugestimmt und zwei Wochen später Johann Beckenschlager die Regierung in Salzburg übertragen.[126]

Die Stadt Salzburg als seine wichtigste Stütze im Kampf gegen Erzbischof Bernhard und Matthias Corvinus hat der Kaiser reich belohnt. Am 8. November 1481 verlieh er der Bürgerschaft den Ratsbrief, der die bis dahin drückende Herrschaft der Erzbischöfe über ihre Hauptstadt deutlich einschränkte. Der Text der Urkunde lautet, in modernes Deutsch übertragen, folgendermaßen:

Wir Friedrich, von Gottes Gnaden Römischer Kaiser etc. . . . geben öffentlich mit dieser Urkunde bekannt, daß unsere und unseres Reiches liebe Getreuen, nämlich Richter, Bürgermeister, Bürger und Gemeinde der Stadt Salzburg dargelegt haben, daß es bei ihnen in der genannten Stadt Salzburg bisher keinen (rechtmäßig) besetzten geschworenen Stadtrat gegeben hat. Dadurch sind zahlreiche Versäumnisse, falsche Entscheidungen und Schäden für die Stadtgemeinde entstanden und es ist zu befürchten, daß sie täglich neu entstehen können. Deshalb haben sie uns demütig ansprechen und bitten lassen, daß wir dem vorbeugen und ihnen gnädigst erlauben sollten, einen Stadtrat einzusetzen. Wir haben ihre demütige, geziemend vorgetragene Bitte betrachtet und auch die treuen und nützlichen Dienste, die sie uns und dem heiligen Reich jederzeit willig leisten wollen. Damit die genannte Stadt eine ordentliche Verfassung und Weiterentwicklung erhalte, haben wir nach reiflicher Überlegung und guter Beratung dem Bürgermeister, den Bürgern und der Gemeinde der genannten Stadt Salzburg zugestanden und aufgrund unserer Macht als Römischer Kaiser erlaubt, daß sie kraft dieser Urkunde künftig jedes Jahr einen Stadtrat mit zwölf ehrbaren, tugendhaften Personen aus den Reihen ihrer Gemeinde besetzen und aus dem Kreis dieser zwölf Männer einen zum Bürgermeister wählen. Die zwölf (Mitglieder des Stadtrats) sollen dem Bürgermeister und ebenso der Bürgermeister ihnen einen Eid zu Gott und den Heiligen schwören, daß sie auf den Nutzen und den Vorteil der genannten Stadt Salzburg bedacht sein werden und daß sie dazu auch alle Ehren, Würden, Vorteile, Gnaden, Freiheiten, Privilegien, Güter, Gewohnheiten, Rechte und Berechtigung besitzen, sich ihrer erfreuen, sie gebrauchen und genießen sollen und mögen, wie sie andere Städte, die uns und dem Heiligen Reich angehören, besitzen, verwenden und genießen, sofern sie einen geschworenen besetzten Rat haben. Doch soll zu allen Handlungen, die der Bürgermeister und die Stadträte oder die Gemeinde vornehmen, der (Stadt-)Richter des Erzbischofs von Salzburg als des Herrn und Landesfürsten eingeladen und berufen werden und ohne seine persönliche Anwesenheit überhaupt kein Rat gehalten werden. Wir gebieten daraufhin allen und jeden geistlichen und weltlichen Fürsten, Grafen, Freiherren, Rittern, Edelknechten, Hauptleuten, Vizedomen, Vögten, Pflegern, Verwesern, Amtleuten, Bürgermeistern, Richtern, Räten, Bürgern, Gemeinden und allen anderen unseren und des Reiches Untertanen, welche Würden und Stand sie auch immer bekleiden, mit dieser Urkunde nachdrücklich, daß sie die genannten (Bürger) von Salzburg, die sich dieser unserer kaiserlichen Vergünstigung und Erlaubnis ohne Beeinträchtigung erfreuen sollen, diese anwenden und genießen lassen, nichts dagegen unternehmen und niemandem gestatten, irgendetwas dagegen zu unternehmen. Dies, soferne sie unsere und des Reiches schwere Ungnade und eine Strafe von 40 Mark lötigem Gold vermeiden wollen, die je zur Hälfte an unsere kaiserliche Kammer und an die genannten Vertreter der Stadt Salzburg ohne Nachlaß zu bezahlen ist. Gegeben kraft dieser Urkunde, die mit unserem kaiserlichen Hängesiegel gesiegelt ist, in Wien am achten Tag des Monats November, im Jahre 1481 nach Christi Geburt, dem 42. Jahr unserer Herrschaft im Römischen Reich, dem 30. unseres Kaisertums und dem 23. unseres ungarischen Königtums.[127]

Ausgestellt gemäß der eigenhändigen Anordnung des Herrn Kaisers

Mit dem Ratsbrief erhielt die Bürgerschaft von Salzburg das Recht, Stadtrat und Bürgermeister, die bis dahin vom Erzbischof ernannt worden waren, in freier Abstimmung zu wählen. An Stelle von zwei Bürgermeistern stand künftig nur mehr einer an der Spitze der Stadtverwaltung.[128] Die zwiespältigen Bestimmungen des Ratsbriefs haben noch die Salzburger Historiker des 20. Jahrhunderts ebenso verunsichert wie die Bürger und den Erzbischof vor fünf Jahrhunderten.[129] Einerseits war die Bürgerschaft der Meinung, aus der Aufforderung, „sich ihrer Rechte und Freiheiten so zu bedienen wie andere Reichsstädte bzw. kaiserliche Städte, die einen geschworenen Rat besitzen", die Stellung einer freien Reichsstadt ableiten zu können. Damit wären sie nicht mehr dem Salzburger Erzbischof, sondern direkt dem Kaiser unterstellt gewesen. Andererseits weist die

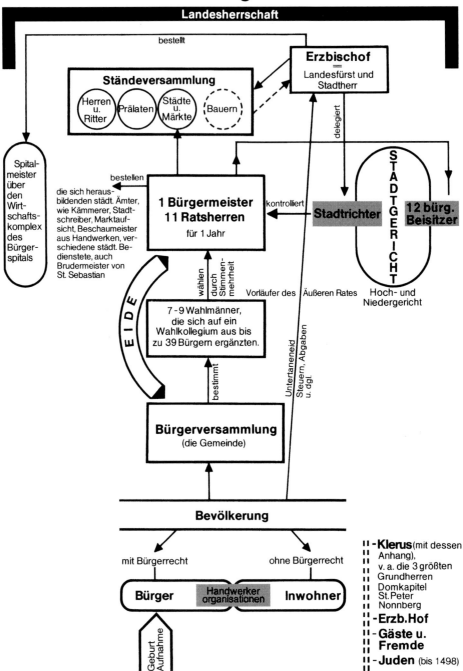

Die Stadtverfassung in den Jahren 1482–1511 auf der Grundlage des von Kaiser Friedrich III. verliehenen Ratsbriefs. (Entwurf Peter Michael Lipburger)

unmittelbar anschließende Verfügung, daß Bürgermeister und Stadtrat nur im Beisein des erzbischöflichen Stadtrichters zusammentreten und Rechtshandlungen vornehmen durften, eindeutig auf den Fortbestand der erzbischöflichen Stadtherrschaft hin. Das Ernennungsrecht des Erzbischofs war zwar zugunsten einer freien Wahl durch die Bürger beseitigt worden, die dominante Stellung des erzbischöflichen Stadtrichters blieb aber unangetastet.

Der scheinbare Widerspruch ist darin zu erklären, daß keinesfalls der kaiserlichen Kanzlei bei der Ausfertigung der Urkunde ein Fehler unterlaufen ist, sondern Kaiser Friedrich III. den Text bewußt zweideutig gehalten hat. Einerseits sollte die Bürgerschaft davon überzeugt sein, weitreichende Freiheiten erhalten zu haben, andererseits auch Erzbischof Johann Beckenschlager als sein besonderer Günstling sicher sein, daß seine Herrschaft über die Haupt- und Residenzstadt im wesentlichen unangetastet blieb. Der Konflikt zwischen dem Erzbischof und der Salzburger Bürgerschaft war damit fast zwangsläufig vorprogrammiert.

Auf den Ratsbrief folgten noch eine ganze Reihe von kaiserlichen Vergünstigungen für die Stadt und ihre Bürger. Am 4. Dezember gewährte Friedrich III. das Recht, eine Getränkesteuer einzuheben, um die drückenden Schulden zu tilgen. Acht Tage später schritt er gegen die Behinderung der Salzburger Kaufleute in Österreich durch die Stadt Linz ein und befreite außerdem Bürger und Einwohner der Stadt Salzburg von jeder fremden Gerichtsbarkeit. Schließlich gewährte er der Stadt am 31. Dezember 1481 eine umfassende Bestätigung ihrer Privilegien.[130] Der bereits im Juli an die Bürgerschaft erlassene Befehl, die vom Dompropst Christoph Ebran errichteten Befestigungen und den von Erzbischof Bernhard angelegten Weg von Hohensalzburg ins Nonntal zu zerstören, zeigt deutlich, daß sich der Kaiser damals als eigentlicher Stadtherr betrachtete. Am 6. Dezember hat er diese Anordnung in scharfer Form wiederholt.[131]

Auch im folgenden Jahr hat Friedrich III. weitere Urkunden zugunsten der Stadt ausgestellt. Am 31. August verlieh er einen Jahrmarkt jeweils acht Tage vor und nach St. Vinzenz (22. Jänner). Am 2. November befreite er Salzburger Bürger von der Rechtsprechung auswärtiger Gerichte, insbesondere der westfälischen Femegerichte und des königlichen Hofgerichts zu Rottweil; die einzige Ausnahme bildete das Reichskammergericht. Noch am selben Tag wurde jede Berufung vom Stadtrat oder dem Stadtgericht an den Kaiser verboten und der Stadt das Recht verliehen, mit rotem Wachs zu siegeln. Der Bürgerschaft wurde zudem gestattet, zwei Jahre lang von jedem mit Halleiner Salz beladenen Saumroß, das die Stadt passierte, zwei Pfennige Zoll einzuheben. Den Abschluß dieser langen Reihe von Privilegien bildete der an Richter, Bürgermeister und Rat der Stadt Graz erlassene Befehl, die Salzburger Kaufleute bei ihrem Handel in der Stadt Graz und in der gesamten Steiermark nicht zu beeinträchtigen.[132] In den Jahren 1488 und 1489 folgten weitere fünf Mandate des Kaisers zugunsten der Salzburger Kaufleute.[133] Dem Kaiser war es jedenfalls gelungen, die Bürgerschaft durch diese umfassende Privilegierung für sich zu gewinnen und sie zumindest für die folgenden Jahrzehnte zu einem ernstzunehmenden Gegenpart der Erzbischöfe zu machen.

Bürgerrecht und Bürgeraufnahme, bürgerliche Stiftungen und Armenfürsorge

Schon vor der Erteilung des Ratsbriefs hatten die Bürger wichtige Kompetenzen erlangt, die sie nach der kaiserlichen Privilegierung zielstrebig ausbauten. Ihr wichtigstes Recht war die Bürgeraufnahme und die damit verbundene Verleihung des Bürgerrechts. War im Hochmittelalter die Stellung als Bürger an den Besitz von Haus und Hof in der Stadt zu Burgrecht, einer besonderen Form der freien Erbleihe, gebunden, so wurde wohl schon seit dem Ende des 14. Jahrhunderts das Bürgerrecht vom Bürgermeister gegen eine Taxe verliehen, die sich nach dem Vermögen des Neubürgers richtete. Wichtigste Voraussetzung für die Aufnahme zum Bürger waren persönliche Freiheit und eheliche Geburt des Antragstellers.[134]

Die Salzburger Bürgerbücher, die seit 1441 geführt wurden, verzeichnen zu jedem Jahr die Aufnahme aller Neubürger, deren Herkunft und Beruf sowie die vorgeschriebene Taxe.[135] Während die Kinder von Salzburger Bürgern – ähnlich wie heute bei der Staatsbürgerschaft – das Bürgerrecht von ihren Eltern erbten, wurde für Auswärtige der Erwerb des Bürgerrechts durch die Heirat mit einem(r) Salzburger Bürger/in erleichtert. Jeder, der das Bürgerrecht erhielt, mußte den Bürgereid schwören.[136] Dieser Eid enthielt die Verpflichtung zu Gehorsam und Hilfe gegenüber dem Stadtrichter als Vertreter des Erzbischofs sowie gegenüber Bürgermeister und Rat. Dazu kamen das Verbot, mit Fremden eine heimliche oder offene Verbindung einzugehen, und das Versprechen, keine Mautgebühren zu unterschlagen, die Stadtordnung zu achten und nicht gegen den allgemeinen Nutzen und das Wohl der Stadt zu arbeiten. Streitigkeiten mit anderen Bürgern durften nur vor dem Stadtgericht bzw. nach Salzburger Recht ausgetragen werden. Dieser Bürgereid wurde nach den Änderungen der Machtverhältnisse in der Stadt zugunsten des Erzbischofs 1511 und gemäß der Stadt- und Polizeiordnung 1524 geändert. Treue und Gehorsam wurden nicht mehr Bürgermeister und Rat gelobt, sondern nur mehr dem Erzbischof als dem natürlichen Herrn und Landesfürsten.[137]

Die insgesamt vier Bürgerbücher von 1441–1715 geben differenzierte Auskünfte über das Einzugsgebiet, die Berufe und die Vermögenslage der Salzburger Neubürger. Bisweilen zeigen sich hinter diesen Vermerken auch erschütternde menschliche Schicksale. So konnte Kaspar Krainburger aus Krainburg (heute Kranj in Slowenien), ein Diener des Salzburger Patriziers Virgil Fröschlmoser, der 1496 gegen die relativ hohe Summe von fünf rheinischen Gulden das Bürgerrecht erhielt, seine eheliche Geburt und seine persönliche Freiheit nicht nachweisen, weil er nicht wußte, ob seine Eltern verstorben oder von den Türken verschleppt worden waren. Er wurde daher nur mit dem Vorbehalt aufgenommen, sein Bürgerrecht und die dafür bezahlte Taxe zu verlieren, wenn sich herausstellen sollte, daß er unehelicher Herkunft oder Eigenmann eines anderen Herrn sei.[138] Der Nachweis der ehelichen Geburt bildete für so manchen Bewerber um das Bürgerrecht ein Hindernis. Wenn er keinen schriftlichen Nachweis erbringen konnte, mußte er einen oder mehrere Salzburger Bürger stellen, die sich für seine eheliche Geburt und persönliche Freiheit ver„bürgten". So wurde dem Neubürger Christoph

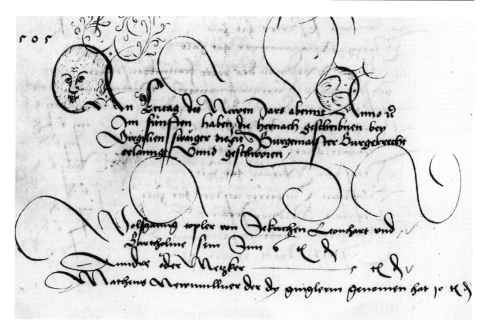

Beginn der Eintragungen des Jahres 1505 im ältesten Bürgerbuch der Stadt Salzburg. (AStS, Buchförmige Archivalien Nr. 14)

Nestler aus Mattsee bei angedrohtem Verlust des Bürgerrechtes aufgetragen, innerhalb von vier Wochen nachzuweisen, daß er ehelich geboren und nicht leibeigen sei.[139]

Auch die Bezahlung der vorgeschriebenen Taxe stellte die Neubürger oft vor Probleme. In den meisten Fällen wurde ihnen eine Frist von einer oder mehreren Wochen gesetzt, um die Geldsumme aufzutreiben. Häufig übernahmen eingesessene Bürger die Bürgschaft dafür, daß der fällige Betrag innerhalb einer längeren Frist bezahlt werden konnte. In etlichen Fällen wurde die Aufnahmegebühr auf Bitten der Antragsteller ermäßigt. Die Fürsprache eines angesehenen Protektors wie des Erzbischofs oder des Kanzlers konnte auch einen Verzicht des Bürgermeisters auf die Aufnahmegebühr bewirken. In anderen Fällen erließ der Bürgermeister Neubürgern, von denen sich die Stadt besondere Leistungen erwartete, die sonst übliche Taxe. Der berühmte Maler Konrad Laib, der aus Enslingen in der Grafschaft Öttingen stammte, erhielt 1448 das Bürgerrecht kostenfrei.[140] Der Barchenter Hans Meichsner wurde unentgeltlich als Bürger aufgenommen, weil man von ihm Anregungen für die damals in der Stadt aufblühende Barchentweberei erwartete.[141] Auch der langjährige Stadtschreiber Christan Reuter, der aus Mautern kam und wichtige städtische Amtsbücher, darunter auch das große Stadtbuch anlegte, erhielt 1498 kostenlos das Bürgerrecht.[142] Häufig bezahlten auch angesehene Herren, die sich für die Aufnahme ihrer Gefolgsleute oder Knechte zu Bürgern eingesetzt hatten, deren Taxe.

Bemerkenswert sind die seltenen Eintragungen von Handwerksgesellen, die das Bürgerrecht erwarben. Sie zeigen, daß die Bürgeraufnahme im Handwerk nicht ausschließlich Meistern zuteil wurde. Eine Ausnahme war hingegen der Fall des Hans Gräul aus

Die Bürgerspitalskirche St. Blasius. (Foto: Oskar Anrather)

Gotisches Ziborium aus dem Salzburger Bürgerspital, gestiftet von Martin Aufner 1411. (SMCA)

Siezenheim, der binnen Jahresfrist heiraten mußte, um sein soeben erworbenes Bürgerrecht nicht zu verlieren.[143]

Die Zahl der Bürgeraufnahmen schwankte stark. Sie erreichte 1521 mit mehr als 60 Neubürgern einen Spitzenwert, während für die Jahre 1480 oder 1504 keinerlei Aufnahmen überliefert sind. Im Jahr 1557 wurde mit 33 Neubürgern wieder eine relativ hohe Zahl erreicht. Auch die Taxen für die Bürgeraufnahmen waren unterschiedlich. Sie betrugen im Schnitt etwa ein bis fünf Gulden. Während zahlreiche Bürger kostenlos aufgenommen wurden, mußten reiche Kaufleute oft 20 Gulden und mehr zahlen. Einen absoluten Spitzenwert stellten jene 32 Gulden dar, die der Kaufmann Christoph Weiß aus Vöcklamarkt 1579 und der Eisenhändler Elias Seiwalther aus Lauffen (bei Bad Ischl) 1585 erlegen mußten.[144] Eigenartig mutet auch der Fall des Handelsmanns Georg Paumann aus Aibling in Bayern an, der zuerst seine Entlassung aus der Leibeigenschaft schriftlich nachweisen und dann den hohen Betrag von 28 Gulden für das Bürgerrecht entrichten mußte.[145] Aber auch Handwerker hatten häufig Beträge zwischen 10 und 20 Gulden zu erlegen, der Schleiermacher Bartlmä Tüchler zahlte 1559 mit 24 Gulden sogar die höchste Taxe aller Neubürger in jenem Jahr.[146]

Im Vergleich dazu weisen die geringen Taxen von je zwei Gulden, welche von den ersten deutschen Schulmeistern der Stadt Salzburg entrichtet wurden, auf das niedrige Sozialprestige des Lehrberufs hin. Sowohl Melchior Spech, ein *teutscher Schuelhalter aus Salzburg*, als auch der aus Görz stammende deutsche Schulmeister Gregor Loß erhielten das Bürgerrecht sogar geschenkt.[147]

Der Einzugsbereich der Neubürger war stark von den politischen Verhältnissen und von den Beziehungen des jeweiligen Landesfürsten abhängig. Die meisten kamen aus Bayern, vor allem aus Städten wie München, Augsburg und Nürnberg, aber auch aus Württemberg, Eichstätt und Bamberg. Von den habsburgischen Ländern waren die Steiermark (bedingt durch die Salzburger Besitzungen in diesem Gebiet) und Österreich ob der Enns am stärksten vertreten, während aus den Nachbarländern Tirol und Kärnten nur wenig Zuzug kam. Unter den weiter entfernten Ländern sind die Schweiz, Sachsen und Thüringen, Braunschweig, die Mark Brandenburg und Böhmen zu nennen. Während der Regierung Herzog Ernsts von Bayern (1540–1554), der die Grafschaft Glatz in Schlesien gekauft hatte und sich nach seiner Resignation dorthin zurückzog, kamen auffallend viele Neubürger aus Schlesien.[148]

Ein Problem konnte bisweilen die Aufsage des Bürgerrechts bilden, für die eine Nachsteuer oder Abzugsgebühr in der Höhe der Aufnahmetaxe zu entrichten war. Das galt auch für die Söhne von Salzburger Bürgern. Nur wer die schriftliche Freigabe durch die Stadt besaß, konnte in einer anderen Stadt das Bürgerrecht erwerben.[149] Da in den Zeiten der Auseinandersetzung zwischen Bürgerschaft und Erzbischof unter Leonhard von Keutschach der Bürgermeister und die Stadträte etlichen Bürgern, die ihnen unbequem waren, das Bürgerrecht aberkannt hatten, wurde 1511 festgesetzt, daß die Aufsagung des Bürgerrechts nur mehr mit Zustimmung des Erzbischofs vorgenommen werden durfte.[150] Nicht nur bei schweren Vergehen, sondern auch bei Abwesenheit von mehr als einem Jahr aus der Stadt konnte das Bürgerrecht aberkannt werden. Mehrfach sind Fälle überliefert, daß Männer, die Aufruhr oder öffentliches Ärgernis erregten, aus der Stadt gewiesen wurden und ihres Bürgerrechts verlustig gingen.[151] Insgesamt bieten die Bürgerbücher ein instruktives Bild vom Einzugsgebiet der Salzburger Neubürger, von ihren Vermögensverhältnissen und Berufen, sie lassen aber auch Rückschlüsse auf den Bevölkerungszuwachs in der Stadt und auf Abhängigkeits- und Verwandtschaftsverhältnisse im Bürgertum zu. Die genaue Fixierung der Taxen gibt zudem Aufschluß über die zahlreichen Münzsorten, die damals im Umlauf standen.

Der wachsende Wohlstand der bürgerlichen Oberschicht veranlaßte auch zu großzügigen Stiftungen. Das barocke Stadtbild von Salzburg wird bis heute von den Kirchen und Schlössern der Erzbischöfe geprägt. Allzuleicht rückt dabei aber die Rolle des Salzburger Bürgertums in den Hintergrund. Es hatte bereits im 14. Jahrhundert bedeutenden Einfluß und baute diesen in den Jahrzehnten der Auseinandersetzung mit den Erzbischöfen bis 1511 beträchtlich aus.[152] Einer der ersten bemerkenswerten vom Bürgertum getragenen Bauten war die Bürgerspitalskirche St. Blasius. Mit ihr kam der moderne Typ der Hallenkirche um 1350, also zu einer ungewöhnlich frühen Zeit nach Salzburg. Der Bau war ursprünglich wohl nicht als Spitalskirche gedacht, sondern als eine mittelalterliche Bettenhalle zur Unterbringung der Pfründner und Armen, wie sie sonst mancherorts in Europa, vor allem in Burgund, bezeugt ist.[153]

Auch die schöne Madonna aus dem Bürgerspital, die zu den bedeutendsten Kunstwerken der Salzburger Plastik zählt, wurde vielleicht anläßlich der Weihe der Blasiuskirche um 1350 geschaffen. Das prachtvolle gotische Ziborium aus jener Kirche hat der Salzburger Bürger Martin Aufner, der als Bergwerkspächter zu Reichtum gekommen war, 1411 gestiftet.[154] Unter den zahlreichen künstlerisch bemerkenswerten Epitaphien von Salzburger Bürgern des 14. und 15. Jahrhunderts sei die Grabplatte des ersten bekannten Bürgermeisters, Konrad Taufkind, hervorgehoben, der sein Grab in der Marienkapelle des Klosters St. Peter 1382 gefunden hat.[155]

Als Stiftung eines einzelnen Bürgers hat sich das „Klaner-Fenster" im Chor der Stiftskirche von Nonnberg erhalten. Augustin Klaner, der im Handel mit Tuchen und Salpeter großes Vermögen erworben hatte, gab dieses Kunstwerk bei dem wohl bedeutendsten Meister seiner Zeit, Peter Hemmel von Andlau, in Straßburg in Auftrag. Erhalten ist nur das Fenster in der Mittelapsis des Chores, das aber durch den Hochaltar verdeckt wird. Die Stifterscheibe zeigt den knienden Augustin Klaner in prunkvoll rotem Adelsgewand und mit gepflegtem blondem Lockenhaar. In Verbindung mit dem großen Familienwappen gegenüber gibt dieses prachtvolle Glasfenster ein eindrucksvolles Bild vom damaligen Selbstverständnis des Salzburger Patriziats.[156]

Als bedeutendste Leistung bürgerlichen Kunstwollens entstand 1408–1460 der lichtdurchflutete spätgotische Hallenchor der Stadtpfarrkirche (heute Franziskanerkirche). Mit Hans Stetheimer von Burghausen hatte die Bürgerschaft den wohl bekanntesten süddeutschen Architekten mit der Durchführung beauftragt. Stefan Krumenauer vollendete den Bau, der mit farbigen Glasgemälden geschmückt war.[157] Einen Plan zum völligen Neubau der Kirche hat es wohl nicht gegeben, der Chor der Spätgotik wurde unmittelbar an das romanische Langhaus angefügt. Das Ergebnis wird von vielen als

Der Bürger und Handelsmann Augustin Klaner. Ausschnitt aus dem von ihm gestifteten Klaner-Fenster im Frauenkloster am Nonnberg, das Peter Hemmel von Andlau vor 1480 in Straßburg anfertigte.
(SMCA)

schönster Kirchenbau unter den zahlreichen Gotteshäusern der Stadt Salzburg gerühmt: „Ein dunkles, enges, schwergliedriges basilikales Langhaus stößt unmittelbar an einen hellen, weiten, schwebenden Hallenchor mit einem in weicher Brechung geführten Umgang und Kapellenkranz. Fünf Rundpfeiler gliedern den Raum, einer davon steht in der Mittelachse."158

Inmitten dieses großartigen Kirchenraumes stand einst der größte, teuerste und wohl auch schönste Flügelaltar, den die Gotik hervorgebracht hat. Auf Betreiben des Salzburger Bürgers Virgil Hofer wurde der Bildschnitzer Michael Pacher aus Bruneck in Südtirol 1484 mit der Ausführung des Altars beauftragt. Er verlegte 1495 seine Werkstatt nach Salzburg, und 1497 war der Altar in der Kirche aufgestellt. Mit einer Gesamthöhe von etwa 16,7 Metern war er dem Altar des Paul von Leutschau in der Zips (Slowakei) vergleichbar und übertraf den Käfermarkter Altar (13,5 Meter) und den Marienaltar des Veit Stoß in Krakau mit 13 Metern deutlich. Das marianische Bildprogramm kann mit Hilfe von zwei qualitätvollen Tafelbildern, die sich in Wien erhalten haben, relativ genau rekonstruiert werden. Der außerordentlichen künstlerischen Grundqualität entsprach auch der Reichtum im Detail. Bei der Zerstörung des Altarwerks 1709 konnten Gold und Silber im Gesamtwert von 512 Gulden „zurückgewonnen" werden, die zur Finanzierung des neuen Altars von Fischer von Erlach verwendet wurden.159

In jenem Jahr 1511, in dem Erzbischof Leonhard von Keutschach die Freiheitsregungen der Bürgerschaft gewaltsam unterdrückte, wurde schließlich die Kirche St. Sebastian in der Linzer Gasse geweiht. Sie gehört zum städtischen Bruderhaus und wurde so wie dieses durch Geldzuwendungen vermögender Bürger finanziert.160 Es ist sicher kein Zufall, daß mit der erneuten politischen Bevormundung des Bürgertums ab 1511 auch das Engagement der Bürgerschaft im Rahmen der Stadtbaukunst ein Ende fand. Der im 16. Jahrhundert geschaffene Arkadentrakt des Bürgerspitals im Stil der Renaissance ist nur noch ein letzter Nachklang.161

Den mittelalterlichen Vorstellungen entsprechend, daß gute Taten im Himmel belohnt würden, engagierten sich wohlhabende Bürger auch zunehmend in der Armen- und Krankenfürsorge. Schon die um 1100 verfaßten ältesten Statuten der Salzburger Bürgerzeche hatten – wie bereits ausführlich dargelegt – vor allem karitative Zielsetzungen verfolgt. Trotzdem blieben in den folgenden Jahrhunderten Krankenpflege und Armenfürsorge in der Stadt Salzburg fast ausschließlich geistlichen Institutionen überlassen. Neben dem Erzbischof waren es vor allem die Spitäler des Salzburger Domkapitels (an der Stelle des von Wolf Dietrich errichteten Neubaus) und der Abtei St. Peter (auf dem Areal des Spitals der Barmherzigen Brüder), die als Herberge für Pilger und Arme, aber auch der Krankenpflege dienten.162 Als älteste städtische Pflegeanstalt wurde im späten 12. oder frühen 13. Jahrhundert das Leprosenhaus, auch *Sundersiechenhaus* genannt, in Mülln errichtet. Der Aussatz, der vor allem über die Kreuzzüge im Ostalpenraum Eingang gefunden hatte, erforderte eine wirksame Absonderung der Kranken von der übrigen Bevölkerung. Deshalb lag das Leprosenhaus vor den Toren der Stadt. Zu seiner Erhaltung hat neben der Salzburger Bürgerschaft auch der Landadel beigetragen.163

Das erste bürgerliche Spital war in einem Haus nahe der Stadtbrücke (heute Klampferergasse 3) untergebracht. Es ging auf die Stiftung des angesehenen Patriziers Kuno von Teising 1322 zurück. Noch im selben Jahr aber richtete die Stadt beim Gerichtshaus am Waagplatz Nr. 1 ebenfalls ein erstes Bürgerspital ein.[164] Bald erwiesen sich Standort und Platz als ungünstig und zu klein. Erzbischof Friedrich III. tauschte deshalb 1327 vom Kloster Admont eine Hofstatt bei der Blasiuskapelle ein und errichtete dort das Bürgerspital, das in den wesentlichen Bauteilen bis heute besteht. In seiner Gründungsurkunde vom 17. Juli 1327 beschrieb der Erzbischof die Situation der Kranken und Armen in drastischen Worten: *...sehr viele wurden von der Kälte übermannt in den Gassen tot aufgefunden, ausgeschlossen von menschlicher Hilfe in der Zeit ihres Sterbens und nach dem Tod um den Liebesdienst der Bestattung betrogen. Gebärende Frauen jammerten hinter den Wänden erbarmungswürdig in der Drangsal ihres heftigen Schmerzes, weil sie ganz ohne die Hilfe einer Hebamme auskommen mußten. Kranke beiderlei Geschlechts, an den Toren unserer Domkirche auf billigen Bahren liegend, verunreinigten Zutritt und Eingang mit mancherlei Unrat und Gestank, so daß die Vorübergehenden ihren Abscheu unter heftigem Mißfallen kundtaten.*[165]

Der neue Standort nahe dem Westtor der Stadt war bewußt gewählt, um damit den erschütternden Anblick der Armen und Kranken aus dem Zentrum zu verbannen. An sechs Sonntagen im Jahr durfte im Dom, in St. Peter und in Nonnberg für das Spital gesammelt werden. Zum Spitalmeister sollten die Erzbischöfe einen geeigneten Laien einsetzen und vereidigen. Dieser hatte ein Inventar anzulegen und jährlich abzurechnen. Im Spital sollten so viele Personen verpflegt werden, wie es die Einkünfte gestatteten.[166]

Die Initiative ging schon bald nach der Gründung vom Erzbischof auf die Bürgerschaft über. Mit Bewilligung Erzbischof Friedrichs III. erbauten die Bürger den städtischen Arm oder Bürgerspitalsarm des Almkanals, der Wasser vom Almhauptkanal durch einen Stollen im Mönchsberg zum Bürgerspital leitete. Mit dem Almwasser wurde nicht nur das Bad gespeist, sondern auch die Mühle betrieben.[167] Schenkungen der Erzbischöfe und des landsässigen Adels, vor allem aber reiche Stiftungen von Salzburger Bürgern, machten das Bürgerspital bald zu einem bedeutenden Grundherrn. Der Kaufmann und Montanunternehmer Martin Aufner stiftete 1411 eine tägliche Messe und eine Kaplanstelle für die Spitalsseelsorge. Er hat auch zum Ausbau der Spitalsgebäude wesentlich beigetragen und 1320 selbst die Stelle des Spitalmeisters bekleidet.[168] Bedeutender noch waren hingegen die Stiftungen des reichen Handelsherrn Ulrich Samer, der 1409 in Venedig die enorme Summe von 11.000 Dukaten zugunsten des Bürgerspitals anlegte. Sechs Jahre später stiftete er Renten, von deren Einkünften ständig zwölf Pfründenplätze im Bürgerspital an bedürftige Bürger vergeben wurden.[169]

Leitung und Unterhaltung des Spitals lagen im 15. Jahrhundert fast zur Gänze bei der Bürgerschaft, deren angesehenste Vertreter das Amt des Spitalmeisters übernahmen. Das Spital beherbergte ständig 80 bis 85 Personen, die zum Großteil Pfründner waren. Dank der reichen Stiftungen konnten die meisten Pfründen ohne Gegenleistung an Bedürftige vergeben werden. Voraussetzungen dafür waren der Besitz des Bürgerrechts, Armut,

Bürgerrecht und Bürgeraufnahme, bürgerliche Stiftungen und Armenfürsorge 209

Blick vom romanischen Langhaus in den spätgotischen Hallenchor der ehemaligen Stadtpfarrkirche, heute Franziskanerkirche. (Foto: Oskar Anrather)

Titelblatt (im Zweiten Weltkrieg verloren) des Bürgerspitalurbars aus dem Jahr 1512. Oben: Wappen der Stadt Salzburg und die Heiligen Rupert (links) und Virgil, darunter die Wappen des Erzstifts Salzburg und des Erzbischofs Leonhard von Keutschach (rechts). Mitte: Das Spitalszeichen mit Krücke, S (für Salzburg) und Spruchband, daneben die Heiligen Stephan (links) und Blasius. Unten: Die Heiligen Anna Selbdritt (links) und Elisabeth von Thüringen. (AStS)

Unbescholtenheit und vorgerücktes Alter der Bewerber. Neben einem gemeinsamen Schlafraum gab es zahlreiche Pfründnerzellen und auch Kleinwohnungen für Pfründnerehepaare. Das Gemeinschaftsleben spielte sich in der „Kommunstube" ab. Nach dem Tode eines Pfründners fiel dessen Privatvermögen dem Spital zu. Mittellose Dienstboten, die Aufnahme im Spital fanden, ohne in den Genuß einer Pfründe zu gelangen, waren dort zur Arbeit verpflichtet. Auch am Beginn der Neuzeit war das Bürgerspital seiner Bestimmung nach noch mehr Armenhaus und Fremdenherberge als ein der Krankenpflege dienendes Spital.[170]

Unter weiteren bürgerlichen Armenstiftungen ist auch das städtische Bruderhaus St. Sebastian in der Linzer Gasse zu nennen. Es wurde 1496 vom späteren Bürgermeister Virgil Fröschlmoser erbaut und von dessen Bruder Leonhard Fröschlmoser, dem Pfarrer von Thalgau, erweitert. Die Leitung oblag dem Brudermeister, der von der Stadt eingesetzt wurde. Er besaß, so wie der Spitalmeister des Bürgerspitals, auch disziplinarische Vollmachten. Ein- und Ausgaben sowie anfallende Baukosten mußten mit der Stadt verrechnet werden. Wichtigste Aufgaben des Bruderhauses waren die Reichung von Almosen und die Beherbergung von armen Leuten und Wallfahrern, allerdings auf deren Kosten, da das Bruderhaus auf keine größeren Einkünfte zurückgreifen konnte. Nur mittellose Personen wurden eine Nacht lang umsonst beherbergt. Salzburger Bürger hatten zwar einen Anspruch auf die Aufnahme, mußten aber für die Kosten selbst aufkommen. Auch die Krankenpflege wurde nur gegen Bezahlung übernommen. Selbst für kranke Reisende war eine Aufenthaltsdauer von höchstens einer Woche vorgesehen. Personen, die im Bruderhaus verstarben, wurden auf dem Friedhof beigesetzt, ihr Vermögen fiel der Stiftung zu.[171]

Reiche Bürger haben im späten Mittelalter und in der frühen Neuzeit noch eine Reihe weiterer karitativer Stiftungen ins Leben gerufen. Ihr soziales Engagement ist auch nach der politischen Niederlage gegen den Erzbischof 1511 ungebrochen aufrecht geblieben.[172]

Der Konflikt mit Erzbischof Leonhard von Keutschach – Die „Schlittenfahrt der Ratsherren"

Dem allgemeinen Niedergang in Stadt und Land Salzburg, der am Beginn des 15. Jahrhunderts eingesetzt hatte, vermochte auch die Regierungsübernahme durch Erzbischof Johann Beckenschlager nicht Einhalt zu gebieten. Dieser sah sich einer vollkommen zerrütteten Finanzlage gegenüber, die er deshalb nicht sanieren konnte, weil er den größten Teil seiner Regierungszeit als einer der bedeutendsten Diplomaten Kaiser Friedrichs III. im Ausland tätig war. Unter anderem bekleidete er die Funktion eines Statthalters in Österreich, Steiermark, Kärnten, Krain, Istrien und auf dem Karst.[173] In Kärnten und der Steiermark hielt der „Ungarische Krieg" zwischen Matthias Corvinus und Kaiser Friedrich III. mit unverminderter Heftigkeit an. Erst im Dezember 1487 kam es

Das einstige Wohnhaus der Bürgerfamilie Keutzl mit einem Turm (Rathausplatz Nr. 1) dient seit 1407 als Rathaus.
(Foto: Oskar Anrather)

zum Abschluß eines Waffenstillstands, der als Folge des diplomatischen Geschicks des Salzburger Erzbischofs noch dreimal verlängert wurde. Damit fanden die Kämpfe immerhin drei Jahre vor dem Tod des ungarischen Königs ein Ende.[174]

Das Verhältnis des Erzbischofs zur Bürgerschaft, die gegen ihn Stellung genommen hatte, blieb jedoch gespannt. Bei der ersten Bürgermeisterwahl am 25. Jänner 1482 wurden zwölf Männer zu Stadträten gewählt und aus ihrer Mitte Hans Knoll zum Bürgermeister erkoren. Gemäß den Bestimmungen des Ratsbriefes leisteten dann der Bürgermeister und die Stadträte einander den Eid. Darin verpflichteten sie sich, stets zur Ehre, zum Nutzen und zum Frommen der Stadt zu handeln, Armen und Reichen ohne Unterschied ihre Hilfe zu gewähren und nach bestem Wissen und Gewissen Recht zu sprechen. Während der Bürgermeister überdies schwor, alle ihm angezeigten Mißstände gemeinsam mit dem Rat zu untersuchen und nach Möglichkeit zu beheben, verpflichteten sich die Stadträte zum Gehorsam gegenüber dem Bürgermeister. In den ersten Jahren legte auch die Gemeinde einen Eid auf Bürgermeister und Rat ab, der im Ratsbrief nicht ausdrücklich vorgesehen war. Anläßlich der Wahl des Jahres 1485 ließ Erzbischof Johann Beckenschlager durch den Stadtrichter Oswald Elsenheimer Einspruch gegen diese Eidesleistung erheben. Während Bürgermeister und Rat auf dem Eid der Gemeinde beharren wollten, bat diese selbst, davon Abstand nehmen zu dürfen, um das Einvernehmen mit dem Erzbischof nicht zu stören. Dabei verwies die Gemeinde auf den Bürgereid, den jeder Bürger anläßlich seiner Aufnahme schwören mußte.[175]

Für die künftige Arbeit von Bürgermeister und Rat erließ man schon bei der ersten freien Ratswahl Statuten. Die Ratssitzungen wurden im Stadtturm abgehalten, der den Namen Rathaus erhielt. Bei diesen Zusammenkünften, die wöchentlich am Dienstag, Donnerstag und Samstag stattfanden, war das Tragen von Waffen verboten. Der Bürgermeister konnte mit triftigen Gründen den Rat jedoch jederzeit einberufen. Die Ratssitzungen begannen im Sommer um sieben Uhr, im Winter um acht Uhr morgens. Versäumte ein Ratsmitglied den Beginn der Sitzung, mußte es zwölf Pfennige Strafe entrichten. Welcher Ratsherr aber bewußt die Teilnahme an einer Sitzung vermied, mußte die relativ hohe Summe von einem Gulden bezahlen. Alle Stadträte waren, auch noch nach ihrem Ausscheiden aus dem Rat, an eine strenge Geheimhaltepflicht gebunden. Als Gerichtsbeisitzer standen jeweils für ein halbes Jahr fünf Räte und der Bürgermeister zur Verfügung.[176]

Mit der Errichtung einer Zollstätte in der Stadt Salzburg, der Einhebung eines Aufschlages auf Wein und mit einem Zoll auf das aus Hallein und Schellenberg exportierte Salz hatte Erzbischof Johann auch die Interessen der Salzburger Kaufleute verletzt.[177] Das gespannte Verhältnis zur Bürgerschaft aber auch sein schlechter Gesundheitszustand veranlaßten ihn, seit dem Jahre 1484 die Feste Hohensalzburg zielstrebig auszubauen. Durch die Einführung neuer Steuern, vor allem eines Aufschlags auf den Salzpreis und eine Getränkesteuer, das Ungeld, hatte er sich den Unwillen der Bevölkerung in Stadt und Land Salzburg zugezogen. Der große Schüttkasten, der zeitweise auch als Wohnraum diente, und das Arbeitshaus wurden in diese Jahren errichtet. Den Hohen Stock ließ Johann völlig umbauen und zu einer repräsentativen Fürstenresidenz ausgestalten. Auch das mächtige, mit roten Ziegeln gedeckte Zeltdach, das der gotischen Feste ihr typischen Aussehen verlieh, geht auf seine Regierungszeit zurück.[178]

Die fünf Jahre Herrschaft von Erzbischof Friedrich Graf von Schaunberg (1489–1494) waren einer der Tiefpunkte der langen Geschichte des Erzbistums. Dieser Sproß aus einem der letzten altgräflichen Geschlechter Österreichs hatte zwar zeitweise an der Wiener Universität studiert, galt aber als roher und ungebildeter Mann, dem es sowohl an fürstlichen Manieren wie auch an diplomatischem Geschick fehlte. Selbst Kaiser Friedrich III., der Taufpate des Erzbischofs, dachte zeitweise daran, diesen zum Rücktritt zu zwingen, und das Erzbistum einem seiner ungarischen Parteigänger zuzuwenden. Einmal charakterisierte der erzürnte Kaiser den Salzburger Erzbischof vor dem versammelten Hofstaat mit folgenden Worten: *Dieser ist so ein Bischof, wie ein Schwein ein Briefträger. Er kann weder die Messe lesen noch den Donat* (die lateinische Elementargrammatik) *der Knaben*.[179] Auch der Chronist Johann Serlinger beschrieb den Erzbischof als einen Idioten, der kaum fähig wäre, die Horen zu lesen und die bischöflichen Handlungen zu vollziehen.[180] Empörung rief auch die Tatsache hervor, daß Friedrich von Schaunberg jahrzehntelang von einer bösartigen Mätresse beherrscht wurde. Der Erzbischof vergab alle Ämter und Lehen auf ihren Wink, und sie ließ sich als eine „zweite Herodias" von den Hofleuten und Beamten durch Ehrengeschenke bestechen. Angeblich wurde damals der erzbischöfliche Hof zu einem Zufluchtsort für Räuber, Diebe und anderes Gesindel, die frei und ungestraft ihr Unwesen treiben konnten. Ein Sohn des Erzbischofs und dieser Mätresse rief bei den Bürgern durch seine Verschwendungssucht großen Ärger hervor, doch wagte niemand gegen ihn aufzutreten.[181]

Der Tod des Königs Matthias Corvinus von Ungarn 1490 brachte für das Erzbistum eine gewisse Entspannung. Die Rückerwerbung der auswärtigen Besitzungen in Steiermark und Kärnten, die König Maximilian I. nach dem Tode des Corvinen von österreichischen Truppen besetzen ließ, erforderte jedoch große Geldsummen und sollte sich noch jahrzehntelang hinziehen.[182] Erzbischof Friedrich V. hielt sich, wohl aus Furcht vor der Bürgerschaft, meist auf Hohensalzburg auf, wo er im Oktober 1494 auch verstarb. Seine Konkubine und sein Sohn, die man der Unterschlagung von 2000 Gulden bezichtigte, wurden zu nächtlicher Stunde von der Feste herabgeführt, zunächst eingekerkert und dann aus der Stadt verwiesen.[183]

Friedrichs Nachfolger, dem hochgebildeten Erzbischof Sigmund von Hollenegg, der an der Wiener Universität das Doktorat des Kirchenrechts erworben hatte, war nur eine Regierungszeit von acht Monaten beschieden. Auf einem Landtag, den er im Frühjahr 1495 einberief, um den Beschwerden der Bevölkerung Rechnung zu tragen, brachten die Salzburger Ritterschaft, die Bauern und auch die Märkte und Städte umfangreiche Klagen vor. Die Städte beschwerten sich vor allem über unbefugte Eingriffe der Bauernschaft in ihre Markt- und Handelsrechte, aber auch über den unerlaubten Betrieb von Wirtshäusern, über das Hausiererwesen und besonders über den immer wieder verbotenen Zwischenhandel *(Fürkauf)* namentlich mit Vieh, Getreide, Schmalz und Tuch. Auch der sogenannte „Gäuhandel", der unbefugte Handel auf dem offenen Land, und die Konkurrenzierung des städtischen Handwerks durch bäuerliche Gewerbe wurden kritisiert. Darüber hinaus faßten alle Städte, auch die Landeshauptstadt Salzburg, ihre speziellen Beschwerden in eigenen Eingaben zusammen.[184]

Unter dem energischen Erzbischof Leonhard von Keutschach (1495–1519), der aus einfachem Kärntner Landadel stammte, kam es in Stadt und Land Salzburg zu einer Konsolidierung der politischen und wirtschaftlichen Verhältnisse. Leonhard verkörperte noch den Typ des mittelalterlichen, patriarchalisch geprägten Landesherrn, der bestrebt war, für sein Fürstentum und dessen Bewohner, besonders auch für seine eigene Familie und seine Verwandtschaft zu sorgen, dabei aber keinen Widerspruch duldete. Dank einer konsequent verfolgten Finanzpolitik gelang es ihm, den Haushalt des Erzbistums durchgreifend zu sanieren. Obwohl er ungeheure Summen aufwenden mußte, um die wichtigsten auswärtigen Besitzungen von König Maximilian I. zurückzukaufen, um die hohen Reichssteuern zu bezahlen, die Hilfsgelder für die Türkenabwehr aufzubringen und dem König selbst große Darlehen zu gewähren, konnte er die enormen Schulden aus der Zeit seiner Vorgänger tilgen. Außerdem wendete er große Summen zum Kauf des Mondseelandes mit St. Wolfgang, das Maximilian im bayerischen Erbfolgekrieg 1504 erworben hatte, und zum Erwerb des Hochgerichtes für die Herrschaft Itter (im heutigen Tirol) auf.[185]

Daraus ist ersichtlich, über welche Wirtschaftskraft das geistliche Fürstentum Salzburg bei sorgfältiger Finanzgebarung verfügte. Nach der Schätzung des gut unterrichteten venezianischen Gesandten Quirini nahm Salzburg im Jahre 1507 mit 90.000 Gulden Jahreseinkommen die vierte Stelle im Reich ein. Vor ihm rangierten nur die habsburgischen Erblande, Bayern und Köln.[186]

Bei der Bürgerschaft der Stadt Salzburg, die sich seit der großzügigen Privilegierung durch Kaiser Friedrich III. selbstherrlich gebärdete und durch ihre intensiven Handelsbeziehungen nach Venedig auch mit der italienischen Kultur vertraut war, stieß das bäuerliche Wesen des Erzbischofs bisweilen auf ätzende Kritik. Die Bürger nannten ihren Landesfürsten abfällig „Leonhard den Windischen", weil er aus dem südlichen Kärnten stammte, aber auch *Liendelwirt* oder *Liendel Pierschenkh,* weil er in der Dompropstei Wein und in den Hofbräuhäusern auf dem Kajetanerplatz und in Kaltenhausen Bier ausschenken ließ. Auf sein Wappen, das eine weiße Rübe im schwarzen Feld zeigte, und das an allen von Leonhard errichteten Bauwerken angebracht wurde, nahm der Spitzname *Liendel Ruebler* Bezug. Wegen seiner Vorliebe für die Jagd, aber auch in Anspielung auf die Gefangennahme des Stadtrats, nannten die Bürger den Erzbischof auch „Leonhard den Jäger".[187] Der Erzbischof selbst hatte freilich für derartige Anspielungen wenig Verständnis. Es dauerte nicht lange, bis er mit der allzu selbstbewußten Bürgerschaft in Konflikt geriet.

Bereits 1498, bei der Wahl des Brudermeisters für das städtische Bruderhaus, war es zu einer ernsten Verstimmung gekommen. Obwohl der Erzbischof von Gastein aus brieflich auf eine Verschiebung des Wahltermins drängte, hatten die Bürger auf ihrem Recht beharrt.[188] Als im folgenden Jahr der berüchtigte Räuber Gansl dem Erzbischof die Fehde ansagte und das Stiftsland heimsuchte, ordnete Leonhard strenge Kontrollmaßnahmen in der Stadt an. Wer sich diesem Befehl nicht fügte, wurde mit empfindli-

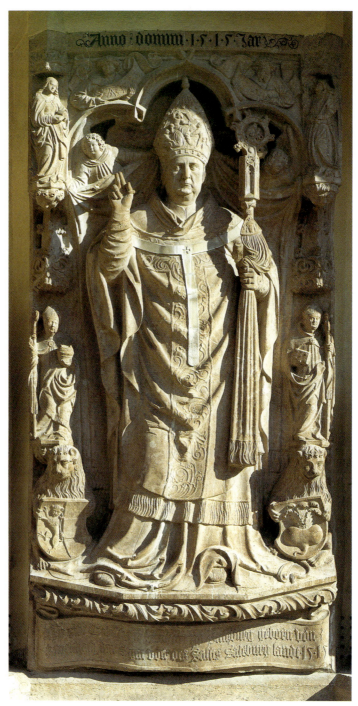

Erzbischof Leonhard von Keutschach. Denkmal vor der Georgskirche auf Hohensalzburg, Hans Valkenauer zugeschrieben, 1515.
(Foto: Oskar Anrather)

chen Strafen bedroht. Alle Proteste von Bürgermeister und Rat gegen diese Maßnahme blieben vergeblich.[189] Mit seiner Aufforderung an das Bürgerspital, das zerstörte dritte Brückenjoch der Stadtbrücke wiederherzustellen, befand sich der Erzbischof eindeutig im Unrecht. Gerade für dieses Brückenjoch war nämlich er selbst zuständig.[190]

Aufgrund dieser Ereignisse begannen Bürgermeister und Rat alle jene Fälle, in denen der Erzbischof ihrer Meinung nach die städtischen Freiheiten verletzte, schriftlich festzuhalten. Im Mittelpunkt einer umfangreichen Beschwerdeschrift, die bereits 1503 vorlag, stand der Streit um das Malefizrecht, jenes Tribunal im Rahmen des Stadtgerichts, das für die schweren Verbrechen zuständig war. Während der Erzbischof verlangte, daß bei allen Verhören von Malefikanten (Schwerverbrechern) zusätzlich zum Stadtrichter auch der Landeshauptmann und der Landschreiber anwesend sein sollten, beharrte die Stadt darauf, daß bei der peinlichen Befragung neben dem Bürgermeister und einigen Ratsherren allein der Stadtrichter als Vertreter des Erzbischofs teilnehmen durfte.[191] Die Streitigkeiten um das Malefizrecht steigerten die bereits vorhandene Rechtsunsicherheit in der Stadt. Schon vor dem Regierungsantritt Leonhards hatten Willkür und Gewalttätigkeit unter Oswald Elsenheimer, der 1475 und 1480 Bürgermeister war und von 1484 bis 1491 als Stadtrichter in Salzburg amtierte, einen Höhepunkt erreicht. Zahlreiche Personen, darunter auch ausländische Zeugen, beschuldigten den Stadtrichter, selbst an der Spitze einer Räuberbande Einbrüche verübt zu haben. Während seiner Amtszeit wurden Leute auf den Straßen der Stadt überfallen und beraubt, in Läden wurde eingebrochen, und auf Personen, die außerhalb der Stadt wohnten, verübte man Anschläge. Leonhard eröffnete gegen Elsenheimer gleich nach seiner Wahl zum Erzbischof den Prozeß, in dem der Landeshauptmann Virgil Überacker als schärfster Ankläger auftrat. Aber erst 30 Jahre später wurde unter Kardinal Matthäus Lang 1524 das Verfahren mit einem Kompromiß beendet.[192] Diese traurige Erfahrung war wohl der Grund dafür, daß Leonhard mit Nachdruck auf der Teilnahme des Landeshauptmanns im Malefizrecht bestand. Schließlich stammte ja auch der Stadtrichter meist aus den Reihen der Bürger, und konnte, wie das Beispiel des Oswald Elsenheimer zeigte, durchaus korrupt sein.

Eine Reihe von weiteren Klagepunkten der Bürgerschaft betraf die Entfernung von „unnützem Volk", vor allem von Betrügern und Spielern, die der Erzbischof nur mit seiner persönlichen Bewilligung zulassen wollte. Außerdem hatte Leonhard einen der vier Türme auf dem Mönchsberg, für deren Verteidigung die Bürger zuständig waren, an sich gezogen und den Weg von der Feste in die Riedenburg, dessen Zerstörung Kaiser Friedrich III. zweimal angeordnet hatte, wieder herstellen lassen. Man befürchtete, der Erzbischof könne auf diesem Weg unbemerkt Söldner einschleusen. Heftige Klage wurde auch gegen die Konkurrenzierung der städtischen Wirtshäuser durch den Erzbischof und die Prälaten geführt, die selbst Bier und Wein ausschenken ließen. Zur Beschwerdeschrift kam noch ein Memorandum, in welchem Maßnahmen zur Behebung der aufgezeigten Mängel und Mißstände vorgeschlagen wurden.[193] Der Erzbischof wies 1503 aber alle Vorschläge und Forderungen der Stadt zurück und war auch nicht bereit, zur Entscheidung einen Landtag einzuberufen. Die Vertreter der Stadt weigerten sich ihrerseits, die Angelegenheit vor dem erzbischöflichen Hofgericht auszutragen, das mit den Räten des Erzbischofs besetzt war.

Als der Gegensatz an Schärfe zunahm, wandte sich die Stadt im Juni 1503 an König Maximilian I. und bat ihn, ihre Rechte gegenüber dem Erzbischof zu schützen. Der König gewährte der Stadt eine Generalbestätigung aller ihrer Freiheiten und beauftragte seine beiden Kommissäre, Wilhelm von Losenstein und Dr. Johann Fuxmagen, mit der Schlichtung des Streits. Ein von diesen ausgearbeiteter Vergleich wurde jedoch vom Erzbischof und der Stadt gleichermaßen zurückgewiesen.[194] Beide Parteien beharrten auf ihrem Rechtsstandpunkt. Maximilian ließ sich davon nicht beirren und nachdem er eine Stellungnahme eingeholt hatte, erließ er am 17. März 1504 den in fünf Artikel gegliederten „Augsburger Abschied". Dieser unterstützte im wesentlichen die städtischen Forderungen. Unter anderem wurde den Bürgern auch zugestanden, im Rahmen von Gemeindeversammlungen Stadt- und Polizeiordnungen ohne Wissen des Erzbischofs zu erlassen, sofern sie nicht gegen diesen gerichtet waren.[195]

An diese königliche Entscheidung für die Stadt und gegen den Erzbischof knüpfte Maximilian klare politische Absichten: Er war von seinen Räten nachdrücklich darauf hingewiesen worden, daß Salzburg allein schon aufgrund seiner Lage *der Schlüssel zu eurer königlichen Majestät nieder- und oberösterreichischen Ländern* sei.[196] Als Stützpunkt zwischen Österreich, der Steiermark, Kärnten und Krain einerseits, Tirol und den Vorlanden andererseits, war die strategische Bedeutung der Stadt Salzburg tatsächlich nicht zu unterschätzen.

Erzbischof Leonhard war jedoch nicht bereit, sich an die Bestimmungen des Augsburger Abschieds zu halten. Bald kam es zu erneuten Auseinandersetzungen mit der Bürgerschaft. Verhandlungen, die am 21. Juni in Köln vor dem König stattfanden und an denen auch der Salzburger Bürgermeister Virgil Schwaiger teilnahm, blieben ergebnislos.[197] Die Bürgerschaft führte heftige Klage darüber, daß in der Stadt völlige Rechtsunsicherheit herrsche, weil der Erzbischof alle Gerichtsverfahren durch seinen Landeshauptmann blockiere. Räuber und anderes Gesindel bedrohten am hellichten Tag die Bürger, so daß man im eigenen Haus nicht mehr sicher wäre.

So hielten also die Streitigkeiten an. Auch ein auf wenige Punkte beschränkter Vertrag, den der Marschall des Innsbrucker Regiments, Paul von Liechtenstein, als Leiter einer Untersuchungskommission vermittelte,[198] brachte keine Lösung. Die Kompetenzstreitigkeiten zwischen Landeshauptmann und Bürgermeister dauerten an, und auf einem Landtag nahmen die Vertreter der Stadt vehement gegen die Steuerforderungen des Erzbischofs Stellung. Im Sommer 1510 verfaßten sie eine Beschwerdeschrift, die in insgesamt 49 Artikel gegliedert war.[199] Zu den bekannten Streitpunkten kam eine große Anzahl von Einzelfällen, in denen gegen die erzbischöflichen Beamten der Vorwurf eines unrechtmäßigen Vorgehens erhoben wurde. Der Bürgermeister Hans Matsperger übergab diese Beschwerdeschrift an den erzbischöflichen Kanzler, lehnte aber gemeinsam mit dem Stadtrat die Einladung zu einer Aussprache mit dem Erzbischof ab. Zu einem neuerlichen Eklat kam es, als der Erzbischof in der Umgebung der Stadt Söldner zusammenzog, die er angeblich in seiner Fehde gegen den Ritter Mangold von Ostheim einsetzen wollte. Die Stadt sah darin einen feindseligen Akt, ließ Mauern und Tore besetzen und verweigerte den Söldnern den Einlaß.[200] Das Mißtrauen zwischen den Gegnern hatte damit einen Höhepunkt erreicht.

Da angesichts der Wachsamkeit der Bürgerschaft dem Erzbischof eine militärische Lösung unmöglich erschien, griff er zu einer List. Verärgert über die Wiederwahl des ihm besonders verhaßten Hans Matsperger zum Bürgermeister lud er am 23. Jänner 1511 diesen samt dem Stadtrat zu einem Gastmahl. Kaum hatten die Bürger Platz genommen, wurden sie von erzbischöflichen Knechten umringt und auf die Feste eskortiert. Dort verlas ihnen der Erzbischof eine in 16 Punkte gefaßte, umfangreiche Anklage.[201] Sie gipfelte in dem Vorwurf, man habe versucht, den Erzbischof selbst zu ermorden. Außerdem hätten Bürgermeister und Räte alles darangesetzt, die Stadt Salzburg der Hoheit der Erzbischofs zu entziehen und in eine freie Reichsstadt unter ihrem eigenen Regiment umzuwandeln. Dazu kam eine Fülle einzelner Vorwürfe, in besonderer Dichte solche gegen Bürgermeister Matsperger. Leonhard fühlte sich von diesem persönlich beleidigt, zumal sich jener in Gegenwart Herzog Wilhelms von Bayern verächtlich über ihn geäußert und die Fässer mit neuem Reifal, (Rivoglio), einem von Leonhard geschätzten Süßwein, beschlagnahmt hatte.

Der Erzbischof ließ sich in seiner Haltung weder von einer bewaffneten Demonstration der Stadtbewohner noch von einer Abordnung der Gemeinde, die bei ihm vorsprach, beirren. Ein Teil der Inhaftierten wurde in der Nacht mitten im Winter auf Schlitten nach Radstadt gebracht. Nach dem Bericht des Chronisten Leonhard Tornator soll zur Einschüchterung der Gefangenen der Henker mit blankem Schwert diese Fahrt begleitet haben.[202] Während sich der Erzbischof selbst nach Radstadt begab, verhandelten in den folgenden Tagen Bischof Berthold von Chiemsee und der Domherr Siegmund Graf von Ortenburg mit den Vertretern der Bürgerschaft. Um das Leben der in Radstadt inhaftierten Räte nicht zu gefährden, ging die Gemeinde auf die Forderungen des Erzbischofs ein. Ein Vertrag, der am 3. Februar 1511 mit Bürgermeister und Räten in Radstadt geschlossen wurde,[203] enthielt folgende Bestimmungen:

1. Die Stadt mußte auf das von Kaiser Friedrich III. verliehende Recht der freien Ratswahl verzichten. Künftig sollte der Rat, so wie vor dem Jahre 1481, wieder vom Stadtrichter und den zwei Bürgermeistern bestellt werden. Die Bürgermeister selbst wurden von der Bürgerversammlung vorgeschlagen und mußten vom Erzbischof bestätigt werden.

2. Eine Gemeindeversammlung oder ein Ausschuß der Stadt Salzburg darf nur mit Zustimmung des Erzbischofs einberufen werden. Außerdem muß dabei der erzbischöfliche Stadtrichter anwesend sein.

3. Der Erzbischof hat das Recht, die von Bürgermeister und Rat im Laufe der Zeit ohne seine Zustimmung aufgerichtete Stadtordnung zu ändern und neue Satzungen zu erlassen.

4. Die Bürger sind verpflichtet, den Erzbischof durch einen Eid als Herrn und Landesfürsten anzuerkennen.

5. Jene Personen, die vom Erzbischof oder seinen Räten binnen Monatsfrist verurteilt werden, haben die Strafe ohne Widerrede anzunehmen.

6. Da der Bürgermeister und die Stadträte zahlreichen Bürgern, die ihnen unliebsam waren, eigenmächtig das Bürgerrecht aberkannt haben, darf künftig die Aufsagung des Bürgerrechts nur mehr mit dem Einverständnis des Erzbischofs vorgenommen werden.

Rascher als erwartet hatte die Stadt vor dem Erzbischof kapituliert. Am 6. Februar 1511, elf Tage nach ihrer Festnahme, kehrten die Gefangenen aus Radstadt zurück. Virgil Schwaiger, der mehrfach als Bürgermeister amtiert hatte, Hans Matsperger, Jörg Saurer und Wolfgang Kletzl wurden für die Zukunft von allen öffentlichen Ämtern ausgeschlossen.

Erzbischof Leonhard hatte richtig erkannt, daß er als Geldgeber für Maximilian I. mittlerweile wichtiger geworden war als die Vertreter der Stadt. Am 7. Februar erstattete er dem Kaiser Bericht und stellte sein Vorgehen als eine reine Notwehrmaßnahme gegen die Feindseligkeiten der Stadt dar. Auch gegenüber der Stadtgemeinde begründete er schriftlich sein Vorgehen.[204] Bereits am 8. Februar wurden – so wie in den Jahren vor der Verleihung des Ratsbriefs – wieder zwei Bürgermeister gewählt und vom Erzbischof bestätigt, ebenso die zwölf Genannten, auf die man bei der Durchsicht des Stadtbuches gestoßen war.[205]

In der Literatur zur Stadtgeschichte findet sich häufig die Erwähnung, Leonhard habe der Stadt bereits 1512 „eine neue Stadtordnung" verliehen. Eine derartige Ordnung hat es jedoch nie gegeben, der Erzbischof entsprach vielmehr einer Reihe von wirtschaftlichen Anliegen, die von der Stadt schon zweimal an ihn herangetragen worden waren. Das am 16. Jänner 1512 ausgefertigte Schriftstück[206] enthält in insgesamt zwölf Artikeln Bestimmungen über den Verkauf von Getreide und Wein und über die Abgaben, die davon an die Stadt zu leisten waren, über den Verkauf von Holz, die Eisenniederlage (Lötschen), über die Genannten und den Bürgereid, die Läden der Bäcker an der Schranne auf dem Waagplatz, die Türme auf dem Mönchsberg, den Export von Getreide, die Zulassung von zwei Barbieren in der Stadt und über Handwerksversammlungen, die nur mit Genehmigung durch Stadtrichter und Bürgermeister abgehalten werden durften.

Die Stadt mußte sich nach drei Jahrzehnten eines politischen Frühlings mit der Niederlage gegen den Erzbischof abfinden. Ihre Vertreter hatten vergeblich auf die Hilfe des Kaisers gehofft. Für Maximilian jedoch war Leonhard als Geldgeber zu wichtig geworden, um nochmals zugunsten der Stadt gegen den Erzbischof zu intervenieren. Außerdem ließ die Reichspolitik dem alternden Kaiser keine Zeit mehr, erneut in die Salzburger Angelegenheiten einzugreifen, mit welchen er sich viele Jahre hindurch schon intensiv auseinandergesetzt hatte. Endgültig aber wollten sich die Bürger, die sich eines zunehmenden wirtschaftlichen Wohlstands erfreuten, mit ihrer Niederlage nicht abfinden. Sie waren bereit, bei der nächsten Möglichkeit den Kampf um Selbstverwaltung und politische Mitbestimmung erneut aufzunehmen.

Kardinal Matthäus Lang und der „Lateinische Krieg"

Wenige Jahre nach seinem Gewaltstreich gegen die Stadt Salzburg hatte Erzbischof Leonhard eine schmerzliche Niederlage an anderer Front hinnehmen müssen. Auf Betreiben von Kaiser Maximilian wählte das Salzburger Domkapitel einen der bedeutendsten kaiserlichen Diplomaten, den Kardinal und Bischof von Gurk, Matthäus Lang, zum Koadjutor Leonhards mit dem Recht der Nachfolge. Als Preis für seine Wahl hatte Kardinal Lang dem Domkapitel, das immer noch ein Stift der Augustiner Chorherren war, die Säkularisation versprochen und diese gegen den Willen Leonhards durchgesetzt. Der alternde Erzbischof hat sich freilich bis zu seinem Tod geweigert, die vom Papst anbefohlene Säkularisation durchzuführen; um seinen Widerstand zu demonstrieren, ließ er sich im Ordenskleid der Augustiner Chorherren beisetzen.[207]

Als bedeutendstes Denkmal erinnert die mächtige Anlage der Feste Hohensalzburg bis heute an Leonhard von Keutschach. Nachdem bereits seine Vorgänger Bernhard von Rohr und Johann Beckenschlager mit dem Ausbau der Feste begonnen hatten, gestaltete sie Leonhard mit der erhöhten Ringmauer, dem Bau der eckigen Ringmauertürme, mit den starken Pforten und dem Vorwerk (Keutschachbogen) zu einem für die damalige Zeit uneinnehmbaren Bollwerk aus. Das mächtige Giebeldach des Hohen Stocks

Der „Goldene Saal" der Festung, erbaut unter Erzbischof Leonhard von Keutschach 1501. Der Unterzug trägt die Wappen des Erzbischofs Leonhard (mit der Rübe) und des Erzstifts Salzburg, die Wappen des Römisch-Deutschen Reichs, der Kurfürsten, der österreichischen Länder, der Salzburger Suffraganbistümer und der zur Zeit Leonhards amtierenden Vizedome und Pfleger. (Foto: Oskar Anrather)

und die steilen gotischen Dächer der Türme verliehen Hohensalzburg damals einen noch drohenderen Ausdruck als der heutige Bestand. Leonhard selbst war der einzige unter den Erzbischöfen, der dauernd auf der Feste gelebt hat. Daran erinnern der imposante „Goldene Saal" mit seinen gewaltigen Marmorsäulen und die fürstlichen Wohnräume, meist als „Goldene Stuben" bezeichnet, mit dem prachtvollen Kachelofen. An der Außenwand der von ihm errichteten Georgskirche ließ Leonhard sein eindrucksvolles Marmordenkmal setzen, das dem berühmten Bildhauer Hans Falkenauer zugeschrieben wird.[208] Der hoheitsvolle Gestus Leonhards und die Inschrift *hier gibt Erzbischof Leonhard, geborener von Keutschach, den Segen über des Stifts Salzburg Land*, 1515 zeigen deutlich, was der Erzbischof damit zum Ausdruck bringen wollte: Nicht sein ungeliebter Koadjutor und Nachfolger, sondern immer noch er war Fürst und Herr dieses Landes.

Kardinal Matthäus Lang, der am 23. September 1519 nach alter Tradition vom Schloß Freisaal aus feierlichen Einzug in die Stadt hielt, entstammte einer verarmten Augsburger Patrizierfamilie. Er war ein schöner und gebildeter Mann, der allerdings bei den Zeitgenossen als eitel und überheblich galt. Als Diplomat im Dienste Maximilians I. hatte er bei seinem Einzug in Rom einen derartigen Prunk entfaltet, daß er sogar den päpstlichen Hof in Erstaunen setzte. Zu seinen bedeutendsten Leistungen zählte der habsburgisch-jagellonische Heiratsvertrag, den er in Preßburg mit Wladislaw von Böhmen und Sigismund von Polen aushandelte. Dieses Abkommen führte 1526 zum Übergang von Ungarn und Böhmen an die Habsburger.[209] Da Kardinal Lang auch nach dem Tode Maximilians I. im Dienste Kaiser Karls V. und in Reichsangelegenheiten tätig war, hielt er sich nur selten in seiner Hauptstadt Salzburg auf und konnte sich folglich auch von der Stimmung in der Bevölkerung kaum ein Bild machen. Die Eintreibung der von ihm ausgeschriebenen hohen Weihsteuer rief allerdings unter der Bevölkerung eine derartige Unruhe hervor, daß sich Statthalter und Räte des Kardinals veranlaßt sahen, über eine „Rüstung und ordentliche Gegenwehr" zu beraten.[210]

Diese Situation ermutigte auch die Bürgerschaft der Stadt Salzburg zu neuen Vorstößen. Schon im August 1519, noch vor der Ankunft des Kardinals, präsentierte sie ein Memorandum, das angeblich 84 Bürger aus allen Stadtvierteln erarbeitet hatten. Darin bat die Stadt um Annullierung des gewaltsam erzwungenen Verzichts auf den Ratsbrief, erklärte sich aber gleichzeitig zu Reformen bereit.[211] Angesichts der dauernden Abwesenheit des Kardinals verfolgten dessen Räte eine hinhaltende Taktik und gaben zunächst keine Antwort auf die städtischen Wünsche. Auf einem Landtag am 30. Mai 1523 forderte Matthäus Lang zum Ersatz für die hohen Ausgaben, die ihm bei der Kaiserkrönung Karls V. und dem Besuch der Reichstage entstanden war, eine außerordentliche Steuer. Sie sollte in den folgenden vier Jahren in Form einer Getränkesteuer (Ungeld) eingehoben werden. Da Adel und Prälaten ihre Beteiligung verweigerten, sollten die Städte und Märkte sechs Jahre lang, die Hauptstadt Salzburg aber ein ganzes Jahrzehnt hindurch, die vorgesehene Alkoholsteuer abführen. Die Vertreter der Stadt lehnten dieses Ansinnen ab, zumal die Bürgerschaft schon vorher 1000 Gulden für die Weihsteuer aufgebracht hatte.[212]

Die Lage verschärfte sich noch durch die Tatsache, daß in diesen Jahren das Gedankengut der Reformation in der Stadt Salzburg Verbreitung und Anhänger fand. Es gab zwar damals noch keine evangelischen Prediger, wie bis vor kurzem vermutet wurde,[213] man pflegte aber den direkten Kontakt zum großen Reformator Martin Luther und nach Wittenberg. Johann von Staupitz, der einstige Vorgesetzte Luthers im Orden der Augustiner Eremiten, gleichzeitig auch dessen unmittelbarer Vorgänger an der Universität Wittenberg und persönlicher Freund, wurde auf Betreiben von Kardinal Lang 1522 Abt von St. Peter in Salzburg. Er blieb zwar zeitlebens katholisch, vertrat aber die Auffassung, daß die Kluft zwischen der katholischen Kirche und der evangelischen Bewegung überbrückt werden könnte. Deshalb stand er auch bis zu seinem Tod in brieflichem Kontakt zu Luther, den er aufforderte, nach Salzburg zu kommen um hier mit ihm „zu leben und zu sterben"[214]. Diesen engen Verbindungen entsprechend fanden die Schriften Luthers und weiterer Reformatoren in der Abtei St. Peter und darüber hinaus rasch Verbreitung.

Frühzeitig gingen auch Salzburger Studenten an die Universität Wittenberg. Bereits bei deren Gründung 1502 war Wolfgang Rosperger aus Salzburg dort immatrikuliert. In den Jahren zwischen 1512 und 1520 folgten weitere Studenten aus der Stadt Salzburg, aus Hallein und Werfen. Georg Führer, der seit 1520 in Wittenberg studiert und dort das Baccalaureat erworben hatte, wurde durch Vermittlung Luthers noch vor der Publikation der „Regensburger Einung" des Jahres 1524, die auch für Salzburger das Studium in Wittenberg untersagte, zum Magister befördert. Mit Christoph Weitmoser, dem bedeutendsten aller Salzburger Gewerken (Bergbauunternehmer), begann 1523 ein weiterer prominenter Salzburger mit dem Studium in Wittenberg.[215]

Auf einer Provinzialsynode, die Kardinal Matthäus Lang im Frühjahr 1522 in Mühldorf abhielt, wurden scharfe Maßnahmen gegen die neue Lehre beschlossen. Unter anderem gedachte man die Verbreitung lutherischer Schriften auch in der Stadt Salzburg zu unterbinden, und das Haus des einzigen Buchhändlers sollte, als abschreckendes Beispiel, nach verbotenen Schriften durchsucht werden. Diese Pläne riefen in der Bevölkerung erneut Empörung hervor. Einer späteren Nachricht zufolge hatten die Bürger 1523 ihre Zustimmung zu der vom Kardinal geforderten Steuer davon abhängig gemacht, weiterhin die verbotenen lutherischen Schriften lesen zu dürfen.[216]

Nachdem der Kardinal im April 1523 Salzburg wieder verlassen hatte, war die Erregung in der Stadt so groß, daß die landesfürstlichen Räte beschlossen, abzuwarten, „bis die Empörungen etwas gestillt sind".[217] Der Kardinal hingegen war entschlossen, den Widerstand der Bürger zu brechen. Er ließ die Feste Hohensalzburg besetzen und begab sich nach Innsbruck, wo er mit Herzog Ferdinand I. von Österreich über militärische Hilfe und geeignete Gegenmaßnahmen verhandeln wollte. Ob sich wirklich 1500 Mann, darunter auch Geistliche, Studenten und Kriegsleute, in der Stadt Salzburg zusammengefunden hatten, um „zu stürmen und zu plündern", wie die „Gasteinerische Chronik" berichtet, ist fraglich.[218] Auf jeden Fall war die Situation so ernst, daß Erzherzog Ferdinand seine Zustimmung zur Anwerbung von 1000 Landsknechten gab, die unter dem Kommando des Obersten Leonhard Colonna Freiherrn von Völs dem Kar-

Kardinal Matthäus Lang. Federzeichnung von Albrecht Dürer 1522.
(Graphische Sammlung Albertina, Wien)

dinal Lang zur Verfügung gestellt wurden. Über das Inntal, über Lofer und Reichenhall zog der Kardinal nach Grödig, wo ein Feldlager aufgeschlagen wurde. Gleichzeitig ließ er die Burg Plain (bei Großgmain) besetzen und das Geschütz der Festung Hohensalzburg auf die Stadt richten. Die überraschten Bürger dachten gar nicht an Widerstand, sondern ließen durch eine Abordnung demütig ihre Bereitschaft zur Kapitulation überbringen.[219] Bischof Berthold Pürstinger von Chiemsee und Johann von Staupitz, der Abt von St. Peter, vermittelten in dieser gespannten Situation einen Frieden. Damit war der „Lateinische Krieg" – man nannte ihn wohl so, weil die im römischen („lateinischen") Recht gebildeten Räte des Kardinals eine wesentliche Rolle spielten – unblutig zu Ende gegangen.[220]

Matthäus Lang kostete seinen Triumph in einem effektvollen Auftritt aus. Im prachtvoll gearbeiteten, blanken Harnisch, den ihm Kaiser Maximilian I. geschenkt hatte, einen roten Mantel um die Schultern, den purpurfarbenen Kardinalshut auf dem Haupt und den Streitkolben in der Rechten ritt er auf einem weißen Zelter, begleitet vom Obersten Leonhard von Völs und einigen hundert Landsknechten, am 11. Juli 1523 in die Stadt Salzburg ein. Die Bürgermeister Ludwig Alt und Sebastian Waginger baten ihn kniefällig um Verzeihung und händigten ihm die Stadtschlüssel aus. Der Kardinal ließ durch Leonhard von Völs eine Strafpredigt verlesen, bevor er die Unterwerfung der Stadt entgegennahm.[221] Er hat diese Szene später auf einem Tor seiner Vaterstadt Augsburg verewigen lassen und fügte (in lateinischer Sprache) die Inschrift hinzu: *Matthäus Lang, Patrizier von Augsburg, Kardinal und Erzbischof, nimmt im Jahre 1523 die kniefällig bittenden Salzburger wieder in Gnaden auf.*[222]

Als Folge dieser Ereignisse mußten die Vertreter der Stadt am 16. Juli 1523 schriftlich auf alle seit dem Ratsbrief 1481 erstrittenen Rechte verzichten, den Erzbischof uneingeschränkt als Stadtherrn anerkennen und ihm ein Zwangsdarlehen von 4000 Gulden zur Bezahlung der Söldner gewähren. Außerdem behielt sich der Erzbischof das ausdrückliche Recht vor, eine neue Stadtordnung zu erlassen.[223] Bei der Einhebung des Ungelds kam es in der Stadt Salzburg nochmals zu Unruhen, die durch Verhaftung einzelner Bürger unterdrückt wurden.[224] Der Kardinal aber ließ auf Hohensalzburg den ersten modernen Geschützturm errichten, von dessen Plattform aus die Kanonen im Halbkreis auf die Altstadt von Salzburg gerichtet werden konnten. Dieses Bauwerk erhielt den hohnvollen Namen „Bürgermeister", weil es in Zukunft die widerspenstigen Bürger „meistern" sollte. Es ist dieser Bestimmung rascher gerecht geworden, als vorauszusehen war.[225]

Das Ende bürgerlicher Freiheiten – Die Salzburger Stadt- und Polizeiordnung 1524

Ein Jahr nach dem Lateinischen Krieg erließ Matthäus Lang die umfangreiche *Ordnung und Pollicey Gemainer Statt Saltzburg*. Dieses umfassende, meist als „Salzburger Stadt- und Polizeiordnung" bezeichnete Gesetz erhielt noch in der mittelalterlichen

Form von Brief und Gegenbrief seine Gültigkeit: Der Erzbischof übergab ein von ihm gesiegeltes Exemplar an die Stadt und erhielt seinerseits die von der Stadt angefertigte Handschrift.[226] Gleichzeitig behielt sich Matthäus Lang aber ausdrücklich das Recht vor, *solches Statut, Ordnung und Polizei jederzeit zu mindern, zu mehren, zu verändern und zu mäßigen, nach des Stiftes und Gemeiner unserer Stadt Nutzen und Notdurft.* Vermehrt um einen Anhang vom 4. Jänner 1528, der besonders die städtischen Ämter betraf, hat die Salzburger Stadt- und Polizeiordnung bis über das Ende des geistlichen Fürstentums (1803) hinaus ihre Gültigkeit behalten und das Leben in der Haupt- und Residenzstadt Salzburg bestimmt.[227]

In seinem ersten Teil regelt dieses umfangreiche Gesetz, das später auch auf andere Städte des Erzstiftes übertragen wurde, Fragen der Stadtverfassung und der Verwaltung. Der Stadtrichter war allein dem Erzbischof verantwortlich und durch seinen Eid an diesen gebunden. So wie er wurden auch der Bürgermeister und die zwölf Räte vom Erzbischof ernannt und auch wieder entlassen, doch waren diese mit ihrem Eid auch der Bürgergemeinde verpflichtet. Neu war der aus 48 Personen zusammengesetzte „Äußere Rat", zu dem jedes Stadtviertel zwölf Bürger stellte. Nach Möglichkeit sollten alle Handwerkssparten in diesem Äußeren Rat vertreten sein. „Innerer" und „Äußerer Rat" bildeten gemeinsam den „Großen Rat", wobei in den gemeinsamen Beratungen den zwölf Stadträten des „Inneren Rates" je zwei Stimmen, den 48 Mitgliedern des „Äußeren Rates" je eine Stimme zustand. Ratssitzungen durften grundsätzlich nur im Beisein des Stadtrichters stattfinden. Eine wichtige Rolle spielte die Amtsverschwiegenheit, die immer wieder betont wurde.

Der bezahlte Stadtschreiber, ein rechtskundiger Mann, besaß weder im Rat noch bei Gericht Stimmrecht. Als Beisitzer im Gericht fungierten der Bürgermeister, sechs Stadträte und zwei Mitglieder des „Äußeren Rates". Da dem Stadtrichter auch die Aburteilung todeswürdiger Verbrechen zugestanden wurde, kam es zu einer Trennung des Malefizgerichts vom Stadtgericht. Das Malefizgericht wurde mit 36 Beisitzern (dem Bürgermeister, 12 Stadträten und 23 Vertretern des Äußeren Rates) besetzt. Die Vollstreckung des Todesurteils durch den Henker durfte erst nach der Begutachtung und Bestätigung durch den Landeshauptmann stattfinden. Dem Landeshauptmann, dessen Kompetenzen in einer eigenen gedruckten Hauptmannschaftsordnung 1533 fixiert wurden, blieben weiterhin die „Hauptmannsfälle" vorbehalten.

Die Stadt- und Polizeiordnung enthält auch genaue Vorschriften für das Amt des Stadtkämmerers und eine Reihe weiterer wichtiger Ämter und Funktionen: Für den Zechmeister und den Mesner an der Pfarrkirche, den Spitalmeister des Bürgerspitals, den Brudermeister in St. Sebastian, die Viertelmeister der vier Stadtviertel, für die „Unterkäufl" (Makler) am städtischen Markt, die Faßzieher, Zugwerker (Frächter), Sackträger, Abmesser, Visierer, Abwäger an der städtischen Fronwaage, Amtsdiener und Ratsknechte, Wächter, Torhüter usw. Daraus wird ersichtlich, daß mit dem raschen Bevölkerungswachstum der Stadt auch eine entsprechende Aufgaben- und Kompetenzverteilung notwendig geworden war.

Noch umfangreicher ist der zweite Teil der Stadt- und Polizeiordnung, in dem es um die Aufrechterhaltung der öffentlichen Ordnung und Sicherheit geht. Er regelt Löhne, Preise, Taxen, Arbeitszeit, Maße und Gewichte, Handel und Gewerbe, die städtischen Märkte, die Feuerpolizei, die Sturmglocke, die Aufrichtung von Testamenten, Erbstreitigkeiten und Vormundschaften, den Grundstücksverkehr, die Bürgeraufnahme, Luxus- und Hygienevorschriften, die Verfolgung strafrechtlicher Taten (vor allem Unruhestiftung), außerdem städtische Sozialeinrichtungen und das Bettelwesen, aber auch die Einhebung von Zöllen, Burgrecht, das Lehenswesen u. v. a. Aus heutiger Sicht sind in der Stadt- und Polizeiordnung verschiedenste Sparten des Rechtes wie Öffentliches Recht und Privatrecht, Zivilrecht und Strafrecht, Güterrecht etc. ineinander verwoben, wie es für derartige Gesetzeswerke am Beginn der Neuzeit typisch war. Das Bestreben, eine *gute Polizey* aufzurichten, kommt in weitgehenden Regelungen betreffend Rumor und Zusammenrottungen, in einer genauen Feuerordnung, in weitgehenden Eingriffen in die Organisation der Handwerke und Bruderschaften aber auch in Bestimmungen über „fremde Krämer und Landfahrer" sowie in der Begrenzung der Heiratskosten und der Viehhaltung in der Stadt deutlich zum Ausdruck. Nach heutigen Vorstellungen waren es weitreichende Eingriffe in die „Privatsphäre" der einzelnen Bürger und Familien mit Ansätzen zu genauer und beständiger Überwachung durch die Obrigkeit. Gerade darin kommt ihr Charakter einer frühneuzeitlichen „Polizeiordnung" deutlich zum Ausdruck.[228]

Die Stadt hat in einer umdatierten Stellungnahme[229] die meisten Artikel des Stadtrechts gutgeheißen, besonders die darin enthaltene Ratsordnung, die Besetzung des Äußeren Rats mit 48 Personen und die Honorierung der Beisitzer bei Gericht einschließlich des Bürgermeisters und der Stadträte, die ihre sonstige Tätigkeit ehrenamtlich versahen. Damit beugte sich die Bürgerschaft der Übermacht des Landesfürsten.

VI. HANDEL UND HANDWERK – GRUNDLAGEN DER STÄDTISCHEN WIRTSCHAFT

Mit der Stadt- und Polizeiordnung 1524 wurde die Mitwirkung der Bürger am Stadtregiment im deutschen und im europäischen Vergleich auf ein Minimum reduziert. Während in den geistlichen Metropolen am Rhein die Erzbischöfe für längere Zeit oder auf Dauer aus ihren Bischofsstädten vertrieben wurden, waren in Salzburg die Stadtherrschaft des Erzbischofs und die Überwachung der Bürger umfassender und drückender als je zuvor. Das wirtschaftliche Engagement der Bürger wurde davon aber kaum berührt. Vom Beginn des 15. bis zur Mitte des 17. Jahrhunderts erlebte die städtische Wirtschaft eine nur von wenigen Rückschlägen unterbrochene Konjunktur. Die absolute Spitze im Warenverkehr über die Salzburger Tauernpässe wurde um 1600 erreicht. Erst die Auswirkungen des Dreißigjährigen Krieges führten nach dem Westfälischen Frieden (1648) zu einer großräumigen Umstellung der Wirtschaft und zu einer allmählichen Verlagerung des Seehandels vom Mittelmeer zur Nordsee, wodurch auch die Position der Stadt Salzburg als wichtige Station im Handel mit Venedig nachhaltig beeinträchtigt wurde.[1]

Die städtische Wirtschaft Salzburgs war und ist vom Frühmittelalter bis zur Gegenwart in erster Linie vom Handel geprägt. Die Stellung als Handelsstadt verdankte Salzburg aber nicht nur seiner geographischen Lage als „Drehkreuz im Norden der Alpen", sondern auch und vor allem dem wirtschaftlichen Engagement seiner Bürger. Im Fernhandel konnten sich nur Männer behaupten, die neben Tatkraft, Zielstrebigkeit und unternehmerischem Geist auch Mut zum Risiko hatten. Die Gefahren im Fernhandel waren in einer Zeit, wo eine Handelskarawane auf dem Weg von Nürnberg über Salzburg nach Venedig ein Dutzend verschiedene Herrschaftsgebiete und 20 (!) Mautstätten passieren mußte, ungleich größer als heute. Dazu kamen die Unbilden der Witterung, Räubergesindel und die nur mühsam begehbaren Wege, die jeden Saumzug über die Ostalpen zu einem Abenteuer machten.[2]

Die rod von Venezia aus gen Saltzpurg[3] – Zur Position der Stadt im Fernhandel

Der Handel, an dem Einwohner und Bürger der Stadt Salzburg beteiligt waren, läßt sich in zwei große Gruppen teilen: den Handel mit Massengütern,[4] der einer größeren Zahl von Stadtbewohnern als Fuhrknechten, Lohnarbeitern und selbständigen Fuhrleuten eher bescheidene Verdienstmöglichkeiten bot, und den Handel mit hochwertiger Kaufmannsware, bei dem eine kleinere Zahl von Salzburger Bürgerfamilien als Faktoren (Geschäftsträger) großer süddeutscher Handelshäuser und als selbständige Unternehmer zu Reichtum und Ansehen kam.

Am Handel mit Salz, dem an Menge und Wert wichtigsten Exportartikel, war die Stadtbevölkerung kaum beteiligt. Das Salz wurde nämlich zum Großteil schon in Hallein auf Schiffe verladen, deren Führung den in Laufen ansässigen Ausfergen zustand.[5] Die Bürger von Salzburg durften Salz nur für den eigenen Bedarf auf Zillen in die Stadt bringen. Etliche Salzburger Bürger zählten zwar zu den Fertigern, die als Privatunternehmer Salz direkt bei der Saline kauften und auf eigene Kosten und Risiko in den Handel brachten; sie spielten dort aber neben den Fertigern aus Burghausen und Passau eine untergeordnete Rolle. Größer war der Anteil städtischer Händler und Fertiger beim Export von Salz auf der Straße mit Saumtieren und Fuhrwerken. Salz ging als Gegenfracht für Öl und Wein auf den Saumwegen der *Oberen Straße* über Rauriser, Fuscher und Felber Tauern nach Kärnten und Tirol, es wurde als Rückfracht für die Weinfuhren nach Linz transportiert und in beachtlichen Mengen auch auf dem Landweg nach Bayern exportiert. Die Tatsache, daß am Ende des 15. Jahrhunderts die Salzmaut, die Kaiser Friedrich III. 1482 der Stadt Salzburg verliehen hatte, an der Spitze der städtischen Einnahmen stand,[6] unterstreicht die Bedeutung des Salzhandels auch für die Stadt Salzburg. Aus Bayern wurden als Gegenfracht für das Halleiner Salz zu Lande und zu Wasser große Mengen von Getreide eingeführt. Die Salzburger Fertiger und Frächter standen jedoch beim Transport des Getreides hinter den bayerischen Unternehmern zurück.[7]

Zu den Massengütern zählte auch der Wein, den das Erzbistum und die Salzburger Klöster auf ihren Weingütern in der Wachau in Arnsdorf, Oberloiben und Krems, aber auch in Währing bei Wien erzeugten. Da ein Großteil dieser Weingüter schon seit dem 9. Jahrhundert zu Salzburg gehörte, als es noch keinen regelmäßigen Gegenzug von Schiffen auf Inn und Salzach gab, wurde der Wein von Linz aus mit Fuhrwerken nach Salzburg gebracht. Daraus leiteten die Linzer Transportunternehmer das förmliche Recht ab, daß die Salzburger Weine aus der Wachau auf der Donau nicht über Linz hinaus gegenwärts geführt werden durften, sondern von Linz aus auf dem teureren Landweg nach Salzburg gebracht werden mußten.[8] An dieser Situation vermochte selbst ein Privileg Kaiser Friedrichs III., das 1481 den Salzburger Bürgern das Recht zusicherte, ihre Weine ungehindert an Linz vorbeizuführen, nichts zu ändern.[9] Im Fuhrverkehr zwischen Linz und Salzburg dominierten allerdings die Kaufleute und Frächter aus der Stadt Salzburg, die zur Auslastung ihrer Fuhrwerke Salz als Gegenfracht nach Linz brachten. Neben dem *Osterwein* aus der Wachau wurde auch der *Markwein* von den steirischen Gütern des Erzbistums in beachtlichen Mengen nach Salzburg angeliefert.

Als Transportweg hierfür diente die Eisenstraße, auf der steirisches Eisen vom Erzberg nach Salzburg und darüber hinaus nach Tirol, Bayern und Schwaben, aber auch nach Frankfurt und selbst nach Antwerpen ging. Die Route verlief von Vordernberg über Leoben, Murau, Seetal, Tamsweg nach Radstadt, wo bereits 1459 eine Eisenniederlage *(Lötschen)* errichtet wurde.[10] Für die Stadt Salzburg gewann im 15. Jahrhundert die Straße von Leoben über Rottenmann, Bad Aussee und St. Gilgen größere Bedeutung, in deren Verlauf das Eisen von der Niederlage am Schober (Strobl) auf Schiffen über den Wolfgangsee nach St. Gilgen geführt wurde.[11] Im Handel mit steirischem Eisen standen im 16. Jahrhundert die Salzburger Kaufleute gemeinsam mit den Münchner Händlern an zweiter Stelle und wurden nur von den Augsburgern übertroffen. Die Errichtung der Salzburger Eisenlötschen im Jahr 1487 unterstreicht die Bedeutung, die dem Eisenhandel für die städtische Wirtschaft zukam.[12]

Schließlich ist unter den Massengütern auch noch die Ausfuhr von Marmor zu nennen. Der im Frühmittelalter dominierende helle Marmor vom Untersberg, der in Fürstenbrunn gebrochen wurde, verlor im Spätmittelalter gegenüber dem roten Adneter Marmor stark an wirtschaftlicher Bedeutung.[13] Das Beispiel des Salzburger Bürgers Recklein, der um 1400 eine Handelsflotte von mindestens zehn Schiffen unterhalten konnte,[14] zeigt den Anteil von Stadtbewohnern am Handel mit Massengütern auf dem Wasserweg.

Im Gegensatz zu den Massengütern, die beinahe ausschließlich auf Schiffen und Fuhrwerken transportiert wurden, blieb für die hochwertige Ware, die von Venedig über die Tauern nach Salzburg kam, bis weit in die Neuzeit der Saumhandel vorherrschend.[15] Pferde und Maultiere vermochten in der Ebene eine Saumladung von drei Zentnern (168 Kilogramm), im Gebirge von etwa 2,5 Zentnern zu tragen. Im Vergleich dazu betrug die als Wagensaum bezeichnete Last, die von einem Pferd gezogen wurde, vier Zentner. Der Saumweg über den Radstädter Tauernpaß wurde zwar unter Erzbischof Leonhard von Keutschach 1519 zur Fahrstraße ausgebaut, war jedoch nur für schmale Anzwagen mit Gabeldeichseln passierbar, die auch mit vier vorgespannten Pferden nicht mehr als 15 Zentner befördern konnten. Da mit Saumrossen größere Strecken zurückgelegt werden konnten als mit Wagen, deren durchschnittliche Tagesleistung im Tal nur 30 Kilometer betrug, und das aufwendige Umladen entfiel, hat der Saumverkehr über die Tauern auch nach dem Ausbau der *Unteren Straße* über Radstädter Tauern und Katschberg noch durch Jahrhunderte seine dominierende Stellung beibehalten. Die steilen Gebirgswege im Zuge der *Oberen Straße* waren ohnedies nur für den Saumverkehr geeignet.

Da als Säumer vor allem Bauern tätig waren, die im Sommer ihre Felder bestellten, fielen die Spitzenwerte des Saumhandels in den Spätherbst und Winter. Seit dem 14. Jahrhundert stellten auf der *Unteren Straße* die „Windischen Säumer" aus Unterkärnten und Krain, auf der *Oberen Straße* die Bauern aus dem Gebiet von Heiligenblut das größte Kontingent, während die Salzburger Säumer daran kaum Anteil hatten. Der Säumer übernahm für den Fernhändler, in dessen Diensten er stand, in Gemona (Glemaun) die Waren; dorthin wurden sie von Venedig zunächst auf Schiffen bis zu den Flußhäfen von Latisana oder Portogruaro und dann weiter auf schweren Fuhrwerken gebracht. Nach dem Verfrachten auf Pferde konnten die Güter ohne weiteres Umladen bis Salzburg transportiert werden, von wo sie dann auf Schiffen oder schweren Fuhrwerken weitergeführt wurden. Deshalb bevorzugten viele Kaufleute aus Regensburg und Nürnberg trotz der größeren Entfernung und der stärkeren Steigung den Salzburger Tauernweg gegenüber der leistungsfähigeren Brennerstraße, wo der Transport durch das schwerfällige Rodfuhrwesen streng an genaue Tagesetappen und die heimischen Fuhrwerke gebunden war.

Besonders wertvolle Waren wurden in weiches Verpackungsmaterial eingeschlagen. Dazu verwendete man seit dem frühen 14. Jahrhundert Baumwolle, die nach dem Transport in Salzburg weiterverarbeitet werden konnte. Auserlesene Fernhandelsgüter wie asiatische Gewürze, teure Tuche und Seidenstoffe, die man auf diese Weise schützte, wurden seit dem Ende des 15. Jahrhunderts als *beschlagenes Gut* bezeichnet.[16] Zerbrechliche Waren wie das wertvolle Muranoglas, wurden in Truhen verpackt. Die übrigen Kaufmannsgüter schlug man in Leinenplachen ein und beförderte sie als verschnürte Ballen, die man auch Säume in Stricken nannte. Dieses billigere unbeschlagene Gut wurde bereits im *Fondaco dei Tedeschi,* dem Haus der deutschen Kaufleute in Venedig, durch ein Ringlein gekennzeichnet, damit die Saumladungen an den Mautstellen nicht mehr geöffnet werden mußten. Die Mautsätze hierfür betrugen meist nur die Hälfte jener, die für das beschlagene Gut verrechnet wurden. Wein und Öl wurden in kleine Fässer (Lageln von *lagena* = Flasche) gefüllt, die 62,5 Liter faßten und als Paar zu beiden Seiten des Pferdes aufgepackt einen Roßsaum bildeten.

Der Handel mit Kaufmannsware über die Tauern war ebenso wie der Transport von Massengütern auf Salzach, Inn und Donau von den zahlreichen Maut- und Zollstätten behindert, an denen die verschiedensten geistlichen und weltlichen Landesfürsten und Herren Gebühren erhoben. Gerade im Spätmittelalter kam zu den alten Zöllen, die meist den Herzogtümern und Grafschaften zugeordnet waren,[17] eine große Anzahl neuer Mautstätten, die häufig an Brücken, Überfuhren, Talengen, Straßengabeln, am Fuß von Pässen oder bei Burgen lagen. Allmählich stimmten jedoch die verschiedenen Herren ihre Mautgebühren aufeinander ab, um ein Ausweichen des einträglichen Fernhandels auf andere Routen zu vermeiden.

Zwischen Salzburg und Venedig wurden auf der Unteren Straße in Werfen, Mauterndorf und Gmünd vom Erzbischof, in Lieserhofen von den Grafen von Görz, in Spittal von den Grafen von Ortenburg, in Villach vom Bischof von Bamberg, in Arnoldstein vom dortigen Kloster, in Chiusaforte, Venzone und Portogruaro von den Patriarchen von Aquileia Maut eingehoben. An dessen Stelle trat seit dem 15. Jahrhundert Venedig, das dieses Gebiet erobert hatte. Auf der Oberen Straße war die Anzahl der Zollstätten kaum geringer. Um trotzdem die Konkurrenzfähigkeit gegenüber den Tiroler Pässen zu erhalten, waren die Mautgebühren relativ niedrig. Außerdem war ein Großteil der Zölle in Form von *Zapfmauten* zu entrichten, bei der ein Säumer von der Hin- und Rückfracht jeweils nur die wertvollere Ladung verzollen mußte. Auch die Einhebung eines relativ hohen Mautsatzes an der neuen Mautstätte Kremsbrücke, die König Ferdinand I. 1554 errichtete, hat die Attraktivität der Salzburger Handelsrouten nicht nachhaltig beeinträchtigt. Eine ernste Bedrohung stellte jedoch die enorme Anhebung der Salzburger Stadtmaut, teilweise bis zum Fünfzehnfachen der alten Gebühr, durch Erzbischof Wolf Dietrich von Raitenau 1588/89 dar. Nach heftigen Kontroversen mit der Stadt Graz und weiteren Kritikern wurden die neuen Mautsätze zwar erheblich zurückgenommen, die Stadtmaut bildete aber seither mit ihren Tarifen die „Hauptmaut" im Land Salzburg.[18]

Die Sicherheit der Kaufleute wurde auf den Fernhandelswegen ursprünglich durch das Geleitrecht gesichert, das der König als Regal an die Landesfürsten übertragen hat-

Die Salzburger Handelswege über die Tauern.

te. Auf den Routen nach Venedig konnten die Grafen von Görz ein Geleitrecht „vom Meer bis zum Katschberg" geltend machen und dafür Geleitgeld einheben. Als zentrale Geleithebestelle diente seit dem 14. Jahrhundert Venzone (Peuschelsdorf), wo als Nachfolger der Grafen von Görz und der Patriarchen von Aquileia die Republik Venedig noch im 16. Jahrhundert eine Geleitgebühr einforderte. In der Praxis bedeutete jedoch das Geleitrecht keinen wirksamen Schutz mehr, da es nur durch die Mitgabe eines Hoheitszeichens angedeutet aber nicht mehr von Bewaffneten durchgesetzt wurde. Die Geleitherren mißbrauchten ihr Recht häufig dazu, von den Kaufleuten größere Geldsummen zu erpressen.

So ließ Christoph Jörger, der Pfleger der habsburgischen Herrschaft Kammer in Oberösterreich, die Ware von Salzburger Kaufleuten beschlagnahmen, weil er sich ein Geleitrecht anmaßte. Die Städte Gmünd, Spittal und Villach versuchten ohne ausdrückliches Privileg ein Niederlagsrecht geltend zu machen. Während Spittal erfolglos blieb, konnte Gmünd immerhin einen Übernachtungszwang durchsetzen, von dem die zahlreichen Wirtshäuser der Kleinstadt jahrhundertelang profitierten.[19] Weitere Kosten erwuchsen den Fernhändlern durch das Umladen von Saumrossen auf Fuhrwerke in Gemona, wo die Wirte (Faktoren) genau fixierte Tarife für das Verladen der Waren bzw. in Richtung Salzburg für die Verpackung in Saumladungen erhielten. Auch in Latisana bzw. Portogruaro, wo die Güter von Fuhrwerken auf Schiffe verfrachtet wurden, war eine Maut zu entrichten.[20]

In Venedig, einem für Salzburg wichtigen Handelspartner, sahen sich die Salzburger Kaufleute so wie alle ausländischen Händler an genaue Vorschriften gebunden: Unter den festen Herbergen, die von der Markusrepublik für sie eingerichtet waren, kamen dem *Fondaco dei Turchi* für die kleinasiatischen Kaufleute, die Waren aus der Levante brachten, und dem *Fondaco dei Tedeschi* für die deutschen Händler die bei weitem größte Bedeutung zu.[21] Die Gewölbe im Erdgeschoß des *Fondaco dei Tedeschi*, der unmittelbar an der Rialtobrücke lag (heute Hauptpost), wurden gegen hohe Gebühren als Lagerräume an einzelne Kaufleute oder an Händlergruppen vermietet. Die Salzburger Kaufleute standen 1508 mit den von ihnen gemieteten Lagerräumen an dritter Stelle, knapp hinter Augsburg und Nürnberg. Ihr besonderes Ansehen läßt sich daraus ersehen, daß am Beginn des 16. Jahrhunderts mit Stefan Kaserer, Sebastian Unterholzer und Erasmus Matsperger Salzburger Kaufleute das verantwortungsvolle Amt des Konsuls bekleideten, den die im Fondaco vertretenen Kaufleute aus ihren Reihen wählten.[22] Die Aufgabe des Konsuls war es, Versammlungen abzuhalten, Streitigkeiten zu entscheiden und die ständigen Zwistigkeiten zwischen nord- und süddeutschen Kaufleuten zu schlichten.

Die Verwaltung des Hauses unterstand jedoch einem Vertreter der venezianischen Regierung, dem *Vis dominus*, der alle Geschäfte überwachte, die Gebühren einhob und auch die Strafgewalt ausübte. Geschäftsabschlüsse durften nur über Vermittlung des Sensals oder Maklers getätigt werden, der alle Transaktionen kontrollierte und als Dolmetsch diente. Abgesehen von den hohen Gebühren und Zöllen, die bei jedem Verkaufsgeschäft zu leisten waren, durften auswärtige Kaufleute ihre Güter ausschließlich an Venezianer verkaufen und mußten für die dabei erzielten Einnahmen Käufe bei venezianischen Händlern tätigen; die Ausfuhr von Bargeld war nämlich untersagt oder zumindest sehr erschwert. Wenn man bedenkt, daß der gesamte Umsatz im *Fondaco dei Tedeschi* für das Jahr 1472 auf eine Million Golddukaten geschätzt wurde, und allein die Einnahmen aus dem Zoll 20.000 Dukaten betrugen, gewinnt man ein Vorstellung von der Bedeutung dieses Handelshauses.

Salzburger Kaufleute erstanden in Venedig einerseits die wertvollen Waren aus der Levante und dem Orient, andererseits die in Venedig und Italien selbst erzeugten Güter. Zur ersten Gruppe zählten die begehrten Griechenweine wie Malvasier und Ruminier, Rosinen, Baumwolle, feine Gewürze, Drogen, Pharmaka und Farbwaren. Aus Venedig und seiner Umgebung kamen Muranoglas, feine Seidenstoffe, Gold- und Silbertücher, Atlas, Samt, Taft, aber auch Südfrüchte, Gewürze, einfachere Drogen, Farbwaren, Bücher, Papier, Fischbein, Schwämme und Reis. Neben der in Venedig produzierten Seife kam auch dem reichen Angebot an Weinen aus Görz und Friaul wie etwa dem Reifal (Ribolla), Muskateller, Terrant, die von Salzburger Kaufleuten nach ganz Süddeutschland und Böhmen exportiert wurden, besondere Bedeutung zu.[23]

Weit bescheidener nimmt sich das Angebot jener Waren aus, die als Gegenfracht aus Deutschland und Osteuropa nach Venedig gebracht wurden.[24] Am wertvollsten waren die aus Rußland und Polen importierten Pelze, von denen Salzburger Mauttarife über 20 verschiedene Sorten, vom Hermelin und Nerz bis zum Biber und Wolf, nennen. Den

Handelszug mit Saumrossen auf einem Tauernpaß. Wandgemälde von Jakob Placidus in der Innsbrucker Hofburg, 1815.

zweiten wichtigen Exportartikel bildete Arsenik (Hüttrauch), das im Lungau (in Rotgülden und Göriach) und im Gericht Gmünd (Lanisch) gewonnen wurde. Arsenik wurde in Venedig für die Erzeugung von Muranoglas, im Goldschmiedegewerbe, für die Herstellung von Kosmetika und Medizin, aber auch als Aphrodisiakum und als Roßarznei verwendet.[25] An billigeren Produkten führten die Salzburger Kaufleute Wachs, graues Lodentuch, Leinen, Garn, billige deutsche und böhmische Tuche, Leder, Hornwaren und gelegentlich auch Getreide nach dem Süden. Unter den Metallen besaßen Kupfer, Blei, Zinn und das Eisen aus dem Hüttenberger Revier größere Bedeutung. Um den Wertunterschied gegenüber der teuren Venezianerware auszugleichen, wurden ungemünztes Gold und Silber in Barrenform nach Venedig exportiert, da ausländische Währungen mit großem Verlust gegen venezianische Dukaten umgewechselt werden mußten.

Der Gesamtumfang aller Waren, die am Beginn des 16. Jahrhunderts über die Salzburger Tauernpässe geführt wurden, betrug etwa 100.000 Zentner (5800 Tonnen), wovon allein 60.000 Zentner auf die Untere Straße über den Katschberg und den Radstädter Tauern entfielen. Davon machten die Kaufmannsgüter mit etwa 30.000 Zentnern der Menge nach die Hälfte, an Wert aber den bei weitem größten Teil aus.[26] Während die Salzburger Kaufleute noch im 14. Jahrhundert im Dienste großer süddeutscher Handelshäuser tätig waren, erreichte ihr Eigenhandel mit Venezianerware im 15. Jahrhundert erstaunliche Dimensionen. Gemeinsam mit den Nürnberger Händlern standen die Salzburger Kaufleute beim Handel über die Tauern an der Spitze, weit vor den Kaufleuten der anderen oberdeutschen Reichsstädte. Am Beginn des 16. Jahrhunderts entfielen je 30 Prozent des gesamten Venedighandels auf die Salzburger und auf die Nürnberger Kaufleute.[27] Neben den Salzburgern und den süddeutschen Kaufleuten benützten auch niederländische und englische Händler die Salzburger Tauernwege nach Venedig, womit unmittelbare Handelsverbindungen von der Adria bis zur Nordsee bestanden.

Wenn für die Salzburger Unternehmer auch keine mittelalterlichen Rechnungsbücher vorliegen, so können doch einige Beispiele zeigen, welche Dimensionen ihre Geschäfte in jener Zeit angenommen haben. Als Faktor des Regensburger Handelshauses der Runtinger setzte der Salzburger Kaufmann Hans Keutzl allein im Jahre 1383 bei drei Einkaufsfahrten nach Venedig 5500 Golddukaten um.[28] Der Salzburger Ruprecht Öder, der vor 1458 als Beauftrager des Bürgermeisters Hans Elsenheimer im Venedighandel tätig war, hatte dort Forderungen von 12.000 Goldgulden offen. Der aus Salzburg stammende Paul Venediger, der als Pelzhändler in Breslau das Bürgerrecht erhalten hatte, rechnete mit seinem Neffen Kunz Taufkind für das Jahr 1474 nicht weniger als 3360 Stück smolenskisches, 200 Stück russisches und 4680 Stück gemengtes Pelzwerk ab.[29] Die in Venedig erstandenen Waren wurden von den Salzburger Kaufleuten vor allem in Süddeutschland oder in Böhmen auf den Markt gebracht. In geringerem Umfang profitierte auch der städtische Markt in Salzburg davon, der ein breites Anbot an Luxuswaren zu relativ günstigen Preisen auswies.

Neben dem Handel mit Venedig darf jedoch der umfangreiche Tuchhandel,[30] der von Salzburger Kaufleuten abgewickelt wurde, nicht übersehen werden. Tuche aus Flandern,

Brabant, aus dem Rheingebiet, aus der Wetterau, aus Süddeutschland und der Lombardei wurden von Salzburger Händlern nach Linz, Wien, in die Steiermark, nach Böhmen und Ungarn gebracht. Wie die Tarife der Salzburger Tuchscherer zeigen, reichte das weitgespannte Angebot von den teuersten Stoffen aus Flandern, den Niederlanden, England und Oberitalien bis hin zur Billigware aus Bayern und Böhmen. Die Stoffe wurden teils bei den Produzenten selbst eingekauft, teils auf den großen Messen in Frankfurt und Bozen von salzburgischen Kaufleuten erstanden. Barchent wurde aus Ulm importiert, aber auch in Salzburg frühzeitig für den Export produziert. Außerdem lieferten Salzburger Kaufleute billiges Tuch aus Böhmen und Bayern als Gegenfracht für steirisches Eisen und den untersteirischen Markwein in die Steiermark.

Da sich das Volumen des Salzburger Tuchhandels nicht genau erfassen läßt, sollen einige Beispiele die Bedeutung der Salzburger Händler darlegen: Der Stadtrat von Wien, wo es eine ansehnliche Barchentproduktion gab, bezog 1495 bis 1500 den als Preis für die Jahrmarktrennen ausgesetzten Barchent von Salzburger Kaufleuten.[31] Auf den Linzer Jahrmärkten, die im 15. und 16. Jahrhundert die Bedeutung von Handelsmessen erreichten, nahmen die Salzburger Tuchhändler nach den Kaufleuten aus Nürnberg und Eichstätt den dritten Rang ein. Allein in den Jahren 1496 bis 1500 brachten sie 861 Stück Tuch, das sind über 18.000 Laufmeter, auf den Linzer Markt. Der Salzburger Kaufmann Hans Puchler, der davon allein 275 Stück Tuch lieferte, zählte zu den wichtigsten Händlern auf den Linzer Märkten.[32]

Größere Bedeutung hatte auch der Handel mit Leinwand, der aber nicht die habsburgischen Länder betraf, sondern nach Venedig orientiert war. Salzburger Händler importierten Leinwand in großen Mengen aus Schwaben, vor allem aus St. Gallen und Kempten. Außerdem zog die Stadt Salzburg schon im 15. und 16. Jahrhundert die Leinenproduktion niederbayerischer Orte in der damals sehr modernen Form des Verlagssystems und des Zunftkaufs an sich. Eine Reihe von Salzburger Städten beschwerte sich 1595 darüber, daß Leinwand, Garn und Zwilch bis an die Donau hin von Bauern aufgekauft und in Form von Saum- und Wagenladungen nach Salzburg gebracht würden. Salzburger Händler exportierten die Leinwand in der Folge nach Italien, vor allem nach Venedig.[33]

Der Fernhandel bot einer größeren Anzahl von Salzburger Familien gute Gewinnchancen. Erfolgreiche Unternehmer hatten jedoch damals noch mehr als heute mit Gefahren zu rechnen. Die umfangreichen Aufzeichnungen des Hans Goldseisen, der im 16. Jahrhundert im Auftrag des Salzburger Landesfürsten, des Herzogs Ernst von Bayern, ausgedehnte Reisen durch ganz Mitteleuropa unternahm, zeigen allerdings, daß die Fernhandelswege relativ sicher waren.[34] Die große Politik nahm freilich auf die Interessen der Salzburger Kaufleute, hinter denen keine Großmacht stand, wenig Rücksicht. Eine erste Handelssperre, die Herzog Rudolf IV. von Österreich als Kärntner Landesfürst über die Salzburger Tauernpässe verhängte, um den Handel von Venedig auf die von ihm kontrollierte Straße über St. Veit und den Neumarkter Sattel zu zwingen, blieb ohne Erfolg.

Größere Auswirkungen zeigten hingegen jene Sperren der Handelsstraßen nach Venedig, die König Sigismund 1412 und 1418 in seinem Kampf gegen die Markusrepublik verfügte. Gerade damals aber bewiesen die Salzburger Kaufleute diplomatisches Geschick, da es ihnen gelang, die Sperre der Salzburger Handelswege sowohl über Tirol als auch über Kärntner Gebiet zu umgehen. Der Salzburger Kaufmann Hans Öder konnte 1419 mitten im Krieg Gewürze, Seife und Baumwolle im Wert von 10.000 Dukaten aus Venedig nach Salzburg bringen und dafür Güter im selben Wert in die Lagunenstadt führen. Zwar wurden 1419 und 1428 Salzburger Händlern Güter und Geld beschlagnahmt, aber der Kleinkrieg, den einige Adelige mit königlichen Kaperbriefen gegen die Salzburger Handelsleute führten, blieb letztlich erfolglos.[35]

Mit der Stadt Linz kam es nicht nur wegen der Weintransporte, sondern auch wegen ungerechtfertigter Steuern, die auf die venezianischen Waren der Salzburger Kaufleute gelegt wurden, zu Auseinandersetzungen. 1489 wurden Asam Matsperger und die von ihm geführten Salzburger Kaufleute vom Linzer Rat so lange gefangengehalten, bis sie trotz Vorlage der kaiserlichen Handelsprivilegien die von ihnen erpreßten Summen bezahlten.[36] Kaiser Friedrich III. hatte den Salzburger Kaufleuten 1482 das Recht erteilt, daß sie sich nur vor ihrem eigenen Stadtgericht verantworten mußten.[37] Zu welchen Auseinandersetzungen gerade die Frage nach dem Gerichtsstand führen konnte, zeigt das Beispiel des Salzburger Bürgers Erhard Kirchdorfer. Dieser hatte dem Augsburger Kaufmann Peter Röchlinger wegen einer Geldschuld einen Gewandballen beschlagnahmen lassen. Röchlinger, der sich weigerte, vor dem Salzburger Stadtgericht zu erscheinen, erhielt über Vermittlung des Herzogs von Bayern immer wieder neue Gerichtstermine zugesagt. Statt diese wahrzunehmen, wandte er sich an die „heimlichen Gerichte" in Westfalen, die berüchtigte Feme, die Kirchdorfer sofort vorlud. Der Streit, ob die Angelegenheit in Salzburg, vor dem Herzog von Bayern oder vor einem Femegericht entschieden werden sollte, zog sich insgesamt zwei Jahre lang hin. Dann griff man auch in Bayern zu Repressalien und ließ Salzburger Fuhrleuten in Dachau Gewandballen beschlagnahmen.[38] Wie dieses Beispiel zeigt, war der Fernhandel immer mit besonderen Risiken verbunden. Nur wer über entsprechenden Mut, Unternehmergeist und Organisationstalent verfügte, konnte sich auf Dauer in dieser gewinnträchtigen Wirtschaftssparte behaupten.

Salzburger Kaufleute und Unternehmer

Vom 14. bis zum 17. Jahrhundert war es nur eine relativ kleine Gruppe von 20 bis 25 Familien, die das wirtschaftliche und politische Leben der Stadt bestimmte. Sie stellte Stadtrichter, Bürgermeister sowie die Mitglieder des Inneren Rates und besetzte auch andere Führungspositionen. Es waren fast durchwegs Kaufleute und Unternehmer, die Ansehen und Reichtum, entweder im Fernhandel oder als Gewerken im Bergbau, erwarben.[39] Für die meisten dieser Familien sind enge Beziehungen zum landsässigen Adel nachweisbar. Schon im 13. und 14. Jahrhundert war häufig eine Doppelstellung als Stadtbürger und Ritter für sie kennzeichnend. Im Spätmittelalter und der frühen Neuzeit traten Salzburger Patrizier zunehmend in erzbischöflichen Dienst, erwarben große Landgüter und distanzierten sich schließlich als Adelige bewußt vom Bürgertum, aus dem sie hervorgegangen waren. Dauerhafter wirtschaftlicher Erfolg, der zu diesem Aufstieg in den Adel führen konnte, und die Gefahr eines wirtschaftlichen Bankrotts lagen freilich damals genauso eng beisammen wie heute.

Für manche Salzburger Unternehmer war eine Doppelfunktion im Fernhandel und im Bergbau kennzeichnend. An erster Stelle ist hier das Geschlecht der Keutzl zu nennen, deren Wohnhaus in der Getreidegasse sich augenfällig durch den „Geschlechterturm" von den übrigen absetzte. Es wurde 1399 an die Stadt verkauft und dient seit 1407 als Rathaus.[40] Schon seit dem 14. Jahrhundert empfingen Angehörige des Geschlechts, die im Fernhandel mit Venedig und als Gewerken und Wechsler in Gastein reich geworden waren, Ritterlehen und konnten so einen adeligen Lebensstil pflegen. Max Keutzl zu Bürglstein und Amerang, mit dem das Geschlecht 1574 erlosch, fühlte sich schon ganz dem Adel zugehörig.[41]

Die Familie Samer weist schon in ihrem Namen den einstigen Beruf der Säumerei aus. Sie betätigten sich ebenso wie die Aufner als Gewerken im Gold- und Silberbergbau und als Unternehmer im Handel mit Venedig. Beide Familien haben großzügige Stiftungen für das Salzburger Bürgerspital vorgenommen, wofür reiches Kapital in Venedig angelegt wurde.[42] Auch das Geschlecht der Matsperger, das offenbar vom Bauerngut Matsperg im Gericht Altentann abstammte, verdankte seinen Aufstieg dem Handel mit Venedig; einige Familienmitglieder traten aber als Gewerken im Gasteiner Bergbau in Erscheinung. Hans Matsperger, der im frühen 16. Jahrhundert wiederholt zum Bürgermeister gewählt wurde, war, wie schon dargestellt, der schärfste Gegner der Erzbischofs Leonhard von Keutschach.[43]

Bäuerliche Herkunft ist auch für das Geschlecht der Fröschlmoser anzunehmen, die an der Stiftung des Bruderhauses St. Sebastian beteiligt waren. Als Gewerken im Gastein-Rauriser Revier zählten sie zu den Gründern des Gasteiner Handels; diese Gesellschaft führte das geförderte Edelmetall direkt nach Venedig aus. Mit der Markusrepublik, wohin die Familie auch Arsenik exportierte, war die Verbindung so eng, daß Hieronymus Fröschlmoser 1540 Bürger von Venedig wurde.[44] Für das Geschlecht der Kaserer stand ebenfalls der Handel mit Venedig im Vordergrund. Stefan Kaserer war 1500 und 1501 Konsul im *Fondaco dei Tedeschi*. Die Familie beteiligte sich zudem am Quecksilberbergbau in Idria.[45]

Unter jenen Geschlechtern, die vorwiegend im Fernhandel tätig waren, als Gewerken aber nicht hervortraten, sind zunächst die Aigl zu nennen, an die noch heute der Aiglhof erinnert. Seit dem 15. Jahrhundert fühlten sie sich so sehr dem Adel zugehörig, daß Georg Aigl, der die städtischen Lasten nicht mittragen wollte, offen leugnete, jemals Bürger von Salzburg gewesen zu sein.[46] Die Familie Venediger weist mit ihrem Namen schon auf die engen Handelsverbindungen zur Markusrepublik hin. Um den umfangreichen Pelzhandel besser organisieren zu können, übersiedelte Paul Venediger von Salzburg nach Breslau, wo er das Bürgerrecht erwarb und – wie bereits dargelegt – bis weit nach Rußland als Einkäufer tätig war.[47]

An die Elsenheimer, die sich im Fernhandel engagierten und auch die Brauerei Kaltenhausen bei Hallein gründeten, erinnert noch heute das gleichnamige Schlößchen am Bürglstein. Hans Elsenheimer verpflichtete gemeinsam mit Virgil Hofer den Südtiroler Bildschnitzer Michael Pacher für die Anfertigung des prachtvollen Flügelaltars der Stadtpfarrkirche (heute Franziskanerkirche).[48] Oswald Elsenheimer hingegen, der am Ende des 15. Jahrhunderts mehrfach Bürgermeister und Stadtrichter war, wurde, wie weiter oben erwähnt, beschuldigt, selbst das Haupt einer Räuberbande zu sein. Während der gegen ihn angestrengte Prozeß erst lange nach seinem Tode 1524 durch einen Kompromiß beendet wurde,[49] sind die Elsenheimer im 16. Jahrhundert in erzbischöflichen und bayerischen Diensten endgültig in den Adel aufgestiegen.[50]

Anders verlief die Entwicklung für das Geschlecht der Öder, die aus dem Pinzgau stammten und dem ritterlichen Adel angehörten. Sie wurden durch den Handel mit Venezianerware und mit Öl aus dem Gardaseegebiet reich. Mitglieder der Familie nahmen teils als Bürger der Stadt Salzburg, teils als landsässige Adelige eine Doppelstellung ein.[51] An die Familie der Klaner (Glaner), die mit Salpeter und Tuchen handelte, erinnert das prachtvolle Glasfenster im Stift Nonnberg, das Augustin Klaner 1480 anfertigen ließ.[52] Aus dem Geschlecht der Unterholzer bekleidete Sebastian 1536 und 1538 das verantwortungsvolle Amt eines Konsuls im *Fondaco dei Tedeschi*. Einige Angehörige der Familie haben später ihren Wohnsitz ganz nach Venedig verlegt.[53] Zu den wenigen „Aufsteigern" der frühen Neuzeit gehörte auch die Familie Bauernfeind. Ihre Firma stand am Beginn des 17. Jahrhunderts im Handel auf der Tauernstraße dem Speditionsvolumen nach an zweiter Stelle. Mitglieder der Familie waren aber zugleich als Faktoren für große Nürnberger, Augsburger, Passauer und Braunauer Handelshäuser tätig.[54]

Salzburgs ältestes Gewerbemonopol. Der Franzose Antonio Marini reversiert dem Erzbischof Siegmund von Salzburg über die Erteilung von Monopolrechten für das Kalk- und Ziegelbrennen, das Bierbrauen etc. Originalurkunde auf Pergament vom 6. November 1456 im Haus-, Hof- und Staatsarchiv Wien.

Im Handel mit Arsenik gründete der Reichtum der Familie der Weilheimer, die ursprünglich aus Tittmoning stammte, später aber in Salzburg das Bürgerrecht erwarb. Im Tuchgeschäft handelte sie mit Barchent nach Prag und nach Frankreich. Als Gewerken im Arsenikbergbau waren die Familie Murauer und Erasmus Zeilhofer, der einer Salzburger Kaufmannsfamilie entstammte, tätig.[55] Im Gold- und Silberbergbau von Gastein und Rauris hat der Salzburger Bürger Vinzenz Purchstetter nach 1385 die Bergwerksgefälle in Pacht genommen, ist aber auch selbst als Unternehmer (Gewerke) aufgetreten.[56] In enger Verbindung zur Stadt Salzburg standen auch die Strasser, die zu den drei großen „Berg- und Hüttenherren" im Montanrevier von Gastein und Rauris zählten. Etliche Mitglieder dieser Familie besaßen in Salzburg das Bürgerrecht.[57]

Eine Episode blieb hingegen das Wirken des aus Grenoble stammenden Erfinders Antonio Marini, der einen besonderen Ofen zum Brennen von Kalk und Ziegeln konstruiert hatte. Erzbischof Sigmund von Volkersdorf gewährte ihm 1456 ein umfassendes Privileg für das Kalk- und Ziegelbrennen, Bierbrauen und Salzsieden sowie für den Bau von Mühlen, Brücken und Dämmen. Marini hat seinerseits dem Salzburger Goldschmied Matthäus Neupöck dann eine Lizenz zum Ziegelbrennen mit dem von ihm patentierten Ofen erteilt.[58] Segensreiche Auswirkungen hat dieses erste Erfinderpatent, das man auch als „ältestes Gewerbemonopol" Salzburgs bezeichnen kann, aber nicht gehabt.

Als Unternehmer großen Stils ist im 16. Jahrhundert auch der Salzburger Landesfürst, Herzog Ernst von Bayern, hervorgetreten. Er war unter anderem am Gold- und Silberbergbau in Gastein und Rauris, an etlichen Kupfergruben in Salzburg, darunter im Fritztal, und am Bleibergbau bei Raibl (Cave del Predil) beteiligt.[59] Auf die weit gespannten Aktivitäten dieses Fürsten, der eigene Faktoren in seinen Diensten hatte und die Salzburger Wirtschaft nach den schweren Zeiten der Bauernkriege wieder konsolidieren konnte, werfen die vor wenigen Jahren gefundenen Aufzeichnungen des Hans Goldseisen aus den Jahren 1551 und 1553 Licht.[60] Die Initiativen des Herzogs als „fürstlicher Unternehmer" sind zwar nicht mehr der städtischen Wirtschaft zuzurechnen, haben aber beim Bürgertum Anerkennung gefunden und Schule gemacht.

Unter dem Schutz von Fahne und Schwert – Die Märkte der Stadt Salzburg

Er sprach: „Es ist ain großer Wandel
Ein namhaft und ain genge Straß
Der Deutschen, so an Unterlaß
Da webern mit g'werbiger Hand
Durch das Gebürg in das Welschland,
Und in andre Land hin und wieder,
Deshalb legt man zu Saltzburg nieder
Viel Kaufmannswar g'waltig und stark;
Auch ist da große Meß und Marck
Ruperti mit kaufen und verkaufen

Da sehr viel Kaufleut kumen ze haufen....
Von Hella bringt man dar das Saltz,
Aus dem Birg bringt man Käs und Schmalz,
Aus dem Welschland mancherlei Wein,
Vom Neckar, Franckenland und Rhein,
Auch het man da guet kaltes Bier,
Auch het es um der Stat Revier
Viel Weiher, See und Bächlein frisch,
Darin man hecht allerlei guet Fisch....

Diese Verse stammen aus dem „Lobspruch der Stadt Salzburg", den der bekannte Nürnberger Dichter Hans Sachs 1549 nach älteren Vorbildern verfaßte.[61] Er beschreibt darin nicht nur den florierenden Fernhandel der Salzburger Kaufleute, sondern mißt dem Ruperti-Jahrmarkt im September, der Salzburger *Dult*, die Bedeutung einer Handelsmesse bei. Das klang zwar recht schmeichelhaft, entsprach aber nicht den Tatsachen. Die Salzburger Märkte, auch die Rupertidult, erreichten niemals eine ähnliche Bedeutung wie die Messen in Bozen oder Leipzig und standen auch hinter den Linzer Jahrmärkten deutlich zurück.[62] Die Stadt selbst verfügte über kein exportorientiertes Gewerbe. Sie galt im Fernhandel zwar als wichtige Zwischenstation für das Umladen von Saumtieren auf Schiffe oder Fuhrwerke, war aber kein erstrangiger Umschlagplatz für wertvolle Kaufmannsware oder für den Großhandel. Dementsprechend dienten die Salzburger Märkte vor allem der Versorgung des landesfürstlichen Hofes und der Stadtbevölkerung. Das bunte Treiben auf jenen Plätzen, auf denen Markt gehalten wurde, läßt sich anhand der Quellen gut belegen: Als weithin sichtbares Zeichen für den Beginn des Marktes, der an drei aufeinanderfolgenden Wochentagen stattfand, wurde im Sommer um sechs Uhr früh, im Winter um sieben Uhr beim Florianibrunnen auf dem Hauptmarkt die Marktfahne gehißt. Sie sollte gemeinsam mit dem eisernen Arm, der das blanke Richtschwert hielt, alle Besucher daran erinnern, daß der Markt unter einem besonderen Frieden stand. Verantwortlich dafür war der Stadtrichter als Vertreter des Erzbischofs; ihm stand die Marktaufsicht zu, die er meist durch den städtischen Amtmann ausüben ließ, und er besorgte auch den Schutz (Geleit) der Fernhändler und Kaufleute.[63]

Auf dem städtischen Hauptmarkt, dem heutigen Alten Markt, herrschte ein reges Geschäftsleben. Kaufleute boten teure Importwaren an, die sich nur die Oberschicht des städtischen Bürgertums leisten konnte. Hervorstechend war das große Angebot an wertvollem Pelzwerk, das Salzburger Händler aus Rußland und Polen einführten. Sowohl Pelzmäntel als auch Felle und Tierhäute wurden jedoch nur im Großhandel für das Salzburger Kürschnerhandwerk auf den Markt gebracht. Da der Salzburger Markt zudem als Zwischenstation für den Fernhandel mit Fellen und Pelzgewändern nach Venedig diente, war kein Detailverkauf an Salzburger Bürger vorgesehen.[64] Breit war auch das Sortiment an teuren Stoffen, zu denen Harras (ein leichtes Wollgewebe), Barchent, schwäbische Leinwand, feines Tuch und steifes, imprägniertes Leinen zählten.[65]

Vornehmlich über Venedig kamen kostspielige Gewürze und Nahrungsmittel wie Pfeffer, Ingwer, Zimt, Mandeln, Rosinen, Feigen, Reis und Olivenöl auf den Salzburger Markt. Eine besondere Rolle spielte Safran, der sowohl als Gewürz wie auch als gelbes Färbemittel Verwendung fand.[66] Zur eigentlichen „Venezianerware" zählten das wertvolle Muranoglas, feine Seidenstoffe, goldgewirkte Tücher, Atlas, Samt und andere kostbare Stoffe. Dazu kamen große Mengen an Südfrüchten, Drogen, Farbwaren und die in Venedig hergestellte Seife.[67] Über Venedig gelangten auch die geschätzten griechischen Süßweine, wie Malvasier und Ruminier, nach Salzburg, und neben diesen spielten Weine aus Görz, Friaul und Südtirol, die dem Geschmack der reichen Bürger eher entsprachen als der saure „Osterwein" aus der Wachau, eine wichtige Rolle.[68] Zu den Kaufmannswaren zählten ferner Wachs, Zink, Blei, Kupfer, Unschlitt, Fett, Alaun, Grünspan (als Malerfarbe), Kreide und Nägel.[69]

Die Händler, die ihre Waren zum Verkauf anboten, konnten sich ebenso wie die Käufer der Dienste von beeideten Zwischenhändlern, der sogenannten Unterkäufel, bedienen. Diese Unterkäufel, die sich meist beim Rathaus aufhielten, waren über alle Preise auf dem städtischen Markt genau informiert. Sie mußten über jedes Geschäft, das mit ihrer Vermittlung abgewickelt wurde, Buch führen. Ihre Entlohnung war nach Art und Menge der verkauften Ware genau festgesetzt. Außerdem sollten sie Verstöße gegen das Marktrecht, vor allem den verbotenen Fürkauf (unerlaubter Zwischenhandel) und den Verkauf von wichtigen Gütern des täglichen Bedarfs, den *Pfennwerten*, durch die hiesigen Bürger an fremde Kaufleute beim Stadtrichter und Bürgermeister zur Anzeige bringen.[70] Es war fremden und einheimischen Kaufleuten aber gestattet, ohne Vermittlung der Unterkäufel Geschäfte direkt mit den Käufern abzuschließen.

Die Kaufmannsware, die auf Saumrössern, Fuhrwerken und Schiffen in die Stadt kam, wurde von den städtischen Zugwerkern, Faßziehern und Sackträgern abgeladen und ins Niederleghaus, in die Gewölbe der Handelshäuser oder zu den Verkaufsständen auf den Markt transportiert. Die Zugwerker hatten die Aufgabe, Kaufmannsgüter fachgerecht zu verpacken, damit sie auch auf weiten Strecken keinen Schaden nahmen, und dann auf das vorgesehene Transportmittel zu verladen. Jene wertvollen Waren, die von Venedig als „beschlagenes Gut" nach Salzburg kamen,[71] waren in Rohbaumwolle eingemacht, um eine Beschädigung zu vermeiden. Trotzdem war es oft notwendig, daß aufgebrochene Säume von den Zugwerkern neu verpackt werden mußten. Der Lohn der Zugwerker wurde nach dem Wert der Ware und der Arbeitsleistung berechnet. Zur Vermeidung von Ungerechtigkeiten sollte alles eingenommene Geld gleichmäßig unter den Zugwerkern aufgeteilt und auch für kranke oder alte Berufsgenossen gesorgt werden. Durch ihren Eid an Stadtrichter und Bürgermeister waren die Zugwerker verpflichtet, in dringenden Fällen bei Tag und Nacht unentgeltlich für die Stadt zu arbeiten.[72]

Die Faßzieher waren für den Transport von Weinfässern in die Keller bzw. aus den Kellern auf die Fahrzeuge verantwortlich. Da die meisten Häuser der Salzburger Altstadt über Keller mit drei Etagen (Oberkeller, mittlerer Keller und „tiefe Grube") verfügten, richtete sich die Entlohnung der Faßzieher nach den Kellergeschoßen.[73] Die Aufgaben der Sackträger, die nur eine untergeordnete Rolle spielten, wurden erst 1524 durch eine eigene Ordnung geregelt.[74]

Neben der teuren Kaufmannsware fand man auf dem Hauptmarkt auch Güter für den täglichen Bedarf der Stadtbewohner. Als „Pfennwerte" – das Wort bedeutete ursprünglich Waren, die einen Pfennig wert sind – waren sie von entscheidender Bedeutung für das gesamte Preis- und Lohngefüge und unterlagen deshalb einer strengen Preiskontrolle. Zu diesen Pfennwerten zählten unter anderem Brot, Schmalz, Käse, Schotten (Quark aus Süßmilch), Butter und Tierfett aller Art, Kalk, Kerzen, Gänse, Hasen, Hühner und Eier, Flachs, Garn und an Stoffen Leinwand, der grobe Rupfen oder der schwere Zwillich.[75] Bauern und Händler, die derartige Produkte auf dem Markt feilboten, mußten sich beim Verkauf der genormten Hohl- und Längenmaße bedienen. Diese wurden vom Amtmann gegen eine festgesetzte Gebühr verliehen.

Der Getreideverkauf, der im Detail am Hauptmarkt und en gros am Getreidemarkt jenseits der Brücke stattfand, wurde von den vier beeideten Abmessern kontrolliert. Sie bedienten sich dazu des öffentlichen Hohlmaßes, das auf dem Markt aufgestellt war, und erhielten für ihre Tätigkeit einen Pfennig pro Getreideschaff. Der Zwischenhandel mit Getreide und Wein war ihnen jedoch streng untersagt.[76] Größere Ladungen an Eisen, Getreide und Wein wurden, bevor sie zum Verkauf oder in die Lagerräume gelangten, auf der städtischen Fronwaage, die sich im ehemaligen Gerichtshaus auf dem heutigen Waagplatz befand, abgewogen. Der dafür zuständige Wäger mußte sich durch einen Eid an Richter, Bürgermeister und Rat zur Einhaltung der Bestimmungen verpflichten und im Namen der Stadt genau die vorgeschriebenen Tarife verrechnen.[77]

Rund um den Hauptmarkt war eine Reihe von speziellen Märkten angesiedelt, die hauptsächlich dem Bedarf der breiten Bevölkerung entsprachen.[78] Die Bäcker, deren Brotläden ursprünglich wohl in der Brodgasse lagen und die später mit ihren Brottischen auf dem Hauptmarkt standen, übersiedelten um 1430 in das Haus bei der Schranne (Waagplatz Nr. 3), wo ihnen Gewölbe zugewiesen wurden.[79] In der Milchgasse, die heute den nördlichen Teil der Sigmund-Haffner-Gasse zwischen Getreidegasse und Churfürststraße bildet, wurden die verschiedensten Milchprodukte angeboten.

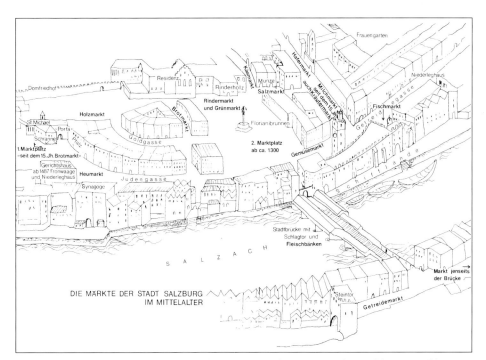

Die Märkte der Stadt Salzburg im Mittelalter. (Entwurf Heinz Dopsch, Ausführung Sigilde Haas-Ortner)

Käse und Quark gelangten in der heute verschwundenen Käsgasse (im Bereich des Toskanatraktes der Residenz) zum Verkauf.

In der Churfürststraße und im oberen Teil der Abtsgasse (heute Sigmund-Haffner-Gasse) lag der Hafermarkt. Seit dem Beginn des 16. Jahrhunderts war in der Churfürststraße auch der Salzmarkt untergebracht. Am südlichen Ende des Hauptmarktes wurde vor jenem Teil der alten Residenz, der den Namen Rinderholz führte, der Rindermarkt abgehalten. Später fand dieser Rindermarkt im Nonntal statt. Ein Grünmarkt an derselben Stelle, der vor allem dem Verkauf von Kräutern aller Art diente, wurde als Kräutermarkt zum Milchmarkt in die Abtsgasse verlegt. Außerdem gelangte im südlichen Teil des Hauptmarktes (heute Alter Markt Nr. 2) Hafnerware zum Verkauf. Beim heutigen Kranzlmarkt gegenüber dem Rathaus fand der Gemüsemarkt statt. Auf dem Fischmarkt am Brunnen vor dem Tränktor (dem heutigen Rathausbogen) wurden Lachse, Heringe, Hechte, gesalzener Fisch, Stockfisch und Hausen feilgeboten.[80]

Im Bereich des heutigen Residenzplatzes wurde vor dem Aschhof der Holzmarkt abgehalten, und vor dem Höllbräu, der einstigen jüdischen Synagoge, lag der Heumarkt. Auf der Stadtbrücke, die bis ins 16. Jahrhundert etwas oberhalb der heutigen Staatsbrücke die Salzach überspannte und über das Klampferergäßchen direkt in den Hauptmarkt einmündete, saßen die Metzger mit ihren Fleischbänken. Verdorbenes Fleisch und Abfälle aller Art konnten von dort unmittelbar in den Fluß geworfen und damit auf billige Art entsorgt werden.[81] Erst Erzbischof Wolf Dietrich von Raitenau verlegte nach dem Neubau der Stadtbrücke die Fleischbänke an den Gries, wo nach dem Ende des Verkaufs der Almkanal gestaut und der gesamte Unrat durch ein Fluten des Platzes in die Salzach gespült wurde. Den Metzgern war der Einkauf von Fleisch, Häuten und Fellen am Markt und in der Umgebung der Stadt zum Zweck des Wiederverkaufs streng untersagt.[82]

Zur Nahversorgung der Bewohner der Rechtsstadt gab es auch einen Markt jenseits der Brücke *(enhalb der pruggen)* im Bereich des heutigen Platzls. Die beiden wichtigsten Routen für den Handel aus dem Süden durch die Steingasse und für die schweren Fuhrwerke aus Linz im Zuge der Linzer Gasse trafen vor der Stadtbrücke zusammen. Da Getreide vor allem aus Bayern und Oberösterreich importiert wurde, lag am rechtsseitigen Brückenkopf vor dem Inneren Steintor der Getreidemarkt. Dort wurde Getreide nur en gros in Form von Wagenladungen an Bäcker der Stadt und der Umgebung verkauft.[83]

Der Transport der verschiedensten Güter in Form von Saumladungen und auf Fuhrwerken, aber auch der Gegenzug der Schiffe auf der Salzach war nur mit Hilfe von Rössern möglich. Deshalb kam dem Pferdehandel, der allein über die städtischen Vermittler, die Roßunterkäufel, abgewickelt werden durfte, besondere Bedeutung zu. Nach einer genauen Beschau des Pferdes setzten die Roßunterkäufel den Kaufpreis fest und erhielten dafür eine Vermittlungsgebühr von 12 Pfennig.[84]

Das bunte Leben auf den Salzburger Marktplätzen wurde noch durch die Buden und Stände der fremden Krämer und fahrenden Händler angereichert, die an der Mauer des Domfriedhofs standen. Die Trödler, die nach ihrer Herkunft als „Savoyer" bezeichnet werden, boten dort verschiedene Stoffe und alle Arten von Trödlerware und Tand feil.

In der Vorhalle und im Kreuzgang des Domes war jedoch der Verkauf streng untersagt.[85]

Um 11 Uhr ließ der Amtmann die Marktfahne einziehen und erklärte damit den Markttag für geschlossen.[86] Erst nach diesem Ritual war es den Bürgern gestattet, in ihren Häusern, Gewölben und Läden in den Gassen der Stadt eigene Waren in kleinen Mengen feilzuhalten. Dafür konnten sie auch nicht genormte Gewichte verwenden. Die städtischen Kleinhändler und Krämer durften erst zu diesem Zeitpunkt ihre Läden öffnen und ihre Waren verkaufen. Zu bestimmten Tageszeiten konnten die Bürger von dem Recht Gebrauch machen, in ihren Häusern oder auf Tischen davor Getränke anzubieten. Dieser Ausschank von Wein und Bier war jedoch nur in den beiden Vorstädten Mülln und Nonntal erlaubt, hingegen in den anderen Vororten und am Stadtrand in der Gnigl, am Bürglstein, zwischen den Klausentoren und dem Bürgerspital ausdrücklich untersagt. Die strenge Kontrolle des Fürkaufs und das strikte Verbot des Getreideankaufs durch Bürger am Getreidemarkt beim Steintor sollten einen Zwischenhandel der Salzburger Bürgerschaft unterbinden.[87]

Umso mehr waren die Bewohner der Stadt darauf bedacht, durch die Bevorzugung auswärtiger Händler (Gäste) nicht ganz vom städtischen Markt verdrängt zu werden. Schon im Stadtrecht des 14. Jahrhunderts wurde den fremden Kaufleuten die Einlagerung von Wein in die Keller der Bürgerhäuser, der Detailhandel mit Tuch und das Wechselgeschäft untersagt.[88] Auswärtige Kleinhändler durften nur an einem der wöchentlichen Markttage und an den beiden Jahrmärkten, zu Herbstruperti (*Dult*) und in der Fastenzeit (*Chaerrein*), ihre Waren feilhalten. Bereits 1388 führten Salzburger Bürger Klage gegen Erzbischof Pilgrim von Puchheim, weil jener fremde Kaufleute begünstigte. Ihnen sei im Widerspruch zum Stadtrecht der Detailhandel mit zahlreichen Waren, der Ausschank von Wein in der Stadt, das Wechselgeschäft und auch der Detailverkauf untereinander zugestanden worden.[89]

In der Marktordnung vom Ende des 15. Jahrhunderts wurde verfügt, daß auswärtige Händler auf dem städtischen Markt keine Pfennwerte kaufen durften. Alle von ihnen auf den Markt gebrachten Güter mußten, bevor sie zum Verkauf gelangten, auf der städtischen Fronwaage gewogen werden. Ein Detailverkauf war nur an Salzburger Bürger zur Deckung des täglichen Bedarfs gestattet. Untereinander durften die auswärtigen Händler nur Großhandel treiben, wobei das Fünffache der im Detailhandel üblichen Menge als Mindestmaß festgesetzt war.[90]

Neben dem dreitägigen Wochenmarkt gab es in Salzburg zwei bedeutende Jahrmärkte: Die *Dult*, die aus dem Fest des Landespatrons, des heiligen Rupert, am 24. September hervorging, ist erstmals 1331 bezeugt.[91] Sie hat sich bis 1896 gehalten und wird seit einigen Jahren – allerdings in geänderter Form – wieder abgehalten. Auch der Jahrmarkt in der Fastenzeit, die *Chaerrein*, wird bereits im Stadtrecht des 14. Jahrhunderts erwähnt.[92] Obwohl diese beiden Jahrmärkte der Stadt ein weit über dem gewöhnlichen Wochenmarkt liegendes Handelsaufkommen brachten, hat sich der Vinzenzimarkt, den Kaiser Friedrich III. der Stadt 1482 verlieh, nicht durchsetzen können.[93] Dienten die wöchentlichen Markttage vor allem der Versorgung der Bevölkerung mit Gütern des täglichen Bedarfs und der Bereitstellung von teurer Kaufmannsware für das gehobene Bürgertum, so waren die Jahrmärkte auch für den Großhandel der Fernkaufleute untereinander bestimmt und trugen wesentlich dazu bei, die Stadt Salzburg zu einem überregionalen Handelszentrum zu machen.

Handwerk zwischen Fürstenhof und Bürgerschaft

Seit dem 12. Jahrhundert läßt sich neben dem im Dienst des erzbischöflichen Hofes und der Klöster stehenden Handwerk auch die Entwicklung eines städtischen Handwerks nachweisen. Der gesellschaftliche Rang der Handwerker innerhalb der Stadtbevölkerung war bis ins späte Mittelalter eher ungünstig. Sie besaßen zumeist kein Haus in der Stadt zu Burgrecht und waren in der Mehrzahl wohl nur Inwohner. Manche von ihnen gehörten auch als Konversen (Laienbrüder) dem Domkapitel oder einem der Klöster an.[94]

Der Gegensatz zwischen dem städtischen Handwerk und den Handwerkern im Dienst des erzbischöflichen Hofes und an den Klöstern blieb bis weit in die Neuzeit hinein bestehen. Im Bereich des Bau- und Kunsthandwerks, aber auch in der bildenden Kunst allgemein, wurden die größten Aufträge vom Erzbischof und den Klöstern vergeben. Häufig zog man dafür nicht Vertreter des städtischen Handwerks, sondern auswärtige Künstler und Handwerker heran; diese wurden dem Hofgesinde zugerechnet und hatten so eine rechtliche Sonderstellung inne. Als Beispiel ist Stephan Krumenauer als einer der großen Baumeister der Spätgotik zu nennen, der den prachtvollen Hallenchor der Franziskanerkirche errichtete. Von den Salzburger Steinmetzen wurde Krumenauer vor dem Stadtgericht angeklagt, daß er entgegen seiner Zusage nicht die einheimischen Handwerker am Bau beschäftigt habe. Der Baumeister erschien trotz Vorladung nicht selbst bei der Tagsatzung, sondern ließ durch einen Vertreter mitteilen, daß er zum erzbischöflichen Hof gehöre und deshalb vom Stadtgericht nicht belangt werden könne.

In enger Verbindung zum Hof stand auch das gesamte Waffenhandwerk. Erzbischof Friedrich IV. von Emmerberg verlieh bereits 1449 dem Handwerk der Bogner in Stadt und Land eine Handwerksordnung, die sein Interesse deutlich erkennen läßt.[96] Als Wirkungsstätte der Bognermeister werden in erster Linie Burgen genannt. Von den beiden Armbrüsten, die als Meisterstück vorgeschrieben wurden, ging jeweils eine an den Erzbischof. Statt der Bevorzugung einheimischer Meister wurde Gästen aus dem Ausland Unterstützung zugesichert, um die Fortschritte in der Waffentechnik auch für den Salzburger Hof sogleich nutzbar zu machen. Die führenden Büchsenmeister dieser Zeit arbeiteten vorwiegend für den erzbischöflichen Hof und zählten nicht zur Salzburger Bürgerschaft. Als ihr bedeutendster Vertreter ist Meister Ehrhard Han aus Zabern (Saverne) im Elsaß zu nennen. Er galt als berühmtester Geschützgießer seiner Zeit, ist aber auch als ein universal begabter Erfinder, als Glockengießer und Orgelbauer hervorgetreten.[97]

Neben diesen international angesehenen, hochdotierten Meistern ihres Faches gab es, streng geschieden, die bürgerlichen Büchsenmacher, die um viel geringeren Lohn als

Der heilige Gambrinus und die Herstellung des Biers. Ölbild eines unbekannten Salzburger Malers, Mitte 18. Jahrhundert. (SMCA)

städtische Handwerker tätig waren. Die Kalt- und Kupferschmiede, zu denen auch Plattner und Harnischmacher zählten, erhielten 1420 durch Erzbischof Eberhard III. eine Handwerksordnung, mit der ihnen ein eigenes Gericht (Keßlergericht) zugestanden wurde, dem der erzbischöfliche Türhüter als Kaltschmiederichter vorstand. Damit wurde auch dieser Handwerkszweig vom Stadtgericht ausgenommen und enger an den Erzbischof gebunden, in dessen Namen der Landeshauptmann den Kaltschmiederichter einsetzte. Wenn auch die Spitzenstücke der Plattnerkunst damals in Innsbruck und Augsburg entstanden, so ist den Bürgerbüchern zu entnehmen, daß auch in Salzburg im 15. und 16. Jahrhundert eine ansehnliche Reihe von Harnischmachern tätig war. Auch die Messerschmiede und die Keßler (Kesselschmiede) wurden dem Handwerk der Kalt- und Kupferschmiede zugerechnet.[98]

Neben dem Waffenhandwerk standen auch die Kürschner, die den erzbischöflichen Hof und das Domkapitel mit dem ebenso begehrten wie teuren Pelzwerk versorgten, in engen Beziehungen zum Hof. Erzbischof Sigmund von Hollengg schrieb 1459 den Kürschnermeistern vor, jährlich einen Leibpelz an den Landesfürsten zu liefern. Dafür gab der Erzbischof mit der Kürschnermahlzeit jedes Jahr ein Festmahl für die Kürschner und deren Frauen.[99]

Das Handwerk der Goldschmiede stand im Mittelalter noch nicht in so enger Beziehung zum Hof wie in späteren Jahrhunderten. Einerseits wurden wertvolle Goldschmiedearbeiten auch in großen ausländischen Werkstätten für den Erzbischof und die Klöster angekauft, vor allem liturgisches Gerät, und nach Salzburg importiert; andererseits waren die zahlreichen Salzburger Goldschmiede auch für den Hof tätig. Der bedeutende Meister Wolfhart Faust wird vom Erzbischof als sein *diener* angesprochen und gehörte damit zum erzbischöflichen Hofgesinde. Seinem Testament ist zu entnehmen, daß er nicht nur über ansehnlichen Besitz, sondern auch über ein weites Netz von Beziehungen, darunter zu den Wiener Goldschmieden, verfügte. Die Position eines Hofgoldschmieds hat erst Erzbischof Wolf Dietrich von Raitenau geschaffen, mit Hans Karl aus Augsburg und dem Niederländer Paulus van Vianen. Während Vianen nur drei Jahre in Salzburg tätig war und als unbestrittene Autorität auch von der Zeche respektiert wurde, sah sich Hans Karl den ständigen Anfeindungen der Salzburger Goldschmiede ausgesetzt, die ihm 1599 den Erwerb des Bürgerrechts verwehrten. Sie konnten zwar die Schließung von Karls „offenem Laden" nicht durchsetzen, aber der Künstler verließ 1605 Salzburg und ging als Hofgoldschmied zu Kaiser Rudolf II. nach Prag.[100]

Erzbischof Leonhard von Keutschach zog am Ende des Mittelalters auch das Brauwesen stärker an den erzbischöflichen Hof, obwohl das Handwerk der Bierbrauer in der Stadt eine alte Tradition hatte. Selbst Spottnamen wie *Liendl Pierschennkh* konnten den Erzbischof nicht davon abhalten, in Salzburg und Kaltenhausen Hofbrauereien einzurichten und den Ausschank von Bier und Wein durch die Bürger zu beschränken.

Die bürgerlichen Braugasthöfe und Brauhäuser in Salzburg lassen sich bis ins 14. und 15. Jahrhundert zurückverfolgen. Die älteste Brauerei, später unter dem Namen „Schlammbräu" bekannt, wird 1374 genannt und stand in der heutigen Dreifaltigkeitsgasse. Eine Reihe weiterer traditionsreicher Braugaststätten wie das Gablerbräu (1408), das Kasererbräu (1421) und das Höllbräu (1449) gehen in die erste Hälfte des 15. Jahrhunderts zurück. Obwohl Bräuer und Wirte zunächst nicht in einer städtischen Handwerkszeche organisiert waren, konnten sie sich gegen die Konkurrenz der „Hofbräuhäuser" Erzbischof Leonhards gut behaupten. Die Produktion des *Prewhaus beim Stiegl* im Gstättenviertel, der Stieglbrauerei, stieg bis 1664 auf 1792 Eimer Bier pro Jahr, das entsprach mehr als 100.000 Litern. Einen ernsten Rückschlag brachte erst die Einführung des Bierzwangs durch Erzbischof Guidobald Graf Thun 1664, der allen Schenken und Gasthäusern ohne eigene Bierproduktion den Bezug von Bier aus der erzbischöflichen Hofbrauerei Kaltenhausen vorschrieb. Während dort bis 1700 die Produktion auf 28.000 Hektoliter stieg, kam es bei den Privatbrauereien des städtischen Bürgertums zu einem empfindlichen Rückschlag.[101]

Zechen, Bruderschaften und Zünfte – Organisationsformen des städtischen Handwerks

Sieht man vom Kunsthandwerk und den Kürschnern ab, die auch für den Export produzierten, so diente das städtische Handwerk nur der Deckung des lokalen Bedarfs. Bei einer Stadt wie Salzburg, die am Ende des Mittelalters nicht viel mehr als 5000 Einwohner zählte, war es notwendig, durch sorgfältige Regelungen und Begrenzungen der Werkstätten die Existenzgrundlage des Handwerks zu sichern. Als Organisationsformen des städtischen Handwerks erscheinen in Salzburg vor allem Zechen und Bruderschaften.

Vorbild für sie war zweifellos die Salzburger Bürgerzeche, deren älteste Statuten aus der Zeit um 1100 überliefert sind. Die wichtigsten Aufgaben der Zechen und Bruderschaften bestanden in gegenseitiger Hilfeleistung, sozialer Vorsorge für alle Angehörigen des Handwerks und in der repräsentativen Mitwirkung an den wichtigen Kirchenfesten.[102]

So wird in der Handwerksordnung der Bader, die von den Handwerksmeistern 1472 beschlossen wurde, bis ins letzte Detail angeordnet, wie sich die Angehörigen dieses Handwerks bei Prozessionen, an kirchlichen Festtagen sowie bei Begräbnissen zu verhalten hatten. Selbst die Zahl der Kerzen, die bei einem besonderen Anlaß entzündet werden sollten, war vorgeschrieben.[103] Fast jedes Handwerk hatte einen eigenen Altar in der Stadtpfarrkirche (Franziskanerkirche), im Dom oder in der Sebastianskirche. Nicht nur die Abgaben an die Zeche oder Bruderschaft, sondern auch die Strafen waren häufig in Form von Wachs festgesetzt, da sie den kirchlichen Aktivitäten der Zeche zugute kommen sollten.[104]

Es ist sicher kein Zufall, daß die Bezeichnung „Zunft" in Salzburg bis zum Ende des Mittelalters kaum verwendet wird. Dieser Begriff zielte im Gegensatz zur Zeche oder Bruderschaft doch auf eine weitgehende rechtliche Autonomie, auf strenge eigenständige Regelungen (Zunftzwang) und auch auf politische Aktivitäten ab. In Salzburg jedoch stand das gesamte Handwerk unter der rigiden Kontrolle des erzbischöflichen Stadtrichters. Von einer politischen Mitsprache der Handwerker war in Salzburg nicht die Rede; wenn es wenige Handwerksmeister zur Mitgliedschaft im Inneren Rat der Stadt und der Schneider Ulrich Dankl 1418 bis 1420 sogar zum Bürgermeister brachten, so blieben dies Ausnahmen, die nur der persönlichen Initiative, aber nicht dem Ansehen des Handwerks zuzuschreiben waren.[105]

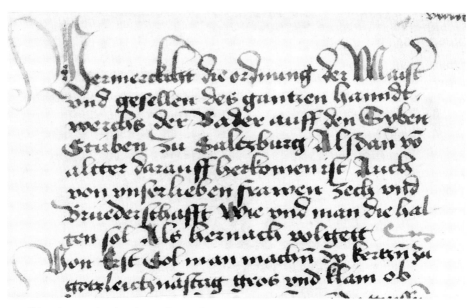

Titelblatt der Handwerksordnung der Salzburger Bader, die 1420 von den sieben Handwerksmeistern selbst ausgearbeitet wurde. (AStS)

Versammlung des Handwerks der Weißgerber vor geöffneter Lade, Ölgemälde 1612 (restauriert 1682). Auffallend ist die feierliche Kleidung der namentlich bezeichneten Meister mit den pompösen Halskrausen nach spanischer Manier. *(SMCA, Foto: Erich Tischler)*

Eine Änderung brachte auch für das Handwerk der Ratsbrief, den Kaiser Friedrich III. 1481 der Stadt gewährte. Bürgermeister und Rat, in freier Wahl bestimmt, beförderten eine ungeahnte Entfaltung: Hatten bis dahin nur die Bader eine städtische Handwerksordnung besessen, so erhielten nun innerhalb weniger Jahre die meisten Handwerkszweige mit Zustimmung von Stadtrichter, Bürgermeister und Stadtrat eigene Ordnungen. Es begann 1485 mit den Maurern und Zimmerleuten, dann den Barchentern

Zechen, Bruderschaften und Zünfte – Organisationsformen des städtischen Handwerks 251

und Leinenwebern; 1486 folgten Goldschmiede und Tuchscherer, 1487 die Zinngießer, 1491 erhielten Messerschmiede und Binder ihre Ordnung. Auf sie folgten 1493 die Bäcker, 1494 die Maler, Schnitzer, Glaser und Zimmerleute und ab 1495 die Beutler, Schmiede, Fleischhauer, Wagner, Lederer, Schuster und Ircher (Weißgerber), Färber und Hafner; den Abschluß bildeten 1505 die Ringler und 1510 die neue Ordnung für die Barchenter und Leinenweber. Selbst für die Gesellen der Kürschner und Goldschmiede wurden eigene Ordnungen erlassen.[106]

Der Gewaltstreich, mit welchem Erzbischof Leonhard von Keutschach 1511 der Stadt die wichtigsten Privilegien wieder entzog, änderte an der Situation des Handwerks nicht viel. Er bestätigte 1515 die Ordnung der Färber und erließ im selben Jahr eine Ordnung für die Hutmacher, die ganz in der früheren Tradition stand.[107] Der Erzbischof ordnete allerdings 1512 an, daß ohne Genehmigung von Stadtrichter und Bürgermeister keine städtische Zunft eine Versammlung abhalten durfte.

Bedeutend radikaler ging Kardinal Matthäus Lang mit der Stadt- und Polizeiordnung des Jahres 1524 vor, mit der er die Aufhebung aller Zünfte verfügte. Nach seinem Willen sollten alle Handwerker in der Stadt Salzburg untereinander keinerlei Zwang ausüben, sondern sich in allem an den Stadtrichter, Bürgermeister und Rat als Vertreter des Erzbischofs halten. Die interne Strafgewalt, die Bruderschaften und Zechen bis dahin

Zunftkrüge des 17. und 18. Jahrhunderts von verschiedenen Salzburger Handwerkszechen und Bruderschaften. *(SMCA, Foto: Erich Tischler)*

wahrnahmen, wurde wesentlich eingeschränkt. Gleichzeitig setzte der Kardinal die hohen Taxen für den Einkauf der Meister in die Zunft, deretwegen viele samt Frau und Kindern Hunger und Entbehrung gelitten hätten, stark herab. Damit sollten die Autonomie des Handwerks in Salzburg beschnitten, die Zulassung auch für auswärtige Meister liberalisiert und der Zunftzwang eingeschränkt werden. Den einzelnen Zechen und Bruderschaften wurde eine jährliche Abrechnung in Form von Rechnungsbüchern vorgeschrieben, die ein genaues Bild von der wirtschaftlichen Situation des Handwerks bieten. An die Stelle der zahlreichen und unterschiedlichen Handwerksordnungen trat nun ein einheitliches „Gewerberecht", das von Stadtrichter und Bürgermeister genauer überwacht werden konnte. Neue Ordnungen für einzelne Handwerkszweige mußten sich im Rahmen der von der Stadt- und Polizeiordnung vorgeschriebenen generellen Handwerksordnung bewegen.[108]

Diesen Grundsätzen entsprechend begannen Matthäus Lang und seine Nachfolger, vor allem Erzbischof Michael von Kuenburg (1554–1560), erneut Handwerksordnungen für einzelne Gewerbe zu erteilen, in denen die Zugehörigkeit zur Bruderschaft und damit der Zunftzwang wieder verpflichtend vorgeschrieben war. Im Gegensatz zur „liberalen Ära" von 1481 bis 1511 wurden diese Ordnungen nur mehr im Namen des Erzbischofs ohne Beteiligung von Bürgermeister und Stadtrat erlassen und die religiös-karitativen Zielsetzungen der Bruderschaften wieder stärker betont. In kurzen Zeitabständen erhielten die Tuchscherer gemeinsam mit den Schleifermeistern und -gesellen bereits 1532, die Gürtlergesellen 1545/50 und erneut nach 1560, die Bäcker 1548, 1593 und 1626, die Hutmacher und die Kürschner 1556, die Schneider 1558, die Bader, die Steinmetzen und die Goldschmiede um 1560, die Handschuhmacher 1564, 1575 und 1588, die Hafner und die Metzger 1578 und die Wirte 1595 neue Handwerksordnungen.[109] Sie waren wesentlich umfangreicher als die mittelalterlichen Ordnungen und griffen in alle Bereiche der täglichen Arbeit reglementierend ein. In den folgenden Jahrhunderten wurden diese Handwerksordnungen vom regierenden Erzbischof meist nur mehr bestätigt oder geringfügig erweitert, aber kaum mehr neu gefaßt.

Daß die Bruderschaften, Zechen und Zünfte des Salzburger Handwerks schon vor dem Erlaß von schriftlichen Handwerksordnungen eine Strafgewalt ausübten, ist dem 1425 begonnenen Zechbuch der Kürschner zu entnehmen. Dort findet sich die Nachricht, daß am 23. September 1425 Heinrich Raitter wegen Ungehorsams aus der Zeche ausgeschlossen wurde.[110] Da die Ausübung des Handwerks an die Zugehörigkeit zur Zeche gebunden war, bedeutete ein derartiger Ausschluß den Entzug der Handwerksberechtigung. Bisweilen konnte der von den Meistern geübte Zwang auch überzogen sein. So wurden 1515 zwei Salzburger Beutlermeister, die sich geweigert hatten, einen anderen als Meister anzuerkennen und deshalb einen Handwerksaufstand anzettelten, wegen Renitenz gegen die Obrigkeit verhaftet und mußten bei ihrer Entlassung einen Urfehdebrief an die Stadt ausstellen.[111] Im allgemeinen wurden innerhalb der Zechen und Bruderschaften Geldstrafen verhängt, die in die Zechbüchse einzuzahlen waren. Bei einigen Handwerkszweigen, die offenbar keine eigene Büchse hatten, waren diese Strafen in Wachs und Wein zu entrichten.

In der Organisation hoben sich die „geschenkten Handwerke", die über eine eigene Schenke verfügten, deutlich von den anderen ab. Diese Schenken dienten nicht nur den Angehörigen der Zeche oder Bruderschaft, sondern standen auch fahrenden Handwerksgesellen offen, die auf Arbeitssuche in die Stadt kamen und in der Schenke bis zu 14 Tagen auf Kosten der Zeche verpflegt wurden. Allerdings kam es gerade bei den geschenkten Handwerken, zu denen unter anderem die Bäcker, Binder, Bogner, Färber, Schlosser, Hutmacher, Tuchscherer und Ringler zählten, immer wieder zu Zwischenfällen: Meister und Gesellen trugen trotz ausdrücklicher Verbote Degen, Messer, Hämmer und andere Waffen, sodaß nicht nur betrunkene, sondern oft auch verwundete Handwerker in der Schenke zurückblieben.[112] Diese Mißstände sollten neben anderen durch die Stadtordnung von Kardinal Matthäus Lang beseitigt werden.

Lehrlinge, Gesellen und Meister – die Laufbahn im zünftischen Handwerk

Den zahlreichen Handwerksordnungen ist zu entnehmen, daß sich die Ausbildung im Handwerk nach Art und Dauer nicht grundlegend von den heutigen Verhältnissen unterschied, daß aber die gesellschaftlichen Voraussetzungen vollkommen andersartig waren. Bereits die Zulassung zum Handwerk war Beschränkungen unterworfen, und in

Kundschaftsbrief der Salzburger Gold-, Silber-, Seiden-, Knöpf-, Crepin- und Handarbeiter für den aus Königsberg stammenden Gesellen Franz Lowin, der zweieinhalb Jahre lang in Salzburg gearbeitet hatte (1789). (SMCA, Foto: Erich Tischler)

Die Ledererherberge in Salzburg (Lederergäßchen) mit wanderndem Handwerksgesellen, der vom Herbergsvater begrüßt wird (rechts), und verschiedenen Tätigkeiten der Lederbearbeitung (links). Öl auf Holz, 1615.
(SMCA, Foto: Erich Tischler)

viel stärkerem Maße galt dies für die Erreichung der Meisterwürde. Nur wer den Nachweis der ehelichen Geburt und der persönlichen Freiheit erbringen konnte, wurde zum Handwerk zugelassen. Die Aufnahme von unehelich geborenen oder persönlich abhängigen (hörigen) Lehrlingen wurde zum Teil mit strengen Strafen bedroht. Anläßlich der Aufnahme hatten sowohl der Lehrjunge als auch der Meister einen festgesetzten Geldbetrag oder Wachs und Wein an die Zeche zu entrichten. Außerdem mußte der Lehrling zwei Bürgen stellen, an denen sich der Meister schadlos halten konnte, wenn ihm der Lehrling vorzeitig entlief. Jeder Meister durfte nur einen Lehrling beschäftigen; erst wenn sich dieser im letzten Lehrjahr befand, war die Aufnahme eines zweiten Lehrjungen gestattet.[113]

Die Lehrzeit schwankte je nach Handwerk zwischen zwei Jahren (bei den Wagnern) und sechs Jahren (bei Fleischhackern und Hutmachern). Die Lehrlinge wohnten im Haus des Meisters, der ihnen Kost, Bekleidung und das notwendige Werkzeug stellte. Eine Entlohnung der Lehrlinge in Geld war nur in der Handwerksordnung der Barchenter und Leinenweber ausdrücklich vorgesehen. Die Goldschmiedelehrlinge mußten viermal im Jahr etwas Gestochenes oder Entworfenes abliefern, um ihren Fortschritt in der Handfertigkeit zu beweisen.[114] Insgesamt waren die Lehrlinge in viel stärkerem Maße als heute dem Wohlwollen oder der Strenge des Meisters und der Meisterin ausgeliefert. Viele Lehrlinge sind aus Furcht vor körperlicher Züchtigung, die dem Meister zustand, entlaufen, obwohl nur jene als Gesellen aufgenommen wurden, die in gutem Einvernehmen von ihrem Meister geschieden waren.[115]

Mit der Freisprechung durch den Meister und der Ausstellung des Gesellenbriefes war für viele Handwerker bereits das Ziel ihrer Laufbahn erreicht. Die Gesellen lebten entweder im Hause des Meisters oder in eigenen Herbergen, die von einem Herbergsvater geleitet wurden und für das ganze Handwerk vorgeschrieben waren. Daß es dort – ähnlich wie in den Schenken – oft „hoch her ging", und Würfelspiele, Kartenspiele und Glücksspiele aller Art, aber auch Flüche und Lästerungen trotz strenger Verbote üblich waren, läßt sich aus den Handwerksordnungen schließen. Wenn ein Geselle gar zu arg über die Stränge schlug und ein Freudenmädchen ins Haus nahm oder in die Privatgemächer des Meisters und der Meisterin eindrang, konnte er so lange vom Handwerk ausgeschlossen werden, bis er sich mit dem Meister verglichen hatte. Allerdings muß berücksichtigt werden, daß die meisten Gesellen schon aus finanziellen Gründen gar nicht in der Lage waren zu heiraten. Deshalb wurde den Gesellen einerseits vorgeschrieben, nicht ohne Heirat mit Frauen zusammenzuleben, andererseits sollten jene, die von ihrer Ehefrau getrennt lebten, von keinem Meister aufgenommen werden.[116]

Ein Meister durfte zwei Gesellen beschäftigen, und nur wenn er keinen Lehrling hatte, konnte er einen dritten aufnehmen. Im Gegensatz zu den Lehrlingen hatten die Gesellen im Rahmen ihres Handwerks ein (begrenztes) Mitspracherecht. Wurde ihnen vom Meister eine betrügerische (unehrliche) Arbeit auferlegt, dann sollten sie das dem Handwerk anzeigen, ebenso wenn ein Ungelernter bei ihrem Meister tätig war. Für die Goldschmiede- und Kürschnergesellen gab es sogar eigene Handwerksordnungen, in denen auch Vorsorgemaßnahmen für Krankheit und im Todesfall für das kostspielige Begräbnis und die Totenmesse vorgeschrieben waren.[117] An Sonn- und Feiertagen durfte nur zur eigenen Weiterbildung, aber nicht gegen Lohn gearbeitet werden. Dafür wurden die religiösen Verpflichtungen eingefordert. Streng untersagt war der „blaue Montag", versäumte Arbeitszeit wurde vom Lohn abgezogen. Zu einem anderen Handwerksmeister konnte der Geselle nur mit dem Einverständnis seines Meisters überwechseln.[118]

Um Kenntnisse und handwerkliche Fertigkeiten zu vervollständigen, begaben sich die Gesellen auf Wanderschaft. Bei den Hutmachern etwa war dafür eine Zeit von vier Jahren vorgeschrieben. Die durch Jahrhunderte für das deutsche Handwerk typische Gesellenwanderung ist oft idealisiert worden. Sicher konnte sie dazu beitragen, daß die Gesellen neben neuen Formen der Handwerkskunst auch andere Länder kennenlernten und „weltgewandter" wurden. Den Wanderjahren kam aber noch eine andere, meist zuwenig beachtete Funktion zu. Wie genaue Untersuchungen ergaben, verbrachten viele Gesellen die Hälfte oder gar zwei Drittel ihrer Arbeitszeit auf Wanderschaft. Das bedeutete eine entsprechende Entlastung für den gerade im Handwerk oft angespannten Arbeitsmarkt. Eine wesentliche Aufgabe von Zechen und Zünften war es ja, durch die Beschränkung der Werkstätten und des Personals allen Handwerkern in der Stadt ein zwar bescheidenes aber ausreichendes Einkommen zu sichern. Die Gesellenwanderung half so, die Zahl der aktiven Handwerker zu reduzieren und eine stets vorhandene latente Arbeitslosigkeit nach außen hin zu kaschieren.[119]

Die Erlangung der Meisterwürde war in früheren Jahrhunderten wesentlich mühevoller als heute. Das lag nicht an strengeren Prüfungen sondern an den einschneidenden Bestimmungen zum Schutz des heimischen Handwerks. Fremde Gesellen mußten neben dem Nachweis der ehelichen Geburt, der persönlichen Freiheit und dem Gesellenbrief auch „Kundschaftsbriefe" über ihre bisherige Tätigkeit vorlegen und hohe Taxen bezahlen. Außerdem wurden der Besitz des Bürgerrechts und – sofern der Kandidat nicht verheiratet war – die Eheschließung innerhalb von Jahresfrist gefordert. Durch den Zunftzwang war die Ausübung des Handwerks an die Zugehörigkeit zur Zeche oder Bruderschaft gebunden.[120] Nur jener Geselle, der diese Vorbedingungen erfüllt hatte, durfte unter strenger Aufsicht der geschworenen Handwerksmeister oder im Hause des Zechmeisters die Anfertigung der vorgeschriebenen Meisterstücke in Angriff nehmen. Waren diese innerhalb einer bestimmten Frist fertiggestellt, dann wurden sie von den Beschaumeistern in Gegenwart von Richter, Bürgermeister und Rat im Rathaus begutachtet.[121]

Wurden die Meisterstücke akzeptiert, dann sah sich vor allem der zugezogene Handwerker schweren finanziellen Belastungen ausgesetzt. Er mußte sich mit einer respektablen Geldsumme, die bis zu sechs Gulden betragen konnte, in die Zeche einkaufen. Offiziell galt dieser Betrag auch als Ehrung für die Handwerksmeister, tatsächlich sollten aber damit die einheimischen Meister gegen die auswärtige Konkurrenz geschützt werden. Die Söhne der Salzburger Handwerksmeister und jene Gesellen, die Salzburger Meistertöchter zu Frau nahmen, waren von diesen Gebühren entweder ganz befreit oder zahlten nur einen Bruchteil; bei den Färbern wurde ihnen sogar das Meisterstück erlassen. Anläßlich seiner Aufnahme mußte jeder neue Meister ein Meistermahl für alle Meister des Handwerks geben.[122]

Für die Ausübung des Handwerks gab es Vorschriften, an die alle Meister gebunden wurden. So war der Zusammenschluß von mehreren Meistern zu einer Arbeitsgemeinschaft ebenso verboten wie die Beschäftigung von mehr als zwei Gesellen und einem Lehrjungen. Eine Ausnahme bildete das Handwerk der Tuchscherer, dessen vier Meister in städtischen Läden nebeneinander arbeiteten und die gesamten Einnahmen in eine gemeinsame Handwerkskasse einbrachten; sie wurden dann alle vierzehn Tage gleichmäßig aufgeteilt.[123] Auch das Abwerben von Gesellen eines anderen Meisters wurde streng bestraft. Die Meister wählten aus ihrer Mitte drei oder vier Vertreter, die als Beschaumeister von Richter, Bürgermeister und Rat vereidigt wurden und zur strengen Kontrolle aller Handwerksprodukte und zur Beurteilung der Meisterstücke verpflichtet waren.[124]

Beim Tode eines Meisters besaß die Witwe das Recht, das Handwerk mit Hilfe der Gesellen und Knechte noch ein Jahr lang weiterzuführen. Nahm sie innerhalb dieser Frist einen anderen Meister des Handwerks zum Gatten, so konnte dieser den Betrieb übernehmen; gehörte er aber nicht dem Handwerk an, dann verlor damit die Meisterswitwe das Recht auf die Fortführung der Werkstätte und die Ausübung des Gewerbes.[125]

In der Praxis war die Stellung der Meisterswitwen sogar noch stärker. So nahm die Witwe des Goldschmieds Hans Menz 1602 in ihrem Namen den Lehrjungen Veit Kurz für dessen zwei letzte Lehrjahre auf. Die Witwe des Goldschmieds Daniel Schreiber erteilte 1680 dem Lehrling Adam Unverdorben, der drei Jahre bei ihrem Gatten und dann drei Jahre bei ihr als „Meisterin" das Handwerk gelernt hatte, gemeinsam mit einem anderen Handwerksmeister die Freisprechung.[126] Auch für die Tochter eines verstorbenen Meisters galten ähnliche Bestimmungen, während der Sohn nach dem Tode des Vaters binnen Jahresfrist die Meisterstücke anfertigen und die Meisterwürde erlangen mußte, um die Werkstatt fortführen zu dürfen.

Die vielen Handwerksordnungen, die seit dem Ende des 15. Jahrhunderts erlassen wurden, führen nicht nur die vorgeschriebenen Meisterstücke genau an, sondern gewähren auch einen tiefen Einblick in die innere Struktur der einzelnen Handwerkszweige. Bei den Kürschnern sind außerdem ein Zechbuch, eine eigene Handwerksordnung der Kürschnergesellen und ein Aufdingbuch der Kürschnerlehrlinge erhalten.[127] Aus diesen Quellen kann man ersehen, daß die relativ große Kürschnerzeche auch für den Export produzierte und die Lehrlinge zum Teil aus weit entfernten Städten wie Krainburg (Kranj), Marburg, Radkersburg, Graz, Passau und sogar aus Krakau nach Salzburg kamen.

Die gemeinsame Ordnung für die Lederer, Schuster und Ircher (Weißgerber) grenzte die Aufgaben dieser lederverarbeitenden Handwerke gegeneinander genau ab. So stand die Anfertigung der damals im alpinen Bereich schon verbreiteten Lederhosen den Irchern zu, die dafür nicht Schafleder, sondern nur Hirsch-, Reh- und Gamshäute verwenden sollten.[128] Die Ordnung für die Barchenter und Leinenweber weist Salzburg als ein frühes Zentrum der Baumwollverarbeitung aus. Als der Import von Baumwolle, die über Venedig nach Salzburg kam, durch den Krieg zwischen König Maximilian I. und Venedig beeinträchtigt war, erließ man eine Handwerksordnung, in der die Herstellung einer neuen Leinwandsorte als Ersatz vorgesehen war.[129]

Die Ordnung für das heute kaum mehr bekannte Handwerk der Tuchscherer, die alten Stoffen durch besondere Behandlung neuen Glanz verliehen, zeigt deutlich die Stellung Salzburgs im Tuchhandel. Mehr als 30 Arten von Leinen, Barchent (Baumwollgewebe), Wolltuch und Loden aus allen Teilen Flanderns, Deutschlands und Italiens, aber auch aus England werden genannt.[130] Auf einen gewissen Rückgang deutet die Tatsache hin, daß die Tuchscherer 1581 in die Bruderschaft der Schneider aufgenommen wurden. Diese waren nach dem Ausweis des ältesten Salzburger Bürgerbuches, in dem zwischen 1441 und 1450 die Aufnahme von 82 Schneidern als Bürger verzeichnet ist, das größte Handwerk nach den Bäckern. Sie besaßen schon seit dem 14. Jahrhundert eine Gesellenherberge in der Kaigasse, die später als Zunfthaus eingerichtet wurde.[131]

Unter den metallverarbeitenden Handwerken wurde jenes der Goldschmiede besonders streng kontrolliert, um die Täuschung von Kunden durch die Verwendung von minderwertigem Gold, von Messing oder vergoldetem Kupfer zu verhindern. Die Meister mußten bei geöffnetem Laden arbeiten, und nur jene Stücke, die mit dem Beschauzeichen der Stadt punziert waren, durften verkauft werden.[132] Ähnliche Vorschriften galten auch für die Zinngießer. Das Handwerk der Schmiede war in die drei besonderen Gewerbe der Hufschmiede, Hackenschmiede und Waffen- oder Büchsenschmiede unterteilt. Die Meisterstücke mußten streng nach den Mustern hergestellt werden, die von drei Meistern das Handwerks angefertigt worden waren.[133] Die Schlosser durften nur mit ausdrücklicher Zustimmung des Hausherrn Schlüssel anfertigen, wobei das endgültige Zufeilen unmittelbar am Schloß in Gegenwart des Hausbesitzers erfolgen sollte. Eisenfesseln, Daumenstöcke, Steig- und Brechzeug konnten nur mit besonderer Genehmigung von Richter, Bürgermeister und Rat hergestellt werden.[134]

Im Bereich des Bau- und Kunsthandwerks besaßen die Maurer und Zimmerleute eine gemeinsame Ordnung. Besonders die Maurermeister hatten eine ungünstige Stellung, da sie am Bau gegen einen relativ bescheidenen Stundenlohn arbeiten mußten und auch Größe und Preis für gebrannte Ziegel und für die Truhe Kalk genau vorgeschrieben waren.[135] Das Handwerk der Tischler, deren Arbeit sich in vielen Bereichen mit jenem der Zimmerleute überschnitt, erhielt erst 1537 eine eigene Ordnung. Prachtvolle Möbel des späten Mittelalters und der frühen Neuzeit sind noch heute eindrucksvolle Zeugnisse für das hohe Können der Salzburger Tischlermeister.[136] Während die Binder nicht nur Wein- und Bierfässer, sondern auch genormte Fässer *(Lageln)* für den Saumhandel herstellten, hatten die Wagner zwei verschiedene Wagen als Meisterstücke anzufertigen.[137] Die hohe Kunst der Salzburger Hafner wird noch heute durch den prachtvollen Kachelofen in der Goldenen Stube der Festung Hohensalzburg und durch die interessanten Funde aus der Strobl-Werkstätte in der Steingasse unter Beweis gestellt.[138] Maler, Bildschnitzer, Schildmacher und Glaser als die eigentlichen Kunsthandwerker hatten eine gemeinsame Ordnung. Unter ihnen finden sich berühmte Meister wie die Maler Konrad Laib, Marx Reichlich und Rueland Frueauf d. Ä., der aber ebenso wie der Bildschnitzer Hans Baldauf von Salzburg nach Passau ging, und die Steinmetzen Hans Valkenauer und Christian Inzinger.[139]

Die meisten Handwerker aber waren im Lebensmittelgewerbe tätig. Den Bäckern wurde nach Streitigkeiten mit den Müllern bereits 1420 das genaue Brotgewicht in Relation zum jeweils gültigen Weizen- und Roggenpreis vorgeschrieben. Dementsprechend sollten – da der Brotpreis genau festgesetzt war – steigende Getreidepreise durch eine Verringerung des Brotgewichtes kompensiert werden. Immer wieder kam es zu heftigen Streitigkeiten mit den auswärtigen Bäckern, die in Mülln und anderen Vororten, aber auch auf den Grundherrschaften des Erzbischofs, des Domkapitels und der Abtei St. Peter ansässig waren und durch billige Preise dem städtischen Bäckerhandwerk, das relativ hohe Abgaben an die Stadt entrichten mußte, arg zusetzten.[140] Bei den Fleischhauern fehlen ebenso wie bei den Bäckern Bestimmungen über den Zunftzwang. Genau geregelt waren jedoch die Schlachttermine und die Fleischmenge, die ein Handwerksmeister pro Woche verarbeiten durfte. Neben der strengen Kontrolle von Schlachtvieh und Fleisch wurde auf das Verbot des Fürkaufs innerhalb von zwei Meilen um die Stadt besonderer Wert gelegt.[141]

In der Stadt Salzburg hatten alle Handwerkszweige ihre Hauptlade als „Zentrale". Das Handwerk auf dem Land war in „Viertelladen" zusammengeschlossen. Im 17. Jahrhun-

Lehrlinge, Gesellen und Meister – die Laufbahn im zünftischen Handwerk 259

Zunftkreuz der Salzburger Müller 1635 mit der Darstellung des Gekreuzigten mit Maria und Johannes, bekrönt von Gottvater. (SMCA, Foto: Erich Tischler)

dert wurden diese Viertelladen gemäß einer bischöflichen Verordnung zur besseren Kontrolle den Hauptladen in der Stadt Salzburg angeschlossen.[142] Das einst so lebendige Handwerksbrauchtum wurde teilweise schon im Mittelalter eingeschränkt – 1445 verbot man etwa den am Faschingsdienstag aufgeführten Barfußtanz der Bäckerknechte. In manchem Bereich aber hat es sich auch bis ins 19. Jahrhundert hinein erhalten. Der traditionelle Metzgersprung bei der Freisprechung der Metzgergesellen wird seit einigen Jahren wieder gepflegt. Neben den umfangreichen Archivalien im Stadtarchiv erinnern noch heute Zunftkreuze, Zunfttruhen, Zunftzeichen und Zunftfahnen an die große Tradition der einzelnen Bruderschaften, Zechen und Zünfte des Salzburger Handwerks.[143]

Städtische Versorgung und Entsorgung – Umweltschutz und Hygiene in früheren Jahrhunderten

Der ausführlichen Marktordnung vom Ende des 15. Jahrhunderts läßt sich entnehmen, daß es im Mittelalter um die städtische Entsorgung nicht zum besten stand.[144] Umweltbelastende Gewerbe sollten sich zwar dort befinden, wo die anfallenden Schadstoffe rasch entsorgt werden konnten. Dazu zählten neben den Metzgern mit ihren Fleischbänken auf der Stadtbrücke die Gerber und Ircher (Weißgerber), deren Häuser am rechten Salzachufer oberhalb des Inneren Steintores lagen. Sie führten die Reste der Gerbsäuren und Farbstoffe, die verdorbenen Häute und Felle ebenso der Salzach zu wie die ebenfalls nahe dem Fluß im Ledergäßchen angesiedelten Lederer.[145] Damit war die Verschmutzung der Salzach durch städtische Wirtschaftsbetriebe schon im Mittelalter eine Gegebenheit, die freilich bei weitem nicht das Ausmaß des 19. und 20. Jahrhunderts erreichte.

Unter dem Titel *Ordnung zur Abstellung der Unsauberkeit hier in dieser Stadt* enthält die Stadt- und Polizeiordnung zahlreiche Bestimmungen zur Verbesserung der Hygiene.[146] Bereits einleitend wird vermerkt, daß die Verschmutzung der Stadt zu Seuchen und Epidemien führe. Das Abladen und Ausgießen von Unrat und Mist auf den verschiedenen Plätzen und Gassen der Stadt wird streng untersagt und die Entfernung verbotener Ausgüsse sowie Abflußrohre und Rinnsale, die auf Gassen und Plätze führten, angeordnet. Da etliche Plätze nicht gepflastert sondern nur mit Sand bedeckt waren, hielt sich dort hartnäckiger Gestank. Die Entleerung der *heimblichen Gemächer*, der Senkgruben, wurde jährlich vorgeschrieben und das Ausführen der Fäkalien nur im Winter zwischen Martini (11. November) und der ersten Fastenwoche gestattet, damit die Geruchsbelästigung möglichst niedrig gehalten wurde.

Ein besonderes Problem stellte die Vieh- und Haustierhaltung dar. Sie war in Salzburg so wie in den meisten deutschen Städten durchaus üblich und keineswegs auf den landwirtschaftlichen Bereich des Frauengartens von St. Peter im Westen der Stadt beschränkt. Viele Bürger ließen ihre Schweine, Ziegen und Kühe trotz Verbot frei in der

Stadt herumlaufen und fütterten sie in Trögen, die sie vor ihren Häusern aufstellten. Misthaufen vor den Hauswänden ragten oft weit in die Gassen hinein, und Tierkadaver wurden einfach auf die Straße geworfen. Entsprechend der weitverbreiteten Ansicht, daß Krankheiten allein durch die Luft übertragen wurden, maß man der Verseuchung des Grundwassers keine Bedeutung bei. Brunnen, die oft knapp neben Senkgruben angelegt wurden, pumpten die Bakterien mit dem Trinkwasser in die Höhe, so daß ein ständiger Kreislauf der Ansteckung gegeben war.

Der Almkanal, der für die damalige Zeit als technische Meisterleistung gelten konnte, war nicht zur Trinkwasserversorgung, sondern zum Betrieb von Mühlen, zur Bereitstellung von Löschwasser und zum Einsatz im landwirtschaftlichen Bereich angelegt worden. Das durch den Stiftsarmstollen in die Stadt geführte Wasser wurde schon außerhalb der Stadt vielfach genutzt und konnte deshalb nicht als Trinkwasser dienen. So wurde weit vor der Stadt Wasser des Almkanals gefaßt und in Rohren zur erzbischöflichen Residenz, zum Chiemseehof, zu einzelnen Bädern und auch in Privathäuser geleitet.[147]

Um jene Kosten, die für eine Nutzung der Almbrunnleitungen und des Almwassers an das Domkapitel und die Abtei St. Peter als Bauherren des Almkanals zu entrichten waren, zu sparen, wählte die Stadtgemeinde eine andere Lösung. In Verbindung mit dem Bau des Bürgerspitals wurde aufgrund eines vom Erzbischof erteilten Privilegs nach 1335 ein eigener Arm, der *Städtische Arm* des Almkanals, in einem Stollen durch den Mönchsberg geleitet.[148] Seine Wasserführung ist mit 1,4 Kubikmeter pro Sekunde fast doppelt so groß wie jene des älteren Stiftsarmes. Der Städtische Arm gewann in den folgenden Jahrhunderten für die Wirtschaft der Stadt enorme Bedeutung. Neben Getreidemühlen, Schleif- und Poliermühlen, Lodenwalkereien, Sägen, Wäschereien und Malzmühlen betrieb er auch das 1548 neben dem Bürgerspital errichtete städtische Brunnhaus, dessen vier ineinandergebaute Wasserwerke Grundwasser hochpumpten. Die Qualität dieses Trinkwassers, mit dem ein Großteil der Stadt bis ins 19. Jahrhundert versorgt wurde, lag allerdings deutlich unter jener der Almbrunnleitungen.[149]

Die erste städtische Wasserleitung wurde in den Jahren 1486 bis 1488 errichtet. Auf dem Gersberg faßte man eine starke Quelle und leitete das Wasser von der Brunnstube durch Holzrohre in die Rechtsstadt und weiter über die Brücke zum Marktplatz. Der Florianibrunnen, der vordem ein einfacher Ziehbrunnen war, wurde an die Wasserleitung angeschlossen und mit einer neuen Heiligenstatue geschmückt. In den folgenden Jahrzehnten wurde diese städtische Wasserleitung durch die Einbeziehung weiterer Quellen, darunter auch solcher aus Guggenthal, sowie durch den Bau weiterer Leitungen und zahlreicher geräumiger Brunnstuben, die auch als Fischkalter dienten, erweitert.[150] Hochgelegene Bauten wie die Festung Hohensalzburg, das Kloster Nonnberg, die Bürgerwehr auf dem Mönchsberg und das Johannesschlößl auf dem Imberg wurden weiterhin durch Zisternen mit Trinkwasser versorgt.[151]

Unter den sieben städtischen Badstuben nahm das Rapplbad im Kaiviertel (Pfeiffergasse 9), das ebenfalls mit Wasser aus dem Almkanal versorgt wurde, die Spitzenposition ein. Kein geringerer als der berühmte Arzt Paracelsus hat im Nebenhaus 1524/25 seine Praxis betrieben. Die Salzburger Bader waren nämlich auch als Wundärzte tätig. Wer *arznei pflegen und treiben wollte*, wurde von den Meistern genau geprüft, speziell über den Aderlaß, der als Mittel zur Erhöhung des körperlichen Wohlbefindens eine wichtige Rolle spielte. Die Bäder selbst waren nach Geschlechtern in den „Frauenboden" und den „Mannsboden" getrennt, für den Badebetrieb waren etliche Knechte und Dienerinnen zuständig. Die Badermeister erfreuten sich innerhalb des städtischen Handwerks eines relativ hohen Ansehens, die Salzburger Badstuben dienten – im Gegensatz zu anderen deutschen Städten – auch niemals als „Stätten der freien Liebe".[152]

Grundlagen der städtischen Finanzgebarung

Aus den Jahren 1486 bis 1488 sind die Rechnungsbücher *(Raittungen)* des Bürgermeisters Hans Glavenberger erhalten.[153] Sie bieten erstmals einen genaueren Einblick in die Finanzen der Stadt. Die Einnahmen bestanden aus den verschiedenen Mauten, aus den Gebühren für die städtische Fronwaage, aus den Taxen für die vorgeschriebene Beschau von Handwerksprodukten und aus den vom Stadtgericht verhängten Strafgeldern. Den größten Anteil aber machten jene Taxen aus, die für die Verleihung des Bürgerrechts zu entrichten waren. Dazu kamen Zinse von den verschiedenen Lokalen, Verkaufstischen und Läden, die von der Stadt an Handwerker vermietet wurden. Die von den Freudenmädchen *(gemeine Töchter im Frauenhause)* entrichteten Abgaben muten in ihrer Höhe von sechs bis sieben Gulden jährlich eher bescheiden an und lassen auf kein allzu ausschweifendes Leben der Stadtbewohner und der Gäste schließen.

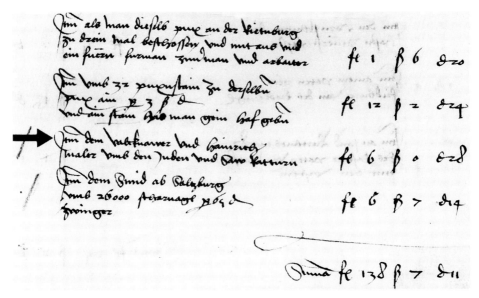

Auszug aus den ältesten städtischen Rechnungsbüchern des Bürgermeisters Hans Glavenberger 1487 (AStS, buchförmige Archivalien Nr. 264). Der Pfeil weist auf den Eintrag über die Anfertigung der Judensau durch den berühmten Bildhauer Hans Valkenauer hin.

Ein respektabler Überschuß wurde in diesen Jahren bei der Einhebung des Ungelds, einer an den Erzbischof zu entrichtenden Getränkesteuer, erzielt. Damit waren größere Investitionen für die Stadtverteidigung möglich, die zum Ankauf von Geschützen, Handfeuerwaffen und Pfeilen sowie von Uniformen für die Wachen verwendet wurden. Für einen relativ großen Geldbetrag wurde Getreide erworben, um die Stadt für Krisenzeiten und Hungersnöte zu verproviantieren.

Eine zweite Gruppe von Ausgaben betraf Baustoffe und Handwerkslöhne, die für Instandhaltungsarbeiten an städtischen Anlagen und Gebäuden sowie für Neubauten notwendig geworden waren. Mit den Überschüssen aus dem Ungeld wurden als Großprojekte der Bau des Zwingers auf dem Mönchsberg 1487 und die Errichtung der städtischen Wasserleitung vom Gersberg finanziert. Für Straßenbauten hingegen und auch für den Bereich der Sozialfürsorge, die weitgehend privaten Stiftungen überlassen war, gab es gleichsam keine Aufwendungen. Auch die städtischen Repräsentationskosten blieben in bescheidenem Rahmen. Als der Erzbischof 1488 zur Eröffnung der städtischen Wasserleitung erschien, wurde ihm nur ein einfacher Willkommenstrunk gereicht. Im 16. Jahrhundert haben dann die von der Stadt finanzierten Festmähler, Empfänge und Ehrengeschenke an verdiente Persönlichkeiten rasch zugenommen.

In der frühen Neuzeit bieten eine Fülle weiterer Quellen Einblick in die städtische Finanzgebarung. Von den Protokollen des Stadtrats, die 1512 einsetzen, liegen bis 1561 fünf Bände und dann bis 1809 eine geschlossene Reihe vor.[154] Der städtische Besitz ist in den Urbarbüchern verzeichnet, die 1512 und 1515 unter den Bürgermeistern Virgil Waginger und Sebastian Klanner angelegt wurden.[155] Ab 1548 geben die Kammeramtsrechnungen Aufschluß über das städtische Rechnungswesen. Aus ihnen ist auch die Bedeutung des 1490 geschaffenen Amtes des Stadtkämmerers, der die Finanzverwaltung der Stadt leitete, ersichtlich.[156] Einblick in die Bautätigkeit der Stadt bieten ab 1522 die Ziegelamtsrechnungen, die bis zum Jahr 1825 geführt wurden. Sie zeigen, wie groß die jährliche Ziegelproduktion im städtischen Ziegelstadel war.[157] Wichtige Details zu einzelnen Bauwerken enthalten die Baumeisterrechnungen, die von 1625 bis 1859 erhalten sind. Für das 18. Jahrhundert werden sie durch weitere Rechnungsbücher des Stadtbauamtes ergänzt.[158]

Zu den von der Stadt geführten Aufzeichnungen zählen noch die Getreidekastenamtsrechnungen,[159] die Rechnungsbücher des städtischen Quartieramts (*Quartieramtsraitungen*)[160] und die Rechnungen des Pflaster- und Beleuchtungsfonds.[161] Für den großen Bereich der städtischen Stiftungen, denen Armenfürsorge und Krankenpflege anvertraut waren, sind als wichtigste Quellen die Rechnungsbücher und Urbare des Bürgerspitals,[162] der Stadtpfarrkirche,[163] des Bruderhauses St. Sebastian[164] und des Siechenhauses in Mülln[165] zu nennen. Daneben gab es noch eine Vielzahl von bürgerlichen Armenstiftungen. In Verbindung mit dem umfassenden Zunftarchiv, das im Archiv der Stadt Salzburg verwahrt wird,[166] läßt dieser Reichtum an Quellen zu, ein genaues Bild von der Verwaltung, dem Rechtswesen, der Wirtschaft und der Gesellschaft Salzburgs seit dem 16. Jahrhundert zu entwerfen.

VII. LUSTSCHLÖSSER UND BASTIONEN – AUF DEM WEG ZUM „DEUTSCHEN ROM" (1525–1653)

„Um einen weltlichen Herrn" – Paracelsus und der Bauernkrieg

Die Herrschaft der Erzbischöfe über die Residenzstadt und über das geistliche Fürstentum Salzburg war durch Jahrhunderte nie in Frage gestellt worden. Weder der Zusammenschluß des Adels im Igelbund 1403 noch die Parteinahme der Stadt Salzburg für Kaiser Friedrich III. vermochten die erzbischöfliche Macht einzuschränken. Im Bauernkrieg des Jahres 1525 schien jedoch das Ende der geistlichen Herrschaft unmittelbar bevorzustehen.

Die Bezeichnung „Bauernkrieg" reiht zwar die beiden Salzburger Aufstände 1525 und 1526 in die große Bewegung des Deutschen Bauernkriegs ein, der damals weite Gebiete des Reiches erfaßte; in Salzburg aber kam es zu einem breiten Bündnis von Bergknappen, Bauern und Stadtbevölkerung, bei dem die Bauern an Zahl überwogen, die Initiative aber eindeutig von den Gewerken (Bergbauunternehmern) und Bergknappen ausging:[1] Im Juni 1524 war der evangelische Prädikant Eustachius von Heiterwang im Unterinntal festgenommen und von der Tiroler Landesregierung im Oktober nach Salzburg überstellt worden. Im Verlauf einer eingehenden Untersuchung wurde er Anfang Mai 1525 als Ketzer verurteilt, weshalb er in Mittersill eine Haftstrafe verbüßen sollte. Auf dem Weg dorthin wurde er am 8. Mai in Schellenberg, bereits auf dem Boden der Propstei Berchtesgaden, von aufgebrachten Burschen gewaltsam befreit. Die Anführer dieses Handstreichs – zwei Bauernsöhne – wurden auf die Feste Hohensalzburg gebracht und wenige Tage später auf der Abtswiese im Nonntal enthauptet.[2] Die Empörung in der Bevölkerung nutzten die Gasteiner und Rauriser Gewerken geschickt aus, um einen militärischen Schlag gegen den Erzbischof zu führen. Durch eine umfassende Waldordnung,[3] die Kardinal Lang 1524 erlassen hatte, sahen die Gewerken die kostengünstige Verhüttung des Erzes, die ungeheure Mengen an Holz erforderte, ernstlich bedroht. Dazu kamen neue Abgaben als Belastung für den Bergbau und der Einfluß der Lehre Luthers, die unter den Gewerken und Knappen rasch Verbreitung gefunden hatte.[4] Das Ziel der Bergleute wurde bereits am 25. Mai 1525, am Beginn des Aufstandes, mit folgendem Satz umschrieben: *Sie wollten nicht mehr unter einem Bischof sein, sondern einen weltlichen Fürsten haben und keinen Bischof.*[5]

Nachdem Gewerken und Knappen am 24. Mai 1525 in Gastein den Kampf gegen Kardinal Matthäus Lang beschlossen und zwei Tage später die Wehrfähigen gemustert hatten,[6] erzielten sie rasche militärische Erfolge. Zahlreiche Schlösser und Amtssitze wurden erobert oder fielen, wie die Feste Hohenwerfen, ohne Widerstand in die Hand der Aufständischen. Bereits am 27. Mai wurde die Salinenstadt Hallein besetzt, wo mit Melchior Spach einer der angesehensten Bürger als *obrister Feldhauptmann* an die Spitze eines bunten Haufens trat. Am folgenden Tag zog das Heer der Aufständischen vor die Stadt Salzburg, in der es bereits am 29. Mai zu heftigen Tumulten unter der Bevölkerung kam.[7] Während der aus Kaufleuten, Fernhändlern und wohlhabenden Bürgern zusammengesetzte „Innere Rat" zum Erzbischof hielt, neigte der Großteil der Stadtbewohner den Aufständischen zu. Am 6. Juni ließen Sympathisanten das Bauernheer in die Stadt ein, während die reichen Bürger teils aus Salzburg flohen, teils den Kardinal begleiteten, der sich mit einem Gefolge von etwa 60 Personen auf die gut verproviantierte und für damalige Verhältnisse unbezwingbare Festung Hohensalzburg zurückzog. In der Stadt plünderten währenddessen nicht nur Knappen und Bauern, sondern auch der *pofel*, die städtischen Unterschichten, die erzbischöfliche Residenz.[8]

In diese turbulenten Ereignisse wurde eine der markantesten Persönlichkeiten jener Zeit verstrickt, der berühmte Arzt und Philosoph Theophrastus Bombastus von Hohenheim, genannt Paracelsus.[9] Er hatte sich 1524 in Salzburg niedergelassen, wo unter anderem der Hofgerichtsschreiber Michael Setznagel und Hans Rappl, der Besitzer des Rapplbades im Kaiviertel (Pfeiffergasse 9), zu seinen Freunden zählten. In Verbindung mit dem Rapplbad, damals dem größten und einträglichsten der sieben städtischen Bäder, betrieb der Hohenheimer offenbar eine Praxis als Wundarzt im Haus Pfeiffergasse 11. Der Wirt Christoph Riß, bei dem er die Wohnung gemietet hatte, gehörte ebenfalls zum Kreis der angesehenen Salzburger Bürger. Er hatte in Ingolstadt studiert und wurde etliche Jahre später, 1540, Bürgermeister von Salzburg.[10]

Paracelsus bekennt in einer seiner Streitschriften, daß er mit gemeinen Leuten in Tavernen, Krügen und Wirtshäusern gegen kirchliche Einrichtungen polemisiert und die Bauern widerspenstig gemacht habe. Ende März 1525 richtete er von Salzburg aus einen Brief an die drei Reformatoren Luther, Melanchthon und Bugenhagen, den er seiner Auslegung der ersten fünf Kapitel des Matthäusevangeliums vorangestellt hatte. Der Hohenheimer zählte also damals zu den Anhängern der evangelischen Bewegung, auch wenn er später andere Wege eingeschlagen hat.[11] Eine konkrete Verbindung zu den Aufständischen war offenbar durch deren Führer Melchior Spach gegeben, der so wie Setznagel aus Hallein stammte. Er hat 16 Jahre später das Testament des Paracelsus an erster Stelle bezeugt und dürfte ein enger Vertrauter und Freund des Hohenheimers gewesen sein.[12]

Als in der Stadtbevölkerung nach dem 29. Mai immer wieder Streitigkeiten ausbrachen, bei denen es auch Tote und Verletzte gab, scheint Paracelsus der Mut verlassen zu haben. Er fand nicht einmal mehr Zeit, seine Habseligkeiten an sich zu nehmen, sondern ließ wertvolle Kleider, Bücher und Geräte zur Herstellung von Arzneimitteln im Quartier zurück, dessen Schlüssel er in aller Eile der Mutter des Christoph Riß übergab. Ein Inventar, das auf Veranlassung des Hofgerichtsschreibers Michael Setznagel ein Jahr später, am 27. April 1526, über die zurückgelassenen Güter des Hohenheimers aufgenommen wurde und das Paracelsus als einigermaßen wohlhabenden Mann ausweist, hat sich im Archiv des Klosters Mülln erhalten.[13]

Paracelsus war offenbar durch seine Verbindung zu den Aufständischen so belastet, daß er es zu Lebzeiten von Matthäus Lang nicht wagte, nach Salzburg zurückzukehren. Erst unmittelbar nach dessen Tod kam er, bereits von schwerer Krankheit gezeichnet, er-

Theophrastus Bombastus von Hohenheim, genannt Paracelsus, vor der Silhouette der Stadt Salzburg. Anonymes Ölbild im SMCA. Das Bild gilt als Indiz dafür, daß Paracelsus während seines zweiten Aufenthalts in Salzburg im Haus Platzl Nr. 3 gewohnt hat.

neut in die Bischofsstadt an der Salzach. Hier war ihm allerdings kein längeres Wirken beschieden. Am 21. September 1541 machte er im Gasthaus zum „Weißen Roß" in der Kaigasse Nr. 8 sein Testament, das der Salzburger Notar Hans Kalbsohr aufzeichnete.[14] Die beiden Testamentsvollstrecker Michael Setznagel und der Hofprokurator Georg Teissenberger vollzogen nicht nur den letzten Willen des Paracelsus, sondern haben im

Auftrag des Landesfürsten, Herzog Ernst von Bayern, die zahlreichen hinterlassenen Schriften des Hohenheimers in Salzburg, aber auch in Kärnten, in Augsburg, Leoben und anderen Orten gesammelt.[15]

Am 24. September 1541 ist Paracelsus in Salzburg gestorben, offenbar an einer Quecksilbervergiftung. Er, dessen Wahlspruch „Nur die Dosis macht das Gift" lautete, hatte bei der Bekämpfung einer akuten Entzündung selbst das von ihm als Arzneimittel besonders geschätzte Quecksilber zu hoch dosiert.[16] Auf Veranlassung der Testamentsvollstrecker wurde am 18. Oktober 1541 ein Inventar über seinen eher bescheidenen Nachlaß erstellt.[17] Die Grabplatte, die Michael Setznagel seinem Freund in der Sebastianskirche setzen ließ, weist diesen als hochberühmten Arzt aus, „der durch seine Kunst auf wunderbare Weise selbst schwere Wunden, Lepra, Gicht, Wassersucht und andere unheilbare Krankheiten überwinden konnte und seine Güter unter die Armen verteilen ließ".[18] Erst spätere Jahrhunderte haben den großen Arzt, Pharmazeuten und Philosophen zu einem „Patron der Goldmacher" werden lassen. Als solchen bezeichnet ihn die Inschrift der Grabpyramide, die offenbar Erzbischof Andreas Jakob Graf von Dietrichstein 1752 stiftete.[19] Bis heute ist Salzburg der Ort einer besonderen Paracelsus-Tradition geblieben.[20]

Der auf Hohensalzburg belagerte Kardinal Lang war mittlerweile zum Spielball der Nachbarfürsten, das geistliche Fürstentum Salzburg zu einem Beuteobjekt geworden. Nur die Rivalität zwischen Erzherzog Ferdinand I. von Österreich und Herzog Wilhelm IV. von Bayern verhinderte, daß Stadt und Land Salzburg schon damals einem der benachbarten Herzogtümer einverleibt wurden. In Verhandlungen mit den bayerischen Gesandten erklärten die Aufständischen, daß sie Kardinal Lang um keinen Preis mehr zum Landesfürsten haben wollten, sondern daß sie einen weltlichen Herrn forderten; sie wären bereit, *ainen fürsten von Bayern* anzunehmen.[21] Die Gewerken als Organisatoren und Führer des Aufstands neigten hingegen dem Habsburger zu, da sie sich von einer Vereinigung mit den Bergbaugebieten in Tirol und Kärnten wirtschaftliche Vorteile erhofften.[22]

Matthäus Lang selbst war in dieser aussichtslosen Situation zu weitgehenden Zugeständnissen bereit. Herzog Otto von Lüneburg wußte sogar zu berichten, daß der Kardinal den Aufständischen angeboten habe, als Erzbischof abzudanken und sie als weltlicher Fürst zu regieren; sie aber wollten sich lieber in Stücke hauen lassen, als ihn weiter zum Fürsten zu haben.[23] Auch der bayerische Kanzler Dr. Leonhard Eck hielt es damals für möglich, daß der Kardinal gegen eine angemessene Entschädigung bereit wäre, auf die Herrschaft zu verzichten. Dem unermüdlichen Salzburger Kanzler, Dr. Niklas Ribeisen, gelang es jedoch bereits am 15. Juni 1525, gegen die Zusage, den jungen Herzog Ernst von Bayern zum Koadjutor und Nachfolger des Kardinals Matthäus Lang anzunehmen, ein Bündnis mit Herzog Ludwig von Bayern, dem Bruder Wilhelms IV., abzuschließen. Wenige Tage später erreichte er in Ulm durch große Geldsummen die Hilfszusage des Schwäbischen Bundes, der damals bedeutendsten Kriegsmacht in Süddeutschland.[24] Ab diesem Zeitpunkt konnte der Kardinal auf der Feste Hohensalzburg, die zum Schlüssel für den Fortbestand der geistlichen Herrschaft wurde, die weitere Entwicklung abwarten. Der immer wieder vorgebrachten Forderung nach Sequestration der

Festung (die Unterstellung unter fremde Verwaltung) hat sich Matthäus Lang konsequent widersetzt.

Die Stadtbewohner versuchten, mit der Teilnahme am Aufstand nochmals ihre eigenen Forderungen durchzusetzen. Im Gegensatz zu Bauern und Knappen, die mit ihren „24 Artikeln Gemeiner Landschaft Salzburg" im wesentlichen im Rahmen des alten Rechts und Herkommens blieben,[25] stellten die Vertreter der Stadt Salzburg ein unerhört radikales Programm *(Gemainer Stat Salzburg beswerung)* zusammen.[26] In insgesamt 59 Artikeln wurden nicht nur die freie Predigt des Evangeliums sowie die Bestellung des Stadtpfarrers und des Spitalmeisters durch die Gemeinde verlangt, sondern auch die Säkularisierung des geistlichen Fürstentums, die Beschränkung des Erzbischofs auf sein geistliches Amt und die Übernahme der Regierung durch die Landschaft gefordert. Domkapitel und Klöster sollten aufgelöst und ihr Besitz ebenfalls durch die Stände verwaltet werden. Diese Forderungen blieben jedoch angesichts der weiteren militärischen Entwicklung Illusion.

Sowohl die Versuche der Bergknappen, den harten Hauptdolomit des Festungsberges durch Pulversprengungen zu unterminieren, als auch die Beschießung der Feste mit primitiven Kanonen blieben wirkungslos. Nur der von einem Kanonenschuß verursachte Schaden an einer der mächtigen Marmorsäulen im Goldenen Saal von Hohensalzburg erinnert noch heute an die Bemühungen.[27] Auch der große Sieg, den die Aufständischen am 2. Juli 1525 bei Schladming über die Truppen des steirischen Landeshauptmanns Siegmund von Dietrichstein errangen,[28] vermochte das Blatt nicht mehr zu wenden. Immer deutlicher zeichneten sich die Folgen des militärischen Eingreifens des Schwäbischen Bundes ab. Als „Salzburger Landschaft" sandten die Aufständischen deshalb am 9. Juli 1525 ein Schreiben an Bürgermeister und Rat von Augsburg, in dem sie ihre Beweggründe für den Aufstand darlegten und die Schuld des Kardinals, der die Stadt im „Lateinischen Krieg" unterdrückt, unberechtigte hohe Steuern gefordert, Prädikanten verfolgt und drückende Gesetze erlassen habe, aufzeigten. Zum Beweis ihrer Anschuldigungen legten sie sogar ein „Geständnis" des gefangenen Salzburger Stadtrichters Hans Gold von Lampoding bei, das man von diesem durch eine „peinliche Befragung" erpreßt hatte.[29]

Die Bitte an die Städte Augsburg und Nürnberg, den Truppen des Schwäbischen Bundes keinen Durchzug zu gewähren, blieb vergeblich. Am 16. August, nachdem Kardinal Lang über zwei Monate lang auf der Festung belagert worden war, rückte das Bundesheer unter Herzog Ludwig von Bayern und dem berühmten Landsknechtführer Georg von Frundsberg vor die Stadt Salzburg. Die Aufständischen erhielten ihrerseits Unterstützung von den Knappen aus dem Bergbaugebiet Schwaz in Tirol und zogen sich in ihr befestigtes Lager auf dem Rainberg – damals noch als Riedenburg bezeichnet – zurück. Obwohl die Beschießung von Hohensalzburg herab und die Kanonade des Schwäbischen Bundes so manches Opfer forderten, blieb der Mut der Bauern, Knappen und Städter ungebrochen.[30]

Da selbst Herzog Ludwig von Bayern die Aussichten auf einen vollständigen Sieg als ungünstig beurteilte, kam es am 31. August 1525 zu einem Waffenstillstand und zum

Inschrift, die Kardinal Matthäus Lang 1525 zur Erinnerung an seine Befreiung durch den Schwäbischen Bund auf der Festung Hohensalzburg anbringen ließ. Überliefert in der Handschrift A 363 der Erzabtei St. Peter in Salzburg. (Foto: Oskar Anrather)

Abschluß eines Vertrags zwischen den Aufständischen und dem Schwäbischen Bund.[31] Anfang September zog dann Herzog Ludwig gemeinsam mit Kardinal Matthäus Lang feierlich in die Stadt Salzburg ein. Der Bürgermeister überreichte dem Bayernherzog die Schlüssel der Stadt und die Bürgerschaft huldigte ihm. Michael Gruber legte als oberster Feldhauptmann dem Kardinal die Fahnen der Aufständischen zu Füßen und leistete öffentlich Abbitte. Als Anteil zur Bestreitung der Kriegskosten mußte die Bürgerschaft 14.000 Gulden an den Herzog und den Schwäbischen Bund entrichten.[32] Kardinal Matthäus Lang verließ bald darauf die Residenzstadt und begab sich nach Mühldorf, das ihm stets die Treue gehalten hatte.

Als die Stadt am 16. September 1525 ihr Forderungsprogramm in wesentlich abgeschwächter Form der erzbischöflichen Kanzlei vorlegte, forderte sie darin nochmals die Rückgabe der im Jahre 1511 kassierten Privilegien sowie die Rückzahlung der damals auferlegten Geldstrafe. Außerdem wurden die Aufhebung des 1523 vorgeschriebenen Ungelds, die Rückgabe der Türme auf dem Mönchsberg, der Schlüssel zum Nonntaler Tor und der Abriß des Weges von Hohensalzburg in die Riedenburg verlangt. Die Kanzlei gab darauf die knappe Antwort, daß die Vorfälle des Jahres 1511 mit dem jetzigen Erzbischof nichts zu tun hätten, der Kardinal aber die Vorgangsweise seines Vorgängers Leonhard von Keutschach durchaus verantworten könne: Den Ratsbrief von 1481 hätte die Stadt mißbraucht und deshalb die darin gewährten Freiheiten verwirkt. Die Beschwerden bezüglich des Stadtgerichtes und anderer Punkte seien hingegen durch die Stadt- und Polizeiordnung von 1524 ausreichend geregelt und damit längst hinfällig geworden.[33] Der Bürgerschaft blieb in dieser Situation nichts anderes übrig, als die Entwicklung seit dem Jahre 1511 endgültig anzuerkennen und sich in ihr Schicksal zu fügen.

Der „Pinzgauer Bauernkrieg", der im Frühjahr 1526 losbrach, war vom großen Tiroler Bauernführer Michael Gaismair und dessen Gefährten organisiert. Er sollte ursprünglich einen Teil von Gaismairs großem Feldzugsplan gegen Tirol bilden. Nach bedeutenden Anfangserfolgen rannten sich die aufständischen Bauern vor den Mauern von Radstadt fest, das der Pfleger Christoph Graf umsichtig verteidigte. Auch das persönliche Eingreifen Gaismairs brachte keine Wende.[34] Dieser zweite Aufstand, der auf die Gebirgsgaue beschränkt blieb, wurde von den Truppen des Schwäbischen Bundes im Blut erstickt. Die Stadt Salzburg war in diese Ereignisse nur an deren Ende involviert, als zahlreiche Rädelsführer öffentlich hingerichtet wurden. Insgesamt sind in Stadt und Land damals etwa 100 Männer dem Schwert des Henkers zum Opfer gefallen.[35]

Gesetzgebung, Polizei und Fürsorge – Auf dem Weg zum landesfürstlichen Absolutismus

Die geistliche Herrschaft, die schon damals als unzeitgemäß empfunden wurde, sollte noch fast drei Jahrhunderte lang bestehen. Als Landesfürst aber blieb Kardinal Lang alles andere als populär. Die Folgen des Bauernkrieges mit den drückenden Zahlungsverpflichtungen an den Schwäbischen Bund führten in Salzburg zu drastischen Einschränkungen. Matthäus Lang hat selbst die Höhe der gesamten Schäden durch die beiden Aufstände auf die enorme Summe von 300.000 Gulden beziffert. Trotzdem gelang es ihm, die von Erzherzog Ferdinand I. besetzten Herrschaften in Tirol einschließlich seiner Pfandherrschaft Kitzbühel zurückzugewinnen und auch die an Bayern verpfändeten Städte und Herrschaften auszulösen. Dazu kamen die hohen Beiträge an „Türkenhilfe", die Salzburg seit dem Herbst 1526 fast jährlich an Ferdinand I. von Österreich zu leisten hatte.[36]

Zur Finanzierung dieser Summen mußte der Kardinal auch bei seiner eigenen Hofhaltung rigorose Sparmaßnahmen ergreifen. Als großer Musikliebhaber hatte er nach dem Tode Kaiser Maximilians I. bedeutende Musiker aus der kaiserlichen Hofkapelle in seinen Dienst genommen. Zu ihnen zählte der aus Radstadt stammende Paul Hofhaymer (1459–1537), der „König der Orgelspieler" *(monarcha organistorum)*.[37] Seine Bedeutung hat Paracelsus mit folgenden Worten charakterisiert: *Was der Hofhaymer auf der Orgel, ist der Dürer auf der Malerei.* Während Hofhaymer auch nach dem Bauernkrieg in Salzburg blieb und hier seinen Lebensabend verbrachte, verließ der schon hochbetagte Heinrich Finck (1445–1527) den Salzburger Hof und übernahm in Wien den Aufbau der königlichen Musikkapelle für Ferdinand I.[38] Kardinal Lang, dem die Zeitgenossen ein hohes Musikverständnis bescheinigten, mußte schweren Herzens auf die von ihm aufgebaute Hofmusik verzichten und hatte im Jahre 1528 nur noch einen einzigen Hoftrompeter.[39] Selbst die Anzahl der Reitpferde für den Hof wurde nach dem Ende des Krieges zunächst auf 15, später sogar auf sechs Pferde reduziert.[40]

Durch die enormen Kriegsschäden waren auch die Einkünfte des Erzbischofs aus Steuern und urbarialen Abgaben von etwa 100.000 auf 80.000 Gulden jährlich zurückgegangen. Mit der Stellung Salzburgs als einem der reichsten Fürstentümer des Rö-

Paul Hofhaymer am Positiv. Ausschnitt aus dem Triumphzug Kaiser Maximilians I. von Hans Burgkmair, 1512. (SMCA)

misch-Deutschen Reiches war es nach den Bauernkriegen vorüber. Die akute Finanznot, die sich erst in den letzten Lebensjahren des Kardinals entspannte, hat ihn sowohl im Kampf gegen die Reformation als auch bei seinen Reformen im Land Salzburg an der Durchführung großer Pläne gehindert. Deshalb wandte sich der Kardinal gezielt einer umfassenden Gesetzgebung zu, durch die er ohne allzugroßen finanziellen Aufwand zum Wegbereiter des landesfürstlichen Absolutismus geworden ist.[41]

Im Oktober 1525 hatten Städte und Märkte, Gerichte und Hofmarken, Gewerken und Bergleute auf dem „Bauernlandtag" ihre Beschwerden in 32 Artikeln vorgelegt. Außerdem waren 69 gesonderte Beschwerdeschriften von den einzelnen Bergbaugebieten, den Land- und Pfleggerichten, den Hofmarken sowie den Städten und Märkten eingebracht worden. Sie sind nur zum Bruchteil überliefert, aber die summarische Antwort, die von den Salzburger Räten darauf erteilt wurde, ist erhalten. Während sich die lokalen Forderungen fast durchwegs im Rahmen des „alten Rechts und Herkommens" bewegten, legten die Vertreter der Stadt Salzburg ganz neue, revolutionäre Beschwerdepunkte vor. Die erzbischöflichen Räte gingen deshalb gar nicht darauf ein, sondern hielten am Schluß ihrer umfangreichen Stellungnahme einfach fest: „Stadt Salzburg – ihre Beschwerden sind auf Neuerungen bedacht".[42] Über derartige „unbillige Neuerungen" wurde überhaupt nicht diskutiert.

Kardinal Lang aber mußte dem einhelligen Wunsch der Stände Rechnung tragen, eine neue umfassende Landesordnung für Salzburg zu erstellen. Er beauftragte damit im November 1526 seinen Rat Dr. Leonhard Auer, der spätestens 1532 einen umfangreichen Entwurf vorlegte. In der Praxis hat diese provisorische Landesordnung, von der sich immerhin 14 Handschriften erhalten haben, den Pflegern und Landrichtern als Grundlage der Rechtsprechung gedient.[43] Ihre endgültige Verabschiedung hat der Kardinal jedoch geschickt verzögert und schließlich verhindert, da ein derart umfassendes, mit Zustimmung der Stände verabschiedetes Gesetz auch ihn gebunden hätte. Statt dessen zog er es vor, mit einer Fülle von kleineren Gesetzen, die durchwegs als landesfürstliche Mandate ohne Mitwirkung der Landschaft erlassen wurden, alle offenen Probleme autoritär zu lösen. Den wichtigsten Forderungen der Stände trug er am 20. November 1526 durch ein *Mandat der beschwerungen der underthanen im stifft Salzburg* Rechnung.[44] Nur sechs Tage später erließ er jedoch eine in sehr scharfer Form gefaßte Landfriedensordnung unter dem Titel *Ordnung den fridt im stifft und land Salzburg zu haben und empörung und aufstandt zu fürkhomen*, die man ihrer Absicht nach als „Empörerordnung" bezeichnen kann.[45] Gegen jede Form von Aufstand und Empörung wurden drakonische Strafen angedroht, das Tragen von Kriegswaffen aller Art streng verboten. Die Kompetenzen der landesfürstlichen Beamten wurden gestärkt und erweitert, um eine wirksame Kontrolle in Stadt und Land zu gewährleisten. So durften fahrende Händler wie die Savoyer und Schotten außerhalb der Jahrmärkte keinen Hausierhandel mehr betreiben, Landsknechte und Spielleute sollten innerhalb von drei Tagen außer Landes gebracht werden.

Die Salzburger Stadt- und Polizeiordnung des Jahres 1524 wurde 1528 um einen kleinen Anhang ergänzt, der vor allem die städtischen Ämter, aber auch die Kontrolle von

Maß und Gewicht durch Stadtrichter, Bürgermeister und zwei Räte betraf.[46] Von größerer Bedeutung war die 1533 erlassene Hauptmannschaftsordnung,[47] als deren besonderes Ziel ausdrücklich die „Handhabung von Frieden und Recht, Beförderung des gemeinen Nutzens, auch die Verbesserung und Wohlfahrt aller Bürger und Inwohner daselbst…" genannt wird. Mit der Hauptmannschaft, die im Mittelalter aus dem Amt des Vizedoms von Salzburg hervorgegangen war, wurde eine oberste Gerichtsbehörde installiert, und deren Kompetenzen genau festgelegt. Neben dem Hauptmann gehörten ihr der Landschreiber und der Gegenschreiber an. Zu den besonderen Rechten des Hauptmanns zählte die Wahrnehmung der „peinlichen Gerichtsbarkeit". Seit dem Ende des Mittelalters spielte nämlich die Anwendung der Folter in Form der „peinlichen Befragung" eine immer größere Rolle. Auch jene Land- und Pfleggerichte, die selbst das „Malefizrecht" besaßen und Todesurteile vollstrecken durften, mußten vom Hauptmann in Salzburg die Erlaubnis zur Anwendung der Folter einholen.

Als „Hauptmannsfälle" und *Vitztumshändel* werden insgesamt 36 Verbrechen aufgezählt, die nicht von Landrichtern oder Pflegern abgeurteilt werden durften, sondern allein der Kompetenz des Hauptmanns unterstanden. Dazu zählten neben Gewaltverbrechen auch Gotteslästerung, Ketzerei, Aberglaube und Zauberei, Meuterei, Landfriedensbruch, Bigamie, Sodomie und Inzest, aber auch schwere Übertretungen der Fürkaufordnung, Münz- und Urkundenfälschung, Schmähungen, Meineid, Unterstützung von Aufrührern und Versetzung von Grenzsteinen. Im Bereich der *Polizey* besaß der Hauptmann ein Aufsichtsrecht über alle Land- und Pfleggerichte einschließlich dem Stadtgericht von Salzburg, wo es zu häufigen Kompetenzstreitigkeiten gekommen war. Erstmals wurden in der Hauptmannsordnung fünf *Fürstliche Fälle* als „Majestätsverbrechen" der Entscheidung und Bestrafung durch den Landesfürsten vorbehalten: Majestätsbeleidigung in Wort oder Tat, Aufruhr und Bündnis gegen den Landesfürsten, Entscheidung über das Erbrecht von unehelich Geborenen, Verfügung über die Güter von Selbstmördern (die im allgemeinen eingezogen wurden) und von Wiedertäufern sowie über heimgefallene Lehen. Schließlich besaß die Hauptmannschaftsordnung auch den Charakter einer alle Personen und alle Vorfälle überwachenden Polizeiordnung. Der Hauptmann sollte überall Spitzel haben, die ihm „heimliche Kundschaft" auch über landesfürstliche Beamte zutrugen, während die regionalen Beamten ihrerseits Informanten zur Überwachung der Untertanen einsetzen sollten.

Die Tendenz zur Überwachung der Bewohner in Stadt und Land im Sinne einer *guten Polizey* wird im 16. Jahrhundert in den verschiedensten Bereichen spürbar. Die Reichspolizeiordnungen der Jahre 1530 und 1548 wurden mit geringfügigen Änderungen auf das Land Salzburg übertragen.[48] Neben der Salzburger Stadt- und Polizeiordnung 1524 führte auch die neue *Polizey und Ordnung gemeiner Statt Lauffen*, die Matthäus Lang 1531 für die Schifferstadt an der Salzach erließ,[49] diesen Begriff im Titel. Auch in den Handwerksordnungen des 16. Jahrhunderts wird immer wieder die Einhaltung der *stättlichen Pollizey* gefordert, so etwa in der 1558 erlassenen Schneiderordnung.[50]

In der Stadt Salzburg wurden das Familienleben und der Lebenswandel der Bürger einer immer strengeren Kontrolle unterzogen. So mußte sich Christan Eder 1561 wegen doppelter Ehe vor Gericht verantworten. Er leugnete diesen Tatbestand auch gar nicht, wandte aber ein, daß er deshalb in einer anderen Stadt bestraft und des Landes verwiesen worden sei.[51] Die Bürger Hans Riß, Sebastian Priefer, Paul Gutzner und Hans Süßpeck, die durchwegs zur städtischen Oberschicht zählten, wurden 1564 bei Androhung einer Strafe von 40 Dukaten beauftragt, ihre Buhlschaften zu entfernen.[52] Im selben Jahr entzog man der Walburga Hoferin und ihrer Tochter wegen ärgerlichem Lebenswandel das Bürgerrecht und das Recht auf weiteren Aufenthalt in der Stadt.[53] Der bereits genannte Hans Süßpeck und seine Frau, die am Ostertor in der Linzer Gasse wohnten und bereits eine strenge Verwarnung erhalten hatten, wurden 1576 *wegen ärgerlichen haushaltens bei Tag und Nacht mit Jubilieren, Springen, Tanzen und Banketieren* in das Bürgergefängnis eingeliefert.[54] Nach der Verhaftung von Betrunkenen kam es 1581 zu einem Auflauf vor dem Amts- und Gerichtshaus, der schließlich in eine blutige Schlägerei ausartete. Wegen Trunkenheit und Widerstand gegen die Obrigkeit wurden im folgenden Jahr etliche Bürger teils im Bürgergefängnis, teils im Turm auf dem Mönchsberg inhaftiert.[55]

Einer strengen Kontrolle war auch die wachsende Zahl von Armen und Bettlern unterworfen. Seit der Stadt- und Polizeiordnung 1524 gab es dafür das Amt des Bettelrichters.[56] Nur einheimische Arme und Erwerbslose, vom Bettelrichter mit einem besonderen Zeichen versehen, durften auf den Straßen und Plätzen der Stadt regelmäßig betteln. Auswärtigen Landstreichern und Bettlern hingegen war verboten, sich länger als drei Tage in der Stadt aufzuhalten; sie konnten hier zwar ein Almosen empfangen, waren aber nicht zum Betteln berechtigt. Gesunde und arbeitsfähige Männer und Frauen sollten durch das Verbot des Bettelns wieder zu einer regelmäßigen Arbeit angehalten werden. Die Fürsorge für Arme und Kranke blieb weiterhin den geistlichen und städtischen Stiftungen überlassen. Daneben haben aber die Erzbischöfe immer wieder versucht, durch Einzelaktionen in besonders schwierigen Zeiten die Not der Armen zu lindern. So streckte Erzbischof Johann Jakob von Kuen-Belasy 1571 den Betrag von 6000 Gulden zum Ankauf von Getreide vor.[57] Häufig wurden größere Geldbeträge an die Metzger ausgeschüttet, um ungarische Ochsen einzukaufen und damit den Fleischpreis in der Stadt niedrig zu halten. Erzbischof Michael von Kuenburg verfügte in seiner neuen Marktordnung für die Stadt Salzburg 1556, daß Fleisch aus Ungarn und aus den Landgebieten rechtmäßig zum Verkauf angeboten werden durfte.[58] Speziell für die Versorgung der städtischen Unterschichten war die „rote Hütte" vorgesehen, auf der von auswärtigen Metzgern „unbankmäßiges Fleisch", das der vorgeschriebenen genauen Fleischbeschau nicht standhalten konnte, billig zum Verkauf kam.[59] Auch die Zulassung von „Greißlern", die an zehn Stellen der Stadt ihre Waren „um einen billigen Pfennig" verkaufen durften, war vor allem für die Versorgung der Armen gedacht.[60]

Besonders strenge Kontrollen sollten eine Preisstabilität der *Pfennwerte*, der Grundnahrungsmittel und Güter des täglichen Bedarfs, auf dem städtischen Markt sichern. Bei den Bäckern wurde deshalb der Brotpreis gemäß *der Polizei und dem Getreidekauf* festgesetzt, wobei das Brotgewicht vom jeweiligen Getreidepreis abhängig war.[61] Mehrfach ist die schon damals übliche Strafe des „Bäckerschupfens" für die Herstellung von untergewichtigem Brot bezeugt. Als Hauptursache für den Preisauftrieb wurde aber der „Fürkauf", der streng verbotene Zwischenhandel, betrachtet. Obwohl schon die Stadt- und Polizeiordnung 1524 genaue Bestimmungen dagegen enthielt, erließ Kardinal Matthäus Lang 1533 eine neue umfangreiche Fürkaufordnung.[62] Einerseits trachteten die Händler aus Stadt und Umgebung, möglichst viele Waren bei den Produzenten aufzukaufen und dadurch die Preise auf dem städtischen Markt in die Höhe zu treiben. Andererseits wurden von Ballungszentren wie Bergbaugebieten oft höhere Preise bezahlt, um ihren großen Bedarf an Brotgetreide und Nahrungsmitteln zu decken. 1558 wurde ein strenges Fürkaufverbot erlassen, um den Verkauf von Getreide nach Venedig zu verhindern.[63]

Eine verschärfte Kontrolle der wandernden Bettler und Vaganten erforderte das wiederholte Auftreten der Pest. Bereits 1541 erging der Befehl an den Brudermeister von St. Sebastian, für infizierte Personen ein Haus an einem abgelegenen Ort zu errichten, um die Ansteckung zu verhindern. Gleichzeitig ließ man die städtischen Torwachen wegen der Infektionsgefahr verstärken.[64] 1556 und 1561 wurden strenge Weisungen bezüglich der Beherbergung von Landsknechten, Bettlern und Verdächtigen an alle Bierbrauer und Wirte der Stadt erteilt.[65] Auf erzbischöflichen Befehl wurden 1563 zwölf Scharwachen eingestellt, die Torsperren verschärft und ein Wundarzt als Pestarzt aufgenommen.[66] In den Wirtshäusern stellte man im folgenden Jahr Almosenbüchsen auf. Jene Armen, die ein wöchentliches Almosen und Brot aus den Bäckerläden an der Schranne erhielten, wurden genau kontrolliert. Einen Höhepunkt erreichte die Pest 1571, als angeblich 2236 Menschen allein im Gebiet der Stadtpfarre starben.[67] Wenn diese Zahl auch weit übertrieben ist, so kam es im Gefolge der Seuche doch zu Teuerung und Hungersnot. Der medizinischen Vorsorge diente ein auf der Sebastiansschanze in der Riedenburg eingerichtetes Pesthaus (Kontumazhaus). Die wohlhabenden Bürger verließen damals die Stadt, der Erzbischof ging nach Mühldorf, nur die ärmeren Stadtbewohner blieben in Salzburg.[68]

Neben den wiederholten Pestepidemien stellten auch Geschlechtskrankheiten, vor allem die Syphilis, eine zunehmende Gefahr für das städtische Gesundheitswesen dar. Im Bruderhaus wurde 1578 eine „Schmierstube" eingerichtet, in der mit Syphilis *(morbus Gallicus)* behaftete Personen zur Kur aufgenommen wurden.[69] Ungeachtet der ständigen Seuchengefahr und der obrigkeitlichen Kontrolle kamen jedoch Vergnügen und geselliges Leben in der Stadt, selbst im Winter, nicht zu kurz. Erzbischof Johann Jakob von Kuen-Belasy erließ 1579 ein Mandat, mit dem er das Schlittenfahren in der Stadt einschränkte.[70] Trotzdem hat sich diese Volksbelustigung in den folgenden Jahrhunderten während des Faschings immer größerer Beliebtheit erfreut.

Ständig verschärft wurde die Kontrolle auch in Glaubensfragen. Besaßen die Anhänger der evangelischen Bewegung, vor allem die reichen Kaufleute in der Stadt, zunächst noch einen gewissen Spielraum, so ging man gegen die Sekte der Wiedertäufer mit unerbittlicher Grausamkeit vor. Diese Bewegung, die von Zürich ihren Ausgang nahm,

Hinrichtung des „evangelischen Märtyrers" Georg Schärer aus Saalfelden 1528 in Radstadt. Die Hinrichtungsart deutet darauf hin, daß Schärer in Wirklichkeit Wiedertäufer war oder als solcher verurteilt wurde. (SMCA)

vertrat die Ansicht, daß die Taufe erst aufgrund des Glaubens erfolgen sollte. Nach der Augsburger „Märtyrersynode" vom 20. August 1527 fanden die Wiedertäufer auch in Stadt und Land Salzburg rasch Eingang. Die Geschichtsbücher der Wiedertäufer sprechen von 38 Hinrichtungen allein in der Stadt Salzburg, die im Oktober 1527 einsetzten.[71] Männliche Wiedertäufer, die an ihrem Glauben festhielten, wurden bei lebendigem Leib verbrannt, sofern sie widerriefen, zuerst geköpft und erst dann den Flammen übergeben. Frauen wurden ebenfalls verbrannt oder ertränkt.[72] Besonderes Aufsehen erregte die Exekution des Edelmanns Wolfgang Paumann, der viele Jahre als Stadtrichter in Tittmoning gewirkt hatte und – obwohl er seinem Glauben abgeschworen und sein gesamtes Vermögen geboten hatte – am 4. November in Salzburg geköpft wurde.[73] Insgesamt 25 Personen machten von einem Gnadenerlaß des Kardinals Lang Gebrauch, wurden am 10. November 1527 mit besonderem Zeremoniell erneut in die katholische Kirche aufgenommen und dann des Landes verwiesen.[74]

Auch in späteren Jahren ist es wiederholt zu Hinrichtungen gekommen. Man vermutete im Täufertum einen Geheimbund, den man deshalb für besonders gefährlich ansah, weil er „keiner Obrigkeit untertänig sein" wollte. Der bayerische Kanzler Dr. Leonhard Eck meinte, daß von den Wiedertäufern größerer Schaden zu befürchten sei als durch den Bauernaufstand, denn ihre Sekte sei in den Städten verwurzelt. Im Falle eines Aufruhrs würden sich deshalb die Städte erheben, wo den Aufständischen Geschütze, Pulver, Waffen und kriegsgeübte Knechte zur Verfügung stünden. Auch die Bauern auf dem Lande würden zu ihnen übergehen, so daß es zu einer Erhebung des gesamten Volkes gegen Geistlichkeit, Fürsten und Adel käme.[75]

Die Lehre Luthers hatte vor allem unter der städtischen Oberschicht rasche Verbreitung gefunden. Angehörige der angesehensten Familien wie der Alt, Klanner, Eder, Praun, Thenn, Unterholzer oder Weiß, untereinander vielfach versippt, waren protestantisch geworden. Dadurch ergaben sich enge Beziehungen zum protestantischen Bürgertum der Städte des Landes Österreich ob der Enns, vor allem nach Wels und Vöcklabruck. Als einer der ersten ist Ludwig Althamer bereits vor 1584 nach Wels übersiedelt.[76] Die Erzbischöfe vermieden es zunächst, gegen die reichen Kaufleute und Handelsherren, die einen wesentlichen Teil des städtischen Kapitals in ihren Händen vereinigten, streng vorzugehen. Während auf etlichen Synoden Maßnahmen zur Verbesserung der Situation beim Pfarrklerus und zur Überprüfung des rechten Glaubens beschlossen wurden, hat erst Wolf Dietrich von Raitenau 1588 die führenden protestantischen Bürger aus der Stadt ausgewiesen.

„Herbst des Mittelalters" – Gestalt und Größe der Stadt im 16. Jahrhundert

An der Wende zur Neuzeit liefern ausführliche Beschreibungen, vor allem Reiseberichte und detailreiche bildliche Darstellungen, erstmals ein genaues Bild der Stadt. Der junge Venezianer Andrea de Franceschi, der im August 1492 Salzburg besuchte, bezeichnete Salzburg als „überaus vornehme Bischofs- und Handelsstadt" (*citta episcopale nobilissima e mercandantescha*).[77] So wie er bewunderten auch die meisten anderen Besucher den erzbischöflichen Hof und die dominierende Festung Hohensalzburg. Sowohl Riccardo Bartolini aus Perugia, der 1515 von Erzbischof Leonhard von Keutschach durch die Festung geleitet wurde, als auch Cornelius Ettenius, der zwei Jahrzehnte später (1536) nach Salzburg kam, haben die mächtige Anlage von Hohensalzburg bestaunt.[78] Die gewundenen Marmorsäulen des Goldenen Saales, der gemeinsam mit den Fürstenzimmern, den Goldenen Stuben, zu den Spitzenleistungen spätgotischer Profanarchitektur in Europa zählt, weckten ebenso die Bewunderung, wie die riesigen, mit Getreide gefüllten Vorratsspeicher, die kunstvoll angelegten Zisternen, die enormen Weinvorräte und die starke Armierung mit Kanonen verschiedener Größe. Der Ausbau der Festung wurde auch nach den Bauernkriegen fortgesetzt. Unter Erzbischof Paris Graf

Lodron (1619–1653) erhielt Hohensalzburg auch an der Westseite moderne Geschützbasteien und wurde so in das von Santino Solari geschaffene System der Stadtbefestigung einbezogen. Die letzte bedeutende Erweiterung war die mächtige, 1681 vollendete Kuenburgbastei, die den Aufgang zur Festung deckt.[79]

Auch der große romanische Dom mit seinen fünf Türmen und die reich ausgestattete erzbischöfliche Residenz wurden von den Besuchern bestaunt. Beide Bauten galten damals zwar längst nicht mehr als zeitgemäß, sie beeindruckten als Kunstwerke aus vergangenen Epochen. Im Gegensatz dazu blieb die Bürgerstadt mit ihren engen Gassen und dicht gedrängten Häusern eher im Hintergrund. Stephan Pighius, der 1574 von Erzbischof Johann Jakob durch die Festung geführt wurde, und diese ausführlich beschrieben hat, beschränkte sich im Urteil über die Bürgerstadt auf die Feststellung: *Die Stadt ist durch Alter vornehm und durch Handel reich.*[80] Etwas deutlicher wird Ottmar Nachtgall, ein Humanist aus Straßburg, der 1524 schrieb: *In den Alpen Noricums befindet sich die Stadt Gebodunum, die heute Salzburg genannt und vornehm ist durch den Sitz des Erzbischofs und das feine Benehmen der Bürger. In Wahrheit aber ist sie trübe, übermäßig wetterunbeständig, von unmäßigen und sehr häufigen Platzregen geplagt.*[81] Noch herber äußerte sich Kaiser Friedrich III., der Salzburg – als er von einem der häufigen Unwetter überrascht wurde – als „die Latrine aller Planeten" bezeichnet haben soll.[82]

Am Beginn des 16. Jahrhunderts zählte Salzburg mit mehr als 5000 Einwohnern zu den „größeren Mittelstädten". Nach einer Phase raschen Wachstums rangierte die Stadt im Jahre 1569 mit etwa 8000 Einwohnern auf dem Gebiet des heutigen Österreich an vierter Stelle hinter Wien, der Bergbaustadt Schwaz in Tirol und der Eisenstadt Steyr, aber noch vor Graz, Innsbruck und Linz. Obwohl 1570/71 angeblich 2236 Personen der Pest zum Opfer fielen, betrug die Einwohnerzahl 1607 etwas über 9000, die – aufgeteilt in 1763 Haushalte – in 665 Häusern lebten.[83] Insgesamt dürfte sich die Bevölkerung Salzburgs vom 16. bis zum 18. Jahrhundert mehr als verdoppelt haben. Ausschlaggebend dafür war neben der Aufnahme von Neubürgern und dem Zuzug von Inwohnern ohne Bürgerrecht die starke Zunahme der Hofbediensteten und Beamten. Unter den Barockfürsten, deren Reihe mit Wolf Dietrich 1587 einsetzt, wuchs die erzbischöfliche Hofhaltung enorm an. Einerseits benötigte man zahlreiche neue Bedienstete, andererseits wurden für Repräsentationszwecke und aufwendige Bauten große Summen ausgegeben.[84] Damit verlagerte sich der wirtschaftliche Schwerpunkt der Stadt zunehmend auf den erzbischöflichen Hof. Nicht mehr das Bürgertum mit seinem florierenden Fernhandel und dem soliden Handwerk, sondern die erzbischöfliche Hofhaltung prägten Leben und Erscheinungsbild der Stadt. Salzburg wurde bis zum Ende der geistlichen Herrschaft (1803), ja bis zum Übergang an den österreichischen Kaiserstaat (1816), zu einer typischen Residenzstadt.

Die Gesamtfläche innerhalb der mittelalterlichen Befestigungsanlagen betrug etwa 20 Hektar, womit Salzburg nach Wien als der einzigen Großstadt im heutigen Österreich (etwa 107 Hektar) zu den größten Städten zählte. Die Altstadt umfaßte zu beiden Ufern der Salzach im Jahre 1608 381 Häuser mit 1202 Haushalten. Dazu kamen der Mönchsberg mit 40 Haushalten in 60 Häusern und die Vorstädte Mülln (49 Häuser mit 120

Haushalten) und Stein (Innerer Stein: 37 Häuser mit 107 Haushalten; Äußerer Stein: 54 Häuser mit 85 Haushalten). Bereits außerhalb der Befestigungen lag die dünn besiedelte Vorstadt Nonntal, zu der 61 Häuser mit 129 Haushalten zählten. So wie der große Bereich des Frauengartens innerhalb der Altstadt wurde vor dem Linzer Tor (Ostertor) das Schallmoos vorwiegend landwirtschaftlich genutzt. Es umfaßte im Jahre 1608 21 Häuser mit 26 Haushalten. Auch sonst griff die Besiedlung nur langsam über den mittelalterlichen Mauerring hinaus. So lagen in Richtung zum heutigen Mirabellplatz vor dem Ledererort 25 Häuser mit 52 Haushalten.[85] Im Stadtteil am linken Salzachufer standen überhaupt nur im Bereich des Nonntals und der Riedenburg bescheidene Areale für eine mögliche Stadterweiterung zur Verfügung.

An der Wende vom Mittelalter zur Neuzeit entstanden die ersten einigermaßen detailgetreuen Bilder der Stadt. Die 1493 veröffentlichte Weltchronik des Arztes und Humanisten Hartmann Schedel enthält die älteste Stadtansicht von Salzburg, die Michael Wolgemut 1460 als Holzschnitt fertigte.[86] Der Brückenkopf am rechten Salzachufer wird vom mächtigen, in dieser Darstellung wohl überzeichneten Trompeterschloß auf dem Imberg (Kapuzinerberg) beherrscht. Der darunter liegende Stadtteil ist durch Mauern und Tore geschützt, vor denen sich ein weites Feld zur Salzach hin erstreckt. Auf dem Platzl, das damals noch nicht als Brückenkopf diente, ist der gotische Bau der alten Andräkirche zu erkennen. Zwischen dem Abhang des Imbergs und dem Flußbett der Salzach deuten etliche Häuser den Verlauf der Steingasse an. In der Mitte der gedeckten hölzernen Stadtbrücke ist das Schlagtor des Zöllners zu erkennen.

Im Zentrum der Linksstadt steht der mächtige romanische Dom mit den beiden Westtürmen, dem Hauptturm über der Vierung und den beiden Treppentürmen, die an das Querschiff angebaut waren. Die Tortürme im Verlauf der Stadtmauer, beim Kumpfmühltor, beim Klampferertor am Brückenkopf und beim Tränktor am heutigen Rathausbogen, werden vom hohen viergeschoßigen Turm des Rathauses, dem Keutzlturm, weit überragt. Wahrscheinlich soll der imposante Turm im Zentrum des Stadtsiegels den

Älteste Ansicht der Stadt Salzburg um 1460. Altkolorierter Holzschnitt von Michael Wolgemut in der Weltchronik des Hartmann Schedel, Nürnberg 1493. (SMCA)

Rathausturm darstellen, dessen Höhe auch in anderen Stadtansichten festgehalten ist. Er muß in früheren Jahrhunderten das eigentliche Wahrzeichen der Bürgerstadt gewesen sein. Ein zinnengekrönter Turm zwischen dem Westwerk des Doms und dem Chor der Stadtpfarrkirche gehörte wohl zur alten erzbischöflichen Residenz. Das ungewöhnliche Aussehen der Stadtpfarrkirche geht auf eine Unbeholfenheit des Künstlers zurück, dem es nicht gelang, das romanische Langhaus mit dem weitgehend fertiggestellten spätgotischen Hallenchor in eine richtige Fluchtlinie zu bringen. Der Turm der Stadtpfarrkirche befand sich damals noch im Bau. Am rechten Bildrand erscheint der Turm der Stiftskirche von St. Peter mit vorgesetztem Paradies (Eingangshalle). Während die Konturen der Klosteranlage von Nonnberg nur undeutlich in der Bildmitte im Hintergrund zu erkennen sind, thront die Feste Hohensalzburg noch in der einfachen Form des Hohen Stocks, der von einer massiven Ringmauer mit eingefügten Türmen und Gebäuden umschlossen ist, über der Stadt. Einige Fehler im Detail, vor allem aber die völlig veränderte Landschaft weisen darauf hin, daß der Künstler diese älteste Stadtansicht nicht unmittelbar nach der Natur, sondern wohl nach einer flüchtigen Skizze gefertigt hat.

Viel genauer und facettenreicher ist ein Holzschnitt des Jahres 1553 aus der Salzburger Druckerei des Hans Baumann. Vom Original sind zwar nur zwei kleine Bruchstücke des rechten Bildrandes überliefert, aber fast alle Stadtansichten des 16. Jahrhunderts gehen auf dieses Vorbild zurück.

Am sorgfältigsten ausgeführt ist eine fast drei Meter breite kolorierte Federzeichnung, die sich in der Abtei St. Peter findet.[87] Der Künstler hat im Bestreben, eine möglichst genaue und detailreiche Darstellung zu bieten, den Charakter der spätmittelalterlichen Stadt allerdings grundlegend verändert: Um die Stadt übersichtlich abzubilden, rückte er die einzelnen Baukörper im Bereich der Altstadt weit auseinander und ließ so großzügige Plätze und Straßenzüge entstehen, die es niemals gegeben hat. Straßen und Gassen waren im 16. Jahrhundert noch eng, verwinkelt, schmutzig und lichtlos. Mit Ausnahme des Alten Marktes und des Fronhofs zwischen der Residenz und St. Peter gab es auch keine großzügigen Plätze. Die Gestalt der Stadt schien in ihrer gesamten Entwicklung festgefahren, da sich die Bautätigkeit der Erzbischöfe vorwiegend auf den Ausbau Hohensalzburgs konzentrierte. Vom Hauch einer neuen Zeit war im Salzburg des 16. Jahrhunderts, dessen westlicher Teil immer noch für Ackerbau und Viehzucht genutzt wurde, nichts zu spüren.

Auf jener Darstellung wird die Stadt dominiert von der mächtigen, in ihren Dimensionen noch überzeichneten Anlage der Festung. Der Hohe Stock weist noch das steile rote Giebeldach auf, das wegen Brandgefahr später durch Grabendächer ersetzt wurde. In der Altstadt sind deutlich die in sich geschlossenen Bezirke der Klöster und des Erzbischofs zu erkennen: Links des Domes liegt auf einer Hochterrasse das adelige Damenstift Nonnberg mit seinem von Mauern und Toren abgegrenzten Immunitätsbezirk und dem nur schütter verbauten Nonntal im Hintergrund. Im Vordergrund der linken Bildhälfte sind das Magdalenenspital von St. Peter, daran anschließend rechts der großflächige Chiemseehof und dahinter der Berchtesgadenerhof zu erkennen. Vor der Stadtmauer, die sich in sanftem Bogen vom äußeren Nonntaler Tor zum Kumpfmühltor hinzieht, liegen am Salzachufer landwirtschaftlich genutzte Gründe.

Der zur Bildmitte hin anschließende Bezirk des Domkapitels im Kaiviertel wird von den Arealen des Domhofs und des Domspitals beherrscht. Das Domkloster selbst mit seinen roten Ziegeldächern war dem fünftürmigen romanischen Dom im Süden angefügt. Etwas verschoben ist der ausladende Bischofshof (Alte Residenz), der im Westen an den Dom anschließt, dargestellt. Dem Prunk einer neuzeitlichen Fürstenresidenz entsprach dieser dreiflügelige, immer wieder erweiterte und umgestaltete Bau jedenfalls nicht. Die Stadtpfarrkirche hat der Künstler zwar mit mächtigem Turm und spätgotischem Hallenchor dargestellt, das romanische Langhaus hat er aber ignoriert. Im Hintergrund liegt, bis an die Steilwände des Mönchsbergs heranreichend, der von Mauern und Toren geschlossene, in Höfe gegliederte Bezirk der Abtei St. Peter mit der romanischen Stiftskirche, und nach Westen schließt, eingerahmt von der Abtsgasse (der heutigen Sigmund-Haffner-Gasse) und der Getreidegasse die große unverbaute Fläche des Frauengartens an, der bis zum Ende des 16. Jahrhunderts von St. Peter landwirtschaftlich genutzt wurde.

Im Bildhintergrund sind auf dem Rücken des Mönchsbergs einzelne Türme und Befestigungen bis hin zur vieltürmigen Bürgerwehr und dem Schloß der Familie Keutzl (später Alt) zu erkennen. Im Vordergrund hingegen markieren der Verlauf der Judengasse und der anschließenden Getreidegasse das Wachstum der Bürgerstadt am Flußufer stromabwärts. Am Ende dieses Straßenzuges liegt unterhalb der Bürgerwehr die Blasiuskirche mit dem Bürgerspital. Das Areal zwischen Stadtmauer und Flußufer wurde für Gärten und Ackerflächen genutzt. Durch das Klausentor führte der Weg an der Mönchsbergwand entlang in die Vorstadt Mülln mit ihrer dominanten Stiftskirche. Vor dieser liegt unmittelbar am Salzachufer das Leprosenhaus mit seiner Kirche, rechts davon ist das siebentürmige Schloß Müllegg, auch Grimingschloß genannt, im Areal der heutigen Landeskrankenanstalten zu erkennen. An der Einmündung des Almkanals in die Salzach stehen die großen Wasserräder jener Mühlen, die der Vorstadt Mülln einst ihren Namen gaben.

Zum Stadtteil am rechten Salzachufer führte etwas oberhalb der heutigen Staatsbrücke auf der Höhe des Klampferergäßchens die hölzerne Stadtbrücke. Deutlich sind die gedeckten Fleischbänke der Metzger zu erkennen, die ihre Abfälle direkt in den Fluß warfen. Der Trompeterturm auf dem Imberg, der wenige Jahrzehnte später zum Kapuzinerkloster umgebaut wurde, schützte den Stadtteil am rechten Flußufer. Vom Zentrum nahe dem heutigen Platzl, in dessen Mitte die alte Andräkirche lag, führte die Linzer Gasse durch das Innere Linzer Tor und das Äußere Linzer Tor (Ostertor) stadtauswärts. Von ihr zweigte die Bergstraße, ursprünglich Bergheimerstraße genannt, zum Bergstraßentor hin ab. In der Linzer Gasse lag kurz vor dem Äußeren Linzer Tor die Sebastianskirche mit dem angeschlossenen Bruderhaus. Außerhalb der Stadtmauer stand in Schallmoos, etwa 200 Meter vor dem Äußeren Linzer Tor, die Richtstätte mit dem gemauerten Galgen und dem aufgesteckten Richtrad. Davor sind jene bis heute erhaltenen drei Kreuze zu erkennen, bei denen die zum Tode verurteilten Delinquenten Gelegenheit zu einem letzten

1	Äußeres Nonntaltor	15	Berchtesgadener Hof	29	Dompropstei?	43	Fronhof
2	Erhardkirche mit Nonnberger Spital?	16	Krotachgasse	30	Domstift	44	Erzbischöfliche Residenz
3	Inneres Nonnbergtor	17	St. Nikolaus	31	Romanischer Dom	45	Pilgrimkapelle
4	Inneres Nonntaltor	18	Lavanter Hof	32	Domfriedhofsmauer	46	Türnitz (Rinderholz)?
5	Abtei Nonnbertg	19	Kai	33	St. Michael	47	Münzhaus
6	Magdalenenspital der Abtei St. Peter	20	Pfeifergasse (Webergasse)	34	Porta	48	Goldgasse
7	Erste Stadtmauer	21	Hohensalzburg	35	Schranne	49	Abtsturm?
8	Paradeis	22	Seckauer Hof	36	Brotmarkt (erster Marktplatz)	50	Roter Turm
9	Äußeres Steintor	23	Pforten des Domhofs	37	Ehem. Gerichtshaus (Stadttrinkstube)	51	Kloster der Petersfrauen
10	Ehem. Nonntaler Straße	24	Spital des Domkapitels	38	Aschhof	52	Marienkirche (Stadtpfarrkirche)
11	Nonnberger Hochweg	25	Domhof	39	Heumarkt und Judengasse	53	Käsgasse
12	Chiemseehof	26	Domschule?	40	Abtei St. Peter	54	Florianibrunnen
13	Kumpf(mühl)tor	27	St.-Johannes-Kapelle im Hof	41	Peters chule im äußeren Stiftshof	55	(Zweiter) Marktplatz
14	Haus der Gurker Bischofs	28	Karner (Samerkapelle)	42	Pforten von St. Peter	56	Steingasse

Salzburg vom Kapuzinerberg 1553 (Ausschnitt). Kolorierte Federzeichnung in der Erzabtei St. Peter.

Gebet hatten. Erzbischof Wolf Dietrich hat einige Jahrzehnte später (1599) diese alte Hinrichtungsstätte abgebrochen und in das äußere Nonntal an die Berchtesgadenerstraße bei Thumegg verlegt. Damit setzte im Bereich des ausgedehnten Untersberger Moores eine erste Kultivierungsphase ein, die von den Bürgern bereits 1502/03 in einem Beschwerdekatalog gefordert worden war. Sie wurde allerdings erst in den Jahren zwischen 1625 und 1644 unter Erzbischof Paris Graf Lodron abgeschlossen.[88]

Die stark idealisierte Ansicht des Jahres 1553 zeigt eine Stadt, die vom „Herbst des Mittelalters" geprägt war. Um die alte Bischofsstadt an der Salzach aus dem Dorn-

57 Abtsgasse
58 Milchmarkt
59 Rathaus (Keutzlturm)
60 Stadtbrücke mit Fleischbänken
61 Inneres Steintor
62 Hofturm?
63 Frauengarten
64 St.-Peter-Arm des Almkanals
65 Kuchler-(Langen-)Hof mit Storchenturm
66 Tränktor (Rathausbogen)

(Foto: Oskar Anrather)

röschenschlaf zu wecken und ihr antiquiertes Bild völlig neu zu gestalten, bedurfte es eines ebenso kraftvollen wie rücksichtslosen Herrschers. Ein solcher bestieg erst in der Person des jugendlichen Wolf Dietrich von Raitenau 1587 den Stuhl des heiligen Rupert.

Die ideale Stadt? – Salzburg im Zeichen italienischer Architektur

Kardinal Matthäus Lang, der ungeliebte Landesfürst, war 1540 im Alter von 72 Jahren gestorben. Obwohl seine Herrschaft von den Krisen der Bauernkriege nachhaltig beeinträchtigt war und obwohl er in seinen letzten Lebensjahren an Altersschwachsinn litt, hat er seine Nachfolger an Bedeutung weit überragt. Die nächsten Erzbischöfe versuchten, dem von Lang vorgezeichneten Weg zum landesfürstlichen Absolutismus zu folgen, konnten aber die dringenden Probleme, vor allem die Wiederherstellung der Glaubenseinheit unter einem katholischen Erzbischof, nicht lösen. Herzog Ernst von Bayern, der entsprechend den Vereinbarungen des Jahres 1525 die Nachfolge von Matthäus Lang antrat, erwies sich zwar als tüchtiger Regent. Er nahm sich der Wirtschaft an und engagierte sich selbst als Unternehmer vor allem im Bergbau.[89] Da er aber nicht bereit war, die höheren Weihen zu empfangen und das Land deshalb nicht als Erzbischof sondern nur als Administrator regierte (1540–1554), fehlte der Herrschaft des Wittelsbachers die sichere Grundlage.

Zwei wichtige Maßnahmen, die Herzog Ernst traf, zeigen seinen persönlichen Hang zum Absolutismus. Im Landtagsabschied vom 13. Juli 1543 ließ er festhalten, „daß nur die drei Stände der Prälaten, der Ritterschaft sowie der Städte und Märkte eine Landschaft bilden und repräsentieren" sollten. Damit endete die Teilnahme von Vertretern der bäuerlichen Gerichtsgemeinden, die seit der Einführung des allgemeinen Aufgebots 1456 für alle jene Landtage üblich geworden war, auf denen Fragen der Landesverteidigung zur Diskussion standen. Auch im Gerichtswesen ließ er die seit Jahrhunderten übliche genossenschaftliche Rechtsfindung erheblich einschränken. An die Stelle der von den Bauern gestellten Rechtsprecher, die das von den „Rechtssitzern" (Schöffen) gefällte Urteil zu verkünden hatten, traten von der Obrigkeit ernannte Prokuratoren, die dem Richter assistierten. Damit verloren die Bauern durch einen Willkürakt des Landesfürsten einen wesentlichen Teil ihrer traditionellen Mitwirkung an der Rechts- und Urteilsfindung.[90]

Unter Herzog Ernst hielt – erst relativ spät – der Buchdruck Einzug in Salzburg. Hans Baumann aus Rothenburg ob der Tauber ließ sich 1548 in der Stadt nieder und eröffnete mit Unterstützung des Landesfürsten die erste Druckerei. Er brachte unter anderem den Lobspruch des Hans Sachs auf die Stadt Salzburg heraus (1550) und verfaßte später selbst eine Salzburger Chronik (1561). Auch die wichtigsten Gesetze des Kardinals Matthäus Lang wurden veröffentlicht und erhielten dadurch eine neue Publizität. Die Möglichkeit, mit Hilfe des Buchdrucks Verordnungen und Mandate aller Art rasch und in großer Zahl unters Volk zu bringen, bedeutete auch in Salzburg einen wichtigen Schritt zum landesfürstlichen Absolutismus und zum neuzeitlichen Polizeistaat.[91]

Als geistlicher Landesfürst, der keine höheren Weihen besaß, war Herzog Ernst im Kampf gegen den Protestantismus kein Erfolg beschieden. Deshalb warf man ihm an der Kurie in Rom vor, das „schändliche, bübische Leben" der Salzburger Geistlichkeit geduldet zu haben und gewährte ihm 1554 keinen weiteren Aufschub für den Empfang der höheren Weihen. Ernst resignierte und zog sich als Landesherr in die von ihm erworbene Grafschaft Glatz in Schlesien zurück, wo er 1560 starb.

Sein Nachfolger, Erzbischof Michael von Kuenburg (1554–1560) nahm an jenem Reichstag in Augsburg teil, auf dem 1555 der Augsburger Religionsfriede beschlossen wurde. Der damals festgelegte Grundsatz, daß der Landesfürst die Religion seiner Untertanen bestimmen konnte – meist in dem nicht zeitgenössischen Schlagwort *cuius regio, eius religio* zusammengefaßt – hat in den folgenden Jahrhunderten die Macht der Fürsten zu Lasten der Reichsgewalt gestärkt.

Eine Visitationsreise, die der Domherr Wilhelm von Trauttmansdorf 1555 in die Salzburger Gebirgsgaue durchgeführt hatte, offenbarte nicht nur den Verfall des Pfarrklerus, sondern auch den Übergang eines Großteils der Bevölkerung zur evangelischen Lehre.[93] Während sich in der Hauptstadt Salzburg überwiegend die reiche Bürgerschaft zu Martin Luther bekannte, waren unter der Landbevölkerung verschiedene andere Richtungen des Protestantismus, wie der nach Matthias Flacius Illyricus benannte „Flacianismus", weit verbreitet. Im Zusammenhang damit kam es 1564/65 zu Unruhen in den Gebirgsgauen, deren Zentrum in Werfen und Bischofshofen war. Nach der Exekution der beiden Rädelsführer Hans Stainer und Wilhelm Egger gab Erzbischof Johann Jakob von Kuen-Belasy (1560–1586) die konfiszierten Bauernhöfe gnadenhalber an die Söhne der Hingerichteten zurück. Zum ewigen Andenken aber mußten diese und ihre Nachkommen jährlich zwei Widder mit blutrot gefärbten Decken an den erzbischöflichen Hof in Salzburg bringen. Dieser „Blutwidderdienst" wurde erst unter der bayerischen Regierung 1811 aufgehoben.[94]

Eine Wende im Kampf gegen die evangelische Lehre brachte einerseits die Gründung katholischer Reformorden wie der Theatiner, Kapuziner, Paulaner oder Ursulinen, vor allem aber der Jesuiten, andererseits das große Reformkonzil von Trient, das 1545–1563 tagte. Erzbischof Johann Jakob, der Vertreter zum Konzil entsandt hatte, war bestrebt, dessen Beschlüsse im Erzbistum Salzburg entsprechend umzusetzen. Vor allem der Dominikaner Felizian Ninguarda, der zunächst als Vertreter Salzburgs beim Konzil und dann als päpstlicher Gesandter und Nuntius in Salzburg wirkte, wurde zum Motor der

Gegenreformation. Diese erreichte unter dem erzbischöflichen Koadjutor Georg von Kuenburg mit der Errichtung des Priesterseminars und der Berufung der Franziskaner nach Salzburg ihren ersten Höhepunkt.[95] In den Jahren 1582 und 1583 entschlossen sich einige angesehene protestantische Bürger aus Salzburg zur Emigration, vorwiegend in die Städte Wels und Vöcklabruck im benachbarten Österreich ob der Enns.[96] Aber erst als Erzbischof Johann Jakob 1586 und sein Nachfolger Georg von Kuenburg bereits ein Jahr später verstarben, wurde der Weg frei für jenen Mann, der wie kein anderer dem fürstlichen Absolutismus im Erzstift Salzburg zum Durchbruch verhelfen, gegen die protestantischen Bürger vorgehen und die Ansprüche des Domkapitels auf Mitregierung in Schranken weisen sollte.

Der aber würd' euch anders tractirn, soll ein Salzburger Domherr mit einem Seitenblick auf den jungen Wolf Dietrich von Raitenau bemerkt haben, als man am 2. März 1587 zur Neuwahl des Erzbischofs schritt. Tatsächlich ging Wolf Dietrich, der das 28. Lebensjahr noch nicht vollendet hatte, aus dieser Wahl überraschend als Sieger hervor. Er entstammte dem in Schwaben und dem heutigen Vorarlberg begüterten Geschlecht der Herren von Raitenau und war durch seine Mutter, Helena von Hohenems, nicht nur mit dem einflußreichen Kardinal Merk Sittich von Hohenems (Altemps) und Karl Borromäus, dem später heiliggesprochenen Erzbischof von Mailand, sondern auch mit Papst Pius IV. (1559–1565) verwandt.[97] Obwohl Wolf Dietrich als Knabe gerne in die Fußstapfen seines Vaters, des kaiserlichen Obristen Hans Werner von Raitenau, getreten wäre, wurde er für die geistliche Karriere bestimmt. Nachdem er bereits in jungen Jahren eine Reihe von Pfründen, darunter auch eine Domherrenstelle in Salzburg, in seiner Hand vereinigt hatte, empfing er seine geistliche Ausbildung 1576–1581 am Collegium Germanicum in Rom, dem vornehmen und berühmten Priesterseminar für die deutschen Studenten. In der ewigen Stadt wurde der junge Raitenauer mit den Vorzügen der italienischen Architektur bekannt und empfing wertvolle Anregungen für die spätere Umgestaltung Salzburgs.[98] Wie provinziell, stickig und veraltet mußte ihm die Bischofsstadt an der Salzach mit ihren engen, lichtlosen Gassen, den ungepflegten Plätzen, den engen Bürgerhäusern und den rückständigen hygienischen Verhältnissen vorkommen, als er von Rom zurückkehrte.

Die Vorstellung, daß der junge Erzbischof sofort an die durchgreifende Umgestaltung seiner Hauptstadt schritt, ist allerdings verfehlt. Die Bautätigkeit in den Jahren 1587–1598 war lediglich dazu bestimmt, die notwendigsten Einrichtungen für eine repräsentative Residenzstadt zu schaffen. Ein umfassender Plan lag diesen Maßnahmen nicht zugrunde.[99] Um hochgestellte Gäste standesgemäß empfangen, verköstigen und unterbringen zu können, begann der Erzbischof 1588 mit dem Bau eines Palastes gegenüber dem Bischofshof. Eine ganze Häusergruppe mußte abgerissen werden, um dem vierflügeligen Neubau Platz zu schaffen. Bald aber zeigte sich, daß die Vorstellungen des jungen Bischofs zu unstet waren und daß ihm ein geeigneter Architekt fehlte. Da der Neubau zu niedrig geriet, ließ Wolf Dietrich Stiegen und Gewölbe wieder einschlagen, entließ den Baumeister und ordnete an, den Bau auf Jahre einzustellen. Unter einem neuen Hofarchitekten wurden 1592 die Arbeiten wieder aufgenommen, Gewölbe und

Stiegen neu aufgeführt, das Erdgeschoß erhöht und in der Mittelachse des Westflügels ein Turm errichtet. Ein zweistöckiger Verbindungsgang zum alten Bischofshof wurde bereits 1597 wieder abgerissen. Der Neubau war 1602 im wesentlichen fertiggestellt, die Prunkräume gestaltete Elia Castello mit schwerem, buntem Stuck aus. Im folgenden Jahr wurde die Errichtung des Südostflügels in Angriff genommen, der den geplanten Lustgarten im Süden des Neubaus begrenzen sollte. Gleichzeitig verlegte man das Portal des Neubaus von der Westseite an die Nordseite und drehte so die Achse des Palastes. Zwei Jahre später stand für den Erzbischof fest, daß er selbst nicht im Neubau seine Wohnung nehmen, sondern den Bischofshof zur neuen Residenz ausbauen wollte. Tatsächlich galt der Neubau aufgrund gravierender Planungsmängel in den folgenden Jahrzehnten und Jahrhunderten als ein echter Problemfall. Sein heutiges Erscheinungsbild erhielt er mit dem unter Erzbischof Max Gandolf von Kuenburg 1670/80 angefügten Erweiterungsbau sowie durch die Erhöhung des Turmes und das Aufsetzen des Glockenspiels unter Erzbischof Johann Ernst Graf Thun (1701/02).[100]

Schon an diesem ersten Repräsentationsbau wird die bisweilen ausgeprägte Konzeptlosigkeit Wolf Dietrichs als Bauherr deutlich. Wie im vorherigen Fall hat er auch für den Palast seines Bruders Jakob Hannibal von Raitenau eine Reihe von Bürgerhäusern abreißen lassen. Das 1594 im Norden des Neubaus errichtete Bauwerk hatte allerdings keinen langen Bestand.[101] Zu den frühen Bauten aus der Regierungszeit Wolf Dietrich zählen im Stadtteil am rechten Salzachufer die Anlage des Sebastianfriedhofs, der im Stil eines italienischen Campo Santo erweitert wurde, die Gabrielskapelle in dessen Zentrum, die der Erzbischof als sein Mausoleum bestimmte, und das Kapuzinerkloster auf dem Imberg, das durch den Umbau des Trompeterschlößchens 1599 fertiggestellt wurde. Möglichkeiten für eine umfassende Stadtplanung schien der Erwerb des Frauengar-

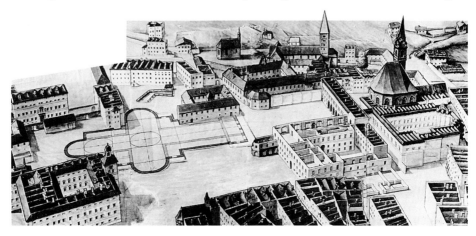

Der von Vicenzo Scamozzi 1606 verfaßte Entwurf für den Neubau des Salzburger Doms. Steckbild von Richard Schlegel (Salzburg, Privatbesitz). Die Rekonstruktion zeigt links den Neubau in seiner ursprünglichen Form, in der Mitte das noch bestehende Domkloster an der Südseite des geplanten Domes und halb rechts die im Umbau befindliche Residenz, daran anschließend die Käsgasse und den bereits fertiggestellten Gartenpalast „Dietrichsruhe". (Foto: W. Schlegel)

tens, der größten unbebauten Fläche im Bereich der Linksstadt, zu eröffnen, den Wolf Dietrich 1598 vom Kloster St. Peter eintauschte.[102]

Eine Zäsur brachte das Jahr 1598 mit dem Einsturz der hölzernen Stadtbrücke und dem Brand des romanischen Domes. Das später oft kolportierte Gerücht, der Erzbischof habe dem Brand ungerührt zugesehen oder diesen sogar legen lassen, um Platz für eine neue Kathedrale zu schaffen, ist falsch. Wolf Dietrich ließ das beschädigte Gewölbe des Domes durch italienische Maurer mit schwerem Estrich abdecken. Erst als ein neuerliches Unwetter das Gewölbe zum Einsturz brachte, wurde 1599 mit den Abbrucharbeiten begonnen. Von ersten Planungen für einen Neubau, die bereits 1601 vorlagen, hat sich keine Spur erhalten.[103] Der Stadtbrücke hingegen nahm sich der Erzbischof, der selbst einen Traktat über die Technik des Brückenbaus verfaßte,[104] rasch an. Bereits 1599 wurde die neue Holzbrücke etwas weiter flußabwärts der alten Stadtbrücke errichtet, sodaß sie vom Rathaus zum Platzl in der Rechtsstadt führte. Dieser Brückenstandort ist – abgesehen von einer nach Plänen Scamozzis begonnenen Steinbrücke – bis heute derselbe geblieben.[105]

Erst fünfzehn Jahre nach dem Regierungsantritt Wolf Dietrichs kam es zu jenem schicksalhaften Zusammentreffen, das die Entwicklung Salzburgs zum „Deutschen Rom" einleitete. Der Erzbischof machte im Winter 1603/04 die Bekanntschaft des venezianischen Architekten Vicenzo Scamozzi, eines Schülers des berühmten Palladio, der damals im Zenit seines Schaffens stand. In seinem literarischen Hauptwerk „Dell'idea della architettura universale", das 1615 in zehn Büchern erschien, entwickelte Scamozzi das Bild einer idealen Stadt mit fünf großen Plätzen.[106] Es ist zwar umstritten, ob die Verwirklichung dieser Idealstadt in Salzburg schon seit 1604 vorgesehen war. Bei einer ursprünglich geplanten Erweiterung des Neubaus nach Norden wäre nämlich der heutige Mozartplatz verbaut worden. Mit Residenzplatz, Domplatz, Kapitelplatz, Mozartplatz–Waagplatz und dem Alten Markt ist das Antlitz Salzburgs aber bis heute von fünf stattlichen Platzanlagen geprägt und entspricht damit weitgehend den Idealvorstellungen Scamozzis.

Der venezianische Architekt wurde 1604 von Wolf Dietrich mit der Planung des neuen Domes und der Erweiterung von Residenz und Neubau beauftragt. Bereits 1606 traf der Grundriß von Scamozzis Domprojekt in Salzburg ein, der sich bis heute erhalten hat. Ein italienischer Biograph Scamozzis, der auch den heute verschollenen Fassadenriß und Längsschnitt kannte, beurteilte dieses Projekt als den bedeutendsten Entwurf des Künstlers. Der Plan sah ein Bauwerk im Stil der venezianischen Spätrenaissance mit 139 Metern Länge, einer Breite im Langhaus von 49 Metern und einer Querschifflänge von 98 Metern vor. 19 Altäre sollten den neuen Dom schmücken, an der Fassade waren fünf Portale und an den Seitenapsiden je zwei Portale vorgesehen.[107]

Wolf Dietrich war derart beeindruckt von diesem Entwurf, daß er die Reste des romanischen Domes endgültig beseitigen ließ. Um das gigantische Projekt ausführen zu können, hätte die Achse des neuen Domes um zehn Grad im Uhrzeigersinn gedreht werden müssen, da es sonst zu einer Kollision mit dem Neubau gekommen wäre. Die enormen Dimensionen des Scamozzi-Domes hätten den Residenzplatz zudem so sehr verkleinert, daß von ihm nur ein länglicher Streifen an der Stelle des früheren Domfriedhofes übriggeblieben wäre. Diese und andere Schwierigkeiten bewogen Wolf Dietrich, 1607 ein eingeschränktes Domprojekt in Auftrag zu geben, das den räumlichen Bedingungen besser entsprach. Der zweite Entwurf Scamozzis sah eine Nord-Süd-Ausrichtung des Domes vor. Die Fassade sollte die südliche Begrenzung des Residenzplatzes bilden. Residenz und Neubau hätten als seitliche Platzwände die von der Festung überragte Fassade gerahmt. Wahrscheinlich war auch eine Verbindung der Domfassade mit Residenz und Neubau in der Art der späteren Dombögen vorgesehen. Das Projekt war von Scamozzis Grundriß des Jahres 1606 abgeleitet, Chor und Langhaus waren jeweils um ein Joch verkürzt, die Doppelturmfassade beibehalten. Nachdem 1611 die feierliche Grundsteinlegung für diesen neuen Dom erfolgt war, scheiterte die Ausführung an der Gefangennahme des Erzbischofs.[108] Angesichts der Vorstellung eines Residenzplatzes, der nicht von der Längsseite des Domes sondern von dessen Fassade beherrscht wird, durch Bögen an beiden Seiten mit der Residenz und dem Neubau verbunden und von der darüberliegenden Festung bekrönt, ist es nur zu bedauern, daß dieses geniale Projekt nicht zur Ausführung kam.

Auch der dritte Großbau, zu dem Wolf Dietrich den Anstoß gab, blieb unvollendet. Der Erzbischof hatte sich spätestens 1605 entschlossen, nicht den Neubau zu seinem ständigen Wohnsitz zu machen, sondern die alte fürsterzbischöfliche Residenz völlig umzubauen und um einen neuen Palast zu erweitern. Die großzügigen Pläne nahmen rasch Gestalt an. Bereits 1606 war das Hofbogengebäude, auch als Wallistrakt bezeichnet, zwischen der Residenz und dem Areal von St. Peter fertiggestellt. Ursprünglich war dieser Bau von fünf Toren durchbrochen, die mit den fünf Portalen des großen Domprojekts von Scamozzi korrespondieren sollten. Erst später wurden zur Abstimmung auf die drei Portale des Solari-Domes zwei Bögen zugemauert. An die neue Fassade der Residenz zum Domplatz hin mußte auch das gegenüberliegende Kloster St. Peter angeglichen werden. Wolf Dietrich ließ einfach eine hohe Mauer als Platzwand vor dem Klosterareal aufziehen. Im Südflügel der Residenz wurde 1606 mit dem Bau des größten Prunkraumes, des „Carabinierisaales", begonnen.[109]

Jenseits der Käsgasse war ein ganzer Häuserblock abgebrochen worden, um Platz für einen neuen Palastbau zu schaffen. Dieser wird meist als „Neue Residenz" oder auch als „Residenz-Neugebäude" bezeichnet und deshalb leicht mit dem bereits beschriebenen Neubau verwechselt. Von diesem neuen Palast war der an die Stadtpfarrkirche angelehnte Südflügel, die Dietrichsruhe, 1609 vollendet. Die Bautätigkeit war bereits 1607 so weit fortgeschritten, daß die von der Alten und Neuen Residenz gesäumte Käsgasse durch eine Mauer geschlossen und damit in die Gesamtanlage der Residenz einbezogen wurde. Der Nordflügel des neuen Palastes wurde in späteren Jahrhunderten mehrfach umgestaltet und dann als Toskanatrakt bezeichnet. Bei dessen Restaurierung und Adaptierung für die Juridische Fakultät der Universität Salzburg 1988 – 1993 wurden große Baukörper aus der Zeit Wolf Dietrichs freigelegt. Sowohl die Sala terrena mit ihren Marmorsäulen und prachtvollen Deckenfresken im Stil des Manierismus, als auch die zum

Großteil erhaltene Landkartengalerie, die dem vatikanischen Vorbild durchaus gleichwertig erscheint, vermitteln einen Eindruck von der Qualität der unter Wolf Dietrich geschaffenen Bauten und Kunstwerke.[110]

Der Erzbischof scheute keine Kosten, um erstrangige Künstler an seinen Hof zu holen. Der Niederländer Paulus van Vianen und Hans Karl aus Nürnberg, zwei der bedeutendsten Goldschmiede, schufen jene prachtvollen Goldgefäße, die Jahrhunderte später durch den Kurfürsten Ferdinand nach Florenz gekommen sind, wo sie noch heute im Palazzo Pitti bewundert werden können. Vianen hat außerdem eine Reihe von Zeichnungen und Skizzen hinterlassen, denen genaue Details über die Bautätigkeit Wolf Dietrichs, vor allem über den Abriß des romanischen Doms, zu entnehmen sind. Wolf Dietrich hat Paulus van Vianen, der nur von 1601 bis 1603 in Salzburg tätig war, so hoch geschätzt, daß er die Patenschaft für dessen Sohn Wolfgang übernahm. Nur Vianen, dessen Autorität auch von der Salzburger Goldschmiedezunft nicht in Frage gestellt wurde, Hans Karl und der aus Augsburg stammende Jonas Ostertag waren als Hofgoldschmiede ausschließlich für den Erzbischof und seinen Hof tätig. Eine Reihe von weiteren Künstlern wie Tobias Volckmer aus Braunschweig, Hermann Weber aus Köln und Erasmus Bulle aus Kiel, die für Wolf Dietrich in Salzburg arbeiteten, mußten in die Goldschmiedezunft eintreten und Bürger werden. Hatte das Goldschmiedehandwerk wenige Jahre vorher nur mehr über zwei Meister verfügt, so erlebte es durch die Aufträge des Erzbischofs wieder großen Aufschwung.

In engem Zusammenhang mit dem Um- und Ausbau der Residenz steht der Neubau des Franziskanerklosters, dessen Front entsprechend zurückgenommen wurde, um mit der Franziskanergasse einen neuen Zugang zum Dom- und Residenzbezirk zu eröffnen. Der prachtvolle Chor der Franziskanerkirche hat durch die Einfügung des Residenzoratoriums mit seiner palastartigen Renaissance-Fassade und durch weitere Einbauten einen Teil des einfallenden Lichtes verloren. Auch der Neubau des Hofmarstalls und die Anlage der Hofstallgasse zählen zu den unter der Regierung Wolf Dietrichs vollendeten Bauwerken.[111]

Um die neue, in Holz ausgeführte Stadtbrücke zu entlasten, wurden die bis dahin auf der Brücke situierten Fleischbänke ans Salzachufer zum Lamberggarten hin verlegt, den Wolf Dietrich in seine Hand gebracht hatte. Damit wurde die Besiedlung des Geländes am Gries eingeleitet. Obwohl Wolf Dietrich in seiner Schrift über den Brückenbau die Vorteile von Holzbrücken betont hatte, begann er – offenbar unter dem Einfluß Scamozzis – 1608 mit dem Bau einer Steinbrücke. Von dieser war beim Sturz des Erzbischofs 1611 nur der erste Pfeiler vollendet, dessen Steine später für den Dombau verwendet wurden. Erzbischof Markus Sittikus errichtete wieder eine Holzbrücke, die gemäß den Plänen Wolf Dietrichs wesentlich höher gelegt wurde und so bis ins 19. Jahrhundert allen Hochwässern der Salzach standgehalten hat.[112]

In der Rechtstadt erwarb Wolf Dietrich nördlich vom Lederertor und Bergstraßentor etliche Häuser, an deren Stelle er eine Villenanlage für seine Lebensgefährtin Salome Alt und ihre Kinder errichten ließ. Das Schlößchen Altenau, das 1606 nach nur halbjähriger Bauzeit fertiggestellt wurde, war relativ bescheiden und in seinen Dimensionen mit dem späteren Schloß Mirabell nicht zu vergleichen. Die Gartenanlagen haben jedoch schon unter Wolf Dietrich den heutigen Umfang erreicht.[113] An Altenau grenzte das große Areal des für den Bruder des Erzbischofs angelegten Hannibal-Gartens, der sich vom Lederertor bis zum heutigen Makartplatz erstreckte. Die dafür vorgesehene Villenanlage, etwa an der Stelle des späteren Lodronschen Primogeniturpalastes (Altes Borromäum), ist nicht über den Bau der Fundamente hinaus gediehen.[114]

Es würde zu weit führen, auf alle Bauten im Detail einzugehen, die Wolf Dietrich ausgeführt, mitfinanziert, begonnen oder auch nur geplant hat. Insgesamt wurden unter seiner Regierung über 50 Bürgerhäuser abgerissen, um Platz für die Verwirklichung großer Projekte zu schaffen, und mehr als 70 Bauvorhaben teils begonnen, teils ausgeführt. Eine Bilanz über den Verlust an alten und den Gewinn an neuen Bauten fällt positiv aus.[115] Trotzdem muß einschränkend festgehalten werden, daß keines der großen Bauvorhaben beim Sturz des Erzbischofs wirklich abgeschlossen war. Vom Neubau wurde der Südostflügel begonnen, der neue Dom war nicht über die Fundamente hinaus gediehen, und die große Anlage der Bischofsresidenz befand sich mitten im Umbau. Wolf Dietrich als „Gründer des barocken Salzburg"[116] zu bezeichnen, trifft in mehrfacher Hinsicht nicht zu. Der vom Erzbischof und seinen Architekten bevorzugte Stil war zum Teil noch der Renaissance, vor allem aber dem Manierismus verpflichtet. Das Barock sollte erst später in Salzburg Einzug halten. Wolf Dietrich aber hat in der Manier eines

Goldene Trinkschale des Erzbischofs Wolf Dietrich von Raitenau mit Emailverzierungen von Hans Karl (?), um 1600. Heute im Palazzo Pitti (Museo degli Argenti) in Florenz. (Foto: Oskar Anrather)

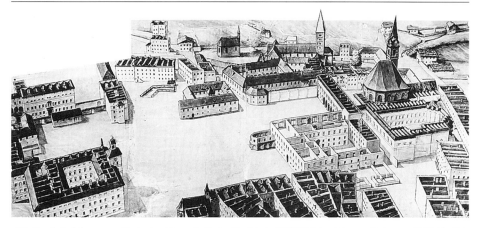

Die Stadt Salzburg am Ende der Herrschaft des Erzbischofs Wolf Dietrich von Raitenau (1612). Die Alte Residenz befindet sich im Umbau, der nach Westen anschließende Gartenpalast Dietrichsruhe ist fertiggestellt, die dazwischen verlaufende Käsgasse noch nicht abgemauert. Steckbild von Richard Schlegel. (Salzburg, Privatbesitz, Foto: W. Schlegel)

absoluten Fürsten den notwendigen Raum für die Neugestaltung der Stadt geschaffen. Die Ausführung seiner Ideen, die vom Barock geprägte Ausgestaltung Salzburgs zum „Deutschen Rom", blieb seinen Nachfolgern überlassen. Es wird den durchaus bedeutenden Leistungen Wolf Dietrichs, seinem kraftvollen gestalterischen Willen, eher gerecht, ihn als „Planer einer idealen Stadt" zu charakterisieren.

Despot oder Märtyrer? – Zur Beurteilung Wolf Dietrichs von Raitenau

Gibt in der Welt vil Trug.
Tue Recht und fürcht die Lug.
Damit ward ich betrogen.
Ich tat Recht und wart…

Diese Zeilen hat der einst allmächtige Landesfürst und Erzbischof nach seiner Gefangennahme in Hohenwerfen an die Wand gekritzelt, sie sind 1931 durch einen Brand zerstört worden. Das tragische Schicksal Wolf Dietrichs, der nach einer glanzvollen Regierung sein Leben als Gefangener des Papstes auf Hohensalzburg beschloß, aber auch die innige, bis in den Tod währende Liebe und Lebensgemeinschaft mit der schönen Salzburger Bürgerstochter Salome Alt haben den Raitenauer zum populärsten aller Salzburger Erzbischöfe gemacht. Sein oft despotisch anmutendes Auftreten, Sendungsbewußtsein und Machtbesessenheit, aber auch der eigenartige Kontrast zwischen gewinnender Großzügigkeit und Neigung zu schwerem Unrecht, lassen sein Bild bis heute zwiespältig erscheinen. Zu berücksichtigen ist freilich, daß die anfangs so überzeugende, mitreißende Tatkraft des jungen Erzbischofs durch zwei schwere Erkrankungen in den Jahren 1601 und 1604 nachhaltig beeinträchtigt wurde. Den Veränderungen seiner Handschrift ist zu entnehmen, daß Wolf Dietrich zumindest einen Schlaganfall erlitten hat. Seit diesen Jahren paarten sich Machthunger und übersteigertes Selbstbewußtsein mit inneren Zweifeln, Angst vor einem plötzlichen Ende und der Sorge um seine Familie.[117]

Zu Maximen seiner Herrschaftsauffassung erhob Wolf Dietrich jene Grundsätze eines fürstlichen Absolutismus, die der Italiener Niccolò Machiavelli in seinem 1532 veröffentlichten Hauptwerk „Il Principe" niedergelegt hatte. Ein von Wolf Dietrich selbst verfaßter Leitfaden für die Herrschaftspraxis trägt den Titel „De Principe" und zeigt die starke Abhängigkeit von Machiavelli. Als absoluter Fürst an keine Gesetze gebunden, hat der Erzbischof den politischen Spielraum des Salzburger Domkapitels und der Salzburger Landschaft entsprechend stark eingeschränkt.[118]

Das Domkapitel hatte in der Zeit seiner Zwischenregierung 1587 erneut versucht, den künftigen Erzbischof durch eine umfangreiche Wahlkapitulation an seine Forderungen zu binden.[119] Bald nach dem Regierungsantritt Wolf Dietrichs kam es um den Verkauf der weit gestreuten Salzburger Besitzungen in der Untersteiermark, die wegen ihrer großen Entfernung und der relativ hohen Besteuerung durch die Habsburger als steirische Landesfürsten ein wirtschaftliches Defizit darstellten, zu einer langwierigen Auseinandersetzung. Daß Wolf Dietrich schließlich den Verkauf ohne Einwilligung des Domkapitels durchsetzte, bildete einen der Klagepunkte nach seinem Sturz.[120] Nachdem der Erzbischof bereits 1598 neue gesetzliche Bestimmungen über die adelige Abstammung der Domherren, ihre Ernennung und ihre Aufschwörung bei der Aufnahme ins Kapitel erlassen hatte, wurde in einem Statut 1605 ausdrücklich festgehalten, daß der Erzbischof als Landesherr der vollkommene Nutznießer aller Einkünfte des Landes sei.[121]

Noch weiter ging das „Ewige Statut" vom Mai 1606, in dem Wolf Dietrich die Rechte und Pflichten der Domherren bis ins Detail festsetzte und gleichzeitig klarstellte, daß der regierende Erzbischof das vornehmste Haupt und Glied des Erzstiftes sei, dem jedes geistliche und weltliche Mitglied des Landes unterworfen wäre. Im „Neutralitätsparagraphen" wurde festgehalten, daß sich der Salzburger Erzbischof zwischen den mächtigen Nachbarfürsten von Bayern und Österreich neutral und unparteiisch verhalten sollte. Dieses „Ewige Statut", das den Höhepunkt des landesfürstlichen Absolutismus in Salzburg markiert, wurde zwar unter Erzbischof Paris Lodron 1628 durch ein neues Statut ersetzt. Entsprechend den Intentionen Wolf Dietrichs ist aber in den folgenden Jahrhunderten weder ein Habsburger noch ein Wittelsbacher Erzbischof von Salzburg geworden.[122]

Zu der oft behaupteten „Aufhebung der Landschaft" durch Wolf Dietrich ist es nie gekommen. Der Raitenauer war viel zu klug, um den Landständen ihr Recht auf Mitwirkung an den Landtagen formell zu entziehen. Statt dessen gab er der Landschaft einfach keine Gelegenheit mehr, ihre alten Rechte, vor allem das der Steuerbewilligung, wahrzunehmen. Noch 1560 hatten sich die Stände nach dem Vorbild des Igelbundes von 1403 zusammengeschlossen und dem Erzbischof Johann Jakob von Kuen-Belasy die Huldigung verweigert. Obwohl seit 1583 kein Landtag mehr zusammengetreten war, ließ Wolf Dietrich fünf Jahre verstreichen, bis er einen Landtag einberief. Dazu sah er sich durch die vom Römisch-Deutschen Reich vorgeschriebene „Türkenhilfe" veranlaßt, deren hohe Kosten er durch eine außerordentliche, von der Landschaft bewilligte Steuer abdecken wollte. Auf dem Landtag selbst argumentierte der Erzbischof in seiner Replik an die Stände, daß die Regierungsgewalt unteilbar sei und schlug deshalb die Unterstützung des Landesfürsten durch einen ständigen Rat vor. Die Landschaft erkannte klar, daß ihr damit der Selbstmord zugemutet wurde und protestierte heftig dagegen, daß „die Landtage in diesem löblichen Erzstift aufgehoben und die Stände davon ausgeschlossen werden sollten". Wolf Dietrich sagte seinerseits zu, von den Ständen keine Steuer einzuheben ohne einen Landtag abzuhalten, worauf die Landschaft für die weitere Arbeit einen großen Ausschuß aus vier Prälaten, acht Rittern und vier Vertretern der Städte und Märkte wählte.[123]

Während noch 1593 die Steuer vom Erzbischof und vom großen Ausschuß gemeinsam ausgeschrieben wurde, erfolgten neue Steuerausschreibungen 1598 und 1601 nur mehr im Namen des Erzbischofs. Außerdem wurde die Steuer des Jahres 1601 nicht einmalig, sondern „bis auf weiteres" in dieser Höhe festgesetzt. Bereits seit 1597 wurde die Steuer nicht mehr, wie bis dahin üblich, in der ständischen Steuerstube von St. Peter eingezahlt, sondern deren Einhebung vom Erzbischof an seine Hofkammer übertragen. Den letzten Schritt vollzog Wolf Dietrich 1610, als er die Urkunden und Privilegien der Landschaft aus dem dafür vorgesehenen Kasten in St. Peter entnehmen und an seinen Hof bringen ließ, gleichzeitig auch das damals vorhandene Barvermögen der Stände in der Höhe von 2100 Gulden der landesfürstlichen Kammer übergab. Der Erzbischof hat die Landschaft zwar nicht förmlich aufgehoben, sie aber dadurch, daß er ihr mit der Steuereinhebung ihr wichtigstes Recht entzog, entmachtet. Fast zwei Jahrzehnte lang hat er ohne Mitwirkung der Landstände regiert, und seine Nachfolger Markus Sittikus und Paris Lodron sind diesem Beispiel gefolgt. Erst die großen finanziellen Belastungen durch den Dreißigjährigen Krieg führten 1620 wieder zur Einberufung eines Landtags.[124]

Als ein absoluter Fürst, der über den Gesetzen steht, war Wolf Dietrich bestrebt, möglichst alle Bereiche in der Verfassung und Verwaltung nach seinen Vorstellungen durch von ihm erlassene Mandate und Verordnungen zu regeln. Manche seiner Maßnahmen muten aus heutiger Sicht modern an, darunter die Erlässe zur Schul- und Gesundheitspolitik. Mit seiner Schulordnung, die 1593 in lateinischer und 1594 in deutscher Sprache erschien, gab der Erzbischof eine genaue *Vnderweisung für Teutsche Schuelmaister der Stadt und deß Erzstiffts Saltzburg, und die Auferziehung der Jugent*, also Vorschriften für den Elementarunterricht. Hauptaufgabe der deutschen Schulmeister, die vor ihrer Anstellung ein Glaubensbekenntnis ablegen mußten, war die Unterweisung im katholischen Glauben. Das Züchtigungsrecht der Lehrer wurde eingeschränkt, arme Eltern erhielten eine Befreiung vom Schulgeld, und die Schüler mußten täglich die Unterrichtsräume reinigen. Für den Lateinunterricht der Söhne von Adeligen und Beamten errichtete Wolf Dietrich 1593 das „Edelknaben-Institut", hingegen scheiterten die Verhandlungen mit den Jesuiten über die Gründung einer Universität.[125]

Ein Zeichen seiner Sorge um die Hygiene waren die Entfernung des Domfriedhofs aus der Stadtmitte, der durch den Sebastiansfriedhof am Stadtrand ersetzt wurde, und

Schulordnung vnd Regul/ zů Vnderweysung der Jugent/ so auß Befelch deß Hochwürdigisten Fürsten vñ Herrn/ Herrn Wolff Dietrichen Ertzbischouen zů Saltzburg/ Legaten deß Stůls zů Rom/ꝛc. außgangen.

AD EPHESEOS VI.
Educate filios vestros in disciplina & correctione Domini.

Gedruckt zů Saltzburg/ durch Conraden Kürner.

M. D. XCIIII.

Titelblatt der Schulordnung des Erzbischofs Wolf Dietrich von Raitenau in der deutschen Druckfassung 1604. (Universitätsbibliothek, Salzburg)

die Maßnahmen zur Isolierung bei Pestepidemien. In seiner Hofstaatsordnung räumte Wolf Dietrich der Körperpflege mit Kamm, Seife und sogar mit Zahnpulver bedeutenden Stellenwert ein.

Für die Stadt Salzburg besaß von den zahlreichen Gesetzen des Raitenauers die Hofratsordnung vom 17. August 1588 die größte Bedeutung. Sie wird auch als Hofgerichtsordnung bezeichnet, da Wolf Dietrich mit diesem Gesetz die Blutgerichtsbarkeit aus der Zuständigkeit des Stadtrichters löste und an den Hofrat übertrug. An die Spitze der Stadtverwaltung trat 1590 ein Stadthauptmann, dessen Amt in späteren Jahrzehnten aber wieder verschwand. Der Stadtrichter wurde durch den Stadtsyndikus ersetzt, der neben der Blutgerichtsbarkeit auch die Polizeiaufsicht wahrnahm. Diese Ämter vergab Wolf Dietrich – sowie auch die anderen hohen Positionen in der Stadtverwaltung – in häufigem Wechsel an landfremde Adelige, die wenig Bindung zur einheimischen Bevölkerung hatten. Den Vorsitz im Hofrat, der auch als Appellations- und Revisionsgericht fungierte, führte der Erzbischof selbst oder der von ihm ernannte Statthalter. Gleichzeitig wurden aber die Privatangelegenheiten des Fürsten sowie die Außenpolitik, Finanzgebarung und Hoheitsagenden aus dem Tätigkeitsbereich des Hofrates gelöst.[126]

Für den rasch wachsenden Hofstaat verfaßte Wolf Dietrich 1590 eigenhändig eine Hofstaatsordnung, in der er für die einzelnen Funktionäre bei Hof wie Kämmerer, Stallmeister, Mundschenk, Kammerdiener, Türhüter, Diener, Köche etc. Pflichten und Entlohnung festlegte. Die Aufsicht über das gesamte Hofpersonal, das innerhalb weniger Jahre auf einige hundert Personen anwuchs, kam dem Hofmarschall zu. Allein die Hofkapelle umfaßte damals 21 Musiker, dazu gab es noch zehn Trompeter. In der Küche waren 21 Köche und Küchenjungen tätig, außerdem sorgten sich zwei Ärzte um das leibliche Wohl des Fürsten. Für die Hofstallungen waren 46 Knechte und Jungen angestellt.[127]

Mit der Hofkanzleiordnung des Jahres 1592 wurde die Tätigkeit der Hofkanzlei ganz auf die Erfordernisse des Hofrates abgestimmt. An der Spitze der Kanzlei stand der Hofkanzler, der zugleich Hofratsdirektor war und auch anderen Ratsgremien angehörte. Er stand in einem besonderen Naheverhältnis zum Erzbischof, mit dem er täglich in vielen Angelegenheiten zusammenarbeitete. Der Hofkanzler achtete streng auf die Unparteilichkeit und Unbestechlichkeit seiner Beamten und war für die Korrektur und Fertigung des gewöhnlichen Briefauslaufs verantwortlich. Außerdem richtete Wolf Dietrich getrennt von der Hofkanzlei eine Geheime Kanzlei ein, die Staats- und Kabinettsgeschäfte, Reichs- und Kreisangelegenheiten erledigte und damit zu einer Drehscheibe für wichtige Aufgaben der Regierung wurde.[128]

Eine besondere Bedeutung kam der Hofkammer zu, die als zentrale Verwaltungsstelle fungierte und bestimmte Aufgaben vom Hofrat übernahm. In ihr flossen die Einnahmen aus den regionalen Ämtern, aus den Hof- und Zentralstellen und – nach der Entmachtung der Landschaft – auch alle Steuergelder zusammen. Bereits 1588 wurde das Amt des Hofkammerpräsidenten geschaffen, der in seiner Arbeit von einem Kammermeister Unterstützung erhielt. Durch die Nähe zu den Kammer- und Kabinettsangelegenheiten erstreckte sich die Tätigkeit der beiden Beamten über die reine Finanzverwaltung auch auf politische Bereiche. Die Hofkammer wurde 1590/91 in drei Unterämter geteilt, in die Raitmeisterei, der die Rechnungsprüfung oblag, das Generaleinnehmeramt und das Zahlmeisteramt. Ähnlich wie dem Hofrat die Hofkanzlei, stand der Hofkammer eine eigene Kammerkanzlei zur Seite.[129]

Die Tendenz Wolf Dietrichs, alle Möglichkeiten zur Erhöhung der Staatseinnahmen bis zur letzten Konsequenz auszuschöpfen, zeigte sich sowohl im Bereich der Zentralverwaltung als auch bei den regionalen Behörden. Die Mautgebühren, vor allem bei der Salzburger Stadtmaut, hat der Erzbischof dermaßen erhöht, daß ab 1602 eine rückläufige Tendenz im Salzburger Handelsaufkommen spürbar wurde.[130] Die Zweigeleisigkeit der Grundverwaltung (Urbarverwaltung) und Gerichtsverwaltung war von der bäuerlichen Bevölkerung seit langem scharf kritisiert worden. Trotz aller landesfürstlichen Anordnungen kam es immer wieder zu Kompetenzstreitigkeiten zwischen Amtleuten als Trägern der Urbarverwaltung sowie Pflegern und Landrichtern, die das Hochgericht wahrnahmen. Wolf Dietrich integrierte ab 1597 die Urbarämter in die Land- und Pfleggerichte und schuf mit der neuen Form der „Pflegämter" eine effizientere und durch die Einsparung von Beamten auch wesentlich billigere Regionalverwaltung. Mehrfach ließ er kleine Gerichtsbezirke des Flachlandes zu größeren Einheiten zusammenfassen.[131]

Durch die Anlage der umfangreichen Stockurbare wurde der gesamte landesfürstliche Besitz, das sogenannte Hofurbar, bis ins letzte Detail erfaßt. In Verbindung damit kam es zu einer Neueinschätzung der Güter, um die Urbarialabgaben an den Erzbischof entsprechend zu erhöhen. Diese Neueinschätzung, die ab 1603 elf Jahre beanspruchte, provozierte bereits 1606 Unruhen in Zell im Pinzgau. Einige über die Erhöhung der Steuern erboste Bauern wollten sich zunächst an den Bayernherzog um Hilfe wenden, verfaßten dann aber eine Bittschrift, die in mehreren Orten verlesen und auch dem Pfleger von Kaprun, Kaspar Vogl, vorgelegt wurde. Auf die Anzeige des benachbarten Pflegers von Werfen hin entsandte Wolf Dietrich eine Untersuchungskommission, die abgesehen von der harmlosen Bittschrift keinerlei Verstoß feststellen konnte. Trotzdem wurden nicht nur die Führer der Bauern, sondern auch der Pfleger Kaspar Vogl, der vier Jahrzehnte lang als untadeliger Beamter galt, verhaftet und nach Salzburg geführt. Auf Drängen des Erzbischofs traf den Pfleger Vogl und die Bauern Hans Keil und Stefan Guthund das Todesurteil; sie wurden am 6. November 1606 in der „Scharte" zwischen Festungsberg und Mönchsberg durch das Schwert hingerichtet.[132]

Diese überzogene Reaktion Wolf Dietrichs war sicherlich in seiner Angst vor einem Aufstand im Gebirge begründet. Alle gegen die Erzbischöfe gerichteten Bewegungen, egal ob sozialer, wirtschaftlicher oder religiöser Natur, haben ihren Ausgang von den Gebirgsgauen genommen, da dort eine konsequente Kontrolle kaum möglich war. Wolf Dietrich hatte 150 Salzburger Bürger bewaffnen lassen und gemeinsam mit einigen Schützen in den Pinzgau entsandt, um die Verhaftungen vorzunehmen. Er hatte ja kein stehendes Heer zur Verfügung. Auch bei der Niederschlagung eines Aufstandes von Salzarbeitern, Bürgern und Bauern im benachbarten habsburgischen Salzkammergut war der Erzbischof mit großer Härte vorgegangen.[133] In Golling ließ er den Beamten Hasenperger wegen Unterschlagung hinrichten. Die Exekution Kaspar Vogls jedoch wurde schon von den Zeitgenossen als großes Unrecht empfunden. Mit ihr lag der Schatten eines Justizmordes auf der Person des sonst beliebten Raitenauers. Und durch seinen langwierigen, gehässig geführten Streit mit dem Bischof Sebastian Cattaneo von Chiemsee († 1609) hat der Erzbischof weitere Sympathien eingebüßt.[134]

Mit Strenge ist Wolf Dietrich auch gegen die Protestanten vorgegangen. Ein Besuch bei Papst Sixtus V. im Mai 1588 hatte in ihm die Hoffnung geweckt, durch eine vorbildliche, sittenstrenge Regierung und durch besondere Treue zum Papsttum die Würde eines Kardinals erwerben zu können. Deshalb wollte er sich auch als Vertreter der Gegenreformation profilieren. Bereits im Sommer 1588 erging der Befehl, daß alle Personen, die sich nicht zum katholischen Glauben bekannten, Stadt und Land Salzburg verlassen sollten. In der Residenzstadt mußte beim Erwerb des Bürgerrechts, bei der Aufnahme in den Stadtrat oder in andere städtische Ämter jeweils ein Glaubensbekenntnis und ein Treuegelöbnis auf den katholischen Glauben abgelegt werden. Während die Auswirkungen in den Gebirgsgauen zunächst gering blieben, entschlossen sich in der Stadt Salzburg zahlreiche Vertreter der vermögendsten und einflußreichsten Familien, um ihres evangelischen Glaubens willen die Heimat zu verlassen. Die Nachkommen des Münzmeisters Hans Thenn, der unter Leonhard von Keutschach das erzbischöfliche Münzwesen reorganisiert hatte, Mitglieder der Familien Geizkofler, Alt, Lasser, Praun, Unterholzer, Steinhauser, Klanner, Weiß und Zott wanderten damals teils in protestantische Reichsstädte wie Augsburg, Regensburg, Heidelberg oder Nördlingen, teils in das benachbarte Oberösterreich aus, wo sie sich in Vöcklabruck, Wels oder Gmunden niederließen. Andere Bewohner von Stadt und Land wurden aufgrund des Religionsmandats ausgewiesen. Das scharfe Mandat wurde 1593 erneuert, und Landesverweisungen wurden bis zum Ende der Regierungszeit Wolf Dietrichs verfügt.[135]

Angesichts dieser Maßnahmen ist es eine gewisse Pikanterie, daß Wolf Dietrich zu einer Frau in enger Verbindung stand, von deren Verwandten viele als Protestanten das Land verlassen hatten. Salome Alt entstammte einem Bürgergeschlecht, das vier Generationen zuvor aus Augsburg nach Salzburg gekommen war. Ob das Verhältnis des Raitenauers zu ihr erst nach der Wahl zum Erzbischof zu datieren ist oder ob es sich schon vorher entwickelt hatte, ist nicht genau zu sagen: Gemäß dem Bericht eines Chronisten war Wolf Dietrich von ihrer Schönheit so bezaubert, daß er sie beim ersten trauten Zusammensein entjungferte. Salome aber verließ – fast über Nacht – ihr Elternhaus, in das sie nie mehr zurückkehren sollte. Wolf Dietrich hat dieser Frau, die ihm 15 Kinder gebar, ein Leben lang die Treue gehalten und sich rührend um seine Familie gesorgt. Bei Kaiser Rudolf II. setzte er 1609 die Erhebung Salomes und ihrer Kinder in den Adelsstand durch, und er hielt sich gerne selbst in dem bescheidenen Schlößchen Altenau an der Stelle des späteren Mirabellschlosses auf, das er für seine Lebensgefährtin errichtet hatte. Manches deutet darauf hin, daß der Erzbischof zumindest zeitweise mit dem Gedanken gespielt hat, das geistliche Fürstentum Salzburg zu säkularisieren und als weltlicher Herrscher auch seine Verbindung mit Salome zu legitimieren.[136]

Salome Alt. Miniaturbildnis um 1588 in der Erzabtei St. Peter. *(Foto: Oskar Anrather)*

Erzbischof Wolf Dietrich von Raitenau, Miniaturbildnis um 1605.   (SMCA, Foto: Oskar Anrather)

Das Verhältnis Wolf Dietrichs zu Kaiser Rudolf II. und dem Römisch-Deutschen Reich entwickelte sich zunächst durchaus positiv. Der Erzbischof hatte die von den Osmanen drohende Gefahr klar erkannt und war mit Entschiedenheit für eine Unterstützung des Kaisers bei der Türkenabwehr eingetreten. Deutlich gab Wolf Dietrich zu erkennen, daß er von Sorge um das „geliebte Vaterland deutscher Nation" erfüllt war. Als der Erzbischof jedoch von der Unfähigkeit der kaiserlichen Befehlshaber, von der fehlenden Koordination bei der Truppenführung und von großen Mängeln bei der Finanzierung erfuhr, forderte er zunächst die Ausarbeitung eines klaren militärischen Konzepts für das Vorgehen gegen die Osmanen. In seiner ablehnenden Haltung wurde er noch dadurch bestärkt, daß die vom Erzstift Salzburg gestellten Truppen aus dem Krieg zurückkehrten, ohne überhaupt eingesetzt worden zu sein, während sein Vater, der kaiserliche Obrist Hans Werner von Raitenau, den Strapazen des sinnlosen Unternehmens erlegen war.

Auf dem Reichstag von Regensburg 1594, wo der Salzburger Erzbischof mit großem Prunk auftrat, führte er abwechselnd mit Österreich den Vorsitz bei den Türkenkriegs-Diskussionen und verfaßte höchstpersönlich eine Stellungnahme zum Türkenproblem. Immerhin trug der Raitenauer maßgeblich dazu bei, daß dem Kaiser vom Reichstag ansehnliche Türkenhilfe bewilligt wurde, wofür sich Rudolf II. mit einer Standeserhebung für die Familie Raitenau bedankte. Im Herbst 1596 erschien das große Salzburger Türkengutachten, das die militärischen Mißerfolge nicht auf die Unbesiegbarkeit der Osmanen, sondern auf die Mißstände im kaiserlichen Heer und beim Hofkriegsrat zurückführte. In den Jahren zwischen 1593 und 1600 hat Wolf Dietrich selbst seine Vorstellungen von einer effizienten Kriegsführung in seiner „biblischen Kriegsordnung" niedergelegt. Die Schrift enthielt viele richtungweisende Vorschläge, fand aber im kaiserlichen Lager kaum Beachtung. Für Wolf Dietrichs Eitelkeit und hohes Geltungsbedürfnis bedeutete dies eine schwere Kränkung, die zu einer Distanzierung von den Habsburgern führte.[137]

Viel brisanter noch gestaltete sich bald nach der Regierungsübernahme Wolf Dietrichs das Verhältnis zum Herzogtum Bayern. Den traditionell guten Beziehungen entsprach es, daß der Salzburger Erzbischof noch vor seiner Konfirmation Ende Mai 1587 nach München gekommen war. Drei Jahre später bereits rühmte sich Herzog Wilhelm V. von Bayern, in Rom die Erhebung Wolf Dietrichs, dessen herrisches und hochfahrendes Wesen ihm mißfiel, zum Kardinal verhindert zu haben.[138] Seit dieser Zeit verschlechterte sich das Verhältnis zusehends, besonders nachdem Wilhelms Sohn, Herzog Maximilian I., 1597 die Alleinregierung übernommen hatte. Bei der Leitung des bayerischen Reichskreises, in dem Salzburg und Bayern das Direktorium abwechselnd ausübten, prallten die Gegensätze hart aufeinander. Wolf Dietrich blieb schließlich den Kreistagen überhaupt fern. Vor allem aber weigerte er sich hartnäckig, der von Maximilian gegründeten katholischen Liga, einem Bündnis aller katholischen Reichsstände, beizutreten. Es wäre aber verfehlt, diese Haltung des Erzbischofs nur auf den persönlichen Gegensatz zum bayerischen Herzog zurückzuführen. Wolf Dietrich hat vielmehr einen Kurs der strikten Neutralität beschritten, an dem auch seine Nachfolger Markus Sittikus und Paris Lodron festhielten. Während Herzog Maximilian I. Bayerns Position als führende Macht in Süddeutschland festigen wollte, war Wolf Dietrich ein entschiedener Vertreter der Unabhängigkeit der kleineren Fürstentümer.[139]

Zum Fallstrick für den stolzen Erzbischof wurde der Streit um den Absatz des Halleiner Salzes, der in einen förmlichen „Salzkrieg" zwischen Salzburg und Bayern mündete. Seit die Habsburger schrittweise die Einfuhr von Halleiner Salz in ihre Länder, vor allem auch in das 1526 erworbene Böhmen, untersagten, wurde Bayern zum Hauptabnehmer der Halleiner Produktion. Deshalb konnten die bayerischen Herzoge seit 1529 ein Mitspracherecht bei allen Veränderungen des Salzpreises geltend machen. Wolf Dietrich überließ im Rahmen eines 1594 geschlossenen Salzvertrags Bayern den gesamten Vertrieb des Halleiner Salzes auf dem Wasserweg. Als Gegenleistung mußte der bayerische Herzog die Abnahme einer relativ hoch angesetzten Salzmenge von 20.000 Tonnen jährlich garantieren. Wolf Dietrich maß dem Salz in seiner Wirtschaftspolitik besondere Bedeutung bei. Er steigerte bereits 1590 die Produktion von etwa 24.000 Tonnen jährlich auf den einmaligen Spitzenwert von 36.000 Tonnen, der unter erzbischöflicher Herrschaft nie mehr erreicht wurde. Durch wiederholte Erhöhungen trieb er den Preis für ein Fuder Salz in den 24 Jahren seiner Regierung von 10 auf 42 Kreuzer, also auf mehr als den vierfachen Betrag, hoch. Insgesamt gelang es ihm, die Einnahmen aus Salzgewinnung und Salzhandel von 78.000 Gulden auf 150.000 Gulden zu steigern und damit praktisch zu verdoppeln.[140]

Da der böhmische Markt fast zur Gänze ausfiel, konnte Bayern im frühen 17. Jahrhundert nur mehr 11.000 statt 20.000 Tonnen Salz jährlich abnehmen, wofür Herzog Maximilian große Entschädigungssummen zahlen mußte. Im Gegenzug verdoppelte er die Mautaufschläge für jenes Salz aus Hallein, das Salzburger Händler zu den bayerischen Magazinen lieferten. Obwohl der Herzog in der schwächeren Position war, gelang es ihm, den impulsiven Wolf Dietrich derart zu reizen, daß dieser 1611 die Salzhandelsverträge kündigte.[141] In dem darauffolgenden Wirtschaftskrieg verhängte Maximilian eine Blockade für den Halleiner Salzhandel, während Wolf Dietrich vergeblich versuchte, Bayern durch eine Salzausfuhrsperre wirtschaftlich in die Knie zu zwingen. Herzog Maximilian konnte auf die großen Salzvorräte aus den Vorjahren, auf eine uneingeschränkte Produktion in der herzoglichen Saline Reichenhall und auf die beiden Salinen der Fürstpropstei Berchtesgaden zurückgreifen. Den Versuch Wolf Dietrichs, die Salzausfuhr aus Berchtesgaden zu blockieren, unterlief der Herzog durch den Bau neuer Straßen. Als der Erzbischof erneut impulsiv reagierte und am 13. Oktober die kleine Fürstpropstei Berchtesgaden besetzen ließ, gab er damit Maximilian die Möglichkeit zu einem militärischen Gegenschlag. Bereits am 26. Oktober 1611 zog der Herzog als Sieger in die Stadt Salzburg ein. Am 2. November legten die ersten Salzschiffe aus Hallein wieder ab, und am 22. Dezember 1611 mußte das Domkapitel einen neuen Vertrag unterzeichnen, der den gesamten Halleiner Salzhandel für zwei Jahrhunderte an Bayern auslieferte. Der siegreiche Bayernherzog sah sich als ein Werkzeug Gottes, der *das arme, verderbte Erzstift von diesem Menschen erlediget* habe.[142]

Wolf Dietrich, der nach eigener Aussage lieber Soldat als Erzbischof geworden wäre, zeigte sich anfangs zum Kampf entschlossen. Bald aber verlor er die Nerven, verließ am 23. Oktober die Stadt und wurde vier Tage später südlich des Katschberges, bereits auf Kärntner Gebiet, von bayerischen Verfolgern gefangengenommen.[143] Die Worte *Lieb ist Leides Anfang*, die er in seiner Gefängniszelle in Hohenwerfen an die Wand schrieb, zeigen seine depressive Gemütsverfassung. Am 23. November 1611 wurde er unter starker Bewachung nach Hohensalzburg überstellt, wo ihn am 14. Februar des folgenden Jahres der Nuntius Antonio Diaz als Gefangenen Papst Pauls V. übernahm.

Obwohl Wolf Dietrich am 7. März 1612 in aller Form auf seine Herrschaft verzichtete,[144] hat er die Freiheit nicht wiedererlangt. Seine eigenen Gesuche und die Bemühungen seiner drei Brüder scheiterten nicht nur am Widerstand Herzog Maximilians von Bayern, sondern vor allem an Wolf Dietrichs Vetter und Nachfolger, Erzbischof Markus Sittikus von Hohenems, der gegenüber dem Gefangenen auf Hohensalzburg einerseits von Furcht und andererseits von Neid erfüllt war. Als einer, der sich aus

Altersbild des Erzbischofs Wolf Dietrich von Raitenau. Ölbild eines unbekannten Malers, das vielleicht während der Haft auf der Festung Hohensalzburg entstanden ist. (SMCA)

dem Schatten seines Vorgängers nie lösen konnte, wurde er zu dessen strengstem Kerkermeister. Von der langen Haft zermürbt, von schweren epileptischen Anfällen geplagt und innerlich gebrochen, starb Wolf Dietrich in seinem Gefängnis auf Hohensalzburg am 16. Jänner 1617, wahrscheinlich an einem Schlaganfall. Obwohl er selbst Verfügungen für ein bescheidenes Leichenbegängnis getroffen hatte, ließ ihn Markus Sittikus mit allem Prunk und unter großer Beteiligung der Bevölkerung in die Gabrielskapelle überführen und dort beisetzen.[145] Auch die heutige Gestaltung des Grabmals mit dem (für die Touristen) hell angestrahlten Sarg in einem Schacht dürfte nicht den Intentionen Wolf Dietrichs entsprechen.

Das Bild des Raitenauers erscheint uns noch heute zwiespältig. Manche seiner Maßnahmen, wie die Hinrichtung des Pflegers Kaspar Vogl, die rücksichtslose Ausweisung von Protestanten, der Abriß gerade fertiggestellter Bauwerke und die enorme Steigerung seines Finanzhaushalts auf Kosten der Bevölkerung, muten nicht nur rücksichtslos, sondern despotisch an. Seine Verbindung mit Salome Alt, die Wertschätzung und Treue, die er der Bürgerstochter durch Jahrzehnte entgegenbrachte, trug wesentlich zu seiner Popularität bei. Die fünf Jahre währende Haft unter härtesten Bedingungen, die er selbst als Buße für manches von ihm begangene Unrecht empfand, hat ihn in den Augen vieler Zeitgenossen zum Märtyrer gemacht. Entscheidend aber ist, daß Wolf Dietrich in den 25 Jahren seiner Herrschaft Stadt und Land Salzburg für viele Jahrhunderte geprägt hat; nicht nur durch die Planung einer idealen Stadt und die von ihm geschaffenen Bauten, sondern auch durch richtungweisende Reformen, die nur zum Teil verwirklicht wurden, sich aber bis zum Ende der geistlichen Herrschaft durchaus bewährt haben. Sowohl Markus Sittikus als auch der große Paris Lodron sind dem von Wolf Dietrich vorgezeichneten Weg gefolgt; sie haben jedoch das Format des Raitenauers als Planer und Neuerer, als Gesetzgeber und Reformer nicht erreicht.

Markus Sittikus und Santino Solari – Hellbrunn als fürstliches Lustschloß

Schon wenige Tage nach der Resignation Wolf Dietrichs wurde dessen Vetter, Markus Sittikus von Hohenems, zum neuen Erzbischof gewählt. Er entstammte dem im heutigen Vorarlberg ansässigen Geschlecht der Herren (später Grafen) von Hohenems, die sich in italienischer Form auch Altemps nannten. Sein Vater Jakob Hannibal, ein erfolgreicher Offizier, war der Schwager des heiligen Karl Borromäus und ein Bruder von Wolf Dietrichs Mutter Helena. Markus Sittikus hat kurzzeitig das Collegium Germanicum in Rom besucht und dann durch den Verzicht seines Vetters Wolf Dietrich Domherrenstellen in Konstanz und in Salzburg, wo er 1589 aufschwur, erlangt.[146] Trotzdem hat er sich seinem Vetter gegenüber, der ihm die geistliche Laufbahn in Salzburg eröffnet hatte, keineswegs dankbar gezeigt, sondern dessen kraftvollen Regierungsstil mit Neid und Mißgunst verfolgt. Noch als Erzbischof empfand er eine fast krankhafte Furcht vor seinem Vorgänger und trachtete mit allen Mitteln, dessen Haft auf Hohensalzburg durch kleinliche Schikanen und strengste Überwachung zu verschärfen. Um das Andenken an die Verbindung zwischen Wolf Dietrich und Salome Alt möglichst zu tilgen, ließ er das Schlößchen Altenau in „Mirabella" umbenennen.[147]

Trotz des persönlichen Gegensatzes ist Markus Sittikus in vielem dem Vorbild Wolf Dietrichs gefolgt. Er las zwar täglich die Messe und erließ Mandate gegen die lockeren Sitten der Geistlichkeit, gegen ausufernde Gastmähler und Festivitäten, gegen Unzucht, Kuppelei und außereheliche Verbindungen, hatte aber selbst ein Verhältnis mit Katharina von Mabon, der Gattin eines Offiziers, und mit deren Schwester.[148] So wie Wolf Dietrich hat auch er sich über die von 16 Domherren unterzeichnete Wahlkapitulation hinweggesetzt und trotz der Kritik des Domkapitels das Erzstift als ein absoluter Fürst regiert. Auch den von Wolf Dietrich eingeschlagenen Weg der Neutralität hat Markus Sittikus weiterverfolgt. Es war eine taktische Meisterleistung, mit welchen Manövern er die katholischen Fürsten, die von einem bevorstehenden Beitritt Salzburgs zur Liga überzeugt waren, immer wieder zu täuschen vermochte.[149] Als 1618 mit dem „Prager Fenstersturz" der Dreißigjährige Krieg ausbrach und große Teile Deutschlands verwüstete, sollte sich rasch zeigen, welche Vorteile Salzburg aus seiner Neutralität ziehen konnte. Als entschiedener Vertreter der Gegenreformation ist Markus Sittikus kompromißlos gegen die Protestanten vorgegangen. Eine wichtige Rolle spielten dabei die Kapuziner, die Wolf Dietrich 1594 in die Stadt Salzburg geholt hatte. In Begleitung von Soldaten führten die Kapuzinermissionare in den Jahren 1613 bis 1617 die große Generalvisitation durch, die ein tristes Bild von der Situation des Pfarrklerus und der Seelsorge ergab.[150] Sein hartes Vorgehen gegen „halsstarrige Untertanen", vor allem deren Ausweisung, hat der Erzbischof nach dem Ausbruch des Krieges notgedrungen gemäßigt.

Die größte Aufgabe hatte Wolf Dietrich seinem Nachfolger mit der Ausführung jener Bauten hinterlassen, die er selbst geplant und begonnen, nicht aber fertiggestellt hatte. Unter dem Einfluß des päpstlichen Nuntius Antonio Diaz hatte das Domkapitel die Forderung nach dem Bau eines neuen Domes in seine Wahlkapitulation aufgenommen.[151] Auf den Rat des Dompropstes und späteren Erzbischofs, Paris Graf Lodron, berief Markus Sittikus im Sommer 1612 den aus Verna im Valle d'Intelvi nahe dem Comersee stammenden Santino Solari zum Hofbaumeister. Dieser hochbegabte und vielseitige Architekt hat in den folgenden 34 Jahren das Antlitz der Stadt Salzburg neu gestaltet; er ist zum Baumeister des „Deutschen Rom" geworden. Kein anderer Architekt vor und nach ihm, auch nicht Johann Bernhard Fischer von Erlach, hat derart prägend in das Stadtbild eingegriffen. Seine großen Erfolge verdankte Solari aber auch der Tatsache, daß er es nicht mit einem sprunghaften Fürsten wie Wolf Dietrich von Raitenau zu tun hatte, sondern sowohl mit Markus Sittikus als auch mit Paris Lodron eine Zusammenarbeit möglich war, die ihm großen künstlerischen Spielraum ließ.[152]

Für den Dom hat Solari in zweijähriger Planungszeit ein völlig neues Projekt entworfen. Die Abkehr von den Plänen Scamozzis, die kaum über die Grundsteinlegung des Jahres 1611 hinaus gediehen waren, wurde nicht von künstlerischen Gegensätzen bestimmt. Vielmehr hätte der von Norden nach Süden ausgerichtete Dom die Anlage einer neuen Prunkstraße vom Waagplatz her und den Abriß zahlreicher Bürgerhäuser in einem der ältesten Stadtviertel bedingt. Derartige Konflikte mit der Bürgerschaft wollten aber weder Markus Sittikus noch Paris Lodron provozieren. Santino Solari orientierte seinen Dom wieder von Westen nach Osten, stellte ihn völlig frei und verzichtete auf die bei Scamozzi vorgesehenen seitlichen Zugänge. Auch die Anbindung an die Residenz und die Abtei St. Peter, die Giovanni Antonio Dario später mit dem Bau der Dombögen herstellte, war im Konzept Solaris nicht geplant. Stilistisch orientierte sich Solari mit der Doppelturmfassade, dem Langhaus und der achteckigen Vierungskuppel an römischen Vorbildern, vor allem an der Jesuitenkirche Il Gesù. Die weiche, kleeblattförmige Dreikonchenanlage als Abschluß nach Osten entsprach hingegen der venezianischen Bautradition. Die Grundsteinlegung durch Markus Sittikus erfolgte am 14. April 1614, die feierliche Domweihe konnte erst dessen Nachfolger, Paris Lodron, 14 Jahre später vornehmen.[153]

Seine besonderen Fähigkeiten stellte Solari beim Ausbau der Salzburger Residenz unter Beweis. Die Bautätigkeit Wolf Dietrichs ließ auch hier nur Stückwerk zurück. Die Abweichung in der Bauachse, die zwischen dem Gartenpalais Dietrichsruhe und dem ersten Hof der Alten Residenz aufgetreten war, hatte Wolf Dietrich nur durch eine hohe Mauer abdecken können. Solari fügte gegenüber dem Hauptportal der Residenz im Osten einen Verbindungstrakt mit dem Motiv hoher Arkaden ein, von dem aus symmetrisch Treppenläufe in die Residenzgemächer führen. Damit konnte er die Abweichung der Bauachse gegenüber der Dietrichsruhe eliminieren und mit dem Markus-Sittikus-Saal, heute dem „Weißen Saal" der Residenz, im Obergeschoß einen repräsentativen Ort des höfischen „Sich-Zeigens" schaffen.[154] Solari hat auch den Arkadenhof vollendet, der nördlich an den Hof Dietrichsruhe anschloß. Zum Gasthaus Schinagl hin betonte eine hohe Mauer mit Stützpfeilern, daß die Residenz dort auf formlose Weise ihren Abschluß fand. Erst 1786 sollte der Versuch unternommen werden, diesen „Mangel" durch den Neubau des Toskanatraktes zu beheben. Neben der Residenz vollendete Solari 1615 die von Wolf Dietrich begonnene Domdechantei in der Kapitelgasse und schloß mit der Ummauerung des Gartenhofes auch die Arbeiten am Neubau ab.[155]

Eine ganz neue Dimension eröffnete Markus Sittikus mit dem Bau des Lustschlosses Hellbrunn. Auch seine Vorgänger hatten bereits Schlösser gestalten lassen, darunter Freisaal (1558) und Rif (1560), von dem sich nur wenige Teile erhalten haben. Beide Anlagen waren eher einfach, ebenso das für Salome Alt errichtete Schlößchen Altenau. Bereits im Mai 1612, kaum sechs Wochen nach seiner Wahl, gab Markus Sittikus den Bau des Schlosses Hellbrunn in Auftrag. Schon die Wahl des landschaftlich reizvollen Ortes am Hellbrunner Hügel war Zeichen großen Einfühlungsvermögens. Santino Solari, der auch diesen Bau ausführte, richtete das Schloß in der großen Achse des Gartenparterres nach Goldenstein jenseits der Salzach aus. Hellbrunn, in dessen Architektur das Vorbild des großen venezianischen Baumeisters Palladio zum Tragen kommt, verkörpert den Typ einer *Villa suburbana*, eines vor der Stadt gelegenen Lustschlosses. Die kunstvollen Wasserspiele, aber auch die prachtvolle Gartengestaltung weisen auf die römischen Villen in Frascati und Tivoli hin. Solari ist es meisterhaft gelungen, den landschaftlichen Reiz des Ortes in die Gesamtanlage gestaltend einzubinden.[156]

Erzbischof Markus Sittikus von Hohenems als Bauherr des barocken Doms mit der Ansicht von Schloß und Garten Hellbrunn. Porträt von Arsenio (Donato) Mascagni, 1618, Schloß Hellbrunn.
(SMCA, Foto: Oskar Anrather)

Markus Sittikus und seine Geliebte, Frau von Mabon; Wandmalerei im Oktogon des Schlosses Hellbrunn von Arsenio (Donato) Mascagni um 1615. (SMCA, Foto: Oskar Anrather)

Hellbrunn atmet aber auch den Geist des Erzbischofs Markus Sittikus. Von Arsenio Mascagni hat er sich 1618 vor Schloß und Garten Hellbrunn portraitieren lassen. Im Oktogon von Hellbrunn hat derselbe Maler eine höfische Szene festgehalten, die wahrscheinlich eine Begegnung des weltlich gekleideten Erzbischofs mit seiner Geliebten, Frau Katharina von Mabon, darstellt. An der Hellbrunner Allee, die als Prachtstraße der Anbindung des Schlosses an die Stadt dienen sollte, ließ Markus Sittikus für Frau von Mabon die Emsburg und für seinen Neffen, Jakob Hannibal, das Schlößchen Emslieb errichten.[157]

Der Kunstsinn des Erzbischofs konzentrierte sich aber nicht nur auf die Architektur. Als Liebhaber des Theaters hat er die erste Oper nördlich der Alpen aufführen lassen. Wahrscheinlich wurde im Februar 1614 der „Orfeo" von Claudio Monteverdi in der Residenz gespielt.[158] Als König Ferdinand von Böhmen und Ungarn 1619 nach Salzburg kam, wurde ihm ein militärischer Empfang zuteil. Zu seinen Ehren gab es eine Opernaufführung im Steintheater von Hellbrunn.[159] Der wohl berühmteste Sänger seiner Zeit, Francesco Rasi, hat dem Erzbischof Vorschläge für theatralische Produktionen unterbreitet, die Markus Sittikus im Laufe seiner Regierung verwirklichen konnte. Als Spielstätten dienten das 1614 neu errichtete Hoftheater in der Residenz, seit dem Sommer 1615 das Steintheater in Hellbrunn, sowie Bühnen in der alten Dompropstei und im inneren Hof des Klosters St. Peter. Der Erzbischof hat zahlreiche italienische Musiker an seinen Hof gezogen, und angesehene italienische Komponisten haben ihm ihre Werke gewidmet.[160]

Mit der Gründung eines Gymnasiums zeigte Markus Sittikus, daß er auch am höheren Bildungswesen interessiert war. Bereits Wolf Dietrich hatte sich mit Plänen für die Errichtung einer Universität getragen, mit den an den meisten deutschen Hochschulen dominierenden Jesuiten aber keine Einigung erzielt. Durch die Zusammenarbeit mit Abt Joachim Buchauer von St. Peter konnten anstelle der Jesuiten die Benediktiner für die Gründung und Betreuung der neuen Schule gewonnen werden. Den größten Anteil hatte Abt Gregor Reubi aus Ottobeuren, der unermüdlich für die Salzburger Schule warb und dessen Kloster auch die meisten Professoren stellte. Der Lehrplan des Gymnasiums, für das am 20. September 1617 der Stiftungsbrief ausgestellt wurde, umfaßte Philosophie, Moraltheologie, Rhetorik, Poesie, Grammatik und Syntax. Noch im Oktober 1618 wurde eine Konföderation süddeutscher Benediktinerabteien gebildet, die als Trägerin den weiteren Ausbau des Gymnasiums zur Universität übernehmen sollte. Als wesentliche Ziele des Gymnasiums haben die Domherren 1619 die Erhaltung und „Fortpflanzung" der katholischen Religion, die Erziehung gelehrter Leute und die Erhaltung guter geistlicher Disziplin fixiert. Dank der Neutralität Salzburgs im Dreißigjährigen Krieg stellten sich schon bald nach der Gründung zahlreiche Studenten ein. Im Jahre 1620 wurden bereits 388 Hörer von elf Professoren unterrichtet.[161]

Die Regierungszeit von Markus Sittikus war mit sieben Jahren zu kurz bemessen, um ähnlich großzügige Programme wie sein Vorgänger Wolf Dietrich oder sein Nachfolger Paris Lodron verwirklichen zu können. Mit dem geschickten Festhalten an der Neutralität hat der kunstsinnige Erzbischof Salzburg vor den Heimsuchungen des Dreißigjährigen Kriegs bewahrt. Ihm ist es auch zu danken, daß Paris Lodron die von Wolf Dietrich begonnene und von Markus Sittikus fortgeführte Umgestaltung der Stadt Salzburg erfolgreich zum Abschluß bringen konnte.

„Wehrhafte Friedensinsel" – Salzburgs Umbau zur Festungsstadt

Markus Sittikus war am 9. Oktober 1619, in einer außergewöhnlich schwierigen und bewegten Zeit, gestorben. Die Nachbarmächte Österreich und Bayern setzten alles daran, einen Kandidaten aus ihrem Hause zum Erzbischof zu machen. Während die Habsburger den Bischof von Passau, Erzherzog Leopold, forcierten, wollten die Wittelsbacher dem Kurfürsten Ferdinand von Köln, einem Bruder Herzog Maximilians I., auch noch das Erzbistum Salzburg zuspielen.[162] Das Domkapitel erstellte eine 70 Artikel umfassende Wahlkapitulation, in der nicht nur die Wiedererrichtung der Landschaft und die Begrenzung der persönlichen Ausgaben des Erzbischofs auf 24.000 Gulden, sondern – unter dem Einfluß Bayerns – auch der Anschluß an die katholische Liga gefordert wurden. Im Bereich der Stadt Salzburg verlangten die Domherren die Fortsetzung und Vollendung des Dombaus und ein Festhalten an der Organisation des 1617 gegründeten Gymnasiums.[163]

Aus der Wahl ging der Dompropst Paris Graf Lodron schon im ersten Wahlgang als Sieger hervor. Er entstammte einem alten Adelsgeschlecht aus Welschtirol, dessen Stammschloß Lodrone im Legertal (Valle Lagarina), einem Ausläufer des Etschtals, stand. Obwohl Paris der älteste Sohn aus der Ehe des Nikolaus Grafen Lodron mit Dorothea von Welsperg und damit als Erbe des Familienvermögens vorgesehen war, entschloß er sich zum Studium der Theologie. Nach einem Aufenthalt in Rom und dem Empfang der Priesterweihe im März 1614 wurde er bereits zwei Jahre später auf ausdrücklichen Wunsch von Markus Sittikus zum Dompropst gewählt und zur selben Zeit zum Präsidenten der erzbischöflichen Hofkammer ernannt.[164] Als er in noch jugendlichem Alter von 33 Jahren den Stuhl des heiligen Rupert bestieg, sah er sich dem Schrecken des Dreißigjährigen Krieges gegenüber, in dem damals die Protestanten glänzende Erfolge erzielten. Dieser Krieg hat fast die gesamte Regierungszeit des Erzbischofs, die immerhin 34 Jahre währte, überschattet.

Die Bedrohung des Römisch-Deutschen Reiches von außen, seit 1630 durch Schweden und seit 1635 durch Frankreich, ließ auch in Paris Lodron patriotische Gefühle aufkommen. Obwohl er selbst der Muttersprache nach Italiener war, hat er bis zum Kriegsende immer wieder vom Reich als *unserem geliebten Vaterland* gesprochen.[165] Energisch hat er auch die katholische Sache durch die wiederholte Entsendung von Truppen und durch die Bezahlung enormer Kriegssteuern unterstützt. So wie seine Vorgänger vermied er es aber, den Beitritt zur katholischen Liga zu vollziehen. Obwohl ihn deshalb nicht nur Herzog Maximilian I. von Bayern, sondern auch Kaiser Ferdinand II. bei Papst Paul V. anklagten, ließ sich der Erzbischof nicht umstimmen. Als sich nach dem Prager Frieden 1635 das Ende der Liga abzeichnete, war auch dieses Problem für Salz-

Erzbischof Paris Graf Lodron. Ölgemälde eines unbekannten Malers, um 1640, in der Salzburger Residenz. *(Foto: Oskar Anrather)*

burg gelöst.¹⁶⁶ Die Reichskontributionen blieben jedoch enorm. Allein im Jahre 1636 wurde dem Erzstift eine Zahlung von mehr als 436.000 Gulden vorgeschrieben, von denen bis 1639 eine reduzierte Summe von 350.000 Gulden bezahlt wurde. Insgesamt erreichten die Zahlungen an das Reich in den Jahren 1637 bis 1652 die fast unvorstellbare Höhe von 1,640.100 Gulden.¹⁶⁷

Schon unmittelbar nach seinem Regierungsantritt hatte Paris Lodron erkannt, daß der Schutz von Stadt und Land durch Neutralität und die Zahlung von Kriegskontributionen an das Reich nicht gewährleistet werden konnten. Es galt vielmehr, selbst effiziente Abwehrmaßnahmen zu treffen. Paris Lodron begann deshalb mit der Befestigung der Hauptstadt, die „bis dahin gleichsam ein offenes Dorf gewesen" war.¹⁶⁸ Auch mit dieser Aufgabe wurde der bewährte Hofbaumeister Santino Solari betraut. Er reiste 1622 nach Wien, um sich gegen die beträchtliche Summe von 1.400 Gulden von kaiserlichen Ingenieuren einen Plan entwerfen zu lassen. Beim Umbau Salzburgs zu einer fast uneinnehmbaren Festungsstadt, der in den Jahren 1620 bis 1646 erfolgte, hat sich Solari aber vor allem an der damals führenden Fortifikationstechnik der Venezianer orientiert. Um den Raum für die ausgedehnten Befestigungsanlagen, speziell in der Rechtsstadt mit Glacis und Ravelins, zu schaffen, mußten Häuser abgerissen und Grundstücke angekauft werden. Für die Bauarbeiten wurden einerseits Soldaten, Sträflinge und robotpflichtige Untertanen, andererseits Bettler und Landstreicher eingesetzt.¹⁶⁹

Den Fortschritt der Befestigungsarbeiten hat 150 Jahre später der Publizist Lorenz Hübner in allen Details beschrieben. Bereits Markus Sittikus hatte das äußere Linzer Tor oder Sebastianstor neu gebaut und bis zum Bergstraßentor, das an der Ostseite des heutigen Mirabellplatzes lag, eine neue Stadtmauer samt Graben errichtet. Paris Lodron begann am 2. Dezember 1621 beim Schloß Altenau, das mittlerweile Mirabell hieß, mit dem Aufwerfen von Wällen und der Anlage von Schanzgräben und Außenwerken. Von hier wurde der erste Teil der neuen Stadtbefestigung bis zum Vitalis- oder Wassertor angelegt. Außerdem begann man am linken Flußufer damit, die Aufstiegsmöglichkeiten auf den Mönchsberg durch Behauen der Felswände zu sperren. Im Frühjahr des folgenden Jahres, am 4. April 1622, wurden die Befestigungsarbeiten an beiden Ufern der Salzach fortgesetzt. In der Rechtsstadt führte man die Verteidigungsanlagen vom Linzer Tor, auch Rupertustor genannt, zum St. Virgil- oder Mirabelltor auf. Fast gleichzeitig wurden auch die Arbeiten an den Mauern und Wällen bis zum äußeren Steintor aufgenommen. Im Stadtteil am linken Flußufer begannen die Befestigungsarbeiten zwischen dem heutigen Mozartplatz und dem Nonntal, wo das alte Nonntaler Tor zugemauert und erst 1644 durch die St. Ehrentraud- oder Kajetanerpforte ersetzt wurde.

Im Jahr 1623 erfolgte die Befestigung des Mönchsberges gegen Mülln mit dem Bau des St.-Augustin-Tores. Außerdem wurden die Befestigung und Skarpierung des Mönchs- und des Kapuzinerberges fortgesetzt, um sie im Falle einer Belagerung unbesteigbar zu machen. Mit der Erbauung des Inneren Stein- oder St.-Johannes-Tores schloß man die Arbeiten am Kapuzinerberg schließlich ab. Am Mönchsberg wurden die Festungswerke erst 1638 mit dem Bau der unteren oder äußeren Monikapforte vollendet. In einem weiteren Bauabschnitt wurden 1644 zusätzliche Befestigungen im Nonntal errichtet, nämlich die Kajetanerschanze und die ganze und halbe Schanze in Nonntal, woran noch heute die Schanzlgasse erinnert. Am Gries ließ der Erzbischof 1641 die „alte Türnitz" erbauen, angeblich die erste Kaserne auf deutschem Boden. Dadurch sollte den Bürgern die oft beschwerliche Last der Einquartierung von Soldaten abgenommen werden.[170]

In die Bastionen am linken und rechten Ufer der Salzach waren eine große Zahl kunstvoll ausgeführter Tore eingefügt. Von ihnen sind die meisten, ebenso wie die ausgedehnten Fortifikationsanlagen selbst, einem mißverstandenen Fortschrittsglauben im 19. Jahrhundert zum Opfer gefallen. An den erhaltenen Mauern und Stadttoren erinnert das Wappen Paris Lodrons, der Löwe mit dem kunstvoll geknoteten „Brezel-Schweif", an den erzbischöflichen Bauherrn. Diese Tore und der dem Mirabellgarten vorgelagerte Zwerglgarten, der sich als einzige der ausgedehnten Bastionen am rechten Salzachufer erhalten hat, zeigen bis heute, daß Santino Solari den Umbau Salzburgs zur Festungsstadt nicht nur in wehrhafter, sondern auch in gefälliger, man möchte fast sagen in anmutiger Form, ausgeführt hat.[171]

Eine neue Gestalt erhielt auch die mächtige Festung Hohensalzburg. An ihrer westlichen Schmalseite, wo immer noch die mittelalterliche Ringmauer stand, wurden die großen Hasengrabenbastionen mit ihren riesigen Stützmauern vorgelegt. Das Zeughaus auf dem Hasengraben beherrschte mit seinen Geschützständen die „Scharte" und den Sattel zum Mönchsberg hinüber. An das 1635 errichtete Schartentor schloß die in den folgenden Jahren errichtete Bastion der „Katze" an. Völlig umgestaltet wurden auch das Bürgermeistertor und die Auffahrt zu diesem. Nach 1640 ließ Paris Lodron die beiden Nonnbergbasteien an der Ostseite erneuern. Die optisch wohl bedeutendste Veränderung brachte die Entfernung des mächtigen Giebeldaches, das bis dahin den Hohen Stock bekrönt hatte. Es wurde so wie die anderen Giebeldächer auf den Gebäuden und Türmen der Festung durch Grabendächer ersetzt, um für den Fall einer Beschießung die Brandgefahr zu verringern und Löscharbeiten zu erleichtern.[172]

Die Kosten für die Befestigung der Stadt Salzburg waren enorm. Aus den nur teilweise erhaltenen Rechnungen ergibt sich ein Betrag von mehr als 840.000 Gulden, die Gesamtkosten dürften deutlich über einer Million Gulden gelegen sein. Lorenz Hübner beurteilte das Ergebnis der Bauarbeiten für die weitere Entwicklung der Stadt uneingeschränkt positiv: „Die Stadt selbst hat unstreitig durch diese Befestigungen auch an ihrer inneren Vergrößerung gewonnen. Denn man traf gar bald Anstalten, den Raum hinter den Befestigungswerken mit Gebäuden auszufüllen […] und so erwuchs die Stadt Salzburg zu einer solchen Größe und Herrlichkeit, daß sie nun mit den schönsten Städten Deutschlands wetteifern kann."[173]

In späterer Zeit, vor allem im frühen 19. Jahrhundert, hat sich die Einstellung zu den Befestigungsanlagen grundlegend geändert. Man empfand sie als ein Korsett, das die Stadt von allen Seiten her einschnürte und eine längst fällige Stadterweiterung, vor allem am rechten Flußufer, unmöglich machte. Als Kaiser Franz Josef I. 1860 die Stadt als Festung aufhob und die Fortifikationsanlagen der Bürgerschaft schenkte, machte man sich deshalb mit übertriebenem Eifer an den Abbruch der Bastionen. Noch 1894 fiel das

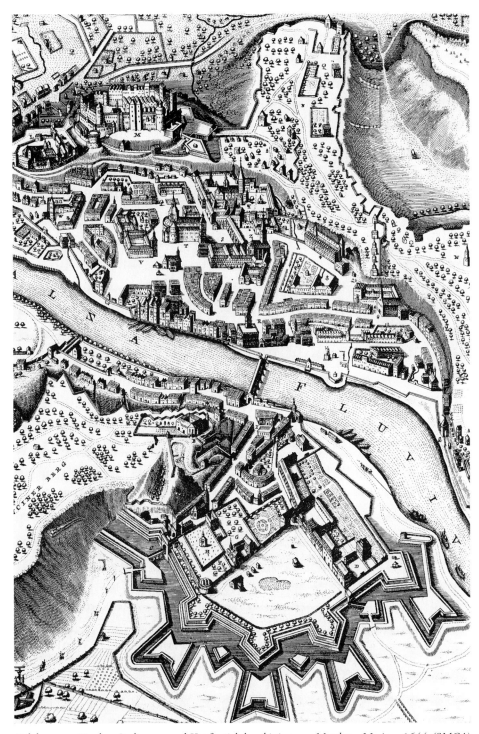

Salzburg von Norden. Radierung und Kupferstich kombiniert von Matthäus Merian, 1644. (SMCA)

Salzburg vom Kapuzinerberg. Kupferstich und Radierung kombiniert von Johann Friedrich Probst, um 1710. (SMCA)

Linzer Tor trotz vehementer Proteste der Spitzhacke zum Opfer. In Verbindung damit steht auch die bis heute immer wieder kolportierte, aber völlig unsinnige Geschichte von einem geplanten Abriß der Festung Hohensalzburg, der im Stadtrat scheinbar nur mit der Mehrheit von einer einzigen Stimme verhindert wurde. Diese Ereignisse beziehen sich nicht auf Hohensalzburg, sondern auf die befestigte Stadt, die insgesamt bis 1860 so wie Linz auch den Status einer Festungsstadt hatte und deshalb als Festung bezeichnet wurde.[174]

Die stark befestigte Stadt galt während des Dreißigjährigen Krieges als „wehrhafte Friedensinsel". Das zeigt nicht nur die rasch steigende Zahl von Studenten, die mitten im Krieg ihr Studium in Salzburg aufnahmen, sondern auch die Einschätzung Salzburgs und der Festung Hohensalzburg als sicherer Zufluchtsort. Der stolze Herzog und Kurfürst Maximilian I. von Bayern, Oberbefehlshaber der katholischen Liga, hat zweimal hier Schutz gesucht. Im April 1632 wurden zunächst Schatz und Archiv Maximilians sowie die bayerische Landschaftskasse auf Hohensalzburg in Sicherheit gebracht. Mit der Kurfürstin Elisabeth Renata und Herzog Albrecht kam auch das kostbare Gnadenbild von Altötting nach Salzburg und wurde zeitweise zur Verehrung ausgestellt. Im Oktober nahm der Kurfürst selbst die Gastfreundschaft Paris Lodrons in Anspruch. Die Stadt war damals mit Flüchtlingen aus Bayern, Franken und Schwaben so überfüllt, daß ein Teil der Soldaten in Hütten beim Schloß Mirabell untergebracht werden mußte. Obwohl König Gustav Adolf angeblich *ein sonderbares Auge auf diese Stadt und Pässe* geworfen hatte, kam es nicht zum befürchteten Angriff der Schweden, die sich wieder nach München zurückzogen. Als am Ende des Jahres Kurfürst Maximilian mit seinen Schätzen und seiner Familie Salzburg verließ, hatte die Stadt ihrem volkstümlichen Namen „Helfenburg" alle Ehre gemacht.[175]

Kurfürst Maximilian hat 1646 Schatz und Archiv erneut nach Salzburg in Sicherheit gebracht. Im Frühjahr 1647, als die Einquartierung bayerischer Truppen in Salzburg ultimativ gefordert wurde, schienen bewaffnete Auseinandersetzungen zwischen Salzburg und Bayern unmittelbar bevorzustehen. Im Sommer des folgenden Jahres jedoch flüchtete Kurfürst Maximilian I. nach Salzburg. Auch diesmal wurde wieder das Marienheiligtum von Altötting vor den schwedischen „Ketzern" in Sicherheit gebracht und auf dem Hochaltar der Franziskanerkirche zur Verehrung aufgestellt.[176] Kurfürst Maximilian, der das für ihn so bittere Kriegsende in Salzburg erlebte, hat die erneute Gastfreundschaft Paris Lodrons schlecht gelohnt. Gleich nach dem Abschluß des Westfälischen Friedens in Münster und Osnabrück 1648 trat er mit enormen Ansprüchen gegen Paris Lodron auf. Durch kaiserliche Vermittlung kam 1649 ein Vergleich zustande, der dem Erzstift Salzburg nochmals 300.000 Gulden als Entschädigung für das bayerische Heer auferlegte. Es war der Schlußpunkt einer Serie von harten Auseinandersetzungen, die zwischen Maximilian und Paris Lodron stattgefunden hatten. Als eine Art später Wiedergutmachung hat König Ludwig I. von Bayern dem Salzburger Erzbischof in der von ihm geschaffenen Ruhmeshalle „Walhalla" bei Regensburg eine Büste aufstellen lassen und damit die großen Leistungen Paris Lodrons anerkannt.[177]

Universitas Salisburgensis – Paris Lodron als Universitätsgründer und „Vater des Vaterlands"

Obwohl Salzburg während des Dreißigjährigen Kriegs weder belagert noch ernstlich bedroht wurde, blieb das städtische Leben von den Auswirkungen des langen Glaubenskampfes nicht verschont. Immer wieder quoll die Stadt von Flüchtlingen über, die notdürftig versorgt werden mußten. Einquartierungen von Soldaten verursachten ebenso hohe Kosten wie die zunehmende Zahl der Armen, Obdachlosen und Landstreicher. Mehrfach kam es zu pestähnlichen Epidemien, die auch den Erzbischof zum Verlassen seiner Residenz zwangen. Vor allem aber verursachten die enormen Aufwendungen für Kriegskontributionen, für die Stadtbefestigungen, für die „Militarisierung" des Landes mit Waffen, Munition und Soldzahlungen, einen ständig wachsenden Steuerdruck, der schließlich fast unerträglich schien und zu einer zunehmenden Verelendung der Bevölkerung führte. In den Jahren von 1620 bis 1650 wurden 5,357.705 Gulden von den Generalsteuereinnehmern eingehoben. Die gesamten Einkünfte des Erzstiftes in dieser Zeit erreichten 7,813.645 Gulden. Wurden im frühen 16. Jahrhundert ca. 80.000 bis 100.000 Gulden als Jahresetat der Erzbischöfe veranschlagt, so wurden 1634 nicht weniger als 331.156 Gulden allein an Steuern zu insgesamt vier Terminen eingenommen.[178]

Nicht die in der Wahlkapitulation des Domkapitels enthaltene Forderung nach „Wiedererrichtung der Landschaft", sondern der enorme Finanzbedarf waren für Paris

Lodron der Anlaß, 1620 die Landstände einzuberufen, die seit 1592 nicht mehr zusammengetreten waren. In seiner Proposition forderte der Erzbischof die Stände auf, die enorme Schuldenlast von 635.366 Gulden zu übernehmen, die bisherige Landessteuer um ein Drittel zu erhöhen, die Steuerpflicht auf die privilegierten Stände der Prälaten und des Adels auszudehnen, sämtliche Landesausgaben für das Reich und den bayerischen Kreis zu übernehmen und die Kosten für die Befestigungen in der Hauptstadt und auf dem Lande sowie für Bewaffnung, Ausrüstung und Sold zu tragen. Erst nach langen Verhandlungen mit einem Ausschuß der Stände kam es zu einer Einigung und zur Ausstellung einer erzbischöflichen Urkunde über die „Wiedererrichtung" der Landschaft.[179] Zur Deckung der enormen Schulden und der stark steigenden Ausgaben wurden eine Reihe gravierender Belastungen eingeführt: Ein Fleischaufschlag auf jedes Pfund Schlachtfleisch, ein Ungeld als Steuer auf Met und Bier und eine starke Anhebung der Vermögenssteuer. 1637 beschloß man noch die Einführung einer Leibsteuer, die jeder leisten mußte.[180]

Zu diesen Belastungen kam bald nach Kriegsausbruch ein starker Preisauftrieb. Die Kosten für ein Schaff Weizen stiegen von 57 auf 96 Gulden, für ein Schaff Korn von 42 auf 94 Gulden. In der Stadt Salzburg war die Not so groß, daß alle Lebensmittelmagazine geleert werden mußten, um die Bevölkerung notdürftig zu ernähren. Die Menschen mußten zu Heu, Stroh und Streu greifen, um den ärgsten Hunger zu stillen.[181] Verschärfend kam dazu die große Münzkrise der „Kipper- und Wipperzeit", die erst 1628 saniert war. Die Bevölkerung hat dadurch etwa 87 Prozent ihres bescheidenen Barvermögens eingebüßt.[182] Angesichts dieser Entwicklung war es kein Wunder, daß es 1645 im Zillertal und in den angrenzenden Gebirgsgauen zu Bauernunruhen kam, die Paris Lodron mit kluger Zurückhaltung meistern konnte. Es wurde kein einziges Todesurteil vollstreckt und nur in zwei Fällen lebenslange Haft verhängt.[183]

Trotzdem konnte Paris Lodron in den Jahren des Kriegs und der Entbehrung bedeutende kulturelle und künstlerische Leistungen setzen. An erster Stelle ist die Gründung der Salzburger Benediktiner-Universität zu nennen. Bereits das 1617 errichtete Gymnasium war als Vorstufe einer künftigen Universität konzipiert. Eine herbe Enttäuschung bedeutete es jedoch, daß Kaiser Ferdinand II. auf Bitte Paris Lodrons eine Urkunde ausstellte, in der er nur das bereits vorhandene Gymnasium bestätigte und diesem die Verleihung von akademischen Graden bis zum Magisterium zuerkannte. Als diese „Privilegien" 1621 in Salzburg eintrafen, legte der Erzbischof entrüstet Protest ein und beharrte auf einer Volluniversität. Erst am 4. Oktober 1622 kam dann eine auf den 9. März 1620 rückdatierte kaiserliche Urkunde in Salzburg an, die den Wünschen Paris Lodrons in vollem Umfang Rechnung trug. Mit ihr wurde das Salzburger Gymnasium zu einer vollwertigen Universität mit den gleichen Rechten wie die Universitäten von Paris, Wien, Köln, Freiburg und Ingolstadt erhoben. Sie durfte alle akademischen Grade vom Lizentiat bis zum Doktorgrad verleihen und zwar für sämtliche Fakultäten, nämlich die Artistenfakultät, Philosophie, Theologie, Kanonisches Recht, Zivilrecht und Medizin.[184] Am 8. Oktober 1622 fand die feierliche Eröffnung statt.

Paris Lodron hat als Landesfürst erst ein Jahr später, am 1. September 1623, eine Gründungsurkunde ausgestellt, in der er die *Erhaltung und Fortpflanzung der allein seligmachenden katholischen Religion* als eine der wichtigsten Aufgaben festlegte. Zur Finanzierung übertrug er der Universität ein Kapital von 72.000 Gulden, dessen jährliche Zinsen zur Deckung aller Ausgaben verwendet werden sollten. Die neue Hochschule stand unter der Leitung des Benediktinerordens. Ein Gremium von fünf Äbten der konföderierten Klöster, einem Präses und vier Assistenten übte durch jährliche Visitationen ein Aufsichtsrecht aus. Der Abt von St. Peter nahm als „ständiger Assistent" zwar eine wichtige Aufgabe vor Ort wahr, blieb aber vom Amt des Präses ebenso ausgeschlossen wie die Professoren von St. Peter von der Würde des Rektors.[185] Endgültig gesichert wurde die Salzburger Universität jedoch erst durch die päpstliche Bestätigung, die Urban VIII. am 17. Dezember 1625 erteilte.[186] Die Hohe Schule bestand aus einer Theologischen Fakultät mit fünf Lehrstühlen, einer Juridischen Fakultät mit ebenfalls fünf und einer Philosophischen Fakultät mit vier Lehrstühlen. Der 1632 unternommene Versuch, mit der Berufung des Anatomen Dr. Antonio Cola ein ständiges Medizinstudium einzurichten, ist leider nach wenigen Jahren gescheitert. Erst in der Spätzeit der Benediktiner-Universität kam es unter Kurfürst Ferdinand von Toscana 1804 zur Gründung der lang ersehnten Medizinischen Fakultät.[187]

Das in St. Peter untergebrachte Gymnasium hatte unter ständiger Raumnot gelitten. Die Universität sollte möglichst rasch eigene Bauten erhalten, aber „wegen der großen Entfernung im Winter" lehnten die Professoren 1627 das Gelände beim heutigen Priesterseminar neben der Dreifaltigkeitskirche als Standort ab. Nach Plänen von Santino Solari wurden die Universitätsbauten auf dem weitläufigen Areal des Frauengartens im Westen der Stadt errichtet. An den kleinen Trakt des Sacellum, der 1617 für das Gymnasium entstanden war, schloß ein Vierflügelbau mit dem großzügigen Saal der Aula Academica, die einst auch als Kirche und Theater für die akademische Jugend diente. Neben diesem 1631 vollendeten Bau wurde der östliche Teil des Areals für eine Universitätskirche freigehalten, die Fischer von Erlach 1700 errichtet hat.[188]

Bedingt durch die relative Sicherheit Salzburgs wuchs die Zahl der Studenten rasch. Sie stieg von 126 im Jahre 1639 auf 198 im letzten Kriegsjahr 1648. Die Studenten kamen überwiegend aus Bayern, den habsburgischen Erbländern, dem Erzstift Salzburg sowie aus Schwaben und dem Allgäu. Aber auch aus Böhmen und Mähren, aus Krain, Triest, dem Elsaß, Preußen, Sachsen, den Niederlanden und Luxemburg, aus Italien, Schottland und der Schweiz stellten sich Hörer in Salzburg ein. Im Februar 1634 wurde sogar ein akademisches Freikorps gebildet, das allerdings nicht zum Einsatz kam und wegen der häufigen Reibereien mit Soldaten fünf Jahre später wieder aufgelöst wurde.[189]

Die Universität erlebte, speziell nach ihrer Reform im Jahre 1653, einen weiteren Aufschwung. Besonders wichtig war es, daß neben den bayerischen Klöstern nach anfänglichem Zögern auch die österreichischen Benediktinerabteien 1623 und 1625 der Konföderation beitraten. Die Klöster stellten aus den Mitgliedern ihrer Konvente die Professoren der Universität. Zu ihnen zählten bedeutende Gelehrte wie der Theologe Alphons Stadelmayr, der von 1652 bis 1672 als Rektor wirkte und dann zum Abt des schwäbi-

Kaiserliches Szepter der Salzburger Universität von A. Hamberger, Augsburg 1656. Rechts der Lodronsche Löwe mit dem „Brezelschweif", links der Löwe des Königreichs Böhmen, der Löwe des Heiligen Römischen Reichs ist verdeckt. (Foto: Oskar Anrather)

schen Klosters Weingarten gewählt wurde, oder Herrmann Hermes aus Köln, der als Rechtslehrer von 1652 bis 1680 den Ruf der Salzburger Juristenfakultät begründete.[190]

Von den vielen prominenten Studenten seien hier nur Andreas von Liebenberg genannt, der als Wiener Bürgermeister während der zweiten Türkenbelagerung bekannt wurde, Ulrich Megerle, der als volkstümlicher Prediger und Kanzelredner unter dem Namen Abraham a Sancta Clara Berühmtheit erlangte, und Philipp Ludwig Graf Sinzendorf, der erste österreichische Hofkanzler und Gegenspieler des Prinzen Eugen. Die Salzburger Benediktiner-Universität stand zeitweise hinter Wien und Leipzig an dritter Stelle unter allen deutschen Hochschulen; bis zum Beginn des 19. Jahrhunderts wurde sie von mehr als 30.000 Studenten besucht. An Paris Lodron als ihren Gründer erinnert der Name *Alma mater Paridiana*, den die heutige staatliche Universität als Nachfolgerin der einstigen Benediktiner-Universität trägt.[191]

Zu einem pompösen Fest mitten im Krieg gestaltete sich die Weihe des von Solari errichteten Domes. Paris Lodron hatte von seinem Vorgänger Markus Sittikus den Rohbau mit dem bis zum Dach fertiggestellten Schiff und der nur halb vollendeten Fassade mit den Glockentürmen übernommen. Die Festlichkeiten der Domweihe fielen ausgerechnet in das Jahr 1628, in dem die katholischen Armeen unter den Feldherren Tilly und Wallenstein siegreich bis in den Norden Deutschlands vordrangen. Nachdem Papst Urban VIII. für die Feierlichkeiten zur Domweihe einen vollkommen Ablaß erteilt hat-

Der Domplatz in Salzburg. Radierung und Kupferstich kombiniert von Karl Remshard nach Franz Anton Danreiter, um 1735. Die beiden im Jahre 1628 noch unfertigen Türme sind hier bereits voll ausgebaut, der neue Konventtrakt des Klosters St. Peter (rechts) fertiggestellt und der gegenüberliegenden Fassade der Residenz angeglichen. (SMCA)

te, verfügte Paris Lodron am 18. September 1628 die Entlassung aller Gefangenen und die Wiederaufnahme von Landesverwiesenen, wovon allerdings die protestantischen „Ketzer" ausgenommen blieben. Zu den Feiern selbst wurden am 22. und 23. September zahlreiche Nachbarfürsten begrüßt, die mit einem Gefolge von 781 Personen und 651 Pferden in Salzburg eintrafen.[192]

Den Höhepunkt der Festlichkeiten bildete die schier endlose Reliquienprozession am Rupertitag, dem 24. September 1628, bei der auch die Stadt mit allen Würdenträgern und die Zünfte des städtischen Handwerks vertreten waren. Am folgenden Tag nahm Erzbischof Paris Lodron persönlich die Domweihe vor, deren Zeremonien bis zu Mittag andauerten. Zum unterhaltsamen Teil der Festlichkeiten zählte dann die Aufführung eines Theaterstücks der Professoren und Studenten der Benediktiner-Universität. Ein großes Feuerwerk, das drei Stunden lang dauerte, beschloß diesen ereignisreichen Tag. Die Feiern fanden nach insgesamt acht Tagen, am 28. September, ein Ende, am 2. Oktober verließen die fürstlichen Gäste die Bischofsstadt.[193]

Der Dombau selbst war freilich noch unvollendet. Wegen der kriegsbedingten Belastungen mußte der Weiterbau um 1635 eingestellt werden. Nachdem der Baumeister Santino Solari 1646 verstorben war, wurde erst 1651 der Ausbau fortgeführt. Paris Lodron stiftete 1652 40.000 Gulden zur Vollendung, die jährlichen Zinsen von etwa 1000 Gulden ermöglichten aber nur einen langsamen Baufortschritt. So erlebte erst sein Nachfolger, Guidobald Graf Thun, die Vollendung des Domes mit dem Ausbau der beiden Türme und der Errichtung der Dombögen. Als einer der hervorragendsten, auch im Inneren einheitlich gestalteten Kirchenbauten hat der von Santino Solari geschaffene Dom zwar nicht für Österreich, wohl aber für Süddeutschland beispielhafte Wirkung besessen.[194]

Paris Lodron hat selbst eine Reihe von geistlichen Stiftungen vollzogen. Zu nennen sind hier die „Schneeherren", ein weltpriesterliches Kollegiatstift zu Ehren der hl. Jungfrau Maria *ad Nives*, an einem Seitenaltar des Domes, und die beiden Kollegien *Marianum* und *Rupertinum* für die an der Salzburger Universität studierende Jugend.[195] Als weiterer Kirchenbau in der Stadt entstand das Loretokloster mit der Kirche, das 1631 durch den Freiherrn Rudolf von Griming gestiftet wurde.[196]

Stärker beeinflußt wurde das Stadtbild durch die Palastbauten, die Paris Lodron für die von ihm gestiftete Primogenitur und Sekundogenitur der Grafen Lodron errichten ließ. Der mächtige Primogeniturpalast, den Santino Solari gestaltet hat, ist heute als „Altes Borromäum" der Hochschule „Mozarteum" gewidmet. Die Verbindung zum gegenüberliegenden Trakt an der anderen Seite der Dreifaltigkeitsgasse wurde durch den inzwischen abgebrochenen Lodronbogen (später Mitterbacherbogen genannt) hergestellt. Solari hat diesen ausladenden Palastbau vor allem dazu konzipiert, um die neue Prachtstraße Mirabellplatz-Dreifaltigkeitsgasse zu flankieren. Für die Sekundogenitur wurde 1652 ein eigener Palast am Mirabellplatz, das heutige Hotel Reiter, errichtet. Die Dominanz der erzbischöflichen Familie in der Rechtsstadt war so stark, daß Franz Martin von der „Lodronstadt" gesprochen hat.[197] Als Sommersitze erhielt die Primogenitur das Schlößchen Röcklbrunn, die Sekundogenitur das Gut Minnesheim in Gnigl. Zieht man die reiche Ausstattung der Verwandten mit großen Landgütern hinzu, dann ist bei Paris Lodron ein deutlichen Hang zum Nepotismus nicht zu verkennen. Andererseits haben die großangelegten Bauten zahlreichen Menschen in der Stadt Arbeit geboten und der städtischen Wirtschaft ein ansehnliches Kapital zugeführt.

Mit der Verbauung des Gebietes am Gries, wo einst Wolf Dietrich den Lamberggarten an sich gebracht hatte und des Gstättenviertels als Vorstadt zwischen Schleiferbogen und Klausentor, wurden der Bürgerschaft neue Siedlungsräume zur Verfügung gestellt.[198] Der Hofbaumeister Solari selbst erhielt 1623 einen Bauplatz im Anschluß an das Michaelstor übertragen. Er errichtete dort die Solari-Häuser, die später als Domkapitelhäuser dienten und den heutigen Mozartplatz nach Osten hin abschließen.[199]

Schließlich ließ Paris Lodron auch die Trockenlegung des Schallmooses und des Itzlinger Moores, die bereits Wolf Dietrich geplant hatte, durch protestantische Facharbeiter aus den Niederlanden 1632 bis 1647 durchführen. Obwohl dort nur die Anlage von landwirtschaftlichen Nutzflächen vorgesehen war, eröffnete der Bau des Fürstenweges, der heutigen Vogelweiderstraße, die Voraussetzung zu einer Stadterweiterung in Richtung Lengfelden.[200] In dem bis dahin von der Stadtplanung vernachlässigten Bereich der Riedenburg legte Paris Lodron 1636 den Grundstein für das Pestlazarett St. Rochus, das als Vierflügelbau mit einer von Solari entworfenen Kapelle errichtet wurde und heute die Stieglbrauerei beherbergt.[201] An der Straßenverbindung nach Reichenhall wurde ab 1604 der Aiglhof zum Landsitz der Äbte von St. Peter ausgebaut.[202]

Paris Graf Lodron ist am 15. Dezember 1653 im Alter von 67 Jahren gestorben. Bereits zwei Jahre vorher war er in einer Lobschrift als *Pater patriae*, als wahrer „Vater des Vaterlandes", gepriesen worden. Diesen Titel hat er sich im Laufe seiner langen und erfolgreichen Regierung durchaus verdient. Während der schweren Kriegszeiten, in der das benachbarte Bayern etwa die Hälfte der Gesamtbevölkerung einbüßte, hat er den Frieden gesichert, die von Wolf Dietrich begonnenen Großbauten vollendet und Salzburg zu einer Festungsstadt umgestaltet. Diese für Salzburg so bedeutenden Leistungen, die Paris Lodron als nüchterner, pragmatisch denkender Landesfürst erzielte, konnten allerdings nicht verhindern, daß die mit dem Dreißigjährigen Krieg einsetzende wirtschaftliche und gesellschaftliche Rezession in den folgenden Jahrzehnten weiter fortschritt.

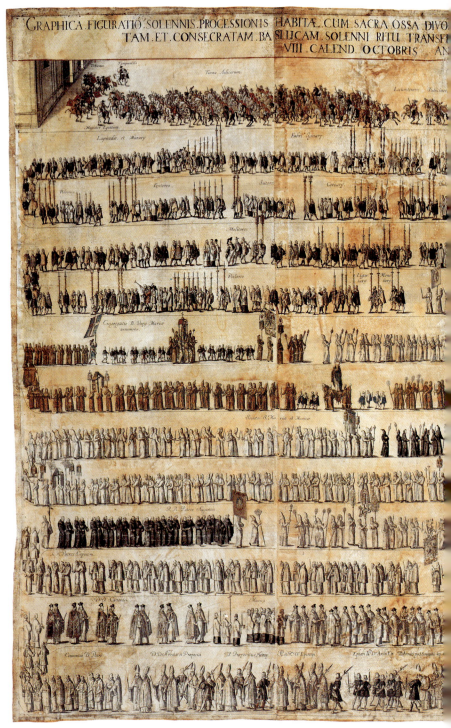

Reliquienprozession anläßlich der Domweihe 1628.

(Privatbesitz, Foto: SLA)

VIII. GLANZ UND ELEND – SPÄTZEIT UND ENDE DER GEISTLICHEN HERRSCHAFT (1653–1803)

Die letzte Phase der geistlichen Herrschaft über die Stadt Salzburg ist von einer divergierenden Entwicklung gekennzeichnet. Die Nachfolger Santino Solaris setzten die Umgestaltung der Stadt und ihrer unmittelbaren Umgebung fort. An die Stelle der italienischen Architekten traten um 1700 die bedeutendsten österreichischen Barockbaumeister. Die Kirchenbauten Fischers von Erlach verliehen der Stadt erst jene vieltürmige Silhouette, die sie bis heute als „Deutsches Rom" erscheinen läßt. Fischer und sein großer Konkurrent, Lukas von Hildebrandt, vollendeten auch jenen prachtvollen Kranz von erzbischöflichen Lustschlössern, der die Stadt umgibt.[1]

Dieser äußere Glanz aber wurde zu einer Zeit geschaffen, als sich die städtische Wirtschaft in einem unaufhaltsamen Niedergang befand. Das großzügige Mäzenatentum reicher Bürger hatte – von wenigen Ausnahmen abgesehen – bereits im 16. Jahrhundert ein Ende gefunden. Die Erzbischöfe aber trugen keine Bedenken, im Stil des landesfürstlichen Absolutismus auf Kosten ihrer Untertanen in Stadt und Land großartige Bauten zu errichten und eine höfische Kultur zu entfalten, die mit dem Wirken Johann Michael Haydns und der Mozarts ihren Höhepunkt erreichte. Der Glanz, den die späten Erzbischöfe entfalteten, war erkauft mit der Armut und dem Elend, das immer breitere Schichten der Bevölkerung erfaßte. Daß Salzburg 1816 als total verarmtes und ausgeblutetes Land an die Habsburger fiel, war nicht nur eine Folge der napoleonischen Kriege und der schamlosen Plünderungen durch Österreicher und Bayern, sondern auch einer überspannten Finanz- und Steuerpolitik der letzten regierenden Fürsterzbischöfe.[2]

Es wäre freilich eine unzulässige Vergröberung, die Zeit von 1653 bis 1803 nur als eine Epoche des Niedergangs zu beschreiben. Licht und Schatten, Aufwärtsentwicklung und Rezession wechselten auch in den letzten 150 Jahren der geistlichen Herrschaft. Das späte 17. Jahrhundert brachte nach dem Ende des Dreißigjährigen Krieges eine Phase der Erholung, in der die drei letzten der großen Salzburger Barockfürsten die Ausgestaltung der Stadt Salzburg vollendeten.[3] Mit dem 18. Jahrhundert setzte – ungeachtet der vielgepriesenen Friedenszeiten unter Erzbischof Harrach – ein langsamer aber stetiger Niedergang im wirtschaftlichen, politischen und sozialen Bereich ein. Umso bemerkenswerter war die kulturelle Blüte, die nicht nur auf den Fürstenhof beschränkt war, sondern auch vom Bürgertum der Hauptstadt mitgetragen wurde. Mit der Regierung des Erzbischofs Hieronymus Graf Colloredo, der Salzburg zum vielbeneideten Zentrum der süddeutschen Aufklärung machte,[4] schien der Weg in eine bessere Zukunft eröffnet. Die aufkeimende Hoffnung jedoch erstickte bald in den Kriegen gegen das revolutionäre Frankreich und Napoleon, die Salzburg zu einem Spielball der Großmächte werden ließen und den Abstieg der einst blühenden Haupt- und Residenzstadt zu einem „Betteldorf" einleiteten.[5]

Das späte 17. Jahrhundert – Jubiläumsfeiern, Unglücksfälle, Hexenwahn

Unter Erzbischof Guidobald Graf Thun (1654–1669), der so wie Paris Lodron aus Welschtirol stammte, kam es nach den schweren Zeiten des Dreißigjährigen Krieges zu einer deutlichen Entspannung. Die nicht mehr benötigten Soldaten wurden abgedankt, die Arbeiten an den Befestigungsbauten eingestellt und der enorme Steuerdruck der Kriegsjahre allmählich verringert. So wie seine Vorgänger hat auch Guidobald als absoluter Fürst regiert und durch Verordnungen selbst in die intimen Lebensbereiche seiner Untertanen eingegriffen. Als Beispiel sei das 1657 erlassene Verbot des Tabakrauchens und des Verkaufs von Tabak genannt.[6]

Die von Wolf Dietrich begonnene Umgestaltung der Stadt näherte sich ihrem Abschluß. Als Nachfolger Santino Solaris vollendete der Hofbaumeister Giovanni Antonio Dario die beiden Türme und die von der Figur des Christus Salvator bekrönte Fassade des Domes. Durch den Bau der Dombögen verlor der Salzburger Dom zwar jene „Freiheit", die ihm Solari zugedacht hatte; dafür kam es aber zu einer klaren optischen Trennung des Domplatzes vom Residenzplatz und vom Kapitelplatz, und für die Erzbischöfe wurde ein direkter Zugang von der Residenz auf die ihnen vorbehaltene Empore im Dom geschaffen.[7] Die schwierige Gestaltung des Domplatzes löste Dario, indem er anstelle der hohen Mauer, die Wolf Dietrich dem Areal von St. Peter vorgesetzt hatte, einen schmalen Residenztrakt plante, der mit der Fassade der Residenz korrespondierte. Dieses Gebäude wurde dann an St. Peter abgetreten, vom einheimischen Baumeister

Der Domplatz nach dem Bau der Dombögen zwischen Residenz bzw. St. Peter und den Domtürmen. Der Konventtrakt des Petersklosters mit neuer Fassade zum Domplatz ist vollendet. Rechts im Bild der Nordtrakt der Residenz, der beim Bau des Toskanatraktes abgerissen wurde, dahinter die geschlossene Anlage der Dietrichsruhe. Steckbild von Richard Schlegel, Salzburg, Privatbesitz. (Foto: W. Schlegel)

Christoph Gottsreiter ausgeführt, und bildet seither den Konventtrakt des Klosters. Der Abt mußte dafür eine Reihe von Zugeständnissen an den Erzbischof machen und sich verpflichten, das Portal zum Domplatz nicht zu öffnen.[8]

In der Residenz erhöhte Dario zwei der vier Trakte und schuf damit eine Suite von kleineren Sälen, die als Gästezimmer dienten. Gleichzeitig konnte damit auch der Carabinierisaal zur Höhe von zwei vollen Geschoßen aufgeführt werden. Der Residenzbrunnen, den Erzbischof Guidobald im Zentrum des imposanten Residenzplatzes errichten ließ, zählt zu den schönsten Schöpfungen dieser Art nördlich der Alpen. Der Name des italienischen Bildhauers, der dieses Kunstwerk schuf, ist trotz intensiver Nachforschungen nicht gesichert.[9] Als kleineres Pendant wurde auf dem Kapitelplatz ein Pegasusbrunnen errichtet. Er mußte später der Kapitelschwemme weichen, die bekrönende Pegasusfigur des Innsbrucker Plastikers Kaspar Grass steht heute im Mirabellgarten.[10] Im fürsterzbischöflichen Marstall ließ Guidobald die Winterreitschule für das typisch barocke Pferdetheater anlegen. Der hohe, einst mit Balkonen für die Zuschauer versehene Saalbau bildet heute den Stadtsaal im Festspielhaus. Auf der gegenüberliegenden Seite entstand, zur Flankierung der Hofstallgasse als fürstlicher Prunkstraße, der Südtrakt der Alten Universität.[11]

Die Bautätigkeit entsprach dem übersteigerten Repräsentationsbedürfnis des Erzbischofs, der hohe fürstliche Gäste, 1665 sogar Kaiser Leopold I., in Salzburg empfangen konnte. Er selbst fühlte sich zu Höherem berufen als zur Regierung eines geistlichen Fürstentums. Seit 1662 war Guidobald als „Prinzipalkommissär" der persönliche Stellvertreter des Kaisers auf dem „Immerwährenden Reichstag" in Regensburg. In Salzburg führte eine Statthalterschaft unter dem Bischof von Chiemsee, Franz Vigilius Graf Spaur, die Regierungsgeschäfte. Guidobald war damit der letzte Erzbischof, der sich nochmals erfolgreich in der Reichspolitik engagiert hatte. Zugleich wird aus seiner Funktion ersichtlich, wie stark das Erzstift und seine Regenten seit dem 16. Jahrhundert in das Fahrwasser der Habsburger geraten waren. Für die Stadt Salzburg bedeutete die Abwesenheit des Erzbischofs sowie zahlreicher Beamter und Hofbediensteter, die ihn begleiteten, einen deutlichen Umsatzrückgang und einen Abfluß von Bargeld nach Regensburg.[12]

Seit 1666 hat die kaiserliche Kanzlei dem Erzbischof den Ehrenrang eines *Primas Germaniae*, eines „ersten Kirchenfürsten Deutschlands" zuerkannt. Mit der Säkularisation des Erzbistums Magdeburg, das bereits vorher unter protestantischer Verwaltung stand, im Westfälischen Frieden war der Primas-Titel 1648 vakant geworden. Die Salzburger Erzbischöfe, die mit Magdeburg lange um den Vorsitz im Reichsfürstenrat gerungen hatten, beanspruchten diese Würde für sich. Auch die römische Kurie hat 1691 den Primas-Titel, den die Salzburger Erzbischöfe bis heute führen, anerkannt.[13]

So wie Guidobald, dessen Trinkfestigkeit die Bewunderung der Königin Christine von Schweden erregte, wurde auch sein Nachfolger Max Gandolf Graf von Kuenburg (1668–1687) kurz vor seinem Tod mit der Kardinalswürde ausgezeichnet. Der Ausbau des neuzeitlichen Obrigkeitsstaates fand mit der Installierung neuer Behörden und einer wahren Flut von Mandaten und Verordnungen seine Fortsetzung. Für die Stadt Salz-

Das späte 17. Jahrhundert – Jubiläumsfeiern, Unglücksfälle, Hexenwahn 327

Der Innenraum der Salzburger Domkirche anläßlich der Feiern zum 1100-Jahr-Jubiläum 1682. Kupferstich und Radierung von Melchior Küsel, 1682. (SMCA)

burg besaßen davon die Feuerlöschordnung (1677), die Almosenordnung vom folgenden Jahr und die Infektionsordnung (1679) die größte Bedeutung.[14]

Die 1678 erlassene „Säuberungsordnung" für die Haupt- und Residenzstadt Salzburg bietet ein eher tristes Bild von den hygienischen Zuständen: Niemand sollte sich unterstehen, *bey Tag oder Nacht einige Unsauberkeit heimlich oder öffentlich aus seinem Hause, Kammer, Küche und Gemach auf die Plätze oder Gässen in die Winkel auszugießen, zu tragen oder zu schütten.* Ausgüsse, die *öffentlichen Unlust* verursachten, mußten in Holzröhren gefaßt in die Erde versenkt werden, sonst wurden sie verboten. Die Dienstboten sollten allen Unrat am Morgen oder Abend in die Salzach oder in ein anderes fließendes Wasser werfen. Die *heimlichen Gemächer* (Aborte) durften je nach Bedarf, aber erst nach neun Uhr abends, geleert werden, jedoch *sollen dergleichen heimliche Gemächer, welche ihren Ausgang in die freyen Gassen oder Strassen haben, nirgends gestattet werden.* Die Bewohner waren angehalten, wenigstens einmal pro Woche das Pflaster vor ihrem Haus zu säubern und den Unrat zu entfernen. In den städtischen Zieh- und Springbrunnen durfte nichts Unsauberes gewaschen und auch nichts Schmutziges hineingeschüttet werden. Außerdem sollte *alles todte Aaas bey Strafe von 30 Kreuzer durch den Abdecker auf selbst habendes Wissen, oder auf geschehene Anzeige alsogleich ohne Einforderung eines Lohn- oder Trinkgeldes an den gebührenden Ort gebracht werden [...]* Diese Beispiele mögen zur Illustration der hygienischen Verhältnisse in der frühen Neuzeit genügen![15]

Mit besonderem Gepränge wurde vom 17. bis 24. Oktober 1682 das 1100-Jahr-Jubiläum des Erzstiftes Salzburg gefeiert, das auf die vermeintliche Ankunft des heiligen Rupert im Jahre 582 Bezug nahm. Aus diesem Anlaß komponierte Heinrich Ignaz Franz Biber, den Max Gandolf 1670 an seinen Hof berufen hatte, die überdimensional besetzte „Missa Salisburgensis", die mit insgesamt fünf Chören auf den vier Pfeileremporen und im Presbyterium des Salzburger Doms aufgeführt wurde.[16] Auch der zweite bedeutende Komponist am Salzburger Hof, der aus Savoyen stammende Georg Muffat, hat für das große Fest eine eigene Komposition („Armonico tributo") geschaffen.[17] Den Höhepunkt erreichten die Feierlichkeiten mit der unübersehbaren Festprozession am 18. Oktober 1682. Die Stadt war durch insgesamt 36 Zünfte und Bruderschaften mit eigenen Abordnungen vertreten, aber auch der Universität mit Rektor und Professoren wurde ein ehrenvoller Platz eingeräumt.[18] Gegen diese machtvolle Demonstration konnte sich auch der gelehrte Mauriner Dom Jean Mabillion, der Begründer der modernen Urkundenforschung, nicht durchsetzen, als er ein Jahr später Salzburg besuchte. Er hatte das Jahr der Ankunft Ruperts richtig mit 696 berechnet, erhielt in St. Peter aber keinen Einblick in das berühmte Verbrüderungsbuch des Klosters.[19]

An Max Gandolf als Bauherrn erinnern bis heute eine Reihe stattlicher Gebäude: In Erfüllung eines Gelübdes, das bereits sein Vorgänger gemacht hatte, ließ er durch Giovanni Antonio Dario 1671–1673 die Wallfahrtskirche Maria Plain errichten. Sie wurde der Salzburger Universität zur Betreuung übertragen und nach deren Aufhebung von der Abtei St. Peter übernommen.[20] Am „Neubau" ließ der Erzbischof einen Südflügel zur Aufnahme der Hofbibliothek anfügen, der nach ihm als „Kuenburgtrakt" oder „Max–Gandolf–Bibliothek" bezeichnet wird. Im Dom wurde die Ausstattung mit der

Die Kajetanerkirche mit dem Kloster. Kupferstich von Karl Remshard nach Franz Anton Danreiter (aus der Serie der Salzburger Kirchenprospekte), um 1735. (SMCA)

Errichtung von sechs Seitenaltären und dem vom Wappen des Erzbischofs gezierten Abschlußgitter vollendet. Für seine eigenen Verwandten erbaute Max Gandolf den Langenhof (zwischen Sigmund-Haffner-Gasse und Universitätskirche) als Stadtpalais und die Fronburg an der Hellbrunner Allee als Sommersitz. Die beiden letzten und bedeutendsten Kirchenbauten errichtete im Auftrag des Erzbischofs der Münchner Hofbaumeister Gasparo (Caspar) Zugalli. Sowohl die Kajetanerkirche mit dem anschließenden Kloster als auch die Erhardkirche im Nonntal stehen noch ganz in der Tradition italienischer Baukunst, die seit Scamozzi und Solari ein Jahrhundert lang in Salzburg dominiert hatte. Diese Epoche sollte bald nach dem Tod Max Gandolfs mit der Entlassung Zugallis (1693) ihr Ende finden.[21]

In krassem Gegensatz zu großzügigen Bauten und pompösen Feiern standen schwere Unglücksfälle, von denen die Stadt in diesen Jahren getroffen wurde. Bereits unter Erzbischof Guidobald hatten 1661 und 1662 Hochwasserkatastrophen Salzburg heimgesucht, am 18. Februar 1663 warf ein Orkan die Markthütten um, zerstörte das Kupferdach des Domes und schleuderte die Kirchtürme von St. Johann am Imberg und St. Andrä samt den Glocken jeweils auf deren Nachbarhäuser.[22] Am 11. Mai 1669 ertranken 62 Wallfahrer vom Dürrnberg bei einem Schiffsunglück in der Salzach. Die größten Opfer jedoch forderte der furchtbare Bergsturz vom Mönchsberg am 16. Juli desselben Jahres, der im Gstättenviertel ein Dutzend Häuser, zwei Kirchen und das Priesterseminar vernichtete. Nicht weniger als 220 Menschen fanden den Tod, ein Teil davon bei Rettungsarbeiten, als sich ein zweiter Felssturz löste. Seit diesem tragischen Ereignis sollen die am Mönchsberg tätigen „Bergputzer" eine neuerliche Katastrophe verhindern.[23]

Nicht weniger katastrophal war das Schicksal jener Menschen, die damals dem „Zauberer-Jackl-Prozeß", einer der größten und blutigsten „Hexenverfolgungen" in der Geschichte Europas, zum Opfer gefallen sind. Der „Zauberer Jackl", der mit bürgerlichem Namen Jakob Koller (bzw. Tischler) hieß, hatte sich mit einer Bande jugendlicher Landstreicher vorwiegend im Lungau und im Pongau herumgetrieben. Als der Prozeß ins Rollen kam, wurden immer mehr Gefangene nach Salzburg überstellt, um hier von den „Hexenrichtern" Dr. Sebastian Zillner und Dr. Johann Nikolaus Maralt unter Einsatz der Folter verhört zu werden. Bald waren alle Gefängnisse derart überfüllt, daß im Stadtteil am rechten Salzachufer nahe der Loretokirche der „Hexenturm" als spezielles Untersuchungsgefängnis errichtet wurde. Die Gefangenen mußten dort, auf engstem Raum zusammengepfercht, unter derart unmenschlichen Bedingungen ausharren, daß viele den Tod als Erlösung herbeisehnten. Spätestens bei der Demonstration der Folterwerkzeuge brachen die meisten zusammen. Bedingt durch die stereotypen Fragen des Inquisitionsverfahrens wurden fast immer dieselben Verbrechen „gestanden": Teufelspakt, Hexentänze, Verzauberung von Mensch und Vieh, Wetterzauber, Schändung von Hostien und Heiligenbildern, Sodomie etc.

Innerhalb von sechs Jahren wurden 133 Personen hingerichtet, davon 109 allein im Jahr 1678, sechs büßten während der Haft ihr Leben ein. Zwei Drittel der Opfer waren Knaben und Mädchen im Alter von zehn bis 21 Jahren. Von den im Verlauf dieses „Hexenprozesses" verurteilten Personen waren etwa 70 Prozent männlichen Geschlechts. Die Exekution wurde durch Erdrosselung, im Fall des Leugnens durch Verbrennung vollzogen. Ein eigens konstruiertes Fallbeil galt als mildeste Hinrichtungsart, die nur für Jugendliche unter 14 Jahren angewendet wurde. Hauptziel des langwierigen und kostspieligen Prozesses war zweifellos die Beseitigung von fahrendem Volk, Bettlern und Landstreichern, die einen latenten Unruheherd darstellten.[24]

Vollendung im Zeichen österreichischer Baukunst – Johann Bernhard Fischer von Erlach und Lukas von Hildebrandt in Salzburg

Johann Ernst Graf Thun, vorher Bischof von Seckau, wurde in Salzburg zum Vollender des fürstlichen Absolutismus. Während der Sedisvakanz hatte das regierende Domkapitel als „rechter Erbherr" eine umfangreiche Wahlkapitulation aufgestellt, die dem künftigen Erzbischof fast keine eigenständige Politik erlaubt hätte. Erzbischof Johann Ernst wies bald nach seiner Wahl die hohen Geldforderungen des Domkapitels, das weitgehende Mitspracherecht der Domherren und die Forderung nach erweiterten Gerichtsrechten (Hofmarksgerichtsbarkeit) für die Besitzungen des Kapitels zurück. In dem damals einsetzenden, langwierigen Kampf zwischen Erzbischof und Domherren wirkte sich das Verbot der Aufstellung von Wahlkapitulationen für Kathedralkirchen und Klöster, das Papst Innozenz XII. 1695 erließ, entscheidend aus. Obwohl das Dom-

Erzbischof Johann Ernst Graf Thun umgeben von seinen Stiftungen. Kupferstich von Philipp Jakob Leidenhofer nach Johann Friedrich Pereth, vor 1699.   *(SMCA)*

kapitel noch kostspielige Prozesse an der Kurie führte und auch Kaiser Leopold I. vergeblich um Hilfe anrief, wurden seine Forderungen 1702 endgültig verworfen.²⁵ Johann Ernst demütigte das Kapitel schließlich auch dadurch, daß er 1705 den Wiener Bischof Franz Anton Graf Harrach zum Koadjutor wählen ließ und diesem 1708 die Regierung übergab. Damit konnten die Domherren weder die Zwischenregierung nach dem Tode des Fürsten führen, noch von ihrem Wahlrecht für den neuen Erzbischof Gebrauch machen.²⁶

Österreichs größter Feldherr, Prinz Eugen von Savoyen, errang damals sowohl gegen die Osmanen als auch gegen den „Sonnenkönig" Ludwig XIV. von Frankreich glänzende Erfolge. Im Spanischen Erbfolgekrieg (1701–1714) vermochte er den Habsburgern große Landgewinne in den Niederlanden und in Italien zu sichern. Kurfürst Max Emanuel von Bayern wollte schon damals durch einen engen Anschluß an Frankreich ein Königreich der Wittelsbacher schaffen und verfolgte zeitweise auch den Plan eines Tausches von Bayern gegen die Niederlande.²⁷ Angesichts der Bedrohung durch den mächtigen Nachbarfürsten ließ Erzbischof Johann Ernst 1703 die Stadt Salzburg und die Festung Hohensalzburg in Verteidigungsbereitschaft setzen, verproviantieren und mit Kanonen ausstatten. Gleichzeitig ließ er die „Landfahne", das bäuerliche Aufgebot, einberufen und ein eigenes Regiment aufstellen. Dieses Regiment in der Stärke von 1500 Mann hat ab 1705 fast ein Jahrzehnt lang am Reichskrieg gegen Frankreich teilgenommen. Obwohl es teilweise aus Sträflingen und Landstreichern zusammengesetzt war und etliche Soldaten desertierten, konnte sich das Salzburger Kontingent bei der Verteidigung der Festung Breisach gegen die Franzosen auszeichnen und wurde besonders belobigt.²⁸ Die feindselige Politik des Kurfürsten Max Emanuel hatte jedenfalls zur Folge, daß der Erzbischof und das Domkapitel sich immer enger an Österreich anschlossen und Salzburg um 1700 aus bayerischer Sicht als „politische Außenstelle Wiens" erschien.

Nicht nur die Entsendung eines eigenen Regiments, sondern vor allem die hohen Reichskontributionen für den Krieg gegen Frankreich stellten an das Erzstift Salzburg enorme finanzielle Anforderungen. Mag die Summe von mehr als einer halben Million Gulden an Kriegsbeihilfen für die Jahre 1683–1685 zu hoch gegriffen sein, so machten die Zahlungen an das Reich in den 90er Jahren dann tatsächlich eine halbe Million Gulden aus. Die Folge war ein enormes Anwachsen des Steuerdrucks auf die Untertanen. Anstelle der früher üblichen zwei Steuertermine pro Jahr wurden nach dem Beginn des Spanischen Erbfolgekrieges 1701 vier Termine jährlich eingeführt. Dazu kamen – so wie im Dreißigjährigen Krieg – eine Reihe von neuen Abgaben wie eine Schornsteinsteuer (1704), ein zusätzlicher Aufschlag (Akzise) auf geistige Getränke, Sonderabgaben für jene Männer, die nicht zum Heeresdienst einberufen waren, und ein von der Hofbaumeisterei eingeführtes Pflastergeld. Bereits damals wurde Steuerhinterziehung empfindlich bestraft.²⁹

Andererseits ist eine ausgeprägte soziale Komponente in der Regierung des Erzbischofs nicht zu verkennen. Die größte Bedeutung kommt zweifellos der Gründung des St.-Johanns-Spitals im Bereich der Vorstadt Mülln zu, dessen Baubeginn ins Jahr 1692

Das St.-Johanns-Spital mit Kirche, errichtet nach Plänen Johann Bernhard Fischers von Erlach. Radierung und Kupferstich kombiniert von Karl Remshard nach Franz Anton Danreiter (aus der Serie der Salzburger Kirchenprospekte), um 1735. (SMCA)

fiel und das am 7. September 1695 eröffnet wurde. Dieser Vorläufer der heutigen Landeskrankenanstalten entstand ein Jahrhundert vor ähnlichen Krankenhäusern in den Nachbarländern, die meist in der Aufklärungszeit geschaffen wurden. Strenge Vorschriften regelten die Aufnahme in diese Anstalt und die innere Organisation. In der Krankenbetreuung kamen schon damals fortschrittliche Methoden zur Anwendung.[30]

Seinen volkstümlichen Beinamen „der Stifter" verdankt Johann Ernst nicht nur den von ihm geschaffenen Bauten, sondern vor allem einer Reihe von Stiftungen für höhere Studien und für das Schulwesen. Das Virgilianische Collegium, das er 1702 ins Leben rief, sollte sechs armen adeligen Jünglingen höhere Studien ermöglichen, während das wesentlich geringer dotierte Siebenstädter-Collegium für sechs unbemittelte Studenten bürgerlicher Herkunft aus den sieben Städten des Landes bestimmt war.[31] In das ehemalige Kloster der Barmherzigen Brüder im Gstättenviertel berief der Erzbischof die Ursulinen, die dort 1698 den Schulbetrieb aufnahmen. Die Zinsen aus dem relativ hohen Stiftungskapital von 100.000 Gulden sollten auch Kindern aus ärmeren Familien einen unentgeltlichen Unterricht ermöglichen.[32] Als militärische Stiftung rief Johann Ernst den St.-Ruperti-Ritterorden ins Leben, der zwölf junge Adelige aus Salzburger Familien zu einem zwölfjährigen Dienst, vor allem gegen die Osmanen, verpflichten sollte. Damit verbunden war auch die Absicht, die adelige Jugend vom Müßiggang abzuhalten.[33]

Bei aller Bewunderung für das sozial-pädagogische Engagement des Erzbischofs scheint das liebgewonnene Bild von einer selbstlosen Finanzierung aus seinem Privatvermögen nicht haltbar. Für die immer wieder kolportierte Meinung, Johann Ernst sei an der von den Niederländern geschaffenen Ostindischen Handelskompagnie beteiligt gewesen und habe den reichen Gewinn, der durch den Import von Pfeffer, Zimt, Zucker und Kaffee nach Europa erzielt wurde, für seine Stiftungen und auch für den Ankauf des Glockenspiels verwendet, bieten die überlieferten Quellen nicht den geringsten Nachweis. Johann Ernst hat offenbar alle diese Initiativen ebenso mit den Steuergeldern seiner Untertanen finanziert wie die aufwendigen Bauten Fischers von Erlach, die den krönenden Abschluß in der Baugeschichte der Barockstadt bilden.[34]

Der Zweifrontenkrieg gegen Frankreich und die Osmanen, der daraus resultierende Reichspatriotismus und die enge Anlehnung an Österreich führten in Salzburg zu einer einschneidenden Wende in der Baukunst. Johann Ernst teilte zwar nicht das Interesse seines Vorgängers an der Hofmusik, die unter seiner Regierung nach der Glanzzeit von Biber und Muffat wieder auf ein Mittelmaß sank; in der Architektur hingegen engagierte sich der Erzbischof persönlich und entließ nach Querelen mit italienischen Künstlern zunächst die Stukkateure und 1693 auch den Hofbaumeister Gasparo Zugalli, noch bevor dieser den Bau der Theatinerkirche beendet hatte. Es half dem Künstler wenig, als er 1699 in einem Schreiben an Johann Ernst Salzburg erstmals als „Deutsches Rom" ansprach.[35] Bereits 1694 hatte der Erzbischof den kaiserlichen Hofarchitekten Johann Bernhard Fischer von Erlach nach Salzburg berufen, der als Deutscher die „welschen Künstler" ablösen sollte.

Fischer hatte schon einige Jahre vorher, um 1689, den Entwurf für die Gestaltung des Hauptparterres des Mirabellgartens geliefert, wohl ohne die Anlage persönlich gekannt zu haben. Die Marmorfiguren, Skulpturen und Vasen wurden von bedeutenden Bildhauern wie Fröhlich, Opstal, Mosto und vielleicht auch dem jungen Balthasar Permoser ausgeführt.[36] Im Jahre 1693 folgten Fischers Entwürfe für die Nordportalfassade des Hofmarstalls, die mit der Anlage einer Pferdeschwemme verbunden wurde. Im selben Jahr entstand, ebenfalls nach Fischers Plänen, neben der Winterreitschule die Sommer- oder Felsenreitschule.[37] Auf einem vom Erzbischof erworbenen Gelände in Kleßheim erbaute Fischer zunächst das Hoyos-Schlößl, das als Jagdhaus für den Erzbischof gedacht war.

Nach diesen Bewährungsproben erhielt Fischer ab 1694 Großaufträge. Als ersten bedeutenden Kirchenbau gestaltete er den Komplex des Priesterseminars mit der Dreifaltigkeitskirche und dem Virgilianum als nördlichen Abschluß des Hannibalplatzes, des heutigen Makartplatzes. Als Vorbild diente die römische Kirche Santa Agnese auf der Piazza Navona. Die Wirkung der Dreifaltigkeitskirche beruht im spannungsreichen Kontrast zwischen der konkav zurückgenommenen Kirchenfront und der konvexen Form der darüberliegenden Kuppel. Die Türme, die Fischer nur in Ansätzen ausgebildet hatte, sollten gegenüber der sie weit überragenden Kuppel den Gedanken der Unterordnung versinnbildlichen. Die prachtvolle Fassade der Gesamtanlage wird dadurch etwas beeinträchtigt, daß sie vom eher engen Makartplatz aus kaum auf einen Blick in ihrer ganzen Längserstreckung erfaßt werden kann.[38]

Als bedeutendster Kirchenbau Fischers in Salzburg gilt die Universitäts- oder Kollegienkirche, die 1694 in Auftrag gegeben wurde. Auch diese weist eine Doppelturmfassade auf, in deren Mitte die Front – ganz im Gegensatz zur Dreifaltigkeitskirche – in konvexem Bogen dynamisch auf den Universitätsplatz vorstößt. Dieses Ausschwingen des Mittelteils stellt in der abendländischen Baukunst eine absolute Neuheit dar. Für den aus der Rechtsstadt kommenden Besucher scheint die Nordfassade der Universitätskirche mit dem Diadembogen des Giebels und den statuenbekrönten Turmabschlüssen wie eine Krone über der Altstadt zu schweben. Nachdem der Protest eines Anrainers, des Grafen Kuenburg, gegen den Bau vergeblich geblieben war, konnte die Universitätskirche 1707 zu Ehren der Unbefleckten Empfängnis Mariens geweiht werden.[39]

Für die Ursulinen erbaute Fischer 1699–1704 auf jenem Areal, auf dem zuvor das Spital der Barmherzigen Brüder gestanden war, die Markuskirche. Bei ihr ist die hohe dreiachsige Fassade mit monumentalen Pilastern, von einem Dreiecksgiebel gekrönt, zwischen den seitlichen Türmen deutlich vorgezogen.[40] Auf dem Gelände des ehemaligen Schlosses Müllegg, das der Erzbischof 1688 erworben hatte, errichtete Fischer ab 1699 das St.-Johanns-Spital mit der Spitalskirche. Das für Fischer charakteristische Turmpaar ist bei der St.-Johanns-Spital-Kirche nur in Form von Dachreitern, die auf dem Dreiecksgiebel aufsitzen, ausgeführt. Das Spital selbst, das bis heute als geschlossener Bezirk besteht, ist als palastartiger Bau mit hohen Steildächern und Eckrisaliten ausgeführt. Das alte Mülleggertor wurde in die Gesamtanlage eingefügt.[41]

Als letzter bedeutender Bau Fischers entstand auf dem Areal in Kleßheim ein Lustgebäude, das einst die *neue Favorite* genannt wurde, heute als Schloß Kleßheim bekannt ist. Der dreigeschoßige Bau mit Attika und Balustraden liegt hart an der Geländeschwelle zur Salzach, um einen freien Blick auf die Stadtseite des Schlosses zu bieten und davor einen möglichst ausladenden, prunkvollen Barockgarten gestalten zu

Schloß Kleßheim von der Stadt aus gesehen. (Foto: Oskar Anrather)

können. In seiner Blickachse ist Schloß Kleßheim auf den Müllner Kirchturm ausgerichtet.[42]

So wie fast ein Jahrhundert vorher Santino Solari hat Fischer von Erlach die Stadt als Ganzes noch einmal in den Griff genommen. Neben die Arbeiten der italienischen Architekten setzte er „Bauten von einfallsreicherer Monumentalität, deren Elemente er unmittelbar an der Quelle in Rom, bei Borromini und Bernini aufgegriffen hatte und die er im Geist eines neuen Friedensstiles abwandelte. Jetzt kamen zu den Flächen die Kurven, zu den Türmen weitere Kuppeln, zu den geraden die geschwungenen Linien, zur Baugeometrie die plastischen Baukörper. Gerade die Enge der Platz- und Straßenräume ermöglichte die Wirkung der neuen Kirchen; die skulpturale Kraft der Kollegienkirche für die neue bischöfliche Hochschule, die vornehme Eleganz der Dreifaltigkeitskirche und der Ursulinenkirche, die wie die Kirchen der Piazza del Popolo den Schmuck eines Schiffsbuges zu bilden scheinen [...]" (Wolfgang Braunfels).[43]

Erzbischof Johann Ernst wandte seine Sorgfalt auch der Ausstattung der großen Prunkbauten zu. Am Dom ließ der die Turmportale schaffen und die Fassade mit Figuren der Apostelfürsten Petrus und Paulus schmücken. In der Residenz gestaltete der aus Laufen an der Salzach stammende Maler Johann Michael Rottmayr die Decke des Carabinierisaals mit dem imposanten Fresko „Neptun gebietet den feindlichen Winden".[44] Am stärksten aber lebt das Andenken an den Erzbischof im Salzburger Glockenspiel fort. Johann Ernst ließ in den Niederlanden das aus 35 Glocken bestehende Geläute, das Melchior de Haze für die Stadt Breda gegossen hatte, erwerben und auf dem Turm des Neugebäudes installieren. Da der Salzburger Uhrmacher Jeremias Sauter nicht die aus Holland mitgelieferten Hämmer verwendete, die der jeweiligen Glockengröße angepaßt waren, sondern eigene Anschlaghämmer von einheitlicher Größe anfertigte, entstand der charakteristische, etwas verstimmt anmutende Klang des Salzburger Glockenspiels. Ähnlich wie der „Salzburger Stier", das mittelalterliche Hornwerk auf der Festung Hohensalzburg, sollte auch das Glockenspiel den Ruhm des Fürsten musikalisch kundtun.[45]

Angeregt vom Beispiel des Erzbischofs, wurden auch der geistliche und weltliche Adel in der Stadt als Bauherren aktiv. Die Bischöfe von Chiemsee ließen den Chiemseehof im Kaiviertel als ihre Residenz ab 1696 aus- und umgestalten. Vom Erzbischof erhielten sie Schloß Anif, das dieser 1689 erworben und anschließend zu einem standesgemäßen Sommersitz adaptiert hatte, als Lehen.[46] Abt Placidus Mayrhauser von St. Peter kaufte 1711 das Schloß Goldenstein bei Elsbethen und ließ es für sich und den Konvent mit Hof und Garten ausstatten. Im Petersloster selbst ließ er den Noviziatstrakt, die Sakristei und den Psallierchor bauen.[47] Das Kloster Nonnberg erhielt einen neuen Turm, und die Fassade der Augustiner-Eremiten-Kirche in Mülln wurde von Diego Carlone vollendet.[48]

Hatte Fischer von Erlach einst Gasparo Zugalli als Hofbaumeister abgelöst, so widerfuhr ihm 1709 ein ähnliches Schicksal. Der neue Erzbischof Franz Anton von Harrach berief Fischers größten Konkurrenten nach Salzburg, Johann Lukas von Hildebrandt, der als der modernere Architekt galt. Neben der Ausstattung der erzbischöflichen

Vollendung im Zeichen österreichischer Baukunst   337

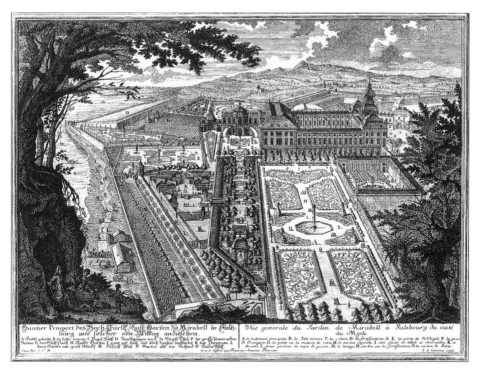

Schloß und Garten Mirabell von Süden. Radierung und Kupferstich kombiniert von Johann August Corvinus nach Franz Anton Danreiter, um 1730. (SMCA)

Gemächer in der Residenz hat Hildebrandt in Salzburg ein Hauptwerk hinterlassen: Schloß und Garten Mirabell. Die Neuanlage des prachtvollen barocken Mirabellgartens einschließlich des Heckentheaters hat Hildebrandt gemeinsam mit dem aus Bayern stammenden Mathias Diesel, der damals Hofgarteninspektor in Salzburg war, geschaffen. Schloß Mirabell konzipierte Hildebrandt nicht als Gartenpalast, sondern als Stadtpalast mit einem Torflügelbau an der Vorderfront zum Mirabellplatz hin. Leider hat der einst eindrucksvolle Bau, der 1727 vollendet wurde, durch den Stadtbrand des Jahres 1818, dem auch der mächtige Turm in der Mitte des Osttrakts zum Opfer fiel, seine frühere Strahlkraft eingebüßt. An die vordem prachtvolle Ausstattung erinnern noch die von Georg Raffael Donner und seinen Gehilfen 1726 geschaffene Marmorstiege mit ihren mythologischen Figuren und Büsten sowie der Marmorsaal in der Mitte des Westtrakts.[49]

Den Kranz von großzügigen Schlössern und Gärten rund um die Hauptstadt hat wenige Jahre später Erzbischof Leopold Anton Freiherr von Firmian vollendet. Für seinen kunstsinnigen Neffen Laktanz von Firmian ließ er nach Plänen von Bernhard Stuart und Johann Kleber 1736–1740 ein Schloß am Ufer eines großen Weihers errichten. Zu Ehren des Erzbischofs erhielt der Bau den Namen Leopoldskron. Im großen, zweigeschoßigen Festsaal ist im überdimensionalen Stifterbild dargestellt, wie Erzbischof Leopold, assistiert von Merkur und Minerva, seinem Neffen Laktanz das Schloß zu Lehen gibt.⁵⁰ Der Erzbischof hatte bereits 1732 das Lustschloß Kleßheim, das er vielleicht ursprünglich seinem Neffen zugedacht hatte, vollenden lassen. Das Gartenparterre, für welches Franz Anton Danreiter 1728 einen Entwurf vorgelegt hatte, gelangte aber nicht mehr zur Ausführung. Die heutige Gartenanlage von Kleßheim wurde mit den Torbauten und Umbauten am Schloß erst mehr als zwei Jahrhunderte später, 1940/41, unter nationalsozialistischer Herrschaft geschaffen.⁵¹

Jahrzehnte des Niedergangs – Protestantenausweisung, Kriegsgefahr und erste Säkularisationspläne

Wäre neben der Vertreibung der Lutherischen nicht die Geburt Wolfgang Amadeus Mozarts in dieses Jahrhundert gefallen – kaum etwas wäre von der Salzburger Geschichte jener Zeit im allgemeinen Bewußtsein geblieben.

So beurteilte der Salzburger Historiker Hans Wagner⁵² treffend das 18. Jahrhundert, das – zumindest bis zum Regierungsantritt von Erzbischof Hieronymus Graf Colloredo – eine Epoche des latenten Niedergangs darstellte.

Den Abstieg im politischen, wirtschaftlichen und sozialen Bereich haben auch die großen Kriege herbeigeführt, in die Salzburg trotz seiner Neutralität immer stärker hineingezogen wurde. Entscheidend aber war, daß nach den großen Regenten des 17. Jahrhunderts von Wolf Dietrich bis zu Johann Ernst keiner der folgenden Erzbischöfe das Mittelmaß überschritt.⁵³ An die Stelle einer selbstbewußten energischen Politik, die dem Erzbistum weit über die Landesgrenzen hinaus Achtung und Einfluß verschafft hatte, trat ein zögerlicher kleinkarierter Provinzialismus, der in einer oft lächerlich wirkenden Bevormundung der Untertanen zum Ausdruck kam. Auf die großen repräsentativen Kirchen- und Schloßbauten, die Salzburg zum „Deutschen Rom" gemacht hatten, folgten immer bescheidenere Objekte, deren eher unauffällige Gestalt das Mittelmaß der einheimischen Architekten dokumentiert. Als Beispiel sei der letzte größere Bau, der Toskanatrakt der Residenz genannt, dessen Anbindung an die vorhandene Anlage im Bereich der Sigmund-Haffner-Gasse so ungeschickt erfolgte, daß der unregelmäßig gestaffelte Baukörper im Volksmund die „steinerne Verlegenheit" genannt wurde.⁵⁴

Die Regierungsjahre des Erzbischofs Franz Anton Fürst von Harrach (1709–1727) sind später als „Harrach-Zeiten" glorifiziert worden. Die Bevölkerung in Stadt und Land war froh, daß ihr nach dem Ende des Spanischen Erbfolgekrieges (1714) eine lange Zeit des inneren und äußeren Friedens beschieden war. Mit den militärischen Belastungen ging auch der Steuerdruck allmählich zurück, und der Fürst konnte prächtige Feste abhalten, zahlreiche Fremde an seinen Hof ziehen und der zunehmend verarmenden Bevölkerung seiner Hauptstadt reiche Almosen schenken. Während Schloß und Garten Mirabell durch Johann Lukas von Hildebrandt zu einem eindrucksvollen Gesamtkunstwerk gestaltet wurden, fanden die pittoresken Zwerge, die Harrach schon als

Koadjutor vor dem Schloß hatte aufstellen lassen, bei den Zeitgenossen keinen besonderen Gefallen.[55]

Durch rechtzeitige Vorbeugungs- und Abwehrmaßnahmen konnte die letzte große „Pestwelle" der Neuzeit – wohl eher eine Art von Flecktyphus – 1710/11 von der Hauptstadt ferngehalten werden.[56] Ansonsten aber zeigte sich, daß der Erzbischof weder entschlußfreudig war noch über Durchsetzungsvermögen verfügte. Beim Ausbau der wichtigen Straßenverbindung von Kärnten über den Katschberg und den Radstädter-Tauernpaß blieb Franz Anton trotz der mehrmaligen Aufforderung Kaiser Karls VI. zur Zusammenarbeit zunächst völlig passiv. Erst als die kaiserlichen Bautrupps ihre Arbeit auf das Salzburger Gebiet ausdehnten, entschloß sich auch der Erzbischof zur Tat. Die damals durchgeführte Straßenverbreiterung blieb zunächst fast wirkungslos, weil die verbesserten Verkehrswege durch die schmalen Anzwagen mit ihren Gabeldeichseln ständig beschädigt wurden. Erst das Verbot dieser Wagen führte zu einer deutlichen Verbesserung der Verkehrsverhältnisse.[57] Die Hoffnung der Salzburger Kaufleute, am erhöhten Handelsaufkommen der kaiserlichen Häfen Triest und Fiume partizipieren zu können, sollte sich aber wegen der zielgerichteten österreichischen Handelspolitik nicht erfüllen.

Auch die Erhebung Wiens zum Erzbistum (1721), die eine deutliche Schmälerung der alten Salzburger Metropolitanrechte bedeutete, hat der Erzbischof ohne entschiedene Gegenmaßnahmen hingenommen.[58] Wirft man einen Blick in das von Conrad Hagger verfaßte „Saltzburgische Koch-Buch" aus dem Jahre 1719 mit seinen internationalen Kochrezepten, dann gewinnt man den Eindruck, daß in einer wirtschaftlich relativ günstigen Zeit den leiblichen Genüssen ein besonders großer Stellenwert beigemessen wurde. Darauf weist auch der damals übliche Spottname *Schmalzburg* für die Bischofsstadt hin.[58] Spätere Generationen sahen in den schwierigen Jahren der Protestantenausweisung und der großen Kriege rückblickend die „Harrach-Zeiten" seltsam verklärt, fortschrittliche Zeitgenossen hingegen haben mangelnde Aktivität und übergroße Nachsichtigkeit Franz Antons mit Recht kritisiert.

Leopold Anton Eleutherius Freiherr von Firmian, der 1727 die Nachfolge Harrachs antrat, galt als gelehrter, frommer und eher introvertierter Mann. Unter seiner Regierung wird erstmals ein deutlicher Einfluß der Frühaufklärung faßbar. Der Erzbischof protegierte die Vertreter dieser Richtung, die sich im sogenannten „Muratorikreis" zusammenschlossen und scharfe Kritik an der übertriebenen Marien- und Heiligenverehrung übten. Auch die Studienreformen an der Universität und die Absetzung der besonders konservativen Professoren, darunter des streitbaren Kanonisten Placidus von Boeckhn, hat Firmian insgeheim unterstützt.[59] Gegenüber seiner eigenen Familie hielt der Erzbischof jedoch am barocken Nepotismus fest und hat enorme Summen für ihre Ausstattung mit Gebäuden und Landgütern aufgewendet. Allein der Bau von Schloß Leopoldskron soll 400.000 Gulden verschlungen haben.[60]

Schon bald nach seinem Regierungsantritt mußte der Erzbischof eine weitere Schmälerung der Salzburger Metropolitanrechte hinnehmen. Gemäß einem Arrangement zwischen dem Bischof von Passau und Kaiser Karl VI. erhielt das Erzbistum Wien die niederösterreichischen Gebiete des Bistums Passau – zwei Dekanate mit 69 Pfarren und vier Klöstern. Als Gegenleistung wurde das Bistum Passau direkt dem Heiligen Stuhl unterstellt und damit aus der Metropolitangewalt des Erzbischofs von Salzburg gelöst. Die vom Kaiser als Kompensation angestrebte Zuteilung des Bistums Trient an den Salzburger Metropolitanverband scheiterte. Es nützte Erzbischof Leopold Anton wenig, daß er Passau weiterhin als Suffraganbistum behandelte und zu den Metropolitansynoden lud. Der damals vollzogene Schritt war nicht mehr rückgängig zu machen.[61]

Bis heute ist die Regierung Firmians durch die große Protestantenausweisung der Jahre 1731/32 überschattet. Sie wurde und wird als ein großes anachronistisches Unrecht verurteilt, für das sich der Salzburger Erzbischof Dr. Karl Berg 1981 während eines Festgottesdienstes offiziell bei der evangelischen Kirche entschuldigt hat. Da das protestantische Bürgertum die Stadt Salzburg schon vor mehr als einem Jahrhundert verlassen hatte und diese von der großen Emigration der Jahre 1731/32 nicht mehr unmittelbar betroffen war, genügt es an dieser Stelle, die tragischen Ereignisse in wenigen Worten zu skizzieren.[62]

Erzbischof Leopold Anton hatte, im Gegensatz zur bis dahin geübten Praxis, 1728 die Jesuiten ins Land gerufen und ihnen die Aufgabe der Rekatholisierung übertragen. Das harte Vorgehen der Missionare stieß vor allem in den Gebirgsgauen auf heftigen Widerstand und machte die große Zahl der Kryptoprotestanten in diesen Gebieten offenbar,

Schloß Leopoldskron (Südfassade) mit dem Weiher. Von Erzbischof Leopold Anton von Firmian erbaut für seinen Neffen Laktanz durch P. Bernhard Stuart und Johann Kleber, 1736–1745. (SMCA)

die sich immer freimütiger zu ihrem Glauben bekannte. Eine Salzburger Bittschrift an das *Corpus Evangelicorum*, die Vertretung der protestantischen Reichsstände in Regensburg, die am 16. Juni 1731 überreicht wurde, war von nicht weniger als 19.000 Personen unterzeichnet worden.[63] Während die Salzburger Protestanten sich auf die Unterstützung ihrer Glaubensgenossen im Reich verließen, entschloß sich der Erzbischof unter dem Einfluß seines Hofkanzlers Antonio Cristani aus Rallo (südlich von Cles in Welschtirol), der erst im Frühjahr 1731 nach Salzburg berufen wurde, einen entscheidenden Schlag zu Wiederherstellung der Glaubenseinheit zu führen. Als zentrales Organ wurde in der Landeshauptstadt die „geheime Religionsdeputation" unter der Leitung des Hofkanzlers Cristani gebildet.[64]

Das Emigrationspatent des Erzbischofs vom 31. Oktober 1731, das mit 11. November in Kraft trat, gab vor, dem in der Bittschrift geäußerten Wunsch der Bauern nach Auswanderung zu entsprechen. In großzügiger Weise erließ ihnen der Erzbischof die schweren Strafen, die sie als „Rebellen" eigentlich verdient hätten und „begnadigte sie aus landesfürstlicher Huld" zu Religionsemigranten. Da sie durch ihr aufwieglerisches Verhalten die Wohltaten des Westfälischen Friedens – dessen Bestimmungen eine dreijährige Vorbereitungszeit für die Emigration vorsahen – verwirkt hätten, mußten die „unangesessenen" Knechte und Mägde innerhalb von acht Tagen das Land verlassen, für die „angesessenen" Bürger und Bauern wurde gnadenhalber eine Abzugsfrist von ein bis drei Monaten gewährt.[65]

Während die protestantischen Bauern und Knechte weiterhin auf die Hilfe des *Corpus Evangelicorum* vertrauten, kam ihr Ende rasch. Ab dem 24. November 1731, mitten im einsetzenden Winter, mußten zunächst die Knechte und Mägde ihre Heimat verlassen, in größter Kälte aber bis Ende Dezember an den Grenzen ausharren, da Bayern und Österreich erst dann den Durchzug gewährten. Während das weitere Schicksal dieser ca. 5000 „Unangesessenen", die sich auf verschiedene protestantische Städte im Reich aufteilten, kaum erforscht ist, erregte die Emigration der Bauern und der wenigen Bürger aus den Gebirgsgauen im Sommer des folgenden Jahres internationales Aufsehen. Die meisten von ihnen fanden in Ostpreußen, vor allem im Regierungsbezirk Gumbinnen, eine neue Heimat, wo ihnen König Friedrich Wilhelm I. von Preußen als Kolonisten Aufnahme gewährte. Die Bedingungen waren dort freilich viel härter, als es die Emigranten erwartet hatten. Eine kleine Emigrantengruppe schaffte sogar den Sprung über den großen Teich nach Süd-Carolina, wo sie im Gebiet der Uchee–Indianer die Ortschaft Ebenezer gründeten.[66]

Das bei weitem schwerste Los traf jedoch jene 780 protestantischen Bergleute vom Dürrnberg, die sich 1732 für die Auswanderung auf die Halbinsel Cadzand in den Niederlanden entschieden hatten. Da für ihre Ankunft kaum vorgesorgt war, gestalteten sich die Verhältnisse dort so ungünstig, daß ein Großteil der Einwanderer – durch Epidemien stark dezimiert – die Niederlande wieder verließ und sich in verschiedenen Reichsstädten ansiedelte.[67]

Statt der Würde eines Ehrenkardinals, die Erzbischof Leopold Anton vom Papst für sich und seinen Nachfolger erhofft hatte, erhielt er nur den Ehrentitel „Excelsus". Der

Hofkanzler Cristani di Rallo hingegen wurde von der Kurie, vom Kaiser und sogar vom König von Preußen mit Ehren überhäuft und hat noch 15 Jahre lang die Salzburger Politik gelenkt. Mit der Ausweisung von 22.000 Bauern hatte das Erzstift Salzburg fast ein Fünftel seiner Gesamtbevölkerung verloren. Obwohl die Wiederbesiedelung der entvölkerten Gaue, besonders des Pongaus, rasch voranschritt, war die Wirtschaftskraft des Landes empfindlich getroffen. Weder für die aufrechten Bauernfamilien und das Gesinde, die für ihren Glauben die Heimat geopfert hatten, noch für die Knappen vom Dürrnberg stand ein gleichwertiger Ersatz zur Verfügung. Die Verkaufsabwicklung für die Emigrantenhöfe schritt dank preußischer Unterstützung zwar rasch voran, die gegenreformatorischen Maßnahmen und die strenge Überwachung der Bevölkerung wurden jedoch verschärft. Denunzianten wurden mit Geld belohnt, Briefe von auswärts streng zensuriert und der Buchhandel beinahe lahmgelegt.[68]

Ein ausdrucksstarkes Zeugnis für die kleinliche Polizeigesetzgebung dieser Zeit, mit der auch das sittliche und moralische Verhalten der Untertanen reglementiert wurde, ist die erzbischöfliche „Sittenordnung" vom Jahre 1736. Darin wurde unter anderem verfügt, daß Kinder unterschiedlichen Geschlechts ab dem vollendeten dritten Lebensjahr nicht mehr in einem gemeinsamen Bett, nach dem siebenten Lebensjahr nicht mehr in derselben Kammer schlafen durften, daß Männer nicht ohne Hemd und Hosen, Weiber nicht ohne Hemd und Unterrock das Bett verlassen durften. Hosen sollten bis über die Hüfte reichen, vorne aber geschlossen sein, Weiberröcke noch die halbe Wade verdecken, Hemden, Mieder und Brustlatze so breit gemacht werden, daß sie gehörig übereinander schlossen. Strengstens untersagt wurde der *ärgerlich viechisch – ja teuflische Mißbrauch* der Badstuben, wo Männer und Frauen fast völlig entblößt zusammen badeten und sich gegenseitig trockneten. Obwohl die Jesuiten 1737 abberufen wurden, dauerten die Landesverweise auch in den 40er Jahren des 18. Jahrhunderts an.[69]

Noch bevor die Auswirkungen der großen Protestantenemigration abgeklungen waren, wurde Salzburg in den Österreichischen Erbfolgekrieg verwickelt. Vergeblich hatte Kaiser Karl VI. versucht, durch die „Pragmatische Sanktion" die Nachfolge seiner Tochter Maria Theresia zu sichern. Nach seinem Tod kam es zu einer großen Allianz der Gegner. Preußen und bald darauf auch Bayern suchten sich im Bunde mit Frankreich, Spanien und Sachsen der habsburgischen Länder zu bemächtigen. Den Auftakt bildete der erfolgreiche Einmarsch Friedrichs II. von Preußen in Schlesien. Bei der Aufteilung der weiteren Gebiete sollte Kurfürst Karl Albrecht von Bayern mit Böhmen, Oberösterreich und den Vorlanden den Löwenanteil erhalten. Anfangs waren ihm auch große Erfolge beschieden, als er mit Unterstützung Frankreichs auf habsburgisches Gebiet vordrang, sich von der Landschaft des Landes ob der Enns in Linz huldigen ließ und am 7. Dezember in Prag zum König von Böhmen ausgerufen wurde. Die Krönung des Kurfürsten zum Kaiser – als solcher nannte er sich Karl VII. – erfolgte am 7. Februar 1742 bereits in einer Phase schwerer militärischer Niederlagen seiner Truppen.[70]

In Salzburg war man zunächst bestrebt, an der bewährten Neutralität festzuhalten. Da das Land aber inmitten der beiden Hauptkriegsgegner Österreich und Bayern lag, waren weder Kaiser Karl VII. noch Maria Theresia auf Dauer bereit, die Neutralität des Erzstiftes zu respektieren. Wo immer es erforderlich wurde, zogen bayerische und österreichische Truppen durch Salzburger Gebiet, plünderten es und stellten hohe Forderungen für die Verpflegung von Menschen und Tieren. Erzbischof Leopold Anton ließ zur Verstärkung des Landesaufgebotes im Gebirge Soldaten ausheben, denen die Sicherung der Grenzen und der Festung Hohensalzburg übertragen wurde. Die Bürger der Hauptstadt Salzburg bot man zum Wachdienst auf. Nachdem es in den ersten Monaten des Jahres 1742 zu kleineren Durchzügen österreichischer Truppen gekommen war, erfolgte am 28. März der Vorstoß eines großen Kontingents von Traunstein über die Salzburger Pfleggerichte Teisendorf und Stauffeneck nach Reichenhall, das von bayerischen Truppen gehalten wurde. Es gelang jedoch dem Hofkanzler Cristani di Rallo gemeinsam mit dem Oberthofmeister Franz Laktanz von Firmian, die Bayern zur Kapitulation zu bewegen und damit Reichenhall die völlige Zerstörung und Plünderung durch Kroaten und Panduren zu ersparen.[71]

Im Herbst veranlaßte ein Gegenstoß des bayerischen Heeres unter dem Reichsgrafen Friedrich Heinrich von Seckendorff den Erzbischof, Hals über Kopf mit seinem Hofstaat von Leopoldskron in die Residenz zu flüchten. Unter dem Vorwand, österreichische Truppen verfolgen zu wollen, begehrten einige hundert bayerische Reiter am Klausentor Einlaß in die Stadt. Ihr Ansinnen wurde abgeschlagen, da sie offenbar beabsichtigten, die erzbischöfliche Residenzstadt im Handstreich zu besetzen. Zu einer möglichen Abwehr stärkerer bayerischer Kontingente blieben in den folgenden Tagen die Stadttore geschlossen und die Brücken über den Wassergräben hochgezogen. Salzburger Gebiet wurde weiterhin sowohl von bayerischen Truppen als auch von Kontingenten der Habsburger, die einen Gegenstoß unternahmen, besetzt.[72]

In dieser Situation galt es, vor allem die Hauptstadt entsprechend zu schützen. Ab November verstärkte man die Sicherheitsvorkehrungen und ließ in den umliegenden Wäldern auf Befehl des Hofkriegsrates Holz zur Errichtung von Palisaden schlagen. Den städtischen Hausbesitzern schrieb man vor, Pechpfannen in Bereitschaft zu halten, um bei einem nächtlichen Angriff die Stadt beleuchten zu können. Die Stadttore wurden in dieser Zeit erst um neun Uhr vormittags geöffnet. 400 Schützen der Landfahne, die man im Gebirge einberufen hatte, besetzten die Festung Hohensalzburg, den Mönchsberg und den Kapuzinerberg. Dazu kamen 600 zusätzlich angeworbene Soldaten und die Salzburger Bürgerwehr in einer Stärke von 1262 Mann.[73]

Das Einrücken österreichischer Truppen in Laufen veranlaßte die bayerischen Kontingente, sich im Salzburger Gebiet wie im Feindesland zu gebärden. Plünderungen, Übergriffe und Schikanen gegen die Bevölkerung waren an der Tagesordnung. Hessische Soldtruppen in der Stärke von 3000 Mann wurden nach Salzburg in die Winterquartiere verlegt und mußten samt ihren Pferden von der Bevölkerung verpflegt werden. Vergeblich protestierte Erzbischof Leopold Anton in einem langen Schreiben an Kaiser Karl VII. In der Stadt Salzburg wurden angesichts dieser Entwicklung die Wachen an den Stadttoren verdoppelt, Patrouillengänge eingeführt und überhaupt nur drei Tore bis sieben Uhr abends geöffnet. Fremde Offiziere und Soldaten durften sich nur 24 Stunden lang ohne Bewilligung innerhalb der Stadtmauern aufhalten, ihre Anwesenheit mußte von den Wirten sofort gemeldet werden. Die Einsatzbereitschaft der Bürgerkompanie wurde durch Exerzieren erhöht und auch die jungen Burschen hat man sonntags zu militärischen Übungen einberufen.[74]

Die Frühjahrsoffensive der österreichischen Truppen, die über Salzburger Gebiet gegen Bayern vorgetragen wurde, führte zu neuen Kämpfen. Ein Handstreich bayerischer Soldaten auf die Stadt Hallein am 3. April 1743 konnte durch die Aufmerksamkeit der Bevölkerung vereitelt werden. Als Verstärkung schickte man aus Salzburg Militär und Geschütze in die Salinenstadt. Die Verlagerung des Kampfgeschehens an den Inn führte im Frühjahr zum Abzug der bayerischen Truppen. Anläßlich der Fronleichnamsprozession am 13. Juni 1743 wurde in Salzburg die Abwehr der Bedrohung mit Kanonenschüssen gefeiert. Eine Einheit junger Burschen und die Bürgerkompangie, teilweise schon in ihren neuen farbenfrohen Uniformen, marschierte auf.[75]

Die Kapitulation der bayerischen Truppen im Sommer und bald darauf auch die ihrer französischen Verbündeten führten zu einer einjährigen Waffenruhe. Die Kriege hatten aber die Finanzen des Erzstiftes schwer belastet und jene finanzielle Krise eingeleitet, die bis zum Ende der geistlichen Herrschaft andauern sollte. Allein die Ausgaben für das Militär hatten im Monat 60.000 Gulden ausgemacht. Dazu kamen der Entfall von Einnahmen aus dem Halleiner Salzhandel – die Salzausfuhr nach Bayern war zeitweise ganz eingestellt –, verminderte Mauteinnahmen und die enormen Geld- und Getreideforderungen der über den Winter 1742/43 einquartierten Truppen. Die Finanznot war so groß, daß die Regierung zeitweise die Besoldung des Hofstaates und der Hofbeamten einstellte, die Zahl der Steuertermine erhöhte und Darlehen nicht nur bei geistlichen Stiftungen, sondern auch bei Salzburger Bürgern in großem Umfang aufnahm. Die Beamten mußten ihre Kautionen innerhalb von drei Monaten in barem Geld erlegen, zeitweise wurde sogar eine komplette Besoldungs- und Pensionssperre erwogen. Obwohl das Domkapitel auf die völlige Erschöpfung der Landschaftskasse hinwies, setzte der Hofkanzler Cristani die Fortführung der Befestigungsarbeiten zum Schutz der Hauptstadt durch.[76]

In dieser angespannten politischen Situation tauchte erstmals seit dem Bauernkrieg 1525 die Idee einer Säkularisierung des Erzstifts Salzburg auf. Der im preußischen Kabinett ausgearbeitete Plan sah vor, die süddeutschen Bistümer Salzburg, Passau, Regensburg, Eichstätt, Freising, Augsburg, Würzburg und Bamberg zu säkularisieren, die Reichsstädte zu mediatisieren und alles an den bayerischen Kurfürsten zu übertragen, der gleichzeitig zum König erhoben werden sollte. Kaiser Karl VII., der sich diesen Plan zu eigen machte, stieß damit nicht nur in Rom auf entschiedenen Widerstand, sondern gab auch dem Wiener Hof Gelegenheit zu einer wirksamen Propaganda. Der Kaiser, der eigentlich der Schutzherr der Kirche sein sollte, beuge sich den Mächtigen und unterdrücke die Schwachen, ja er wolle reichsunmittelbare geistliche Stände und angesehene Reichsstädte vernichten.[77]

Um sich gegen diese Bestrebungen verteidigen zu können, trat das Domkapitel für die Anwerbung eines eigenen Heeres ein, das durch Veräußerung der Kirchenschätze, durch den Verkauf der auswärtigen Herrschaften und durch hohe Darlehen von Salzburger

Kaufleuten finanziert werden sollte. In dieser äußerst heiklen Situation, als eine Aufgabe der Neutralität und eine militärische Allianz mit Österreich ernstlich erwogen wurden, starb Erzbischof Leopold Anton. Der tatkräftige Hofkanzler Cristani wies auf die zögernde Haltung des Hofrats und die Gefährdung der Hauptstadt hin. Trotz Geldmangels wurden 500 zusätzliche Schützen angeworben und die Mannschaften aus Laufen und Tittmoning zur Verstärkung der Garnison nach Salzburg zurückbeordert.

Bald darauf wurde – offenbar in einem gezielten Zusammenspiel des Hofkanzlers mit einigen Domherren und dem österreichischen General Bärnklau – die Neutralität Salzburgs erstmals aufgegeben. In der Nacht vom 10. zum 11. November 1744 rückten zwei österreichische Bataillone, ein Bataillon Kroaten und 50 Husaren, insgesamt fast 2000 Mann, als Hilfstruppen in die Stadt Salzburg ein. Am nächsten Vormittag nahmen sie auf dem Residenzplatz Aufstellung, tauschten als Zeichen des Übertritts in Salzburger Dienste auf ihren Hüten die grünen österreichischen Kokarden gegen schwarz-rote Salzburger Schleifen und leisteten mit erhobenen Säbeln einen Eid auf das regierende Domkapitel, die Stadt und die Landschaft. Die anschließend zu Trommeln und Schalmeien aufgeführten Nationaltänze der Kroaten boten der Stadtbevölkerung ein ungewohntes Schauspiel. Die fremden Soldaten, im Volksmund *Talpatschen* genannt, wurden vorwiegend auf dem Mönchsberg einquartiert.[78]

Zum neuen Erzbischof wählte das Domkapitel den bereits 55 Jahre alten, kränklichen Jakob Ernst Graf von Liechtenstein, Bischof von Olmütz, den Sproß eines aus Südtirol stammenden Adelsgeschlechtes. Die zahlreichen Landsleute aus Schlesien und Mähren, die der Erzbischof von seinem Olmützer Hofstaat mitbrachte, erregten das Mißfallen der Bevölkerung. Jakob Ernst selbst war in seiner Hauptstadt so unbeliebt, daß beim Tode seines Bruders Thomas Josef in einem Anschlag an der Kollegienkirche das Ableben des „falschen Liechtensteiners" bedauert wurde. Um die von seinen Vorgängern übernommenen Schulden zu verringern, führte der Erzbischof neue Steuern ein, kürzte die Besoldungen von Hof- und Staatsbediensteten und billigte die bereits von der Landschaft vorgenommene Herabsetzung der Offiziersgagen.[79]

Mit den zahlreichen Brauern der Hauptstadt geriet er 1746 in Konflikt, als er eine wesentliche Verringerung der zum Bierbrauen verwendeten Malzmengen vorschreiben wollte. Offenbar war es seine Absicht, durch die damit erzwungene Qualitätsminderung den Absatz der erzbischöflichen Hofbrauereien zu fördern. Schließlich kam es zum Vergleich, der den Brauern eine Pauschalsumme von 12.500 Gulden als jährliche Steuer vorschrieb.[80]

Im sozialen Bereich hat sich der Erzbischof mit der Errichtung eines Leihhauses, das in italienischer Tradition *Mons Pietatis* hieß, engagiert. Das Gebäude wurde vor der Dreifaltigkeitskirche am heutigen Makartplatz eingerichtet, die mit 33.000 Gulden dotierte Stiftung sollte den sozial schwachen Bevölkerungsgruppen einen gewissen Schutz vor Wucher bieten. Für die im Leihhaus hinterlegten Gegenstände erhielten die Besitzer 75 Prozent, bei Schmuck und Edelsteinen nur 50 Prozent des Schätzwertes ausbezahlt. Innerhalb einer festgesetzten Frist nicht eingelöste Pfandstücke wurden zweimal jährlich

Der Hannibalplatz (heute Makartplatz) mit dem ehemaligen Leihhaus (Mons Pietatis) vor der Front der Dreifaltigkeitskirche. Rechts im Bild Mozarts Wohnhaus. Kreidelithographie von Josef Stießberger nach Georg Pezolt, 1838. (SMCA)

versteigert. Die ebenfalls geplante Einrichtung eines Zucht- und Arbeitshauses ist aus Geldmangel zunächst unterblieben.[81]

Als der „unbeliebte Liechtenstein" schon nach zweijähriger Regierung starb, setzte sich die Stadtbevölkerung mit Vehemenz für die Wahl des allgemein bekannten und beliebten Dompropstes Andreas Jakob Graf Dietrichstein ein. Am Wahltag wurde ein Zettel mit folgendem Text an das Tor des Kapitelhauses geheftet: *Zum Fürsten nur allein/die Stadt und die Gemein/Will nur den Dietrichstein.* Bei seiner Wahl zum Erzbischof am 10. September 1747 war Dietrichstein bereits 58 Jahre alt; er wurde als Übergangskandidat betrachtet. Das Domkapitel hatte im Verlauf seiner Zwischenregierung den politisch dominanten Hofkanzler Cristani di Rallo entmachtet. Der neue Erzbischof sah sich mit äußerst tristen Finanzverhältnissen konfrontiert. In Rom zog er sich mit der Bitte um eine Ermäßigung der vorgeschriebenen Zahlungen (Annaten) den Zorn von Papst Benedikt XIV. zu. In Salzburg setzte er eine eigene Einsparungskommission ein und versuchte selbst, mit gutem Beispiel voranzugehen. Unter anderem nahm er beim Großhändler Sigmund Haffner d. Ä. 150.000 Gulden zu 4 Prozent Zinsen auf, um damit höher verzinste Darlehen abzubauen. Außerdem wurden, jeweils zeitlich befristet, ein fünfter Steuertermin im Jahr und die Einhebung einer Kopfsteuer beschlossen. Obwohl die Kopfsteuer mehr als 300.000 Gulden einbrachte, hinterließ Andreas Jakob seinem Nachfolger noch einen Schuldenberg von 636.000 Gulden.[82]

Der finanziellen Situation angepaßt waren auch die bescheidenen Investitionen. Das verfallende Schloß Hellbrunn wurde restauriert, die berühmten Wasserspiele wieder instandgesetzt. Als einziges kleines Bauwerk, das heute noch an den Erzbischof erinnert, entstand in Hellbrunn ein vom Wasser betriebenes Orgelwerk mit zahlreichen Holzfiguren.[83] Hervorzuheben ist schließlich noch, daß der Erzbischof um eine Verbesserung der Straßen bemüht war und – gemäß einem Vertrag mit Kaiserin Maria Theresia – ein regelmäßiger Postwagenverkehr zwischen Salzburg und Linz eingerichtet wurde.

Aus der folgenden Wahl ging nach 49 Abstimmungen am 5. April 1753 der Domdekan Siegmund Christoph Graf Schrattenbach als Sieger hervor. In seiner Person paarten sich gute Eigenschaften wie Höflichkeit, Freundlichkeit, Freigiebigkeit und Sorgfalt bei den Regierungsgeschäften mit zahlreichen Kritikpunkten wie Unbildung, schlechte Umgangsformen, Jähzorn und mangelnde Intelligenz. Seine Freude an Narrenpossen und seine große Einfalt wurden bereits von den Zeitgenossen heftig kritisiert. Da er sich selbst vor allem als gütiger Landesvater sah, übernahm der Erzbischof zahlreiche Patenschaften für Kinder von Beamten und Hofbediensteten, er erschien häufig auf Hochzeiten und war vor allem der Jugend gegenüber sehr freigiebig. Seiner besonderen Kinderliebe entsprach auch die Gründung von zwei Waisenhäusern, getrennt für Mädchen und für Knaben. Sein Bemühen um Popularität wurde in zahlreichen Reimen und Knittelversen verspottet. Einer davon lautete: *D'Kinder, d'Narren und d'Hund / Liebt unser Siegismund.*[84]

Als Erzbischof führte Siegmund einen untadeligen Lebenswandel, aber seine übertriebene Frömmigkeit stieß bei den aufgeklärten Zeitgenossen als „Bigotterie" auf häufige Kritik. So stellte etwa Johann Pezzl, ein Vertreter der Wiener Aufklärung, rückblickend fest: *Der Fürst nahm jede äussere Miene von Andächtelei für ächte Tugend; und schwang sich mancher durch lautes Rosenkranzbeten bei offenen Fenstern bis zum geheimen Rath.*[85]

Diesem religiös-barocken Konservativismus des Erzbischofs entsprachen seine Maßnahmen, die auf besondere Sittenstrenge zielten. Schon im Jahr seiner Wahl erließ er eine *Erneuerte Poenal-Verordnung. Die Fleischlichen Verbrechen und deren Unterschleipfgebung betreffend,* die etwa für das Leugnen von Unzuchtsdelikten die Todesstrafe androhte. Im ehemaligen Leprosenhaus St. Rochus in Maxglan ließ Siegmund 1754–1758 ein allgemeines Zucht- und Arbeitshaus als eine Art Besserungsanstalt einrichten, dessen Portal die Aufschrift *abstine aut sustine* („meide oder leide") trug. Neben Verbrechern, die zu schwerer Schanzbuße verurteilt täglich zu den Steinbrüchen geleitet wurden, waren darin auch Personen untergebracht, die sich gegen die Sittenordnung vergangen oder Raufhändel verübt hatten, aber auch ungehorsame Kinder, freche Dienstboten, müßige Handwerksburschen und wer sich sonst noch „einer bürgerlichen Strafe schuldig gemacht" hatte. Eine Handwerksgerechtsame zum Sockenwirken, die mit dem Haus verbunden wurde, sollte neben der Disziplinierung auch für wirtschaftlichen Ertrag sorgen.[86]

Die weiteren Maßnahmen zur Anhebung der Sittlichkeit standen im krassen Gegensatz zur Realität. Die meisten Strafen wurden für außerehelichen Geschlechtsverkehr und für die Zeugung lediger Kinder verhängt, obwohl arme Leute wie Dienstboten, Gehilfen, Lohnarbeiter, aber auch ein guter Teil der Handwerker von der Obrigkeit keine

Heiratserlaubnis bekamen und auch nicht die Mittel besaßen, um eine Familie zu erhalten. In einer stark anwachsenden Bevölkerung wurden also immer weniger Beziehungen in der Form der Ehe legitimiert, und das Geschlechtsleben fand zum größten Teil außerhalb der einschlägigen kirchlichen Vorschriften statt. Zu den als rückschrittlich empfundenen Sittengesetzen zählten auch die Zucht- und Schulordnung (1754), die Tanzordnung (1756) und die bereits kurz nach Siegmunds Regierungsantritt erlassene Verfügung, die Theatervorstellungen bei den Abschlußfeiern der Universität künftig getrennt für männliches und weibliches Publikum zu halten.[87] Bei der Bevölkerung jedenfalls stießen diese übersteigerten Maßnahmen des Erzbischofs auf wenig Verständnis.

Der „Siebenjährige Krieg", der 1756 um Schlesien entbrannte, verschärfte erneut die Finanznöte. Zur Besoldung eines eigenen, 780 Mann starken Kontingents kamen die Dezimationsforderungen Österreichs. Der Papst hatte Maria Theresia 1758 gestattet, von allen Hochstiften den zehnten Teil der Einkünfte zur Kriegsfinanzierung gegen Preußen einzuheben. Nachdem der Erzbischof diese Zahlungen zunächst überhaupt abgelehnt hatte, einigte man sich auf eine jährliche Pauschale von 18.000 Gulden. Auch von Bayern wurden ähnliche finanzielle Forderungen an Salzburg gestellt. Da der Erzbischof bereits bei seinem Amtsantritt einen hohen Schuldenberg vorgefunden hatte und selbst alles andere als sparsam war, wurden wieder neue Steuern eingeführt. Anstelle eines von Siegmund vorgelegten Steuerpakets einigte man sich auf eine Wein- und Bierakzise, bei der das heimische Bier gegenüber dem ausländischen Wein deutlich bevorzugt war. Zeitweise wurde auch eine Häuser- und Kopfsteuer eingehoben und das vorher verpachtete Postregal zur Verbesserung der Kameraleinkünfte wieder selbst wahrgenommen.[88] Neben dem sorglosen und bisweilen schlampigen Umgang des Erzbischofs mit Geld wurden die hohen Kosten der Hofhaltung, eine gewisse Unfähigkeit der Hofkammer, die mangelnde Kontrolle der regionalen Mautstellen und Steuereinnahmen sowie häufige Unterschlagung von Staatseinkünften durch Beamte für die enorme Staatsverschuldung verantwortlich gemacht.

Zu einer Verschärfung der ungünstigen Finanzsituation führte eine Münzkrise, die erst 1755 durch den Beitritt Salzburgs zum Reichskonventionsfuß, bei dem 24 Gulden aus einer Mark feinen Silbers geprägt wurden, gelöst werden konnte.

Langwierige Streitigkeiten ergaben sich um den Absatz des Halleiner Salzes mit Bayern. Schon seit 1630 war die vereinbarte Abnahmemenge von 1100 Pfund Fuder (15.400 Tonnen) pro Jahr deutlich unterschritten worden und sank durch den Entfall des böhmischen Marktes sogar auf 4200–5600 Tonnen. Die Entschädigungsforderungen Salzburgs führten zu einem langwierigen Prozeß beim Reichskammergericht in Wetzlar. Schließlich einigte man sich 1766 auf eine reduzierte Abnahmepflicht Bayerns von 800 Pfund Fuder Salz, wobei der Preis für eine Hallfahrt auf 200 Gulden festgesetzt wurde und dem Erzstift jeweils 95 Gulden als Reingewinn einbringen sollte.[89] Im Rahmen dieser Auseinandersetzungen kam es auch zu einer umfangreichen verfassungsgeschichtlichen Kontroverse, in deren Verlauf bayerische Hoheitsansprüche (*ius regium*) und die alten Salzburger Rechte in umfangreichen wissenschaftlichen Streitschriften zusammengefaßt wurden. Als Krönung dieser Werke veröffentlichte der Jurist Franz Thaddäus von Kleimayrn 1784 seine *Juvavia*, die ein bis heute unentbehrliches Material zur Salzburger Verfassungs- und Verwaltungsgeschichte enthält.[90]

Bereits in den Jahren 1764 bis 1770 war es, bedingt durch die Auswirkungen des Siebenjährigen Krieges, zu einer gravierenden Verknappung von Schlachtvieh und Fleisch gekommen, die zu höheren Preisen ins Ausland exportiert wurden. Unmittelbar darauf folgte die große Getreidekrise, die in den Jahren 1770/72 ganz Mitteleuropa betraf. Auch in Salzburg stiegen innerhalb kurzer Zeit die Preise auf das Doppelte. Müller und Bäcker konnten zeitweise ihr Handwerk nicht ausüben, und auch die Brauereien mußten ihre Produktion stark einschränken. Trotzdem waren die Auswirkungen weniger drastisch als in Bayern, Böhmen, Schlesien und Mähren, wo es zu schweren Hungersnöten kam. Den ständig steigenden Korn- und Brotpreisen versuchte man im Frühjahr 1771 durch die Einführung des „Schrannenbrotes" entgegenzuwirken: Die Schwarzbäcker erhielten aus den erzbischöflichen Kastenämtern preisgestütztes Korn und durften das damit hergestellte Brot nicht teurer als um zwölf Kreuzer pro Stück verkaufen.[91] Importe aus Italien entschärften dann die Krise, verursachten aber außerordentlich hohe Transportkosten. Zur Finanzierung stellten nicht nur die Landschaft, sondern auch etliche reiche Bürger der Stadt zinsenlose Darlehen zur Verfügung. Allein der Bürgermeister und Handelsmann Sigmund Haffner d. Ä. hat damals 200.000 Gulden aus seinem Privatvermögen vorgestreckt.[92] Mit der guten Ernte des Jahres 1773 konnte die Bevölkerung wieder ausreichend versorgt werden.

Die hohen Schulden, die der Erzbischof bei seinem Tod am 16. Dezember 1771 hinterließ, waren Resultat nicht nur der politischen und wirtschaftlichen Krisenjahre, son-

Das Neutor auf der Riedenburgseite, Salzburg 1794, Radierung koloriert (nach August Franz Heinrich Naumann 1748–1795). (SMCA)

dern auch der verfehlten Großzügigkeit des Fürsten. Trotz der Finanzkrise ließ er kostspielige Bauwerke und Monumente in der Hauptstadt ausführen. Zu ihnen zählt die von Johann Baptist Hagenauer geschaffene Marienstatue auf dem Domplatz, die als Ausdruck der besonderen Marienverehrung Siegmunds am 29. Mai 1771 eingeweiht wurde.[93] Um eine Verbindung mit der Riedenburg zu schaffen, sollte bei dem seit 1675 betriebenen Hofstallsteinbruch ein Schnitt durch den Mönchsberg gelegt werden. Aufgrund eines Einspruchs der Landschaft, die das Eigentumsrecht am Mönchsberg beanspruchte, erfolgte statt dessen ein Tunnelbau (1763–1765). Die Kosten dafür blieben, nachdem selbst das Aushubmaterial verkauft worden war, mit 5565 Gulden deutlich unter dem vorgesehenen Rahmen. Ein Mehrfaches der Bausumme verschlang hingegen die architektonische Ausgestaltung der Portale auf der Riedenburg- und auf der Stadtseite. Eine Ruinenbastei vor dem Tor zur Riedenburg, die an die römische Vorgängerstadt Iuvavum erinnern sollte, und die Anlage eines Parkgeländes kamen nicht mehr zur Ausführung. Trotz der großen Statue des Erzbischofs über dem Riedenburg-Portal und der ihn preisenden Inschriften auf dem stadtseitigen Tor konnte sich der Name Siegmundstor bei den Salzburgern nie durchsetzen, es war und blieb für sie das Neutor.[94] Vor wenigen Jahren mußte auch noch der Name „Siegmundsplatz" weichen – zugunsten des Dirigenten Herbert von Karajan.

Wachsende Aufgaben und politische Ohnmacht – Die Stadtverwaltung im 18. Jahrhundert

Eine politische Mitsprache der Stadtbevölkerung und ihrer Vertreter, des Bürgermeisters und des Stadtrats, hat es bis zum Ende der geistlichen Herrschaft nicht mehr gegeben. Die Stadt- und Polizeiordnung des Jahres 1524 blieb in Geltung und wurde durch eine Reihe zusätzlicher Verordnungen des 17. Jahrhunderts ergänzt. Das mit Abstand wichtigste Amt blieb jenes des Stadtsyndikus, der 1599 den Stadtrichter abgelöst hatte. Dieser vom Fürsten eingesetzte Kommissar kontrollierte Bürgermeister und Stadtrat, leitete persönlich alle Versammlungen und mußte auch wichtige Entscheidungen bestätigen.[95]

Obwohl in der Neuzeit die Agenden der Stadtverwaltung stark zunahmen, blieben Stadtrat und Bürgermeister nur administrative Mittler zwischen dem erzbischöflichen Stadtherrn und der Bürgerschaft. Die Erzbischöfe brachten die Abhängigkeit der städtischen Repräsentanten vor allem im Rahmen des kirchlichen Zeremoniells zum Ausdruck. Seit 1705 mußte der Bürgermeister zu Lichtmeß vom Fürsten die Lichtmeßkerze entgegennehmen, und 1725 wurden Bürgermeister und Rat verpflichtet, am Gründonnerstag die Kommunion aus der Hand des Erzbischofs zu empfangen.[96] Das bescheidene Rathaus demonstriert – im Gegensatz zu den prunkvollen Bauten anderer Städte – auch optisch die geringe Bedeutung des Salzburger Magistrats. Die von Hans Waldburger geschaffene Statue der Justitia, die 1616 über dem Rathauseingang angebracht wurde, ist wohl als Hinweis auf das Stadtgericht zu verstehen, das ebenfalls im Rathaus untergebracht war.[97]

Die zwölf Mitglieder des Stadtrats ernannte der Erzbischof jeweils aufgrund eines ihm vorgelegten Dreiervorschlags. War ihm der von den Stadträten unterbreitete Vorschlag nicht genehm, dann konnte er ihn zurückweisen und einen neuen einfordern. In der Praxis war der Stadtrat fast ausschließlich mit Vertretern der wenigen untereinander verwandten Großhandels- und Kaufmannsfamilien besetzt. Nur selten fand man wohlhabende Gewerbetreibende wie Buchdrucker und Gastwirte unter den Ratsherren vertreten. Ein Hauptgrund dafür war, daß zwar jeder Bürger die Ratsfähigkeit besaß, aber nur ein wohlhabender Geschäftsmann, der von seiner Firma abkömmlich war, diese Funktion wahrnehmen konnte. So lehnte Joseph Martin Hagenauer 1719 die Wahl zum Ratsherrn ab, weil er nur einen kleinen Laden besaß und dort stets selbst anwesend sein mußte. Gleichzeitig wies er darauf hin, daß die Mitgliedschaft im Rat eine Bürde bedeute, die nur die Wohlhabenden in der Stadt tragen könnten.[98] Die geringe Aufwandsentschädigung, die am Beginn des 18. Jahrhunderts für den Stadtrat üblich wurde, vermochte den Verdienstentgang bei weitem nicht zu ersetzen.

Der Bürgermeister wurde von den zwölf Ratsherrn mit einfacher Mehrheit gewählt und mußte beim Erzbischof um Bestätigung ansuchen. Erst dann konnte er vom Stadtsyndikus in sein Amt eingeführt werden und sich dem Fürsten in einer Audienz vorstellen. Das Amt des Bürgermeisters bekleideten fast ausschließlich Handelsleute. Als Voraussetzung galt eine langjährige Tätigkeit im Stadtrat und dementsprechend auch ein relativ hohes Lebensalter. Im Durchschnitt waren die Bürgermeister des 18. Jahrhunderts bei ihrem Amtsantritt mehr als 60 Jahre alt. Der langjährige Bürgermeister und Stadtkämmerer Ignaz Anton Weiser, der wegen der Belastung der Stadtfinanzen durch den Bau des Hoftheaters mit dem Erzbischof in Konflikt geraten war und sich dabei unziemlich geäußert hatte, wurde im Alter von 71 Jahren von Stadtsydikus und Stadtrat zum Rücktritt genötigt. Ihm folgte mit dem 52jährigen Kaufmann Johann Peter Metzger ein relativ junger Kandidat, der dann zwei Jahrzehnte lang Bürgermeister blieb. Auf eine gewisse Entfremdung zwischen dem Stadtrat und der Stadtbevölkerung deutet der Wortlaut eines Zettels hin, der nach der Wahl an die Tür des Bürgermeisters geheftet wurde: *Eilf Ochsen brauchen einen Metzger.* An die Stelle eines Deputats in Naturalien trat ab 1700 eine Aufwandsentschädigung des Bürgermeisters in Geld, dazu kamen eine Wohnung und die Benützung des im Besitz der Stadt befindlichen Hofes Grünbühel bei Aigen.[99]

Die zwölf Ratsmitglieder mußten im Rahmen der Stadtverwaltung eine Fülle von Ämtern wahrnehmen, von denen die des Stadtkämmerers und des Generalsteuereinnehmers die wichtigsten waren. Der Inhaber des letzteren Amtes war zugleich Landschafts-Mitverordneter, als solcher auch Angehöriger des Landtages und konferierte einmal im Monat mit den Repräsentanten des Erzbischofs, der Prälaten und der Ritterschaft im kleinen Landschaftsausschuß, der die Funktion einer landesfürstlichen Steuerbehörde erfüllte.[100] Der Stadtkämmerer führte die Stadtkammer-Amtsrechnungen und legte dem Bürgermeister und dem Stadtsyndikus zu Jahresende eine Bilanz (*Camer Rait-*

Johann Peter Metzger, Bürgermeister von Salzburg 1775–1795. Porträt von Franz Nikolaus Streicher, Pastell auf Papier, um 1775. Metzger (1723–1795), Inhaber einer großen Tuch- und Weißwarenhandlung, war ab 1760 Stadtrat und ab 1769 Stadtkämmerer. (SMCA)

tung) vor, um von diesen entlastet zu werden. Die Kämmerer blieben im Durchschnitt acht bis zehn Jahre im Amt; Georg Hagenauer war nicht weniger als 21 Jahre lang (1704–1725) Stadtkämmerer.[101]

Nach dem Ausweis der Stadtkammer-Amtsrechnungen stiegen die Einnahmen der Stadt in der Zeit zwischen 1650 und 1800 von 11.169 Gulden auf 35.286 Gulden, die Ausgaben erhöhten sich im selben Zeitraum von 7590 Gulden auf 29.113 Gulden. Der scheinbare Überhang bei den Einnahmen trügt, da sich unter ihnen etliche Durchlaufposten und auch uneinbringliche Ausstände aus den Vorjahren fanden. Es gab auch Jahresabschlüsse mit einem Abgang von mehreren tausend Gulden.[102]

Ein beträchtliches Kapital stellten die Liegenschaften im Besitz der Stadt dar. Die insgesamt 60 Gebäude wurden 1792 auf fast 175.000 Gulden geschätzt. Die wertvollsten Objekte waren das städtische Getreidemagazin (Schranne) mit 40.000 Gulden, die städtischen Brunnen mit 22.000 Gulden und das Niederleghaus (Lötschen) mit 18.000 Gulden. Im Vergleich dazu war das Rathaus nur mit 15.000 Gulden veranschlagt. Auch die fünf städtischen Gefängnisse, die für den Zauberer-Jackl-Prozeß 1679 um 1000 Gulden adaptiert worden waren, zählten zu diesen Liegenschaften. Durch die Vermietung von Geschäftslokalen und Objekten wie der Schleifmühle, den Bäckerläden oder dem Ziegelstadel erzielte der Magistrat relativ hohe Einnahmen.[103] Die städtische Trinkstube am Waagplatz Nr. 1, die 1635 eine neue Fassade und eine repräsentative Innenausstattung erhielt, galt bis ins späte 18. Jahrhundert als das Spitzenlokal in der Stadt, das auch hohen Besuchern als Absteigquartier diente.[104] Selbst die Stadttore mit ihren Wachstuben wurden vermietet und bewohnt. Mit einem Gesamtbetrag von 3747 Gulden bildeten die Einnahmen der Stadtkammer aus den Bestandsverträgen im Jahre 1800 den zweithöchsten Aktivposten nach den Mautgebühren.

Getrennt davon sind die Dulthütten- und Freiungsgelder ausgewiesen, die für die Benützung der Marktstände zu entrichten waren. Die Lötschengebühren für die vorgeschriebene Benützung des städtischen Niederleghauses, die 1750 noch 1558 Gulden (443 Gulden für Eisen und 1115 Gulden für andere Waren) betragen hatten, sind durch den Niedergang des Handels während der Franzosenkriege im Jahre 1800 auf 126 Gulden gesunken. Das Umgeld (Ungeld), eine Alkoholsteuer auf geistige Getränke, wurde für Bier und Wein getrennt verrechnet. Während beim Wein die ausgeschenkte Menge als Grundlage diente, entrichteten die Salzburger Brauer im 18. Jahrhundert einen pauschalierten Betrag von 1800 Gulden.[105]

Städtische Einnahmen nach der Stadtkammeramtsrechnung für das Jahr 1800

Rechnungsrest aus 1799	9282 Gulden
Mautgebühren	4847 Gulden
Außerordentliche Einnahmen	3776 Gulden
Einnahmen aus Liegenschaftsbesitz	3747 Gulden
Fronwaagsgefälle	2833 Gulden
Zinsen aus Anlagekapital	2399 Gulden
Getreideschilling	2033 Gulden
Bierumgeld	1800 Gulden
Dulthütten- und Freiungsgelder	929 Gulden
Wasser- und Brunnenzinsen	907 Gulden

Darlehensrückzahlungen	800 Gulden
Darlehensaufnahmen	400 Gulden
Weinumgeld	395 Gulden
Pflastermautgebühren	236 Gulden
Eisenniederlagsgebühren	176 Gulden
Bürgerrechtsgeld	164 Gulden
Ertrag aus dem Salzhandel	161 Gulden
Lötschengebühren	126 Gulden
Sonstige kleinere Posten	275 Gulden
Insgesamt	35.286 Gulden

Quelle: AStS Buchförmige Archivalien 495

Im späten 18. Jahrhundert hat die Stadt – so wie viele Salzburger Privatleute und auch die Landschaftskasse – größere Geldsummen zinsbringend im Ausland angelegt, vor allem in Form von Obligationen zu 4 Prozent beim Wiener Stadtbanco. Die Gesamtsumme von fast 100.000 Gulden, die nicht aus den ordentlichen Einnahmen der Stadtkammer, sondern aus der Haffner-Stiftung stammte, mußte wegen finanzieller Schwierigkeiten der Bank 1798 um ein Drittel erhöht werden und ging durch den Staatsbankrott von 1811 samt den Zinsen endgültig verloren.[106]

Die Mitglieder des Stadtrats waren auch für die städtische Infrastruktur und die soziale Versorgung zuständig. Dazu zählten die Ämter des Baumeisters, die Verwaltung verschiedener Fonds, aber auch des Leprosenhauses, des Bruderhauses, des Bürgerspitals, der Stadtpfarre und des Armensäckels.[107]

Städtische Ausgaben nach der Stadtkammeramtsrechnung für das Jahr 1800

Stadtbauamt	7500 Gulden
Sonderausgaben für die Franzosen	5260 Gulden
Verschiedene ordentliche Posten	2453 Gulden
Zinsendienst	2301 Gulden
Getreideschilling an die Stadtalmosenkasse	2033 Gulden
4 Quartalsausgaben	1976 Gulden
Armensäckl	1800 Gulden
Extraausgaben	1700 Gulden
Anlagekapital	1100 Gulden
Monatliche Deputate	1057 Gulden
Zum Bürgermeisteramt	810 Gulden
Pflaster- und Beleuchtungskasse	336 Gulden
Nachlässe (Abschreibungen)	200 Gulden
Sonstige kleinere Ausgaben	294 Gulden
Insgesamt	28.820 Gulden

Quelle: AStS Buchförmige Archivalien 495

Betrachtet man die Ausgaben der Stadt, dann standen die Aufwendungen für das Stadtbauamt mit Abstand an der Spitze. Es ging dabei um den Bau öffentlicher Gebäude, andererseits um Erhaltung und allfällige Renovierung von städtischen Liegenschaften. Eine außerordentliche Aufwendung stellte der Umbau des alten Ballhauses auf dem heutigen Makartplatz zum ersten öffentlichen Theatergebäude dar. Erzbischof Hieronymus Graf Colloredo setzte Bürgermeister und Stadtrat unter Druck, daß nach seinem Willen ein Theater gemäß dem Vorbild des Wiener Nationaltheaters geschaffen werde. Der Widerstand des Magistrats und auch die kritische Meinung des Abtes Beda Seeauer von St. Peter, *zu Salzburg wäre für so ville arme Leit nöthiger ein Brodhaus als ein Comoediantenhaus*, nützten wenig. Bürgermeister Ignaz Anton Weiser, der bereits im Jahr zuvor dem Erzbischof die Summe von 1706 Gulden für das „Torsteherhäusl" vor dem Neutor verweigert hatte, mußte damals wegen verbaler Entgleisungen sein Amt niederlegen. Nachdem die Umbauarbeiten durch ein erzbischöfliches Darlehen von

Der Hexenturm in Salzburg. Aquarell von Josef Schwaighofer, um 1833. (SMCA)

12.000 Gulden finanziert worden waren, konnte das Salzburger Hoftheater an der Stelle des heutigen Landestheaters 1775 eröffnet werden.[108]

Zur selben Zeit wurde auch der Umbau des Rathaussaales zu einem öffentlichen Ballsaal durchgeführt. Mit den Reinerträgen aus den Maskenbällen und Veranstaltungen, die dort aufgeführt werden durften, sollten die Stadtfinanzen gestützt und die Kosten für den Bau des Hoftheaters abgezahlt werden. Tatsächlich brachten die zahlreichen Redouten und Ballveranstaltungen in den folgenden Jahren mehr Geld ein, als die Stadtväter erhofft hatten.[109]

Für die Verwaltung des 1686 vollendeten städtischen Getreidespeichers war ein Ratsherr als Stadtkastner zuständig. Bei Getreidemangel oder starken Preissteigerungen wurde subventioniertes Brotgetreide an die Bäcker abgegeben, die dafür billiges Brot nach genau festgesetzten Preisen für die notleidende Bevölkerung herstellen mußten. Die Getreidevorräte an Korn und Weizen wurden noch 1803 auf mehr als 30.000 Gulden geschätzt, im Unschlittmagazin (als Unschlitt wurde tierisches Fett bezeichnet, das man zur Stadtbeleuchtung verwendete) waren Vorräte im Wert von 9598 Gulden vorhanden.[110] Der Erzbischof zwang die Stadt auch dazu, die Kosten für den Aufenthalt hochrangiger Besuche wie für den Kaiser Leopolds I. im Jahre 1665 zu einem Drittel mitzutragen.

Zu den kostspieligen Aufgaben des Stadtbauamtes zählten die Instandhaltung der städtischen Gefängnisse einschließlich des Hexenturms, eine Mitfinanzierung des „Bergputzens" am Mönchsberg und am Kapuzinerberg, die Erhaltung bestimmter Brunnen, öffentlicher Stiegen und der Uferbefestigungen. Bei Naturkatastrophen kam es zu einer engen Zusammenarbeit mit dem Landschaftsbauamt und dem erzbischöflichen Hofbauamt, um gemeinsam die Kosten zu tragen.[111]

Die hygienischen Verhältnisse wurden, trotz der bereits erwähnten „Sauberkeitsordnung" Max Gandolfs 1678, nicht wesentlich verbessert. Viehmärkte und umweltverschmutzende Gewerbebetriebe verursachten in der Stadt starke Verunreinigung und entsprechenden Gestank. Die davon besonders betroffene Getreidegasse wurde jeden Samstag früh und am Vorabend von Feiertagen durch das Aufstauen des Almkanals überflutet und ausgekehrt. Auch das Metzgerviertel am Gries, das nach der Verlegung der städtischen Fleischbank ans linke Flußufer unterhalb der Stadtbrücke (1607/08) entstanden war, wurde mit Hilfe des Almkanals gesäubert.[112] Allerdings behielten noch zahlreiche Metzger ihren alten Standort im Bereich der Brücke bei. Vor dem Stadttor war am Salzachufer die „rote Hütte" untergebracht, deren minderwertiges Fleisch ärmere Leute zu geringen Preisen erwerben konnten. Insgesamt wurden von 21 Stadtmetzgern, 12 Gäumetzgern und 16 Wirten im Jahre 1791 15.143 Rinder sowie 5672 Ziegen, Schafe, Lämmer und Schweine geschlachtet.[113]

Erschwert war die Säuberung von Straßen und Plätzen, weil etliche noch nicht gepflastert, sondern unbefestigt waren. Seit der Pflasterordnung Wolf Dietrichs (1596) wurden immer neue Ordnungen erlassen und auch die Hausbesitzer für die relativ hohen Instandhaltungskosten herangezogen. Die häufigen Beschwerden der Stadtbewohner über das schlechte Pflaster veranlaßten Erzbischof Colloredo 1772, einen eigenen

Pflaster- und Beleuchtungsfonds *(Pflasterfundation)* unter der Leitung eines Ratsherrn einzurichten, dem auch die Einkünfte aus der Pflastermaut zuflossen. Die 1775 eingeführte Beleuchtungs- und Pflastersteuer mußten neben allen Haus- und Stockwerkseigentümern in der Stadt auch Kirchen und Klöster mittragen. Gegen einen Pauschalbetrag von 600 Gulden pro Jahr oblag dem Pflasterermeister Joseph Obermayr ab 1774 die Instandhaltung des gesamten Pflasters der Stadt einschließlich der Vorstadt Mülln.[114]

Die städtische Entsorgung war ganz auf die Salzach hin ausgerichtet. Schmutzwasser und Fäkalien, Gewerbe- und Küchenabfälle wurden in den Fluß gelenkt. Alle Gewerbe, die mit Farben und Chemikalien hantierten, wie Gerber, Färber, Lederer, Weißgerber, Barchenter, Pergamenter und Hafner, waren nahe an der Salzach angesiedelt. Das „Grundgerüst" der Kanalisation bildeten am linken Salzachufer vor allem die fünf Arme des Almkanals im Bereich der Altstadt, in die auch die Fäkalien der anliegenden Bürgerhäuser eingeleitet wurden.[115] Eigene Unratskanäle führten von der Residenz durch die Brodgasse in die Salzach und durch Getreide- und Münzgasse vor die Stadttore. In der Rechtsstadt entstand bei den Trockenlegungen der Moorgebiete von Itzling und Schallmoos ein Grabensystem zur Salzach hin, das auch der Entsorgung diente. Daran angebunden wurde ein Kanalnetz mit Haupt- und Nebenarmen, die häufig in der Straßenmitte verliefen und nur notdürftig mit Steinplatten abgedeckt waren. Vor allem der Hauptkanal durch die Linzer Gasse erforderte jährliche Instandhaltungsarbeiten; trotzdem stellte er für nächtliche Fußgänger, da er kaum beleuchtet und schlecht abgesichert war, eine Gefährdung dar. Die Instandhaltungskosten trugen zur einen Hälfte der Magistrat, zur anderen die Anrainer.[116]

Für die Sicherung der Wasserversorgung wollte Erzbischof Guidobald Graf Thun 1654 das gute Quellwasser vom Untersberg, aus dessen „Fürstenbrunnen" die Wasserreiter täglich frisches Wasser für die Hoftafel brachten, in einer Wasserleitung nach Salzburg führen. Obwohl der erfahrene Wassertechniker Andre Vanderwalt aus den Niederlanden mehr als 30.000 Gulden verbaute, konnte das Projekt wegen übergroßer technischer Schwierigkeiten nicht realisiert werden. Als Ersatz errichtete 1679 der einheimische Brunnenmeister Rupert Kraimoser eine wesentlich kürzere Wasserleitung vom Hellbrunner Sternweiher in die Stadt, die mit dem relativ geringen Aufwand von 790 Gulden fertiggestellt wurde. Da die Kapazität bald nicht mehr ausreichte, mußte Wasser aus dem Almkanal zugeleitet werden.[117] Um die Beteiligung an den Erhaltungskosten für den Almkanal kam es im letzten Drittel des 18. Jahrhunderts nochmals zu langwierigen Streitigkeiten und Prozessen zwischen dem Domkapitel und St. Peter als den „Almherren" einerseits und der Stadt andererseits, die zwar die größte Wassermenge aus dem Kanal bezog, von den Kosten aber nichts wissen wollte. Auch diesmal kam es zu keiner Einigung.[118]

Mehr als bescheiden mutete die Stadtbeleuchtung an. Obwohl im 18. Jahrhundert die alten Pechpfannen zunehmend durch Laternen ersetzt wurden, mit Unschlitt (tierischem Fett) gespeist, blieben Straßen und Gassen in den langen Winternächten düster und gefährlich. Da der städtische Beleuchtungsfonds die Zahl der Laternen knapp hielt, finanzierten die Bewohner der Vorstadt Stein 1797 selbst fünf Straßenleuchten, und der Handelsmann Siegmund Triendl übernahm die Kosten für die Laternen in der Loretogasse (heute Paris-Lodron-Straße) und am Hexenturm. Fast skurril muten die Vorschläge an, statt Unschlitt tierisches Knochenmark oder Fischtran für die Stadtbeleuchtung zu verwenden.[119]

Die 1678 erlassene Feuerordnung für die Haupt- und Residenzstadt war für die damalige Zeit modern und effizient.[120] Die Hauptgefahr ging von den engen Handwerkervierteln aus, wo in dichtgedrängten Häusern manche Gewerbe wie Schmiede, Hafner, Bierbrauer oder auch Bader ständig mit Feuer hantierten. Schon damals war jedem Hauseigentümer die Errichtung einer Feuertreppe und die Bereithaltung von Löschwasser vorgeschrieben. Seit dem 17. Jahrhundert standen aus Metall gefertigte Feuerspritzen mit Pumpwerk im Einsatz. Zur Verringerung der Brandgefahr wurden Böller- und Büchsenschießen sowie das Raketenwerfen in der Stadt unter Strafe gestellt und 1801 sogar dem Theaterdirektor die Veranstaltung von feuergefährlichen „militärischen Spektakeln" vor den leicht brennbaren Kulissen verboten.[120] Ab 1783 fand der von Benjamin Franklin erfundene Blitzableiter rasche Verbreitung. Unter Anleitung der Universitätsprofessoren Dominikus Beck, Ambrosius Vonderthon und Ulrich Schiegg wurden fast alle öffentlichen Gebäude, Schlösser und Kirchen, 1797 auch der Rathausturm, mit Blitzableitern ausgestattet.[121]

Mit den zunehmenden Agenden des Magistrats im 18. Jahrhundert stieg auch die Zahl des städtischen Personals. Zu den schon seit dem Spätmittelalter bezeugten Bediensteten wie dem Weinvisierer, Lötschenmeister und Umgelter, Fleischbeschauer, Waagmeister, Getreideaufschläger, Mautner, Quartiermeister, Stadtamtmann etc. kam eine größere Zahl von Männern, die für Sicherheit, Ruhe und Ordnung in der Stadt zu sorgen hatten. In der Sicherheitsordnung für die Hauptstadt aus dem Jahre 1678 sind die Pflichten der vom Magistrat angestellten Wachen festgelegt.[122] Sie hatten für die Einhaltung der Sperrstunde zu sorgen, das Tragen verbotener Waffen, Raufhändel, Schießen und Zusammenrottungen zu verhindern und verdächtige Personen zu kontrollieren. Die Stadttürmer *(Turner)* verkündeten um fünf Uhr morgens und neun Uhr abends mit ihren Posaunen und Zinken vom Rathausturm die Zeit und gaben bei Bränden, großen Unglücksfällen und Gefahr Alarm. In der frühen Neuzeit waren sie auch als besoldete städtische Musiker tätig.

Die Zahl der Nachtwächter, die im engeren Stadtbereich und in der Vorstadt Mülln patrouillierten, nahm im 18. Jahrhundert auf 14 Personen zu. Die Nachtwächterordnung von 1674 schrieb die Route ihres nächtlichen Rundgangs und die Stellen, an denen sie ihren Nachtwächterruf ertönen ließen, genau vor. Im Sommer waren die Nachtwächter von zehn Uhr abends bis zwei Uhr früh, im Winter von neun bis drei Uhr unterwegs. Länger war nur der Dienst der beiden Nachtwächter beim Rathaus, die zu jeder Nachtstunde zweimal die Zeit ausriefen.[123]

Neu hinzu kommen im 18. Jahrhundert neben dem Pflasterermeister und dem Beleuchtungsaufseher auch zwei Stadthebammen, die ihre Ausbildung in Wien erhalten hatten. Um die Errichtung einer Gebär- und Findelanstalt nach Wiener Vorbild kam es ab 1786 zu langen Diskussionen. Eine eigens eingesetzte „Gebärhaus-Deputation" konnte zwar 30.000 Gulden für den Bau aufbringen und erhielt noch weitere Zusagen, kam schließlich aber zur Überzeugung, daß der Betrieb zu hohe Kosten verursachen würde. Dem Einfluß des Leibarztes von Erzbischof Colloredo, Johann Jakob Hartenkeil, war es schließlich zu danken, daß 1792 der Unterricht für Hebammen aufgenommen wurde, wobei Räume in der neu erbauten geschlossenen Irrenanstalt in St. Sebastian als Ausbildungsstätte dienten.[124]

Die medizinische Versorgung der Stadtbevölkerung war und blieb ein großes Problem. Obwohl schon Erzbischof Wolf Dietrich 1597 strengste Absperrungsmaßnahmen gegen die damals grassierende Pest verfügte, die Pestkranken im „Schinderhaus" in der Riedenburg unterbringen ließ, und bereits 1679 ein medizinisches Gremium geschaffen wurde, aus dem später das *Collegium Medicum* unter dem Vorsitz des fürsterzbischöflichen Leibarztes hervorging,[125] kam es zu keiner durchgreifenden Ordnung des Medizinalwesens. Quacksalber und Kurpfuscher fanden bei der Bevölkerung weiterhin großen Zulauf, Krämer und Hausierer verkauften in großen Mengen billige und meist wirkungslose Medikamente. Neben den Apotheken der Klöster, der Spitäler und des Hofs gab es die von der Landschaft unterhaltene Biberapotheke.[126]

Der landesfürstliche Leibarzt, der *Landschaftsphysicus* und der *Statt Medicus* waren nebeneinander in der Stadt tätig. 1692 amtierten insgesamt sechs Ärzte sowie als „Handwerkschirurgen" fünf Bader und Wundärzte. Erst seit 1790 mußten auch die Chirurgen vor ihrer Zulassung zumindest eine Prüfung vor dem *Collegium Medicum* ablegen. Der von der Stadt angestellte und besoldete *Statt Medicus*, für den seit dem frühen 17. Jahrhundert Bestallungsbriefe vorhanden sind, mußte wenigstens zweimal in der Woche die Pfründner im Bürgerspital und die Kranken im Siechenhaus besuchen und mit Medikamenten versorgen. Bei armen Leuten durfte er nur einen niedrigen Betrag für Hausbesuche oder Behandlungen in der Ordination verrechnen. Die Einführung unentgeltlicher Krankenbesuche des Stadtarztes im Jahre 1799 wurde aus der Almosenkasse der Stadt finanziert.[127]

Trotz der stark gestiegenen Zahl der städtischen Beamten, Bediensteten und Arbeiter blieben die Personalkosten relativ gering. Sie betrugen um 1800 nur 3033 Gulden im jährlichen Durchschnitt und machten damit nicht einmal die Hälfte der Ausgaben des Stadtbauamtes aus. Dabei ist jedoch zu berücksichtigen, daß zur Besoldung auch Naturalleistungen und Deputate in Form von Brennholz, Salz etc. zählten und etliche Bedienstete bis hin zum Stadtarzt für die Inanspruchnahme ihrer Tätigkeit direkte Einkünfte erhielten, die nicht in den städtischen Haushalt einflossen. Viele Bedienstete wie z. B. Zugwerker oder Stadtwächter waren so gering entlohnt, daß sie nur durch eine zusätzliche Erwerbstätigkeit den Unterhalt ihrer Familie sicherstellen konnten. Manche Beamte wie der Stadtsyndikus, der Stadtschreiber, der Mautner und der Mautgegenschreiber erhielten einen Teil ihres Lohnes vom Landesfürsten, da sie gleichzeitig auch für diesen tätig waren.[128]

Wirtschaftskrise und wachsende Armut – Stadtbevölkerung und städtisches Leben

Die Stellung Salzburgs als Handelsstadt war schon durch die einschneidenden Mauterhöhungen unter Erzbischof Wolf Dietrich und durch die Auswirkungen des „Uskokenkriegs" zwischen Erzherzog Ferdinand von Innerösterreich und der Republik Venedig (1615–1617) empfindlich getroffen worden. Der Dreißigjährige Krieg führte dann zu einem anhaltenden Niedergang der städtischen Wirtschaft, der erst in der zweiten Hälfte des 18. Jahrhunderts zum Stillstand kam. Eine Reihe von alteingesessenen Salzburger Firmen wie die Fröschlmoser, Alt, Steinhauser und Strasser sind im Dreißigjährigen Krieg zugrunde gegangen. Maßgeblich für die anhaltende Rezession war neben lokalen Ursachen eine großräumige Schwerpunktverlagerung des internationalen Seehandels vom Mittelmeer mit dem Zentrum Venedig zum Atlantik und zur Nordsee. Als die niederländischen Häfen, vor allem Antwerpen, auch den gewinnbringenden Gewürzhandel an sich ziehen konnten, war der Niedergang Venedigs besiegelt.[129]

In Verbindung damit ging das Frachtaufkommen auf der Salzburger Haupthandelsroute, der Straße über den Katschberg und den Radstädter Tauernpaß, bis zur Mitte des 17. Jahrhunderts auf 10.000 Pfundzentner zurück und betrug damit nur mehr ein Viertel des zur Jahrhundertwende erzielten Spitzenwertes. Auch am Aufstieg der habsburgischen Freihäfen Triest und Fiume vermochten die Salzburger Händler nicht zu partizipieren, da durch die österreichische Handelspolitik fast das gesamte Frachtaufkommen auf der Route über Graz nach Wien abgewickelt wurde.[130] Im Gegensatz dazu gewann die von Leoben über Radstadt und das Salzkammergut nach Salzburg und von hier weiter nach München und Augsburg verlaufende „Tuch-Eisen-Straße" zunehmend an Bedeutung. Auf ihr wurde Vordernberger Eisen nach Süddeutschland gebracht, als Gegenfracht kamen teils hochwertige Tuche aus Flandern und Brabant, teils einfachere Stoffe aus den Rheinlanden und der Wetterau, aber auch Heringe und Rheinlachse in die Steiermark und nach Kärnten. Von der Kapazität und auch vom Wert der Waren her konnte dadurch aber der Rückgang des Venedighandels nicht annähernd kompensiert werden.[131]

Zur Rezession im Handel kam verschärfend das Fehlen großer Messen in Salzburg hinzu. Die Jahrmärkte, vor allem die Dult, zogen zwar auch Kaufleute und Händler aus den Nachbargebieten bis nach Sachsen und der Schweiz an, der Erlös des gesamten Warenumsatzes betrug aber im 18. Jahrhundert nicht mehr als 200.000 bis 300.000 Gulden pro Termin. Im Vergleich waren das nur wenige Prozente von jenen Summen, die auf internationalen Messen wie Leipzig, Bozen oder Frankfurt umgesetzt wurden.[132]

In der Stadt Salzburg selbst gab es außerdem kein exportorientiertes Gewerbe. Gegen Ende des 18. Jahrhunderts verarbeiteten zwar 26 Meister die Baumwolle, die als Verpackungsmaterial aus dem Italienhandel anfiel, die produzierten Stoffe waren jedoch von minderer Qualität und brachten keinen großen Gewinn. Die im 16. Jahrhundert blühende Barchentweberei hatte längst einen Niedergang erlebt. Auch die *Schusser*, Kugeln unterschiedlicher Größe aus Marmor und anderem Gestein, die als Salzburger Spezialität seit der Mitte des 17. Jahrhunderts nicht nur nach Deutschland, den Niederlanden und England, sondern auch nach Amerika exportiert wurden, brachten nur bescheidenen Gewinn. Sie wurden als Ballast in den Kielräumen von Überseeschiffen verwendet und in der Neuen Welt als Kinderspielzeug verkauft.[133] Auch der Export von Marmor und der Verkauf von Produkten der Spitzenklöppelei, bei dem Salzburger Händler als Verleger auftraten, vermochten die Handelsbilanz kaum aufzubessern.[134]

Erschwerend wirkte sich aus, daß im Zuge einer merkantilistischen Wirtschaftspolitik in den Nachbarländern Bayern und Österreich verstärkt Manufakturbetriebe und Fabriken zur Bedarfsdeckung errichtet wurden. Um die eigene Produktion entsprechend abzusichern, verhängten diese Länder Importsperren für Fertigprodukte und erließen gleichzeitig Verbote für den Export von Rohmaterialien. So wurde in Bayern nach der Gründung einer Münchner Fabrik die Ausfuhr von Garn generell untersagt. In der Stadt Salzburg bat daraufhin das „ganze arme Handwerk" der Leinen- und Barchentweber im Jahre 1747 den Erzbischof um Intervention am bayerischen Hof, da es bisher sämtliche Rohmaterialien auf bayerischen Märkten gekauft hatte. Erzbischof Andreas Jakob Graf Dietrichstein wandte sich zur Regelung dieses Problems noch im selben Jahr an den Hofrat in München.[135] Andererseits verboten die Wittelsbacher 1763 die Einfuhr von Schafwoll- und Baumwollstrümpfen, um damit den Absatz ihrer eigenen Produkte zu fördern, die bis dahin wegen ihrer schlechten Qualität mit den Salzburger Erzeugnissen nicht konkurrieren konnten.[136]

Den Ansätzen einer merkantilistischen Wirtschaftspolitik im Land Salzburg war hingegen nur geringer Erfolg beschieden. Erzbischof Guidobald Graf Thun führte zwar 1667 mit Johann Joachim Becher, einem führenden Vertreter des Merkantilismus in Österreich, lange Gespräche,[137] die Ergebnisse blieben jedoch mehr als bescheiden. Die „Salzburger Wollmanufaktur", die 1677/78 im erzbischöflichen Meierhof in Nonntal eingerichtet wurde, konnte sich dank einer Abnahmegarantie des Erzbischofs für seine Person und für die staatlichen Bergbaubetriebe zwei Jahrzehnte lang halten. Schwierigkeiten aber ergaben sich dadurch, daß die heimische Schafwolle zum Großteil für die bäuerliche Lodenerzeugung verbraucht wurde und die Fabrik deshalb auf Importe aus dem Ausland angewiesen war. Auch ein landesweiter Aufruf zur vermehrten Schafzucht vermochte daran nichts zu ändern. Als Leiter der Fabrik hatte man den Tuchmacher Wilhelm Wagner aus Verviers in Belgien geholt, der mit neuen Produktionstechniken vertraut war. Die Salzburger Zünfte haben jedoch gegen derartige Technologieimporte meist heftig protestiert.

Zwei Jahre nach der Gründung übernahm Wilhelm Wagner die Leitung der Fabrik in Eigenregie. Einige Jahre später richtete man im selben Gebäude, dem Meierhof in Nonntal, ein Waisenhaus ein und bestellte Wagner gleichzeitig zum Waisenhausvater. Er wurde damit einer der ersten „fürsorgerischen Unternehmer" im deutschen Sprachraum. Kindererziehung und Betrieb fielen nun zusammen, womit die Fabrik billige, disziplinierte Arbeitskräfte erhielt, die Kinder ihrerseits eine bescheidene Ausbildung und einen kleinen Verdienst bekamen, vor allem aber entsprechend der Forderung jener Zeit „zur Industrie erzogen" wurden. Da es am notwendigen Kapital, an der Beteiligung einheimischer Wirtschaftstreibender und auch an zusätzlichen Abnehmern fehlte, mußte die Fabrik am Ende des 17. Jahrhunderts den Betrieb einstellen.[138]

Eine viel kürzere Episode stellte die Errichtung der „Lyoner Borten- und Drahtfabrik" durch Erzbischof Siegmund Graf Schrattenbach 1758 dar, die mit feinem Metalldraht umwickelte Woll- und Seidenfäden herstellte. Obwohl der Erzbischof selbst unter einem Pseudonym Aktien um 2000 Gulden erwarb und durch ein Generalmandat 1760 den Absatz zu fördern suchte, damit *der einem Lande so schädliche Geld-Ausfluß doch in etwas gehindert werde*, mußte die Fabrik bereits im Oktober 1762 schließen. Mangelndes Grundkapital, fehlende Kredite und der trotz eines Einfuhrverbots für ähnliche ausländische Produkte geringe Absatz verhinderten einen erfolgreichen Start. Ein Salzburger Hofrat hatte dem Erzbischof allen Ernstes geraten, zur Förderung des Absatzes anzuordnen, daß sämtliche Frauen und Lakaien zur Faschingszeit mit Borten besetzte Kleider zu tragen hätten, sonst würden sie weder bei einem Maskenball noch bei Redouten Einlaß finden. Außerdem solle der Fürst selbst beispielgebend wirken und sich in bortenbesetzten Kleidern zeigen, damit eine Nachahmung bei Hofe sicher sei.[139]

Als zwölf Jahre später der aus Ungarn stammende Vinzenz Mayr erneut den Betrieb in Form einer Aktiengesellschaft aufnahm, erhielt er zwar eine Reihe von erzbischöflichen Privilegien mit fünfjähriger Zehent- und Steuerbefreiung sowie ein Vorkaufsrecht für Großarler Kupfer. Da jedoch der übertrieben sparsame Erzbischof Hieronymus Graf Colloredo trotz des anlaufenden Absatzes und größerer Kaufzusicherungen aus Konstantinopel die Bereitstellung von weiterem Kapital verweigerte, mußte der Betrieb nach einem guten Jahr erneut eingestellt werden.[140]

Im Gegensatz zu den vom Landesfürsten geförderten Gründungen fanden Privatinitiativen keine Unterstützung durch die Regierung, oft wurde ihnen – wegen des Widerstandes der einheimischen Handwerker – gar keine Betriebsbewilligung erteilt. Als Christoph Fiedler aus Passau 1692 um die Genehmigung zur Errichtung einer Glashütte in Salzburg ansuchte, wurde ihm trotz verschiedener Empfehlungsschreiben und des Hinweises, daß es bei den Importen aus Bayern häufig zu Glasbruch kam, keine Bewilligung gewährt. Während einheimische Unternehmer kaum an die Finanzierung riskanter Neugründungen dachten, wurde bei Ausländern streng darauf geachtet, keine Protestanten oder Mitglieder anderer Glaubensgemeinschaften zuzulassen.[141]

Trotz dieser Hindernisse waren die beiden einzigen erfolgreichen Betriebsgründungen der Initiative von Privatunternehmern zu verdanken. Der aus Leobersdorf, dem Zentrum der niederösterreichischen Keramikfabrikation, zugewanderte Johann Michael Moser betrieb ab 1737 in der Riedenburg eine Weißgeschirrfabrik. Obwohl die Gründung bei Bürgermeister, Stadtrat und vor allem bei den einheimischen Hafnern und Zinngießern auf heftigen Wiederstand gestoßen war, hatte der Erzbischof eine Genehmigung erteilt. Moser, der vier verschiedene Arten von Gebrauchsgeschirr herstellte, konnte 1746 und 1765 das Unternehmen erweitern. Die Folge war, daß im gleichen Zeitraum die Hafnerbetriebe von ursprünglich acht Werkstätten auf vier und am Ende des 18. Jahrhunderts auf drei zurückgingen.[142]

Die Lederfabrik von Vital Gschwendtner und Christian Zezi am Stein (heute Arenbergstraße 2). Stich von Johann Georg Laschensky, von dem auch die Baupläne stammen, 1792. (SLA)

Zu einem Aushängeschild der Salzburger „Industrie" entwickelte sich die von Christian Zezi, dem Inhaber einer Spezerei- und Materialwarenhandlung, und dessen Schwager Vital Gschwendtner gegründete Lederfabrik. Ursprünglich in den alten Anlagen der Lyoner Borten- und Drahtfabrik angesiedelt, ließen die Firmengründer durch den Hofbaumeister Georg Laschensky am Stein (heute Arenbergstraße 2) ein großzügiges „palastartiges" Fabriksgebäude errichten, das auch die Bewunderung ausländischer Besucher auf sich zog. Den Erfolg verdankten Zezi und Gschwendtner der Anstellung ausländischer Werkführer und Gesellen, die nach modernen niederländischen und fränkischen Erzeugungsmethoden produzierten. Auch in diesem Fall protestierten die in der Stadt ansässigen Lederer und Lederzurichter heftig gegen die Fabriksgründung. Zezi erhielt die Betriebsgenehmigung nur mit den Auflagen, in der Stadt Salzburg kein Verkaufslokal für den Detailhandel einzurichten, sondern seine Produkte en gros abzusetzen und außerdem nicht mehr als acht Gehilfen zu beschäftigen.[143]

Diese Bestimmungen zeigen, was im 18. Jahrhundert *Fabrik* genannt wurde. Es war nicht eine Großbetriebsstätte mit vielen Arbeitern und aufwendigem Maschinenpark, sondern ein privilegiertes gewerbliches Unternehmen außerhalb der Zünfte, das nicht an Zunftzwänge und die verschiedenen qualitativen und quantitativen Beschränkungen gebunden war.[144] Die Belegschaft der Salzburger Lederfabrik bestand nur aus dem Werkmeister mit Frau, zwei Dienstboten und sieben Gesellen, prosperierte aber derart, daß man 1802 das Betriebsgelände vergrößerte und Zezi als Aktionär noch Anteile an einer anderen Fabrik erwarb. Die Beispiele der Weißgeschirrfabrik und der Lederfabrik zeigen, daß Salzburg als Industriestandort nicht völlig ungeeignet war, wie die Zeitgenossen immer behaupteten, sondern daß es an entsprechenden Konzepten, der konsequenten Förderung durch den Staat und vor allem an Initiativen einheimischer Wirtschaftstreibender mangelte.[145]

Für Handwerk und Gewerbe besaßen die Erzbischöfe mit ihren großzügigen Bauten und der erzbischöfliche Hof mit seinem steigenden Konsum die größte Bedeutung. Das Baugewerbe entwickelte sich im 17. und 18. Jahrhundert nach der Zahl der Beschäftigten zum stärksten Wirtschaftssektor. Im Jahre 1692 wurden 15 Maler, 16 Maurer, 17 Steinmetzen und 43 Zimmerer gezählt. Neben den großen Bauten der Barockzeit sorgte auch die rasche Bevölkerungsvermehrung seit der Mitte des 17. Jahrhunderts für das Wachstum der Baubranche. Uhrmacher, Goldschmiede, Glockengießer und Vertreter des Kunstgewerbes arbeiteten sowohl für den Bedarf der Stadtbevölkerung als auch für den Erzbischof und seinen Hof. Trotz des deutlichen Bedarfs an Produkten höherer Qualität wurden diese kaum in der Stadt selbst hergestellt, sondern größtenteils importiert. So produzierten die zahlreichen einheimischen Weber fast ausschließlich derbe und grobe Stoffe für den Alltagsgebrauch, während feinere Qualitäten durchwegs von auswärts kamen. Daraus resultierte aber eine empfindliche Belastung der Handelsbilanz.[146]

Zahlreich waren die Gasthäuser und Schenken in der Stadt. Viele Wirte waren auch als Bierbrauer tätig, sahen sich aber seit der Mitte des 17. Jahrhunderts durch die erzbischöflichen Hofbrauhäuser zunehmend in die Defensive gedrängt. Seit der Einführung des staatlichen Biermonopols 1659 mußten alle Gastronomiebetriebe ohne eigene Erzeugung ihr Bier vom erzbischöflichen Brauhaus im Kai und nach dessen Einstellung 1704 von der Brauerei Kaltenhausen (bei Hallein) beziehen.[147] Der Bierkonsum stieg zu Lasten des teuren ausländischen Weines stark an, da Bier auch steuerlich begünstigt wurde. Einen höheren Weinverbrauch hatten neben dem Hof und den Klöstern, die auf eine eigene Produktion zurückgreifen konnten, nur die reichen Kaufleute und Händler. Obwohl der Franzose Jean Fontaine bereits im Jahre 1700 das erste Kaffeehaus eingerichtet und mit einem Billardtisch ausgestattet hatte, bestand bis zum Ende des 18. Jahrhunderts nur geringes Interesse an den wenigen Cafés der Stadt.[148]

Das Handwerk war seit dem 17. Jahrhundert von einem langsamen aber unaufhaltsamen Niedergang betroffen. Die stark gestiegene Bevölkerungszahl vergrößerte den Abnehmerkreis kaum, da zunehmende Verarmung den Konsum drosselte. Durch Überbevölkerung und Stagnation der Wirtschaft kam es hingegen zu einer rasch wachsenden Arbeitslosigkeit, die die Zahl der Armen in die Höhe trieb. Am Ende des 18. Jahrhunderts mußten nicht weniger als 15% der gesamten Stadtbevölkerung aus dem Armensäckel der Stadt und aus verschiedenen Fonds versorgt werden.[149] Im Handwerk kam zu den Absatzschwierigkeiten auch die mangelnde Konkurrenzfähigkeit hinzu. Da noch immer das zünftische Gewerbe mit seinen strengen Reglementierungen dominierte, war eine flexible Ausrichtung nach den Erfordernissen des Marktes nicht möglich. Durch die Konkurrenz der Fabriken im Inland, vor allem aber in den Nachbarländern, und das Fehlen protektionistischer Maßnahmen wie Erhöhung der Mauttarife und Importverbote, die in Bayern und Österreich sehr wohl praktiziert wurden, häuften sich die Konkurse. Auch Betriebszusammenlegungen konnten die Situation nicht bessern, sie verkleinerten nur den Arbeitsmarkt. Die Produktionsbedingungen waren bisweilen erschreckend. Während ein Nagelschmied sein Handwerk in der Küche ausübte, benützte ein Drahtzieher in der Vorstadt Mülln dafür sein Wohnzimmer.[150]

Die triste Situation ließ sich durch erzbischöfliche Verordnungen, die auf eine Liberalisierung des Handwerks abzielten, kaum ändern. Bereits 1651 wurde jedem Handwerker freigestellt, billiger oder auch qualitätvoller als andere zu arbeiten, ohne deswegen Sanktionen der Zunft befürchten zu müssen. Sechs Jahre später gestattete man allen Meistern die Aufnahme beliebig vieler Lehrlinge und Gesellen, soferne sie diese mit Arbeit versorgen konnten. Auch die Erlaubnis, daß Gäuschneider vom Lande in der Stadt für privilegierte Personen arbeiten durften, stellte einen schweren Eingriff in die Rechte der Zunft dar.[151] Gegen Ende des 17. Jahrhunderts wurde eine grundlegende Neuordnung des Zunftwesens versucht. Mit den „Handwerks-Mandaten" des Jahres 1682 setzte Erzbischof Max Gandolf sämtliche Gebühren für Aufdingen, Freisprechen, Meisteraufnahme und Meistermahl usw. genau fest. Durch die von Erzbischof Johann Ernst erstellte Handwerksordnung 1689 wurde vorgeschrieben, künftig alle Gesuche um Verleihung einer Handwerkskonzession an den Landesfürsten zu richten.[152]

Gleichzeitig wurde auch das bis dahin wenig reglementierte Gewerbe auf dem Land organisatorisch erfaßt und in Form von „Viertelladen" an die jeweilige „Hauptlade" in der Stadt Salzburg angegliedert. Anstelle der Zechen und Zünfte überwachte immer mehr der Hofrat die Einhaltung gewerblicher Bestimmungen. Die neuen Handwerksordnungen des 17. und 18. Jahrhunderts wurden als „Polizeivorschriften" erlassen, die jederzeit von der Obrigkeit geändert werden konnten.

Die städtischen Handwerker haben sich gegen die Zurückdrängung der alten Zunftordnung vergeblich gewehrt. So kam es 1801 zu einem Aufstand der Bäckerjungen, denen das Backen an Feiertagen vorgeschrieben worden war. Auch zwei Bäckermeister hatten diesen Widerstand gegen die Obrigkeit unterstützt.[153] Der Kampf der Zechen und Zünfte gegen die Gesetzgebung der Aufklärung blieb zwar vergeblich, es sollte aber noch mehr als ein halbes Jahrhundert vergehen, bis es durch das umfassende Gewerbepatent Kaiser Franz Josefs I. 1859 zu einer völligen, für heutige Begriffe sogar übertriebenen Liberalisierung des Handwerks kam.[154]

Der Niedergang des Handwerks zeigte sich auch in der sinkenden Zahl der Zechen und Zünfte. Waren es im späten 17. Jahrhundert noch 56 Zünfte gewesen, so schrumpfte ihre Zahl durch Zusammenlegungen im folgenden Jahrhundert auf 50. Quantitativ am stärksten vertreten war das Baugewerbe, das auch entsprechende Zuwachsraten aufwies. Ihm folgten Bekleidung und Nahrungsmittel, während etwa der Handel seit der Mitte des 17. Jahrhunderts auch in der Zahl der Betriebe zurückging. Die Betriebsgrößen waren für heutige Begiffe bescheiden, im Vergleich zu anderen Städten aber immer relativ hoch. Die meisten Gehilfen pro Betrieb beschäftigten die Bierbrauer, da sie zugleich Gastwirtschaften führten sowie die Bader, die meist auch als Wundärzte tätig waren. Eine Seelenbeschreibung des Jahres 1647 zeigt, daß damals der Bader Hans Leitner mit fünf Badjungen und drei Badknechten den höchsten Mitarbeiterstand in der gesamten Stadt Salzburg aufwies.[155] Die mit Abstand höchste Steigerung unter allen Berufstätigen der Stadt wies jedoch der „öffentliche Dienst" aus. War sein Anteil im frühen 17. Jahrhundert noch relativ niedrig, so beschäftigte diese „Branche" an der Wende zum 18. Jahrhundert fast ein Drittel aller Erwerbstätigen. Darin kommt die zunehmende

Porträt des Johann Ambros Elixhauser, Stieglbrauer in der Gstättengasse. Ölgemälde um 1770. Im Hintergrund sind Darstellungen der Bierproduktion zu sehen: Aus einem großen Sudkessel wird Bier in einen Bottich abgefüllt, daneben sind Faßbinder an der Arbeit. (SMCA)

Der Weiserhof bei Salzburg. Kolorierte Radierung von Johann M. Frey, Ende 18. Jahrhundert. (SMCA)

Dominanz des erzbischöflichen Hofes zum Ausdruck, die Salzburg von einer Handelsstadt zu einer Residenzstadt werden ließ.

Gliederung der Berufstätigen (Haushaltsvorstände) im 17. Jahrhundert

Betriebsklasse	1608	1647	1692
Land- und Forstwirtschaft	23	65	55
Stein- und Erdgewinnung/-bearbeitung	36	25	32
Bauwesen	88	97	118
Metallverarbeitung	64	67	84
Holzbearbeitung	42	43	49
Ledererzeugung/-verarbeitung	22	27	25
Textil	57	44	63
Bekleidung	77	88	103
Nahrungsmittel	83	87	99
Gastgewerbe	32	34	43
Handel	57	98	92
Verkehr	74	52	72
Reinigung, Körperpflege, Gesundheit, Fürsorge	22	17	36
Bildung, Rechtspflege, Unterhaltung	55	38	79
öffentlicher Dienst	154	131	581
Diverse Berufe	172	235	236
Insgesamt	1058	1148	1767

Mit der zunehmenden Verarmung, ja Verelendung der erzbischöflichen Beamten und Bediensteten, die etwa Leopold Mozart mit harten Worten kritisierte,[156] ging auch der Konsumbedarf des Hofes entsprechend zurück. Das wirkte sich wiederum auf die gesamte städtische Wirtschaft gravierend aus und verstärkte die Rezession.

Die Stadtbevölkerung war bis zur Mitte des 17. Jahrhunderts mit etwa 9000 Einwohnern relativ konstant, stieg dann bis zur Jahrhundertwende auf 13.000 Personen an und erreichte im Jahre 1787 mit 16.400 Einwohnern einen Höhepunkt.[157] Damit wurde Salzburg in der zweiten Hälfte des 18. Jahrhunderts zu einer „Großstadt", die deutlich vor Linz und Innsbruck rangierte. Diese Bevölkerungszunahme, die zwischen 1692 und 1771 mehr als 3000 Einwohner betrug, war nicht „hausgemacht", sondern ausschließlich der starken Zuwanderung, die einen Überschuß von mehr als 8000 Personen brachte, zu verdanken. Seit dem frühen 18. Jahrhundert wurde die Zahl der Geburten von den Sterbefällen deutlich übertroffen. Auch nach dem Höhepunkt dieser Entwicklung, den Hungerjahren 1770–72 und einer nachfolgenden Pockenepidemie, ließ dieser Trend nicht nach. Im Zeitraum von 1792 bis 1798 lag die Zahl der Sterbefälle (622) um ein Drittel über jener der Geburten (410). Grund für diese Entwicklung war nicht allein die hohe Sterblichkeitsrate, sondern auch und vor allem die zunehmende Verarmung der Bevölkerung. Die schlechten finanziellen Verhältnisse erlaubten einer breiten Bevölkerungsschicht gar nicht, Ehen zu schließen, die Heiratsziffern des 18. Jahrhunderts blieben auffallend gering.[158]

Diese Entwicklung spiegelt sich auch in der Wohnsituation. Während im Jahr 1608 insgesamt 665 Gebäude in Stadt und Vorstädten gezählt wurden, ist diese Zahl bis zum Jahre 1800 nur auf 769 Häuser angewachsen.[159] Auch wenn in dieser Auflistung einige Liegenschaften fehlen, geht aus ihr deutlich hervor, daß die Vermehrung der Wohngebäude mit dem Anwachsen der Bevölkerung bei weitem nicht Schritt halten konnte. Es kam nicht nur zu einer Erhöhung der Wohndichte und zur zunehmenden Aufteilung des Hausbesitzes in das für Salzburg typische „Stockwerkseigentum", sondern auch zur Überbelegung kleiner Wohnungen mit schlechtem Standard und zu einer Zunahme der Obdachlosen und Bettler. Gleichzeitig begannen die wenigen wirklich vermögenden Familien des Adels, der Großkaufleute und Händler sich Höfe und Villen außerhalb der engen Altstadt als Sommerquartiere und Zweitwohnsitze anzulegen wie den Robinighof, den Weiserhof oder den Steigerhof in Schallmoos.[160]

Die divergierende Entwicklung des 18. Jahrhunderts, die einigen wenigen Familien zu noch größerem Reichtum verhalf, große Teile der Stadtbevölkerung aber verarmen ließ, spiegelt sich auch in der sozialen Schichtung der Einwohnerschaft. Ein namhafter Teil der Stadtbevölkerung stand rechtlich außerhalb des Bürgertums. Neben dem Erzbischof als Landesfürst und Stadtherr war das zunächst die große Gruppe der Geistlichen, die vom Domkapitel über die Ordensgemeinschaften der zahlreichen Klöster bis zu den in der Stadt tätigen Weltgeistlichen reichte. Zählt man die vielen Bediensteten und das Gesinde der Domherren und der Klöster hinzu, dann stellte die Geistlichkeit mit etwa 500 bis 600 Personen zwar keinen dominierenden, aber doch einen namhaften Anteil an der Stadtbevölkerung.[161] Dank der reichen Besitzungen und des vorhandenen Kapitals gingen von der Geistlichkeit, speziell vom Domkapitel und den alten Orden, auch entsprechende Impulse für die städtische Wirtschaft im Bereich des Konsums und des Baugewerbes aus.

Kaum ins Gewicht fielen hingegen die wenigen in der Stadt ansässigen Adelsfamilien. Soferne sie nicht als Angehörige der Erzbischöfe im Zuge des Nepotismus Paläste erhielten wie die Lodrons oder Kuenburgs, hatten sie in der Stadt eher bescheidene Wohnsitze und lebten überwiegend auf kleineren Schlössern und Adelssitzen der weiteren Umgebung. Nur wenige von ihnen waren als leitende Beamte am erzbischöflichen Hof tätig oder standen im Dienste des Domkapitels.

Enorm angewachsen ist hingegen im 17. und 18. Jahrhundert die Zahl der Hofbediensteten, die meist dem Brief- oder Beamtenadel angehörten. Da gleichzeitig der finanzielle Spielraum der Erzbischöfe in den Kriegszeiten des 17. und 18. Jahrhunderts immer geringer wurde, verschlechterte sich die wirtschaftliche Situation dieser Gruppe ständig. Gesellschaftlicher Anspruch und Vermögenslage klafften beim Hofpersonal immer stärker auseinander, sodaß ein „standesgemäßes Leben" kaum zu führen war. Auch Gesinde konnten sich diese Familien nicht mehr leisten. Viele Besucher haben sich im 18. und 19. Jahrhundert über den „Bettelstolz" der Salzburger Beamten und über ihre erbärmliche Titelsucht teils belustigt, teils verächtlich geäußert. Leopold Mozart hat diese große Gruppe, der er in gewissem Sinn selbst angehörte, als vermögenslose Parasiten der Gesellschaft charakterisiert: *Die armen Hofbedienten haben kaum den Hunger zu stillen und da ihre Kinder nichts lernen, weil die Mittl fehlen, so wachsen sie als Müssiggeher auf und die Statt wird in Zeit von 20 Jahren mit einer Menge unnützer Leuthe voll sein, die in Elend leben und sowohl dem Hof als dem ganzen Publico zur Last sind.*[162]

Innerhalb der Hofbediensteten und Beamten bildeten jene aus Böhmen und Mähren, die vor allem im Gefolge der Erzbischöfe Thun und Kuenburg nach Salzburg gekommen waren, eine kleine, nationalbewußte Sondergruppe. Kaum ins Gewicht fiel hingegen das Offizierskorps des bescheidenen Salzburger Truppenkontingents – die Stärke betrug im späten 18. Jahrhundert nur 820 Soldaten –, auch wenn die Zahl der Offiziere und Chargen zur Truppenstärke in einem geradezu lächerlichen Mißverhältnis stand.[163]

Eine relativ große und durchaus eigenständige Gruppe bildete die Studentenschaft der Salzburger Benediktiner-Universität. Noch zur Zeit Mozarts stellte sie etwa 10 Prozent der Stadtbevölkerung. Vor allem für die Wirte und Quartiergeber gingen von den Studenten wichtige wirtschaftliche Impulse aus. Die jungen Studiosi waren meist adeliger Herkunft, kamen überwiegend aus Bayern und Schwaben, aus den habsburgischen Ländern und aus Italien, zum Teil aber auch aus relativ weit entfernten Gebieten. Für den „Polizeistaat" des 18. Jahrhunderts bildeten die Studenten, deren Zahl in der Blütezeit, als jährlich zwischen 300 und 400 Anfänger immatrikulierten, etwa 2000 bis 3000 Personen betrug, einen ständigen Unruheherd. Die Theateraufführungen an der Salzburger Benediktiner-Universität, die jeweils zum Ende des Studienjahres stattfanden, stellten allerdings einen Höhepunkt des gesellschaftlichen Lebens dar. Die bedeutendsten Salzburger Komponisten von Georg Muffat und Heinrich Ignaz Franz Biber über Johann Ernst Eberlin, Leopold Mozart, Johann Michael Haydn bis zu Wolfgang Ama-

„Ein studierender Kavalier im adeligen Virgilianischen Stift". Gouachebild aus der Kuenburgschen Trachtenbildersammlung, Ende 18. Jahrhundert, Privatbesitz. (SMCA)

deus Mozart, der als junger Knabe selbst einmal auf der Bühne stand, haben für das Salzburger Universitätstheater Finalkompositionen und andere Musikstücke verfaßt.[164]

Ansonsten aber fielen die Studenten in der Öffentlichkeit vor allem durch ihre ausgelassene Lebensweise und durch häufige Exzesse auf. Mit wilden Ritten durch die engen Gassen und Einschlagen von Fenstern schreckten sie die Bevölkerung, maskiert pöbelten sie Leute an und fuhren im Winter mit lautem Schellengeläute mitten in der Nacht durch die dunklen Straßen. Trinkgelage und Raufhändel, vor allem Schlägereien zwischen den einzelnen Nationalitäten (Schwaben und Bayern waren untereinander besonders verfeindet), standen auf der Tagesordnung. Nicht nur mit Handwerksgesellen sondern auch mit den in der Stadt stationierten Soldaten, die von den Studenten mit Verachtung betrachtet wurden, kam es zum Teil zu heftigen Auseinandersetzungen. Im Mai 1746 tobte ein Kampf zwischen Studenten und österreichischem Militär, der mit dem Degen ausgefochten wurde, aber nur mit Blessuren endete.[165] Mehrfach kam es jedoch zu Messerstechereien, die bisweilen tödlich waren und auch Stadtbewohner betrafen. Da sich das Verbot des Waffentragens bei den meist adeligen Studenten kaum durchsetzen ließ, fanden auch immer wieder Duelle statt.

Die 1500 Akten des Universitätsgerichts weisen außerdem häufige Sexualvergehen aus, die zu Schwangerschaften und zu Unterhaltsansprüchen der betroffenen Bürgertöchter oder Mägde führten. Besondes tragisch war der Fall der Josefine Grenier, der Tochter des Salzburger Ingenieurhauptmanns Ludwig Grenier, die einem Studentenulk zum Opfer fiel. Der Gärntnerssohn Kajetan Treml aus Mattighofen, ein fast schwachsinniger Student, gab sich auf Drängen seiner Kommilitonen als Sohn eines Fürsten Tunora von Strivali aus und vermochte mit einem abenteuerlichen, von vier Emiren beglaubigten Stammbaum sogar den Rektor der Universität, Pater Corbinian Gärtner, zu täuschen. Während der Rektor und einige andere Personen jene Geldsummen verloren, die sie dem angeblichen Prinzen Tunora vorgestreckt hatten, bekam Josefine Grenier eine uneheliche Tochter von ihm und beschloß ihr Leben in bitterster Armut.[166]

Großes Aufsehen erregte ein Studentenstreik im Frühjahr 1711, als der 18jährige Wolfgang Ignaz Würth als angeblicher Verfasser einer Schmähschrift gegen Rektor und einige Professoren vom erzbischöflichen Stadtsyndikus mit einer harten Strafe, darunter 25 Stockhieben, bedacht wurde. Die Empörung, die daraufhin unter der gesamten Studentenschaft ausbrach, war so groß, daß der Erzbischof die Universitätsprivilegien öffentlich verlesen ließ und für die Zukunft alle Körperstrafen an Studenten untersagte. Auch als sich der Rektor offiziell entschuldigt hatte, setzte eine radikale Truppe von Studenten ihren „Aufstand" fort. Sogar die Bürgerschaft der Stadt Salzburg hat damals für die Studenten Partei ergriffen, weil sie den Verlust einer wichtigen Einnahmequelle befürchtete.[167]

Dominiert wurde das Bürgertum der Stadt finanziell, gesellschaftlich und wirtschaftlich von einer kleinen Gruppe wohlhabender Handelsherren und Kaufleute. Nachdem im 17. Jahrhundert einige alteingesessene Salzburger Unternehmer abgewirtschaftet hatten, zog bald darauf eine Reihe neuer Familien nach Salzburg zu, die – entsprechend der Herkunft der Erzbischöfe – überwiegend aus Tirol stammten. So kamen die Triendl und

Lergetporer aus Schwaz, die Haffner aus Jenbach, die Späth aus St. Peter bei Lana, die Fendt aus Bozen, die Kaufmann aus Meran, die Atzwanger aus Atzwang, die Mayr aus Kolmann und die Spängler aus Kematen. Gemeinsam mit ihnen haben einige weitere Familien wie die Freysauff, die Hagenauer oder die Gschwendtner das Wirtschaftsleben der Stadt auf Dauer bestimmt.[168]

Bisweilen konnten auch glückliche Umstände den Aufstieg einer Familie herbeiführen. Bekanntestes Beispiel war Johann Kaufmann, der aus Meran nach Salzburg gekommen war, hier 1666 das Bürgerrecht erworben hatte und ab 1677 dem Stadtrat angehörte. Als in Venedig ein Schiff von Salzburger Kaufleuten mit reicher Ware, vor allem wertvollen Gewürzen, überfällig war und der Verlust befürchtet wurde, erwarb der junge Johann Kaufmann um seine gesamten Ersparnisse die Anteile der Miteigner. Für den Fall einer glücklichen Rückkehr des Schiffes nach Vendig gelobte Kaufmann, dem hl. Antonius von Padua eine Kapelle zu errichten. Sein Risiko machte sich bezahlt, einige Wochen später lief das „Pfefferschiff" wohlbehalten ein und Kaufmann machte enormen Gewinn. 1684 erwarb er das Gut Söllheim, baute dort in Erfüllung seines Gelübdes eine Kapelle und für sich selbst einen Herrensitz. Er wurde 1694 geadelt, erwarb noch ein Haus in der Steingasse und starb 1711 als hochfürstlicher Rat. Seinen Erben hinterließ er das stattliche Vermögen von 140.700 Gulden. Adelige Lebensformen waren für den kleinen Kreis der reichen Großkaufleute dieser Zeit, die auch zu den geschlossenen Theater- und Musikveranstaltungen des Hofes und an Festtagen zur Hoftafel geladen wurden, selbstverständlich.[169]

Streng wurde darauf geachtet, nicht „unter seinem Stand" zu heiraten. Auch Leopold Mozart ereiferte sich heftig über die Liebesaffäre zwischen Sigmund Haffner dem Jüngeren und einer Köchin, der Tochter eines Bierbrauers aus Uttendorf. Immerhin war Haffners Vater, Sigmund Haffner der Ältere, der reichste Wirtschaftstreibende seiner Zeit. Der gebürtige Tiroler hatte in das Salzburger Handelshaus Laimprucher eingeheiratet, war 1733 zum Bürger und Faktor aufgenommen worden und erwarb dank seines Geschäftssinns und seiner Energie ein derart großes Vermögen, daß er der Stadt zinsenfreie Kredite von 100.000 und 200.000 Gulden gewährte, zeitweise sogar Münzen prägen durfte und von 1768 bis 1772 das Amt des Bürgermeisters bekleidete. Sigmund Haffner der Jüngere, der beim Tode des Vaters erst 16 Jahre zählte, war von schwächlicher Gesundheit und überließ die Führung des Handelshauses seinem Schwager Anton Triendl. Nach dem von der Verwandtschaft durchgesetzten Verzicht auf seine geplante Heirat blieb er zeitlebens Junggeselle. Zur Hochzeit seiner Lieblingsschwester Maria Elisabeth mit dem Handelsfaktor Franz Xaver Späth gab er 1776 bei Wolfgang Amadeus Mozart die Haffner-Serenade in Auftrag. Aus Anlaß der Erhebung Sigmund Haffners in den Adelsstand komponierte Mozart 1782 innerhalb von 14 Tagen die berühmte Haffner-Symphonie (KV 385).

Wie dieses Beispiel zeigt, wurde das kulturelle, gesellschaftliche und politische Leben der Stadt von wenigen Großkaufleuten und Handelsherren, die durchwegs den Bürgermeister stellten und den Stadtrat mit ihren Vertretern besetzten, dominiert. Nach der Steueranlage des Jahres 1779 gab es nur fünf Faktoreien, von denen die Haffnersche

Handelsgerechtsame mit 60.000 Gulden, die vier anderen Faktoreien hingegen nur mit 10.000 bis 22.000 Gulden veranschlagt waren.[170]

Die mit Abstand größte Gruppe innerhalb des Bürgertums stellten die städtischen Handwerker. Ihr Anteil betrug am Ende des 17. Jahrhunderts etwa 70 Prozent. Die zünftischen Normen blieben für diese Bevölkerungsgruppe noch lange bestimmend. Erzbischof Paris Lodron hatte 1622 bestätigt, daß alle unehelich Geborenen auch in Zukunft vom Erwerb des Bürgerrechts und des Meisterrechts ausgeschlossen bleiben sollten. Erst im Verlauf des 18. Jahrhunderts haben sich die Erzbischöfe durch den Hoheitsakt des „Ehelichmachens" immer stärker über den Standesdünkel der Zünfte hinweggesetzt. Auch den Nachweis der persönlichen Freiheit, der für die Aufnahme als Bürger und die Zulassung als Meister gefordert wurde, hat erst Erzbischof Hieronymus Graf Colloredo für die Einheimischen abgeschafft, da in Salzburg schon seit langem keine Leibeigenschaft mehr bestand. Für „Welsche" aus Italien gab es das Verbot der Bürgeraufnahme, das durch Hoheitsakte des Fürsten, wie bei der Familie Zezi, mehrfach durchbrochen wurde.[171]

Der wirtschaftliche Niedergang der Stadt wird auch in der starken Abnahme der Bürgeraufnahmen deutlich. Sind in den Bürgerbüchern des 15. und 16. Jahrhunderts jährlich weit über 20 Neubürger verzeichnet, so sank deren Zahl im 17. und 18. Jahrhundert beträchtlich ab. Maßgeblich dafür waren zunächst finanzielle Gründe: Seit dem Ende des 16. Jahrhunderts galt durch ein erzbischöfliches Mandat ein Mindestvermögen von 100 Gulden als Voraussetzung für die Bürgeraufnahme. Außerdem wurden die nach dem persönlichen Vermögens- und Einkommensverhältnissen veranschlagten Gebühren deutlich erhöht und erreichten schon im 17. Jahrhundert bisweilen 40 Gulden. Eine Ausnahme stellte jedoch das enorm hohe Bürgergeld von 100 Gulden für den Süßwarenhändler Christoph Freysauff dar, das dem Schutz der heimischen Bierproduktion gegen den Import von teurem Wein dienen sollte.[172]

Bürger waren aber nicht nur mit hohen Aufnahmegebühren, sondern auch mit militärischen, sozialen und steuerlichen Verpflichtungen belastet. Am unangenehmsten wirkte sich in den langen Kriegsjahren die Verpflichtung aus, selbst „Wehr und Harnisch" zu besitzen und zweimal jährlich zur Musterung zu erscheinen. Auch die Anforderungen, die im Rahmen der Salzburger Bürgergarde an die Bürger gestellt wurden, nahmen im Verlauf der Zeit deutlich zu.[173] Schließlich mußten sich die Bürger ab 1734 durch den „Denunzianteneid" verpflichten, alle jene Personen, die akatholische Bücher lasen, sofort anzuzeigen. Der Stadtrat, der die negativen Folgen dieser Bestimmung erkannte, konnte erst 1785 die Streichung des Denunzianteneids aus der Formel für den Bürgereid erreichen.[174] Hatten im Mittelalter fast die Hälfte der Haushaltsvorstände das Bürgerrecht besessen, so ging der Anteil der Bürger an dieser Gruppe im 17. Jahrhundert auf weniger als 20 Prozent zurück und sank im 18. Jahrhundert weiter ab. Angesichts dieser Tendenz hat der Magistrat 1781 und nochmals 1787 die Gewerbetreibenden ausdrücklich aufgefordert, um die Verleihung des Bürgerrechts anzusuchen.[175] Um die sinkenden Einnahmen aus den Aufnahmegebühren zu kompensieren, wurde zeitweise ein „Inwohnergeld" eingeführt, das alle Hausbesitzer ohne Bürgerrecht entrichten mußten.

Die stark sinkende Zahl der Bürger war jedoch weniger auf die unpopuläre Form der Bürgeraufnahme als auf die wachsende Armut innerhalb der Stadtbevölkerung zurückzuführen, die schon aus finanziellen Gründen den Erwerb des Bürgerrechts unmöglich machte. Für die Stadt Salzburg war Armut kein neues Problem. Seit dem hohen und späten Mittelalter berichten die Quellen von Armen, die vorwiegend am Eingang zum Dom und anderen Kirchen bettelten. Erzbischof Wolf Dietrich von Raitenau war wegen seiner reichen Almosen und der großzügigen Schenkungen an das Bürgerspital und das Bruderhaus als „Vater der Armen" bezeichnet worden.[176] Die Armenfürsorge blieb aber,

Sigmund Haffner der Jüngere, Edler von Imbachhausen. Ölgemälde um 1780. (SMCA)

ähnlich wie die Krankenversorgung, auch in der Neuzeit den traditionellen Stiftungen überlassen, die wie das Bürgerspital St. Blasius, das Bruderhaus und das St.-Johanns-Spital durch Schenkungen und Legate über ausgedehnten Grundbesitz und über ein ansehnliches Kapital verfügten.[177]

In der frühen Neuzeit kamen drei spezielle Armenkassen dazu. Das 1544 geschaffene *Gemeine Stadtalmosen* wurde aus milden Gaben, Legaten, Sammlungen und auch aus Strafgeldern finanziert.[178] Erzbischof Guidobald Graf Thun bewilligte 1661 die Einhebung des *Traidschillings*, der einen Schilling von jedem in Salzburg angekauften Schaff Getreide betrug. Die ansehnlichen Summen, die daraus zustande kamen, wurden teilweise dem *Gemeinen Stadtalmosen*, teilweise dem hochfürstlichen *Elemosinariat* zur Verfügung gestellt. Den im selben Jahr 1661 eingeführten *Armen-Bürgersäckel* verwaltete ein Ratsherr. Die Leistungen dieser dritten Armenkasse kamen ausschließlich verarmten Bürgern der Stadt zugute, im Jahre 1785 waren es immerhin 192 Bezieher.[179] Als Hilfsaktion für hungernde Personen wurde ab 1802 auch in Salzburg die Armensuppe „nach dem Rumfordschen Prinzip", eine Kraftsuppe mit Gerste, Kartoffeln, Gemüse und anderen Zutaten, im Bruderhaus hergestellt und um billiges Geld verkauft.[180]

Obwohl im 18. Jahrhundert mit den Zuschüssen vom Hofzahlamt sowie aus Anteilen an Steuergeldern und Gebühren wie z. B. der Tabakabgabe, den Tanzgeldern und der Lottosteuer neue Einnahmequellen geschaffen wurden, konnten die Armeninstitutionen in der zweiten Hälfte des 18. Jahrhunderts den ständig steigenden Anforderungen nicht mehr gerecht werden. Für den überhandnehmenden Straßenbettel wurde bisweilen die große Zahl der Versorgungsanstalten verantwortlich gemacht, da sie, „durch die Leichtigkeit, Unterstützung zu finden", Scharen von Bettlern geradezu anzögen. Streng kritisiert wurde auch, daß nur ein geringer Teil der Almosenempfänger wirklich körperlich behindert war, die anderen hingegen den Müßiggang pflogen, weil sie es vorzogen, zu betteln statt zu arbeiten.[181]

Die Stadtverwaltung stand der enorm gestiegenen Zahl von Unterstandslosen, Vagabunden, auswärtigen Bettlern und „gefährlichem Gesindel" zunächst hilflos gegenüber, da man die wahre Ursache nicht erkannte. Die zunehmende Verarmung erfaßte jetzt auch jene Schichten der Bevölkerung, die früher – zwar bescheiden aber doch – von ihrer eigenen Arbeit leben konnten. Betroffen war besonders das heimische Gewerbe, das durch Fabriksgründungen in den Nachbarländern und Importsperren, durch die hohen Kosten beim Kauf einer Gerechtsame (Konzession), die ständig steigende Steuerbelastung und die hohen Ausstände, die vor allem die ebenfalls verarmten Hofbediensteten bei ihm hatten, immer stärker unter Druck geriet. Aber auch die große Anzahl ausländischer Dienstboten und die zahlreichen Soldatenkinder, die keine Erziehung erhielten, waren am Anwachsen der Armut und der Zunahme des Bettels entsprechend beteiligt.[182]

Die Stadtväter setzten 1775 eine Armenkommission als Expertengremium ein. Ein Jahrzehnt später berief der Erzbischof auf dringendes Ansuchen des Stadtrates *wegen dem täglich über Hand nemmenden Bettel* eine Armendeputation, deren Aufgabe es war, die Zahl der Hilfsbedürftigen zu erfassen. Das ernüchternde Ergebnis war, daß allein in der Residenzstadt 1304 „berechtigte Arme" erfaßt wurden, von denen 670 als absolut

Hofrats-Mandat im Namen von Erzbischof Firmian gegen das „schlimme und landschädliche Zigeunergesindel" vom 20. September 1729. Den Männern wird die Galeerenstrafe, den Frauen das Abschneiden der Haare und Auspeitschung mit Ruten, bei erneutem Aufenthalt in Salzburg die Todesstrafe angedroht.
(SLA)

arbeitsunfähig zur Gänze versorgt wurden. Für die restlichen 634 Personen reichte die von der Stadt gewährte Unterstützung zum Leben jedoch nicht aus. Eindeutig wurde damals auch festgestellt, daß ein gemeiner Soldat oder Unteroffizier mit dem geringen Sold unmöglich seine Kinder versorgen konnte.[183] Die in die Stadt strömenden Bettler aus den Landgebieten verschärften die prekäre Situation noch. Viele wirklich Bedürftige erhielten deshalb überhaupt keine Unterstützung, weil sie entweder nicht als „berechtigte Arme" anerkannt wurden oder weil ihre ländliche Heimatgemeinde für die Versorgung zuständig war.

Dem Geist der Aufklärung entsprach es, daß es als Aufgabe des Polizei- und Verwaltungsstaates angesehen wurde, nicht allein die Armut zu lindern, sondern gleichzeitig die Arbeitsamkeit zu befördern und das Bettlerunwesen abzustellen. Mit Almosenordnungen und Bettlermandaten bekämpfte man jedoch nicht die Ursachen, sondern vergeblich die Folgen der wachsenden Armut. Man bemühte sich, die Gesellschaft vor lästigem Bettel, Raub und Diebstahl zu schützen, die arbeitsfähigen Bettler auszusondern und fremde Landstreicher abzuschieben. Diese Maßnahmen blieben jedoch erfolglos, auch die 1785 eingerichtete freiwillige Arbeitsanstalt wurde nicht angenommen. Unter der Leitung des Bettelrichters gingen die Bettler weiterhin mit Genehmigung des Magistrats am Mittwoch, Freitag und Samstag durch die Straßen und erhielten Geld und Essen von der Bevölkerung. Auch die Vertreter der städtischen Fonds sammelten, trotz wiederholter Kritik, weiterhin auf den Wochenmärkten.[184]

Während man auch mit Razzien und Abschiebungen das Bettlerproblem nicht zu lösen vermochte, bemühte man sich bei den Waisenkindern um eine frühe Erziehung zur Arbeit. Die 1771 und 1773 eröffneten Waisenhäuser für Mädchen und Knaben erhielten das notwendige Betriebskapital aus Stiftungen der Stadtkammer, von Bürgermeister und Rat, von Salzburger Handelsherren und vom Erzbischof. Etliche Kinder wurden auch bei Zieheltern, vornehmlich bei Bauern auf dem Land, untergebracht.[185]

Finanziell am stärksten ins Gewicht fielen die Legate reicher Bürger zugunsten der städtischen Armeninstitutionen. Am bedeutendsten war zweifellos das Vermächtnis Sigmund Haffners des Jüngeren, von Kaiser Joseph II. 1782 mit dem Prädikat „Edler von Imbachhausen" geadelt, der aus seinem riesigen, vom Vater ererbten Vermögen insgesamt 396.000 Gulden für sozialkaritative Zwecke stiftete. Während Anton Triendl, der Schwager und Erbe Haffners, angesichts des Testaments die Zurechnungsfähigkeit des Verstorbenen in Frage stellte, wurde Haffner in der Stadt als *Tröster der Wittwen, Vater der Waisen, Retter der Bedrängten, Helfer der Nothleidenden, Unterstützer des armen Verdienstes… gepriesen.*

Legate für soziale Einrichtungen im Testament Sigmund Haffners des Jüngeren:

30.000 Gulden zur Gründung eines Armeninstituts
13.000 Gulden auszuteilen bei seinem Begräbnis
20.000 Gulden für die beiden Waisenhäuser
20.000 Gulden an das Armen-Bürgersäckel
20.000 Gulden an die Stadtalmosenkasse
20.000 Gulden an das Bürgerspital
15.000 Gulden an das St.-Johanns-Spital
15.000 Gulden für das Bruderhaus
15.000 Gulden für das Leprosenhaus in Mülln
20.000 Gulden für die Ursulinen
12.000 Gulden für die Normalschulen der Stadt Salzburg
12.000 Gulden für die Errichtung eines Gebärhauses
40.000 Gulden für die Ausstattung armer Bürgermädchen
10.000 Gulden für den Lehrjungenfonds
25.000 Gulden für die Hausarmen
10.000 Gulden für arme Kinder von Bürgern zum Erlernen eines Handwerks
 8.000 Gulden für arme Studenten
 1.000 Gulden für den Liebesbund der Universität
95.000 Gulden für den Haffner-Domestikenfonds (Gnadenpensionen für Personen, die in seinem Dienst standen)   Quelle: SLZ 3, Nr. 249, vom 30. 10. 1852

Bettler und Bettlerin unter einem Torbogen. Ölbild auf Leinwand von Franz Xaver Hornöck, 1799. Die Darstellung erhält durch das über dem Paar erscheinende Auge Gottes zusätzlich eine moralisierende Note. (SMCA)

Für die Unzulänglichkeit der städtischen Einrichtungen machte Erzbischof Colloredo den Magistrat verantwortlich. Bis 1787 hatten Ratsherren die Ämter des Spitalverwalters, des Siechenhausverwalters und des Bruderhausverwalters wahrgenommen. Nachdem der Erzbischof bereits 1784 die Fonds der einzelnen Kirchen und die Kassen der Bruderschaften einem gemeinschaftlichen Verwaltungsrat unter Beteiligung von Vertretern der Stadt unterstellt hatte, faßte er drei Jahre später auch die Verwaltung der *milden Orte*, der Fürsorgeeinrichtungen, unter einer gemeinsamen Kommission zusammen. Dieser gehörten je zwei Vertreter des Konsistoriums, des Hofrats, der Hofkammer und des Magistrats an. Die Verwalter der milden Stiftungen wurden angewiesen, Ausgaben über zehn Gulden nur noch mit Bewilligung des Konsistoriums zu genehmigen.[186] Die Bemühungen der Aufklärer, durchgreifend die „wahren Armen" von den Arbeitsunwilligen und Müßiggängern zu trennen, die Landstreicher und Bettler entweder zu freiwilliger Arbeit anzuregen oder durch die Einweisung ins Arbeitshaus umzuerziehen und schon bei den Kindern durch die Arbeit in den Waisenhäusern den Hang zur *Industrie* zu fördern, erzielten nur bescheidene Erfolge. Die „Wohlstandsarbeitslosigkeit", selbst in Zeiten der Hochkonjunktur nach dem Zweiten Weltkrieg, zeigt deutlich, daß es auch heute noch schwierig ist, dieses Problem in den Griff zu bekommen.

In den Zeiten einer zunehmenden Verarmung von breiten Schichten der Stadtbevölkerung kam jenen Festlichkeiten, die als Schauspiel für die Öffentlichkeit gestaltet wurden, besondere Bedeutung zu. Bis zu den restriktiven Maßnahmen des aufgeklärten Erzbischofs Colloredo wurden die barocken Festzüge und Prozessionen immer weiter ausgestaltet. Schon der feierliche Einzug des neuen Erzbischofs, der meist vom Schloß Freisaal aus in die Stadt erfolgte, wurde mit großem Pomp und unter allgemeiner Teilnahme der Bevölkerung durchgeführt.[187] Auch bei den großen Kirchenfesten mischte sich religiöses Brauchtum mit profanen Belustigungen. Meist fand schon am Vorabend auf einem der Stadtplätze eine Nachtmusik statt, der dann ein Wirtshausbesuch folgte. Der nächste Tag wurde dann bereits um vier Uhr früh lautstark eingetrommelt.

Bei den großen Festzügen legten alle Gruppen der Stadtbevölkerung, die es sich finanziell leisten konnten, Wert darauf, entsprechend vertreten zu sein: Die Bürgermiliz, das Studentenkorps und besonders die Handwerker in ihren Festtagstrachten, denen jeweils drei Vertreter der Zunft vorausgingen, die wie Weltgeistliche gekleidet waren und das Zunftkreuz sowie die Vortragstangen trugen. Während etwa die Fleischhauer mit schwarzen Mänteln und weißen Krägen, ähnlich den Klerikern, auftraten, trugen die Bäcker jeweils einen weißen und einen roten Schuh. Zu derartigen Festzügen gehörten wehende Fahnen, reichgeschmückte Wagen und Pferde, Kanonenschüsse, Salven des paradierenden Militärs, aber auch eigens errichtete, prunkvoll gestaltete Ehren- und Triumphpforten. Bei der Fronleichnamsprozession feuerte das Militär nach jeder Verlesung des Evangeliums bei den einzelnen Stationen eine Salve ab.[188]

Bereits Erzbischof Firmian hatte begonnen, Auswüchse der Volksfrömmigkeit einzudämmen, als er 1728 die Geißler und die Kreuzzieher verbot. Der „aufgeklärte" Colloredo schränkte die Prachtentfaltung bei den Umzügen ein, verkürzte die Prozessionswege, verbot 1787 das Abschießen von Salven und stellte viele volksnahe Bräuche ab, darunter den Umzug des Nonnberger Palmesels mit der Christusfigur, den „mechanischen Ölberg", den Antoniritt zu Pferd und die stark verweltlichte Ausstattung des Heiligen Grabes.[189]

Die größte Sensation für alle Schichten der Bevölkerung, die sich an derartigen Spektakeln belustigten, waren die aufwendig inszenierten Feuerwerke. Allein an der Vorbereitung des zur Domweihe 1628 veranstalteten Feuerwerks arbeiteten vier Büchsenmeister zehn Monate lang an den Raketen, Feuerkugeln und an weiteren Attraktionen. Verursachte dieses erste genauer beschriebene Spektakel Kosten von 644 Gulden, so mußten für das Feuerwerk zum Regierungsantritt Erzbischof Firmians bereits 2059 Gulden aufgewendet werden.[190]

Eine Reihe von Veranstaltungen waren allein dem erzbischöflichen Hof, dem Adel und der Oberschicht des Bürgertums vorbehalten. Dazu gehörten die Ballveranstaltungen bei Hof und die Redouten im Rathaus, die den ganzen Fasching hindurch meist zweimal pro Woche stattfanden. Die erzbischöflichen Tanzordnungen in der zweiten Hälfte des 18. Jahrhunderts, die als Sperrstunden für Tanzveranstaltungen im Sommer zehn Uhr abends und im Winter neun Uhr festlegten, wurden dabei nicht beachtet. Die Musik spielte von acht Uhr abends bis drei oder vier Uhr früh, manchmal auch länger. Die Besucher erschienen zu diesen Festen häufig maskiert, wobei hochgestellte Persönlichkeiten gerne als Bettler oder Hausierer *(Savoyarden)* erschienen. Auf einer Ballveranstaltung am 18. Februar 1776 traten neben dem Oberstallmeister Leopold Joseph Graf Kuenburg als „Dame" und dem Obersthofmarschall Nikolaus Sebastian Graf Lodron als „Kavalier" auch Leopold Mozart als „Portier" und sein Sohn, Wolfgang Amadeus, als „Friseurbub" auf.[191] Im Februar 1747 sollen nicht weniger als 1400 Masken an einem Ball teilgenommen haben.

Anstelle der italienisch geprägten Tanzkultur des 17. Jahrhunderts erfreuten sich im 18. Jahrhundert besonders die französischen und deutschen Tänze großer Beliebtheit. Der aus England stammende *Contredanse* erforderte mit dem Wechsel von Paar- und Reihentanz und einer großen Anzahl komplizierter Figuren oft lange Proben vor dem Ball.[192] Zu den im Carabinierisaal der Residenz veranstalteten „offenen Bällen" oder „Freibällen" erhielten auch wohlhabende Bürger und die Studenten Zutritt. Die von Erzbischof Colloredo 1786 erlassene „neue Ballordnung" hat ihr Ziel, die Faschingsveranstaltungen für die gesamte Stadtbevölkerung zu öffnen, nicht erreicht. Der Adel begann am Ende des 18. Jahrhunderts eigene Bälle im Neubau zu veranstalten, da ihm das Publikum der Rathaus-Redouten nicht mehr standesgemäß erschien.[193]

In den beiden landesfürstlichen Reitschulen wurden am Samstag Turniere veranstaltet, bei denen die aktive Teilnahme dem Adel vorbehalten war. Besonders beliebt war das „Türkenstechen", bei dem die Reiter mit Lanze, Pistole, Wurfpfeil und Degen einen Türken- oder Sarazenenkopf in vollem Galopp aufs Korn nahmen. Johann Michael Rottmayr und Christoph Lederwasch haben eine derartige Szene in ihrem riesigen Deckenfresko in der Winterreitschule festgehalten.[194] Viele Zuschauer kamen auch zu den im Steintheater in Hellbrunn veranstalteten „Schäferspielen" oder zum „Dändelschießen", bei dem von der Hofgesellschaft im Spätsommer bis zu 50 Dändeln (Damhirsche) erlegt wurden. Ein besonderes Vergnügen war das „Bölzlschießen", bei dem mit einer Windbüchse, einer Art Luftdruckgewehr, kleine Federbolzen auf eine fünf bis sieben Meter entfernte bemalte Scheibe abgeschossen wurden. An diesen Veranstaltungen, die beim Adel und beim Bürgertum gleichermaßen beliebt waren – die Mozarts engagierten sich besonders – nahmen auch Frauen aktiv teil.[195] Die wenigen Kaffeehäuser in der Stadt wurden vor allem vom wohlhabenden Bürgertum und vom Adel besucht. Man las Zeitungen, konsumierte und spielte auch Liebhaber-Theater und Billard.[196]

Schon seit dem frühen 17. Jahrhundert wurden im Fasching „Maskeraden auf Schlitten" nach italienischem Vorbild durchgeführt. Im letzten Drittel des 18. Jahrhunderts beteiligten sich nicht nur der Adel und das Domkapitel, sondern auch die Studenten an derartigen Faschingsveranstaltungen mit Schlitten. Im Jahre 1770 folgten viele der Einladung, sich am „Schlittenball" der Studenten als einem „öffentlichen Ball" zu beteiligen. Als Vertreter der Stadt fuhr Bürgermeister Ignaz Anton Weiser auf dem „Haderlump-Schlitten". Leopold Mozart ist durch derartige Veranstaltungen zu seiner „Musikalischen Schlittenfahrt" inspiriert worden.[197]

Die Handwerker traten nicht nur bei den großen Kirchenfesten in Erscheinung, sondern pflegten ihr eigenes, damals noch vielfältiges Brauchtum. Am bekanntesten ist der Metzgersprung, der in den Marktbrunnen erfolgte und in Salzburg 1981 neu belebt wurde. Mit dieser symbolischen „Taufe" sollten sowohl die Sünden der Lehrlingszeit als auch die in der Fastnacht begangenen Streiche weggewaschen werden. Den von Musik begleiteten Brauch des Krapfenstehlens, bei dem der „Kasdieb", eine Art Salzburger Hanswurst, die Aufmerksamkeit der Meister abzulenken versuchte, hat Erzbischof Colloredo 1786 verboten.[198]

Für ein breites Publikum bestimmt waren Vorführungen von Gauklern und Seiltänzern, Reitvorführungen in den Reitschulen, Marionettenaufführungen und Schattenspiele mit der *Laterna magica*, vor allem auf den beiden Jahrmärkten. Exotische Tiere, wie Nashörner, Elefanten oder Affen erregten großes Interesse, wenn sie zur Schau gestellt wurden.[199] Der beliebteste Treffpunkt der „einfachen Leute" waren jedoch die zahlreichen Wirts- und Brauhäuser der Stadt. Kartenspielen, Rauchen, Stegreiftheater, kleine Bälle, Hanswurstiaden und die Theaterstücke der Oberndorfer Schiffer fanden dort statt. Bei jeder Gelegenheit, sei es Hochzeit, Fasching oder Kirchweih, wurde auch getanzt. Wegen der ausgelassenen, oft alkoholisierten Stimmung und der Gefahr sexueller Kontakte erließ die Obrigkeit kleinliche Vorschriften wie das Verbot der „walzerischen Tänze" und schränkte die Dauer der Veranstaltungen durch frühe Sperrstunden ein.[200]

Nicht nur in den Salons der Reichen, sondern auch in den einfachen Wirtshäusern frönte man einer unglaublichen Fülle von Karten-, Würfel-, Brett- und Glücksspielen. Manche von ihnen sind auch heute noch bekannt und beliebt wie Tarock, Pikett, Mühle, Dame, Schach und Tric-Trac, heute Backgammon genannt. Viele Kartenspiele hingegen wie Tresette, L'Hombre, Quindeci, Trutsch, Quadrille, Hexen, Schmieren oder das besonders beliebte Brandeln, sind längst vergessen.[201] Etliche Stadtbewohner verlo-

„Türkenkopfstechen". Ausschnitt aus dem Deckenfresko von Christoph Lederwasch und Johann Michael Rottmayr in der ehemaligen Winterreitschule (heute Karl-Böhm-Saal des Kleinen Festspielhauses), 1690. (Foto: Oskar Anrather)

ren, von der Spielleidenschaft gepackt, ihr Vermögen. Auch erzbischöfliche Verordnungen 1686 und 1695, die es den Untertanen verboten, pro Tag mehr als 20 Kreuzer zu verlieren, vermochten daran nichts zu ändern. Noch Leopold Mozart eiferte sich über die ohnedies hochverschuldeten Offiziere, die Geld aufnahmen, um beim streng verbotenen *Pharao,* einem reinen Hasardspiel, einsteigen zu können.[202]

Neben den diversen Spielen ergötzte sich das einfache Volk im Winter beim Eisstockschießen und im Sommer beim Kegelscheiben. Man hatte kein Geld, um sich Luxus zu leisten, aber Zeit, um seinen Leidenschaften zu frönen und dabei den grauen, von Armut und polizeilicher Überwachung geprägten Alltag zu vergessen. Und gerade das bescheidene Vergnügen mit Spiel, Tanz und Schmaus machte Salzburg damals in den Augen ausländischer Besucher zu einem Ort, *wo man mit so wenig Geld so viel Sinnliches genießen kann.*[203]

Als Mozart Salzburg verließ – Erzbischof Hieronymus Graf Colloredo, die Aufklärung und das Ende der geistlichen Herrschaft

Du hast recht Freund, erwiderte Treubach, mit Salzburg ist es ein ganz anderes Ding. Dieß ist ein herrliches Stück Lands, das aufgeklärteste im ganzen baierischen Kreis. Wäre nicht Joseph in Wien, ich hätte große Lust, mich für mein Lebenszeit dorthin zu setzen. Gleich erleuchtet, gleich tolerant sind Hof und Stadt.

Erzbischof Hieronymus Graf Colloredo. Porträt von Franz Xaver König, 1772. (SMCA)

So überschwenglich lobte 1783 Johann Pezzl aus Niederbayern die Stadt Salzburg und ihren aufgeklärten Fürsten, Erzbischof Hieronymus Graf Colloredo.[204] Hätte man jedoch zu Weihnachten des Jahres 1800, als der Fürst angesichts des Näherrückens französischer Truppen Hals über Kopf aus der Stadt Salzburg geflohen war, einen einfachen Handwerker oder Taglöhner um seine Meinung über den letzten regierenden Fürsterzbischof gefragt, so wäre das Urteil sicher vernichtend ausgefallen. Denn die Blüte der Wissenschaften, das sich entfaltende Medienwesen, die Reformen im Schulwesen und Sozialbereich wurden von einer kleinen Schichte des gebildeten Bürgertums mit Recht bewundert, das einfache Volk aber stand dieser Entwicklung verständnislos gegenüber und bekam von den Reformen der Aufklärung kaum etwas mit. Auch die Leistungen Colloredos im Bereich der Kultur werden sehr unterschiedlich beurteilt. Zur selben Zeit, als er Wissenschaft, Literatur und Pressewesen zielstrebig förderte, neigte sich die Blüte der höfischen Musikkultur dem Ende zu, verließ Salzburgs größter Sohn, Wolfgang Amadeus Mozart, endgültig seine Heimatstadt.

Ebenso zwiespältig ist der Eindruck von Colloredos Wirken in den Jahren seines Exils in Brünn und Wien. Einerseits verhinderte er durch seine hartnäckige Politik die drohende Aufhebung Salzburgs als Erzbistum. Andererseits schienen ihn die Not des Landes, das er einst regiert hatte, und das harte Schicksal der Untertanen nicht zu interessieren. Obwohl er selbst unmittelbar vor seiner Abreise noch große Summen an „Fluchtgeld" gehortet und mit ins Exil genommen hatte, war für Salzburg in seinem Testament kein Platz. So wurde denn auch, wie ein Zeitgenosse bemerkte, die Nachricht vom Tode des einstigen Fürsten in Salzburg ohne Trauer zur Kenntnis genommen.[205]

Nach dem Ableben Erzbischof Siegmunds Graf von Schrattenbach schien nach langem wieder ein Kandidat der bayerischen Partei im Domkapitel, der Domdekan Ferdinand Christoph Graf von Zeil-Waldburg, die besten Chancen auf die Nachfolge zu haben. Nach mehr als einem Dutzend Wahlgängen ging jedoch der vom Wiener Hof forcierte Fürstbischof von Gurk, Hieronymus Graf Colloredo, als Sieger aus der Wahl hervor. Während die bereits angefertigten Bilder des Grafen Zeil im erzbischöflichen Ornat mit dem Kopf Colloredos übermalt wurden, blieb der Jubel des Volkes aus. Felix Adauktus Haslberger berichtet in seiner Chronik, daß am Wahltag ein Zettel mit folgender Inschrift am Domportal klebte: *Weiber, Wein und Nacht, haben unsern Fürsten g'macht.* Dieser Text nahm auf die abendlichen Empfänge beim österreichischen Wahlgesandten, dem Grafen Hartig, Bezug, in deren Verlauf die unerwartet klare Stimmenmehrheit für Colloredo – 22 Stimmen von 23 abgegebenen – vorbereitet wurde. In der Kirche soll auf die Nachricht von Colloredos Wahl eine Frau ausgerufen haben „Jetzt haben wir die Geißl Gottes".[206]

Colloredo gilt als führender Vertreter der Aufklärung in Süddeutschland. Diese geistige Bewegung faßte schon Jahrzehnte vor seinem Regierungsantritt in Salzburg Fuß. Bereits unter Erzbischof Firmian hatte sich um den 1737 nach Salzburg berufenen Hofhistoriographen Giovanni Battista Gaspari de Nuovomonte ein Kreis von Weltgeistlichen, wohlhabenden Bürgern, Beamten und Studenten gebildet, der den Ideen von Gasparis Lehrer, dem großen italienischen Philosophen Ludovico Antonio Muratori, anhing. Zwischen diesem Muratorikreis und den konservativen Kräften an der Benediktiner-Universität kam es zu einer heftigen Auseinandersetzung. Sie wird nach der von Gaspari verfaßten Schrift gegen die *Sykophanten* (Denunzianten) als „Sykophantenstreit" bezeichnet.[207] Der Muratorikreis löste sich zwar auf, Gaspari ging nach Sachsen und später nach Wien, aber das Gedankengut der Frühaufklärung war seit damals in den gebildeten Kreisen der Stadtbevölkerung verankert. Auch an der Universität setzten sich die fortschrittlichen Kräfte durch, und es kam zu einschneidenden Reformen. Obwohl Erzbischof Schrattenbach selbst ganz auf barocke Frömmigkeit setzte, blieb das Gedankengut der Aufklärung in Salzburg lebendig. Es wurde von einer Gruppe jüngerer Gelehrter bewahrt, deren bedeutendster Vertreter der spätere Geheime Rat und Hofratsdirektor Johann Franz Thaddäus von Kleimayrn war.[208]

Colloredo selbst war nicht einfach Anhänger oder gar Imitator Kaiser Josephs II., sondern war ebenso von den eigenständigen Richtungen der Aufklärung in Bayern, in Franken, im Rheingebiet und auch in Italien beeinflußt. Seine Absicht war die Schaffung eines geistlichen Musterlandes im Reich, eines Zentrums der Aufklärung im katholischen deutschen Sprach- und Kulturraum. Dieses Ziel suchte er durch umfassende Reformen im Bereich der Kirchen- und Kulturpolitik, der Schul- und Sozialpolitik zu erreichen. Das Programm, das er als aufgeklärter Fürst verfolgte, hat er in seinem Wahlspruch *Providum imperium felix* („Glücklich ist eine vorausblickende Regierung") zum Ausdruck gebracht.[209] Als der Erzbischof 1786 an seinem Wahltag am 14. März eine große Hoftafel gab, ließ er an die Gäste eigens geprägte Münzen austeilen, auf welchen dieser Wahlspruch eingeprägt war.[210] Die von Colloredo rigoros vertretene Meinung, daß der vorausblickende Herrscher das Leben seiner Untertanen durch fortschrittliche Reformgesetze bis ins kleinste Detail regeln sollte, stieß bei der Bevölkerung mit ihrem Hang zu pompösen Kirchenfesten und barocker Frömmigkeit auf wachsenden Widerstand und oft auf heftige Empörung.

Da in Süddeutschland und besonders im Bayern der Wittelsbacher für die Durchsetzung von Reformen im Geist der Aufklärung damals noch kein Platz war, versammelten sich in Colloredos Salzburg führende Wissenschafter und Literaten aus dem gesamten deutschen Sprachraum. Die eher bescheidene Bischofsstadt an der Salzach erwachte aus ihrem barocken Provinzialismus und wurde für Jahrzehnte, bis zum Ende der geistlichen Herrschaft (1803) und noch einige Jahre darüber hinaus, zum Zentrum der süddeutschen Aufklärung.[211]

Colloredo selbst vermochte sich unter den geistlichen Reichsfürsten eine angesehene Position zu sichern und wurde zeitweise die treibende Kraft der episkopalistisch-nationalkirchlichen Bewegung in Deutschland, die sich gegen jede Bevormundung durch den Papst wandte. Das Bündnis der vier deutschen Metropoliten 1786 und der Emser Kongreß mit den am 25. August 1786 verabschiedeten „Emser Punktationen" stellten den Höhepunkt dieser Entwicklung dar. Ein geplantes deutsches Nationalkonzil konnte jedoch gegen den Widerstand von Kaiser und Papst nicht verwirklicht werden.[212] Außenpolitisch ergaben sich zu Bayern, vor allem nach dem Übergang der Herrschaft an Karl Theodor von der Pfalz (1777), zunehmende Spannungen, zumal Colloredo im

„Bayerischen Erbfolgekrieg", der Österreich den Gewinn des Innviertels brachte, zwar militärisch neutral geblieben war, auf dem Reichstag in Regensburg aber die österreichische Position unterstützt hatte. In der Bevölkerung genossen die Bayern hingegen große Sympathien, und das Bürgertum der Hauptstadt Salzburg trat mehrfach für einen Anschluß an das benachbarte Herzogtum der Wittelsbacher ein.[213]

Das gute Verhältnis zu Kaiser Joseph II., der am 31. Juli 1777 „inkognito", aber doch unter einigem Aufsehen nach Salzburg kam, wurde durch dessen sprunghafte und bisweilen rücksichtslose Politik beeinträchtigt. Als Metropolit mußte sich Colloredo zwar bereitfinden, einen Großteil des Salzburger Diözesangebietes abzutreten, auf dem als Teil der „Josephinischen Diözesanregulierung" die neuen Landesbistümer Graz (Seckau) und Klagenfurt (Gurk) sowie das kurzlebige Bistum Leoben geschaffen wurden. Im Gegenzug gelang es ihm, seine Metropolitanrechte über diese Diözesen durch einen 1786 geschlossenen Vertrag mit dem Kaiser zu wahren und die von Joseph II. geplante Errichtung eines innerösterreichischen Erzbistums in Graz abzuwehren.[214]

Schwieriger wurde die Situation, als der Kaiser das Land Salzburg immer offener als Entschädigungsobjekt betrachtete. Bereits in dem seit 1778 betriebenen bayerisch-belgischen Tauschprojekt hatte Joseph II. 1784 vehement den Plan verfolgt, Colloredo samt dem Salzburger Domkapitel an das Erzbistum Lüttich zu versetzen, um im Tausch gegen die österreichischen Niederlande, das heutige Belgien, nicht nur Bayern, sondern auch Salzburg unter seine Herrschaft zu bringen. Colloredo hatte sich diesem Vorschlag trotz aller Interventionen konsequent widersetzt. Die Gefahr einer Säkularisation Salzburgs war damit zunächst gebannt.[215] Geistliche Fürstentümer wurden aber damals als längst überholte anachronistische Staatsgebilde betrachtet. Deshalb war auch Salzburg nur noch eine Galgenfrist vergönnt, bis der wiederholt erwogene Plan einer Säkularisation zur Durchführung kam und das Fürsterzbistum zu einem Opfer europäischer Großmachtpolitik werden ließ.

Bei den innenpolitischen Reformen, die Colloredo schon bald nach seinem Regierungsantritt in Angriff nahm, standen ihm eine Reihe einflußreicher Ratgeber zur Seite; viele von ihnen kamen aus dem Ausland und waren beim Volk alles andere als beliebt. Besonders vertraut hat der Fürst seinem Studienfreund aus Würzburger Tagen, dem fränkischen Weltgeistlichen Dr. Johann Michael Bönike, den er zu seinem persönlichen Sekretär und Konsistorialrat machte. Hofkanzler war der aus Schwaben stammende Franz Felix Freiherr von Mölck, dem 1774 der ebenfalls aus Schwaben stammende Franz Anton Ignaz Freiherr von Kürsinger im Amt folgte. Als erster Einheimischer gewann Johann Franz Thaddäus von Kleimayrn das Vertrauen Colloredos, der ihn zum Hofratsdirektor berief.[216]

Gemeinsam haben Bönike und Colloredo anläßlich des 1200-Jahr-Jubiläums des Erzstifts den Hirtenbrief vom 29. Juni 1782 verfaßt, der ein umfassendes, durchaus eigenständiges Programm der katholischen Aufklärung darstellte. Der Erzbischof wandte sich an „denkende" und „aufgeklärte" Christen und beschwor den *ächten alten Geist der Kirche*. Er forderte von den Untertanen apostolische Frömmigkeit, Einfachheit, Toleranz gegen Andersgläubige, karitative Werke anstelle von übermäßigem Prunk. Durch eifrige

Bibellektüre, der Pflege des deutschen Kirchenlieds, vor allem aber durch eindringliche Predigt und Katechese sollte *der gemeine Mann bald heller und aufgeklärter werden.* Der Priester erhielt in diesem Programm eine Doppelfunktion als Seelsorger und als „Volkslehrer", damit – unausgesprochen – als Staatsdiener. Als Seelsorger war er für die Verbreitung der Christenlehre aber auch für den Kampf gegen Aberglauben verantwortlich, als „Volkslehrer" sollte er dem „gemeinen Landmann" auch in weltlichen, ökonomischen, rechtlichen und sogar medizinischen Fragen behilflich sein; davon hänge die Wohlfahrt des Landes ab. Dazu aber bedürfe es umfassend gebildeter Priester.[217]

Der Hirtenbrief, der nicht nur in Salzburg sondern auch in Wien, München, Göttingen und Weimar sowie in französischer und italienischer Übersetzung veröffentlicht wurde, forderte viele Zeitgenossen zum Widerspruch heraus. Bönike verfaßte gegen die kritischen Stellungnahmen eine Verteidigungsschrift, die 1783 in Wien publiziert wurde. Aber auch unter der Stadtbevölkerung war die Empörung über die radikalen Grundsätze des Hirtenbriefs groß. Auf einer Zeichnung war ein Teufel als Torwächter dargestellt, dem sich ein anderer Teufel mit einer Kraxe voll mit Drucken des Hirtenbriefs näherte. Zwischen beiden entspann sich folgender Dialog: *Was tragst? – Alle Exemplare des auf das Land gesandten, aber von allen verfluchten salzburgischen Hirtenbriefs. – Wohin tragst du sie? – In die Höll. – Passiert!*[218]

Colloredo und Bönike waren im Volk sogar als heimliche Lutheraner verschrien. Ein Pudel, der in der ganzen Stadt herumlief, hatte eine Tafel mit folgendem Text umgehängt: *Pudl! wo laufst um? Z'Salzburg im Luthertum?* Tatsächlich wurden die Reformmaßnahmen im kirchlichen Bereich, die vorher nur zögernd eingesetzt hatten, ab 1782 immer radikaler durchgezogen. Da Colloredo und seinen Beratern jegliches Verständnis für Volksfrömmigkeit, für Freude an religiösem Brauchtum und aufwendig gefeierten Kirchenfesten fehlte, verloren sie beim einfachen Volk immer mehr an Sympathie. Aus einer Unzahl unpopulärer Maßnahmen sollen einige herausgegriffen werden:

Gegen die bereits 1772 gemeinsam mit Österreich und Bayern verfügte Reduktion der Feiertage war 1773 auf dem Fastenmarkt eine Schmähschrift erschienen, in der die Domherren wegen der Wahl Colloredos zum Erzbischof angegriffen wurden: *So geht's, wenn man das Gewissen dem Wohlstand der Gemeinde, die Ehre Gottes, das Seelenheil an den Nagel henget und bei den Wahlen anstatt Veni Creator Spiritus das Placebo Domino singet oder denket. O ihr peruquirte Ochsenköpfe, habt ihr denn lauter Heu und Stroh unter euren gestrobelten Dächern?* Als Verfasser konnte der Franziskanerpater Klarenz Pschaider ermittelt werden, der daraufhin eine jahrelange Haftstrafe verbüßen mußte. Der Druckereileiter wurde abgesetzt und auf Lebenszeit geächtet, die Druckerei eingezogen und dem Waisenhaus geschenkt.[219]

Colloredo, der als Aufklärer grundsätzlich ein Gegner der Bettelorden war, hat in den folgenden Jahrzehnten Franziskaner und Kapuziner, aber auch die Augustiner-Eremiten, die Theatiner und die Loreto-Schwestern durch eine Fülle von Verboten schikaniert: ihre Konvente wurden reduziert, der Dritte Orden (die Laienbrüder) verboten, die öffentlichen Sammlungen genau überprüft, ein spezielles Brauchtum untersagt, den Kapuzinern 1788 das Tragen des Ordensgewandes außerhalb des Klosters verboten und ihnen schließlich die Domkanzel, von der sie 87 Jahre lang gepredigt hatten, entzogen und den Stadtkaplänen übertragen.[220] Daß damit keine wesentliche Verbesserung erzielt wurde, zeigte ein Vorfall am 4. März 1784: Der Stadtkaplan Matthias Reisinger kam bei seiner Predigt im Dom auf den Wahltag Colloredos zu sprechen und rief pathetisch: *Selig der Schoß, der dich, o Fürst, getragen hat, und die Brüste, die du gesogen hast*, worauf das Volk ihn laut auslachte. Beim Ball im Rathaus am Faschingssonntag 1786 erschienen dafür viele Bürger in den Masken von Kapuzinern und Franziskanern und teilten zum Ärger Colloredos die verpönten Rosenkränze, Skapuliere, Bildchen und Lukaszettel aus.[221]

Auch die alten Orden blieben von restriktiven Maßnahmen nicht verschont. Im ehrwürdigen Damenstift Nonnberg erschienen am 17. Oktober 1786 die Konsistorialräte Mölck und Racher, nahmen in der Kirche alle Bilder ab, zerstörten den Seitenaltar mit dem großen Kruzifix und ließen den Ölberg mit dem Grab des seligen Abtes Mazelin von St. Peter und das Bild von dessen Begräbnis entfernen. Die Inschrift am Grab der seligen Willa mußte geändert werden und nach dem Palmesel wurde auch die Aussetzung des Erintrudis-Hauptes (eines Büstenreliquiars) verboten.[222] Für St. Peter untersagte man die traditionelle Weihe des Vitalis-Brotes, in der Wallfahrtskirche Maria Plain mußten alle Votivtafeln weichen. Pater Florian Reichsiegl wurde ins Kloster zurückbeordert, weil er sich in Maria Plain zu sehr für die Marienverehrung eingesetzt hatte. Die Aufhebung der speziell für die Priesterausbildung zuständigen Bartholomiten führte zu einem akuten Priestermangel, weshalb Colloredo Alumnen aus Würzburg nach Salzburg holen mußte.[223]

Mit einer Vielfalt von Verboten, die nicht nur barocken Pomp und merkwürdige Bräuche sondern auch liebgewonnene Traditionen betrafen, sah sich das Kirchenvolk in Stadt und Land konfrontiert: Passionsdarstellung und Passionsspiele, auch Bittgänge, Wallfahrten und der Osterritt wurden untersagt, Fronleichnamsprozessionen eingeschränkt, Wetterläuten und Wetterschießen, die Weihe von Kräutern und Speisen, die Darstellung der Himmelfahrt Christi und die Heilig-Geist-Tauben, Weihnachtskrippen und Heilig-Grab-Spiele abgeschafft. Für die Gestaltung des Heiligen Grabes ergingen genaue Vorschriften, denen ein Kupferstich mit der Darstellung eines „Normgrabes" beilag. Bei Gottesdiensten war jede Instrumentalmusik verboten und nur mehr deutscher Kirchengesang erlaubt. Verstößen gegen diese Vorschriften folgten außerordentlich strenge Strafen. Im Mai 1789 wurden etliche Bauern aus Straßwalchen, die den Mesner zum Wetterläuten gezwungen hatten, von Soldaten nach Salzburg eskortiert und hier wie Rebellen zu Schanzarbeit verurteilt.[224]

Die Stadtbevölkerung war vor allem über ihren zunehmenden Ausschluß von Prozessionen und die Einschränkung des Handwerksbrauchtums erbost. Den Metzgergesellen wurde 1783 sowohl der traditionelle Metzgersprung als auch der Faschingsritt in Maxglan verboten. Als die Schustergesellen 1787 statt des „Martiniganslessens" mit Geld abgefunden werden sollten, kam es zu einem Aufruhr, der unter Einsatz von Militär beendet werden mußte. Bereits 1783 war den Bürgern und Handwerkern die Verwendung von Lichterstangen und das Mittragen von Statuen bei Prozessionen verboten worden.

Die vom Erzbischof persönlich geführte Fronleichnamsprozession fand erstmals ohne Beteiligung der Bruderschaften und Zünfte statt. An diese erging statt dessen der Befehl, aus ihren Baldachinen und Fahnen Paramente machen zu lassen, die Kutten zu verkaufen und den Erlös den Armen zu geben. Die Sebastiansprozession 1787 erfolgte bereits ohne die traditionellen Kutten, Figuren und Bruderschaftsfahnen. Als im folgenden Jahr die Fronleichnamsprozession kurz und ohne Pomp stattfand, war im Volk lautes Murren zu vernehmen. Das Sprichwort *Unser Fürst Colloredo / hat weder Gloria noch Credo* fand immer weitere Verbreitung.[225]

In deutlichem Gegensatz zu diesen restriktiven Maßnahmen stand die Vorliebe des Erzbischofs für Ballveranstaltungen, Redouten, Theater, Gastmähler und Schlittenfahrten. Der sonst so sparsame Fürst hatte 1789 sogar einen Disput mit dem Magistrat, weil dieser nur sechs Bälle im Rathaus vorgesehen hatte, der Erzbischof aber acht Veranstaltungen anordnete.[226] Bei Einladungen an die Hoftafel, die bisweilen auch an Ratsbürger und Kaufleute ergingen, erwies sich Colloredo als auffallend großzügig. Seine sprichwörtliche Sparsamkeit betraf andere Bereiche. Mehrfach ließ er Pferde, Wagen und Reitzeug versteigern und sparte auch etliche Pferdeknechte ein. Die Bezahlung der Hofbediensteten war derart schlecht, daß ihnen der Erzbischof wegen der fehlenden finanziellen Grundlage zudem keine Heiratserlaubnis erteilte. Gleichzeitig wollte Colloredo damit auch die sonst fälligen Gnadengelder für die Witwen von Beamten einsparen. Viele Paare lebten deshalb zusammen, ohne Sanktionen des Fürsten zu riskieren.[227] Auch bei den seit langem bestehenden Naturaldeputaten der Bediensteten wie dem Salzbezug – aus Mozarts Tagebüchern erfahren wir, daß es gar nicht so einfach war, einen derartigen Salzstock gewinnbringend zu verkaufen – nahm Colloredo Einschränkungen vor. Als 1796 bei einem Ball im Rathaus die sieben Todsünden dargestellt wurden, fiel dem Erzbischof die Personifikation des Geizes zu.[228]

Der Abgang Wolfgang Amadeus Mozarts nach Wien hat Colloredo oft den Vorwurf eingetragen, er habe im Gegensatz zu seinem Vorgänger Schrattenbach Musik und schöne Künste zu wenig gefördert. Diese Kritik ist unberechtigt. Der Erzbischof war selbst ein guter Violinspieler, der Kompositionsaufträge vergab und für ein reiches Programm an Serenaden, Konzerten, Opern und Liederabenden sorgte. Dazu kamen Tafelmusiken, Kammermusik und selbst im Fasching die Casino-Veranstaltungen, an denen der Fürst persönlich teilnahm. Wenn auch Colloredos besondere Vorliebe dem Theater galt, so hat die Musikpflege bei Hof, beim Adel und bei den reichen Großkaufleuten den unter Schrattenbach erreichten hohen Standard durchaus gewahrt.[229] Maßgeblich dafür waren jene drei Komponisten, die den Höhepunkt des Salzburger Musikschaffens verkörpern: Johann Michael Haydn, der „Salzburger Haydn", der 1763 unter Erzbischof Siegmund nach Salzburg kam und hier zunächst als Hofkonzertmeister und dann als Hoforganist wirkte,[230] der aus Augsburg stammende Leopold Mozart und dessen großer Sohn Wolfgang Amadeus Mozart.[231]

Erzbischof Siegmund hatte Leopold Mozart in großzügiger Manier Urlaub gewährt, um mit seinen Kindern auf Konzertreisen zu gehen. Allein in den Jahren 1763 bis 1771 war Mozart über sechs Jahre unterwegs und hatte vom Landesfürsten noch ansehnliche

„Schatullengelder" erhalten. Der junge Wolfgang Amadeus wurde im zarten Alter von 14 Jahren zum fürsterzbischöflichen Hofkapellmeister ernannt. Nach dem Tod Schrattenbachs beförderte Erzbischof Colloredo im August 1772 den jungen Mozart zum besoldeten Hofkapellmeister und gab ihm Gelegenheit zu einer weiteren Konzertreise nach Italien (1771/72). In den folgenden Jahren empfand Wolfgang Amadeus seine Arbeit als Hofbediensteter immer stärker als Belastung. Die Ablehnung eines neuerlichen Reiseurlaubs war ihm Anlaß zur Kündigung. Nachdem sich der erhoffte Erfolg aber weder in Deutschland noch in Paris einstellte, kehrte Mozart nach Salzburg zurück und wurde dank der Fürsprache seines Vaters als Hoforganist erneut eingestellt.

Die ausgeprägte Sparsamkeit, ja Kleinlichkeit Colloredos trug dazu bei, daß Mozart in bittern Worten vom Salzburger *bettl-hof* sprach, wo die Hofmusik nach seiner Meinung nur aus *liederlichen, versoffenen* und künstlerisch desinteressierten Musikern bestand. Dieses Urteil scheint ebenso ungerecht wie die Äußerung über Salzburg *es ist kein Theater da, keine opera!*, beides war auf seine persönliche Enttäuschung zurückzuführen. Nachdem Mozart auch am Münchner Hof, in dessen Auftrag er die Oper „Idomeneo" komponiert hatte, keine Anstellung fand, reiste er im März 1781 direkt nach Wien. Am 9. Mai 1781 reichte er sein Entlassungsgesuch aus erzbischöflichen Diensten ein, die endgültige Trennung wurde am 8. Juni mit dem berühmten Fußtritt des Oberstküchenmeisters Karl Joseph Graf Arco besiegelt. Als der jung vermählte Wolfgang Amadeus mit

Familie Mozart. Ölgemälde von Johann Nepomuk della Croce, Winter 1780/81 (Mozarts Geburtshaus). Am Klavier Nannerl und Wolfgang Amadeus Mozart, rechts der Vater Leopold Mozart, in der Mitte das Porträt der verstorbenen Mutter. (Internationale Stiftung Mozarteum)

Der Publizist Lorenz Hübner (1751–1807). Ölbild von Barbara Krafft. (SMCA)

seiner Frau Konstanze 1783 nochmals nach Salzburg kam, konnte er hier im Kreise alter Freunde, mit gemeinsamem Musizieren und dem beliebten Bölzlschießen noch schöne Tage verbringen, die den endgültigen Abschied von seiner Vaterstadt versöhnlich gestalteten.[232]

Neben Theater und Musik blühten in Salzburg auch Literatur und Wissenschaft. Nur kurz können einige bedeutende Persönlichkeiten vorgestellt werden, die als Vertreter der Aufklärung zum internationalen Ansehen der Bischofsstadt beitrugen. Der Weltpriester Lorenz Hübner, der im Herbst 1783 nach Salzburg kam, hatte schon als Herausgeber der „Münchener Zeitung" seine besondere publizistische Begabung bewiesen. Mit der Förderung durch Colloredo und dessen Räte gab er die *Salzburger Zeitung*, dazu ein wöchentlich erscheinendes *Intelligenzblatt* und die monatlichen *Gelehrte Beyträge zur Litteratur Oberdeutschlands* heraus. Die Attraktivität dieser Zeitungen war bald so groß, daß Hübner die Salzburger Zeitung 1785 in „Oberdeutsche Staatszeitung" umbenannte. Die größte Bedeutung und Verbreitung erreichte aber die 1788 bis 1799 von Hübner herausgegebene *Oberdeutsche Allgemeine Litteraturzeitung*, in der die renommiertesten Salzburger Gelehrten zu Wort kamen: die Naturwissenschafter Moll und Schroll, der Jurist Zauner, der Pädagoge Vierthaler und viele andere. Insgesamt gewann Hübner für sein Unternehmen 60 Mitarbeiter von Wien bis nach Mainz und Bonn.[233]

Als Buchautor hat sich Hübner vor allem durch seine Beschreibung der Stadt und des Erzstiftes Salzburg in insgesamt fünf Bänden einen Namen gemacht.[234] Bereits im März 1784 gründete er in Salzburg ein *Lectur-Cabinett*, eine Lesegesellschaft, der Beamte und Wissenschafter, aber auch wohlhabende Kaufleute angehörten. Sie hat zur Verbreitung des aufklärerischen Gedankenguts wesentlich beigetragen. Als nach dem Tode des Kurfürsten Karl Theodor 1799 auch in Bayern die Reformer an die Macht gelangten, kehr-

Titelblatt des ersten Jahrgangs der „Oberdeutschen Allgemeinen Litteraturzeitung" 1788, herausgegeben von Lorenz Hübner. (Universitätsbibliothek Salzburg)

te Hübner nach München zurück und wurde dort zum wichtigsten Publizisten des dirigierenden Ministers Maximilian von Montgelas.[235]

Zur Reform des Schulwesens wollte Bönike 1773 den schlesischen Schulreformer Ignaz Felbiger nach Salzburg berufen. Obwohl dieser Plan scheiterte, konnte im Herbst 1777 nach Vorschlägen Bönikes die Salzburger Hauptschule in einem eigenen Gebäude, getrennt nach Klassen und Geschlechtern, eröffnet werden.[236] Einen wirklichen Durchbruch brachte erst das Wirken des großen Pädagogen Franz Michael Vierthaler, den Colloredo 1790 zum „Direktor des Deutschen Schulwesens" ernannte. Nach seinen Vorschlägen konnte bereits im selben Jahr die erste Salzburger Lehrerbildungsanstalt eröffnet werden. Auf seine Entwürfe geht auch der „Allgemeine Schulplan" zurück, der 1794 von Colloredo gebilligt wurde. Die von Vierthaler vertretenen pädagogischen Grundsätze erscheinen auch heute durchaus zeitgemäß: einfühlsame Kenntnis der geistig-seelischen Entwicklung des Kindes, Erziehung statt bloßer Vermittlung von Kenntnissen und Fertigkeiten, Selbsttätigkeit anstelle von Drill, Denkschulung statt mechanischem Auswendiglernen, Unterrichtsstoffe aus der Berufswelt, Arbeitsschule anstelle von Lernschule, Warnung vor einem Übermaß an Lehr- und Lernstoff und überhaupt vor jedweder Übertreibung, vor Fanatismus und Intoleranz.[237]

Zum wissenschaftlichen Rang Salzburgs haben auch die beiden großen Naturwissenschafter Karl Ehrenbert von Moll, der seit 1789 Hofkammerdirektor war und 1796 mit der Herausgabe des „Jahrbuchs für Berg- und Hüttenkunde" begann, und der Mineraloge und Montanist Caspar M. B. Schroll, wesentlich beigetragen.[238] Im Bereich der Medizin erwarb sich der aus Mainz stammende Leibarzt Colloredos, Dr. Johann Jakob Hartenkeil, durch die Herausgabe der „Medizinisch-Chirurgischen Zeitschrift", als Lehrer an der Benediktiner-Universität, vor allem aber als Reformator des Salzburger Medizinalwesens große Verdienste. Versuche einer durchgreifenden Reform des bereits 1680 gegründeten *Collegium medicum* sind zwar 1773/74 und 1800 gescheitert. Sie gelangten, so wie die Errichtung einer Medizinischen Fakultät, erst unter Kurfürst Ferdinand 1804 zur Durchführung. Dennoch hatte Hartenkeil eine Reihe von Erfolgen zu verbuchen: die Hebammenschule nahm 1792 ihren Betrieb auf (Hartenkeil hielt dort eigene Vorlesungen und gab 1797 ein Lehrbuch für Geburtshelferinnen heraus), die Zahl der Ärzte in der Stadt nahm zu und die Bader, traditionell als Wundärzte tätig, mußten sich einer Prüfung durch das *Collegium medicum* stellen. Auch die Apotheken wurden regelmäßig kontrolliert.[239] Besonders erfreulich gestaltete sich die Entwicklung des St.-Johanns-Spitals von einer Pilgerherberge zu einem Krankenhaus im modernen Sinn. Colloredo, der für eine großzügige Aufstockung des Kapitals sorgte, darf mit Recht als zweiter Gründer angesprochen werden. Eine Spitalsapotheke wurde bereits 1753 eingerichtet und 1790 das Spital in eine medizinische und eine chirurgische Abteilung gegliedert. Hartenkeil, der Vorlesungen über Anatomie und Chirurgie hielt, hat sich nachhaltig für die Entwicklung der bis dahin von „Handwerkschirurgen" betriebenen Wundarznei zur modernen Chirurgie eingesetzt.[240]

Traurig blieb das Los der vielen Schwachsinnigen und Geisteskranken. Durch ein bürgerliches Legat und durch Zuwendungen des Erzbischofs konnte zwar ein „Versor-

Franz Michael Vierthaler (1758–1827). Lithographie von Ludwig Pezolt, 1853. (SMCA)

gungshaus" für städtische Irre eingerichtet werden, es wurde aber unter äußerst beengten Verhältnissen im Bruderhaus in der Linzer Gasse untergebracht. Da dieses verschiedenste Funktionen zu erfüllen hatte, kam es trotz der Bemühungen des erzbischöflichen Leibarztes, Dr. Silvester Barisani, zu keiner Verbesserung.[241]

Neben epidemischen Erkrankungen forderte auch die von Hunden übertragene Tollwut immer wieder Opfer. Auch die Einführung der Maulkorbpflicht 1789 vermochte daran kaum etwas zu ändern. Während die Zahl der Armen wuchs, kam bei den Reichen die Hundehaltung immer stärker in Mode. Mit Recht bemerkte ein kritischer Zeitgenosse: *Es wurden Summen zum Unterhalt der Hunde verworfen, die jene überstiegen, welche die hiesige Almosenkasse für Arme zu verwenden hat... Während so viele Menschen durch harte Arbeit entkräftet nur einen zerlumpten Strohsack zum Lager haben, sieht man Hunde in Pflaumenbetten liegen.*

Das Armutsproblem mit einer steigenden Zahl von Bettlern, Landstreichern und Arbeitslosen vermochte die „voraussehende Regierung" eines Colloredo, trotz bemerkenswerter Ansätze, nicht zu lösen. Nach österreichischem Vorbild versuchte man vor allem durch Abschreckung und das rigorose Abschieben ausländischer Bettler der Situation Herr zu werden. Trotzdem drängten besonders an Feiertagen Bettler aus den umliegenden Städten und Landgemeinden nach Salzburg herein, während die heimischen Salzburger Armen gelegentlich ins Land ausschwärmten. Eine Untersuchung ergab für die Stadt drei Kategorien von Armen: 1. verarmte Hofbedienstete, durch die niedrige Löhne und steigende Preise in diese Situation geraten waren, 2. verarmte Bürger mit ihren Frauen und Kindern, für deren wirtschaftlichen Ruin neben dem Niedergang des Handels, der Konkurrenz durch auswärtige Manufakturen und Fabriken und den hohen Steuern noch eine Reihe weiterer Ursachen genannt wurden und 3. Dienstboten, Militärangehörige, Hausarme und Bettler.[243]

Eine neue Almosenordnung wurde zwar ausgearbeitet, aber nicht in Kraft gesetzt. Das Arbeitshaus in Salzburg war überfüllt und baulich herabgekommen, so daß die Insassen den Aufenthalt als schwerste Strafe empfanden. Die Zahl jener Männer und vor allem Frauen, die wegen sexueller Delikte eingeliefert wurden, nahm ständig zu, weil ein relativ großer Teil der Stadtbevölkerung gar nicht die Möglichkeit zur Heirat hatte. Alle Versuche, durch „freiwillige Arbeitsleistungen" die gesunden Bettler und Arbeitslosen zu disziplinieren, scheiterten. Der Einsatz von Sträflingen und Wildschützen zur Errichtung von Dämmen entlang der Salzach wurde 1774 vom Militär beaufsichtigt. Eine Ausnahme bildete nur die 1791 eröffnete Spinnanstalt des Stadtrats Weiser, die bis zum Einmarsch der Franzosen in Betrieb stand.[244]

Aus heutiger Sicht hat auch die unglückliche Finanzpolitik Colloredos zur allgemeinen Verarmung beigetragen. Dem sparsamen Erzbischof gelang es relativ rasch, mit Hilfe kräftiger Steuererhöhungen und neuen Belastungen die hohen Schulden seines Vorgängers Siegmund zu tilgen. Allein an Getränkeakzise soll Colloredo 1,360.000 Gulden eingenommen haben.[245] Den Grundsätzen einer modernen Wirtschaftspolitik folgend, versuchte der Erzbischof möglichst das gesamte Kapital zinsbringend anzulegen. Nicht nur sein eigenes Vermögen und staatliche Gelder, sondern auch die Kapitalien der Stiftungen und Fonds wurden vorwiegend beim Wiener Stadtbanco veranlagt. Damit aber wurden außerordentlich hohe Summen nicht für Investitionen im Land verwendet, sondern der heimischen Wirtschaft entzogen und ins Ausland transferiert. Es war eine besondere Tragik, daß mit der Krise und schließlich mit dem Konkurs der Wiener Bank diese Gelder verlorengingen und Salzburg damit zusätzlich zu den Kriegsereignissen einen weiteren schweren Substanzverlust erlitt.[246]

Insgesamt freilich schien die Situation in Salzburg günstig, als der Beginn der Kriege gegen das revolutionäre Frankreich eine abrupte Wende herbeiführte. Bereits Ende 1792 brachte das Würzburger Domkapitel den Domschatz und das Archiv auf der Festung

Hohensalzburg in Sicherheit, und im Frühjahr 1793 stellte auch Salzburg ein Kreiskontingent für den Krieg gegen Frankreich.[247] Colloredos Versuch, größere Truppenkontingente auszuheben, stieß in den Gebirgsgauen auf vehementen Widerstand. Bereits 1794 im Zillertal und nochmals 1796 in Saalfelden wurden Zwangsrekrutierte gewaltsam befreit. Colloredo verzichtete in der Folge auf weitere Aushebungen.[248]

Die Niederlagen der österreichischen Heere führten zu einer unmittelbaren Bedrohung Salzburgs durch französische Truppen. Als der Erzbischof im August 1796 25 Behälter anfertigen ließ, um darin ein „Fluchtgeld" von 300.000 Gulden zu verstauen, kam es zu lautstarken Protesten und Drohungen der Bürger. Nach Verhandlungen, an denen auch eine Abordnung der Stadt unter Bürgermeister Heffter beteiligt war, vermittelte der Domdekan Sigmund Christoph Graf von Zeil-Trauchburg einen Ausgleich: Der Erzbischof beließ die 300.000 Gulden im Lande und übergab sie den Ständen, die Bürger leisteten dagegen formelle Abbitte für ihren „Ungehorsam".[249]

Österreichische Erfolge verhinderten die drohende Besetzung des Erzstifts durch die Franzosen. Auch im Frühjahr 1797, als Colloredo nach den Siegen Napoleons bereits zur Flucht bereit war, wurde die akute Bedrohung durch den Vorfrieden von Leoben nochmals abgewendet. In einem Geheimartikel des Friedens von Campo Formio, den Franz I. von Österreich mit der Republik Frankreich schloß, war jedoch Salzburg als erstes „Säkularisationsopfer" zur Entschädigung des Hauses Habsburg vorgesehen.[250] Der zweite Koalitionskrieg gegen das revolutionäre Frankreich, der im März 1799 begann, führte im Sommer 1800 zur Besetzung Bayerns. Eine Verteidigung der Hauptstadt Salzburg war unmöglich geworden, da ein kaiserliches Reichskommando sämtliche Geschütze von der Festung Hohensalzburg, vom Mönchs- und vom Kapuzinerberg nach Österreich abtransportiert hatte. Nach der Aufkündigung einer Waffenruhe erlitt das österreichische Heer in der Schlacht bei Hohenlinden (im Ebersberger Forst) eine vernichtende Niederlage gegen Napoleon.[251]

Als Colloredo vom französischen General Moreau keine Neutralitätszusage erreichen konnte, entschloß er sich zur Flucht. Am 10. Dezember empfing er nochmals Vertreter der Regierung und der Bürgerschaft, spendete 1000 Gulden für die Armenkasse und bestieg gemeinsam mit seinem Kammerdiener zu Mittag eine schlichte Postkutsche. Die Reise, die ihn zunächst in die Steiermark, dann nach Wien und schließlich nach Brünn führte, war der endgültige Abschied von Stadt und Land Salzburg.[252]

Für Salzburg folgten harte Zeiten. Die Stadt wurde zunächst von österreichischen Truppen unter Erzherzog Johann und am 15. Dezember 1800 von den siegreichen Franzosen unter General Moreau besetzt. Die vier Monate währende Okkupation stellte an die gesamte Bevölkerung höchste Anforderungen. 12.000 Mann Besatzung mußten einquartiert und verpflegt werden, dazu 1000 österreichische Gefangene. Alle Kirchen dienten als Notquartiere, in St. Peter waren über 300 Mann untergebracht, und das Untergeschoß der Universität diente ebenso wie die Michaelskirche als Pferdestall. Die von Colloredo eingesetzte Statthalterei-Regierung unter dem Fürstbischof von Chiemsee, Graf Zeil-Trauchburg, wurde mit der enormen Forderung von sechs Millionen Livres an Kriegskontributionen konfrontiert, das entsprach 2,75 Millionen Gulden. Vergeblich versuchte man die Franzosen davon zu überzeugen, daß diese Summe nicht aufzubringen war. Abt Dominikus Hagenauer übergab am 28. Dezember 1,3 Millionen Livres als erste Rate.[253]

Eine Salzburger Abordnung, die sich im Jänner 1801 zu Colloredo in dessen Brünner Exil begab, wurde mit Vorwürfen überhäuft. Alles, was Statthalterei und Landschaft getan hatten, war nach Ansicht des Erzbischofs voreilig und nicht recht. Als am 14. Februar die zweite Rate in der Höhe von 1,4 Millionen Livres an Moreau übergeben wurde, waren die Kassen der Landschaft und der Regierung leer. Die Gesamtsumme hatte Moreaus Nachfolger, General La Horie, auf 4,2 Millionen Livres herabgesetzt, die mit Hilfe eines Kredits aus Frankfurt abgedeckt werden konnten. Insgesamt aber hat die Zeit der französischen Besetzung Gesamtkosten in der kaum vorstellbaren Höhe von 15 Millionen Livres, das entsprach mehr als sechs Millionen Reichsgulden, verursacht.[254] Gleichzeitig setzte ein Kunstraub großen Stils ein, teils offiziell durch die Besatzungsmacht, teils „privat" durch französische Generäle und Offiziere. In späteren Jahren von Österreichern und Bayern fortgesetzt, ist von den prachtvollen Kunstschätzen, die teils hier entstanden waren, teils von den Erzbischöfen angekauft wurden, kaum etwas übriggeblieben.[255]

Der Friede von Luneville, der am 9. Februar 1801 zwischen dem Reich und der Republik Frankreich geschlossen wurde, befreite das Erzstift Salzburg von der Besatzung. Gleichzeitig wurde mit ihm aber auch das Schicksal Salzburgs, das längst als Entschädigungsobjekt vorgesehen war, besiegelt. Alle Hoffnungen, die drohende Säkularisation nochmals abwenden zu können, scheiterten trotz der Bemühungen Colloredos in den Verhandlungen der folgenden Jahre.[256] Auch von seinem Exil aus behielt der fast Siebzigjährige die Zügel der geistlichen und weltlichen Herrschaft fest in der Hand. Er hatte in den folgenden Jahren zwar wesentlichen Anteil an der Tilgung der enormen Schulden, scheute sich aber nicht, große Geldsummen aus dem verarmten Land für sich abzuziehen und auch die 300.000 Gulden „Fluchtgelder" erneut für sich zu beanspruchen. Kein Wunder, daß in dieser Situation Maueranschläge mit kritischen Texten in der Stadt auftauchten: *Das Brot ist zu klein, das Fleisch ist zu teuer / der Teufel zahle die Kopfsteuer.*[257]

Im Juni 1802 stand es fest, daß Salzburg gemeinsam mit Passau, Berchtesgaden und Eichstätt als Entschädigung für Großherzog Ferdinand von Toskana, einen Bruder Kaiser Franz I., herangezogen werden sollte. Nachdem es zur Massierung bayerischer Truppen bei Passau gekommen war, ließ der Kaiser zunächst Passau und am 19. August 1802 auch das Erzstift Salzburg und die Fürstpropstei Berchtesgaden von österreichischen Truppen „provisorisch" für Ferdinand von Toskana in Besitz nehmen. Erst am 23. November wurde diese Vorgangsweise von der Reichsdeputation in Regensburg mit dem sogenannten „Hauptschluß" gebilligt.[258] Colloredo allerdings war mit der Pension von 60.000 Gulden pro Jahr, die den drei anderen deutschen Metropoliten zugebilligt worden war, nicht zufrieden und setzte für sich 80.000 Gulden durch.

Gemäß einer persönlichen Absprache mit Großherzog Ferdinand von Toskana, der am 11. Februar 1803 Stadt und Land Salzburg in Besitz nahm, unterfertigte Colloredo am selben Tag seine Abdankungserklärung als weltlicher Landesherr. Er dankte dem Domkapitel, den Ständen und dem ganzen Volk für ihre Treue, entließ sie aus ihren *beschworenen Pflichten* und ermahnte sie, *dem neuen Herrn mit der den guten Salzburgern eigenen Offenheit eben die Treue und Anhänglichkeit künftig zu bewahren, die Wir bis zu diesem Augenblicke als das schönste Pfand der Liebe unserer treuen Untertanen ansehen und durch keinen Wechsel der Dinge je aus unserem Andenken verlieren können.* Mit diesem versöhnlichen Abschied nach einer Phase der Bitterkeit und Entfremdung zwischen Landesherr und Volk endete die Zeit der geistlichen Herrschaft über die Stadt Salzburg, die vor mehr als 1100 Jahren mit der Ankunft des hl. Rupert begonnen hatte.[259]

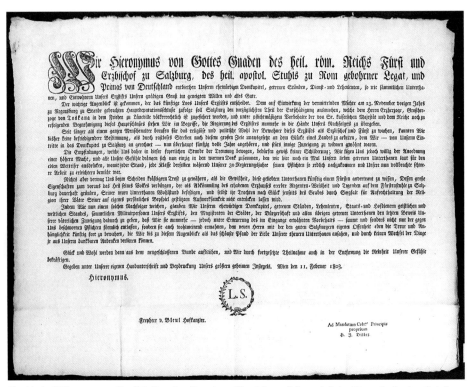

Erzbischof Hieronymus Graf Colloredo gibt seinen Verzicht auf die weltliche Herrschaft über Salzburg bekannt. Wien, 11. Februar 1803. (SLA)

IX. SALZBURG IM BIEDERMEIER

Von der Haupt- und Residenzstadt zur k. k. Kreishauptstadt

Das frühe 19. Jahrhundert brachte den Abstieg in die Provinzialität. Wie manch andere ehemalige Residenzstadt des Heiligen Römischen Reiches fiel auch Salzburg nach dem Verlust der Residenzfunktion auf Jahrzehnte in einen Zustand relativer wirtschaftlicher, sozialer und kultureller Stagnation. „Auf den Plätzen, deren es viele und schöne gibt", berichtet 1825 Franz Schubert, „wächst zwischen den Pflastersteinen Gras, so wenig werden sie betreten."[1] Das ‚Gras auf Salzburgs Plätzen' wurde in der Folge zur gebräuchlichsten Metapher für die provinzielle Verschlafenheit der Stadt im Biedermeier. Zahlreiche zeitgenössische Zustandsschilderungen vermitteln das Bild einer ‚Siechzeit', gekennzeichnet von politischer Kirchhofsruhe und wirtschaftlichem Niedergang. An dieser Sicht änderte sich bis zur Jahrhundertmitte nur wenig. Noch in den 1850er Jahren erweckte die Stadt bei Besuchern den Eindruck „einer alternden, herabgekommenen, um ihr Äußeres unbekümmerten Stadt, deren Bevölkerung sich scheu und mißtrauisch abschloß, auf sich selbst zurückzog und der gewohnten Gemächlichkeit pflog".[2]

Der Niedergang der Stadt hatte mehrere Ursachen. Unmittelbar greifbar sind die verhängnisvollen Auswirkungen der Napoleonischen Ära. Im Dezember 1800 wurde Salzburg zum ersten Mal von französischen Truppen besetzt, ein Ereignis, das sich 1805 und 1809 wiederholte. Einquartierungen und hohe Kontributionszahlungen brachten Stadt und Land an den Rand des Ruins. Während das maximale jährliche Steueraufkommen der Landschaftskasse zirka 960.000 Gulden betrug, erreichte die Verschuldung nach dreimaliger Besetzung durch französische Truppen 1810 die unvorstellbare Höhe von siebeneinhalb Millionen Gulden.[3] Da die Invasoren die Besatzungskosten jeweils ultimativ in barer Münze einforderten, fiel die Hauptlast bei der Beschaffung des Geldes auf das wohlhabende Bürgertum. Eine 1801 eingeführte Kopfsteuer beendete außerdem die steuerliche Bevorzugung der Stadtbevölkerung gegenüber jener des Landes.[4] Entscheidend war jedoch der Verlust der Residenzfunktion 1805, der den Geschäftsgang von Handel und Gewerbe in der Stadt schwer beeinträchtigte.

Ungünstige strukturelle Rahmenbedingungen, vor allem die einseitige Ausrichtung des städtischen Wirtschaftslebens auf den Handel – bei gleichzeitiger Vernachlässigung von Gewerbe und Industrie – verschärften die Krise des städtischen Wirtschaftslebens zu Beginn des 19. Jahrhunderts. Chancen zu einem rechtzeitigen Strukturwandel der regionalen Wirtschaft waren – wie der Nationalökonom und Chronist Joseph Ernst von Koch-Sternfeld rückblickend beklagte – an der Scheu des letzten Landesfürsten Hieronymus Colloredo vor produktiven Investitionen gescheitert: „Die großen numerären Überschüsse auf dem Papier hätte unverweslicher reeller Gewinn ersetzt, und Salzburg ein Freyhafen werden können, dessen Volks- und Lebensmasse, anstatt 10.000 Individuen einzubüßen, sich um 10.000 kräftige Individuen würde vermehrt haben."[5]

Hieronymus Colloredo hatte Salzburg angesichts der militärischen Bedrohung durch die Franzosen bereits im Dezember 1800 für immer verlassen und sich ins Wiener Exil zurückgezogen. Von Natur aus sparsam und geizig, wirtschaftete der ferne Landesfürst während seiner letzten Regierungsjahre ungeniert in die eigenen Taschen, während seine Untertanen von Franzosen und erzbischöflichem Fiskus ausgeplündert wurden. Kein Wunder also, daß die Säkularisation des Erzstiftes und die Resignation des Landesfürsten am 11. Februar 1803 unter der Bürgerschaft kein besonderes Bedauern hervorriefen, umso mehr als dem neuen Landesherrn – Kurfürst Ferdinand von Toskana – ein guter Ruf voranging.[6] Erst der endgültige Verlust der Eigenstaatlichkeit 1805 und die Degradierung der Stadt zur österreichischen bzw. bayerischen Provinzstadt ließen die Herrschaft der Erzbischöfe im Rückblick wieder in einem günstigeren Licht erscheinen. Schon in der ersten österreichischen Ära (1805 bis 1809) zeigte sich, was die Stadt verloren hatte. An die Stelle von Hofstaat und fürstlicher Landesregierung war nun eine subalterne und zudem schikanöse k. k. Beamtenschaft getreten, die der salzburgische Großhändler und spätere Bürgermeister Franz Xaver Späth als „bettelstolz und doch dabei unverschämt schmutzig" beschrieb.[7]

Auch unter bayerischer Herrschaft (1810 bis 1816) blieb Salzburg eine Provinzstadt, doch galt sie den Wittelsbachern mehr als den Habsburgern. Als Hauptstadt des bayerischen Salzachkreises war sie immerhin das Verwaltungszentrum eines Gebietes, welches das alte Erzstift an Fläche bei weitem übertraf. Darüber hinaus entfaltete Kronprinz Ludwig, der den Aufenthalt in Salzburg überaus schätzte, im Sommer auf Schloß Mirabell eine glänzende Hofhaltung. Dieser Bevorzugung der Stadt durch Bayern stand andererseits aber durch die Aufhebung von Universität und Landschaft (= Landständen) ein weiterer Verlust an zentralörtlichen Funktionen gegenüber.[8]

Die endgültige Eingliederung Salzburgs in den habsburgischen Staatsverband erfolgte nach dem Untergang des Napoleonischen Staatensystems, wobei Bayern freilich erst unter militärischem Druck des übermächtigen Nachbarn auf das Land verzichtete. Zum Leidwesen von Kronprinz Ludwig, der wenigstens die Stadt und den Flachgau für Bayern retten wollte, wurde Salzburg am 1. Mai 1816 – allerdings ohne den Rupertiwinkel – an Österreich abgetreten.[9]

Die Salzburger ließen den fünften Regierungswechsel innerhalb von dreizehn Jahren ohne große Anteilnahme über sich ergehen. Angesichts des Länderschachers der Kabinette in Wien und München war die Loyalität in keine Richtung gefestigt. Kriegsfurcht und die Gewißheit, daß Bayern dem großen Österreich nicht würde standhalten können, hatten die Stadtbevölkerung bereits Ende 1815 von Bayern abrücken lassen, so daß in München Klagen über die antibayerische, „böse Stimmung der hiesigen Einwohner" eingingen. Unter anderem verweigerte die bürgerliche Nationalgarde eine Ergebenheitsadresse an König Max Josef.[10]

Besondere Zuneigung zum habsburgischen Staat verspürten Salzburgs Bürger dennoch nicht. Wenn sie zu dieser Zeit neben ihrer regionalen Salzburger Identität bereits ein Gefühl nationaler oder staatlicher Zugehörigkeit entwickelten, dann wohl noch am ehesten für die Idee vom ‚einen deutschen Vaterland', die im Gefolge der Befreiungskriege von 1813/14 in der bürgerlichen Jugend Deutschlands Fuß gefaßt hatte. Dieselben Salzburger Nationalgardisten, die dem bayerischen König eben noch die Gefolgschaft verweigert hatten, geleiteten die abziehenden bayerischen Truppen über die Grenze am Walserberg. Dort füllten sie ihre Pulvertaschen mit Erde, um unter österreichischer Herrschaft – bei geselligen Zusammenkünften – „auf deutscher Erde zu weilen".[11]

Der – ohnehin verhaltene – Jubel der Salzburger über diesen letzten Wechsel der staatlichen Zugehörigkeit verstummte bald schon nach den Übergabefeierlichkeiten, denn die Integration im Kaisertum Österreich erfolgte unter ungünstigen Rahmenbedingungen. Die Rezession beim Übergang zur Friedenswirtschaft wurde durch die Zerrüttung des Geldwesens und Mißernten in den Jahren 1814 bis 1816 noch zusätzlich verstärkt. Schon im Herbst 1816 litt die Salzburger Bevölkerung daher unter einer Verknappung und Verteuerung der Lebensmittel. Abgeschnitten von der traditionellen Getreidezufuhr aus den benachbarten bayerischen Agrargebieten wuchs die Not hier sogar über den österreichischen Durchschnitt. Wie sehr die Abtrennung der vier reichen Landgerichte des Rupertiwinkels gerade zu diesem Zeitpunkt schmerzte, läßt sich daraus ermessen, daß die Getreidezufuhr nun zu weitaus höheren Transportkosten aus weit entfernten Gebieten Österreichs erfolgen mußte.[12] Aber auch auf lange Sicht minderte der Verlust des Rupertiwinkels die Position Salzburgs als Zentrum des innerregionalen Warenaustausches.

Der Abstieg von einer Residenzstadt zur Linz untergeordneten Kreisstadt war wirtschaftlich nur schwer zu verkraften und gab über Jahrzehnte Anlaß zu bitteren Klagen. Die Wiener Zentralregierung sah freilich keinen Anlaß, das bevölkerungsschwächste Kronland mit einer eigenen Landesregierung auszustatten,[13] weshalb die Stadt während des gesamten Vormärz zahlreiche zentrale Administrationsfunktionen an Linz abgeben mußte. Die Reduzierung des Verwaltungsapparates von zirka 550 Beamten und Hofbediensteten im Jahr 1800 auf einen Personalstand der k. k. Verwaltung von 162 Personen im Jahr 1819 war Folge dieses Funktionsverlustes. Nach der Herrschaftsübernahme durch Österreich verließen allein im Jahr 1816 hundert Beamtenfamilien Salzburg.[14] Das Mißverhältnis zwischen Konsumenten und Produzenten war eklatant: „Bei der Überhäufung der Arbeiter will jeder es dem anderen zuvortun, in Güte selten, mehr in Wohlfeilheit. Was folgt hieraus: die Erzeugnisse werden schlecht, das Ausland führt ein."[15]

Vergeblich versuchte die Salzburger Bürgerschaft in einer Petition vom 12. November 1816 Kaiser Franz von der Notwendigkeit einer erzherzoglichen Residenz, einer eigenen Landesregierung und der Wiederherstellung von Landschaft (= Landtag) und Universität zu überzeugen, um „das zu einem Betteldorf mit leeren Palästen herabgesunkene Salzburg wenigstens einigermaßen" zu retten.[16] Ungnädig beanstandete die Wiener Re-

Josef Höger, Die Hauptbrücke gegen den Inneren Stein um 1834, Aquarell. (SMCA)

gierung die „unziemende Schreibart" des Gesuchs, dessen „Tendenz offenbar wohl nur dahin abzielt, die gegenwärtigen Regierungsverhältnisse durch ungünstige Vergleichungen in den Schatten zu stellen".[17]

Kaiser Franz stattete dem Land zwar einige Besuche ab, die ehemalige fürsterzbischöfliche und nunmehr kaiserliche Residenz blieb jedoch über Jahrzehnte verwaist, sieht man vom Aufenthalt einiger exilierter Mitglieder des spanischen Hofs in Salzburg zwischen 1836 bis 1841 ab. Als erstes Mitglied des Kaiserhauses zeigte Franzens Witwe Caroline Augusta besonderes Interesse an der Stadt, in der sie ab 1848 regelmäßig die Sommermonate verbrachte und sich außerdem als spendenfreudige Wohltäterin zahlreiche Verdienste erwarb. Auch ihr Bruder, Exkönig Ludwig I. von Bayern, kehrte im Alter wieder gerne in die Stadt seiner Jugend zurück, in deren unmittelbarer Umgebung er 1851 Schloß Leopoldskron erwarb.[18] Erst in den 1860er Jahren ging der alte Wunsch nach einer ständigen Hofhaltung in Erfüllung, als die habsburgische Sekundogenitur der Großherzöge von Toskana im „Toscanatrakt" der Residenz Quartier bezog. 1866 ließ sich außerdem Erzherzog Ludwig Viktor auf Schloß Kleßheim nieder, wo sein Aufenthalt allmählich – nachdem sich die homoerotischen Neigungen von Kaiser Franz Josephs jüngstem Bruder nicht mehr vertuschen ließen – exilähnlichen Charakter annahm. Insgesamt währte die Herrschaft der habsburgischen Dynastie über Salzburg freilich zu kurz, um im Bewußtsein der Bevölkerung tiefe Spuren zu hinterlassen.[19]

Bauliche und demographische Entwicklung

Das biedermeierliche Salzburg präsentierte sich seinen Besuchern als Spiegelbild der politischen, wirtschaftlichen und geistigen Verödung dieser Zeit. Matthias Koch, der die Stadt 1846 besuchte, schilderte sie zwar als „eine der schönsten Städte Deutschlands, einzig in Betreff der Lage und reizenden Umgebung", hinsichtlich städtischer Infrastruktur und Wohnkultur bezeichnete er sie zugleich jedoch als den „unleidlichsten Ort": „Die Mehrzahl der Häuser ist von alter schlechter Bauart, die Stiegen von grob zugehauenem Sandstein, die Stiegengänge schwarz und unrein, das Mauerwerk häufig verfallen, Thüren und Fenster in schlechtem Zustande, und die Höfe schmutzig und voll Kehricht, oder beiläufig besudelt. An Reparaturen oder an Reinigung der Häuser denkt man nur im äußersten Notfall."[20]

Der Provinzialisierungsprozeß setzte bereits während der bayerischen Ära ein und nahm – wie die demographische Entwicklung zeigt[21] – in den ersten Jahren der österreichischen Herrschaft dramatische Formen an. Zwischen 1810 und 1817 verringerte sich die einheimische Bevölkerung der Stadt um 15 Prozent von 12.953 auf 11.014.[22] Obwohl damit ein absoluter Tiefpunkt erreicht war und die Bevölkerung danach wieder langsam zunahm, blieb die Stadt im Vergleich zur übergeordneten Provinzialhauptstadt Linz in ihrem Wachstum weit zurück.

Um 1830 erwachte die Stadt aus ihrem – wie viele Zeitgenossen empfanden – „ohnmachtsähnlichen Schlaf".[24] Salzburg nahm nun an Einwohnern sogar rascher zu als Linz, ohne freilich den Vorsprung der oberösterreichischen Metropole jemals einzuholen.

Tabelle 1: Demographische Entwicklung von Salzburg und Linz im Vergleich[23]

	Salzburg	Veränderung		Linz	Veränderung
1787:	16.400		1784:	16.223	
1831:	13.338	–18,6%	1830:	24.185	+48,4%
1851:	17.009	+17,5%	1850:	26.604	+10,4%

Das Gefüge der städtischen Gesellschaft war vormodern und hatte sich durch die politischen und ökonomischen Zäsuren des frühen 19. Jahrhunderts nur wenig gewandelt. Dem bayerischen Populationskataster von 1815 nach zählten nach wie vor 40 Prozent der Bevölkerung zum altständisch-bürgerlichen Sektor, bestehend aus Handel und Gewerbe. Stark vertreten waren zu diesem Zeitpunkt in der vormaligen Haupt- und Residenzstadt mit zirka 34 Prozent (einschließlich Haushaltsangehörigen) auch noch Beamtenschaft, Geistlichkeit und Freie Berufe. Schwerer fallen präzise Aussagen zur sozialen Schichtung. Eine vorsichtige Interpretation der Daten von 1815 (Tabelle 2) läßt allerdings auf eine recht ungleichmäßige Verteilung des Wohlstands schließen: einer relativ schmalen oberen Schicht (Adel, höhere und mittlere Beamte, Kaufleute usw.) von zirka

Tabelle 2: Soziale Zusammensetzung der Stadtbevölkerung 1815[25]

Soziale Schichten	Haushalts-vorstände abs.	%	Summe der Haushaltsang.* abs.	%
1. Adel, höhere Beamte, Akademiker	192	5,3	761	6,4
2. Mittlere Beamte, Freie Berufe, Geistliche	666	18,2	2167	18,3
3. Handel, Verkehr, Gastgewerbe	274	7,5	1409	11,9
4. Handwerk	767	21,0	3642	30,7
5. Niedere Beamte und Bedienstete	539	14,8	1327	11,2
6. Taglöhner	974	26,7	2113	17,8
7. Sonstige	237	6,5	435	3,7
	3649	100,0	11.854**	100,0

* Einschließlich 2493 Dienstboten.
** Ohne die 558 Angehörigen der Großhaushalte (Klöster, Versorgungsanstalten).

20 Prozent der Stadtbevölkerung standen demnach eine untere Mittelschicht (Handwerker, niedere Beamte usw.) von zirka 35 Prozent sowie eine breite Unterschicht (Taglöhner, Handwerksgesellen, Dienstboten, Pfründner usw.) von mindestens 45 Prozent gegenüber.

Räumliche Mobilität kennzeichnete bereits das ständische Bürgertum. Traditionell groß war daher die Bereitschaft der bürgerlichen Gemeinschaft zur Integration auswärtiger Standesgenossen. Praktisch alle führenden Salzburger Bürgerfamilien vom 17. bis zum 19. Jahrhundert wanderten von auswärts zu, wobei der Zuzug aus dem Westen, und hier insbesondere von Handelsleuten aus Tirol und Handwerkern aus dem ‚Reich' überwog. (Aus Tirol stammten u. a. die Familien Haffner, Triendl, Lergetporer, Späth, Fendt, Atzwanger, Spängler, Duregger, Volderauer, Gschnitzer, Kasseroller, Engl; aus Mittel- und Süddeutschland u. a. die Familien Adrian, Breitinger, Koch, Straniak, Schatz, Weinkamer, Stumpp, Ziegler, Ott, Gessele, Schall.) Nicht selten waren auch Norditaliener unter den Salzburger Gewerbetreibenden zu finden. (U. a. Zezi, Gusetti, Gasparotti, Tomaselli, Mussoni, Vesco, Baldi, Graziadei, Scio, Ceconi.) Zu einer Abschwächung des bürgerlichen Zuzugs aus Deutschland und Norditalien kam es erst nach den Kriegen von 1859 und 1866, welche die traditionellen Verbindungen der Habsburgermonarchie in diese Regionen unterbrachen.[26]

Umfang und Aussehen der Stadt Salzburg änderten sich in der ersten Jahrhunderthälfte nur wenig. Die Paris-Lodronischen Befestigungsanlagen umschrieben den Raum, welcher der Stadt für ihre bauliche Entwicklung genügen mußte, und die Salzburger sahen sich zu ihrem Leidwesen bis weit ins Eisenbahnzeitalter „durch Mauern, Gräben und Basteien" von der Außenwelt „völlig abgeschnitten".[27] Das stimmungsvolle Bild vom Dornröschenschlaf der Stadt Salzburg prägte auch die Überlieferung: „Neubauten kamen im Zeitraum 1820–1840 überhaupt nicht vor. Als der Kaufmann Weizner vor dem Neutor ein Landhaus baute, das reizende Biedermeierhaus Neutorstraße Nr. 15, strömten sonntags die Salzburger scharenweise hin, weil die meisten überhaupt noch nie gesehen hätten, wie man ein Haus baue."[28]

Dennoch trügt das vielfach überlieferte Bild einer Periode gänzlichen Stillstands. Nach dem katastrophalen Stadtbrand vom 30. April 1818, dem im rechtsseitigen Stadtteil 74 Wohngebäude, vier Kirchen und dreizehn Wirtschaftsgebäude zum Opfer fielen, erfolgte immerhin ein Wiederaufbau der zerstörten Bausubstanz. Dieser zog sich freilich – obwohl ein beträchtlicher Teil der Schadenssumme durch Versicherungszahlungen und Spenden gedeckt war – bis in die 1840er Jahre hin.[29] Da der Wert des Hausbesitzes nach der Erwerbung durch Österreich um die Hälfte gesunken war, war die Neigung zu Investitionen im Immobiliensektor nur gering. Der riesige, wenn auch vom Stadtbrand schwer beschädigte Primogeniturpalast der Grafen Lodron (heute „Altes Borromäum") brachte etwa bei seiner Versteigerung 1825 nur 1960 Gulden ein.[30]

Auch Jahre später, als sich der Wert von Realitätenbesitz längst wieder normalisiert hatte, wurde nur wenig gebaut. Der Chronist Georg Abdon Pichler sah die Schuld bei den Salzburgern: „Die Geldmänner, an denen Salzburg noch immer keinen Mangel hatte, errichteten nicht das geringste Establissement und dergl., denn es stand stets die Ausrede in Bereitschaft, man darf ja nichts bauen."[31] Nach Ansicht der Salzburger verurteilte das „fortifikatorische Bauverbot" im Vorfeld der Bastionen die Stadt zu „immerwährendem Stilleben",[32] und seit 1848 sahen die Bürger in den ärarischen Befestigungsanlagen überdies eine Art Zwangsjacke, die sie für ihr unbotmäßiges Verhalten im Revolutionsjahr bestrafen sollte. Nicht zufällig war der einzige größere Bau, der in diesen Jahren in Salzburg aufgeführt wurde, eine Kaserne (die heutige Post in der Paris-Lodron-Straße).

Hatte sich die Einwohnerzahl der Stadt seit ihrem Tiefstand um 1820 schon bis zur Jahrhundertmitte um fast ein Drittel vermehrt, so verstärkte sich dieser Trend in den 1850er Jahren – vor allem durch Zuwanderung – noch weiter.[33] Bevölkerungswachstum bei anhaltender Stagnation des Bauwesens ließ die Zahl der Bewohner pro Haus zwischen 1833 und 1854 von 14,4 auf 20,4 ansteigen. Die höchste Belagsdichte wies die Getreidegasse mit durchschnittlich 37 Bewohnern pro Haus auf.[34] Wie in anderen Städten fand somit auch in Salzburg schon vor der gründerzeitlichen Stadterweiterung ein Prozeß der ‚inneren Verstädterung' statt. Begleiterscheinung dieser Entwicklung war eine Verschärfung der Wohnungsnot, so daß der Ruf nach einer Beseitigung der verhaßten Bastionen immer lauter erschallte.

In einigen Stadtvierteln verschlechterte sich der Gesundheitszustand der Bevölkerung, bestand doch – wie der Arzt und Stadthistoriker Franz Valentin Zillner nachwies – ein ursächlicher Zusammenhang zwischen der Wohndichte und dem Auftreten bestimmter Krankheiten.[35] Überdies herrschten in weiten Teilen der Innenstadt katastrophale sanitäre Verhältnisse. So befanden sich unter den Bürgerhäusern rund um den Alten Markt sowie an der Getreide- und Gstättengasse bis in die 1860er und 1870er Jahre riesige Senkgruben, die mitunter nur einmal im Jahrzehnt entleert wurden. Kein

Johann Michael Sattler, Der Stadtbrand von 1818, Gouache. (SMCA)

Wunder, daß die Säuglingssterblichkeit während der ersten Jahrhunderthälfte in der Stadt Salzburg weit über dem Landesdurchschnitt lag und auch wohlhabende Bürgerfamilien nicht vom häufigen Kindstod verschont blieben.[36] Der direkte Zusammenhang zwischen hoher Wohndichte, sanitären Mißständen und Seuchengefahr wurde von Zillner bei der Typhusepidemie von 1865 nachgewiesen.[37]

Zwar blieb die Gemeindeverwaltung nicht untätig: 1852 bzw. 1854 wurden das Kaiviertel und die Linzer Gasse kanalisiert. Weite Teile der Innenstadt und auch die Vorstädte besaßen um 1860 jedoch noch kein entwickeltes Kloakensystem, sieht man vom mittelalterlichen Almkanal einmal ab. Die ‚hygienische Revolution' des Industriezeitalters vollzog sich in Salzburg erst im Zuge der Kanalisierung der gesamten Innenstadt zwischen 1862 und 1879 sowie durch den Bau der Fürstenbrunner Wasserleitung 1874/75.[38] Aber es dauerte geraume Zeit, ehe sich die alltäglichen Lebensgewohnheiten der Stadtbewohner dem hygienischen Standard der neuen Zeit anpaßten. Vergebens forderte der Gemeinderat Josef Mayburger 1867 ein Verbot von Schweineställen in der Stadt. Der Stadtarzt erwiderte, „daß kein Stall in Städten gesund und wünschenswert wäre, er aber auch keine Krankheit kenne, die geradezu in Sauställen ihre Entstehung habe".[39]

Viele Gebäude der Innenstadt befanden sich in einem erbärmlichen Zustand. Das lag nicht zuletzt an der für Salzburg typischen „Verstuckung", d. h. der Spaltung des Hausbesitzes auf mehrere Eigentümer: „Es ist nämlich Sitte", berichtet Matthias Koch 1846, „die Häuser nach Stockwerken, die man hier Haus-, auch Dachböden nennt, zu verkaufen. Da nun jeder Hausboden einen anderen Eigentümer hat und sich häufig Häuser mit einem Vorder- und Hintertrakt finden, auch überdies die ebenerdigen Geschosse und selbst die Kaufladen so vereinzelt hindangegeben werden, so häuft sich die Anzahl der Besitzer eines Hauses in der besagten Weise. Dies hat nicht allein zur Folge, daß für Verbesserung des Baustandes der Häuser aus freiem Antriebe nichts gethan wird, sondern daß nicht selten ganz Unbemittelte Geld borgen, damit einen Hausboden ankaufen, und zuletzt als Pfründner von der Stadt versorgt werden müssen."[40] Die Zerstückelung des Hausbesitzes gab oft Anlaß zu Klagen und wurde 1853 schließlich sogar untersagt.[41] Insgesamt war die Verstuckung aber weniger verbreitet als vielfach angenommen. 429 von 550 Privathäusern der inneren Stadt und Müllns hatten 1874 nur einen Eigentümer. Bei den übrigen 121 Gebäuden scheinen allerdings bis zu zehn Eigentümer auf.[42]

In den 1850er Jahren mehrten sich die Anzeichen einer bevorstehenden Stadterweiterung. 1853 wurden beim Ursulinenkloster (heute „Haus der Natur") die ersten Befestigungsanlagen demoliert und mit der Regulierung der Salzach begonnen. Dem Ansu-

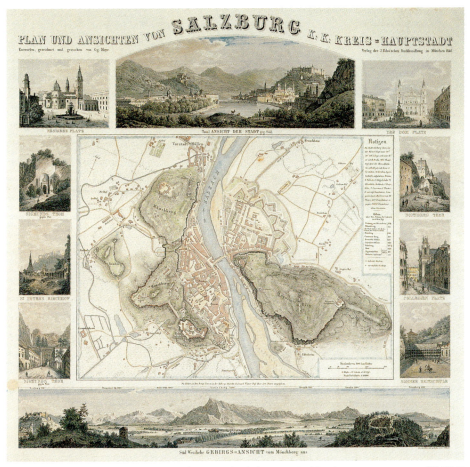

Georg Mayr, Plan und Ansicht von Salzburg, 1841, kolorierter Stahlstich. (SMCA)

chen des Gemeinderates, die neue Kaianlage nach Kaiser Franz Joseph zu benennen, wurde gnädig entsprochen.[43] Nach langer Diskussion fiel 1857 die Entscheidung über die Situierung des zukünftigen Bahnhofs und den Bau der Eisenbahnbrücke.[44] 1858 erhielt Salzburg mit der Karolinenbrücke endlich eine zweite Stadtbrücke. Am Abend des 16. Jänner 1859 schließlich staunte die Bevölkerung über „einen kolossalen Doppeladler an der Facade des Regierungsgebäudes (= Neugebäude, Anm. d. V.), der aus 4300 Gasflämmchen bestand und einen glänzenden Anblick gewährte". Damit begann in Salzburg das Zeitalter der Gasbeleuchtung und „mit dem rußigen, mehr qualmenden als brennenden, elenden Oellämpchen hatte es sein Ende".[45]

Kommunale Wirtschaft im Zeichen von Schrumpfung und Stagnation

Der Bevölkerungsrückgang des frühen 19. Jahrhunderts war Symptom einer Anpassungskrise, die von Handel und Gewerbe – den beiden Leitsektoren der kommunalen Wirtschaft – mit unterschiedlichem Erfolg bewältigt wurde. Auch wenn bis in die zweite Jahrhunderthälfte jede Aussage über den Salzburger Handel mit einem obligaten Rückblick auf den Verlust des einstigen „Handelsflors" und einer Schilderung der tristen Gegenwart begann, so erwies sich der Salzburger Handelsstand den veränderten Wettbewerbsbedingungen gegenüber dennoch als weitaus anpassungsfähiger als das Handwerk.[46]

Die Eingliederung in den wirtschaftlichen Großraum der Habsburgermonarchie brachte für den Salzburger Handel zunächst eine eindeutige Verschlechterung der kommerziellen Rahmenbedingungen. Bis zum Erwerb des Landes durch Österreich war der Transithandel immerhin von einiger Bedeutung gewesen; in den 1790er Jahren hatten die Güterströme durch Salzburg – sieht man vom rückläufigen Eisenhandel ab – sogar einen Höhepunkt erreicht.[47] Nach der Abtretung Tirols an Bayern und der Angliederung Salzburgs an Österreich im Frieden von Preßburg (1805) verlagerte sich jedoch ein wesentlicher Teil des „Transitozuges" der Güter auf die Wege Triest–Semmering bzw. Triest–Udine–Innsbruck, wodurch den Salzburger Handelsfaktoren zahlreiche Transportaufträge nach Schwaben und ins Rheinland verlorengingen.

Nach wie vor spielte der Handel im Salzburger Wirtschaftsleben aber eine größere Rolle als in den meisten anderen Provinzstädten des Habsburgerreichs. Das zeigt allein der Vergleich mit dem dreimal einwohnerstärkeren Graz, in dem es weniger Handelsgerechtsame gab als in Salzburg. 26 Schnittwaren-, Galanterie- und Tuchhandlungen in Salzburg standen nur 17 in Graz gegenüber. Nach zeitgenössischer Berechnung schöpften 7000 bis 8000 Menschen, also mehr als die Hälfte der Salzburger Bevölkerung, ihren Lebensunterhalt aus dem Handel, wobei allein die Speditionen 3353 Fuhrleute mit 13.412 Pferden beschäftigten. 1810 schätzte Franz von Schallhammer das Gesamtkapital des städtischen Handels, ausschließlich Viktualien, auf zehn Millionen, den jährlichen Reingewinn auf 500.000 Gulden. Seiner Ansicht nach hätte Salzburg alle Voraussetzungen für eine Freihandelsstadt aufgewiesen.[48]

Ging das Geschäft auch weniger gut als in erzbischöflichen Zeiten, so wirtschaftete der „sehr achtenswerthe, durch Fleiß, Geschäftskenntniß und gute Wirthschaft ausgezeichnete"[49] Salzburger Handelsstand nach 1816 keineswegs ab. Zwar verstärkte die österreichische Hochzollpolitik die Nachteile der nunmehrigen Peripherielage Salzburgs. Letztlich aber blieb die Zahl der Handelsbetriebe im Vormärz annähernd gleich, und der aufstrebenden Verwaltungs- und Industriemetropole Linz gelang es nicht, Salzburgs Vorsprung als Handelsstadt aufzuholen.[50] Nach wie vor waren einige Kaufleute im Fernhandel tätig. Der Handelsfaktor Anton Triendl hinterließ 1842 seinen Erben u. a. auch ein Warenlager in Verona.[51]

Wesentlicher noch war, daß sich gerade aus dem traditionellen Großhandel heraus neue Geschäftszweige entwickelten. So bot der Besitz der Faktors- und Großhandelsgerechtsame günstige Voraussetzungen für den Einstieg ins Bankgeschäft. Alois Duregger etwa, der 1827 die Mayrische Faktorei erworben hatte, meldete schon ein Jahr später das Geldwechselgeschäft an. Sein Schwiegersohn Carl Spängler baute diesen Zweig der Firma schließlich in der zweiten Hälfte des Jahrhunderts zum heute noch bestehenden Bankhaus aus.[52] Auch das 1886 von Franz Berger gegründete Bankinstitut kann firmengeschichtlich auf eine Handelsfaktorei (Späth jr.) zurückgeführt werden.[53] Daß es selbst im Vormärz möglich war, ein großes Vermögen anzuhäufen, zeigt der Lebensweg von Mathias Bayrhammer. Der Bauernsohn aus Seekirchen am Wallersee erwirtschaftete durch lukrative Wechselgeschäfte immerhin ein Vermögen von mehr als 600.000 Gulden.[54]

An Bereitschaft zur Umstrukturierung mangelte es dem Salzburger Handel somit in der ersten Jahrhunderthälfte nicht. Die großen alten Faktoreien und sonstigen Handlungen verschwanden allerdings keineswegs von der Bildfläche, viele (z. B. die Firmen Freisauff, Mayr, Atzwanger) wechselten jedoch – oft durch Heirat – den Besitzer. Insgesamt bewies der Salzburger Handelsstand, wenn er auch keine Unternehmerpersönlichkeiten von überregionaler Bedeutung hervorbrachte, durchaus Anpassungsfähigkeit an das industrielle Zeitalter. Matthias Gschnitzer etwa, zeitweilig Bürgermeister, Reichstagsabgeordneter und Handelskammerpräsident, begründete seinen Erfolg als Industrieller auf der Basis je eines ererbten bzw. erworbenen Handelshauses.[55]

Mitunter besann sich auch der vormärzliche Staat auf die traditionelle Kompetenz des Salzburger Handelsstandes. Als im Oktober 1832 die Schaffung einer Provinzialhandelskommission für Oberösterreich (und Salzburg) anstand, nominierten die Behörden Salzburger Vertreter in dieses neue Gremium, weil – so die Argumentation – „der Handelsstand in Salzburg so wichtig ist, seine Verbindungen mit dem Ausland und seine Erfahrungen aus den früheren Regierungsperioden so mannigfaltig" sind und „seine geographische Lage so günstig gestaltet" ist, „daß von demselben allerdings wichtige Aufschlüsse und wichtige Anteile erwartet werden können".[56] Da die Entfernung von Linz einen regelmäßigen Zusammentritt der Kommission verhinderte, richtete die Landesregierung im Mai 1833 eine Filialhandelskommission in Salzburg ein.[57] Die Anteilnahme des Handelsstandes an diesem Unternehmen erlahmte jedoch schon bald. Den selbstbewußten Kaufleuten war nicht verborgen geblieben, daß es sich hierbei nur um den zag-

Marktplatz um 1840. Lithographie nach Georg Pezolt. (SMCA)

haften Versuch handelte, dirigistischen Maßnahmen der vormärzlichen Wirtschaftsverwaltung den Anstrich bürgerlicher Mitbestimmung zu verleihen.[58]

Eine echte Mitbestimmung des Handelsstandes in allen wirtschaftspolitischen Angelegenheiten ermöglichte erst das Gesetz vom 18. März 1850 über die Errichtung von Handels- und Gewerbekammern. Nun endlich übertrug der Staat der Wirtschaft die Kompetenz zur Selbstorganisation und damit zur Artikulation ihrer Interessen. Das Wahlrecht in den Kammergremien war von der Höhe der jährlichen Erwerbssteuer abhängig, was dem wirtschaftsliberal eingestellten Handelsstand von Anfang an einen beherrschenden Einfluß einräumte.[59] Der Forderungskatalog der Salzburger Handelskammer drückte somit die spezifischen Interessen des Handelsstandes aus. Gewünscht wurde insbesondere der Anschluß an die „große Paris–Wiener Schienenstraße", eine Erschließung der Salzach für die Dampfschiffahrt, die Gründung gemeinnütziger Kreditinstitute sowie eine Aufhebung der im Festungsrayon geltenden Baubeschränkungen.[60]

Realisiert wurde in den 1850er Jahren nur die Errichtung eines Sparinstituts. 1855 bildete sich unter der Patronanz des Gemeinderats ein Sparkassen-Gründungsverein, und am 1. Jänner 1856 konnte schließlich die erste Sparkasse im Land Salzburg den Geschäftsbetrieb aufnehmen.[61] Damit bestand endlich die Gelegenheit, kleine Kapitalien „sicher aufzubewahren" und gegen Verzinsung anzulegen. Am Ende des ersten Bilanzjahres hatten 1230 Anleger dem neugegründeten Institut bereits 180.424 Gulden anvertraut. Auf eine allgemeine Zunahme des Wohlstandes läßt der kontinuierliche Anstieg der Einlagen in den folgenden Jahren schließen.[62] Zeitungsberichte über zahlreiche Hausrenovierungen und über die Herstellung attraktiver Schaufenster untermauern den Eindruck eines wirtschaftlichen Aufschwungs während der 1850er Jahre.[63] Aufwärts ging es auch mit dem Fremdenverkehr, der schon im Vormärz – wie im folgenden Abschnitt zu zeigen sein wird – den Gegenpol zum vorherrschenden Bild wirtschaftlicher Schrumpfung und Stagnation darstellte.

Weitaus ungünstiger war die Lage des Handwerks. Der Wegfall des Hofstaats traf zunächst vor allem die Erzeuger von Kunst- und Luxuswaren: „Die Meister", berichtet der Kaufmann Franz Xaver Mangin 1819 an das Kreisamt, „die sich in früheren Zeiten bei Verfertigung ihrer der Mode und dem Luxus gewidmeten Erzeugnißen wohlhabend befanden, sahen sich genötigt, ihre Kunst zum Handwerk (im engsten Sinne des Wortes) zu reduciren und ihre Hände mißmuthig den grobsten Arbeiten zu widmen, um nur den dürftigsten Unterhalt für sich und ihre Familien zu erschwitzen."[64] Zahlreiche Professionisten waren genötigt, ihre Gesellen zu entlassen, so daß zum Leidwesen der Polizei mehr arbeitslose Handwerksburschen im Land umherzogen als je zuvor.[65]

Nur wenige Salzburger Gewerbebetriebe produzierten auf der Höhe ihrer Zeit. Unter den Handwerkern waren dies nach einem zeitgenössischen Bericht einige Salzburger Hutmacher und Hafner, der Riemermeister Michael Hofer am Kranzlmarkt, der Glockengießer Franz Xaver Gugg sowie der Schlossermeister Rommelsheim. Dazu kamen noch die Lederfabrik von Gschwendtner und Zezi sowie die Eisendrahtfabrik Mangins. Nicht wenige der fähigen Gewerbetreibenden stammten aus Nord- und Mitteldeutschland. Zugewandert in besseren Zeiten, standen sie nun vor der Wahl, die Stadt wieder zu verlassen oder sich mit den eingeschränkten Erwerbsmöglichkeiten abzufinden.[66]

Friedrich Wilhelm Schlotterbeck, Salzburg von Nordosten, um 1805, Aquatinta und Radierung. (SMCA)

Die Qualität des Salzburger Handwerks verbesserte sich während der folgenden Jahrzehnte nur unwesentlich. 1846 beschreibt Matthias Koch den Zustand der Gewerbe in Salzburg als „noch verwahrloster und noch mehr auf ein altes Schlendrianverfahren basiert" als in Linz. Die Ursache dieses Mißstandes sieht er darin, daß „die Handwerksmeister ihre Söhne nicht in andere Länder verschicken, um etwas zu lernen". Da nun „durchaus kein theoretischer Unterricht im Lande" bestehe, verschlechtere sich „der Zustand hier in dem Maße, als er anderswo sich verbessert". Koch schließt mit der Feststellung: „Das Gewerbswesen hat daher in Salzburg keine Bedeutung und ist nichts anderes als ein gemeines Fortschleppen an der hergebrachten Weise."[67] Aus Kochs hartem Urteil spricht bereits der Fortschrittsglaube des Wirtschaftsliberalismus, dem mangelnde Tüchtigkeit und zünftische Beschränkungen ein Greuel waren.

Manches deutet darauf hin, daß der ‚Zunftgeist', die Furcht vor freier Konkurrenz, im Salzburger Handwerk tatsächlich noch tiefer verwurzelt war als andernorts. Während die 1837 gegründeten und von Erzherzog Johann besonders geförderten Gewerbevereine sogar in den oberösterreichischen Märkten und Dörfern eine zahlreiche Mitgliedschaft gewannen, gehörten der Salzburger Sektion des „Vereins zur Unterstützung der Industrie und Gewerbe in Innerösterreich, im Lande ob der Enns und Salzburg" zunächst nur einige abkommandierte Beamte an. Erst 1846 kam es auch hier zur Gründung des „Ersten Salzburger Gewerbe-Vereins", der – getragen hauptsächlich von Klerikern, wohlhabenden Handelsleuten und Baumeistern – Unterrichtskurse in Freihandzeichnen, Modellieren, kaufmännischem Rechnen und Fremdsprachen anbot.[68]

Die Anteilnahme des Salzburger Gewerbestandes an den berufsbildnerischen Aktivitäten des Vereins blieb freilich gering. Die Mehrheit der kleinen Gewerbetreibenden war weniger an Fortbildung interessiert als an handfester Agitation gegen die drohende Einführung der Gewerbefreiheit und die Verwässerung althergebrachter ‚bürgerlicher' Privilegien auf Gemeindeebene. Aus der Zeichenschule des Gewerbevereins sollte aber 1876 immerhin die k. k. Staatsgewerbeschule hervorgehen.[69]

Die verkehrsgeographische Abseitslage der Stadt verzögerte die Umwandlung der vormodernen, ständischen Welt in eine von wirtschaftsliberalen Interessen dominierte bürgerliche Gesellschaft. Aber auch im Windschatten der großen wirtschaftlichen Veränderungen blieb das fortschrittsfeindliche Salzburger Handwerk nicht gänzlich von den Auswirkungen der gewandelten Produktionsverhältnisse verschont. Gefährdet sahen sich die Zünfte in Salzburg freilich weniger durch neue Fabriken und Manufakturen als durch die peripheren Auswirkungen der industriellen Revolution. So bedeutete der Verschleiß industriell gefertigter Waren durch Tändler oder neue Handelsniederlassungen eine ständige Herausforderung, der man durch obrigkeitliche Schutzbestimmungen zu begegnen hoffte. 1835 und 1852 erließen die Behörden Verordnungen gegen den Verkauf neuer Kleider durch Tändler, 1849 schränkte der Gemeinderat die Dauer des traditionellen Tandelmarkts auf dem Domplatz auf je eine Woche vor und nach dem St.-Nikolaus-Tag ein. Mit diesen Maßnahmen knüpfte die Obrigkeit an die Gewerbeschutzpolitik früherer Epochen an.[70] Letztlich handelte es sich dabei aber um Rückzugsgefechte. Der neoabsolutistische Staat zeigte auf wirtschaftlichem Gebiet einen erstaun-

lichen Reformwillen und wagte mit der Gewerbeordnung vom 20. Dezember 1859 eine
formelle Neuordnung der Rechtsgrundlagen der gewerblichen Wirtschaft. Durch die
Gewerbefreiheit verlor das Handwerk gleichsam über Nacht das jahrhundertealte „umfassende und regelnde Band der Zunft".[71] Dies bedeutete – so ein nostalgischer Kommentar aus Salzburg – „eine Katastrophe für das alte Bürgertum. Über Nacht waren die
teuer erworbenen bürgerlichen Gewerbebefugnisse nahezu wertlos geworden. Für die
altangesessenen Bürger brach eine lange, schwere Zeit herein, nicht minder aber auch
für deren Gläubiger, die im guten Glauben ihre Gelder auf die alten Gerechtsamen geliehen hatten und denen nun die Sicherheit ihrer Kapitalsanlage verloren ging. Die
frühere Sorglosigkeit der Bürger um ihre Zukunft und die Lust an heiteren Schwänken,
die sich mancher erlauben durfte und von denen die Alten heute noch erzählen, waren
mit einem Schlage dahin".[72]

Die ‚Schöne Stadt': Romantische Entdeckung und früher Tourismus

Grundlage des modernen Salzburg-Tourismus ist der Mythos von der ‚Schönen
Stadt', also jene Vision eines idealen naturräumlich-städtebaulichen Ensembles, die bereits im ausgehenden 18. Jahrhundert in Ansätzen nachweisbar ist, ihre bis heute gültige Ausformung aber erst in den 1820er Jahren erfuhr.[73] Dazwischen liegt die Phase der
romantischen ‚Entdeckung' von Stadt und umgebender Landschaft durch Gelehrte,
Reiseschriftsteller und Künstler.[74]

Im Zeitalter der Aufklärung kam Reisen in Mode, und Bildung war eine Voraussetzung der neuen Mobilität. Angehörige der bürgerlichen Intelligenz erweiterten fern der
Heimat ihren geistigen Horizont und nutzten den Vorgang des Reisens zur persönlichen
Selbstfindung. Salzburg lag nicht abseits der neuen bildungsbürgerlichen Reiserouten.
Wie zeitgenössische Reisebeschreibungen belegen, zählte die Stadt zu jenen Residenzen
des Heiligen Römischen Reiches, die man zu kennen hatte.[75] Lorenz Hübner, Salzburgs
führender Aufklärer, berichtet denn auch 1792, daß die Fremden „seit einigen Jahren
Salzburg häufiger besuchen".[76] 1794 ließ der geschäftstüchtige Literat seiner voluminösen „Beschreibung der hochfürstlich erzbischöflichen Haupt- und Residenzstadt Salzburg und ihrer Gegenden" einen Auszug „vorzüglich für Ausländer und Reisende" folgen.

Hübners Topographien und Reisehandbücher beschreiben Land und Leute, Staat
und Wirtschaft noch in altertümlicher Weise. Mit ihrer enzyklopädischen Auflistung
des Sehens- und Wissenswerten befriedigten sie jedoch das Bedürfnis der Bildungsreisenden nach umfassender Information. Generationen von Salzburgbesuchern empfingen ihre ersten Anregungen aus Hübners Werk, und somit gebührt ihm der Ruhm eines
Pioniers der Salzburger Fremdenverkehrswerbung.

Auch Franz Michael Vierthalers topographische Hauptwerke, die „Geographie von
Salzburg" (1796) und seine „Reisen durch Salzburg" (1799), trugen dazu bei, das Interesse einer bildungsbürgerlichen Öffentlichkeit an Salzburg zu stimulieren. Als dritter
bedeutender Literat der Spätaufklärung brachte schließlich der Domherr Friedrich Graf

Ludwig Beständig, Panorama vom Mönchsberg aus, 1858. (SMCA)

Spaur Salzburg einem breiten Leserkreis näher. In seiner „Reise durch Oberdeutschland", in den „Nachrichten über das Erzstift Salzburg" und den „Spaziergängen in den Umgebungen von Salzburg" vermittelt er ein gleichermaßen durch rationale Beobachtung und romantisches Empfinden geprägtes Bild von Stadt und Land.[77]

Neben Hübner, Vierthaler und Spaur wirkte eine Reihe weiterer bedeutender Gelehrter geistlichen und weltlichen Standes in Salzburg, darunter der Naturforscher und Hofkammerpräsident Karl Ehrenbert von Moll, der Historiograph Judas Thaddäus Zauner und der Arzt Johann Jakob Hartenkeil. Gemeinsam begründeten sie den Ruf der Stadt als geistiges Zentrum der süddeutschen Spätaufklärung, und nicht wenige Besucher Salzburgs suchten ihre Bekanntschaft.[78] Berühmtester ‚Wissenschaftstourist' dieser Epoche war Alexander von Humboldt, der den Winter 1797/98 mit wissenschaftlicher Arbeit in Salzburg zubrachte, nicht zuletzt wegen der Bibliothek Molls.[79] Nach der Säkularisation des geistlichen Staatswesens im Jahr 1803 wanderte ein Teil der gelehrten Elite zwar ab, aber noch 1811 hieß es in einer Reisebeschreibung, die Stadt verdanke „einen großen Theil ihrer Celebrität" den hier ansässigen Gelehrten, die jeder Besucher „wenigstens kennen zu lernen wünscht, wenn man nicht Muße genug hat, auch ihren Umgang zu genießen".[80]

Den Salzburger Gelehrten des ausgehenden 18. Jahrhunderts gebührt das Verdienst, in ihren Werken erstmals den Blick auf die landschaftlichen Schönheiten von Stadt und Land Salzburg gelenkt zu haben, und zwar inspiriert von Rousseau, aus dessen Hinwendung zur gesehenen und erlebten Natur um 1800 das ästhetisch-empfindsame, oft fast religiös getönte Naturempfinden der Romantik herauswachsen sollte. Hübner, Moll, Vierthaler und vor allem Spaur hatten somit – jeder auf seine Weise – Anteil an der romantischen ‚Entdeckung' der Salzburger Landschaft. Bei Spaur steigerte sich schließlich die Naturbegeisterung unter dem Einfluß der Spätromantik zur ekstatischen Überschwenglichkeit.[81]

Vor allem der Mönchsberg galt in der romantischen Perspektive als Salzburgs erste Attraktion, und Jahrzehnte hindurch bildete der Spaziergang über den „romantischen Hü-

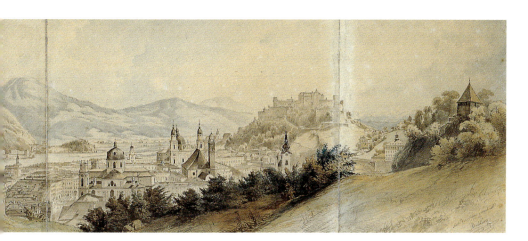

gel" den absoluten Höhepunkt im touristischen Besichtigungsprogramm. Nirgends sonst – so Spaur – eröffne sich dem empfindsamen Wanderer auf kleinstem Raum eine solche Fülle „pittoresker Ansichten" in das „durch hohe Gebirge von der mannigfaltigsten Gestalt umschlossene […] reizende Amphitheater" des Salzburger Beckens.[82]

Der Blick der Romantiker war landschaftsbezogen. Die Stadt selbst blieb zunächst dem großen Ganzen, also der umgebenden Naturlandschaft, untergeordnet. Noch war ihr in den Augen der Reisenden nicht jenes Image einer ‚Schönen Stadt' eigen, das spätere Generationen im Dienste des Fremdenverkehrs mit großem Erfolg kultivierten. Einige Reisebeschreibungen betonen um 1800 den Kontrast zwischen Stadt und umgebender Landschaft in krassen Worten. Der Naturforscher und Schriftsteller Joseph August Schultes war 1804 für Salzburg nicht zu begeistern. Sein Bericht lautete: „Nirgendwo habe ich in diesem erzbischöflichen Sitz etwas gefunden, das mir Bewunderung abgerungen […]; ich möchte lieber auf seinem Schloßberg eingesperrt, als in der Stadt selbst Bürgermeister seyn."[83] Franz Sartori beschrieb Salzburg 1811 gar „als ein kaltes trauriges Mauerwerk", in dem er „es nicht über vier Tage" habe aushalten können.[84]

Die ablehnende Haltung gegenüber der Stadt kontrastierte mit einer schier grenzenlosen Bewunderung für die umgebende Landschaft. Schultes etwa fehlte nur das Meer, um Salzburg mit dem Paradies gleichzusetzen: „Die schönste Gegend und die Gegend um Salzburg sind mir Synonyme geworden; ich kann mir das eine ohne das andere nicht denken. Die Gegend um Salzburg ist der Vereinigungspunct aller Naturschönheiten, die die üppigste Phantasie sich auf dem Continente wünschen kann."[85] Angesichts dieser zeittypischen Unterscheidung zwischen Stadt und Umgebung scheint auch Alexander von Humboldts berühmter – wenn auch historisch nicht belegbarer – Ausspruch: „Die Gegenden von Salzburg, Neapel und Constantinopel halte ich für die schönsten der Erde", in einem neuen Licht. Da Humboldt offensichtlich nur Salzburgs Umgebung als ‚schön' qualifizierte, ist die bis heute übliche Verwendung des Zitats zur Legitimation von Salzburgs Image als ‚Schöner Stadt' nicht gerechtfertigt.[86]

Die Begeisterung der Literaten übertrug sich auf die Reisenden. Auf der Suche nach der romantischen Ideallandschaft strömten zwischen 1800 und 1816 – ungeachtet der kriegerischen Ereignisse – zahlreiche Besucher an die Salzach,[87] unter ihnen auch illustre Gäste wie der Berliner Architekt Carl Friedrich Schinkel, dessen Zeichnungen erstmals die salzburgisch-berchtesgadner Landschaft „aus dem begrenztem Umkreis ‚matter Prospektschildereien' in die Sphäre deutscher Landschaftskunst" erhoben.[88]

Schinkels Aufenthalt blieb eine Episode, noch fehlten in Salzburg die Vertreter der bildenden Künste. Die Literaten wußten, was die Künstler hier erwartete. 1811 fand es Sartori unbegreiflich, „daß noch kein Künstler Aussichten vom Mönchsberg gezeichnet hat, da er hier doch die Natur bloß copieren dürfte, um sich unsterblich zu machen".[89] Fünf Jahre später hatte dann endlich das literarische Interesse für die Stadt den Boden bereitet, „dem die künstlerische Entdeckung entwachsen konnte".[90] Einer neuen Generation von Künstlern galten Salzburg und seine Umgebung wie keine andere Gegend Österreichs als „die äußerste Steigerung des romantischen Ideals".[91]

Die künstlerische Entdeckung Salzburgs ging von Wien aus, wo nach 1810 um die Brüder Ferdinand und Friedrich Olivier eine vom Geist der religiösen Romantik, der Naturphilosophie Schellings und Schlegels beeinflußte deutsche Künstlerkolonie entstanden war. Angeregt durch die Alpenlandschaften Schinkels reiste Ferdinand Olivier in den Sommern 1815 und 1817 nach Salzburg. Hier fand er seine künstlerische Bestimmung. Oliviers Vorbild machte Schule und bewog eine Reihe weiterer deutscher Künstler zum Besuch Salzburgs und seiner Umgebung. Julius Schnorr von Carolsfeld, Carl Philipp Fohr, Julius Schoppe, die Brüder Heinrich und Philipp Reinhold, Johann Adam Klein sowie Johann Christoph Erhard hatten ebenfalls Anteil an dieser künstlerischen Entdeckung. Mit Gemälden, Zeichnungen und Lithographien trugen sie wie Olivier dazu bei, daß die Gegend von Salzburg „aus der Begrenzung lokal-topographischer Vedutendarstellung in den Bereich deutscher Landschaftskunst emporgehoben" wurde.[92]

Auch Ludwig Richter kam nach Salzburg. Er knüpfte in seinen „Malerischen Ansichten aus den Umgebungen von Salzburg und Berchtesgaden" (1823) zwar thematisch an Olivier an, der Gegenstand wendet sich bei ihm jedoch ins Gemütvoll-Beschauliche. Fast im Sinne späterer Fremdenverkehrswerbung kündigt sich hier der Übergang zu jenen biedermeierlichen Darstellungen an, die mit Vorliebe die Sonnenseite der Landschaft, ihre Freundlichkeit und einladende Heiterkeit abbilden.[93]

Hatte die „öde, tote, menschenleere Stadt"[94] für viele Reisende bis dahin nur wenig Anziehendes, entdeckten die Maler und Zeichner nach 1815 allmählich ihre Schönheit. In der Perspektive der Künstler bildeten von nun an Stadt und umgebende Landschaft eine untrennbare Einheit. Auf ihrer „Flucht aus der Gegenwart in eine schönere Vergangenheit"[95] fühlten die Maler und Zeichner der Romantik sich gerade vom Flair der herabgekommenen und wirtschaftlich stagnierenden alten Stadt besonders angezogen. Dazu kam die besondere Vorliebe dieser Epoche für das Mittelalter. Bei Olivier blieb das barocke Salzburg mit seinen prächtigen Kirchen, Palästen und Brunnen bei der Motivauswahl weitgehend ausgespart. Beliebte Motive waren dagegen der Friedhof von St. Peter, das Kloster Nonnberg und die Festung.[96]

Johann Fischbach, Blick von Süden auf die Stadt, Mitte des 19. Jahrhunderts. (SMCA)

Um 1830 war die künstlerische Entdeckung von Land und Stadt Salzburg abgeschlossen. Was auf literarischem Gebiet bereits in den 1790er Jahren eingesetzt hatte, war von den Malern und Zeichnern der Romantik vollendet worden. Damit hatten sie ihre Aufgabe erfüllt und Salzburgs Aufstieg zur Touristenstadt den Weg geebnet. Unter dem Einfluß des bürgerlichen Massenphänomens Tourismus verwandelten sich die elitären Visionen der Künstler alsbald in breitenwirksame Klischees. Vom „Betteldorf mit leeren Palästen"[97] – wie die Salzburger ihre Stadt selbst bezeichneten – nahm der touristische Blick nur die schöne Kulisse wahr. Scharen von biedermeierlichen Touristen begaben sich in den 1830er und 1840er Jahren zur Sommerzeit auf die Suche nach jener Symbiose von Schönheit und Natur, „welche die Kreishauptstadt des Salzachkreises im Herzogthume Salzburg […] den Fremden zum angenehmsten Aufenthalte" zaubert.[98]

‚Natur' und ‚Geschichte' gaben von nun an nur noch den Rahmen ab für die im Laufe der Zeit standardisierten touristischen Leitbilder des bürgerlichen Zeitalters. Die Reisenden beschränkten ihre Wahrnehmung auf einige wenige Teilbereiche des ‚Fremden'. Reisen war nunmehr Vergnügen und diente nicht mehr vorrangig als Medium der Welterfahrung. Der touristische Blick reduzierte das Fremde vielmehr auf seine reizauslösende Funktion, so daß es letztlich nur noch „als schönes, kurioses, exotisches, wichtiges oder in irgendeiner anderen Form als ‚merkwürdig' ausgezeichnetes Detail" in Erscheinung trat.[99] Auch im Salzburgtourismus fand diese Einengung der Perspektive statt. „Man kommt nach Salzburg", schrieb der Reiseschriftsteller Johann Georg Kohl 1842, „um seine wollüstigen Reisetriebe, seine Schaulust und Neugierde zu büßen."[100]

Reisebeschreibungen, Tagebücher und Reisehandbücher vermitteln ein plastisches Bild des biedermeierlichen Salzburgtourismus. Wurde die salzburgische Landschaft von allen Fremden mit höchstem Lob bedacht, so schieden sich an der Stadt nach wie vor die Geister. Die Engländerin Francis Trollope etwa fühlte sich beim Besuch von Salzburg in die Vergangenheit versetzt und nahm die Salzburger Zustände als museales Phänomen von „eigenthümlichem Zauber" wahr.[101] Nur wenige Besucher blickten – wie Kohl – hinter die Kulissen der altertümlich-romantischen Fremdenstadt: „Es ist überhaupt keineswegs alles schön in dem schönen Salzburg. Die für Naturschönheiten begeisterten Leute, die hier im Sommer von allen Seiten Deutschlands zusammenströmen, sehen in Salzburg und seiner schönen Umgebung im Ganzen weiter nichts als eine prachtvolle Decoration, die sie an der Hand eines Cicerone beschauen und bewundern. Daß aber auch Menschen in diesen Decorationen wohnen, und w i e sie darin wohnen, leben, sich freuen und leiden, fällt den Wenigsten ein, einmal in Überlegung zu ziehen."[102]

Die große Mehrheit der Fremden folgte den in Reisehandbüchern und -führern vorgezeichneten Pfaden und wußte somit im vorhinein, was sie in Salzburg erwartete. Im Zuge der romantischen „Entdeckung" hatte sich zwischen 1800 bis 1830 ein festgefügter Kanon von Attraktionen herausgebildet, der von jedem Besucher Salzburgs absolviert wurde. Einige dieser Sehenswürdigkeiten sind heute längst vergessen oder verschwunden, andere haben an Beliebtheit gewonnen, manche freilich sind im Lauf der Zeit neu hinzugekommen.

Wegen ihrer günstigen Lage als Ausgangspunkt für Ausflüge und Besichtigungstouren in die zunächst gelegenen Gebirgsregionen nahmen die meisten Touristen für die Dauer ihres gesamten Salzburgaufenthalts Quartier in einem der renommierten Gasthöfe der Stadt. Einen guten Ruf hatten die Gasthöfe „Goldenes Schiff" am Residenzplatz (heute Landeshypothekenanstalt), „Erzherzog Karl" (vormals Stadttrinkstube, Waagplatz) sowie der Gasthof zu den „Drei Alliierten" in der Getreidegasse.[103] In romantischer Tradition stand meist die Besteigung des Mönchsbergs am Beginn einer Besichtigungstour, und noch 1847 bezeichnete Matthias Koch die „Promenade auf dem Mönchsberg" als „interessanteste Eigenthümlichkeit der Stadt Salzburg, die sich kaum in halb erreichter Vollkommenheit anderswo wiederfindet".[104] Hier verschaffte sich der Tourist einen ersten Überblick über die malerische Lage der Stadt zwischen den Stadtbergen und die weitere Umgebung bis hin zum nahen Hochgebirge.

Das sich vom Mönchsberg aus erschließende Panorama beeindruckte auch nüchterne Gemüter, und kein Fremder sprach der Stadt einen „eigenen Charakter von Anmuth und Würde"[105] ab. Stadtbild und Architektur weckten immer wieder Assoziationen mit Italien. Im „deutschen Rom", wie es Schultes 1804 nannte, falle zugleich „ein gewisser pfäffischer Ton" auf.[106] Der „italienische Styl" vieler Gebäude hinterließ in manchen Reisenden gemischte Gefühle. Der protestantische Siebenbürger Sachse Stephan Ludwig Roth etwa bemängelte, daß die italienische Bauart von Salzburg kein Satteldach kenne. Einem Fremden, der daran nicht gewöhnt sei, mische sich folglich „selbst beim Anblick des schönsten Gebäudes etwas Widerliches, Fremdes" ein.[107]

Der Kunstgeschmack war nach 1800 vorrangig an Klassizismus und Neugotik ausgerichtet. Das Barock galt dagegen als Stilrichtung einer gottlob überwundenen Epoche. Die Bauweise zahlreicher Kirchen und Paläste der Fürstenstadt stieß daher vielfach auf

Unverständnis. Vor allem am Dom, dem herausragenden Bauwerk des barocken Ensembles, schieden sich die Geister. Zwar imponierten Größe und Pracht des Bauwerks, die architektonische Konzeption hinterließ jedoch einen zwiespältigen Eindruck. Während der Katholik Franz Schubert ein „himmlisches Gebäude, nach dem Muster der Peterskirche in Rom"[108] vor sich sah, fand der Engländer Turnbull wie viele andere Betrachter die Kathedrale „ohne alle äußere Schönheit".[109] Die übrigen im „modernen italienischen Styl" erbauten Kirchen Salzburgs fanden ebenfalls kaum Anerkennung. Fischer von Erlachs Kollegienkirche verrate – so Matthias Koch – „das Gepräge der künstlichen Zusammensetzung" sogar „noch deutlicher" als der Dom. Die weltanschaulich begründete Geringschätzung der barocken Architektur steigerte sich sogar noch nach der Jahrhundertmitte. Unter den Vorzeichen des Kulturkampfs zwischen katholischer Kirche und liberalem Zeitgeist diffamierte Adolph Bühlers „historisch-topographischer Führer durch die Stadt und ihre Umgebung" von 1873 die Kollegienkirche als typisches Beispiel des „gedankenmüde(n), auf das ‚Opfer des gesunden Menschenverstandes' gegründete(n) ‚Jesuitenstyl(s)'".[111]

Diese radikale Ablehnung von Kunst und Kultur des Barock stand bei vielen Salzburgbesuchern in Kontrast zur romantischen Verehrung des Mittelalters, aus der eine ausgeprägte Vorliebe für den „altdeutschen Styl" erwuchs. Die Stiftskirche von St. Peter, die Margarethenkapelle, die Franziskanerkirche sowie vor allem die Kirche des Stiftes Nonnberg galten als die herausragenden sakralen Bauwerke Salzburgs. In dieser romantischen Grunddisposition gestaltete sich der Besuch des vormals wenig beachteten St.-Peters-Friedhofs zu einem Ereignis.[112]

Salzburgs Wahrzeichen, die Festung Hohensalzburg, wurde hingegen wegen des steilen Anstiegs nur von einem Teil der Fremden besucht. Schon damals gab es die Möglichkeit der Besichtigung von Füstenzimmern, Folterkammer und „Salzburger Stier".[113] Jene, die die Strapazen des Anstiegs nicht scheuten, wurden belohnt durch die Aussicht von einem der Festungstürme. Berühmtheit erlangte dieser Rundblick durch Johann Michael Sattlers monumentales Panorama, das nach seiner Fertigstellung im Jahre 1829 zusammen mit einigen weiteren Kosmoramen auf Rundreisen in ganz Europa Reklame für Salzburg machte.[114]

Eine Attraktion ersten Ranges in der biedermeierlichen Stadt war das Neutor. Jeder Fremde mußte diesen Tunnel durch den Mönchsberg gesehen haben. Dabei galt das Interesse weniger einer frühen technischen Meisterleistung als dem romantischen Szenario einer künstlichen Höhle mit klassizistischen Portalen. Schultes glaubte „sich am Eingange der Grotte di Monte Pausilippo" bei Neapel zu befinden, weshalb er auch „manche süße Stunde […] in diesem dunklen kühlen Felsengrotten-Thore" – versunken in Träume „an Virgils-Grab und die Ufer des Meeres" – verschwärmt habe.[115] Der Vergleich mit der Pausilippo-Grotte wurde in weiterer Folge von fast allen Reiseberichten übernommen.[116]

Noch war Salzburg nicht die Stadt Mozarts. Die Besucher der ersten Jahrzehnte des 19. Jahrhunderts gedachten viel eher des hier verstorbenen Paracelsus. Obwohl Salzburgs Aufklärer diesem „Patron der Goldmacher"[117] keineswegs wohlgesonnen waren, stellten sein Grabmal im St.-Sebastians-Friedhof und das Wohnhaus in der Linzer Gasse einen fixen Bestandteil jeder Stadtbesichtigung dar.[118] Im Salzburger Museum Carolino Augusteum konnte, in der zweiten Jahrhunderthälfte, ein mit Renaissancemöbeln eingerichtetes Paracelsus-Zimmer besichtigt werden.[119] Besondere Verehrung genoß im 19. Jahrhundert der 1806 verstorbene Hof- und Domorganist Michael Haydn. Sein Monument galt als wesentlichste Sehenswürdigkeit in der Stiftskirche von St. Peter.[120] Am Grabmal des „Salzburger Haydn" sinnierte 1825 auch Franz Schubert über dessen „ruhigen, klaren Geist".[121]

Wolfgang A. Mozart, Salzburgs wahrer Genius, lockte dagegen bis in die späten 1820er Jahre keine Fremden nach Salzburg. Die ersten Mozarttouristen waren Vincent und Mary Novello. Das englische Ehepaar besuchte 1829 im Verlauf seiner „Mozart Pilgrimage" Schwester Nannerl und Witwe Constanze, die sich beide in Salzburg niedergelassen hatten. Es dauerte aber noch Jahre, ehe die Einvernahme Mozarts durch seine Geburtsstadt einsetzte. Wendepunkt war die Errichtung des Mozartdenkmals. Die Initiative dazu ging 1835 von der „Museums-Gesellschaft" aus, und eine geschickt betriebene Sammelaktion machte bis hin zur feierlichen Enthüllung des Monuments im September 1842 vor allem Deutschland mit dem Salzburger Projekt bekannt.[122] Mit der Errichtung des Denkmals hatte Salzburg zudem der Reichshauptstadt Wien den Rang als ‚Mozartstadt' abgelaufen.[123]

Die schrittweise ‚Entdeckung' Mozarts für Salzburg läßt sich aus den Reiseberichten ablesen. Mitte der 1830er Jahre bemängelten die Touristen erstmals, daß bis jetzt noch „keine Inschrift, keine Büste, keinerlei Denkmal die Aufmerksamkeit des Vorübergehenden" auf Mozarts Geburtshaus lenke.[124] Die Verehrer auf den Spuren des Komponisten mußten sich mit dem „sanften Schauer" begnügen, der sie im Durchgang von Altem Markt zur Getreidegasse „durchrieselte", und „der nicht von der Zugluft herkam".[125] Um 1840 schließlich ließ der Kaufmann Thury die Fassade des Geburtshauses neu herabputzen und mit der Aufschrift „Mozarts Geburtshaus" versehen.[126] Wenig später konnte erstmals auch die Wohnung der Mozarts im dritten Stock besichtigt werden, welche die Besucher von nun an nicht „ohne eine Anwandlung von Scheu und Ehrfurcht betraten", wenngleich die Atmosphäre in diesen Räumen – wie manche Mozartverehrer schmerzlich empfanden – nach so langer Zeit keine unmittelbaren Gefühle mehr aufkommen ließ.[127]

Weitere Sehenswürdigkeiten waren das Glockenspiel, dessen Klänge freilich schon damals nicht immer Wohlgefallen erregten,[128] sowie der ehemalige hochfürstliche Marstall samt der in den Felsen des Mönchsbergs gehauenen Sommerreitschule. Wer im Biedermeier gehobenes kulturelles Amusement suchte, wurde in der Provinzstadt allerdings enttäuscht. Das Theater war miserabel,[129] das musikalische Leben bis zur beginnenden Mozartpflege der 1840er Jahre überaus bescheiden,[130] und auch Kunst und Wissenschaft boten dem Besucher in der ersten Jahrhunderthälfte nur wenig.[131] Ein kultureller Anziehungspunkt besonderer Art war damals freilich der Bürglstein, in dessen Umgebung der Gärtner Josef Rosenegger 1791 auf ein römisches Gräberfeld gestoßen war. Die romantische Parkanlage in Verbindung mit einem von Rosenegger eingerichteten

Antiquenkabinett in Schloß Bürglstein lockte zahlreiche Fremde an. Allein in den Jahren 1822 bis 1833 trugen sich in das Besucherbuch 7433 auswärtige Besucher ein.[132]

Nicht dem romantischen Zeitgeschmack entsprachen dagegen die Gärten von Schloß Mirabell und Schloß Hellbrunn. Schultes bemängelte gar, daß sich das „altfranzösische Mirabell" und das ebenfalls „im Geist der französischen Gartenkunst" angelegte Hellbrunn mit seinen gekünstelten Wasserspielen bei der einheimischen Bevölkerung größter Beliebtheit erfreuen, während der „romantische Mönchsberg und das schöne Aigen" kaum besucht würden.[133]

Der Park von Aigen war nach 1800 die größte Attraktion in der unmittelbaren Umgebung der Stadt. Die Anfänge dieses Naturparks reichen bis in die 1770er Jahre zurück. Zum romantischen Naturerlebnis ersten Ranges gestaltete die Anlage aber erst der Domherr und spätere Bischof von Raab, Ernst Fürst von Schwarzenberg, der Schloß und Park 1804 erworben hatte.[134] Der junge geistliche Hocharistokrat baute Steige und Wege durch Felsgrotten, vorbei an Wasserfällen zu den schönsten Aussichtspunkten – vor allem eben zur ‚Aigner Kanzel' – und verfügte überdies die Öffnung des Naturparks für die Allgemeinheit.[135] Eine Auswertung der Gästebücher hat ergeben, daß der Naturpark zwischen 1814 und 1842 jährlich von drei- bis vierhundert zum Teil hochgestellten Persönlichkeiten besucht wurde.[136] Aigen bewahrte seine Anziehungskraft nach Ernst Schwarzenbergs frühem Tod (1821) bis hin zur Jahrhundertmitte. Noch 1842 – anläßlich der feierlichen Enthüllung des Mozartdenkmals – bildete der Besuch im „weltberühmten Park" für die in Salzburg weilende „Elite der Gesellschaft der Künstler" einen Höhepunkt ihres Aufenthalts.[137]

Louis Wallée, Blick vom Aigner Park auf Schloß und Kirche von Aigen. Aquarell um 1820. (SMCA)

Aufgrund ihrer gastronomischen Infrastruktur war die Stadt Salzburg das Zentrum eines regen Ausflugsverkehrs.[138] Im Postkutschenzeitalter, vor dem Bau der Eisenbahn, begrenzte der Paß Lueg mit den Salzachöfen den touristischen Aktionsradius im Süden der Stadt Salzburg. Immerhin ließ sich aber ein Besuch des Gollinger Wasserfalls und der Salzachöfen von Salzburg aus unschwer an einem Tag bewerkstelligen. Beliebte Ausflugsziele im Umkreis von Salzburg während der ersten Jahrhunderthälfte waren außerdem das Salzbergwerk am Dürrnberg, die Fürstenbrunner Quelle und die Marmorsteinbrüche am Untersberg. Der Besuch von Berchtesgaden zählte im Biedermeier zu den Höhepunkten des touristischen Standardrepertoires. Auch dieses Besichtigungsprogramm konnte von Salzburg aus an einem Tag absolviert werden, und zwar einschließlich einer Bootsfahrt über den Königssee nach St. Bartholomä oder gar bis zum See-Ende mit anschließender Wanderung zum Obersee.

Die Mobilität der biedermeierlichen Touristen erstreckte sich auch auf das benachbarte Salzkammergut. Wer nicht ohnehin in diese Richtung weiterreiste, der konnte mit einem schnellen Wagen eine Rundfahrt zu Fuschlsee, Wolfgangsee und Mondsee unternehmen. Nach solchen Gewalttouren kehrte man freilich erst spät nachts und „so ziemlich des Schlenderns und des Rüttelns müde und nach Schlaf und Ruhe verlangend" ins Stadtquartier zurück.[139]

Mitte des 19. Jahrhunderts waren Salzburg und seine Umgebung als Touristenregion etabliert. Gast- und Transportgewerbe vor allem in der Stadt Salzburg profitierten in beträchtlichem Maß vom sommerlichen Fremdenverkehr. Noch wurde der Zustrom der Gäste aber durch die Beschränktheit der vorindustriellen Verkehrsmittel begrenzt. Der Aufstieg des Tourismus zu einem Leitsektor der regionalen Wirtschaft erfolgte erst im Eisenbahnzeitalter, das in Salzburg 1860 einsetzte.

Gesellschaft und Kultur im Vormärz

Die ständische Gesellschaft befand sich an der Wende vom 18. zum 19. Jahrhundert im Umbruch. Zwar berichtete Joachim Christoph Friedrich Schulz 1795 aus Salzburg, daß die „Einwohnerschaft […] durch mehrere Klüfte der Geburt, des Standes und Gewerbes getrennt" sei und die ständischen Unterschiede hier „häufiger und merklicher" seien als in sonst einer deutschen Hauptstadt.[140] Dem oberflächlichen Blick des Reiseschriftstellers war freilich entgangen, daß sich Fürsterzbischof Hieronymus Colloredo seit den 1780er Jahren unter dem Einfluß aufklärerischer Ideen als Initiator neuer, ständeübergreifender Formen von Öffentlichkeit und Geselligkeit betätigt hatte. Dank seiner – einem selbstgenügsamen Bürgertum mitunter aufgezwungenen – Initiativen waren sich die Stände im geselligen Umgang bei Spiel, Tanz und kulturellen Darbietungen längst näher gekommen.[141]

Zudem hatte die liberale Zensurpolitik des Landesfürsten zur Herausbildung einer – wenn auch schmalen – Elite von Intellektuellen beigetragen, deren literarisches Wirken in Salzburg erstmals eine Atmosphäre von bürgerlicher Öffentlichkeit entstehen ließ.

Maßgebliche Persönlichkeit dieses Kreises war der von Colloredo nach Salzburg berufene ehemalige Jesuit Lorenz Hübner, dessen vielseitige publizistische Tätigkeit die Stadt in den Rang eines Zentrums der süddeutschen Aufklärung erhob. Auch im gesellschaftlichen Alltag zeigte sich ein neuartiges Streben nach Bildung und Information. Hübner befriedigte dieses Bedürfnis und gründete 1784 einen Leseverein – übrigens Salzburgs ersten Verein – sowie ein Zeitungs-Comptoir.[142]

Salzburgs Ära der Spätaufklärung fand in den Wirren des neuen Jahrhunderts ein jähes Ende. Nach dem Weggang fast aller Gelehrten, dem Verlust der Universität und nicht zuletzt infolge des wirtschaftlichen Niedergangs verflachte das intellektuelle Klima, ohne daß das Bedürfnis nach Bildung und Geselligkeit jedoch gänzlich erloschen wäre. Neue Voraussetzungen ergaben sich durch den Wegfall des höfisch-aristokratischen Elements, der das Bürgertum zur gesellschaftlich bestimmenden Schicht in der Stadt aufrücken ließ. Im 1810 gegründeten Geselligkeitsverein „Museum" fanden sich Offiziere, bürgerliche Beamte, Kaufleute, Geistliche, Mediziner und Advokaten bei Konservation, Lektüre, musikalischen Darbietungen und gemeinsamem Spiel. Das „Museum" blieb auf lange Zeit der einzige gesellschaftliche Treffpunkt von Bedeutung, und seine Mitglieder stellten auf Salzburger Boden eine – wenn auch eingeschränkte – Kontinuität zwischen Aufklärung und vormärzlichem Liberalismus her. Im Mittelpunkt der Vereinstätigkeit stand freilich die Pflege einer exklusiven, von bildungsbürgerlichem Selbstverständnis geprägten Geselligkeit, von der sich das gewerbliche Bürgertum weitgehend ausgeschlossen sah.[143]

Noch bildete das städtische Bürgertum rechtlich gesehen eine Einheit. Der Stadtbürgerstand setzte sich wie eh und je aus den über 600 Inhabern ‚bürgerlicher' Handwerkskonzessionen und Handlungsbefugnisse zusammen.[144] Unbestritten an der Spitze der städtischen Sozialpyramide stand jedoch eine schmale Schicht von Großhändlern, die, meist untereinander verwandt und verschwägert, die Bürgerschaft gegenüber der Staatsmacht repräsentierte.[145] Der Gewerbestand war zahlenmäßig zwar dreimal so stark wie der Handelsstand.[146] In den kommunalen Führungspositionen dominierten jedoch – wie in früheren Zeiten – Angehörige der wirtschaftlich tonangebenden Großhändlers- und Kaufmannsfamilien, insbesondere die Inhaber der fünf ‚Handelsfaktoreien', jener spezifisch salzburgischen Großhandels- und Speditionsfirmen.[147]

Der politische Handlungsspielraum des Bürgertums war im Vormärz eng bemessen. Offene Opposition gegen das absolutistische System gab es angesichts der allgegenwärtigen polizeilichen Überwachung nicht. Übrig blieb somit einzig und allein der Rückzug in die unpolitischen Bereiche von Wirtschaft, Kultur und Gesellschaft. Doch auch hier waren einer freien Betätigung enge Grenzen gesetzt. Das honorige „Museum" wurde polizeilich überwacht, ebenso alle sonstigen – noch so harmlosen – Formen der Geselligkeit. Wie eine Ballordnung von 1817 dekretierte, hatten Ballbesucher bei Aufforderung „vor den aufgestellten Herrn Kommissars […] die Larve von dem Gesicht nehmen". Ausgelassenheit war unerwünscht, weshalb es auch verboten war, „bey den deutschen Tänzen aus dem angefangenen Kreis heraus oder in denselben zurückzutanzen".[148] Wie der deutsche Maler Friedrich Baudri 1835 erleben mußte, genügte mitunter schon das Tragen eines Vollbarts, um in den Verdacht staatsgefährdender Gesinnung zu geraten.[149]

Im privaten Kreis oder am Stammtisch räsonierten die Bürger gegen den „tief gefühlten Druck der politischen Polizei", der „allen Geist politischer Freiheit tödtete und einem nichts anderes übrig ließ als der Schnecke es nachzuahmen, die bei rauher Zeit alle ihre Fühlhörner einzieht und sich in das innere Gehäus verkriecht".[150] Politisch Interessierte hatten das Beispiel der ‚fortschrittlichen' süddeutschen Staaten vor Augen, die zum Teil bereits Konstitutionen besaßen (z. B. Bayern seit 1819). „Wer kosmopolitischen Sinn und Zeit hatte," – erinnert sich Franz Valentin Zillner – „las zu Hause die ‚Allgemeine'", wie die sehr gemäßigt liberale „Augsburger Allgemeine Zeitung" kurz genannt wurde.[151]

In einigen Bürgerfamilien wurde liberales und deutschpatriotisches Gedankengut von Generation zu Generation weitergegeben. Alois Spängler etwa gehörte um 1820 als junger Mann der „Kassuppengesellschaft" an, einer geselligen Vereinigung deutschpatriotisch gesinnter junger Bürgersöhne,[152] war dann 1848 ein polizeibekannter Liberaler, in dessen Tuchgewölbe am Markt sich politisch Gleichgesinnte trafen,[153] und blieb schließlich auch in der Ära des Neoabsolutismus als Bürgermeister seiner liberalen Grundeinstellung treu. Sein gleichnamiger Sohn war 1843 als Lycealstudent Mitglied einer burschenschaftsähnlichen Vereinigung und zählte im Oktober 1848 ebenso wie Bruder Carl zu den Verteidigern des revolutionären Wien.[154]

Unter den Studenten des Salzburger Lyceums lassen sich während des Vormärz noch am ehesten Ansätze eines konspirativen Verhaltens nachweisen.[155] Schon 1819/20 be-

Die „Kassuppengesellschaft". Aquarell von Paul Schelhorn, um 1820. (SMCA)

Michaelsplatz mit Mozartdenkmal, um 1845. Lithographie von S. Oberer. (SMCA)

fürchteten die Behörden ein Übergreifen des deutschen Burschenschaftswesens nach Salzburg. Die polizeiliche Überwachung der im Grunde völlig harmlosen Salzburger Studenten – unter ihnen der junge Franz Stelzhamer[156] – wurde daraufhin rigoros verschärft. Dennoch bildeten sich insgeheim burschenschaftsähnliche Trinkgemeinschaften, deren ‚Exzesse' in diversen Lokalitäten immer wieder für Aufregung sorgten. Zu einem weiteren – vergeblichen – Versuch studentischer Vereinsbildung kam es 1842/43, und zwar im Umfeld der ersten großen Manifestation bürgerlichen Selbstbewußtseins in Salzburg, der Enthüllung des Mozartdenkmals im September 1842.[157]

Die Initiative zur Errichtung dieses ersten historisch-kulturellen Nationaldenkmals auf österreichischem Boden war von Julius Schilling und Sigmund von Koflern, zwei Mitgliedern der „Museums-Gesellschaft" ausgegangen.[158] Im Herbst 1836 konstituierte sich der Vorstand dieses Vereins zugleich auch als Komitee zur Errichtung einer Mozartstatue in Salzburg. Gegen den Willen der k. k. Behörden, welche die Einwilligung zur Errichtung des Denkmals nach Möglichkeit verzögerten,[159] solidarisierte sich das deutsche Ausland mit dem Salzburger Vorhaben und ermöglichte durch großzügige Spenden die Ausführung des Denkmals.[160] Im Vergleich dazu sei – so der Wiener Schriftsteller Ludwig August Frankl – die Summe, die „Altösterreich, das damals völlig ‚vermusizierte' Wien, für die Errichtung der Bildsäule Mozarts beigesteuert habe", beschämend gering gewesen.[161] Der Erfolg, den Salzburgs Bürger mit der Enthüllung des Mozartdenkmals im September 1842 in Anwesenheit zahlreicher Festgäste aus dem ganzen deutschen Sprachraum feiern konnten,[162] stärkte das Selbstbewußtsein gegenüber dem Staat.

Nachdem man sich in Salzburg „lange ziemlich passiv und unthätig verhalten hatte, fing es 1848 endlich durch Errichtung und Constituierung von Anstalten sich zu regen an".[163] Mit einiger Verspätung brach die zeittypische Vereinsleidenschaft nun auch in Salzburg aus.[164] Schon 1841 war der „Dom-Musik-Verein" ins Leben gerufen worden, aus dem die Musikschule Mozarteum herauswachsen sollte. Als weitere bürgerliche Vereinsgründungen folgten in diesem Jahrzehnt der „Salzburger Kunstverein" (1844), die

„Salzburger Liedertafel" (1847) sowie die Landwirtschaftsgesellschaft (1848) und der Gewerbeverein (1846).[165]

Ganz auf eigenen Füßen standen die bürgerlichen Vereinsgründungen des späten Vormärz allerdings noch nicht. Im Fall des Dom-Musik-Vereins und auch des Kunstvereins

„Collegien-Platz" mit Lyceums-Gebäude. (SMCA)

wirkte Erzbischof Kardinal Friedrich Fürst Schwarzenberg, der in der Tradition des aufgeklärten josephinischen Staatskirchentums stand, anregend und finanziell unterstützend als Geburtshelfer mit.[166] Weniger exklusiv, dafür aber von breiten Schichten des Bürgertums getragen war die Salzburger Liedertafel, deren Mitglieder sich im Revolutionsjahr 1848 aktiv am politischen und geselligen Leben beteiligten. Auch das Bemühen des städtischen Leihhausverwalters Vinzenz Maria Süß um den Aufbau eines städtischen Museums war Ausdruck eines neuen bürgerlichen Selbstbewußtseins. Sein „patriotischer Versuch", die „Sitten und Gebräuche unserer ruhmbewährten Vorzeit wieder an den Tag zu rufen", zielte nicht zuletzt darauf ab, die Existenz einer eigenständigen Salzburger Bürgerkultur zu belegen.[167]

Zur bürgerlichen Organisationsform schlechthin stieg der Verein aber erst nach den politischen Umwälzungen von 1848 und insbesondere 1861 auf.[168] Dann erst sollte an die Stelle des geselligen Verkehrs in den „stets offenen" Salzburger Bürgerhäusern – „da reihten sich jour fixes an Bälle, Hausunterhaltungen an Soiréen, öffentliche an Privatkonzerte, gemeinsame Exkursionen an Picknicks" – die organisierte Geselligkeit des Vereinslebens treten,[169] und nicht wenige bedauerten die Ablösung der durch „Gemüthlichkeit und Harmlosigkeit" geprägten biedermeierlichen Lebensform durch das moderne, politisch gefärbte Vereinsleben. Habe es vor 1848 „noch e i n e Gesellschaft" gegeben – erinnert sich ein alter Patrizier Mitte der 1860er Jahre – „in welcher jeder mit seiner Person zahlte, nicht mit seinem Range oder seiner Vermögensziffer", so sei mit dem „Auftauchen der Vereine die eigentliche Geselligkeit in den Familienkreisen allmählich" verschwunden. Nun sei die Gesellschaft „nicht nur in Stände, sondern diese wieder in Cotterien" geschieden, „so daß sich bald die zartesten Schattierungen von der crème bis zur petit lait, und von den Patriciern bis zum Handwerker absonderten".[170]

Voraussetzung der politischen und sozialen Fragmentierung des Salzburger Bürgertums war freilich zunächst die Herausbildung einer bürgerlichen Öffentlichkeit im Revolutionsjahr 1848.[171] Beinahe über Nacht zerbrach die Fiktion eines durch gemeinsame wirtschaftliche, politische und kulturelle Interessen verbundenen Bürgertums. Schon im April 1848 sahen sich gemäßigt Liberale wie Bürgermeister Matthias Gschnitzer oder der Advokat Alois Fischer mit ihrem Alleinvertretungsanspruch in Frage gestellt. Die liberale Intelligenz sammelte sich im Verein „Iuvavia", an dessen Spitze der Professor der medizinisch-chirurgischen Lehranstalt Alexander Reyer sowie der Redakteur der „Salzburger Zeitung", Ludwig Mielichhofer standen. In den Deklarationen der „Iuvavia" finden sich die Grundzüge der liberalen Ideologie, die das politische Handeln des Salzburger Bürgertums in den folgenden Jahrzehnten bestimmen sollten, bereits vorgezeichnet: Neben einem ausgeprägten gesamtdeutschen Patriotismus waren dies ein am Gegensatz zum Ultramontanismus orientierter Antiklerikalismus sowie die Betonung des Vorrangs von Besitz und Intelligenz im politischen Leben.

Die gemäßigt Liberalen klagten nicht ganz zu unrecht über eine Diktatur des öffentlichen Lebens, denn Mielichhofer – und mit ihm die „Iuvavia" – verfügten über das einzige liberale Presseorgan in der Stadt.[172] Als dann die linksliberale Intelligenz zeitweise gemeinsam mit der kleinbürgerlich-demokratischen Opposition in „Volksversammlungen" gegen das im Gemeinderat tonangebende Besitzbürgertum agitierte, war die Spaltung des liberalen Lagers vollzogen. Sprachrohr der städtischen Unterschichten und Kleinbürger waren die vom Advokatursbeamten Moritz Goutta und dem Priester Franz Xaver Schmid redigierten „Volksblätter aus Salzburg", die von Anfang April bis Ende September 1848 mit volksbildnerischem Impetus darum warben, „den Unterschied zwischen den Menschen, aber nicht zwischen den Ständen zu beseitigen".[173] Auch der erste Versuch zur Formierung eines katholisch-konservativen Lagers fällt in das Jahr 1848: Erzbischof Schwarzenbergs Bemühen, das Bürgertum über die „Salzburger Constitutionelle Zeitung" für die Ziele eines konstitutionellen Reformkonservativismus zu gewinnen, war jedoch nur geringer Erfolg beschieden.[174]

Wenn man – nach zeitgenössischer Einschätzung – in der Stadt Salzburg 1848 und in den Folgejahren überhaupt von ‚Parteien' sprechen konnte, so richteten „sie sich nach den Haupterwerbszweigen, nach der Stärke und Wechselseitigkeit der gesellschaftlichen Classen, nach der Selbständigkeit derselben, endlich nach den Erfahrungen in der Verwaltung selbst".[175] Auf kommunaler Ebene konkurrierten demnach schon seit dem Frühjahr 1848 zwei Fraktionen ein und desselben liberalen Lagers um die Macht: waren die „bürgerlichen Patrizier" aus dem Handelsstand mit den Errungenschaften der Wiener Märzrevolution im wesentlichen zufriedengestellt, sahen die „Repräsentanten der neuen Zeit" die konstitutionelle Entwicklung erst an ihrem Beginn.[176]

Offener noch als im Gemeinderat trat der Gegensatz zwischen Besitzbürgern und Intelligenz in der bürgerlichen Nationalgarde zutage. Vereinte der gemeinsame Wille zur Selbstbewaffnung zunächst noch die gesamte Bürgerschaft beim Aufbau der neugeschaffenen Institution, so entzündete sich alsbald ein Konflikt um die Besetzung der Führungspositionen, bei der die Intelligenz den kürzeren zog. In einem Brief an seinen Freund Josef Lasser von Zollheim, dem späteren Minister der liberalen Ära, beklagte der junge Beamte Anton Ruthner bereits im April 1848 die Schwäche der linksliberalen Position: „In Wien verteilt sich die Arbeit auf so viele Intelligente, aber hier bleiben es zehn etwa, denen Alles obliegt."[177] Nach dem militärischen Sieg der Gegenrevolution in Wien im Oktober 1848 zog sich die städtische Führungsschicht jedoch schrittweise aus der Bürgermiliz zurück. Die Mitgliederzahl sank rapid, ehe die staatlichen Behörden schließlich dem Schattendasein der bürgerlichen Nationalgarde im Juli 1851 ein Ende bereiteten.[178]

Unter der Repression des neoabsolutistischen Staates fanden Salzburger Besitz- und Bildungsbürgertum zurück zu einer partiellen Interessensgemeinschaft, die freilich mehr auf einer deutschpatriotischen Grundhaltung als auf liberalen Werten basierte. Als das Herzogtum Salzburg im März 1849 endlich in den Rang eines eigenständigen Kronlandes erhoben wurde, übermittelten Bürgermeister und Gemeinderat dem Kaiser eine Dankadresse, in der sie ihrer Freude darüber Ausdruck verliehen, daß Salzburg nun nicht mehr bloß eine wenig beachtete Kreisstadt sei, „sondern Hauptstadt eines urdeutschen Landes", mit der Bestimmung, „den geistigen und materiellen Verkehr zwischen den jenseitigen und diesseitigen Deutschen" zu vermitteln.[179]

Rudolf von Freisauff, Sängerfest der Salzburger Liedertafel am 29. Juni 1853. (SMCA)

Auch das „Fahnen- und Gesangsfest" der Salzburger Liedertafel am 28. Mai 1849 auf dem Mönchsberg geriet zur Manifestation des gesamtdeutschen politischen Bewußtseins. Über 5000 Zuhörer lauschten den Darbietungen von 31 österreichischen und deutschen Gesangsvereinen, während die Staatsmacht die Wachen verdoppelte und die Garnison in Bereitschaft hielt.[180] In den 1850er Jahren wurden Veranstaltungen mit offen politischer Programmatik allerdings nicht mehr toleriert. Immerhin gelang es, die „Versammlung deutscher Land- und Forstwirthe" 1851 nach Salzburg zu ziehen[181] und anläßlich der Zentenarfeier von Mozarts Geburtstag 1856 ein Musikfest unter Teilnahme bedeutender Künstler zu veranstalten. Letztlich unterstrich auch die Generalversammlung des deutschen Katholiken-Vereins (1857) Salzburgs Image als ‚deutsche' Stadt. Zu einem Zentrum gesamtdeutscher Festkultur auf österreichischem Boden wurde die Stadt allerdings erst in der konstitutionellen Epoche nach 1861.[182]

Armut und Not

Die städtische Gesellschaft war – wie schon im demographischen Abschnitt ausgeführt (vgl. Tabelle 2) – sozial stark fragmentiert. Wenigen Wohlhabenden und Besitzenden stand eine große Zahl von Bedürftigen und Besitzlosen gegenüber; Armut und Not waren allgegenwärtig. Wie in vielen anderen Städten stellten Verelendung und Verwahrlosung breiter Bevölkerungsschichten in Salzburg seit der frühen Neuzeit ein Hauptproblem der kommunalen Administration dar. Im frühen 19. Jahrhundert gewann die Frage der Massenarmut im Gefolge der Frühindustrialisierung jedoch insofern einen neuen Stellenwert, als große Teile der ländlichen wie auch städtischen Bevölkerung nunmehr ihr Auskommen in traditionellen Berufssparten verloren, ohne daß sich zugleich neue Lebenschancen eröffneten. Die gesellschaftliche Sprengkraft von Massenarmut, Arbeitslosigkeit und Verwahrlosung war unübersehbar, und zwischen Behörden und oberen Gesellschaftsschichten herrschte Übereinstimmung über die Notwendigkeit von Gegenmaßnahmen.[183]

Eine allgemeine Verschlechterung der Lebensverhältnisse kündigte sich bereits Ende der 1790er Jahre an. Erzbischof Colloredo sah sich deshalb 1798 veranlaßt, eine aus allen Ständen der Stadt zusammengesetzte „Armenkommission" einzuberufen, um auf diese Weise geeignete Maßnahmen gegen das um sich greifende „Bettlerunwesen" einzuleiten. Nach 1800 mehrten sich die Berichte über Ausmaß und Begleitumstände der Armut. Da es in der Stadt keine Manufakturen und nur wenige kleine Fabriken gab, war der Pauperismus hier jedoch nicht Auswirkung eines regionalen Industrialisierungsprozesses, sondern eine Dauererscheinung im Gefolge periodisch wiederkehrender Versorgungskrisen und Teuerungswellen am Ausgang des vorindustriellen Zeitalters. Dazu kamen regionale Komponenten, wie die bereits geschilderte Stagnation des Wirtschaftslebens nach 1800, die das Angebot an Arbeitsplätzen reduzierte.

Friedrich Graf Spaur, der 1805 einen Querschnitt durch die soziale Struktur der Salzburger Bevölkerung zog, bezifferte die Zahl der von Almosen lebenden Menschen mit 1900 (= 15 Prozent der Stadtbevölkerung).[184] 1815 belief sich der Anteil der als ‚arm' zu qualifizierenden Unterschicht in der Stadt Salzburg auf mindestens 50 Prozent der Gesamtbevölkerung und zwar ohne Einbeziehung der zahlreichen am Rande der Existenzmöglichkeit lebenden Handwerksfamilien. Auch die Nachlässe dieser Zeit belegen ein hohes Ausmaß von Armut und Besitzlosigkeit, denn beinahe 60 Prozent aller Verstorbenen hinterließen keinerlei Besitz.[185] „Die zahlreiche unterste Volksklasse ist sehr arm" – berichtet Matthias Koch 1846 – „und verarmt immer mehr, weil die Erwerbsmittel mangeln."[186]

Die Organisation der Armenpflege oblag im wesentlichen der Kommune. Im österreichischen Vergleichsrahmen stellte die städtische Armenpflege in Salzburg insofern einen Sonderfall dar, als sich hier unter der geistlichen Herrschaft ein durch Stiftungen und Fonds getragenes Versorgungs- und Almosensystem entwickelt hatte, das etwa in Form der alten ‚Spitäler' den spezifischen Charakter der christlichen Armenfürsorge bis ins 19. Jahrhundert bewahrte.[187] Wiederholte Reformversuche belegen die chronische Unzulänglichkeit dieses Versorgungssystems, das mit Modifikationen bis ins 20. Jahrhundert hinein bestand.

Staatliche Arbeits-Anstalten sollten die „Armen, Bettler, Mühseligen und Müßiggänger" ins Arbeitsleben rückführen oder zumindest aus dem Straßenbild entfernen. Außer einem von der „Armenkommission" 1798/99 erstellten, aber nicht realisierten Entwurf,[188] läßt sich in Salzburg zwischen 1785 und 1865 noch eine Reihe weiterer Versuche nachweisen, eine Anstalt zur sozialen Disziplinierung von nicht in den Arbeitsprozeß Integrierten zu etablieren.[189] Graf Spaur etwa, der sich immer wieder mit dem Problem des Pauperismus auseinandersetzte, begründete seinen Vorschlag zur Errichtung von „Erziehungs-, Bildungs- und Arbeits-Anstalten" mit der außergewöhnlichen Faulheit und Nachlässigkeit der Salzburger Arbeiter.[190]

Alle Versuche scheiterten jedoch an Geldmangel und an der beschränkten Arbeitsfähigkeit der Insassen.[191] Ein längerdauernder Bestand war nur der auf Initiative der „Museums-Gesellschaft" im Jahr 1844 eröffneten „Local-Beschäftigungs- und Versorgungsanstalt" beschieden, die 1882 in eine Erziehungs- und Beschäftigungsanstalt für angehende weibliche Dienstboten (unter geistlicher) Leitung umgewandelt wurde.[192]

Die Speisung der Armen zählte zu den kommunalen Pflichten. Auf Rechnung des Armenfonds wurde 1802 eine Suppenanstalt nach „Rumford'schem Principe" eingerichtet, die ab 1808 von den Nonnen des Loretoklosters geführt wurde. Die Rumfordsuppe bestand vor allem aus den erst seit etwa 1800 im Lande angebauten Kartoffeln und bekam bald den Ruf einer typischen Armenspeise.[193] Eine für diese Zeit fortschrittliche Fürsorgeinstitution war die Taubstummenanstalt des Gotthard Guggenmoos, die dank der Unterstützung durch Bürgermeister Anton von Heffter einige Jahre in der Stadt existierte.[194]

Ein besonders auffälliges und für die Angehörigen der ‚gehobenen' Stände lästiges Symptom der Armut war der Straßenbettel. Da er praktisch unausrottbar war, unternahmen die verschiedenen staatlichen und städtischen Behörden immer wieder Versuche, das Bettelwesen wenigstens zeitlich und örtlich zu reglementieren. Unter der bayerischen Regierung etwa zog dreimal in der Woche, „angeführt von zwei Bettelvögten ein großer Schwarm Bettler unter den Augen und mit Erlaubnis der Polizei in der Stadt herum, stellte sich vor den Häusern auf und lallte ein Vaterunser herab, worauf dann der Hausherr erschien und das Almosen an die mit eigenen und entlehnten Kindern reichlich untermischte Bettelschaar öffentlich ausstellte".[195] Die Not in den Teuerungsjahren 1816/17, der Stadtbrand von 1818 und die im Vergleich zur bayerischen Zeit eher laxe Vorgangsweise der österreichischen Behörden brachten eine weitere Zunahme des Straßen- und Hausbettels mit sich.[196] Aber auch nach Normalisierung der wirtschaftlichen Lage blieb der Kampf gegen den Bettel ohne Erfolg.

Die finanzielle Belastung von Armenfonds und Bürgersäckel hielt nach den Krisenjahren 1816/17 unvermindert an. 1819/20 wurde ein Fünftel, 1822 im Durchschnitt sogar ein Viertel der Stadtbevölkerung unterstützt.[197] Die preisstabilen ‚billigen' 1820er Jahre brachten keine spürbare Verbesserung des Lebensstandards der Unterschicht, und erst in den 1830er Jahren verminderte sich der Aufwand für die Armenunterstützung.[198] Auf die guten Jahre folgte jedoch nach 1840 eine lang anhaltende wirtschaftliche Rezessionsphase, die auf gesamteuropäischer Ebene in die politische und soziale Krise des Jahres 1848 münden sollte. 1842 klagt der Magistrat in einem Bericht an den Kaiser, daß Salzburg eine Stadt sei, „wo die Palläste von der Hof- und Adels-Elite verlassen sind, und der wohlhabende Handels- und Gewerbestand verschwunden, und an dessen Stelle Noth und Armen-Stand getreten ist".[199] Als Folge des vorrevolutionären konjunkturellen Tiefs setzte um 1845 ein Teuerungsprozeß ein, welcher die Zahl der unterstützten Armen wieder ansteigen ließ.[200] Die Unterstützungszahlungen des Lokalarmenfonds für ungefähr 1300 Arme beliefen sich auf 42.000 Gulden Wiener Währung im Jahr. Diese Summe reichte jedoch nicht, und so mußte die städtische Kasse jährlich 8000 bis 10.000 Gulden beisteuern.[201] Um die Zahl der Unterstützungsberechtigten zu senken, wurden immer wieder auch Beschränkungen des Heimatrechts in Erwägung gezogen.[202]

Die Unzufriedenheit in der Bevölkerung nahm zu. Im Herbst 1845 berichtete die Salzburger Polizei nach Wien „über Mißstimmung, Unruhe, allgemeine Unzufriedenheit, besonders in den unteren Schichten der Stadt- und Landbevölkerung, wegen der fortgesetzten Bierpreiserhöhung".[203] Im Winter 1847/48 erreichte die Teuerung ihren Höhepunkt.[204] Während die Lebensmittelpreise in der Stadt seit 1842 um 60 bis 200 Prozent gestiegen waren, blieb der Taglohn unverändert niedrig,[205] so daß sich der Magistrat schließlich zur Subventionierung des Brotpreises gezwungen sah.[206] Die allgemeine Mißstimmung war so groß, daß die Behörden zur Zielscheibe anonymer Drohschreiben wurden und im Jänner 1848 in einem am Rathaus angebrachten Maueranschlag mit Gewalt gedroht wurde, falls das Brot nicht verbilligt werde.[207] Die Stadtverwaltung suchte dem Preisauftrieb daraufhin durch Getreideankäufe entgegenzuwirken. Das verbilligte Brot war allerdings von schlechter Qualität.[208] Ähnliche Probleme ergaben sich bei der Fleischversorgung. Hier suchte man der Teuerung durch eine Freigabe des Verkaufs von Pferdefleisch entgegenzuwirken, das als Nahrungsmittel vor allem „unter der gedrückten arbeitenden Klasse, unter gering besoldeten Beamten, unter Pensionisten und Provisionisten" verbreitet war.[209] Gegen diese Aufhebung des Zunftzwangs setzten sich die zünftischen Fleischhauer jedoch erfolgreich zur Wehr. Nach gewalttätigen Protestaktionen der Fleischergesellen wurde die preissenkende Konkurrenz der Pferdeschlächter im März 1848 von den Behörden wieder beseitigt.[210]

Gemeindeverwaltung unter staatlicher Kuratel (1803 bis 1848)

Im Erzstift Salzburg bestand zu Beginn des 19. Jahrhunderts ebensowenig eine lebendige Tradition von kommunaler Autonomie wie in der Habsburgermonarchie. Eigenständige Kompetenzen waren Bürgermeister und Magistrat nur bei der Verwaltung städtischer Anstalten, der zahlreichen Stiftungen, bei Vormundschaftssachen, bei der Seuchenbekämpfung und in einigen wirtschaftlichen Angelegenheiten eingeräumt. Im übrigen waren Bürgermeister und Rat, nach den Worten Franz Valentin Zillners, bloße „Werkzeuge der Verwaltung". Der Rat ergänzte sich durch eigene Vorschläge, der Bürgermeister ging durch Vorschläge aus dem Rat hervor, und „alle Vorschläge wurden vom Fürsten gebilligt oder abgelehnt".[211] An der Spitze der städtischen Hierarchie standen in der Regel wohlhabende Vertreter des Handelsstandes, die mitunter recht vorsichtig zwischen den Wünschen des Fürsten und den Interessen der Bürgerschaft zu vermitteln hatten. Offene Auflehnung war angesichts der übermächtigen Position des Landesherrn unmöglich.[212]

Die Säkularisation des Erstifts änderte an der innerstädtischen Machtverteilung vorerst wenig. Nach wie vor galt die alte erzbischöfliche Stadtverfassung und auch Stadtsyndicus Hieronymus von Kleinmayrn, Bürgermeister Ignaz von Heffter und die zwölf Stadträte blieben über die staatlichen Umwälzungen von 1803 und 1805 hinweg im Amt. Eine Neuordnung des Kommunalwesens erfolgte erst unter bayerischer Herrschaft. Am 25. April 1811 wurde der Stadtmagistrat aufgelöst. Als Stadt mit über 5000 Einwohnern erhielt Salzburg nun eine „Communal-Administration", einen „Municipalrat" und ein eigenes Polizeikommissariat.[213] Der aus vier Mitgliedern bestehende Municipalrat wurde von behördlich bestimmten Wahlmännern gewählt. Er konnte an den städtischen Angelegenheiten nur „deliberierenden Anteil" nehmen und unterstand dem Polizeikommissariat.

Um dem Polizeikommissariat einen angemessenen Geschäftsbezirk zuzuteilen, sollte der Stadtgerichtsbezirk („Burgfried") auf Kosten des Landgerichtsbezirks erweitert werden. Da sich die Bewohner der betroffenen Umlandgemeinden heftig dagegen wehrten, kam es 1811 nur zu einer geringfügigen Ausdehnung des Stadtgerichtsbezirkes.[214] (Die nächste Erweiterung des Gemeindegebietes sollte übrigens bis 1935 auf sich warten lassen!)

Die Befugnisse des alten Stadtmagistrats im Bereich der kommunalen Wirtschaft wurden einem eigenen „Communal-Administrator" übertragen.[215] Damit vollzogen die bayerischen Behörden auch in Salzburg jene radikale Umgestaltung des Gemeindewesens, die Ministerpräsident Maximilian Graf von Montgelas nach französischem Vorbild im Königreich Bayern bereits zwischen 1802 und 1808 durchgeführt hatte.[216] Diese Reform machte keinen Unterschied zwischen Städten und Dörfern. Beide standen unter der Kuratel der Staatspolizei, womit dem Polizeidirektor auch die Position des Gemeindevorstandes zufiel.

Die zweite und endgültige Erwerbung Salzburgs durch Österreich am 1. Mai 1816 ließ das bayerische System der Gemeindeverwaltung vorerst in Geltung. Ein neues Polizei-Oberkommissariat und ein provisorischer Stadtmagistrat übernahmen im Sommer 1816 die Agenden von Polizeidirektion und Municipalrat. Diese Übergangslösung sah den Polizeikommissar gleichzeitig als Magistratsvorstand und damit als Gemeindeoberhaupt. Zur institutionellen Kontinuität kam auch eine personelle, denn als Polizeikommissar amtierte der vormalige Polizeidirektor Joseph Russegger und die bayerischen Municipalräte blieben als provisorische Stadträte ebenfalls im Amt.[217]

Auch im Habsburgerreich war die Entrechtung der Gemeinden zu diesem Zeitpunkt weit fortgeschritten. Waren letzte Reste ständischer Autonomie bereits durch die Theresianischen und Josephinischen Reformen beseitigt worden, so brachte Kaiser Franz I. diese Entwicklung 1808 durch eine Vereinheitlichung und Zentralisierung des Gemeindewesens zu einem vorläufigen Abschluß. Von nun an lag die gesamte städtische Verwaltung in den Händen von bezahlten Gemeindefunktionären, deren Auslese von den Behörden kontrolliert wurde.[218]

In der Stadt Salzburg wurde das österreichische System zu Beginn des Jahres 1818 eingeführt. Am 9. März 1818 bestimmten zwanzig von der Bürgerschaft gewählte und

Anton von Heffter, Bürgermeister von 1818 bis 1831. (SMCA)
Alois Lergetporer, Bürgermeister von 1831 bis 1847. (SMCA)

anschließend vom Kreisamt sanktionierte Wahlmänner den neuen Stadtmagistrat.[219] Auch durfte nun endlich wieder ein Bürgermeister gewählt werden. Die Wahl fiel auf den Kaufmann Anton von Heffter, den Sohn des früheren Bürgermeisters Ignaz von Heffter. Mit Zustimmung des Kaisers konnte die neue Stadtführung schließlich am 1. August 1818 ihr Amt antreten.[220] Die endgültige Organisation des Gemeindewesens erfolgte gegen Jahresende mit der Ernennung des bisherigen provisorischen Magistrats-Vorstands und Polizeikommissars Russegger zum „wirklichen ersten Magistratsrath". Eine Kompetenzerweiterung gegenüber der bayerischen Zeit bedeutete die Wiederübertragung der „Kommunal-Administrations-Sphäre" (= Verwaltung des Kommunalvermögens) an den Magistrat.[221]

Unbestritten wichtigster Amtsträger in der neuen Gemeindeführung blieb der Staatsbeamte Russegger in seiner Funktion als „geprüfter", d. h. in Verwaltungsangelegenheiten ausgebildeter Magistratsrat. Die Unterscheidung zwischen „geprüften" und „ungeprüften" bzw. gewählten Magistratsräten war im Vormärz insofern von Bedeutung, als der Staatsverwaltung auf diesem Wege eine zusätzliche Einflußmöglichkeit in kommunalen Angelegenheiten gegeben war.[222] Die unterschiedliche Gewichtung von „bürgerlichen" und ‚beamteten' Funktionen in der Gemeindeverwaltung zeigt auch deren Besoldung: während der Bürgermeister nur 200 Gulden im Jahr erhielt, stand dem „geprüften" Rat neben einer Freiwohnung ein Salär von 1000 Gulden zu.[223] Kein Wunder also, daß das wenig einfluß- und ertragreiche, dafür aber zeitaufwendige Bürgermeisteramt keineswegs begehrt war und der Magistrat mehrfach die Ernennung eines Beamten zum Bürgermeister vorschlug.[224] Seine jeweiligen Inhaber wiederum trachteten danach, es so bald als möglich loszuwerden. Da die übergeordneten Behörden die zahlreichen Rücktrittsgesuche der Bürgermeister Heffter (1818 bis 1831) sowie Alois Lergetporer (1831 bis 1847) beharrlich ablehnten und letztlich nur schwere Erkrankung als triftigen Rücktrittsgrund anerkannten, kam es während des Vormärz nur zweimal zu einem Wechsel an der Gemeindespitze.[225]

Das zweigleisige System der Gemeindeverwaltung wurde 1827 umorganisiert, denn die Überlastung des personell unterbesetzten Magistrats durch eine Anhäufung behördlicher Agenden war seit 1818 ständiger Anlaß zu Beschwerden. Eine Personalaufstockung erfolgte allerdings erst im Zuge der Herstellung des „Franziszeischen Katasters" und der damit verbundenen Neuorganisation der Steuereinhebung. Zunächst stimmte die Landesregierung in Linz der Einstellung eines dem Stadtkämmerer beigeordneten Kontrollors zu.[226] Mitte 1827 bewilligte die Wiener Hofkanzlei schließlich eine weitere Vermehrung des Personals und auch der bürgerlichen Magistratsräte.[227]

Von nun an bis zum Gemeindegesetz von 1849 bestand der Magistrat aus dem Bürgermeister, zwei „geprüften" Räten, vier bürgerlichen oder „ökonomischen" Räten sowie einem Bürgerausschuß von sechs „äußeren" Räten.[228] Während die bürgerlichen Räte gewöhnlich Ämter im Rahmen der Kommunaladministration (Oberkämmerer, Bauverwalter etc.) ausübten, oblag dem bürgerlichen Ausschuß „im Umfange des ökonomischen Wirkungskreises die Kontrolle des Magistrats", und zwar in allen Fällen, in denen es „um das allgemeine einflußhabende Beste, um das Interesse der Gemeinde in corpore zu thun ist".[229]

Das Kontrollrecht ‚ausgewählter' Repräsentanten des städtischen Bürgertums über das Gemeindevermögen war in der Praxis allerdings bedeutungslos. Im einzelnen gab es nach wie vor nur wenige Akte der Vermögensverwaltung, wozu es der staatlichen Bewilligung nicht bedurfte.[230] Wie in anderen größeren Städten mit einer ähnlichen Regelung der Kommunalverwaltung konnte der Ausschuß in Salzburg dem Magistrat im Grunde nur die Wünsche, Bitten und Beschwerden der Gemeindemitglieder „mit Anstand und Gelassenheit" vortragen.[231] Eine demokratische Austragung von Konflikten war damit ausgeschlossen, umso mehr als alle Beratungen unter der direkten Aufsicht des übergeordneten Kreisamts stattfanden.

Während sich also im Vormärz einerseits der alte ständisch legitimierte Wirkungskreis des „äußeren Rates" weitgehend verlor, wurde andererseits die moderne, naturrechtlich bestimmte Theorie von der Gemeinde als einem vom Staate unabhängigen Eigengebilde – auch in der modifizierten Form des süddeutschen Liberalismus – in Salzburg noch nicht rezipiert.[232] Eine intellektuell fundierte Opposition gegen den übermächtigen Staat bildete sich somit auf Gemeindeebene nicht heraus. Zur offenen Kundgebung bürgerlicher Unzufriedenheit mit dem herrschenden System kam es auf Gemeindeebene in Salzburg erst im späten Vormärz, als Bürgermeister Lergetporer sein Rücktrittsgesuch einreichte. Da das Kreisamt bei der Neubesetzung mit ähnlichen Schwierigkeiten wie 1831 beim Rücktritt Heffters rechnete, wurde vorsorglich die Bestellung eines beamteten Bürgermeisters ins Auge gefaßt.[233] Die Linzer Landesregierung veranlaßte im März 1847 dennoch die Wahl eines verstärkten Bürgerausschusses. Nach ungewohnt offener Erörterung lehnte dieses Gremium schließlich die Bestellung eines beamteten Bürgermeisters ab. Nebenbei erinnerte man die Behörden auch an die Privilegiumsurkunde von 1481, in der Kaiser Friedrich III. der Bevölkerung das Recht auf eine Wahl des Bürgermeisters zugestanden hatte.²³⁴

Die Landesregierung gab nach und beauftragte das Kreisamt mit der Durchführung einer Bürgermeisterwahl in zwei Wahlgängen: Am 21. Oktober 1847 ermittelten 533 auf Grund ihrer Steuerleistung stimmberechtigte Bürger ein Wahlmännerkollegium; dieses wiederum wählte den Handelsfaktor Matthias Gschnitzer fast einstimmig zum Bürgermeister, der die Wahl freilich – wie schon seine Amtsvorgänger – erst nach be-

Matthias Gschnitzer, Bürgermeister von 1847 bis 1850. (SMCA)

harrlichem Insistieren der Behörden annahm.[235] Es war dies die letzte Bestellung eines Bürgermeisters nach dem System der vormärzlichen Gemeindeverwaltung, zugleich jedoch die erste Wahl unter Beteiligung fast der gesamten Bürgerschaft.[236]

Rund um die Bürgermeisterwahl mehrten sich die Anzeichen einer ‚vorrevolutionären' Stimmung. Wie der Linzer Polizeidirektor Haim nach Wien berichtete, hielt der liberale Advokat Alois Fischer – er sollte 1849 für kurze Zeit zum Statthalter von Oberösterreich aufsteigen – beim Bankett zu Ehren des scheidenden Bürgermeisters Lergetporer eine von „übler Gesinnung" zeugende und auch durch Trunkenheit nicht zu entschuldigende „Exzeßrede".[237] In einem anderen Polizeibericht heißt es, „daß in Salzburg die Freude über den Sieg der radikalen Schweizerkantone, den man als Sieg der Aufklärung und des Fortschritts betrachtete, bis in die untersten Schichten" gedrungen sei.[238] Auch in der habsburgischen Provinzstadt Salzburg herrschte zu Beginn des Jahres 1848 Zuversicht über das nahe Ende des Metternichschen Systems.

Der Weg zur kommunalen Selbstverwaltung (1848 bis 1860)

Die politischen Forderungen des österreichischen Bürgertums an den Staat waren am Vorabend der Revolution von 1848 klar umrissen: Gewährung einer Verfassung sowie Aufhebung der Zensur. Dazu kamen die spezifisch regionalen Wünsche. Im Falle Salzburgs einte ein reger Landespatriotismus Besitz- und Bildungsbürgertum in der Forderung nach Wiederherstellung einer eigenen Landesverwaltung und Einrichtung einer ständischen Landesvertretung. Kaum weniger dringend war der Wunsch nach kommunaler Selbstverwaltung. Eine entscheidende Verbesserung der wirtschaftlichen Rahmenbedingungen erhoffte man sich schließlich durch den Anschluß der Stadt an das Eisenbahnnetz.[239]

Wie die seit 18. März 1848 „censurfreie Salzburger Zeitung" berichtet, wurde die Kunde von der Wiener Revolution an der Salzach mit allgemeinem und einhelligem Jubel aufgenommen: „Freitag den 17. März Nachmittags" verkündeten „die Vorstände des Magistrates, begleitet von einer Anzahl Bürger, vom Pferde herab die Proclamation vom 15. März", worin Kaiser Ferdinand Pressefreiheit, Nationalgarden und Konstitution gewährte.[240] Da auf Landesebene keine funktionsfähige Volksvertretung existierte,[241] entwickelte sich der Salzburger Magistrat rasch zum wichtigsten Diskussions- und Entscheidungszentrum der Salzburger Reformkräfte,[242] und schon am 18. März wählten die „inneren" und „äußeren" Räte des Magistrats den zum Ehrenbürger ernannten Advokaten Fischer gemeinsam mit den Kaufleuten Konrad Weizner und Friedrich Volderauer zu Vertretern des Herzogtums Salzburg in Wien.[243] Fischer und Bürgermeister Gschnitzer, der am 12. April nach Wien nachgereist war, beteiligten sich im Namen Salzburgs an den Beratungen, die der „Pillersdorfschen Verfassung" vom 25. April 1848 vorangingen.[244]

Die in Wien tagenden ständischen Delegierten forderten Innenminister Pillersdorf Mitte April auf, „freien Wahlen der Gemeindeorgane nichts in den Weg zu legen und die Bevormundung der Gemeinden durch die politischen Behörden einzuschränken". Dennoch brachte die neue Verfassung noch keine Ablösung der verhaßten bürokratischen Gemeindeverwaltung.[245] Bereits seit dem Vormärz diskutierte Reformvorschläge, nach denen die Neuordnung des Gemeindewesens durch die ständischen Landtage in eher konservativem, die Interessen des Adels berücksichtigendem Sinn erfolgen sollte, zerschlugen sich mit der Radikalisierung des politischen Lebens. Die neue Regierung verzichtete daher auf eine Regelung des Gemeindewesens, sah sich andererseits aber auch nicht in der Lage, gegen das Auftreten neuartiger organisatorischer Gebilde einzuschreiten, welche die staatliche Autorität allerorts auf Gemeindeebene konkurrenzierten.[246]

Auch in Salzburg bildeten sich im Frühjahr 1848 provisorische Organe, die Funktionen und Kompetenzen der Verwaltungsbehörden okkupierten. Als erster Schritt hin zur kommunalen Selbstverwaltung konstituierte sich Ende März ein „provisorischer Gemeindeausschuß", der gemeinsam mit dem Magistrat das Regiment in der Stadt in seine Hand nahm.[247] Die eigentliche Neuorganisation begann jedoch erst einige Wochen später. Am 3. Mai 1848 beschloß Salzburgs Gemeindeführung, sich den „unter den Augen des Ministeriums des Inneren entstandenen erweiterten Wirkungskreis" nach Wiener Vorbild auch formell beizulegen.[248]

Damit hatte die Gemeinde einen entscheidenden Schritt hin zur kommunalen Selbstverwaltung getan. Die Aneignung bisher staatlicher Kompetenzen bedurfte allerdings noch einer demokratischen Legitimation. In der Gemeindeausschußsitzung vom 20. Mai 1848 gestand Bürgermeister Gschnitzer ein, daß die Verstärkung und Konstituierung des „provisorischen Bürgerausschusses" durch bloße Nominierung „allgemein wenig befriedigt" habe und stellte deshalb den Antrag auf gemeinsamen Rücktritt aller Gemeindefunktionäre und Abhaltung einer Wahl.[249] Die vorgesetzten Behörden sanktionierten den Beschluß, warnten den künftigen Gemeindeausschuß aber vorsorglich davor, „die gesetzlichen Grenzen" zu überschreiten oder „Gegenstände, welche die Gesammt-Interessen der Gesellschaft berühren, in seinen Bereich" zu ziehen.[250]

Das zweistufige Wahlsystem vom Frühjahr 1848 unterschied sich von den vormärzlichen Gemeindewahlbestimmungen ebenso wie vom späteren Kurienwahlrecht. Während im ersten Wahlgang, in dem 100 Wahlmänner zu bestimmen waren, alle „selbständigen, großjährigen (männlichen) Angehörigen der Stadtgemeinde" analog zu den Wahlen ins Frankfurter Parlament zugelassen waren, mußten die Wahlmänner im zweiten Wahlgang Besitz oder Bildung nachweisen, galten hier also bereits die Beschränkungen des bürgerlichen Zensuswahlrechts.[251] Die Wahlmänner bestätigten am 13. Juni mit großer Mehrheit die 25 Mitglieder und fünf Ersatzmänner des provisorischen Gemeindeausschusses im Amt. Dieser bestimmte in der Folge die vier ökonomischen Magistratsräte. Auch Bürgermeister Gschnitzer, obwohl erst ein halbes Jahr zuvor gewählt, ließ sich für weitere drei Jahre bestätigen. Am 23. August wurde der Gemeinderat im Zuge von Ergänzungswahlen, die nach dem freiwilligen Ausscheiden von drei Mitgliedern notwendig geworden waren, auf die Zahl von dreißig aufgestockt.[252]

Bemerkenswert am Ergebnis der Gemeinderatswahlen vom Sommer 1848 war die personelle Kontinuität zum im Herbst 1847 gewählten Gemeindeausschuß. Anders als in den meisten österreichischen Städten erfolgte 1848 in Salzburg kein Austausch der Führungsgarnitur. Im neuen Gemeinderat dominierten nach wie vor die Repräsentanten des Handelsstandes.[253] Während der Gewerbestand im Wiener Gemeinderat vom Mai 1848 mit beinahe 80 Prozent vertreten war,[254] finden sich in Salzburg nur vier Handwerker im Gemeinderat. Mit je zwei Advokaten und Beamten nahm nun allerdings die Intelligenz erstmals am kommunalen Entscheidungsprozeß teil.[255]

Die Gemeindewahlen festigten gegenüber der Staatsgewalt den Eindruck von der Geschlossenheit des bürgerlichen Lagers und spiegelten die Existenz einer einheitlichen liberalen Ideologie vor. Die einhellige Forderung nach bürgerlichen Freiheiten und kommunaler Autonomie war jedoch nur der geringste gemeinsame Nenner. Wie schon erwähnt, blieb das auf Gemeindeebene tonangebende Besitzbürgertum in politischer, wirtschaftlicher und sozialer Hinsicht überwiegend konservativ eingestellt, während Teile der Intelligenz radikalere Ideen verfolgten.[256] Das Vertrauen aller Liberalen besaßen am ehesten noch Gschnitzer und Fischer, die ihren ausgleichenden Einfluß aber kaum geltend machten, da sie in Ausübung ihrer Reichstagsmandate nur selten in Salzburg weilten. Gschnitzers Stellvertreter im Bürgermeisteramt war vorerst Martin von Reichl, der aber Anfang November seine Funktion an Franz Zeller abtrat. Reichl hatte nämlich die Niederwerfung Wiens durch Truppen des Kaisers auf schwarzgelb umrandeten Plakaten verkünden lassen und damit Salzburgs ‚Radikale' verstimmt.[257]

Nach dem Wiedererstarken der Staatsmacht konzentrierte sich Salzburgs Bürgertum notgedrungen auf die Bewahrung des bis dahin errungenen politischen Freiraums. Am 17. Dezember 1848 wurde nochmals eine Gemeindewahl durchgeführt, bei der 30 Gemeinderäte und zehn Ersatzmänner gewählt wurden. Diesmal verzichtete man auf die Abhaltung von zwei Wahlgängen. Dank eines „sehr freisinnigen Census" waren nach Ansicht der radikaldemokratischen Zeitschrift „Iuvavia" nunmehr „so ziemlich alle Stände und alle politischen Parteien" im Gemeinderat vertreten.[258] Vor allem konnte der Gewerbestand seine Position verstärken.[259]

Das vorläufige Ende einer weitgehend autonomen Gestaltung des Gemeindewesens zeichnete sich Ende 1848 jedoch bereits ab. Im Regierungsprogramm vom 27. November kündigte das neue Ministerium des Fürsten Felix Schwarzenberg unmißverständlich seine Absicht zur Verwirklichung eines zentralistischen Staatsaufbaus an, wenn auch unter Gewährung von kommunaler Selbstverwaltung. Die Grundzüge eines neuen Gemeindegesetzes, das am 17. März 1849 von Kaiser Franz Joseph als „provisorisches Gemeindegesetz" oktroyiert wurde, stammten von Innenminister Franz Graf Stadion.[260] Sein Gesetz definierte die bis 1918 gültigen Grundkategorien des österreichischen Gemeindewesens und zementierte die bevorrechtete Position der städtischen Großbürger auf Dauer. Besitz und Bildung allein berechtigten zur Teilnahme an der Gemeindeselbstverwaltung. Von der Teilnahme ausgeschlossen blieben daher nicht nur Dienstboten, Handwerksgesellen und Arbeiterschaft, auch das kleingewerbliche Bürgertum sah sich durch das Zensuswahlrecht benachteiligt.

Obwohl das Stadionsche Gemeindegesetz einen Rückschritt gegenüber dem in der Revolutionszeit erreichten Maß an Demokratisierung bedeutete, stand Salzburgs Bürgertum dem neuen Gemeindegesetz überwiegend positiv gegenüber. Nicht wenige gemäßigt liberale Opponenten des absolutistischen Obrigkeitsstaates hatten sich unter dem Eindruck der revolutionären Ereignisse zu Gegnern einer allzu weitgehenden Demokratisierung der Gemeindeselbstverwaltung gewandelt. Innerhalb der liberalen Intelligenz wiederum betrachtete man die ‚von oben' dekretierte kommunale Selbstverwaltung immerhin als echten Fortschritt gegenüber dem vormärzlichen Gemeinderegiment.

Der provisorische Gemeinderat bildete noch im Frühjahr 1849 einen Ausschuß, der in Vollzug des Provisorischen Gemeindegesetzes den Entwurf einer Gemeindeordnung ausarbeitete und anschließend mit Angehörigen der Bürokratie beriet.[261] Die Durchführung des neuen Gemeindegesetzes ließ vorerst aber noch auf sich warten. Erst am 9. Juni 1850 erhielt Salzburg zugleich mit 16 weiteren österreichischen Städten ein eigenes Sonder-Gemeindestatut, an dessen Formulierung auch Salzburger Abgeordnete beteiligt waren.[262]

Ein gemeinsames Merkmal aller Sonderstatute war „der hohe absolute Wählerzensus, der die Demokratisierung der Selbstverwaltung gerade in den meistbevölkerten Städten noch mehr beschränkte als die Gemeindewahlordnung Stadions".[263] In Salzburg wurde die Mindeststeuerleistung auf fünf Gulden im Jahr festgesetzt und außerdem eine Ausnahme aller Personen vom Wahlrecht festgelegt, „die in einem Gesinde-Verbande stehen oder vom Tag- oder Wochenlohn leben".[264] Wie alle Statutarstädte erhielt der Magistrat der Stadt Salzburg damals auch die Kompetenz einer Bezirkshauptmannschaft übertragen. Dieses Privileg wurde aber durch die Einrichtung einer staatlichen Polizeidirektion eingeschränkt. Der politisch wichtigste Teil des übertragenen Wirkungskreises ging der städtischen Selbstverwaltung damit wieder verloren.[265]

Allein der Umstand, daß die Gemeinderatswahlen im Sommer 1850 abgehalten werden durften, bedeutete „nach eineinhalbjährigem Stillstand doch eine gewisse Aktivierung des öffentlichen Lebens".[266] Von Juni bis zu den Wahlen im September belebte sich die Diskussion über Form und Inhalt der Gemeindepolitik auch in Salzburg, wobei die engagierten Liberalen noch einmal die Ideale von Fortschritt, Freiheit und demokratischer Mitbestimmung in den Vordergrund rückten. Ihr besonderes Anliegen war die Überwindung „jener trägen Theilnamslosigkeit, jener stumpfen Apathie bei öffentlichen Angelegenheiten, jenes Sichabsperrens zwischen die vier Wände seines Hauses", kurz gesagt, all der spießbürgerlich-duckmäuserischen Verhaltensweisen, welche die reaktionären Tendenzen des neoabsolutistischen Systems indirekt förderten.[267]

Die Gemeinderatswahlen von August und September 1850 erfolgten zum ersten Mal getrennt nach Kurien. Die geringe Zahl der privilegierten Wahlberechtigten – 966 bei einer Einwohnerzahl von 16.705 – verteilte sich auf drei verschieden große Wahlkörper, die jeweils zehn der dreißig Gemeinderäte bestimmen konnten. Der erste Wahlkörper, für den eine Steuerleistung von mindestens 80 Gulden im Jahr vorgeschrieben war, umfaßte 105 Wahlberechtigte. Es handelte sich dabei um eine Elite von städtischen Groß-

Der Weg zur kommunalen Selbstverwaltung (1848 bis 1860)   441

Franz Xaver Späth, Bürgermeister von 1850 bis 1853, Zeichnung von Otto Lungenschmied. (SMCA)

kaufleuten und Gewerbetreibenden. In der zweiten Kurie (523 Wahlberechtigte) war eine Steuerleistung von 20 Gulden und in der dritten (338 Wahlberechtigte) eine von fünf Gulden Voraussetzung für das Wahlrecht. Beamte, Akademiker und festangestellte Lehrer wurden unabhängig von ihrer Steuerleistung dem zweiten Wahlkörper zugezählt.[268]

Etwas mehr als die Hälfte aller Wahlberechtigten waren Gewerbetreibende, ungefähr ein Drittel Beamte bzw. Angehörige Freier Berufe und nur 15 Prozent Kaufleute.[269] Da das zensusgebundene Kurienwahlrecht jedoch die Masse der kleinen Handwerker in den dritten Wahlkörper abdrängte, dominierten in den beiden anderen Wahlkörpern Handel und Beamtenschaft. An der Spitze der städtischen Sozialpyramide stand letztlich eine Handvoll wohlhabender Kaufleute, Gewerbetreibender und Fabrikanten, die allesamt dem ersten Wahlkörper angehörten.

Die Frage nach Leistung und Verdienst der „provisorischen" Gemeindefunktionäre von 1848 fand bei der Gemeinderatswahl von 1850 eine klare Antwort: 22 der 30 Gemeinderäte von 1848 wurden wiedergewählt.[270] Wie schon zuvor war das Übergewicht

Alois Spängler, Bürgermeister von 1854 bis 1861. (SMCA)

des alten Handelsbürgertums auch im neuen Gemeinderat erdrückend. 17 der Gemeinderäte kamen aus dem ersten, 12 aus dem zweiten und der Handschuhmacher Johann Sperl als einziger aus dem dritten Wahlkörper.[271] Nach Aussage der liberalen „Neuen Salzburger Zeitung" durfte die „conservative Partei mit dem Resultate der Wahlen zufrieden sein".[272] Da die ‚Linke' in der Salzburger Gemeindevertretung ohnehin nicht stark vertreten gewesen war, blieb Salzburg damit ein Austausch der Führungsgarnitur erspart, wie er in anderen österreichischen Städten durch das Dreiklassenwahlrecht bewirkt wurde.[273]

Am 14. Oktober 1850 erfolgte schließlich die Neuwahl des Bürgermeisters durch den Gemeinderat. Auf Gschnitzer, der sein Amt schon bei Erlaß der neuen Gemeinde-Ordnung im Juni 1850 zurückgelegt hatte, folgte nun der Handelsfaktor Franz Xaver Späth.[274] Ihre „lokale Weihe" erhielt die Idee der freien Gemeinde durch die feierliche Installation „des ersten auf die Constitution beeidigten Bürgermeisters der Stadt Salzburg" am 17. November. Nach Schilderung der „Neuen Salzburger Zeitung" war es ein „Fest von ausschließlich bürgerlichem Charakter: in der Kirche nahmen die Vertreter der Commune die ersten Plätze ein, auf dem Marktplatz paradierte nur die Bürgerwehr, der Festtafel bei dem Herrn Statthalter wohnten nur die Gemeinderäthe bei".[275]

Die Gemeinderats- und Bürgermeisterwahlen von 1850 waren Anfang und zugleich auch vorläufiger Endpunkt in der Entwicklung des konstitutionellen Gemeindewesens. Die fortschreitende Etablierung des neoabsolutistischen Systems verhinderte bereits 1851 die Abhaltung von Gemeindeergänzungswahlen, wie sie nach dem Gemeindegesetz jährlich für ein Drittel der Mandate vorgesehen waren. Das Silvesterpatent 1851 markierte dann den endgültigen Sieg der Reaktion über den noch vorhandenen Restbestand an liberaler Verfassungswirklichkeit, indem es die Rückkehr zu einem System der Abhängigkeit der Gemeinde von der Regierung verordnete.[276] In Salzburg wurde Bürgermeister Späth am 22. Februar 1852 von der Statthalterei darüber informiert, daß die Ausscheidung und Neuwahl von Gemeinderäten in Hinkunft zu unterbleiben habe.[277] Die Öffentlichkeit der Gemeindeverhandlungen, die seit dem Sommer 1848 gegeben war, wurde ebenfalls abgestellt, die Bürgergarde entwaffnet und die Neuwahl der Gemeindevertretungen auch nach Ablauf des dreijährigen Mandats nicht gestattet. Das Innenministerium verlängerte statt dessen die Amtsperioden der Gemeindefunktionäre immer wieder aufs neue und ließ freiwerdende Mandate einfach durch die politische Verwaltung nachnominieren.[278] Auf diese Weise blieb der 1850 gewählte Salzburger Gemeinderat mehr als zehn Jahre im Amt, und auch die Nachfolge des 1853 verstorbenen Bürgermeisters Späth durch Alois Spängler wurde durch behördliche Ernennung geregelt. Wie zahlreiche Gemeindefunktionäre der ‚Sistierungs-Epoche' sah auch Spängler sich später durch den Vorwurf der Kollaboration diskreditiert.[279] Der aufrechte Liberale schied dennoch 1861 im Bewußtsein aus dem Bürgermeisteramt, „stets das beste der Gemeinde nach unserem besten Wissen und Gewissen gefördert zu haben".[280]

X. DIE STADT IM BÜRGERLICHEN ZEITALTER

Soziales Profil der Gründerzeit

Um die Mitte des 19. Jahrhunderts setzte das Städtewachstum auch in der Habsburgermonarchie mit voller Stärke ein. 1851 lebten auf dem Gebiet des heutigen Österreich nur 19 Prozent der Bevölkerung in Ortschaften mit mehr als 2000 Einwohnern, 1910 waren es bereits 46 Prozent. Am stärksten wuchsen Städte mit mehr als 10.000 Einwohnern. Sie steigerten ihren Anteil an der Gesamtbevölkerung von 11 Prozent (1851) auf 36 Prozent (1910).[1] Neben den neuen industriellen Zentren entwickelten sich in dieser Phase auch die alten ‚zentralen Orte' rasch und unaufhaltsam. Sie verkörperten nunmehr den Typus der ‚offenen Bürgerstadt', in der sich „die verschiedenen Modernisierungsprozesse einschließlich retardierender Elemente am intensivsten miteinander verschränkten".[2]

Auch die Stadt Salzburg profitierte von neu- bzw. wiedergewonnenen zentralörtlichen Funktionen: Bereits 1849 ging der Wunsch nach einer Landesregierung in Erfüllung; seit dem Beginn der konstitutionellen Ära 1861 war die Stadt auch Sitz von Landesausschuß und Landtag. Zunächst standen der räumlichen und damit auch demographischen Expansion noch die Befestigungsanlagen im Wege, denn anders als in Wien und auch Graz setzte die ‚Entfestigung', d. h. die Demolierung der alten Bastionen mit dem Ziel einer Stadterweiterung, in Salzburg erst Mitte der 1860er Jahre ein. Dann allerdings wuchs die städtische Bevölkerung beinahe explosionsartig an. Vor allem in den 1870er und dann wieder in den 1890er Jahren zog der regionale wirtschaftliche Aufschwung zahlreiche Zuwanderer nach Salzburg.

Mit einer Zuwachsrate an Einwohnern von 103 Prozent und an Gebäuden von über 95 Prozent im Zeitraum von 1869 bis 1910 lag die heutige Stadtregion zwar nur im Durchschnitt des österreichischen Städtewachstums.[3] Da die demographische Entwicklung des Kronlandes insgesamt weitaus weniger dynamisch verlief, gewann die Stadt zusammen mit den Nachbargemeinden innerhalb des Landesganzen jedoch beträchtlich an Gewicht. Mit nur 8,79 km² blieb Salzburg bis zu den Eingemeindungen der 1930er Jahre flächenmäßig freilich eine kleine Stadt, und vor allem die ärmeren Zuwanderer sahen sich an die Peripherie abgedrängt.

Die stärkste Bevölkerungszunahme fand in der Gemeinde Maxglan statt. Nur wenig geringer war das Wachstum von Gnigl/Itzling, verursacht insbesondere durch den Zuzug zahlreicher Eisenbahner in den Ortsteil Itzling, dessen Einwohnerzahl sich innerhalb von vierzig Jahren beinahe verzehnfachte. 1910 zählten die Gemeinden Maxglan und Gnigl/Itzling jeweils mehr als 7000 Einwohner. Hallein dagegen, traditionell die zweitgrößte Gemeinde des Landes, war auf den vierten Platz zurückgefallen. Um die Jahrhundertwende stellte man sich verschiedentlich sogar die Frage: „Wie lange kann's noch dauern, wird man sagen: Salzburg bei Maxglan."[4]

Tabelle 3: Wachstum einiger Nachbargemeinden bzw. -ortschaften 1869 bis 1910[5]

	Einwohner 1869	1910	Zuwachs in Prozent
Itzling	400	3980	895%
Gnigl	1146	2777	142%
Maxglan	1142	7204	530%
Leopoldskron	626	1333	81%

Die meisten Zuwanderer waren auf der Suche nach Arbeit. Da die wirtschaftlichen Ressourcen bei Handwerksgesellen und Dienstboten, aber auch bei Arbeitern, Angestellten sowie jungen Beamten vielfach für eine Hausstands- bzw. Familiengründung nicht ausreichten, prägte der Typus des ledigen Erwachsenen das Sozialprofil der städtischen Gesellschaft in weitaus höherem Maße als heute.[6] In keiner anderen Stadt in der österreichischen Reichshälfte war der Anteil der ‚Einheimischen' im übrigen so gering wie in Salzburg. 1910 machten die gebürtigen Stadt-Salzburger nur mehr 27,2 Prozent der Einwohnerschaft aus. Auch im Verein mit den im Kronland Geborenen (18,8 Prozent) bildeten die Salzburger in ihrer Stadt nur eine Minderheit.[7]

‚Heimat' im rechtlichen Sinn wurde die Stadt jedoch nur wenigen Zuwanderern, denn auch in Salzburg war die Aufnahme in den Heimatverband an den Nachweis von Besitz und Bildung gebunden. Aus Furcht vor einem Anwachsen der Armenfürsorgeverpflichtungen handhabte die Kommune ihr Recht überaus restriktiv.[8] Als einer Dienstmagd nach einundzwanzigjährigem Aufenthalt das Heimatrecht in Salzburg verwehrt wurde, bedauerte der Gemeinderat, daß „nunmehr die bravsten Dienstboten von der Aufnahme [in den Heimatverband, Anm. d. V.] so gut wie abgeschnitten seien" und „hiermit auch einer der besten Sporne zu ihrer Aneiferung verloren" gehe. Das schlechte Gewissen ließ sich jedoch unschwer mit dem Hinweis auf die hohe Aufnahmetaxe von 25 Gulden beschwichtigen, welche die finanziellen Möglichkeiten der Magd ohnehin überschritten hätte.[9]

Der Anteil der nicht heimatberechtigten Einwohner Salzburgs vergrößerte sich nach 1860 kontinuierlich und erreichte 1900 mit über 70 Prozent seinen Höchststand, um dann bis 1910 – aufgrund der Heimatgesetznovelle von 1896, die eine Aufnahme in den Heimatverband nach mindestens zehnjährigem Aufenthalt in einer Gemeinde garantierte – auf 57 Prozent zu sinken.[10] Die Salzburger Gemeindevorstehung lehnte die Liberalisierung des Heimatrechts nicht nur wegen der zusätzlichen finanziellen Belastungen strikt ab, irrationale Ängste vor nationaler Überfremdung ließen Bürgermeister Max Ott 1914 gegenüber dem Landespräsidium klagen, daß „die deutsche Stadt Salzburg in Zukunft Gefahr laufen werde, anderssprachige Elemente dauernd in ihren Mauern beherbergen zu müssen".[11]

Die Realität sah freilich anders aus: Mit einem Anteil von 99,7 Prozent Einwohnern deutscher Umgangssprache wies Salzburg bei der Volkszählung 1910 unter den 41

Hubert Sattler, Blick vom Kapuzinerberg auf die Bahnhofsgegend, um 1870. (SMCA)

größeren Städten der österreichischen Reichshälfte das höchste Maß an sprachlicher Homogenität auf. Nur 0,1 Prozent der Einwohner bekannten sich etwa zur ‚böhmischen' Umgangssprache, obwohl 2225 Einwohner, d. h. mehr als sechs Prozent der städtischen Bevölkerung, in einer böhmischen oder mährischen Gemeinde heimatberechtigt waren. Fast alle nicht deutschsprachigen Zuwanderer bemühten sich demnach um eine möglichst rasche Assimilation. An erster Stelle unter den nicht in Stadt und Land Salzburg Heimatberechtigten standen 1910 unangefochten die Oberösterreicher, gefolgt von den Zuwanderern aus Böhmen und Mähren sowie aus Niederösterreich und Tirol.[13]

Bürgerliche Migranten schafften die rechtliche und soziale Einbindung in die städtische Gesellschaft in der Regel ohne Problem. An die Stelle von ‚Reichs'-Deutschen und Italienern traten in der zweiten Hälfte des 19. Jahrhunderts Zuwanderer aus der Monarchie:[14] Beamte aus allen Teilen Österreich-Ungarns, junge Advokaten und Ärzte sowie zahlreiche Rentiers und Pensionisten zog es in die Salzachstadt, deren Lokalkolorit nun – ungeachtet der überwiegend deutschnationalen Gesinnung der Salzburger Bürger – eine ‚schwarzgelbe' Färbung annahm.

Die im Staatsgrundgesetz von 1867 gewährte Niederlassungsfreiheit ermöglichte – erstmals seit dem Mittelalter – wieder eine Ansiedlung von Juden in Salzburg. Gründer der kleinen Salzburger Judengemeinde war Albert Pollak aus Mattersburg, der hier bereits seit 1862 mit Gold- und Silberwaren handelte und nach seiner endgültigen Niederlassung als erster Jude 1872 die Aufnahme in den Gemeindeverband und im Jahr darauf die Zuerkennung des Bürgerrechts erreichte.[15] Die meisten Zuwanderer kamen aus westungarisch-burgenländischen sowie böhmisch-mährischen Judengemeinden und betätigten sich vor allem im Handel. Relativ günstige wirtschaftliche Rahmenbedingungen ließen die Mitgliederzahl der jüdischen Gemeinde zwischen 1880 und 1910 von 115 auf 285 ansteigen, was einem jüdischen Bevölkerungsanteil von 0,8 Prozent entspricht.[16] Ein direkter Zusammenhang zwischen der spezifischen Intensität des regionalen Antisemitismus und der tatsächlichen Präsenz der Juden im gesellschaftlichen Leben war nicht gegeben.

Wie insbesondere die Praxis der Heimatrechtsverleihungen zeigt, war die städtische Gesellschaft der Gründerzeit in hohem Maß von sozialer Ungleichheit geprägt, ja, manches spricht dafür, daß der Gegensatz von ‚Oben' und ‚Unten', Besitzenden und Armen, bürgerlichen und unterbürgerlichen Schichten kaum jemals zuvor oder danach in der Geschichte der Stadt ähnlich scharf ausgeprägt war wie in dieser Phase des Übergangs von der ständischen zur modernen Gesellschaft. Gleichsam eine staatliche Sanktion fand das System sozialer Ungleichheit auf politischer Ebene durch das kommunale Wahlrecht, das den hierarchischen Aufbau der städtischen Gesellschaft nach klassenspezifischen (Besitz) wie auch ständischen (Bildung, Bürgerrecht) Kriterien bis 1918 zum Prinzip erhob.[17] Innerhalb dieses starren Systems gab es immerhin Bewegung: Mit den zunehmend höheren Durchschnittseinkommen stieg der Anteil der Wahlberechtigten, und zwar zwischen 1865 und 1910 von etwa fünf Prozent der Gesamtbevölkerung auf mehr als 17 Prozent. Ungefähr ein Drittel der Wahlberechtigten waren Frauen, die ihr Wahlrecht freilich an Männer delegieren mußten.[18]

Bunte Gesellschaft im Stiegl-Keller. Ansichtskarte nach Theodor J. Ethofer. (SMCA)

Die soziale Realität war vom Nebeneinander traditioneller und moderner Werthaltungen geprägt. Wie in den meisten Städten der österreichischen Alpenländer kam es auch in Salzburg nur allmählich zur Ausbildung einer modernen Klassenstruktur.[19] Die Prinzipien der industriellen Gesellschaftsordnung drangen zwar unaufhaltsam vor, ihre Durchsetzung erfolgte jedoch – charakteristisch für den Typus der ‚offenen Bürgerstadt' – „eher fließend, weniger kraß und unter Aufnahme und Weiterführung von zum Teil noch vorindustriellen städtischen Lebensformen".[20] Der Vergleich mit anderen österreichischen Städten belegt die relative ‚Rückständigkeit' Salzburgs: Belief sich 1910 der Anteil der Erwerbstätigen in Industrie, Gewerbe und Handel in der Stadt Salzburg auf 53 Prozent, so waren es in Wien fast 74 Prozent und in den größenmäßig einigermaßen vergleichbaren Provinzhauptstädten Graz und Linz immerhin 59 bzw. 55 Prozent. Die Sparten ‚Öffentlicher Dienst', ‚Unterricht' und ‚Freie Berufe' hatten hingegen ihre traditionelle Bedeutung gewahrt. Nach wie vor hoch war auch der Anteil der Selbständigen: mit beinahe einem Drittel aller Berufstätigen lag er höher als in Wien (21 Prozent) und Graz (25 Prozent).[21]

Inmitten dieser bürgerlichen Stadt fand sich die Arbeiterschaft in einer Minderheitsposition. Handwerksgesellen, Lehrlinge, Tagelöhner und Lohnarbeiter waren unter den Berufstätigen mit insgesamt 44,6 Prozent relativ schwach vertreten (Wien 62,7, Graz 57,8, Linz 51,4 Prozent). Nach wie vor bildeten Handwerksgesellen den Grundstock der städtischen Arbeiterschaft,[22] die lebens- und arbeitsweltliche Bindung an das ‚ganze Haus' des Meisters befand sich jedoch bereits in Auflösung. Vorbild für viele Gesellen war der Status des von zünftischen Zwängen unabhängigen Lohnarbeiters, dem dank der Liberalisierung des Konzessionswesens – theoretisch – sogar der Sprung zum Unternehmer offenstand. Nach wie vor entfiel auf jede vierte Wohnpartei ein Dienstbote, was darauf schließen läßt, daß in fast allen gehobenen bürgerlichen Haushalten vor dem Ersten Weltkrieg ein Dienstmädchen – 96 Prozent aller Dienstboten waren weiblich – ‚gehalten' wurde.[23]

Modernes Industrieproletariat gab es innerhalb der damaligen Stadtgrenzen dagegen kaum. Die meisten Lohnarbeiter, darunter zahlreiche Eisenbahner, siedelten wegen des chronischen Wohnungsmangels in den Nachbargemeinden. In Gnigl/Itzling – und nicht in der damaligen Stadt – errang daher die sozialdemokratische Arbeiterbewegung ihre ersten kommunalpolitischen Erfolge.[24] Politisch, rechtlich und sozial stand die Arbeiterschaft am Rand der städtischen Gesellschaft, und im Kampf um bessere Arbeitsbedingungen, höhere Löhne, erschwingliche Wohnungen sowie um kommunale Mitbestimmung erzielten weder die sozialdemokratische noch die christliche Arbeiterbewegung vor 1918 entscheidende Erfolge.[25]

Innerhalb der im weitesten Sinne bürgerlichen Gruppierungen dominierten die Selbständigen in Gewerbe und Handel, gefolgt von Beamten und Angestellten sowie Rentiers und Pensionisten. Der Anteil der Selbständigen unter den Berufstätigen verringerte sich zwischen 1880 und 1910 von 15,3 auf 13,1 Prozent, jener der Beamten und Angestellten von 12 auf 10 Prozent. Demographisch gesehen erfuhr die bürgerliche Position in der Stadt somit eine leichte Schwächung. Deutlich an Gewicht gewannen um die Jahrhundertwende nur die angestellten Mittelschichten. Sie vor allem profitierten von der um 1890 einsetzenden und fast bis zum Weltkrieg andauernden Hochkonjunkturphase.

Vermögend im Sinn von Real- und Kapitalbesitz waren nur wenige Einwohner Salzburgs. Immerhin deutet die starke Zunahme des steuerpflichtigen Bevölkerungsteils im Zeitraum von 1898 und 1913 auf die Ausformung eines relativ breiten, überwiegend lohnabhängigen Mittelstandes.[26]

Tabelle 4: Veranlagte zur Personaleinkommen- und Besoldungssteuer 1898/1913[27]

	1898	% d. Einw.	1913	% d. Einw.
Einwohner	28.830		34.810	
Steuerpflichtige	3389	11,8	6490	18,6
St.-Pfl. mit Angehörigen	7065	24,5	16.434	47,2

Zwischen 1898 und 1913 fand eine Steuerumgewichtung von selbständigen zu unselbständigen Einkommen statt, wobei sich die Steuergesamtsumme fast verdreifachte. Bemerkenswert hoch war in Salzburg allerdings der Anteil von Einkommen aus Kapitalvermögen. Die ‚Saisonstadt' Salzburg erfreute sich bei wohlhabenden ‚Rentiers' offenbar großer Beliebtheit.[28] Auf besondere Rentabilität von Wohnbauinvestitionen läßt schließen, daß in Salzburg der Anteil der Mieteinnahmen am direkten Steueraufkommen – anders als in den übrigen Städten Österreichs – zunahm.[29] Die Schicht der ‚Hausherrn' war jedoch äußerst schmal: Nur 4,2 Prozent der Bevölkerung verfügten über Grund-, Haus- oder sonstigen Realbesitz.[30] Etwa 90 Prozent der Bevölkerung befanden sich dagegen in Mietverhältnissen.

Ungefähr ein Drittel der Berufstätigen bzw. Einkommensbezieher vor dem Ersten Weltkrieg war nach den Kriterien Besitz, Einkommen und Bildung der Ober- und Mittelschicht und damit dem Bürgertum im weitesten Sinne zuzuzählen:

Berufstätige der Ober- und Mittelschicht (1910)	7336 Personen[31]
Gemeindewahlberechtigte (1910)	6216 Personen[32]
Einkommensteuerpflichtige (1913)	6490 Personen[33]

Einschließlich der Familienangehörigen zählten demnach mindestens 40 Prozent – aufgrund der Steuerstatistik (s. Tabelle 4) sogar 47 Prozent – der städtischen Bevölkerung zur bürgerlichen Mittel- und Oberschicht. Weitaus weniger ausgewogen war das Verhältnis der sozialen Schichten zueinander etwa in Graz, wo um 1900 nur ein Sechstel der erwerbstätigen Bevölkerung der Mittel- bzw. Oberschicht zugeordnet wird.[34]

Die Position der Mittelschicht war jedoch wenig gefestigt. Die Mehrzahl aller Einkommens- oder Besoldungssteuerpflichtigen verdiente in Salzburg weniger als 2400 Kronen im Jahr,[36] und nicht nur das alte Handwerk, auch die neuen angestellten und beamteten Mittelschichten sahen sich – nicht zuletzt wegen der exorbitanten Preisstei-

Tabelle 5: Wirtschaftliche und soziale Zuordnung der städtischen Bevölkerung 1880 und 1910

Stellung im Beruf	Berufstätige 1880 abs.	%	Berufstätige 1910 abs.	%	Gesamtbevölk.[h] 1910 abs.	%
Selbst. Land- und Forstwirtschaft	104	0,7%	55	0,2%		0,2%[i]
Selbst. Industrie und Gewerbe	1419	8,9%	1415	6,2%		8,3%[i]
Selbst. Handel und Verkehr[a]	768	4,8%	1347[f]	5,9%		8,1%[i]
Selbst. Freie Berufe[b]	263	1,6%	53	0,8%		zus.
Selbst. im öffentl. Dienst			193	0,8%		1,4%[e]
Beamte, Offiziere, Angestellte[c]	1884	11,8%	2867	9,9%		15,4%[i]
Rentiers, Pensionisten	1455	9,1%	1406	6,1%	2658	7,4%
Ober- und Mittelschicht	*5893*	*36,9%*	*7336*	*32,0%*		*40,8%[j]*
Arbeiter	3700	23,1%	6293	27,4%		31,0%[i]
Lehrlinge	728	3,2%	728	2,0%		
Taglöhner	699	4,4%	399	1,7%		1,7%[i]
Häusliche Dienste	476	3,0%	889[g]	3,9%		3,0%[i]
Dienstboten	1805	17,6%	2077	9,1%		5,8%[i]
Anstaltsinsassen[d]	966	6,0%	2076	9,0%	2076	5,7%
Unterschicht	*8646*	*54,1%*	*12.462*	*54,3%*		*49,2%[j]*
Militärangehörige[e]	1453	9,1%	1881	8,2%	1.881	5,2%
Ohne Berufsangabe	1260	5,5%	1756	4,9%		
Nicht zuordenbar	1453	9,1%	3141	13,7%	3.637	10,1%
Zusammen	15.992	100,0%	22.939	100,0 %	36.188	100,0 %

a 1880 ohne, 1910 einschließlich Gastgewerbe.
b 1880 und 1910 unterschiedliche Erhebungskriterien.
c 1880 ohne, 1910 einschließlich Offiziere etc.
d Berufsgruppe D XXX „In Anstalten und in Berufsvorbereitung Befindliche".
e 1880 mit, 1910 ohne Offiziere etc.
f Ohne Selbständige und mithelfende Familienangehörigen der Berufsgruppe C XXIV „Selbständig ausgeübte häusliche Dienste und Lohnarbeit wechselnder Art" (889 Personen, darunter 798 Frauen). Diese wurden als eigene Gruppe der ‚Unterschicht' zugeordnet.
g Siehe Fußnote a.
h Berufstätige und Angehörige; für die Stadt Salzburg nach sozialer Zugehörigkeit nur zum geringen Teil aufschlüsselbar.
i Schätzwerte auf der Grundlage eines Analogiesschlusses mit Graz.[35]

Die Einweihung des Salzburger Bahnhofs, 1861. (SMCA)

gerung – in ihrer sozialen Position permanent gefährdet. Andererseits boten die zunehmende Professionalisierung und der Ausbau der Bürokratie gerade der unteren Mittelschicht reale Aufstiegschancen. Gefördert wurde die soziale Mobilität insbesondere durch den seit den 1870er Jahren forcierten Ausbau des österreichischen Schul- und Universitätswesens. Frauen blieb diese Schiene des Aufstiegs allerdings bis ins frühe zwanzigste Jahrhundert weitgehend verwehrt.[37]

Eisenbahnanschluß und Stadterweiterung

Äußeres Kennzeichen des wirtschaftlichen, gesellschaftlichen und politischen Wandels im 19. Jahrhundert war in fast allen Städten die „Entfestigung", d. h. die Demolierung der alten Bastionen mit dem Ziel einer Stadterweiterung über die jahrhundertelang feststehenden Grenzen hinaus. Auch in Salzburg nahm das liberale Bürgertum – wenngleich mit einiger Verspätung – in den frühen 1860er Jahren voller Tatendrang und mit fortschrittsgläubigem Optimismus die radikale Umgestaltung des barocken Stadtbildes in Angriff. Am Beginn dieses Veränderungsprozesses stand der Anschluß an das internationale Eisenbahnnetz, und somit gilt auch für Salzburg, daß erst „die Eisenbahn die toten Residenzen des 18. Jahrhunderts zu neuem Leben" erweckt hat.[38]

Seit den frühen 1850er Jahren bemühten sich Handelskammer und Stadtmagistrat um den raschen Bau einer Ost-West-Verbindung, die Salzburg sowohl mit dem Zentrum der Habsburgermonarchie, als auch mit den deutschen Mittelstaaten und mit Westeuropa verbinden sollte. Nichts habe die Salzburger – so der Chronist Georg Abdon Pichler – „so sehr beschäftigt, in Bewegung und mitunter in panische Befürchtung vor zukünftiger Teuerung und andererseits auch in gar weit gehende Träume versetzt" als die Frage eines Eisenbahnanschlusses.[39] Im Frühjahr 1860 sahen sich die Salzburger endlich am Ziel dieses Wunsches. Als am 24. Mai die „reich mit österreichischen und baierischen Fahnen und Kränzen geschmückte Westbahnlokomotive ‚Krems' unter dem Donner der Böller und dem Vivatrufe der zahlreichen Menschenmenge" in den neuerrichteten Salzburger Bahnhof einfuhr, jubelte die „Salzburger Zeitung": „Mit dem ersten Dampfkolosse erschließt sich unserem Lande ein neues Leben, ein neuer Beruf, wie einer Braut, die aus dem kindlich naiven Anschauungskreise ihres jungfräulichen Standes heraustritt, und auf der Bahn der Gatten- und Mutter-Sorgen und Kümmernisse sich eines hehren Berufes bewußt wird."[40]

Fast zeitgleich mit der Fertigstellung der „k. k. privilegierten Kaiserin-Elisabeth-Westbahn" fiel das erste rechtliche Hindernis für die Stadterweiterung. Nachdem die lokale Elite bereits seit Jahren vergeblich die Demolierung der Paris-Lodronischen Befestigungen gefordert hatte, erreichten Abordnungen des Gemeinderates und der Handelskammer im Dezember 1859 bei den Wiener Behörden die Aufhebung des „fortifikatorischen Bauverbots" im Vorfeld der Befestigungsanlagen. Damit war die wesentlichste Hürde einer zukünftigen baulichen Erweiterung der Stadt genommen. Euphorisch verkündete die „Salzburger Zeitung" den Eintritt Salzburgs in das Zeitalter des Fortschritts: Binnen weniger Jahre werde das Bild der Stadt durch „freundliche Wohnhäuser des modernsten Styls", gepflegte Straßen, „Hotels, Badeanstalten und Speditionsbüros", aber auch durch „Rauchsäulen der Fabriken und industriellen Etablissements" geprägt sein. Fraglich blieb nur, ob „die rührigen, heiteren, zuvorkommenden und liebenswürdigen Einwohner" der Stadt dies alles aus eigener Kraft schaffen würden.[41]

Zweifel an der Leistungsfähigkeit der heimischen Wirtschaft waren angebracht, denn weder Gemeinde noch regionale Unternehmerschaft verfügten über genügend Kapital, um die bauliche und infrastrukturelle Umgestaltung der Stadt in Eigenregie durchzuführen. Probleme bereiteten insbesondere die hohen Grund- und Gebäudeablöseforderungen des Ärars, das – anders als etwa in Brünn und Graz – nicht bereit war, die Wälle und Glacisgründe der Stadtgemeinde unentgeltlich zu überlassen.[42] Folge war eine permanente Finanznot, welche die Kommune schon bald in die Abhängigkeit eines privaten Geldgebers führen sollte.

Eine erste Bauaufgabe nahm die Stadtgemeinde noch selbst in Angriff. Da „die Communication zum Bahnhofe lang und in vielen Theilen schmal und voller Biegungen"[43] war und daher den regen Güter- und Personenverkehr nicht mehr bewältigte, sollten eine Verbreiterung der Theatergasse und die Beseitigung des Lederertores Abhilfe schaffen. Das Lederertor war das erste, aber keineswegs letzte Salzburger Stadttor, das Verkehrsrücksichten zum Opfer fiel.[44]

Die Gestaltung der Bahnhofszufahrt erwies sich als langwieriger und aufwendiger als ursprünglich angenommen, weshalb der Gemeinderat ein „Comite für Berathung und Feststellung des Programms zur Stadterweiterung" einsetzte, das alle Planvarianten begutachten und damit die Entscheidung erleichtern sollte. Dieses Komitee bestand aus Gemeinderäten, Beamten und externen Sachverständigen, darunter der Wiener Architekt Rudolf Bayer und der Salzburger Maler Georg Pezolt.[45]

Das Komitee stand vor einer schwierigen Aufgabe, denn unterschiedliche Konzeptionen einer zukünftigen Stadtentwicklung standen zur Diskussion. Außer Streit standen nur die Notwendigkeit einer raschen Lösung der Wohnungsfrage sowie die Bereitstellung verkehrsgünstig gelegener Gewerbeareale. Im Herbst 1861 wurde der Öffentlichkeit eine erste „Plan-Skizze nebst Denkschrift zur zukünftigen Stadterweiterung" vorgestellt. Der Plan selbst stammte von Bayer, der davon ausging, daß Salzburg „wegen seiner herrlichen Lage dereinst zu einer der ersten ‚Saisonstädte' berufen' sei, weswegen „die Stadterweiterung sowohl mit Rücksichtnahme auf Annehmlichkeit und Schönheit der Anlage als auf Möglichkeit weiterer Ausdehnung vorgenommen werden müsse".[46] Großzügige Parkanlagen und eine Reihe prächtiger öffentlicher Bauten kennzeichneten diesen Entwurf. Über die Möglichkeit seiner Verwirklichung entflammte sogleich eine heftige Diskussion und zum ersten Mal formierte sich eine Opposition gegen den fortschrittsgläubigen Optimismus der kommunalen Elite und die in seinem Geist vollzogenen Eingriffe in die historische Substanz der Stadt. War es zunächst der Maler und Gemeinderat Josef Mayburger beinahe allein, der mit scharfer Zunge gegen die in verschiedenen Stadterweiterungsplänen projektierte radikale Zerstörung des überkommenen Stadtbildes ankämpfte,[47] so stieß 1862 die von der Stadtgemeinde geplante Verbauung des linken Salzachufers zwischen Stadtbrücke und Klausentor vor allem in bildungsbürgerlichen Kreisen auf unerwartet heftigen Widerstand.

In diesem speziellen Fall ging es vor allem um die Erhaltung des Klausentores, und wieder ergriff Mayburger die Initiative. Nachdem es ihm kurz zuvor gelungen war, die Abtragung der Monikapforte am Mönchsberg zu verhindern, appellierte er nun an den Gemeinderat, „die Stadt so viel wie möglich mit der Demolierung der Thore zu verschonen".[48] Auch Pezolt warnte grundsätzlich vor allen großstädtischen Ambitionen, denn: „Salzburgs unvergleichliche Anziehungskraft liegt einzig nur allein darin, daß es trotz seiner imponierenden Bauten ein niedliches, gemütliches Weichbild der Kleinstadt im großartigen Naturrahmen in mannigfaltigem Profile so lieblich entfaltet."[49] Erstmals kam es auch zu einer internationalen Solidaritätsaktion für die Bewahrung des „herrlichen Zusammenklangs von Natur und Kunst" in der Salzachstadt. Der Präsident des „Deutschen Künstlertages", der im September 1862 in Salzburg tagte, appellierte an die Salzburger: „Das Klausenthor, dem zunächst Gefahr droht, muß der Fels sein, an welchem die Anschläge zerschellen."[50] Der Gemeinderat revidierte schließlich seine Absicht, nicht zuletzt auch wegen hygienischer Bedenken der Ärzteschaft gegen eine dichte Verbauung des Salzachufers.[51]

An der Spitze der ‚Modernisierer' stand Karl (seit 1868 ‚von') Schwarz, der aus Neutitschein in Mähren stammte und sich aus einfachsten Anfängen zu einem der großen

Karl Freiherr von Schwarz (1817 bis 1898). (SMCA)

Eisenbahnbauunternehmer der Monarchie emporgearbeitet hatte.[52] Obwohl sich das unmittelbare Engagement von Schwarz auf die erste Planungsphase der Stadterweiterung zwischen 1861 und 1866 beschränkte, prägte sein Gestaltungswille die gründerzeitliche Stadtentwicklung nachhaltig.

Schwarz kam 1860 nach Salzburg. Maßgeblich beteiligt am Bau der Westbahn, stellte er nach deren Fertigstellung seine finanziellen und technischen Kapazitäten in den Dienst der Stadt. Im Sommer 1861 schlug der Bauunternehmer dem Gemeinderat ein Tauschgeschäft vor, in dem er sich zur Regulierung des rechtsseitigen Salzachufers zwischen Staats- und Eisenbahnbrücke verpflichtete, als Gegenleistung aber die Überlassung des durch Aufschüttung gewonnenen Terrains sowie des Gebiets vor dem Mirabellglacis verlangte.[53] Vergeblich warnte Mayburger vor übereilten Schritten. Das Angebot des Unternehmers wurde vom Gemeinderat freudig angenommen und im November 1861 vertraglich fixiert. Auch die „Salzburger Zeitung" stimmte in den allgemeinen Jubel ein: „Also freuet Euch,[...] Ihr Obdach suchenden Familienväter, Ihr nach freundlichen Küchen forschenden Mütter, Ihr in feuchten Schlafkammern dahinwelkenden Kinder, der Wohltäter ist gekommen, der unserer Wohnungsnoth schnell ein Ende macht." Schon im Dezember 1861 waren 600 Arbeiter am Werk und die „zukunftsbedürftige Menge" strömte von nun an täglich „vor die Thore zur Gründungsstätte Neu-Salzburgs".[54]

Schwarz hatte jedoch den Aufwand der Regulierungsarbeiten unterschätzt und erhob bereits 1862 neue Forderungen und Planabänderungswünsche. Der Gemeinderat zeigte abermals Entgegenkommen und beauftragte ihn mit der Fortführung der Stadterweiterung im weiten Bereich zwischen Salzach und Kapuzinerberg.[55]

Schwarz nahm das neue Projekt sofort in Angriff und konzipierte einen „Plan für die Erweiterung der Stadt Salzburg", der unter seinem Namen in die Geschichte der gründerzeitlichen Stadterweiterung einging und gegenüber dem Bayerschen Konzept einer ‚Saisonstadt' eine beträchtlich dichtere Verbauung im Bereich der ‚Neustadt' vorsah. Dieser Plan wurde in seiner ursprünglichen Form jedoch nicht verwirklicht, denn der Unternehmer verzichtete bereits 1865 auf seine Rechte und zog sich – wohl aus nüchternen Rentabilitätsüberlegungen – weitgehend aus dem Geschäft mit der Stadterweiterung zurück.[56] Alle späteren Planungen übernahmen allerdings die Schwarzsche Idee, „den Verlauf der Hauptstraße [heute Franz-Josef-Straße] der Krümmung der ehemaligen Bastionen anzupassen und damit einen Bezug zu den historischen Gegebenheiten herzustellen".[57]

Paris-Lodronische Bastionen, um 1863. Im Hintergrund rechts das „Fünfhaus" als erster Bau der gründerzeitlichen Stadterweiterung. *(SMCA)*

Die Stadtgemeinde war über den Rückzug von Schwarz nicht unglücklich, galten die überhöhten Preise seiner Grundstücke doch als Hauptursache des schleppenden Fortgangs der Stadterweiterung. Aber auch in den Folgejahren erwies sich der Planungsprozeß als mühevoll und langwierig. Nach wie vor standen die ärarischen Bastionen einer großräumigen Erweiterung der Stadt in nordöstlicher Richtung im Weg, und erst deren Übertragung in den Besitz der Stadtgemeinde änderte im Sommer 1866 die Situation von Grund auf.[58] Bereits im Winter 1866/67 wurde mit der Abtragung der Befestigungsanlagen begonnen, ein Vorhaben, das sich noch Jahre hinzog und genügend Spielraum für einen intensiven Planungsprozeß ließ. Zunächst legte der 1867 gegründete „Technische Club" einen Parzellierungsplan vor. Die Kommune entschied sich jedoch nach langwierigen Diskussionen, die bis in den Dezember 1871 hinein währten, für einen vom Stadtbauamt erstellten Entwurf. Aber auch dann dauerte es noch zwei weitere Jahre, ehe der Architekt Josef Wessicken auf Grundlage der neuen Bauordnung von 1873 einen detaillierten Parzellierungsplan anfertigte, der die zukünftigen Baulinien im Bereich der ‚Neustadt' festlegte.[59]

Der langwierige Planungsprozeß ließ die Wohnbautätigkeit – mit nur 36 Neubauten im Zeitraum von 1860 bis 1871 – weit hinter den Erwartungen der Salzburger zurückbleiben,[60] und sogar in amtlichen Berichten wurde Klage geführt, daß „standesgemäß zu wohnen" für Beamte und Offiziere in der Landeshauptstadt ein kaum erschwinglicher, „großartiger Luxus" sei.[61] Das erste und für lange Jahre auch einzige moderne Zinshaus in Salzburg war das ‚Fünfhaus', das Schwarz und sein Kompagnon Karl Andessner zwischen 1862 und 1864 an der neuen Zufahrtsstraße zum Bahnhof errichteten. Zu einem Aufschwung im Wohnbau kam es erst nach 1872, als innerhalb weniger Jahre an die hundert Gebäude errichtet wurden und vorübergehend spekulative Bauunternehmer wie der Wiener Brauereibesitzer Moritz Faber das Feld beherrschten. Im Gegensatz zu Wien, wo die internationale Wirtschaftskrise den Bausektor bereits 1875 erfaßte,[62] hielt die Hochkonjunktur in Salzburg bis 1878 an. Dafür dauerte die Rezession in Salzburg länger als in der Reichshauptstadt und zwar bis einschließlich 1886. Die mit großem Elan begonnene Rasterverbauung der ‚Neustadt' kam in dieser Phase fast vollständig zum Erliegen und die Zuwachsrate sank auf drei bis vier Häuser im Jahr.[63]

Da Investitionen im Bausektor in dieser Phase keine Rendite versprachen, fiel der Wert der Stadterweiterungsgründe ins Bodenlose. Als nach dem Tod von Moritz Faber Anfang der 1880er Jahre die Grundstücke hinter den an der Westbahnstraße (heute Rainerstraße) gelegenen ‚Faberhäusern' zum Verkauf angeboten wurden, fand sich kein Interessent. Nach jahrelangem Warten entschlossen sich die Faberschen Erben daher, die etwa 8000 Quadratmeter umfassenden Baugründe gegen Ersatz der Gebühren zu verschenken. Als sich auch dann kein heimischer Interessent fand, hielt die Stadtgemeinde selbst Umschau nach einem kapitalkräftigen Bauherrn. Mit der Wiener Firma Heller & Pollak trat schließlich 1888 ein kapitalkräftiges Unternehmen auf die Bildfläche, das die Baulücken – begleitet von heftigen antisemitischen Quertreibereien regionaler Konkurrenten – binnen kurzem schloß.[64]

Bürgerlicher Wohnbau und proletarisches Wohnungselend

Zur Wiederbelebung des regionalen Wohnbaus trug neben einer allgemeinen Verbesserung der konjunkturellen Lage vor allem das Landesgesetz von 1887 über die zeitliche Befreiung der Neubauten von der Landes- und Gemeindeumlage bei.[65] Die Stadt trat nun in eine zweite Phase der Stadterweiterung, die mit geringen Schwankungen bis zum Ausbruch des Ersten Weltkriegs anhielt. Salzburgs Bau- und Maurermeister – allen voran die Firma Ceconi[66] – errichteten 20 bis 30 Neubauten pro Jahr, dem Bedarf entsprechend hauptsächlich mittlere und kleinere Zinshäuser. Die demographische Expansion der Stadt fand nun endlich ihr Pendant in der baulichen Entwicklung.

In der ‚Neustadt' wurde die Rasterverbauung ab 1889 mit großem Elan fortgesetzt. Nach der Komplettierung der ‚Faber-' und ‚Hellerhäuser' an der Westbahnstraße (heute Rainerstraße) schritt die Verbauung der Radial- und Querstraßen stadtauswärts zügig voran. Bis zur Jahrhundertwende konzentrierte sich das Baugeschehen hauptsächlich auf den Bereich von Franz-Josef-Straße und Auerspergstraße, danach auf jenen von Lasser- und oberer Gabelsbergerstraße. Entsprechend der städtischen Bauordnung wurden überwiegend Mehrfamilienzinshäuser in offener Verbauung errichtet.

Um die Jahrhundertwende stand die Verbauung sämtlicher Stadterweiterungsgründe unmittelbar bevor. 1899 veranlaßte der Gemeinderat daher die Erstellung eines „General-Parzellierungsplanes" für das gesamte Stadtgebiet.[67] Wie frühere Stadterweiterungspläne sah auch dieser Plan ein rasterartiges Straßensystem vor, freilich mit dem Unterschied, daß nun alle bebaubaren Flächen des Stadtgebietes erfaßt waren und der Planungsbereich teilweise sogar über die damalige Stadtgrenze hinausreichte. Zur praktischen Umsetzung des „General-Parzellierungsplanes", dessen Gültigkeit im Gemeinderat formell nie beschlossen wurde, kam es jedoch nicht. Unmittelbare Voraussetzung dafür wären Detailparzellierungen gewesen, die vor 1914 nur in einigen Ausnahmefällen – wie etwa auf den Nelböckgründen an der heutigen Weiserstraße – vorgenommen wurden. Das lag zum Teil daran, daß sich in Salzburg ein großer Teil der potentiellen Baugründe in der Hand von nicht verkaufswilligen geistlichen und adeligen Grundbesitzern befand. Vorschläge zur Einführung einer Wertzuwachssteuer auf Grund und Boden führten damals freilich ebensowenig zu einem Ergebnis wie in späteren Zeiten.[68]

Ungelöst blieb vor 1918 auch die Frage einer Vergrößerung des Stadtgebietes durch Eingemeindungen. Fast alle größeren österreichischen Städte hatten bereits Gebietserweiterungen hinter sich, als in Salzburg 1910 erstmals ernsthaft darüber diskutiert wurde. Anlaß dazu gab die projektierte Verlängerung der Stadtbahn in den Nachbarort Maxglan, dessen Gemeindevertretung sich grundsätzlich an Eingemeindungsverhandlungen interessiert zeigte. Da Maxglan jedoch eine Reihe von Bedingungen stellte, welche die Befassung des Landesausschusses und der Wiener Zentralstellen erforderlich gemacht hätten, wurde kein Ergebnis erzielt.[69] Schließlich präsentierte Ludwig Straniak, der Leiter des Stadtbauamtes, im Frühjahr 1914 die Vision einer Stadtregion ‚Groß-Salzburg', die mindestens 62 Quadratkilometer, wenn nicht sogar das Doppelte dieser Fläche umfassen sollte (heutiger Gebietsstand zum Vergleich: 65 Quadratkilo-

Die Neustadt. Blick in Richtung Schallmoos vom Kapuzinerberg, um 1910. (SMCA)

meter).⁷⁰ Die Stadtgemeinde nahm zwar mit allen Nachbargemeinden Kontakt auf. Eine positive Aufnahme fanden Straniaks Eingemeindungspläne jedoch nur in Maxglan.⁷¹

Immobilienmarkt und Wohnungsproduktion waren vor 1914 eine Domäne privater Investoren.⁷² Vorrangiges Ziel war eine optimale Verwertung des eingesetzten Kapitals, wobei die Höhe der Wohnungsmieten weniger durch das Gesetz von Angebot und Nachfrage als durch die langfristigen Kosten determiniert wurde. Ein zusätzlicher Kostenfaktor waren die hohen öffentlichen Abgaben. Wie eine vergleichende Erhebung 1908 ergab, waren die Wohnungspreise in Salzburg steuerlich höher belastet als in allen anderen Städten der österreichischen Reichshälfte.⁷³

Neben der ‚Neustadt' waren auch die Vororte Riedenburg, Lehen, Schallmoos und Froschheim Schauplatz einer regen Wohnbautätigkeit.⁷⁴ Bei der Parzellierung der Elisabeth-Vorstadt (= Froschheim) trat die Verknüpfung von privaten Wohnbauinteressen und Kommunalpolitik besonders deutlich zutage, denn ihr Initiator, der Getreideexporthändler und Froschheimer ‚Ökonomiebesitzer' Sylvester Obernberger, repräsentierte jenen Unternehmertyps, „der Boden als normale Ware behandelt sehen wollte und aus eigenem Interesse in die Gemeindepolitik eingriff, um eine Stadtviertelpolitik zu betreiben".⁷⁵ Unter seiner Führung formierten sich die Wirtschaftsinteressen des rechtsseitigen Stadtteils im „Wirtschaftsklub" zum Widerstand gegen den im Gemeinderat tonangebenden „Bürgerklub".

Obernberger behauptete, daß „mit der Entwicklung der Neustadt allmählich auch ein gewisser Neid und Eifersüchtelei unter den Altvätern des linksseitigen Stadtteils" gewachsen seien und die Gemeinde daher in den rechtsseitigen Stadtteil nur einen Bruchteil ihres Budgets investiere, obwohl dessen Aufkommen an Gemeindeabgaben bereits über jenem des linksseitigen Stadtteils liege.[76] Im Grunde ging es Obernberger und seinen Mitstreitern um die Aufschließung ihrer Stadterweiterungsgründe in Schallmoos und Froschheim sowie um die Herstellung einer Straßenverbindung zwischen Schallmoos und dem Bahnhofsviertel. Ein besonderer Dorn im Auge war den Grundbesitzern und Bauherrn des rechtsseitigen Stadtteils die städtische Bauordnung, die in den äußeren Teilen der ‚Neustadt' statt dem profitablen ‚geschlossenen Bausystem' eine ‚offene' Bauweise dekretierte.[77]

Fragen der baulichen Gestaltung und des Baustils waren lange Zeit nur von sekundärer Bedeutung, und erst nach der Jahrhundertwende vollzog sich im alltäglichen Baugeschehen allmählich ein gestalterischer Wandel. In Nachahmung überregionaler Trends erfolgte auch in Salzburg eine Abkehr vom strengen Historismus der Hochgründerzeit. Statt dessen bevorzugten die Salzburger Baumeister nun einen Mischstil, der zwar meist die architektonische Grundform des gründerzeitlichen Zinshauses beibehielt, in der Fassadengestaltung jedoch Elemente von Jugendstil und Heimatschutz rezipierte. Einige Vertreter der jungen Architektengeneration, wie Paul Geppert d. Ä., entwickelten unter dem Einfluß der Heimatschutzbewegung bereits vor 1914 neue Ausdrucksformen, die allerdings erst im Baugeschehen der Zwischenkriegszeit voll zur Geltung gelangen sollten.[78]

Das Urteil der Nachwelt über die gründerzeitliche Stadtentwicklung ist bis heute zwiespältig. Wie in fast allen Städten entstanden auch in Salzburg innerhalb weniger

Hubert Sattler, Blick vom Mönchsberg in die Riedenburg, 1890. (SMCA)

Jahrzehnte rings um den Altstadtkern neue Stadtviertel, welche in Anlage und Architektur dem bürgerlichen Streben nach Fortschritt, Wohlstand und Selbstdarstellung Ausdruck verliehen. Der Stolz auf das Erreichte verblaßte allerdings bald. Eine Generation später war vom gründerzeitlichen Überschwang nur mehr wenig zu spüren, und um die Jahrhundertwende und vor allem in der Zwischenkriegszeit wurden Planung und Bautätigkeit dieser Ära heftiger Kritik unterzogen. Die neuen Stadtviertel böten – so hieß es – „ein unerfreuliches mürrisches Bild", und in der „trostlosen Uniformität der Neustadt" gleiche Salzburg allen anderen Städten: „Wenn zudem noch ein breiter Festungsgürtel plötzlich fällt und die verlegene Bauwelt mit der Fläche nichts anderes anzufangen weiß als eine Straße darauf anzulegen, so ist das Unglück fertig. Dann ruft man Pan, den Gott der Büsche, auf daß er die geistigen Blößen durch Laubwerk verdecke, und pflanzt Alleen im Sinne des bekannten Liedes: ‚Rechts sind Bäume, links sind Bäume und dazwischen Zwischenräume'."[79] Vor allem Vertreter der regionalistischen und antimodernistischen Heimatschutzbewegung beklagten nunmehr die Traditionslosigkeit des historistischen Baustils, dem „nicht mehr die alte, heimische Bauweise" als Grundlage diene, sondern die Architektur der Großstadt, die den „Zusammenhang mit dem Volkstum verloren" habe.[80] Wenn in Salzburg weniger zerstört worden sei als in anderen Städten, dann – so 1907 der Maler und Schriftsteller Joseph August Lux – liege „es nur an dem Mangel an Geld, der die Neuerungslust in Zaum" gehalten habe.[81]

Der gründerzeitliche Wohnbau diente fast ausschließlich der Befriedigung bürgerlicher Wohnbedürfnisse, und wie in allen Städten herrschte in Salzburg weiterhin ein chronischer Mangel an erschwinglichen Kleinwohnungen für die unteren Volksschichten. Während die unverheirateten Dienstboten und Handwerksgesellen ihre Unterkunft meist nach wie vor im Haushalt des Arbeitgebers fanden,[82] standen Lohnarbeiter, Eisenbahner, kleine Beamte und sonstige Bedienstete nicht selten vor unlösbaren Problemen, denn mit durchschnittlich 300 Kronen Jahresmiete blieben die Wohnungen der untersten Zinskategorie für sie unerschwinglich.[83] Die amtliche Wohnungsstatistik spiegelt den Notstand: zehn Prozent der städtischen Bevölkerung lebten 1900 als Untermieter und Bettgeher in fremden Wohnungen und der Typus der Zimmer-Küche-Wohnung war auch in Salzburg stark vertreten, wobei sich in zwei Drittel dieser Kleinwohnungen mehr als drei Personen zusammendrängten. Immerhin nahm die Belagsdichte vor dem Ersten Weltkrieg leicht ab.[84]

Die beengten und zum Teil unhygienischen Wohnverhältnisse beeinträchtigten die Volksgesundheit; vor allem die Tuberkulose forderte zahllose Opfer.[85] Auch der Zusammenhang von Wohnsituation und rachitischen Erkrankungen war offenkundig: 60 Prozent der Kinder, die in Häusern wohnten, „die dem Felsen direkt angebaut sind oder unter Einwirkung der Feuchtigkeit der Felswände und Bergabhänge stehen" sowie 56 Prozent der Kinder, die in Häusern „von altertümlicher Bauart in engen Gassen" wohnten, litten an diesem Übel.[86] Die Wohnsituation in den damals noch ländlichen Nachbargemeinden war im Durchschnitt zwar gesünder als in der Altstadt, doch fehlte dort jegliche städtische Infrastruktur. Vor allem waren Maxglan und Gnigl/Itzling zu dieser Zeit noch nicht an das Verkehrsnetz der Kommune angeschlossen.

Das Zusammenleben von proletarischen Mietern mit kleinbürgerlichen Hausherren war keineswegs harmonisch.[87] Da die Mietengesetzgebung vor dem Ersten Weltkrieg dem Mieter kaum Rechte zubilligte, endeten die meisten Konflikte mit der Kündigung, so daß die Fluktuation der Mieterpopulation ein heute kaum vorstellbares Maß erreichte. Die Ideen der bürgerlichen Wohnreformbewegung, die auf eine teilweise Aufhebung der unsozialen Marktmechanismen im Wohnungswesen abzielten, wurden nach der Jahrhundertwende zwar auch in Salzburg diskutiert, die Stadtgemeinde zeigte jedoch nur geringe Bereitschaft, von sich aus einen Beitrag zur Verbesserung der Wohnsituation der Unterschicht zu leisten. Einzige Ausnahme war die Errichtung der ‚Arbeiterwohnhäuser' in Lehen in den Jahren 1906/07, die als erster moderner Sozialwohnbau in der Stadt Salzburg gelten können.[88] Auf städtischem Grund an der Christian-Doppler-Straße entstand ein Doppelhaus, das insgesamt zwölf Zweiraumwohnungen zu je 33 m² (Küche und Zimmer), sechs Dreiraumwohnungen zu je 42 m² (Küche, Zimmer, Kabinett) sowie zwei Mansardenwohnungen umfaßte. Trotz der steuerlichen Begünstigung des Baues von Arbeiterwohnungen betrug die Miete für eine Dreiraumwohnung beinahe 300 Kronen im Jahr. Als Mieter der ‚Arbeiterwohnhäuser' bevorzugte die Stadtgemeinde daher nicht Lohnarbeiter, sondern kleine Beamte und Wachleute.[89]

Noch während des Baus dieses Objekts konstituierte sich in Salzburg über Anregung der 1907 gegründeten „Zentralstelle für Wohnungsreform in Österreich" ein regionales Wohnreform-Komitee, das die Stadtgemeindevorstehung zur Errichtung weiterer Arbeiterwohnhäuser aufforderte.[90] Die Gemeinde lehnte dieses Ansinnen zwar ab, überließ der Arbeiter-Unfallversicherungsanstalt für Oberösterreich und Salzburg jedoch zu günstigen Bedingungen ein Grundstück, auf dem diese 1908/09 zwei Doppelhäuser (Gaswerkgasse 13/15) mit insgesamt 72 Wohneinheiten errichtete.[91]

Nach der Schaffung des „Staatlichen Wohnungsfürsorgefonds" (1910) kam es zur Gründung zahlreicher mittelständischer Wohnbaugenossenschaften, die nun auch in Salzburg „wie Pilze nach lauen Regentagen" hervorschossen.[92] Eine nennenswerte Tätigkeit entfalteten allerdings nur die Bau- und Wohnungsgenossenschaften „Kleinwohnhaus" (sieben Häuser u. a. in Maxglan), „Gartenstadt" (ein Haus in Lehen) sowie „Wohnungsfürsorge" (zwei Häuser in der Neustadt). Daneben ist nur noch die gemeinnützige Bautätigkeit der Allgemeinen Pensionsanstalt für Privatangestellte zu erwähnen, die in der Elisabeth-Vorstadt den „Sunhof" errichtete.[93] In Relation zum gesamten Baugeschehen war die Bedeutung des genossenschaftlichen Wohnbaus vor 1918 in Salzburg überaus gering.

Wirtschaftliche Entwicklung

Die Hoffnung auf eine dynamische Expansion des Wirtschaftslebens nach dem Anschluß Salzburgs an das internationale Eisenbahnnetz und der Schleifung der Bastionen erfüllte sich nur zum Teil. Kapitalmangel, fehlende Rohstoffe und ein wenig ausgeprägter Unternehmergeist bremsten nicht nur die bauliche, sondern auch die industrielle

Entwicklung der Stadt. Die große Depression nach dem Börsenkrach von 1873 erreichte die industriearme Stadt mit einiger Verzögerung um 1875/76, dafür hielt die allgemeine Stagnation des Wirtschaftslebens hier umso länger an. Erst Ende der 1880er Jahre verzeichneten die entscheidenden Sparten Fremdenverkehr und Bauwesen wieder Wachstumsraten. Um die Jahrhundertwende befand sich das regionale Wirtschaftsleben schließlich in einer dynamischen Phase – im wesentlichen bis zum Ausbruch des Ersten Weltkriegs.[94] Wie die konjunkturunabhängige Vermehrung des Einlagenstandes bei der Salzburger Sparkasse zeigt, vollzog sich innerhalb der städtischen Bevölkerung ein kontinuierliches Anwachsen von Kapital und damit von Wohlstand.

Eng mit der ausgeprägten zentralörtlichen Funktion der Stadt als Verwaltungs-, Dienstleistungs- und Fremdenverkehrszentrum hängt das Übergewicht des tertiären Sektors zusammen, der 1910 beinahe doppelt so viele Erwerbstätige umfaßte wie der sekundäre.[95] Vor allem fehlten in Salzburg großbetriebliche Grundstoffindustrien. In der insgesamt bescheidenen Industrie dominierten daher die konsumnahe Produktion sowie die regionale Bauwirtschaft.[96]

Innerhalb des sekundären Sektors befand sich das ‚alte' Handwerk spätestens seit der Einführung der Gewerbefreiheit 1859, mit der die neoabsolutistische ‚Revolution von oben' den Schlußstrich unter das mittelalterliche Zunftwesen gezogen hatte, in der Krise. Nach zeitgenössischen Berichten fiel dem Salzburger Handwerk die Anpassung an den freien Wettbewerb besonders schwer. Kontrovers war vor allem die Frage einer Entschädigung der zahlreichen Realgewerbe, die – wie es in einer Petition des Gemeinderates heißt – „eine weit größere Theilnahme als sonst in der Monarchie hervorzurufen geeignet ist; denn wenn irgendwo die schon so alten österreichischen Gesetze über die stette Ablösung der Real-Gewerbe nicht beachtet worden sind, so ist dies hier der Fall gewesen, und daher traf die Gewerbsfreiheit hier so schwer wie nirgends anders".[97]

Alle Hoffnungen auf eine Entschädigung der radizierten Gewerbe erwiesen sich jedoch als vergeblich.[98] Die Krise des Handwerks war struktureller Natur und trat durch die neue Gewerbeordnung nur offen zutage. Ohnehin hatte sich die Zahl der Gewerbeberechtigungen schon während der 1850er Jahre von 527 im Jahr 1853 auf 929 im Jahr 1861 vermehrt, so daß die weitere Zunahme auf 1258 im Jahr 1880 nicht mehr weiter ins Gewicht fiel. Im einzelnen verlief die Entwicklung der Gewerbe allerdings recht unterschiedlich.[99] Trist war fraglos die Lage des traditionellen Kleingewerbes. Schuhmacher und Schneider, die sich nicht nur gegen die industrielle Massenproduktion von Konfektionsware behaupten mußten, sondern angesichts der Zunahme von Gewerbeberechtigten auch einer ruinösen Selbstkonkurrenzierung ausgesetzt waren, fristeten ein kümmerliches Dasein. Heftig wurde vom ehemals zünftigen Handwerk auch das Vordringen ‚ungelernter' Kleidermacherinnen in das Bekleidungsgewerbe beklagt.[100]

Besser ging es zunächst den konsumorientierten Gewerben. Nach einer Aussage von 1866 befanden sich all jene Gewerbe „in gutem Betriebe [...], welche auf Nahrungsbeschaffung und die Bedürfnisse Wohlhabender berechnet sind, als: Gasthöfe, Tuch- und Weinhandel, Brauer, Fleischer, Bäcker, Wäscher, Kunsthandel, Goldarbeiter".[101] Aber auch in diesen Sparten veränderten sich die Produktionsbedingungen: so erwiesen sich früher oder später die meisten der handwerklichen Bierbrauer, von denen es 1854 noch 13, 1890 jedoch nur mehr sechs in der Stadt gab, gegenüber industriellen Großbrauereien wie Stiegl als nicht mehr konkurrenzfähig.[102] Dasselbe gilt für die städtischen Müller, von denen nur wenige – wie etwa die Firmen Fisslthaler und Heilmayer – den Übergang zu modernen Mühlenbetrieben bewältigten.[103]

Die liberale Elite war davon überzeugt, daß den Nöten des Handwerks einzig durch eine verbesserte Ausbildung begegnet werden könne.[104] In Salzburg setzte sich daher die Stadtgemeinde für die Einrichtung gewerblicher Fachschulen ein. Bürgermeister Mertens bezeichnete es 1865 als „Ehrensache" und beinahe als „eine Frage der Existenz der Stadt Salzburg", daß „der Gewerbestand durch Gewährung aller Bildungsmittel so gehoben werde, daß er seinem Verfalle entgehe, der auswärtigen Konkurrenz Widerstand leisten und sich zur erfolgreichen und freudigen Thätigkeit entwickeln könne".[105] Die ersten Versuche zur Errichtung eines gewerblichen Unterrichtswesens Anfang der 1870er Jahre waren jedoch wenig erfolgreich. So scheiterte die Gründung eines „Industrievereins", der eine Gewerbeschule erhalten sollte. Erst 1875 konnte eine aus Staatsmitteln finanzierte „Zeichen- und Modellierschule" eröffnet werden, aus der schließlich 1876 die k. k. Staatsgewerbeschule hervorging.[106] Daneben gab es noch eine gewerbliche Sonntags- und eine tägliche Abendschule, welche der Fortbildung der Lehrlinge dienen sollten.

Die Wirtschaftskrise der 1870er und 1880er Jahre verstärkte den Existenzdruck auf das Handwerk und förderte gesamtösterreichisch das Aufkommen einer Kleingewerbebewegung. Da sich das Salzburger Handwerk weder vom „Ersten Salzburger Gewerbe-Verein" noch von der Handels- und Gewerbekammer wirksam vertreten fühlte, kam es 1875 auch hier zur Gründung eines neuen Gewerbevereins. Die Initiative ging zwar noch von der Intelligenz aus: so waren Camillo Sitte, der erste Direktor der Staatsgewerbeschule, und Rudolf von Freisauff, der spätere Redakteur des „Salzburger Volksblattes", an der Gründung maßgeblich beteiligt. Die Mehrzahl der 174 Mitglieder (1876) gehörte jedoch dem Handwerkerstand an.[107] Die Zielsetzung des Vereins war eindeutig: einerseits sollte er dem Mittelstand als Plattform im Kampf gegen die „Preisschleuderei" der industriellen Massenfabrikation dienen; andererseits hoffte man durch Eigeninitiativen auf dem Gebiet der Lehrlings- und Gesellenausbildung einer zukünftigen Wiedereinführung von Berufsbeschränkungen vorzuarbeiten.[108]

Auf gesamtstaatlicher Ebene wurde eine Reform der Gewerbeordnung schon ab 1874 diskutiert, zur Novellierung des umstrittenen Gesetzes im Sinne eines mittelständischen Protektionismus kam es jedoch erst 1883 und 1885 unter der konservativen Regierung des Grafen Eduard Taafe. Auch in Salzburg vertiefte dieser anachronistische Versuch, das Rad der Zeit zurückzudrehen, die Kluft zwischen liberalem Handel und konservativem Gewerbe. Wiederholt kritisierte die Handelskammer die „rückläufige" österreichische Gewerbegesetzgebung und die fortschrittsfeindliche Einstellung des Handwerks: „Die breiten Schichten des Gewerbestandes werden auf diese Weise erzogen, den eigenen Mißerfolg stets nur aus dem Wirken der Concurrenz zu erklären, anstatt den Erfolg durch Ansporn der eigenen Tüchtigkeit und des eigenen Fleißes zu suchen […] Alle

Bestrebungen der irregeleiteten Gewerbsleute verdichten sich in dem persönlichen Wunsch jedes Einzelnen, daß alle Concurrenz, welche sein Geschäft beeinträchtigt, schlankweg verboten werde."[109]

Eine Sonderrolle innerhalb des heimischen Gewerbestandes spielten Salzburgs Baumeister sowie die Maurermeister. Mit durchschnittlich 180 bzw. 37 Beschäftigten pro Betrieb (1902) übertraf das Baugewerbe alle anderen Handwerkszweige bei weitem.[110] Aufgeschlossenheit gegenüber Neuerungen auf technischem und künstlerischem Gebiet galten um die Jahrhundertwende generell als spezifische Kennzeichen dieses Berufsstandes. Diesen Ruf mußte sich das einheimische Baugewerbe allerdings erst mühsam erwerben, denn zu Beginn der Stadterweiterungsperiode wurde ihm noch eine „mindere Gewandtheit" nachgesagt, welche zu „größeren Bauunternehmungen eben nicht sehr einlade". Erst der „rasche Bau der Eisenbahnobjekte und die Ansiedlung fremder theoretisch und praktisch gebildeter Techniker" habe bewirkt, daß auch in Salzburg „mit Zuhilfenahme der durch die Gewerbefreiheit zu vermehrter Tätigkeit angespornten einheimischen und fremden Arbeitskräfte Bauten zustande gebracht werden können, welche den Baumeistern alle Ehre machen".[111] Entscheidend zur Verbesserung des Ausbildungsstandes im Baugewerbe trug die vom renommierten Architekten und Städteplaner Camillo Sitte geführte Staatsgewerbeschule bei, an deren baugewerblicher Abteilung viele der Salzburger Baumeister ihre Ausbildung erfuhren. Ausgeprägt war zu allen Zeiten die Abhängigkeit des Baugewerbes von konjunkturellen Schwankungen. An der Zahl der Salzburger Bau- und Maurermeister läßt sich somit ebenso wie an der Zahl der Neubauten das Auf und Ab der regionalen Wirtschaftsentwicklung nachvollziehen.[112]

Schlecht stand es nach dem Eisenbahnanschluß von 1860 und der Weiterführung der Strecke ins Gebirge in den 1870er Jahren um das eingesessene Transportgewerbe. Binnen weniger Jahre kamen die traditionellen Formen des Nahverkehrs längs der neuen Eisenbahnlinien fast vollständig zum Erliegen. Aber nicht nur die Straßen veröd eten, auch die traditionsreiche Salzachschiffahrt erwies sich als nicht mehr konkurrenzfähig: wurde 1852 noch eine Million Zentner auf Plätten flußabwärts transportiert, so waren es 1878 nur mehr 429 Zentner.[113] Die Hoffnung auf eine Einbindung der Salzach in die moderne Donauschiffahrt zerschlug sich. 1857 gelangte der königlich-bayerische Dampfer „Prinz Otto" auf einer Probefahrt zwar bis Salzburg, eine Wiederholung des Unternehmens scheiterte jedoch 1860.[114] Bald darauf hatte die Eisenbahn den gesamten Güterfernverkehr an sich gezogen. Auch alle späteren Bemühungen, einen Personen- und Paketverkehr mittels Dampfschiffen auf der Salzach zu etablieren, schlugen fehl. 1884/85 setzte die „Salzach-Inn-Dampfschiffahrt-Unternehmung" der Firma Brandmayer in Braunau, an der auch einige Salzburger Geschäftsleute beteiligt waren, je einen Rad- und Schraubendampfer auf der Salzach ein. 1890/91 verkehrte für kurze Zeit ein Ausflugsschiff zwischen der Stadt und Hellbrunn. Dann aber wurde die Salzachschiffahrt endgültig aufgegeben.[115]

Auch der Handel erfuhr durch das neue Transportmittel zunächst mehr Schaden als Profit. Vor allem fiel der Salzburger Zwischenhandel „der durch die Eisenbahn verän-

Der königlich bayerische Dampfer „Prinz Otto" legt 1857 in Salzburg an. (SMCA)

derten Güterbewegung gänzlich zum Opfer".[116] Wachstumsraten verzeichnete nur der Export von Holz und Vieh.[117] Als nicht rentabel erwies sich ein Versuch der vier noch bestehenden Faktoreien Haffner-Triendl, Späth jun., Gschnitzer und Spängler&Trauner, mit einem gemeinsam gegründeten „Salzburger Verladungscomptoir" in das Eisenbahnzeitalter zu treten. Spängler&Trauner übernahmen 1865 die Anteile ihrer Kompagnons, doch auch dann gelang es nicht, das Speditionsgeschäft in die Höhe zu bringen.[118] Der Ost-West-Verlauf der neuen Bahnlinie war den Haupthandelsströmen der Monarchie entgegengesetzt, und der Salzburger Kolonial-, Manufaktur- und Kurzwarenhandel sah sich durch die unvorteilhaften Verkehrsverhältnisse auf Dauer benachteiligt.[119]

Kennzeichen des regionalen Wirtschaftslebens war ein chronischer Kapitalmangel, der die zaghaften Aufschwungtendenzen immer wieder bremste. Da die Salzburger Sparkasse den Kreditbedarf keineswegs abdeckte und die Hauptstädte der umliegenden Kronländer bereits eine oder mehrere Bankfilialen mit Eskomptegeschäft besaßen,[120] forderte der Salzburger Handelsstand vehement die Etablierung einer „Filial-Eskomptebank". Nur dadurch könne – hieß es – „der immer fühlbarer werdenden Geldnoth, welche unseren Handel und unsere Industrie lähmt", abgeholfen werden.[121] Bedenklich erschienen in diesem Zusammenhang die hohen Pfandeinlagen bzw. -vorschüsse der Salzburger Pfandleihanstalt, die offensichtlich auch den Kreditbedarf der regionalen Wirtschaft zu befriedigen hatte.[122]

Nach der Gründung einer Filiale der österreichisch-ungarischen Bank im Jahr 1879 zeigte sich allerdings, daß der Bedarf der Salzburger Wirtschaft an kurzfristigen Krediten nicht allzu groß war. So überstieg der Jahresbetrag aller eskomptierten Wechsel erst nach einem Jahrzehnt die Million-Gulden-Grenze, während die Salzburger Sparkasse gleichzeitig (1890) bereits mehr als 11 Millionen Gulden an langfristigen Hypothekardarlehen verbuchte.[123] Nach Ansicht der Salzburger Handelskammer lag es in „der Natur, daß sich in dem armen Salzburg ein größeres Eskomptegeschäft nicht entwickeln" konnte: „Man fühlt stets, daß Salzburg in Handel und Wandel eines reichen Hinterlandes entbehrt. An freier Entfaltung überdies durch die Reichsgrenze behindert, bilden die hauptsächliche Domäne des Geschäftes das Salzburger Gebirgsland, das von einer armen Bevölkerung wenig dicht bewohnt ist, und der westliche Theil von Oberösterreich, der aber bereits stark nach Linz hinneigt. So mehr auf sich selbst angewiesen, vermag sich der Verkehr des Platzes nur schwer zu entwickeln."[124]

Was blieb, war die Hoffnung auf eine neue Nord-Süd-Verbindung über Salzburger Gebiet und damit auf eine Wiederbelebung des alten Handelsweges nach Triest. Schon in den 1860er und 70er Jahren forderten Stadt, Land und Handelskammer eine Verbindung „der beiden Hafen- und Handelsplätze Triest und Hamburg durch eine ununterbrochene Schienenkette auf kürzestem Wege".[125] In Erfüllung ging dieser Wunsch allerdings erst knapp vor dem Ersten Weltkrieg. Nach langwierigen Diskussionen über die Führung der Trasse wurde die Tauernbahn zwischen 1901 und 1909 errichtet. Im Salzburger Gemeinderat, der den Bahnbau mit 80.000 Kronen subventioniert hatte,[126] prophezeite Bürgermeister Franz Berger die Wiederkehr unvergessener goldener Zeiten: „Nunmehr können Stadt und Land Salzburg wieder gehobenen Mutes in die Zukunft blicken, und nunmehr ist berechtigte Hoffnung vorhanden, daß der so unendlich stillgestandene Handel und Verkehr sich wieder beleben […]"[127] Schon vor Kriegsbeginn kehrte jedoch, „da die erhofften Vorteile nicht sehr bedeutend waren", Ernüchterung ein.[128] Mit der Auflösung Österreich-Ungarns und der Ziehung neuer Grenzen verlor die neue Bahnlinie schließlich nach 1918 einen Großteil der ihr zugedachten wirtschaftlichen Bedeutung.

Innerhalb des Handels machte sich ab etwa 1860 ein Trend zur Spezialisierung bemerkbar.[129] So verschwanden die spezifisch salzburgischen Faktoreien von der Bildfläche, wobei ihre Funktionsvielfalt nur zum Teil von neugegründeten Bank- und Speditionsgeschäften übernommen wurde. Auch die früheren Material- und Spezereiwarenhandlungen spezialisierten sich auf einzelne Geschäftsbereiche. Die Unternehmungen „Andre Hofer" und „Zum Mozart" (ehem. Hagenauersche Handlung) entwickelten sich immer mehr zu Kolonialwarengeschäften, also Delikatessengeschäften im heutigen Sinn.[130] Zezi und Volderauer bauten dagegen den Drogen- und Chemikalienhandel aus und entwickelten eigene Fabrikationen, wobei letzterer bereits in den 1870er Jahren Schiffbruch erlitt.[131] Während die Zahl der Material- und Spezereiwarenhandlungen insgesamt nur langsam zunahm, verzeichneten die Tuch- und Schnittwarenhandlungen im letzten Viertel des 19. Jahrhunderts eine starke Vermehrung. Die Zahl der Eisenhandlungen verdreifachte sich sogar.[132] Am auffälligsten ist jedoch die Zunahme an

Klein- und Viktualienhandlungen infolge des durch höhere Durchschnittseinkommen gestiegenen Massenkonsums.[133]

Tabelle 6: Ausgewählte Handelssparten (einschl. Fabriken) 1825 bis 1902[134]

	1825	1835	1845	1861	1870	1880	1902
Faktoreien	5	5	4	–	–	–	–
Bankiers u. Geldhändler				4	4	7	10
Spediteure				2	2	3	10
Material- u. Spezereiwarenhandlungen	18	18	22	10	13	19	24
Tuch- und Schnittwarenhandlungen	12	13	13	13	11	21	31
Weißwaren- und Leinwandhandlungen	10	?	13	–	2	6	–
Galanterie- u. Nürnbergerwarenhandl.	4	?	6	2	4	6	–
Eisenhandlungen	5	4	4	6	6	7	17
Leder-Handlungen	–	–	–	3	5	3	6
Buch-, Kunst- und Musikhandlungen	5	4	5	3	4	5	13
Krämer u. Kleinhändler	?	?	?	37	37	99	–
Viktualienhändler	?	?	?	103	128	149	419
Sonstige	?	?	?	138	166	227	645
Zusammen	?	?	?	321	382	552	1175
Fabriken	6	3	4	11	13	15	15

Anders als in den meisten vergleichbaren österreichischen Städten spielte die Industrie vor 1914 im Salzburger Wirtschaftsleben eine marginale Rolle. Zwar hatte der allgemeine Aufschwung in den 1850er Jahren zur Gründung bzw. zum Ausbau einiger kleinerer Industriebetriebe wie etwa der Kunstwollfabrik und Spinnerei von Matthias Gschnitzer geführt.[135] Die Hoffnung auf eine rasche Industrialisierung erfüllte sich jedoch wegen der ungünstigen infrastrukturellen Rahmenbedingungen nicht. Die Handelskammer sparte darüber hinaus nicht mit Selbstkritik, war man doch davon überzeugt, daß „unternehmender Geist und industrielle Betriebsamkeit" im Lande Salzburg „nur wenigen eigen" sei.[136] Letztlich blieb die Zahl der Fabriksbetriebe während der zweiten Hälfte des 19. Jahrhunderts in der Stadt weitgehend stationär. Die wenigen Fabriken beschäftigten insgesamt nur einige hundert Arbeitskräfte, so daß es vor 1914 nur ansatzweise zur Ausbildung eines Industrieproletariats kam. Der „entschiedenste Modernisierungsagent" – neben der Handelskammer – war deshalb die Sozialdemokratie, der die Ablösung rückständiger kleingewerblicher Strukturen durch ‚moderne' Großbetriebe ein Herzensanliegen war.[137]

Von den 13 Salzburger Industrieunternehmungen des Jahres 1890 stellten sechs Genußmittel her, die übrigen produzierten Textilien, Metallwaren, Zündwaren, Wagen bzw. Wagenschmiere. Außerdem gab es noch zwei Maschinenwerkstätten.[138] Technologisch anspruchsvolle Güter wurden nicht produziert. Immerhin war Salzburg eine der ersten österreichischen Städte mit einem Elektrizitätswerk (1886). 1893 versorgte die „elektrische Centralstation" am Makartplatz bereits 7000 Lampen und Motoren mit einer Energie von insgesamt 35 Pferdekräften.[139]

Salzburg als ‚Saisonstadt'

Wichtigste Wirtschaftssparte nach dem Bauwesen war der Fremdenverkehr. Die große Bedeutung der Eisenbahn für die Entwicklung neuer Tourismusformen läßt sich am Beispiel von Salzburg eindrucksvoll nachweisen.[140] Zwar hatte sich die Stadt bereits in der ersten Jahrhunderthälfte im Zuge der Entdeckung der Stadtlandschaft durch die Künstler der Romantik zu einem beliebten Reiseziel entwickelt. Nach zeitgenössischen Berichten besuchten jährlich 60.000 bis 80.000 ‚Fremde' die Stadt.[141] Die Salzburger erkannten aber frühzeitig, daß die Reiseströme der Zukunft den neuen Schienenwegen folgen und abseits liegende Regionen meiden würden. Ihre dringlichste Forderung an den Staat galt daher einem raschen Anschluß an das internationale Eisenbahnnetz.

Als dann im Sommer 1860 der lange ersehnte Eisenbahnanschluß Wirklichkeit wurde und zwei Monate vor der offiziellen Eröffnung der „Kaiserin-Elisabeth-Westbahn" die erste Lokomotive am Salzburger Bahnhof eintraf, standen Stadt und Land an einem Wendepunkt ihrer Entwicklung. Auch wenn zwei Monate später noch „kein chaussiertes Damenfüßchen einer Pariserin den hiesigen Waggons entstiegen" war, so hatten „Wiener und Münchner Sitte" mittlerweile durch die Eisenbahn im geselligen Leben Salzburgs Eingang gefunden.[142] Wesentlicher aber war, daß das neue Verkehrsmittel nun auch hier das Zeitalter des modernen ‚Massentourismus' eröffnete. Schon im Sommer 1860 strömten weitaus mehr Besucher an die Salzach als in früheren Jahren.[143]

Das neue Transportmittel steigerte nicht nur die Zahl der Reisenden, auch die Form des Reisens veränderte sich. Bedingt durch die simple Einsicht, daß man „in Carawanen leichter fort(komme) als der Einzeltourist",[144] wurden nunmehr die von Reisebüros organisierten Gruppenreisen Mode. In ‚trains de plaisir' konsumierte eine aller Planungssorgen enthobene Oberschicht die Sehenswürdigkeiten ganz Europas, sofern diese durch die Eisenbahn erreichbar waren. Auch Salzburg profitierte von dieser Rationalisierung des Reisens. Seit 1868 organisierte das „Dresdener Reisebüro" regelmäßig Extrazüge, die im Laufe der Jahre eine große Zahl von Vergnügungsreisenden und Sommerfrischlern ins Land brachten.[145]

Zwei Phänomene förderten die Frühformen des modernen ‚Pauschaltourismus'.[146] Zunächst einmal mobilisierte die Ausstellungsmanie des Zeitalters ein zahlreiches, insbesondere am technischen Fortschritt interessiertes Publikum. 1862 etwa war Salzburg Station zweier Wiener Vergnügungszüge auf dem Weg nach Paris und weiter zur Londoner Weltausstellung.[147] Noch stärkere Impulse erfuhr der Gruppentourismus jedoch durch das Streben der liberalen bürgerlichen Elite nach neuen, breitenwirksamen Kommunikationsstrukturen, wobei es vor allem der Massenbewegung der Turner, Sänger und Schützen gelang, die Weiterentwicklung des Transportwesens für ihre politischen Ziele zu nutzen.

Dank dieser Verknüpfung von Politik und Tourismus entwickelte sich Salzburg in den frühen 1860er Jahren zu einem Zentrum großdeutscher Festkultur, die noch getragen war von der Hoffnung auf eine Einigung Deutschlands unter Einschluß Österreichs.[148] Im September 1862 lockte die „Siebente deutsche Künstlerversammlung" mehr als 500 Gäste nach Salzburg. Dazu kamen Schaulustige aus der näheren und weiteren Umgebung, so daß schließlich mehr als 10.000 Menschen am Festgeschehen beteiligt waren.[149] Auch im folgenden Jahr brachte der neue Festtourismus Massen von Besuchern auf dem Schienenweg in die Stadt, so etwa zur „General-Versammlung des deutschen Eisenbahn-Vereins", was der Bevölkerung Gelegenheit bot, sich dem „Anblicke deutscher Geldbarone und holländischer Millionäre" hinzugeben.[150]

Die lokale Wirtschaftselite sah mit dem Eisenbahnanschluß die Zeit gekommen, ihre Vision einer ‚Saisonstadt' Salzburg zu verwirklichen. Hatten die Zeichner und Maler der Romantik die Salzachstadt gerade wegen ihrer Verträumtheit und idyllischen Antiquiertheit geschätzt, ging es nun um die Ausgestaltung der ‚Schönen Stadt' zu einem jener zeitgenössisch so beliebten künstlichen Paradiese, die vor allem den spezifischen Bedürfnissen einer zahlungskräftigen „Crème der vornehmen Welt" zu entsprechen hatten.[151]

Die Reisenden des bürgerlichen Zeitalters waren anspruchsvoll. Von ein und demselben Ort erwarteten sie sich „eine pittoreske Gegend […], ein wohlthuendes Klima, elegante Vergnügungen, stärkende Bäder, vortreffliche Hotels und endlich eine auserlesene Gesellschaft".[152] Der Aufstieg zum Modebad oder zur ‚Saisonstadt' stand daher nur wenigen Orten offen. Salzburg besaß dafür günstige Voraussetzungen: die Schönheit der alten Stadt und ihrer reizvollen Umgebung waren längst berühmt; das Klima galt als gesund; und auch für soziale Exklusivität war gesorgt, seitdem sich eine ‚auserlesene Gesellschaft' um die Kaiserin-Witwe Caroline Augusta scharte, die seit 1848 jede Sommersaison in der Salzburger Residenz Hof hielt.[153] Im Tal von Aigen entstanden zu dieser Zeit auch die ersten Landhäuser, gleichsam als Vorläufer jener ‚saisonstädtischen' Villenkultur, die in den folgenden Jahrzehnten vor allem den Süden der Stadt prägen sollte.[154]

Der Aufstieg zur ‚Saisonstadt' war dennoch langwieriger und mühevoller als ursprünglich angenommen und zum Kummer der regionalen Wirtschaftselite entsprachen Erscheinungsbild und Infrastruktur um 1860 in vieler Hinsicht noch nicht dem international vorgegebenen Standard. Noch blieb „unendlich viel zu thun übrig, um den für die Stadt nunmehr durch die Eisenbahn erschlossenen Fremdenverkehr nach derselben zu leiten, deren düsterer äusserer Festungsgürtel, deren Stadtmauern und unregulirte Flussufer einen unfreundlichen Anblick boten".[155]

Da die Eisenbahnreisenden auch im Urlaub die wesentlichen Errungenschaften des bürgerlichen Alltags wie Pünktlichkeit, Sauberkeit, Bequemlichkeit nicht missen wollten, galt die rasche Abstellung „gewisser scheinbar untergeordneter, minder beachteter Übelstände, die nichts desto weniger den Heimischen wie den Fremden unangenehm berühren" als vordringlich. Dazu zählten etwa der miserable Zustand der Straßenverbindung vom Bahnhof in die Stadt oder die „Geruchs-Belästigung [...] vieler heimischen und fremden, mehr oder weniger empfindlichen, massiveren und niedlicheren Nasen und Näschen" durch eine Gerberei im Ledererergäßchen.[156]

Die Beseitigung infrastruktureller Mißstände diente somit stets dem höheren Zweck einer Umgestaltung Salzburgs zum modernen Touristenzentrum. Auf einer programmatischen Ebene verfolgte auch Rudolf Bayers nicht verwirklichter Stadterweiterungsplan von 1861 dieses Ziel, wobei bereits Zeitgenossen „das nivellierende Bestreben, den alten Stadtteil möglichst seiner Eigentümlichkeiten zu entkleiden und demselben das äußere Ansehen einer Saisonstadt aufzudrängen" kritisierten.[157] Auch wurde bemängelt, daß Bayer ausgerechnet zwischen dem „geräuschvollen Bahnhof" und der „schwarzen Wandlinie" des Kapuzinerbergs einen „Stadtteil mit allen künstlichen Attributen des Saisoncharakters" errichten wolle, während „die begüterte Welt" längst „eine leicht erklärliche Vorliebe" für den Süden der Stadt und hier insbesondere für Aigen entwickelt habe.[158] Die Ausgestaltung der ‚Neustadt' mit touristischer Infrastruktur war jedoch wegen der Bahnhofsnähe vorgegeben und prägt das Bild dieses Stadtteils letztlich bis heute. Innerhalb weniger Jahre entstanden auf den Stadterweiterungsgründen einige der damals modernsten Hotels in Österreich und schon Ende der 1860er Jahre hatte der neue Stadtteil die Altstadt auf gastronomischem Gebiet übertroffen.[159]

Den Anfang machte 1861/62 Georg Nelböck mit dem Umbau des alten Schießstattwirtshauses in unmittelbarer Bahnhofsnähe in ein erstrangiges Hotel. Nelböck hatte bereits 1857 sein Hotel zu den „Drei Alliierten" (Getreidegasse 10) an den Elsässer Louis

Hôtel de l'Europe. (SMCA)

Jung verkauft, der selbst große Pläne verfolgte. Jung, „ein unternehmender, mit dem Beispiel vorangehender Mann", errichtete zwischen 1863 und 1865 – möglicherweise nach der architektonischen Grundkonzeption Heinrich Langs, eines Architekten aus Baden-Baden – gegenüber dem Bahnhof das noble „Hôtel de l'Europe" mit 120 Fremdenzimmern, zahlreichen Sälen und Salons.[160] Salzburgs erstes Großhotel wurde „von 150 Gasflammen erleuchtet" und hatte „auf jedem Zimmer einen Telegrafen und auf jedem Corridor ein Sprachrohr". Stolz berichtete die „Salzburger Zeitung", es sei nun auch in Salzburg möglich, sich „mit Behagen den Genüssen eines exquisiten Soupers hinzugeben, wie man es im Rocher de Cancal zu Paris oder im Curhaus zu Baden-Baden nicht feiner und gewählter finden kann".[161] Das in den folgenden Jahrzehnten mehrfach erweiterte Luxushotel behauptete seinen Rang als führendes Haus am Platz bis zum Zweiten Weltkrieg, ehe der Bauboom der 1950er Jahre zum Abriß des bombenbeschädigten Gebäudes und zur dichten Verbauung des großflächigen parkähnlichen Areals führte.

Salzburgs zweites Großhotel aus der Ära der Stadterweiterung, der „Österreichische Hof", existiert dagegen – wenn auch mit zahlreichen Umbauten – noch heute. Sein Bauherr, der für Salzburgs Stadterweiterung so bedeutsame Karl Freiherr von Schwarz, verkaufte das im Mai 1866 eröffnete Haus allerdings wenig später an Karl Irresberger.[162] Schon 1864 hatte Sigmund Hofmann auf den Stadterweiterungsgründen an der Westbahnstraße (heute Rainerstraße) die „Bergerbräu-Bierhalle" errichtet. 1885 ging die Bierhalle an Karl und Babette Pitter über, welche das Etablissement zu einem renommierten Hotel erweiterten. Wollten die eingesessenen Gastwirte und Hoteliers in der Altstadt konkurrenzfähig bleiben, dann mußten sie ihre Betriebe gründlich renovieren. Auch das „Goldene Schiff" (heute Landeshypothekenanstalt am Residenzplatz), vormals das führende Haus am Ort, wurde 1866 „vom Parterre bis zum Dachfirst" einer Modernisierung unterzogen, „sodaß es nunmehr ein vollkommen modernes, comfortables und elegantes Ansehen gewonnen hat".[163]

War die Notwendigkeit des Ausbaues einer zeitgemäßen touristischen Infrastruktur auch unbestritten, an den mit der gründerzeitlichen Stadterweiterung verbundenen Eingriffen in das überkommene Stadtbild schieden sich bereits damals die Geister. Nachdem der bis heute in der Stadtentwicklung virulente Grundwiderspruch zwischen ‚Bewahrung' und ‚Erneuerung' einmal aufgebrochen war, warfen beide Seiten auch touristische Argumente in die Waagschale. In den meisten kontroversen Fällen behaupteten sich freilich die fortschrittsgläubigen ‚Modernisierer', denn hinter der Saisonstadtkonzeption standen einvernehmlich die regionalen Eliten aus Politik und Wirtschaft. Bürgermeister Heinrich von Mertens und der einflußreiche Handelskammerpräsident Franz Zeller meinten übereinstimmend, „daß Salzburg nur als Saisonstadt eine Zukunft hat, daß Salzburg, wie so viele andere Städte in der Schweiz darauf angewiesen ist, von den Fremden zu leben".[164]

Schon glaubte man auch, die „Fremdenwelt Salzburgs" einem eigenen Typus zuordnen zu können: „Nicht um Geschäfte zu machen, nicht um eine Kur zu gebrauchen, sind die zahlreichen Fremden hierher gekommen. ‚Naturgenuß, Vergnügen', das sind

Altes Kurhaus in der Rainerstraße, Postkarte. (SLA)

die Losungsworte, mit denen man in die Alpenstadt einzieht. Es sind nur fröhliche Gesichter, die aus dem einziehenden Omnibus und Postwagen herauslachen. Proprietärs, Banquiers, Rittergutsbesitzer, Rentiers, Lords, Chevaliers, Landwirthe, Fabrikanten, Hausbesitzer, wohlhabende geplagte Leute, die sich von den Vergnügungen der Stadt erholen und in den Bergen neue Kräfte einsammeln, um das Geräusch des Städte- und Geschäftslebens erfrischt vom Neuen wieder ertragen zu können [. . .]."[165]

Weil die begüterten Reisenden des Eisenbahnzeitalters nicht mehr die Romantik des Verfalls suchten, sondern die Schönheiten von Stadt und Landschaft mit einigem „Comfort" konsumieren wollten, stellte sich die Pflege des Stadtbildes als vordringliche Aufgabe. Insbesondere galt es, der Vorliebe des Reisepublikums für das pittoreske Panorama entgegenzukommen und Salzburgs Stadtberge in einen parkähnlichen Zustand zu bringen. Da es Salzburg aber an privaten Mäzenen mangelte, wurde auf Initiative des Malers Josef Mayburger 1863 als Vorläufer des heute noch bestehenden Stadtvereins ein „Stadtverschönerungs-Comité" gegründet, das sich im Dienste des Fremdenverkehrs bemühte, „die ersten weltberühmten Schönheiten Salzburgs, den Mönchsberg und Kapuzinerberg, zugänglicher und genießbarer zu machen".[166]

Die Stadtgemeinde betrachtete die hohen infrastrukturellen Aufwendungen der 1860er und 1870er Jahre stets auch unter der Perspektive einer Tourismusförderung. Ob es sich um die Kanalisierung des Stadtgebiets, den Bau der Fürstenbrunner Wasserleitung oder um die Einführung einer Straßenbeleuchtung mit Gas handelte, stets wurde der Nutzen für den Fremdenverkehr einkalkuliert. Selbst die künftige Situierung des neuen Friedhofs inner- oder außerhalb des verbauten Stadtgebietes präsentierte sich als „Saisonfrage".[167]

Nicht eingeplant war hingegen das Engagement der Stadtgemeinde bei der Finanzierung des Salzburger Bad- und Kurhauses. Angesichts einer allgemeinen Blüte des Bäderwesens wollte Salzburgs Wirtschaftselite Anfang der 1860er Jahre nicht auf den Bau eines „den Anforderungen der Jetztzeit entsprechenden comfortablen Badehauses" samt einem größeren Conversationssaal verzichten. Ein derartiges Etablissement sollte „Centralpunkt der Geselligkeit für Fremde und Einheimische" sein, wo man „auch bei ungünstigem Wetter die geselligen Vergnügungen, wie sie an allen Orten, wo ein größerer Fremdenverkehr statt hat, gewöhnlich sind, genießen könne".[168] Badeanstalt, Kursalon, Kurpark sowie ein Ausstellungsgebäude für Johann Michael Sattlers Panorama der Stadt Salzburg[169] wurden zwischen 1868 und 1872 errichtet und bildeten ein geschlossenes touristisches Ensemble außerhalb der Altstadt, das bis zum Zweiten Weltkrieg Bestand hatte.

Nach den Vorstellungen der Verfechter der ‚Saisonstadt'-Idee sollten Salzburgs Attraktionen ein wohlhabendes Publikum zum Langzeitaufenthalt motivieren. Jahrzehnte hindurch verhinderte jedoch ein krasser Wohnungsmangel, daß „solche Parteien, die zahlen könnten und bereitwillig zahlen" sich eine Sommerwohnung mieteten: „Salzburg hat ein herrliches Badhaus und einen prachtvollen Cursalon, aber keinen Raum, die Fremden unterzubringen, liegt hierin nicht ein schreiender Widerspruch?"[170] Noch gegen Ende des Jahrhunderts waren die Klagen nicht verstummt, die Stadt sei wegen des Wohnungsmangels nur „ein Stapelplatz für Reisende" jener Art, „die man Passanten nennt".[171] Wolle aber Salzburg „ein Saisonort für dauernden Aufenthalt" werden, dann müsse man „für nette und hübsche Sommerwohnungen zu civilen Preisen für die gute Mittelclasse der Fremden und für kleine Villen, richtiger, für eine Cottage-Anlage im schönen Aignerthale sorgen".[172]

Während die Konzeption einer auf Kur- oder Bädertourismus basierenden Sommersaison letztlich scheiterte, zeichnete sich bereits in den 1860er Jahren eine zunächst freilich bescheidene musikalische Sommersaison ab. Seit die regionale bürgerliche Elite Salzburgs 1842 bei der Enthüllung des Mozartdenkmals sowie 1856 anläßlich der Zentenarfeier von Mozarts Geburtstag ihren Anspruch auf die Pflege von Mozarts Erbe bekräftigt hatte, war Salzburgs Image mit dem Namen Mozarts verknüpft. 1863 meldete die „Salzburger Zeitung", „daß fast jeden Sommer glänzende Sterne des deutschen Kunsthimmels wie Commeten hier auftauchen, aber wie Fixsterne hier festgebannt bleiben." Einer von diesen Künstlern war der Geigenvirtuose Joseph Joachim, der im Juli 1863 auf seiner Hochzeitsreise Salzburg besuchte, dann gleich den ganzen Sommer hier verbrachte und eine Reihe öffentlicher und privater Konzerte gab. Um Joachim versammelte sich ein „förmlicher musikalischer Congreß",[173] und es hob Salzburgs Renommee als Musikstadt, daß der Geiger auch die folgenden Sommer in Salzburg verbrachte und schließlich 1876 eine Villa in Aigen baute, wo ihn 1878 Clara Schumann und Johannes Brahms besuchten.[174]

Vorläufer der Salzburger Festspiele waren die acht Salzburger Musikfeste, die von der „Internationalen Mozart-Stiftung" (gegründet 1870) beziehungsweise von der „Internationalen Stiftung Mozarteum" (gegründet 1880) zwischen 1877 und 1910 in unregelmäßigen Abständen veranstaltet wurden. Schon 1888 lobte die „Salzburger-Fremden-Zeitung" rückblickend den Einklang von Musik und Tourismus in der Mozartstadt: „Wo anders als in Salzburg hätte man bei dem Zusammenströmen so vieler Menschen während des Sommers sich das Arrangement internationaler Feste besser denken [...] können als eben hier. Es folgte denn auch vom Jahre 1877 bis auf die verflossene Saison Fest auf Fest, eines das andere an Prunk, Herrlichkeit und gediegener Durchführung übertreffend."[175]

Der Plan, nach dem Vorbild von Bayreuth durch die Wiener Theaterbaumeister Fellner und Hellmer auf dem Mönchsberg ein Mozart gewidmetes Festspielhaus errichten zu lassen, kam allerdings nicht zur Ausführung.[176] Die Musikfeste aber brachten dennoch zum ersten Mal jenen Typus des musikbegeisterten Touristen nach Salzburg, der von der Gründung der Festspiele bis heute als nobler ‚Festspielgast' in hohem Ansehen steht, – ganz im Gegensatz zu den „flüchtigen Zugvögeln, die innerhalb dreier Tage das vorgeschriebene Pensum an Sehenswürdigkeiten absolvieren".[177]

Touristen aus dem Deutschen Reich stellten bereits in den Jahrzehnten vor 1914 das weitaus größte ausländische Besucherkontigent. Am begehrtesten aber waren Gäste aus England und den Vereinigten Staaten. Sie galten als steinreich, die „Anglo-American Bar" im Hôtel de l'Europe genoß daher den Ruf besonderer Exklusivität. Hier spielte „ein wienerisches Quartett langsam singende, schwebende Walzer und amerikanische Märsche". Dazu wurden nicht weniger als siebzig verschiedene ‚Drinks' serviert.[178] Zum Leidwesen der Salzburger Hoteliers stagnierte die Zahl der englischen und amerikanischen Gäste (1912: 1187 Engländer; 2652 Amerikaner) trotz „teurer Reklameaktionen" in den jeweiligen Ländern.

Vom wirtschaftlichen Standpunkt aus gedacht lag es daher nahe, die Attraktivität der Salzachstadt gerade für diese Besuchergruppen zu erhöhen. Am dringlichsten schien die Etablierung regelmäßiger Festspiele, denn so das nüchterne Kalkül der heimischen Tourismusstrategen: „Der englische Lord, der amerikanische Milliardär sind typische Luxusreisende, die bis zum äußersten verwöhnt und anspruchsvoll, wiederum nur solche Orte aufsuchen, wo sie ihren gewohnten Komfort oder solche Veranstaltungen vorfinden, deren Besuch zur Kenntnis von Europa notwendig ist, wie die Passionsspiele von Oberammergau und die Wagneraufführungen von Bayreuth. Durch Veranstaltung von Mozartfestspielen könnte auch Salzburg in die Reihe dieser weltberühmten Orte treten und hoffen, derartiges kapitalkräftiges Publikum wenigstens für kurze Zeit zu fesseln."[179]

Die beiden letzten Musikfeste vor 1914 hatten mit der szenischen Aufführung von „Figaros Hochzeit", „Don Giovanni" und der „Zauberflöte" unter der künstlerischen Leitung von Lili Lehmann sowie einer Reihe von Festkonzerten der Wiener Philharmoniker bereits festspielähnlichen Charakter. Anläßlich des achten Musikfestes im Sommer 1910 wurde außerdem der Grundstein für das Mozarteumsgebäude gelegt, dessen Eröffnungsfeier allerdings dem Kriegsausbruch zum Opfer fiel.[180]

Mehr noch als die in unregelmäßigen Abständen veranstalteten Musikfeste trugen die zahlreichen Bahnbauten der Jahre 1886 bis 1895 dazu bei, daß in der Stadt Salzburg

Plakat der Gaisbergbahn mit Fahrplan 1896. (SMCA)

nach dem Abflauen der Wirtschaftsrezession der 1870er und 1880er Jahre eine Art früher Massentourismus in Gang kam. „Wir kennen zumindest in Österreich keine Provinzstadt gleicher Größe", verkündete die „Fremden-Zeitung" 1891 voll Stolz, „die sich des Besitzes einer Zahnradbahn, einer Drahtseilbahn, eines elektrischen Aufzuges, einer Dampftram und einer Pferdebahn rühmen könnte."[181] Dazu kam 1894 die Salzkammergut-Lokalbahn nach Bad Ischl, welche für den permanenten Zustrom von Sommerfrischlern aus dem Seengebiet sorgte.

Der touristische Aufschwung der 1890er Jahre veranlaßte eine neuerliche Investitionswelle: 1894 wurden das „Hôtel de l'Europe" um einen Flügel erweitert sowie das „Hotel Elektrizitätswerke" (heute Hotel Bristol) auf dem Makartplatz neu errichtet; 1895 entstand das Hotel-Restaurant „Mirabell", und 1896 erfolgte eine Neugestaltung und Erweiterung des „Österreichischen Hofs". Fast alle Hotels und Gaststätten wurden nun mit elektrischem Licht ausgestattet und die Stadtgemeinde sorgte ihrerseits dafür, daß der Eindruck eines wohlgeordneten Gemeinwesens nicht ungebührlich durch Schmutz, Krankheit oder Bettelei getrübt wurde: „Die öffentliche Gesundheits- und Armenpflege ist mustergiltig organisiert: man hört nichts von Epidemien und begegnet im ganzen Stadtgebiet keinem Bettler."[182] Auch für die Unterhaltung der Touristen war gesorgt: zur Auswahl standen tägliche Militärkonzerte, permanente Kunstausstellungen im Künstlerhaus sowie die kunst- und naturhistorischen Sammlungen im Museum Carolino Augusteum, im Mozartarchiv wie auch in Kirchen und Klöstern.[183] 1882 wurde Mozarts Wohnung in der Getreidegasse als Museum neu eingerichtet. Ständigen Besuchs erfreute sich auch das damals noch auf dem Kapuzinerberg situierte ‚Zauberflötenhäuschen'.[184]

Zu Beginn des 20. Jahrhunderts war die Rolle des Fremdenverkehrs als führender regionaler Wachstumssektor allgemein anerkannt. Die Schlüsselrolle im Rahmen des städtischen Wirtschaftslebens spiegelte sich nicht nur in den Fremdenzahlen.[185] Bei der Betriebszählung von 1902 lag das Gast- und Schankgewerbe mit 1239 Beschäftigten vor der Bauwirtschaft an der Spitze aller Wirtschaftszweige.[186]

Salzburg konnte somit am Vorabend des Ersten Weltkriegs auf seine Leistungen im Fremdenverkehrssektor stolz sein. Wesentlich beteiligt am Aufstieg zu einer der führenden ‚Saisonstädte' der Habsburgermonarchie war zweifellos der „Verein zur Hebung des Fremdenverkehrs", der seit seiner Gründung 1887 im Zusammenwirken mit Stadtgemeinde und Landesregierung eine erfolgreiche Interessenspolitik vertreten hatte. Ludwig Zeller, der Präsident der Handelskammer, gab die Linie vor, wenn er 1904 verkündete: „Der Fremdenverkehr verdient größere Unterstützung, denn beim Versiegen anderer Erwerbsquellen bringt er immer wieder Geld ins Land und belebt das Gewerbe."[187] Wie man in den benachbarten Kronländern neidlos anerkannte, war „Salzburg nächst Tirol dasjenige österreichische Alpenland, welches bisher in wirksamster Weise, wie die Einzel-Cantone der Schweiz, zielbewußt auf thunlichste Entwicklung des Fremdenverkehrswesens unter Aufwendung möglichster Opfer mit sichtbarem Erfolg" losgesteuert hatte. Besondere Anerkennung zollte man der Stadt Salzburg, die „ihrer Entwicklung als Fremdencentral-Station […] sehr bedeutende Opfer" gebracht habe.[188]

Nach der Katastrophe des Ersten Weltkriegs und angesichts der Folgen des Zusammenbruchs von 1918 schien das Erreichte zunächst verloren. Die bereits in der unmittelbaren Nachkriegszeit erfolgreich vollzogene Metamorphose von der ‚Saisonstadt' zur ‚Festspielstadt' bescherte der Stadt jedoch bald schon touristische Perspektiven, von denen andere österreichische Städte nur träumen konnten.

Politische und kulturelle Dimensionen der bürgerlichen Gesellschaft

Die österreichischen Städte waren in der zweiten Hälfte des 19. Jahrhunderts Domänen des Bürgertums, das seinen Führungsanspruch auf kommunaler Ebene bis ins Zeitalter der Massenparteien mit Erfolg verteidigte. Ideologisches Fundament der bürgerlichen Herrschaft war zunächst der Liberalismus. Auf seiner Grundlage bildete sich eine Identifikation von ‚Bürgertum' = ‚Stadt' = ‚Fortschritt' heraus,[189] die den Vertretern dieser Gesinnung – verbunden mit einem Bekenntnis zum Deutschtum – im politischen und wirtschaftlichen Handeln ein hohes Maß an Selbstsicherheit und Überzeugungskraft verlieh.

Fortschrittsoptimismus und Modernisierungsstreben kennzeichneten die Grundstimmung der liberalen Ära. Baulicher Abbruch und gesellschaftlicher Aufbruch gingen Hand in Hand.[190] Als 1862 im Zuge der Salzburger Stadterweiterung eines der ersten alten Stadttore demoliert wurde, jubelte das Publikum: „Da stemmte sich ein Thor dem Fortschritt der Neuzeit entgegen, ihm wurde sein Recht."[191] Erwartungsvoll sahen die Bürger das „alte, ehrwürdige, schlichte Salzburg […] seinem Modernisierungsprozesse" entgegenreifen: „Vieles Morsche und Modrige wird zusammenfallen, durch Neues ersetzt werden."[192]

Die vielbeschworene Einheit des Bürgertums als Trägerschicht der Fortschrittsbewegung war letztlich jedoch Fiktion. Auch im rückständigen Salzburg existierte eine homogene bürgerliche Klasse oder Schicht in der zweiten Hälfte des 19. Jahrhunderts längst nicht mehr. Der Begriff ‚Bürgertum' umschreibt vielmehr ein durch Besitz und/oder Bildung vom urbanen Umfeld abgehobenes Konglomerat heterogener sozialer Gruppen, dessen Repräsentanten das politische Szenarium auf kommunaler Ebene prägten.[193]

An der sozialen Zusammensetzung der Führungsschicht änderte sich zunächst dennoch nur wenig. Wie schon in altständischen Zeiten rekrutierte sich der Gemeinderat in den Jahrzehnten nach 1861 hauptsächlich aus einem kleinen Kreis von wohlhabenden Unternehmern und Handelsleuten. An Bedeutung gewonnen hatte lediglich das bildungsbürgerliche Element und nicht selten waren es Angehörige der freien Berufe, die, als junge Männer im Revolutionsjahr 1848 politisch sozialisiert, nun ihre juristische, medizinische oder sonstige Fachkenntnis in den Dienst des kommunalen Fortschritts stellten. Innerhalb des liberalen Establishments gab es zahlreiche persönliche und verwandtschaftliche Querverbindungen, so daß der Eindruck einer kleinen, in sich geschlossenen Führungsschicht vorherrscht. Einige Angehörige des Bildungsbürgertums stammten selbst aus dem engen Kreis der eingesessenen und miteinander verwandten bzw. verschwägerten Familien des gehobenen Handelsstandes, wie etwa den Familien Zeller, Duregger, Biebl, Spängler, Gessele und Haagn. Andere wiederum beförderten ihren sozialen Aufstieg durch Einheirat in eine dieser alten Familien, wie etwa der Arzt und spätere Bürgermeister sowie Landeshauptmann Albert Schumacher, der eine Tochter des Feigenkaffeefabrikanten Franz Zeller geheiratet hatte.[194] Gemeinsam war den Angehörigen dieser Schicht eine durch bildungsbürgerliche Ambitionen geprägte Lebenshaltung.

Wohlhabendes Besitz- und Bildungsbürgertum stellte somit die Entscheidungselite und gab Maßstäbe und Maximen für das städtische Regiment vor.[195] Die liberale Elite war zwar fortschrittsgläubig, kultivierte zugleich aber einen Habitus von Bürgerlichkeit, der sich aus zu dieser Zeit bereits funktionslosen ständischen Konventionen und Idealen herleitete. „Altpatricische" Bürgertugenden wie Fleiß, betonte geschäftliche Seriosität anstatt „gewagter Speculationen" sowie ein allen Äußerlichkeiten abholder „Bürgerstolz" kennzeichneten nach wie vor den Lebensstil dieser Generation. Beispielhaft für diesen Typus waren die Bürgermeister Ignaz Harrer und Rudolf Biebl. So verzichtete der Notar Harrer auf das mit Verleihung des „Ordens der Eisernen Krone II. Klasse" verbundene Recht auf Nobilitierung, und zwar „aus Bescheidenheit, oder besser gesagt, aus echter Vornehmheit, die im Bewußtsein der guten Tat nicht nach äußeren Ehren geizt".[196] Albert Schumacher war diese Zurückhaltung nicht mehr eigen. „In Anbetracht des Umstandes, daß vielleicht einem seiner Kinder ein Vorteil daraus erwachsen könnte", stimmte Schumacher 1909 seiner Erhebung in den Ritterstand nach einigem Zögern doch zu.[197]

Weit zahlreicher als die schmale liberale Oberschicht war der ‚alte' Mittelstand, also die seit dem Wegfall der Zunftschranken im Zuge der Gewerbereformen vielfach vom sozialen Abstieg bedrohte Handwerkerschicht. Ihr Lebensstil unterschied sich von alters her von jenem des Handelsstandes. Während man in der Handwerkerfamilie, berichtet der Goldschmied Eligius Scheibl, „abends am Tisch saß und den Kindern, Lehrlingen und Gesellen aus der Legende" vorlas, hob sich der Handelsstande „in seinem Gehaben […] geradezu vornehm" ab.[198] Die Vorstellung von der Existenz eines einheitlichen Standes von „Bürger-Patriziern" war jedoch gerade im Handwerk noch bis in die zweite Hälfte des 19. Jahrhunderts lebendig : „Bei der Arbeit in aufgesteckten Hemdsärmeln, den Lederschurz vorgebunden, konnte sich der Bürger [d. h. der Handwerker, Anm. d. V.] dennoch an Sonn- und Feiertagen den anderen Ständen gegenüber gar wohl sehen lassen."[199]

Seitdem jedoch das Leben im Handwerk „nicht mehr still und ruhig im Geleise des täglichen fleißigen Schaffens"[200] dahinfloß wie vordem in zünftigen Zeiten, verlor sich das Bewußtsein von der Interesseneinheit des ‚Bürgerstandes' über kurz oder lang. Während die flexiblen und weltoffenen Kaufleute einem von liberaler Gesinnung geprägten Fortschrittsoptimismus anhingen, wurden zahlreiche Kleingewerbetreibende von Existenzängsten geplagt.

Der entscheidende Impuls zur sozialen und politischen Fraktionierung des Bürgertums ging von der Wirtschaftskrise der 1870er und 1880er Jahre aus. Das wirtschaftli-

Theodor J. Ethofer, Café Bazar, 1908. (SMCA)

che Versagen des Liberalismus führte den ‚alten' Mittelstand in das katholisch-konservative Lager, während die aufstrebenden ‚angestellten Mittelschichten' ins deutschnationale Fahrwasser gerieten. In der Stadt Salzburg löste sich unter dem Druck der wirtschaftlichen Verhältnisse zunächst ein Teil der Kleingewerbetreibenden aus der liberalen Bevormundung und wandte sich seit der Mitte der 1870er Jahre dem politischen Katholizismus zu.[201] Der endgültige Zusammenbruch der Vorherrschaft des liberalen Großbürgertums erfolgte freilich erst Mitte der 1890er Jahre unter dem Ansturm der „Vereinigten Christen", eines Zweckbündnisses von klerikalem und deutschnationalem Kleinbürgertum. Dieser politische Erdrutsch war Ausdruck eines Wandels der städtischen Sozial- und Wirtschaftsstruktur, eines langfristigen Prozesses, der sich auf kommunalpolitischer Ebene vor allem in einer überproportionalen Zunahme der Wählerzahl im dritten – dominant kleinbürgerlichen – Wahlkörper spiegelte.[202]

Auf lange Sicht waren dem Aufstieg des klerikalen Lagers allerdings enge Grenzen gesetzt. Auch als die christlichsoziale Bewegung um 1900 die Nachfolge des „Katholischpolitischen Volksvereins" antrat,[203] erweiterte sich die soziale Basis des klerikalen Lagers im städtischen Umfeld nur unwesentlich über das gewerbliche Kleinbürgertum hinaus. Wie der Färbermeister und spätere christlichsoziale Bürgermeister Josef Preis berichtet, zählte die junge Partei im Salzburger Bürgertum anfangs nur wenige Anhänger, da „sich der kleine Mann vor dem wirtschaftlichen Boykott der allgewaltigen Größen jener Zeit (in einer kleinen Stadt hatte man ja die Gesinnung des einzelnen ziemlich bald herausgefunden) fürchtete".[204] Dazu kam die Skepsis der katholisch-konservativen Parteiführer gegenüber der großstädtischen Lueger-Partei, die ihrer Ansicht nach nicht in die Provinzstadt Salzburg paßte.[205] Bemerkenswerte Ausnahmen innerhalb der hauptsächlich kleinbürgerlichen Klientel des politischen Katholizismus waren u. a. die renommierten Baumeister bzw. Architekten Jakob Ceconi und Paul Geppert d. Ä.[206]

Wesentliche Teile des städtischen Bürgertums entzogen dem Liberalismus seit der Mitte der 1880er Jahre das Vertrauen, ohne sich dem politischen Katholizismus anzuschließen. Speerspitze des Aufstandes gegen das liberale Besitzbürgertum war der ‚neue' Mittelstand, der sich vor allem aus aufstrebenden jungen Akademikern, Beamten, Angestellten, Handlungsgehilfen etc. rekrutierte. Ideologisches Fundament dieser Bewegung war ein radikaler Deutschnationalismus und Antisemitismus, der sich an den Ideen Georg Ritter von Schönerers orientierte.[207] Letztlich wurden die liberalen Positionen aber weder von den katholischen Kleingewerbetreibenden noch von der radikal deutschnationalen Intelligenz übernommen. Das kommunalpolitische Erbe der liberalen Elite trat vielmehr der „Bürgerklub" an, eine neue politische Gruppierung, die sich vor allem aus aufstrebenden und zum Teil zugewanderten Gewerbetreibenden rekrutierte, welche die Gunst der Hochkonjunktur in den beiden letzten Vorkriegsjahrzehnten zu nutzen wußten. Die neue Elite deklarierte sich zwar als „deutschfortschrittlich", räumte ihren materiellen Interessen jedoch stets den Vorrang vor ideologischen Grundsätzen ein. Primäres Ziel des „Bürgerklubs" war eine Förderung der Privatwirtschaft durch umfangreiche kommunale Investitionen.[208]

Die altliberale Honoratiorenschicht empfand zwar Genugtuung über den raschen Niedergang ihrer klerikalen und deutschnationalen Widersacher, kommentierte den vom „Bürgerklub" in Gang gesetzten Modernisierungsprozeß jedoch mit Verbitterung: „Was kümmerte diese Leute die Schönheit der Stadt, wenn ihnen nur die Stimmen der Haus- und Bodenbesitzer, sowie der vielen Greisler und Wirte sicher blieben." Und anläßlich der umstrittenen Errichtung des Justizgebäudes am Kajetanerplatz: „Man möchte blutige Tränen weinen, wenn man zusehen muß, wie die Fremdlinge mit unserem alten Salzburg verfahren."[209]

Die gesellschaftliche Kluft zwischen alter und neuer städtischer Führungsschicht wurde nur langsam überbrückt. Unterschwellig blieb sie noch über Jahrzehnte spürbar. Kulturelle Reservate der alten Führungsschicht waren unter anderem die „Gesellschaft für Salzburger Landeskunde" und die „Internationale Stiftung Mozarteum". Äußerlich flachten die Gegensätze zwischen liberal, deutschnational und deutschfortschrittlich/freiheitlich schon vor der Jahrhundertwende allmählich ab.[210] Während der Badenikrise 1898/99 bestand vorübergehend sogar politischer Einklang. Mit Ausnahme der radikal deutschnationalen Schönerianer, die den österreichischen Staat grundsätzlich ablehnten, stand das städtische Bürgertum vor dem Ersten Weltkrieg in „deutscher Treue" an den „Stufen des Allerhöchsten Thrones".[211]

Nicht integriert in die bürgerliche Vorkriegsgesellschaft waren Salzburgs Juden. Wirtschaftlich zwar durchaus erfolgreich, an Zahl aber zu gering, um aus sich heraus – wie etwa in Wien – ein eigenständiges kulturelles Milieu zu bilden, bot ihnen nur der Rückzug in den religiösen oder religionsnahen Bereich „eine gewisse Kompensation für die sonst fehlenden Kulturkontakte und das Leben in gegnerischer Umwelt".[212] Spätestens seit dem Ende der hochliberalen Ära hatte sich der Antisemitismus – über die Parteigrenzen hinweg – als integraler Bestandteil des bürgerlichen Grundkonsenses etabliert, was sich etwa in einer fast lückenlosen Ausgrenzung der Juden vom bürgerlichen Vereinswesen manifestierte. Rühmliche Ausnahmen waren nur die „Gesellschaft für Salzburger Landeskunde" sowie der „Salzburger Kunstverein".[213]

Auch Salzburgs Protestanten waren im Grunde ‚Eindringlinge' in ein geschlossenes katholisches Umfeld. Anders als die jüdischen Zuwanderer sahen sie sich aber vom gesellschaftlichen Leben nicht ausgegrenzt. Ihre Intergrationsbemühungen stießen beim liberalen Bürgertum ganz im Gegenteil auf Entgegenkommen. Bestrebt, der beherrschenden Position der katholischen Kirche in Staat und Gesellschaft demonstrativ entgegenzutreten, förderte der Salzburger Gemeinderat Gründung und Kirchenbau der Evangelischen Pfarrgemeinde in den 1860er Jahren nach Kräften.[214] Bemerkenswert stark war das kommunalpolitische Engagement der Protestanten: die kleine evangelische Gemeinde – sie zählte nur 240 Mitglieder – stellte 1863 bereits vier von dreißig Gemeinderäten.[215]

Salzburgs Protestanten stammten überwiegend aus Deutschland oder kamen – wie z. B. Tobias Trakl, der Vater des Dichters Georg Trakl – aus den protestantischen Regionen Ungarns. Eine ‚einheimische' Komponente gewann der Salzburger Protestantismus erst im Jahrzehnt 1900/1910, als hunderte deutschnationale Konvertiten im Zuge der

‚Los von Rom'-Bewegung eine Umstrukturierung des ‚altprotestantischen' Milieus bewirkten. Mit 1391 Mitgliedern bzw. vier Prozent der städtischen Bevölkerung repräsentierte die protestantische Gemeinde um 1910 dennoch nur eine kleine Minderheit im nach wie vor dominant katholischen städtischen Umfeld.[217]

Die Übertrittsbewegung zum Protestantismus entsprang keiner religiösen Motivation, sie war vielmehr Symptom einer weit vorangeschrittenen Entchristianisierung von Teilen der bürgerlichen Gesellschaft. Seit der Jahrhundertwende eskalierte der ‚Zweite Kulturkampf' zwischen ‚freisinnigem' Bürgertum und katholischer Kirche bzw. dem sich um sie scharenden katholischen Milieu. Zwar blieben die gängigen kirchlichen Rituale wie Taufe, Trauung und religiöse Erziehung der Kinder integrale Bestandteile der bürgerlichen Lebenswelt. An der Beachtung darüber hinausgehender kirchlicher Normen schieden sich jedoch die Geister: nur ein Drittel der Männer in der Stadt Salzburg beteiligte sich 1899 an der Osterkommunion, „eine verblüffende Parallelität zum Stimmenanteil ‚katholischer' Gemeinderatskandidaten".[218]

Die katholische Kirche ging unter dem Banner des Antimodernismus in die gesellschaftspolitische Offensive. Im Zentrum der Auseinandersetzung standen – wie schon in der liberalen Ära – Fragen der Schul- und Bildungspolitik, wobei die Universitätsfrage dem Kulturkampf in Salzburg besondere Brisanz verlieh. In der Abwehr der vom „Katholischen Universitätsverein" forcierten Errichtung einer konfessionellen Universität fanden alle Fraktionen des deutschbürgerlichen Milieus zu ungewohnter Geschlossenheit zusammen. Sammelbecken der antiklerikalen Aktivitäten war der 1901 gegründete „Salzburger Hochschulverein", der ab 1903 – in Vorgriff auf eine staatliche ‚deutsche' Universität – regelmäßig während einiger Sommerwochen „Hochschul-Ferialkurse" veranstaltete. Hatte bei der Eröffnungsveranstaltung noch die Elite der deutschen Sozialwissenschaft den Glanz internationaler Spitzenwissenschaft nach Salzburg gebracht, so verflachten die Ferialkurse in den Folgejahren zu alldeutschen und antiklerikalen Agitationsveranstaltungen.[219]

Im Welt- und Selbstverständnis der bürgerlichen Gesellschaft rangierte – als Erbe der Aufklärung – Bildung vor Religion,[220] und auch in der provinziellen Enge Salzburgs nahmen Wissenschaft und Kunst spätestens seit der liberalen Ära einen zentralen Platz im bürgerlichen Leben ein. Noch fehlte der Stadt freilich ein eigenständiges kulturelles Profil: zur Ausbildung eines regionalen wissenschaftlichen Kraftfeldes hätte es zum einen einer Universität bedurft; zum anderen fehlten in der Kleinstadt Salzburg jene wirtschaftlichen, intellektuellen und künstlerischen Ressourcen, die in den urbanen Zentren die ästhetische Kultur beflügelten. Zwar bildete sich auch im „brav provinzlerischen, verschlafenen und verfressenen Touristenstädtchen"[221] Salzburg ein spezifisch bürgerlicher Kunst-, Musik- und Literaturbetrieb heraus. Angeordnet um das heimische Vereinsleben (Liedertafel, Kunstverein etc.), blieben Kunstschaffen und -ausübung aber zumeist den jeweils „bereits veralteten kulturellen Formen der Zentren" verhaftet.[222]

Hatte die regionale Kultur der Gründerzeit immerhin eine hohe Rezeptionsbereitschaft gegenüber der damals modernen metropolitanen Kultur ausgezeichnet – man denke an die begeisterte Aufnahme von Architektur und Malerei des Historismus oder

der Musik Richard Wagners – so reagierte das Provinzbürgertum auf den künstlerischen Aufbruch in die Moderne mit schroffer Ablehnung. Ein Hang zum Epigonenhaften wenn nicht gar Philiströs-Engen kennzeichnete um die Jahrhundertwende den populären Geschmack. Im Bereich der Architektur etwa dominierte nach wie vor ein flacher historistischer Eklektizismus, gegen den sogar die betont regionalistische Heimatschutzarchitektur nur mühsam aufkam. Auch in der Malerei dominierte das Mittelmaß. In der Kunstgeschichte Salzburgs klafft zwischen den Polen Hans Makart und Anton Faistauer eine empfindliche Leerstelle, und „erst die nach dem Ersten Weltkrieg eilig zusammengetrommelte Künstlergruppe ‚Der Wassermann' beendigte die dem 19. Jahrhundert bis zum Jahr 1919 eingeräumte Galgenfrist".[223] Nicht viel anders war die Situation auf literarischem Gebiet, sieht man von der Ausnahmeerscheinung des Bürgersohns Georg Trakl (1887 bis 1914) ab, dem es als einzigem Salzburger Künstler jener Ära gelang, „aus der Provinz in die Zone der künstlerischen Avantgarde vorzustoßen".[224] Der Preis war freilich hoch: Entfremdung vom Herkunftsmilieu, gesellschaftliche Isolation und materielle Schwierigkeiten umschatteten den kurzen Lebensweg des großen Lyrikers.

Bedeutendste kulturelle Institution war zweifellos das Stadttheater (heute Landestheater), das in künstlerischer Hinsicht freilich nicht einmal den bescheidenen Ansprüchen der regionalen Bildungselite genügte.[225] Im Spielplan überwog die seichte Unterhaltung, denn allein Operetten und Komödien garantierten ein volles Haus. Eine zukunftsweisende Ausnahme im kulturellen Alltagsbetrieb stellte nur das Musikleben dar, das – herausgewachsen aus der bürgerlichen Musikpflege des Biedermeier – zu qualität-

Theodor J. Ethofer, Tomaselli-Kiosk, Öl auf Holz, 1907.   *(SMCA)*

voller Traditionspflege unter breiter Publikumsanteilnahme gefunden hatte. Von den Mozart-Musikfesten der letzten Vorkriegsjahrzehnte und der weltläufigen Aktivität der „Internationalen Stiftung Mozarteum" spannt sich bereits der Bogen hin zu den Festspielen der Zwischenkriegszeit.[226]

Die ‚freie Gemeinde' als Grundlage des ‚freien Staates': Gemeindepolitik zu Beginn der liberalen Ära (1860–1869)

Auf die Entfaltung des Systems der bürgerlichen Gemeindeverwaltung in den Revolutionsjahren 1848/49 war ein Jahrzehnt neuerlicher behördlicher Unterdrückung gefolgt. Eine Wiederbelebung des 1850 unterbundenen konstitutionellen Lebens zeichnete sich auf Gemeindeebene erst nach der militärischen Niederlage des bürokratisch-absolutistischen Regimes im Jahr 1859 ab. Ungelöste innere Gegensätze und enorme Staatsschulden veranlaßten eine teilweise Abkehr vom zentralistischen Verwaltungssystem und die Einbindung des vermögenden Industrie- und Finanzbürgertums in ein System abgestufter Mitverantwortung. Den halbherzigen Beginn einer Umgestaltung des Staatswesens auf verfassungsmäßiger und förderalistischer Grundlage machte das Oktoberdiplom 1860. Am 26. November wurden schließlich Gemeinderatswahlen nach dem Provisorischen Gemeindegesetz von 1850 ausgeschrieben.[227]

Ähnlich wie schon 1848 übernahm der Salzburger Gemeinderat auch 1860 in seiner Funktion als bedeutendste Repräsentativkörperschaft im Lande die Initiative. Da der „Gemeinderath [...] nicht mehr das Vertrauen der Bewohner Salzburgs" genoß,[228] wurde nach dem Vorbild von Graz am 19. November die Selbstauflösung des seit 1850 im Amt befindlichen Gremiums beschlossen.[229] Als der neue Staatsminister Anton von Schmerling in seinem Regierungsprogramm vom Dezember 1860 neben der Neuwahl der Gemeindevertretungen auch die Wiederherstellung der kurz zuvor aus Ersparnisgründen aufgelösten Salzburger Landesregierung sowie die Einrichtung einer eigenen Landesvertretung ankündigte, war der Jubel in Salzburg groß: „Die kühnsten Wünsche der aufrichtigen Patrioten sind erfüllt, Vertrauen und Zuversicht wieder in die Gemüther zurückgekehrt. Österreich ist in die Reihe der Rechtsstaaten eingetreten und hat nicht mehr Ursache, mit Neid auf seine Nachbarländer hinzublicken."[230]

Rege Agitation im Vorfeld der Salzburger Gemeinderatswahlen sollte die breite Masse der politisch indifferenten Bürger zur Teilnahme am „constitutionellen" Leben veranlassen. Wenn die „freie Gemeinde die Grundlage des freien Staates sein soll", verkündete das liberale Wahlkomitee, dann muß „nothwendig die Leitung der Gemeindeangelegenheiten in die Hände freier Männer gelegt werden, deren Charakter die Bürgschaft gibt, daß sie die Kommune nach Innen weise verwalten, nach Außen würdig vertreten". Unter „freien Männern" waren insbesondere jene Männer gemeint, „die bei möglichst unabhängiger Stellung in der Gesellschaft mit der nöthigen Einsicht und Erfahrung,

Heinrich Ritter von Mertens, Bürgermeister von 1861 bis 1872. (SMCA)

auch Bürgersinn und reges Interesse für das geistige und materielle Gedeihen ihrer Vaterstadt verbinden".²³¹

Damit meldete die wohlhabende und daher ‚unabhängige' städtische Oberschicht ihren politischen Führungsanspruch unmißverständlich an. Anders als in den Jahren 1849/50 erregte das undemokratische Dreiklassenwahlrecht nun keinen Anstoß mehr.²³² Die Wahlbeteiligung war überaus rege. Von 1112 Wahlberechtigten gaben 828 ihre Stimme ab.²³³ Verglichen mit der geringen Anteilnahme bei den Ergänzungswahlen späterer Jahre war der ‚Reiz des Neuen' im Jänner und Februar 1861 offenbar groß. In der liberalen Wiener „Neuen Freien Presse" zeigte man sich vom Wahlergebnis allerdings nicht sonderlich beeindruckt. Salzburg besitze „nicht eben einen großen Überfluß an freisinnigen und intelligenten Männern". Die Mehrzahl der neugewählten Gemeinderäte, so heißt es weiter, sei „wohl kaum je in Gefahr gekommen, liberaler Ideen beschuldigt zu werden". Dennoch seien im neuen Gemeinderat „ziemlich alle Parteien und Nuancen der hiesigen Bevölkerung vertreten, von der entschieden liberalen Partei bis zur ultrareactionären und ultramontanen, und vielleicht sogar im richtigen numerischen Verhältnisse". Zehn der neuen Gemeinderäte stufte der Salzburger Korrespondent des Blattes als der „Fortschrittspartei" nahestehend ein, und das seien immerhin „mehr als im früheren Rathe der Commune saßen".[234]

Auch die Staatsbehörden waren letztlich mit dem Wahlergebnis zufrieden: 18 der neugewählten Gemeinderäte wurden in einem amtlichen Kommentar als „conservativ", sechs als „gemäßigt liberal" und ebenso viele als „liberal" eingestuft.[235] Als Anzeichen einer unterschiedlichen politischen Ausrichtung der einzelnen Wahlkörper könnte man deuten, daß vier der sechs „liberalen" Gemeinderäte (darunter Rudolf Biebl und Matthias Gschnitzer) in der dritten Kurie gewählt wurden, während sieben der zehn vom ersten Wahlkörper bestimmten Gemeinderäte als „conservativ" galten. Zum neuen Bürgermeister wurde am 18. Februar 1861 mit 28 von 30 Stimmen Heinrich Ritter von Mertens gewählt. Mertens, der Wien 1848 aus politischen Gründen verlassen hatte und vor der Polizei nach Salzburg ausgewichen war, galt als „gemäßigt liberal".[236]

Von dieser Etikettierung einzelner Kandidaten durch Presse und Behörden läßt sich noch nicht auf die Existenz verschiedener Parteien im heutigen Sinn schließen. Der spätere Gegensatz zwischen ‚klerikal-konservativ' und ‚liberal' war 1861 keineswegs ausgeprägt. Die Begriffe ‚conservativ' und ‚liberal' umschrieben vielmehr divergierende Anschauungen innerhalb des liberalen Lagers über Form und Inhalt „constitutioneller" Politik. Über das grundsätzliche Bekenntnis zum Konstitutionalismus herrschte Einigkeit: einer der ersten Beschlüsse des Gemeinderates galt daher der Wiederherstellung der Öffentlichkeit von Gemeinderatsverhandlungen.[237]

Noch schienen die konstitutionellen Errungenschaften nicht endgültig gesichert. Mit Sorge konstatierte die kleine Gruppe kommunalpolitisch aktiver Bürger eine zunehmende Apathie unter den Wahlberechtigten. 1862 beteiligten sich nur 49 von über 600 Wahlberechtigten an der Kandidatenauswahl des zweiten Wahlkörpers,[238] und 1863 sah sich der ehemalige Bürgermeister Gschnitzer angesichts der äußerst geringen Beteiligung an den Gemeinderatsergänzungswahlen zur „wohlgemeinten Mahnung an unsere Mitbürger" veranlaßt, „daß jeder, der unseren gegenwärtigen Institutionen ehrlich ergeben ist und nicht die Rückkehr zum Absolutismus will, seine politischen Rechte ausübe und dabei wohl bedenke, daß er mit dieser Ausübung nur seine politische Pflicht thut".[239]

Während die politische Elite – also „die Leiter jener kleinen Clubbs, welche die Geschichte der Stadt leiten"[240] – von der straff geführten ersten Wählerkurie aus zielbewußt die wesentlichen Entscheidungen vorbereitete, blieb die dritte Kurie „unentschlossen, unthätig, mißtrauisch gegen die Intelligenz und gegen sich selbst, uneinig und unklar in ihren Absichten".[241] Die Interessenslage der vielfach vom sozialen Abstieg bedrohten Handwerker, Krämer und ‚Bodenbesitzer' war freilich andersgeartet als die der liberalen Honoratiorenschicht. Da es ihr jedoch an eigenen Kandidaten mangelte, entsandte die dritte Kurie überwiegend Angehörige der beiden höherbesteuerten Wahlkörper in den Gemeinderat. Das Interesse an der Wahl war folglich gering: an einer Stichwahl im Jahr 1866 beteiligten sich zum Beispiel nur 22 von 277 Wahlberechtigten des dritten Wahlkörpers.[242]

Der Salzburger Gemeinderat sah sich nicht nur auf Gemeindeebene als Hüter des Konstitutionalismus. Der Jahrestag der „Reichsverfassung" vom 26. 2. 1861 („Februarpatent") wurde in den darauffolgenden Jahren jeweils mit großem Aufwand gefeiert. Nach liberaler Ansicht war es „Pflicht für jeden, der es mit der verfassungsmäßigen Freiheit gut meint, diesen Gedenktag zu feiern, gleichgiltig ob er mit den bisherigen Erfolgen zufrieden sei oder nicht".[243] Noch war das Verhältnis zur staatlichen Obrigkeit keineswegs friktionsfrei. Demonstrativ begrüßte Bürgermeister Mertens den Kaiser bei einem Salzburgbesuch im August 1863 als „unseren konstitutionellen Kaiser". Franz Joseph verwahrte sich im Ministerrat gegen diesen Affront, da er „wohl aus eigener Machtvollkommenheit die Verfassung verliehen habe und dieselbe auch getreu halten werde, doch keineswegs aber die Krone aus dem Titel der Verfassung besitze".[244]

Von überregionaler politischer Tragweite war die „Loyalitäts-Adresse" des Gemeinderates an den Kaiser vom 7. Juli 1866, die den Monarchen zur „schleunigste(n) Einberufung" der durch kaiserliches Gesetz seit September 1865 lahmgelegten Reichsvertretung aufforderte.[245] Unter dem Eindruck der österreichischen Niederlage bei Königgrätz stellte sich Salzburg damit an die Spitze jener Kräfte, die eine Wiederherstellung des Verfassungslebens forderten. Wien, Graz und andere Städte folgten dem Salzburger Schritt erst mit einigem zeitlichem Abstand.[246] Der Kaiser verstand das Signal, ließ den Salzburgern aber ausrichten, daß sie mit ihrer „Loyalitäts-Adresse" das durch die Gemeindeordnung begrenzte Tätigkeitsfeld überschritten hätten.[247]

Die Verdrängung der Habsburgermonarchie aus Deutschland als Folge von Königgrätz stürzte die liberalen Bürger der „teutschest gesinnten Stadt Österreichs"[248] in tiefe Depression. Nach Jahren der Euphorie – Salzburg hatte sich seit 1860 zu einem Zentrum gesamtdeutscher Festkultur entwickelt[249] – und der Hoffnung auf eine Einbindung Österreichs in einen deutschen Einigungsprozeß auf föderativer Grundlage stellte sich nach dem ‚Bruderkampf' die bange Zukunftsfrage: „Entweder wir glauben nicht mehr, oder wir wünschen nicht mehr, oder wir getrauen uns nicht mehr deutsch zu sein." Die Antwort – formuliert von einem Mitglied der Liedertafel – lautete selbstverständlich: „Das dürfte wohl nur eine verschwindende Minorität [. . .] sein, die sich so sehr dem Glauben an die Ewigkeit diplomatischer Verträge hingibt, daß sie Sprache, Sitte und eines unserer kostbarsten geistigen Güter, das Lied, als verloren aufgeben, weil der Staat, dessen Bürger wir sind, nicht in ein Bundesverhältnis" zu Deutschland treten darf.[250]

Zwei wesentliche Gegenstandsbereiche dominierten das erste Jahrzehnt liberaler Kommunalpolitik in der Stadt Salzburg. Neben der Durchführung der Stadterweiterung, die bereits an anderer Stelle behandelt wurde,[251] stand die Neuorganisation der Gemeindeverwaltung auf der Grundlage des Reichsgemeindegesetzes von 1862 im Vordergrund der Geschäftstätigkeit des Gemeinderates.[252] Vor allem hatte sich nunmehr der liberale Grundsatz einer autonomen Finanzgebarung der Gemeinden durchgesetzt. In langfristiger Perspektive handelte es sich hierbei freilich um ein Danaergeschenk, das entscheidend zum partiellen Versagen des österreichischen Systems der Gemeindeselbstverwaltung gegen Ende des 19. Jahrhunderts beitragen sollte.[253]

Nach der Intention des Gemeindegesetzes sollten die Ausgaben im Regelfall aus dem Ertrag des Gemeindevermögens bestritten werden. Diese Annahme stand jedoch bereits zur Zeit der Kodifizierung der Gemeindeordnungen in den 1860er Jahren im Widerspruch zur Realität. So hatten die Städte nicht nur die infrastrukturellen Erfordernisse des rasanten Urbanisierungsprozesses zu bewältigen, auch die Überbürdung mit ehemals staatlichen Kompetenzen kam hinzu. 1866 löste die Wiener Regierung aus Ersparnisgründen in einigen Städten – darunter Salzburg – die k. k. Polizeidirektionen auf und übertrug die ‚lokalpolizeilichen Geschäftszweige' den jeweiligen Gemeindeverwaltungen.[254] Da dieser Schritt aus sicherheitspolitischen Überlegungen in den größeren Städten nicht vollzogen wurde, sahen sich gerade die finanzschwachen mittleren und kleinen Statutarstädte im eigenen Wirkungsbereich mit kostenaufwendigen Kompetenzen belastet.[255] Insgesamt nahm das Mißverhältnis zwischen den Aufgaben der Selbstverwaltung und der finanziellen Leistungskraft der Kommunen bis 1918 ständig zu.[256]

Die Übernahme staatlicher Agenden zog auch in Salzburg den Aufbau einer von rechtskundigen Gemeindebeamten geleiteten kommunalen Bürokratie nach sich. Als besonders aufwendig erwies sich in der Ära der Stadterweiterung die Handhabung der Baupolizei auf der Grundlage der (bis 1938 gültigen) Bauordnung von 1873. Dazu kam seit 1862 die autonome Verwaltung des beträchtlichen Vermögens der städtischen Stiftungen, was letztlich die Vereinigung von Gemeindekassa und Stiftungsverwaltung zu einem gemeinschaftlichen Kassenorgan notwendig machte.[257]

Ständiger Konfliktstoff ergab sich aus dem im Reichsgemeindegesetz von 1862 festgelegten Kontrollrecht von Landtag und Landesausschuß über die kommunale Finanzgebarung, das den finanzpolitischen Handlungsspielraum der Gemeindeverwaltung beträchtlich einengte.[258] Bald schon wurde der Vorwurf laut, der Landesausschuß „bevormunde die Gemeinde mehr als es die Regierung gethan habe".[259]

Gespalten war die Meinung des Gemeinderates in der Frage des politischen Ehekonsenses, also des Rechtes der Gemeinden auf Ehebewilligung. Zwar widersprachen staatliche Eingriffe in die Privatsphäre im Grunde der liberalen Doktrin. Im Besitzbürgertum überwog jedoch die Sorge vor einer ungehemmten Vermehrung des Proletariats und damit einer Zunahme der Armenlasten. Als das liberale Abgeordnetenhaus 1863 für die Aufhebung des Ehekonsenses stimmte, das konservative Herrenhaus den Gesetzentwurf jedoch ablehnte, stand die Mehrheit des Gemeinderates auf der Seite des Herrenhauses. Voll Entrüstung berichtet ein städtischer Rechtsbeamter, daß „in Anhoffung der Aufhebung des Ehekonsenses Gassenkehrer und dergleichen Leute sich schon zu verehelichen beabsichtigen".[260] Die endgültige Aufhebung des politischen Ehekonsenses erfolgte in Stadt und Land Salzburg erst in den 1880er Jahren.[261]

Gemeindestatut und Gemeindewahlordnung von 1869

Wechselseitiges Mißtrauen kennzeichnete das Verhältnis zwischen Gemeinden und Staat in den 1860er Jahren und es dauerte beinahe ein Jahrzehnt, ehe das Gemeindewesen auf einem festen Fundament stand.[262] Auch in Salzburg blieb die provisorische Gemeindeordnung von 1850 zunächst weiter in Kraft. Diese Verzögerung war vom Gemeinderat beabsichtigt, sollten doch vor der Ausformulierung eines neuen Statuts zunächst einmal praktische Erfahrungen gesammelt werden. Außerdem schien es zweckmäßig, den vorläufigen Abschluß der österreichischen Verfassungsentwicklung abzuwarten, welcher schließlich mit dem Staatsgrundgesetz von 1867 erreicht wurde.[263] Somit erfolgte die bis 1918 gültige Definition der kommunalen Selbstverwaltung für die Stadt Salzburg erst im „Gemeinde-Statut" von 1869 und der ihr angeschlossenen Gemeindewahlordnung.[264]

Zum einen definierte das neue Gemeindestatut die Durchführung der Selbstverwaltung und den Wirkungskreis der Gemeinde, d. h. vor allem die autonomen wirtschaftlichen Befugnisse der Stadtgemeinde. Demnach konnte der Gemeinderat im Bedarfsfall durch die Aufnahme von Darlehen oder die Einhebung von ‚Gemeindeumlagen', d. h. von Zuschlägen zu den direkten Steuern und zur Verzehrungssteuer, zusätzliche Mittel beschaffen.[265] Sowohl die Darlehensaufnahme als auch die Einhebung von Zuschlägen bedurften jedoch, sofern ein bestimmtes Limit überschritten wurde, der Zustimmung von Landesausschuß bzw. Landtag, was nicht selten zu politischen Komplikationen führte. Dazu kamen seit 1875 noch verschiedene Arten von Gebäudesteuern (Hauszinssteuer, Hausklassensteuer etc.), deren Anteil an der gesamten Besteuerung in Salzburg ständig zunahm.

Das neue Gemeindestatut regelte zum anderen die rechtliche Stellung der Bewohner der Stadt. Besitz und Bildung allein eröffneten den Zugang zu kommunalen Rechten. Da es nach liberalem Verständnis sowohl eine vermögensrechtliche (Besitz, Steuerlei-

Die neuen Bürger des Jahres 1894. (SMCA)

stung) als auch eine persönliche (Geburt, Bildung) Zugehörigkeit zur Gemeinde geben konnte, wurden die „Gemeindemitglieder" je nach ihrer heimatrechtlichen Stellung in „Gemeindegenossen" einerseits und „Gemeindeangehörige" andererseits unterteilt. Die „Gemeindegenossen" waren zwar nicht heimatberechtigt, besaßen jedoch aufgrund ihrer Stellung als Hausbesitzer oder Steuerzahler das kommunale Wahlrecht. Nur der Status des „Gemeindeangehörigen" berechtigte aber zu unbeschränktem Aufenthalt in der Gemeinde und bot „im Falle der Verarmung den Anspruch auf Unterstützung aus Gemeindemitteln nach Maßgabe der für die Armenversorgung bestehenden Einrichtung".[266]

Ein Relikt aus der Zeit des Zunftwesens war die kleine und privilegierte Gruppe der „Gemeindebürger". Ihnen war das kommunale Wahlrecht unabhängig von der Steuerleistung gewährt, außerdem durften sie die speziell für Salzburger Bürger gestifteten Fonds und Stipendien für sich in Anspruch nehmen. Diese Sonderrechte ließen das Bürgerrecht trotz der hohen Aufnahmetaxe als begehrenswert erscheinen. Über seine Verleihung entschied der Gemeinderat nach eigenem Ermessen. Annähernd 20 Personen kamen jährlich in den Genuß dieses Privilegs.[267]

Die dem neuen Gemeindestatut angeschlossene Gemeindewahlordnung sicherte gemäß dem Reichsgemeindegesetz von 1862 die „Interessen der Höchstbesteuerten". Das Privilegienwahlrecht war damit Ausdruck der liberalen Grunddoktrin, daß der Wahlakt auf Gemeindeebene „ein Akt der Vermögensverwaltung sei und keineswegs die Ausübung eines politischen Rechts".[268] In einigen wesentlichen Punkten divergierte die neue Wahlordnung freilich von jener anderer Statutarstädte. Im Vergleich etwa zu Graz zeichnete sich Salzburg etwa durch einen niedrigeren Zensus in allen drei Kurien aus.[269] Die neue Wahlordnung nahm somit Rücksicht auf die geringere Wirtschaftskraft und damit auch Steuerleistung des Salzburger Bürgertums.

Wie schon zuvor sahen sich die Wahlberechtigten in drei Wahlkörper gegliedert, die jeweils zehn Gemeinderäte bestimmten.[270] Der erste Wahlkörper war für das Besitzbürgertum reserviert. Er setzte sich aus all jenen zusammen, die eine direkte Steuerleistung von mehr als 80 Gulden vorweisen konnten. Dazu kamen die Ehrenbürger. Den zweiten Wahlkörper dominierte die ‚Intelligenz'. Hier waren Geistliche, Doktoren, Lehrpersonen sowie alle aktiven und pensionierten Beamten wahlberechtigt, sofern sie Einkommenssteuer bezahlten. Dazu kam die Gruppe jener Einkommensbezieher, die zwischen zwanzig und achtzig Gulden an direkter Steuer entrichteten. Die Zusammensetzung der beiden ersten Kurien veränderte sich durch das neue Statut im übrigen nur wenig; die unterschiedliche Gewichtung innerhalb des Wahlsystems fand ihren Ausdruck in der Zahl der Wahlberechtigten, die in der privilegierten ersten Kurie gewöhnlich nur halb so groß war wie in der zweiten. (Vgl. Tabelle 7)

Eine wesentliche Veränderung brachte das neue Statut nur für den dritten Wahlkörper. Infolge verschlechterter wirtschaftlicher Rahmenbedingungen im Kleingewerbe hatte sich im Laufe der 1860er Jahre die Zahl der Wahlberechtigten so sehr verringert, daß eine gänzliche Auszehrung des dritten Wahlkörpers zu befürchten war. Dem wirkte die Erweiterung des Wahlrechts auf „alle Gemeindemitglieder ohne Unterschied des Ge-

Tabelle 7: Wahlberechtigte nach Wahlkörpern,
Anteil der Wahlberechtigten an der Stadtbevölkerung

	Wahlberechtigte							%
	1. Wk.	%	2. Wk.	%	3. Wk.	%	zus.	d. Stadtbev.
1850	105	11	523	54	338	35	966	5,6
1861	156	14	568	51	388	35	1112	5,7
1865	179	18	546	54	288	28	1013	ca. 5,0
1885	472	19	854	35	1101	45	2427	9,5
1900	819	17	1771	36	2313	47	4903	14,8
1910	1212	19	1950	31	3054	49	6216	17,2

schlechts, welche in der Gemeinde von einem im Gemeindebezirke gelegenen Hause oder Grundstücke oder von einem im Gemeindebezirke betriebenen Gewerbe oder Erwerbe oder von einem anderen Einkommen seit einem Jahr eine direkte Steuer entrichten" entgegen. Nach Abschaffung des relativ hoch bemessenen Zensus von fünf Gulden verdreifachte sich die Zahl der Wahlberechtigten im dritten Wahlkörper von ungefähr 300 auf 900.[271]

Auch Frauen waren nun entsprechend dem Prinzip der Vermögensvertretung wahlberechtigt, sofern sie über Hausbesitz verfügten oder eine direkte Steuer entrichteten. Allerdings konnten sie ihr Wahlrecht nur durch den Ehemann oder einen Bevollmächtigten ausüben. Alle „nicht eigenberechtigten" oder keine Steuer zahlenden Personen blieben dagegen vom Wahlrecht ausgeschlossen.

Die Gemeindewahlordnung von 1869 blieb in ihren Grundzügen bis zum Ende der Monarchie gültig, sieht man davon ab, daß 1890 alle Beamten, Lehrer und Hochschulabsolventen ohne Berücksichtigung ihrer Steuerleistung das Wahlrecht im zweiten Wahlkörper zugesprochen erhielten.[272] Die Hoffnung der Liberalen auf eine dauerhafte Festigung ihrer damals bereits gefährdeten Position erfüllte sich durch diese Erweiterung des wahlberechtigten Personenkreises freilich nicht.[273] Weitergehende Versuche einer zeitgemäßen Adaptierung des Wahlrechts scheiterten in Salzburg – wie noch zu zeigen sein wird – am Herrschaftsanspruch des Besitz- und Bildungsbürgertums.

Blütezeit liberaler Kommunalpolitik (1869 bis 1889)

Mit dem Erlaß des Gemeindestatuts Ende 1869 und der Neuwahl des gesamten Gemeinderats im Frühjahr 1870 war die Entwicklung der kommunalen Selbstverwaltung in Salzburg zum Abschluß gelangt. In den darauffolgenden beiden Jahrzehnten blieb die Stadt eine uneinnehmbare Hochburg des Liberalismus. Während die liberalen Machtpositionen auf Reichs- und Landesebene nach der Wirtschaftskrise von 1873 langsam

Ignaz Harrer, Bürgermeister von 1872 bis 1875, Ölgemälde von Oswald Stieger, Rathaus Salzburg.

Rudolf Biebl, Bürgermeister von 1875 bis 1885, Ölgemälde von Oswald Stieger, Rathaus Salzburg.

abbröckelten, erzielten die antiliberalen Kräfte in der Stadt bis weit in die 1880er Jahre nur unwesentliche Teilerfolge. Im Gegensatz etwa zu den Wiener Liberalen, die bereits in den 1870er Jahren in mehrere Fraktionen zerfielen,[274] bewahrte die besitz- und bildungsbürgerliche Elite in Salzburg ihre Geschlossenheit. Politisches Entscheidungszentrum des Salzburger Liberalismus war der 1867 von Bürgermeister Mertens, seinen Amtsnachfolgern Ignaz Harrer und Rudolf Biebl sowie einigen anderen Honoratioren gegründete „Liberale Verein", der die traditionelle liberale Trias von ökonomischem Fortschritt, Bildung und Verfassung zum Programm erhob.[275]

Nach liberalem Selbstverständnis war Kommunalpolitik ausschließlich Sachpolitik. Wenn der „Liberale Verein" vor der Gemeinderatsneuwahl von 1870 dennoch darauf hinwies, „daß die politische Richtung der Gemeindevertretung nicht gleichgiltig" sei, dann wurde dies ausschließlich mit der Notwendigkeit einer Absicherung der im Staatsgrundgesetz von 1867 errungenen Rechte und Freiheiten begründet.[276]

Die wirtschaftlichen und kulturellen Leistungen der liberalen Gemeindeselbstverwaltung waren achtungsgebietend. Mit Phantasie und Tatkraft erfolgte die Umsetzung der Fortschrittsideologie in die Praxis, wobei der kommunale Maßnahmenkatalog die engen Grenzen einer ausschließlich bürgerlichen Interessenspolitik in vielfacher Hinsicht sprengte.[277] Die Innovationen erstreckten sich auf alle Bereiche des kommunalen Zusammenlebens. Zum einen ging es um die Verbesserung der städtischen Infrastruktur. Verkehrswesen, Stadtbeleuchtung sowie die Versorgung mit Wasser, Gas und elektrischem Strom wurden neu organisiert. Dazu kamen kostspielige Investitionen auf dem Gebiet von Hygiene, Straßenreinigung, Brandschutz, Gesundheits- und Armenwesen. Ein mindestens ebenso großes Anliegen war der Ausbau des Bildungswesens.

Die Blütezeit der liberalen Kommunalpolitik ist in Salzburg untrennbar mit den Namen der Bürgermeister Ignaz Harrer (1872 bis 1875) und Rudolf Biebl (1875 bis 1885) verbunden. Beide verkörperten ungeachtet ihrer unterschiedlichen Herkunft aus Bildungs- bzw. Besitzbürgertum denselben Typus eines gesinnungstreuen Altliberalen. Der Notar Harrer hatte als Mitglied der Akademischen Legion die Märzereignisse des Jahres 1848 in Wien erlebt und galt – wie es in seinem Nachruf hieß – als „ein echter Deutscher, der die Ideale seiner Jugend noch im Alter festhielt und nie einen Schritt breit von dem Wege abwich, den er sich in frühen Tagen vorgezeichnet".[278] Auch der erfolgreiche Handelsmann Biebl – seinem Auftreten nach ein „altpatricischer Kaufherr" – hing „mit unerschütterlicher Treue […] an den liberalen Principien" und „bekannte sich die ganze Zeit seines Daseins offen und freimüthig als ein Anhänger der freisinnigen Ideen".[279]

Zu den bedeutenden kommunalen Errungenschaften der Amtszeit Harrers[280] zählt die 1875 fertiggestellte Fürstenbrunner Wasserleitung, welche die Versorgung der Stadt mit vorzüglichem Trinkwasser auf lange Zeit sicherte.[281] Der Bau des neuen Schlachthauses trug ebenfalls zur Verbesserung der städtischen Lebensqualität bei, wurden dadurch doch die unhaltbaren sanitären Zustände bei den alten Fleischbänken am Gries beseitigt.[282]

Besondere Initiativen setzte Harrer außerdem im Bereich des Schulwesens, dessen Ausbau auf der Grundlage des Reichsvolksschulgesetzes von 1869 ihm stets ein besonderes Anliegen war. Deklariertes Ziel war der Ausgleich sozialer Gegensätze durch Bildung: „Die neue Einrichtung der Volksschule, welche von mancher Seite so maßlos und ungerecht angegriffen wird, hat eben zum Zwecke, auch dem Sohne des Unbemittelten eine solche Ausbildung zu geben, daß er dereinst im Stande sei, sei es im Geschäftsleben, sei es in einer anderen Stellung, es weiter zu bringen und sich ein besseres Auskommen zu sichern."[283] Während seiner Amtszeit wurde das große Schulgebäude am Gries fertiggestellt, das die Realschule sowie die Bürger- und Volksschule für die linke Stadtseite beherbergte.[284] Auf Harrers Antrag wurde auch eine Mädchenbürgerschule eingerichtet, ohne seine „Initiative wäre selbe gewiß viel später entstanden".[285] Die Liberalen sahen in dem neuen Gebäude, das von nun an für hundert Jahre die Salzachfront der Altstadt (heute AVA-Haus) beherrschte, „das Siegeszeichen der neuen Epoche im Schulwesen".[286]

Auch später noch, als die Schulfrage längst im Zentrum des Kulturkampfes stand, stritt Harrer als Landtagsabgeordneter an vorderster schulpolitischer Front.[287] Mitstreiter Harrers bei der Neuorganisation des städtischen Volksschulwesens war der deutschböhmische Realschullehrer Anton Erben, der zwischen 1869 und 1899 als Bezirksschulinspektor „alle Fäden der wachsenden Organisation in seiner Hand hielt".[288] Während der langen Amtszeit Erbens vermehrte sich die Zahl der städtischen Volks- und Hauptschulklassen von 12 auf 50.[289] Der praktische Erfolg der liberalen Schulpolitik war beachtlich. 1910 wies die Stadt Salzburg die niedrigste Analphabetenrate unter allen österreichischen Städten auf.[290]

Die Finanzierung der kommunalen Großprojekte erfolgte vor allem durch Aufnahme von Anleihen. Nach Ansicht des Finanzreferenten und Vizebürgermeisters Dr. Rudolf Spängler sollte auch die nachfolgende Generation „ein Guttheil der Lasten [...] der abgeschlossenen Anlehen mittragen, da derselben ein wesentlicher Theil der Vortheile der geschaffenen oder erworbenen Objekte von vornherein schon zu Gute kommt".[291] Die Wirtschaftskrise im Gefolge des Börsenkrachs von 1873 bremste jedoch den liberalen Fortschrittsoptimismus, und ein Teil der liberalen Elite wurde von der großen Depression schwer in Mitleidenschaft gezogen. Bürgermeister Mertens etwa verlor sein gesamtes Vermögen durch Grundstücksspekulationen und auch der bekannte Handelsmann und Arsenikgewerke Friedrich Volderauer sah sich zum Ausgleich gezwungen.[292] Der schadenfrohe Refrain über die vom „Gründungsschwindel" Betroffenen lautete: „Gestern noch auf stolzen Rossen, heute in die Brust geschossen, morgen in ein stilles Grab."[293]

Auch die Stadtgemeinde sah sich, nachdem sie beim Konkurs der „Österreichischen Industrialbank" 115.000 Gulden eingebüßt hatte, mit dem Vorwurf gewagter Spekulation konfrontiert. Diese Summe war Bestandteil einer Lotto-Anleihe von 1,500.000 Gulden gewesen, welche die Gemeinde 1872 zur Finanzierung des Ankaufs von Schloß Mirabell und Kapuzinerberg, des Friedhofareals, der Abtragung von Befestigungsanlagen, den Beginn des Baus der Fürstenbrunner Wasserleitung, vor allem aber für die Errichtung des neuen Schulgebäudes am Gries aufgenommen hatte.[294] Die unseriöse Verwendung eines kleinen Teils der geborgten Mitteln diente den sich formierenden antiliberalen Kräften im Landtag von nun an als willkommenes Argument gegen eine weitere Aufnahme von Anleihen durch die Stadtgemeinde.[295]

Tatsächlich lag das Ausmaß der Bedeckung der Haushaltsausgaben durch Anleihen zu dieser Zeit in Salzburg weit über dem Durchschnitt aller österreichischen Statutarstädte.[296] Finanzielle Belastungen erwuchsen der Stadtgemeinde darüber hinaus aus dem Rückgang der privaten Bautätigkeit Ende der 1870er Jahre, denn das in die Erschließung der Stadterweiterungsgründe investierte Kapital blieb nun auf längere Zeit brach liegen.[297] Wie in vielen anderen Städten verbreiterte sich auch in Salzburg durch den Übergang von einer bloßen Vermögens- und Hoheitsverwaltung zu einer modernen Leistungsverwaltung die Kluft zwischen Einnahmen und Ausgaben.[298] Überdies belastete ein Teil des in der liberalen Ära erworbenen kommunalen Besitzes den Gemeindehaushalt auf Dauer, so etwa der städtische Schlachthof oder die Kurhaus-Badeanstalt.[299] Unter den ständigen Ausgaben stellten Bauaufwendungen den größten Einzelposten. Zahlreiche Straßenzüge wurden im Zuge der Stadterweiterung neu angelegt bzw. gepflastert, das Kanal- und Wasserleitungsnetz allmählich auf die ganze Stadt ausgedehnt, der Schlachthof an die Peripherie verlegt, die städtische Beleuchtung mehrfach modernisiert und ein neuer kommunaler Friedhof errichtet.[300]

Die Leistungen der liberalen Gemeindeverwaltung auf dem Gebiet der ‚kommunalen Daseinsvorsorge' müssen den überregionalen Vergleich keineswegs scheuen. Unvermeidliche Folge der Infrastrukturpolitik war freilich auch ein Anstieg des Verwaltungs-

Blütezeit liberaler Kommunalpolitik (1869 bis 1889) 495

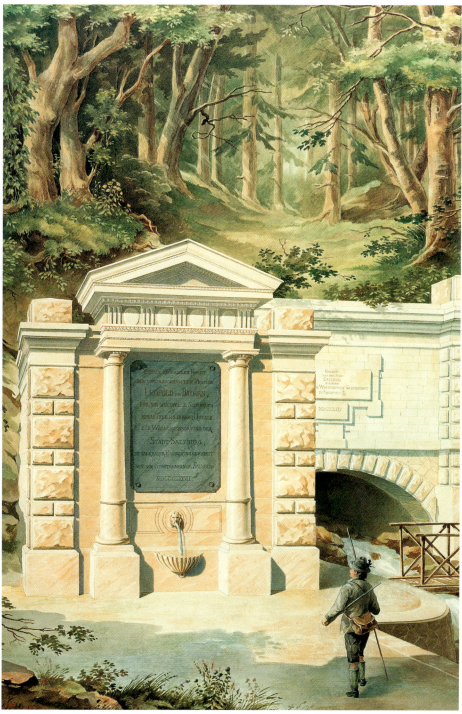

„Wasserschloß Fürstenbrunn", Ursprung der Fürstenbrunner Wasserleitung, Ansichtskarte.   (SMCA)

aufwands sowohl im eigenen als auch im übertragenen Wirkungsbereich der Gemeinde.[301] Durch die Spezialisierung und Technisierung der kommunalen Leistungsverwaltung nahm die Zahl der städtischen Bediensteten kontinuierlich zu, und neben die ‚reinen' Verwaltungsbeamten traten nun die für die Gas-, Wasser- und Elektrizitätsversorgung sowie das Bauwesen zuständigen Ingenieure.

Die triste Finanzlage der Stadt zwang Bürgermeister Rudolf Biebl Ende der 1870er Jahre zum Verzicht auf neue Großprojekte.[302] Ausnahmen waren nur der Bau des eisernen Müllnerstegs (1878) sowie die Fertigstellung des Kommunalfriedhofs (1879). Die ‚Friedhofsfrage' beschäftigte die Salzburger bereits seit den 1860er Jahren,[303] wobei es zunächst vor allem um die Situierung des zukünftigen Friedhofs ging. Später prägte der in Salzburg heftig geführte ‚Kulturkampf' zwischen Liberalen und Klerikalen die Diskussion. Gegen den Widerstand des fürsterzbischöflichen Ordinariats beharrte der Gemeinderat auf einer „Reihenbeerdigung ohne Ansehung der Konfession der Bestatteten", weshalb die katholische Kirche die Einweihung des Friedhofs verweigerte.[304]

Seit 1878 standen Biebl und die liberale Partei bei den jährlichen Gemeinderatsergänzungswahlen unter zunehmendem Druck der Konservativen Partei, die im selben Jahr im Landtag erstmals die Majorität errang. Vordergründig richtete sich die konservative Wahlagitation gegen die Finanzgebarung der Gemeindeverwaltung. Letztlich ging es der ‚klerikalen' Opposition jedoch um die Herauslösung der Kleingewerbetreibenden aus der Umarmung des liberalen Großbürgertums, dessen Verantwortung für die Wirtschaftsrezession erwiesen schien. Erste Erfolge erzielten die Konservativen 1878 und 1880 im dritten Wahlkörper. Mit Alois Hammerle, dem Vorstand des „Vincenzius-Wohltätigkeits-Vereines", Bäckermeister Friedrich Jentsch, dem Präsidenten des „katholisch-politischen Volksvereines",[305] sowie Pater Gregor Mödlhamer, dem Prior von Mülln, zogen die ersten ‚Klerikalen' in den Gemeinderat ein.[306]

Angesichts der konservativen Erfolge auf Landes- wie auch Reichsebene – hier regierte seit 1879 der „Eiserne Ring" des Ministerpräsidenten Taafe – gelang es dem Salzburger „Liberalen Verein" noch einmal, die eigenen Reihen fester zu schließen und eine Abwehrfront des städtischen Bürgertums gegen die antiliberalen Kräfte aufzubauen. In der Stadt wurde gleichsam der Belagerungszustand ausgerufen: „Gegen wen kehrt sich denn vornämlich die Spitze aller von den Klerikalen im Verein mit Polen, Tschechen und Slovenen acceptierten Steuern? Vorzugsweise gegen die Städte!"[307] Jentsch und Mödlhamer verloren bei den Ergänzungswahlen von 1883 wieder ihr Mandat. Die Angriffe der Konservativen gegen den honorigen Bürgermeister Biebl erwiesen sich letztlich als kontraproduktiv.[308] Biebl trat allerdings bereits 1885 vom Amt zurück. Sein Nachfolger wurde der Goldschmied Leopold Scheibl (1885 bis 1888).

In der zweiten Hälfte der 1880er Jahre blieb die liberale Position in der Stadt im wesentlichen noch unangefochten. Das lag zum Teil an der nunmehr „strammen Wahlagitation" des „Liberalen Vereins", in dem 1884 jüngere Kräfte die Führung übernommen hatten. Der Arzt Dr. Albert Schumacher löste Ignaz Harrer als Vorstand ab und wurde 1888 zum Bürgermeister gewählt. Ihm zur Seite standen im „Liberalen Verein" unter anderem der Redakteur des „Salzburger Volksblatts", Rudolf von Freisauff, der Apotheker Dr. Rudolf Spängler sowie der Kaufmann Julius Haagn.[309] Sie alle zählten zur letzten Generation von gesinnungstreuen Liberalen, welche das politische Überleben des Liberalismus durch eine stärkere Betonung des Deutschtums zu gewährleisten hofften.[310]

Nach der neuerlichen Konsolidierung der liberalen Position in der Stadt verlagerte sich die politische Konfrontation auf die Ebene der Stadt-Land-Beziehungen. Das Verhältnis zwischen Gemeinde und Landesverwaltung war zwar bereits seit dem konservativen Landtagssieg von 1878 spannungsgeladen. Eine Eskalation des Konflikts erfolgte aber erst 1880 mit der Ablösung des liberalen Landeshauptmannes Hugo Graf Lamberg durch den kämpferischen Konservativen Carl Graf Chorinsky. Unter dessen Führung nahm die konservative Landtagsmajorität[311] beträchtliche Anstrengungen auf sich, um die Position des Landtags als übergeordnetes autonomes Organ bis hin zu einer Art Kuratel auszudehnen.[312] Der Stadt erwuchsen aus der permanenten Konfrontation mit dem Landtag vor allem auf steuerlichem Gebiet eine Reihe von Nachteilen, welche die städtische Bevölkerung überdurchschnittlich belasteten.[313] Die Angriffe der Konservativen richteten sich außerdem gegen die Geschäftsgebarung der gemeindeeigenen Salzburger Sparkasse, deren Gewinne man nur ungern der Stadt alleine zufallen sah.[314]

1887 mußten die Konservativen jedoch eine überraschend schwere Niederlage hinnehmen. Anlaß war das Ansuchen der Stadtgemeinde um eine landesgesetzliche Verlängerung der Steuerbefreiung für Neubauten, von der man sich eine Wiederbelebung der stagnierenden Bautätigkeit erhoffte.[315] Die Konservativen sprachen sich dagegen aus, in der entscheidenden Abstimmung des Landtags schlugen sich jedoch vier konservative Abgeordnete unter der Führung von Georg Lienbacher auf die Seite der Liberalen. Es war dies die Gründungsstunde der deutschkonservativen Mittelpartei, welche im Salzburger Landtag für beinahe zwanzig Jahre das Zünglein an der Waage darstellte.[316] Der permanente Druck des Landtags auf die Gemeinde war damit gebrochen, 1890 schaffte Bürgermeister Schumacher mit Unterstützung der Mittelpartei sogar den Aufstieg zum Landeshauptmann.

Neben dem weltanschaulich und ökonomisch bedingten Dauerkonflikt zwischen liberalem und konservativem Lager schwelte bereits seit den frühen 1870er Jahren der Klassenkonflikt zwischen bürgerlichen Schichten einerseits und der sich formierenden Arbeiterbewegung andererseits.[317] War die Bildung eines Salzburger „Arbeiter-Bildungs-Vereins" 1868 noch unter der Patronanz angesehener Mitglieder des „Liberalen Vereins" erfolgt,[318] so stießen die ersten bescheidenen Versuche einer Selbstorganisation der Arbeiterschaft unter sozialdemokratischem Vorzeichen auf den vehementen Widerstand aller Fraktionen des bürgerlichen Lagers. Als im Herbst 1871 Tischler-, Schlosser-, Schneider-, Schuhmacher- und Bäckergesellen für eine Verbesserung der Arbeitsbedingungen sowie für Lohnerhöhungen streikten, scheiterte der Arbeitskampf an den Absprachen der Meister.[319] Die Handwerksgesellen gaben jedoch nicht auf. 1872/73 erfolgte die Gründung von gewerkschaftlichen Fachvereinen, die nicht mehr nur der Fortbildung dienten, sondern erstmals auch überregionale Kontakte innerhalb der Arbeiterbewegung herzustellen suchten. Vereinsbehörde und Magistrat beobachteten die sich abzeichnende Radikalisierung der Arbeitervereine mit steigender Nervosität. Nach einem Geheimtreffen von etwa 200 Salzburger Arbeitern im bayerischen Salzburghofen und der dabei erfolgten Gründung eines „Sozialdemokratischen Landeskommitees" lösten die Behörden im Frühjahr 1874 die fünf Salzburger Fachvereine und auch den „Arbeiter-Bildungs-Verein" auf.[320]

Damit waren die bereits weit entwickelten Kommunikationsstrukturen der Salzburger Arbeiterbewegung fürs erste zerstört. Eine dauerhafte Vereinsgründung gelang erst wieder mit dem sozialdemokratisch orientierten „Allgemeinen Arbeiterverein" 1879. Im Grunde bestand die regionale Arbeiterbewegung aber bis zur Jahrhundertwende nur aus einem lockeren Bündel von Vereinen ohne festen inneren Zusammenhalt. Ein organisatorischer Neubeginn gelang durch die Zusammenführung der gewerkschaftlichen Fachvereine und den Aufbau einer sozialdemokratischen Parteiorganisation auf Bezirks- und Ortsebene in den Jahren 1897 bis 1901.[321]

Sieg der antiliberalen Parteien

Obwohl die Liberalen den konservativen Ansturm auf die Stadt mit Erfolg abgewehrt hatten, zeichneten sich in der zweiten Hälfte der 1880er Jahre bereits die Konturen einer neuen Parteienlandschaft ab, die letztlich an die Stelle des konservativ-liberalen Gegensatzes treten sollte. Entscheidend für das Schicksal des maroden Liberalismus war letztlich nicht der klerikale Konservativismus. Als weitaus gefährlicher erwies sich der radikale Deutschnationalismus eines Georg Ritter von Schönerers, der sich die Zerschlagung der Habsburgermonarchie zum Ziel setzte, Bismarck und das Zweite Deutsche Kaiserreich glorifizierte sowie einem extremen Rassenantisemitismus anhing.[322] In Salzburg faßte der radikale Deutschnationalismus bereits um 1885 Fuß, um hier für einige Jahre seine – neben Graz – stärkste Position in den österreichischen Alpenländern aufzubauen.[323]

Die neue Bewegung kam von außen. Mitte der 1880er Jahre – erinnerte sich Schumacher – „waren einige junge Advokaten und Beamte nach Salzburg gekommen, welche eifrig bestrebt waren, mit Hilfe der Hochschüler die Schönerianische Lehre zu verbreiten".[324] Der im stillen mit „rastloser Emsigkeit betriebenen Agitation dieser eingewanderten Elemente" sei es „langsam aber sicher" gelungen, „dem Antisemitismus erst unter der jüngeren Beamtenschaft, dann unter den Kleingewerbetreibenden Eingang zu verschaffen".[325] Initiator, Finanzier und langjähriger Führer der deutschnationalen Bewegung in Salzburg war der Advokat Julius Sylvester, ein treuer Gefolgsmann Schönerers. Wie Schönerer verfügte er über ein beträchtliches Vermögen und konnte es sich daher leisten, einen Kreis von jüngeren Burschenschaftern nach Salzburg zu ziehen. Einige beschäftigte er als Advokaturskonzipienten in seiner Kanzlei oder als Redakteure des von ihm gegründeten Wochenblatts „Der Kyffhäuser".

Wegen der Beschränkungen durch das Kurienwahlrecht agitierten die vielfach nicht wahlberechtigten Deutschnationalen zunächst vor allem auf Vereinsebene. Als eigenen

Vereinsgründungen wie dem „Schulverein für Deutsche" oder dem „Germanenbund" der erhoffte Erfolg versagt blieb, infiltrierten die Schönerianer einige renommierte Salzburger Vereine. 1887 gelang ihnen die ‚Machtübernahme' im Salzburger Turnverein und dessen Festlegung auf den ‚Arierparagraphen'. Auch die im Gesellschaftsleben bedeutsame Salzburger Liedertafel war deutschnationalem Gedankengut zugänglich.[326]

Die Auseinandersetzung zwischen liberalem Establishment und radikal deutschnationaler Jugend weist alle Anzeichen eines ökonomisch motivierten Generationenkonflikts auf.[327] Nicht wenige junge Akademiker sahen ihre Zukunftsaussichten durch den Wirtschaftsliberalismus bedroht: „Zum Glück für die Staats- und Volkswohlfahrt" – so tönte es im „Kyffhäuser" – „ist die heranwachsende Generation wie überall, so auch in Salzburg den wirthschaftlichen Irrlehren des Liberalismus abhold und tritt für Zusammenfassung und geordnete Gliederung der wirthschaftlichen Kräfte ein."[328]

Der „Liberale Verein" reagierte auf die aggressive Herausforderung durch die neue politische Bewegung mit einer Abkehr vom Liberalismus der „doctrinären Richtung". 1887 erfolgte eine Statutenänderung, „durch welche das nationale und wirthschaftliche Moment einen weit entschiedeneren Ausdruck" fand, 1888 schließlich die Umbenennung in „Deutscher Verein für Stadt und Land".[329] Bei den Gemeinderatsergänzungswahlen von 1889 sahen sich die Kräfte des „gesunden Fortschritts"[330] einem Zweckbündnis von Klerikalen und Deutschnationalen gegenüber, das einzig durch die Gegnerschaft zur etablierten Führungsschicht sowie über eine gemeinsame antisemitische Grundhaltung zusammengeschweißt war. Die Antisemiten taktierten geschickt und brachten im dritten Wahlkörper auf Anhieb vier Kandidaten durch, von denen zwei allerdings auch vom „Deutschen Verein" nominiert gewesen waren.[331] Im ersten und zweiten Wahlkörper blieb dem Bündnis der Erfolg vorerst noch versagt, da sich ein Großteil der altliberalen Wählerschaft vom aggressiven Wahlkampfstil und von den vulgären antisemitischen Haßtiraden angewidert fühlte.[332]

Als Schumacher 1890 zum Landeshauptmann ernannt wurde und es innerhalb von nur fünf Jahren zum dritten Wechsel im Bürgermeisteramt kam, gelangte mit dem angesehenen Advokaten Dr. Franz von Hueber (1890 bis 1894) noch einmal ein Kandidat altliberalen Zuschnitts an die Spitze der Gemeindeverwaltung.[333] Die Zeit der ruhigen Gemeinderatssitzungen war dennoch vorüber. Heftige Auseinandersetzungen etwa über die Aufnahme von Nichtkatholiken oder gar Juden in die von Stiftungen getragenen städtischen Versorgungsanstalten kennzeichneten den neuen Stil.[334] Obgleich nach Ansicht Bürgermeister Huebers nicht der geringste Einfluß der ungefähr hundert Salzburger Juden auf das öffentliche Leben in der Stadt nachzuweisen war, stand die angebliche jüdische Ausbeutung der ‚christlich-deutschen' Bürger im Zentrum der antisemitischen Agitation.[335] Besondere Angriffslust kennzeichnete den politischen Stil des radikal deutschnationalen Gemeinderats Adolf Stainer, des ‚Salzburger Lueger', der 1891 zusammen mit den klerikalen Gemeindepolitikern eine Art ‚Volksgericht' über Bürgermeister und liberale Gemeinderatsmehrheit veranstaltete.[336] Der „Deutsche Verein" raffte sich zwar Ende 1892 noch zu einer Solidaritätskundgebung für Bürgermeister Hueber auf;[337] das Ende der liberalen Herrschaft zeichnete sich jedoch bereits bei den Ergänzungswahlen von 1893 ab, als der angesehene Vizebürgermeister Dr. Rudolf Spängler, der seit 30 Jahren im Gemeinderat tätig gewesen war, in der Stichwahl gegen den Kandidaten der „Vereinigten Christen" unterlag, nicht zuletzt, weil er sich gegen die Interessen von Teilen des Gewerbestandes für den Fortbestand des Linzer Tores eingesetzt hatte.[338]

Weitere kommunalpolitische Erfolge der „Vereinigten Christen", wie sich das Zweckbündnis zwischen Klerikalen und Deutschnationalen nun nannte, ließen nicht auf sich warten. Die Gemeinderatsergänzungswahlen des Jahres 1894 brachten eine Niederlage der Liberalen in allen drei Wahlkörpern und damit das Ende ihrer mehr als dreißigjährigen Vorherrschaft.[339] Bürgermeister Hueber, der erst wenige Monate zuvor mit großer Mehrheit in seinem Amt bestätigt worden war, erklärte daraufhin seinen Rücktritt.[340] Sein Nachfolger wurde Vizebürgermeister Gustav Zeller (1894 bis 1898),[341] der als wohlhabender Privatier zwar die bis dahin im Gemeinderat tonangebende Schicht repräsentierte, mit seinem Eintreten für die Errichtung einer katholischen Universität der neuen Mehrheit jedoch sogleich die Bereitschaft zur Zusammenarbeit signalisierte.[342]

Widerstand gegen die populistische Taktik der „Vereinigten Christen" regte sich zunächst kaum. Das Jahr 1895 brachte vielmehr die Demontage der letzten liberalen Positionen. Im Februar trat Vizebürgermeister Dr. Josef Pollak zurück, nachdem ihm die neue Gemeinderatsmehrheit im Streit mit der Fleischhauergenossenschaft, die gegen eine Verordnung zur Veröffentlichung der Fleischpreise Sturm lief, die Unterstützung versagt hatte.[343] Nach den Gemeinderatsergänzungswahlen zählten schließlich nur mehr sechs Gemeinderäte zur liberalen Fraktion, vierzehn hingegen standen der klerikalen bzw. der deutschnationalen Partei nahe.[344]

Das Bündnis von kleinbürgerlicher Handwerkerschicht und radikal deutschnationaler Jugend schloß die besitz- und bildungsbürgerliche Elite erstmals vom kommunalen Entscheidungsprozeß aus. Zum Schock über den Machtverlust kam die Verbitterung der Alteingesessenen über den Aufstieg der Zuwanderer: „Wohin soll denn das führen", klagte das liberale „Salzburger Volksblatt", „wenn unsere Gemeindevertretung nach und nach alle bewährten Männer verliert und dafür solche in Kauf nehmen muß, die aber auch gar nichts an Wissen und Erfahrung mitbringen, ja überhaupt zum Theil kaum ein paar Jahre in Salzburg ansässig sind."[345]

Die Ära des „Bürgerklubs" (1896 bis 1914)

Das antiliberale Bündnis trug aber, wie die Unterlegenen erkannten, „den Stempel des kommenden Zerfalls an der Stirn".[346] Die Prophezeiung, daß „der Bürgerstolz der Salzburger […] erwachen und die Bevormundung abschütteln" werde, „die ihm eingewanderte Elemente aufgezwungen", erfüllte sich bereits im Folgejahr, als „einige jüngere Bürger und Geschäftsleute, die vom politischen Parteikampf nichts wissen wollten", den „Bürgerklub" gründeten.[347] Die „Freie Vereinigung der Bürger, Handels- und Gewerbetreibenden der Stadt Salzburg", so der volle Vereinsname, errang zunächst im ersten

Wahlkörper einen Erfolg und verdrängte den deutschnationalen Vizebürgermeister Dr. Karl Povinelli vorübergehend aus dem Gemeinderat.[348] Bei den Ergänzungswahlen der Folgejahre baute der „Bürgerklub" seine Position weiter aus. 1899 verfügte er mit 18 Sitzen bereits über die Mehrheit im Gemeinderat.[349]

Obwohl sich die neue politische Vereinigung gegen ihre Etikettierung als „verkappte, liberale Clique" verwahrte,[350] füllte sie de facto das Vakuum aus, das der liberale „Deutsche Verein" hinterlassen hatte. Personelle Querverbindungen zwischen den beiden politischen Vereinen gab es zumindest auf der Führungsebene nicht, obgleich die Liberalen den Aufstieg des „Bürgerklubs" anfangs mit Genugtuung zur Kenntnis nahmen und es auch mehrfach zu Wahlabsprachen kam. Anders als der „Deutsche Verein" verstand sich der „Bürgerklub" keineswegs als politische Gesinnungsgemeinschaft, sondern primär als wirtschaftliche Interessensvertretung des aufstrebenden Salzburger Bürgertums. Seine Ausrichtung war gemäßigt-deutschnational, im politischen Alltag zählten pragmatische Überlegungen jedoch stets mehr als ideologische Grundsätze. Ging es um die Durchsetzung wirtschaftlicher Interessen oder um die Sicherung des Einflusses im Gemeinderat, dann erwies sich der „Bürgerklub" als überaus flexibel. Auf dem Fundament einer festen Position in ersten Wahlkörper schaffte er es bis 1914 stets aufs neue, seinen Einfluß auch in den beiden anderen Wahlkörpern zur Geltung zu bringen. Mittel zu diesem Zweck waren Absprachen mit den verschiedenen kleineren wahlwerbenden Gruppen mit Ausnahme der Sozialdemokraten, denen nach allgemeinem bürgerlichen Konsens der Einzug in den Gemeinderat verwehrt werden mußte.[351]

Die Genugtuung über den Zerfall des klerikal-antisemitischen Bündnisses hielt bei den Altliberalen oder „Deutschfortschrittlichen" – wie sich die Anhänger des „Deutschen Vereins" nun nannten – nicht lange an. Bei den Ergänzungswahlen 1901 verweigerte die alte Elite den Führern des „Bürgerklubs", die sich, „man weiß freilich nicht warum, als Patrizier fühlen", den Kompromiß und stellte im zweiten Wahlkörper mit Erfolg eigene Kandidaten auf.[352] Der Widerstand eines Teils des alten Besitzbürgertums gegen die ‚Newcomer' in Wirtschaft und Politik erlahmte nur allmählich und es dauerte noch Jahre, ehe die weltanschaulichen Gegensätze zwischen Liberalen und Deutschnationalen zu einem gemeinsamen ‚deutschfreiheitlichen' Standpunkt verschmolzen, dem sich nur die prinzipienfest am schönerianischen Standpunkt beharrenden „Alldeutschen" entzogen.[353]

Während sich die liberalen Honoratioren in ihre letzte Bastion – die Handelskammer – zurückzogen,[354] übernahm eine Reihe von homines novi die Führung der Gemeindeverwaltung. Nach den kurzen Amtsperioden der Bürgermeister Gustav Zeller und Eligius Scheibl (1898 bis 1900),[355] die den Auswirkungen der nationalen Turbulenzen auf die Stadtpolitik nicht gegenzusteuern vermochten, stiegen der Bankier Franz Berger (1900 bis 1912) und der aus Schwaben zugewanderte Kaminkehrermeister Max Ott (1912 bis 1919) ins höchste Amt der Stadt auf.[356]

Die Reorganisation des gemäßigt-deutschnationalen Salzburger Besitzbürgertums im „Bürgerklub" traf vor allem die katholisch-konservative Partei, die ihre im Bündnis mit den Schönerianern errungene Machtposition im Gemeinderat nun wieder verlor. Nachdem die innenpolitische Krise der Jahre 1897/99 auch in der Stadt Salzburg alle deutschbürgerlichen Gruppierungen in einhelliger Opposition gegen die umstrittene Badenische Sprachenverordnung vereint hatte, sahen sich die ‚Klerikalen' bei den Ergänzungswahlen von 1899 vollständig isoliert.[357] Das am ersten „Salzburger Volkstag" (15. Oktober 1899) geschlossene Bündnis aller ‚deutschen' Parteien zerfiel zwar nach der Rücknahme der Sprachenverordnungen wieder in ein „loses Bündel von Interessensvereinigungen, Standesgruppen und ideologischen Richtungen".[358] In allgemeinverbindlicher deutschnationaler Diktion galt der „Klerikalismus" aber mehr als je zuvor als „der ärgste Feind des deutschen Volkes".[359]

Im kommunalpolitischen Alltag spielte die sonst demonstrativ zur Schau getragene kulturkämpferische Gesinnung keine große Rolle. Die Entsendung einzelner christlichsozialer Mandatare in den Gemeinderat durch den dritten Wahlkörper wurde vom „Bürgerklub" regelmäßig unterstützt, da sich durch das Zusammengehen beider Parteien der Einzug der Sozialdemokraten in das Stadtparlament verhindern ließ. Auf diese Weise gelangten u. a. der nachmalige Fürsterzbischof Balthasar Kaltner und der spätere christlichsoziale Bürgermeister Josef Preis in den Gemeinderat. Führend am Aufbau christlichsozialer Parteistrukturen auf Landes- wie auch kommunaler Ebene beteiligt war der Niederösterreicher Karl Held, der dank des antisozialistischen Kompromisses mit dem „Bürgerklub" zwischen 1905 und 1913 wiederholt in den Gemeinderat gewählt wurde.[360]

Linientreuen Deutschnationalen war die pragmatische Kompromißpolitik des „Bürgerklubs" stets ein Dorn im Auge. Als 1914 „Bürgerklub" und Christlichsoziale Paul Geppert, den Obmann des Vollzugsausschusses der christlichsozialen Landesparteileitung über den zweiten Wahlkörper in den Gemeinderat zu hieven versuchten, scheiterte dies am heftigen Widerstand des „Deutschfreiheitlichen Volksbundes".[361] Im wirtschaftsliberalen Salzburger Bürgertum stießen vor allem die Bodenreform- und Wertzuwachsbesteuerungspläne des sozialpolitisch engagierten Heimatschutzarchitekten Geppert auf empörte Ablehnung.[362]

Das deutschnational-antiklerikale Lager war in sich zersplittert und es fällt schwer, über die sich ständig wandelnde ‚deutsche' Parteienlandschaft den Überblick zu bewahren. 1899 zählte ein amtlicher Bericht vier deutschbürgerliche Parteien auf, die auf der kommunalpolitischen Szene in stets wechselnden Konstellationen in Erscheinung traten:

1. den „Deutschen Verein" (liberal),
2. den „Bürgerklub",
3. den deutschnationalen „Salzburger Volksverein" (= „Deutsche Volkspartei") sowie
4. den „Verein der Salzburger Schönerianer".[363]

Weitere wahlwerbende Vereinigungen, wie etwa die „Genossenschaften der Viktualienhändler und Kleinkrämer", die „Salzburger Lehrerschaft", die 1908 zwei Mandate errang, oder eine „Organisation der Beamten und Lehrer" verfolgten primär standespolitische Interessen.[364] Die bedeutendste unter diesen lokalen Gruppierungen war der „Wirtschaftsklub". Er verstand sich als Interessensvertretung der rechten Stadtseite, insbesondere der Elisabeth-Vorstadt sowie von Schallmoos.³⁶⁵ Opposition gegen die einseitig auf die Interessen der linken Altstadt ausgerichtete Politik des „Bürgerklubs" regte sich erstmals bei den Ergänzungswahlen von 1901, als eigene Gruppierung trat der „Wirtschaftsklub" jedoch erst ab 1904 in Erscheinung. Der politischen Gesinnung nach bestand ein offenkundiges Naheverhältnis zum „Alldeutschen Wählerverein", in den sich die unbeirrbaren Schönerianer 1906 zurückgezogen hatten. Der Schönerianer Dr. Josef Reitlechner etwa wurde mehrfach als Kandidat des „Wirtschaftsklubs" in den Gemeinderat gewählt. 1920 ging der „Wirtschaftsklub" – ebenso wie der „Bürgerklub" – in der „Großdeutschen Volkspartei" auf.³⁶⁶

Während die sozialdemokratische Arbeiterbewegung von der kommunalen Mitbestimmung mit allen Mitteln ferngehalten wurde, gelangte 1908 mit dem Eisenbahner Hubert Feik ein Vertreter der deutschnationalen Arbeiterbewegung in den Gemeinderat, der sein Mandat im dritten Wahlkörper mit Unterstützung der alldeutschen und deutschfreiheitlichen Stimmen 1911 und 1914 erfolgreich verteidigte. Feik repräsentierte die gerade in Salzburg zahlreichen öffentlich Bediensteten und Privatangestellten, die – sozial zwischen Arbeiterschaft und Bürgertum stehend – über die Identifikation mit deutschnationalen Zielvorstellungen ihrem Gruppeninteresse Anerkennung zu verschaffen hofften.³⁶⁷

Der weitaus größte Teil der städtischen Arbeiterschaft – Handwerksgesellen wie auch Lohnarbeiter – sah seine Interessen durch die Sozialdemokratie vertreten. Nachdem es

Rudolf von Alt, Blick auf die Altstadt vom Hotel Stein, 1889, Öl auf Leinwand. (Residenzgalerie)

um 1900 endlich gelungen war, das lockere Bündel von regionalen Arbeitervereinen in einer schlagkräftigen Parteiorganisation zusammenzufassen, stieg die Zahl der Parteimitglieder rasch an.[368] Die Verankerung der Sozialdemokratie war zwar in den Gebirgsgauen und im Flachland stärker als in der dominant bürgerlichen Stadt – von den 2263 Abonnements der sozialdemokratischen „Salzburger Wacht" entfielen lediglich 424 auf das Stadtgebiet[369] – in den letzten Jahren vor dem Ersten Weltkrieg mischte die junge Partei dennoch im kommunalpolitischen Geschehen tatkräftig mit. Zahlreiche Arbeitskämpfe festigten – auch wenn sie meist wenig erfolgreich verliefen – den Aufbau einer gewerkschaftlichen Organisationsstruktur. Nicht selten setzten die Unternehmer ausländische und deutschnationale Arbeiter als Streikbrecher ein. So auch beim vierwöchigen Bauarbeiterstreik von 1904, der von gewalttätigen Auseinandersetzungen begleitet war und erst nach Vermittlung der Landesregierung mit Abschluß eines neuen Tarifvertrages endete.[370]

Wäre das im Verlauf der Gemeindewahlreformdiskussion vieldiskutierte Proportionalwahlrecht schon vor 1914 zur Geltung gelangt, dann hätte sich der Einzug einiger sozialdemokratischer Mandatare in den Gemeinderat nicht verhindern lassen. Schon 1904 erreichte der Sozialdemokrat Jakob Prähauser bei der Ergänzungswahl im dritten Wahlkörper die meisten Stimmen, und es bedurfte der Kooperation zwischen „Bürgerklub" und Christlichsozialen, um dem bürgerlichen Kandidaten bei der Stichwahl eine Mehrheit zu verschaffen.[371] Obwohl die Sozialdemokraten ihren Stimmenanteil in den Folgejahren weiter steigerten, gelang es zunächst nicht, das bürgerliche Wahlkartell aufzusprengen.[372] Umso größer war der Schock der bürgerlichen Parteien, als im Frühjahr 1914 mit Robert Preußler der erste ‚rote' Gemeinderat den Einzug in das Stadtparlament schaffte. Das System der Wahlabsprachen hatte diesmal versagt und auch eine Anfechtung der Wahl beim Verwaltungsgerichtshof erwies sich als undurchführbar. Preußler mußte wohl oder übel in den Gemeinderat aufgenommen werden, die Teilnahme an den gemeinderätlichen Kommissionen und Sektionen wurde ihm vorerst jedoch verwehrt.[373]

Kommunale Modernisierung um die Jahrhundertwende

Mit dem Ende der Wirtschaftsrezession setzte um 1890 auf kommunaler Ebene erneut eine Phase infrastruktureller Investitionen ein. Wie in vielen anderen Kommunen[374] stand in den letzten Jahrzehnten vor dem Ersten Weltkrieg auch in Salzburg die weitgehende Kommunalisierung der städtischen Leistungsverwaltung im Mittelpunkt einer Modernisierungspolitik, deren vorrangiges Ziel es war, der regionalen Wirtschaft durch Investitionen der öffentlichen Hand Impulse zu verleihen: „Da uns aber das pulsierende Leben einer regen Industrie mangelte, so lag es nahe, daß in den Erwerbsverhältnissen der Stadt ein Umschwung platzgreifen mußte, der dadurch herbeigeführt wurde, daß unsere Stadtvertretung durch die Ausführung öffentlicher Bauten der lokalen Erwerbsthätigkeit helfend unter die Arme griff und so das Wirtschaftsleben beflügelte."[375]

Als erstes ging der langgehegte Traum von einem Theaterneubau in Erfüllung. 1892 übernahm die Stadt das alte Theater, und schon ein Jahr nach dem Abriß des alten Gebäudes konnte das neue „Stadttheater" eröffnet werden. Der Neubau kostete die Stadt 650.000 Kronen.[376]

Beträchtlich waren die Aufwendungen der Stadt für das Schulwesen. Das rasche Bevölkerungswachstum zog innerhalb eines Jahrzehnts den Bau von vier neuen Schulen nach sich: 1893 wurde die St.-Andrä-Volks-und-Bürgerschule, 1896 die Müllner Schule sowie 1905 die Volksschule Nonntal errichtet.[377] Dazu kam 1900 die Staatsgewerbeschule am Rudolfskai. Selbstverständlich betraute die Gemeinde, „soweit es nur irgendwie möglich war", Salzburger Firmen mit den Arbeiten.[378] Außerdem entstanden zwischen 1889 und 1899 auf Gemeindekosten auch die Artillerie-Kaserne in der Riedenburg, die Landesschützen-Kaserne an der Hellbrunner Allee und die Infantriekaserne in Lehen, für deren Benützung der Staat immerhin eine „Aerialzinsvergütung" an die Stadt entrichtete.[379]

Von allen kommunalen Unternehmungen der 1890er Jahre verursachte der Bau der „Vereinigten Versorgungs-Anstalten" in Nonntal mit 824.000 Kronen die höchsten Kosten. Das ‚Versorgungshaus' – wie es noch heute genannt wird – nahm 268 Pfleglinge auf und ersetzte damit die räumlich und sanitär unzulänglichen alten Gebäude der geschlossenen Armenversorgung, vor allem das Bürgerspital, das Bruderhaus in der Linzer Gasse und das Erhardspital in Nonntal.[380] Im übrigen war die Belastung des städtischen Haushalts durch die Armenversorgung im Vergleich zu anderen Städten eher gering.[381] Die Einnahmen aus einer großen Zahl gutdotierter Fonds und Stiftungen deckten die Erfordernisse der Armenpflege weitgehend ab, so daß sich die Zuschüsse der Gemeinde zum Armenfonds in Grenzen hielten. Hauptproblem der Armenpflege war daher in den Augen der bürgerlichen Öffentlichkeit weniger der Kostenaufwand als die Ausscheidung aller ‚Unwürdigen' von der Unterstützung sowie vor allem die Unterbindung des störenden Straßenbettels.[382]

Nach zahlreichen ergebnislosen Anläufen wurde die Salzburger Armenpflege 1893 nach dem bewährten Muster der deutschen Stadt Elberfeld reorganisiert.[383] An der Spitze von vier Armenbezirken standen städtische Inspektoren. Ihnen zur Seite wirkten – ehrenamtlich – 58 „bürgerliche Armenräte", die jeweils eine kleine Schar von Bedürftigen betreuten. Auf diese Weise wurde über die gesamte Stadt ein beinahe lückenloses Netz der sozialen Kontrolle gelegt.[384] Dazu kam 1894 eine kommunale „Beschäftigungsanstalt", die alle arbeitsfähigen Armen unter strenger Aufsicht einer geregelten Arbeit zuführen sollte.[385]

Da das klerikal-deutschnationale Zweckbündnis der „Vereinigten Christen" aus „Angst um die eigene Popularität" eine Erhöhung der Gemeindeumlage viel zu lange hinausgeschoben hatte, führte die exzessive Ausgabenpolitik im Jahre 1898 beinahe zum finanziellen Ruin der Stadtgemeinde. Bürgermeister Zeller zog daraus die Konsequenzen und trat nicht zuletzt wegen der „geradezu trostlosen Finanzlage der Stadtgemeinde" von seinem Amt zurück.[386] Die Gemeindeschuld hatte mit über 3,7 Millionen Gulden einen bedenklichen Höchststand erreicht, und es dauerte Jahre, „bis daß die hochgehenden Wogen sich glätteten, bis daß der Himmel ‚Schön-Salzburgs' sich wieder klärte".387

Als neue Kraft auf der politischen Bühne umstrahlte den „Bürgerklub" ein Nimbus von wirtschaftlicher Kompetenz, den er bei Gemeinderatswahlen bis zum Ende der Monarchie erfolgreich in Mehrheiten umzusetzen verstand. An der grundsätzlichen Ausrichtung der kommunalen Finanzpolitik änderte sich allerdings nur wenig. Zunächst wurde zwar ein kleiner Teil der Schulden abgezahlt. Mehr noch als seine politischen Vorgänger verstand sich der „Bürgerklub" aber als explizite Interessensvertretung der Salzburger Wirtschaft, und so konnte die 1898 gedrosselte Investitionspolitik schon bald mit neuer Intensität fortgeführt werden.

Ermöglicht wurde der forcierte Ausbau der kommunalen Infrastruktur durch die Aufnahme neuer Anleihen, so etwa für den Bau der Erzherzog-Ludwig-Viktor-Brücke (heute Lehenerbrücke), die 1902 endlich eine direkte Verbindung zwischen dem aufstrebenden Stadtteil Lehen und dem Bahnhofsviertel herstellte.388 Einem großangelegten kommunalen Investitionsprogramm standen nach wie vor die hohen Tilgungsraten für die alten Anleihen entgegen. Auf Initiative von Vizebürgermeister Max Ott entschied sich die Gemeinde daher 1905 für die Aufnahme eines Großdarlehens von sechs Millionen Kronen, für das der Landtag – gegen die Stimmen der konservativen Partei – die Bürgschaft übernahm.389

Fast die Hälfte dieser Summe diente zur Tilgung der alten Anleihen aus den 1870er Jahren. Mit den verbliebenen 3,5 Millionen Kronen wurde das ambitionierte Kommunalisierungsprogramm des „Bürgerklubs" in Angriff genommen, das sich unter anderem die Vereinigung der gesamten Energieversorgung in der Hand der Stadtgemeinde zum Ziel setzte.390 Die Mittel reichten jedoch bei weitem nicht aus. Allein schon der Erwerb des Gaswerkes aus dem Besitz der „Gesellschaft für Gasindustrie" in Augsburg (1905) und die daran anschließenden Erweiterungsbauten nahmen eine Million Kronen in Anspruch.391 Noch teurer kam der Kauf des 1887 gegründeten Elektrizitätswerks mit 2,3 Millionen Kronen zu stehen. Um auch die langfristige Versorgung der Stadt mit elektrischer Energie zu gewährleisten, beschloß der Gemeinderat Ende 1909 die Errichtung eines Wasserkraftwerks im Wiestal bei Hallein, das 1913 in Betrieb genommen wurde.392 Die Finanzierung erfolgte durch ein „Sieben-Millionen-Kronen-Anlehen" der Wiener Bodenkreditanstalt (1911).393

Treibende Kraft hinter den großangelegten Kommunalisierungs- und Modernisierungskonzepten des wirtschaftlich aufstrebenden Salzburger Bürgertums der letzten beiden Vorkriegsjahrzehnte war Max Ott, der bis zum Jahr 1912 als Vizebürgermeister und danach als Bürgermeister die Umgestaltung Salzburgs von einer nichtindustrialisierten Kleinstadt zu einer regionalen Wirtschaftsmetropole vorantrieb. Ott vertrat die Interessen der in „Bürgerklub" und „Deutschfreiheitlichem Volksbund" politisch organisierten „fortschrittlichen Kreise des Mittelstandes". Offen deklariertes Ziel der Gemeindepolitik war – laut Kommunalprogramm des „Deutschfreiheitlichen Volksbundes" – eine „optimale Zusammenarbeit von Kommune und Privatkapital".394 Auf zahlreichen Wählerversammlungen sahen sich die Gemeindepolitiker der

Max Ott, Bürgermeister von 1912 bis 1919 und von 1927 bis 1935. (SMCA)

Das ehemalige Linzer Tor, das 1894 abgerissen wurde. (SMCA)

Forderung gegenüber, die kommunale Infrastruktur den Bedürfnissen der Wirtschaft anzupassen.

Wesentliches Kennzeichen der gründerzeitlichen bürgerlichen Ideologie war die Gleichsetzung von ‚Verkehr' und ‚Fortschritt'. Kein Wunder also, daß die Stadtbautheorien vorrangig um das Problem des Verkehrs kreisten und die Bereitstellung entsprechender Infrastruktursysteme im Mittelpunkt des angewandten Städtebaus stand.[395] Auch in der Planungspolitik der Stadt Salzburg dominierte diese Gesinnung. Als das Stadtbauamt die Gemeindevorstehung 1899 zur raschen Erstellung eines Generalregulierungsplanes aufforderte, standen Verkehrsüberlegungen im Zentrum der Argumentation: „Es muß darauf Bedacht genommen werden, die dringendsten Verkehrshindernisse nach und nach zu beseitigen und notwendige neue Straßendurchbrüche für die Ablenkung des Verkehrs aus überlasteten Straßen zu schaffen, endlich für die richtige Angliederung der äußeren Stadtteile und der Vororte an die Altstadt durch breite Straßenzüge die einem dichten Verkehr, eventuell auch der Benutzung für eine Straßenbahn genügen, Sorge zu tragen."[396]

Auf die „Erhaltung des historischen Charakters der Stadt" wurde in der Planungsdiskussion vordergründig zwar großer Wert gelegt, de facto sollten jedoch nach Meinung sowohl der Stadtverwaltung wie auch der meisten Kommunalpolitiker „alte historische Bauten dann demoliert werden, wenn es die unbedingte Notwendigkeit aus Verkehrsrücksichten" nahelegte.[397]

Eine Reihe historischer Baulichkeiten wurde zwischen 1890 und 1914 mit dieser Begründung zerstört,[398] darunter vor allem das Linzer- oder Sebastianstor. Die Abrißbefürworter griffen in ihrer Argumentation noch einmal auf das bewährte Muster der frühgründerzeitlichen Stadterweiterungsdiskussion zurück und diffamierten das Linzer Tor gleichsam als bauliches Relikt feudaler Unterdrückung: „Zerfallen müssen die alten trotzigen Thürme, Mauern und Thore, um neuen frischen Gebilden Platz zu machen. Schon ist Salzburg fast überall von diesen Ketten befreit und konnte Dank der Schleifung der Festungswerke blühen und gedeihen. Nur die Bewohner der Linzer Gasse und umliegender Gassen, sowie jene des Bezirkes Schallmoos genießen die Wohlthat noch nicht im vollen Maße, wie es sein könnte."[399]

Aufgrund eines Mehrheitsbeschlusses des Gemeinderates wurde das Linzer Tor Anfang 1894 abgerissen. Weder das Engagement angesehener bürgerlicher Vereine wie der „Gesellschaft für Salzburger Landeskunde", des „Museums Carolino Augusteum" und des „Technischen Clubs" noch die grundsätzlich ablehnende Haltung der staatlichen Denkmalschutzbehörde hatten das Tor zu retten vermocht.[400] Die Affäre präsentierte sich im übrigen nur vordergründig als Auseinandersetzung von bildungsbürgerlichen ‚Altertümlern' und sich benachteiligt fühlenden Wirtschaftstreibenden des Linzer-Gassen-Viertels. Im kommunalpolitischen Zusammenhang symbolisiert der Abriß des Linzer Tors gleichsam den Fall der altliberalen Elite unter dem Ansturm klerikaler und deutschnationaler Gruppierungen.[401]

Auch innerhalb der österreichischen Denkmalschutzdiskussion markierte der Fall des Linzer Tores einen Wendepunkt.[402] Zentralkommissionspräsident Alexander Freiherr von Helfert, der sich vehement für die Erhaltung des Tores eingesetzt hatte, sah seine durch und durch konservative Ansicht von der Inkompetenz demokratischer Gremien in Denkmalschutzfragen bestätigt: Wolle man Ähnliches in Zukunft verhindern, dann dürfe es nicht dem „Wesen collegialer Berathung, wo die stärkere Lunge und die geläufigere Zunge den Kampfplatz beherrschen" und „einer von Tag zu Tag schwankenden Mehrheit, möglicherweise dem Schnupfen oder Katharrh *eines* Mitgliedes, dessen Anwesenheit oder Abwesenheit das Resultat der Abstimmung auf die eine oder andere Sei-

Das Mitterbacher-Haus am Mirabellplatz, demoliert 1891. (SMCA)

510 Die Stadt im bürgerlichen Zeitalter

Zellereck (am Platzl) vor der Demolierung mit Vizebürgermeister Max Ott, um 1908. (SMCA)

te brächte", überlassen sein, über den Bestand eines jahrhundertealten Objektes zu bestimmen.[403]

Indem man lernte, zwischen historischem, künstlerischem und kunstgeschichtlichem Wert zu unterscheiden, trugen Ereignisse wie der Fall des Linzer Tores wesentlich zur Erweiterung und Differenzierung des Denkmalbegriffes bei.[404] In Ermangelung eines Denkmalschutzgesetzes setzte sich der im Prinzip auf den gesamten baulichen Altbestand ausgeweitete Denkmalbegriff in der Praxis allerdings nur zögernd durch. So wurde in Salzburg auch nach 1900 eine Anzahl von Baulichkeiten ausschließlich aus Verkehrsüberlegungen demoliert. Erwähnt seien hier der Mitterbachbogen am Mirabellplatz (1898), das Zellereck am Platzl und das Leihhaus am Makartplatz (beide 1908). Zugleich formierte sich aber eine bildungsbürgerliche Opposition gegen weitere Eingriffe in das überlieferte Gefüge der Altstadt. Seit ungefähr 1905 zeichnete sich überdies immer deutlicher ab, daß Salzburgs Altstadt in der Person des Erzherzog-Thronfolgers Franz Ferdinand ein mächtiger Schutzherr erwachsen war, der von seinem Jagdschloß Blühnbach aus das Salzburger Baugeschehen genau verfolgte.[405]

Mit der Errichtung des Justizgebäudes errang die im Gemeinderat dominierende Fraktion der Modernisierer ihren letzten großen Sieg. Auch dieser Eingriff in das überlieferte Gefüge der Altstadt (1905 bis 1907) erfolgte gegen den Willen der Wiener Denkmalschutzbehörde, die sich „in der entschiedensten Weise" gegen das Projekt aussprach. Dennoch ließ der Staat als Bauherr anstelle der alten Fronfeste an der Karolinenbrücke einen im damals bereits konventionellen historisierenden Stil gehaltenen Gerichts- und Gefängniskomplex erstellen. Treibende Kraft hinter der Errichtung dieses monumentalen Baus an einer perspektivisch besonders sensiblen Stelle der gesamten Stadtszenerie war die Stadtgemeinde, die sich im Interesse von Hausbesitzern sowie Handel- und Gewerbetreibenden der rechtsseitigen Altstadt einer Verlegung des Gerichts auf die Stadterweiterungsgründe in Schallmoos entschieden widersetzte.[406]

Erzherzog Franz Ferdinand hat der Salzburger Bürgerschaft diesen Eingriff in das Stadtbild nie verziehen.[407] Manches spricht dafür, daß sein Engagement für regionale Belange der Denkmalpflege sowie die stets spürbare Reserve gegenüber allen Plänen der Salzburger Gemeindevertretung aus dieser Entrüstung über den Justizgebäudebau herausgewachsen ist.

Die „Gelbe Elektrische" am Grünmarkt, 1917. Ansichtskarte nach Franz Kulstrunk.   (SMCA)

Das Modernisierungsstreben der Stadtgemeinde bot dem Thronfolger in den Folgejahren vielfachen Anlaß zum Einschreiten. Als nächstes stand ein eher abstruses Kurhausprojekt in der ‚Neustadt' auf dem Programm, welches vorsah, das Mirabellschloß nach den Plänen der Wiener Firma Fellner und Helmer unter „Wiederherstellung seiner ursprünglichen historischen Gestalt" in ein „modernes, den heutigen Anforderungen entsprechendes Kurhaus" umzuwandeln.[408] Die projektierte „Verschandelung von Mirabell" erregte den Unwillen Franz Ferdinands und schon im Sommer 1907 stand fest, daß das Projekt keine Chance auf Realisierung hatte.[409]

Einige weitere geplante Eingriffe in das alte Stadtbild, die teils ungeheuerliche Dimensionen aufwiesen, zerschlugen sich, ohne daß es einer besonderen Intervention des Thronfolgers bedurft hätte.[410] Der vom Architekten Franz Drobny im Auftrag der Stadtgemeinde erstellte Regulierungsplan sah etwa eine Verbreiterung sämtlicher Gassen der Altstadt auf mindestens 10 wenn nicht sogar 12,5 oder 15 Metern Breite vor, was eine Demolierung förmlich der gesamten Bürgerstadt nach sich gezogen hätte.[411] Etwas sensibler präsentierte sich der von den renommierten Stadtplanern Karl Hofmann und Karl Mayreder 1905 vorgelegte Regulierungsplan. Er gelangte ebenfalls nicht zur Ausführung,[412] gab aber immerhin zum Teil die Grundlage für den vom Stadtbauamt ausgearbeiteten und vom Gemeinderat nach langer Diskussion im Juli 1907 beschlossenen Generalregulierungsplan für die Altstadt ab.[413] An gröberen Eingriffen in das bestehende Stadtbild war darin unter anderem ein Straßendurchbruch vom Sigmundsplatz zur Griesgasse vorgesehen. Ebenfalls projektiert waren umfangreiche ‚Regulierungen', d. h. Straßenverbreiterungen, im Bereich der Judengasse sowie zwischen Kaigasse und Pfeifergasse.[414] Insgesamt wäre für die Verwirklichung dieses Regulierungsplanes die Einlöse von ungefähr 100 Häusern notwendig gewesen, ein Aufwand, der die finanziellen Möglichkeiten der Kommune bei weitem überstiegen hätte.[415]

Mit besonderem Engagement betrieb der Gemeinderat seit 1907 das Projekt eines zweiten Mönchsbergdurchbruchs vom Kapitelplatz durch den Petersfriedhof ins Nonntal, wovon man sich eine beträchtliche Steigerung der Grundstückspreise im Nonntal erhoffte. Auch dieses Mal gebot das Machtwort Erzherzog Franz Ferdinands dem bürgerlichen Modernisierungsdrang Einhalt.[416] Der Thronfolger war im höchsten Maß ergrimmt, und ließ Landespräsident Clemens Graf Saint-Julien-Wallsee unmißverständlich wissen, daß er die „Devastierung und wenn auch nur eines Teils des St. Peter Friedhofes", ebenso wie die „beabsichtigte Stadtregulierung" für einen Vandalismus erachte, der „das altehrwürdige historische Cachet der Stadt Salzburg, welches jährlich Hunderttausende von Fremden anzieht, vernichten würde".[417]

Allmählich begann sich auch in der „ganzen gebildeten Bevölkerung" der Stadt Widerstand gegen die Regulierungspläne und das Tunnelprojekt zu regen.[418] In einem sarkastischen Aufruf wurde vorgeschlagen: „Gehen wir radikal vor, reißen wir auch die Dombögen ein, tragen wir dieses unpraktische Salzburg ganz ab, auf daß es zweckvoll mit geradlinigen Straßen aus Zementkasernen wieder neu aus dem Schutt erstehe."[419]

Anders als beim Straßenbau hielt sich die Stadtgemeinde bei der Schaffung eines öffentlichen Verkehrsnetzes zunächst zurück. Der Ausbau des Salzburger Lokal- und

Straßenbahnnetzes ist daher eng mit dem Namen einer privaten Betreibergesellschaft verbunden, der „Salzburger Eisenbahn- und Tramway-Gesellschaft (SETG)". Die erste Strecke der anfangs dampfbetriebenen, später elektrifizierten Lokalbahn wurde 1886 eröffnet und führte – ausgehend vom Hauptbahnhof – nach Hellbrunn und weiter nach St. Leonhard.[420] Gegen den heftigen Widerstand der Salzburger Lohnfuhrwerker errichtete die SETG 1887 außerdem eine rein innerstädtische Pferdebahn vom Bahnhof zum Alten Markt, die vorübergehend bis ins Nonntal weitergeführt wurde.[421] 1892 konnte die Standseilbahn auf die Festung Hohensalzburg in Betrieb genommen werden. 1893 erfolgte die Verlängerung der Lokalbahn nach Parsch, 1896 die Eröffnung einer neuen Linie nach Oberndorf. Mit zunehmender Größe der Stadt wuchs jedoch auch der Bedarf nach einem effizienten innerstädtischen Verkehrsmittel. Nach langen Verhandlungen über die Trassenführung entschied sich die Stadtgemeinde schließlich selbst für die Errichtung einer elektrischen Straßenbahn. Diese „Salzburger Stadtbahn" – im Gegensatz zur ‚roten' SETG-Lokalbahn im Volksmund nur die ‚gelbe Elektrische' genannt – nahm 1909 den Betrieb auf der Strecke Bahnhof/Alter Markt auf.[422] 1916 erfolgte ihre Verlängerung durch das Neutor in die Riedenburg und weiter bis nach Maxglan.[423] Straßenbahnen und Tramways setzten sich in Salzburg jedoch als innerstädtische Verkehrsmittel langfristig nicht durch. Bereits 1940 wurde die ‚gelbe Elektrische' wieder eingestellt und durch eine Obuslinie ersetzt. Die Stillegung der SETG-Linien mit Ausnahme der Lokalbahn nach Oberndorf folgte 1953.[424]

Scheitern einer Gemeindewahlreform

Das kommunale Privilegienwahlrecht blieb zwischen 1869 und 1918 fast unverändert in Geltung. Aber auch ohne Demokratisierung der Gemeindewahlordnung verdoppelte sich in diesem Zeitraum infolge inflationärer Tendenzen und einer allgemeinen Wohlstandsvermehrung der Anteil der Steuerpflichtigen und damit auch der Wahlberechtigten. Die Breite des bürgerlichen ‚Mittelstands' im Vergleich zu anderen Städten fällt auf: waren 1910 in Graz nur zehn Prozent aller Erwachsenen (einschließlich Frauen) auf kommunaler Ebene wahlberechtigt, so in Salzburg immerhin 25 Prozent.[425]

Der undemokratische Charakter des Gemeindewahlrechts war freilich auch in Salzburg unübersehbar. Nicht nur zählte die einzelne Stimme je nach Kurie unterschiedlich. Auch der Ablauf der jährlichen Gemeinderatsergänzungswahlen – sie fanden jeweils im Frühjahr statt – begünstigte eindeutig die erste Kurie der Höchstbesteuerten, die als letzte wählte und daher die Möglichkeit hatte, das Ergebnis vorhergegangener Wahlgänge – etwa durch die neuerliche Nominierung bereits durchgefallener Kandidaten – im nachhinein zu korrigieren.

Die Auswahl der Kandidaten erfolgte in getrennten Wahlversammlungen der drei Kurien. Während der liberalen Alleinherrschaft im Gemeinderat hatten diese Veranstaltungen die Funktion, die vom „Liberalen Verein" Auserlesenen der Öffentlichkeit zu präsentieren. Mitunter wurde aber sogar darauf verzichtet. Der nachmalige Bürgermeister

Demonstration für eine Reform des Reichsratwahlrechts vor dem Neugebäude, damals Sitz der k. k. Landesregierung, 1905. (SMCA)

Schumacher wunderte sich selbst, als er 1879, „ohne daß eine Wählerversammlung sein Erscheinen verlangt hätte", in den Gemeinderat gewählt wurde.[426]

Zum Schauplatz politischer Agitation entwickelten sich die Wahlversammlungen erst in den 1880er Jahren, als neue Gruppierungen auf Gemeindeebene in Erscheinung traten und die liberale Praxis geheimer Vorabsprachen in Frage stellten. Erstaunt beobachteten die vornehmen Mitglieder des liberalen Wahlkomitees, wie 1880 erstmals ein klerikaler Agitator „die p. t. frommen Greißlerinnen, Pfaidlerinnen, Flickschuster, Gropper, Schneider, Melbler, Standlbesitzer, Holzabschneider u. s. f. mit Grazie unter seine schützenden Fittiche nahm" und an ihnen vorbei zur Wahlkommission geleitete.[427] Die antisemitischen und deutschradikalen Schönerianer funktionierten schließlich den überkommenen Typus von Wahlversammlungen endgültig um. Angewidert schildert Schumacher eine Wahlversammlung neuen Stils: „Lange vor Beginn dieser Versammlungen waren die Lokale schon mit jungen, großenteils halbwüchsigen Leuten besetzt, welche aus Turnern, Hoch- und Mittelschülern, Handelsgehilfen und Lehrlingen, kurz aus solchen Teilnehmern bestanden, welche nach gar keiner Richtung wahlberechtigt waren. Als die berechtigten Wähler, welche nicht Zeit hatten, sich stundenlang vor Beginn ins Gasthaus zu setzen, ankamen, fanden sie nur mühsam oder gar nicht Platz. Auch eine neue Begrüßungs- und Beifallsbezeugung wurde von diesen Politikern erfunden, nämlich tosendes Stampfen auf den Fußboden und mächtiges Heilgebrüll. Sobald einer ihrer Anhänger das Lokal betrat, wurde er in dieser anstandswidrigen Weise begrüßt, und während ihrer marktschreierischen Reden ertönte nach jedem Schlager das Getrampel und das nationale Indianergeheul. Welchen Eindruck dieses Gebaren auf die ernsten Wähler machte, läßt sich denken, einer nach dem anderen entfernte sich, bis die Herren ganz unter sich waren und über ihre Kandidaten abstimmen konnten."[428]

Der Erfolg der Klerikalen und Deutschnationalen war zwar nur von kurzer Dauer. Aber auch nach der Reorganisation der besitzbürgerlichen Schicht im „Bürgerklub" erfolgte keine Rückkehr zu früheren Verhältnissen. Ausdruck der Politisierung des Gemeindelebens waren die regelmäßig im Vorfeld der jährlichen Gemeinderatsergänzungswahlen im März und April stattfindenden Wahlversammlungen. Erbittert wurde nunmehr um jede einzelne Stimme, vor allem aber um die Wahlvollmachten der Frauen gerungen. Zur Härte der Auseinandersetzung trug nicht zuletzt das auf Gemeindeebene geltende Mehrheitswahlrecht bei, das die jeweils unterlegene Gruppierung bei mitunter nur geringem Stimmenabstand leer ausgehen ließ. Benachteiligte dieses Systems waren Klerikal-Konservative bzw. Christlichsoziale sowie vor allem Sozialdemokraten.

Die Forderung nach einer Demokratisierung des anachronistischen Gemeindewahlrechts wurde zunächst fast ausschließlich von der Arbeiterbewegung aufgestellt, später aber auch von einigen kleinbürgerlichen Parteien, darunter den Christlichsozialen übernommen.[429] Konkrete Formen nahm die Diskussion jedoch erst an, nachdem Ministerpräsident Badenis Wahlreform von 1896 auf Reichsratsebene eine auf dem allgemeinen (Männer-)Wahlrecht beruhende vierte Wahlkurie eingeführt hatte. Nunmehr stellte sich für die Städte die Frage einer Reform der auf der Theorie der Vermögensvertretung beruhenden Gemeindewahlordnungen. Auch im Salzburger Gemeinderat, der sich erstmals 1900 mit einer Abänderung der „bisherigen unzeitgemäßen" Gemeindewahlordnung beschäftigte, gelangte man allmählich zur Überzeugung, daß die ständige Ausweitung des eigenen Wirkungskreises „so viele und einschneidende Angelegenheiten allgemeinen Interesses" mit sich gebracht habe, „daß es nicht mehr zulässig erscheint, die Mitwirkung hieran an das Moment der Steuerleistung zu knüpfen".[430]

1902 beschloß der Gemeinderat einen vom deutschnationalen Vizebürgermeister Dr. Povinelli verfaßten Änderungsentwurf, der nach Meinung des „Salzburger Volksblattes" „von einem wirklich freisinnigen Zug durchweht" war.[431] Der Entwurf sah nämlich die Schaffung eines vierten Wahlkörpers vor, in dem alle Gemeindemitglieder, die keine direkte Staatssteuer entrichteten, wahlberechtigt sein sollten. Die Zahl der Gemeinderäte wäre von 30 auf 40 erhöht, die Funktionsdauer von drei auf vier Jahre ausgedehnt worden. Die Regierung versagte Povinellis Entwurf jedoch die Genehmigung, da er weiter ging als das Reichsratswahlrecht.[432] Nicht zur Verwirklichung gelangte auch ein 1905 von Vizebürgermeister Dr. Hermann von Vilas ausgearbeiteter Entwurf, der ebenfalls die Schaffung einer vierten Kurie vorgesehen hätte.[433]

Ein letzter Anlauf zur Abänderung der Gemeindewahlordnung wurde 1910 unternommen. Vizebürgermeister Dr. Gottfried Toldt legte einen Entwurf vor, der einerseits eine Abschaffung des Frauenwahlrechts beinhaltete, andererseits eine „zeitgemäße Regelung des Zensus in den drei ersten Wahlkörpern" sowie die Angliederung eines neuen vierten Wahlkörpers vorsah, in dem das Verhältniswahlrecht gelten sollte.[434] Nach Ansicht des christlichsozialen Gemeinderats Karl Held hatte sich „die herrschende Partei" – also der „Bürgerklub" – die neue Wahlordnung „auf den Leib geschrieben [. . .], um die bereits ins Wanken geratene Herrschaft künftig zu sichern".[435] Wie ein Vergleich der Wahlberechtigten nach geltendem und zukünftigen Wahlrecht zeigte, war eine Demokratisierung nicht beabsichtigt. Die vorgesehene Anhebung des Zensus in den ersten drei Kurien hätte für viele Wahlberechtigte den Abstieg in eine mindere Kurie mit sich gebracht. Außerdem wäre wegen des Wegfalls der weiblichen Wähler die Gesamtzahl der Wahlberechtigten nur unwesentlich gestiegen.

Tabelle 8: Zahl der Wahlberechtigten
(In Klammern: Zahl der wahlberechtigten Frauen)

	Gemeinderatswahlen 1909	Entwurf von 1910
1. Kurie	1142 (380)	610
2. Kurie	1883 (485)	1150
3. Kurie	2925 (764)	1400
4. Kurie	– –	3200
Zus.	5950 (1629)	6360

Das kommunale Frauenwahlrecht hatte seine Rechtfertigung bis dahin durch das Prinzip der Vermögensvertretung gefunden.[436] Da die Einführung einer von der Steuerleistung unabhängigen vierten allgemeinen Wählerkurie dieses Prinzip durchbrochen hätte, stand nach Ansicht der Betreiber der ‚Wahlreform' einer Abschaffung des Frauenwahlrechts nichts mehr im Wege, ganz abgesehen davon, daß „sich das Frauenwahlrecht nirgends und auch in Salzburg nicht besonders bewährt" habe,[437] denn: „Die Frauen haben im Allgemeinen noch nicht die politische Reife, um an den Wahlen in öffentliche Vertretungskörper teilzunehmen; es fehlt ihnen mit geringen Ausnahmen die erforderliche Einsicht und Selbständigkeit, um selbsttätig und unbeeinflußt einzugreifen."[438] Die Gegner des Frauenwahlrechts befanden sich vor allem im deutschbürgerlichen Lager, in dem man die Erfolge der Christlichsozialen beim Sammeln von Vollmachten stets mit Mißgunst beobachtete. Auch das „Salzburger Volksblatt" ging bereits zu Beginn der Wahlreformdebatte davon aus, daß mit der Beseitigung des Frauenwahlrechts „sich wohl jeder einverstanden erklären wird, dem daran gelegen ist, reine und durch keinerlei ‚ungesunde Agitation' beeinflußte Gemeindewahlen zu erzielen".[439]

Der Entwurf zur Gemeindewahlreform von 1910 wurde vom christlichsozial dominierten Landtag abgelehnt, unter anderem wegen der Aufhebung des Frauenwahlrechts und der Erhöhung des Zensus.[440] Einem revidierten Entwurf stimmte der Landtag 1912 freilich zu, obwohl in ihm nach wie vor die Abschaffung des Frauenwahlrechts vorgesehen war.[441] Die Gemeindewahlreform scheiterte letztlich aber an der Ablehnung des Kaisers, der in den Bestimmungen über die Verleihung des Bürgerrechts den staatsbürgerlichen Gleichheitsgrundsatz verletzt sah. Der Entwurf hätte das Bürgerrecht nämlich auf „deutsche Bewerber" beschränkt[442] und diesen außerdem die eidliche Verpflichtung auferlegt, „den Charakter der Stadt Salzburg als Landeshauptstadt, sowie insbesondere auch den deutschen Charakter derselben nach Kräften aufrechtzuerhalten".[443]

Der Gemeinderat beharrte trotzig auf seinem Wahlrechtsentwurf. Die bürgerlichen Fonds und Stiftungen seien von ‚deutschen' für ‚deutsche' Kaufleute und Handwerker ins Leben gerufen worden seien. Die Stifter hätten die Bezeichnung „deutsche Bürger" nur deshalb nicht gewählt, weil in der Vergangenheit niemand habe ahnen können, daß „auch die deutsche Stadt Salzburg in Zukunft Gefahr laufen werde, andersprachige Elemente dauernd in ihren Mauern beherbergen zu müssen".[444] Die deutschnationale Halsstarrigkeit war freilich vorgeschoben. Wie der Landtagsabgeordnete Preußler richtig erkannte, ging es den bürgerlichen Gemeinderäten vor allem um den dauernden Ausschluß der Sozialdemokraten von kommunaler Mitbestimmung.[445]

Erster Weltkrieg – der Zusammenbruch des alten Systems

Auch in der Stadt Salzburg steigerte sich die Bevölkerung zu Kriegsbeginn in einen patriotischen Taumel hinein. Tausende säumten jubelnd die Straßen zum Bahnhof, als das Salzburger Hausregiment „Erzherzog Rainer" im August 1914 ins Feld ausrückte. Die Hoffnungen auf einen raschen Sieg zerschlugen sich freilich schon wenige Wochen später auf den blutigen Schlachtfeldern Galiziens und die Euphorie des Kriegsbeginns ging fast nahtlos über in die Tristesse eines von zunehmenden Versorgungsmängeln, hohen Verlusten und heimkehrenden Verwundeten geprägten Kriegsalltags.

Während des Krieges kam das demokratische Leben auf allen Ebenen zum vorläufigen Stillstand. An der Spitze des Staates stand eine außerparlamentarische Regierung,

Abmarsch des Salzburger Hausregiments „Erzherzog Rainer" in den Krieg, August 1914. (SMCA)

die mit Hilfe von Notverordnungen agierte. Die Landtage, die für die Gemeindegesetzgebung zuständig waren, wurden während des Krieges nicht einberufen und auch auf kommunaler Ebene wurde der Fortgang des demokratischen Lebens unterbunden. Neuwahlen in die Gemeindevertretungen fanden daher seit Kriegsausbruch nicht mehr statt, und wie in der Ära des Neoabsolutismus wurden die bestehenden Mandate einfach verlängert. Zugleich erfolgte eine „engere Eingliederung der Gemeindeselbstverwaltung in die Maschinerie der politischen Behörden", so daß der Umfang des übertragenen Wirkungskreises rasch anwuchs und die Gemeindeverwaltungen mit zusätzlichen Aufgaben überbürdet wurden. Da die Gemeindeorgane bis zur Wiedereinberufung des Reichstages 1917 die einzig demokratisch legitimierten Körperschaften darstellten, fiel ihnen außerdem die Aufgabe zu, „Loyalitätserklärungen im Namen der Bevölkerung abzugeben, verschiedene festliche Aktionen zu organisieren, die Propagierung zur Zeichnung der Kriegsanleihen sowie andere unpopuläre Aktionen durchzuführen".[446]

Diese fast vollständige Unterordnung der Gemeindeverwaltung unter den Staat verstärkte im Laufe des Krieges die Ressentiments der Kommunen gegenüber den staatlichen Behörden bis zur offenen Feindseligkeit. Wie Bürgermeister Ott berichtete, sei dem Gemeinderat die Aufgabenerfüllung fast unmöglich gewesen, „da die Regierung gegenüber der Stadtgemeinde sowohl in finanziellen als wirtschaftlichen Fragen in damals fast unbegreiflicher Weise die Stellung einer Art ‚Entente en miniature' einnahm und es derselben möglichst erschwerte, das Schifflein der Gemeinde unversehrt durch die ringsum brandenden Wogen zu lenken".[447] Auf sozialdemokratischen Antrag protestierte der Gemeinderat gegen die rigoros gehandhabte Zensur.[448] Die Loyalität der Stadtgemeindevorstehung gegenüber dem habsburgischen Staat blieb zwar im großen und ganzen bestehen, die Sympathien der deutschbürgerlichen Gemeinderatsmehrheit galten jedoch eindeutig dem deutschen Bündnispartner. So sollte der von Ott in Auftrag gegebene ‚Eiserne Wehrmann' – eine von Anton Aicher aus Zirbenholz hergestellte Figur, der von Spendenwilligen unzählige Bronzenägel eingeschlagen wurden[449] – ursprünglich Feldmarschall Hindenburg darstellen. Als dieser höflich ablehnte und statt dessen die Wahl eines österreichischen Heerführers nahelegte, entschied sich Ott für den sagenumwobenen ‚Kaiser Karl vom Untersberg'.[450]

Versorgungsmängel und ein inflationärer Anstieg der Lebenshaltungskosten stürzten weite Teile der Bevölkerung in Not.[451] Der erste sozialdemokratische Antrag, der vom Gemeinderat einstimmig angenommen wurde, richtete sich gegen die „unerträgliche Preistreiberei" und forderte die Festsetzung von Höchstpreisen. Als die Regierung im Frühjahr 1917 jedoch von sich aus den Versuch unternahm, einen Teil der kriegswirtschaftlichen Agenden, insbesondere im Bereich der Volksernährung, an neu zu bildende Gemeindewirtschaftsräte zu delegieren, stieß die Absicht bei der Stadtgemeindevorstehung zunächst auf Widerstand, da sich diese nicht noch stärker in das allgemein verhaßte Bewirtschaftssystem einbeziehen lassen wollte. Hinzu kam freilich der Widerwille gegen die Schaffung eines neuen Organs, „in dem die Arbeiterschaft stärker vertreten war als in dem nach dem Kurienwahlrecht gewählten Gemeinderat".[452] Die Errichtung eines Gemeindewirtschaftsrates unter Berücksichtigung der Konsumentenkreise erfolgte erst Mitte September 1917.

Gering war auch die Bereitschaft der Stadtgemeindevorstehung zur Zusammenarbeit mit den vom Amt für Volksernährung eingesetzten Ernährungsaufsichtsorganen. Da die städtischen Beamten – so ein staatlicher Ernährungsinspektor – „eine größtmögliche Schonung der Gewerbetreibenden walten ließen, stünden im Stadtgebiet Schleichhandel und Preistreiberei, namentlich im Gastgewerbe und bei sämtlichen Approvisionierungsgewerben, ‚in voller Blüte'". Der Vorschlag, die Mitwirkung der autonomen Gemeindebehörde bei der Ernährungsaufsicht gänzlich zu beseitigen, wurde jedoch nicht verwirklicht.[453]

Während der letzten beiden Kriegsjahre eskalierte der Versorgungsnotstand zur Hungerkatastrophe. Angesichts der völlig unzureichenden Lebensmittelzuteilungen war die städtische Bevölkerung seit dem Winter 1915/16 an die teilweise Eigenversorgung auf dem Schwarzmarkt verwiesen. Frauen aller sozialen Schichten zogen kolonnenweise zum ‚Hamstern' in den Flachgau und die angrenzenden Bereiche des Innviertels. Als die staatlichen Behörden im Herbst 1918 rigorose Maßnahmen zur Eindämmung des Schleichhandels anordneten, brach der sogenannte ‚Rucksackkrieg' aus. Bürgermeister Ott und der Gemeinderat protestierten vehement gegen die amtliche Unterbindung des Rucksackverkehrs und erreichten eine weitgehende Rücknahme der Verordnung.[454] Dennoch entlud sich die explosive Stimmung der notleidenden Bevölkerung wenige Tage später in den gewalttätigen Ausschreitungen und Plünderungen vom 19. September 1918, die in der Landeshauptstadt den Untergang des alten Systems ankündigten. Die durch unerträgliche Versorgungsmängel bewirkte „eruptive Radikalisierung" hatte vor allem Frauen aus der Arbeiterschaft erfaßt: 64 Prozent der nach den Septemberunruhen wegen Plünderns gerichtlich Verurteilten waren weiblichen Geschlechts.[455]

Die Forderung nach einer Demokratisierung des kommunalen Wahlrechts war bereits Ende 1917 wiederaufgelebt. Während des Jännerstreiks 1918, einer österreichweiten Protestwelle gegen Krieg, Hunger und Unterdrückung, diskutierte der Gemeinderat erstmals seit 1913 die Änderung der Gemeindewahlordnung. Bürgermeister Ott konnte sich nach wie vor nur eine Ausweitung des ständischen Wahlrechts auf die Arbeiterschaft im Sinne einer ausgewogenen Interessensvertretung vorstellen und warnte vor einer „schablonenhaften Anwendung des Prinzips des allgemeinen gleichen und direkten Wahlrechtes" auf kommunaler Ebene. Gemeinderat Preußler lehnte das Prinzip der Interessensvertretung im Namen der Sozialdemokraten als längst überholt ab und schloß mit der Prophezeiung, daß das „allgemeine und direkte Wahlrecht so sicher wie das Frühjahr" kommen werde.[456] Preußler sollte recht behalten. Die Reform des Gemeindewahlrechts erfolgte allerdings nicht mehr durch die Institutionen der sterbenden Monarchie, sondern bereits auf Anordnung der Repräsentativorgane des neuen Staates Deutschösterreich.

XI. ZWISCHENKRIEGSZEIT UND ZWEITER WELTKRIEG

Landeshauptstadt und Kulturmetropole

Der ‚Umsturz' des alten Systems vollzog sich in der Provinzstadt Salzburg fast reibungslos und ohne spektakuläre Anteilnahme der Bevölkerung.[1] „An einem trüben Herbsttag" – erinnert sich die Arztensgattin Johanna Schuchter – „ging ich über den Residenzplatz, der nebelig und fast menschenleer dalag. Ein Herr rief mich an und begrüßte mich. Es war der Gemeinderat Preußler, den ich von meiner Tätigkeit in den Kriegshilfskomitees her gut kannte. Im Laufe unseres Gesprächs zeigte er zu dem Glockenspielgebäude hinüber – es war der Sitz des kaiserlichen Landespräsidenten – und sagte in seiner lebhaften Art: ‚Wissen Sie, daß die Regierung da drüben schon heute weggefegt werden wird? Wir werden eine neue bilden.'"[2]

Am Nachmittag desselben Tages – es war der 13. November 1918 – wurde auf dem Glockenspielturm die rote Fahne gehißt. Einige hundert sozialdemokratische Demonstranten zogen jubelnd zum Chiemseehof, wo Preußler – nunmehr einer von drei Präsidenten der provisorischen Landesversammlung – seine „zündende Ansprache" mit einem „dreifachen Hoch auf die Republik" Deutschösterreich schloß.[3] Am darauffolgenden Tag nahm der letzte k. k. Landespräsident Felix von Schmitt-Gasteiger seinen Abschied, womit die habsburgische Herrschaft nach 102 Jahren sang- und klanglos ihr Ende fand.

Franz Kulstrunk, Die Stadt im Jahre 1916, Öl auf Leinwand. (Rathaus Salzburg, Foto: Ritschel)

Während in der Salzburger Arbeiterschaft bei Kriegsende die Hoffnung auf ein besseres Leben in einer selbstbewußten Demokratie aufkeimte, überwog in den bürgerlichen Kreisen die Angst vor einer unsicheren Zukunft. Mit dem Untergang des – oft geschmähten – habsburgischen Staates hatte das bürgerliche Sekuritätsgefühl seinen Bezugspunkt verloren. „Es schien mir" – beschreibt Schuchter ihre Empfindungen – „als wäre alles, was mir bis dahin doch immer nur als ‚vorläufig' erschienen war, erst jetzt unabdingbarer Ernst geworden. Das Land, in dem wir alle wurzelten, zerbrach. Wie sollten wir, die wir es trotz allem inbrünstig liebten – das wurde mir auf einmal so gegenwärtig – das Ungeheuerliche über Nacht fassen?"[4]

Während die große Mehrheit der Bevölkerung unter der Last der Nachkriegsnot in teilnahmsloser Resignation verharrte, nutzten die politischen Kräfte im Lande die neugewonnene Freiheit zielstrebig im Sinne einer föderalen Gestaltung des neuen Staatswesens.[5] Befreit von den integrativen Klammern der habsburgischen Zentralmacht bot die Republik – wie die Landespolitiker erkannten – endlich „den passenden Rahmen für die unbeengte Ausbildung der Länder-Persönlichkeiten".[6] Auch wirtschaftlich eröffnete sich den westlichen Alpenländern, die sich solange gegenüber Wien und den nordöstlichen Reichsteilen ins Abseits gedrängt gesehen hatten, im Rahmen des kleinen Österreich die Chance eines tiefgreifenden strukturellen Wandels.

Am meisten profitierte Salzburg vom Zerfall der Habsburgermonarchie. Stadt und Land lagen nunmehr im Schnittpunkt der Ost-West- und Nord-Süd-Achse des österreichischen Wirtschaftsverkehrs, hatten somit ihre oft beklagte Randlage im räumlichen Wirtschaftsgefüge der Monarchie mit einer Zentrallage im neuen Staatswesen vertauscht.[7] Potentiell wachstumsfördernde Faktoren der regionalen Wirtschaft waren zum einen die durch eine starke Importabhängigkeit (Rohstoffe, Lebensmittel) diktierte Niedrigzollpolitik der jungen Republik, die sich vom Protektionismus der Monarchie deutlich unterschied, zum anderen die durch hohe Zollbarrieren der Nachfolgestaaten erzwungene Westverlagerung des innerösterreichischen Wirtschaftsverkehrs wie auch der Außenwirtschaftsbeziehungen.[8] Einem raschen wirtschaftlichen Aufstieg der Region standen in der Zwischenkriegszeit jedoch die überregionalen konjunkturellen Trends entgegen.

Ein tendenzieller Prozeß der Entprovinzialisierung ist dennoch unverkennbar: „Wien rückte vom Zentrum an die ‚Peripherie', während Salzburg nun von der Peripherie stärker ins ‚Zentrum' rückte und eine wichtige Drehscheibe zum Deutschen Reich, speziell zu Bayern, bildete."[9] Die Identifikation mit dem neuen österreichischen Staat war dagegen eher gering, vor allem mangelte es am Vertrauen in die wirtschaftliche Lebensfähigkeit der kleinen Republik. Politik und Wirtschaft des Landes konzentrierten ihre Zukunftshoffnungen vielmehr auf eine Integration in den deutschen Wirtschaftsraum. Kein Wunder also, daß das von allen Parteien mitgetragene Plebiszit vom Mai 1921 in Stadt und Land Salzburg ein überwältigendes Votum für den Anschluß an Deutschland ergab.[10] Die Abstimmung blieb auf politischer Ebene zwar ohne praktische Konsequenz, Ressentiments gegen den österreichischen Staat einerseits und eine starke Affinität zum großen deutschen Nachbarn andererseits kennzeichneten das regionale politische Klima jedoch bis zur deutschen Okkupation vom März 1938.

Der Strukturwandel der Zwischenkriegszeit spiegelt sich in der regionalen demographischen Entwicklung. Insgesamt nahm der Anteil der westlichen Bundesländer an der Gesamtbevölkerung Österreichs seit dem Ersten Weltkrieg deutlich zu; jener Salzburgs stieg von 3,4 Prozent (1923) auf 3,9 Prozent (1939). Besonders dynamisch war das Wachstum der Stadt Salzburg, deren Bevölkerung auf dem heutigen Gemeindegebiet von 1910 bis 1939 um mehr als ein Drittel (37,5 Prozent) zunahm und die damit in diesem Zeitraum ein stärkeres Bevölkerungswachstum aufwies als alle anderen österreichischen Landeshauptstädte.[11] Ein wesentlicher Teil der Zunahme entfiel freilich auf die 1935 und 1939 in die Stadt integrierten Nachbargemeinden, deren Eingemeindung Salzburg zur viertgrößten österreichischen Stadt aufsteigen ließ.[12]

Der Strukturwandel der Zwischenkriegszeit vollzog sich im Raum Salzburg hauptsächlich im tertiären Sektor und hier vor allem im Bereich des Fremdenverkehrs.[13] Impulsgebend für den touristischen Höhenflug der Region waren die Salzburger Festspiele. Mit ihrer Gründung im August 1920 verlagerte sich mitten in der ökonomischen, politischen und mentalen Krise der unmittelbaren Nachkriegszeit ein Teil der metropolitanen Kunstkompetenz von Wien nach Salzburg. „Etwas Merkwürdiges hatte sich in aller Stille ereignet", konstatierte Stefan Zweig: „Die kleine Stadt Salzburg mit ihren 40.000 Einwohnern, die ich mir gerade um ihrer romantischen Abgelegenheit willen gewählt, hatte sich erstaunlich verwandelt: sie war im Sommer zur künstlerischen Hauptstadt nicht nur Europas, sondern der ganzen Welt geworden."[14]

Die wesentlichen Impulse zur Festspielgründung waren von auswärts gekommen, und der Anteil Wiens an der Schaffung der Spiele war letztlich entscheidend für deren Erfolg. Dies gilt zum Teil sogar für die originäre Salzburger Komponente der Gründungsgeschichte. Zwar erfolgte die Wiederbelebung der in ihren Ursprüngen weit in die Vorkriegszeit zurückreichenden Festspielpläne während des Krieges in Salzburg, die Gründung einer „Salzburger Festspielhaus-Gemeinde" fand jedoch aus taktischem Kalkül 1917 in Wien statt.[15]

Allein auf sich gestellt wären die Salzburger Enthusiasten der ersten Stunde – an ihrer Spitze Friedrich Gehmacher – vermutlich gescheitert, nicht zuletzt wegen kleinlicher Rivalitäten innerhalb der Festspielhaus-Gemeinde. Entscheidend für den Erfolg des Festspielgedankens inmitten der Not der Nachkriegszeit war letztendlich die intellektuelle und künstlerische Potenz der Metropole: Hugo von Hofmannsthal lieferte das intellektuelle Programm; Max Reinhardt, Leiter des Deutschen Theaters in Berlin und Begründer des modernen Regietheaters, setzte mit Hofmannsthals „Jedermann" im August 1920 den entscheidenden ersten Schritt; Hermann Bahr, seit 1912 in Salzburg ansässig, wirkte über Jahre als unermüdlicher Propagandist der Festspielidee; dazu kam die Unterstützung durch Richard Strauß und Franz Schalk, damals Ko-Direktoren der Wiener Staatsoper, auf die das Engagement von Wiener Staatsoper und Wiener Philharmonikern bei den Festspielen zurückgeht.

Hofmannsthals Programm für die „Festspiele in Salzburg" ging über die alte Idee einer regelmäßigen Abhaltung von Mozartfesten weit hinaus. In einem Aufruf, der 1919 anonym erschien, bezeichnete er Salzburg aufgrund seiner geographischen Lage und musikalisch-theatralischen Tradition als prädestinierten Festspielort, „der zum Symbol der Versöhnung einer vom Krieg zerrissenen und entzweiten Generation werden sollte".[16] Gerade hier, im Zentrum der bayerisch-österreichischen Kulturlandschaft, schien es ihm darüber hinaus auch möglich, die lokalen, volkskulturellen Traditionen mit der Hochkultur der Metropolen harmonisch zu verknüpfen. Ideologisch stand Hofmannsthals Programm im Zeichen der ‚konservativen Revolution'. Gleichzeitig trug es deutlich antigroßstädtische Züge: „Die Großstadt ist der Ort der Zerstreuung, eine festliche Aufführung bedarf der Sammlung, bei denen, die mitwirken, wie bei denen, die aufnehmen."[17] Hofmannsthal wollte einen speziellen Salzburg-Mythos kreieren, der, „anknüpfend an Alt-Österreich, die Pax Austriaca als europäisches Friedensprogramm verkünden sollte: die Festspiele gleichsam als kultureller Völkerbund".[18]

Eine Rückbesinnung auf die klassische Kultur Europas sollte den verstörten Intellektuellen neuen Halt bieten, und Salzburg war aus ihrem Blickwinkel auch geographisch der ideale Ort, um eine Versöhnung zwischen den Spannungspolen Provinz und Metropole herbeizuführen. Der Schriftsteller Stefan Zweig hatte die zukunftsweisende Lage der Stadt bereits vor der Festspielgründung erkannt: „Salzburg erschien mir von allen österreichischen Kleinstädten […] die idealste, weil am Rande Österreichs gelegen, zweieinhalb Eisenbahnstunden von München, fünf Stunden nach Wien, zehn Stunden nach Zürich oder Venedig und zwanzig nach Paris, also ein richtiger Abstoßpunkt nach Europa."[19]

Die einheimische Bevölkerung stand den Festspielen indifferent bis ablehnend gegenüber, und in die Fremdenfeindlichkeit der Inflationszeit mischten sich gelegentlich auch antisemitische Töne. Als im Frühling 1921 die Planung des zweiten Festspielsommers konkrete Züge annahm, erwiesen sich die Salzburger als Bewohner einer Stadt, „die aus der Enge emporgewachsen […] ihre Mission noch nicht begriffen" habe: „Sie murrten, weil sie sich bedroht fühlten, bekämpften im voraus die Fremden, die kommen würden, und bewiesen, daß Österreich trotz der Revolution das alte geblieben ist, indem sie sich auf den altösterreichischen Wahlspruch besannen, daß man seine Ruh' haben wolle."[20]

Ungeachtet des überragenden Erfolgs standen die Festspiele während der ersten Jahre wirtschaftlich auf keinem sicheren Boden. Nachdem sich die Festspielhaus-Gemeinde mit Unterstützung der Stadt trotz ungenügender Finanzierung auf den Umbau der ehemaligen Hofstallungen in ein provisorisches Festspielhaus durch den Architekten Eduard Hütter eingelassen hatte, kam es 1925 zu einem handfesten Skandal. Leichtsinn und Fahrlässigkeit zählten noch zu den bescheidenen Vorwürfen an die Adresse der Festspielhaus-Gemeinde unter dem Vorsitz des christlichsozialen Vizebürgermeisters Richard Hildmann.[21] Nach monatelangen Verhandlungen zwischen Stadt, Land und Festspielgemeinde, während derer der Bestand der Festspiele gefährdet erschien, erfolgte 1926/27 dank der Initiative von Landeshauptmann Dr. Franz Rehrl endlich die finanzielle Sanierung. Rehrl, der allein die ökonomische Bedeutung des Fremdenverkehrs für das ressourcenarme Land im Auge hatte, ermöglichte durch Übernahme einer Landesbürgschaft die Aufnahme eines Drei-Millionen-Dollar-Darlehens bei der Bayrischen

Georg Jung, Festspielauffahrt, Aquarell 1929. (SMCA)

Hypotheken- und Wechselbank, das den akuten Finanznöten der Festspiele ein Ende bereitete. Langfristig wurden die Festspiele durch das am 27. Dezember 1926 im Landtag beschlossene „Gesetz über die Bildung eines Fonds zur Förderung des Fremdenverkehrs in Salzburg" abgesichert. Dieser Fonds sollte aus Beiträgen der Hotellerie und des Handels finanziert werden und diente einerseits der Organisation der Festspiele, andererseits der Salzburger Fremdenverkehrswerbung im allgemeinen.[22]

Schon vor der endgültigen Sanierung der Festspiele war Clemens Holzmeister im Frühjahr 1926 mit dem Umbau des ein Jahr zuvor fertiggestellten Festspielhausprovisoriums beauftragt worden. Das neue Haus bildete zusammen mit Sommerreitschule und kleiner Winterreitschule – letztere wurde zu einem Pausensaal (,Stadtsaal') umgestaltet – den Festspielhausbezirk der Zwischenkriegszeit. Für die künstlerische Ausschmückung berief Holzmeister bekannte Maler und Bildhauer, unter ihnen Anton Faistauer, Anton Kolig und Jakob Adlhart.[23] Großen Eindruck hinterließ vor allem das von Faistauer innerhalb weniger Wochen in genialer Buon-freco-Technik ausgestattete Foyer. „Wenn hiebei einiges Oberflächliche passierte"– berichtet Holzmeister – „so erhöhte es nur die Frische des gesamten Eindrucks, und voll Genugtuung standen der Bauherr Franz Rehrl und als zweiter Förderer der Bürgermeister Ott vor dem gezauberten Werke."[24]

Nachdem der institutionelle Bestand der Festspiele Ende der 1920er Jahre gesichert war und das Programm Jahr für Jahr ausgeweitet wurde, entwickelte sich Salzburg rasch zum sommerlichen Treffpunkt der internationalen Prominenz aus Politik, Finanz und Kunst, die tagsüber in Lederhose und Dirndl die Innenstadt bevölkerte und abends in ihren Limousinen am Festspielhaus vorfuhr. Nicht mehr nur der Festspielbezirk, sondern die ganze Stadt diente nun als Bühne des Gesellschaftslebens, in dessen Mittelpunkt Max Reinhardt stand. Glanzvoller gesellschaftlicher Höhepunkt des Festspielgeschehens waren unbestritten Reinhardts Feste in Schloß Leopoldskron, das – wie Thomas Mayrhofer, der Chefredakteur des „Salzburger Volksblatts" es 1932 schildert – „in den zweihundert Jahren seines Bestehens oft schon die Herrn gewechselt" habe, ohne daß aber einer von ihnen „so wie Max Reinhardt die Fähigkeit gehabt" hätte, „den Geist des kunstliebenden Fürsterzbischofs Leopold Anton Firmian und seines Neffen Laktanz wieder zu erwecken".[25]

Die Einstellung der Salzburger zu den Festspielen war gespalten. Als Gastgeber oder „Statisten vor und hinter der Bühne" profitierten sie zwar vom sommerlichen Festspielrummel. Die Mehrheit der Bevölkerung murrte jedoch über die Kosten des Unternehmens.[26] Auch im Salzburger Gemeinderat verstummte die Opposition gegen die mit Steuergeldern finanzierten Festspiele nicht. 1929 etwa vertrat Karl Düregger im Namen des Wirtschaftsbundes die Ansicht, „daß das Aufhören besser sei, als das Schuldenmachen und von den Festspielen der Großteil der Bevölkerung ohnehin nichts als die Verteuerung der Lebensmittel spüre".[27] Als dann aber in den frühen 1930er Jahren Weltwirtschaftskrise und 1000-Mark-Sperre den Fremdenverkehr im allgemeinen schwer beeinträchtigten, erwies sich der Festspieltourismus immerhin als Retter in der Not. Während die Auslastung der Salzburger Gastgewerbebetriebe im Jahresdurchschnitt stark rückläufig war, verzeichnete der Festspielmonat August „einen ununterbrochenen

„Siegeszug'", d. h. eine Steigerung des Jahresanteils von 19,5 Prozent (1926) auf 31 Prozent (1935).[28]

An die Stelle deutscher Besucher traten nun vermehrt Gäste aus Westeuropa sowie aus den Vereinigten Staaten, die den Festspielen ein internationales Flair verliehen. Nach der Machtergreifung Hitlers im Deutschen Reich gewannen die Festspiele überdies eine wichtige politische Dimension, und zwar „als Gegen-Bayreuth, mit dem Antifaschisten Arturo Toscanini als weltberühmtem Aushängeschild".[29] Diese Phase dauerte freilich nicht lange. Zum letzten Mal traf sich „Tout Salzbourg" im Sommer 1937 zur „Danse Macabre vom Café Bazar".[30] Im darauffolgenden Sommer 1938 war die Internationalität der Festspiele bereits Vergangenheit. Statt dessen strömten nun Massen von Besuchern aus dem ‚Altreich' in die ‚Gauhauptstadt' Salzburg.

Festspielkarikatur 1937 (Franz Rehrl, Arturo Toscanini und Max Reinhardt). (SMCA)

Kommunalpolitik im Zeichen des allgemeinen Wahlrechts (1918 bis 1934)

Der ‚Umsturz' des Herbstes 1918 vollzog sich auf kommunaler Ebene in geregelten Bahnen. Nach dem Untergang der Monarchie wurde die Forderung nach einer Reform des kommunalen Wahlrechts zwar unabweislich, die Kontinuität der alten kommunalen Institutionen war vorerst jedoch gegeben. Zum letzten Mal tagte der während des Krieges durch Todesfälle und Militärdienstverpflichtungen auf 20 Mitglieder zusammengeschmolzene Gemeinderat[31] in seiner alten Zusammensetzung am 9. Dezember 1918. Bürgermeister Max Ott, der inzwischen Mitglied der provisorischen Landesregierung geworden war, hatte sich bereits am 16. November beurlauben lassen und die Führung der Amtsgeschäfte an Bürgermeister-Stellvertreter Dr. Toldt übergeben.

Am 4. Dezember 1918 erging die Vollzugsanweisung des Staatsrates der Republik Deutschösterreich über die „einstweilige Ergänzung der bestehenden Gemeindevertretungen", wonach die Berufszählung von 1910 als Grundlage für eine Aufnahme von Arbeitervertretern dienen sollte.[32] Zu diesem Zeitpunkt hatte sich der Verfassungsausschuß der provisorischen Landesversammlung von Salzburg jedoch bereits für eine Ergänzung der Gemeindevertretungen aller größeren Gemeinden des Landes entsprechend dem Parteienverhältnis bei den Reichsratswahlen von 1911 entschieden. Für die Landeshauptstadt wurde zudem eine Erhöhung der Mandate von 30 auf 40 verordnet, sodaß die Sozialdemokraten nunmehr zwölf (statt bisher einem) und die Christlichsozialen fünf (statt bisher zwei) Vertreter in den neuen Gemeinderat entsandten.[33] Mit 23 Gemeinderäten stellte das deutschfreiheitliche Lager aber nach wie vor die absolute Mehrheit. In der konstituierenden Sitzung des neuen Gemeinderats am 16. Dezember 1918 wurden der Sozialdemokrat Michael Dobler sowie der Christlichsoziale Josef Preis neben dem Deutschfreiheitlichen Toldt zu Bürgermeister-Stellvertretern gewählt. Eigene Ressortbereiche erhielten sie allerdings erst im Juni 1919 zugeteilt.[34]

Die Erweiterung des Gemeinderats war nur ein erster Schritt hin zur Demokratisierung der Gemeindeselbstverwaltung, wie sie von Sozialdemokraten und auch Christlichsozialen seit langem gefordert worden war. Am 3. Februar 1919 beschloß der Gemeinderat eine Abänderung des alten Gemeindestatuts von 1869, die von der provisorischen Landesversammlung am 18. März sanktioniert wurde.[35] Dabei ging es fast ausschließlich um eine Anpassung der Gemeindewahlordnung an das Verhältniswahlrecht. Zum einen wurde die Funktionsdauer des Gemeinderats auf vier Jahre festgesetzt. Zum anderen sollte – in Anlehnung an das alte Kurienwahlrecht – jeweils die Hälfte der Gemeinderäte alle zwei Jahre gewählt werden. Zu derartigen Ergänzungswahlen sollte es jedoch nur 1921 kommen, denn schon 1923 wurde diese unnötig komplizierte Bestimmung wieder aus dem Gemeindestatut eliminiert.[36]

Noch vor der Neuwahl des Gemeinderats fanden im Februar und April 1919 Nationalrats- und Landtagswahlen statt. In beiden Wahlgängen kündigte sich das Ende der Elitenherrschaft auf kommunaler Ebene an. Aber auch angesichts der Herausforderung durch das Verhältniswahlrecht überwand das deutschnationale Bürgertum seine traditionelle politische Zersplitterung nicht. So warben bei den Gemeinderatswahlen vom 13. Juli neben dem bislang tonangebenden „Bürgerklub" und seinem alten Kontrahenten, dem „Wirtschaftsklub", noch drei weitere deutschfreiheitliche Gruppierungen um

Georg Jung, Straßenbahn im Winter, Öl auf Leinwand, 1929. Die „Gelbe Elektrische" auf der Riedenburger Seite des Neutors. (SMCA)

die Gunst der Wähler. Das Wahlergebnis war insofern überraschend, als nun nicht nur die eklatante Benachteiligung der Sozialdemokraten durch das alte Privilegienwahlrecht offenkundig wurde, sondern auch jene der Christlichsozialen. Mit 36,5 Prozent Stimmenanteil und sechzehn Sitzen im neuen Gemeinderat errangen die Christlichsozialen vor den Sozialdemokraten (28,6 Prozent und zwölf Mandate) und den deutschfreiheitlichen Gruppierungen (zusammen 26 Prozent und acht Mandate) die Führungsposition in der Stadt.[37] (Vgl. Tabelle 9.) Die geringe Wahlbeteiligung von nur 49,6 Prozent – ein Wert, der sich bei den folgenden Gemeinderatswahlen kontinuierlich steigern sollte[38] – deutet im übrigen darauf hin, daß Wähler aller sozialen Schichten 1919 der neugewonnenen Möglichkeit zur kommunalen Mitbestimmung nur einen geringen Stellenwert einräumten. Die erstmals wahlberechtigten Frauen trugen offenkundig entscheidend zum überraschenden Wahlsieg der Christlichsozialen bei. Aufgeschlüsselte Wahlergebnisse späterer Wahlgänge auf Landtags- und Nationalratsebene zeigten jedenfalls auch in der Stadt Salzburg einen hohen weiblichen Überhang bei den christlichsozialen Stimmen an.[39]

Im Wahlergebnis von 1919 fand die soziale Struktur der Stadt erstmals einen adäquaten Ausdruck im politischen Kräfteverhältnis. Christlichsoziale, Deutschnationale und Sozialdemokraten standen einander auf der politischen Bühne von nun an in annähernd gleicher Stärke gegenüber. Diese für Salzburg typische Ausgewogenheit der drei politischen ‚Lager' sollte sich seit der Wahl von 1919 in bemerkenswerter Kontinuität über alle historischen Brüche hinweg bis weit in die Zweite Republik hinein erhalten. In der Rangordnung der drei Lager kam es im Lauf der folgenden Jahrzehnte freilich mehrfach zu Verschiebungen. So sollten die Sozialdemokraten bei den Gemeinderatswahlen von 1927 erstmals die Christlichsozialen überflügeln, ein Positionswechsel, der sich auf lange Sicht durch die Eingemeindung der Arbeitervororte Gnigl/Itzling und Maxglan noch verfestigte. Das ‚nationale' Lager fand zwar 1920 unter dem Mantel der Großdeutschen Volkspartei zu einer labilen organisatorischen Einheit, der sich nur die Nationalsozialisten am rechten radikalen Rand des politischen Spektrums entzogen.[40] Die alten nationalen Fraktionen führten innerhalb der Großdeutschen Partei jedoch nach wie vor ein Eigenleben, sodaß Unbeständigkeit und Unberechenbarkeit zu den Charakteristika großdeutscher Kommunalpolitik zählten, ehe sich seit den Gemeinderatswahlen von 1931 das Aufgehen des nationalen Lagers in der NSDAP immer deutlicher abzeichnete. Typisch für das politische System auf kommunaler Ebene war schließlich von Anbeginn der Republik an ein hohes bürgerliches Protestpotential, das sich zwar vom existierenden Drei-Lager-System nicht vertreten fühlte, seiner politischen Grundeinstellung nach jedoch eher ‚nationale' als christlichsoziale Präferenzen aufwies.[41]

Eine soziale Segmentierung der Wählerschaft nach Wohnvierteln war im damaligen Stadtgebiet nur in geringem Ausmaß gegeben. In Lehen, Schallmoos und der Elisabeth-Vorstadt sowie auch in einigen Wahlsprengeln der linken Altstadt lagen die Sozialdemokraten vor den anderen Parteien, während christlichsoziale Wähler in weiten Teilen der Altstadt, in Nonntal sowie in der Riedenburg und die Großdeutschen in der von den Beamten bevorzugten gründerzeitlichen Neustadt überproportional vertreten waren.[42]

Tabelle 9: Gemeinderatswahlen 1919 bis 1931*

	13. 7. 1919			2. 10. 1921[43]			13. 5. 1923			9. 4. 1927			29. 3. 1931		
	Stimmen	%	M.	Stimmen	%	M.	Stimmen	%	M.	Stimmen	%	M.	Stimmen	%	M.
Christlichsoz.	4.524	36,48	16	4.894	36,46	16	6.257	35,73	15	6.988	31,20	13	6.251	30,67	13
Sozialdemokrat.	3.549	28,61	12	4.253	31,68	12	5.673	32,39	13	8.079	36,07	15	6.924	33,97	14
Großdeutsche	(3.217)[44]	(25,94)	(8)	2.701	20,12	8	3.535	20,19	8	5.869[45]	26,21	7	4.145[46]	20,34	8
Volksbund	1.086	8,76													
Bürgerklub	652	5,26													
Wirtschaftskl.	429	3,46													
Dt.fr. Ver.	784	6,32													
Unpol. Wirt.	266	2,14													
Dt. Arbeiterp.[47]	1.113	8,79	4	1.576	11,74	4	1.737	9,92	4			3	895	4,4	1
NSdAP[48]													1.877	9,21	4
Wirt. Ständebd.										1.460	6,52	2			
Kommunisten							109	0,62					288	1,41	
Neue Partei							201	1,15							
SUMME	12.403		40	13.424		40	17.512		40	22.396		40	20.380		40
Wahlbet. in %	49,61			53,48			65,4			78,57			73,84		

* Quelle: Emmi Khakzadeh, Salzburger Kommunalpolitik von 1918 bis 1931 unter besonderer Berücksichtigung der Gemeinderatswahlen, Hausarbeit am Institut für Geschichte der Universität Salzburg (1979).

Im Grunde bestand in den vielen städtischen Quartieren jedoch eine ausgewogene Durchmischung der sozialen Schichten. Die Arbeiterschaft konzentrierte sich damals noch in den Umlandgemeinden Gnigl/Itzling und Maxglan, wo das Verhältniswahlrecht die Sozialdemokraten mit eindeutigen Mehrheiten in den Gemeindestuben ausstattete. Dank der Massierung von Eisenbahnern und Arbeitern im „Salzburger Ottakring", wie Itzling mitunter auch genannt wurde, entfielen bei den Gemeinderatswahlen von 1919 in der Gemeinde Gnigl/Itzling nicht weniger als 18 von 24 Gemeinderatsmandaten auf die Sozialdemokraten.[49] Etwas schwächer war ihre Position in Maxglan. Hier errangen die Sozialdemokraten 1919 nur die relative, bei den Gemeinderatswahlen von 1922 sowie 1928 und 1931 dann jedoch absolute Mehrheiten im Gemeinderat.[50]

In der Stadt Salzburg fand die letzte Sitzung des alten Gemeinderats am 28. Juli 1919 statt. Bürgermeister Ott, der die Stadt – wie ihm Christlichsoziale und Sozialdemokraten vorwarfen – in einem wirtschaftlich desolaten Zustand hinterließ, verabschiedete sich ungeachtet der tristen Zeitumstände mit den hoffnungsfrohen Worten: „Keine Stadt Österreichs hat eine Zukunft wie Salzburg."[51] Zwei Tage später wurden der christlichsoziale Spitzenkandidat Josef Preis, von Beruf Färbermeister, mit großer Mehrheit zum neuen Bürgermeister, der Sozialdemokrat Michael Dobler zum ersten, der Deutschfreiheitliche Josef Beinkofer zum zweiten und der Christlichsoziale Richard Hildmann zum dritten Bürgermeister-Stellvertreter gewählt. Nur die (nationalsozialistische) Deutsche Arbeiterpartei beteiligte sich nicht an der Wahl. Ihre Vertreter gaben leere Stimmzettel ab.[52]

An der inneren Organisation der Gemeinde änderte sich durch den Systemwechsel von 1918/19 nur wenig, sieht man davon ab, daß sich die Stadtgemeindevorstehung die Bezeichnung Magistrat zulegte und die städtischen Ämter 1919 im Zuge einer Umstrukturierung der Verwaltung sich von fünfzehn auf zwanzig vermehrten. Der durch das Reichsgemeindegesetz von 1862 vorgegebene Rechtszustand erhielt sich in der leicht modifizierten Form der Gemeindestatute von 1919 und 1924 im wesentlichen bis zur autoritären Verfassung von 1934.[53] „Geschäfte niedriger Bedeutung" wurden wie gewohnt den sechs gemeinderätlichen Sektionen zugewiesen, Verwaltungsagenden von größerer Wichtigkeit dagegen in paritätisch besetzten Ausschüssen erledigt bzw. zur Beschlußfassung im Gemeinderat vorbereitet.[54] Einen deutlichen Kompetenzverlust brachte 1922 die Einrichtung der Bundespolizeidirektion Salzburg: Mit der Verstaatlichung der städtischen Polizei wurde der gesamte Sicherheitsbereich aus dem Magistrat ausgegliedert.[55]

Im Gegensatz zu den meisten anderen Statutarstädten kannte Salzburg noch keine Trennung zwischen Normgebung (Gemeinderat) und Verwaltung (Bürgermeister, Stadtrat und Stadtmagistrat). Das System der Kommunalverwaltung wurde daher von Kritikern als „Gemeinderatsregierung" umschrieben.[56] Periodisch in Vorwahlzeiten entflammte die Forderung nach einer Rationalisierung der kommunalen Verwaltung sowie einer Reduzierung der Zahl der politischen Funktionsträger. 1933/34 standen Gemeinderat und Landtag schließlich unmittelbar vor einer Reform der unpraktikablen Gemeindeverwaltung.[57] Die Neufassung des Gemeindestatuts sollte freilich erst 1935 unter den Voraussetzungen des autoritären Ständestaats erfolgen.

Die soziale Zusammensetzung des Gemeinderats hatte sich allerdings durch die Einführung des Verhältniswahlrechts entscheidend verändert. Selbständige in Handel und Gewerbe, Hausbesitzer, Rentiers und Angehörige der Freien Berufe, kurzum die Honoratioren des alten Kurienwahlrechts, wurden nach 1919 zum großen Teil von Angehörigen des öffentlichen Dienstes sowie von hauptberuflichen Parteifunktionären und Angestellten von Interessensvertretungen verdrängt.[58] In den Augen der deutschfreiheitlichen Elite begann nun die „Hochkonjunktur der Parteipolitik", in der – wie Max Ott beklagte – „die beiden Parteien, rot und schwarz", sich „über alle laufenden Angelegenheiten verständigten".[59]

Tatsächlich bildete sich unter dem Eindruck sachpolitischer Zwänge allmählich ein relativ stabiler Fundamentalkonsens zwischen Christlichsozialen und Sozialdemokraten heraus. Vor allem auf dem wichtigsten Feld der kommunalen Selbstverwaltung, den Gemeindefinanzen, herrschte weitgehende Übereinstimmung. Hatten die Sozialdemokraten bis 1923 den vom Finanzreferenten Hildmann vorgelegten Haushaltsvoranschlägen noch ihre Zustimmung versagt, so garantierte der christlichsozial-sozialdemokratische Haushaltskonsens ab 1924 die Funktionsfähigkeit der Kommunalverwaltung auch in Zeiten der zunehmenden Rezession.[60] Entscheidend für die Ausbildung einer informellen ‚Großen Koalition' auf Gemeindeebene war zweifellos die Wahl Dr. Franz Rehrls zum Landeshauptmann, der als Exponent des demokratisch-republikanischen Flügels innerhalb der christlichsozialen Partei bis 1934 immer wieder zu „pragmatisch formulierten Modernisierungskompromissen" mit der Sozialdemokratischen Partei fand.[61] Entscheidend gefördert wurde die regionale Konsensdemokratie naturgemäß durch den auf Landes- wie Gemeindeebene institutionalisierten Parteienproporz.

In der Gemeinde waren die politischen Gewichte allerdings weniger deutlich zugunsten der Christlichsozialen verteilt als auf Landesebene, auch verfügte Bürgermeister Preis nicht über die charismatische Ausstrahlung Rehrls.[62] Als Christlichsozialer nach dem Vorbild Luegers und Kunschaks war Preis jedoch ein Mann des sozialen Ausgleichs, der sich redlich bemühte, die Interessen von Arbeitnehmern wie auch von kleinen Händlern und Gewerbetreibenden zu vertreten. Trotz aller ideologischen Gräben ergaben sich daher in Sachfragen eher Berührungspunkte mit den Sozialdemokraten als mit dem nationalen Lager. Der eigentlich starke Mann innerhalb der christlichsozialen Fraktion im Gemeinderat war jedoch nicht Preis, sondern Vizebürgermeister Hildmann, der als Chef des Finanzressorts bis zu seinem vorläufigen Rückzug aus der Kommunalpolitik nach der Wahlniederlage von 1928 die wesentlichen Punkte des christlichsozialen Kommunalprogramms – vor allem im Bereich des Gemeindewohnbaus – in die Tat umsetzte.[63] Unauffällig und routiniert zugleich wirkte neben Preis und Hildmann der spätere Landeshauptmann Dr. Adolf Schemel als Klubobmann der christlichsozialen Gemeinderatsfraktion.

Preis mühte sich in der unmittelbaren Nachkriegszeit redlich darum, der katastrophalen wirtschaftlichen und sozialen Lage der Stadt entgegenzuwirken. Das christlichsoziale Kommunalprogramm beinhaltete einerseits die Einführung neuer Steuern, andererseits eine Ankurbelung der Bauwirtschaft durch Errichtung von Gemeindewohnanlagen sowie eine langfristige Sicherung der städtischen Energieversorgung durch den Bau des Strubklammkraftwerks. Die galoppierende Inflation machte jedoch eine vorausschauende Finanzplanung de facto zunichte, sodaß der Kraftwerksbau unterbrochen werden mußte und auch das Wohnbauprogramm ins Stocken geriet. Anfang 1922 sah sich die Gemeinde schließlich außerstande, den Gemeindearbeitern den Lohn auszuzahlen.[64]

In dieser Notlage entschied sich die Gemeinde zur Einführung neuer Abgaben, wobei die Sozialdemokraten trotz einstimmiger Beschlußfassung im Salzburger Gemeinderat im Landtag gegen diese Belastung stimmten.[65] Die Erstellung der Jahresvoranschläge 1922 und 1923 erwies sich inflationsbedingt als besonders schwierig. Zusätzlich erschwert wurde die Lage durch ein neues Bundesfinanzgesetz, das den Steuerverteilungsschlüssel zuungunsten der Gemeinden verändert hatte. Finanzreferent Hildmann sah sich daher zu Einsparungen insbesondere bei der Zahl der städtischen Bediensteten gezwungen. Eine gewisse Konsolidierung des städtischen Haushalts zeichnete sich erst 1923 und 1924 ab, nachdem durch die Unterzeichnung der Genfer Protokolle die Währungssanierung auf gesamtstaatlicher Ebene eingeleitet worden war. Die Abstattung der Restkosten für den Bau des 1924 unter großen finanziellen Mühen fertiggestellten Strubklammkraftwerks sowie die Fortsetzung des kommunalen Wohnbaus waren aber auch unter günstigeren Rahmenbedingungen nicht aus dem laufenden Budget zu bestreiten, sodaß 1925 – mit Unterstützung von Landeshauptmann Rehrl – die umstrittene „Schweizer Anleihe" beim Zürcher Bankhaus Brupbacher aufgenommen werden mußte.[66]

Vor allem in bürgerlichen Kreisen stieß die christlichsoziale Finanzwirtschaft auf heftigen Widerspruch. 1925 schloß sich eine Anzahl von meist deutschnationalen Interessensvertretungen und Berufsverbänden aus Protest gegen die Erhöhung kommunaler Abgaben zu einer Aktionsgemeinschaft zusammen. Insgeheim gefördert von den Großdeutschen sammelte sich das bürgerliche Protestpotential im Vorfeld der Gemeinderatswahlen von 1928 im „Wirtschaftlichen Ständebund", dessen Wahlkandidatur schließlich entscheidend zum Verlust der relativen christlichsozialen Mehrheit im Gemeinderat und damit auch des Bürgermeisteramts für Josef Preis beitrug.[67]

Anders als bei Christlichsozialen und Großdeutschen war die Klientel der Sozialdemokraten klar umschrieben. Seine Partei habe, so der sozialdemokratische Klubobmann der Jahre 1919 bis 1934, Josef Witternigg, „die ärmsten Schichten der Bevölkerung zu vertreten ohne jeden Unterschied, und es wisse auch jeder Mandatar und Vertreter, daß er durch sie gewählt worden sei".[68] Formell an der Spitze der Sozialdemokraten im Gemeinderat stand als erster Bürgermeister-Stellvertreter Michael Dobler, ein wohlsituierter Bäckermeister, der sich im Februar 1934 als einziger führender Sozialdemokrat öffentlich von seiner Partei lossagen sollte. Dominanter sozialdemokratischer Gemeindepolitiker war eindeutig der Multifunktionär Witternigg, der seine Partei als temperamentvoller Redner und unermüdlicher Agitator auch in Landtag und Nationalrat vertrat.[69] Berüchtigt wegen seiner klassenkämpferischen Attacken[70] erwies sich Witternigg in Sachfragen dennoch als konsensfähiger Realpolitiker: „Wir haben es immer als unsere Pflicht erkannt, zu arbeiten, wir haben diese Pflicht auch erfüllt und vieles getan, aber wenig erreicht", bekannte Witternigg 1931 selbstkritisch im Gemeinderat, um dann – wie jedes Jahr – die Zustimmung der Sozialdemokraten als stärkster Fraktion zum Sparhaushalt des großdeutschen Bürgermeisters Ott zu bekunden.[71]

Ott verdankte seine Rückkehr ins Bürgermeisteramt nicht der Stärke der großdeutschen Partei, sondern der Unfähigkeit der Christlichsozialen, das beträchtliche bürgerliche Protestpotential in der Stadt für sich zu gewinnen. Die während der 1920er Jahre regelmäßig aufflammenden Proteste gegen die Wirtschaftspolitik des demokratisch legitimierten Stadtregimes resultierten zum einen aus der nicht überwundenen Frustration der alten deutschfreiheitlichen „Kranzelmarktpolitiker"[72] über den Verlust ihrer früheren Machtposition. Zum anderen waren sie Ausdruck der tiefen Unzufriedenheit vieler (klein-)bürgerlicher Gewerbetreibender, Hausbesitzer, Angestellter und Beamter mit der in ihren Augen verschwenderischen Stadtverwaltung, wobei vor allem die Höhe kommunaler Abgaben sowie das Engagement der Kommune im sozialen Wohnbau starke Ressentiments provozierten.

Bei den Gemeinderatswahlen von 1928 errangen die Sozialdemokraten zwar die relative Mehrheit, zeigten von sich aus aber nur geringe Neigung, angesichts der sich abzeichnenden wirtschaftlichen Rezession gegen eine bürgerliche Mehrheit im Gemeinderat die Führung der Stadtverwaltung zu übernehmen. Da Sozialdemokraten wie auch Großdeutsche in antiklerikaler Eintracht eine Wiederwahl von Josef Preis ablehnten, kehrte Max Ott, der seit 1919 keine Gelegenheit zur Kritik an der Stadtverwaltung ausgelassen hatte,[73] im Alter von 73 Jahren als Kompromißkandidat ins Bürgermeisteramt zurück.[74]

Gewählt nur mit dreizehn Stimmen bei 27 Enthaltungen war Ott in seiner Amtsführung auf die gedeihliche Zusammenarbeit mit Sozialdemokraten und Christlichsozialen angewiesen. Die Großdeutschen verfolgten hingegen auch als „Bürgermeisterpartei"[75] ihre alte Doppelstrategie, im Gemeinderat zwar den verschiedenen notwendigen Maßnahmen zuzustimmen, gleichzeitig jedoch über nationale Vorfeldorganisationen den Protest gegen die Stadtverwaltung zu schüren. Während Ott offen eingestand, „daß er vollkommen einsehe, daß gegen die Sozialdemokraten nicht gearbeitet werden könne" und es stets sein Bestreben sei, „die Parteien zu einer Arbeitsgemeinschaft zusammenzubringen",[76] warf der „Wirtschaftliche Ständebund" dem Bürgermeister vor, „als Finanzreferent […] vielfach vollauf gegen seine bessere Meinung gehoben und geschoben, dem politischen Willen anderer Parteien zum Erfolg" zu verhelfen.[77]

Obwohl sich die Finanzlage der Stadt seit 1928 ständig verschlechterte und die Verwaltung des kommunalen Haushalts folglich immer schwieriger wurde, stand der Konsens von Sozialdemokraten und Christlichsozialen in Sachfragen letztlich bis zum Februar 1934 außer Frage. In der Haushaltsdebatte 1930 beschwor der christlichsoziale Klubobmann Schemel eindringlich den Willen zur Zusammenarbeit, denn der Gemeinderat arbeite „ohne Pakelei" und „nur in dem Gedanken an das Wohl der Gemeinde", worin man sich nicht durch den Widerstand der kleinen Parteien stören lassen solle.[78] Kampfabstimmungen waren eine Seltenheit. Nur in kulturellen Belangen bildete sich mitunter ein antiklerikales Kartell, wie etwa 1930 beim gemeinsamen Beschluß von Sozialdemokraten, Großdeutschen und Nationalsozialisten zur Errichtung eines Krematoriums am Kommunalfriedhof.[79]

Rauher wurde das Klima nach den Gemeinderatswahlen von 1931, bei der die Christlichsozialen ihre Position zu halten vermochten, während Sozialdemokraten sowie Großdeutsche, die diesmal gemeinsam mit der Heimwehr als „Nationaler Wirtschafts- und Ständeblock" kandidiert hatten, Verluste hinnehmen mußten. Gewinner der Wahlen waren die Nationalsozialisten der Hitler-Richtung, die mit dem Anspruch in die Wahl gezogen waren, das Rathaus von den ‚Systemparteien' gründlich zu säubern.[80] Wie wenig den vier Nationalsozialisten, die im Braunhemd und mit Hitlergruß auftraten, an einer Kooperation mit den ‚alten' Parteien gelegen war,[81] demonstrierte ihr Sprecher Franz Wintersteiner anläßlich der Haushaltsdebatte 1932, als er nicht nur jede zukünftige Zusammenarbeit ausschloß, sondern durch wüste Beschimpfungen beinahe einen Abbruch der Sitzung durch Bürgermeister Ott provozierte.[82] Wintersteiner machte den Gemeinderat darüber hinaus zum Schauplatz antisemitischer Hetztiraden, deren bevorzugtes Ziel das jüdische Kaufhaus Schwarz war.[83] Der eigentliche Durchbruch zu einer Massenpartei gelang den Nationalsozialisten in der Stadt Salzburg zwischen 1931 und 1932. Von 9,2 Prozent bei der Gemeinderatswahl 1931 stieg ihr Stimmenanteil auf 28,9

Prozent bei der Landtagswahl im April 1932. Während Christlichsoziale und Sozialdemokraten mit jeweils 29 Prozent Stimmenanteil nur mehr knapp voraus lagen, sahen sich die Großdeutschen mit 4,6 Prozent von der politischen Bühne hinweggefegt.[84]

Der Handlungsspielraum der kommunalen Wirtschafts- und Finanzpolitik war zu diesem Zeitpunkt bereits äußerst gering geworden: „Die in der Region dominierenden Wirtschaftssektoren Fremdenverkehr und Bauwirtschaft wurden von dem die Wirtschaftskrise kennzeichnenden Nachfrageausfall und den rezessiven Auswirkungen der deflationistischen staatlichen Wirtschaftspolitik unmittelbar und rasch getroffen. Die Folge war, daß die bis dahin relativ langsam ansteigende Arbeitslosigkeit 1929 und in den folgenden Jahren sehr stark zunahm."[85] Eine Folge der Weltwirtschaftskrise war, daß der Ruf nach dem Anschluß in weiten Kreisen der Bevölkerung immer lauter wurde. Vor allem in Salzburger Wirtschaftskreisen war die Ansicht verbreitet, wie die „Salzburger Handelsnachrichten" im Jänner 1930 schrieben, daß „nur die Eingliederung in das deutsche Wirtschaftsgebiet, in den großen Wirtschaftskörper Deutschland" eine Lösung der nationalen und vor allem der regionalen Wirtschaftsprobleme bringen könne.[86]

In den Einnahmen der Stadt finden sich deutliche Zeichen dieser konjunkturellen Entwicklung: so waren im Zeitraum von 1931 bis 1934 die Bundesüberweisungen um 60 Prozent zurückgegangen sowie die Erträgnisse der Fürsorgeabgabe um 37 Prozent, der Fremdenzimmerabgabe um 69 Prozent und jene der Kinoabgabe um 50 Prozent gesunken. Den rückläufigen Einnahmen standen auf der anderen Seite jedoch nur schwer reduzierbare Ausgabenposten gegenüber: zum einen belasteten Zinsendienst und Schuldentilgung den städtischen Haushalt, zum anderen waren die Aufwendungen im Sozialbereich beträchtlich gestiegen. Als Folge dieser Entwicklung war die Verschuldung gegenüber 1925, als sie ungefähr zwei Millionen Schilling betragen hatte, im Jahr 1933 bereits auf fast 20 Millionen Schilling gestiegen, wovon der Anteil an schwebenden Schulden und Kreditoren die Rekordhöhe von 26,6 Prozent erreichte.

Die Gemeinde im ‚Christlichen Ständestaat'[87]

Die sogenannte ‚Selbstausschaltung' des Nationalrats am 4. März 1933 diente der Regierung Dollfuß als willkommener Anlaß für eine schrittweise Eliminierung aller demokratischen Strukturen auf Bundesebene. Im kommunalpolitischen Alltag war zunächst zwar noch wenig von den geänderten politischen Rahmenbedingungen zu spüren, sieht man davon ab, daß Sozialdemokraten – wie auch Nationalsozialisten – Protestresolutionen gegen die diktatorisch agierende Bundesregierung einbrachten.[88] Außerhalb des Gemeinderats sahen die Sozialdemokraten ihren politischen Handlungsspielraum jedoch ständig schwinden: auf das Verbot des Republikanischen Schutzbundes (31. März 1933) folgten ein weitgehendes Streikverbot sowie das Verbot aller Kundgebungen zum 1. Mai. Wenig später wurde die „Salzburger Wacht" unter Vorzensur gestellt, und am 21. Dezember 1933 erfolgte schließlich die De-facto-Entmachtung der Sozialdemokraten in der Salzburger Arbeiterkammer.

Die Salzburger Sozialdemokraten ließen die Repressionen der Regierung Dollfuß unter Verzicht auf größere demonstrative Aktionen über sich ergehen. Angesichts der Machtergreifung Hitlers im benachbarten Deutschen Reich und unter dem Eindruck einer bedrohlichen Zunahme nationalsozialistischer Aktivitäten im Bundesland Salzburg bestand unter den sozialdemokratischen Führern nach wie vor die Hoffnung, die Christlichsozialen wenigstens auf regionaler Ebene zur Bildung einer gemeinsamen Front gegen die nationalsozialistische Herausforderung zu gewinnen. Die traditionell konsensorientierten Salzburger Christlichsozialen reagierten auf die sozialdemokratischen Kooperationsangebote nicht grundsätzlich ablehnend. Ein gemeinsamer Vorstoß sozialdemokratischer und christlichsozialer Landes- und Gemeindepolitiker bei Heeresminister Vaugoin, damals noch Vorsitzender der Christlichsozialen Partei, blieb jedoch folgenlos. Dollfuß' autoritärer Kurs zielte bereits im September 1933 auf eine Ausschaltung aller politischen Parteien – einschließlich der christlichsozialen.

Die Abkehr der christlichsozialen Bundespolitik vom demokratischen Weg erfolgte vor allem unter dem Eindruck des rasanten Aufstiegs der nationalsozialistischen Bewegung, die bei den Landtagswahlen des Jahres 1932 auch in Salzburg auf Kosten von Christlichsozialen und Sozialdemokraten mehr als ein Drittel der Stimmen errungen hatte.[89] Im Frühjahr 1933 gehörten die Straßen der Stadt Salzburg bereits den jugendlichen Nationalsozialisten, deren gewalttätiger Agitation Behörden und Parteien nahezu hilflos gegenüberstanden. Nach dem österreichweiten Verbot der NSDAP vom 19. Juni 1933, das auch der nationalsozialistischen Präsenz im Salzburger Gemeinderat ein Ende setzte, verlagerten sich die Aktivitäten der Partei in den Untergrund. „Es begann ein fortwährendes Hin und Her über den schmalen Grenzfluß. Die jungen Leute schlichen nachts hinüber und wurden einexerziert, die Agitatoren kamen in Autos oder mit Bergstöcken als schlichte ‚Touristen' über die Grenze und organisierten in allen Ständen ihre ‚Zellen'. Sie begannen zu werben und gleichzeitig zu drohen, daß, wer nicht rechtzeitig sich bekenne, später dafür werde bezahlen müssen."[90]

Verschärfte Repressionsmaßnahmen des österreichischen Staates gegenüber der von Hitler-Deutschland gesteuerten Gewalttaktik blieben letztlich wirkungslos. Nicht selten durch Sympathisanten im Sicherheitsapparat vor bevorstehenden Verhaftungen und Hausdurchsuchungen gewarnt, entzogen sich die nationalsozialistischen Aktivisten dem Zugriff der Behörden durch Flucht über die nahe Grenze. Destabilisierung von Wirtschaft und Gesellschaft war das deklarierte Ziel des nationalsozialistischen Terrors. War der Fremdenverkehr schon durch die am 27. Mai 1933 von der deutschen Regierung verhängte ‚Tausend-Mark-Sperre' schwer getroffen, so sollten ‚Böller'-, Sprengstoff- und Tränengas-Anschläge die Festspielstadt in eine „düstere Bombenstadt"[91] verwandeln. Im Winter und Frühjahr 1934 erreichte die nationalsozialistische Terrorwelle ihren Höhepunkt. Tote und Verletzte wurden bewußt in Kauf genommen. Besonderes Aufsehen erregte ein gegen Erzbischof Ignaz Rieder gerichteter Sprengstoffanschlag, der am 23. Mai das erzbischöfliche Palais schwer beschädigte.

Parallel zu den äußeren Formen der Eskalation der politischen Konflikte vollzog sich 1933 in der Landeshauptstadt eine rapide Polarisierung der politischen Gruppierungen, die von einem ebenso raschen Verfall der Machtpositionen der demokratisch orientierten Kräfte begleitet war. Nachdem die Landtagswahlen vom 24. April 1932 in der Stadt Salzburg eine drastische Verschiebung der Wählerpräferenzen gegenüber den Gemeinderatswahlen 1931 gezeigt hatten, stellten vor allem die Nationalsozialisten, aber auch die Heimwehren, ja sogar die Salzburger Handelskammer die Legitimationsbasis der Stadtverwaltung in Frage. Da die Kritik stets auch gegen die antiquierte Stadtverfassung gerichtet war, ergriff die Landesregierung Mitte 1933 durch die Vorlage eines neuen Gemeindestatuts von sich aus die Initiative zu einer durchgreifenden Reform der Stadtverwaltung.[92] Die – bereits erwähnte – Zustimmung von Gemeinderat und Landtag zum neuen Statut im Jänner 1934 läßt sich als letztes, wenn auch vergebliches Lebenszeichen aller konsensorientierten Kräfte in Stadt und Land Salzburg interpretieren.

Am 10. Februar 1934 offenbarte der christlichsoziale Nationalratsabgeordnete und frühere Bundeskanzler Rudolf Ramek seinem Kollegen Witternigg, daß die „demokratisch eingestellten Christlich-Sozialen" nichts mehr zu reden hätten und die Auflösung der Sozialdemokratischen Partei unmittelbar bevorstünde.[93] Als dann am Morgen des 12. Februar 1934 in Linz die ersten Schüsse fielen und in weiterer Folge in Wien und vereinzelt auch in anderen Teilen Österreichs heftige Kämpfe zwischen Sozialdemokraten einerseits und Exekutive, Bundesheer und Heimwehren andererseits entbrannten, verharrte die Führung der Salzburger Sozialdemokraten in resignativer Passivität. Während ein Teil der Schutzbundaktivisten vergeblich auf das erhoffte Zeichen zum Widerstand wartete, ließ sich die Parteiführung widerstandslos im Parteilokal in der Paris-Lodron-Straße verhaften. Abgesehen von einem zweistündigen Eisenbahnerstreik, einer absichtlich zum Entgleisen gebrachten Lokomotive und einigen effektlosen Anschlägen auf das Stromnetz blieb es in Salzburg daher ruhig.[94]

Zugleich mit dem österreichweiten Verbot der Sozialdemokratischen Partei und aller ihr nahestehenden Verbände, Genossenschaften und Vereine erfolgte auch die Eliminierung der sozialdemokratischen Mandatare aus allen politischen Gremien. Nachdem vier nationalsozialistische Gemeinderäte bereits im Juli 1933 ihrer Mandate verlustig gegangen waren, bedeutete dies für die Stadt Salzburg eine Reduktion der Zahl der Gemeinderäte von 36 auf 22. Landeshauptmann Rehrl versuchte im Fall der Landeshauptstadt dennoch den Anschein von politischer Kontinuität aufrechtzuerhalten. Während die Gemeindevertretungen von Maxglan und Gnigl/Itzling ebenso wie die der übrigen sozialdemokratischen Hochburgen im Lande aufgelöst wurden und Regierungskommissare an die Spitze der Kommunalverwaltung traten, blieben Bürgermeister Max Ott und der Salzburger Rumpfgemeinderat im Amt, sodaß der Schein ungebrochener Kontinuität für kurze Zeit erhalten blieb.

Die nach den Februarereignissen von der autoritären Staatsführung propagierte Ausrichtung des Staatsganzen nach ‚berufsständischen' Prinzipien machte freilich vor dem Salzburger Gemeinderatsprovisorium nicht halt. Bereits am 5. März 1934 erließ die Landesregierung eine Verordnung[95], die das alte Provisorium „bis zur Neuregelung der verfassungsrechtlichen Grundlagen in Bund und Land" durch ein weiteres ersetzte.[96] Darin wurden die Befugnisse des Gemeinderates vorläufig an einen Stadtrat übertragen,

Salzburger „Stadtrat" 1934, von links nach rechts: Heinrich Clessin (Magistratsdirektor), Hamilkar Haupt (Stadtrat), Josef Preis (Bürgermeister-Stellvertreter), Hofrat Max Ott (Bürgermeister), Dr. Josef Grösswang (Stadtrat), Ing. Richard Hildmann (amtsführender Stadtrat), Alf. Bergthaller (Schriftführer), Hermann Rainer (Stadtrat). (SMCA)

der aus drei „amtsführenden Stadträten" – Bürgermeister, Vizebürgermeister und einem „ausschließlich die Personal-, Finanz- und Organisationsangelegenheiten führenden Stadtrat" – sowie vier „Stadträten ohne Amtsführung" bestand.[97] Diese Verordnung bedeutete de facto die Beseitigung des seit dem Gemeindegesetz von 1862 gültigen Systems der Gemeindeselbstverwaltung. Der gesamte Stadtrat wurde nun vom Landeshauptmann ernannt. Überdies war dem „amtsführenden Stadtrat" innerhalb der Gemeindeführung die Position eines nicht überstimmbaren kommissarischen Beauftragten der Landesregierung zugedacht.

Noch immer war man jedoch um den Anschein von Kontinuität bemüht. Als Relikte aus längst vergangenen Zeiten verblieben der greise Bürgermeister Ott wie auch sein christlichsozialer Stellvertreter Preis zunächst noch im Amt, und auch die Mandate der Gemeinderäte erloschen durch die Verordnung vom 5. März nicht. Der Gemeinderat war jedoch funktionslos, denn er und auch die Gemeinderatsausschüsse wurden nicht mehr einberufen. ‚Starker Mann' in der neuen Stadtregierung war Dipl.-Ing. Richard Hildmann, der als amtsführender Stadtrat und „kommissarischer Vertreter der öffentlichen Interessen" in die Stadtregierung zurückgekehrt war, nachdem er zuvor ein halbes Jahr als Regierungskommissär in Badgastein gewirkt hatte. Gerade in der Person des Landesbeamten Hildmann zeigte sich die „Ambivalenz und die Überladung eines ‚berufsständischen' Verfassungskonzeptes mit bürokratisch-autoritären Elementen bei gleichzeitiger Berücksichtigung parteipolitischer Kontinuitäten".[98] Auch die vier ‚Stadträte ohne Amtsführung' waren weniger Repräsentanten eines neuen ‚Systems', als altbekannte Vertreter bürgerlicher Berufs- und Interessensgruppen, die bereits zuvor Gemeinderatsmandate innegehabt hatten. Wie schmal die soziale Basis der Gemeindeführung geworden war, spiegelte sich in der beruflichen Zusammensetzung des Stadtrats: sechs Vertretern von Handel, Gewerbe, Freien Berufen und öffentlichem Dienst stand im Krankenkassenangestellten Hermann Rainer ein einziger Arbeitnehmervertreter gegenüber.

Die Stadtverfassung vom 5. März 1934 war letztlich nur als Provisorium für die Zeit des Übergangs bis zu einer definitiven Neuordnung des Staats auf ‚berufsständischer' Grundlage gedacht. Dennoch sollte die Umsetzung der ständestaatlichen Mai-Verfassung[99] auf Gemeindeebene in der Landeshauptstadt mehr als ein Jahr auf sich warten lassen. Ursache dafür war die Frage der Eingemeindung, die Landeshauptmann Rehrl im Zuge einer abermaligen Neuordnung des Gemeindewesens endlich zu lösen hoffte. War die Eingemeindung bis dahin teils an der ablehnenden Haltung der betroffenen Gemeinden (Aigen), teils am Widerstand der bürgerlichen Gemeinderatsfraktionen gegen eine Integration der Arbeiterbevölkerung von Maxglan und Gnigl/Itzling in den Stadtverband gescheitert, so standen einer Lösung dieser Frage nunmehr keine demokratiepolitischen Hemmnisse mehr entgegen. In der von Rehrl ermöglichten öffentlichen Diskussion sprachen sich jedoch gerade die ‚bürgerlichen' Schichten in den betroffenen Nachbargemeinden überraschend deutlich gegen eine „überstürzte Behandlung" der Eingemeindungsfrage aus.[100] So dauerte es ein halbes Jahr, ehe der Landtag am 7. Juni 1935 den Beschluß eines Gesetzes „über die Erweiterung des Gebietes der Landeshauptstadt Salzburg" faßte.[101] Mit Wirksamkeit vom 1. Juli 1935 wurden die Gemeinden Maxglan und Gnigl/Itzling fast zur Gänze sowie Teile von Aigen, Morzg, Siezenheim, Leopoldskron, Bergheim und Hallwang in das Gebiet der Stadt Salzburg einbezogen, wodurch sich das Stadtgebiet von 8,79 km² auf 24,9 km² vergrößerte und die Einwohnerzahl von 40.232 auf 63.275 anstieg.[102] Bedienstete, Liegenschaften, aber auch Schulden der Gemeinden Maxglan und Gnigl/Itzling, wurden von der Stadtgemeinde übernommen.[103] Für die beiden ‚armen' Arbeitergemeinden bedeutete dies die Rettung vor dem finanziellen Zusammenbruch. In Maxglan etwa waren die Armenlasten innerhalb von fünf Jahren auf das Zehnfache gestiegen, sodaß diese 1935 bereits 84 Prozent der normalen Gemeindeeinnahmen beanspruchten.[104]

Parallel zur Lösung der Eingemeindungsfrage erfolgte durch den Landtag auch eine Neuordnung des Stadtrechts auf ständischer Grundlage,[105] sodaß im Juli 1935 für das nunmehrige ‚Groß-Salzburg' tatsächlich eine neue Epoche anbrach. Die ständestaatliche Stadtverfassung brachte zum einen eine deutliche Heraushebung der Position des Bürgermeisters, zum anderen eine weitere Einschränkung der Gemeindeautonomie gegenüber der Landesregierung, der das Recht der Amtsenthebung von Bürgermeister und Stadträten sowie der Auflösung des Gemeindetags zustand. Dieses nach dem Verfassungsübergangsgesetz 1934[106] von der Landesregierung aus Vertretern der ‚Berufsstände' nominierte Gremium trat zwar an die Stelle des Gemeinderats, besaß faktisch aber keinerlei Kontrollrechte. Damit waren die letzten Restbestände der alten Gemeindeautonomie beseitigt. An ihre Stelle trat eine „von der zivilen Verwaltung beherrschte und bestimmte Struktur der kommunalen Verwaltungsführung".[107]

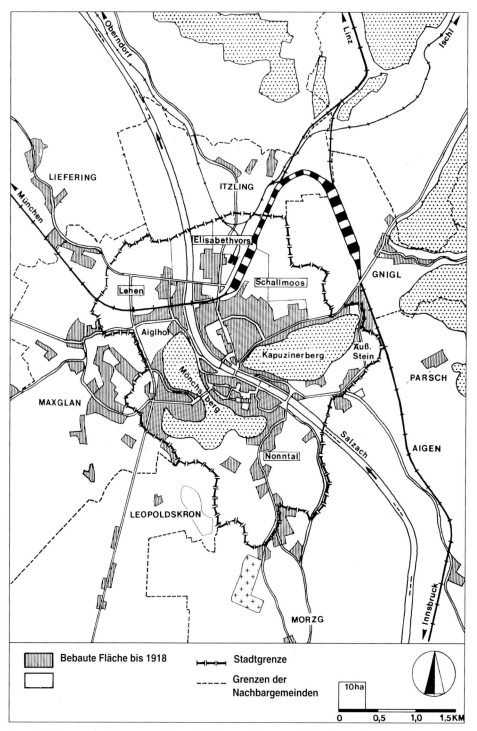

Stadt Salzburg und Nachbargemeinden – Siedlungsgebiete um 1918. (Entwurf Christoph Braumann)

Die Gemeinde im ‚Christlichen Ständestaat'   541

Stadt Salzburg und Nachbargemeinden – Siedlungsgebiete 1918–1938. (Entwurf Christoph Braumann)

Nun endlich erfolgte auch in personeller Hinsicht der Bruch mit der Vergangenheit. Max Ott, der seit 1928 eine außergewöhnliche Anpassungsfähigkeit an die sich mehrfach wandelnden politischen Verhältnisse an den Tag gelegt hatte, mußte das Amt des Bürgermeisters an Dipl.-Ing. Richard Hildmann übergeben. Auch Vizebürgermeister Preis schied nun endgültig aus dem politischen Leben aus. Von den dreizehn christlichsozialen Gemeinderäten des Jahres 1931 befanden sich nur mehr zwei unter den 36 neuernannten Mitgliedern des Gemeindetags.[108] In der Eröffnungssitzung des neuen Gemeindetags am 11. Juli 1935 versprach Hildmann, die seit Februar 1934 „mit Erfolg zum Wohle und Gedeihen der Stadt Salzburg eingeschlagene Linie mit aller Tatkraft auch in Zukunft zu verfolgen. Die alleinige Richtschnur der Gemeindeverwaltung ist eben das Wohl der Allgemeinheit, zum Unterschied von früher, wo auch Parteiinteresse die Erwägungen oft beeinflußte".[109] Selbst die „Salzburger Chronik" sah den Gemeindetag mit dem Makel fehlender demokratischer Legitimation behaftet.[110] Die auf die Zeit nach der Institutionalisierung des Ständestaates verschobene freie Wahl der berufsständischen Vertreter fand jedoch nicht einmal auf kommunaler Ebene statt, sodaß das ‚ständische' Prinzip bis zum Ende des Regimes vom ‚autoritären' Prinzip überlagert blieb.

Als Bürgermeister setzte Hildmann den von ihm bereits im März 1934 als Stadtrat begonnen Sparkurs ohne Rücksicht auf die sozialen Lasten der wirtschaftlichen Rezession mit aller Entschiedenheit fort. Grundlage seines Handelns war „ein äußerst restriktives, auf sparsamste Gestaltung des städtischen Haushaltes ausgerichtetes Konzept der Amtsführung, unter weitgehendem Verzicht auf den Gewinn irgendwelcher Popularität".[111] Vorrangiges Ziel der Finanzpolitik der folgenden Jahre waren eine ausgeglichene Budgetierung sowie die Verminderung der seit 1929 bedenklich angewachsenen kommunalen Verschuldung. Erste Erfolge bei der Konsolidierung des Haushalts zeichneten sich bereits im Sommer 1935 ab: Hildmann hatte bei seiner Amtsübernahme im März 1934 nicht gezögert, den noch vom demokratisch legitimierten Gemeinderat im Jänner sanktionierten Jahresvoranschlag zu revidieren und teils durch drastische Einsparungen, teils durch die Erschließung neuer Einnahmequellen, wie etwa die Einführung einer Verbrauchsabgabe, erstmals seit vier Jahren wieder einen positiven Jahresabschluß herbeizuführen.[112] Der Gebarungsüberschuß von mehr als 600.000 Schilling wurde zur Tilgung der hohen Schuldenlast eingesetzt, die in diesem Jahr dennoch erstmals die 20 Millionen-Schilling-Marke überstieg.

Eine schwere Belastung stellte 1935 die Übernahme der Gemeindeschulden von Maxglan, Gnigl und Morzg in der Höhe von 3,247 Millionen Schilling dar. Dank der eisernen Sparpolitik Hildmanns stieg die kommunale Schuld jedoch nur um etwas mehr als 2,5 Millionen Schilling, und auch diese Mehrverschuldung wurde innerhalb von zwei Jahren wieder abgebaut.[113] Der Schuldenabbau war freilich durch Einsparungen auf fast allen Gebieten der kommunalen Verwaltung teuer erkauft. Radikal gesenkt wurden vor allem die Personalkosten, deren Anteil am städtischen Haushalt von 1931 bis 1937 um ein Drittel zurückging, sowie der Ausgabenanteil für Unterricht, Kunst und Kultur, der eine Kürzung von etwa 40 Prozent hinnehmen mußte.[114] Ebenfalls von drastischen Kürzungen betroffen waren Aufwendungen für Straßenbeleuchtung, Straßenreinigung und öffentliche Anlagen sowie für den Sozialbereich.

Einen kräftigen Anstieg verzeichneten dagegen ab 1933 die Ausgaben für das Sicherheitswesen sowie die an den Bund abzuführenden Abgabenanteile. Hildmann sah sich daher nicht ganz zu Unrecht von der Bundesregierung um die Früchte seiner Einsparungspolitik betrogen. Während Landeshauptmann Rehrl auf Landesebene mit einer antizyklischen Wirtschaftspolitik den Auswirkungen der Weltwirtschaftskrise entgegenzusteuern versuchte, blieb die kommunale Finanzpolitik auf die Durchsetzung eines harten Sanierungsprogramms beschränkt. Der dadurch bedingte weitgehende Verzicht auf investive Aufwendungen zog vor allem die regionale Bauwirtschaft in Mitleidenschaft, die seit dem Ende der Gemeindewohnbauprogramme vergeblich auf kommunale Aufträge hoffte. Das einzige große Investitionsprojekt, an dem sich auch die Stadt maßgeblich beteiligte, war 1937 der neuerliche Umbau des Festspielhauses durch Clemens Holzmeister. Gleichzeitig wurde freilich das Stadttheater (heute Landestheater) im Zuge der kommunalen Sparpolitik geschlossen.

Auch der Fremdenverkehr, der zweite Leitsektor der regionalen Wirtschaft, befand sich in einer kritischen Lage. Nachdem die Nächtigungszahlen bereits seit 1928 infolge der Weltwirtschaftskrise stark rückläufig waren, stürzte die von Hitler-Deutschland im Frühjahr 1933 verhängte ‚Tausend-Mark-Sperre' die Salzburger Fremdenverkehrswirtschaft in eine Existenzkrise. Hatte der deutsche Anteil an den Nächtigungszahlen 1927/28 noch 41,5 Prozent betragen, so war er 1933/34 auf verschwindende 2,6 Prozent zurückgegangen. Unmittelbare Folge war eine katastrophale Unterauslastung der Salzburger Fremdenverkehrsbetriebe, die während der ‚goldenen' Zwanzigerjahre kräftig modernisiert hatten und nun auf ihren Schulden saßen.[115] Diese Entwicklung spiegelte sich auch in den Arbeitslosenzahlen: im Katastrophensommer 1933 waren in der Stadt Salzburg mehr als 1200 gastgewerbliche Arbeitnehmer zur Vermittlung vorgemerkt.[116]

Im Gegensatz zur Bauwirtschaft verzeichnete das Ständestaatsregime im Tourismussektor dennoch einige Erfolge. So konnte der Ausfall der deutschen Gäste durch gezielte Förderungs- und Werbemaßnahmen ab 1935 wenigstens teilweise wettgemacht werden.[117] Während der Sommermonate war Salzburg in den letzten Jahren vor dem Anschluß, „wenn schon nicht der Mittelpunkt Europas, so doch die unbestrittene Hauptstadt Österreichs". Die ‚nationale Opposition' hielt sich vom Festspieltreiben freilich fern, sah sie darin doch nicht ganz zu Unrecht eine „Art von internationaler Demonstration gegen das Dritte Reich".[118]

Es war vor allem ein zahlungskräftiges Publikum aus Amerika und Westeuropa, das den letzten Festspielsommer vor dem Anschluß besonderen Glanz verlieh. Das internationale Flair von Reichtum kontrastierte freilich mit einer zunehmenden Verarmung breiter Bevölkerungsschichten, welche die speziell für amerikanische Dollarmillionäre arrangierten Trachtenschauen und Sommerfeste ebenso als Provokation empfanden, wie das von der Werbung propagierte Bild Salzburgs als „einer österreichischen Insel der Schönheit […] inmitten einer leidenschaftlich erregten Welt".[119]

Die soziale Situation während der ‚Ära Hildmann' war geprägt von Arbeitslosigkeit und materieller Not eines wesentlichen Teils der städtischen Bevölkerung. Die Hilfeleistungen der Stadtgemeinde beschränkten sich zum einen auf Beiträge zur Arbeitsbeschaffung im Rahmen des Freiwilligen Arbeitsdienstes – der etwa bei der Regulierung der Glan in den Jahren nach 1934 zum Einsatz gelangte[120] –, zum anderen auf Zuschüsse, Beihilfen bzw. direkte Dienst- und Sachleistungen an die Armen. Die progressive Verelendung spiegelt sich in der Zunahme der kommunalen ‚Fürsorgebücher' von 5296 auf 7631 innerhalb eines Jahres (1935/36), was zum Teil auf die Kürzung der staatlichen Notstandsaushilfezahlungen zurückzuführen war.

Unzulänglichkeit und Perspektivelosigkeit der ständestaatlichen Sozial- und Wirtschaftspolitik hatten unmittelbare Auswirkungen auf das soziostrukturelle Verhalten der städtischen Bevölkerung: so verringerte sich die Zahl der jährlichen Eheschließungen zwischen 1926 und 1936 von 1007 auf 878, jene der Geburten zwischen 1925 und 1935 von 877 auf 740. Stark steigende Tendenz wies dagegen die Selbstmordrate auf.[121] Zunehmend verhängnisvoll für die innere Stabilität des Ständestaatsregimes wirkte sich gerade im grenznahen Salzburg der Vergleich mit der dynamischen Entwicklung im benachbarten Deutschen Reich aus, wo die NS-Herrschaft unter kriegswirtschaftlichen Vorzeichen einen starken Modernisierungsschub in Gang gesetzt hatte.

Den Repräsentanten des autoritären Systems gelang es nach 1934 nicht, die Kluft zwischen dem ‚Christlichen Ständestaat' und den in die Illegalität abgedrängten politischen Gruppierungen zu verringern. Polizeiliche Repression sollte den Widerstand sozialdemokratisch wie auch nationalsozialistisch eingestellter Bevölkerungsteile brechen, wobei sich der Machtapparat letztlich im Kampf gegen die Untergrundorganisationen der Arbeiterbewegung als effizienter erwies als bei der Verfolgung der von Deutschland tatkräftig unterstützten nationalsozialistischen ‚Illegalen'.

Das alte sozialdemokratische Milieu – vor allem in den Vororten Maxglan und Itzling – blieb zwar in den Jahren der Unterdrückung weitgehend intakt, der Aktionsradius des sozialdemokratischen Widerstands beschränkte sich allerdings auf Hilfestellung für die Familien von Verhafteten, das Verteilen von Flugschriften und auf konspirative Zusammenkünfte. Die Enttäuschung über die passive Haltung der sozialdemokratischen Parteiführung im Februar 1934 hatte vor allem bei jüngeren Parteimitgliedern eine Radikalisierung provoziert, die in zahlreichen Übertritten zur im Frühjahr 1934 gegründeten Kaderorganisation der ‚Revolutionären Sozialisten' sowie zur bis dahin bedeutungslosen KPÖ ihren Niederschlag fand. Das Widerstandspotential der durch Verhaftungen, Anhaltungen und Prozesse geschwächten Linken war insgesamt jedoch gering. Am ehesten vermochten sich noch die Kommunisten der Resignation zu entziehen, die angesichts des unaufhaltsamen Aufstiegs der Nationalsozialisten innerhalb der Arbeiterschaft um sich griff.[122] Zu einer letzten Manifestation sozialdemokratischen Selbstbewußtseins kam es am 2. März 1937 beim Begräbnis von Josef Witternigg, als 2000 Menschen den mit roten Blumen geschmückten Sarg begleiteten und Franz Peyerl, sozialistischer Landesparteivorsitzender der Zeit nach 1945, die Grabrede hielt.[123]

Während die linken Untergrundorganisationen für die Polizeibehörden durch ihre Eingebundenheit in ein nach außen klar abgegrenztes soziales Milieu leicht überschaubar waren, rekrutierten sich die illegalen Nationalsozialisten aus allen sozialen Schichten. Dazu kam, daß Teile des Sicherheitsapparats bereits von nationalsozialistischem Gedankengut infiltriert waren. Erschwert wurde die Kontrolle nationalsozialistischer Aktivitäten außerdem durch den fließenden Übergang „von illegal operierenden Nationalsozialisten zum legalen ‚nationalen' Segment des politischen Lebens in Salzburg".[124]

Bis zum Juliputsch 1934 zielte die nationalsozialistische Taktik auf den gewaltsamen Sturz des autoritären Regimes, und zwischen Februar und Juli war die Stadt Salzburg Schauplatz zahlreicher Spengstoffanschläge, welchen die Sicherheitsdirektion unter anderem mit nächtlicher Ausgangssperre entgegenzuwirken versuchte. Während die SA-Führung des Flachgaus beim Putschversuch der NSDAP am 25. Juli 1934 den Befehl zum Losschlagen gab, was zu Kampfhandlungen vor allem in Lamprechtshausen und Seekirchen führte, blieb es in der Landeshauptstadt ruhig. Im Gemeindegebiet von Liefering kam es allerdings zu einem Gefecht der Exekutive mit zwanzig bewaffneten Nationalsozialisten, bei dem drei Heimwehrmänner getötet wurden.

Die Niederschlagung des Putschversuchs verschaffte dem Ständestaatsregime eine Atempause. Die äußerliche Ruhe war jedoch trügerisch. Nach dem Scheitern des Terrors konzentrierten sich die Nationalsozialisten auf eine Strategie der Unterwanderung und Zersetzung des Regierungsapparats, die sich für den Bestand des österreichischen Staates letztlich als bedrohlicher erweisen sollte als Waffengewalt.[125] Das politische Gewicht verlagerte sich jetzt auf die Seite der respektablen bürgerlichen Nationalsozialisten. Getarnte Stützpunkte der Nationalsozialisten in der Stadt waren der Deutsche Turnverein, die Bausparkasse Wüstenrot,[126] aber auch die Evangelische Gemeinde und das städtische Elektrizitätswerk. Ungehindert trafen sich politisch Gleichgesinnte im „Nazikaffee" Glockenspiel zum Meinungsaustausch.[127]

Das Konzept der Regierung Schuschnigg, den Nationalsozialismus durch das Juliabkommen 1936 vertraglich in das System des Ständestaats einzubinden, war letztlich zum Scheitern verurteilt. Statt der Zähmung des innenpolitischen Gegners verstärkte sich nun die unauffällige Infiltration des österreichischen Staates, die schließlich um die Jahreswende 1937/38 kurzfristig in eine Doppelherrschaft von Ständestaat und NSDAP einmündete, ehe im März 1938 die von außen gesteuerte alleinige Machtübernahme der Nationalsozialisten und damit der Anschluß an das Deutsche Reich erfolgten.

Stadtentwicklung und Wohnbau (1918 bis 1938)

Die wirtschaftliche Stagnation der Dreißigerjahre schmälerte die insgesamt beachtliche Bilanz der baulichen Entwicklung in der Zwischenkriegszeit nur unwesentlich. Zählte man 1910 im heutigen Gemeindegebiet 3460 Häuser, so waren es 1939 (bei einem etwas erweiterten Gebäudebegriff) bereits 6760, was einer Zunahme von 95,4 Prozent entspricht.[128] Noch bewahrte sich Salzburg freilich den Charakter einer beschaulichen Kleinstadt, die nur während der Festspielzeit weltstädtischen Glanz ausstrahlte. Über einen Zeitraum von mehr als zwanzig Jahren pendelte die Einwohnerzahl um 40.000, und erst die Eingemeindungen der Jahre 1935 und 1939 brachten den Aufstieg zur Mittelstadt mit 77.000 Einwohnern. (Vgl. Tabelle im Anhang.)

Die dynamische bauliche Stadtentwicklung vollzog sich letztlich ohne ein übergeordnetes Planungskonzept. Einer konzeptiven Stadtplanung stand vor allem die ungelöste Eingemeindungsfrage entgegen. Durch Stadtbaudirektor Ludwig Straniak und seine Mitarbeiter Anton Schubauer und Josef Rieser war zwar die personelle Kontinuität zur Vorkriegsplanungstätigkeit gegeben. Die Stadtverwaltung schob die Erstellung eines umfassenden Planungsinstruments im Sinne eines ‚Generalregulierungsplanes' jedoch immer wieder mit der Begründung auf, daß die Nachbargemeinden aufgrund ihrer politischen Eigenständigkeit bei der Erstellung von Regulierungs- bzw. Bebauungsplänen eigene Wege gingen. Schon 1922 klagte das Stadtbauamt, daß „eine Reihe von Nachbargemeinden bereits genehmigte Parzellierungspläne besitzt, welche soviel wie gar keine Rücksicht nehmen auf das Interesse, welches die Stadtgemeinde an ihrer Entwicklung als Ganzes hat".[129]

Um die rege Bautätigkeit innerhalb der Stadtgrenzen dennoch in halbwegs geordneten Bahnen abzuwickeln, erstellte die Stadtverwaltung Regulierungs- und Verbauungspläne für einzelne Stadtteile, wie für Lehen, für die Elisabeth-Vorstadt oder die Aiglhofgründe.[130] Darüber hinaus beschränkte man sich vor 1938 auf die Ausarbeitung von skizzenhaften Entwürfen für eine künftige funktionelle Gliederung des Stadtgebietes.[131]

Wesentlichste Komponente der baulichen Stadtentwicklung der Zwischenkriegszeit war der soziale Wohnbau, und eine Reihe architektonisch gelungener kommunaler Wohnbauten zeugt noch heute vom außergewöhnlichen Engagement der Gemeinde in der Frage der Wohnungsversorgung. Im folgenden seien deshalb die historischen Rahmenbedingungen dieser Hinwendung zum sozialen Wohnbau kurz beleuchtet: In der Geschichte des Wohnungswesens markiert der Erste Weltkrieg den Beginn einer durch Staatsintervention gekennzeichneten Epoche. Wie in zahlreichen anderen Ländern schloß die soziale Dimension der Wohnungsmisere nach 1918 auch in Österreich eine Rückkehr zum rein privatwirtschaftlichen System der Wohnungsversorgung aus. Aus Furcht vor sozialem Aufruhr stimmten daher die bürgerlichen Parteien einer Perpetuierung der ursprünglich auf Kriegsdauer befristeten kaiserlichen Mieterschutzgesetzgebung von 1917 zu. Endgültig besiegelt wurde der Niedergang traditioneller Hausherrenmacht schließlich durch die galoppierende Inflation, die den überkommenen Verwertungsbedingungen privaten Hauseigentums ein definitives Ende bereitete.[132]

An die Stelle des marktwirtschaftlichen Systems der Wohnungsversorgung traten nunmehr gemeinwirtschaftliche und genossenschaftliche Formen des Wohnbaus, und vor allem in den sozialdemokratischen Gemeinden erlebte der soziale Wohnbau während der 1920er Jahre eine erste Blüte. Aber auch in Städten mit bürgerlicher Mehrheit wie Salzburg gab es keine Alternative zum intensiven kommunalen Engagement im Wohnbau. Schon während des Ersten Weltkriegs war hier die Wohnungsproduktion fast zum Stillstand gekommen. Wurden vor dem Krieg in der Stadt durchschnittlich 26 Häuser pro Jahr gebaut, so reduzierte sich die Zahl der Neubauten im Zeitraum von 1914 bis 1920 auf fünf pro Jahr.[133] Durch die heimkehrenden Soldaten verschärfte sich die Wohnungsnot nach Kriegsende noch zusätzlich. Ende 1921 waren bei der Stadtgemeinde 2715 wohnungssuchende Parteien vorgemerkt.[134]

Stadt und Land Salzburg versuchten, dem Wohnnotstand zunächst durch regulative Eingriffe in den Wohnungsmarkt entgegenzuwirken.[135] Unmittelbar nach dem Kriegsende wurde aus Furcht vor einer politischen Radikalisierung der Wohnungssuchenden die Möglichkeit der zwangsweisen Wohnungszuweisung geschaffen. Auch Stefan Zweig – eben erst nach Salzburg übersiedelt – sah sich in seinem altertümlichen Haus am Kapuzinerberg von Einquartierungen bedroht: „Viermal kamen Kommissionen, aber wir hatten freiwillig längst schon zwei Räume abgegeben, und die Unwirtlichkeit und Kälte unseres Hauses, die uns erst so feindlich gewesen, bewährten sich nun; niemand mehr wollte die hundert Stufen heraufklettern, um dann hier zu frieren."[136]

Neuer Wohnraum entstand durch die Adaptierung von ärarischen Objekten zu Wohnzwecken sowie durch die Errichtung von Baracken in Lehen und an der Rennbahn. Dazu kamen noch die 1919/20 errichteten Personalhäuser der Bundesbahn in der Fanny-von-Lehnert-Straße.[137] Diese Maßnahmen wirkten jedoch nur wie ein Tropfen auf dem heißen Stein, sodaß sich der Handlungsdruck auf die christlichsoziale Gemeinderatsfraktion, welche 1919 die Großdeutschen aus ihrer bisherigen Führungsfunktion verdrängt hatte, verstärkte. Die neuen christlichsozialen Spitzenmandatare Bürgermeister Preis und Vizebürgermeister Hildmann setzten sich daher – unter ständigem Druck der Sozialdemokraten, die den Wohnungsausschuß des Gemeinderates dominierten – für eine Forcierung des kommunalen Wohnbaus ein.[138] Als erstes und vorerst einziges

Städtische Wohnbauten in der Plainstraße (erbaut 1921/22) von Architekt Wunibald Deininger. (SLA)

Projekt wurde – auf Grundlage eines Gemeinderatsbeschlusses vom Februar 1920 – die Verbauung der Hirschenwiese an der Plainstraße in Angriff genommen. Hier errichtete der Architekt Wunibald Deininger bis Mitte 1922 eine Wohnanlage mit insgesamt 68 Zwei- und Dreizimmerwohnungen.[139]

Danach kam der Wohnbau abermals fast völlig zum Stillstand. Ein neuerlicher Aufschwung des kommunalen Wohnbaus erfolgte erst nach der Währungssanierung 1924, als mit Mitteln aus der sogenannten ‚Schweizer Anleihe' Gemeindewohnungen auf den Aiglhof-Gründen, in der Elisabeth-Vorstadt sowie in der Plainstraße errichtet wurden.[140] Zuweisungen aus der 1926 vom Salzburger Landtag eingeführten Biersteuer ermöglichten in weiterer Folge die Finanzierung einer landesweiten Wohnbauaktion. In der Stadt selbst kamen 1927/28 mehr als 400 Wohnungen hauptsächlich in der Elisabeth-Vorstadt und in Lehen zur Ausführung.[141]

Insgesamt wurden von der Stadtgemeinde zwischen 1921 und 1930 „74 Neubauten mit 698 Wohnungen und 58 Betriebslokalen und Werkstätten erstellt". Unter Einbeziehung auch älterer kommunaler Wohnobjekte lebte Anfang der 1930er Jahre „jeder achte Einwohner der Stadt in einem städtischen Hause".[142] Die Leistungen der Gemeinde auf dem Gebiet der Wohnungsfürsorge lassen sich somit in quantitativer wie auch qualitativer Hinsicht – es wurden vor allem renommierte Architekten aus dem Umfeld der Heimatschutzbewegung verpflichtet – mit jenen des Roten Wien der Zwischenkriegszeit vergleichen.[143]

Die sozialdemokratischen Gemeinden Gnigl/Itzling und Maxglan errichteten in den 1920er Jahren ebenfalls eine Reihe von Gemeindewohnbauten.[144] In der Eisenbahnergemeinde Gnigl/Itzling gelangten bis 1928 112 Wohnungen zur Ausführung; in Maxglan errichtete die Gemeinde 1927/28 zwei große viergeschoßige und drei kleinere Wohnbauten. Neben dem Gemeindewohnungsbau trat in der Stadt und in ihren Nachbargemeinden auch der genossenschaftliche Wohnbau in Erscheinung. Ein Beispiel dafür ist u. a. die 1922/23 in Itzling errichtete Wohnsiedlung der „Gemeinnützigen Ein- und Mehrfamilienbaugenossenschaft der Eisenbahner".[145] Die private Bautätigkeit erreichte zwar nicht mehr das Volumen der Vorkriegszeit. Immerhin wurde bis 1930 in der Stadt mit etwa neun Millionen Schilling annähernd dieselbe Summe für Privatbauten wie für kommunale Wohnbauvorhaben aufgewendet.[146]

Die Weltwirtschaftskrise versetzte den gemeinnützigen Wohnbau ab 1931/32 in einen Zustand der Stagnation, der – sieht man von den Stadtrandsiedlungen der Ära Dollfuß/Schuschnigg ab – bis hin zum Anschluß währen sollte. Das unermüdlich propagierte sozialpolitische Ideal des Ständestaates war die angeblich intakte Lebens- und Wirtschaftsgemeinschaft im Bauernhaus, wo – um einen bekannten Ausspruch von Dollfuß zu zitieren – „der Bauer mit seinen Knechten nach gemeinsamer Arbeit am gleichen Tisch, aus gleicher Schüssel seine Suppe ißt".[147] Die Schaffung von Nebenerwerbssiedlerstellen sollte nach dieser Konzeption einem Teil der Arbeitslosen Sicherheit vor konjunkturellen Schwankungen bieten. Die Randsiedlungsaktionen erreichten 1934/35 einen Höhepunkt, um in den beiden folgenden Jahren wieder beinahe in die Bedeutungslosigkeit abzusinken.[148]

In Salzburg und den 1935 bzw. 1939 eingemeindeten Nachbargemeinden wurden zwischen 1932 und 1937 durch Wohnbaugenossenschaften insgesamt 307 Randsiedlerstellen eingerichtet, 119 davon in Maxglan, 73 innerhalb der alten Stadtgrenzen in Lehen, 66 in Siezenheim-Liefering, 29 in Leopoldskron. Der Rest verteilte sich auf Itzling, Morzg und Aigen.[149] Kennzeichnend für diesen Siedlungstyp war einerseits die äußerst bescheidene Ausstattung der Wohngebäude, andererseits die Zuteilung großzügig bemessener Grundstücke – in der Regel 1000 bis 1200 m² – für den landwirtschaftlichen Nebenerwerb.

Massive Kritik an den Randsiedlungsaktionen kam von den Bausparkassen, die im staatlich subventionierten Siedlungsbau eine Durchbrechung ihres Prinzips: „Erst sparen, dann bauen!" erblickten. Wortführer war die Bausparkasse Wüstenrot in Salzburg, deren Gesellschaftskapital sich fast ausschließlich in den Händen des Ludwigsburger Stammhauses befand. Diese größte Bausparkasse Österreichs kontrollierte beinahe das ganze Bauvolumen im privaten Eigenheimbau und fungierte – wie bereits erwähnt – nebenbei auch als getarnter Stützpunkt der illegalen Salzburger Nationalsozialisten.[150]

Der ‚Anschluß'

Mit dem Berchtesgadener Abkommen vom 12. Februar 1938 erfolgte in Österreich die De-facto-Legalisierung der nationalsozialistischen Opposition. Zwar bemühte sich die österreichische Bundesregierung unter Bundeskanzler Schuschnigg zunächst noch verzweifelt, die wahre Dimension des Abkommens zu verheimlichen. Hitlers Reichstagsrede vom 20. Februar, in der er den Schutz des Reichs über zehn Millionen Deutsche jenseits der Grenzen verkündete, ließ jedoch keinen Zweifel, daß die Stunde der österreichischen Nationalsozialisten gekommen war. Angeführt vom illegalen Gauleiter Anton Wintersteiger marschierten bereits am darauffolgenden Tag zwischen 13.000 und 19.000 Nationalsozialisten mit „lodernden Fackeln" und mit „loderndem Herzen" in Salzburgs Straßen. Höhepunkt der Demonstrationen war eine „Freudenkundgebung" auf dem Residenzplatz.[151]

Am 25. Februar veranstaltete die „Vaterländische Front" eine Gegenkundgebung, an der angeblich 24.000 Salzburger teilnahmen. Die vom Ständestaatsregime angestrebte „Konzentration aller Patrioten" kam jedoch zu spät. Schuschniggs am 9. März angekündigte und für den 13. März geplante Volksabstimmung war ein „letzter Verzweiflungsakt", der das Ende des Regimes nur beschleunigte. Hitlerdeutschland bewertete das Vorhaben als Bruch des Münchener Abkommens und drohte bei Beibehaltung des Abstimmungstermins mit militärischen Maßnahmen. Am 10. März benachrichtigte Landeshauptmann Rehrl den Bundeskanzler von der Sperre der deutschen Grenze. Am selben Tag kam es vor dem Dienstgebäude der Vaterländischen Front am Makartplatz zu tätlichen Auseinandersetzungen zwischen Angehörigen von Hitlerjugend und Vaterländischer Jugend.[152]

Adolf Hitler in Salzburg, April 1938. (Landeslichtbildstelle Salzburg)

International isoliert und im Inneren nicht mehr Herr der Lage trat Schuschnigg am Abend des 11. März zurück. Unmittelbar nach der Übertragung der Abschiedsrede des Bundeskanzlers im Radio füllte sich der Residenzplatz mit jubelnden Nationalsozialisten. Um 20.30 Uhr erteilte Friedrich Rainer, damals Mitglied der nationalsozialistischen Landesleitung in Wien, dem illegalen Salzburger Gauleiter Anton Wintersteiger telephonisch den Befehl, die Macht in Stadt und Land zu übernehmen.[153] Wintersteiger marschierte daraufhin an der Spitze eines SA-Sturms zum Sitz der Landesregierung im Chiemseehof, von wo er um 21 Uhr den Vollzug der Machtübernahme nach Wien meldete. Gleichzeitig besetzten weitere SA- und SS-Kommandos die übrigen neuralgischen Punkte in der Landeshauptstadt, darunter den Sender, das Fernsprechamt, Landesgericht und Polizeidirektion.[154] An der Spitze von zwei SA-Stürmen rückte der stellvertretende Gauleiter Dipl.-Ing. Anton Giger ins Rathaus ein, wo die SA in den Räumen der Sicherheitswache ihr vorläufiges Hauptquartier aufschlug.[155]

Die nationalsozialistische Machtergreifung hatte sich somit in Salzburg noch vor dem Beginn des deutschen Truppeneinmarsches, der in den frühen Morgenstunden des 12. März einsetzte, vollzogen. Da die nachträgliche Legalisierung der Machtübernahme durch die neugebildete Regierung Seyß-Inquart mit der formellen Ernennung Wintersteigers zum Landeshauptmann erst am Abend des 12. März erfolgte,[156] stellten die Ereignisse vom 11. März verfassungsrechtlich zweifellos einen ‚revolutionären' Akt dar.[157] Der ‚Umsturz' des alten Systems war vollständig. Binnen weniger Wochen wurden sämtliche Spitzenpositionen der Verwaltung mit Nationalsozialisten besetzt. Funktionäre und Beamte, die sich in ‚austrofaschistischer' Zeit exponiert hatten, wurden sofort entlassen bzw. verhaftet.[158] Repressionsmaßnahmen gegen die kleine jüdische Gemeinde setzten ebenfalls – wie noch zu zeigen sein wird – unmittelbar nach dem Anschluß ein.

Die Masse der Bevölkerung sah sich dagegen von den neuen Machthabern umworben. Der „deutsche Frühling" des Jahres 1938 war im Grunde eine „kalkuliert gestaltete Inszenierung der Verheißungen", geprägt durch eine Mobilisierung unterschiedlichster Zielgruppen.[159] Vom ersten Tag an entwarf die nationalsozialistische Führung das Szenario einer forcierten Modernisierung aller Lebensbereiche, das der Bevölkerung einen radikalen Bruch mit der wirtschafts- und sozialpolitischen Stagnation der ‚Systemzeit' signalisierte. Erster propagandistischer Höhepunkt waren die Massenveranstaltungen im Vorfeld der Volksabstimmung vom 10. April, bei denen die von einer eigens eingerichteten Architektenkommission ausgeschmückte Stadt als Bühne für die Auftritte von Göring und Hitler diente. „In wenigen Monaten schon wird durch dieses Land der Rhythmus des neuen Schaffens und der neuen Arbeit gehen", versprach Hitler am 6. April im Salzburger Festspielhaus.[160] Tags darauf vollzog der „erste Arbeiter des neuen Deutschlands" auf dem Walserberg mit dem ersten Spatenstich für den Bau der Reichsautobahn Salzburg–Wien symbolisch den ‚Anschluß' Österreichs an das deutsche Autobahnnetz.[161] Vor allem in den Mittelschichten brach nun „die Hoffnung auf, endlich das geistig Kleinliche und ökonomisch Enge der Provinz zu überwinden"[162]. Das Ergebnis der Volksabstimmung entsprach der Erwartungshaltung

Getreidegasse, April 1938. *(Landeslichtbildstelle Salzburg)*

in weiten Kreisen der Bevölkerung. Mit ‚nur' 99,57 Prozent Ja-Stimmen war das Ausmaß der Zustimmung in der Stadt allerdings um eine Nuance ‚geringer' als in den übrigen Bezirken des Landes.[163]

Nationalsozialistische Stadtverwaltung

Am 13. März 1938 – also erst zwei Tage nach der Besetzung des Rathauses durch SA-Leute unter der Führung von Anton Giger – wurden Bürgermeister Richard Hildmann und die übrigen Mitglieder der Stadtregierung unter Berufung auf die ständestaatliche Verfassung von 1934 beziehungsweise auf § 55 Absatz 1 des Stadtrechts von 1935 ihrer Ämter enthoben. Gleichzeitig sah sich Giger – zuvor technischer Rat im Magistrat – als provisorischer Regierungskommissär mit der Führung der Stadtverwaltung betraut.[164] Zum vorläufigen Abschluß gelangte die ‚Neuordnung' der Stadtgemeinde am 21. März mit der Ernennung von Dr. Franz Lorenz zum kommissarischen Bürgermeister-Stellvertreter sowie von Sepp Girlinger und Ing. Franz Feichtner zu kommissarischen Stadträten. In die Position des Magistratsdirektors stieg Rechtsrat Dr. Emanuel Jenal auf.[165]

Innerhalb des polykratisch strukturierten Herrschaftssystems des Nationalsozialismus bildete sich auf regionaler Ebene rasch eine Bereichsabgrenzung zwischen SA und SS heraus. Während die Spitzenpositionen auf Gau- bzw. Landesebene in die Hand von SS-Angehörigen fielen, blieb den Veteranen der SA, die im Lande die eigentlichen Träger des illegalen Kampfes gewesen waren, die „lokale Dominanz in den Kreisen und Gemeinden überlassen"[166]. Mit Giger, Lorenz, Feichtner und Girlinger etablierte sich im März 1938 an der Spitze der Stadt eine Gruppe von einheimischen SA-Funktionären, die – mit der Ausnahme von Lorenz – bis 1945 in ihren Ämtern ausharren sollte.

Die verwaltungsmäßige Eingliederung Österreichs in das Deutsche Reich brachte im Sommer 1938 eine Neuregelung der Gemeindeverwaltung im Sinne der Deutschen Gemeindeordnung von 1935. Anfang Juni verkündete der kommissarische Bürgermeister-Stellvertreter Lorenz in der „Salzburger Zeitung", daß die „unbedingte Durchsetzung der Willensbildung der NSDAP" in der Gemeindeverwaltung „unter ausschließlicher Verantwortung von Einzelpersonen im Sinne des Führerprinzips" gewährleistet sein müsse und man Sorge dafür tragen werde, daß „in den wichtigsten Angelegenheiten der direkte Einfluß des Hoheitsträgers als einzigem Willensbildner und Willensträger der Partei gesichert ist"[167]. Nach den Bestimmungen der Deutschen Gemeindeordnung führte „der Bürgermeister […] die Verwaltung in voller und ausschließlicher Verantwortung"[168], er war damit auch automatisch „Vorgesetzter nicht nur der Beamten, Angestellten und Arbeiter, sondern auch der Beigeordneten [= Mitglieder des Stadtrats] und in gewissem Sinne der Gemeinderäte, die an seine Weisungen gebunden sind"[169]. Die Funktion der Gemeinderäte – in Städten hießen sie „Ratsherren" – war in Artikel 48 der Deutschen Gemeindeordnung zum einen als Vermittlungsinstanz zwischen Stadtverwaltung und Bürgerschaft, zum anderen als die eines eigenverantwortlichen Be-

Hitler trägt sich in das Goldene Buch der Stadt Salzburg ein. Schloß Mirabell (Hintergrund Mitte Oberbürgermeister Anton Giger). *(Landeslichtbildstelle Salzburg)*

ratungsgremiums des Bürgermeisters definiert.[170] Somit waren auch die Salzburger „Ratsherren" nicht gewählte Inhaber eines politischen Mandats und Entscheidungsträger, sondern gleichsam Ehrenbeamte, die dem Bürgermeister nur beratend zur Seite standen. Ihre Zahl richtete sich nach der Größe der Stadt; in Salzburg betrug sie nach formeller Einführung der Deutschen Gemeindeordnung am 1. Oktober 1938 zunächst 24,[171] nach der am 1. Jänner 1939 wirksamen Eingemeindung einiger Umlandgemeinden 30.[172] Die Berufung der „Ratsherren" erfolgte auch in Salzburg gemäß § 51 der Deutschen Gemeindeordnung „im Benehmen mit dem Bürgermeister" durch den „Beauftragten der NSDAP" für die Gemeinde.[173] Hinter dieser Funktion verbarg sich der Kreisleiter der NSDAP, dem bei der Konstituierung der obersten Organe der Stadtverwaltung zudem das Vorschlagsrecht für den Bürgermeister und die Beigeordneten zustand. Die Ernennung der kommunalen Spitzenfunktionäre wiederum sollte durch den Reichsstatthalter erfolgen, wobei diese oberste Verwaltungsposition wiederum regelmäßig in Personalunion mit jener des Gauleiters der NSDAP verknüpft war.[174]

Nach Installierung der Deutschen Gemeindeordnung setzte sich die kommunale Führungsspitze aus „Oberbürgermeister" Giger, „Bürgermeister" Lorenz (= 1. Beigeordneter), „Stadtkämmerer" Girlinger (= 2. Beigeordneter) sowie „Stadtrat" Feichtner (= 3. Beigeordneter) zusammen.[175] Oberbürgermeister und Beigeordnete waren Beamte und Parteifunktionäre in einem. Ihre Amtszeit betrug 12 Jahre, eine Berufung auf Lebenszeit war möglich.[176] Um das Führerprinzip auf Gemeindeebene besonders zu unterstreichen, bildeten Oberbürgermeister und Beigeordnete kein Kollegium. Die Bildung von Gemeinderatsausschüssen sowie die Durchführung von Abstimmungen waren ausdrücklich untersagt.[177] Als Stadtrecht diente eine sogenannte Hauptsatzung, in der freilich nur mehr geringe Spuren der früheren Gemeindeselbstverwaltung zu finden waren. So wurden die polizeilichen Aufgaben dem übertragenen Wirkungskreis überantwortet und der wirtschaftliche Handlungsspielraum eingeengt. Insgesamt brachte die Übernahme zahlreicher Bestimmungen des deutschen Rechts jedoch eine beträchtliche Aufgabenvermehrung. Zu den neuen kommunalen Agenden gehörte neben den zahlreichen fürsorgerechtlichen Bestimmungen des deutschen Reichsrechts insbesondere die Übernahme der Matrikelführung von den Religionsgemeinschaften, was die Einrichtung eines Standesamtes notwendig machte. Die Aufblähung der kommunalen Bürokratie insbesondere während der Kriegsjahre spiegelte sich in einer explosionsartigen Vermehrung kommunaler Dienststellen: Anstelle der sechs Magistratsabteilungen des Jahres 1934 verzeichnet der Amtskalender von 1942 nicht weniger als 22 ‚Stadtämter'.[178]

Zu den wesentlichen Aufgaben der Gemeinden zählte während des Krieges die Ausgabe von Lebensmittelmarken, wobei sich das Regime die angeblich perfekte Organisation der Versorgung zugute hielt. Als aber im Frühjahr 1943 der Unterschleif ungeheurer Mengen von Fleischmarken innerhalb der Stadtverwaltung bekannt wurde, sah sich die NS-Administration mit peinlichen Korruptionsvorwürfen konfrontiert. Es ließ sich nicht verheimlichen, daß neben einigen untergeordneten Beamten, denen nun der Prozeß gemacht wurde, die gesamte nationalsozialistische Stadtführung in den Skandal verwickelt war. Die Affäre schlug parteiintern hohe Wellen, und sogar Reichsgrößen wie Göring, Himmler und Bormann begannen sich für die Affäre zu interessieren. Die gerichtliche Untersuchung zog sich über Monate hin. Giger und Lorenz, die während der monatelangen Untersuchungen beurlaubt waren, wurden in der Hauptverhandlung am 21. Februar 1944 freigesprochen, da sie angeblich bei der großzügigen ‚Verteilung' von Reisemarken an Parteiorganisationen wie Einzelpersonen guten Glaubens gehandelt hätten.[179] Der Hauptbeschuldigte Lorenz zog dennoch die Konsequenzen und meldete sich freiwillig an die Front. Sein Nachfolger als kommissarischer ‚Bürgermeister' wurde Dr. Harald Lettner, der vertretungsweise bereits seit Mai 1943 amtiert hatte. (Lorenz und Lettner sollten in den 1950er Jahren abermals hohe Funktionen in der Stadtverwaltung bekleiden.[180])

Nationalsozialistische Neugestaltungspläne für Salzburg

Die nationalsozialistische Herrschaft im Lande Salzburg setzte in ihrer Anfangsphase einen tendenziellen Prozeß der Entprovinzialisierung in Gang, der vor allem auf vollständige administrative Loslösung von der übermächtigen Metropole Wien zielte.[181] So war die regionale nationalsozialistische Elite zwischen 1938 und 1941 unermüdlich bestrebt, die Stellung des Gaus im Rahmen des Großdeutschen Reichs neu zu definieren und vor allem die ökonomische und kulturelle Position der ‚Gauhauptstadt' zu heben. Zentrales Argument war die Nähe zum Obersalzberg.[182] Bereits im Mai 1938 versuchte Oberbürgermeister Giger Reichsmarschall Göring als Beauftragten des Vierjahresplans für eine Verlegung zentraler Verwaltungsstellen nach Salzburg und damit für den Ausbau der Stadt als Organisationszentrum für die ‚deutschen Alpenländer' zu gewinnen.[183] Auch Wintersteiger träumte von der vergangenen und zukünftigen Bedeutung Salzburgs: „Die Stadt war immer eine Stadt des volksdeutschen Reiches, niemals, weder im guten noch im schlechten Sinne, war sie österreichisch. Hier ist dem Großdeutschen Reich eine neue Warte gegeben worden, von der aus das nationalsozialistische deutsche Volk zu den anderen Nationen sprechen kann."[184]

Mit Dr. Friedrich Rainer, der Wintersteiger im Mai 1938 als Gauleiter ablöste, trat schließlich eine ehrgeizige Persönlichkeit an die Spitze des Gaus, welche die Aufwertung Salzburgs zielstrebig weiterverfolgte: „Autostraßen und neue Bahnlinien werden Salzburg, das ja schon immer gewissermaßen ein ‚Vorzimmer' und ein ‚Rangierbahnhof' des Deutschen Reichs war, mit dem Sommersitz des Führers verbinden und so in Wahrheit zu einer Stadt des Führers machen."[185] Rainer war nicht nur ein strikter Gegner jeder Zentralisation von Amtsstellen in Wien, sondern führte darüber hinaus einen ununterbrochenen Kleinkrieg gegen den Tiroler Gauleiter Franz Hofer, der „zum Nachteil von Salzburg alle wichtigen Stellen nach Innsbruck bekommen" wolle.[186] Letztlich einigte man sich darauf, übergeordnete Partei- sowie Wehrmachtsstellen des ‚Alpenlandes' in Salzburg, übergreifende Verwaltungsinstanzen dagegen in Innsbruck zu konzentrieren, wodurch Salzburg – obwohl kleinster Gau des Reiches – eindeutig bevorzugt wurde.

Besonders prestigeträchtig war die Verlegung des Generalkommandos XVIII der Wehrmacht nach Salzburg (zuständig für die Gaue Salzburg, Tirol-Vorarlberg, Kärnten und Steiermark), wodurch die Stadt wichtige überregionale Aufgaben zunächst bei der Kriegsvorbereitung und dann in der Kriegsdurchführung übernahm.[187] Machtpolitisch bedeutsam war auch die Stationierung eines höheren SS- und Polizeiführers in Salzburg. Untergebracht war der Sitz des SS-Oberabschnitts Salzburg (zuständig für Tirol-Vorarlberg, Kärnten, Steiermark und Salzburg) übrigens seit Juni 1939 im erzbischöflichen Palais am Kapitelplatz, das Erzbischof Sigismund Waitz hatte räumen müssen.[188]

Gauleiter Rainer und der SS ging es um den Ausbau der Stadt zu einem kulturellen und wissenschaftlichen Zentrum nationalsozialistischer Prägung. Rainer betonte immer wieder, daß Salzburg der geschichtlich reichste Gau der Ostmark sei und eine „reichswichtige" Kulturaufgabe zu erfüllen habe.[189] Im Streben nach Zugewinn an metropolitanen Funktionen knüpfte Rainer unverhohlen an erzbischöflich-landesfürstliche Traditionen an, wobei sich sein übersteigertes Repräsentationsbedürfnis etwa in der Verlegung des Gauleiter-Amtssitzes vom bescheidenen Chiemseehof („Rehrl-Bude") in die Residenz manifestierte.

Als wesentlicher Erfolg wurde im Juni 1939 die Erhebung des Konservatoriums Mozarteum zur „Hochschule für Musik" verbucht.[190] Auch auf die Bemühungen des Katholischen Universitätsvereins, in der Stadt Salzburg eine Universität zu gründen, griff Rainer zurück. Mit Hilfe Heinrich Himmlers sollte die Stadt Sitz einer SS-Universität werden. Vorbereitenden Charakter hatte die Etablierung einiger Institute des SS-eigenen „Ahnenerbes", dem sich nun etwa das 1924 von Prof. Eduard Paul Tratz gegründete „Haus der Natur" zugeordnet sah.[191] Auch die „Salzburger Wissenschaftswochen" im

Sommer 1939 sollten die ‚wissenschaftlichen' Ambitionen des Gauleiters unterstreichen.[192]

Kulturelles Aushängeschild der Stadt blieben die Salzburger Festspiele, auch wenn zunächst einmal ein radikaler Bruch mit der Festspieltradition Hofmannsthals und Reinhardts vollzogen wurde. Gauleiter Rainer und Landesstatthalter Albert Reitter bezichtigten Juden und Klerikale des Mißbrauchs der Festspielidee. Salzburg hätte vor 1938 eine „jüdisch-kosmopolitische Fratze" gehabt, „nun aber" – so die Absichtserklärung der nationalsozialistischen Machthaber, „sollen germanische Ideale in höchster Vollendung gelten". Vor allem Rainer bemühte sich, die „gesunde Idee" der Salzburger Festspiele von Richard Wagner abzuleiten.[193] Dennoch: „Die Prägung durch die jüdischen Gründer wurden die Festspiele auch nach ihrer ‚Arisierung' nicht los. Sie verloren nur ihre internationale Exklusivität."[194] Neben der ideellen Tradition brachen die Nationalsozialisten auch mit der baulichen Kontinuität. Holzmeisters Festspielhaus von 1937 erschien den neuen Herrn als unpassend, weshalb es vom ‚Reichsbühnenbildner' und SS-Standartenführer Benno von Arent in ein „Vorstadtkino" (Holzmeister) umgestaltet wurde. „Waggonladungen von Stuck" verwandelten das – nach nationalsozialistischer Diktion – „Dunkle und Bedrückende" des Holzmeisterbaus in neobarocken Kitsch.[195] War der Wegfall des internationalen Publikums bei den Festspielen 1938 und 1939 noch durch verstärkten Besucherzustrom aus dem ‚Altreich' kompensiert worden, so reduzierte sich der Festspielbetrieb mit zunehmender Dauer des Krieges primär auf Veranstaltungen für Soldaten und Kriegsversehrte, ehe er 1944 gänzlich eingestellt wurde.

Rainer legitimierte sein permanentes Streben nach Aufwertung Salzburgs im Jänner 1940 mit dem Wunsch Hitlers, aus Salzburg „eine Metropole des Geistes- und Kulturlebens" zu machen.[196] Dieser Anspruch sollte sich in einer monumentalen baulichen Ausgestaltung Salzburgs niederschlagen, und tatsächlich nahm Hitler, der sich in Stadtplanungs- und Architekturfragen zumeist das letzte Wort vorbehielt, auch in diesem Falle persönlichen Einfluß auf den Planungsprozeß. Allerdings erreichte Salzburg nicht den Rang einer „Führerstadt" – der blieb in Österreich Linz vorbehalten – sondern nur jenen einer „Neugestaltungsstadt". Nachdem Rainer bereits im Jänner 1939 zu Hitler bestellt worden war, um Salzburger Baupläne zu besprechen, ordnete der Führererlaß vom 25. März 1939 besondere – wenn auch nicht näher definierte – städtebauliche Maßnahmen für Salzburg an. Im Gegensatz zu Linz wurde die Durchführung der Neugestaltungsmaßnahmen hier jedoch keinem „Beauftragten des Führers", sondern Gauleiter Rainer übertragen.[197]

Durch Hitlers „Neugestaltungserlaß" stieg Salzburg in den Kreis jener städtebaulich ‚bevorzugten' Städte des Deutschen Reichs auf, die gemäß den Repräsentationsbedürfnissen des Regimes umzugestalten waren.[198] Dafür gab es zwar keine verbindlichen Richtlinien; die Planungsgrundsätze folgten jedoch in allen Gauhauptstädten einem ähnlichen Schema: Zentrales Element der Umgestaltungspläne war demnach die Schaffung eines „Gauforums", bestehend aus dem Sitz des Gauleiters („Gauhalle"), einem „Kundgebungsplatz" sowie einigen weiteren Parteibauten. Im Falle Salzburgs dachte man zunächst an „eine völlige Neugestaltung der Neustadt, wo ein aus Gauleitung, Festhalle und Generalkommando bestehendes neues Stadtzentrum" entstehen sollte.[199] Angeblich fand Hitler an dieser Idee jedoch keinen Gefallen. Ende Juni 1939 habe er sich statt dessen – wie Wintersteiger berichtet – für eine Situierung des „Gauforums" auf dem Kapuzinerberg entschieden.[200] Damit war der weitere Planungsprozeß vorgezeichnet: Kernstück des Projekts war eine monumentale „NS-Akropolis" auf dem Kapuzinerberg; visuelles Gegenstück sollte der Neubau des Armeekommandos des Wehrkreises XVIII auf dem nördlichen Teil des Mönchsbergs sein; im Bereich der Neustadt sah die NS-Planung eine achsiale Straßenverbindung vom Mirabellplatz zu einem neuangelegten Hauptbahnhof vor.[201]

Mit der Umsetzung dieses städtebaulichen Konzepts wurden die Architekten Otto Strohmayr und Otto Reitter beauftragt, die zwischen 1939 und 1942 eine rege Planungstätigkeit entfalteten, in deren Mittelpunkt das Partei-, Verwaltungs- und Kulturzentrum auf dem Kapuzinerberg stand. Nach ihren Vorstellungen sollte auf dem vordersten Teil des Berges (anstelle des Kapuzinerklosters) eine riesige „Gauhalle" sowie dahinter in erhöhter Position das „Gauhaus" als Sitz des Gauleiters und der Parteizentrale errichtet werden. Sportanlagen, ein neues Festspielhaus sowie eine „Gauburg" (anstelle des Franziskischlössels) am höchsten Punkt des Kapuzinerberges hätten das NS-Ensemble komplettiert. Auch das Projekt des zukünftigen „Armeekommandos" auf dem Mönchsberg war von gigantischen Dimensionen. Nach den Plänen des Salzburger Heeresbauamts hätte der Komplex eine Seitenlänge von über 400 Metern aufgewiesen. Eingezwängt zwischen den Monumentalbauten auf den Stadtbergen wären Festung und historische Altstadt im Falle der Realisierung dieser Planungen perspektivisch zur Bedeutungslosigkeit herabgesunken.[202]

Modell der Imbergverbauung („Gauforum") von Otto Strohmayr und Otto Reitter, um 1941. (AStS)

Als die Planung des „Gauforums" auf dem Kapuzinerberg Anfang 1942 bereits bis hin zu detaillierten Grundrissen und Fassadenplänen gediehen war, erging an Oberbürgermeister Giger die Weisung, sämtliche nicht kriegswirtschaftlich notwendigen Stadt- sowie Hochbauplanungsarbeiten einzustellen. Damit war die nationalsozialistische Stadtplanungstätigkeit nach vier Jahren wieder beendet.[203] Einige Planungsentscheidungen der NS-Zeit waren für die zukünftige Stadtentwicklung allerdings von beträchtlicher Tragweite: Zum einen sicherte die großflächige Eingemeindungsaktion der Stadtgemeinde vor allem im Westen und Süden ausgedehnte Erweiterungsgebiete; zum anderen schränkte die Trassierung der Reichsautobahn die Erweiterung der Stadt nach Norden und Nordwesten ein.[204] Dasselbe gilt für die nationalsozialistischen Ausbaupläne des Salzburger Flughafens, der damals übrigens den Namen „Salzburg-Berchtesgaden" trug.[205] Mit der Erweiterung der Landebahn in den Jahren 1943/44 erfolgte letztlich bereits eine Vorentscheidung für den späteren Ausbau zum zweitgrößten Flughafen Österreichs – mit allen Konsequenzen für die weitere Stadtentwicklung im Westen.[206]

Nationalsozialistische Kommunalpolitik

Wirtschaftlich gesehen bedeutete der ‚Anschluß' für Salzburg die Eingliederung in eine von staatlichen Beschäftigungsprogrammen, Infrastrukturinvestitionen und Aufrüstung getragene, stark expandierende Volkswirtschaft.[207] Innerhalb des großdeutschen Wirtschaftsverbandes tendierte die Stadt nunmehr eher nach München als nach Wien. Durch die Öffnung der Grenze bekam die Stadt Salzburg zwar ein größeres ‚Hinterland'. Dies bedeutete aber auch, daß die Salzburger Betriebe mit den potenten Betrieben der südbayerischen Region in ein direktes Wettbewerbsverhältnis traten, was viele Salzburger Kleinbetriebe, speziell im Handel, einem harten Konkurrenzdruck aussetzte.[208] Anders als etwa Linz blieb die Stadt jedoch von der Neuansiedlung großer kriegswirtschaftlicher Industriebetriebe verschont. Dies war aber weniger auf ungünstige wirtschaftsstrukturelle Voraussetzungen der Region zurückzuführen, sondern auf den Umstand, daß der Hauptstadt des „Gaus der guten Nerven" im Rahmen der NS-Wirtschaftsplanung eine bedeutsame Rolle als Erholungsraum und Kulturstätte zugedacht war.[209]

Zielstrebig und propagandistisch überaus geschickt nutzten die nationalsozialistischen Machthaber die Möglichkeiten, die sich vor allem auf Gemeindeebene ergaben, um durch eine ununterbrochene Aneinanderreihung von Erfolgsmeldungen eine Identifikation breiter Bevölkerungsschichten mit dem Regime zu erreichen. Bis in die ersten Kriegsjahre stellte die Gemeinde somit „einen wesentlichen Bereich nationalsozialistischer Selbststilisierung als Ausgangspunkt und Motor einer dynamischen ‚Erneuerungs'-Politik dar", wobei die gleichgeschaltete Presse erfolgreich darum bemüht war, den Eindruck von einer vorausschauenden und zugleich entscheidungsfreudigen Kommunalpolitik zu vermitteln.[210]

Bereits eine Woche nach der Volksabstimmung legte die neue Stadtverwaltung den zuständigen Reichsministerien am 21. April 1938 ein ‚Aufbauprogramm' für die Stadt Salzburg mit dem – für damalige Verhältnisse riesigen – Finanzvolumen von 50 Millionen Reichsmark vor, also ungefähr dem Neunfachen der kommunalen Ausgaben von 1937. Grundlegendes Ziel der Stadtverwaltung war es, der Stadt ihre „Bedeutung als Kulturzentrum und Verkehrsknotenpunkt wiederzugeben"[211]. Im Mittelpunkt des ‚Aufbauprogramms' standen öffentliche Investitionen in den Bereichen Wohnbau und Verkehr, die der regionalen Wirtschaftsentwicklung der Jahre 1938 und 1939 wesentliche Impulse verliehen und damit auch entscheidend zum weitgehenden Abbau der Arbeitslosigkeit beitrugen.

Signalwirkung kam auch den im Sommer 1938 eingeleiteten Maßnahmen zur Vergrößerung des Stadtgebietes zu, die mit 1. Jänner 1939 rechtswirksam wurden. Die gänzliche oder teilweise Eingemeindung von neun Nachbargemeinden – Aigen, Liefering, Leopoldskron-Moos, Morzg verloren damals ihre Eigenständigkeit – vergrößerte das Stadtgebiet von rund 25 auf über 67 Quadratkilometer.[212] Die neuen Gemeindegrenzen sollten nicht nur das wirtschaftliche Wachstum der Stadt auf lange Zeit sicherstellen, sondern waren auch – wie bereits erwähnt – Grundlage einer weitgespannten Stadtplanungstätigkeit, die auf eine beträchtliche Aufwertung der Position Salzburgs innerhalb des ‚Großdeutschen Reichs' abzielte.

Die Beseitigung der Wohnungsnot hatte schon zu Zeiten des Ständestaats ein zentrales Versprechen der nationalsozialistischen Führung dargestellt. Konkrete Maßnahmen zur Verbesserung der Wohnsituation bildeten daher einen wesentlichen Bestandteil des kommunalen ‚Aufbauprogramms' vom 21. April 1938. Schon im ersten Jahr nach dem Anschluß verdoppelte sich die Zahl der fertiggestellten Wohnungen von 163 (1937) auf 307 (1938).[213] 1939 wurden 341 Wohnungen errichtet, womit ein vorläufiger Höhepunkt erreicht war.[214] Während der Boom in den meisten Wirtschaftszweigen nach Kriegsausbruch jäh abbrach, setzte sich der Aufwärtstrend im Salzburger Wohnbauwesen – mit einigen Schwankungen – bis 1942 fort. In den beiden ersten Kriegsjahren betrug der Wohnungszuwachs zwar nur 122 (1940) beziehungsweise 172 (1941). 1942 erreichte die Zuwachsrate mit insgesamt 397 Neubauwohnungen jedoch ihren höchsten Stand. 1943 wurden immerhin noch 246, 1944 allerdings nur mehr 74 Wohnungen gebaut.[215] Insgesamt vermehrte sich der Wohnungsbestand demnach von 1938 bis 1944 um 1659 Wohneinheiten. (Nach Aussage von Oberbürgermeister Giger im Ratsherrnkollegium waren 1468 Wohnungen bereits im Jänner 1942 bezugsfertig![216])

Der nationalsozialistische Wohnbau diente freilich nur teilweise zur Befriedigung der regionalen Salzburger Bedürfnisse. Viele Wohnungen wurden speziell für Offiziere und Unteroffiziere des neugegründeten Generalkommandos XVIII der Wehrmacht errichtet. Die Niederlassung des Generalkommandos mit seinen zahlreichen Stäben vermehrte somit die Wohnungsnot und gefährdete überdies die Interessen des Fremdenverkehrs, da die Wehrmacht allein in der Stadt Salzburg neun große Hotels belegte. Darüber hinaus mußte die Stadt auch bestimmte Infrastrukturen bereitstellen, welche die finanzielle Kapazität der Stadtverwaltung überstiegen. Der enttäuschte Oberbürgermeister sah die Stadt durch die Wünsche der Wehrmacht überfordert und klagte: „So belohnt man mein Entgegenkommen […]. Auf der einen Seite erdrosselte man den von jeher wichtigsten Lebensnerv [Fremdenverkehr, Anm. d. V.], auf der anderen Seite verlangt man von der Stadt Herstellungen für einige Millionen Reichsmark." Dazu kam die Bevorzugung der zahlreichen Wehrkreisbediensteten bei der Lebensmittelzuteilung, was in der ansässigen Bevölkerung Unmutsäußerungen provozierte. Nutzen aus den militärischen Großbauvorhaben zog hingegen die einheimische Bauwirtschaft, die sich über einen Anstieg ihres Auftragsvolumens freuen konnte.[217]

Ein Teil des Wohnungsbedarfs ergab sich aus dem Zuzug südtirolischer und volksdeutscher Umsiedler. Im September 1940 waren beim Wohnungsamt der Stadt 3000 Parteien vorgemerkt. Außerdem bedurften etwa 250 Umsiedler aus Südtirol einer Unterkunft.[218] Unter den Wohnbauvorhaben der NS-Zeit sind vor allem die „Weichselbaumsiedlung" in Parsch, die Südtirolersiedlung auf den Aiglhofgründen, die Offizierswohnhäuser in der Petersbrunnstraße, die ‚Volkswohnungsbauten' in Lehen sowie die Personalhäuser für Reichsbahndienste in der Weiserstraße zu erwähnen.[219]

Die Aufbruchseuphorie, welche den Wohnbausektor nach dem Anschluß mehr als jeden anderen Wirtschaftszweig erfaßt hatte, beflügelte die Gründung neuer Unternehmungen. Nicht zufällig wurden einige der bekanntesten Salzburger Wohn- und Siedlungsgenossenschaften kurz nach dem Anschluß gegründet, als die demographische und wirtschaftliche Stagnation der Ständestaatsära durch die hektische Vorkriegskonjunktur im Dritten Reich abgelöst wurde. Gründungen der NS-Zeit sind etwa die „Salzburger Wohnsiedlungsgesellschaft" und die „Neue Heimat", welche nach 1945 zu den bedeutendsten Trägern des sozialen Wohnbaus zählten und 1964 zur „Gemeinnützigen Salzburger Wohnbaugesellschaft" (GSWB) verschmolzen.[220]

Ein weiterer Schwerpunkt des ‚Aufbauprogramms' vom April 1938 betraf den raschen Ausbau des Verkehrswegenetzes der Stadt Salzburg, das sich angesichts der bereits im Frühjahr aus dem ‚Altreich' heranrollenden Verkehrslawine als völlig ungenügend erwies. Nach Ansicht der nationalsozialistischen Verkehrsstrategen waren der desolate Zustand des Straßennetzes sowie zahlreiche Engstellen, die Staus verursachten, möglichst rasch zu beheben.[221] Eine Reihe von Straßenzügen (Reichenhaller Straße, Vogelweiderstraße, Maxglaner Straße) wurde instandgesetzt, ausgebaut oder überhaupt erst asphaltiert. Der Bau der Reichsautobahn, der freilich während des Krieges nur bis zu den Anschlußstellen Salzburg-Mitte und Salzburg-Süd gedieh, zog zudem die Errichtung von Zubringerstraßen nach sich. Auch der bereits vor der nationalsozialistischen Machtübernahme geplante Neubau der Karolinenbrücke wurde nun ausgeführt. Größtes städtisches Bauprojekt der NS-Zeit – neben den umfangreichen Stollenbauten für Luftschutzzwecke – war der 1940 begonnene und erst 1949 vollendete Neubau der Staatsbrücke, der vor allem unter dem Einsatz von Zwangsarbeitern und Kriegsgefangenen durchgeführt wurde.[222]

Bereits im Jahr 1940 gelangte die NS-Stadtverwaltung zur Auffassung, daß das im April 1938 aufgestellte 50-Millionen-Programm für Baumaßnahmen der öffentlichen Hand bei weitem nicht ausreichen würde. Eine Neuberechnung der für die nächsten zehn Jahre erforderlichen Mittel ergab die – in Relation zu den im Haushaltsplan 1941 vorgesehenen Gesamtausgaben von 18 Millionen Mark – gigantische Summe von 146 Millionen Mark, wobei Fragen der Finanzierbarkeit auf die Zeit nach dem (siegreichen) Ende des Krieges aufgeschoben wurden. Zwar wurde das 146-Millionen-Programm 1941 noch dem Gauleiter vorgelegt. Die weitgehende Umstellung der Volkswirtschaft auf ausschließlich kriegswirtschaftliche Belange setzte den Entprovinzialisierungsvisionen der lokalen NS-Elite und damit den hochfliegenden Planungen der Stadtverwaltung jedoch – wie bereits erwähnt – im Frühjahr 1942 ein definitives Ende.[223]

Auch der zweite Leitsektor der regionalen Wirtschaft, der Fremdenverkehr, trat 1938 in eine Phase des dynamischen Aufschwungs. Bereits unmittelbar nach dem ‚Anschluß' machte Salzburg Bekanntschaft mit neuen Formen des Massentourismus. „Riesenbesuch aus dem Altreich – Rekord des Kraftfahrzeuges", lautete etwa die Schlagzeile des Salzburger Volksblatts nach den Pfingstfeiertagen 1938.[224] Scharen deutscher Gäste strömten bis zum Kriegsbeginn an die Salzach. Allein im Festspielmonat August 1938 verzeichnete man im Vergleich zum Vorjahr einen Zuwachs von 34.400 deutschen Besuchern. Die Zahl der österreichischen und ausländischen Gäste war gleichzeitig allerdings um 16.000 zurückgegangen. Insgesamt wurden 1938 in der Stadt 347.000 Fremdenmeldungen verzeichnet, 130.000 mehr als 1937.[225] Nach dem Fall der Staatsgrenze lag die Festspielstadt, die sich als neue und von Wien unabhängige süddeutsche Kulturmetropole verstand, inmitten einer Tourismusregion, die sich vom Chiemsee bis zum Grundlsee erstreckte. Kernzone war das „Fremdenverkehrsdreieck" Bad Reichenhall, Berchtesgaden und Salzburg, in dem 1938 700.000 Gäste mit drei Millionen Übernachtungen gezählt wurden. Nach nationalsozialistischer Vorstellung war die Festspielstadt Salzburg das zukünftige „Pensionopolis" von ganz Deutschland. Die ‚Gauhauptstadt' sollte weder Klein- noch Großstadt sein, vielmehr eine Mittelstadt ohne Industrie, in den „äußeren Bezirken ein Garten und im Kern ein Juwel".[226] Die Vorstellung von der ‚grünen Stadt' schlug sich ansatzweise auch im Gesamtverbauungsplan von 1942 nieder, der das Bemühen erkennen ließ, die geplanten Stadterweiterungsgebiete durch größere zusammenhängende Grünstreifen zu gliedern und aufzulockern.[227]

Der Kriegsbeginn setzte den hochfliegenden Tourismusplänen ein jähes Ende. Mit zunehmender Dauer des Krieges mutierte der „Gau der guten Nerven" zu einem „überfüllten Lazarettgau". Auch in der Stadt Salzburg dienten „Spitäler, Bäder und Kuranstalten zunehmend dazu, verwundete Soldaten und Offiziere medizinisch zu versorgen, nachzubehandeln und wieder ‚wehrfähig' zu machen. Das Städtische Kurhaus und die Kuranstalt Kreuzbrückl waren ausschließlich von verwundeten oder genesenden Offizieren frequentiert"[228].

Verfolgung und Widerstand[229]

Unmittelbar nach der nationalsozialistischen Machtergreifung setzte eine Verhaftungswelle ein, die zum einen jene Vertreter des ‚Ständestaats' erfaßte, welche in Verfolgungsmaßnahmen gegen illegale Nationalsozialisten involviert gewesen waren. Unter den in der Stadt Salzburg festgenommenen Repräsentanten der ‚Systemzeit' befanden sich daher vor allem Funktionäre der ‚Vaterländischen Front' sowie Angehörige des Sicherheitsapparats und der Justiz. Einige von ihnen, wie etwa der Salzburger Sicherheitsdirektor Ludwig Bechinie oder der Senatsvorsitzende des Landesgerichts, Dr. Johann Langer, sollten die Haft in den nationalsozialistischen Konzentrationslagern nicht überleben.[230]

Zum anderen diente der Terror der ersten Stunden ganz allgemein der Einschüchterung politisch oder rassisch mißliebiger Personengruppen. Davon war vor allem die kleine jüdische Gemeinschaft betroffen, die sich durch die nationalsozialistische Machtergreifung gleichsam über Nacht mit jener antisemitischen ‚Politik der Tat' konfrontiert sah, welcher die deutschnationale und katholische Publizistik seit Jahrzehnten den Boden aufbereitet hatte.

In einem ersten Schritt zielte die nationalsozialistische Kampagne auf die ‚Arisierung' jüdischen Eigentums und Vermögens ab. Schon am 12. März meldete das Salzburger Volksblatt am Titelblatt die Verhaftung der Kaufleute Paul und Max Schwarz, Besitzer des damals bedeutendsten jüdischen Geschäfts in der Stadt (heute „Bally" am Alten Markt). Einige Tage später wurde auch Robert Ornstein festgenommen, Besitzer eines Kaufhauses in der Getreidegasse (heute Mühlberger), das alsbald in den Besitz der Firma Thalhammer überging. Hausdurchsuchungen, Verhaftungen sowie unzählige terroristische Bestimmungen, welche die Bewegungs- und Erwerbsfreiheit jüdischer Staatsbürger Schritt für Schritt einengten, hatten neben dem formellen Vermögensverzicht zugunsten des Deutschen Reiches nur ein Ziel: die Vertreibung. Verhaftete wurden in der Regel freigelassen, wenn sie versprachen, das Land in kürzester Zeit zu verlassen. Walter Schwarz, Teilhaber des Kaufhauses Schwarz, hielt diesen Pressionen nicht stand und nahm sich am 1. September 1938 im Polizeigefängnis München das Leben. Die dadurch anfallende hohe Lebensversicherung wurde konfisziert.[231]

Innerhalb weniger Monate waren die meisten jüdischen Betriebe und Geschäfte enteignet, und ‚arische' Geschäftsleute wie auch ‚Alte Kämpfer' nutzten die Gunst der Stunde, um sich zu bereichern. Auch jüdische Wohnungen dürften vor allem an Parteigenossen gegangen sein.[232] Zu den bekanntesten auf diese Weise enteigneten Mitbürgern zählten Stefan Zweig und der „Schöpfer" der Salzburger Festspiele, Max Reinhardt. Die ganz überwiegende Mehrzahl der in Salzburg lebenden Juden war freilich nicht wohlhabend, aber auch das Wenige, was an persönlichem Eigentum vorhanden war, wurde von den NS-Organen beschlagnahmt und eingezogen.

Zahllose Gesetze, Verordnungen und Erlässe engten Freiheit und Menschenrechte der jüdischen Mitbürger ein, wobei in Österreich innerhalb weniger Monate ‚nachgeholt' wurde, was in Deutschland seit 1933 Schritt für Schritt vollzogen worden war. Dazu zählten auch Berufsverbote, die jüdische Rechtsanwälte und Ärzte ihrer Existenzgrundlage ebenso beraubten wie jüdische Druckereiarbeiter im Druckhaus Kiesel. Eher groteske Züge wies die Verordnung vom 18. Juni 1938 auf, in der Gauleiter Rainer ‚Nichtariern' das Tragen alpenländischer Trachten zunächst für den Stadtbereich, dann für das ganze Land untersagte.[233]

Ihren Höhepunkt erreichte die Verfolgungswelle im Novemberpogrom vom 9. und 10. November 1938, der sogenannten ‚Reichskristallnacht'. In der Stadt Salzburg wurden einige noch nicht arisierte Geschäfte verwüstet, die Einrichtung der Synagoge in der Lasserstraße zerstört sowie das Aktenmaterial der Kultusgemeinde weggeschafft. 41 Juden wurden verhaftet und zuerst ins Gefangenenhaus, dann ins Konzentrationslager Dachau gebracht. Am 12. November brüstete sich Gauleiter Rainer vor der Presse mit der Meldung, das Land sei „restlos judenfrei", was freilich nicht den Tatsachen entsprach. Nach amtsinternen, „streng vertraulich" zu behandelnden Erhebungen befanden sich 1941 in der Stadt Salzburg noch 40 ‚Volljuden' sowie 71 ‚Mischlinge' ‚ersten' und 57 ‚zweiten Grades', wobei nicht geklärt ist, wieviele darunter erst während des Krieges als Zwangsarbeiter hierher verschleppt worden waren. Im Jahr darauf, die ‚Endlösung' durch Vernichtung war inzwischen voll im Gange, wurden in der Stadt nur mehr 18 ‚Glaubensjuden' gezählt.[234] Auch ‚Mischlinge' und in ‚Mischehe' Lebende sahen sich permanenter Verfolgung bis hin zur Verhaftung und Einweisung in ein KZ ausgesetzt.[235]

Wieviele der ungefähr 200 zum Zeitpunkt des ‚Anschlusses' in der Stadt Salzburg wohnhaften Juden dem Holocaust zum Opfer fielen, läßt sich heute kaum noch eruieren. Es steht jedoch fest, daß gerade die bürokratisch effizienten, vielfach von brutalen Repressionen begleiteten Verfolgungsmaßnahmen der Salzburger NS-Behörden dazu beitrugen, daß die meisten jüdischen Salzburger rechtzeitig vor Kriegsbeginn aus dem nationalsozialistischen Machtbereich emigrierten. Nur eine Handvoll von ihnen, das sei hier vorweggenommen, sollte aber nach dem Krieg in die alte Heimat zurückkehren.

Die Vernichtung all dessen, was man als ‚undeutsch' betrachtete, fand zunächst symbolisch statt: Am 30. April 1938 veranstaltete der NS-Lehrerbund unter Karl Springenschmid auf dem Residenzplatz eine Bücherverbrennung, der 1200 Bücher ‚jüdischer' und ‚klerikaler' Autoren zum Opfer fielen, darunter auch die Werke des Wahlsalzburgers Stefan Zweig.[236] Im Anschluß an die Festspiele 1938 wurde Salzburg noch das ‚Privileg' zuteil, als erste Stadt der Ostmark und als fünfte Stadt des Deutschen Reiches die Ausstellung über ‚entartete Kunst' zu beherbergen, die immerhin 40.000 Besucher zählte. Endlich bekämen auch die Salzburger Gelegenheit – so die Salzburger Landeszeitung – „in den Abgrund zu sehen [...], dem das deutsche Volk auf kulturellem Gebiet infolge der Zersetzungsarbeit des jüdischen Bolschewismus entgegengegangen war"[237].

Neben der radikal antisemitischen Grundhaltung kennzeichnete den regionalen Nationalsozialismus auch ein auf lange Traditionen aufbauender aggressiver Antiklerikalismus, der in teils spontanen, teils systematisch organisierten kirchenfeindlichen Maßnahmen seinen Ausdruck fand. Der offensive Kulturkampf begann unmittelbar nach der Machtergreifung. Bereits in den frühen Morgenstunden des 12. März wurden die Fenster des fürsterzbischöflichen Palais eingeschlagen und Fürsterzbischof Sigismund Waitz von Hitlerjugend und SA unter Hausarrest gesetzt.[238] Daß Weihbischof Johannes Filzer im Auftrag von Waitz dem neuen Landeshauptmann und Gauleiter Wintersteiger die Loyalität der Kirche ausdrücken ließ, nützte ebenso wie die Erklärung der Bischöfe zur Volksabstimmung vom 10. April nur wenig: Im Kleinkrieg um die Erhaltung von Privatschulen, Kindergärten, Heimen, Vereinen und klösterlichem Besitz verzeichnete die Kirche eine Niederlage nach der anderen. Der Erzbischof selbst mußte sein – formell in Staatsbesitz befindliches – Palais am Kapitelplatz räumen. Durch die Schließung des Knabenseminars Borromäum (1938), der Theologischen Fakultät (1938) und des Priesterhauses (1941) wurde der Priesternachwuchs stark gedrosselt.[239]

Mehr noch als der weltliche Klerus sahen sich die Ordensgemeinschaften Repressionsmaßnahmen ausgesetzt. Spektakulär verlief etwa die Räumung des Franziskanerklosters, das die Gestapo für sich beanspruchte. Als die Patres bei der erzwungenen Räumung des Klosters am 13. Oktober 1938 alte Möbel, Bücher und Zeitschriften aus dem 3. Stock in den Hof warfen, wurde dies als politische Demonstration ausgelegt und gerichtlich geahndet. Anfang 1942 war schließlich nach vorhergehender Beschlagnahme von Teilen des Besitzes auch die Erzabtei St. Peter an der Reihe: Auf der Grundlage einer „Verordnung über die Einziehung volks- und staatsfeindlichen Vermögens" wurde der gesamte Klosterbesitz eingezogen, was de facto einer Auflösung der klösterlichen Gemeinschaft gleichkam.[240] Aufgelöst wurden auch das Kapuzinerkloster sowie die Niederlassung der Barmherzigen Schwestern, wobei letztere zwar ihren gesamten Besitz verloren, das Regime jedoch keineswegs auf ihre Pflegedienste in Salzburger Spitälern verzichtete.

Die Vorsteherin dieser Kongregation, Schwester Anna Bertha Königsegg, der auch das Pflegeheim in Schernberg (St. Veit) unterstand, wurde nach mutigem Protest gegen die Euthanasieaktion des Regimes zunächst inhaftiert, dann in ihre deutsche Heimat verbannt.[241] Vorbereitende Maßnahmen zur Vernichtung „lebensunwerten Lebens" (Aktion T 4) setzten unter Beteiligung von Anstaltsärzten der psychiatrischen Landesheilanstalt in Lehen bereits 1940 ein. Im Frühjahr 1941 war es dann soweit: insgesamt 262 Patienten wurden in die Vernichtungsanstalt Hartheim bei Linz gebracht und getötet.[242] Beunruhigung und Empörung, die sich allerorts im Deutschen Reich in Teilen der Bevölkerung breit machten, veranlaßten 1941 den Abbruch der Mordaktion. Mehr als die Hälfte der Insassen der Landesheilanstalt in Lehen hatte zu diesem Zeitpunkt jedoch bereits ihr Leben lassen müssen.[243]

Im Gegensatz zur Euthanasieaktion stießen die Verfolgungsmaßnahmen gegen Zigeuner in der Bevölkerung auf breite Zustimmung. Zwar hatte es im Salzburger Raum ursprünglich kein ‚Zigeunerproblem' gegeben. Nach Beginn der NS-Verfolgungsmaßnahmen im Deutschen Reich waren jedoch Zigeuner in größerer Zahl ins Land geströmt, was die Salzburger Gendarmerie bereits 1938 auf Maßnahmen drängen ließ, „die einen radikalen Schlußstrich setzen", umso mehr als die Tiroler Behörden ihrerseits zahlreiche Zigeuner nach Salzburg abschoben.[244] Somit war der sogenannte ‚Festsetzungserlaß' Heinrich Himmlers vom Oktober 1939 auch in Salzburg ein willkommenes Mittel, erste Maßnahmen zur Internierung der Roma und Sinti einzuleiten. In der Stadt Salzburg wurde zuerst auf der Rennbahn und dann in Maxglan/Leopoldskron ein ‚Arbeitslager' errichtet, das ab Herbst 1940 mit Stacheldraht umgeben wurde und in dem die Lagerinsassen zur Zwangsarbeit verpflichtet waren. Stand zuerst die – immer wieder aufgeschobene – Abschiebung nach Polen als Ziel hinter allen Maßnahmen, so bedeutete der sogenannte ‚Zigeunererlaß' vom 16. Dezember 1942 für die meisten der etwa 300

Zigeunerlager in Salzburg Maxglan, um 1941. (Karl-Steinocher-Fonds)

in Salzburg internierten Frauen, Männer und Kinder die Deportation nach Auschwitz, wo die Mehrzahl umkam.[245]

Die große Mehrheit der Salzburger Bevölkerung verharrte nach einer Phase euphorischen Einverständnisses dem nationalsozialistischen Regime gegenüber in einer Haltung, die sich als Mischverhältnis zwischen weitgehender Anpassung, partieller Zustimmung aber auch teilweiser Ablehnung umschreiben läßt.[246] Nonkonformes Verhalten, Resistenz, sozialer Protest oder gar politischer Widerstand waren angesichts der allgegenwärtigen, bis in den intimen Bereich der Familie reichenden Überwachung freilich mit hohen Risiken verbunden. Für alle Delikte, die nach nationalsozialistischem Verständnis den öffentlichen Bereich betrafen, waren die im November 1938 in der ‚Ostmark' eingeführten Sondergerichte, für die gezielte Verfolgung der politischen Gegner dagegen die berüchtigten, ganz und gar nationalsozialistischen Grundsätzen verpflichteten ‚Volksgerichtshöfe' zuständig. Diesen oblag die Aburteilung aller politischen Oppositionshandlungen, die einen organisatorischen Zusammenhang aufwiesen und daher unter die Anklage des Hoch- und Landesverrates fielen.[247]

Insgesamt sahen sich während des Krieges 1254 Personen vom Sondergericht sowie 264 Personen vom Volksgerichtshof Salzburg angeklagt.[248] 67 Todesurteile, die fast alle auch vollstreckt wurden, dokumentieren die erbarmungslose Härte der NS-Justiz,[249] wobei 1944 bereits der Diebstahl einiger Kleidungsstücke – wie das Beispiel einer neunzehnjährigen Stationshilfe aus dem Landeskrankenhaus zeigt – für die Todesstrafe genügte.[250]

Der größte Teil der Angeklagten vor dem Volksgerichtshof kam aus dem sozialdemokratischen oder kommunistischen Widerstand. Sozialdemokraten und Revolutionäre

Sozialisten, ebenso wie Kommunisten waren nach der Machtergreifung der Nationalsozialisten zunächst in eine tiefe Krise geraten. Anders als die katholische Kirche vermochte sich die Linke nicht auf ein immerhin legales institutionelles Gefüge zu stützen, so daß sich die wenigen Aktivisten vorerst notgedrungen darauf beschränkten, den politisch-organisatorischen Zusammenhalt im kleinsten Kreis von Vertrauten aufrechtzuerhalten.

Aus diesen organisatorischen Netzwerken formierten sich während des Krieges gerade im Bereich der Stadt Salzburg einige Widerstandsgruppierungen, deren Tätigkeit vom NS-Machtapparat durchaus ernst genommen wurde. So entwickelten sich aus der Roten Falken- und Kinderfreundegruppe um die Itzlinger Sozialistin Maria Maxwald Jugend-Zellen der Revolutionären Sozialisten, die zur kommunistischen Jugendorganisation um Rosa Hofmann und Ernst Stoiber in lockerem Kontakt standen. Als die kommunistische Jugendgruppe ‚aufflog', wurden 1943 auch einige Mitglieder der RS-Jugend-Zellen verhaftet, die sich mittlerweile bereits an der Front befanden. Während die Todesurteile gegen die Kader der KJÖ (Rosa Hofmann, Ernst Stoiber, Heinrich Schifer u. a.) vollstreckt wurden, schickte man die jungen Sozialisten auf Wunsch der Wehrmacht zurück an die Front.[251]

Besondere Bedeutung im gesamten Widerstandsgeschehen kommt den Salzburger Eisenbahnern zu, die ihre Konspiration gegen das Regime freilich teuer bezahlen mußten. Getragen von Revolutionären Sozialisten und Kommunisten, war in der Stadt Salzburg während der ersten Kriegsjahre eine der stärksten österreichischen Widerstandsgruppen unter den Eisenbahnern entstanden, die zeitweise 200 bis 300 Mitglieder umfaßte. Schlüsselfigur auf Seite der Revolutionären Sozialisten war der Metalldreher Engelbert Weiß, dem es – ausgehend von der Reichsbahnwerkstätte Salzburg – gelang, ein weitgespanntes Widerstandsnetz aufzubauen.[252]

Der organisatorische Zusammenhang mit der kommunistischen Widerstandsgruppe war zwar aus konspirativen Gründen nur locker. Als die KP-Gruppe im Frühjahr 1942 durch einen eingeschleusten Spitzel von der Gestapo aufgedeckt wurde, erfaßte die massive Verhaftungswelle jedoch auch zahlreiche Eisenbahner des RS-Lagers, von denen vier – darunter Weiß – hingerichtet wurden. Noch größer war die Zahl der Hingerichteten unter den KP-Mitgliedern, wobei die genaue Zahl hier nicht mehr eruierbar ist.[253] Insgesamt wurden während der NS-Herrschaft ca. 250 Eisenbahner verhaftet, davon allein 140 im Jahr 1942. Zumindest für den Bereich der Stadt Salzburg steht außer Zweifel, daß diese Berufsgruppe die größten Opfer im Kampf gegen die NS-Herrschaft erbracht hat.

Krieg und Zerstörung[254]

Solange das Kriegsgeschehen fern der Heimat stattfand, fiel es der nationalsozialistischen Führung nicht schwer, den Anschein von Normalität aufrechtzuerhalten. „Salzburg mag in diesem großen Kriege wie eine Insel der Seligen erscheinen", prahlte Gauleiter Rainer im Herbst 1941: „Mitten im Lärm der Schlachten führt es sein kultiviertes

Leben weiter. Seine engen Gassen und weiten Plätze widerhallen von Musik; Festspiele, Kongresse und Tagungen vereinigen entzückte Besucher aus allen Teilen des Reiches und aus vielen Staaten des Auslandes"[255].

Diese Fassade einer heilen Welt war spätestens ab der Kriegswende im Winter 1942/43 nicht mehr aufrechtzuerhalten. Das Regime reagierte auf die Niederlagen an allen Fronten mit der ideologischen Mobilisierung der Bevölkerung für den ‚totalen Krieg', was letztlich auf eine gänzliche Unterordnung der zivilen Gesellschaft unter kriegswirtschaftliche Bedürfnisse hinauslief. Von den militärischen Auswirkungen des Krieges blieb Salzburg jedoch noch verschont. Während die Städte im Norden des Reichsgebiets bereits seit dem Frühjahr 1942 massiven Bombardierungen ausgesetzt waren, befand sich Salzburg zunächst noch außerhalb der Reichweite alliierter Bomberverbände, und nur die zahlreichen Evakuierten aus den vom Bombenkrieg betroffenen Regionen vermittelten der einheimischen Bevölkerung einen Eindruck von der drohenden Gefahr.

Wie in vielen anderen Städten war auch in Salzburg der Ausbau von wirksamen Luftschutzeinrichtungen während der ersten Kriegsjahre weitgehend vernachlässigt worden.

Die beim Bombenangriff vom 16. Oktober 1944 zerstörte Domkuppel. (AStS)

Erst Mitte 1943 erging aus Berlin eine zentrale Verfügung zum Bau öffentlicher Luftschutzbunker, auf deren Grundlage Gauleiter Gustav Adolf Scheel – er war Ende 1941 Rainer nachgefolgt – die Errichtung von Luftschutzstollen in den Salzburger Stadtbergen veranlaßte.[256] Die Baudurchführung oblag der Stadt, die ihrerseits private Bauunternehmungen unter Auftrag nahm. Während der mehr als ein Jahr dauernden Bauarbeiten waren ständig 500 bis 700 Arbeitskräfte im Einsatz, darunter zahlreiche Kriegsgefangene.[257] Bis Kriegsende wurden 70.000 m³ an Schutt- und Gesteinsmassen aus den Stadtbergen geräumt, sodaß schließlich in 23 Stollenanlagen für insgesamt 38.795 Menschen bombensichere Schutzräume zur Verfügung standen.[258]

Als am 16. Oktober 1944 die ersten Bomben auf Salzburg fielen, suchten jedoch bei weitem nicht alle Salzburger die großteils bereits fertiggestellten Stollenanlagen auf. Die in der Bevölkerung nach zahlreichen folgenlosen Luftalarmen weit verbreitete Hoffnung, die schöne Mozartstadt würde vom Luftkrieg verschont bleiben, erwies sich als verhängnisvoll: mit 245 Toten forderte der erste von insgesamt 15 Luftangriffen die weitaus höchste Anzahl von Opfern. Das Ausmaß der Zerstörung schockierte die Salzburger. Die meisten Bomben waren in der Altstadt niedergegangen und hatten im Kaiviertel und im Nonntal schwere Verwüstungen hinterlassen. Neben der Domkuppel, die einen Volltreffer erhalten hatte, waren auch das Bürgerspital und das Museum Carolino Augusteum schwer getroffen worden.[259]

Fast alle Luftangriffe wurden von der 15. US Army Air Force geflogen, die seit Anfang 1944 über Luftstützpunkte in Süditalien verfügte und von dort aus Ziele im Südosten des Reichsgebiets anflog. Im Gegensatz zu den britischen Flächenbombardements deutscher Städte war die amerikanische Luftstrategie primär auf die Ausschaltung militärischer Ziele ausgerichtet, wobei es den Amerikanern im Falle Salzburgs vor allem um die Zerstörung des für den deutschen Nachschub an die Südfront bedeutsamen Bahnknotens ging. Da die Bombardierung aus Furcht vor der deutschen Luftabwehr jedoch aus beträchtlicher Höhe erfolgte, blieb die Zielgenauigkeit der Bombenabwürfe äußerst gering, was letztlich auch das hohe Ausmaß der Schäden fernab der Bahnanlagen erklärt.[260]

Bei den fünfzehn Bombenangriffen auf die Stadt Salzburg kamen 547 Menschen ums Leben. Mit 118 Toten forderte der Luftangriff vom 17. November 1944 die zweithöchste Anzahl von Opfern, die meisten davon in der Neustadt. Insgesamt fielen zwischen 16. Oktober 1944 und 1. Mai 1945 9284 Bomben mit einem Gewicht von 2067 Tonnen auf die Stadt. Von den ca. 7000 Häusern im Stadtgebiet wurden 423 total zerstört, 608 teil- und schwerbeschädigt und 2149 leicht beschädigt.[261] Der Verlust an Wohnraum betrug 32 Prozent, womit Salzburg ungefähr auf einer Ebene mit Wien, Graz und Linz lag, während das Ausmaß der Schäden in Innsbruck und Klagenfurt weitaus höher war.[262] Die Zahl der durch Gebäudeschäden Obdachlosen wurde 1946 mit 14.463 Personen beziffert, wobei die Zerstörung von Wohnsubstanz umso schwerer zu verkraften war, als sich während der letzten Monate des Krieges ein Strom von Flüchtlingen – darunter zahlreiche Volksdeutsche aus Ungarn, Rumänien und Jugoslawien – über Salzburg ergoß.[263]

Bombenzerstörte Gebäude in der Kaigasse. (AStS, Foto: Jurischek)

Das bittere Ende einer sinnlosen Verteidigung gegen die amerikanischen Truppen blieb Salzburg allerdings erspart. Zwar hatte Gauleiter Scheel dem in Berlin eingeschlossenen Führer noch am 20. April „in fanatischer Entschlossenheit" versprochen, „für Sie, die nationalsozialistische Idee, das Reich und die Heimat in unseren Bergen und Tälern bis zum Letzten" zu kämpfen.[264] Mit Durchhalteparolen allein ließ sich der

Widerstandswille der Bevölkerung jedoch nicht mehr mobilisieren. Dazu kam, daß man im Stab des Salzburger Kampfkommandanten Oberst Hans Lepperdinger bereits Ende April zur Einsicht gelangt war, daß es ein Wahnsinn sei, „auch nur eine Stunde um Salzburg zu kämpfen".[265]

Die Stunde der Entscheidung kam am 3. Mai 1945, als die ersten Einheiten der 7. US-Armee – drei Tage nach der Einnahme von München – die alte österreichische Grenze an der Saalach erreichten. Erst jetzt – unmittelbar vor Feindberührung – bekundete die Partei- und Wehrmachtsführung mit dem Abgang ins Gebirge ihre Bereitschaft zur kampflosen Übergabe der Stadt.[266] Mitten in die darauf von Lepperdinger eingeleiteten Übergabevorbereitungen platzte noch in der Nacht zum 4. Mai ein Befehl des im Gebiet von St. Gilgen operierenden Generals Max von Bork, die Stadt unbedingt zu halten. Der Salzburger Kampfkommandant ließ sich jedoch nicht beirren und teilte der Salzburger Bevölkerung am 4. Mai 1945, um 6.00 Uhr morgens, in einer Rundfunkansprache mit, daß die Stadt den Amerikanern kampflos übergeben werde. Kurz darauf fuhren von Lepperdinger entsandte Unterhändler in Richtung Freilassing, denen es schließlich auch gelang, mit den US-Truppen in Kontakt zu treten. Die Übergabeverhandlungen waren rasch abgeschlossen und bereits gegen Mittag des 4. Mai rollten die ersten Panzer des XV. US-Korps durch die rot-weiß-rot beflaggten Straßen Salzburgs.[267] Während zahlreiche Menschen auf die Straßen strömten und im freundlichen Empfang der einrückenden Besatzungstruppen ihrer Erleichterung über das Ende der Kampfhandlungen Ausdruck verliehen, stürzte der Untergang des Dritten Reichs einige Repräsentanten des NS-Regimes in tiefe Resignation. Zu jenen, die für sich nun keinen Ausweg mehr sahen, zählte auch Oberbürgermeister Anton Giger, der in den Morgenstunden des 5. Mai gemeinsam mit seiner Frau in den Freitod ging.[268]

5. Mai 1945, US-Truppen in der Rainerstraße. (SLA)

XII. DIE STADT NACH 1945

Wirtschaftsmetropole und Kulturhauptstadt

Die „deutsche Stadt"[1] Salzburg wurde 1945 wieder zum „Kleinod von Österreich".[2] Einer nahtlosen Wiederaufnahme des vor 1938 gepflegten Image „der kleinen Stadt, in der sich die ganze Welt trifft"[3] stand in der Zweiten Republik jedoch ein durch Nationalsozialismus, Krieg und dann vor allem Wiederaufbau und Wirtschaftsaufschwung gänzlich veränderter Stadtorganismus entgegen. Salzburg nach 1945 ist Landeshauptstadt, Wirtschaftsmetropole, Mozartstadt, Festspielstadt und Touristenzentrum in einem, und es fällt angesichts dieser Multidimensionalität schwer, das ‚Bild' der Stadt klar zu konturieren. Als Landeshauptstadt ist Salzburg Gravitationszentrum des regionalen politischen Systems und zugleich Mittelpunkt des salzburgischen Landesbewußtseins. Als Wirtschaftsstandort strebt die Stadt nach der Position eines westösterreichischen Dienstleistungs- und Technologiezentrums. Als Geburtsort Wolfgang Amadeus Mozarts, des weltweit bekanntesten Österreichers, gibt sie die Kulisse ab für die touristische Vermarktung der Stadt.[4] Als Festspielstadt wiederum beansprucht sie – zumindest im Sommer – den Rang einer europäischen Kulturmetropole. Über allem schwebt freilich der Mythos der ‚Schönen Stadt',[5] der – obzwar durch die bauliche Entwicklung seit 1945 weitgehend obsolet – Bewohnern wie Fremden ein romantisch-verklärtes Bild der Stadt suggeriert. Bilder des „anderen Salzburgs", also der politischen und sozialen Realitäten sowie der alltäglichen Lebenswelt abseits des „Schönheitsmuseums"[6], blieben demgegenüber seit jeher unterbelichtet.[7]

Einige Grundzüge des spezifischen Verlaufs der urbanen Entwicklung nach 1945 erschließen sich zunächst im Vergleich mit überregionalen strukturellen Trends. Als echtes Unikat unter den Standortqualitäten der Stadt Salzburg wurde etwa das ‚Salzburg Phänomen' beschrieben. Nach Ansicht des Wirtschaftshistorikers Josef Wysocki handelt es sich hierbei um „ein Konglomerat von heterogenen Eigenschaften, die in ihrer Gesamtheit bewirken, daß dem Ortsfremden das Leben im Geltungsbereich dieses Phänomens erstrebenswert erscheint".[8] Demographisch gesehen findet das ‚Salzburg-Phänomen' zunächst seine Bestätigung im Bevölkerungswachstum: während sich die Einwohnerzahl Österreichs im Zeitraum 1890 bis 1991 nur um 34 Prozent, die des Bundeslandes Salzburg immerhin um 178 Prozent vermehrte, nahm jene der Stadt hingegen um 278 Prozent zu. Hatte Salzburgs Entwicklung bis 1939 im allgemeinen Trend der Ausbildung regionaler Metropolen (bei gleichzeitiger Schwächung der Position Wiens) gelegen, so setzte die Stadt während des Krieges und in der unmittelbaren Nachkriegszeit zu einem im österreichischen Städtevergleich einzigartigen demographischen Höhenflug an, der erst in den 1980er Jahren zum vorläufigen Abschluß gelangte.

Vorangetrieben wurde diese Sonderentwicklung durch eine geohistorische Schwerpunktverlagerung. Während der sowjetisch besetzte ‚Graue Osten' Österreichs nach

1945 wirtschaftlich und politisch im Abseits stand, profitierte der ‚Goldene Westen' von der Anwesenheit insbesondere der amerikanischen Besatzungsmacht, die ihr Hauptquartier in der Stadt Salzburg nahm.[9] Der ‚Zug nach dem Westen'[10] hatte vorerst freilich noch wenig mit dem oben beschriebenen ‚Salzburg-Phänomen' zu tun. Zehntausende Flüchtlinge und ‚Displaced Persons' wurden im Gefolge des Krieges auf Dauer an die Salzach verschlagen. Erst ab den 1950er Jahren begann die Zuwanderung vor dem Hintergrund einer allgemeinen Verschiebung des wirtschaftlichen Schwergewichts vom Osten in den Westen Österreichs, wobei das Bundesland Salzburg davon letztlich stärker profitierte als Oberösterreich, Tirol und Vorarlberg. Während das Salzburger Bruttoregionalprodukt 1955 nur knapp über dem österreichischen Durchschnitt lag, hatte es elf Jahre später eine Spitzenstellung unter den österreichischen Bundesländern (mit der Ausnahme von Wien) erobert.[11]

Schauplatz dieser außergewöhnlichen regionalen Sonderkonjunktur war in erster Linie der Salzburger Zentralraum, d. h. die Stadt Salzburg einschließlich ihrer näheren Umgebung. Nach Berechnungen der Landesregierung wurden 1964 48,5 Prozent des Bruttoinlandsprodukts des Bundeslandes in der Stadt Salzburg erwirtschaftet.[12] Bürgermeister Alfred Bäck schätzte den Anteil der Stadt gar auf 60 Prozent.[13] „Aus den Trümmern der ersten Notjahre" – so der Salzburger Bürgermeister 1970 in stolzem Rückblick – „wuchs eine wohlgeordnete Gemeinde, die, durch geschickte Maßnahmen von einer finanzschwachen zu einer der finanzstärksten Städte Österreichs geworden, nun ihrerseits privaten Unternehmungen kräftige wirtschaftliche Impulse zu geben imstande ist."[14]

Salzburg dominiert sein regionales Umfeld wirtschaftlich und demographisch weit stärker als die übrigen Landeshauptstädte. Mit 32,1 Prozent erreichte der traditionell hohe Anteil der Stadt an der Gesamtbevölkerung 1971 seinen höchsten Wert. Noch weiter voraus lag zur selben Zeit mit 35,5 Prozent (1970) der Stadtanteil an den Wahlberechtigten im Bundesland.[15] Seither verlagert sich das demographische Wachstum zwar auf die Nachbargemeinden der Landeshauptstadt, das demographische und damit auch politische Gewicht der Stadt innerhalb des Landesganzen ist jedoch nach wie vor beträchtlich.

Der Wirtschaftsaufschwung der ersten Nachkriegsjahrzehnte ließ die Zahl der Beschäftigten kontinuierlich ansteigen. In der „Arbeitsmarktregion Salzburg-Stadt", welche die Stadt sowie die Umlandgemeinden erfaßt, konzentrierten sich 1971 fast 55 Prozent aller Beschäftigten des Landes.[16] Leitsektoren des wirtschaftlichen Wachstums waren Bauwirtschaft, Fremdenverkehr und vor allem der Handel. Insbesondere entwickelte sich die Landeshauptstadt nach 1945 zum bedeutendsten Bankenstandort Österreichs nach Wien.[17] Als günstig gelegenes Einfallstor für Importprodukte aus dem EWG-Raum wurde Salzburg auch zum bevorzugten Standort zahlreicher in- und vor allem ausländischer Großhandelsunternehmen. Das beste Beispiel hierfür sind die in Salzburg ansässigen Generalvertretungen ausländischer Automobilwerke, die 1970 55 Prozent des österreichischen Pkw-Marktes bedienten.[18]

Im Verlauf der ersten großen Betriebsansiedlungswelle, die in der zweiten Hälfte der 1950er Jahre einsetzte und bis in die frühen 1960er Jahre anhielt, ließen sich insgesamt

Tabelle 10: Stadt Salzburg
Bevölkerungswachstum seit 1934
(im Vergleich zu Linz, Graz und Innsbruck)

	absolut	Zuwachs in %	Anteil an der Landesbevölkerung in %			
			Salzburg	Linz	Graz	Innsbruck
1934*	69.447		28,3	12,8	20,8	22,6
1939	77.170	11,4	30,0	13,9	20,4	22,5
1951	102.927	33,4	31,5	16,7	20,4	22,2
1961	108.114	5,0	31,1	17,3	20,8	21,8
1971	129.919	20,2	32,1	16,6	20,8	21,3
1981	139.426	7,3	31,5	15,7	20,5	20,0
1991	143.978	3,3	29,8	15,2	20,1	18,7

* Wert bezogen auf den heutigen Gebietsstand

60 Prozent aller ausländischen Betriebe in der Stadt bzw. 75 Prozent im Zentralraum Salzburg nieder.[19] Als Folge dieser Entwicklung vermehrten sich die regionalen und überregionalen zentralörtlichen Funktionen in einem beträchtlichen Ausmaß und wirkten ihrerseits wiederum als Anziehungskraft für neue Betriebsansiedlungen.

In der Erwerbsstruktur der Stadt dominierte auch nach 1945 die traditionelle Ausrichtung auf den Dienstleistungssektor, wobei die Bereiche Handel, Gastgewerbe, Verkehr und öffentlicher Dienst am stärksten vertreten waren. Im sekundären Sektor überwog neben dem Baugewerbe vor allem die konsumorientierte gewerbliche und industrielle Produktion.[20] Innerhalb der beiden Sektoren vollzogen sich allerdings seit 1960 – sieht man von der anhaltenden Bedeutung von Fremdenverkehr und Bauwirtschaft einmal ab – bedeutsame quantitative und qualitative Wandlungen. Hier ist zuallererst der standortbedingte Zuwachs beim Großhandel sowie im Speditionswesen zu erwähnen. Auch der spezifisch industrielle Sektor erfuhr durch die von Stadt und Land seit der Mitte der fünfziger Jahre geförderte Betriebsansiedlungswelle wesentliche Impulse. Charakteristisch für die Salzburger Industrie sind bis heute ihr hoher Spezialisierungsgrad, eine relativ geringe Betriebsgröße und starke Exportorientiertheit. Insgesamt erfolgte nach 1945 „eine gewisse stärkere Industrialisierung der städtischen Wirtschaftsregion als bisher, jedoch in einer im Grunde dem tradierten Muster der regionalen Wirtschaftsstruktur angepaßten Weise, das heißt, es kam etwa nicht zur Ansiedlung von Großindustrien im Grundstoffbereich".[21] Statt dessen bemühen sich öffentliche Hand und Wirtschaftskammer seit den frühen 1980er Jahren mit einigem Erfolg um die Ansiedlung von High-Tech-Betrieben im Großraum Salzburg. Vorangetrieben wird die regionale Entwicklung innovativer Technologien vor allem durch das 1988 gegründete und seitdem mehrfach erweiterte Technologiezentrum.[22]

Herbert von Karajan und Clemens Holzmeister, um 1959. (AStS, Foto: Scope)

Wesentliche Voraussetzung des seit etwa 1950 fast kontinuierlich anhaltenden Wirtschaftsaufschwungs im Zentralraum Salzburg war die günstige Verkehrslage im Gesamtgefüge des europäischen Kontinents. Durch den Ausbau der Westautobahn nach Wien Ende der 1950er Jahre sowie den Bau der Tauernautobahn durch das Gebirge nach Kärnten in den frühen 1970er Jahren errang die Stadt wieder ihre alte Bedeutung als Knotenpunkt des überregionalen Straßenverkehrs. Dazu kam die räumliche Nähe zum Münchner Großraum mit seiner Konzentration hochmoderner Produktionsstätten sowie die Brückenposition zwischen EWG und EFTA, welche Salzburg beinahe zu einer „EG-Exklave" werden ließ.[23]

Salzburg nützte die innerösterreichische Westverschiebung nicht nur zur ökonomischen Profilierung. Auch auf kulturellem Gebiet vollzog sich ein bemerkenswerter Prozeß der Entprovinzialisierung, der die Position der Stadt österreichweit aufwertete. Obwohl in der Nachkriegszeit die durch Austrofaschismus und Nationalsozialismus diskreditierten regionalen kulturkonservativen Traditionen wiederaufgelebt waren und auch auf Ebene der Festspiele Reformansätze Gottfried von Einems und Egon Hilberts im politischen Kulturkampfklima der 1950er Jahre gescheitert waren,[24] schaffte vor allem die literarische Kulturszene seit den 1960er Jahren den Durchbruch zur Modernität: „Was in der Ersten Republik noch undenkbar schien, gelang in der Zweiten Republik: Aus der Provinz kam eine überregionale, bedeutende Zeitung, die „Salzburger Nachrichten", zwei Literaturverlage – der Otto Müller Verlag und der Residenzverlag – formten das Erscheinungsbild der österreichischen Literatur entscheidend mit, hierzulande entstand ein zweites Zentrum des österreichischen Films, die Universität erlangte einen beachtlichen Platz in der wissenschaftlichen Hierarchie, und im Fußballsport stieg Casino Austria zu einem Spitzenplatz auf."[25]

Im Grunde zählt Salzburg aber zu jenen Städten, in denen Kultur und Kommerz eine besondere Verbindung eingegangen sind. Nachdem bereits im Sommer 1945 die Festspieltradition der Zwischenkriegszeit aufgenommen wurde, nutzt die Stadt seit den 1950er Jahren ihren berühmtesten Sohn, Wolfgang A. Mozart, in Verbindung mit den Festspielen höchst erfolgreich als Image- und Werbeträger. Mozart und Festspiele garantieren weltweit einen Bekanntheitsgrad, der „weit über die eigentliche Größe und Wichtigkeit der Stadt an der Salzach" hinausgeht.[26] Den unmittelbaren Konnex zwischen Hochkultur, Fremdenverkehr und Wirtschaft symbolisierte über Jahrzehnte Herbert von Karajan, dessen Persönlichkeit von 1956 bis 1989 die Salzburger Festspiele geprägt und beherrscht hat. Seine musikalische Perfektion, „seine Leidenschaft für alles Technische, für die neuen Medien, sein stilisierter eiskalter Hauch von Eleganz, sein Sinn fürs Geschäft" machten ihn „zum wahren Leitbild der Epoche".[27] Durch den „führenden Dirigenten des Düsenzeitalters"[28] wurde Salzburg zum Zentrum der E-Musik. In der Stadt

„Salto Mortier ...". Karikatur von Helmut Hütter auf die neue Linie der Salzburger Festspiele unter Gerard Mortier.

selbst entfaltete Karajan eine fast unumschränkte Herrschaft über den Festspielbezirk, die von den politischen Instanzen in Stadt, Land und Bund über dreißig Jahre mit beinahe unterwürfiger Haltung akzeptiert wurde. Erst gegen Ende der ‚Ära Karajan' regte sich Widerstand gegen eine weitgehend auf glanzvolle Besetzungen und opulent ausgestattete Aufführungen reduzierte Festspieltradition, der im Vorwurf kulminierte, „daß statt einer Programmidee die Wünsche der Schallplattenfirmen dominierten".[29]

Karajans plötzlicher Tod im Juni 1989 ermöglichte die überfällige Reform der Festspiele, wobei sich das Festspielkuratorium mit der Berufung des Brüsseler Opernchefs Gerard Mortier zum Erstaunen der Öffentlichkeit überraschend klar für eine radikale Abkehr vom bisherigen Kurs aussprach. Das um Hans Landesmann und Heinrich Wiesmüller ergänzte Führungsgremium bemühte sich ab der Festspielsaison 1992, einige Intentionen der Festspielgründer aufzugreifen: man wollte bewußter auf Mozart als Genius loci eingehen, das lange stagnierende Sprechtheater durch die Berufung Peter Steins aufwerten und vor allem „eine Aussage machen über diese Zeit".[30] Damit einher ging die Absicht, den Festspielen über Preisgestaltung und neue Spielstätten ein breiteres und neues Publikum zu erschließen. Öffnung nach außen, verbunden mit dem Appell an die Neugierde des Publikums prägten somit den Beginn der ‚Ära Mortier'. In den folgenden Saisonen einschließlich jener des Jubiläumsjahres 1995 zeigte sich, daß die neue Festspielleitung „ihren Reformkurs, mit einigen Rückschlägen zwar, auf vielen Gebieten mit viel Einsatz, Ideenreichtum und Konsequenz realisiert – und was entscheidend ist, auch das Publikum für die Reform gewonnen" hat.[31] Natürlich sind die Reformgegner auch im vierten Jahr der künstlerischen Leitung durch Mortier nicht verstummt, und erst die Zukunft wird zeigen, ob es der neuen Festspielpräsidentin Helga Rabl-Stadler gelingen wird, die Zweifel regionaler Wirtschaftskreise zu entkräften und zugleich der kulturkonservativ geprägten Dauerkritik vor allem aus der Musikmetropole Wien wirksam entgegenzutreten.

Die wirtschaftliche Bedeutung der Festspiele für die Region ist unbestritten. Kritik an den durch das Festspielgesetz garantierten hohen öffentlichen Subventionen für das ‚Festival der Reichen' hat die Festspiele zwar seit ihrer Wiederbelebung nach dem Krieg begleitet, volkswirtschaftliche Analysen haben den Multiplikatoreffekt aller Förderungen für das regionale Wirtschaftsleben wie für das Steueraufkommen jedoch längst außer Streit gestellt.[32] Einer der dauerhaftesten Vorwürfe gegen die Festspiele richtete sich gegen deren ‚elitären' Charakter. Aus der Kritik an der sterilen Elitenkultur der ‚Ära Karajan' erwuchsen aber auch Impulse für alternative kulturelle Tätigkeiten von beachtlichem Niveau, die seit 1971 in der „Szene der Jugend" einen dauerhaften institutionellen Rahmen gefunden haben.[33]

Das Image Salzburgs wird im Zeitalter des Massentourismus – allein von 1981 bis 1992 stieg die Zahl der Übernachtungen von 1,4 Millionen auf 1,7 Millionen[34] – freilich nicht nur von Mozart und den Festspielen geprägt: „Neben der Stadt der Hochkultur gibt es gewissermaßen ein zweites Salzburg, das den Mythos der heilen Welt auf dem Dorf symbolisiert, eine Harmonie zwischen Mensch und Natur suggeriert – ein ‚Sound-of-Music-Image'".[35] Tatsächlich hat die Hollywood-Verfilmung des Lebens der aus Salzburg nach den Vereinigten Staaten emigrierten Familie Trapp entscheidend zur weltweiten und mediengerechten Vermarktung des alten Salzburg-Mythos von der ‚Schönen Stadt' beigetragen. „An der Schwelle zum audivisionellen Zeitalter" stellte „Sound of Music" (1965) die denkbar effizienteste und billigste „Salzburg-Image-Kampagne" dar. Auch dreißig Jahre danach geben drei von vier amerikanischen Touristen diesen Film als Initialimpuls für ihre Österreich-Reise an.[36]

Spätestens seit den 1980er Jahren hat die touristische Vermarktung der Stadt und ihrer Attraktionen jedoch ein Ausmaß erreicht, das den Einheimischen als nicht mehr verkraftbar erscheint. Mit 36 Touristen pro Einwohner hat Salzburg nach Venedig die zweithöchste Besucherzahl in Europa.[37] Zahlreiche neue Hotels haben im letzten Jahrzehnt das Bettenangebot im Bereich der gehobenen Gastronomie beträchtlich ausgeweitet. Folge sind eine permanente Überlastung des Verkehrsnetzes sowie die alltägliche Überflutung der Altstadt mit Tausenden Tagestouristen. Insbesondere von jenen Salzburgern, deren Lebensunterhalt nicht unmittelbar aus dem Fremdenverkehr fließt, werden die Touristenmassen daher zunehmend für einen Verlust an Lebensqualität verantwortlich gemacht. Deutliche Frequenzrückgänge im seit Mitte der 1980er Jahre boomenden Städtetourismus deuten freilich auf zunehmende Strukturprobleme in diesem über Jahrzehnte dynamisch wachsenden Leitsektor der Salzburger Wirtschaft. Erich Fried hat die Ambivalenz der Einheimischen gegenüber dem Fremdenverkehr auf den Punkt gebracht:

„Getriebe Gewühl Gedränge:
der Stadtverkehr überfremdet
vom verwünschten erwünschten
ergatterten Fremdenverkehr."[38]

Kontinuität und Bruch: das Jahr 1945

Der Sturz des nationalsozialistischen Herrschaftssystems hinterließ in Salzburg ein Machtvakuum, das von amerikanischer Besatzungsmacht und politischen Vorkriegseliten erst nach einer Phase des Übergangs ausgefüllt wurde. Die Grundstrukturen des Verwaltungsapparats blieben im Chaos des Zusammenbruchs dennoch intakt. Vor allem auf Gemeindeebene war die Kontinuität der Verwaltungstätigkeit gegeben. „Die städtischen Ämter und Betriebe", berichtet Salzburgs erster Nachkriegsbürgermeister Richard Hildmann, „haben im Unterschied zu den meisten anderen Behörden in der Zeit des Zusammenbruchs und des amerikanischen Einmarsches ohne Unterbrechung weitergearbeitet und die an sie gestellten ungewöhnlich schwierigen Aufgaben reibungslos gemeistert."[39]

Als Einheiten der 7. US-Armee die Stadt am 4. Mai 1945 kampflos besetzten, signalisierten eilig zusammengenähte rotweißrote Fahnen am Rathausturm eine grundsätzliche Bereitschaft der Kommune zur Kooperation. Auch den Besatzern war an der Funk-

Staatsbrücke am Nachmittag des 4. Mai 1945. Rotweißrote Fahnen auf dem Rathaus. (SLA)

tionsfähigkeit des städtischen Verwaltungsapparats gelegen, denn die für Salzburg vorgesehenen US-Verwaltungsstäbe befanden sich zu diesem Zeitpunkt noch in Italien.[40] Bereits am Vormittag des 5. Mai betraute General Wade H. Haislip, der amerikanische Kommandant, Dipl.-Ing. Richard Hildmann provisorisch, am 12. Mai schließlich formell mit der Leitung der kommunalen Zivilverwaltung.[41]

Welche Gründe die rasche Entscheidung der Besatzungsmacht für den Bürgermeister der ständestaatlichen Ära beeinflußt haben, ist ungeklärt. Möglicherweise folgten die Amerikaner einem Vorschlag, der – merkwürdig genug – aus kommunistischen Widerstandskreisen an sie herangetragen wurde.[42] Oder lag es einfach daran, daß Hildmann, der schon vor dem Zusammenbruch politische Kontakte mit ehemaligen christlichsozialen Politikern aufgenommen hatte,[43] als erster zur Stelle war und die Amerikaner von seiner Kompetenz auf dem Gebiet der Kommunalverwaltung überzeugte?[44] Da Salzburg als Sitz des amerikanischen Oberkommandos in Österreich vorgesehen war, hatte die Besatzungsmacht zweifellos ein starkes Interesse an der kontinuierlichen Weiterarbeit der städtischen Behörden.

Hildmann enttäuschte die in ihn gesetzten Erwartungen nicht. Assistiert von einem amerikanischen ‚Kommissar' entfaltete der provisorische Bürgermeister von der Stunde seiner Ernennung an eine rastlose Betriebsamkeit. Das Rathaus beherbergte vorerst die einzige funktionsfähige Behörde in der Landeshauptstadt. Wie Dr. Adolf Schemel, Salzburgs erster Landeshauptmann nach dem Krieg, in seinem Tagebuch vermerkt, herrschte in den überfüllten Amtsräumen des Bürgermeisters ein permanentes „Kommen und Gehen".[45]

„Jetzt, in der höchsten Not", erinnert sich Thomas Bernhard, „war diese Stadt plötzlich das, was sie vorher niemals gewesen war, eine lebendige, wenn auch verzweifelte Natur als Stadtorganismus, das tote und verlogene Schönheitsmuseum, das sie bis zu diesem Zeitpunkt ihrer größten Verzweiflung immer gewesen war, hatte sich mit Menschlichkeit angefüllt [...]."⁴⁶ Normalisierung des täglichen Lebens lautete das Gebot der Stunde. Improvisation und Kooperation waren die Grundlagen des täglichen Überlebens.

Schon am Tag seiner Ernennung bestellte Hildmann Franz Beyer zum kommissarischen Leiter der Salzburger Sparkasse.⁴⁷ Auch die Amerikaner räumten der Neuordnung des Geldverkehrs absolute Priorität bei, und so einigten sich Repräsentanten der Militärregierung und Vertreter der Salzburger Geld- und Kreditinstitute am 8. Mai unter Beisein des Bürgermeisters auf eine Wiederöffnung der Geldinstitute am 11. Mai. Der Zugriff auf Sparkonten unterlag aber noch starken Beschränkungen.⁴⁸

Auf Anordnung der Besatzungsmacht konzentrierte sich die Wiederaufbautätigkeit zunächst auf die Instandsetzung der kommunalen Infrastruktur. Unter Beteiligung amerikanischer Ingenieurtruppen wurde das beschädigte Straßennetz wieder befahrbar gemacht. Gleichzeitig erfolgte die Behebung der ärgsten Schäden an Kanalisation und elektrischen Versorgungsleitungen. Besonders lag den hygienebewußten Amerikanern die Sicherung der Wasserversorgung am Herzen. Schon im Mai wurde die Chlorierung des gesamten Salzburger Trinkwassers angeordnet. Gleichzeitig begann die Wiederherstellung des bombenzerstörten Nutzwasserbehälters am Mönchsberg.⁴⁹ Auch die Schäden am elektrischen Leitungsnetz waren rasch behoben. Am 23. Juni 1945 ging der Obus auf der Ringlinie Bahnhof-Maxglan-Altstadt in Betrieb und Ende Juli 1945 verfügten alle privaten Haushalte wieder über elektrisches Licht. Nach Jahren kriegsbedingter Verdunklung symbolisierte die Beleuchtung einiger Straßenzüge zur Festspiel-

US-Ehrengarde am Mozartplatz, 20. August 1947. (SLA)

Barackenlager an der Hans-Sachs-Gasse in Lehen. (AStS)

zeit 1945 ebenso eine Annäherung an die Normalität wie die Wiederaufnahme des Anfang Mai unterbrochenen Schulunterrichts im September 1945.[50]

Das alltägliche Leben der städtischen Bevölkerung war freilich immer noch äußerst beschwerlich. Wie schon nach dem Ersten Weltkrieg war die Versorgungslage auch im Winter 1945/46 überaus prekär und die Sorge der Menschen galt vorrangig der Sicherung des Überlebens. Erst mit dem Anlaufen der Lebensmittelhilfe der „United Nations Relief and Rehabilitation Administration" (UNRRA) im Frühjahr 1946 entspannte sich die Situation. Vorerst unlösbar war die Wohnungsnot. Nachdem 14.000 Personen ihr Obdach bereits während des Krieges aufgrund von Bombenangriffen verloren hatten,[51] steigerte sich der Wohnungsmangel nach dem Zusammenbruch der nationalsozialistischen Herrschaft zur kommunalen Katastrophe. Als Verkehrsmittelpunkt der amerikanischen Besatzungszone wurde die Stadt zum Angelpunkt der größten Wanderungs- und Fluchtwelle, von der Österreich je betroffen war. Unzählige heimkehrende Soldaten, Flüchtlinge und Vertriebene strömten während der ersten Nachkriegsmonate in die Stadt. Für die Mehrzahl war Salzburg nur Zwischenstation. Zehntausende blieben freilich auf Dauer und waren daher langfristig in den Gemeindeverband zu integrieren.

Der Gemeindeverwaltung oblag die Registrierung des Elends. Im Juli 1945 zählte man in den achtzehn Flüchtlingslagern der Stadt 31.068 überwiegend volksdeutsche Flüchtlinge, dazu kamen 35.800 weitere Flüchtlinge bzw. Ausländer in Privatunterkünften.[52] Zusätzlich verschärft wurde die Wohnungsnot im Sommer 1945 durch die

Beschlagnahme von 1200 Wohnungen für Besatzungszwecke.[53] Zwar kehrten mehr als 25.000 ‚Reichsdeutsche' sowie Kriegsdienstverpflichtete anderer Länder Salzburg im Herbst und Winter 1945/46 wieder den Rücken.[54] Eine Entspannung der schwierigen Wohnsituation in der zwischen 1939 und Juli 1945 von 77.000 auf annähernd 130.000 Einwohner (einschließlich Lagerinsassen) angewachsenen Stadt lag aber noch in weiter Ferne.

Während der ersten Nachkriegsmonate war der Wiederaufbau vor allem durch den Mangel an Arbeitskräften und Baumaterialien beeinträchtigt. Mit dem Einsatz von Kriegsgefangenen sowie Facharbeitern aus dem gesamten Land Salzburg gelang bis Ende März 1946 immerhin die Wiederinstandsetzung fast aller nur leicht bombenbeschädigten Gebäude, wodurch rund 7000 Personen wieder eine Unterkunft fanden. Das kommunale Wohnungsamt regulierte die Verteilung des knappen Wohnraums: von Anfang Juni 1945 bis Ende März 1946 wurden 6717 Einzelräume sowie 2021 Wohnungen vergeben. Außerdem erfolgten 2028 Zwangseinweisungen sowie die Delogierung von 125 NS-Parteifunktionären.[55]

Neben der Normalisierung der materiellen Lebensbedingungen war den Amerikanern die kulturelle Neuformierung der Gesellschaft ein besonderes Anliegen. Bereits wenige Tage nach Kriegsende nahm der „Information Services Branch" (ISB), „eine Art kulturelle Public-Relation-Agentur zur Förderung der politischen Ziele der USA", seine vorerst wichtigste Tätigkeit, die Entnazifizierung des Salzburger Kultur- und Medienbetriebs, auf.[56] Ein vom ISB eingesetzter Fünferausschuß sonderte bereits im Mai 2000 Bände Naziliteratur aus den Beständen der Stadtbücherei im Schloß Mirabell aus, so daß diese den Leihbetrieb wieder aufnehmen konnte.[57] Nur wenig später – am 6. Juni – schlug die Geburtsstunde des alsbald überaus populären „Senders Rot-Weiß-Rot", aus dem allmählich der heutige ORF herauswachsen sollte.[58] Die für Salzburg bedeutsamste medienpolitische Entscheidung der Besatzungsmacht fiel auf dem Zeitungssektor: mit der Herausgabe der „Salzburger Nachrichten" ab 7. Juni 1945 und der Übertragung der Lizenz für das neue Blatt im Oktober an Gustav A. Canaval und Max Dasch etablierte die Besatzungsmacht das bedeutendste regionale Presseorgan der Nachkriegszeit, das sich allerdings schon bald einer direkten amerikanischen Einflußnahme entziehen und Anfang der 1950er Jahre einen prononciert kulturkonservativen Kurs steuern sollte.[59] Die Entnazifizierung der Gesellschaft zählte zu den wesentlichsten Anliegen der amerikanischen Besatzungspolitik, und so wurde die Säuberung des öffentlichen Dienstes in der US-Zone zunächst sogar mit größerem Nachdruck betrieben als in den übrigen Besatzungszonen.[60] Auch die Salzburger Stadtverwaltung erfuhr 1945/46 in personeller Hinsicht die schärfste Zäsur ihrer Geschichte. Bei näherem Hinsehen zeigt sich jedoch, daß die oft kolportierte, fast totale Umschichtung des Personalstandes nur zum geringen Teil auf die Entlassung ehemaliger Nationalsozialisten, sondern überwiegend auf die Selbstkündigung von Ausländern und Kriegsdienstverpflichteten sowie die Kündigung von deutschen Staatsangehörigen zurückzuführen war. Zwar schieden bis zum März 1946 92 Prozent aller Bediensteten aus der Kommunalverwaltung aus. Der Anteil der ehemaligen Nationalsozialisten im städtischen Dienst betrug jedoch lediglich 25 Pro-

Tabelle 11: Personelle Veränderungen im städtischen Dienst 1945/46

	Mai 1945	März 1946	ausgeschieden	(davon ehem. Nationalsoz.)
Akademiker	50	–*	–*	(40)
Beamte	249	175	–*	(142)
Angestellte	909	756	–*	(282)
Arbeiter	896	953	–*	(88)
Zusammen	2077	1864	1909	(512)

*) Bei den Personalstandsangaben nicht gesondert ausgewiesen.
Quelle: AStS, Bericht von Bürgermeister Richard Hildmann, Provisorischer Gemeindeausschuß vom 16. 4. 1946.

zent. Nur in den höheren Rängen der Verwaltung führte die Entnazifizierung zu einem fast gänzlichen Austausch der Belegschaft.[61] Während 40 von insgesamt 50 städtischen Akademikern als ehemalige ‚Parteigenossen' ihre Posten verloren, kehrten einige der 1938 Entlassenen, darunter Magistratsdirektor Heinrich Clessin, in den städtischen Dienst zurück.[62]

Das Reservoir an politisch nicht vorbelasteten und zugleich qualifizierten Fachkräften erwies sich jedoch als zu klein. Eine Reihe ehemaliger Nationalsozialisten wirkte daher in untergeordneten Positionen weiter, und nicht wenige der Entlassenen erreichten nach geraumer Zeit die Wiederaufnahme in den städtischen Dienst, darunter auch Dr. Franz Lorenz, von 1938 bis 1944 ‚Bürgermeister' (= Vizebürgermeister) der Gauhauptstadt, der seine Laufbahn als Leiter der allgemeinen Bezirksverwaltung beenden konnte sowie sein Nachfolger (1944/45) Dr. Harald Lettner, der 1962 sogar zum Magistratsdirektor aufstieg. Die Aufnahme ehemaliger Nationalsozialisten in die Stadtverwaltung wurde insbesondere von den Sozialisten gefördert, denen es an geeigneten Kandidaten aus den eigenen Reihen mangelte. Als Rekrutierungs- und Sozialisationsebene einer SP-nahen akademischen Elite hoher Kommunalbeamter und Gemeindefunktionäre diente nach 1945 vor allem der „Bund Sozialistischer Akademiker".

Unmittelbar nach Kriegsende trug Bürgermeister Hildmann die Verantwortung für die Zivilverwaltung alleine. Der Zusammenbruch des Dritten Reiches hatte zwar mit der Kundmachung der Staatsregierung vom 10. Juli 1945[63] sowie dem „Vorläufigen Gemeindegesetz" vom 17. Juli 1945[64] die Rückkehr zu den Traditionen der österreichischen Gemeindeselbstverwaltung gebracht, wie sie vom Reichsgemeindegesetz 1862 bis hin zur ständisch-autoritären Verfassung von 1934 in Geltung gewesen waren. In der Praxis verzögerte sich der Vollzug des „Vorläufigen Gemeindegesetzes" und damit die Wiederbelebung der autonomen Kommunalverwaltung jedoch bis Anfang 1946. Der Bürgermeister agierte daher zunächst auf der Grundlage der deutschen Gemeindeordnung.

Gegen die ‚Alleinregierung' Hildmanns, der auch in seiner Partei nicht unumstritten war,[65] regte sich schon bald Widerstand. Anfang Juni verlangte die SPÖ von den Amerikanern die Abberufung Hildmanns und dessen Ersatz durch Landeshauptmann-Stellvertreter Anton Neumayr.[66] Der sozialistische Anspruch auf den Bürgermeisterposten wurde mit Hinweis auf die letzten demokratischen Gemeinderatswahlen von 1927 und 1931 untermauert, bei denen die Sozialdemokratische Arbeiterpartei eine relative Mehrheit der Stimmen erzielt hatte. Auch die 1935 erfolgte Eingemeindung der ehemals sozialdemokratischen Gemeinden Maxglan und Gnigl/Itzling wurde in diesem Zusammenhang als Argument ins Treffen geführt.

Im Sommer 1945 erfolgten immerhin erste Schritte zu einer Demokratisierung der Stadtverwaltung. Gefördert wurde die Normalisierung des politischen Lebens Mitte Juni durch die Ankunft der Salzburger Militärverwaltung aus Italien und die Übernahme des Oberbefehls durch General Mark W. Clark. Schon Ende Juni genehmigte die Besatzungsmacht eine Ausweitung der Kommunalverwaltung nach politischen Gesichtspunkten.[67] Einem Ersuchen der Salzburger Landesregierung, dem Bürgermeister einen Vizebürgermeister und sechs Beiräte beizustellen, wurde schrittweise entsprochen.[68] Anfang August erfolgte die Ernennung des SP-Gewerkschafters Heinz Kraupner zum Vizebürgermeister.[69] Am 25. Oktober konstituierte sich schließlich ein aus jeweils zwei Mandataren von SPÖ, ÖVP und KPÖ bestehender Beirat.[70] Seit dem Sommer war außerdem ein kommunaler Wohnungsbeirat tätig, der dem Wohnungsmangel durch rigide Verwaltungsmaßnahmen entgegenzusteuern suchte.

Als das Ergebnis der ersten Nationalrats- und Landtagswahlen seit 1931 die Landeshauptstadt im November 1945 in die Liste der „roten Städte Österreichs einreihte",[71] versteifte sich der Widerstand gegen den ÖVP-Bürgermeister Hildmann und die undemokratische Konstruktion der kommunalen Führung. (S. Tabelle 13). Die amerikanische Militärregierung beharrte zunächst auf dem Amtsverbleib Hildmanns bis zu gesonderten Gemeinderatswahlen, die für 1946 in Aussicht gestellt waren.[72] Zu diesen Wahlen kam es jedoch nicht. Mit Einverständnis der Militärregierung setzte die Salzburger Landesregierung daher am 4. März 1946 ein „Vorläufiges Gemeindegesetz" rückwirkend mit 1. Januar in Kraft.[73] An die Stelle der „Hauptsatzung für die Gauhauptstadt" trat nun wieder das „Gemeindestatut für die Landeshauptstadt Salzburg" von 1924.[74] Angesichts der Vervielfachung des Aufgabenbereichs seit 1924 wurde die Mitgliederzahl des kommunalen Führungsorgans von drei auf fünf erweitert: an der Spitze der Stadtverwaltung steht seitdem ein fünfköpfiges Stadtratskollegium, das sich aus dem Bürgermeister, den beiden Bürgermeister-Stellvertretern und aus zwei Stadträten zusammensetzt.[75]

Nachdem die amerikanische Militärverwaltung unter US-Stadtkommandant Braun am 31. März die direkte Verwaltung von Stadt und Bezirk Salzburg zurückgelegt hatte, konstituierte sich am 15. April 1946 ein auf Grundlage der Novemberwahlen gebildeter provisorischer Gemeindeausschuß.[76] Seine Mitglieder – 21 Sozialisten, 18 ÖVP-Vertreter und ein Kommunist – wählten Landeshauptmann-Stellvertreter Anton Neumayr einstimmig zum neuen Salzburger Bürgermeister. Richard Hildmann mußte sich mit der Position des ersten Vizebürgermeisters begnügen. Die Positionen des zweiten Vizebürgermeisters und der beiden Stadträte wurden mit Dr. Erich Griessenböck (SPÖ), Ludwig Bogner (SPÖ) und Leonhard Reitter (ÖVP) besetzt.[77]

Der Bruch mit dem nationalsozialistischen Gemeinderecht war übrigens nicht vollständig. Nicht rückgängig gemacht wurde der in der Deutschen Gemeindeordnung vollzogene Übergang von der Bürgergemeinde zur Aufenthaltsgemeinde.[78] Eine wesentliche Schwachstelle des österreichischen Gemeinderechts war damit endgültig ausgeräumt. Ebenfalls beibehalten wurden die fürsorgerechtlichen Bestimmungen des deutschen Reichsrechtes.[79]

Das Gemeindestatut von 1924 erwies sich angesichts der komplexen Verwaltungsanforderungen der Wiederaufbauära als nicht praktikabel, so daß bereits 1949 eine gänzliche Neufassung des Stadtrechts erfolgte.[80] Eine weitere Anpassung an die Erfordernisse einer leistungsfähigen Kommunalverwaltung brachte die Stadtrechtsnovelle von 1957.[81] Die Amtsperiode des Gemeinderats wurde von vier auf fünf Jahre verlängert, außerdem erfolgte eine institutionelle Verankerung des städtischen Kontrollamts.[82]

In der Amtszeit Bürgermeister Neumayrs erfolgte die vorerst letzte Veränderung des Gemeindegebietes. 1950 tauschte die Gemeinde Bergheim die heutigen Schlachthofgründe gegen ein flächenmäßig größeres Areal am Plainberg.[83] Als die damals noch finanzschwache Gemeinde Wals-Siezenheim 1956 der Landeshauptstadt das von den Amerikanern verlassene „Camp Roeder" zum Kauf anbot, lehnte der Magistrat eine Erweiterung des Gemeindegebietes ab.[84] Alle späteren Eingemeindungspläne scheiterten an der ablehnenden Haltung von Landesregierung und Umlandgemeinden.[85]

Zusammenarbeit im Zeichen des Wiederaufbaus (1946 bis 1949)

Anton Neumayr, eine urwüchsige Persönlichkeit voll Temperament und Tatendrang, war in der SPÖ keineswegs unumstritten. Seiner Nominierung zum Bürgermeister waren intensive parteiinterne Beratungen vorausgegangen. Franz Peyerl, der Wunschkandidat einer Mehrheit, hatte sich jedoch bereits für die Nachfolge Neumayrs in der Landesregierung und die Leitung der Landesparteiorganisation entschieden.[86] Neumayr, der auf eine langjährige kommunalpolitische Praxis als Bürgermeister von Hallein verweisen konnte, appellierte in seiner Antrittsrede an die Konsensbereitschaft aller Fraktionen:

„Wir wollen tüchtige Gemeindevertreter sein,
Es stecke daher ein jeder seine Parteibrille ein,
Arbeiten wir mit unserer ganzen Kraft
Für Salzburg und seine Bewohnerschaft."[87]

Neumayrs Programm war die Zusammenarbeit aller politischen Kräfte einschließlich der ehemaligen Nationalsozialisten beim Wiederaufbau von Stadt und Gesellschaft: „Ruhe und Frieden soll unter die Bevölkerung kommen, und Nazisäuberung und Entnazifizierung müssen endlich beendet werden."[88]

Die Aufbauarbeit konzentrierte sich zunächst auf die Wiederherstellung der zahlreichen zerstörten oder beschädigten öffentlichen Gebäude, vor allem aber der Schulen.[89]

Wohnhauswiederaufbau und Neubauten blieben nach wie vor weit hinter dem Bedarf zurück. Ohne die Hilfe aus Fördermitteln wurden in der Landeshauptstadt zwischen 1945 und 1949 lediglich 1201 Wohnungen wiederhergestellt bzw. neu errichtet.[90] Zahlreiche Gebäude, darunter eine Reihe der großen Hotels, waren nach wie vor von der amerikanischen Besatzungsmacht mit Beschlag belegt. Dieser Umstand sowie die strikte Beschränkung des freien Reiseverkehrs vor allem ins benachbarte Deutschland bewirkten, daß der heiß ersehnte Aufschwung des Fremdenverkehrs vorerst noch auf sich warten ließ.[91]

Die Verwaltung der nachkriegsbedingten Not lastete bis in die frühen 1950er Jahre vor allem auf der Magistratsabteilung V. Der Bedeutungswandel der einzelnen Ämter dieser Abteilung spiegelt sich im Personalstand: Das Ernährungsamt, das die Lebensmittelversorgung und -zuteilung regelte, beschäftigte 1945 106 Angestellte, 1952 dagegen nur mehr vier; das Wirtschaftsamt, das die Bevölkerung mit Artikeln des täglichen Gebrauchs versorgte, anfänglich 71, später nur mehr einen; das Wohnungsamt zunächst 140, acht Jahre später immerhin noch 24 Mitarbeiter. Das Kriegsschädenamt mit 28 Mitarbeitern im Jahre 1945 existierte 1952 bereits nicht mehr.[92]

Im beginnenden Wirtschaftsaufschwung verblaßte das Elend der Nachkriegszeit: „Begnügen wir uns", so Bürgermeister Stanislaus Pacher 1952, „mit einigen Reminiszenzen an die 22 Kartenstellen, die bis 1949 Karten für sämtliche Lebensmittel ausfolgern mußten, die nur nach Kalorien statt nach Kilo und Dekagramm bemessen waren. Weiß man eigentlich noch, daß uns im Frühjahr 1947 monatlich 200 Gramm Fleisch bewilligt waren? Heute gibt es bekanntlich nur mehr für Zucker und Speisefette Lebensmittelkarten. Im Wirtschaftsamt drängten sich in jenen Jahren 3000 bis 4000 Personen pro

Stadtratskollegium bei der konstituierenden Sitzung des Gemeinderats am 5. Dezember 1949. V. l. n. r.: Stadtrat Stanislaus Pacher, Bürgermeister-Stellvertreter Dipl.-Ing. Richard Hildmann, Bürgermeister Anton Neumayr, Bürgermeister-Stellvertreter Karl Schneider-Manns Au, Stadtrat Dr. Otto Ponholzer. (AStS)

Tag. Vom Schrank bis zum Tabak, von der Seife bis zu den Schuhen unterlag bis 1949 jegliche Haushaltsware der Bewirtschaftung."[93]

SPÖ und ÖVP vollzogen die Verwaltung des Mangels bis 1949 in großkoalitionärer Eintracht. Der KPÖ als dritter im Gemeinderat vertretenen Partei gelang es nicht, die Not der Nachkriegsjahre in politische Erfolge umzusetzen. Heinrich Falterbauer, ihr einziger Mandatar, agierte zwar unermüdlich als Anwalt der ‚werktätigen' Schichten, mit beginnendem Wirtschaftsaufschwung sahen sich die Kommunisten jedoch einem Schrumpfungsprozeß ausgesetzt, der 1967 zum Verlust des einzigen Gemeinderatsmandats führte.[94]

Im Oktober 1949 erfolgte endlich auch auf Gemeindeebene die Rückkehr zu einem voll funktionsfähigen demokratischen System. Zugleich mit Nationalrats- und Landtagswahlen wurden die ersten demokratischen Gemeinderatswahlen seit 1931 abgehalten. Verglichen mit der Nationalratswahl von 1945 stieg die Zahl der Wahlberechtigten in der Landeshauptstadt nach der weitgehenden Aufhebung aller Wahlrechtsbeschränkungen für ehemalige Mitglieder der NSDAP von 40.932 auf 60.400, d. h. um 47,6 Prozent. (Im Land war dagegen nur ein Anstieg von 30,8 Prozent zu verzeichnen.)[95]

Als Folge dieser Liberalisierung kandidierte nun erstmals der „Verband der Unabhängigen" (VdU) – und zwar unter der Bezeichnung „Wahlpartei der Unabhängigen" (WdU) – wodurch das Zweiparteiensystem der Nachkriegsjahre auf Gemeindeebene stärker in Frage gestellt wurde als auf Bundes- und Landesebene. Der VdU war – wohl nicht zufällig – am 26. März 1949 in der alten deutschnationalen Hochburg Salzburg gegründet worden und erreichte in der Landeshauptstadt auf Anhieb 30,2 Prozent der Stimmen, so daß sich die ÖVP auf den dritten Platz im Gemeinderat verdrängt sah (vgl. Tabelle 13). Das Wahlergebnis war Ausdruck einer bemerkenswerten Kontinuität der drei politischen ‚Lager' über alle historischen Brüche hinweg. Das für die Stadt Salzburg in der Ersten Republik typische Kräfteverhältnis hatte sich vorerst als stabil erwiesen: drei annähernd gleichstarke Parteien standen einander im neugewählten Gemeinderat gegenüber.

Bürgermeister Neumayr, Vizebürgermeister Hildmann und Stadtrat Pacher wurden in der konstituierenden Sitzung des Gemeinderates am 5. Dezember 1949 in ihren Ämtern bestätigt. Karl Schneider-Manns Au und Dr. Otto Ponholzer zogen für den WdU in das Stadtratskollegium ein. Die Einbindung des VdU/WdU in die volle Mitverantwortung kam insofern überraschend, als ein auf Bundesebene abgeschlossener Pakt zwischen ÖVP und SPÖ den Ausschluß der neuen Partei von Koalitionsvereinbarungen in allen Gemeinden Österreichs über 10.000 Einwohner vorgesehen hätte.[96] In der Stadt Salzburg setzte sich das – später sprichwörtliche – konsensorientierte ‚Salzburger Klima' somit bereits in den Parteienverhandlungen des Jahres 1949 durch. Das Verhältnis zwischen den beiden ‚bürgerlichen' Parteien ÖVP und WdU (später unbenannt in VdU bzw. FPÖ) blieb allerdings noch auf Jahre durch offene Konflikte und unterschwellige Ressentiments belastet, weshalb es in der Stadt auch zu keiner Wiederbelebung des antisozialistischen Kartells der Zwischenkriegszeit kam.

Kommunale Regierung und politisches System nach 1949

Die Parteienverhandlungen von 1949 prägten das kommunale politische System auf Jahrzehnte hinaus. Zwar erzielte die FPÖ als Nachfolgepartei des WdU/VdU bei späteren Gemeinderatswahlen nicht mehr dessen Rekordergebnis. Mit einem konstanten Stimmenanteil von 20 bis 25 Prozent bewahrte das ‚nationale Lager'[97] jedoch bis in die späten 1970er Jahre neben SPÖ und ÖVP die Position einer mitbestimmenden dritten Kraft.[98] Langfristige Folge des 1949 gleichsam institutionalisierten Dreiparteien-Proporzes war freilich ein Defizit an ‚Fundamentalopposition'.[99] Kontroverse Mehrheitsbildungen in Gemeinderat und Stadtsenat blieben während der folgenden Jahrzehnte seltene Ausnahmen. Die für Salzburg bis zum Einzug der „Bürgerliste" in den Gemeinderat (1977) charakteristische Ausgewogenheit des Parteiensystems förderte den Interessensausgleich auf Elitenebene jeweils bereits im Stadium der Vorverhandlungen.

Der Führungsanspruch der SPÖ als stimmenstärkster Partei war allerdings nicht institutionalisiert. Die Abhängigkeit von den Freiheitlichen bei Bürgermeisterwahlen zählte bis in die 1980er Jahre zu den Besonderheiten der regionalen Konsensdemokratie, umso mehr als innerhalb der SPÖ weitgehender Konsens darüber bestand, „daß der rote Bürgermeister in Salzburg eine besondere Rolle spielt, und daß daher alles getan werden muß, um ihn abzusichern".[100] Als ewiger Juniorpartner auf Landesebene sahen die Sozialisten im ‚roten' Bürgermeister der Landeshauptstadt das natürliche Gegengewicht zum ‚schwarzen' Landeshauptmann.[101] Im Lauf der Nachkriegsjahrzehnte verfestigte sich allmählich der Eindruck von der ‚roten' Stadt und dem ‚schwarzen' Land. Das jeweilige parteipolitische Schwergewicht manifestierte sich im Parteienproporz von Magistrats- bzw. Landesverwaltung. Eine parteipolitische Bereichsabgrenzung erfolgte nicht zuletzt in zahlreichen halboffiziellen Bereichen, wie in Wohnbaugenossenschaften, gemeinwirtschaftlichen Betrieben etc.[102]

Probleme bereitete der Stadt-SPÖ zunächst jedoch die schmale Rekrutierungsbasis ihrer politischen Elite: Bürgermeister Anton Neumayr (1946 bis 1951) war zwar gebürtiger Salzburger, seine Reputation als sozialistischer Kommunalpolitiker hatte er allerdings vor 1934 als Bürgermeister von Hallein gewonnen. Gleiches galt für seinen Nachfolger Stanislaus Pacher (1951 bis 1957), in der Zwischenkriegszeit Bürgermeister von Mühlbach am Hochkönig, der ebenfalls erst nach dem Krieg in der Landeshauptstadt kommunalpolitisch tätig geworden war. Mit Alfred Bäck (1957 bis 1970) übernahm schließlich erstmals ein aus der Stadt-Kommunalpolitik herausgewachsener SPÖ-Politiker das Bürgermeisteramt. Als Sparkassendirektor war Bäck jedoch keineswegs ein typischer Repräsentant der Basis der SPÖ.[103] Gerade deshalb gelang es ihm aber, der SPÖ in der Stadt Zugang zu ‚bürgerlichen' Schichten zu eröffnen und zum populärsten Salzburger Kommunalpolitiker der Nachkriegsära" aufzusteigen.[104]

Die ÖVP kämpfte seit 1949 vergeblich gegen den Bürgermeisterbonus der Sozialisten an. Zwar vergrößerte der Wandel der Landeshauptstadt zu einem überregionalen Dienstleistungszentrum das ‚bürgerliche' Wählerpotential, was sich etwa in der Mitglie-

Rudolf Hradil, Lehener Brücke, Öl auf Leinwand, um 1955. (SMCA)

derstärke der ÖVP sowie in guten Ergebnissen bei Landtags- und Nationalratswahlen niederschlug.[105] Entscheidende Wahlerfolge blieben der Volkspartei dennoch versagt, was zum Teil darauf zurückzuführen war, daß es ihr seit den Zeiten Bürgermeister Richard Hildmanns an einem unangefochtenen wie auch populären Führer mangelte.[106]

So scheiterten der „feinsinne, vornehme, verbindliche" Hans Donnenberg (1952 bis 1964), der „versierte Kommunalpolitiker und harte Kämpfer" Walter Vavrovsky (1964 bis 1967) und der spätere Landeshauptmann Wilfried Haslauer (1967 bis 1969) nacheinander an der Vaterfigur Alfred Bäck, der bis zu seinem Abgang unumstrittener Star der kommunalpolitischen Bühne blieb. Aber auch Bäcks Nachfolger Heinrich Salfenauer gelang es – trotz Stimmverlusten – den ÖVP-Vizebürgermeister Franz Kläring (1969 bis 1979) in zwei Wahlgängen auf Distanz zu halten.

Wiederholte Einflußnahme von seiten der Landes-ÖVP und mangelnde Rückendeckung in den eigenen Reihen erschwerten die Position der Listenführer. Wie sehr die Stadt-ÖVP bis in die achtziger Jahre an der Kandare der Landesparteiorganisation hing, zeigt der politische Hintergrund der meisten Stadtparteiobmänner. Abgesehen von Stadtrat Leonhard Reitter in der unmittelbaren Nachkriegszeit war keiner unter ihnen kommunalpolitisch tätig. Von 1948 bis 1987 standen mit Hermann Glaser, Hans Zyla und Dr. Helmut Schreiner stets führende Landespolitiker an der Spitze der Stadtparteiorganisation.[107] Eine Änderung dieser Situation zeichnete sich erst nach der Gemeinderatswahl 1987 ab, bei der die von Landeshauptmann Haslauer favorisierte ÖVP-Spitzenkandidatin Sigune Neureiter Schiffbruch erlitten hatte. Seit 1989 vereint Josef Dechant die ÖVP-Spitzenpositionen in Kommunalpolitik wie auch Partei in einer Hand.[108]

Ausdruck des Mangels an innerer Geschlossenheit war die periodisch ausbrechende Führungsdiskussion. „Wahrscheinlich müßte [...] der Kommunalpolitiker erst erfunden werden", so der Kommentar der „Salzburger Nachrichten" zum überraschenden Abgang Vizebürgermeister Vavrovskys von der politischen Bühne im Januar 1967, „auf den sich die Volkspartei der Stadt unisono einschwören könnte."[109] Offenkundige innerparteiliche Differenzen minderten etwa die Chancen des ÖVP-Spitzenkandidaten Kläring bei der Gemeinderatswahl 1977,[110] und noch in jüngster Vergangenheit gestaltete sich das Verhältnis zwischen Landes- und Stadtpartei – insbesondere von Landeshauptmann Katschthaler zu Josef Dechant – als wenig harmonisch.

Im Grunde ging es aber weniger um Personen, als vielmehr um eine eigenständige kommunalpolitische Strategie. Immer wieder artikulierten sich auf Ebene der ÖVP-Landespolitik Widerstände gegen eine zu wenig kämpferische Linie der Stadtpartei. Ein entschiedener Kritiker des schon in den 1950er Jahren unter ÖVP-Vizebürgermeister Hans Donnenberg etablierten Elitenkonsenses auf Gemeindeebene war vor allem Landeshauptmann Hans Lechner. Seiner Ansicht nach trug das ‚amikale' Verhandlungsklima sehr wesentlich dazu bei, daß der ÖVP unter keinem ihrer Spitzenkandidaten die Profilierung gegenüber der Bürgermeisterpartei gelang.[111] Ein Exponent der „sachlichen Zusammenarbeit" in der Stadt über die Parteigrenzen hinweg war zweifellos der umstrittene Wohnbauunternehmer Hans Zyla, der von 1961 bis 1982 als Stadtparteiobmann der ÖVP wirkte.[112]

Die Politik der Salzburger FPÖ kennzeichnete in den 1950er und 1960er Jahren eine bemerkenswerte Zweigeleisigkeit.[113] Während die Landespartei unter der Führung Walter Leitners in einem durchaus partnerschaftlichen Verhältnis zur ÖVP stand, verfolgte die starke FPÖ-Stadtparteileitung unter Sepp Weilhartner einen Kurs, der durch z. T. heftige kommunalpolitische Kontroversen mit der ÖVP und ein vergleichsweise harmonisches Verhältnis zur SPÖ gekennzeichnet war. Der Beginn dieser ursprünglich antiklerikal gefärbten Liaison datiert im Jahr 1953, als Stanislaus Pacher von SPÖ und FPÖ als Bürgermeister wiedergewählt wurde. Stützen einer FPÖ/SPÖ-Verständigung bis weit in die 1960er Jahre waren vor allem Vizebürgermeister (seit 1967 Stadtrat) Weilhartner sowie der SPÖ-Stadtparteiobmann Kurt Preußler, die als ehemalige Wehrmachtsoffiziere eine freundschaftliche Gesprächsbasis gefunden hatten.[114]

In den Außenbeziehungen der Stadt nahm das Land als übergeordnete Gebietskörperschaft naturgemäß immer den wichtigsten Platz ein. Wechselseitige Abhängigkeiten und gemeinsame Interessen – sowie fehlende absolute Mehrheiten auf beiden Ebenen – machten eine kontinuierliche Zusammenarbeit erforderlich. Grundlage der Kooperation war das Gespräch der politischen Eliten. Gemeinsame Probleme wurden seit Landeshauptmann Josef Klaus von Politikern und Beamten „drüber der Salzach und herüber der Salzach"[115] – also von Chiemseehof und Schloß Mirabell – in periodisch stattfindenden „Stadt-Land-Gesprächen" geregelt, wobei die „Fronten" eher zwischen Stadt und Land als entlang der Parteigrenzen verliefen.[116] Der Erfolg des ‚Miteinanderredens' läßt sich nicht bestreiten: zahlreiche Großprojekte – Großes Festspielhaus, Universität, Flughafen, Museum Carolino Augusteum, Musikschulwerk, Parkgaragen, Ausstellungszentrum, Reinhalteverband sowie das Abfallbeseitigungsprojekt Siggerwiesen – wurden seit den fünfziger Jahren gemeinsam verwirklicht.

Bis in die 1980er Jahre war das Selbstbewußtsein der ‚reichen' Stadt gegenüber dem ‚armen' Land ungebrochen. Stolz verkündete etwa Bürgermeister Bäck 1967, daß die Stadt ein mindestens einenhalb so großes Budget wie das Land verwalte.[117] Zum einen flossen in den Jahren des Wirtschaftswunders die Erträgnisse aus den verschiedenen Gemeindeabgaben reichlich, zum anderen war der kommunale Wohlstand ein Resultat aus den Zuwendungen des Gemeindeausgleichsfonds (GAF). Grundlage der Vergabe von Steuermitteln an die Gebietskörperschaften ist bis heute das Finanzausgleichsgesetz 1948, das die Verteilung der Einnahmen aus den gemeinschaftlichen Bundesabgaben regelt. Für die Stadt Salzburg war es daher eine Sternstunde, als Bürgermeister Anton Neumayr Ende der vierziger Jahre einen Anteil von 47,3 Prozent am GAF herausschlug.[118]

Bis in die 1960er Jahre erhielt die Landeshauptstadt somit beinahe ebenso hohe Mittel aus dem GAF zugeteilt, wie alle anderen Gemeinden des Landes zusammen. Angesichts der kommunalen Erfordernisse der unmittelbaren Nachkriegszeit wurde dieser Schlüssel zunächst nicht in Frage gestellt. Eine Änderung erfolgte erst in der Phase der Hochkonjunktur: im Jahr 1962 mußte die Stadt einer Reduzierung ihres Anteils auf 45,5 Prozent zustimmen.[119] Im Oktober 1968 einigten sich Stadt und Land schließlich auf einen GAF-Anteil der Stadt von 42 Prozent, was einer Summe von 22 Millionen Schilling entsprach.[120] Die abermalige Kürzung der GAF-Mittel wurde unter anderem damit begründet, daß die Last für die Spitalserhaltung in Salzburg fast zur Gänze beim Land liege, während etwa Linz für die Erhaltung seiner städtischen Krankenanstalten innerhalb von drei Jahren mehr als 200 Millionen Schilling habe aufbringen müssen.[121]

Ideologische Gegensätze spielten im Verhältnis von Stadt und Land nur eine untergeordnete Rolle. Maßgebliche ÖVP-Landespolitiker wie Lechner fühlten sich zwar dem „größeren geistigen Hintergrund"[122] und damit der kulturellen Mission der Stadt in besonderer Weise verpflichtet, während die Mehrheit der SPÖ-Politiker in Fragen der ‚bürgerlichen Hochkultur' (Festspielhaus, Universität) eher zurückhaltend agierte.[123] Im Grunde bestand bis in die 1970er Jahre jedoch Einigkeit über den absoluten Vorrang wirtschafts- und sozialpolitischer Zielsetzungen. Ideologisch bestimmte Konflikte – etwa über die Gründung kommunaler Großbetriebe, die vor allem die Handelskammer zu verhindern suchte sowie über Fragen der Wohnbaukonzeption und der Bodenbeschaffung – behinderten die konstruktive Zusammenarbeit nur unwesentlich.[124]

Auf Gemeindeebene eskalierte das unterentwickelte Konkurrenzverhältnis lediglich in Vorwahlzeiten zu heftigen wechselseitigen Attacken führender politischer Repräsentanten, die jedoch nach den Wahlgängen rasch wieder abflauten. Basis der kontinuierlichen Zusammenarbeit zwischen den etablierten Parteien war bis in die frühen siebziger Jahre „ein relativ einfaches Konzept der Modernisierung [...], das sich vor allem durch ein ungebrochenes Bekenntnis zu einem linear verlaufenden wirtschaftlich-technischen Expansionsprozeß als Garanten höherer Lebensqualität auszeichnete".[125]

Hauptstadt der Wohnungsnot

Die einvernehmliche Zusammenarbeit der drei großen Gemeinderatsfraktionen nach 1945 war bedingt durch den Umfang der anstehenden Probleme. Stand in der unmittelbaren Nachkriegszeit vor allem die Normalisierung der Versorgungslage im Vordergrund, so kam um 1950 der Wohnungsfrage absolute kommunalpolitische Priorität zu.[126]

Salzburg galt bis in die 1960er Jahre als ‚Hauptstadt der Wohnungsnot'. 1951 wurde der objektive Wohnungsfehlbestand (= Differenz zwischen Zahl der Haushaltungen und Zahl der Wohnungen) in der Landeshauptstadt mit 8051 oder 29,56 Prozent veranschlagt.[127] 14 Prozent aller Wohnungen wurden überdies als Notbehausungen eingestuft. Über 10.000 Wohnungssuchenden stand in den Jahren 1950/51 die Zuweisung von alljährlich nur 400 bis 500 Wohnungen durch das städtische Wohnungsamt gegenüber. Zahlreiche Wohnungssuchende waren Flüchtlinge, die „in Baracken der Stadtgemeinde, der IRO (International Refugee Organization), der Eisenbahn oder in Lagern und selbstgezimmerten Behelfsheimen" hausten.[128] Ihnen konnte vorläufig nur bescheidene Hilfe geboten werden, da die Wiederaufbauaktivitäten vor allem der ausgebombten ansässigen Bevölkerung zugute kamen. Abgesehen vom Wiederaufbau entfielen zwischen 1945 und 1951 nur 20 Prozent des Wohnbauvolumens im Bundesland Salzburg auf die von der Wohnungsnot am stärksten betroffene Landeshauptstadt.[129]

Langfristig waren die Voraussetzungen für einen Aufschwung der Wohnbautätigkeit jedoch günstig: das Wiederaufbau- wie auch das Wohnungseigentumsgesetz – beide am 8. Juli 1948 vom Nationalrat beschlossen – revolutionierten in Verbindung mit verschiedenen Förderprogrammen von Bund, Land und Kommune das gesamte Wohnbauwesen. Anfang der fünfziger Jahre begann auch in Salzburg die Ära des sozialen Wohnbaus, in der sich Stadt und Stadtlandschaft mehr verändern sollten als in allen früheren Phasen der Stadtentwicklung zusammen.

1960 machten Fördermittel bereits mehr als 50 Prozent des gesamten Bauaufwandes aus.[130] Obwohl der geförderte Wohnbau ständig expandierte, ging die Zahl der Wohnungssuchenden bis 1961 in der Stadt Salzburg nur unwesentlich zurück.[131] Zwar nahm der objektive Wohnungsfehlbestand kontinuierlich ab, parallel zum Wirtschaftsaufschwung verstärkte sich jedoch auch die Tendenz zur Verbesserung der individuellen Wohnsituation über die bloße Bedarfsdeckung hinaus. Der Nachholbedarf war überaus groß: immerhin logierten 1951 noch 35 Prozent der Bevölkerung in Kleinwohnungen, maximal bestehend aus Zimmer und Küche.[132]

Die Transferierung der zahlreichen Bewohner von Notbehausungen in feste Quartiere ging ebenfalls nur schleppend voran. Wie eine Erhebung des Amtes der Salzburger Landesregierung ergab, hausten 1953 noch 10.668 Menschen in Wohnbaracken, die meisten davon in der Stadt Salzburg.[133] Wie langsam dieser Zustand sich änderte, zeigt der Vergleich mit dem Jahr 1959, in dem immer noch 6794 Barackenbewohner gezählt wurden, darunter 59 Familien mit vier und mehr Kindern, die jeweils weniger als 40 qm Wohnfläche zur Verfügung hatten.[134]

Ein durchschlagender Erfolg bei der Beseitigung der sogenannten ‚Barackenschande' war erst dem Barackenbeseitigungsprogramm von 1959 beschieden. In z. T. heftig geführten Parteienverhandlungen einigten sich ÖVP und SPÖ parallel zur Finanzierung des neuen Festspielhauses auf einen von Landesrat Hans Lechner konzipierten Maßnahmenkatalog.[135] 1962 wurde das letzte große Barackenlager an der Alpenstraße aufgelöst.[136] 1965 waren schließlich alle unter Landesverwaltung stehenden Baracken geräumt.[137]

Ohne Eigeninitiative der ansiedlungswilligen Volksdeutschen wäre die „Barackenschande" in Stadt und Land Salzburg von noch längerer Dauer gewesen. Vorerst wirksam nur unterstützt von katholischer und evangelischer Kirche, verfolgten die größtenteils bäuerlichen Zuwanderer zielstrebig die Ansiedlung auf eigenem Grund und Boden. Das Stift St. Peter überließ ihnen schon Ende 1949 zu günstigen Konditionen ein Siedlungsgelände in Elsbethen.[138] Die Salzachsee- und die Eichethofsiedlung folgten Anfang der fünfziger Jahre. Entscheidend zum Erfolg der volksdeutschen Siedlerbewegung trug bei, daß der Landtag 1950 die Vergabe von Wohnbaukrediten auch an Heimatvertriebene ohne österreichische Staatsbürgerschaft ermöglichte.[139] Wesentlichste Träger des Flüchtlingswohnbaus waren die Genossenschaft „Heimat Österreich", die vor allem Katholiken unterstützte sowie die 1950 unter der Patronanz der evangelischen Kirche gegründete Genossenschaft „Neusiedler".[140]

Die Erwartungen der meisten Wohnungssuchenden konzentrierten sich auf den Bau geförderter Neubauwohnungen, die ihre Bewohner mit damals noch keineswegs alltäglichem Komfort wie Badezimmer, Zentralheizung, Einbauküche etc. verwöhnten. Wohnen im ‚Hochhaus' mit Lift galt Anfang der 1960er Jahre als modern und daher erstrebenswert. Ganze Stadtviertel wurden innerhalb weniger Jahre mit Hilfe neuer Fertigungsmethoden aus dem Boden gestampft.

Über Wohnbaukonzeption und Förderschwerpunkte hatten Stadt und Land sowie ÖVP und SPÖ recht unterschiedliche Vorstellungen. Während das Land über den Salzburger Wohnbauförderungsfonds vorrangig selbständige Eigenheimbauer sowie jene gemeinnützigen Bauvereinigungen unterstützte, die Eigenheime errichteten,[141] drängte die Stadt-SPÖ auf die Errichtung möglichst vieler Wohneinheiten in Geschoßbauweise. Als Folge dieser einseitigen Ausrichtung betrug der unmittelbare Anteil des Landes am geförderten Wohnbau in der Stadt nur 14 Prozent, im Landesdurchschnitt dagegen 37 Prozent. Die Hälfte der vom Land zwischen 1950 und 1976 aufgebrachten Fördermittel flossen mittelbar allerdings als Landesbeiträge in den großen Topf der Bundes-Wohnbauförderungsaktionen 1954 und 1968 und kamen auf diesem Umweg letztlich auch der Stadt zugute.[142]

Die Bereitschaft zur Zusammenarbeit von Stadt und Land in Wohnbaufragen zeigte sich auch bei der gemeinsamen Durchführung von Großprojekten. Beispiele dafür sind der Bau der Großsiedlung Lehen durch die „Neue Heimat" ab 1953 sowie der Bau der „Volkssiedlung" Taxham durch die „Salzburger Wohnsiedlungsgesellschaft". Für dieses Wohnbauvorhaben stellte Landeshauptmann Klaus das landeseigene Gut Taxham mit etwa 320.000 qm zur Verfügung, um auf dieser Fläche eine moderne Satellitenstadt für

15.000 Menschen zu errichten.¹⁴³ Die Stadt wiederum unterstützte das Vorhaben mit beträchtlichen finanziellen Mitteln sowie durch die infrastrukturelle Erschließung der abgelegenen Wohnsiedlung, deren Einbindung in das Gefüge der Stadt beträchtliche Schwierigkeiten bereitete.¹⁴⁴

Bevor der soziale Wohnbau noch seinen Höhepunkt erreicht hatte, wurde durch den Abzug der amerikanischen Besatzungsmacht 1955 eine spürbare Entspannung auf dem Wohnungsmarkt herbeigeführt. 906 teils beschlagnahmte, größtenteils aber für die Familien amerikanischer Militärangehöriger neuerbaute Wohnungen wurden nun mit einem Schlag für den heimischen Bedarf frei und vor allem an Bundesbedienstete weitervergeben.¹⁴⁵ Ins Gewicht fielen vor allem das „Camp Roeder" in Wals-Siezenheim mit mehr als 400 Wohneinheiten sowie die Militärwohnanlage in Lehen (General-Keyes-Straße) mit etwa 270 qualitativ hochwertigen Wohnungen.¹⁴⁶

Der Wirtschaftsaufschwung im Zentralraum Salzburg war nach 1950 ganz wesentlich durch eine über Jahrzehnte anhaltende Baukonjunktur gekennzeichnet. Nur sensible Beobachter registrierten die Schattenseiten dieser ungehemmten Bauuphorie. Solange die Behebung der Wohnungsnot das Gesetz des Handelns bestimmte, gelang es den wenigen Kritikern nur ausnahmsweise sich Gehör zu verschaffen, etwa bei Bebauungsfragen in der Salzburger Innenstadt (z. B. Griesgassendurchbruch).¹⁴⁷ Im übrigen wurde die rasche und weitgehend planlose Zerstörung großer Teile der Salzburger Stadtlandschaft als unabwendbares Schicksal zur Kenntnis genommen: „Salzburg zerrinnt nach allen Seiten."¹⁴⁸

„Skyline" der Salzburger Neustadt, 1976. (Foto: Oskar Anrather)

In der Architektur der neuen städtischen Wohnviertel dominierte alsbald ein „Stil der Verachtung".[149] Äußere Kennzeichen der zunehmend gewinnorientierten Wohnbautätigkeit waren „Zeilenverbauung, gestapelte Wohneinheiten, flache Dächer und kahle Grünflächen, [...] in denen kritiklos Klischees des Funktionalismus im dritten Aufguß übernommen worden waren".[150]

Eng mit der baulichen Ausweitung der Stadt und der zunehmenden Motorisierung hängt die Intensivierung der Flächenwidmungs- sowie Verkehrsplanung zusammen.[151] Nachdem sich der ‚Generalregulierungsplan' von 1947 angesichts der ausufernden Stadtentwicklung schon bald als untaugliches Instrument erwiesen hatte, entschied sich die Gemeinde 1956 für die Aufstellung eines Flächenwidmungsplans, der schließlich im Juni 1960 in Geltung trat. Massive Einsprüche und Interventionen vor allem aus Wirtschaftskreisen sorgten jedoch bereits im Entwurfsstadium für eine weit über jeden vorhersehbaren Bedarf hinausreichende Ausweisung von Bauland und Betriebsflächen sowie für laxe Durchführungsbestimmungen, welche einer Unzahl zukünftiger Ausnahmegenehmigungen Tür und Tor öffneten. Für radikale Kritiker des Baugeschehens seit 1945 symbolisiert der Flächenwidmungsplan von 1960 daher den „historischen Triumph des Bauherrnsyndikats über die Belange der Ökologie, des Städtebaus, der Sozialpolitik", der in weiterer Folge die „systematische Selbstzerstörung der Stadt ihrem Höhepunkt" zutreiben sollte.[152]

Auch im Bereich der städtischen Infrastruktur erfolgten die langfristig entscheidenden Weichenstellungen zwischen 1950 und 1960. Im Zuge kommunalwirtschaftlicher Rationalisierungstendenzen waren bereits 1950 die bis dahin selbständigen Einzelbetriebe (Elektrizitätswerke, Gas- und Wasserwerke sowie städtische Verkehrsbetriebe) zu einem erwerbswirtschaftlichen Unternehmen mit der Bezeichnung „Salzburger Stadtwerke" zusammengefaßt worden.[153] Im November 1953 wurde die ‚Rote Elektrische' eingestellt und durch neue Bus- und Obuslinien ersetzt.[154] Grundsätzlich setzte die Verkehrsplanung jedoch fast ausschließlich auf eine Förderung des Individualverkehrs, wobei der von nun an forcierte Ausbau des Straßennetzes freilich zu keinem Zeitpunkt in der Lage war, die explosionsartige Zunahme der Motorisierung zu bewältigen: allein zwischen 1951 und 1961 stieg der Pkw-Bestand um rund 600 Prozent; war 1951 ein Pkw auf 48 Einwohner gekommen, so betrug diese Relation 1961 bereits eins zu acht.[155]

Rücktritt Neumayrs und Gemeinderatswahl 1953

Einige der in der beginnenden Aufschwungphase verwirklichten Großprojekte sind untrennbar mit dem Namen Bürgermeister Neumayrs verbunden, so der Bau der Berufsschule, des Mönchsbergaufzuges, die Errichtung des Mönchsberg-Wasserspeichers sowie des Saalachkraftwerkes. Weniger Erfolg hatte der Bürgermeister mit dem bombastischen Projekt einer internationalen ‚Musikolympiade', denn die Ideenlieferanten entpuppten sich alsbald als windige Geschäftemacher.[156] Nach einem mehrmonatigen Erholungsurlaub trat Neumayr Ende 1951 vorzeitig und – wie es hieß – auf Drängen seiner eigenen Partei vom Bürgermeisteramt zurück. Neben gesundheitlichen Gründen spielte dabei auch der Gegensatz zwischen dem temperamentvollen, lebenslustigen und auch im bürgerlichen Lager populären Stadtoberhaupt und dem eher dogmatisch-asketischen SPÖ-Landesparteiobmann Peyerl eine Rolle.[157] Auch SPÖ-Bundesparteiobmann Adolf Schärf wirkte auf einen Rücktritt des Bürgermeisters hin und entsandte Innenminister Oskar Helmer eigens zu diesem Zweck nach Salzburg.

Nachfolger Neumayrs wurde Stanislaus Pacher. Dieser war das charakteristische Gegenteil von Neumayr – „ruhig, manchmal fast einsilbig, auf gute Ratgeber eingeschworen".[158] Vor allem verzichtete Pacher auf die Kompetenzballung seines Vorgängers. Die wichtige Funktion des Finanzreferenten übernahm Sparkassendirektor Alfred Bäck, der von nun an für beinahe zwei Jahrzehnte – zunächst als Stadtrat, dann als Bürgermeister – die Geschicke der Stadt ganz wesentlich mitgestalten sollte.

Die Gemeinderatswahlen vom Oktober 1953 und die darauffolgende Bürgermeisterwahl gerieten zum Test für eine ÖVP-VdU-Koalition auf überregionaler Ebene.[159] Nachdem die Volkspartei bei den Nationalratswahlen vom Februar 1953 eine schwere Niederlage hatte hinnehmen müssen und sich Bundespräsident Theodor Körner in weiterer Folge weigerte, dem Wunsch der ÖVP nach Bildung einer mehrheitlich ‚nichtmarxistischen' Dreiparteienregierung unter Einbeziehung des VdU zu entsprechen,[160] stand die Idee eines ‚Bürgerblocks' in Salzburg erneut zur Diskussion. ÖVP und VdU führten ihren Wahlkampf unter der Devise: „Kein sozialistischer Bürgermeister in Salzburg."[161] Der VdU engte die Option jedoch noch weiter ein, indem er die Parole aufstellte: „Weder schwarz noch rot", was letztlich auf eine Ablehnung des ÖVP-Kandidaten Donnenberg hinauslief.[162] Die überregionale Bedeutung der Abstimmung wurde durch das Aufgebot von Bundeskanzler Julius Raab und Oberösterreichs Landeshauptmann Heinrich Gleißner unterstrichen. Für die SPÖ zog der Wiener Bürgermeister Franz Jonas in den Wahlkampf.[163]

Die Gemeinderatswahl selbst war durch eine außergewöhnlich hohe Wahlbeteiligung von 86,5 Prozent gekennzeichnet und brachte als wesentlichstes Ergebnis einen beträchtlichen Stimmen- und Mandatsgewinn der ÖVP zulasten des VdU. Durch diesen Wahlerfolg wurde die ÖVP nicht nur wieder zur zweitstärksten Partei im Gemeinderat, der Abstand zur SPÖ war außerdem auf nur mehr ein Mandat zusammengeschmolzen.

Die ÖVP wertete das Wahlergebnis als Bestätigung des ‚Raab-Kamitz-Kurses' auf Bundesebene und sah – allen voran Landeshauptmann Josef Klaus – keinen Anlaß, von ihrem Bürgermeisterkandidaten Donnenberg abzurücken. Ebenso festgefahren war jedoch der VdU in seiner Ablehnung des ÖVP-Vizebürgermeisters, der im nationalen Lager als zu ‚klerikal' galt.[164] Die Bürgermeisterkrise zog sich wochenlang hin – zeitweise war bereits von der Einsetzung eines Regierungskommissars und von Neuwahlen die Rede – ehe der Gemeinderat Stanislaus Pacher am 23. November 1953 mit den Stimmen von SPÖ und KPÖ neuerlich zum Bürgermeister bestellte. Ermöglicht wurde die Wahl des sozialistischen Kandidaten durch die Stimmenthaltung des VdU im dritten Wahlgang.[165]

Vorangegangen waren dieser Entscheidung erfolgreiche Parteienverhandlungen zwischen SPÖ und VdU, der – so Gerd Bacher in den „Salzburger Nachrichten" – für „seine Königmacherrolle ebenso königlich mit einem Einfluß belohnt" wurde, „der ihn nicht zum Verlierer, sondern zum hinaufkorrigierten Sieger der Gemeinderatswahlen macht".[166] Die Zeche mußte die ÖVP mit weitgehender Entmachtung bezahlen: SPÖ und VdU nahmen die Ressortverteilung nach eigenem Gutdünken vor und entzogen – eine Pikanterie am Rande – Donnenberg das Gewerbereferat, dem er als Beamter jahrelang vorgestanden hatte. Die Beziehungen zwischen ÖVP und VdU/FPÖ waren damit auf kommunaler Ebene auf Jahre hinaus vergiftet: „Das antiklerikale Kartell, partiell auch das ehemals nationalsozialistische Kartell hatte sich in der Stadt deutlich durchgesetzt."[167]

Hauptakteur auf kommunalpolitischer Szene in der Legislaturperiode 1953/57 war nicht Bürgermeister Pacher sondern Stadtrat Bäck, der sein Konzept einer umfassenden Modernisierung mit Tatkraft und Geschick vorantrieb. Bäck galt als Finanzgenie, als ideenreicher „Aufreißer", der die Dinge in Bewegung brachte und die Gunst der Zeit nutzte, um zahlreiche Projekte an Land zu ziehen, deren Durchführung im einzelnen er dann allerdings gerne anderen überließ. Finanzierungsfragen bereiteten ihm nur wenig Sorgen. Als Direktor der Salzburger Sparkasse wußte er, „wo das Geld zu Hause war".[168] Im festen Vertrauen auf einen anhaltenden Wirtschaftsaufschwung und die dadurch steigenden Steuereinnahmen der Stadt kannte er keine Skrupel, laufende Vorhaben außerhalb der üblichen Budgetpraxis ‚vorzufinanzieren', auch wenn dadurch das vorgegebene Kreditlimit umgangen wurde. Als Finanzreferent und später als Bürgermeister forcierte Bäck zahllose Projekte, wie etwa den Griesgassendurchbruch und den Bau des neuen Kurhauskomplexes. Die Finanzierung erfolgte zum Teil durch Aufnahme von Großanleihen, was ihm, der die Geldentwertung stets ins Kalkül zog, den Ruf des Schuldenmachers eintrug.[169] Bei den Gemeinderatswahlen 1957 honorierte der Wähler jedoch die Wirtschafts- und Finanzpolitik von „Baumeister Bäck"[170] mit dem Gewinn eines zusätzlichen Mandats zulasten der ÖVP, die sich während des Wahlkampfes gehässige Auseinandersetzungen mit der FPÖ geliefert hatte.[171] Bäck wurde mit den Stimmen von SPÖ und FPÖ sowie auch einiger ÖVP-Gemeinderäte im November 1957 zum Bürgermeister gewählt. Seine Devise bei Amtsantritt lautete: „Mit klarem Kopf und heißem Herzen für Salzburg."[172]

Zusammenarbeit im Zeichen des Wirtschaftsaufschwungs (1957 bis 1965)

Mit der Wahl Alfred Bäcks zum Bürgermeister gelangte 1957 der für die „depolitisierte Demokratie" charakteristische „politische Idyllismus" in der Stadt Salzburg zum Durchbruch. Das politische Leben schwenkte damit auch auf kommunaler Ebene in einen gesamtösterreichischen Prozeß ein, in dessen Verlauf sich das regionale politische

System von der für die Erste und vorerst auch für die Zweite Republik typischen Konsensdemokratie (fragmentierte Basis und Konsens der Eliten) in eine „depolitisierte Demokratie" (homogene Basis und Konsens der Eliten) verwandelte.[173]

Unermüdlich wurde von den Salzburger Kommunalpolitikern aller Parteien in dieser Phase des ungebremsten Wirtschaftsaufschwungs der „gute Geist der Zusammenarbeit" beschworen.[174] Bäck selbst präsentierte sich mit großem Erfolg gleichsam als „Personifizierung einer ‚modernen' Kommunalpolitik",[175] welche durch die Bereitschaft zu verstärkter Investitionstätigkeit in allen Wirtschaftsbereichen gekennzeichnet war.[176] Neue Wohnsiedlungen, Schulen, Kindergärten, Freizeitanlagen (wie das Leopoldskroner Bad, die Sportanlage in Lehen, das Hallenbad und die Kunsteisbahn), großangelegte Infrastrukturprojekte (wie das Fernheizkraftwerk, der Schlachthof, Flughafen, Untersbergseilbahn und Kongreßhaus) prägten das Bild einer von ungebremstem Fortschrittsoptimismus geprägten Phase der Kommunalpolitik.

Dazu kamen Ende der fünfziger Jahre umfangreiche Investitionen in den Bereichen Kultur und Fremdenverkehr. Mit der Eröffnung von Clemens Holzmeisters Großem Festspielhaus, der Inbetriebnahme der neuen Start- und Landebahn des Flughafens sowie dem Betriebsbeginn der modernisierten Festungsbahn markiert das Jahr 1960 einen Modernisierungsschub, der allerdings erst durch die finanzielle Beteiligung von Bund und Land ermöglicht wurde. Hier ist zu erwähnen, daß sich SPÖ und vor allem FPÖ auf Landes- wie auch auf Gemeindeebene einem Neubau des Festspielhauses zunächst jahrelang widersetzt und statt dessen den Einsatz der vorgesehenen Mittel im sozialen Wohnbau gefordert hatten.[177]

Der anhaltende Wirtschaftsaufschwung nahm dem Verteilungskampf jedoch die Schärfe und ermöglichte Ende der fünfziger Jahre ein vielseitiges Engagement der Gemeinde. Der Gemeinderatswahlkampf 1962 stand folglich ganz im Zeichen des nun beinahe schon sprichwörtlichen ‚Salzburger Klimas'. Seinen förmlichen Niederschlag fand der allgemeine „Wille zur Zusammenarbeit" in einem Fairneßübereinkommen. Landesrat Josef Kaut entschuldigte den wenig aufregenden Wahlkampf gegenüber der sozialistischen Basis mit dem Argument, daß sich die ganze Bevölkerung über die gute Arbeit der Gemeindeverwaltung einig gewesen sei.[178] Geradezu euphorisch verkündete der freiheitliche Nationalrat Willfried Gredler bei einer Kundgebung seiner Partei: „Inmitten der Intoleranz befinde man sich in Salzburg auf einer Insel der Seligen."[179] Die ÖVP fühlte sich auf Gemeindeebene zwar durch das gute Verhältnis zwischen SPÖ und FPÖ beengt, bekannte sich aber dennoch zum Vorrang sachpolitischer Argumente. Ein in der ÖVP-Zeitung veröffentlichter Wahlaufruf des Generalvikars Franz Simmerstätter, in dem von Parteien mit „atheistischer und materialistischer Einstellung" die Rede war, mutete wie ein Rückfall in längst vergangene Zeiten an.[180]

Das Konkordanzklima bestand nach den Gemeinderatswahlen 1962, die der ÖVP den Gewinn eines Mandats zu Lasten der FPÖ gebracht hatten, vorerst weiter. Anstehende Probleme, wie der Ausbau der 1963 wiederbegründeten Universität, wurden in Klausurtagungen der Spitzenmandatare von Stadt und Land diskutiert und nicht selten gemeinsam gelöst.[181] Zur Jahreswende 1963/64 bekannten sich Landeshauptmann Lechner und Bürgermeister Bäck einvernehmlich zur „Erhaltung des besonderen Geistes der Zusammenarbeit".[182]

Am augenscheinlichsten manifestierte sich die Kooperation der politischen Eliten im Sozialen Wohnbau. Die Fusionierung von „Salzburger Wohnsiedlungsgenossenschaft" und „Neuer Heimat", den beiden bedeutendsten Trägern des Sozialen Wohnbaus im Lande,[183] war offenkundiger Ausdruck des Willens der beiden großen Parteien zu Zusammenarbeit und gemeinsamer Verantwortung in allen diesbezüglichen Fragen. Nach jahrelangen Verhandlungen, in denen es nicht zuletzt um den Parteienproporz in der Führung des zukünftigen Großunternehmens ging,[184] war es 1964 soweit: die beiden während des Dritten Reichs gegründeten Bauvereinigungen verschmolzen zur „Gemeinnützigen Salzburger Wohnbaugesellschaft" (GSWB), mit Anton Fellinger (vorher „Neue Heimat") und Fritz Lauer an der Spitze.[185] Stadt und Land schufen damit die mit Abstand leistungsstärkste Salzburger gemeinnützige Bauvereinigung, deren Funktion als stabiler Hort des sozialen Wohnbaus sich im Lauf der sechziger Jahre bestätigte.

Seit den späten fünfziger Jahren stand die Wohnungspolitik im Zeichen neuer Zielsetzungen. Vorrang hatte nunmehr die Wohnraumbeschaffung für eine ständig wachsende Zahl von Arbeitnehmern, die der Arbeitskräftemangel in die aufstrebende Wirtschaftsmetropole führte. Träger des um 1960 einsetzenden Baubooms waren in erster Linie die gemeinnützigen Wohn- und Siedlungsgenossenschaften, die den privaten Wohnbau aus seiner bis dahin führenden Position verdrängten. Wurden 1959 noch mehr Wohnungen von privaten Bauträgern als von Baugenossenschaften errichtet, so kehrte sich das Verhältnis in den darauffolgenden Jahren ins Gegenteil: 1960 bauten die Genossenschaften bereits 56 Prozent, die privaten Bauträger dagegen nur mehr 21 Prozent aller Wohnungen in der Stadt. Wiederaufbautätigkeit (19 Prozent) und kommunaler Wohnbau (4 Prozent) spielten nun ebenfalls keine wesentliche Rolle mehr.[186] (Siehe Tabelle 12.)

Über die Notwendigkeit des Sozialen Wohnbaus bestand ein grundsätzlicher politischer Konsens. Für wiederkehrenden Zündstoff sorgte jedoch die Frage einer vorrangigen Errichtung von Eigentums- oder von Mietwohnungen. Fühlte sich die ÖVP nach wie vor der überlieferten christlichsozialen Vorstellung einer Eigentumsbildung in Arbeitnehmerhand verpflichtet, so setzte sich die SPÖ – wenn auch nicht sehr konsequent – für den überwiegenden Bau von Mietwohnungen ein.[187] Die SPÖ war allerdings in sich gespalten, denn es gab sowohl Befürworter des Gemeindewohnbaus als auch des genossenschaftlichen Wohnbaus, wobei sich letztere immer mehr durchsetzten.[188]

Die entscheidende Bedeutung der gemeinnützigen Bauvereinigungen für den geförderten Wohnbau insbesondere in der Stadt wurde jedoch von keiner Partei ernstlich in Frage gestellt. Ganz im Gegenteil! Nur vor dem Hintergrund des perfekten Zusammenspiels von öffentlicher Wohnbauförderung und Bauwirtschaft, politischen Parteien und Baugenossenschaften scheint die quantitative (wenn auch nicht qualitative) Erfolgsbilanz des Sozialen Wohnbaus im nachhinein erklärlich.

Die Eigenart des Fördersystems und der anhaltende Wohnungsbedarf bedingten eine weitgehende ‚Verpolitisierung' des Wohnbauwesens. Äußeres Kennzeichen war die

Tabelle 12: Wohnbauförderung in Stadt und Land Salzburg 1948 bis 1988

	Land Salzburg Wohnungen	Stadt Salzburg Wohnungen	Prozent
1948–1955	5.992	3.007	50,2
1955–1967	24.276	13.676	56,3
1968–1988	50.846	12.140	23,9
1948–1988	81.114	28.823	35,5

Erstellt nach: Heinrich Medicus, 40 Jahre Wohnbauförderung in Land und Stadt Salzburg, 67–84.

wechselseitige personelle Verflechtung von bauwirtschaftlicher, baugenossenschaftlicher und politischer Ebene: Spitzenpolitiker von Stadt und Land saßen in den Aufsichtsräten der Bauvereinigungen, Vertreter von Bauwirtschaft und Genossenschaften wirkten in politischen Funktionen.

Tatsächlich beherrschte seit dem Ende der fünfziger Jahre, als der soziale Wohnbau zu seinem Erfolgskurs ansetzte, ein kleiner Kreis von Polit- und Wirtschaftsfunktionären das Baugeschehen in der Landeshauptstadt: unter anderem Sparkassendirektor Bäck als Bürgermeister, der Direktor der „Neuen Heimat" Anton Fellinger als SPÖ-Klubobmann, der Wohnbauunternehmer Hans Zyla als ÖVP-Stadtparteiobmann und Landtagspräsident (1965 bis 1969), der Bauunternehmer Alois Reinthaler als ÖVP-Klubobmann und Bezirksobmann des Wirtschaftsbundes sowie Baustoffgroßhändler Franz Rothschädl als FPÖ-Klubobmann.

Es gab ‚schwarze' und ‚rote' Genossenschaften und Gesellschaften, in einigen herrschte der Proporz. Häufig spielten politische Gesichtspunkte auch bei der Vergabe der Wohnungen eine maßgebliche Rolle. Selbst Landeshauptmann Lechner sprach 1964 von der „beschämenden Herbergssuche", welche die Wohnungssuchenden mitunter „bei den Wohnbauvereinigungen, bei verfügungsberechtigten Gemeinden oder bei politischen Parteien selbst zu Opfern überzeugungsmäßiger politischer Art" verleite.[189]

Im Oktober 1964 wurde Salzburg durch die ‚Gartensiedlungsaffäre' unvermittelt in das bis dahin „größte Chaos auf dem Gebiet des gemeinnützigen Wohnbaus in Österreich nach dem Krieg" gestürzt.[190] Nach der Zahl der errichteten Wohnungen lag die von Ing. Hans Thannenberger erst 1953 übernommene „Gartensiedlungs-Gen.m.b.H." Anfang der 1960er Jahre bereits an zweiter Stelle hinter der „Neuen Heimat". Die Finanzierung erfolgte meist in Form sogenannter ‚Zinsen-Zuschuß-Projekte'.[191]

Thannenberger, dem man ein Naheverhältnis zur ÖVP nachsagte,[192] hatte es verstanden, maßgebliche SPÖ- und FPÖ-Funktionäre für seine Zwecke zu gewinnen, so daß seine dubiosen Finanztransaktionen letztlich unbeaufsichtigt blieben. Erst eine Überprüfung durch das Amt der Salzburger Landesregierung brachte die durch eine unseriöse Kreditgebarung hervorgerufene Zahlungsunfähigkeit der „Gartensiedlungs-Gen.

m.b.H." ans Licht. Thannenberger entzog sich der drohenden Verhaftung durch die Flucht nach Uruguay, von wo er erst zwei Jahre später zurückkehren sollte.[193]

Obwohl schon im Frühjahr 1964 schwerwiegende Verdachtsmomente aufgetaucht waren, traf der plötzliche Zusammenbruch des anscheinend erfolgreichen Unternehmens die Öffentlichkeit völlig unvorbereitet. Unmittelbar vom Zusammenbruch betroffen war eine große Zahl von Wohnungswerbern und -eigentümern sowie Wirtschaftstreibenden. Der drohende Konkurs des Bauunternehmens erschütterte darüber hinaus das Vertrauen der Bevölkerung gegenüber allen Genossenschaften und gab Anlaß zu Befürchtungen über einen unmittelbar bevorstehenden Wirtschaftskrach.[194] Stadt und Land einigten sich schließlich auf ein umfassendes Sanierungskonzept. Dennoch dauerte es Jahre, ehe die nunmehr mit der GSWB fusionierte „Gartensiedlung" endgültig aus den Schlagzeilen verschwunden war.[195] Zu den politischen Verlierern der ‚Gartensiedlungsaffäre' zählte vor allem die FPÖ, die ihren Einfluß im Wohnungsbau stark geschmälert sah, während die ÖVP im Zuge der Sanierungsmaßnahmen an Einfluß gewann.[196]

Verschlechterung des ‚Salzburger Klimas' (1965 bis 1971)

Mitte der 1960er Jahre begann sich das berühmte ‚Salzburger Klima' einzutrüben. Eine erste Abkühlung der konsensualen Atmosphäre zeichnete sich bereits bei der Diskussion über die Anpassung des Salzburger Stadtrechts an die ‚Gemeinde-Verfassungsnovelle' 1962 ab. Kontrovers zwischen Stadt und Land war vor allem die Frage des eigenständigen unternehmerischen Spielraums der Gemeinde. Nach Ansicht von Bürgermeister Bäck konnte es sich die öffentliche Hand nicht leisten, abseits des wirtschaftlichen Geschehens zu stehen. Bäck bezeichnete es als eine Hauptaufgabe der kommunalen Wirtschaft, „durch verstärkte wirtschaftliche Tätigkeit, besonders aber durch die Unterstützung neuer Ideen und Pläne, die Produktions- und Absatzmöglichkeiten breiter Wirtschaftskreise steigern zu helfen".[197] Bäck dachte dabei vor allem an die Gründung neuer selbständiger Wirtschaftsbetriebe durch die Stadt.

Während also die SPÖ die unternehmerische Freiheit der Kommune im neuen Stadtrecht gewährleistet sehen wollte, fürchteten die bürgerlichen Parteien und insbesondere der Wirtschaftsbund eine Konkurrenzierung der Privatwirtschaft durch kommunale Großbetriebe. In der Landtagsdebatte über die Stadtrechtsnovelle bekannten sich ÖVP und FPÖ eindeutig zum Subsidiaritätsprinzip.[198] Nach langwierigen und zum Teil recht heftigen Auseinandersetzungen in den Landtagsausschüssen sah sich die SPÖ zum Nachgeben gezwungen. In einem ‚Gipfelgespräch' der Führungsspitzen von Stadt und Land verzichtete die Stadt auf eine weitere Expansion des gemeinwirtschaftlichen Sektors. Dafür sollten die bereits bestehenden kommunalen Wirtschaftsbetriebe (Stadtwerke, Kurhausbetriebe etc.) unangetastet bleiben. Dieser Kompromiß diente in erster Linie zur Beruhigung der Wirtschaftstreibenden, blieb letztlich aber folgenlos. Das Land selbst initiierte während der folgenden Jahre die Gründung von gemeinsam mit der

Bürgermeister Alfred Bäck erhält von Landeshauptmann Dr. Hans Lechner den Ehrenring des Landes, 1972.
(AStS)

Stadt betriebenen Unternehmen, wie etwa der Parkgaragengesellschaft oder der Ausstellungszentrum-GmbH.

1965 kulminierten die zwischenparteilichen Auseinandersetzungen im Gemeinderat in ein quasioffizielles ‚Staatsbegräbnis' für das ‚Salzburger Klima'. Bürgermeister Bäck („Das Salzburger Klima ist schon lange beim Teufel!") stand seit 1964 wegen fortgesetzter Kostenüberschreitungen beim Kurhausumbau und wegen seiner angeblich „gefährlichen" Finanzgebarung im Kreuzfeuer der ÖVP-Kritik.[199] Diese hoffte durch den Frontalangriff endlich aus dem Schatten der dynamischen, unorthodoxen Wirtschaftspolitik des Bürgermeisters zu treten, dessen Geschäftsführung im Stil eher dem Management großer Wirtschaftsunternehmen als herkömmlicher Kommunalpolitik glich.[200] Zwischen ÖVP und FPÖ, die Bäck freundlicher gesinnt war, kam es ebenfalls zu Kontroversen, wobei sich die Freiheitlichen vor allem an der Amtsführung der neuen ÖVP-Stadträtin Martha Weiser stießen.[201] Aber auch innerhalb der ÖVP kriselte es. Walter Vavrovsky, der dem 1964 verstorbenen Hans Donnenberg als Vizebürgermeister nachgefolgt war, fand in seiner Partei keine vorbehaltlose Rückendeckung und zog sich knapp vor den Gemeinderatswahlen 1967 aus der Kommunalpolitik zurück.

Die Verschlechterung des ‚Salzburger Klimas' in den Jahren 1965 bis 1967 vollzog sich vor dem Hintergrund zunehmender wirtschaftlicher Verteilungsprobleme sowie der Auflösung der Großen Koalition auf Bundesebene. Auch das traditionell gute Verhältnis zwischen Stadt und Land wurde dadurch in Mitleidenschaft gezogen. So attackierte

Landeshauptmann Lechner Bürgermeister Bäck wegen Versäumnissen im städtischen Schulbau. Bäck, dessen spezielle Interessen gewiß nicht auf diesem ‚unproduktiven' Sektor lagen und der deswegen in diesem Fall auch nicht die Rückendeckung des ressortzuständigen Stadtrats Heinrich Salfenauer erhielt,[202] reagierte empfindlich und verbat sich jede Intervention des Landes.[203]

Nach dem Wahlsieg der ÖVP auf Bundesebene meldete Landeshauptmann Lechner auf dem ÖVP-Landesparteitag im Dezember 1966 den Anspruch seiner Partei auf den Bürgermeisterstuhl in der Landeshauptstadt an. Das Hauptthema im Gemeinderatswahlkampf 1966/1967 gab Bäcks Finanzpolitik ab. Lechner sprach davon, daß in der Stadt „die Konsequenzen einer Politik der fortgesetzten Illusionen und der fortgesetzten Wunschträume immer klarer erkennbar" würden. In das Rathaus sei ein „Geist der Unordnung eingezogen", weil es „ohne klare Prioritäten, Rangordnungen und Schwerpunkte auf die Dauer nicht gehe".[204] Kammeramtsdirektor Wilfried Haslauer, der Gegenkandidat Bäcks, nutzte einen Prüfbericht des Rechnungshofs, in dem die städtische Finanzgebarung kritisiert wurde, zu heftigen Attacken im Landtag.[205]

Der Bürgermeister sah sich selbst „weder als ein Kassier, noch als Buchhalter oder Finanzverwalter, sondern als Finanzpolitiker".[206] Davon abgesehen konnte ihm die – vom Gemeinderat stets einstimmig sanktionierte – Höhe des Gesamtschuldenstandes letztlich nicht angelastet werden, sondern „nur die zu erheblichen finanziellen Verlusten führende Unordnung in der Finanzgebarung", hervorgerufen durch die Erstellung von „Wunschzettelbudgets", eine „mangelhaft vorausschauende Finanzierung, Kostenüberschreitungen und dergleichen".[207]

Die ÖVP wollte Wilfried Haslauer durch eine intensive Popularisierungskampagne zu einem Erfolg bei den Gemeinderatswahlen im Oktober 1967 verhelfen. Nach dem Wahlerfolg der Bundes-ÖVP bei den Nationalratswahlen 1966 standen die Siegeschancen so gut wie nie zuvor. Für die Erringung der relativen Gemeinderatsmehrheit hätte es zudem nur des Gewinns je eines Mandats von SPÖ und FPÖ bedurft. SPÖ und FPÖ bauten dagegen auf ihre bewährten Spitzenmandatare Bäck und Weilhartner. Die alten Konkordanz-Parolen spielten im Persönlichkeitswahlkampf neuen Stils nur mehr eine untergeordnete Rolle. „Noch nie seit 1945", kommentierten die „Salzburger Nachrichten", „gab es in der Stadt Salzburg eine Gemeinderatswahl, in der Persönlichkeiten so in das Blickfeld gestellt wurden".[208]

Die Wahlen brachten der SPÖ das bis dahin beste Ergebnis. Bäck feierte einen persönlichen Triumph gegen seine Widersacher. Die Wahlkampflinie der ÖVP, „selbst dann nicht vor massivster Kritik" zurückzuscheuen, „wenn sie an den bemängelten Zu- und Umständen mitverantwortlich ist", hatte sich als Bumerang erwiesen.[209] Dazu kamen das Unbehagen mit der ÖVP-Alleinregierung auf Bundesebene sowie Vorbehalte der Wählerschaft gegenüber der Machtkonzentration einer Partei in Bund, Land und Gemeinde.[210]

Die letzten drei Jahre der ‚Ära Bäck' brachten zunächst den Rückzug Haslauers aus der Gemeindepolitik, wobei dieser trotz seiner Wahlniederlage bereits als „wahrscheinlicher Nachfolger" für Landeshauptmann Lechner gehandelt wurde. Das undankbare

Amt eines Vizebürgermeisters neben dem erfolgreichen Bäck übernahm der ÖVP-Fraktionsobmann im Gemeinderat Franz Kläring, der – wie Haslauer – aus der Handelskammer kam.[211]

Die Hoffnungen von Volkspartei und Freiheitlichen richteten sich auf die Zeit nach Bäck, der 1968 sein 65. Lebensjahr vollendete und noch vor Ablauf der Legislaturperiode einem Nachfolger Platz machen sollte. Im Herbst 1970 war es dann soweit. Nachdem die Leistungen des Bürgermeisters im Frühjahr anläßlich des Jubiläums „25 Jahre Republik – 25 Jahre Stadtverwaltung" noch aufwendig gefeiert worden waren, erfolgte am 28. September die „große Wachablöse".[212] Neuer Bürgermeister wurde der bisherige Vizebürgermeister Heinrich Salfenauer, der sich bis dahin im Schatten von Bäck vor allem für den Bau neuer Schulen und Kindergärten engagiert hatte.[213] Als neuer Vizebürgermeister und Finanzreferent rückte der Landesbeamte Hofrat Alois Hanselitsch in das Kollegium auf.

Der Wandel des politischen Systems seit den 1970er Jahren

Bäck, der bei einer Abschiedsfeier „von den beiden Herrn" sprach, „die versuchen, meine Nachfolge anzutreten",[214] hinterließ kein leichtes Erbe. Spätestens mit dem Konjunktureinbruch von 1973/74 wurde deutlich, daß die Zeiten ungebremsten Wirtschaftsaufschwungs sowie grenzenlosen Fortschrittsoptimismus endgültig vorüber waren. Parallel zur Strukturkrise der siebziger Jahre läßt sich in der Stadt Salzburg ein kontinuierlicher Rückgang des Stammwählerpotentials aller drei etablierten Parteien beobachten. Der Stimmenanteil der ‚Bürgermeisterpartei' in der ‚roten' Landeshauptstadt sackte bei den Gemeinderatswahlen zwischen 1967 bis 1982 von 46,3 auf 36,9 Prozent ab. Salfenauers Nachfolger Josef Reschen (1980 bis 1990), der einen medienwirksamen und zugleich Sachkompetenz ausstrahlenden modernen Politikertypus verkörperte und zudem von der außergewöhnlichen Schwäche seiner politischen Kontrahenten profitierte, schaffte 1987 mit 49,3 Prozent dann zwar das bisher beste Ergebnis der SPÖ bei Gemeinderatswahlen. Wie atypisch im langfristigen Trend die 87er-Wahl jedoch einzustufen ist, erwies sich bei den bislang letzten Gemeinderatswahlen vom Oktober 1992, als die SPÖ unter Reschens Nachfolger Dr. Harald Lettner (1990 bis 1992) auf einen historischen Tiefstand von 28 Prozent absackte, was – nach innerparteilichen Querelen – den Verlust der Bürgermeisterposition nach sich zog. (Vgl. Tabelle 13.)

Aber auch die ÖVP war von der Aufweichung des Stammwählerpotentials seit den 1970er Jahren betroffen. Unter den Spitzenkandidaten Gerhardt Bacher (1979 bis 1987) und Sigune Neureiter (1987) setzte sich die lange Reihe der ÖVP-Wahlniederlagen auf kommunaler Ebene weiter fort. Mit Josef Dechant errang die Partei 1992 zwar erstmals nach Jahrzehnten wieder die Position des Bürgermeisters. Seine überraschende Wahl zum Bürgermeister war jedoch weniger Folge des nur bescheidenen ÖVP-Wahlergebnisses als vielmehr Konsequenz einer Pattstellung der Parteien im neugewählten Gemeinderat.

Die Freiheitlichen konnten ihre Position als ‚dritte Kraft' zunächst noch behaupten. Das fast schon traditionelle Naheverhältnis zwischen FPÖ und SPÖ erfuhr unter Weilhartners Nachfolger Waldemar Steiner eine Abschwächung. Zusammen mit Steiner, dem „ständigen Kronprinzen der FPÖ",[215] gelangte im Zuge eines Generationswechsels eine Reihe jüngerer Kritiker des bisherigen Kurses in den Gemeinderat. Bei den Gemeinderatswahlen 1972 schafften die Freiheitlichen den Gewinn eines Mandats und Steiner die Wiedergewinnung der – 1967 von Weilhartner verlorenen – Position eines Vizebürgermeisters. Bei den Wahlen von 1977 stand die FPÖ aber bereits unter dem besonderen Druck der „Bürgerliste", die sie zwischen 1982 und 1987 und seit 1992 erneut von ihrem traditionellen dritten Platz unter den Gemeinderatsparteien verdrängen sollte. Vizebürgermeister Steiner zog die Konsequenz aus der Niederlage und trat zurück. Der FPÖ-Sitz im Stadtratskollegium ging daraufhin an Margot Hofer, die in dieser Position aber schon ein Jahr später von Dietrich Masopust abgelöst wurde. Masopust überwarf sich nach fast einem Jahrzehnt regen kommunalpolitischen Wirkens mit seiner Partei und wurde nach dem schlechten Wahlgebnis von 1992 durch den Richter Siegfried Mitterndorfer in der Position des Stadtrats ersetzt. Anders als auf Bundes- und Landesebene kam der ‚Haider-Effekt' bei den Gemeinderatswahlen bisher nicht zum Durchbruch.

Die Dekonzentration des seit 1949 durch einen institutionalisierten Dreiparteien-Proporz geprägten politischen Systems setzte in den frühen 1970er Jahren ein. Der grundsätzliche Elitenkonsens wurde zunächst durch das Auftreten einer Reihe von Bürgerinitiativen in Frage gestellt, die sich ab 1972 „als Reflex auf latente oder manifeste

Wahlwerbung für die Gemeinderatswahl 1972. (AStS)

Defizite, Fehler oder Kommunikationsstörungen" in der Kommunalpolitik herausbildeten.[216] Diese neuen Gruppierungen – aus denen sich 1977 wesentlich die ‚Bürgerliste' rekrutierte – engagierten sich vor allem in den sensiblen Bereichen Landschafts- und Grünlandschutz sowie Verkehrsplanung, in denen die Problemlösungskraft der überkommenen Institutionen und Personen nicht mehr gewährleistet schien.[217]

Die etablierten Parteien – von der „Bürgerliste" als „Salzburger Einheitspartei" apostrophiert – reagierten auf die zunächst nur ‚außerparlamentarische' Herausforderung verärgert und hilflos zugleich.[218] Ihre Gegenstrategie beschränkte sich im wesentlichen auf die oberflächliche Adaptierung einer ‚bürgernahen' Terminologie zu Wahlkampfzwecken. Angesichts der ungewohnten Kritik von Teilen der Basis zeigten die Gemeinderatsparteien eine beinahe schon ängstliche Rücksichtnahme auf die öffentliche Meinung, was wiederum eine eklatante Entscheidungsschwäche in sachpolitischen Fragen nach sich zog.

Die zunehmende Mobilität der Wähler führte in den späten siebziger sowie in den achtziger Jahren zur Dekonzentration des für die Stadt Salzburg bis dahin typischen Dreiparteiensystems. Der gemeinsame Stimmenanteil der drei Parteien sank bereits zwischen 1972 und 1977 von 98,4 Prozent auf 93,3 Prozent und erreichte bei den Wahlen von 1982 mit 80,8 Prozent einen vorläufigen Tiefpunkt.[219] Die Instabilität des Wählerverhaltens in der Landeshauptstadt setzte sich bei den Gemeinderatswahlen von 1987 und 1992 weiter fort. War es zunächst die SPÖ, die von einer zunehmend großen Zahl von Wechselwählern profitierte und mit 49,29 Prozent ihr bisher bestes Wahlergebnis erreichte (während die ÖVP auf einen historischen Tiefpunkt absackte), so brachte die Gemeinderatswahl 1992 mit nunmehr sechs bzw. sieben im Gemeinderat vertretenen Fraktionen eine bisher nicht gekannte Fragmentierung der kommunalpolitischen Szene. (Siehe Tabelle 13.)

Besonderes Merkmal der beiden letzten Wahlgänge war ein dramatischer Rückgang der Legitimationsbasis der traditionellen politischen Eliten. Mit nur mehr 62,3 Prozent (1987) bzw. 55,2 Prozent (1992) gültigen Stimmen sicherte sich Salzburg unangefochten den Rang einer österreichischen ‚Hauptstadt der Nichtwähler'. Wie der kontinuierliche Rückgang des gemeinsamen Stimmenanteils von SPÖ, ÖVP und FPÖ bei den drei letzten Gemeindratswahlen zudem zeigt, verminderte sich das Vertrauen der Salzburger Wähler in die Problemlösungskraft der ‚etablierten' Parteien dramatisch: Entsprach der Stimmanteil der drei Parteien 1982 noch 59 Prozent aller Wahlberechtigten, so sackte dieser Wert 1987 auf 53 Prozent ab, um schließlich bei der Gemeinderatswahl 1992 mit 36 Prozent ein alle pessimistischen Prognosen unterbietendes Rekordtief zu erreichen.[220]

Der Zusammenbruch des traditionellen politischen Gefüges veränderte auch das Verhältnis zwischen Parteien und regionalen Medien. Hatte bis in die Ära des medienbewußten Bürgermeisters Reschen – gleichsam als Pendant zum langlebigen, auf politischen Konsens ausgerichteten ‚Salzburger Klima' – zwischen Politik und Medien „ein symbiotisches Gleichgewicht" geherrscht, so brachten die 1990er Jahre eine radikale Abkehr von der „Hofberichterstattung" früherer Jahrzehnte. Unter wachsendem gegenseitigem Konkurrenzdruck vollzogen „Salzburger Nachrichten", „Kronenzeitung" und ORF – die Eckpfeiler des ‚Salzburger Mediendreiecks' – den Schwenk zu einem „lustvollen Konflikt-Journalismus", in dem die kritische Analyse des kommunalpolitischen Geschehens ebenso wie die polemische ‚Aufdeckung' von ‚Mißständen' zum journalistischen Alltag zählen.[221]

Probleme der Stadtentwicklung

Spätestens Anfang der siebziger Jahre wurde deutlich, daß die Lösung der kommunalen Probleme mit den Methoden herkömmlicher Wirtschafts-, Finanz- und Planungspolitik allein nicht mehr zu bewerkstelligen war.[222] Im Gefolge des Konjunktureinbruchs von 1973 entbrannte der Verteilungskampf zwischen Stadt und Land um die Mittel des Gemeindeausgleichsfonds in voller Schärfe. Nach langwierigen Verhandlungen, die von der gespannten Atmosphäre zwischen der Regierung Kreisky und den ÖVP-Ländern geprägt waren, stimmte die Stadt 1973 schließlich einer Reduzierung ihres Anteils aus dem GAF auf 40 Prozent zu.[223] Der Umschichtungsprozeß zugunsten der Landgemeinden war damit jedoch noch nicht abgeschlossen. Ende der siebziger Jahre setzte das Land eine neuerliche Reduktion des GAF-Anteils auf 37 Prozent durch. 1986 schließlich verfügte die Landesregierung auf Initiative von Landeshauptmann Haslauer die bisher einschneidendste Kürzung: Seit diesem Zeitpunkt hält die Landeshauptstadt bei einem GAF-Anteil von lediglich 27 Prozent.[224]

Mit der schrittweisen Umverteilung der GAF-Mittel trug die Landesregierung langfristig zur wirtschaftlichen Stärkung der Landgemeinden bei. Tatsächlich verlangsamte sich seit der zweiten Hälfte der 1960er Jahre das demographische und wirtschaftliche Wachstum der Landeshauptstadt im Vergleich zu den Landbezirken.[225] Der Aufholprozeß der ‚Provinz' läßt sich unter anderem am Pro-Kopf-Ertrag an Gemeindesteuern nachweisen. Bereits in den 1970er Jahren wiesen alle Landbezirke bis zu doppelt so hohe Zuwachsraten auf wie die Stadt Salzburg.[226]

Nicht nur das Land, auch der Wähler setzte die kommunale Regierung unter zunehmenden Druck. Zwar gelang Bürgermeister Salfenauer noch die Verwirklichung einer Reihe kommunaler Großvorhaben, wie etwa des Ausstellungszentrums in Liefering, der Großgaragen im Mönchsberg sowie die Gründung des „Reinhalteverbandes Salzburg-Stadt und Umlandgemeinden", der den längst überfälligen – und bis heute nicht abgeschlossenen – Ausbau des städtischen Kanalnetzes in Angriff nahm. Einige Projekte – wie etwa das Lehener Stadion – wurden jedoch bereits gegen starke Widerstände der Bevölkerung realisiert. Andere Vorhaben erwiesen sich als letztlich undurchführbar.

Was die Durchsetzbarkeit großer Planungsvorhaben anlangt, markierte die Kontroverse um das „Stadtentwicklungsmodell 1970", das die Entwicklungslinien der Stadt bis über das Jahr 2000 hinaus vorzeichnen sollte, einen Wendepunkt in der Kommunalpolitik.[227] Vom Gemeinderat noch einstimmig beschlossen, stieß das Modell, das von weit überzogenen Prognosen ausging (220.000 Einwohner bis zum Jahr 2020), in der Öf-

Rudolf Hradil, Peripherie, Öl auf Leinwand, 1970. (Privatbesitz)

fentlichkeit jedoch wegen der darin vorgesehenen Umwidmung umfangreicher Grünflächen in Bauland auf heftige Kritik.[228] Hatte die Sorge eines Teils der Öffentlichkeit – wie noch zu zeigen sein wird – bereits seit den sechziger Jahren vor allem der gefährdeten Altstadt gegolten, so stand nun die Stadt als Ganzes im Mittelpunkt des Interesses. Hans Sedlmayr, der ‚spiritus rector' der Salzburger Bürgerinitiativen, entwarf 1970 die Horror-Vision einer „Stadt ohne Landschaft".[229] Publizistisch stand ihm Karl Heinz Ritschel zur Seite, der in den „Salzburger Nachrichten" den Zeigefinger immer wieder auf neue Bausünden in der „vermurksten Stadt" richtete.[230]

Mit dem Auftreten der Bürgerinitiativen seit 1972 wurde die Herrschaft der Salzburger ‚Einheitspartei' – also der Konsens zwischen SPÖ, ÖVP und FPÖ – zumindest auf Gemeindeebene in Frage gestellt. Angriffspunkte waren Bau-, Verkehrs- und Umweltpolitik sowie Privilegienwirtschaft, kurzum – wie es die Kritiker sahen – die ‚Packelei' der traditionellen kommunalen Herrschaftsträger.

Bei den Gemeinderatswahlen 1972 blieben die drei etablierten Parteien noch einmal unter sich. Das ungewohnt aggressive und zugleich publikumswirksame Auftreten der Bürgerinitiative „Schützt Salzburgs Landschaft", die sich gegen die großflächige Verbauung von ‚Salzburg Süd' – also der Region östlich der Hellbrunner Allee – wandte, brachte jedoch ein Element der Verunsicherung in die kommunalpolitische Szene. Angesichts einer überaus erfolgreichen Unterschriftenaktion der Bürgerinitiative geriet die Einheitsfront der drei etablierten Parteien ins Wanken, so daß die umstrittenen Verbauungspläne letztlich nicht verwirklicht wurden.[231]

Dasselbe Schicksal war dem „Gesamtverkehrsplan" von 1976 beschieden, der – um die Innenstadt vom Durchzugsverkehr zu entlasten – die Anlage eines Systems von Umfahrungsstraßen durch dichtbesiedelte Wohngebiete vorsah.[232] Auch hier veranlaßte heftiger Widerstand aus der Bevölkerung letztlich die Aufhebung eines einstimmigen Gemeinderatsbeschlusses. Nach mehrjährigem Umdenkprozeß präsentierte die Gemeinde Mitte der achtziger Jahre schließlich als Antwort auf die Verkehrsprobleme der Stadt ein „Verkehrspolitisches Zielkonzept", das den öffentlichen Nahverkehr, den nichtmotorisierten Verkehr und die flächenhafte Verkehrsberuhigung in den Mittelpunkt der Planung stellte.

Als Reaktion auf das Bedürfnis der Bevölkerung nach verstärkter Mitsprache entwickelte das Amt für Stadtplanung, Teil der mit 1. Jänner 1973 neugeschaffenen Abteilung IX/Raumplanung des Salzburger Magistrats, das Konzept der stadtteilbezogenen „Städtebaulichen Strukturpläne".[233] Das Stadtgebiet wurde dafür in einzelne Planungsräume gegliedert, bei deren Abgrenzung historische Bezüge ebenso Berücksichtigung fanden wie bestehende natürliche oder künstliche Gliederungsmomente. Für die Durchführung der Stadtteilplanung – insgesamt war die Erstellung von Strukturplänen für acht Stadtteile vorgesehen – wurde ein damals in Österreich einmaliges Verfahrensmodell entwickelt, in dem als beteiligter ‚Partner' neben dem Planer und Politiker auch der ‚Bürger' vorgesehen ist.[234]

Kennzeichnend für die gewandelte politische Situation in der Stadt war auch die Diskussion um den Universitätsstandort Freisaal.[235] Der Zusammenschluß von fünf Salzburger Bürgerinitiativen „zur Rettung Freisaals" ein Jahr vor den Gemeinderatswahlen

Ausstellung des Gesamtverkehrsplans 1975. (Links Gemeinderat Josef Reschen, Mitte Gemeinderat Johann Hoffmann). (AStS, LPB)

1977 lähmte die Entschlußkraft der Kommunalpolitiker und verhinderte eine rasche Entscheidung.[236] Statt dessen begann nun unter Einschluß der Öffentlichkeit eine Phase intensiver Diskussion über das umstrittene Projekt. Nach einer Aussprache von SPÖ-Spitzenvertretern mit Vertretern der Bürgerinitiativen, die inzwischen 13.000 Unterschriften gesammelt hatten, bezeichnete Bürgermeister Salfenauer schließlich das Universitätsprojekt „als möglicherweise zu groß dimensioniert".[237]

Langsam zeichnete sich in der zweiten Jahreshälfte 1976 der Kompromiß einer Minimallösung in Freisaal ab.[238] Salfenauer konnte sich nun ein Projekt nach den Ideen des „Landschaftsschutzkomitees Freisaal" mit dem Bäckermeister Richard Hörl an der Spitze vorstellen.[239] Nachdem auch der Bund sein Einverständnis zur Altstadtvariante signalisiert hatte und nur noch von seiten der Universität gegen die Aufgabe des Standorts Freisaal opponiert wurde, stimmte schließlich auch das Land einer Modifizierung des Universitätsausbaus zu. Das „bedingte Ja" des Landes zur Altstadtuniversität wurde allerdings an die Erstellung eines Terminplans für die Räumung der vom Bund benutzten Altstadtbauten geknüpft.[240] Die Weichen für den Ausbau der Altstadtuniversität bei gleichzeitiger Errichtung der Naturwissenschaftlichen Fakultät im Randbereich von Freisaal waren damit gestellt. Der Planungsprozeß zog sich – unter reger Beteiligung der Öffentlichkeit – noch jahrelang hin, ehe im April 1982 der Spatenstich erfolgte.[241] Mit der Fertigstellung des vom Architektenteam Heinz Ekhardt, Wilhelm Holzbauer u. a. konzipierten Neubaus der Naturwissenschaftlichen Fakultät im Oktober 1986 erhielt die Stadt ein neues, modernes ‚Wahrzeichen', das von einer gewandelten Architekturgesinnung zeugt.

Das Konzept einer „Altstadt-Universität Salzburg" wurde Ende 1978 der Öffentlichkeit vorgestellt. Voraussetzung für seine Realisierung war die Aussiedlung einer Reihe von Dienststellen aus der Altstadt: Polizeidirektion, Finanzlandesdirektion, Höhere Technische Lehranstalt benötigten neue Baulichkeiten. Die Ausführung dieser Großprojekte, für die sich in der Salzburger Öffentlichkeit der Begriff ‚Jahrhundertbauten' einbürgerte, sowie die – denkmalpflegerisch sensible – Adaptierung von Gewerbeschule, Toskanatrakt der Residenz und Kapitelhäusern für Zwecke der Universität lag bei der im März 1981 gegründeten „Salzburger Bauträgergesellschaft" (SABAG). Die beachtliche architektonische Qualität einzelner ‚Jahrhundertbauten' ist Ausdruck der nach 1982 durch die „Bürgerliste" vorangetriebenen ‚Architekturreform'.[242] Keine entsprechende Heimstätte gefunden hat das Salzburger Museum Carolino Augusteum, das auch fünfzig Jahre, nachdem Bomben das alte Museumsgebäude zerstört haben, mit einem räumlich wie auch architektonisch völlig ungenügendem Nachkriegsbau vorliebnehmen muß. Alle Pläne einer großzügigen Lösung der Salzburger ‚Museumsfrage' sind bislang gescheitert.

Auch im städtischen Wohnbau zeichneten sich in den frühen siebziger Jahren einschneidende Veränderungen ab. Während die Zahl der nach dem Wohnbauförderungsgesetz 1968 geförderten Wohnungen auf Landesebene bis 1976 trotz aller Schwankungen insgesamt eine steigende Tendenz aufwies, setzte in der Landeshauptstadt Salzburg, der Domäne der gemeinnützigen Bauvereinigungen, eine rückläufige Bewegung ein.

Naturwissenschaftliche Fakultät Freisaal. (Verlag Anton Pustet)

Der Anteil der frei finanzierten Wohnungen am gesamten Bauvolumen nahm kontinuierlich zu,[243] die Zahl der geförderten Wohnungen sank dagegen im Jahr 1976 mit nur mehr 497 Wohneinheiten auf einen vorläufigen Nachkriegstiefstand.[244] (Vgl. Tabelle 12.)

Schwindende Baulandreserven und zunehmende Skrupel der Politiker bei der Umwidmung von Grünland in Bauland engten den Handlungsspielraum im Sozialen Wohnbau zusätzlich ein. Entscheidend war auch hier der Öffentlichkeitserfolg der Bürgerinitiative „Schützt Salzburgs Landschaft". Ihr kompromißloser Einsatz für die Erhaltung des Grünlandes erzwang noch vor den Gemeinderatswahlen 1972 ein Umdenken der etablierten Parteien.[245] In weiterer Folge traten noch andere Bürgerinitiativen in Erscheinung, die mit ihrer Forderung nach mehr Wohn- und Lebensqualität die Notwendigkeit einer ausgedehnten Wohnbautätigkeit wohl nicht bestritten, zugleich jedoch die Praxis des Sozialen Wohnbaus der sechziger Jahre – wie sie sich etwa in der überaus dichten Verbauung von Lehen manifestierte – gänzlich ablehnten.[246]

Die strukturelle Krise des Sozialen Wohnbaus wurde somit durch regionale Komponenten zusätzlich verschärft. Im Vergleich zu den sechziger Jahren war der Wille zum politischen Konsens in Wohnbaufragen nun jedoch vergleichsweise geringer geworden: verunsichert durch die neue Öffentlichkeit in allen Fragen des Wohn- und Städtebaus zogen sich SPÖ und ÖVP zum Teil auf alte ideologische Positionen zurück. Während die Sozialisten angesichts des unvermehrbaren Gutes ‚Boden' regulative Eingriffe vorschlugen, betonte die ÖVP den marktwirtschaftlichen Standpunkt. Ihrer Ansicht nach sollte sich die öffentliche Hand vor allem auf die Subventionierung der Mieten frei finanzierter Wohnungen beschränken. Strittig zwischen den beiden großen Parteien war insbesondere die zukünftige Gewichtung zwischen ‚Sozialem' und frei finanziertem Wohnbau.[247]

Die Wohnungsfrage blieb in der Folge weitgehend ungelöst. Der in Salzburg in besonderem Maß gegebene Wirkungszusammenhang von nach wie vor großem Wohnungsbedarf, überproportional steigenden Baukosten, geringen Baulandreserven und explodierenden Grundkosten stand einer Problemlösung in den 1970er und 1980er Jahren mehr denn je im Wege. Zugleich wuchs die Kritik am Sozialen Wohnbau alten Stils: „Was jahrelang als Gemeinwohl gefeiert wurde – nämlich Menschen ein Dach über dem Kopf zu schaffen, entartete und wurde schließlich zum Krebsgeschwür der Stadtlandschaft".[248]

Entscheidend war freilich die Kostenfrage: Seit Mitte der 1970er Jahre hielten die Zuwachsraten der Wohnbauförderung nicht mehr Schritt mit dem raschen Anstieg der Baukosten. Allein von 1976 auf 1977 explodierten die Kosten für den Quadratmeter geförderten Wohnraum um 57 Prozent.[249] Während der 1980er Jahre setzte sich dieser Trend in verstärktem Ausmaß fort. Eine Verdoppelung der Baulandpreise ließ die Wohnbautätigkeit gegenüber dem Jahrzehnt davor um 60 Prozent zurückgehen, so daß die Befriedigung der Wohnbedürfnisse einkommensschwächerer Kreise im Ballungsraum Salzburg spätestens seit 1985 nicht mehr gewährleistet ist.[250] Die Bautätigkeit der gemeinnützigen Wohnbauträger verlagert sich seitdem in die Umlandgemeinden des Flach- und Tennengaus.

Gleichzeitig zum Sensibilisierungsprozeß gegenüber herkömmlichen Stadterweiterungs-Wohnbauvorhaben im Sinne bloßer Bedarfsdeckung fand ein Umdenkprozeß statt, der die Anpassung zukünftiger Großbauvorhaben an übergeordnete städtebauliche Leitbilder einforderte. Ausdruck der veränderten Planungsgesinnung waren etwa die Räumlichen Entwicklungskonzepte für Aigen-Parsch und Salzburg-West.[251] „Eine klare Formulierung der wohnungspolitischen Ziele und damit auch eine Diskussion über geeignete Maßnahmen zur Erfüllung dieser Ziele" erfolgte vorerst jedoch nicht,[252] so daß die Probleme des Wohnbaus Ende der 1980er Jahre eine weitere krisenhafte Zuspitzung erfuhren.[253] Vor allem mangelte es an einer Strategie gegen die bodenpreisbedingte Verknappung des verfügbaren Baulandes. Während die Fördertöpfe des Landes prall gefüllt waren, scheiterte ein Großteil der kommunalen Wohnprojekte – wie etwa das einer ‚Wohnstadt Nonntal' – schon im Ansatz, so daß 1993 die Wohnbautätigkeit in der Landeshauptstadt mit nur 463 fertiggestellten Wohnungen einen historischen Tiefstand erreichte.

Seit 1993 sorgte ein Sonderwohnbauprogramm des Landes kurzfristig zwar für eine Belebung des geförderten Wohnbaus, wenngleich das hohe Preisniveau die Errichtung familiengerechter Wohnungen weitgehend ausschloß. Für die Zukunft vielversprechend scheint dagegen eine Reform des Raumordnungswesens (ROG 1992), die unter bestimmten Voraussetzungen erstmals eine Rückwidmung von Baulandflächen über 2000 m² Grundfläche ermöglicht. In Vollzug der neuen landesgesetzlichen Bestimmungen verordnete die Stadt ein ‚Paket gegen Grundstücksspekulanten',[254] dessen Vollzug einer mit 1. April 1994 neu errichteten Magistratsabteilung obliegt. Vorrangiges Ziel ist die Sicherung des Zehn-Jahres-Bedarfs an Bauland durch privatwirtschaftliche Raumordnungsverträge mit Grundstückseignern, wobei erste Ergebnisse dieser ‚aktiven Bodenpolitik' darauf hindeuten, daß das Ziel einer mittelfristigen Baulandsicherung – wenn auch auf hohem Preisniveau – in erreichbare Nähe gerückt ist.[255]

Die Rettung der Altstadt

Fragen der Altstadterhaltung spielten in der kommunalpolitischen Diskussion der ersten beiden Nachkriegsjahrzehnte nur eine untergeordnete Rolle. Als der Kunsthistoriker Hans Sedlmayr 1965 unter dem Eindruck der Demolierung einer ganzen Reihe von Altstadtbauten seinen berühmten Aufruf zur Rettung der Salzburger Altstadt veröffentlichte,[256] war der Bewußtseinsstand von Öffentlichkeit und Politik in Fragen des Denkmal- und Ensembleschutzes noch völlig unterentwickelt. Was zählte, war einzig die kommerzielle Verwertbarkeit der Objekte, und noch 1965 hielt Bürgermeister Bäck es für vollkommen ausreichend, den „Charakter" der Altstadt zu bewahren und zugleich für notwendig, „zahlreiche" nicht sanierbare Häuser durch Neubauten zu ersetzen.[257] Folglich war es auch nicht Bäck, sondern der kulturbewußte Landeshauptmann Lechner, der trotz großer Widerstände, auch von seiten der Wirtschaft, beharrlich auf gesetzliche Schutzbestimmungen für den Altstadtbereich drängte und damit sehr wesentlich zum Erlaß des Salzburger Altstadterhaltungsgesetzes von 1967 beitrug.[258]

Abriß des Hauses Platzl Nr. 5, 1979. (AStS)

Das neue Gesetz, mit dem „das Land die Stadt vor ihren eigenen Bürgern schützen mußte",[259] beschränkte sich zunächst jedoch auf den bloßen Fassadenschutz. Dazu kam die bürokratische Ineffizienz der Altstadterhaltungs-Kommission, die der weiteren Zerstörung wertvoller Bausubstanz anfänglich keinen wirksamen Widerstand entgegensetzte. Die Skandale um die Demolierung des Alten Borromäums, der Karl-Borromäus-Kirche und des Realschulgebäudes am Hanuschplatz, das dem AVA-Haus weichen mußte, „waren Grund genug, an der Wirksamkeit des Gesetzes und am Willen der Stadtpolitiker, dieses Gesetz auch zu vollziehen, zu zweifeln".[260] Nachdem die Affäre um den Totalabriß des Hauses Platzl Nr. 5 noch einmal eindrucksvoll die Ohnmacht des Gesetzes gegenüber spekulativen Interessen aufgezeigt hatte, wurde das Gesetz schließlich 1980 einer grundsätzlichen Neufassung unterzogen.[261]

Seitdem kennzeichnen behutsame Sanierungen unter strikter Rücksichtnahme auf die historische Bausubstanz das Baugeschehen im Salzburger Altstadtkern, ohne daß dadurch freilich der Prozeß einer ausschließlich von Kapitalverwertungsstrategien bestimmten monofunktionalen Citybildung zum Stillstand gekommen wäre. Vorläufiger Höhepunkt dieser bis zur Gegenwart ungebrochenen Entwicklung war im Herbst 1995 die Schließung des traditionsreichen Kaffeehauses „Mozart" in der Getreidegasse, deren Erscheinungsbild – ebenso wie jenes der Judengasse – immer mehr durch die Filialen internationaler Textilketten geprägt wird. Immerhin wurde Mitte 1995 der Geltungsbereich des Altstadterhaltungsgesetzes auf die angrenzenden Stadtviertel ausgeweitet. Nach heftigen Bürgerprotesten gegen die vielfache Demolierung und ‚Entkernung' gründerzeitlicher Bausubstanz stufte der Gemeinderat nun auch Bauten aus dem 19. und frühen 20. Jahrhundert als „historisch bedeutsam und erhaltungswürdig" und damit charakteristisch für das Stadtbild ein.[262]

Mindestens ebenso langwierig und reich an Rückschlägen wie der Kampf gegen die Zerstörung der historischen Substanz der Altstadt verlief die Suche nach einer Lösung des innerstädtischen Verkehrsproblems. Waren 1950 gerade 1000 Lkw und 1600 Pkw in der Stadt zugelassen,[263] so veranlaßte die rasante Steigerung der Motorisierung schon in den fünfziger Jahren eine Reihe von verkehrsordnenden Maßnahmen, wie etwa die Anlage des Einbahnringes ‚Süd' zwischen Staatsbrücke und Nonntaler Brücke sowie die Einrichtung einer Fußgängerzone, die Getreide- und Judengasse umschloß. Obwohl vielfach bereits zu diesem frühen Zeitpunkt eine gänzliche Verkehrssperre als letztlich unausweichlich betrachtet wurde[264] und die Verkehrsüberflutung während der sechziger Jahre dramatische Ausmaße annahm, rang sich die Stadtverwaltung nur zögernd zu weiteren verkehrsordnenden Maßnahmen durch, wie etwa der Einbeziehung des Alten Marktes in die Fußgängerzone im Jahr 1965.[265]

Erst der von Stau und Verkehrsüberflutung geprägte „Katastrophensommer" 1970[266] setzte einen Umdenkprozeß in Gang, der ein Jahr später in den Beschluß einer etappenweisen Erweiterung der Fußgängerzone mündete. 1973 brachte die Sperre der Dombögen schließlich den bis dahin „einschneidendsten Eingriff in den herkömmlichen Verkehrsablauf".[268] Es dauerte zehn weitere Jahre, ehe auf Initiative von Bürgerlisten-Stadtrat Johann Voggenhuber die Einbeziehung des Kaiviertels in die Fußgängerzone erfolg-

Die Rettung der Altstadt 615

Verkehrssituation in der Altstadt, August 1989. (AStS)

te und damit eine der größten zusammenhängenden Fußgängerzonen in ganz Europa geschaffen wurde.[269]

Heftigen Widerstand gegen die Etablierung der Fußgängerzone leisteten die seit 1974 in der „Innenstadtgenossenschaft" organisierten Wirtschaftstreibenden der Altstadt, die schon in den sechziger Jahren vehement gegen jede „Abschnürung der Altstadt vom Verkehr" ins Feld gezogen waren.[270] Später konzentrierten sich die Innenstadtkaufleute auf die Forderung nach der Errichtung altstadtnaher Parkgaragen als Kompensation für den in der Altstadt verlorenen Parkraum. Nach jahrelanger Standortdiskussion erfolgte Mitte der siebziger Jahre der Bau von zwei Großgaragen mit 1500 Abstellplätzen im Mönchsberg (Fertigstellung 1975) sowie der Parkgarage unter dem Mirabellplatz (Fertigstellung 1976). Die Errichtung einer unter dem Flußbett der Salzach situierten Großgarage im Süden der Altstadt scheiterte Ende der achtziger Jahre am Widerstand zahlreicher Umweltinitiativen. Realisiert wurde hingegen die Linzer-Gassen-Garage, deren Fertigstellung die Einrichtung der Fußgängerzone ‚Rechte Altstadt' im Dezember 1994 ermöglichte.

Wesentliche Impulse zur Verkehrsberuhigung setzte FPÖ-Stadtrat Dietrich Masopust. Die von ihm im Frühjahr 1990 verfügte Parkraumbewirtschaftung der gesamten Innenstadt wurde in den Folgejahren schrittweise ausgeweitet. Einen weiteren Wendepunkt in der Verkehrpolitik stellten die seit dem selben Jahr geltenden Verkehrsbeschränkungen für Reisebusse dar. Während sich der Busterminal im Nonntal im wesentlichen bewährt hat, stieß die probeweise Einführung eines Shuttlebetriebs mit Doppeldeckerbussen in Wirtschaftskreisen auf heftigen Widerstand. Ebenfalls wieder fallengelassen wurde ein im August 1990 erlassenes Innenstadtfahrverbot an Sonn- und Feiertagen, das vor allem bei den Anrainern der nun stark frequentierten Umfahrungsstraßen zu heftigen Protesten geführt hatte.

Im Zeichen einer grundsätzlich irreversiblen Trendwende in der Verkehrspolitik stand auch die partielle Bevorzugung des öffentlichen Verkehrs durch Einrichtung von insgesamt 22 Busspuren im Zeitraum von 1970 bis 1994. Im Sande verlief dagegen die Diskussion um eine unterirdische Weiterführung der Lokalbahn vom Bahnhof ins Stadtzentrum. Angesichts der beträchtlichen Kostenüberschreitungen allein schon bei der großangelegten Umgestaltung des Bahnhofsvorplatzes und der damit verbundenen Verlegung der Lokalbahnstation unter die Erde erscheint das von Herbert Fux im Februar 1992 als „dummdreiste Provinzidee" apostrophierte Projekt einer Salzburger U-Bahn auch auf lange Sicht als unrealisierbare Utopie.[271]

Kommunalpolitische Entwicklungslinien (1977 bis 1995)

Bei den Gemeinderatswahlen 1977 erreichten die „Vereinigten Bürgerinitiativen ‚Rettet Salzburg' – Bürgerliste" auf Anhieb 5,6 Prozent der Stimmen und zwei Mandate. Das Dreiparteiensystem wurde damit auf Gemeindeebene aufgebrochen, umso mehr als die neue Minifraktion ihren formal geringen politischen Manövrierraum optimal ausnützte.[272] Unbelastet von konkreter politischer Verantwortung wurden die als ‚Salzbur-

Demonstration der Bürgerliste gegen den Umbau des Modegeschäfts Thalhammer. Im Bild: Herbert Fux, Gerda Bauer und Wilhelm Kaufmann. (AStS)

ger Einheitspartei' apostrophierten etablierten Parteien bei jeder sich bietenden Gelegenheit auf schärfste kritisiert, und die beiden Bürgerlistenmandatare Richard Hörl und Herbert Fux tobten in der Folgezeit mitunter – laut „Salzburger Nachrichten" – „als Wildes Gjoad durch das Salzburger Rathaus".[273] Nicht nur drängte die „Bürgerliste" den etablierten Parteien im Gemeinderat mit unzähligen Anfragen gleichsam eine Altstadtdebatte auf. Auch außerhalb des Gemeinderates verstand es die neue Partei durch die ‚Aufdeckung' von Querverbindungen zwischen Gemeindepolitik und Bauspekulation, ihre politischen Gegner in die Defensive zu drängen, wobei die daran anschließenden Ehrenbeleidigungsprozesse – wie der von Hans Zyla gegen Voggenhuber – überwiegend zugunsten der Bürgerliste endeten. Für Schlagzeilen sorgte auch die Verleihung des einer mittelalterlichen Schandmaske nachempfundenen ersten ‚Saurüssels' an Ernst Thalhammer, dem „Hauptverschandler von Getreidegasse und Rathausplatz".[274] Weitere ‚Preisverleihungen' folgten, unter anderen an Alois Reinthaler, für dessen „hervorragende Mitwirkung am Chaos in Lehen".[275] Bereits nach wenigen Monaten ihrer kommunalpolitischen Tätigkeit waren Fux und Hörl den Spitzenpolitikern der Stadtgemeinde hinsichtlich des Bekanntheitsgrades haushoch überlegen.[276]

Personelle Konsequenzen aus dem offenkundigen Popularitätsverlust der etablierten Parteien zog zunächst die ÖVP. Gerhardt Bacher trat im September 1979 die Nachfolge von Vizebürgermeister Kläring an, der zuletzt in Zusammenhang mit der Demolierung des Hauses Platzl Nr. 5 ins Schußfeld der Öffentlichkeit geraten war.[277] Auch in der SPÖ fand zur Halbzeit der Wahlperiode in zwei Schritten ein Austausch der Führungsmannschaft statt. Am 11. Februar 1980 wurde Dipl.-Ing. Josef Reschen zunächst zum Nachfolger von Finanzressortchef Hanselitsch gewählt. Trotz anfänglicher Dementi trat kurze Zeit darauf auch Bürgermeister Salfenauer zurück, so daß Reschen nunmehr das höchste Amt in der Stadt offenstand. Der neue Bürgermeister – im Zivilberuf Landesbeamter – hatte sich innerparteilich als Obmann des „Bundes sozialistischer Akademiker" profiliert und wurde vom politischen Gegner ganz zu Unrecht als „superlinker Dogmatiker" verdächtigt.[278] Dem neuen Bürgermeister und Finanzreferenten, dessen innerparteiliche Basis nur schwach ausgeprägt war, stand der Gewerkschafter Gerhard Buchleitner als Vizebürgermeister zur Seite.

Reschen verfolgte einen betont pragmatischen Kurs, der durch taktisches Geschick und sachpolitische Kompetenz insbesondere auf wirtschafts- und finanzpolitischem Gebiet gekennzeichnet war. Die erste Bewährungsprobe hatte der neue Bürgermeister bei der Konsolidierung der Gemeindefinanzen zu bestehen, die durch den Anstieg der Kreditzinsen und die relative Stagnation wichtiger Einnahmebereiche im Gefolge des zweiten ‚Ölpreisschocks' Ende der siebziger Jahre aus dem Gleichgewicht geraten waren. Die SPÖ als traditionelle Verwalterin des Finanzressorts sah sich mit dem Vorwurf konfrontiert, durch eine extensive Darlehensaufnahme zwischen 1973 und 1981 eine Verdoppelung der Gemeindeschuld herbeigeführt zu haben, womit ein im österreichischen Vergleichsrahmen bedenklicher Grad der Verschuldung pro Kopf der Wohnbevölkerung (1982: 20.798 Schilling) erreicht worden sei.[279] Durch eine restriktive Budgetpolitik sollte es Reschen innerhalb weniger Jahre gelingen, die Neuverschuldung einzudämmen und den Schuldenstand auf dem Niveau von 1980 einzufrieren. Der Hauptakzent lag dabei auf einer Einschränkung der Investitionsausgaben und einer damit verbundenen Beschränkung bei der Aufnahme neuer Darlehen.[280]

Im Gemeinderatswahlkampf 1982 sahen sich SPÖ, ÖVP und FPÖ durch den bedingungslosen Konfrontationskurs der „Bürgerliste" in die Defensive gedrängt. Thematisch konzentrierte sich die „einzige Oppositionspartei" mit ihrem Spitzenkandidaten Johannes Voggenhuber auf vier Hauptschwerpunkte, nämlich die Problemkreise Altstadterhaltung, Grünlandschutz, Politikerprivilegien und Demokratisierung bzw. Kontrolle durch den ‚mündigen' Bürger.[281]

Die konkreten Angriffe der „Bürgerliste" richteten sich vor allem gegen Exponenten von FPÖ (Steiner) und ÖVP (Bacher), während die SPÖ als Bürgermeisterpartei „eher allgemein für die herrschenden Zustände verantwortlich gemacht wurde".[282] Die etablierten Parteien bekannten sich in ihren Wahlprogrammen zwar ebenfalls zur Bewahrung des Stadtbildes, zum Schutz der Umwelt sowie zur Demokratisierung der Stadtverwaltung, im Gegensatz zur „Bürgerliste" überschritten ihre Wahlprogramme aber nicht den Rahmen allgemein gehaltener Vorstellungen.[283] Nur die FPÖ konnte darauf verweisen, daß ihr Spitzenkandidat Steiner im Planungsressort bis dahin im Magistrat unbekannte Methoden der Bürgerbeteiligung erprobt hatte.[284] Die SPÖ wiederum thematisierte in ihrem Wahlkampf den akuten Wohnungsnotstand in der Landeshauptstadt.[285] Im Grunde richteten die Sozialisten ihren Wahlkampf aber primär auf den Spitzenkandidaten Reschen aus, der in einem Interview die Meinung vertrat: „Programme sind wichtig, dürfen aber nicht überschätzt werden, sondern sind an den Politikern zu messen, die sie umsetzen."[286]

Bei der Gemeinderatswahl vom 3. Oktober 1982 erteilten die Wähler der traditionellen Kommunalpolitik eine deutliche Abfuhr. Mit einem Wähleranteil von 17,7 Prozent und sieben Mandaten wurde die „Bürgerliste" hinter SPÖ und ÖVP zur drittstärksten Gruppierung im Gemeinderat. (Vgl. Tabelle 13) Das Salzburger Wahlergebnis sorgte österreichweit für Aufsehen und gab Anlaß zu zahlreichen Analysen.[287] Überraschend kam insbesondere die Erkenntnis, daß mit der „Bürgerliste" eine reformistische Gruppierung den Sieg davongetragen hatte, deren Politik keineswegs auf eine Systemänderung abgestellt war, sondern tendenziell eindeutig ‚konservative' Züge trug. Die Etikettierung durch den politischen Gegner als ‚Villenbesitzerpartei' erwies sich dennoch als unrichtig, vielmehr präsentierte sich die „Bürgerliste" als „liberale Zentrumspartei" mit einem überdurchschnittlich jungen und gebildeten Wählerpotential. Der Bürgerlistenwähler war also „nicht nur in Villen, sondern im Verhältnis stärker als aus dem gleichen Milieu stammende ÖVP- und FPÖ-Wähler in Wohnblöcken zu finden" und zeichnete sich durch ein latent vorhandenes Unbehagen aus, „das nicht unbedingt zu absoluter Unzufriedenheit, aber doch zu gesteigerter Kritikbereitschaft führt".[288]

Johannes Voggenhuber, der bisherige Pressesprecher der „Bürgerliste", zog nach den Wahlen als Stadtrat in das Kollegium ein und bekam die Ressortzuständigkeit ausgerechnet in den von der „Bürgerliste" bisher besonders heftig kritisierten Bereichen, nämlich Umweltschutz, Baubehörde, Raumplanung sowie Verkehrs- und Straßenamt. Die

Gemeinderatswahl 1987 (v. l. n. r.: Wahlsieger Bürgermeister Josef Reschen, ÖVP-Spitzenkandidatin Sigune Neureiter, Stadtrat Dietrich Masopust, Stadtrat Johannes Voggenhuber). (AStS)

Übertragung sämtlicher ‚Himmelfahrtskommandos' an die „Bürgerliste" erfolgte nicht zuletzt aus taktischem Kalkül. Tatsächlich schuf die Vereinigung traditionell miteinander rivalisierender Behörden und Ämter aber erst die Voraussetzung dafür, daß die Bürgerliste ihre Zielvorstellungen in den folgenden fünf Jahren teilweise in die Tat umzusetzen vermochte.[289]

Voggenhuber verfolgte während seiner fünfjährigen Amtszeit ein weitgespanntes Planungs- und Architekturprogramm, dessen einzelne Schwerpunkte unter der Sammelbezeichnung „Salzburg-Projekt" zusammengefaßt wurden.[290] Erste einschneidende Maßnahme war eine Erweiterung der Fußgängerzone in der Altstadt, parallel dazu kam es zu einer umfassenden Bauzustandserhebung als Grundlage zukünftiger Sanierungen.[291] Aber auch die Erhaltung der Stadtlandschaft als Ganzes wurde zum Objekt der Reformpolitik: Unter massivem Druck der Öffentlichkeit rang sich der Gemeinderat am 28. Juni 1985 zu einer umfassenden Deklaration des geschützten Grünlandes im gesamten Stadtbereich durch.[292] Besonderes Anliegen Voggenhubers war eine Reorganisation der kommunalen Planungsbegutachtung. Unter dem Titel einer „Salzburger Architekturreform" konstituierte sich 1983 ein aus international renommierten Architekten zusammengesetzter „Gestaltungsbeirat", der seitdem – in periodisch wechselnder Zusammensetzung – sämtliche Bauprojekte von besonderer Bedeutung beratend begleitet.[293] Nach anfänglichem Verdacht einer „Geschmacksdiktatur" überwog das positive Urteil: „Als wesentliches Ergebnis entstand durch den Gestaltungsbeirat in der Stadt Salzburg eine öffentliche Architekturdebatte. Fragen der

Architekturqualität und des Städtebaues bekamen in der Öffentlichkeit Bedeutung und einen positiven Stellenwert."[294]

Bei den Gemeinderatswahlen 1987 wurde die Reformpolitik der „Bürgerliste" durch den Wähler jedoch nicht honoriert. Der Verlust von drei Mandaten kostete die Position des Stadtrats. Verursacht wurde die Niederlage unter anderem durch die erfolgreiche Taktik insbesondere der SPÖ, einerseits an den Erfolgen der „Bürgerliste" auf der Grundlage gemeinsamer Gemeinderatsbeschlüsse zu partizipieren, andererseits die Verantwortung für Mißerfolge dieser alleine zuzuschieben. Zur Entfremdung eines Teils der bürgerlichen Wähler von 1982 trugen freilich auch Voggenhubers hektisches Engagement zugunsten einiger umstrittener Architekturprojekte (,Siza-Turm' am Mönchsberg, Verbauungsplan ,Bärengäßchen') sowie das prononciert „grünalternative" Engagement der „Bürgerliste" bei.[295]

Der Wahlausgang (siehe Tabelle 13) wurde in erster Linie als persönlicher Erfolg des SPÖ-Spitzenkandidaten Reschen gewertet, dem es vor allem gelungen war, den Bürgermeisterbonus gegenüber der politisch unerfahrenen ÖVP-Spitzenkandidatin Sigune Neureiter auszuspielen. Dazu kamen Reschens unbestreitbare Erfolge in der kommunalen Wirtschafts- und Finanzpolitik. Nachdem der finanzielle Handlungsspielraum der Stadt bereits seit Mitte der 1970er Jahre durch kontinuierlich steigende Haushaltsdefizite eingeengt worden war, hatten bereits 1980 alle Fraktionen des Gemeinderats auf Initiative des Finanzressortchefs dem Instrument der „mittelfristigen Finanzplanung" zugestimmt. Der unmittelbare Erfolg der neuen Haushaltspolitik war beeindruckend: ab 1983 erwirtschaftete die Stadt wieder Überschüsse, die Schuldendienstquote sank von rund 17 Prozent (1982) auf 11 Prozent (1989), und der Gesamtschuldenstand lag am Ende der ‚Ära Reschen' nur geringfügig über jenem von 1982.[296] Die Sparpolitik des Bürgermeisters wurde freilich auch als kommunalpolitische Tatenlosigkeit interpretiert: „Wer nichts ausgibt, steht alsbald gut da. Zumindest finanztechnisch betrachtet."[297]

Persönliches Engagement zeigte Reschen auch beim Ausbau der kulturellen Infrastruktur. So geht auf ihn das „Kulturstättenkonzept" von 1984 zurück, das sowohl den Aufbau einer eigenständigen Stadtteilkultur (,Vereinshäuser' in Gnigl und Maxglan) als auch die Förderung „alternativer" Kultur („Kleines Theater", ARGE Nonntal etc.) beinhaltete.[298] Nicht zuletzt erfuhr Reschens Popularität – auch bei potentiellen Bürgerlistenwählern – durch sein entschiedenes Eintreten gegen den Bau der atomaren Wiederaufbereitungsanlage in Wackersdorf eine beträchtliche Steigerung.

Umweltprobleme blieben in den 1980er Jahren im wesentlichen aber ein Aktionsfeld regionaler Bürgerinitiativen. Erreicht wurde unter anderem eine Verminderung des Schadstoffausstoßes der Spanplattenfabrik Kaindl in Liefering und die Rücknahme weitreichender Ausbaupläne der Flughafengesellschaft, die unter anderem von einer Verdoppelung der Flugfrequenz im Zeitraum 1988 bis 2007 ausgegangen waren. Die Stadt selbst protestierte wiederholt gegen die Verschmutzung der Salzach durch die Hallein-Papier-AG, wobei Stillegungsforderungen von Bürgerlisten-Stadtrat Voggenhuber eine gewerkschaftliche Gegendemonstration vor dem Schloß Mirabell provozierten.

Reschen verfolgte nach seinem Wahlerfolg einen pragmatisch-populistischen Kurs, der einerseits zwar den Stadthaushalt schonte, andererseits aber durch einen zunehmenden Immobilismus gekennzeichnet war. So wurden die anstehenden, zugleich aber kontroversen Problembereiche der Stadtpolitik – insbesondere im Wohn- und Verkehrswesen – zwar ausführlich diskutiert, im wesentlichen jedoch keiner Lösung nähergebracht. Mehr geschah dagegen im Sozialbereich, wobei hier vor allem Vizebürgermeister Buchleitner – ressortzuständig seit 1987 – wesentliche Impulse setzte. Zu erwähnen sind insbesondere die Obdachlosenfürsorge durch den Verein „Treffpunkt", der „Frauentreffpunkt", „Die Wabe", das „Netzwerk Lehen" und der „Sanierungsbeirat Liefering", der die Erneuerung desolater kommunaler Wohnblöcke koordinierte.[299] Schon 1984 hatte die Stadt durch Partnerschaftsabkommen mit den Dritte-Welt-Städten Singida in Tansania und Leon in Nicaragua soziale Akzente gesetzt.[300]

Der traditionelle Parteienkonsens wurde durch die absolute SPÖ-Gemeinderatsmehrheit nach 1987 nicht ernsthaft in Frage gestellt. Mehrheitsentscheidungen der Sozialisten in Gemeinderat und Stadtsenat waren seltene Ausnahmen. In der politischen Praxis überwog die Zusammenarbeit der etablierten Parteien, insbesondere von SPÖ und FPÖ.

Als sich im Sommer 1989 mit dem Zusammenbruch verschiedener Firmen der ÖVP-nahen Salzburger „Wohnungseigentumsbau"-Gruppe (WEB) „der größte Wohnbauskandal, den Österreich je erlebt hat", abzeichnete, dachte noch niemand daran, daß diese Affäre gerade unter den SPÖ-Spitzenpolitikern ihre Opfer fordern würde. Zunächst waren die Auswirkungen auf die Kommunalpolitik noch indirekter Art: im Herbst 1989 übernahm Vizebürgermeister Buchleitner die Position von Landeshauptmann-Stellvertreter Wolfgang Radlegger, den die persönliche Freundschaft zum WEB-Geschäftsführer Bernd Schiedeck zum Rücktritt veranlaßt hatte. Wenige Monate später – im Frühjahr 1990 – trat dann auch Bürgermeister Reschen, der wegen geschäftlicher Verbindungen zu einer Firma der WEB-Gruppe ins Schußfeld der Medien geraten war, von seinem Amt zurück. Nachfolger Reschens wurde der Rechtsanwalt Dr. Harald Lettner und neuer Bürgermeister-Stellvertreter Dr. Helmut Fartacek, bis dahin Klubobmann der SPÖ im Gemeinderat. Bereits im Dezember 1989 war nach dem Rücktritt von Johann Hoffmann mit Monika Garber nach längerem wieder eine Frau ins Stadtratskollegium aufgerückt.

Reschens Sparkurs wurde nach 1990 aufgegeben. Großprojekte in den Bereichen Wohnungswesen und Verkehr sowie neue Initiativen auf sozial- und kulturpolitischem Gebiet sollten der neuen SPÖ-Führung bei den Gemeinderatswahlen 1992 ein gutes Abschneiden garantieren. Diese Rechnung ging nicht auf. Dem neuen SPÖ-Team gelang es nicht, das von der dominanten Persönlichkeit Reschens hinterlassene Machtvakuum aufzufüllen. Während Lettner bis zur Gemeinderatswahl 1992 das Image des Zauderers nicht mehr abstreifte, profilierte sich Fartacek – in bewußter Konkurrenz zum Bürgermeister – durch vielseitige Aktivitäten insbesondere im kulturellen Bereich, wobei Aktionen wie etwa die symbolträchtige Umhüllung des Mozartdenkmals mit Einkaufswägelchen eine Polarisierung der öffentlichen Meinung bewußt in Kauf nahmen.[302]

Tabelle 13: Gemeinderatswahlen 1945 bis 1992

25. November 1945*)

SPÖ	18.391	51,1	21
ÖVP	16.201	45,0	18
KPÖ	1.413	3,9	1

30. Oktober 1949

SPÖ	17.760	37,5	15
WdU	14.281	30,2	12
ÖVP	13.623	28,8	12
KPÖ	1.666	3,5	1

18. Oktober 1953

SPÖ	20.884	38,1	15
ÖVP	18.502	33,7	14
FPÖ	13.968	25,5	10
KPÖ	1.470	2,7	1

20. Oktober 1957

SPÖ	21.510	38,6	16
ÖVP	18.703	33,6	13
FPÖ	13.493	24,2	10
KPÖ	1.503	2,7	1
Sonstige	512	0,9	–

14. Oktober 1962

SPÖ	23.722	39,2	16
ÖVP	20.500	33,8	14
FPÖ	14.549	24	9
KPÖ	1.802	3	1

8. Oktober 1967

SPÖ	30.958	46,3	19
ÖVP	20.883	31,2	13
FPÖ	13.463	20,1	8
KPÖ	990	1,5	–
Sonstige	593	0,9	–

*) National- und Landtagswahl. Die Mandatsverteilung im Provisorischen Gemeindeausschuß erfolgte auf dieser Grundlage.

8. Oktober 1972

SPÖ	26.557	40,9	17
ÖVP	23.010	35,4	14
FPÖ	14.406	22,2	9
KPÖ	815	1,3	–
Sonstige	215	0,2	–

2. Oktober 1977

SPÖ	26.722	38,81	16
ÖVP	22.888	33,24	14
FPÖ	14.649	21,28	8
Bürgerliste	3.839	5,58	2
KPÖ	624	0,91	–
KB	133	0,18	–

3. Oktober 1982

SPÖ	25.367	36,91	15
ÖVP	19.987	28,95	12
Bürgerliste	12.153	17,69	7
FPÖ	10.300	14,99	6
KPÖ	470	0,68	–
VSO Gruppe Rebhandl	532	0,78	–

4. Oktober 1987

SPÖ	30.123	49,29	21
ÖVP	13.816	22,61	9
FPÖ	9.215	15,08	6
Bürgerliste	6.197	10,14	4
KPÖ	489	0,80	–
Sonstige	1.279	2,09	–

4. Oktober 1992

SPÖ	15.101	28,0	12
ÖVP	13.345	24,8	11
FPÖ	7.791	14,5	6
Bürgerliste	8.887	16,5	7
ÖABP	3.136	5,8	2
Liste Masopust	2.835	5,3	2

Konnte die SPÖ den Gegensatz zwischen Lettner und Fartacek vorerst noch kaschieren, so trugen ÖVP und FPÖ ihre innerparteilichen Konflikte bereits im Vorfeld der Gemeinderatswahl von 1992 aus. Bürgermeister-Stellvertreter Dechant, dessen Verhältnis zur Landes-ÖVP getrübt war, fand für seine Kandidatur am Stadtparteitag der ÖVP im Oktober 1991 nur eine dünne Mehrheit von 58,6 Prozent. FPÖ-Stadtrat Masopust schließlich wurde wenige Monate vor der Wahl nach heftigen innerparteilichen Kontroversen vom Bundesparteiobmann Jörg Haider ausgeschaltet und als FPÖ-Stadtparteiobmann und Spitzenkandidat durch den Richter Siegfried Mitterndorfer ersetzt.

Die Salzburger Wähler quittierten den jahrelangen Immobilismus der Stadtpolitik bei der Gemeinderatswahl vom 4. Oktober 1992 mit einer Wahlenthaltung von beinahe 45 Prozent. Von den ‚etablierten' Parteien erlitt die bisherige Bürgermeisterpartei mit einem Stimmenverlust von mehr als 21 Prozent ein bei Kommunalwahlen bislang nicht dagewesenes Debakel, während ÖVP und FPÖ ihre bescheidenen Ergebnisse von 1987 leicht verbessern bzw. gerade noch halten konnten. Wahlgewinner waren neben der „Bürgerliste", die mit 16,5 Prozent Stimmenanteil ihr bisher bestes Wahlergebnis erzielte, zwei erstmals kandidierende Gruppierungen. Jeweils zwei Mandate errangen die Liste des ausgebooteten FPÖ-Stadtrats Masopust sowie die „Österreichische Autofahrer- und Bürgerinteressenspartei". Diese im österreichischen Vergleich einzigartige Dekonzentration des kommunalen Parteiensystems setzte sich nach der Wahl weiter fort: Im November 1992 gründeten Herbert Fartacek, dem innerhalb der SPÖ die Rolle des Sündenbocks für das verheerende Wahlergebnis zugedacht war, sowie drei weitere SPÖ-Gemeinderäte eine neue politische Gruppierung („Demokratie 92"),[303] die bei der Bürgermeisterwahl eine entscheidende Rolle spielen sollte.

Während sich die SPÖ in innerparteilichen Flügelkämpfen zerrieb, sicherte sich Josef Dechant die Unterstützung von FPÖ, Autofahrerpartei, Liste Masopust sowie schließlich auch von drei SPÖ-Renegaten um Fartacek. Mit einer satten Mehrheit von 24 zu 16 Stimmen wurde Dechant vom neugewählten Gemeinderat am 25. November 1992 zum ersten ÖVP-Bürgermeister seit Richard Hildmann gewählt. Der von der SPÖ in letzter Minute als Gegenkandidat aufgestellte Arbeiterkammer-Funktionär Dr. Heinz Schaden mußte sich mit der Position des Bürgermeister-Stellvertreters begnügen. Zweiter Bürgermeister-Stellvertreter wurde Johann Padutsch („Bürgerliste"), zu Stadträten bestellte der Gemeinderat Siegfried Mitterndorfer (FPÖ) und Josef Huber (SPÖ).

Der Salzburger Wähler hatte durch sein hochmobiles Wahlverhalten bzw. durch Wahlverweigerung der herkömmlichen „Politiker-Politik"[304] ein Ende bereitet. „Was die Bürger wirklich gestört hat," resümierten die „Salzburger Nachrichten" nach der Wahl, waren „eine zauderhafte Politik, zu wenig Fortschritte im versprochenen Wohnungsbau, Verkehrsmaßnahmen ohne Rahmenkonzept und letztlich ein politischer ‚Einheitsbrei'".[305]

Die ‚italienischen Verhältnisse' im neuen Gemeinderat zogen eine kommunalpolitische Pattsituation nach sich, die angesichts der eskalierenden Finanzkrise zeitweise in einen Zustand fast vollständiger Selbstlähmung überzugehen drohte. Die Finanzlage der Stadt hatte sich bereits 1992 in dramatischer Weise verschlechtert. Ein wahrer ‚Quan-

Tabelle 14: Rechnungsabschlüsse der Stadtgemeinde 1950 bis 1994
(Ausgaben in 1000 Schilling)

	Ordentlicher Haushalt	Außerordentlicher Haushalt
1950	76.906	23.045
1960	247.186	55.163
1970	677.017	183.115
1980	1,914.050	280.547
1987	2,758.690	441.214
1990	3,815.421	1,287.345
1994	4,818.991	1,936.634

Quelle: AStS, Jahresrechnungen der Landeshauptstadt Salzburg.

tensprung' erfolgte 1993, als die Neuverschuldung aufgrund von Darlehensaufnahmen, Leasingverträgen und auch einer allzu großzügigen Subventionstätigkeit im Vergleich zu den vorhergehenden Jahren auf das Dreifache emporschnellte. Bürgermeister Dechant als Leiter des Finanzressorts setzte dieser Aufblähung des außerordentlichen Haushalts

Die Stadt verkauft 70 Prozent der Salzburger Sparkasse an die Erste Österreichische Sparkasse, v. l. n. r. Bürgermeister Josef Dechant, „Erste"-Generaldirektor K. Fuchs, Bürgermeister-Stellvertreter Heinz Schaden. (September 1995) (Info-Z)

zwar ein Ende, die Finanzprobleme der Stadt verlagerten sich im Folgejahr jedoch durch die nun fälligen Kreditrückzahlungen vom außerordentlichen in den ordentlichen Haushalt, und spätestens seit dem Frühjahr 1995 dominierte die akute Finanzkrise das kommunalpolitische Tagesgeschehen.

Die aktuelle Finanzmisere der Stadt hat zum einen strukturelle Ursachen: Seit den 1980er und 1990er Jahren hatte sich ein Teil der industriellen und gewerblichen Aktivitäten schwerpunktartig aus dem Stadtgebiet in den benachbarten Zentralraum verlagert. Während sich die Ertragslage in der Stadt kontinuierlich verschlechterte, verzeichneten Umlandgemeinden wie Wals, Bergheim und Eugendorf überproportionale Zuwachsraten an Arbeitsstätten und Beschäftigten und damit auch an Steuereinahmen.[306] Unmittelbar verantwortlich für das Öffnen der Schere zwischen Einnahmen und Ausgaben war jedoch neben der teilweise unkontrollierten Ausgabenvermehrung der frühen 1990er Jahre vor allem eine rezessionsbedingte Verschlechterung der finanzpolitischen Rahmenbedingungen. Während die Einnahmen aus Bundesertragsanteilen und Gemeindeabgaben eine stagnierende bzw. rückläufige Tendenz aufweisen, sieht sich die Stadt mit einer überproportionalen und zugleich unvermeidbaren Steigerung der Aufwendungen im Sozialhilfebereich konfrontiert.[307]

Eine rasche Lösung der Finanzmisere scheint gegenwärtig (1996) nicht in Sicht. Auf kurze Sicht brachte die Veräußerung von 70 Prozent der Salzburger Sparkasse an die „Erste Österreichische Sparkasse" im Oktober 1995 zwar eine Entlastung der höchst angespannten Budgetsituation. Allein 1,1 Milliarden Schilling des Nettoverkaufertrags von 1,511 Milliarden flossen in die Sanierung des Haushalts 1996.[308] Mittelfristig ist die Wiedergewinnung des finanzpolitischen Handlungsspielraums von strukturellen Veränderungen abhängig, wie etwa einer Verminderung des Verwaltungsaufwands und einer Steigerung der Erträgnisse aus den Gemeindeabgaben durch forcierte Betriebsansiedlungen.[309]

Obwohl die Kommune durch den Sparkassenverkauf ihren wirtschaftlichen Handlungsspielraum wiedererlangte,[310] erscheint die Durchsetzbarkeit notwendiger Strukturreformen etwa im Bereich der Verwaltung unter den gegebenen Voraussetzungen als zweifelhaft. Auch maßgebliche Kommunalpolitiker schließen daher ein vorzeitiges Ende der – wegen der Zusammenlegung mit den Gemeinderatswahlen in den Landgemeinden – bis 1999 verlängerten Funktionsperiode des Gemeinderats nicht aus.[311]

Die nächsten Gemeinderatswahlen werden vermutlich unter geänderten Rahmenbedingungen stattfinden. Seit dem Herbst 1995 behandelt der Landtag einen von der Stadtgemeinde ausgearbeiteten Stadtrechts-Entwurf, der die Abschaffung des Proporzes in der Stadtregierung und die Direktwahl des Bürgermeisters vorsieht.[312]

Ob die Salzburger Kommunalpolitik nach einer Reform der Stadtverfassung aus ihrer gegenwärtigen Erstarrung erwachen und sich gegenüber den großen Fragen einer zukünftigen Stadtentwicklung (Standortpolitik, Verkehr, Raumordnung, Museumsfrage etc.) als mit gestalterischer Phantasie ausgestatteter Ordnungsfaktor erweisen wird, steht freilich in den Sternen.[313] Der Blick in die Vergangenheit könnte die Gegenwart immerhin lehren, daß Städte keine „natürlich gewachsenen" Erscheinungen, keine organischen Lebensformen, sondern von Menschenhand geschaffene Anlagen sind, deren Vorzüge bzw. Mängel sich von der Kompetenz ihrer Gestalter ableiten. Die Stadtpolitik der Zukunft steht freilich vor größeren Aufgaben als je zuvor. Während sich Staaten und Regionen unaufhaltsam in weltweite Handels- und Produktionsnetze eingebunden sehen, verringert sich die eigenständige Gestaltungskraft der urbanen Zentren in beängstigendem Ausmaß. Somit ist die Stadt heute „nicht länger das Symbol der triumphierenden Moderne, sondern der Zerrissenheit einer Gesellschaft, in der Wirtschaft immer weniger gesellschaftlich ist".[314] Vorrangige Aufgabe jeder zukünftigen Stadtpolitik muß es daher sein, den wachsenden Abstand zwischen einer globalisierten Wirtschaft und einer in Auflösung begriffenen städtischen Gesellschaft zu wenden und auch unter veränderten Rahmenbedingungen jene demokratischen, kulturellen und sozialen Traditionen fortzuführen, ja auszubauen, welche die städtische Lebensform in der Vergangenheit ausgezeichnet haben. Otto Borst, ein Altmeister der deutschen Stadtgeschichtsforschung, hat übrigens bereits vor zwei Jahrzehnten ausgesprochen, worum es im Grunde geht, nämlich, daß die Stadt „nicht ein Feld von Anpassungsplanung, nicht ein Raum für unkontrollierten merkantilen Mißbrauch und damit für die schleichende Entfremdung des einzelnen, sondern ein Gehäuse mit liebenswerten Merkmalen" sein sollte.[315]

ANHANG

DAS SALZBURGER STADTRECHT DES 14. JAHRHUNDERTS

1. Das Buch erzählt von den Rechten und Ehren der Bürger und der Stadt Salzburg, wie sie von alters hergekommen sind mit Gunst, Rat und Hilfe der seligen Fürsten, die ihre Gnade dazu erteilt haben.
2. Das rechte Buch der Christenheit sagt, daß geistliche Fürsten Pfleger der Wahrheit, des Friedens und des Glaubens sind und ein Vorbild des Amtes der christlichen Heiligkeit und der guten Werke. Vernehmt nun vom Recht der Stadt Salzburg, der Bürger und der Gemeinde:
3. Es soll kein Herr hier jemanden besteuern. Wird jemand einer Straftat überführt und soll dafür büßen, dann soll das gemäß dem Recht nach dem Spruch der Genannten und des Rates erfolgen. Ist aber eine Schuld des Angeklagten nicht offenbar, dann soll der (Stadt-)Herr über ihn richten.
4. Es soll zwölf Genannte geben, die um aller Gerechtigkeit willen bestellt werden. Sie sollen wöchentlich in den Rat gehen, mit denen, die sie zu ihrer Hilfe benötigen, und was für sie zu schwierig ist, das soll ihnen die Herrschaft vollbringen helfen, wie es das Recht vorsieht.
5. Die Stadt besitzt einen Siegelstempel, zu dem es fünf Schlüssel gibt, die fünf Bürger verwahren. Diese sollen keine Urkunde besiegeln ohne den Richter und ohne die Genannten.
6. Die Stadt besitzt auch eine Sturmglocke, die man bei Bränden und anderen Unglücksfällen läuten soll.
7. Die Bürger sollen auch die vier Türme auf dem Mönchsberg und alle Stadttore innehaben und besetzen und sollen diese baulich instandhalten und ausbessern mit dem Ungeld, das besonders dazu gewidmet ist.
8. Jeder Bürger, der unbescholten ist, kann Eigen und Lehen zusprechen und diese empfangen (erben).
9. Kein Fürst zu Salzburg soll einem Bürger eine Belehnung (die Erteilung eines Lehens) vorenthalten.
10. Kein hier ansässiger Bürger, der in die Stadt kommt oder die Stadt verläßt, soll von seiner Kaufmannsware Zoll oder Maut bezahlen.
11. Alle Bürger, Frauen oder Männer, können in die Städte fremder Herrschaften heiraten.
12. Die Bürger können und sollen hier auf dem Wasser (der Salzach) mit ihrer (Kaufmanns-)Ware auf ihren eigenen Schiffen aus und ein fahren. Diejenigen aber, die Salz verfrachten wollen, müssen dazu bis nach Laufen die Schiffe der Schiffherren benützen, aber nicht weiter.
13. Niemand soll Leute aufnehmen, die der Stadt schädlich sind.
14. Weder der Richter noch die Genannten sollen zusätzliche Abgaben einheben, die gegen das Stadtrecht und das Recht der Herrschaft sind.
15. Während eines offenen Kriegszustands darf sich ein Bürger nur so weit von der Stadt entfernen, daß er zur Nachtzeit wieder zu Hause sein kann.
16. Es sollen auch alle Geldstrafen, die verhängt werden, nach dem Spruch der Genannten festgesetzt werden und die Richter sollen dabei sein.
17. Wenn ein Mensch verurteilt wird, dann soll der Richter keinen Anspruch auf dessen Besitz haben, außer bei einem zum Tode Verurteilten.
18. Kein Richter soll einen Bürger wegen einer Straftat gefangensetzen, wenn dieser Bürgen stellen kann; es soll darüber auch keine Auseinandersetzungen geben bis zum nächsten Gerichtstag.
19. Wer gegen das Stadtrecht verstößt, sei es ein Fremder oder Einheimischer, der muß 65 Pfund Pfennige Strafe zahlen, die der Stadt zufallen.

20. Kein Fremder soll zu irgend einer Zeit Wein in den Kellern einlagern.

21. Ein Fremder darf weder Tuch im Detail verkaufen (Gewand verschneiden) noch von anderen Fremden eintauschen.

22. Kein fremder Kaufmann (Kramer) darf hier einen Stand haben, außer an einem Markttag pro Woche sowie auf der Dult (dem Jahrmarkt zu Ruperti um den 24. September) und auf der Chärrein (dem Jahrmarkt in der Fastenzeit).

23. Wer falsches Maß oder Gewicht verwendet, der muß fünf Pfund Pfennige Strafe zahlen.

24. Alle Einungen (Bündnisse bzw. Absprachen) unter Handwerkern und unter Geschlechterbürgern (Bürgern aus führenden städtischen Geschlechtern), die der Stadt Schaden bereiten, sind bei einer Strafe von fünf Pfund Pfennigen verboten.

25. Es soll niemand pfänden noch Pfänder annehmen ohne Gerichtsbeschluß, es sei denn, er kann sie ohne Schaden verwahren und bringt sie vor Gericht, sobald er vermag.

26. Die Richter sollen landschädliche Leute (Missetäter) nicht freilassen, sodaß diese dann in rechtswidriger Absicht in die Stadt kommen, sondern diese festsetzen bis zur Gerichtsverhandlung.

27. Wer einen landschädlichen Mann (Missetäter) oder einen, der in der großen Acht ist, widerrechtlich beherbergt, der ist derselben Strafe verfallen (wie der Übeltäter, den er aufnimmt), die Strafe jedoch soll bekanntgegeben werden.

28. Wer heimlich (verborgen) Waffen trägt, den soll man als einen Übeltäter verhaften.

29. Wer ein (bewegliches) Pfand erhält, das man treiben (Vieh) oder tragen kann, der soll es an sich nehmen, oder die Rechtshandlung hat keine Gültigkeit.

30. Eine Frau soll nichts anderes zu ihrer Morgengabe beanspruchen als das, was ihr der Ehemann am ersten Morgen, nach dem er mit ihr den Beischlaf vollzogen hat, gegeben hat, und das soll bezeichnet werden.

31. Wenn jemand ein (unbewegliches) Pfand erhält, das man weder treiben noch tragen kann, dann soll das beurkundet werden und öffentlich vor dem Gericht geschehen, damit nicht jemand Schaden erleide, oder die Pfandsetzung ist ungültig.

32. Innerhalb des Burgrechts besteht eine Frist von 14 Tagen, um Pfänder auszulösen.

33. Zur Bezahlung von schuldigem oder geliehenem Geld oder zum Ersatz von einem Schaden besteht nur eine Frist von zwei Tagen.

34. Wer dem Bürgerspital oder der Pfarre oder dem Sondersiechenhaus in Mülln Geld schuldet, soll nicht sofort angeklagt werden, sondern man soll ihn zuerst pfänden; leugnet er, dann soll er unverzüglich vor Gericht kommen.

35. Wer einmal Pfänder gibt, die nur das halbe Geld wert sind, soll hernach ausreichend Pfänder setzen oder ganz bezahlen. Er soll auch die Pfänder nicht selbst einlösen.

36. Die Richter sollen die festgesetzten und rechtmäßigen Strafgelder einziehen gemäß dem Stadtrecht und nach dem Spruch der Genannten oder gemäß dem Gerichtsurteil.

37. Wenn jemand während eines Auflaufs Schaden anrichtet, dann soll derjenige, der ihn gefangennimmt und vor Gericht bringt, das straflos tun dürfen.

38. Wenn jemand dem anderen mit Worten oder mit Taten offensichtlich Schaden zufügt und die beiden Gegner nicht vor Gericht gehen, sondern im Streit verharren, dann soll sie der Richter dazu zwingen, ihre Entscheidung vor Gericht zu suchen und das Urteil anzunehmen.

39. Über wen vom Gericht die Acht verhängt wird, dem soll kein Richter Geleit geben noch Schutz gewähren, es sei denn, er erlangt die Verzeihung jener, die ihn angeklagt haben.

40. Wer öffentlich der Acht verfällt, die über ihn persönlich verhängt wird, den läßt man nicht vor Gericht zu, er darf sich auch nicht persönlich vor Gericht verantworten noch einen Urteilsspruch beantragen.

41. Über wen öffentlich der Bann verhängt wird, der soll weder als Zeuge vor Gericht auftreten noch als Beisitzer an der Gerichtsversammlung und an der Urteilsfindung teilnehmen, er darf sich aber vor Gericht verantworten und ein Urteil beantragen. Geht aber ein gebannter Mann sträflicherweise in die Kirche, während der Gottesdienst stattfindet, dann muß er dem Richter eine Strafe von einem Pfund Pfennigen bezahlen, so oft er das tut.
42. Ist jemand länger als drei Monate im Bann und versucht nicht, sich daraus zu lösen, dann soll ihn der Richter, wenn bei ihm Klage erhoben wird, gefangensetzen und zwingen, sich zu lösen, es sei denn, er wird durch besondere Umstände daran gehindert.
43. Wer eine Kirche oder einen Friedhof entehrt, der soll die Kosten für eine erneute Einweihung tragen; hat er das Geld dafür nicht, so soll er dafür an seinem Leib bestraft werden.
44. Wer einem Geistlichen in einem Gasthaus Schaden zufügt, der soll dafür so sühnen, als hätte er es einem Laien getan oder während der Nacht auf der Straße.
45. Nach dem Läuten der Bierglocke soll niemand heimlich auf der Straße gehen, außer er singt oder er geht mit einem Nachtlicht.
46. Wenn ein Geistlicher einer Geldbuße verfällt, dann gehört diese dem (Erz-)Bischof.
47. Wer eines Totschlags bezichtigt wird, aber nicht gefangengenommen und der Straftat sicher überführt wurde, der soll sich auf der Schranne (Gerichtsplatz) bzw. in der Freiung (mit zwei oder drei) andern Leuten verabreden, die für ihn Zeugenschaft ablegen, egal ob er vor Gericht gefordert wird oder nicht.
48. Wer eines Verbrechens bezichtigt wird, das die Verhängung der Acht nach sich zieht, der soll sich mit einem eigenhändigen Schwur vor Gericht verantworten.
49. Wer einem anderen öffentlich Dinge nachsagt, die an dessen Treu und Ehre rühren oder eine Leibesstrafe nach sich ziehen würden, und das nicht beweisen kann, der muß dem Richter fünf Pfund Pfennige Strafe bezahlen und dem Beschuldigten nach dem Spruch der Bürger Wiedergutmachung leisten; fehlt ihm das Geld dazu, dann soll er an seinem Leib bestraft werden.
50. Wer ein Kind im Mutterleib tötet, den soll man, sofern es bewiesen ist, als einen Mörder anklagen.
51. Empfängt ein Jude die Taufe und nimmt dann wieder den jüdischen Glauben an, so soll er ohne jedes Gerichtsverfahren verbrannt werden.
52. Wer den Urteilsspruch, den das Stadtgericht über ihn verhängt, nicht beachtet, der ist jeweils verpflichtet, dafür an den Landesherrn die große Geldstrafe zu entrichten.
53. Wer einen Totschlag begeht, der muß dem Bischof 20 Pfund Pfennige, dem Hauptmann zehn Pfund Pfennige und dem Stadtrichter zehn Pfund Pfennige bezahlen, sofern er sich in die Freiung flüchtet oder sonst davonkommt; sein gesamter übriger Besitz ist damit frei, sofern sich Leute dafür verbürgen, und er muß sich selbst vor den Rächern hüten. Wird er aber ergriffen, vom Gericht zum Tode verurteilt und kein anderer Urteilsspruch verhängt, so ist die Strafe damit abgegolten und sein Besitz (für die Erben) frei, da der Tod des Einen durch den des Anderen gesühnt ist.
54. Wer aber frevlerisch in ein Haus einbricht und darinnen jemanden tötet, der ist der Buße für den zweifachen Totschlag verfallen und die Entscheidung über diesen Rechtsfall steht dem Herrn (dem Erzbischof) selbst zu.
55. Wer seinen Herrn angreift oder verrät oder tötet, der ist samt Leib und Gut dem Gericht des Landesherrn verfallen (und soll deshalb verbrannt oder in siedendes Wasser geworfen werden).
56. Wer falsche Pfennige prägt, der ist mit Leib und Gut dem (Landes-)Herrn verfallen und soll verbrannt oder in siedendes Wasser geworfen oder ähnlich bestraft werden.
57. Wer eine Burg oder einen Turm (an Feinde) verkauft, der soll verbrannt werden.

58. Wer eine falsche Zeugenaussage macht und widerrufen muß, oder dessen überführt wird, dem soll man die Zunge herausschneiden und seine Güter seien frei.
59. Wer gefälschte Urkunden vorlegt, ist mit Leib und Gut dem Herrn verfallen.
60. Wer einen Zeugen der falschen Aussage bezichtigt und zum Widerruf zwingen will, das aber nicht beweisen kann, den soll man zum Tode verurteilen, seinen Besitz aber freigeben.
61. Wer wegen eines Totschlags Klage erhebt und einen anderen deshalb ächten lassen will, der soll schwören, daß er wirklich den Schuldigen anklagt und keinen anderen aus Neid oder anderen Gründen; geschieht das aber ohne Beweise, so soll der Kläger schwören, daß es ohne Vorsatz geschehen sei, bevor noch über den Angeklagten die Acht verhängt wird.
62. Wer in der Nacht stiehlt oder den anderen während eines Brandes plündert, Straßenraub begeht, Tote beraubt oder in der Freyung (dem besonders geschützten Bereich) zu St. Rupert (auf der Dult) etwas abschneidet, beschädigt oder ausschüttet, das mehr als zwei Pfennige wert ist, der soll, soferne er ergriffen wird, vor Gericht kommen.
63. Stiehlt jemand tagsüber Dinge, die mehr als zwei und fünf Schillinge wert sind, der soll vor Gericht kommen.
64. Wer in einer Kirche etwas stiehlt oder sie entehrt, der hat nirgends Freyung (Schutz bzw. Asylrecht).
65. Andere Diebe soll man strafen, wie es das Recht vorsieht.
66. Wer falsche Würfel bei sich trägt, den soll man wie einen Dieb behandeln.
67. Wer zwei lebende Ehefrauen gleichzeitig hat, den soll man mit dem Tod bestrafen.
68. Armen, notorischen Wirtshausgehern und Spielern, die nicht arbeiten, soll der Aufenthalt in der Stadt verboten werden.
69. Wer vor Gericht eine falsche Zeugenaussage macht, der soll gemäß dem Landrecht bestraft werden.
70. Und wer vor Gericht eine Zeugenaussage macht, der soll sie beschwören oder er muß die Gerichtsstrafe bezahlen.
71. Es soll auch der Gerichtsdiener vor Gericht nicht als Zeuge auftreten. Wenn er um Auskunft gefragt wird, wie die Bestimmungen des Landrechtes lauten und wie ein Rechtssatz nach dem anderen entstanden sei, hat er genug damit zu tun.
72. Es soll kein Fürsprech gegen ein Gerichtsurteil berufen, wenn er nicht von einem oder mehreren Mandanten darum gebeten wird.
73. Ein Fürsprech kann gegen ein verfehltes Urteil nur berufen, bevor der Richter das Verfahren beendet hat (Urteilsschelte vor förmlicher Urteilsfindung).
74. Wer beruft, der soll schwören, daß er aufrichtig an ein übergeordnetes Gericht beruft.
75. Der Richter soll stets nach der Geldbuße fragen, in welcher Höhe diese gemäß dem Schuldspruch fällig sei.
76. Wenn ein Urteil ohne Zeugen oder durch Einflußnahme gefällt wird, soll das ins Nachgericht kommen (meist 14 Tage später) und dort soll nochmals darüber verhandelt werden.
77. Der Richter soll etwa gleichmäßig auf beiden Seiten der im Kreis versammelten Gerichtsgemeinde fragen und soll niemanden öffentlich dazu zwingen noch heimlich daran hindern, zu sagen was er weiß.
78. Im Fall einer dringenden Verhinderung (ehafften Not) soll jemand dreimal Aufschub erhalten und nicht mehr.
79. Wenn jemand Urkunden vorlegt, werden sie öffentlich verlesen, danach geht das Gerichtsverfahren weiter.

80. Wer nicht mindestens abgabenpflichtigen Grund im Wert von zehn Pfund besitzt, dessen Schwur soll vor Gericht nicht anerkannt werden.
81. Keiner soll dem anderen „essende Pfänder" (Vieh als Pfand) setzen, die weniger als fünf Pfund wert sind.
82. Schuldbefreiend kann nur der (Bürgschaft) leisten, der seine Leistung ohne Gefahr (für den Gläubiger) und dem Recht entsprechend erbringt; andernfalls hat er selbst dafür aufzukommen.
83. Wer sein Handwerk widerrechtlich und in betrügerischer Absicht ausübt, den soll man nach dem geltenden Recht bestrafen.
84. Wer sein Handwerk nicht beherrscht, dem soll man die Ausübung untersagen, bis er das Handwerk gelernt hat.
85. Findet einer ein Pferd, das ihm gestohlen oder geraubt wurde, im Besitz eines anderen, so soll er das sorgfältig überprüfen. Kann er es (sein Eigentum) beweisen, dann soll seiner Klage stattgegeben werden, wie es das Recht vorsieht.
86. Der andere soll seinen Gewährsmann suchen und denjenigen, der ihm das Pferd gab, vor Gericht bringen. Der muß sich vor Gericht verantworten und soll gemäß dem Landrecht bestraft werden.
87. Hat derjenige aber keinen Gewährsmann, ist selbst aber ein ehrbarer Mann, dem auch andere Leute vertrauen, dann soll er sich verantworten, daß er weder von einem Diebstahl noch von einem Frevel gewußt habe; er soll das Pferd freigeben an den, der es beansprucht hat.
88. Wer dagegen Einspruch erheben will, der muß das vorbringen, solange die Gerichtsverhandlung läuft; hinterher ist es nicht mehr zulässig.
89. Wenn ein geistlicher oder weltlicher Fürst ein Haus in der Stadt besitzt, soll er davon keine Steuer zahlen, sofern er selbst darinnen wohnt oder man es für ihn bereithält; der Hauswirt (der das Haus instand hält) soll aber Steuer zahlen und Wachdienst leisten wie die anderen Bürger.
90. Dieselben Rechte besitzen die Prälaten und diejenigen, die im Hause des Herrn leben.
91. Besitzt aber von diesen Personen jemand mehrere Häuser, von denen man ihm Abgaben leistet, der soll dafür Steuer zahlen, gemäß der Steuerpflicht der Bürger.
92. Gibt ein anderer, der hier ansässig ist oder auch nicht, Häuser zu Burgrecht aus, wofür man ihm Abgaben leistet, der soll davon Steuer zahlen, wie es festgesetzt ist.
93. Kein Bürger soll einen anderen wegen Geld, Leben oder Besitz vor einem anderen Gericht anklagen, außer wenn dieser flüchtig ist.
94. Es soll auch ein Bürger den andern während des Gerichtsverfahrens nicht pfänden, außer wenn ihm ein Recht darauf zugesprochen oder die Schuld dem anderen zugesprochen wurde.
95. Keine Frau soll vor Gericht in einem Fall auftreten, der ihren Mann betrifft, sondern nur der Gatte selbst, ausgenommen der Ehemann weilt außer Landes oder ist so krank, daß er nicht selbst vor Gericht auftreten kann, oder bereits verstorben; hat eine Frau jedoch selbst einen Fall ohne Beteiligung ihres Gatten vor Gericht gebracht, dann kann sie selbst oder ihr Mann vor Gericht auftreten, da jeder Ehemann seine Gattin vor Gericht in allen Angelegenheiten vertreten kann, ausgenommen in jenen Fällen, die an Treue, Ehre oder das Leben gehen.
96. Wer einen anderen vor Gericht bringt und ihn anklagt, dem soll dieser antworten, soferne der Kläger und auch der Beklagte dem Stadtgericht unterstehen, es sei denn, daß sich der Angeklagte absetzt; sofern der Kläger dem Richter einen festgesetzten Betrag gibt, muß dieser (den Angeklagten) vor das Gericht bringen gemäß dem Stadtrecht.
97. Wer in einem Beweisverfahren oder als Zeuge vor Gericht geladen wird oder wer vom Gericht befragt wird und dort die Aussage verweigert, der soll selbst angeklagt werden.
98. Die Bürger sollen Amtleute und Diener zur Besorgung der städtischen Geschäfte einstellen.

99. Die Eigenleute der Prälaten und des Adels soll man nicht vor dem Stadtgericht anklagen um eine fällige Geldsumme, wenn sie im Diest ihres Herrn tätig sind; zu anderen Zeiten soll man sie sehr wohl anklagen, und wegen gewichtiger Fälle soll man sie auch gefangensetzen, ausgenommen während der Freyung (während des Jahrmarkts) zu Ruperti.

100. Wenn einer in der Stadt Schaden anrichtet, der zum Hofgesinde zählt oder im Hause eines Herrn lebt oder dessen Diener ist, den soll der Stadtrichter durchaus gefangensetzen, oder andere Leute sollen ihn festhalten und dem zuständigen Richter überantworten.

101. Richtet ein Fremder in der Stadt Schaden an, dann soll die Verhandlung über ihn auf dem städtischen Gerichtsplatz (Schranne) vor dem Stadtrichter geführt werden.

102. Wenn jemand wegen eines Totschlags entflieht, deshalb der Acht verfällt und als Flüchtiger in der Fremde stirbt, soll sein Besitz ein Jahr lang beschlagnahmt bleiben, falls jemand kommt, dem er etwas schuldet; falls dieser das beweisen kann, sollen seine Ansprüche abgegolten werden, der Richter nimmt das ihm zustehende Bußgeld und der übrige Besitz wird nach dem Beschluß der Bürgerschaft zum Seelenheil der beiden Toten verwendet und an die Erben ausgefolgt; sind aber keine Erben vorhanden, so wird der Nachlaß zwischen der Herrschaft und der Stadt aufgeteilt.

103. Wenn jemand einen anderen frevelhaft des Augenlichts beraubt, muß er dem Gericht 30 Pfund Pfennige und dem Geblendeten ebenfalls 30 Pfund Pfennige bezahlen.

104. Schlägt jemand seine Magd oder seinen Knecht mit Knüppeln, dann ist er dem Gericht keine Strafe schuldig, selbst wenn er sie blutig schlägt, denn niemand weiß, was sie sich gegenüber ihrer Herrschaft zuschulden kommen ließen; schlägt er sie aber mit Waffen, dann muß er dafür Buße leisten.

105. Schlägt jemand einen ehrbaren Mann mit Knüppeln, dann muß er dem Gericht zehn Pfund Pfennige bezahlen und dem Geschlagenen ebensoviel.

106. Schlägt aber jemand einen Jungen oder einen Spielmann, der es verdient, mit der Faust oder mit einem Knüppel, soll er dafür niemandem etwas schuldig sein; für fahrende Frauen gilt dasselbe Recht.

107. Bringt jemand einen anderen ins Gefängnis und kann seine Anschuldigung nicht beweisen, so soll er diesen ohne jeden Schaden von der Anschuldigung freisprechen.

108. Wer eine Jungfrau oder eine Frau vergewaltigt oder notzüchtigt, dem soll man den Hals abschlagen; der Tatbestand muß aber von zwei Menschen innerhalb von 14 Tagen bezeugt werden; sofern das nicht zeitgerecht geschieht, kann sich der Angeklagte durch seinen Eid rechtfertigen.

109. Pflegt ein Diener mit der Gattin, der Schwester oder der Tochter seines Herrn Beischlaf, dann soll man ihm den Hals abschlagen, da er seinem Herrn damit die Treue bricht, oder, wenn er dessen wert ist, hänge man ihn.

110. Die gemeinen Frauen (Prostituierten) besitzen kein Recht; fügt ihnen jemand Schaden zu, so soll er nach dem Rat und nach dem Spruch der Bürger bestraft werden.

111. Wenn ein minderjähriges Kind durch Zuspruch oder Zwang genötigt wird, einen Eid zu leisten, dann soll dieser weder wenn es um Erbgut noch um Eigengut oder bewegliches Gut geht, gültig sein.

112. Falls ein unehrenhafter Mann einem ehrbaren Mädchen gegen den Willen der Verwandten ein Heiratsversprechen abgewinnen will, dann soll dieses ungültig sein und man soll ihm den Aufenthalt in Stadt und Land verbieten.

113. Stirbt der Ehemann einer Frau und hat sie Kinder von ihm, so soll sie über diese die Vormundschaft führen und ihr Vermögen verwalten, bis sie großjährig werden; heiratet sie aber einen anderen Mann, sollen die Verwandten die Erziehung der Kinder und die Verwaltung ihres Ver-

mögens übernehmen, ausgenommen, der neue Gatte sei so vertrauenswürdig, daß bei ihm die Güter der Kinder besser als bei den Verwandten aufgehoben sind.

114. Ist ein Mann einem anderen Geld schuldig und kann diese Schulden aus seinem Vermögen nicht bezahlen, so muß der Schuldner schwören, ein Drittel davon zu bezahlen; erfüllt er das nicht, verhehlt er seinen Besitz oder verbirgt ihn bei seiner Frau oder anderen Leuten, so soll man ihm, falls er dessen überführt wird, die Zunge herausschneiden wie einem Meineidigen.

115. Wenn sich jemand viel Geld ausleiht und dieses sorglos verschleudert, ohne daß es ihm durch einen Unglücksfall oder durch Räuber abhanden kommt, der soll gefangengesetzt werden, bis er bezahlt; auch wenn er im Gefängnis stirbt, ist dafür niemand verantwortlich, außer es hätten ihn diejenigen, denen er Geld schuldig war, gerne freigelassen, damit er nach dem Rat Gottes seine Schulden zahle.

116. Die Gerichtstaxe für eine Anklage beträgt 60 Pfennige.

117. Die kleine Gerichtsbuße beträgt ein Pfund Pfennige.

118. Die große Gerichtsbuße beträgt 60 (Pfennige) und fünf Pfund Pfennige.

119. Wer jemanden so verletzt, daß er gelähmt bleibt, muß dem Richter 60 (Pfennige) und fünf Pfund Pfennige und dem Gelähmten ebensoviel bezahlen. Derselbe Rechtsgrundsatz gilt für das Abschlagen von Gliedmaßen. Ebensoviel für eine Wunde, die das Gesicht entstellt (Schamwunde) und deutlich zu sehen ist.

120. Auf Überfall mit bewaffneter Hand steht die große Gerichtsbuße, zehn Pfund dem Richter und dem Betroffenen ebensoviel.

121. Wer den Frieden bricht und dessen überführt wird, der soll an seinem Leib bestraft werden.

122. Wer Leute durch Betrug, welcher Art auch immer, um ihren Besitz bringt, der soll deshalb zum Tode verurteilt werden.

123. Von gestohlenen Gütern, die dem Besitzer wieder zugesprochen werden, stehen dem Richter 72 Pfennige als Taxe (Fürfang) zu.

124. Wer einen Schuldigen, der einen zeitlichen Schaden angerichtet und sich dann in das Haus eines Ehrenmannes geflüchtet hat, stellt und gewaltsam in das Haus eindringt, dem soll man die Hand abschlagen, ausgenommen er löst sich durch eine Zahlung von fünf Pfund Pfennigen an den Richter und ebenso an den Ehrenmann; kein Richter darf den Flüchtigen aus dem Haus entfernen.

125. Wer eine Straftat einmal mit Geld sühnt, der sei davon künftig freigesprochen, denn oft begeht einer eine Tat und dann nicht mehr; begeht aber einer weiterhin Unrecht, muß er dafür bezahlen, wie es das Recht vorsieht.

126. Wer einem Wirt den Wein gegen dessen Willen fortträgt, der soll dafür die vorgesehene Straftaxe bezahlen und anschließend noch dazu vor Gericht geächtet werden.

127. Wer ein Gebot übertritt, ist derselben Strafe verfallen.

128. Wer verbotene Waffen trägt und dessen überführt wird, muß dem Richter 60 Pfennige bezahlen und die Waffen sind beschlagnahmt.

129. Wer Waffen im Ärmel oder in den Schuhen verborgen trägt, der muß dem Richter zwei Pfund Pfennige zahlen. Hat er das Geld nicht, dann schlage man ihm die Waffen durch seine Hand.

*Das Stadtrecht wurde von Zillner, Stadtgeschichte II, 693–704, und von Stadler, Rechtsgeschichte, 109–122 (mit kritischem Apparat), veröffentlicht. Für freundliche Hilfe bei der Übertragung des Textes ins Neuhochdeutsche und bei der Interpretation danke ich Herrn Univ.-Doz. Dr. Gerold Hayer vom Institut für Germanistik und Herrn Univ.-Prof. Dr. Peter Putzer vom Institut für Österreichische Rechtsgeschichte der Universität Salzburg.   Heinz Dopsch

DIE BÜRGERMEISTER DER STADT SALZBURG

I. Von den Anfängen bis zum Ratsbrief Kaiser Friedrichs III. (1372–1480)

Konrad **Taufkind**	1370
Peter **Weiß (Keutzl)** Vigil **Sappl**	1375–1376
Christian **Nerär** Paul **Köllrer**	1377–1378
Hans **Stölzel** Niklas **Züngel** d. J.	1379–1380
Martin **Aufner**	1381
Ulrich **Samer**	1389
Jakob **Keutzl**	1392
Martin **Räutter**	1399–1400
Heinrich **Hudacher** Jakob **Gaumüller**	1402
Jakob **Gaumüller** Philipp **Andrä**	1403
Martin **Aufner** Heinrich **Dankl**	1404
Heinrich **Dankl** Peter **Quintein**	1405
Ruprecht **Venediger**	1406–1407
Konrad **Gartner** Ruprecht **Venediger**	1408
Ruprecht **Venediger**	1409
Ruprecht **Venediger** Hans **Ramsauer**	1410
Ruprecht **Zändel** Konrad **Aigl**	1411
Otto **Keutzl**	1414–1415
Peter **Feiertag** Hans **Keutzl**	1416–1417
Friedrich **Zandl** Ulrich **Dankl**	1418
Friedrich **Zandl**	1419
Friedrich **Zandl** Ulrich **Dankl**	1420

Martin **Aufner** 1422
Michael **Stumpf**
Hans **Öder**

Christian **Köllrer**...1423

Christian **Köllrer** 1424–1425
Hans **Kaser**

Konrad **Ebner** 1426–1427
Wilhelm **Aigl**

Paul **Keutzl** 1428
Kaspar **Öder**
Martin **Aufner**

Paul **Keutzl**...1429–1430
Kaspar **Öder**

Hans **Gruber** 1431–1433
Hans **Rubein**

Niklas **Öder**..1434
Hans **Gruber**

Hans **Bayer**..1435
Niklas **Öder**

Sigmund **Keutzl** 1438
Leonhard **Waginger**

Vinzenz **Plab** 1441–1443
Hans **Prätzl**

Vinzenz **Plab** 1444
Ortwein **Krapf**

Ulrich **Mörß**..1446
Ortwein **Krapf**
(Ulrich **Elsenheimer**?)

Ulrich **Mörß** 1447
Ulrich **Elsenheimer**

Ulrich **Mörß** 1448
Wilhelm **Aigl**
Stefan **Klanner**

Wilhelm **Aigl** 1449
Stefan **Klanner**

Wilhelm **Aigl**...1450

Virgil **Venediger** 1451
Jobst **Haßler**

Virgil **Venediger** 1453

Gabriel **Kaser** 1454
Hans **Elsenheimer**

Wilhelm **Goldschmied**..1455
Wilhelm **Stumpf**

Ortwein **Krapf** 1457
Wilhelm **Stumpf**

Hans **Elsenheimer** 1458
Matthäus **Aigner**
Wilhelm **Stumpf**
Wilhelm **Goldschmied**

Hans **Elsenheimer** 1459–1460

Hans **Elsenheimer** 1461
Wilhelm **Stumpf**

Wilhelm **Stumpf** 1462
Hans **Prätzl**

Hans **Prätzl** 1463
Stefan **Klanner** 1464–1465
Stefan **Knoll**

Stefan **Knoll** 1466
Wilhelm **Stumpf**

Hans **Koppler** 1468
Jakob **Schönberger**

Hans **Elsenheimer** 1469
Ruprecht **Fröschlmoser**

Ruprecht **Fröschlmoser** 1470–1471

Hans **Elsenheimer** 1472

Hans **Elsenheimer** 1473
Ruprecht **Fröschlmoser**

Ruprecht **Kaserer** 1474
Wilhelm **Pirger**

Hans **Knoll** 1475
Oswald **Elsenheimer**

Jakob **Schönberger** 1476
Wilhelm **Pirger**

Jakob **Schönberger** 1477
Lorenz **Krall**

Georg **Waginger** 1479

Hans **Knoll** 1480
Oswald **Elsenheimer**

II. Die frei gewählten Bürgermeister (1481–1511)

Hans **Knoll**..1481–1482

Hans **Elsenheimer** 1483

Kaspar **Laubinger** 1484

Georg **Waginger** 1485

Hans **Glafenberger** 1486–1488
Hans **Ramsberger**

Hans **Knoll** 1489
Hans **Glafenberger**

Jakob **Schönberger** 1490

Hans **Glafenberger** 1491

Georg **Waginger** 1492–1493
Ruprecht **Morauer**

Jakob **Schönberger** 1494

Georg **Waginger** 1495

Jakob **Schönberger** 1496–1498

Ruprecht **Morauer** 1499

Jakob **Schönberger** 1500

Virgil **Schwaiger** 1501–1506

Hans **Gaugsberger** 1507
Hans **Matsperger**

Hans **Matsberger** 1508–1509

Virgil **Schwaiger** 1510
Hans **Matsperger**

Hans **Matsperger** 1511

III. Die Bürgermeister bis zum Übergang Salzburgs an Österreich (1511–1816)

Virgil **Fröschlmoser** 1511
Hans **Ritzinger**

Virgil **Waginger** 1512
Sebastian **Klanner**

Virgil **Fröschlmoser** 1513
Hans **Braun**

Hans **Ritzinger** 1514
Sebastian **Klanner**

Virgil **Waginger** 1515
Stephan **Bauhamer**

Virgil **Fröschlmoser** 1516
Christoph **Gutrater**

Sebastian **Klanner** 1517
Wolfgang **Knoll**

Sebastian **Waginger** 1518
Hans **Braun**

Virgil **Fröschlmoser** 1519
Sebastian **Klanner**

Virgil **Waginger** 1520
Virgil **Rauchenberger**

Sebastian **Klanner**..1521
Hans **Schnell**

Virgil **Fröschlmoser** 1523
Wolfgang **Knoll**

Virgil **Waginger** 1524

Ruprecht **Lasser** 1525

Sebastian **Waginger** 1526

Wolfgang **Widmer** 1527

Ludwig **Alt** 1528

Georg **Oeder** 1529

Christoph **Schwaiger** 1530

Amand **Gutzner** 1531

Ludwig **Alt** 1532

Wolfgang **Widmer** 1533

Amand **Gutzner** 1534

Georg **Oeder** 1535

Wolfgang **Widmer** 1536

Georg **Oeder** 1537

Wolfgang **Widmer**...1538–1539

Christoph **Schwaiger** 1540

Christoph **Riß** 1541

Veit **Praun** 1542–1543

Hans **Zachner**..1544–1553

Wolf **Lasser** 1554–1558

Hans **Zachner** 1559

Ludwig **Alt** d. Ä...1560–1561

Veit **Praun** 1561–1562

Georg **Unterholzer** 1562

Christoph **Riß** 1563

Wolf **Eder**	1564
Sebastian **Althamer**	1565
Wolf **Schützinger**	1566
Ludwig **Alt** d. Ä.	1567–1568
Wolf Dietrich **Puller**	1568–1569
Hans **Elsenheimer**	1570–1572
Sebastian **Althamer**	1573–1575
Wolf Dietrich **Puller**	1576
Wolf **Schützinger**	1576–1586
Ludwig **Alt** d. Ä.	1587–1588
Hans **Thalhamer**	1589–1593
Dr. Jakob **Brenner**	1594–1598
Dr. Georg **Rottmayr**	1598–1599
Georg **Kirchberger**	1600–1606
Maximilian **Stainhauser**	1607–1611
Kaspar **Hahn**	1611–1636
Michael **Baumann**	1637–1643
Johann **Kellenberger**	1653–1658
Stefan **Fuchs**	1658, 1662–1667
Maximilian **Ragginger**	1667–1670
Johann **Ragginger**	1670–1673
Johann **Heß**	1673–1674
Ferdinand **Peisser**	1674–1691
Bartlmä **Bergamin**	1691–1700
Peter **Zillner**	1701–1719
Anton **Strobl**	1719–1732
Michael **Wenger**	1732–1741
Kaspar **Wilhelmseder**	1741–1755
Johann Christian **Paurnfeind**	1755–1768
Sigmund **Haffner** d. Ä.	1768–1772
Ignaz Anton **von Weiser**	1772–1775
Johann Peter **Metzger**	1775–1795
Ignaz **von Heffter**	1796–1811
Munizipal-Rat (Christian **Zezi**, Joseph **Metzger**, Anton **Scharl**, Georg **Hinterhuber**)	1811–1816
Provisorischer Magistrat ohne Bürgermeister	1816–1818

IV. Die Bürgermeister seit der Vereinigung Salzburgs mit Österreich (1818–1996)

Anton **von Heffter**	1818–1831
Alois **Lergetporer**	1831–1847
Matthias **Gschnitzer**	1847–1850
Franz Xaver **Späth**	1850–1853
Alois **Spängler**	1854–1861
Heinrich **Ritter von Mertens**	1861–1872
Dr. Ignaz **Harrer**	1872–1875
Rudolf **Biebl**	1875–1885
Leopold **Scheipl**	1885–1888
Dr. Albert **Schumacher**	1888–1890
Dr. Franz **von Hueber**	1890–1894
Gustav **Zeller**	1894–1898
Eligius **Scheibl**	1898–1900
Franz **Berger**	1900–1912
Max **Ott**	1912–1919
Josef **Preis**	1919–1927
Max **Ott**	1927–1935
Dipl.-Ing. Richard **Hildmann**	1935–1938
Anton **Giger** („Oberbürgermeister der Gauhauptstadt Salzburg")	1938–1945
Dipl.-Ing. Richard **Hildmann**	1945–1946
Anton **Neumayr**	1946–1951
Stanislaus **Pacher**	1952–1957
Alfred **Bäck**	1957–1970
Heinrich **Salfenauer**	1970–1980
Dipl.-Ing. Josef **Reschen**	1980–1990
Dr. Harald **Lettner**	1990–1992
Dr. Josef **Dechant**	seit 1992

STADT SALZBURG: HÄUSER UND BEVÖLKERUNGSZAHL

1. Ehemaliger Burgfrieden (Gemeindegebiet bis 1935)

1531: 1155 Wehrfähige – 4600 Einwohner (ohne Hofgesinde und Geistlichkeit)
1541: 1070 Wehrfähige – 4300 Einwohner (ohne Hofgesinde und Geistlichkeit)
1552: 253 Häuser im Burgfrieden rechts der Salzach
1569: 5214 Einwohner links der Salzach (insgesamt wohl 8000 Einwohner)
1608: 665 Häuser – etwa 9000 Einwohner
1640: 7191 Einwohner (wohl ohne Geistlichkeit, Militär, Studenten)
1647: Etwa 660 Häuser – 7407 Einwohner (samt Geistlichkeit, Militär, Studenten wohl 9000 Einwohner)
1665: 10.113 Einwohner
1692: 13.000 Einwohner
1713: 697 Häuser – 14.290 Einwohner (ohne Froschheim, Lehen, Riedenburg)
1787: 16.400 Einwohner
1795: 16.837 Einwohner in den Pfarren der Stadt
1805: 16.060 Einwohner in den Pfarren der Stadt

2. Stadt Salzburg ohne/mit ausgewählten Umlandgemeinden 1811–1995

	Häuser		Einwohner	
	Gebietsstand vor 1934	heutiger Gebietsstand*	Gebietsstand vor 1934	heutiger Gebietsstand
1811	725		14.939	
1817	859	1.463	12.407	14.754
1821	860		12.916	
1831	861		13.338	
1843	863	1.517	16.036	20.116
1851	863		17.009	
1869	1.012	1.768	20.336	27.604
1880	1.113	2.135	24.952	33.004
1890	1.215	2.403	27.244	37.913

* Bis 1934 ohne die später eingemeindeten Teile der Gemeinden Bergheim, Hallwang, Siezenheim (darunter z. B. die Ortsbestandteile Kasern, Langwied, Loig, Nußdorf, Sam und Teile der Ortschaft Heuberg).

Quellen: Klein: Bevölkerung und Siedlung, 1343, Salzburg in Zahlen, 2/95, 9; Amt für Statistik, Magistrat Salzburg.

	Häuser		Einwohner	
	Gebietsstand vor 1934	heutiger Gebietsstand*	Gebietsstand vor 1934	heutiger Gebietsstand
1900	1.500	2.991	33.067	48.831
1910	1.742	3.460	36.188	56.126
1923	1.871	3.798	37.856	59.817
1934	2.004	5.038	40.232	69.004
1939				77.170
1951		8.850		102.927
1961		11.596		108.114
1971		14.613		129.919
1981		17.354		139.426
1991		18.960		143.978
1995		19.187		146.663

ABKÜRZUNGEN

AÖG	Archiv für Österreichische Geschichte; Wien 1865ff.
ArchA	Archäologia Austriaca; Wien 1948ff.
AStS	Archiv der Stadt Salzburg.
AU	Allgemeine Urkundenreihe (im Haus-, Hof- und Staatsarchiv Wien).

Brugger/Dopsch/Kramml, Geschichte von Berchtesgaden = Walter *Brugger,* Heinz *Dopsch,* Peter F. *Kramml* (Hg.), Geschichte von Berchtesgaden. Stift – Markt – Land. Bd. 1; Berchtesgaden 1991.

Dopsch, Festschrift = Heinz *Dopsch* (Hg.), Vom Stadtrecht zur Bürgerbeteiligung. Festschrift „700 Jahre Stadtrecht von Salzburg"; Salzburg 1987.

Dopsch/Juffinger, Virgil von Salzburg = Heinz *Dopsch,* Roswitha *Juffinger* (Hg.), Virgil von Salzburg – Missionar und Gelehrter; Salzburg 1985.

Dopsch/Kramml, Paracelsus und Salzburg = Heinz *Dopsch,* Peter F. *Kramml* (Hg.), Paracelsus und Salzburg. Vorträge bei den internationalen Kongressen in Salzburg und Badgastein anläßlich des Paracelsus-Jahres 1993; Salzburg 1994 (MGSL Erg.-Bd. 14).

Dopsch/Spatzenegger, Geschichte Salzburgs = Heinz *Dopsch,* Hans *Spatzenegger* (Hg.), Geschichte Salzburgs – Stadt und Land. Bände I/1–II/4; Salzburg 1981–1991 (Bde. I/1 u. I/2 Salzburg ²1983).

FRA II	Fontes rerum Austriacarum, Abtlg. II: Diplomataria et acta; Wien 1849ff.
GP	Germania Pontificia, Bd. I, Provincia Salisburgensis ed. episcopatus Tridentinus, ed. Albert *Brackmann*; Berlin 1911 (Neudruck 1960).

Haas/Hoffmann/Luger, Weltbühne und Naturkulisse = Hanns *Haas,* Robert *Hoffmann,* Kurt *Luger* (Hg.), Weltbühne und Naturkulisse. Zwei Jahrhunderte Salzburg-Tourismus; Salzburg 1994.

HAB	Historischer Atlas von Bayern, Tl. Altbayern, hg. von der Kommission für bayerische Landesgeschichte bei der Bayer. Akademie der Wissenschaften; München 1950ff.
Jb. f. Lk. v. NÖ	Jahrbuch für Landeskunde von Niederösterreich; Wien 1865ff.
JSMCA	Jahresschrift des Salzburger Museums C. A.; Salzburg 1955ff.
KAS	Erzbischöfliches Konsistorialarchiv Salzburg.
KHM	Kunsthistorisches Museum, Wien

Klein-Festschrift = Beiträge zur Siedlungs-, Verfassungs- und Wirtschaftsgeschichte von Salzburg. Festschrift zum 65. Geburtstag von Herbert Klein; Salzburg 1965 (MGSL Erg.-Bd. 5).

LPB	Landespressebüro

Martin, Regesten I–IV = Die Regesten der Erzbischöfe und des Domkapitels von Salzburg 1247–1343, bearb. von Franz *Martin*. 3 Bände; Salzburg 1928–1934.

MC	Monumenta historica ducatus Carinthiae. Geschichtliche Denkmäler des Herzogtums Kärnten. Bd. 1–4 u. Ergänzungsheft, hg. von August von *Jaksch*, Klagenfurt 1896–1915. Bd. 5–11, hg. von Hermann *Wießner*, Klagenfurt 1956–1972.
MGSL	Mitteilungen der Gesellschaft für Salzburger Landeskunde; Salzburg 1861ff.
MIÖG	Mitteilungen des Instituts für Österreichische Geschichtsforschung; Wien 1880ff.
MMFH	Magnae Moraviae fontes historici 1–5; Prag, Brünn 1966ff.
MRS	Regesten zur Geschichte der Erzbischöfe von Salzburg (bis 1246), bearb. von Andreas von *Meiller*; Wien 1866.
ÖGL	Österreich in Geschichte und Literatur; Wien, Graz 1957ff.
ÖKT	Österreichische Kunsttopographie, hg. vom Kunsthistorischen Institut der kk. Zentralkommission für Denkmalpflege (seit 1919 des Bundesdenkmalamtes); Wien 1902ff.
ÖNB	Österreichische Nationalbibliothek, Wien

Reimchronik = Ottokars Österreichische Reimchronik, ed. Joseph *Seemüller*, MGH Dt. Chron. V. Teil 1 u. 2; Berlin 1890 (Neudruck Dublin, Zürich 1974).

SCh	Salzburger Chronik.
SLA	Salzburger Landesarchiv
SLZ	Salzburger Landeszeitung
SMCA	Salzburger Museum Carolino Augusteum.
SN	Salzburger Nachrichten.

Spindler I–IV = Handbuch der bayerischen Geschichte, hg. von Max *Spindler*. Bd. I–IV; München ²1981ff.

StMOSB	Studien und Mitteilungen zur Geschichte des Benediktiner-Ordens und seiner Zweige; Brünn, München, Salzburg 1880ff.
SUB I–IV	Salzburger Urkundenbuch Bd. I–IV, bearbeitet von Franz *Martin*, Willibald *Hauthaler;* Salzburg 1910–1933.
SV	Salzburger Volksblatt.
SZ	Salzburger Zeitung.

UB Babenberger = Urkundenbuch zur Geschichte der Babenberger in Österreich, hg. von Heinrich *Fichtenau*, Erich *Zöllner*. Bd. 1–4; Wien 1950–1968.

UB Burgenland = Urkundenbuch zur Geschichte des Burgenlands, Bd. 1–2, bearb. von Hans *Wagner*, Irmtraut *Lindeck-Pozza;* Graz, Köln 1955 u. 1965.

Widmann I–III = Hans *Widmann*, Geschichte Salzburgs. Bd. I/3; Gotha 1907–1914.

Wolf-Dietrich-Katalog = Fürsterzbischof Wolf Dietrich von Raitenau – Gründer des barocken Salzburg. Ausstellungskatalog zur 4. Salzburger Landesausstellung vom 16. Mai bis 26. Oktober 1987 im Residenz-Neugebäude und im Dommuseum zu Salzburg; Salzburg 1987.

WPZ	Wiener Prähistorische Zeitschrift; Wien 1914ff.
ZBLG	Zeitschrift für bayerische Landesgeschichte; München 1928ff.

ANMERKUNGEN

I. Spuren im Boden – Die Vorgeschichte

[1] Hoffmann, Die Romantiker, 16ff.; Schwarz, Salzburg und das Salzkammergut.
[2] Penninger, Vorgeschichte, 14f.; Heger, Das römische Gräberfeld, 5ff.; derselbe, Salzburg, 94ff.
[3] Seefeldner, Salzburg und seine Landschaften, 504f., bes. 510ff.; der Text der folgenden Seiten geht auf einen Entwurf von Herrn Univ.-Prof. Dr. Gottfried Tichy vom Institut für Geologie der Universität Salzburg zurück, dem dafür herzlich gedankt sei.
[4] SUB I, 325 Nr. 155; II, 218 Nr. 144a.
[5] SUB I, 626f., Nr. 87; Zillner, Die Waßerleitung, 11; Dopsch, Almkanal, 55f.
[6] Martin, Eine Zeitung, 27ff.
[7] Seefeldner, Salzburg und seine Landschaften, 510.
[8] Ebenda, 510f.
[9] Ebenda, 513f.; Heinisch, Paris Lodron, 209–212.
[10] Karl Ehrenberg, Die bisherigen urzeitlichen Funde aus der Schlenkendurchgangshöhle, Salzburg, in: ArchA 55 (1974), 7ff.; Karl Ehrenberg und Karl Mais, Die Schlenkendurchgangshöhlen-Expedition 1975, in: Anzeiger der mathematisch-naturwissenschaftlichen Klasse der österr. Akademie der Wissenschaften 1976, Nr. 8, 104ff.; Penninger, Vorgeschichte, 17f.
[11] Martin Hell, Mesolithformen aus Salzburg, in: Germania 13 (1929), 158f.; Christian Rettenbacher und Gottfried Tichy, Ein frühmesolithisches Kindergrab aus der Zigeunerhöhle in Elsbethen bei Salzburg, in: MGSL 134 (1994), 643–648.
[12] Martin Hell, Salzburg in vollneolithischer Zeit, in: ArchA 14 (1954), 11–34; Penninger, Die Vorgeschichte, 19ff.
[13] Martin Hell, Schnurkeramik und Glockenbecher im Alpenvorland, in: WPZ 28 (1941), 63–73.
[14] Martin Hell, Eine jungsteinzeitliche Ansiedlung am oberen Rainberg in der Stadt Salzburg, in: Archiv für Anthropologie N.F. 12 (Braunschweig 1913), 48–53; derselbe, Die prähistorischen Funde vom Rainberge in Salzburg, in: Kyrle, Urgeschichte, Beitrag III; derselbe, Eine spätneolithische Höhensiedlung am Grillberg bei Elsbethen in Salzburg, in: Mitteilungen der Anthropologischen Gesellschaft in Wien 47 (1918), 208–220; derselbe, Die Halbhöhle am Hellbrunner Berg bei Salzburg als urzeitliche Wohnstelle, in: ArchA 56 (1974), 1–12.
[15] Martin Hell, Eine Höhlenwohnung aus der jüngeren Steinzeit bei Elsbethen nächst Salzburg, in: Jahrbuch für Altertumskunde 3 (1909), 208a–209b; Penninger, Die Vorgeschichte, 23ff.
[16] Penninger, Vorgeschichte, 27f.
[17] Martin Hell, Zur Verbreitung der altbronzezeitlichen Spangen- und Halsringbarren, in: Germania 30 (1952), 93ff.; Fritz Moosleitner/Heinz Neuninger/Richard Pittioni, Ein Spangenbarrendepot aus Obereching an der Salzach, Salzburg, in: ArchA 53 (1973), 30ff.
[18] Heinz Neuninger/Richard Pittioni/Ernst Preuschen, Salzburgs Kupfererzlagerstätten und Bronzefunde aus dem Lande Salzburg, in: ArchA, Beiheft 9 (1969); Penninger, Vorgeschichte, 40–43.
[19] Ebenda, 28f.
[20] Martin Hell, Grabfunde der Urnenfelderstufe Morzg bei Salzburg, in: Wiener Prähistorische Zeitschrift 15 (1928), 111–115; derselbe, Salzburgs Urnenfelderkultur in Grabfunden, ebenda 25 (1938), 84–108; derselbe, Neue Gräber der Urnenfelderkultur von Salzburg-Morzg, in: ArchA 1 (1948), 44–56; Penninger, Vorgeschichte, 28f.
[21] Martin Hell, Urzeitlicher Kult im Gau Salzburg, in: MGSL 80 (1940), 1–12; derselbe, Die urzeitliche Opferstelle in Morzg bei Salzburg, in: ArchA 55 (1974), 100–114; Penninger, Vorgeschichte, 39f.

²² Martin Hell, Zwei Tonmodeln für Schaftlochäxte aus Kupfer vom Rainberg in Salzburg und der Beginn der alpinen Kupfergewinnung, in: WPZ 30 (1943), 55–66.
²³ Martin Hell, Liefering zur frühen Bronzezeit, in: MGSL 97 (1957), 137–160; derselbe, Bronzezeitliche Wohnstellen in Salzburg-Morzg, in: ArchA 40 (1966), 34–62; derselbe, Wohnstellen der Bronzezeit in Salzburg-Stadt, in: ArchA 46 (1969), 5–18; derselbe, Eine Siedlung der Bronzezeit in Salzburg-Maxglan, in: ArchA 57 (1975), 9–20; Penninger, Vorgeschichte, 33ff.
²⁴ Fritz Moosleitner, Rettungsgrabung in Salzburg-Maxglan, 10–20.
²⁵ Martin Hell, Grabfunde der Urnenfelderstufe aus Morzg bei Salzburg, in: WPZ 15 (1928), 111–115; derselbe, Die Urnengräber 12 und 13 aus Salzburg-Morzg, Land Salzburg, in: ArchA 33 (1963), 1–9.
²⁶ Karl Kromer, Das Gräberfeld von Hallstatt, Florenz 1959; Krieger und Salzherren. Ausstellungskatalog des Römisch-Germanischen Zentralmuseums 4, Mainz 1970; Die Hallstattkultur. Katalog der OÖ Landesausstellung, Steyr 1980; Fritz Moosleitner/ Ernst Penninger, Salzburg und Hallein, in: E. Lessing, Hallstatt – Bilder aus der Frühzeit Europas, München 1980, 55ff.
²⁷ Ernst Penninger/Fritz Moosleitner/Ludwig Pauli, Der Dürrnberg bei Hallein I–III (Münchner Beiträge zur Vor- und Frühgeschichte 16, 17, 18), München 1972, 1974, 1978; Penninger, Vorgeschichte, 58ff.; Kurt W. Zeller, Die Salzherren, 104ff.; Penninger, Vorgeschichte, 51f.
²⁸ Martin Hell, Hausformen der Hallstattzeit aus Salzburg-Liefering, in: ArchA 1 (1948), 57–71; Penninger, Vorgeschichte, 55f.; zu den Fälschungen vom Bürglstein bereitet Univ.-Doz. Dr. Norbert Heger derzeit eine umfassende Publikation vor.
²⁹ Penninger, Vorgeschichte, 59ff.; Zeller, Die Salzherren, 106ff.
³⁰ Penninger, Vorgeschichte, 58ff.; Zeller, Die Salzherren, 108ff.
³¹ Moosleitner, Ein hallstattzeitlicher „Fürstensitz", 53–74.
³² Hocquet, Wertschätzung, 23–39; Zeller, Die Salzherren, 104f.
³³ Penninger, Vorgeschichte, 60ff.; Zeller, Die Salzherren, 111ff.
³⁴ Zeller, Die Salzherren, 115f.; Penninger, Vorgeschichte, 55f.; Moosleitner, Ein hallstattzeitlicher „Fürstensitz", 73f.

II. Kelten und Römer – Als Salzburg noch Iuvavum hieß

¹ Heinz Kronasser, Zum Stand der Illyristik, in: Linguistique Balkanique IV (1962), 5ff.; derselbe, Illyrer und Illyrikum, in: Die Sprache 11 (1965), 155ff.
² Die Kelten in Mitteleuropa, Salzburg 1982; Hermann Dannheimer/Rupert Gebhard (Hg.), Das keltische Jahrtausend (Ausstellungskataloge der Prähistorischen Staatssammlung 23), Mainz 1993; The Celts – the Origins of Europe, hg. v. Sabatino Mascati (Katalog der Ausstellung im Palazzo Grassi), Milano 1993; Miranda J. Green (Hg.), The Celtic World, London 1995.
³ Ludwig Pauli, Die Herkunft der Kelten – Sinn und Unsinn einer alten Frage, in: Die Kelten in Mitteleuropa 16–24; Konrad Spindler, Die frühen Kelten, Stuttgart ²1991.
⁴ Pauli, Das keltische Mitteleuropa, 25–36; Otto-Herrman Frey, Die keltische Kunst, ebenda, 76–92.
⁵ Moosleitner, Ein hallstattzeitlicher „Fürstensitz", 73 mit Anm. 45; Penninger, Die Vorgeschichte 63ff.; Zeller, Salzherren, 117f.; Moosleitner, Schnabelkanne, 14ff.; Eine genaue Aufarbeitung bot zuletzt Walter Irlinger, Die Siedlung auf dem Ramsaukopf. Der Dürrnberg bei Hallein IV (Münchner Beiträge zur Vor- und Frühgeschichte 48), München 1995.
⁶ Zeller, Salzherren, 117f.; derselbe, Kriegswesen, 111–132; Herbert Lorenz, Bemerkungen zur keltischen Tracht, ebenda, 133–137; Ludwig Pauli, Der Dürrnberg bei Hallein III, 138ff., bes. 376 ff.; Cordula Brand, Zur eisenzeitlichen Besiedlung des Dürrnbergs bei Hallein (Internationale Archäologie Bd. 19), Espelkamp 1995.

[7] Olivier Klose, Die Schnabelkanne vom Dürrnberg bei Hallein, Salzburg, in: WPZ 21 (1934), 83 ff.; Hans-Jürgen Hundt, Die keltische Schnabelkanne vom Dürrnberg bei Hallein, in: JSMCA 6, 1960, 39ff.; Moosleitner, Schnabelkanne, 20–93.

[8] Ernst Penninger, Ein Fürstengrab der Latènezeit vom Dürrnberg bei Hallein, in: MGSL 100 (1960), 1–14; Dürrnberg I, 76ff., Tafel 43–48; Kurt Willvonseder, Keltische Kunst in Salzburg (Schriftenreihe des SMCA 2), Salzburg 1960; Moosleitner, Schnabelkanne, 94f.

[9] Pauli, Das keltische Mitteleuropa, 32ff.

[10] Fritz Moosleitner, Ein Siedegefäß für Salzsole vom Dürrnberg bei Hallein, in: MGSL 122 (1982), 51ff.; Penninger, Die Vorgeschichte, 63.

[11] Zeller, Salzherren, 121f.; Moosleitner, Schnabelkanne, 18f.; Heger, Salzburg, 14 mit Anm. 13f.; Manfred Menke, Vor- und frühgeschichtliche Topographie in Karlstein und Bad Reichenhall, in: Führer zu vor- und frühgeschichtlichen Denkmälern 19, Mainz 1971, 140ff.

[12] Penninger, Vorgeschichte, 66–74.

[13] Pauli, Das keltische Mitteleuropa, 34f.

[14] Rieckhoff-Pauli, Das Ende, 37ff. u. 42ff.

[15] Geza Alföldy, Noricum, München 1974; Rudolf Egger, Die Stadt auf dem Magdalensberg, ein Großhandelsplatz (Denkschriften der österr. Akad. der Wiss., phil. hist. Kl. 79), Wien 1961; Gernot Piccotini, Geld und Kristall am Magdalensberg, in: Germania 72 (1994), 467–477.

[16] Rieckhoff-Pauli, Das Ende, 39ff.; Hermann Vetters, Zur Frage der keltischen Oppida. Ein Beitrag zur Siedlungsweise der Kelten, in: Carinthia I, 141 (1951), 677–716.

[17] Vgl. Anm. 11; Manfred Menke, Schrötlingsformen für keltisches Silbergeld aus Karlstein, Ldkr. Berchtesgaden (Oberbayern), in: Germania 46 (1968), 27–35.

[18] Rieckhoff-Pauli, Das Ende, 40ff.; Zeller, Kriegswesen, 125ff.; Lorenz, Keltische Tracht, in: Die Kelten in Mitteleuropa, 133–137.

[19] Rieckhoff-Pauli, Das Ende, 40ff.; Zeller, Kriegswesen, 113ff.

[20] Jean-Jacques Hatt, Die keltische Götterwelt und ihre bildliche Darstellung in vorrömischer Zeit, in: Die Kelten in Mitteleuropa, 52–67; Penninger, Die Vorgeschichte, 63; Moosleitner, Schnabelkanne, 17; Sylvia Botheroyd, Lexikon der keltischen Mythologie, München ³1995.

[21] Penninger, Die Vorgeschichte, 68f.; Heger, Salzburg, 14; derselbe, Römerzeit, 75 mit Anm. 13; Kovacsovics, Archäologische Untersuchungen 1994, 48f.; nach dem Urteil des Landesarchäologen Dr. Fritz Moosleitner sind zwei Bruchstücke von Keramik in die Bronzezeit zu datieren.

[22] Heger, Salzburg, 20f.

[23] Penninger, Die Vorgeschichte, 68f.; Moosleitner, Rettungsgrabung, 17.

[24] Norbert Heger, Die „Kopfplastik keltischer Art" von der Festung, in: Salzburger Museumsblätter 44 (1983), Nr. 1, 1ff.

[25] Eine Zusammenstellung der keltischen Münzfunde bietet Kurt Zeller, Keltische Münzprägung auf dem Dürrnberg bei Hallein? in: Münzen, Medaillen, Notgeld. Geld im alten Hallein, Katalog der Ausstellung im Keltenmuseum Hallein, Hallein 1989, 6–11; seit der Drucklegung sind lt. freundl. Mittlg. v. SR Dr. Fritz Moosleitner folgende weitere Münzen geborgen worden: 11 Stück vom Rainberg, je 1 Stück aus Taxham, Kaprun-Bürg, Kuchl-Georgenberg, 2 Stücke vom Dürrnberg und insgesamt 132 Münzen vom Hochtor (bisher nicht publiziert). Zur Münzprägung in Karlstein vgl. Anm. 17.

[26] Heger, Salzburg, 17f.

[27] Zur Inschrift zur La Turbie vgl. Heger, Salzburg, 18 mit Anm. 27; Jaroslav Sasel, Huldigung norischer Stämme am Magdalensberg in Kärnten, in: Historia 16 (1967), 70ff.

[28] Das Haus aus der Zeit des Kaisers Augustus, das in der Kapitelgasse Nr. 2 aufgedeckt wurde, ist bei Heger, Salzburg, 19 und Jobst, Mosaiken 15ff. und Übersichtskarte im Anhang, noch nicht ver-

zeichnet. Univ.-Doz. Dr. Norbert Heger geht davon aus, daß die Verbauung in augusteischer Zeit im Bereich Kapitelgasse-Kaigasse einsetzte und langsam von Osten nach Westen fortschritt.

[29] Hörburger, Ortsnamenbuch 55; Heger, Salzburg, 19f.; derselbe, Römerzeit, 77.

[30] Gerhard Winkler, Die Reichsbeamten von Noricum und ihr Personal bis zum Ende der römischen Herrschaft (Sitzungsberichte der Österreichischen Akademie der Wissenschaften 261/2), Wien 1969, 29; Heger, Salzburg, 19 mit Anm. 28 u. 20.

[31] Plinius, naturalis historia 3, 146; Provinzhauptstadt wurde Virunum, wo auch der Statthalter seinen Sitz nahm; vgl. Hermann Vetters, Virunum, in Paulys Realencyclopädie der classischen Altertumswissenschaft IX A, 1 (1961), 244–309; Geza Alföldy, Noricum, München 1974.

[32] Heger, Salzburg, 22f.; derselbe, Römerzeit, 77.

[33] Diese Schwierigkeiten betont Heger, Salzburg 30; derselbe, Römerzeit, 82; während Heger, Salzburg, die einzelnen Fundstätten in Detailskizzen vorführt, hat Jobst, Mosaiken, die bisher festgestellten römischen Gebäude und Fundstätten in einen Gesamtplan eingetragen.

[34] Heger, Salzburg, 33ff.; wie mir Univ.-Doz. Dr. Norbert Heger mitteilte, steht er der Annahme eines Tempels der kapitolinischen Trias auf dem Festungsberg eher skeptisch gegenüber. Die Aufdeckung einer Mauer aus der Zeit des Kaisers Aurelian (270–275 n. Chr.) unter dem Hohen Stock der Festung weist immerhin eine Verbauung in römischer Zeit nach. Ein Publikation dazu steht noch aus. Das Handwerkerviertel wurde bei Notgrabungen im Hof der Alten Universität in den Jahren 1970–1972 festgestellt. Vgl. dazu Norbert Heger, in: Pro Austria Romana 20 (1970), 31f.; 22 (1972), 12f.; derselbe und Fritz Moosleitner, in: FÖ 9 (1966/70), Wien 1969–1971, 294, 350; FÖ 10 (1971), Wien 1972, 92–94, 176f.; FÖ 11 (1972), Wien 1973, 114f., 193f.; Fritz Moosleitner, in: FÖ 12 (1973), Wien 1974, 117 u. 215. Im Verlauf der Grabungen, die in den Jahren 1985–1987 im Toskanatrakt der Residenz stattfanden, wurde deutlich, daß sich das Handwerkerviertel bis dorthin erstreckt. Wilfried K. Kovacsovics, Die Grabungen im Hof des Toskanatrakts der Residenz, in: Wolf Dietrich-Katalog, 214ff.; derselbe, Aus dem Wirtshaus zum Schinagl, Funde aus dem Toskanatrakt der Salzburger Residenz, in: JSMCA 35/36 (1989/90), 7ff. u. 143ff.; derselbe, Neu freigelegte Werkstätten römischer Zeit in Salzburg, in: Salzburger Museumsblätter 48 (1987), 1ff.

[35] Franz Narobe, in: FÖ 1 (1920/1933), Wien 1930–1934, 72; Fritz Moosleitner, in: Pro Austria Romana 24 (1974), 37f.; Heger, Salzburg, 41.

[36] Heger, Salzburg, 41ff.

[37] Heger, Salzburg, 28 u. 43f.

[38] Jobst, Mosaiken, 22–82; Heger, Salzburg, 36–41.

[39] Jobst, Mosaiken, 44–67 u. Tafel 16–32; Heger, Salzburg, 36ff.

[40] Heger, Salzburg, 39ff.; Jobst, Mosaiken, 22–37 u. Tafel 3–13.

[41] Martin Hell, Ein römischer Tempelbau in Juvavum-Salzburg, in: MGSL 100 (1960), 29–44; Heger, Salzburg, 34ff. u. Abb. 72–76; bei Grabungen, die 1993 in der Kaigasse stattfanden, konnten Vorgängerbauten festgestellt werden, die offenbar in den Markomannenkriegen zerstört wurden. Vgl. Wilfried W. Kovacsovics, Archäologische Untersuchungen 1993 in der Stadt Salzburg, in: Salzburg Archiv 16 (1993), 8ff.; Eva Maria Feldinger, Fundberichte aus Salzburg, in: FÖ 26 (1987), 250f.

[42] Hermann Vetters, Vierter und Fünfter Bericht über die Grabungen im Salzburger Dom, in: MGSL 108 (1968), 8f. u. Beilage 1.5.; Heger, Salzburg, 32f.

[43] Heger, 31f. u. 119; Robert Fleischer, Die römischen Bronzen aus Österreich, Mainz 1967, Nr. 255, Tafel 127.

[44] Heger, Salzburg, 57ff.; als wichtigste Quelle ist die Tabula Peutingeriana inzwischen als Faksimile-Ausgabe erschienen: Tabula Peutingeriana Cod. Vind. 324, Kommentar von Ekkehard Weber, Graz 1956; derselbe, Römerzeit, 84f.; zur Beschaffenheit der Straße vgl. Erwin Keller, Die Römerstraße Augsburg–Salzburg, in: Führer zu vor- und frühgeschichtlichen Denkmälern 18, Mainz 1971, 177f.;

für den österreichischen Raum E. Vorbeck–Lothar Beckel, Carnuntum, Rom an der Donau, Salzburg 1973, Abb. 28ff.

[45] Martin Hell, Spätantike Basilika in Juvavum. Archäologisches zur ältesten Kirchengeschichte von Salzburg, in: MGSL 107 (1967), 71ff.; Hermann Vetters, Das Problem der Kontinuität von der Antike zum Mittelalter in Österreich, in: Gymnasium 76 (1969), 499; gegen die Interpretation des Ausgräbers wandte sich Rudolf Noll, Christentum 96ff.; vgl. auch Heger, Salzburg, 45 u. 161 mit Anm. 792; zuletzt wollte Adolf Hahnl, Bauliche Entwicklung, 839, den Bau in der Linzer Gasse mit der 1167 zerstörten Salvatorkirche gleichsetzen.

[46] Heger, Salzburg, 33; derselbe, Römerzeit 83.

[47] Heger, Salzburg, 45ff. mit Anm. 134 (Literatur).

[48] Heger, Skulpturen, Nr. 47, 48; derselbe, Salzburg, 47.

[49] Martin Hell, Der römische Gutshof von Salzburg-Liefering, in: MGSL 108 (1968), 341ff.; Jobst, Mosaiken, 102f.; Heger, Salzburg, 52f.

[50] Olivier Klose, Römische Gebäudereste in Kemeting bei Maria-Plain und in der Kellau bei Golling, in: MGSL 65 (1925), 73–95; Heger, Salzburg, 53ff.

[51] Max Silber, Zur Aufdeckung der römischen Villa auf den Loiger Feldern bei Salzburg im Jahre 1815, in: Salzburger Museumsblätter 9 (1930), Nr. 1, 1ff.; Jobst, Mosaiken, 103–137.

[52] Jobst, Mosaiken, 118–126 mit Tafel 51–55; Heger, Salzburg, 126ff.

[53] Heger, Salzburg, 50ff.; die Grabungen wurden 1979 wieder aufgenommen und etliche Jahre hindurch fortgesetzt: Norbert Heger/Werner Jobst/Fritz Moosleitner, Grabung 1979 in Loig bei Salzburg, in: Pro Austria Romana 30 (1980), 9ff.; dieselben, Römische Villa Loig, FÖ 18 (1979), 93ff.; Norbert Heger, Grabung Loig 1980, in: Pro Austria Romana 30 (1980), 45; die römische Villa Loig bei Salzburg, mit Beiträgen von Eva Maria Feldinger, Norbert Heger, Karl Herold, Werner Jobst, Fritz Moosleitner und Günther E. Thüry, in: JSMCA 27/28 (1981/82), 1–108.

[54] Arthur Betz, in: Jahreshefte des österreichischen archäologischen Instituts 43 (1956–58), 52ff. mit Abb. 32; Heger, Salzburg, 67 u. Abb. 28.

[55] Heger, Salzburg, 64–70.

[56] CIL III, 5589; August Obermayr, Römersteine zwischen Inn und Salzach, Freilassing 1974, 122–124; Heger, Salzburg, 66.

[57] CIL III, 5532; Heger, Salzburg, 77 u. 84.

[58] Heger, Salzburg, 68–70.

[59] Heger, Salzburg, 76f. u. Abb. 41.

[60] Ignaz Schumann von Mannsegg, Juvavia. Eine archäologisch-historische Darstellung der Merkwürdigkeiten der an dem Platze des jetzigen Salzburg einst bestandenen Celten-, Römer- und römischen Collonialstaat, Salzburg 1842, 167ff.

[61] Heger, Salzburg, 20f. u. 70f.; zu den Barbiern, vgl. die bei Heger, Römerzeit, 86 Anm. 171 genannte Literatur.

[62] Josef Garbsch, Die norisch-pannonische Frauentracht im 1. und 2. Jahrhundert (Münchner Beiträge zur Vor- und Frühgeschichte 11), München 1960; Heger, Salzburg, 72ff.

[63] Heger, Salzburg, 76f.

[64] Heger, Wirtschaft, 75f.; Johannes Lepiksaar, Tierreste in einer römischen Amphore aus Salzburg (Mozartplatz 4), in: Bayerische Vorgeschichtsblätter 51 (1986), 163–185; Heger, Salzburg, 134f.

[65] Heger, Wirtschaft, 71ff.; derselbe, Salzburg, 129ff.

[66] Heger, Wirtschaft, 75f.; derselbe, Salzburg, 135f. u. 139ff.

[67] Martin Hell, Antike Steinsärge in der Abteikirche St. Peter zu Salzburg, in: JSMCA 11 (1965), Salzburg 1966, 23–32; Rudolf Egger, Waidwerk im Gebiet von Juvavum-Salzburg, in: Denkschriften der Österr. Akademie der Wissenschaften phil.-hist. Kl. 252/3, 19ff.; Heger, Salzburg, 93 u. 131.

[68] Heger, Salzburg, 146; derselbe, Wirtschaft, 76f.

69 Heger, Salzburg, 78–83 u. Abb. 41–50, 72–77; derselbe, Bronzestatuette eines genius loci aus Salzburg, in: JSMCA 15 (1969), Salzburg, 1970, 81–86 mit Tafel 27–29.
70 Heger, Salzburg, 80f.; derselbe, Römerzeit, 90f.; Hedwig Kenner, Die Götterwelt der Austria Romana, in: ÖJh 43 (1956–58), 57ff.; Lange, Terrakotten, 60ff.
71 Robert Fleischer, Immurium-Moosham. Die Grabungen 1968–1970, in: Österr. Jahreshefte 49 (1968–1971), Beiblatt 177ff.; Heger, Salzburg, 84–87; Norbert Heger, Nachlese zu den Funden aus dem Mithräum von Moosham im Lungau (Immurium) nebst einer Rekonstruktion des Kultbildes, in: JSMCA 23/24 (1977/78), 119–126.
72 Vita Severini c. 11, ed. Rudolf Noll, 11ff.;
73 Heger, Salzburg, 87ff.
74 Werner Krämer, Römerzeitliche Grabhügelbestattungen aus dem Salzachgebiet, in: Germania 31 (1953), 212f.; Martin Hell, Hügel-Brandgräber der frühen Latènezeit aus Maxglan bei Salzburg, in: WPZ 17 (1930), 57f.; derselbe, Römische Hügelgräber bei Obereching, in: Pro Austria Romana 5 (1955), 44f.
75 Heger, Salzburg, 92ff.
76 Heger, Salzburg, 99–128, bes. 120f. mit Abb. 8; Lange, Terrakotten, 60ff. und 172ff.
77 Heger, Salzburg, 94–97; derselbe, Gräberfeld, 5–15.
78 Heger, Salzburg, 24f.; derselbe, Römerzeit, 78f.
79 Heger, Römerzeit, 27–29; derselbe, Römerzeit, 79f.
80 Heger, Römerzeit, 28; Hermann Vetters, Dritter Bericht über die Grabungen im Salzburger Dom, in: MGSL 99 (1959), 231 und Abb. 16; Günther E. Thüry, Der Quadrifons von Iuvavum, in: MGSL 107 (1967), 67ff.
81 Heger, Salzburg, 148–152.
82 Heger, Salzburg, 153–156; derselbe, Römerzeit, 80f.
83 Alexander Petter, Das Römertor nächst dem Rainberg, in: MGSL 41 (1901), 1–9; Klein, Juvavum-Salzburg, 4ff.; Heger, Römerzeit, 81; derselbe, Salzburg, 155f.
84 Notitia Arnonis 7,2, u. 7,7, 92; Wolfram, Salzburg, 117f.; Jahn, Ducatus, 87f.; Dopsch, Zum Anteil der Romanen, 49; vgl. diesen Band, 81f.
85 Heger, Salzburg, 154ff.; derselbe, Römerzeit, 80f.; Jobst, Mosaiken, 61f.
86 Claudian, de bello Pollentino sive Gothico, ed. Birt, MGH auct. ant. X, 259ff.; Hydatius, Chronik zum Jahr 430 und 431, ed. Theodor Mommsen, MGH auct. ant. XI, 93 u. 95; zum Plan der Ansiedlung der Westgoten in Kärnten vgl. Ernst Klebel, Der Einbau Karantaniens in das ostfränkische und deutsche Reich, in: Carinthia I, 1960, 668f.; Wolfram, Geschichte der Goten, 182f.; Heger, Salzburg, 155f.
87 Walter Pohl, Die Gepiden und die Gentes an der mittleren Donau nach dem Zerfall des Attilareiches, in: Die Völker an der mittleren und unteren Donau im 5. und 6. Jahrhundert, hg. von Herwig Wolfram/Falko Daim (Denkschriften der Österr. Akademie der Wissenschaften, phil. hist. Kl. 145), Wien 1980, 264ff.; Wolfram, Goten, 259ff.; Friedrich Lotter, Historische Daten, 76–88.
88 Eugippius, Vita sancti Severini, ed. Rudolf Noll, Eugippius, Das Leben des hl. Severin, Passau ²1981.
89 Zu der heftig geführten Kontroverse um das „Vorleben" Severins vgl. Noll, Anfänge des Christentums, 94f.; derselbe, Die Vita Sancti Severini des Eugippius im Lichte der neueren Forschung, in: Anzeiger der Österr. Akademie der Wissenschaften 112 (1975), 61–75; derselbe, Literatur zu Vita Sancti Severini aus den Jahren 1975–1980, ebenda 118 (1981), 196–221; Lotter, Severinus, 201ff., bes. 223ff.; derselbe, Severinus und die Endzeit römischer Herrschaft an der oberen Donau, in: Deutsches Archiv 24 (1968), 309–338; derselbe, Industrissimus vir Severinus, in: Deutsches Archiv 26 (1970), 200–207; derselbe, Antonius von Lerins und der Untergang Ufernorikums, in: Historische Zeitschrift 212 (1971), 253–315.
90 Noll, Anfänge des Christentums, 93f.

⁹¹ Eugippius, Vita sancti s. Severini, c. 13 u. 14, ed. Noll, 76ff.; Noll, Anfänge des Christentums, 95f.
⁹² Hell, Spätantike Basilika, 71ff.
⁹³ Vetters, Kontinuität, 499; derselbe, Beiträge zur Kunstgeschichte und Archäologie des Frühmittelalters, in: Akten zum VII. internationalen Kongreß für Frühmittelalterforschung, Wien 1962, 217ff.; derselbe, Der Dombau des hl. Virgil in Salzburg, in: Cyrillo-Methodiana, Köln/Graz 1964, 263 mit Abb. 1; derselbe, Die mittelalterlichen Dome Salzburgs, in: Frühmittelalterliche Studien 5 (1971), 415; dagegen Noll, Christentum, 98; Zum „Zweikammerbau" vgl. Karwiese, Gesamtbericht, 421ff.; Sennhauser, Mausoleen, 57ff. und 76.
⁹⁴ Franz Martin, Salzburg. Ein Führer durch seine Geschichte und Kunst, Salzburg ²1952, 73 f.; Rudolf Noll, Die „Katakomben" im Mönchsberg zu Salzburg, in: Österreichische Zeitschrift für Kunst und Denkmalpflege 10 (1956), 13ff.; derselbe, Christentum, 98ff.
⁹⁵ Eugippius, Vita s. Severini, c. 24, ed. Noll, 88ff.
⁹⁶ Zum Mausoleum im Zentrum der Stiftskirche vgl. Sennhauser, Mausoleen, 57ff. u. 76; zu den Ausgrabungen 1995 in der Margarethenkapelle, bei der die Reste der Amanduskapelle aufgedeckt wurden, vgl. Stefan Karwiese, in: Eder/Kronbichler, Hl. Rupert von Salzburg, Tl. 2, Salzburg 1996; Alcuini Carmina, ed. Dümmler, 338 Nr. XV.
⁹⁷ Noll, Christentum, 103; Heger, Salzburg, 160ff.; Wolfram, Salzburg, 117f. u. 245ff.
⁹⁸ Noll, Christentum, 103; Heger, Salzburg, 162f.; derselbe, Das Ende der römischen Herrschaft im Alpen- und Donauraum, in: Dannheimer/Dopsch, Bajuwaren, 14–22.
⁹⁹ Dopsch, Zum Anteil der Romanen, 53f.; Heger, Salzburg, 163.
¹⁰⁰ Wolfram, Salzburg, 245ff.; Jahn, Ducatus, 58ff.

III. Heilige und Erzbischöfe – Salzburg als geistliches Zentrum

¹ Heger, Salzburg, 157–163; Heinz Dopsch, Zum Anteil der Romanen und ihrer Kultur an der Stammesbildung der Bajuwaren, in: Dannheimer/Dopsch, Die Bajuwaren, 47–54.
² Thomas Fischer/Hans Geisler, Herkunft und Stammesbildung der Baiern aus archäologischer Sicht, in: Dannheimer/Dopsch, Die Bajuwaren, 61–69; Hermann Dannheimer, Auf den Spuren der Baiuwaren, Pfaffenhofen 1987.
³ Manfred Menke, Die bairisch besiedelten Landschaften im 6. und 7. Jahrhundert nach den archäologischen Quellen, in: Dannheimer/Dopsch, Die Bajuwaren, 70–78; Kurt W. Zeller, Tracht, Bewaffnung und Schmuck, ebenda 237–248.
⁴ Kurt Reindel, Herkunft und Stammesbildung der Bajuwaren nach den schriftlichen Quellen, in: Dannheimer/Dopsch, Die Bajuwaren, 56–60; derselbe, Die Bajuwaren. Quellen, Hypothesen, Tatsachen, in: Deutsches Archiv 37 (1981), 451–473; Wolfram, Grenzen und Räume, 281–285.
⁵ Wolfram, Grenzen und Räume, 284f.; derselbe, Salzburg, 23ff.
⁶ Thomas Fischer, Römer und Germanen an der Donau, in: Dannheimer/Dopsch, Die Bajuwaren, 41ff.
⁷ Wolfram, Grenzen und Räume, 284f.; derselbe, Salzburg, Bayern, Österreich, 23ff.; Fischer/Geisler, Herkunft und Stammesbildung, in: Dopsch/Dannheimer, Die Bajuwaren, 66ff.
⁸ Wolfram, Grenzen und Räume, 283f.; Reindel, Herkunft und Stammesbildung, in: Dannheimer/Dopsch, Die Bajuwaren, 56ff.
⁹ Konrad Beyerle (Hg.), Lex Baiuvariorum, München 1926; Wilfried Hartmann, Das Recht, in: Dannheimer/Dopsch, Die Bajuwaren, 266–272.
¹⁰ Wilfried Menghin, Die Langobarden. Archäologie und Geschichte, Stuttgart 1985, 117ff.; Hermann Dannheimer, Goldschmiedearbeiten aus dem Besitz der Königin Theodelinde, in: Dannheimer/Dopsch, Die Bajuwaren, 342–347.

III. Heilige und Erzbischöfe Seiten 75–84   653

[11] Wolfram, Grenzen und Räume, 295ff.
[12] Hörburger, Salzburger Ortsnamenbuch, 66ff.
[13] Ebenda, 69.
[14] Schwarz, Baiern und Walchen, 907; Reiffenstein, Sprachgeschichte, 1812; Hörburger, Salzburger Ortsnamenbuch, 69.
[15] Hörburger, Salzburger Ortsnamenbuch, 69.
[16] Hörburger, Salzburger Ortsnamenbauch, 81.
[17] Reiffenstein, Sprachgeschichte, 1811f.; Hörburger, Salzburger Ortsnamenbuch, 81.
[18] Hörburger, Salzburger Ortsnamenbuch, 81.
[19] Hörburger, ebenda.
[20] Fritz Moosleitner, Ein frühmittelalterlicher Grabfund aus Salzburg-Mülln, in: MGSL 115 (1975), 349–358.
[21] Moosleitner, Merowingerzeit, 116–120.
[22] Hörburger, Salzburger Ortsnamenbuch, 33ff. und 47ff.; derselbe, Die romanischen und vorrömischen Ortsnamen des Landes Salzburg, in: MGSL 107 (1967), 1–48; Reiffenstein, Sprachgeschichte, 1805ff.; derselbe, Vom Sprachgrenzland zum Binnenland. Romenen, Baiern und Slawen im frühmittelalterlichen Salzburg, in: Sprachgrenzen, hg. v. Helmut Kreuzer, Zeitschrift für Literaturwissenschaft und Linguistik 21, Heft 83 (Göttingen 1991), 42–56.
[23] Hörburger, Salzburger Ortsnamenbuch, 40f.; Schwarz, Baiern und Walchen, 917f.
[24] Wolfram, Salzburg, 132ff.
[25] Eva Feldinger und W. Höglinger, Das völkerwanderungszeitliche Gräberfeld in Grödig, in: Salzburger Museumsblätter 48 (1987), 28ff.
[26] Hörburger, Salzburger Ortsnamenbuch, 27 und 42.
[27] Hörburger, Salzburger Ortsnamenbuch, 141.
[28] Gesta Hrodberti, c. 6., 180.
[29] Hermann Vetters, Bericht über die vierte und fünfte Domgrabung in Salzburg, in: MGSL 108 (1968), 12; Heger, Römerzeit, 82.
[30] Moosleitner, Frauengrab (wie Anm. 20).
[31] Lošek, Notitia Arnonis, c. 1, 80.
[32] Kovacsovics, Archäologische Untersuchungen 1994, 46ff.; derselbe, Archäologische Untersuchungen 1995, 39ff. Zuletzt konnten, laut mündlicher Mitteilung von Herrn Dr. Wilfried Kovacsovics, Funde geborgen werden, die nach dem Urteil des Landesarchäologen SR Dr. Fritz Moosleitner bis in die mittlere Bronzezeit zurückreichen. Außerdem wurde eine Mauer aus der Zeit des Kaisers Aurelian (270–275 n. Chr.) freigelegt.
[33] Breves Notitiae c. 6, ed. Lošek, Notitia Arnonis, 110; SUB II, 61 Nr. 34.
[34] Wolfram, Grenzen und Räume, 296; derselbe, Salzburg, 153f. mit Anm. 309–320; Jahn, Ducatus, 88 und 96.
[35] Wanderwitz, Studien, 5–30; Wolfram, Salzburg, 249f.
[36] Fritz Koller, Salzproduktion und Salzhandel, in: Dannheimer/Dopsch, Die Bajuwaren, 220ff.; Dopsch, Zum Anteil der Romanen, 54.
[37] Jahn, Ducatus, 76ff.
[38] Paulus Diaconus, Historia Langobardorum c. VI, 21, 35 und 43, MGH SS rer. Germ. 48, Hannover 1878, 21, 27f. und 32; vgl. dazu Jahn, Ducatus, 7ff.
[39] Jahn, Ducatus, 79–97.
[40] Gesta Hrodberti, c. 1, 157.
[41] Wolfram, Der hl. Rupert, 7f., hat die Datumsformel untersucht; vgl. auch Wolfram, Vier Fragen, 6f.; derselbe, Salzburg, 229ff.; Jahn, Ducatus, 29ff. und 48f.
[42] Conversio, c. 2, 61; Wolfram, Salzburg, 232; Jahn, Ducatus, 31f. und 54–57.

[43] Wolfram, Vier Fragen, 14; Wolfram, Salzburg, 237f.; Jahn, Ducatus, 26ff. Zur genealogischen Einreihung Ruperts vgl. Wilhelm Störmer, Adelsgruppen im früh- und hochmittelalterlichen Bayern (Studien zur bayerischen Verfassungs- und Sozialgeschichte 4), München 1972, 18f.

[44] Gesta Hrodberti c. 3, 158.

[45] Gesta Hrodberti c. 4, 158, Jahn, Ducatus, 49–54.

[46] Gesta Hrodberti c. 5, 159; Conversio c. 1, 36; Wolfram, Salzburg, 236; Jahn, Ducatus, 57; Dopsch, Der hl. Rupert, 70 mit Anm. 20.

[47] Gesta Hrodberti c. 6, 159 f.; Lošek, Notitia Arnonis, 102 (Breves Notitiae c. 1, 3–4); vgl. dazu Dopsch, Der hl. Rupert, 70–73.

[48] Gesta Hrodberti c. 6 und c. 8, 160; Herbert Klein, Salzburg an der Slawengrenze, in: Südostdeutsches Archiv 11 (1968), 1–13; Friedrich Prinz, Bayern, Salzburg und die Frage der Kontinuität zwischen Antike und Mittelalter, in: MGSL 115 (1975), 19–50.

[49] Jahn, Ducatus, 76ff.; Dopsch, Der hl. Rupert, 73.

[50] Gesta Hrodberti c. 8, 160; Conversio c. 1, 38.

[51] Wolfram, Salzburg, 213ff.; Dopsch, Karolinger, 174–190; derselbe, Slawenmission und päpstliche Politik, 309–321.

[52] Semmler, Geistliches Leben, 366ff.

[53] Friedrich Prinz, Frühes Mönchtum im Frankenreich, München 1965, 399ff.; derselbe, Salzburg zwischen Antike und Mittelalter, in: Frühmittelalterliche Studien 5 (1971), 10–36; derselbe, Bayerische Klosterkultur des 8. Jahrhunderts, in: Der Schlern 45 (1971), 438ff.; derselbe, Bayern, 25ff.

[54] Sennhauser, Mausoleen, 60ff.; derselbe, Die Salzburger Dombauten im Rahmen der frühmittelalterlichen Baukunst Europas, in: Dopsch/Juffinger, Virgil von Salzburg, 326.

[55] SUB I, 252 ff. Nr. 1; Hermann, Trennung, 26ff.; Dopsch, St. Peter, 38–43.

[56] Sennhauser, Mausoleen, 57–68. Zum Grabungsbefund vgl. Karwiese, Gesamtbericht 404–532.

[57] Dopsch, Klöster und Stifte, 1008 mit Anm. 187; Wolfram, Salzburg, 214ff.

[58] Wolfram, Libellus Virgilii, 177ff.; derselbe, Salzburg, 200–205; Christine E. Janotta, Die Entwicklung von Kirche und Siedlung in Bischofshofen, in: MGSL 117 (1977), 73–88; Dopsch, Bischofshofen, 61–64; derselbe, Der hl. Rupert, 75–77; zuletzt hat Fritz Koller, Albina, in: MIÖG 103 (1995), 288–349, den Sitz des Geschlechts in Maria Alm im Pinzgau vermutet.

[59] Gesta Hrodberti c. 9, 161; Conversio c. 1, 38.

[60] Lošek, Notitia Arnonis, 92f. und 108f.; Jahn, Ducatus, 86–97; Dopsch, Der hl. Rupert, 77–80. Maria Hasdenteufel, Das Salzburger Erentrudis-Kloster und die Agilolfinger, in: MIÖG 93 (1985), 1–29.

[61] Lošek, Notitia Arnonis, 80 und 104; Wolfram, Salzburg, 249f.; Wanderwitz, Studien, 5–30.

[62] Hocquet, Wertschätzung und Symbolik, 23–39.

[63] Details zur Ausstattung sind den beiden ältesten Salzburger Güterverzeichnissen zu entnehmen: Lošek, Notitia Arnonis, 80 ff. und 102ff.; eine kartographische Übersicht bietet Dopsch, Karolinger, 170f.

[64] Conversio c. 1, 38 mit Anm. 15; Gesta Hrodberti c. 9, 163; Wolfram, Vier Fragen, 18–25.

[65] Wolfram, Vier Fragen, 21ff.; Haider, Virgil-Dom, 42ff.; Dopsch, Hl. Rupert, 83f.

[66] Wolfgang Hartl, Religion und Emigration, in: Salz, 164ff.; Johann Kronbichler, Der hl. Rupert in der bildenden Kunst, in: Eder/Kronbichler (Hg.), Hl. Rupert von Salzburg, 99–122.

[67] Georg Predota, Der liturgische Kult der Salzburger Heiligen Rupert und Virgil, Chuniald und Gislar, theol. Diss. (masch.) Graz 1967; Karner, Austria sancta.

[68] Erben, Herbstruperti, 45ff.; Hermann Grotefend, Taschenbuch der Zeitrechnung, Hannover ^{12}1982, 94.

[69] Adrian, Salzburger Dult.

⁷⁰ Bernhard Bischoff, Arbeo: Vita ed Passio sancti Haimhrammi martyris. Leben und Leiden des hl. Emmeram, München 1953; Lothar Kolmer, Die Hinrichtung des hl. Emmeram, in: Studien und Quellen zur Geschichte Regensburgs 4, Regensburg 1987, 9–31.

⁷¹ Gottfried Mayr, Zur Todeszeit des hl. Emmeram und zur frühen Geschichte des Klosters Herrenchiemsee, in: ZBLG 34 (1971), 358–373; Wolfram, Vier Fragen, 7ff.

⁷² Wolfram, Salzburg, 232–235; Dopsch, Der hl. Rupert, 81f.

⁷³ Jahn, Ducatus, 73ff.; Reindel, Zeitalter der Agilolfinger, 226f.

⁷⁴ Arbeo, Vita Corbiniani episcopi, ed. Bruno Krusch, MGH SS rerum Merov. VI, c. 8, 567; Die Briefe des hl. Bonifatius, ed. Tangl, 72f.; ed. Rau, 130 und 132; Reindel, Zeitalter der Agilolfinger, 203.

⁷⁵ Das Verbrüderungsbuch von St. Peter in Salzburg, ed. Sigmund Herzberg-Fränkel, MGH Necrologia II, 18 col. 41; ed. Karl Forstner, (Codices selecti 51), Graz 1974, 14 col. A; Wolfram, Salzburg, 251ff.

⁷⁶ Conversio c. 1 und 2, 38 und 64f.

⁷⁷ MGH Necrologia II, 213 zum 12. II.; Heinz Dopsch, Im Namen des Erzengels Michael. Aus der Geschichte der Abtei Michaelbeuern von den Anfängen bis zur Grundentlastung (1848), in: Benediktinerabtei Michaelbeuern, Michaelbeuern 1985, 26f. mit Anm. 5.

⁷⁸ Zur Vitalis-Verehrung vgl. Predota, Der liturgische Kult, und Karner, Austria sancta; zu Johannes vgl. Lošek, Notitia Arnonis, 114 (Breves Notitiae c. 8, 13).

⁷⁹ Jahn, Ducatus, 116–122; Wolfram, Grenzen und Räume, 82ff.

⁸⁰ Lošek, Notitia Arnonis, 82 und 110.

⁸¹ Jahn, Ducatus, 132–170; Egon Boshof, Agilolfingisches Herzogtum und angelsächsische Mission. Bonifatius und die bayerische Bistumsorganisation von 739, in: Ostbairische Grenzmarken 31 (1989), 11–26; Reindel, Zeitalter der Agilolfinger, 229f.

⁸² Willibaldi Vita Bonifatii c. 7, in: Briefe des hl. Bonifatius, ed. Rau, 500f.

⁸³ Ingo Reiffenstein, Der Name Salzburgs. Entstehung und Frühgeschichte, in: MGSL 130 (1990), 193–200.

⁸⁴ Lošek, Notitia Arnonis, 80 (Praefatio zur Notitia Arnonis).

⁸⁵ Jahn, Ducatus, 172–192.

⁸⁶ Tomas O. Fiaich, Virgils Werdegang in Irland und sein Weg auf den Kontinent, in: Dopsch/Juffinger, Virgil von Salzburg, 17–26.

⁸⁷ Verbrüderungsbuch, ed. Forstner, 20 col. C.; Paul Grosjean, Virgile de Salzbourg en Irlande, in: Analecta Bollandiana 78 (1960), 92–123; Dopsch, Virgil von Salzburg, 41–44; Hermann Moisl, Das Kloster Iona und seine Verbindungen mit dem Kontinent im 7. und 8. Jahrhundert, in: Dopsch/Juffinger, Virgil von Salzburg, 27–37.

⁸⁸ Wolfram, Grenzen und Räume, 113–116; derselbe, Virgil als Abt und Bischof von Salzburg, in: Dopsch/Juffinger, Virgil von Salzburg, 343f.

⁸⁹ Heinrich Schmidinger, Das Papsttum und die bayerische Kirche – Bonifatius als Gegenspieler Virgils, in: Dopsch/Juffinger, Virgil von Salzburg, 92–102.

⁹⁰ Lošek, Notitia Arnonis, 112–114 (Breves Notitiae c. 8, 1–8, 15); Wolfram, Libellus Virgilii, 175ff.; Jahn, Ducatus, 203–211; Wolfram, Salzburg, 133ff.; Fritz Koller, Albina, in: MIÖG 103 (1995), 288–349.

⁹¹ Dopsch, Virgil von Salzburg, 22f. Wolfram, Salzburg, 258ff.

⁹² Wolfram, Grenzen und Räume, 116f.

⁹³ Dopsch, Virgil von Salzburg, 24–27.

⁹⁴ Wolfram, Salzburg, 280ff.; Jahn, Ducatus, 471ff.

⁹⁵ Haider, Virgil-Dom, 35–47; Vetters, Die mittelalterlichen Dome, 296–316.

⁹⁶ Fritz Moosleitner, Neue Ergebnisse zu den Salzburger Domgrabungen, in: Dopsch/Juffinger, Virgil von Salzburg, 317–325.

⁹⁷ Dopsch, Virgil von Salzburg, 31 ff.; Pagitz, Virgil als Bauherr, 15 ff.
⁹⁸ Hans Sedlmayr, Die politische Bedeutung des Virgildomes, in: Salzburg im 8. Jahrhundert, MGSL 115 (1975), 145–160.
⁹⁹ Jahn, Ducatus, 471 ff.; Wolfram, Salzburg, 283 mit Anm. 492.
¹⁰⁰ Jahn, Ducatus, 473 ff.
¹⁰¹ Günther Haseloff, Zum Stand der Forschung über den Tassilo-Kelch, in: Bayernzeit in Oberösterreich. Ausstellungskatalog des Oberösterreichischen Landesmuseums, Linz ³1977, 221–236; derselbe, Der Tassilokelch.
¹⁰² Volker Bierbrauer, Das sogenannte Rupertuskreuz aus Bischofshofen, in: Dopsch/Juffinger, Virgil von Salzburg, 229–243; Wiltrud Topic-Mersmann, Das Kreuz von Bischofshofen als Crux gemmata, in: Bischofshofen. 5000 Jahre Geschichte und Kultur, Bischofshofen 1984, 125 ff.
¹⁰³ Kurt Holter, Das Problem der Salzburger bildenden Kunst im Zeitalter Virgils am Beispiel der Buchmalerei dargestellt, in: MGSL 115 (1975), 161–174; Karl Forstner, Die Datierung des Cutbert-Codex. Ein Hauptproblem des Skriptoriums von St. Peter, in: Festschrift St. Peter, 776–802; Susan E. von Daum Tholl, Das Wiener Cutbercht-Evangeliar: Innere Gründe für eine frühe Datierung, in: MGSL 133 (1993), 7–25; dieselbe, A Monograph on the Vienna Cutbercht Gospels, Ann Arbor/Michigan 1989.
¹⁰⁴ Zur Salzburger Landesausstellung 1982 in St. Peter wurden Salzburger Handschriften aus ganz Europa und verschiedenen Bundesstaaten der USA nach St. Peter gebracht. Vgl. den Ausstellungskatalog St. Peter in Salzburg, Salzburg 1982, 330 ff.
¹⁰⁵ Arbeo von Freising, Vita Corbiniani, ed. Bruno Krusch, MGH SS rerum Merov. 6, Hannover/Leipzig 913, 560 f.; eine Übersetzung bietet Franz Brunhölzl, in: Hubert Glaser/Franz Brunhölzl/Siegmund Bänker, Vita Corbiniani. Bischof Arbeo von Freising und die Lebensgeschichte des hl. Korbinian, München/Zürich 1983, 84 ff.
¹⁰⁶ Heinz Löwe, Ein literarischer Widersacher des hl. Bonifatius. Virgil von Salzburg und die Kosmographie des Aethicus Ister, in: Abhandl. Der geistes- und sozialwissenschaftlichen Klasse der Akademie der Wissenschaften und der Literatur in Mainz 11 (1951), 908–988; Winfried Stelzer, Ein Alt-Salzburger Fragment der Kosmographie des Aethicus Ister aus dem 8. Jahrhundert, in: MIÖG 100 (1992), 132–149, bringt 132 ff. mit Anm. 1–26, die relevante Literatur. Neueditionen der Kosmographie des Aethicus Ister von Otto Prinz und Michael W. Herren befinden sich in Vorbereitung. Zur Frage nach weiteren Werken Virgils vgl. Dopsch, Virgil von Salzburg, 34 ff.; Wolfram, Salzburg, 268 ff.; Haider, Die schriftlichen Quellen, 30 f.
¹⁰⁷ Bischoff, Salzburger Formelbücher, 17 f. Nr. 15 und 52 f.; Karl Forstner, Das Salzburger Skriptorium unter Virgil und das Verbrüderungsbuch von St. Peter, in: Dopsch/Juffinger, Virgil von Salzburg, 135–140.
¹⁰⁸ Forstner, Verbrüderungsbuch; Karl Schmid, Probleme der Erschließung des Salzburger Verbrüderungsbuches, in: Frühes Mönchtum in Salzburg, 175–196; Wolfram, Salzburg, 265 ff.
¹⁰⁹ Forstner, Verbrüderungsbuch, Einleitung 30 ff. und Faksimile 6.
¹¹⁰ Dopsch, Klöster und Stifte, 1003 ff. und 1008 f.; derselbe, Domstift Salzburg, 171 ff.
¹¹¹ Bischoff, Salzburger Formelbücher, 19.
¹¹² Hermann Vetters, Das Grab in der Mauer, in: Österreichische Zs. für Kunst und Denkmalpflege 12 (1958), 71 ff.; Dopsch, Virgil von Salzburg, 45.
¹¹³ Dopsch, Virgil von Salzburg, 44 ff.; Amon, Virgils Nachleben, 386 ff.
¹¹⁴ Amon, Virgils Nachleben, 390 ff.
¹¹⁵ Jahn, Ducatus, 522–527.
¹¹⁶ Dopsch, Karolinger und Ottonen, 157 ff.
¹¹⁷ Jahn, Ducatus, 531–550; Wolfram, Grenzen und Räume, 90 ff.; Lothar Kolmer, Zur Kommendation und Absetzung Tassilos III., in: ZBLG 43 (1980), 291–327.

[118] Die Traditionen des Hochstiftes Passau, ed. Max Heuwieser, Quellen und Erörterungen zur bayerischen Geschichte NF VI, Nr. 15; Pagitz, Pfalzbezirk, 180ff.
[119] Pagitz, Pfalzbezirk, 197–209.
[120] Jahn, Ducatus, 94–97, Dopsch, Klöster und Stifte, 1013ff.
[121] Wolfram, Salzburg, 199ff.; Lošek, Notitia Arnonis, 5ff. mit Edition 80–96.
[122] MGH D.Kar. I, 168; Zur Datierung des Diploms vgl. Lošek, Notitia Arnonis, 31ff.; Wolfram, Salzburg, 210ff.
[123] Dopsch, Karolinger und Ottonen, 164ff.; Wolfram, Grenzen und Räume, 172ff.
[124] Conversio c. 6, 46; Wolfram, Salzburg, 287ff.
[125] Dopsch, Karolinger und Ottonen, 162f.; zur Frage, ob die karantanischen Chorbischöfe tatsächlich für Pannonien zuständig waren, vgl. Heinz Dopsch, Das Erzbistum Salzburg und der Alpen-Adria-Raum im Frühmittelalter unter besonderer Berücksichtigung der Slawenmission, in: Günther Hödl/Johannes Grabmayr (Hg.), Karantanien und der Alpen-Adria-Raum im Frühmittelater (2. St. Veiter Historikergespräche), Wien/Köln/Weimar 1993, 124ff.
[126] Dopsch, Karolinger und Ottonen, 160ff.; Wolfram, Salzburg, 290ff.
[127] SUB II, 2ff. Nr. 2a–c.
[128] Dopsch, Slawenmission und päpstliche Politik, 303ff.
[129] SUB II, 7f. Nr. 2d.
[130] Dopsch, Karolinger und Ottonen, 161f.; Wolfram, Salzburg, 72f.
[131] Wolfram, Salzburg, 199ff.; Lošek, Notitia Arnonis, 51ff. und Edition 102–140.
[132] Dopsch, Karolinger und Ottonen, 164.
[133] Alcuini Epistulae, ed. Ernst Duemmler, MGH Epp. 4, Berlin 1895, 309 Nr. 184.
[134] MGH SS I, 87 und 93 (zum Jahre 803); Conversio c. 6, 46.
[135] Franz Valentin Zillner, Die Untersberg-Sagen nebst einem Abriß der Sagengeschichte, in: MGSL 1 (1861), 81–146.
[136] Carmina Alcuini, ed. Ernst Duemmler, MGH Poetae latini I, Berlin 1881, 335–340. Die im folgenden gebotene Interpretation weicht von jener ab, die Adolf Hahnl, die Bauliche Entwicklung 840f., versucht hat.
[137] Einen detaillierten Grabungsbericht bietet Stefan Karwiese, in: Eder/Kronbichler (Hg.), Hl. Rupert von Salzburg, Tl. 2.
[138] Hahnl, Bauliche Entwicklung, 839f. mit Anm. 29 und 46, 847 mit Anm. 133.
[139] Eduard Richter, Untersuchungen zur historischen Geographie des ehemaligen Hochstiftes Salzburg und seiner Nachbargebiete, in: MIÖG Erg. Bd. 1 (1885), 727f.; Wolfram, Die Zeit der Agilolfinger, 134; Dopsch/Lipburger, Rechtliche und soziale Entwicklung, 679.
[140] SUB II, 14ff. Nr. 5; Böhmer/Mühlbacher RI I, 258 Nr. 606.
[141] Dopsch, Recht und Verwaltung, 882–888.
[142] Wolfram, Grenzen und Räume, 174f.; Dopsch, Karolinger und Ottonen, 173.
[143] MGH SS I, 87ff.; Nachträge in MGH SS III, 122f. und MGH SS 30/2, 748ff. (Annales Iuvavenses maximi); vgl. Alphons Lhotsky, Quellenkunde, 145ff.; Ernst Klebel, Eine neu aufgefundene Salzburger Geschichtsquelle, in: MGSL 61 (1921), 34ff.; Dopsch, Karolinger und Ottonen, 172; Harry Breßlau, Die ältere Salzburger Annalistik, in: Abhandl. der preußischen Akademie der Wiss. phil.-hist. Kl. Jg. 1923, Nr. 2; Haider, Die schriftlichen Quellen, 33ff. Bischoff, Schreibschulen 2, 133f., hat nachgewiesen, daß der Transfer einer Beda-Handschrift von Saint-Amand nach Salzburg, mit der die Entstehung einer wichtigen Salzburger Annalengruppe in Verbindung gebracht wird, erst unter Arns Nachfolger Adalram erfolgte. Vgl. Wolfram, Grenzen und Räume, 179f.
[144] Wolfram, Grenzen und Räume, 179f.; Bischoff, Schreibschulen 2, 61–73, 98ff., 132ff. und 135ff.
[145] Dopsch, Karolinger und Ottonen, 172f.; Bischoff, Schreibschulen 2, 61 mit Anm. 32.

146 Alcuini Epistulae, MGH Epp. IV, 321 Nr. 194, 384 Nr. 239, 389 Nr. 342, 426 Nr. 268; Dopsch, Karolinger und Ottonen, 173.

147 MGH SS I, 88; MGH SS 30/2, 740 f.; Conversio c. 9, 48; MGH Necrol. II, 92 und 176; SUB II, 18f. Nr. 7a und b.

148 SUB II, 14ff. Nr. 5 und 6.

149 MGH D.L.D. 102; SUB II, 20ff. Nr. 8 und 9, 29f. Nr. 14, 38ff. Nr. 21–23. Zur Identifizierung der geschenkten Güter vgl. Dopsch, Karolinger und Ottonen, 179f. mit Anm. 181–197 und die Karte 182/183.

150 Karl Lechner, Die salzburgisch-passauische Diözesanregulierung in der Buckligen Welt im Rahmen der Landschaftsgeschichte des 9. Jhs., in: MGSL 109 (1969), 41–63; zur Problematik der Urkunde vgl. Wolfram, Salzburg, 196 mit Anm. 24.

151 Karl Oettinger, Das Werden Wiens, Wien 1951, 83ff.; Wolfram, Geburt Mitteleuropas, 277f.

152 Dopsch, Karolinger und Ottonen, 174–190; Wolfram, Salzburg, 294–336.

153 Conversio, ed. Wolfram (mit Kommentar); Wolfram, Salzburg, 193–336. Als Verfasser der Conversio wird ebenda, 197, Erzbischof Adalwin von Salzburg in Erwägung gezogen.

154 Conversio c. 11, 54.

155 Translatio s. Hermetis, MGH SS 15, 410; Dopsch, Karolinger und Ottonen, 178.

156 MGH D.L.D. 102; SUB II, 38ff. Nr. 21; vgl. dazu Anm. 149 und Dopsch, Der auswärtige Besitz, 951–981.

157 Conversio c. 12, 56 und Kommentar 138f.; Dopsch, Slawenmission und päpstliche Politik, 316f. und 319f.; derselbe, Karolinger und Ottonen, 185f.

158 Dopsch, Slawenmission und päpstliche Politik, 328–332.

159 Josef Maß, Bischof Anno von Freising, Richter über Methodius in Regensburg, in: Methodiana, hg. von Franz Zagiba (Annales Instituti Slavici 9), Wien/Köln/Graz 1976, 31–44; Viktor Burr, Anmerkungen zum Konflikt zwischen Methodius und den bayerischen Bischöfen, in: Cyrillo-Methodiana (Slawistische Forschungen 6), Köln/Graz 1963, 39–56; Josef Maß, Das Bistum Freising in der frühen Karolingerzeit (Studien zur altbayerischen Kirchengeschichte 2), München 1969, 107–119; Heinz Löwe, Ermenrich von Passau, Gegner des Methodius. Versuch eines Persönlichkeitsbildes, in: Dopsch (Hg.), Salzburg und die Slawenmission, 221–241. Zu der nach wie vor kontroversen Auffassung, in welchem schwäbischen Kloster Method inhaftiert war, vgl. die bei Dopsch, Slawenmission und päpstliche Politik, 332 Anm. 121, genannte Literatur.

160 Dopsch, Slawenmission und päpstliche Politik, 334ff.

161 MGH SS 30/2, 742 zu 874; Mitterauer, Markgrafen, 61f.

162 MGH DA 184; SUB II, 56 ff. Nr. 34; Heinrich Koller, König Arnolfs großes Privileg für Salzburg, MGSL 109 (1969), 65–75.

163 G.P. I, 163 Nr. 14; Harry Breßlau, Der angebliche Brief des Erzbischofs Hatto von Mainz an Papst Johann IX., in: Festschrift für Karl Zeumer, Weimar 1910, 9–23; MMFH 3, Brünn 1969, 232–244, Nr. 109; Urkundenbuch zur Geschichte des Burgenlandes Bd. I, bearb. von Hans Wagner, Graz/Köln 1955, 11f. Nr. 20; Dopsch, Karolinger und Ottonen, 194f.; Wolfram, Grenzen und Räume, 187 mit Anm. 285 und 292. Herrmann, Slawisch-germanische Beziehungen, 182f.

164 MGH SS. 30/2, 742; Wolfram, Grenzen und Räume, 325f. mit Anm. 258.

165 MGH SS 30/2, 742 zum Jahre 907; Reindel, Luitpoldinger, 62f. Nr. 45; Dopsch, Karolinger und Ottonen, 196; Wolfram, Grenzen und Räume, 272f.; Rudolf Hiestand; Preßburg 907, in: ZBLG 57 (1994), 1–20.

IV. Vom Markt zur Stadt – Salzburg vom kaiserlichen Marktrecht zum ältesten schriftlichen Stadtrecht (996–1287)

[1] MGH DLK 65; SUB II, 73ff. Nr. 40.

[2] Reindel-Schedl, Laufen, 475f. und 759; Heinrich Englmann, Geschichtliches über Salzburghofen, München 1909.

[3] Hahn, Moneta Radasponensis, 21f. 93 und 110.

[4] MGH SS 30/2, 742. Zur Datierung dieser Annalenstelle und zur ihrer Einschätzung vgl. Wolfram, Salzburg, 389ff.; Die Entstehung des Deutschen Reiches, Wege der Forschung I, Darmstadt 1956.

[5] Dopsch, Karolinger und Ottonen, 199ff.; Reindel, Herzog Arnulf, 264ff.

[6] SUB I, 86f. Nr. 21 und 22; Dopsch, Karolinger und Ottonen, 201f.; zur Abstammung Odalberts siehe Dopsch, Bayerischer Adel, 128f.

[7] SUB I, 73ff. Nrn. 6, 10f., 31f., 40, 58, 64.

[8] MGH SS 30/2, 743 zum Jahr 935; Reindel, Luitpoldinger, 170f. Nr. 87.

[9] Reindel, Bayern, 289ff.; Dopsch, Karolinger und Ottonen, 204f.

[10] MGH DO I, 68; SUB II, 79f. Nr. 44; Dopsch, Karolinger und Ottonen, 219f.

[11] MGH SS 30/2, 743 zum Jahr 955; MGH SS IX, 566 und 771 jeweils zum Jahr 956; SUB II, 91ff. Nr. 51; Dopsch, Bayerischer Adel, 132ff.

[12] Balint Homan, Geschichte des ungarischen Mittelalters I, Berlin 1940, 173; György Thomas von Bogyay, Stephanus Rex. Versuch einer Biographie, Wien/München 1975; György Györffy, Wirtschaft und Gesellschaft der Ungarn um die Jahrtausendwende, Wien/Köln/Graz 1983; derselbe, König Stephan der Heilige, Budapest 1988.

[13] Wilhelm Wegener, Böhmen, Mähren und das Reich im Hochmittelalter, Köln 1959, 203ff.; Jiri Kadlec, Auf dem Wege zum Prager Bistum, Annales Instituti Slavici I/3, Wiesbaden 1967, 29–45.

[14] Böhmer/Ottenthal, RI Nr. 309c; Robert Holtzmann, Geschichte der sächsischen Kaiserzeit, München 1941, 197ff.

[15] Josef Fleckenstein, Die Hofkapelle der deutschen Könige, Schriften der MGH 16/1, Stuttgart 1959 und 16/2, Stuttgart 1966.

[16] MGH DO I, 380 und 389; MGH DO II, 275; SUB II, 94ff. Nrn. 52, 53, 55, 57, 58.

[17] MC III, Nr. 140; Reindel, Luitpoldinger, 239f.; derselbe, Bayern, 298f.; Hermann Braumüller, Wann wurde Kärnten Herzogtum? in: Carinthia I, 134/135 (1947), 58–69; Heinrich Appelt, Das Herzogtum Kärnten und die territoriale Staatsbildung im Südosten, Carinthia I, 166 (1976), 5–20; Heinz Dopsch, Adel und Kirche, 23ff.

[18] Karl Lechner, Die Babenberger, Graz/Wien/Köln 1976.

[19] MGH DO II, 134; SUB II, 100 ff. Nr. 55; Friederike Zaisberger, Der Salzburger Hof in Regensburg, in: MGSL 122 (1982), 125–240.

[20] Ernst Tomek, Studien zur Reform der deutschen Klöster im 11. Jahrhundert I: Die Frühreform, Wien 1910, 96ff.; Josef Klose, St. Wolfgang als Mönch und die Einführung der Gorzer Reform in Bayern, in: Beiträge zur Geschichte des Bistums Regensburg 6 (1972), 61–88; Eckhard Freise, St. Emmeram zu Regensburg, in: Ratisbona sacra. Das Bistum Regensburg im Mittelalter, München/Zürich 1989, 182ff.

[21] SUB I, 252f. Nr. 1; Friedrich Herrmann, 987. Trennung der Abtei vom Bistum, in: Festschrift Erzabtei St. Peter, Salzburg 1982, 26–55; Heinz Dopsch, Klöster und Stifte, 1010f.

[22] Sennhauser, Mausoleen, 57ff., bes. 76f. (Datierung); Karwiese, Gesamtbericht, in: Festschrift St. Peter, 437ff.

[23] Dopsch/Lipburger, Rechtliche und Soziale Entwicklung, 685; Zillner, Stadtgeschichte I, 63ff.; Klein, Juvavum, 7.

[24] SUB I, 325ff. Nr. 155; SUB II, Nr. 118, Nr. 144; Dopsch/Lipburger, Rechtliche und Soziale Entwicklung, 684f.

[25] SUB I, 124f. Nr. 62; zur Lage des Frauengartens vgl. Klein, Juvavum, 7f. und die dort publizierte Karte.

[26] Hahn, Salzburger Münzstätte, 37–50.

[27] Bischoff, Salzburger Briefe, 40f. Nr. 20.

[28] Conversio c. 11, 54 Zl. 11; vgl. Wolfram, Salzburg, 94f.; Dopsch/Lipburger, Rechtliche und Soziale Entwicklung, 694f.; Dopsch, Wirtschaftliche Entwicklung, 762.

[29] Dopsch, Almkanal, 47ff.

[30] Dopsch, Bayerischer Adel, 137f.; derselbe, Gewaltbote und Pfalzgraf in Kärnten, in: Carinthia I, 165 (1975), 129ff.

[31] MGH DO III, 208; SUB II, 116 Nr. 63; Dopsch, Diplom Ottos III., 12ff.

[32] Dopsch/Lipburger, Rechtliche und Soziale Entwicklung, 676 mit Anm. 15.

[33] Fritz Koller, Die Anfänge der Salzburger Städte. Civitas und verwandte Begriffe in den Salzburger Städten, in: MGSL 128 (1988), 5–31.

[34] Gemäß der Marktordnung vom Ende des 15. Jahrhunderts wurde an drei aufeinanderfolgenden Tagen Markt gehalten: Reuttersches Stadtbuch, fol. 6ʳ-8ʳ; Lipburger, Stadtbuch, 28ff. Nr. 7; eine veraltete Edition bietet Georg Abdon Pichler, Salzburgische Marktordnungen, in: Archiv für Kunde österreichischer Geschichtsquellen 9 (1853), 392–412.

[35] Koch, Salzburger Pfennig, 36ff.; Probszt; Münzen Salzburgs, 17ff.; vgl. auch Hahn, Salzburger Münzstätte, 42ff.

[36] MGH Capitularia II, 250ff. Nr. 253; Lorenz Weinrich, Ausgewählte Quellen zur deutschen Geschichte des Mittelalters 32, Darmstadt 1977, 14ff. Nr. 4; Michael Mitterauer, Wirtschaft und Verfassung in der Zollordnung von Raffelstetten, in: MOÖLA 8 (1964), 344–373; derselbe, Zollfreiheit und Marktbereich (Forschungen zur Landeskunde von Niederösterreich 19), Wien 1969, 115ff.

[37] Dopsch, Karolinger und Ottonen, 212.

[38] Vetters, Die mittelalterlichen Dome, 291ff. mit Grundriß 295.

[39] SUB II, 129f. Nr. 174; Dopsch, Legatenwürde, 266ff.

[40] Harald Zimmermann, Papstabsetzungen des Mittelalters, Graz/Wien/Köln 1968, 119ff.

[41] Dopsch, Hochmittelalter, 233f.; Brunner, Herzogtümer und Marken, 238ff.

[42] Vita Gebehardi I und II, ed. Wilhelm Wattenbach, MGH SS 11, 25–27 und 35–40; Wilhelm Erben, Untersuchungen zur Geschichte des Erzbischofs Gebhard, in: MGSL 53 (1913), 1–38; Walter Steinböck, Erzbischof Gebhard von Salzburg (Veröffentl. des Histor. Instituts der Univ. Salzburg), Wien/Salzburg 1972; Dopsch, Hochmittelalter, 232f.

[43] SUB II, Nr. 102; MC I, Nr. 27; W. Heinemeyer, Zur Gründung des Bistums Gurk in Kärnten, in: Festschrift für Walter Schlesinger, Marburg 1975, 495–513; Dopsch, Friedrich III., 48ff.; derselbe, Hochmittelalter, 236ff.; Seidenschnur, Eigenbistümer, 177ff.

[44] SUB II, Nr. 109; MC I, Nr. 35; MGH Eppistole. Sel. II, Berlin ²1955, 240f.; GP I, 19 Nr. 43.

[45] Vita Gebehardi II, MGH SS 11, 36; SUB II, Nrn. 106–108, 111, 140; Walter Steinböck, Die Gründung des benediktinischen Reformklosters Admont, in: StMOSB 84 (1973), 52–81.

[46] Dopsch, Hochmittelalter, 240ff.

[47] SUB II, Nr. 111; Dopsch, Otakare, 111f.

[48] Bertholdi Annales zum Jahre 1077, MGH SS 5, 294; Dopsch, Hohensalzburg, 97ff.

[49] Kovacsovics, Archäologische Untersuchungen 1994, 46–52. Wichtige neue Ergebnisse sind einer sorgfältigen Begehung mit OR Dr. Wilfried Kovacsovics und SR Dr. Wilfried Schaber im April 1996 zu verdanken.

[50] Dopsch, Hochmittelalter, 243ff.

⁵¹ Vita Gebehardi II, c. 8, MGH SS 11, 39; Annales s. Rudberti Salisburgenes, MGH SS 9, 773. Zur Abstammung Bertholds vgl. Tyroller, Genealogie, 171ff. mit Tafel 13.
⁵² Dopsch, Hochmittelalter, 247f.
⁵³ Vita Gebehardi I, c. 4 und II, c. 9, MGH SS 11, 26f. und 39f. Zum genauen Todesdatum vgl. Dopsch, Hochmittelalter, 249f. mit Anm. 151.
⁵⁴ Passio Thiemonis arch., MGH SS 11, 53–58; Fischer, Personal- und Amtsdaten 44f.; Dopsch, Bayerischer Adel, 148.
⁵⁵ Zeillinger, Konrad I., 11f. und fast die gesamte neuere Literatur haben Erzbischof Konrad I. irrtümlich dem Geschlecht der Grafen von Abensberg in Niederbayern zugewiesen. Tatsächlich entstammte er dem Geschlecht der fränkischen Grafen von Abenberg. Vgl. Tyroller, Genealogie, Tafel 11 Nr. 7 und Tafel 22.
⁵⁶ Vita Chuonradi arch. c. 1–6, MGH SS 11, 63–66.
⁵⁷ Vita Chuonradi arch. c. 8, MGH SS 11, 67.
⁵⁸ Vgl. Anm. 24.
⁵⁹ SUB II, Nr. 117; SUB I, 328 Nr. 157f; MRS 3 Nr. 11; Dopsch/Lipburger, Rechtliche und soziale Entwicklung, 721.
⁶⁰ Vita Chuonradi arch. c. 5, MGH SS 11, 65; Dopsch, Hochmittelalter, 254f.; Rudolf Schieffer, Die Entstehung des päpstlichen Investiturverbots für den deutschen König (Schriften der MGH 28), Stuttgart 1981.
⁶¹ Vita Chuonradi arch. c. 9, MGH SS 11, 68; Annales Admuntenses zum Jahre 1106, MGH SS 9, 577; Otto von Freising, Chronica 7, c. 14, ed. Adolf Hochmeister, MGH SS rer. Germ. 45, Hannover/Leipzig 1912, 327.
⁶² Dopsch, Hochmittelalter, 257f. mit Anm. 198.
⁶³ Vita Chuonradi arch. c. 9ff., MGH SS 11, 68ff.; Zeillinger, Konrad I., 18ff.; Dopsch, Hochmittelalter, 258ff.
⁶⁴ MGH Constitutiones I, 157ff. Nr. 104–108; Peter Classen, Das Wormser Konkordat in der deutschen Verfassungsgeschichte, in: VF 17 (1973), 411–460.
⁶⁵ Hans Planitz, Die deutsche Stadt im Mittelalter, Köln/Graz ²1965; Edith Ennen, Die europäische Stadt des Mittelalters, Göttingen ²1972; Carl Haase (Hg.), Die Stadt des Mittelalters, 3 Bde., Darmstadt 1969–1973.
⁶⁶ Gerhard Köbler, Civitas und vicus, burg stat, dorf und wik, in: Vor- und Frühformen der europäischen Stadt im Mittelalter I, Göttingen 1973, 61–76; Walter Schlesinger, Burg und Stadt, in: derselbe, Beiträge zu deutschen Verfassungsgeschichte des Mittelalters II, Göttingen 1963, 92–147, bes. 138f. Verfehlt ist die Interpretation von Pagitz, Pfalzbezirk, 178ff.
⁶⁷ Dopsch, Auswärtiger Besitz, 954, 957f., 962.
⁶⁸ Vgl. Anm. 113.
⁶⁹ SUB IV, Nr. 4; Dopsch, Die armen Bürger, 29 mit Abb. 28.
⁷⁰ SUB IV, 168ff. Nr. 141.
⁷¹ Stadler, Rechtsgeschichte, 109 Artikel 1; Pezolt, Bürgermeister, 150.
⁷² Dopsch/Lipburger, Rechtliche und soziale Entwicklung, 703f.
⁷³ Die entsprechenden Bestimmungen sind im Sühnebrief 1287, im Stadtrecht des 14. Jahrhunderts, im Reutterschen Stadtbuch und in der Stadt- und Polizeiordnung 1524 enthalten.
⁷⁴ Dopsch, Soziale Entwicklung, 408ff.; Dopsch/Lipburger, Rechtliche und soziale Entwicklung, 686ff.
⁷⁵ Fritz Rörig, Luft macht eigen, in: Festgabe für Gerhard Seeliger, 1920, 50ff.; Heinrich Mitteis, Über den Rechtsgrund des Satzes „Stadtluft macht frei", in: Festschrift Edmund E. Stengel, Münster/Köln 1952, 342–358.
⁷⁶ Stadler, Rechtsgeschichte, 110 Artikel 9; Steinherz, Zur Geschichte, 184ff.; Dopsch/Lipburger, Rechtliche und soziale Entwicklung, 718f.; Dopsch, Soziale Entwicklung, 409.

⁷⁷ Dopsch, Soziale Entwicklung, 408f. und 411ff.
⁷⁸ Dopsch/Lipburger, Rechtliche und soziale Entwicklung, 687 mit Anm. 86–89.
⁷⁹ SUB I, 536 Nr. 548, 561 Nr. 649.
⁸⁰ SUB I, 690, Nr. 221a.
⁸¹ SUB I, 732, Nr. 307.
⁸² Martin, Regesten I, Nr. 985.
⁸³ SUB I, 374f. Nr. 231, 384 Nr. 251b, 450 Nr. 365, 652 Nr. 139, 655 Nr. 147; Pagitz, Pfalzbezirk, 193f.
⁸⁴ SUB I, 382 Nr. 246, 531 Nr. 528, 622 Nr. 80, 631 Nr. 92.
⁸⁵ SUB I, 633 Nr. 167, 674 Nr. 191, Nr. 193; SUB II, Nrn. 385, 397, 398, 402; Dopsch/Lipburger, Rechtliche und soziale Entwicklung, 689f. mit Anm. 114.
⁸⁶ SUB I, 1184ff. (Register II); Widmann I, 335; Dopsch/Lipburger, Rechtliche und soziale Entwicklung, 689.
⁸⁷ Dopsch/Lipburger, Rechtliche und soziale Entwicklung, 689 mit Anm. 106–108; Dopsch, Soziale Entwicklung, 411f. Zu den Wundärzten vgl. Friedrich Besl, Handwerkliche Medizinalberufe im Erzstift Salzburg, phil. Diss. (masch.), Salzburg 1996.
⁸⁸ SUB I, 467 Nr. 393, 643 Nr. 116.
⁸⁹ SUB I, 733 Nr. 308.
⁹⁰ SUB II, Nr. 862, III, Nr. 974.
⁹¹ SUB I, 538 Nr. 553, 664 Nr. 169; SUB IV, 168f. Nr. 141.
⁹² Franz Valentin Zillner, Salzburger Geschlechterstudien II: Itzling-Fischach-Bergheim-Radeck, in: MGSL 19 (1879), 8ff.; Zillner, Stadtgeschichte II, 136ff.; Dopsch/Lipburger, Rechtliche und soziale Entwicklung, 691.
⁹³ Dopsch, Burggrafen, 151ff.; Freed, Diemut von Högl, 609ff.
⁹⁴ Dopsch, Recht und Verwaltung, 945ff.
⁹⁵ SUB I, 489 Nr. 436, 566f. Nr. 662a-c; SUB II, Nr. 398; Zillner, Stadtgeschichte I, 254–269.
⁹⁶ Dopsch/Lipburger, Rechtliche und soziale Entwicklung, 692.
⁹⁷ Zu den am Stadtrand ansässigen ritterlichen Geschlechtern vgl. die entsprechenden Nennungen in den Registern von SUB I und SUB III.
⁹⁸ Dopsch/Lipburger, Rechtliche und soziale Entwicklung, 693 mit Anm. 147–159.
⁹⁹ Ebenda, 693 mit Anm. 160–172; Zillner, Stadtgeschichte II, 151f.; Widmann I, 335f.
¹⁰⁰ Berent Schwineköper (Hg.), Gilden und Zünfte. Kaufmännische und gewerbliche Genossenschaften im frühen und hohen Mittelalter (VF 29), Sigmaringen 1985; Manfred Groten, Die Kölner Richerzeche im 12. Jahrhundert. Mit einer Bürgermeisterliste, in: Rheinische Vierteljahrsblätter 48 (1984), 34–85.
¹⁰¹ SUB IV, Anhang Nr. 404a; Dopsch/Lipburger, Rechtliche und soziale Entwicklung, 700ff.
¹⁰² SUB IV, Anhang Nr. 404 b.
¹⁰³ Klein, Beiträge I, 124ff.
¹⁰⁴ Josef Mois, Das Stift Rottenbuch in der Kirchenreform des 11. bis 12. Jahrhunderts, Beiträge zur altbayrischen Kirchengeschichte 19 (1953); Weinfurter, Bistumsreform, 1–7.
¹⁰⁵ MGH SS 9, 774, zum Jahre 1122; MGH SS 11, 41; MGH SS 16, 701; MGH SS 17, 453; SUB II, Nr. 128; Dopsch, Klöster und Stifte, 1004f.; Weinfurter, Bistumsreform, 26ff. und 178ff.; Martin, Urkundenwesen, 687ff.; Pagitz, Pfalzbezirk, 195ff., setzt die Übertragung der Pfarrechte in die Jahre 1177–1181.
¹⁰⁶ SUB II, Nr. 194f., Nr. 143; SUB I, 330 Nr. 158; Pagitz, Pfalzbezirk, 195ff.; Fritz Koller, Die Grundherrschaft der Abtei St. Peter, in: St. Peter in Salzburg, Ausstellungskatalog 1982, 112ff.; Friedrich Herrmann, Die Klosterpfarren, ebenda 101f.
¹⁰⁷ Klein, Juvavum, 7f.; Dopsch/Lipburger, Rechtliche und soziale Entwicklung, 684f.

108 Vita Chuonradi arch. c. 20, MGH SS 11, 74f.; Dopsch, Hohensalzburg, 99ff.
109 Vita Chuonradi arch. c. 19, MGH SS 11, 74; Vetters, Die mittelalterlichen Dome, 291; derselbe, in: Frühmittelalterliche Studien 5 (1971), 432; Pagitz, Virgil als Bauherr, 22ff.
110 Dopsch/Lipburger, Rechtliche und soziale Entwicklung, 721f.
111 SUB I, 626f. Nr. 87; Zillner, Waßerleitung, 90ff.; Dopsch, Almkanal, 53ff.
112 Hahnl, Bauliche Entwicklung, 844ff.
113 Dopsch, Das Diplom Ottos III., 24f.; SR. Dr. Wilfried Schaber hat im Rahmen einer ausführlichen Begehung auf Mauerzüge am Kumpfmühltor sowie zwischen Griesgasse und Getreidegasse hingewiesen, die offenbar vom Beginn des 12. Jahrhunderts stammen oder sogar ins 11. Jahrhundert zurückgehen. Eine Mauer am Beginn der Goldgasse, die wahrscheinlich zwei Stadtviertel voneinander schied, zeigt in relativ großer Höhe Spuren eines schweren Brandes, die wohl auf den Stadtbrand 1167 zurückgehen, sodaß die Mauer deutlich älter sein muß.
114 Vita Chuonradi arch. c. 5 und c. 21, MGH SS 11, 66 und 76; Narratio de electione Lotharii c. 1–7, MGH SS 12, 510 f.; Zeillinger, Konrad I., 42–45 und 58f.; Dopsch, Hochmittelalter, 269–273.
115 Vita Chuonradi arch. c. 17, MGH SS 11, 73.
116 Historia calamitatum, col. 201; vgl. dazu Lhotsky, Quellenkunde, 217.
117 Dopsch, Hochmittelalter, 274–277.
118 Hödl/Classen, Admonter Briefsammlung, 117f. Nr. 64; Annales Reicherspergenses zum Jahr 1162, MGH SS 17, 468f., Dopsch, Hochmittelalter, 278–284.
119 Fuhrmann, Bildende Kunst, 119f.
120 Historia calamitatum, col. 202; Günther Hödl, Das Erzstift Salzburg und das Reich unter Kaiser Friedrich Barbarossa, in: MGSL 114 (1974), 37–55; Susanne Wach, Erzbischof Konrad II., phil. Diss. (masch.), Wien 1965.
121 Annales Recherspergenses, MGH SS 17, 473ff. und 488; Vita Gebehardi ed. succ. c. 25, MGH SS 11, 46; Karl Schambach, Der Prozeß des Erzbischofs Konrad von Salzburg (1165–1166), in: HZ 122 (1920), 83–90; Dopsch, Hochmittelalter, 284–286.
122 MGH Necrol. II, 121f.; Vita Gebehardi ed. succ. c. 25, MGH SS 11, 46; Annales Reicherspergenses, MGH SS 17, 475; Historia calamitatum, col. 202f. Zu den fünf Kirchen vgl. Pagitz, Quellenkundliches, 126.
123 Historia calamitatum col. 204ff.; Annales s. Rudberti, MGH SS 9, 776; Hödl/Classen, Admonter Briefsammlung, 161f. Nr. 8; Dopsch, Hochmittelalter, 288ff.
124 Dopsch, Hochmittelalter, 289f.
125 Pagitz, Pfalzbezirk, 203ff. mit Abb. 1–4.
126 Annales s. Rudberti zu 1172, MGH SS 9, 777; Chronicon Magni presb. MGH SS 17, 497; MRS 122 Nrn. 40–44; Hödl/Classen, Admonter Briefsammlung, 154f. Nr. 3.
127 Dopsch, Hochmittelalter, 291–296.
128 SUB II, Nr. 419; GP I, 40f. Nr. 134; Dopsch, Legatenwürde und Primat, 270ff.; derselbe, Hochmittelalter, 296ff.
129 Wolfgang Steinitz, Erzbischof Konrad III. von Salzburg und der hl. Thomas von Canterbury, in: MGSL 112/113 (1972/73), 253–264.
130 MGH SS 11, 88; MRS 138 Nr. 42; Franz Pagitz, Quellenkundliches, 99ff.; derselbe, Die mittelalterlichen Dome in historischer Sicht, in: 1200 Jahre Dom zu Salzburg 774–1974, Salzburg 1974, 52ff.; derselbe, Versuch einer Rekonstruktion des Konrad III.-Domes, ebenda, 83–89; Hermann Vetters, Die mittelalterlichen Dome in archäologischer Sicht, ebenda 73ff.; derselbe, Die mittelalterlichen Dome, 286–291.
131 Vitae ed miracula sanctorum Iuvavensium, MGH SS 11, 88ff.; Lhotsky, Quellenkunde, 219; Pagitz, Quellenkundliches, 103ff.
132 Hahnl, Bauliche Entwicklung, 848.

¹³³ ÖKT IX, 219; Stadler, Bürgerspital, 13f.
¹³⁴ Dopsch, Hochmittelalter, 301f.
¹³⁵ SUB II, Nr. 496; Härtel, Friesacher Münze; Pagitz, Pfalzbezirk, 202; Koch, Salzburger Pfennig, 37f.
¹³⁶ Herbert Klein, Zur älteren Geschichte der Salinen Hallein und Reichenhall, in: Klein-Festschrift, 385–409; Koller, Hallein, 36ff.; derselbe, Innere Entwicklung 637ff.; Dopsch, Hochmittelalter, 305ff.
¹³⁷ Annales s. Rudberti zu 1200, MGH SS 9, 779; MRS 169, Nr. 135–138; Fischer, Personal- und Amtsdaten, 53 Anm. 3.
¹³⁸ Christine Stöllinger, Erzbischof Eberhard II. von Salzburg (1200–1246), phil. Diss., Wien 1972; Dopsch, Hochmittelalter, 308–336.
¹³⁹ MRS 203f. Nr. 146–148; Regesta Imperii V/1, 180f. Nrn. 695 und 698f.; SUB III, Nrn. 655–657.
¹⁴⁰ MGH SS 19, 360; MGH Constitutiones II, 170ff. Nr. 126–149; Dopsch, Hochmittelalter, 311–314.
¹⁴¹ RI V/2, Nr. 11234 b und c., Nr. 11243; Friedrich Hausmann, Kaiser Friedrich II. und Österreich, in: VF 16 (1974), 262f.
¹⁴² MRS 303 Nrn. 617–619; Fischer, Personal- und Amtsdaten, 58 Anm. 9; Dopsch, Hochmittelalter, 320f.
¹⁴³ Martin Regesten 1, Nr. 1315; Dopsch, Virgil von Salzburg, 45ff.; Karl Amon, Virgils Nachleben, 386f.
¹⁴⁴ Seidenschnur, Eigenbistümer, 186ff.; Dopsch, Friedrich III., 59ff.; derselbe, Hochmittelalter, 321–327.
¹⁴⁵ SUB III, Nr. 653; Heinz Dopsch, Unser Lungau, Kleinod hinter dem Tauern. 775 Jahre Lungau bei Salzburg, Salzburg 1988.
¹⁴⁶ SUB III, Nr. 830f.
¹⁴⁷ SUB III, Nrn. 561, 605–608, 791; Herbert Klein, Zur Geschichte Felbens und des Felber Tals, in: Klein-Festschrift, 22f.
¹⁴⁸ SUB III, Nrn. 830, 977; SUB IV, Nr. 193.
¹⁴⁹ SUB IV, Nr. 29; Max Spindler, Die Anfänge des bayerischen Landesfürstentums (Schriftenreihe zur bayerischen Landesgeschichte 26), München 1937, 27ff.; Heinz Dopsch, Die Grafen von Lebenau, in: Das Salzfaß NF 4/2, Tittmoning 1970; Reindel-Schedl, Laufen, 259ff. und 430ff.
¹⁵⁰ SUB IV, Nr. 12; Reindel-Schedl, Laufen, 225–258 und 451ff.; Dopsch, Entstehung des Territoriums, 341–344.
¹⁵¹ MGH Constitutiones II, 86 Nr. 73 und 418ff. Nr. 304; Erich Klingelhöfer, Die Reichsgesetze von 1220, 1231/32 und 1235 (Quellen und Studien zur Verfassungsgeschichte des deutschen Reiches im Mittelalter und der Neuzeit 8/2), Weimar 1955; Heinrich Koller, Zur Diskussion über die Reichsgesetze Friedrichs II., in: MIÖG 66 (1958), 29–51; Ernst Schrader, Zur Deutung der Fürstenprivilegien von 1220 und 1231, in: Stupor mundi, Wege der Forschung 101, Darmstadt 1966, 420–454.
¹⁵² SUB III, Nr. 828; Dopsch, Hochmittelalter, 327f.
¹⁵³ Dopsch, Recht und Verwaltung, 909–926.
¹⁵⁴ Dopsch, Recht und Verwaltung, 946f.; derselbe, Der auswärtige Besitz, 956ff. und 970ff.; Erich Marx, Das Salzburger Vizedomamt Leibnitz, in: MGSL 119, 1979, 1–142.
¹⁵⁵ Heinz Dopsch, Land Salzburg, 255ff.
¹⁵⁶ Koller, Hallein, 44ff.; Dopsch, Hochmittelalter, 331ff.
¹⁵⁷ Koller, Innere Entwicklung, 611ff.
¹⁵⁸ Dopsch, Auswärtiger Besitz, 954, 966, 978f.
¹⁵⁹ SUB III, Nr. 911; MC IV, Nr. 2110; Karl Dinklage, Die älteste Zunftordnung aus Kärnten, in: Carinthia I, 147 (1957), 283–286.

[160] SUB III, Nr. 800.
[161] SUB III, Nr. 989.
[162] SUB III, Nr. 862; Dopsch, Recht und Verwaltung, 939f.
[163] Hahnl, Bauliche Entwicklung, 850.
[164] Wenninger, Juden, 748 und 755.
[165] Dopsch, Wirtschaftliche Entwicklung, 762f.; Hahnl, Bauliche Entwicklung, 848; Zillner, Stadtgeschichte I, 131.
[166] SUB III, Nr. 1046.
[167] Hans Wagner, Spätmittelalter, 437–440; Heinz Dopsch, Ottokar II., 478–489.
[168] MGH SS 9, 796; Wagner, Spätmittelalter, 440ff.
[169] Wagner, Spätmittelalter, 442f.; Alfred Ogris, Der Kampf König Ottokars II. von Böhmen um das Herzogtum Kärnten, in: Ottokar Forschungen, Hg. v. Max Weltin, Jb. f. Lk. v. NÖ. 44/45 (1978/79), 111–116; Dopsch, Ottokar II., 478f.; Winfried Stelzer, Zum gemalten Epitaph Herzog Philipps von Kärnten in Krems, in: Unsere Heimat 44 (1973), 44–55.
[170] SUB IV, Nr. 58; Fritz Koller, Die Salzachschiffahrt bis zu den erzbischöflichen Privilegien der Jahre 1267 und 1278, in: Das Salzfaß NF 12/2 (1978), 48ff.; Dopsch, Erzbischöfliche Ordnungen, 58–65.
[171] SUB IV, Nr. 94; Dopsch, Erzbischöfliche Ordnungen, 66ff.; Koller, Salzachschiffahrt, 28; Stadler, Rechtsgeschichte, 121f. Artikel 138 und 139.
[172] Annales s. Rudberti, Zum Jahr 1278, MGH SS 9, 802ff.; Wagner, Spätmittelalter, 449f.; Andreas Kusternig, Erzählende Quellen des Mittelalters (Böhlau Studienbücher), Graz 1982, 50ff.
[173] SUB IV, Nr. 90; Martin, Regesten I, Nr. 701.
[174] SUB IV; Nr. 98; Martin, Regesten I, Nr. 820; Hahnl, Bauliche Entwicklung, 849. Da in der Urkunde des Erzbischofs ausdrücklich von der Instandsetzung und Verstärkung der Stadtmauern gesprochen wird, kann damit nicht die Errichtung der ersten Stadtmauern in Verbindung gebracht werden, wie das in der Literatur bisher durchwegs zu lesen war. Vgl. dazu diesen Band, 146, mit Anm. 113.
[175] Wagner, Spätmittelalter, 451f.; Dopsch, Ottokar II., 506 mit Anm. 248.
[176] Martin, Regesten I, Nrn. 1172 und 1180ff.; SUB IV, Nrn. 126a und b, 128, 132.
[177] Martin, Regesten I, Nrn. 1251 und 1267; MGH Constitutiones 3, 377; Wagner, Spätmittelalter, 453.
[178] SUB IV, Nr. 4; Dopsch, Die armen Bürger, 29.
[179] Klein, Beiträge I, 115ff.
[180] Klein, Beiträge I, 120ff.
[181] SUB IV, 101f. Nr. 94; Stadler, Rechtsgeschichte, 44ff.; Klein, Beiträge I, 115–128; Dopsch/Lipburger, Rechtliche und soziale Entwicklung, 697ff.
[182] Heinz Zatschek, Einung und Zeche, in: Festschrift Edmund Ernst Stengl, Münster/Köln 1952, 414 und 424; Dopsch, Recht und Verwaltung, 891ff.
[183] Dopsch/Lipburger, Rechtliche und soziale Entwicklung, 699 und 705.
[184] SUB IV, Nrn. 291 und 335; Pagitz, Pfalzbezirk, 216ff.; Dopsch/Lipburger, Rechtliche und soziale Entwicklung, 704f.
[185] Martin, Regesten II, Nr. 344.
[186] SUB IV, Nr. 267.
[187] Stadler, Rechtsgeschichte, 109 Artikel 1.
[188] SUB IV, Nr. 329; Dopsch, Recht und Verwaltung, 891–896.
[189] Stadler, Rechtsgeschichte, 109 ff. Artikel 3, 11, 14 und 20; Dopsch/Lipburger, Rechtliche und soziale Entwicklung, 710–717.

V. Zwischen Kaiser und Erzbischof – Der Kampf der Bürgerschaft um Selbstverwaltung und politische Mitbestimmung

[1] Martin, Reg. I, Nrn. 1333ff., 1365–1371, 1383–1387; Reimchronik, Vers 36202ff., Wagner, Interregnum, 454.

[2] SUB IV, Nr. 152 und 156; zu Radstadt vgl. Fritz Koller, Siedlungsverlegungen des 12. und 13. Jahrhunderts im Erzstift Salzburg, in: Zaisberger/Koller, Die alte Stadt, 51ff.; Ferdinand Opll, Die Gründung von Radstadt, ebenda, 74–81.

[3] Reimchronik, Vers 38390ff.; Martin, Reg. II, Nr. 63, Nr. 79; SUB IV, Nr. 162; Pagitz, Pfalzbezirk, 215ff.; Wagner, Interregnum, 456f.

[4] Reimchronik, Vers 59876ff.; Martin, Reg. II, Nrn. 122–128, 142–145 und 148; SUB IV, Nr. 171ff.; Alphons Dopsch, Ein antihabsburgischer Fürstenbund im Jahre 1292, in: MIÖG 22 (1901), 600ff.; Wagner, Interregnum, 457–461.

[5] Martin, Reg. II, Nr. 255–259, Nr. 273f.; SUB IV, Nrn. 176 und 180; Koller, Hallein, 90ff.; Wagner, Interregnum, 461.

[6] Martin, Reg. II, Nrn. 296ff., 308, 316, 332, 335f., 339 und 344–347; SUB IV, Nr. 198f.; über die Teilnahme der vier Bürger berichtet nur die Reimchronik, Vers 70186ff.; Wagner, Interregnum, 461f.

[7] Reimchronik Vers 82760ff.; Martin, Regesten II, Nr. 1054; Wagner, Interregnum, 462ff.

[8] Martin, Reg. II, Nr. 1150; Lhotsky, Geschichte Österreichs, 208–219; Wagner, Interregnum, 464ff.

[9] Martin, Reg. III, Nrn. 173 und 175; Lhotsky, Geschichte Österreichs, 259f.; Erben, Mühldorfer Ritterweihen, 81ff.; zu den „Schiffherren" in Laufen als Ritterbürgern vgl. Koller, Salzachschiffahrt, 68ff. und Heffeter, Salzachschiffahrt, MGSL 129 (1989), 21–38 und MGSL 130 (1990), 323ff.; Reindel/Schedl, Laufen, 415ff.

[10] SUB IV, Nr. 363.

[11] Martin, Reg. III, Nrn. 331–335; SUB IV, Nr. 302; Erben, Mühldorfer Ritterweihen, 84f.; derselbe, Die Schlacht bei Mühldorf (Veröffentlichungen des historischen Seminars der Universität Graz 1), Graz 1923, 8ff.; Ernst Rönsch, Beiträge zur Geschichte der Schlacht bei Mühldorf (ebenda 13), Graz 1933; Wagner, Interregnum, 468f.

[12] Martin, Reg. III, Nrn. 454f., 460f., 468 und 495 a; zur Eroberung von Tittmoning vgl. Reindel/Schedl, Laufen, 531f.; Erben, Schlacht bei Mühldorf, 58ff.; Heinz Dopsch, Tittmoning – Vom Markt zur Stadt, in: Das Salzfaß N. F. 18 (1984), 63f.

[13] Martin, Reg. III, 592ff.; SUB IV, Nrn. 303 und 322.

[14] SUB IV, Nr. 329; Dopsch, Recht und Verwaltung, 893ff.

[15] Klein, Salzburg und seine Landstände, 115; Dopsch, Recht und Verwaltung, 896.

[16] SUB IV, 456 Nr. 386; Dopsch, Land Salzburg, 271ff.

[17] Gruber/Ludwig, Bergbaugeschichte, 11ff. und 19ff.; Gruber/ Ludwig, Metallbergbau, 2595ff.; Ludwig/Gruber, Gold- und Silberbergbau, 8–49.

[18] Martin, Reg. III, Nr. 1029; Lhotsky, Geschichte Österreichs, 326f.; Wagner, Interregnum, 472f.

[19] Johann von Viktring, Liber certarum historiarum, ed. Fedor Schneider, MGH SS rer. Germ. (1910), 187 und 218; Wagner, Interregnum, 473f.; Wenninger, Juden, 748; Klein, Beiträge II, 184f.

[20] Herbert Klein, Das Große Sterben von 1348/49 und seine Auswirkungen auf die Besiedlung der Ostalpenländer, in: MGSL 100 (1960), 91–170.

[21] Wenninger, Juden, 748; Altmann, Juden, 84f.

[22] Altmann, Juden, 94f.; Wenninger, Juden, 748 mit Anm. 22–24; Klein, Beiträge II, 185ff.

[23] Wagner, Interregnum, 476–479; Alfons Huber, Geschichte der Vereinigung Tirols mit Österreich und der vorbereitenden Ereignisse, Innsbruck 1864; Franz Huter, Der Eintritt Tirols in die „Herr-

schaft zu Österreich" (1363), in: Tiroler Heimat 26 (1962), 8–25; Josef Riedmann, Karl IV. und die Bemühungen der Luxemburger um Tirol, in: Blätter für deutsche Landesgeschichte 114 (1978), 775–796; derselbe, Das Mittelalter, in: Geschichte des Landes Tirol, Bd. 1, Bozen/Innsbruck 417–438, bes. 426ff.

[24] Zur handschriftlichen Überlieferung vgl. Stadler, Rechtsgeschichte, 69ff.; Dopsch/Lipburger, Rechtliche und soziale Entwicklung, 709f.; Zillner, Stadtgeschichte II, 693–704.

[25] UB Babenberger I, 142ff. Nr. 109 und 249f. Nr. 183; Schwind/ Dopsch, Ausgewählte Urkunden, 42ff. Nr. 26; zum Wiener Stadtrecht vgl. Heinrich Fichtenau, Wolfgang Lazius und das älteste Wiener Stadtrecht, in: Wiener Geschichtsblätter 5 (1950), 31ff.; Helmuth Grössing, Das Wiener Stadtrecht und seine älteste Niederschrift, ebenda 26 (1971), 286ff.; Peter Csendes, Die Babenberger und Wien, ebenda 31 (1976).

[26] Zillner, Stadtgeschichte II, 693f.; Stadler, Rechtsgeschichte 74f.

[27] Dopsch/Lipburger, Rechtliche und soziale Entwicklung, 697ff.; vgl. diesen Bd. 166ff.

[28] Spechtler/Uminsky, Stadt und Polizeiordnung; vgl. diesen Bd. 225ff.

[29] Das Mühldorfer Stadtrecht, ed. R. Th. Heigel, Mühldorfer Annalen, in: Die Chroniken der deutschen Städte 50, Leipzig 1878, 394–410. Im Artikel 80 wird dort ausdrücklich verfügt, daß dieses Stadtrecht anläßlich der Einsetzung der Genannten jedes Jahr vor diesen und der Gerichtsgemeinde verlesen werden sollte.

[30] Zu dieser Funktion des Stadtrechts, der in Artikel 1 ausdrücklich angesprochen ist, vgl. Dopsch, Recht und Verwaltung, 880ff.; Dopsch/Lipburger, Rechtliche und soziale Entwicklung, 709ff., bes. 711.

[31] Bürgerbuch (Stadtbuch) von Radstadt 1463, SLA Hs. 9, fol. 26ff.; vgl. Stadler, Rechtsgeschichte, 74f.; Dopsch/Lipburger, Rechtliche und soziale Entwicklung, 712.

[32] Die Artikel 3, 11, 14 und 20 entsprechen fast wörtlich den Bestimmungen im zweiten Teil des Sühnebriefs, andere Bestimmungen sind sinngemäß in das Stadtrecht übernommen worden.

[33] Stadler, Rechtsgeschichte, 76f.; das Wiener Stadtrecht ist ediert in: UB Babenberger II, 56ff. Nr. 237; zum Einfluß der Landesordnung des Jahres 1328 vgl. Peter Putzer, Das Privatrecht in den schriftlichen Rechtsdenkmälern der Stadt Salzburg im Mittelalter, in: Festschrift H. Eichler, Wien/New York 1977, 519f.; Dopsch/ Lipburger, Rechtliche und soziale Entwicklung, 179.

[34] Stadler, Rechtsgeschichte, 120f.; Steinherz, Zur Geschichte, 186f. mit Anm. 5.

[35] Stadler, Rechtsgeschichte, 74f.; Dopsch/Lipburger, Rechtliche und soziale Entwicklung, 711ff.

[36] Stadtrecht Artikel 2, bei Stadler, Rechtsgeschichte, 109; vgl. auch die Wiedergabe im Anhang zu diesem Band.

[37] Stadtrecht Artikel 1 und 3, bei Stadler, Rechtsgeschichte, 109.

[38] Stadtrecht Artikel 5, bei Stadler, Rechtsgeschichte, 110.

[39] Pezolt, Bürgermeister, 150; zum Grabstein des Konrad Taufkind in der Marienkapelle von St. Peter vgl. St. Peter in Salzburg, Ausstellungskatalog 1982, 412 Nr. 625.

[40] Stadtrecht Artikel 6 und 7, bei Stadler, Rechtsgeschichte, 110; vgl. SUB IV, Nr. 363.

[41] Vgl. diesen Bd., 185ff.; Dopsch/Lipburger, Rechtliche und soziale Entwicklung, 718ff.

[42] Stadtrecht Artikel 101 und 102, bei Stadler, Rechtsgeschichte, 118.

[43] Stadtrecht Artikel 106, bei Stadler, Rechtsgeschichte, 118f.

[44] Stadtrecht Artikel 97 und 99, bei Stadler, Rechtsgeschichte, 118.

[45] Zillner, Stadtgeschichte II, 693–704; Stadler, Rechtsgeschichte, 109–122.

[46] Für freundliche Hilfe bei der Übertragung des Textes und der oft schwierigen Interpretation danke ich Herrn Univ.-Doz. Dr. Gerold Hayer vom Institut für Germanistik und Herrn Univ.-Prof. Dr. Peter Putzer vom Institut für Österreichische Rechtsgeschichte der Universität Salzburg.

[47] Stadler, Rechtsgeschichte, 120–122.

⁴⁸ Ingo Reiffenstein, Deutsche Literatur, 1100ff.; Franz Viktor Spechtler, Die geistlichen Lieder des Mönchs von Salzburg, Berlin 1972; F. A. Mayer/H. Rietsch, Die Mondsee-Wiener Liederhandschrift und der Mönch von Salzburg, Berlin 1896; Franz V. Spechtler/Michael Korth, Der Mönch von Salzburg. Lieder des Mittelalters, München 1980; eine Übertragung in Verse in modernem Deutsch bietet C. W. Aigner, Der Mönch von Salzburg. Die weltliche Dichtung, mit einer Ausgabe der mittelalterlichen Texte von Franz Viktor Spechtler, Salzburg 1993.

⁴⁹ Reiffenstein, Deutsche Literatur, 1102f., hatte Franz V. Spechtler in der Einleitung zu „Der Mönch von Salzburg" (wie Anm. 48) noch die Gleichsetzung des Mönchs mit Erzbischof Pilgrim II. vertreten, so hat er sich mittlerweile von dieser Auffassung distanziert. Vgl. Franz Viktor Spechtler, Höfische Musik im hohen und späten Mittelalter, in: Musikgeschichte Österreichs Bd. 1, hg. v. Rudolf Flotzinger, Wien/Köln/Weimar ²1995, 121–126.

⁵⁰ Spechtler/Korth, Der Mönch von Salzburg, 46ff. Nr. 7; Aigner, Der Mönch von Salzburg, 75ff., D. 18.

⁵¹ Andrea Gatari, Istoria Padovana, ed. Ludovico Antonio Muratori, Rerum Italicarum Scriptores, Nuova Edizione 17/1, 219; Herbert Klein, Söldnerheer, 112ff.; zu Pilgrim allgemein vgl. Klein, Erzbischof Pilgrim, 13ff., bes. 36ff.; Wagner, Interregnum, 479–486.

⁵² Huber, Vereinigung Tirols, 112f.; Klein, Erzbischof Pilgrim, 23.

⁵³ Klein, Söldnerheer, 114f.; Wagner, Interregnum, 481f.

⁵⁴ Verkaufsurkunden des Bischofs Konrad von Regensburg über Feste und Herrschaft Itter, den Turm zu Engelsberg sowie Güter und Gülten zu Partschins an der Etsch von 1380 April 17 und 1385 Juni 5 im HHStA, Wien, AU; Erben, Mattsee, 163 Nr. 110 b, 174 Nr. 135 u. 178 Nr. 175 b.

⁵⁵ Koch, Salzburger Pfennig, Nr. 22; Klein, Erzbischof Pilgrim, 21 mit Abb. 2; Wagner, Interregnum, 486 mit Abb. 42.

⁵⁶ Steinherz, Dokumente, Nr. 8f. u. Nr. 22; Herbert Klein, Zu den Verhandlungen Erzbischof Pilgrims II. von Salzburg um die Beilegung des großen abendländischen Schismas, in: MIÖG 48 (1934), 444–449; Wagner, Interregnum, 482ff.

⁵⁷ Klein, Erzbischof Pilgrim, 50ff.; derselbe, Söldnerheer, 117f.; Widmann II, 128ff.; Wagner, Interregnum, 484f.

⁵⁸ Mell, Landstände, 171ff. u. 352–355 (Druck des Bündnisbriefes).

⁵⁹ Klein, Erzbischof Pilgrim, 55; Dopsch, Land Salzburg, 273f.; derselbe, Landschaft, 14f.

⁶⁰ Klein, Söldnerheer, 119; derselbe, Erzbischof Pilgrim, 56ff.; Wagner, Interregnum, 485 mit Anm. 398.

⁶¹ Mell, Landstände, in: MGSL 43 (1903), 347ff. und MGSL 44 (1904), 139ff.

⁶² Originalurkunde von 1378 April 17 im HHStA, Wien, AU; vgl. dazu Steinherz, Dokumente, 187ff. mit Edition 199ff.

⁶³ Steinherz, Dokumente, 186ff. mit Edition 196ff.; Widmann, II, 170ff.; Dopsch/Lipburger, Rechtliche und soziale Entwicklung, 718ff.

⁶⁴ Klein, Erzbischof Pilgrim, 67; Dopsch/Lipburger, Rechtliche und soziale Entwicklung, 719f.

⁶⁵ Originalurkunde von 1393 Juni 16 im HHStA, Wien, AU; Klein, Erzbischof Pilgrim, 61; Wagner, Interregnum, 485; Widmann II, 125; Kramml, Berchtesgaden, 437.

⁶⁶ Zillner, Stadtgeschichte I, 248; Pagitz, Die mittelalterlichen Dome, 58; Hahnl, Die bauliche Entwicklung, 854.

⁶⁷ Klein, Erzbischof Pilgrim, 14f.; Gerhard Croll, Die Musikpflege, in: Dopsch/Spatzenegger, Geschichte Salzburgs – Stadt und Land, Bd. I/2, Salzburg 1983, 1140f.

⁶⁸ Zum Einritt der Salzburger Erzbischöfe vom Schloß Freisaal, das in einem der Lieder des Mönchs von Salzburg als „Freudensaal" erscheint, vgl. Lore Telsnig, Schloß Freisaal und der Einritt der Salzburger Erzbischöfe, in: Alte und moderne Kunst, 12 (1967), Heft 93, 2–8; Blasius Huemer, Einritt des Erzbischofs Herzog Ernst von Bayern, in: MGSL 55 (1915), 45–70; Friederike Zaisberger, Ein-

züge der Fürsterzbischöfe vom 16. bis 19. Jahrhundert, in: Katalog zur Ausstellung „Einzüge", Salzburg 1995, 34 Nr. 1.

[69] Reiffenstein, Dichtung und Literatur, 1102f.; Croll, Musikpflege, 1139f.; Spechtler/Korth, Mönch von Salzburg, 7ff.

[70] Auf den Hof König Wenzels in Prag nimmt unter anderem das Lied des Mönchs über Freisaal (wie Anm. 50) Bezug.

[71] Erben, Mattsee, 174ff. Nrn. 135, 145 u. 145 b; Dopsch, 15. Jahrhundert, 491.

[72] Originalurkunde von 1401 September 28, Innsbruck, im HHStA Wien, AU; RTA 5, 50 mit Anm. 2; Kramml, Berchtesgaden, 443f.; Dopsch, 15. Jahrhundert, 489f.

[73] Mell, Landstände, MGSL 43 (1903), 174ff.; Klein, Landstände, 119; Dopsch, 15. Jahrhundert, 491f.

[74] Mell, Landstände, MGSL 43 (1903), 357 Nr. V (Text der Urkunde); ein Faksimile der Urkunde ist in der Salzburg-Edition, Wien 1996, erschienen.

[75] Dopsch, 15. Jahrhundert, 491f.

[76] Hans Wagner, Capitulum regnans. Die Zwischenregierung des Domkapitels im Erzstift Salzburg, in: Veröffentlichungen des Verbandes österreichischer Geschichtsvereine 14 (1961), 102ff.; Reinhard R. Heinisch, Die Anfänge der Wahlkapitulationen im Erzstift Salzburg, in: MGSL 109 (1969), 81ff.; derselbe, Wahlkapitulationen, 11ff.

[77] Mell, Landstände, MGSL 43 (1903), 176f. u. 361f. Nr. VII.

[78] Die Zusagen Eberhards bei Mell, Landstände, MGSL 43 (1903), 360 Nr. VI; Registrum Eberhardi, ed. Koller, 492ff.

[79] Registrum Eberhardi, ed. Koller, Nr. 60; Altmann, Juden, 112 und 216 Beilage 13; Dopsch, 15. Jahrhundert, 499.

[80] Registrum Eberhardi, ed. Koller, Nr. 62; Altmann, Juden, 122ff. u. 216f.; Wenninger, Juden, 748f.

[81] Das Schreiben ist gedruckt bei Altmann, Juden, 216 Beilage Nr. 13.

[82] Registrum Eberhardi, ed. Koller, Nrn. 67 u. 72. Zu den Juden in Pettau und Friesach vgl. Wilhelm Wadl, Geschichte der Juden in Kärnten im Mittelalter (Das Kärntner Landesarchiv 9), Klagenfurt 1981, 176 u. 181ff.

[83] Urkunde im Hauptstaatsarchiv München, RU Regensburg, 1409 August 27; vgl. Wenninger, Juden, 749.

[84] Registrum Eberhardi, ed. Koller, Nr. 27; Wenninger, Juden, 754.

[85] Wenninger, Juden, 755f.; Altmann, Juden, 175–184 u. 231ff. Beilage Nr. 21f.

[86] Bayerisches Hauptstaatsarchiv, Klosterurkunden Berchtesgaden 176; Druck im Codex „Berchtesgadener Dokumente 1627" im Pfarrarchiv Berchtesgaden, 116; Kramml, Berchtesgaden, 447f.; Dopsch, 15. Jahrhundert, 494f.; zum „Eichstätter Rezeß" vgl. Ambronn, Fürstpropstei, 570f. u. Dopsch, Bauernkrieg und Glaubensspaltung, 131.

[87] Mell, Landstände, MGSL 44 (1904), 174ff. Nrn. IX–XIV, XIX, XXII–XXIV u. 226ff. Nrn. XLIV, XLVI, XLVIII; Registrum Eberhardi, ed. Koller, 263ff. Nrn. 249–251, 263, 265, 284; Dopsch, 15. Jahrhundert, 500f.

[88] Dopsch, 15. Jahrhundert, 496ff. u. 502ff.

[89] RTA 9, 151f. Nr. 117, 153f. Nr. 119, 168f. Nr. 135f., 239f. Nr. 199, 264 Nr. 209, 293 Nr. 217; Originalurkunden von 1437 August 13 und September 11 im HHStA Wien, AU; vgl. Dopsch, 15. Jahrhundert, 503f.

[90] Dopsch, 15. Jahrhundert, 504ff.

[91] Druck des „Wiener Konkordats" bei Chmel, Regesta Friderici, 94f. Nr. 76; Karl Zeumer, Quellensammlung zur Geschichte der deutschen Reichsverfassung im Mittelalter, Tübingen ²1913, 266ff.; Heribert Raab, Kirche und Staat von der Mitte des 15. Jahrhunderts bis zur Gegenwart, München 1966, 30ff. u. 148ff. Nr. 5.

⁹² Dopsch, Wiener Konkordat, 49ff.; derselbe, 15. Jahrhundert, 513f.
⁹³ Josef von Chmel, Materialien zur österreichischen Geschichte, Bd. I, Wien 1837 (Nachdruck Graz 1971), 232f. Nr. 97; Dopsch, Wiener Konkordat, 66ff.
⁹⁴ Koch, Salzburger Pfennig, 50f.; Probszt, Die Münzen Salzburgs, 22f.; Dopsch, 15. Jahrhundert, 526f.
⁹⁵ Robert Landauer, Die Münzverschlechterung unter Erzbischof Sigmund I. von Volkersdorf, in: Salzburger Museumsblätter 11 (1932), Heft 3, 9ff.; den detaillierten Bericht des Chronisten Johann Serlinger hat Scheibner, Beiträge zur salzburgischen Historiographie, 33f., publiziert.
⁹⁶ Druck der Ordnung bei Hübner, Stadt Salzburg II, 435–439.
⁹⁷ Strnad, Zur Kardinalserhebung, 222 mit Anm. 152; Klein, Neue Quellen, 54 u. 68f.; Franz, Bauernaufstand, 98f.
⁹⁸ Franz, Bauernaufstand, 95–112; Dopsch, 15. Jahrhundert, 531f.
⁹⁹ Klein, Neue Quellen, 58f. u. 73f. Nr. 13.
¹⁰⁰ Adolf Bachmann, Briefe und Acten zur österreichisch-deutschen Geschichte im Zeitalter Kaiser Friedrichs III., in: FRA II/44, Wien 1885, 453ff. Nr. 362; Klein, Neue Quellen, 58 mit Anm. 24.
¹⁰¹ Strnad, Zur Kardinalserhebung, 225f.
¹⁰² Dopsch, 15. Jahrhundert, 529; Hahnl, Bauliche Entwicklung, 856f.
¹⁰³ Strnad, Zur Kardinalserhebung, 227f. mit Anm. 169; Johann Sallaberger, Die Augustiner-Eremiten im Erzstift Salzburg, Phil. Diss. (masch.), Salzburg 1972, 27–35.
¹⁰⁴ Widmann II, 292; Strnad, Zur Kardinalserhebung, 227f.
¹⁰⁵ Schlegel, Veste Hohensalzburg, 20f.; derselbe, Baugeschichte, 38f.
¹⁰⁶ Pagitz, Die mittelalterlichen Dome, 58f.; Hahnl, Die bauliche Entwicklung, 859; Kurt Rossacher, Der Schatz des Erzstiftes Salzburg, Salzburg 1966, 8.
¹⁰⁷ Strnad, Zur Kardinalserhebung, 229 mit Anm. 177; Dopsch, 15. Jahrhundert, 535.
¹⁰⁸ Hahnl, Die bauliche Entwicklung, 858f.
¹⁰⁹ Adolf Frank, Der äußere Stein. Eine Ergänzung zu Franz Valentin Zillners Häuserchronik, in: MGSL 86/87 (1946/47), 1ff.
¹¹⁰ Widmann II, 294f.; Dopsch, 15. Jahrhundert, 534f.; Strnad, Zur Kardinalserhebung, 230 mit Anm. 181.
¹¹¹ Diese Nachricht bringt nur der Chronist Franz Dückher von Haslau in seiner „Saltzburgischen Chronica", Salzburg 1666 (Nachdruck Graz 1979), 209f.; Widmann II, 295; Strnad, Zur Kardinalserhebung, 230 mit Anm. 181.
¹¹² Reinhard R. Heinisch, Die Anfänge der Wahlkapitulationen im Erzstift Salzburg, in: MGSL 109 (1969), 81ff.
¹¹³ Zaisberger, Bernhard von Rohr, 8–14; Dopsch, 15. Jahrhundert, 536f.; Fischer, Personal- und Amtsdaten, 92.
¹¹⁴ Pagitz, Salzburgs Geschichte, 30; Dopsch, 15. Jahrhundert, 536f. mit Anm. 379.
¹¹⁵ Jakob Unrest, Österr. Chronik XI, c. 92–94, MGH SS NS XI, 95–99; Klein, Quellenbeiträge, 5f.
¹¹⁶ Klein, Quellenbeiträge, 7–13; Dopsch, 15. Jahrhundert, 539f.
¹¹⁷ Dopsch, 15. Jahrhundert, 541ff.
¹¹⁸ Dopsch, 15. Jahrhundert, 543ff.
¹¹⁹ Zaisberger, Bernhard von Rohr, 63f.; Josef Gottschalk, Der Breßlauer Johannes Beckensloer, Erzbischof von Gran und Salzburg, in: Archiv für schlesische Kirchengeschichte 27 (Hildesheim 1969), 117ff.; Nehring, Corvinus, 82ff.; Mayer, Abdankung, 180f.
¹²⁰ Johann Serlinger, Catalogus, ed. Scheibner, Historiographie, 38; Widmann II, 313; Zaisberger, Bernhard von Rohr, 165f. Nr. 39; Dopsch, 15. Jahrhundert, 546f.
¹²¹ Mayer, Abdankung, 240f. Nr. 20 a u. b.; Jakob Unrest, Österr. Chronik XII, c. 99, MGH SS NS XI, 103f.; Dopsch, 15. Jahrhundert, 547f.

¹²² Dopsch, 15. Jahrhundert, 549ff.
¹²³ Spatzenegger, Privilegienbuch, 200 Nr. 27.
¹²⁴ Schlegel, Veste Hohensalzburg, 21ff.
¹²⁵ Zaisberger, Bernhard von Rohr, 78 u. 175f. Nr. 44; Tornatoris, Chronicon, 433ff.
¹²⁶ Zaisberger, Bernhard von Rohr, 179ff. Nrn. 46, 47, 49 u. 186ff. Mayer, Abdankung, 243f. Nr. 22; Dopsch, 15. Jahrhundert, 552f.
¹²⁷ Druck des Ratsbriefs bei Spatzenegger, Privilegienbuch, 194f. Nr. 23; Schwind/Dopsch, Ausgewählte Urkunden, 409 Nr. 220.
¹²⁸ Zillner, Stadtgeschichte II, 388ff.; Widmann II, 362–383; Dopsch/Lipburger, Rechtliche und soziale Entwicklung, 733f.
¹²⁹ Zur Interpretation vgl. Zillner, Stadtgeschichte II, 390f.; Widmann II, 363f.; Stadler, Rechtsgeschichte, 108; Lipburger, Bürgerschaft und Stadtherr, 50f.
¹³⁰ Spatzenegger, Privilegienbuch, 196 Nr. 24, 198f. Nr. 26, 201ff. Nrn. 28 u. 29.
¹³¹ Spatzenegger, Privilegienbuch, 192f. Nr. 22, 197f. Nr. 25.
¹³² Spatzenegger, Privilegienbuch, 205ff. Nrn. 31–36.
¹³³ Spatzenegger, Privilegienbuch, 225ff. Nr. 43–47.
¹³⁴ Ein genauer Zeitpunkt für den Übergang zur Verleihung des Bürgerrechts ist in Salzburg nicht bekannt. Vgl. dazu Dopsch/ Lipburger, Soziale Entwicklung, 727f. mit Anm. 394; Krissl, Neubürger Tl. 1, 260ff.
¹³⁵ AStS buchförmige Archivalien 14–19 c; eine Edition des ältesten Bürgerbuchs bietet Janotta, Bürgerbuch, 6–192; Michaela Krissl, Neubürger Tl. 1, 253ff.
¹³⁶ Dopsch/Lipburger, Rechtliche und soziale Entwicklung, 730f.; Krissl, Neubürger Tl. 1, 258ff.; zum Bürgereid vgl. allgemein Wilhelm Ebel, Der Bürgereid als Geltungsgrund und Gestaltungsprinzip des deutschen mittelalterlichen Stadtrechts, Weimar 1958. Den Wortlaut des ab 1481 in Salzburg zu leistenden Bürgereids bietet Lipburger, Stadtbuch, 7.
¹³⁷ Lackenbauer, Kampf der Stadt, 160; Spechtler/Uminsky, Stadt- und Polizeiordnung, 66 (fol. 28ʳ); Dopsch/Lipburger, 730f.; Krissl, Neubürger Tl. 1, 258f. mit Anm. 27 und 28.
¹³⁸ Bürgerbuch I, fol. 63ᵛ (19. Jänner 1496); Janotta, Bürgerbuch, 108.
¹³⁹ Bürgerbuch I, fol. 19ᵛ (12. Juni 1455); Janotta, Bürgerbuch, 54.
¹⁴⁰ Bürgerbuch I, fol. 9ʳ (14. Jänner 1448); Janotta, Bürgerbuch, 39; vgl. dazu Dopsch/Lipburger, Rechtliche und soziale Entwicklung, 728f.; Krissl, Salzburger Neubürger Tl. 2, 100.
¹⁴¹ Bürgerbuch I, fol. 17ʳ (7. Juni 1453); Janotta, Bürgerbuch, 50;
¹⁴² Bürgerbuch I, fol. 68ʳ; Janotta, Bürgerbuch, 113; Lipburger, Stadtbuch, 35⁺–39⁺.
¹⁴³ Bürgerbuch I, fol. 10ᵛ (12. Jänner 1449); Janotta, Bürgerbuch, 40; Krissl, Neubürger Tl. 1, 265.
¹⁴⁴ Bürgerbuch II, AStS buchförmige Archivalien Nr. 15, zu 1579 u. 1585; vgl. Dopsch/Lipburger, 16. Jahrhundert, 2032ff. u. 2050ff.; zur allgemeinen Entwicklung vgl. Müller, Räumliche Rekrutierung, 89ff.; Krissl, Salzburger Neubürger Tl. 1, 270ff.
¹⁴⁵ Bürgerbuch II (wie Anm. 144), zu 1584.
¹⁴⁶ Bürgerbuch II (wie Anm. 144), zu 1559; Dopsch/Lipburger, 16. Jahrhundert, 2051 mit Anm. 303; ob Bartlme Püchler zum bekannten Salzburger Bürgergeschlecht der Püchler gehörte, das bei Zillner, Stadtgeschichte I und II häufig genannt wird (vgl. das Register), muß offenbleiben.
¹⁴⁷ Bürgerbuch II (wie Anm. 144), zu 1573; Dopsch/Lipburger, 16. Jahrhundert, 2051f.; Melchior Spech, der denselben Vor- und Familiennamen trägt wie der Bauernführer des Jahres 1525, entstammte wohl dem in Hallein und Salzburg ansässigen Bürgergeschlecht der Spech (Spach).
¹⁴⁸ Dopsch/Lipburger, 16. Jahrhundert 2050f. mit Anm. 298.
¹⁴⁹ Dopsch/Lipburger, Rechtliche und soziale Entwicklung, 731; dieselben, 16. Jahrhundert, 2033f.; Spechtler/Uminsky, Stadt- und Polizeiordnung, 66 (fol. 28ʳ).

[150] Verschreibung der Stadt gegenüber Erzbischof Leonhard vom 3. Februar 1511; Lackenbauer, Der Kampf, 161.
[151] Bürgerbuch II (wie Anm. 144), zu 1549, 1576, 1583 und 1599; vgl. dazu Dopsch/Lipburger, 16. Jahrhundert, 2053 mit Anm. 312–315.
[152] Rohrmoser, Bürgertum, 75ff.
[153] Stadler, Bürgerspital, 22ff.; Dieter Jetter, Das europäische Hospital von der Spätantike bis 1800, Köln 1986, 64f.; Rohrmoser, Salzburger Bürgertum, 77ff.
[154] Dieter Großmann, in: Katalog der Ausstellung „Schöne Madonnen", Salzburg 1965, 60 Nr. 4; Franz Wagner, Goldschmiedekunst, in: Katalog der Ausstellung „Spätgotik in Salzburg – Skulptur und Kunstgewerbe" (JSMCA 21), Salzburg 1976, Nr. 86; Rohrmoser, Salzburger Bürgertum, 77f.; Dopsch/Lipburger, Rechtliche und soziale Entwicklung, 724f.; zu den Stiftungen Martin Aufners vgl. Stadler, Bürgerspital, 29ff. und diesen Bd., 208.
[155] Dopsch/Lipburger, Rechtliche und soziale Entwicklung, 717; St. Peter in Salzburg, Ausstellungskatalog Salzburg 1982, 412 Nr. 625.
[156] Franz Martin, Das Klanerfenster in Nonnberg, in: MGSL 79 (1939), 143f.; ÖKT 7, Nonnberg, Wien 1911, 25ff. mit Abb.
[157] ÖKT IX, 73; Franz Pagitz, Zwei Beiträge, 141–180; Rohrmoser, Salzburger Bürgertum, 80f.; Hahnl, Bauliche Entwicklung, 855.
[158] Franz Fuhrmann, Der Chor der Franziskanerkirche in Salzburg und sein „Maßgrund", in: Festschrift Karl Oettinger, Erlangen 1967, 143ff.; derselbe, Die Franziskanerkirche in Salzburg (Christliche Kunststätten Österreichs Nr. 35), Salzburg ³1967; Theodor Herzog, Meister Hans von Burghausen, genannt Stethaimer, in: Verhandlungen des historischen Vereins für Niederbayern 84 (1958).
[159] Nicolo Rasmo, Michael Pacher, München 1969, 182ff.; Otto Demus, Studien zu Michael Pachers Hochaltar, in: Wiener Jahrbuch für Kunstgeschichte XVI (1954), 92ff.; Theodor Hoppe, Zur Auffindung eines Tafelbildes von Michael Pacher, ebenda, 82ff.; Rohrmoser, Salzburger Bürgertum, 80f.
[160] Dopsch/Lipburger, Rechtliche und soziale Entwicklung, 726; Tettinek, Armenanstalten, 55ff.; Zillner, Stadtgeschichte I, 421f.; Rohrmoser, Salzburger Bürgertum, 83.
[161] Stadler, Bürgerspital, 35ff.
[162] Dopsch/Lipburger, Rechtliche und soziale Entwicklung, 720ff.
[163] SUB IV, Nr. 202; Martin, Regesten I, Nr. 373; Zillner, Stadtgeschichte I, 107f. und II, 262ff.; Tettinek, Armenanstalten, 91ff.; Stadler, Bürgerspital, 8; Dopsch/Lipburger, Rechtliche und soziale Entwicklung, 723.
[164] SUB IV, Nrn. 294 u. 299; Martin, Regesten III, Nrn. 307, 366 u. 370; Zillner, Stadtgeschichte II, 261f.; Dopsch/Lipburger, Rechtliche und soziale Entwicklung, 723.
[165] SUB IV, Nr. 324; Martin, Regesten III, Nr. 619; Stadler, Bürgerspital, 18ff.
[166] Tettinek, Armenanstalten, 35ff.; Hübner, Stadt Salzburg II, 532ff.; Stadler, Bürgerspital, 15f.
[167] Zillner, Waßerleitung, 17ff.; Dopsch, Almkanal, 62ff.; Fiebich/Ribke, Almkanal, 110; Stadler, Bürgerspital, 33.
[168] Zillner, Stadtgeschichte I, 361f. und II, 201, 291f., 313; Stadler, Bürgerspital, 29f.; Dopsch/Lipburger, Rechtliche und soziale Entwicklung, 724f.
[169] Zillner, Stadtgeschichte I, 376f. und II, 204, 261; Stadler, Bürgerspital, 30f.
[170] Dopsch/Lipburger, Rechtliche und soziale Entwicklung, 725f.; einen genauen Einblick in die Verhältnisse bietet die Spitalsordnung von 1512, bei Stadler, Bürgerspital, 49–53.
[171] Zillner, Stadtgeschichte I, 421f. und II, 264; Tettinek, Armenanstalten, 55ff.; Spechtler/Uminsky, Stadt- und Polizeiordnung, 97; Dopsch/Lipburger, Rechtliche und soziale Entwicklung, 726.

[172] Eine Übersicht bietet Tettinek, Armenanstalten; Stadler, Bürgerspital, 29–35; zur umfangreichsten Stiftung, die Sigmund Haffner der Jüngere im späten 18. Jahrhundert testamentarisch vollzog, vgl. diesen Bd., 372 und 376f.
[173] Dopsch, 15. Jahrhundert, 588ff.
[174] Jakob Unrecht, Österr. Chronik XVI, c. 171, MGH SS NS XI, 174f.; Nehring, Corvinus, 181ff.
[175] Reutersches Stadtbuch, fol. 1f.; Lipburger, Stadtbuch, 6ff. Nr. 2 und 17ff. Nr. 4 u. 5; Lackenbauer, Kampf der Stadt, 43f.
[176] Reutersches Stadtbuch, fol. 1^r–2^v; Lipburger, Stadtbuch, 7ff. Nr. 2 u. 3; Dopsch/Lipburger, Rechtliche und soziale Entwicklung, 735f.
[177] Urkunden von 1483 Jänner 18, Wien, und 1485 März 23 und März 24, Linz, im HHStA, AU; Chmel, Regesta Friederici, Nrn. 7589 u. 7728; Zaisberger, Bernhard von Rohr, 206f. Nr. 55 u. 213 Nr. 59; Dopsch, 15. Jahrhundert, 558f.
[178] Schlegel, Veste Hohensalzburg, 24f.
[179] Widmann II, 341 Anm. 1; Wagner/Klein, Salzburgs Domherren, 62 Nr. 115; Dopsch, 15. Jahrhundert, 563ff.
[180] Stiftsarchiv St. Peter, Codex a VII 38, fol. 229^v;
[181] Pagitz, Spätgotik, 30f.; Dopsch, 15. Jahrhundert, 564f.
[182] Dopsch, 15. Jahrhundert, 565f. u. 578ff.
[183] Fischer, Personal- und Amtsdaten, 97; Pagitz, Spätgotik, 31; Dopsch, 15. Jahrhundert, 567.
[184] Klein, Quellenbeiträge, 13ff., die Edition der Beschwerdeschrift 35ff.
[185] Dopsch, 15. Jahrhundert, 570–581.
[186] Wagner, Matthäus Lang, 56f.; Dopsch, 15. Jahrhundert, 692.
[187] Widmann II, 376; Pagitz, Spätgotik, 34; Dopsch, 15. Jahrhundert, 571 mit Anm. 676.
[188] Reutersches Stadtbuch, fol. 22^r–22^v; Lipburger, Stadtbuch, 108ff. Nr. 17; Widmann II, 367; Lackenbauer, Kampf der Stadt, 72f.
[189] Reutersches Stadtbuch, fol. 20^v–21^r; Lipburger, Stadtbuch, 98ff. Nr. 16; Michael Walz, Beitrag zur Geschichte des Fehdewesens in Salzburg am Schluße des Mittelalters, in: Programm des k.k. Staatsgymnasiums in Salzburg 15 (1865), 27 mit Anm. 2; Lackenbauer, Kampf der Stadt, 74ff.; Widmann II, 367f.; Zillner, Stadtgeschichte II, 398f.
[190] Reutersches Stadtbuch, fol. 24^r; Lipburger, Stadtbuch, 113f. Nr. 18; Lackenbauer, Kampf der Stadt, 77f.
[191] Lackenbauer, Kampf der Stadt, 79ff.; Dopsch/Lipburger, Rechtliche und soziale Entwicklung, 737f.
[192] Ludwig Pezolt, Die Elsenheimer, in: MGSL 49 (1900), 188–248.
[193] AStS, buchförmige Archivalien Nr. 1 1/2, Nr. 1, Lackenbauer, Kampf der Stadt, 84ff.; Dopsch/Lipburger, Rechtliche und soziale Entwicklung, 738ff.
[194] Schreiben des Dr. Fuxmagen an König Maximilian I. von 1503 Oktober 8, AStS, buchförmige Archivalien Nr. 1 1/2, Nr. 14; dazu Lackenbauer, Kampf der Stadt, 99ff.
[195] AStS, buchförmige Archivalien Nr. 1 1/2, fol. 10^r („Handlung zu Kölln"); Lackenbauer, Kampf der Stadt, 112ff.; Dopsch/Lipburger, Rechtliche und soziale Entwicklung, 741.
[196] AStS, buchförmige Archivalien Nr. 1 1/2, fol. 10^r; Lipburger, Stadtbuch, 22 mit Anm. 64.
[197] AStS, buchförmige Archivalien Nr. 1 1/2, fol. 15^r–16^r; Lackenbauer, Kampf der Stadt, 120ff.
[198] AStS, buchförmige Archivalien Nr. 1 1/2, Schreiben König Maximilians I. an Erzbischof Leonhard von 1506 Juni 2 und an Paul von Liechtenstein 1506 Juni 15; Spatzenegger, Privilegienbuch, 235ff. Nr. 53; Widmann II, 371f.; Lackenbauer, Kampf der Stadt, 128ff.
[199] AStS, buchförmige Archivalien Nr. 1 1/2, „Gemainer Stat Beschwerden aus dem Statgericht fliessend" von 1510 Juni 15; Widmann II, 373; Lackenbauer, Kampf der Stadt, 141ff.; Dopsch/Lipburger, Rechtliche und soziale Entwicklung, 742f.
[200] Zillner, Stadtgeschichte II, 403; Widmann II, 374; Lackenbauer, Kampf der Stadt, 150f.

201 AStS, buchförmige Archivalien Nr. 1 1/2, Beschwerdeschrift der Stadt vom 1519 August 31 an Kardinal Matthäus Lang; Zillner, Stadtgeschichte II, 405f.; Widmann II, 375f.; Lackenbauer, Kampf der Stadt, 153ff.

202 Den entsprechenden Bericht des Leonhardus Tornator bietet Scheibner, Salzburgische Historiographie, 27ff.; Widmann II, 375ff.; Zillner, Stadtgeschichte II, 453f.; Lackenbauer, Kampf der Stadt, 157.

203 Vertrag von 1511 Februar 3 im HHStA Wien, AU; AStS, buchförmige Archivalien Nr. 1 1/2, Verschreibung der Stadt von 1511 Februar 3; Lackenbauer, Kampf der Stadt, 159ff.; Dopsch/Lipburger, Rechtliche und soziale Entwicklung, 744f.

204 Das Schreiben des Erzbischofs an den Kaiser von 1511 Februar 7 im Konsistorialarchiv Salzburg, Akten 1/5; Lackenbauer, Kampf der Stadt, 164.

205 Zillner, Stadtgeschichte II, 452; Widmann II, 382; Lackenbauer, Kampf der Stadt, 165.

206 AStS, buchförmige Archivalien Nr. 1c, fol. 1–4; zum Inhalt und zur richtigen Einschätzung vgl. Dopsch/Lipburger, Rechtliche und soziale Entwicklung, 745f.

207 Inge Friedhuber, Kaiser Maximilian I. und die Bemühungen Kardinal Matthäus Langs um das Erzbistum Salzburg, Festschrift Hermann Wiesflecker, Graz 1963, 123–131; Dopsch, 15. Jahrhundert, 584–593.

208 Franz Wagner, Das Herrschermonument des Leonhard von Keutschach, in: 900 Jahre Festung Hohensalzburg, Salzburg 1977, 183–195.

209 Willibald Hauthaler, Kardinal Mattäus Lang und die religiös-soziale Bewegung seiner Zeit, in: MGSL 35 (1895), 149–201 und MGSL 36 (1896), 317–402; Wagner, Matthäus Lang, 45ff.; Dopsch, 15. Jahrhundert, 585ff.; derselbe, Bauernkrieg und Glaubensspaltung, 11ff.; Sallaberger, Bischof an der Zeitenwende, geht ausführlich auf Werdegang und diplomatische Tätigkeit des Kardinals ein (diese grundlegende Arbeit wird derzeit in erweiterter Form, fortgesetzt bis zum Tod des Kardinals Lang, zur Drucklegung vorbereitet); Paul Legers, Kardinal Matthäus Lang. Ein Staatsmann im Dienste Max' I., in: MGSL 46 (1906), 437–517.

210 SLA Hofrats-Catenichl 1519/1520, fol. 402–404 (Stadthalter und Räte an Kardinal Lang, 1520 Juli 12); Dopsch, Bauernkrieg und Glaubensspaltung, 17.

211 Zillner, Stadtgeschichte II, 417f.; Lackenbauer, Kampf der Stadt, 180f.; Dopsch/Lipburger, 16. Jahrhundert, 2037.

212 Zillner, Stadtgeschichte II, 419; Widmann III, 8ff.; Lackenbauer, Kampf der Stadt, 183ff.; Dopsch, Bauernkrieg und Glaubensspaltung, 14 u. 30.

213 Dopsch, Bauernkrieg und Glaubensspaltung, 23f.; Sallaberger, Stiftsprediger, 247ff.

214 Johann Sallaberger, Johann von Staupitz – Luthers Vorgesetzter und Freund und seine Beziehung zu Salzburg, in: MGSL 117 (1977), 159–200; derselbe, Abt Johann von Staupitz (1522–1524), Luthers einstiger Vorgesetzter und Freund, in: St. Peter in Salzburg. Katalog der 3. Salzburger Landesausstellung, Salzburg 1982, 91–98 u. 321–329; derselbe, Stiftsprediger, 251ff.; derselbe, Die Einladung Martin Luthers nach Salzburg im Herbst 1518, in: Uni Trinoque Domini. Festschrift Karl Berg, hg. von Hans Paarhammer und Franz Martin Schmölz, Thaur 1989, 445–467; Dopsch, Bauernkrieg und Glaubensspaltung, 19ff.

215 Johann Sallaberger, Das Eindringen der Reformation in Salzburg und die Abwehrmaßnahmen der Erzbischöfe bis zum Augsburger Religionsfrieden 1555, in: Reformation, Emigration, 33 mit Anm. 1; derselbe, Bischof an der Zeitenwende, 182f. u. 248f.; Dopsch, Bauernkrieg und Glaubensspaltung, 23.

216 Dopsch/Lipburger, 16. Jahrhundert, 2038f.; Dopsch, Bauernkrieg und Glaubensspaltung, 28f.

217 KAS 48, Reformationsakten II, Nr. 14; Druck bei Datterer, Matthäus Lang, XXVf.

[218] Heinrich Zinnburg/Herbert Klein, „Gasteinerische Chronica" 1540, in: MGSL 81 (1941), 35.

[219] Den ausführlichsten Bericht bietet die Chronik des Leonhard Tornator, bei Datterer, Matthäus Lang, Beilage XV Nr. 20; Zillner, Stadtgeschichte II, 420f.; Widmann III, 10f.; Hübner, Stadt Salzburg II, 293–296; Lackenbauer, Kampf der Stadt, 95.

[220] Dopsch, Bauernkrieg und Glaubensspaltung, 31f.; Dopsch/ Lipburger, 16. Jahrhundert, 2039.

[221] Judas Thaddäus Zauner, Chronik von Salzburg, Tl. 4, Salzburg 1800, 362f.; Hübner, Stadt Salzburg II, 294; Zillner, Stadtgeschichte II, 421; Lackenbauer, Kampf der Stadt, 184.

[222] Zur Inschrift, die einer Darstellung der Unterwerfung Salzburgs in einem Bildzyklus von Johann Mathias Kager auf dem Frauentor-Turm nahe dem Augsburger Dom beigegeben war, vgl. Hansiz, Germania Sacra II, 588; Widmann III, 11; S. Netzer, Johann Mathias Kager, Stadtmaler von Augsburg (1475–1534), in: Miscellanea Bavarica 92 (München 1980), 75–78.

[223] Die Vertragsurkunde von 1522 Juli 16 im HHStA Wien, AU; Lackenbauer, Kampf der Stadt, 95f.; Dopsch, Bauernkrieg und Glaubensspaltung, 32.

[224] Widmann III, 11 mit Anm. 2; Lackenbauer, Kampf der Stadt, 199f.; Dopsch/Lipburger, 16. Jahrhundert, 2040.

[225] Schlegel, Veste Hohensalzburg, 40f.; Pillwax, Hohensalzburg, 14.

[226] Peter Putzer, Rechtshistorische Einführung, in: Spechtler/Uminsky, Stadt- und Polizeiordnung, 51*f.; derselbe, Zur Legislative der frühen Neuzeit im Erzstift Salzburg, in: Aus Österreichs Rechtsleben in Geschichte und Gegenwart (Festschrift für E. C. Hellbling), Berlin 1981, Bd. II, 713f.; Dopsch, Bauernkrieg und Glaubensspaltung, 32f.

[227] Spechtler/Uminsky, Stadt- und Polizeiordnung, 13f.; die handschriftliche Überlieferung ist in der Einleitung 13*–22* verzeichnet; Rudolf Uminsky, Zur Sprache der Salzburger Stadt- und Polizeiordnung von 1524, in: MGSL 118 (1978), 59–67; Dopsch/ Lipburger, 16. Jahrhundert, 2041ff. mit Anm. 231 (Literatur). Zum Aufbau der Stadtordnung vgl. ebenda, 2040–2046.

[228] Gustav K. Schmelzeisen, Polizeiordnungen und Privatrecht (Forschungen zur Neueren Privatrechtsgeschichte 3), Münster/ Köln 1955; derselbe (Bearb.), Polizeiordnungen und Landesordnungen (Quellen zur neueren Privatrechtsgeschichte Deutschlands Bd. 2/1–2), Weimar 1968/69; Wilhelm Ebel, Geschichte der Gesetzgebung in Deutschland, Göttingen ²1958, 59–73; Wilhelm Brauneder, Der soziale und rechtliche Gehalt der österr. Polizeiordnungen des 16. Jahrhunderts, in: Zeitschrift für historische Forschung 3 (1976), 205–220.

[229] AStS, buchförmige Archivalien Nr. 1c; Lackenbauer, Kampf der Stadt, 195f.; Dopsch/Lipburger, 16. Jahrhundert, 2044.

VI. Handel und Handwerk – Grundlagen der städtischen Wirtschaft

[1] Ammerer, Notizen, 2071ff.; Dopsch, Wirtschaftliche Entwicklung, 805–821; Hassinger, Geschichte des Zollwesens, 536ff.; Dopsch/Lipburger, Das 16. Jahrhundert, 2067ff.

[2] Klein, Saumhandel, 427ff.

[3] Diese Überschrift trägt die genaue Beschreibung der Handelsroute über die Tauern im Baumgartnerschen Buch der Handelsbräuche, ed. Karl Otto Müller, Welthandelsbräuche (Deutsche Handelsakten des Mittelalters und der Neuzeit Bd. 5), hg. v. der Bayerischen Akademie der Wissenschaften, München 1934, 192ff.; vgl. Klein, Brenner und Radstädter Tauern, 411f.

[4] Dopsch, Wirtschaftliche Entwicklung, 805ff.; Hassinger, Geschichte des Zollwesens, 552f.

[5] Koller, Salzachschiffahrt, 9–59; derselbe, Die Ausfergenurkunde des Jahres 1531, in: MGSL 118 (1978), 69–87.

⁶ Zillner, Stadtgeschichte II, 284ff.; Dopsch, Wirtschaftliche Entwicklung, 829ff.; Martin, Rechnungsbücher, 109ff.
⁷ Koller, Salzachschiffahrt, 89ff.
⁸ Ernst Neweklowsky, Linz und die Salzburger Weinfuhren, in: MGSL 96 (1956), 179–190; Rausch, Handel, 17f. mit Anm. 23.
⁹ Spatzenegger, Privilegienbuch, 201 Nr. 28.
¹⁰ Tremel, Beiträge, 97ff.; Hassinger, Geschichte des Zollwesens, 490ff.
¹¹ Leopold Ziller, Vom Fischerdorf zum Fremdenverkehrsort. Geschichte St. Gilgens und des Aberseelandes, Tl. I, St. Gilgen 1975, 110ff.; Hassinger, Geschichte des Zollwesens, 523ff. und bes. 529 verweist darauf, daß am Schober (heute Strobl) und in St. Gilgen nur private Niederlagen bestanden.
¹² Tremel, Beiträge, 102ff.; Zillner, Stadtgeschichte II, 445; Pagitz-Roscher, Niederleghaus, 157ff.; Hassinger, Geschichte des Zollwesens, 551ff.
¹³ Adolf Kieslinger, Die nutzbaren Gesteine Salzburgs, MGSL Erg. Bd. 4, Salzburg/Stuttgart 1964, 185ff. und 281ff.; Koller, Salzachschiffahrt, 83; Franz Kretschmer, Marmor aus Adnet, in: Heimatbuch Adnet Bd. 1, Adnet 1986;
¹⁴ Mayer, Passauer Mautbücher, Tl. 2, 389 und Register 349.
¹⁵ Klein, Saumhandel, 442f.; derselbe, Brenner und Radstädter Tauern, 415f.; Hassinger, Übergänge, 224ff.; derselbe, Villach, 217ff.
¹⁶ Herbert Klein, Beschlagenes Gut, 549–558; Hassinger, Übergänge, 231f.
¹⁷ Hassinger, Zollwesen und Verkehr, 311–359; Eine Gesamtübersicht über die Zoll- und Mautstätten bietet Hassinger, Geschichte des Zollwesens.
¹⁸ Leopold Spatzenegger, Neue Mautordnung in der Hauptstadt Salzburg 1599, in: MGSL 10 (1870), 67–79; Fritz Posch, Die Salzburger Mautordnung des Erzbischofs Wolf Dietrich von 1589 und ihre handelspolitischen Folgen für die Nachbarländer: MGSL 109 (1969), 171–184; Hassinger, Geschichte des Zollwesens, 539ff. mit Ed. 547–550. Zu den Zapfmauten vgl. Dopsch, Wirschaftliche Entwicklung, 813.
¹⁹ Hassinger, Übergänge, 233f.; derselbe, Villach, 242f.; derselbe, Zollwesen, 311–382, bes. 322f. und 394–426, bes. 404f.
²⁰ Klein, Saumhandel, 485 mit Anm. 4; derselbe, Salzburgs Handel, 564; derselbe, Geleitsrecht, 603f.
²¹ Simonsfeld, Fondaco; Götz von Pölnitz, Fugger und Medici. Deutsche Kaufleute und Handwerker in Italien, Tl. 1: Das deutsche Haus in Venedig, München 1943; Eikenberg, Runtinger, 69ff.
²² Zillner, Stadtgeschichte II, 315; Simonsfeld, Fondaco, 207f.
²³ Simonsfeld, Fondaco, 103ff.; Klein, Beschlagenes Gut, 553ff.; Hassinger, Übergänge, 222f.; Klein, Saumhandel, 456ff.
²⁴ Dopsch, Wirtschaftliche Entwicklung, 815.
²⁵ Spatzenegger, Liber mutarum, 36ff.; Simonsfeld, Fondaco, 103; Klein, Salzburgs Handel, 563ff.; derselbe, Die Tuchweberei, 119f. und 132f.; Hassinger, Villach, 249f.; Richard Allesch, Arsenik, 13ff. und 163ff.
²⁶ Mayer, Zwei Passauer Mautbücher, 389f.; Klein, Brenner und Radstädter Tauern, 418; Hassinger, Villach, 223f.
²⁷ Dopsch, Wirtschaftliche Entwicklung, 816f.; Hassinger, Villach, 246f.; Hassinger, Geschichte des Zollwesens, 420ff., hat nachgewiesen, daß die Salzburger Kaufleute mit bis zu 39% Anteil zeitweise vor den Nürnbergern an erster Stelle standen.
²⁸ Eikenberg, Runtinger, 71ff.; Bastian Runtingerbuch I, 16f.
²⁹ Klein, Salzburgs Handel, 565.
³⁰ Dopsch, Wirtschaftliche Entwicklung, 817f.; Hassinger, Geschichte des Zollwesens, 552f.

[31] Theodor Mayer, Der auswärtige Handel des Herzogtums Österreich im Mittelalter (Forschungen zur inneren Geschichte Österreichs 6), Innsbruck 1909, 151.
[32] Rausch, Handel, 217ff., 229, 234f. und 244.
[33] Reuttersches Stadtbuch, fol. 61^v, fol. 75 und fol. 98; Klein, Tuchweberei, 119f.; derselbe, Quellenbeiträge, 29f.
[34] Klein, Geschäftsreisen, 575–584.
[35] Herbert Klein, Kaiser Sigismund, 618ff.
[36] Walz, Fehdewesen, 15ff.
[37] Spatzenegger, Privilegienbuch, 207f. Nr. 32.
[38] Sendbriefe der Stadt Salzburg, Bd. 1, AStS, buchförmige Archivalien Nr. 6; Zillner, Stadtgeschichte II, 227; Dopsch, Wirtschaftliche Entwicklung, 820f.
[39] Zillner, Stadtgeschichte II, 199ff. und 732ff.; Dopsch, Wirtschaftliche Entwicklung, 821–829.
[40] Zillner, Stadtgeschichte I, 261; Spatzenegger, Privilegienbuch, 177 Nr. 9.
[41] Zillner, Stadtgeschichte II, 744–747; Dopsch, Wirtschaftliche Entwicklung, 821f.
[42] Stadler, Bürgerspital, 29ff.; Zillner, Stadtgeschichte II, 201 und 203f.; Dopsch, Wirtschaftliche Entwicklung, 823f.
[43] Dopsch, Wirtschaftliche Entwicklung, 826f.; Dopsch/Lipburger, Rechtliche und soziale Entwicklung, 742ff.; Zillner, Stadtgeschichte II, 413f., 448–453 und 618.
[44] Zillner, Stadtgeschichte II, 316 und 618ff.; Dopsch, Wirtschaftliche Entwicklung, 827.
[45] Zillner, Stadtgeschichte II, 212f. und 314f.; Simonsfeld, Fondaco II, 207; Dopsch, Wirtschaftliche Entwicklung, 825.
[46] Zillner, Stadtgeschichte II, 199f.; Klein, Kaiser Sigismund, 627f. mit Anm. 36; Adolf Hahnl, Die Landsitze der Äbte von St. Peter, in: St. Peter in Salzburg, 54ff.; Dopsch, Wirtschaftliche Entwicklung, 822.
[47] Klein, Salzburgs Handel, 565; Zillner, Stadtgeschichte I, 258f. und 323f.; II, 202f., 274, 291, 307, 338.
[48] Pezolt, Elsenheimer, 161–181; Zillner, Stadtgeschichte II, 205ff.; Leopold Spatzenegger, Beiträge zur Geschichte der Pfarr- oder Franziskaner-Kirche in Salzburg, in: MGSL 9 (1869), 11f. und 24ff. Nrn. II–IV.
[49] Pezolt, Elsenheimer, 187–243.
[50] Pezolt, Elsenheimer, 243–248.
[51] Zillner, Stadtgeschichte II, 210f.; Dopsch, Wirtschaftliche Entwicklung, 826; Erben, Mühldorfer Ritterweihen, 80f.; Klein, Kaiser Sigismunds Handelssperre, 624.
[52] Friedrich Pirckmayer, Das Geschlecht der Clanner, in: MGSL 25 (1885), 25–59; Franz Martin, Das Klanerfenster in Nonnberg, in: MGSL 79 (1939), 143f.; Dopsch, Wirtschaftliche Entwicklung, 826.
[53] Zillner, Stadtgeschichte II, 314f. und 621; Simonsfeld, Fondaco II, 208; Dopsch, Wirtschaftliche Entwicklung, 827f.
[54] Dopsch/Lipburger, Das 16. Jahrhundert, 2067; Hassinger, Geschichte des Zollwesens, 191, 206f. und 329; derselbe, Übergänge, 237ff.; derselbe, Villach, 220–224.
[55] Allesch, Arsenik, 137ff. und 171ff.; Dopsch, Wirtschaftliche Entwicklung, 825 und 828f.
[56] Gruber/Ludwig, Bergbaugeschichte, 13; Ludwig/Gruber, Gold und Silberbergbau, 36;
[57] Zillner, Stadtgeschichte I, 264 und 267, II, 741ff.; Ludwig/Gruber, Gold- und Silberbergbau, 248f. und 284ff.
[58] Originalurkunde von 1456 November 6 im Haus-,Hof- und Staatsarchiv Wien, Allgemeine Urkundenreihe; vgl. Dopsch, 15. Jahrhundert, 528f.; derselbe, Grundlagen, 102 und 117 Abb. 18; Waitzbauer, Stiegl-Bier, 51.
[59] Dopsch, Bauernkrieg und Glaubensspaltung, 118ff.; Strauss, Herzog Ernst, 271ff.; Ludwig/Gruber, Gold und Silberbergbau, 253f. und 279ff.

⁶⁰ Klein, Geschäftsreisen, 575ff.; Dopsch/Lipburger, Das 16. Jahrhundert, 2068ff.
⁶¹ Emil Haueis, Ein Lobspruch der Stadt Salzburg von Hans Sachs, in: MGSL 34 (1894), 227–261.
⁶² Hassinger, Villach, 234ff.; Koller, Innere Entwicklung, 655; Ammerer, Notizen, 2075f.
⁶³ Marktordnung im Reutterschen Stadtbuch, fol. 6ʳ-8ʳ; Lipburger, Stadtbuch 28ff. Nr. 7; Amtmannordnung im Reutterschen Stadtbuch fol. 126; die Ordnungen wurden in die Stadt- und Polizeiordnung 1524 übernommen: Spechtler/Uminsky, Stadt- und Polizeiordnung, 98ff. und 119ff.; zur Funktion des Stadtrichters vgl. Dopsch/Lipburger, Rechtliche und soziale Entwicklung, 703; Dopsch, Wirtschaftliche Entwicklung, 768f.
⁶⁴ Reuttersches Stadtbuch, fol. 7ʳ-7ᵛ; Lipburger, Stadtbuch, 32ff. Nr. 7–11.
⁶⁵ Dopsch, Wirtschaftliche Entwicklung, 764f.
⁶⁶ Lipburger, Stadtbuch, 33 Artikel 8; Klein, Brenner, 418; Eikenberg, Runtinger, 128ff.
⁶⁷ Klein, Beschlagenes Gut, 553f.; Simonsfeld, Fondaco, 104f.; Eikenberg, Runtinger, 120–132.
⁶⁸ Lipburger, Stadtbuch, 41ff. mit Anm. 63–75; Klein, Saumhandel, 453ff.; Dopsch, Wirtschaftliche Entwicklung, 768.
⁶⁹ Lipburger, Stadtbuch, 32ff. Nr. 7, ergänzend die Angaben in den Löhnen der Unterkäufel, Reuttersches Stadtbuch, fol. 110 und fol. 126.
⁷⁰ Dopsch, Wirtschaftliche Entwicklung, 769.
⁷¹ Klein, Beschlagenes Gut, 549ff.; Hassinger, Übergänge, 231f.; Dopsch, Wirtschaftliche Entwicklung, 809.
⁷² Reuttersches Stadtbuch, fol. 106: Ordnung, Lohn und Eide der Zugwerker; Spechtler/Uminsky, Stadt- und Polizeiordnung, 109ff.
⁷³ Stadler, Rechtsgeschichte, 121 Artikel 136; Reuttersches Stadtbuch, fol. 119; Spechtler/Uminsky, Stadt- und Polizeiordnung, 107ff.
⁷⁴ Spechtler/Uminsky, Stadt- und Polizeiordnung, 118.
⁷⁵ Reuttersches Stadtbuch, fol. 6; Lipburger, Stadtbuch, 29 Nr. 7, Artikel 8; Spechtler/Uminsky, Stadt- und Polizeiordnung, 171ff.
⁷⁶ Reuttersches Stadtbuch, fol. 28; Lipburger, Stadtbuch, 121f. Nr. 20; Stadler, Rechtsgeschichte, 120 Artikel 134; Spechtler/Uminsky, Stadt- und Polizeiordnung, 129ff.
⁷⁷ Reuttersches Stadtbuch, fol. 28; Lipburger, Stadtbuch, 123f. Nr. 21; Spechtler/Uminsky, Stadt- und Polizeiordnung, 126ff.; Zillner, Stadtgeschichte I, 147 und 274.
⁷⁸ Dopsch, Wirtschaftliche Entwicklung, 764f. mit Kartenskizze 766f.
⁷⁹ Zillner, Stadtgeschichte I, 147; Goerge, Bäcker und Metzger, 473 und 512f. Beilage 1b; Spechtler/Uminsky, Stadt- und Polizeiordnung, 134f.
⁸⁰ Dopsch, Wirtschaftliche Entwicklung, 764f. mit Anm. 63–72; zu den Fischsorten vgl. Reuttersches Stadtbuch, fol. 7ʳ; Lipburger, Stadtbuch, 31 Nr. 7, Artikel 27 und 28; Spechtler/Uminsky, Stadt- und Polizeiordnung, 171; Zillner, Stadtgeschichte I, 148ff.
⁸¹ Zillner, Stadtgeschichte I, 136, 148, 344f.; II, 259, 268, 282, 284, 286; Reuttersches Stadtbuch, fol. 24ʳ; Lipburger, Stadtbuch, 113ff. Nr. 18.
⁸² Reuttersches Stadtbuch, fol. 6ᵛ; Lipburger, Stadtbuch, 30 Nr. 7, Artikel 18.
⁸³ Reuttersches Stadtbuch, fol. 6ʳ; Lipburger, Stadtbuch, 30 Nr. 7, Artikel 19f. und 31, Artikel 23f.; Spechtler/Uminsky, Stadt- und Polizeiordnung, 197 und 199, wo der Markt jenseits der Brücke und der Markt beim Stein gleichgesetzt werden; Zillner, Stadtgeschichte I, 150.
⁸⁴ Reuttersches Stadtbuch, fol. 32; Lipburger, Stadtbuch, 133f. Nr. 23; Spechtler/Uminsky, Stadt- und Polizeiordnung, 105ff.
⁸⁵ Zillner, Stadtgeschichte I, 150; Hübner, Beschreibung I, 155; Spechtler/Uminsky, Stadt- und Polizeiordnung, 182.
⁸⁶ Amtmannsordnung (wie Anm. 63).

[87] Reutterches Stadtbuch, fol. 6ʳ; Lipburger, Stadtbuch, 28ff. Nr. 7, Artikel 1–17.
[88] Reutterches Stadtbuch, fol. 6ʳ und 7ʳ; Lipburger, Stadtbuch, 30f., Artikel 19f. und 23–25; Spechtler/Uminsky, Stadt- und Polizeiordnung, 197.
[89] Stadler, Rechtsgeschichte, 110f., Artikel 18 und 19.
[90] Steinherz, Zur Geschichte, 184ff.; Dopsch/Lipburger, Rechtliche und soziale Entwicklung, 718ff.
[91] Diese Bestimmungen sind in der Amtmannsordnung (wie Anm. 63) festgehalten.
[92] Hans Widmann, Urkunden und Regesten des Benediktinerinnenstiftes Nonnberg, in: MGSL 36 (1896), 12 Nr. 63; Erben, Herbstruperti, 87.
[93] Stadler, Rechtsgeschichte, 111, Artikel 18.
[94] Spatzenegger, Privilegienbuch, 205 Nr. 31, und 231f. Nr. 50; Dopsch/Lipburger, Rechtliche und soziale Entwicklung, 689; Dopsch, Wirtschaftliche Entwicklung, 771f.
[95] Franz Pagitz, Zwei Beiträge zum Wirken Stefan Krumenauers im Inn-Salzach-Gebiet, in: MGSL 106 (1966), 141ff.
[96] Originalurkunde von 1449 Jänner 9 im HHStA Wien, allgemeine Urkundenreihe; Dopsch, Wirtschaftliche Entwicklung, 774f.
[97] Dopsch, 15. Jahrhundert, 518 mit Anm. 258; Martin, Goldschmiedelade, 147ff.; Heinrich Koller, Die Reformen im Reich und ihre Bedeutung für die Erfindung des Buchdrucks, in: Gutenberg-Jahrbuch 1984, 122ff.
[98] Nikolaus Graß, Das Kalt- und Kupferschmiedegericht im Erzstifte Salzburg, JSMCA 15 (1969), 42ff. und 63f. Anhang Nr. II; Dopsch, Wirtschaftliche Entwicklung, 775 mit Anm. 123.
[99] Zillner, Stadtgeschichte II, 240 und 280; das erzbischöfliche Privileg für die Salzburger Kürschner aus dem Jahre 1459 im HHStA Wien gilt seit längerer Zeit als verschollen. Die älteste erhaltene Kürschnerordnung des Erzbischofs Michael von Kuenburg datiert von 1556 August 10 (AStS, Zunftarchiv 761).
[100] Wiedl, Goldschmiede, 514ff.; Franz Wagner, Die Salzburger Goldschmiede von 1440–1803 und ihre Werke, in: Gold und Silber, Katalog der 9. Sonderausstellung des Dommuseums zu Salzburg, Salzburg 1984, 47–72; das Testament des Wolfhart Faust ist ediert bei Martin, Goldschmiedelade, 149f.
[101] Kreibich, Hofbrauereien 1, 7–69; Waitzbauer, Stiegl-Bier, 51–61; Dopsch, Wirtschaftliche Entwicklung, 771ff.; zur Bürgerzeche vgl. diesen Bd. 141ff.
[102] AStS, Zunftarchiv 702: Baderordnung von 1472 November 11.
[103] Dopsch, Wirtschaftliche Entwicklung, 776.
[104] Dopsch, Wirtschaftliche Entwicklung, 778; Zillner, Stadtgeschichte II, 274f.
[105] Zillner, Stadtgeschichte II, 274f., 311 mit Anm. 1.
[106] Lipburger, Stadtbuch, 2f., wo das Inhaltsverzeichnis des Reutterschen Stadtbuches, fol. 1 wiedergegeben ist; Dopsch, Wirtschaftliche Entwicklung, 777 mit Anm. 132–136.
[107] Färberordnung im Reutterschen Stadtbuch, fol. 95–96ᵛ; Die Bestätigung von 1515 April 26 im HHSTA, Wien, Allgemeine Urkundenreihe; Die Hutmacherordnung 1515 Feber 6, im AStS, Zunftarchiv 755.
[108] Spechtler/Uminsky, Stadt- und Polizeiordnung, 66–79.
[109] Dopsch/Lipburger, 16. Jahrhundert, 2055–2065, bes. 259 mit Anm. 347–359.
[110] Zechbuch der Kürschner im AStS, Zunftarchiv 56: Eintrag in die Meisterliste auf der letzten Seite.
[111] Originalurkunde von 1515 März 28 im HHStA Wien, Allgemeine Urkundenreihe.
[112] Dopsch, Wirtschaftliche Entwicklung, 777f. mit Anm. 139 und 779f. mit Anm. 154–158.
[113] Putzer, Zunftzwang, 113f.; Dopsch, Wirtschaftliche Entwicklung, 778f.
[114] Reutterches Stadtbuch, fol. 98, Artikel 26 und Artikel 34 (Barchanter und Leinenweber), fol. 108 (Ordnung der Goldschmiedegesellen), letzter Artikel.

[115] Dopsch, Wirtschaftliche Entwicklung, 779.
[116] Die entsprechenden Bestimmungen enthalten die Ordnung der Kürschnergesellen im Reutterschen Stadtbuch, fol. 50 und die Hutmacherordnung (AStS, Zunftarchiv 755), fol. 5. Bisweilen wird die Anstellung von verheirateten Gesellen überhaupt untersagt.
[117] Reuttersches Stadtbuch, fol. 108 (Ordnung der Goldschmiedegesellen) und fol. 50 (Ordnung der Kürschnergesellen); vgl. Wiedl, Goldschmiedehandwerk, 518f. und 522ff., und Dopsch, Wirtschaftliche Entwicklung, 780.
[118] Schmiedeordnung im Reutterschen Stadtbuch, fol. 129. Auch in zahlreichen anderen Handwerksordnungen wird der „blaue Montag" untersagt. In der Ordnung der Goldschmiedegesellen im Reutterschen Stadtbuch, fol. 108 ist eine Kündigungsfrist von 14 Tagen festgelegt. Vgl. auch die Bestimmungen in der Ordnung der Ringler, Reuttersches Stadtbuch, fol. 26; Lipburger, Stadtbuch, 119 Nr. 19, Artikel 6.
[119] Dopsch/Lipburger, 16. Jahrhundert, 2063; Knut Schulz, Handwerksgesellen und Lohnarbeiter, Sigmaringen 1985, 265ff. hat nachgewiesen, daß Handwerksgesellen bisweilen den Großteil ihrer Arbeitszeit auf Wanderschaft verbrachten.
[120] Dopsch, Wirtschaftliche Entwicklung, 780ff.; Putzer, Zunftzwang, 115f.
[121] Schlosserordnung im Reutterschen Stadtbuch, fol. 100^r; Schmiedeordnung, ebenda, fol. 129; Wagnerordnung, ebenda, fol. 134, Artikel 1. Ähnliche Bestimmungen finden sich in fast allen Handwerksordnungen.
[122] Spechtler/Uminsky, Stadt- und Polizeiordnung, 70f.; Dopsch, Wirtschaftliche Entwicklung, 781 mit Anm. 173–175.
[123] Tuchschererordnung im Reutterschen Stadtbuch, fol. 103^r–103^v.
[124] Dopsch, Wirtschaftliche Entwicklung, 782.
[125] Ordnung der Barchanter und Leinenweber im Reutterschen Stadtbuch, fol. 98, Artikel 7, demzufolge die Meisterswitwe durch eine spätere „zünftige Heirat" alle einstigen Rechte wiedergewinnen konnte.
[126] Wiedl, Goldschmiedehandwerk, 545f.
[127] Zechbuch der Kürschner, AStS, Zunftarchiv 56; Ordnung der Kürschnergesellen im Reutterschen Stadtbuch, fol. 50; Aufdingbuch der Kürschner Lehrlinge im AStS, Zunftarchiv 46.
[128] Reuttersches Stadtbuch, fol. 136–137.
[129] Reuttersches Stadtbuch, fol. 98^v–99^v, Die Neuordnung des Jahres 1510 ebenda, fol. 75–79; Dopsch, Wirtschaftliche Entwicklung, 785f.
[130] Tuchschererordnung im Reutterschen Stadtbuch, fol. 103^r–103^v; Löhne der Tuchscherer, ebenda, fol. 104; Dopsch, Wirtschaftliche Entwicklung, 786ff.
[131] Franz Lospichl, Ein ehrsames Handwerk der Schneider zu Salzburg, Salzburg 1975, 113f. mit Urkunde 3. Bereits 1532 hatten die Tuchscherer eine gemeinsame Ordnung mit den Schleifern erhalten (AStS, Zunftarchiv 818).
[132] Goldschmiedeordnung im Reutterschen Stadtbuch, fol. 102 und 105; Wiedl, Goldschmiedehandwerk, 544f.
[133] Schmiedeordnung im Reutterschen Stadtbuch, fol. 129–130.
[134] Schlosserordnung im Reutterschen Stadtbuch, fol. 100^r–101^v.
[135] Ordnung der Maurer und Zimmerleute im Reutterschen Stadtbuch, fol. 97; Druck bei Volker Liedke, Salzburger Maler und Bildschnitzer sowie Bau- und Kunsthandwerker der Spätgotik und Renaissance, in: Ars Bavarica 3, München 1975, 49f., Urkundenanhang II; Pagitz, Krumenauer, 179f., Anhang Nr. 5.
[136] Rupert Oberhofer/Adolf Hahnl, Ein ehrbares Handwerk der Tischler zu Salzburg, Salzburg 1978 (zur Handwerksordnung von 1537 ebenda 13f.).
[137] Binderordnung im Reutterschen Stadtbuch, fol. 113; Wagnerordnung, ebenda, fol. 134.

[138] Hafnerordnung im Reutterschen Stadtbuch, fol. 90; Gerhard Ammerer, Die Salzburger Hafner, Salzburg 1987.

[139] Reuttersches Stadtbuch, fol. 118; Druck bei Volker Liedke, in: Ars Bavarica, 3, München 1975, 49, Urkundenanhang I; Franz Prochaska, Aus der Rechtsgeschichte des Salzburger Glaserhandwerks, in: JSMCA 20, 1974, 57–78; Dopsch, Wirtschaftliche Entwicklung, 794f.

[140] AStS, Zunftarchiv 709 und 700f.; Spechtler/Uminsky, Stadt- und Polizeiordnung, 200ff.; Goerge, Bäcker und Metzger, 462ff.; Dopsch, Wirtschaftliche Entwicklung, 795f.

[141] Fleischhackerordnung im Reutterschen Stadtbuch, fol. 131; Bestimmungen über die Fleischbeschau und Eid der Fleischhacker, ebenda, fol. 132; Spechtler/Uminsky, Stadt- und Polizeiordnung, 229–237; Dopsch, Wirtschaftliche Entwicklung, 796f.; Dopsch/Lipburger, 16. Jahrhundert, 2060–2063;

[142] AStS, Pezolt-Akten 355, „Handtwerchs Mandata de Anno 1682"; Martin, Salzburgs Fürsten, 151; Ammerer, Notizen, 2085f.

[143] Putzer, Zunftzwang, 115f.; derselbe, Die Zunftaltertümer des Salzburger Gewerbes, in: Vom Stadtrecht zur Bügerbeteiligung. Ausstellungskatalog 700 Jahre Stadtrecht von Salzburg, Red. Rainer Wilflinger/Peter M. Lipburger, Salzburg 1987, 66f.

[144] Reuttersches Stadtbuch, fol. 8ʳ; Lipburger, Stadtbuch, 35 Nr. 7, Artikel 7–11.

[145] Zillner, Stadtgeschichte I, 179f. und 404f.

[146] Spechtler/Uminsky, Stadt- und Polizeiordnung, 159–164; Dopsch, Almkanal, 65ff.; Zillner, Waßerleitung, 20ff. und die einzelnen Urkunden 99ff.

[147] Fiebich-Ripke, Almkanal, 109.

[148] SUB IV, Nr. 354; Dopsch, Almkanal, 63f.; derselbe, Wirtschaftliche Entwicklung, 799f.; Fiebich-Ripke, Almkanal, 110 und 116.

[149] Zillner, Waßerleitung, 19f. und 60ff., Beilage II; Fiebich-Ripke, Almkanal, 110 und 112 Abb. 4.

[150] Martin, Rechnungsbücher, 111f.; Zillner, Stadtgeschichte I, 147 und 163ff.; II, 284, 289 und 445.

[151] Dopsch, Wirtschaftliche Entwicklung, 802; Schlegel, Veste Hohensalzburg, 35 und 44.

[152] Handwerksordnung der Bader von 1472 im AStS, Zunftarchiv 702, Zillner II, 348f.; Dopsch, Wirtschaftliche Entwicklung, 802 f.; Friedrich R. Besl, Die Entwicklung des handwerklichen Medizinalwesens im Land Salzburg vom 15. bis zum 19. Jahrhundert, Diss. phil. (masch.), Salzburg 1996.

[153] AStS, buchförmige Archivalien Nr. 263 und 264; Martin, Rechnungsbücher, 109ff.; Zillner, Stadtgeschichte II, 284ff.

[154] AStS, buchförmige Archivalien Nr. 20–191; Martin, Archivalische Bestände, 273.

[155] AStS, buchförmige Archivalien Nr. 256 und 257. Die weiteren städtischen Zins-, Gülten- und Grundbücher (Nr. 258ff.) verzeichnet Martin, Archivalische Bestände, 273.

[156] AStS, buchförmige Archivalien Nr. 265–554.

[157] AStS, buchförmige Archivalien Nr. 887–1002a.

[158] AStS, buchförmige Archivalien Nr. 555–736 und Nr. 836–861; vgl. Martin, Archivalische Bestände, 273 und Dopsch/ Lipburger, 16. Jahrhundert, 2016f. mit Anm. 17 und 18.

[159] AStS, buchförmige Archivalien Nr. 1003–1125.

[160] AStS, buchförmige Archivalien Nr. 1126–1233.

[161] AStS, buchförmige Archivalien Nr. 1233a–1300.

[162] AStS, städtische Stiftungen, buchförmige Archivalien, schwarze Nr. 10 ff.; Martin, Archivalische Bestände, 276–286 (Urkunden), 286–288 (buchförmige Archivalien).

[163] AStS, städtische Stiftungen, buchförmige Archivalien, schwarze Nr. 1–9a.

[164] AStS, städtische Stiftungen, buchförmige Archivalien, schwarze Nr. 730ff.

[165] AStS, städtische Stiftungen, buchförmige Archivalien, schwarze Nr. 2218–2228.

[166] Zum sogenannten Zunftarchiv, das kein gewachsener Bestand ist, sondern systematisch zusammengestellt wurde, vgl. Martin, Kunsthandwerk, 51–72.

VII. Lustschlösser und Bastionen – Auf dem Weg zum „Deutschen Rom"

[1] Dopsch, Bauernkrieg und Glaubensspaltung, 39ff.; Gruber/Ludwig, Salzburger Bergbaugeschichte 21ff.; Ludwig/Gruber, Gold- und Silberbergbau, 193ff.

[2] Köchl, Bauernkriege, 22f.; Hollaender, Studien, Tl. 1, 26f.; bezüglich der Hingerichteten vgl. Fritz Koller, Die Brüder Stöckl – Die „Stöckl-Saga", in: Hans Hönigschmied, Bramberg am Wildkogl, Bd. I, Bramberg 1993, 481–487.

[3] Druck der Waldordnung durch Karl Ehrenbert Frh. v. Moll, in: F. Müllenkampf, Sammlung der Forstordnungen, Salzburg 1796, Tl. II, 3–18; Ludwig/Gruber, Gold- und Silberbergbau, 193–233; Dopsch, Bauernkrieg und Glaubensspaltung, 40f.

[4] Ludwig/Gruber, Gold- und Silberbergbau, 343ff.; zu Christoph Weitmoser, der 1523 bei Luther in Wittenberg das Studium aufnahm, vgl. Felix F. Strauss, Der Radhausberg bei Badgastein im 16. Jahrhundert und der Großgewerke Christoph Weitmoser, in: Der Anschnitt Jg. 20 (1968), Heft 6, 14–21.

[5] Ludwig/Gruber, Gold- und Silberbergbau, 217f.; Dopsch, Bauernkrieg und Glaubensspaltung, 41f.

[6] Herbert Zimburg/Herbert Klein, „Gasteinerische Chronica" 1540, in: MGSL 81 (1941), 14f.; Leist, Quellen-Beiträge, 250ff.

[7] Köchl, Bauernkriege, 31ff.; Ludwig/Gruber, Gold- und Silberbergbau, 219f.; zur Person des Melchior Spach vgl. Bayr, Personal- und Familienpolitik, 204; Dopsch, Paracelsus, Die Reformation und der Bauernkrieg, 210f.

[8] Hollaender, Studien, Tl. 1, 30f.; Sallaberger, Bischof an der Zeitenwende, 283; Dopsch, Bauernkrieg und Glaubensspaltung, 42f.

[9] Lucien Braun, Paracelsus. Alchemist-Chemiker – Erneuerer der Heilkunde, Zürich 1988; Frank Geerk, Paracelsus-Arzt unserer Zeit, Zürich 1992; Pirmin Maier, Paracelsus – Arzt und Prophet, Zürich ³1994; zu Paracelsus vgl. zuletzt Heinz Dopsch/Kurt Goldammer/Peter F. Kramml (Hg.), Paracelsus. Keines andern Knecht, Salzburg 1993; Dopsch/Kramml, Paracelsus und Salzburg.

[10] Kramml, Paracelsus in Salzburg, 176ff.

[11] Hartmut Rudolph, Einige Gesichtspunkte zum Thema „Paracelsus und Luther", in: Archiv für Reformationsgeschichte 72 (1981), 37f.; Stefan Rhein, Melanchton und Paracelsus, in: Parerga Paracelsica, hg. v. Joachim Telle (Heidelberger Studien zur Naturkunde der frühen Neuzeit 3), Stuttgart 1991, 63f.; Kramml, Paracelsus in Salzburg, 182f.; Dopsch, Paracelsus, Die Reformation und der Bauernkrieg, 205f.

[12] Ludwig/Gruber, Gold- und Silberbergbau, 219f.; Bayr, Personal- und Familienpolitik, 204; Dopsch, Paracelsus, Salzburg und der Bauernkrieg, in: Dopsch/Goldammer/Kramml, 304ff.; derselbe, Paracelsus, Die Reformation und der Bauernkrieg, in: Dopsch/Kramml, 210f.

[13] Franz Martin, Eine neue Paracelsus-Urkunde, in: MGSL 58 (1918), 23–28; vgl. dazu Franz Martin, Paracelsus und Salzburg, in: derselbe, Aus Salzburgs Vergangenheit. Gesammelte Aufsätze, Beilage zu MGSL 82/83 (1942/43), 35–39; Herbert Klein, Paracelsus und der Bauernkrieg, in: MGSL 91 (1951), 176–178; Dopsch, Paracelsus, Die Reformation und der Bauernkrieg, 206ff.; Kramml, Paracelsus in Salzburg, 176ff.

[14] Testamentum Philippi Theophrasti Paracelsi. Des hocherfahrnen Teutschen Philosophi und baider Artzney Doctoris, ed. Michael Toxites, Straßburg 1754; dazu Dopsch, Testament, 252ff. u. Anhang 262–267 (Übertragung des Testaments ins Neuhochdeutsche).

[15] Sepp Domandl, Paracelsus und Paracelsus-Tradition in Salzburg (1524–1976). Ein Beitrag zur Kultur und Zeitgeschichte (Salzburger Beiträge zur Paracelsus Forschung 17), Wien 1977, 17ff.; Dopsch, Testament, 256ff.; Kramml, Zwischen Rezeption, Kult, Vermarktung, 279ff.

[16] Gerhard Harrer, Zur Todeskrankheit des Paracelsus, in: Dopsch/Kramml, Paracelsus in Salzburg, 61–68; Herbert Kritscher/Johann Szilvassy/Walter Vycudilik, Die Gebeine des Arztes Theophrastus

Bombastus von Hohenheim, genannt Paracelsus – eine forensisch-anthropologische Studie, ebenda, 69–96; Christian Reiter, Das Skelett des Paracelsus aus gerichtsmedizinischer Sicht, ebenda 97–116.

[17] Das Inventar hat Toxites gemeinsam mit dem Testament ediert (vgl. Anm. 14); Dopsch, Testament 252ff. u. 267ff. (Übertragung ins Neuhochdeutsche).

[18] Dopsch, Testament, 255ff. u. Abb. 265.

[19] Dopsch, Testament, 257ff.; Hübner, Stadt Salzburg I, 333f.; Kramml, Zwischen Rezeption, Kult, Vermarktung, 282ff.

[20] Dazu kritisch, Kramml, Zwischen Rezeption, Kult, Vermarktung, 279–346.

[21] Bayerisches HStA München, Kurbayern, Äußeres Archiv 2107, fol. 83a; Hollaender, Studien, Tl. 2, in: MGSL 73 (1933), 39–108, bes. 41ff.; Dopsch, Bauernkrieg und Glaubensspaltung, 47f.

[22] Ludwig/Gruber, Gold- und Silberbergbau, 217ff.; Dopsch, Bauernkrieg und Glaubensspaltung, 41f.

[23] Walter Friedensburg, Der Reichstag zu Speyr (Historische Untersuchungen, hg. v. J. Jastrow, Heft V), Berlin 1887, 147 mit Anm. 2; Köchl, Bauernkriege, 52 u. 54; Hollaender, Studien, Tl. 2, 53.

[24] Sallaberger, Bischof an der Zeitenwende, 291f.; Hollaender, Studien, Tl. 2, 53f. mit Anm. 44; und 98f. Anhang a I; Vogt, Correspondenz, 19ff., Nr. 20 zum 21. Juni 1525.

[25] Albert Hollaender, Die 24 Artikel gemeiner Landschaft Salzburg 1525, in: MGSL 71 (1931), 65–88; Franz, Quellen, 295ff. Nr. 94; derselbe, Bauernkrieg, 167f.

[26] Hans Widmann, Über eine Beschwerdeschrift der Stadt Salzbug von 1525, in: derselbe, Zwei Beiträge zur salzburgischen Geschichte, in: Programm des k.k.-Gymnasiums Salzburg, Salzburg 1897, 16–27; Lackenbauer, Kampf der Stadt, 102f.; Dopsch, Bauernkrieg und Glaubensspaltung, 46f.

[27] Ernst von Frisch, Egidius Rem, 88ff.; Hollaender, Studien, Tl. 1, 34; Hoyer, Militärgeschichte, 176f.; Dopsch, Hohensalzburg im Mittelalter, 115 mit Anm. 114 u. 179 Beilage 7.

[28] Siegfried Hoyer, Das Gefecht bei Schladming im Deutschen Bauernkrieg, in: Militärgeschichte Heft 3, Berlin 1973, 344ff.; derselbe, Militärwesen, 169ff.; Franz, Bauernkrieg, 170; Köchl, Bauernkriege, 38f.; Dopsch, Bauernkrieg und Glaubensspaltung, 50ff.

[29] Sallaberger, Bischof an der Zeitenwende, 295f.; Dopsch, Bauernkrieg und Glaubensspaltung, 53f.

[30] Hollaender, Studien Tl. 2, 76ff.; Köchl, Bauernkriege, 58f.; Hoyer, Militärgeschichte, 177ff.

[31] Leist, Quellen-Beiträge, 288ff. Nr. 39; Köchl, Bauernkriege, 60ff.; Hollaender, Studien Tl. 2, 84ff.; Dopsch, Bauernkrieg und Glaubensspaltung, 54f.

[32] Frisch, Egidius Rem, 91; Hollaender, Studien Tl. 2, 87ff.; Sallaberger, Bischof an der Zeitenwende, 300; Köchl, Bauernkriege 62.

[33] Lackenbauer, Kampf der Stadt, 200f.

[34] Heinz Dopsch, Der Salzburger Bauernkrieg und Michael Gaismair, in: Die Bauernkriege und Michael Gaismair, hg. v. Fridolin Dörrer (Veröffentlichungen des Tiroler Landesarchivs Bd. 2), Innsbruck 1982, 225–246; derselbe, Bauernkrieg und Glaubensspaltung, 63–74.

[35] Siegfried Hoyer, Die Niederlage der Bauern vor Radstadt aus allgemein historischer Sicht, in: Zaisberger/Koller, 700 Jahre Radstadt, 139; Zimburg/Klein, Gasteinerische Chronica 25f., c. 23; Leopold Spatzenegger (Hg.), Tagebuch des Leonhard Dürrnpacher, in: MGSL 2 (1862), 180f.

[36] Vogt, Correspondenz, Nr. 848; Widmann III, 35; Sallaberger, Bischof an der Zeitenwende, 325ff.; Dopsch, Bauernkrieg und Glaubensspaltung, 84f.

[37] Hintermaier, Musik-Musiker-Musikpflege, 1622; H. J. Moser, Paul Hofhaimer, Hildesheim ²1966.

[38] Hintermaier, Musik-Musiker-Musikpflege, 1622f.; L. Hoffmann-Erbrecht, Henricus Finck-musicus excellentissimus (1445–1527), Köln 1982.

[39] Hermann Spies, Beiträge zur Musikgeschichte Salzburgs im Spätmittelalter und zu Anfang der Renaissancezeit, in: MGSL 81 (1941), 62f.; Hintermaier, Musik-Musiker-Musikpflege, 1620f.

[40] SLA Geheimes Archiv XXIII/1 zu 1526 August 3, Laufen; Sallaberger, Bischof an der Zeitenwende, 328.

[41] Dopsch, Bauernkrieg und Glaubensspaltung, 85–91.

42 Karl Köchl, Auszug aus den Beschwerden der Salzburger Landschaft 1525, in: MGSL 48 (1908), 223–249, bes. 239f.; Dopsch, Bauernkrieg und Glaubensspaltung, 59f. mit Anm. 302.
43 Franz V. Spechtler/Rudolf Uminsky, Die Salzburger Landesordnung 1526 (Göppinger Arbeiten zur Germanistik 305), Göppingen 1981; zur Person des Verfassers und zur Frage, warum die Landesordnung nicht formell verabschiedet wurde vgl. Heinz Dopsch, Landesgeschichtliche Einführung. Bauernkrieg und Landesordnung, ebenda, 53⁺ff.; Karl-Heinz Ludwig, Zur Salzburger Landesordnung von 1526, in: MGSL 122 (1982), 424 und Sallaberger, Bischof an der Zeitenwende, 543 Anm. 38, haben insgesamt drei weitere Handschriften gefunden, so daß bisher 14 Handschriften der Landesordnung bekannt sind.
44 Druck bei Leist, Quellen-Beiträge, 367–383, Nr. 98; Peter Putzer, Zur Legislative der frühen Neuzeit im Erzstift Salzburg, in: Aus Österreichs Rechtsleben in Geschichte und Gegenwart, Festschrift für E. C. Helbling, Berlin 1981, 722ff.; Peter Blickle, Landschaften im alten Reich, München 1973, 531f.; Dopsch, Bauernkrieg und Glaubensspaltung, 77ff.
45 Druck bei Leist, Quellen-Beiträge, 385–396, Nr. 101; Sallaberger, Bischof an der Zeitenwende, 331ff.; Dopsch, Bauernkrieg und Glaubensspaltung, 80ff.
46 Lackenbauer, Kampf der Stadt, 101; Dopsch, Bauernkrieg und Glaubensspaltung, 33.
47 Druck bei Zauner, Chronik V, 158–191; Widmann III, 40f.; Dopsch, Bauernkrieg und Glaubensspaltung, 88ff.
48 Dopsch, Bauernkrieg und Landesordnung, in: Spechtler/Uminsky, Landesordnung, 65⁺ff.
49 Stadtarchiv Laufen, Polizeiordnung von 1531 Dezember 22; Reidel-Schedl, Laufen, 419; Lipburger, Bürgerschaft und Stadtherr, 54f.
50 AStS, Zunftarchiv 76, fol. 1; Dopsch/Lipburger, 16. Jahrhundert, 2059f.
51 Zillner, Stadtgeschichte II, 481f.
52 Zillner, Stadtgeschichte II, 487.
53 Ebenda; Dopsch/Lipburger, 16. Jahrhundert, 2050.
54 Zillner, Stadtgeschichte II, 494.
55 Zillner, Stadtgeschichte II, 495f.
56 Spechtler/Uminsky, Stadt- und Polizeiordnung, 164–168.
57 Zillner, Stadtgeschichte II, 496.
58 Zillner, Stadtgeschichte II, 479 u. 481; die Marktordnung von 1556 ist gedruckt bei Friedrich Pirckmayer, Mandat und Ordnung wie es hinfüran mit den Märckhten Allhie zu Saltzburg solle gehalten werden, in: MGSL 35 (1895), 226ff.; Goerge, Bäcker und Metzger, 486f.
59 Wickingen, Rote Hütte, 484ff.; Ammerer, Notizen, 2132.
60 Zillner, Stadtgeschichte II, 487.
61 Bäckerordnung von 1548 im AStS, Zunftarchiv 710; Spechtler/Uminsky, Stadt- und Polizeiordnung, 202ff.; Goerge, Bäcker und Metzger, 462–483.
62 Zillner, Stadtgeschichte II, 478f., 481 u. 484f.; Die Fürkaufordnung von 1533 Mai 12 ist nicht gedruckt. Ein Exemplar befindet sich im AStS, Hs. 855 (Polizey-Buch de 1525); Dopsch, Bauernkrieg und Glaubensspaltung 88.
63 Zillner, Stadtgeschichte II, 479 u. 496; Ludwig/Gruber, Gold- und Silberbergbau, 157ff., 198ff., 315ff.
64 Zu den Pestwellen, die Zillner, Stadtgeschichte II, 482ff. erst ab 1555 vermerkt, vgl. Widmann III, 145; der Administrator Herzog Ernst von Bayern erließ bereits 1547 eine eigene „Medizinal- und Stadtsäuberungsordnung", gedruckt bei Zauner, Chronik V, 258ff.; zu den Maßnahmen von 1541 vgl. Zillner Stadtgeschichte II, 475.
65 Zillner, Stadtgeschichte II, 479 u. 481.
66 Zillner, Stadtgeschichte II, 483ff.

⁶⁷ Zillner, Stadtgeschichte II, 485; 1564 u.1585 wurde sogar die Dult wegen der Seuche abgesagt. An 52 Städte in Österreich, Steiermark, Kärnten, Krain und Bayern wurden deshalb 1564 Schreiben versandt, 1585 wurde auch das Niederleghaus (Lötschen) in der Getreidegasse geschlossen (Zillner, Stadtgeschichte II, 486 u. 498).
⁶⁸ Zillner, Stadtgeschichte II, 493.
⁶⁹ Zillner, Stadtgeschichte II, 495; Dopsch/Lipburger, Das 16. Jahrhundert, 2054 mit Anm. 327.
⁷⁰ Zillner, Stadtgeschichte II, 495 mit Anm. 2; Ammerer, Notizen, 2154f. mit Abb. 572.
⁷¹ Josef Beck, Die Geschichtsbücher der Wiedertäufer in Österreich-Ungarn, in: FRA II/43, Wien 1883, 57; Loserth, Zur Geschichte, 38f.; Rischar, Leben und Sterben, 197–206; Widmann III, 60 mit Anm. 5; Dopsch, Bauernkrieg und Glaubensspaltung, 101ff.; Aurelia Henökl, Die Täuferbewegung in Salzburg, in: Reformation, Emigration, Protestanten in Salzburg, 34–37.
⁷² Rischar, Leben und Sterben, 200ff.; Loserth, Zur Geschichte, 38 mit Anm. 12.
⁷³ Rischar, Leben und Sterben, 202f. mit Anm. 24; Helga Reindel-Schedl, Die Paumann von Tittmoning (1372–1571), in: MGSL 124 (1984), 357ff.
⁷⁴ Rischar, Leben und Sterben, 204 mit Anm. 26 u. 27; Grete Mecenseffy (Bearb.), Quellen zur Geschichte der Täufer Bd. 13, Österreich II (Quellen und Forschungen zur Reformationsgeschichte 41), Wien 1972, 6 Nr. 7, 10ff. Nr. 12–15, 16ff. Nr. 18, 20ff. Nr. 19; Dopsch, Bauernkrieg und Glaubensspaltung, 102f.
⁷⁵ Rischar, Leben und Sterben, 206; Loserth, Zur Geschichte, 41f.; Beck, Geschichtsbücher (wie Anm. 71), 57; Widmann III, 62.
⁷⁶ Alois Zauner/Günther K. Kalliauer, Die protestantischen Salzburger Bürger in Vöcklabruck und Wels, in: Wolf-Dietrich-Katalog, 128; Nora Watteck, Streiflichter auf das protestantische Bürgertum in der Stadt Salzburg, in: Reformation, Emigration, Protestanten in Salzburg, 64ff.
⁷⁷ Henry Simonsfeld, Ein venetianischer Reisebericht über Süddeutschland, die Ostschweiz und Oberitalien aus dem Jahre 1492, in: Zeitschrift für Kulturgeschichte 2 (1895), 255–257; Martin, Reisebeschreibungen, 173; derselbe, Von Sammlern und Sammlungen im alten Salzburg, in: MGSL 75 (1935), 37.
⁷⁸ Pillwax, Hohen-Salzburg, 12f.; Widmann, Geschichte Salzburgs II, 360; Schlegel, Veste Hohensalzburg, 88; Heinz Dopsch/Reinhard R. Heinisch, Quellenbeilagen zur Geschichte Hohensalzburgs, in: 900 Jahre Festung Hohensalzburg, Salzburg 1977, 179; Martin, Reisebeschreibungen, 173–175; Dopsch/Lipburger, 16. Jahrhundert, 2019ff.
⁷⁹ Schlegel, Veste Hohensalzburg, 42–66.
⁸⁰ Martin, Reisebeschreibungen, 176; derselbe, Von Sammlern und Sammlungen, 41; Dopsch/Lipburger, 16. Jahrhundert, 2021f.
⁸¹ Conradin Bonorand, Joachim Vadian und der Humanismus im Bereich des Erzbistums Salzburg (Vadian Studien 10), St. Gallen 1980, 36f.
⁸² Ebenda, 37; vgl. Dopsch/Lipburger, 16. Jahrhundert, 2024f.
⁸³ Klein, Bevölkerung und Siedlung, 1289 u. 1343; Dopsch/Lipburger, 16. Jahrhundert, 2031f.
⁸⁴ Klein, Bevölkerung und Siedlung, 1297 u. 1343 Tabelle 2; vgl. diesen Bd., 295f.
⁸⁵ Dopsch/Lipburger, 2034; Mathis, Bevölkerungsstruktur, 176f.; Kurt Klein, Daten zur Siedlungsgeschichte der österreichischen Länder bis zum 16. Jahrhundert (Materialien zur Wirtschafts- und Sozialgeschichte 4), Wien 1980, 69 u. 197.
⁸⁶ Richard Schlegel, Stadtbild, 1–8; Fuhrmann, Die Stadt, Tafel 1, 292; Hahnl, Die bauliche Entwicklung, 856ff. u. Abb. 56.
⁸⁷ Fuhrmann, Die Stadt, Tafel 4; Schlegel, Stadtbild, 1–8 u. Beilage; Hahnl, Bauliche Entwicklung, 861ff. mit Tafel XIII.
⁸⁸ Dopsch/Lipburger, 16. Jahrhundert, 2034; Lipburger/Plasser, Schallmoos, 595ff.

⁸⁹ Dopsch, Bauernkrieg und Glaubensspaltung, 111–125; Strauss, Herzog Ernst von Bayern, 269–284; Widmann III, 72–83; Ludwig/Gruber, Gold- und Silberbergbau, 253f. u. 275ff.

⁹⁰ Herbert Klein, Die Bauernschaft auf den Salzburger Landtagen, in: MGSL 88/89 (1948/49), 66f.; Franz Pagitz, Die rechtliche Stellung der Salzburger Bauern im Mittelalter und in der frühen Neuzeit, in: Die Ehre Erbhof, hg. v. A. Dworsky und H. Schider (Schriftenreihe des Landespressebüros, Sonderpublikationen Nr. 26), Salzburg/Wien 1980, 21ff.; Dopsch, Recht und Verwaltung, 881f.; derselbe, Bauernkrieg und Glaubensspaltung, 116f.

⁹¹ Felix F. Strauss, Herzog Ernst von Bayern und der Hofbuchdrucker Hans Baumann, in: JSMCA 5 (1959), Salzburg 1960, 193–203; Ernst von Frisch, Neues über Hans Baumann, in: Salzburger Museumsblätter 12 (1933), Nr. 2, 1–6; H. Endres, Der fränkische Wanderdrucker Hans Baumann aus Rothenburg ob der Tauber. Sein Leben und Werk, in: Archiv des historischen Vereins von Unterfranken und Aschaffenburg 71 (1937), 72ff.; Hans Glaser, Salzburger Buchdrucker, in: MGSL 98 (1958), 149f.; Herbert Klein, Susanna Raidl, geb. Fürst. Eine Salzburger Buchdruckerin des 16. Jahrhunderts, in: JSMCA 2 (1956), 70–74; Haslinger/Mittermaier, Salzburger Kulturlexikon, 63f.

⁹² Heinisch, Wahlkapitulationen, 35; Mayrhofer, Sedisvakanzen, 16ff.; Strauss, Herzog Ernst, 280f.; F. Albert, Die Trinkgelder des Bayernherzogs (1549), in: Glatzer Heimatblätter 13, Heft 3 vom 15. August 1927, 74–78; Dopsch, Bauernkrieg und Glaubensspaltung, 125.

⁹³ Widmann III, 86f.; Ortner, Reformation, 68–72; Dopsch, Bauernkrieg und Glaubensspaltung, 128f.

⁹⁴ Aurelia Henökl, Studien zur Reformation und Gegenreformation im Pongau unter besonderer Berücksichtigung der Vorfälle im Pfleggericht Werfen, phil. Diss. (masch.), Wien, 1979; dieselbe, Evangelische Richtungen im Pongau, in: Reformation, Emigration, Protestanten in Salzburg. Ausstellungskatalog Salzburg 1981, 72–76; Herbert Klein, Die Pongauer „Blutwidder", in: MGSL 102 (162), 93–115; Heinisch, Absolutismus, 170.

⁹⁵ Karl Schellhass, Der Dominikaner Felician Ninguarda und die Gegenreformation in Süddeutschland und Österreich 1560–1583, 2 Bde. (Bibliothek des Deutschen Historischen Instituts XVIII), Rom 1939; Ortner, Reformation, 89ff.; Heinisch, Absolutismus, 169f.

⁹⁶ Zauner/Kalliauer, Die protestantischen Salzburger Bürger, 127ff.; Watteck, Streiflichter auf das protestantische Bürgertum, 64ff.

⁹⁷ Martin, Salzburgs Fürsten, 13ff.; Stahl, Wolf Dietrich, 21ff.; Martin, Beiträge, 209ff.; Wolf-Dietrich-Katalog, 12–54.

⁹⁸ Stahl, Wolf Dietrich, 40ff.; Alfred A. Strnad, Wolf Dietrichs Onkel – „Ein Landsknecht im Purpur"? in: Wolf-Dietrich-Katalog, 38–44; Martin, Beiträge, 218ff.

⁹⁹ Seunig, Das Werden einer Barockstadt, 2161ff.; Martin, Beiträge, 233f., 250.

¹⁰⁰ Johannes Graf von Moy, Beiträge zur Geschichte des Neubaues in Salzburg, in: MGSL 109 (1969), 185–220.

¹⁰¹ Hauthaler, Leben, Regierung und Wandel, 82f.; Seunig, Das Werden einer Barockstadt, 2166.

¹⁰² Wilfried Keplinger, Unveröffentlichte Chronik, 79ff.; Richard Schlegel, Fragmente zur Geschichte der Bautätigkeit Erzbischof Wolf Dietrichs von Raitenau, in: MGSL 92 (1952), 144; Hauthaler, Leben, Regierung und Wandel, 50 u. 56.

¹⁰³ Hauthaler, Leben, Regierung und Wandel, 57ff.; Martin, Beiträge, 241; Seunig, Das Werden einer Barockstadt, 2167f.

¹⁰⁴ „Kurzer Discurs sampt ettlichen sonderbaren reglen über die Wassergebew", HHStA Wien, Hs W 200/2b, fol. 511–514 (unveröffentlichte Transkription). Vgl. dazu G. W. Seunig, Die städtebauliche Entwicklung der Stadt Salzburg unter Wolf Dietrich (1587–1612), Diss. (masch.) der ETH Zürich 1981 (Nr. 6867), 374–378.

¹⁰⁵ Hauthaler, Leben, Regierung und Wandel, 57 mit Anm. 2.

106 Vincenzo Scamozzi, Dell'idea della architettura universale, Venezia 1615; Seunig, Das Werden einer Barockstadt, 2171.

107 Richard Kurt Donin, Vincenzo Scamozzi und der Einfluß Venedigs auf die Salzburger Architektur, Innsbruck 1948; D. Timofiewitsch, Die Grundrißzeichnung Vincenzos Scamozzis im SMCA, in: Festschrift Karl Öttinger, Erlangen 1967, 411–432; Franz Fuhrmann, Der Dom zu Salzburg (christliche Kunststätten Österreichs Nr. 4), Salzburg [8]1974, 5; derselbe, Die bildende Kunst II, 1555f.; Seunig, Das Werden einer Barockstadt, 2171f.; Franz Fuhrmann, Der Kirchen- und Kapellenbau unter Erzbischof Wolf Dietrich von Raitenau, in: Wolf-Dietrich-Katalog, 205f.

108 Hauthaler, Leben, Regierung und Wandel, 118; Keplinger, Unveröffentlichte Chronik, 82f.; Seunig, Das Werden einer Barockstadt, 2173 u. 2180; M. Ebhardt, Die Salzburger Barockkirchen im 17. Jahrhundert, Beschreibung und kunstgeschichtliche Einordnung, in: Studien zur deutschen Kunstgeschichte 354, Baden-Baden 1975, 29.

109 Hauthaler, Leben, Regierung und Wandel, 86ff.; Schlegel, Fragmente, 144f.; Herbert Klein, Die Bauspuren in der Churfürststraße, in: MGSL 112/113 (1972/73), 134; Seunig, Das Werden einer Barockstadt, 2175; Walter Schlegel, Beiträge zur Baugeschichte von Residenz, Neugebäude und Kapitelhäuser, in: Wolf-Dietrich-Katalog, 207ff.

110 Roland Floimair (Hg.), Toskanatrakt der Residenz (Baudokumentation Universität und Ersatzteilbauten 11, Schriftenreihe des Landespressebüros), Salzburg 1993; Seunig, Das Werden einer Barockstadt, 2175f.

111 Hauthaler, Leben, Regierung und Wandel, 89f. u. 100f.; Adolf Ritter von Steinhauser, Der moderne Kirchenbau in Salzburg, in: MGSL 24 (1884), 25; Schlegel, Fragmente, 136; Zu den Hofgoldschmieden vgl. Wiedl, Goldschmiedehandwerk, 514–518.

112 Hauthaler, Leben, Regierung und Wandel, 108 mit Anm. 1, 2 u. 118; Keplinger, Unveröffentlichte Chronik, 80; Seunig, Das Werden einer Barockstadt 2179f.

113 Hauthaler, Leben, Regierung und Wandel, 93f.; Keplinger, Unveröffentlichte Chronik, 81; Martin, Beiträge, 243 u. 247.

114 Keplinger, Unveröffentlichte Chronik, 83; Hauthaler, Leben, Regierung und Wandel, 94; Seunig, Das Werden einer Barockstadt, 2178.

115 Seunig, Das Werden einer Barockstadt, 2181f.; derselbe, Salzburgs städtebauliche Entwicklung unter Wolf Dietrich, in: Wolf-Dietrich-Katalog, 196–200.; Martin, Beiträge, 233–252.

116 Diesen Untertitel trägt der Ausstellungkatalog „Wolf Dietrich – Gründer des barocken Salzburg", Salzburg 1987.

117 Eva Stahl-Botstiber, Wolf Dietrich von Raitenau: Zum Selbstverständnis eines absoluten Herrschers, in: Wolf-Dietrich-Katalog, 164–168; dieselbe, Wie urteilten Zeitgenossen über Wolf Dietrich?, ebenda, 169–172; Heinisch, Absolutismus, 173ff.; Stahl, Wolf Dietrich, 176ff. u. 282ff.; Martin, Beiträge, 253ff. u. 296ff.

118 Heinisch, Absolutismus, 177 mit Anm. 48; Paarhammer, Wolf Dietrich und das Domkapitel, 113ff.

119 Heinisch, Wahlkapitulationen, 58ff.

120 Heinisch, Absolutismus, 177f.; Erich Marx, Der Verkauf der Salzburger Besitzungen in der Steiermark unter Erzbischof Wolf Dietrich, in: Wolf-Dietrich-Katalog, 158ff.

121 Paarhammer, Wolf Dietrich und das Domkapitel, 113f.

122 HHStA Wien, Salzburger Urkunden 1606, Bogen 26–39; Mayrhofer, Sedisvakanzen, 27ff.; Heinisch, Absolutismus 177f.; Paarhammer, Wolf Dietrich und das Domkapitel, 114–118.

123 Heinz Dopsch, Wolf Dietrich und die Landstände, in: Wolf-Dietrich-Katalog, 134ff.; Klein, Landstände, 123f.; Dopsch, Landschaft, 23f.; Franz Martin, Zur Geschichte Erzbischof Wolf Dietrichs. Wolf Dietrich und die Landstände, in: MGSL 61 (1921), 1–12.

124 Dopsch, Wolf Dietrich und die Landstände, 135ff.; Klein, Landstände, 124f.; Ammerer, Verfassung, Verwaltung und Gerichtsbarkeit, 336f.
125 Richard W. Apfelauer, Fürsterzbischof Wolf Dietrich und das Schulwesen, in: Wolf-Dietrich-Katalog, 94–98.
126 SLA Geheimes Archiv, Generalia 1; Gerhard Ammerer, Erzbischof Wolf Dietrich als Verwaltungsreformer, in: Wolf-Dietrich-Katalog, 140f.; derselbe, Verfassung, Verwaltung und Gerichtsbarkeit, 348f.; Zillner, Stadtgeschichte II, 431ff.; Josef Karl Mayr, Geschichte der salzburgischen Zentralbehörden von der Mitte des 13. bis ans Ende des 16. Jahrhunderts, Tl. 3, in: MGSL 66 (1926), 1–9 und 61f. (Druck der Hofratsordnung).
127 SLA HS 13; Ammerer, Verwaltungsreformer, 141.
128 SLA Geheimes Archiv XXIII/3; Ammerer, Verwaltungsreformer, 140; derselbe, Verfassung, Verwaltung und Gerichtsbarkeit, 349f.; Mayr, Zentralbehörden Tl. 3 (wie Anm. 126), 12–16 und 55–57 (Druck der Hofkanzleiordnung).
129 Ammerer, Verwaltungsreformer, 140f.; derselbe, Verfassung, Verwaltung und Gerichtsbarkeit, 350; Mayr, Zentralbehörden Tl. 3 (wie Anm. 126), 20–25.
130 Fritz Posch, Eine Salzburger Mautordnung des Erzbischofs Wolf Dietrich von 1589 und ihre handelspolitischen Folgen für die Nachbarländer, in: MGSL 109 (1969), 175–184.
131 Gerhard Ammerer, Erzbischof Wolf Dietrich als Verwaltungsreformer, in: Wolf-Dietrich-Katalog, 139 (Karte) und 141f.; derselbe, Verfassung, Verwaltung und Gerichtsbarkeit, 351f.
132 Gerhard Ammerer, Der Pinzgauer Aufstand und der „Fall" Kaspar Vogl, in: Wolf-Dietrich-Katalog, 155ff.; Franz Martin, Zur Geschichte Erzischof Wolf Dietrichs, in: MGSL 61 (1921), 24ff.
133 Franz Scheichl, Aufstand der protestantischen Salzarbeiter und Bauern im Salzkammergute 1601 und 1602, Linz 1885; Gerhard Ammerer, Direkte Kontakte mit den angrenzenden habsburgischen Ländern – wirtschaftliche Verflechtungen und Salzarbeiteraufstand, in: Wolf-Dietrich-Katalog, 73f.
134 Martin, Beiträge, 267–295; Hans Paarhammer, Wolf Dietrichs Zerwürfnis mit Bischof Sebastian Cattaneo, in: Wolf-Dietrich-Katalog, 119–122.
135 Heinisch, Absolutismus, 178f.; Martin, Beiträge, 253ff.; Ortner, Reformation, Katholische Reform und Gegenreformation, 102ff.
136 Stahl, Wolf Dietrich, 117–133; dieselbe, Salome Alt und das Frauenbild ihrer Zeit, in: Wolf-Dietrich-Katalog, 55–58.
137 Reinhard R. Heinisch, Wolf Dietrich und das Reich, in: Wolf-Dietrich-Katalog, 60–64; derselbe, Türkenkrieg und biblische Kriegsordnung, ebenda 66–69; derselbe, Absolutismus, 181ff.; Stahl, Wolf Dietrich, 162ff.
138 Joachim Wild, Wolf Dietrich und Herzog Maximilian I. von Bayern, in: Wolf-Dietrich-Katalog, 75f.; Stahl, Wolf Dietrich, 134f.
139 Heinisch, Neutralitätspolitik, 256ff.; derselbe, Absolutismus, 183f.; Wild, Wolf Dietrich und Maximilian I., 76ff.; Stahl, Wolf Dietrich, 287ff.
140 Fritz Koller, Wolf Dietrichs Wirtschaftspolitik, in: Wolf-Dietrich-Katalog, 149ff.; derselbe, Bayern-Salzburg-Berchtesgaden, 769–805.
141 Koller, Wirtschaftspolitik, 152; derselbe, Bayern-Salzburg-Berchtesgaden, 806ff.; Stahl, Wolf Dietrich, 316ff.
142 Koller, Wirtschaftspolitik, 153; derselbe, Bayern-Salzburg-Berchtesgaden, 812–821; Wild, Wolf Dietrich und Maximilian (wie Anm. 138), 78; Stahl, Wolf Dietrich, 326–336.
143 Reinhard R. Heinisch, Wolf Dietrichs Sturz und Gefangenschaft, in: Wolf-Dietrich-Katalog, 79; Stahl, Wolf Dietrich, 337ff.
144 Franz Martin, Wolf Dietrichs letzte Lebensjahre (1612–1617), in: MGSL 50 (1910), 157ff.; derselbe, Salzburgs Fürsten, 45f.

[145] Heinisch, Sturz und Gefangenschaft (wie Anm. 143), 80ff.; derselbe, Neutralität, 185; Martin, Letzte Lebensjahre (wie Anm. 144), 191ff.; derselbe, Salzburgs Fürsten, 48ff. und 61ff.

[146] Martin, Salzburgs Fürsten, 67ff.; Stahl, Wolf Dietrich, 381ff.; dieselbe, Marcus Sitticus; Heinisch, Absolutismus, 188f.; Martin, Salzburgs Fürsten, 67ff.

[147] Stahl, Wolf Dietrich, 457f.; Heinisch, Absolutismus, 190.

[148] Stahl, Wolf Dietrich, 458f.; Martin, Salzburgs Fürsten, 75.

[149] Heinisch, Neutralitätspolitik, 263ff.; derselbe, Absolutismus, 190ff.

[150] Ortner, Reformation, katholische Reform und Gegenreformation, 110ff.; derselbe, Katholische Reform und Gegenreformation, in: Reformation, Emigration, Protestanten in Salzburg, 60f.; Florey, Protestanten, 57ff.

[151] Heinisch, Wahlkapitulationen, 210.

[152] Wallentin, Santino Solari, 193–204.

[153] Wallentin, Santino Solari, 204–214; Hahnl, Von Markus Sittikus zur Säkularisation, 2183f.

[154] Wallentin, Santino Solari, 225f.; Hahnl, Von Markus Sittikus zur Säkularisation, 2185f.; Walter Schlegel, Beiträge zur Baugeschichte von Residenz, Neugebäude und Kapitelhäusern, in: Wolf-Dietrich-Katalog, 210ff.

[155] Wallentin, Santino Solari, 224f.; zum Toskanatrakt vgl. Hahnl, Von Markus Sittikus zur Säkularisation, 2233ff.

[156] Meinrad M. Grewenig, Die Villa suburbana Hellbrunn und die frühen architektonischen Gärten in Salzburg, in: MGSL 124 (1984), 403–466; Wallentin, Santino Solari, 227–238; Hahnl, Von Markus Sittikus zur Säkularisation, 2184f.

[157] ÖKT XI, 404–412; Wallentin, Santino Solari, 238; Hahnl, Von Markus Sittikus zur Säkularisation, 2184f.

[158] Hans Wagner, Italienische Einflüsse im Erzstift Salzburg im 17. und 18. Jahrhundert, in: Festschrift Hans Wagner (MGSL Erg. Bd. 8), Salzburg 1982, 46 mit Anm. 28; Hintermaier, Musik-Musiker-Musikpflege, 1633; H. Seifert, Beiträge zur Frage nach den Komponisten der ersten Opern außerhalb Italiens, in: Musicologica Austriaca, hg. v. J. H. Lederer, Föhrenau 1988, 7–26.

[159] Reinhard R. Heinisch, Salzburg im Dreißigjährigen Krieg (Dissertationen der Universität Wien 18), Wien 1968, 9f.; derselbe, Absolutismus, 192.

[160] Hintermaier, Musik-Musiker-Musikpflege, 1633ff.

[161] Karl Friedrich Hermann, Das Werk der Erzbischöfe Markus Sittikus und Paris Lodron. Die Gründung der Salzburger Schule 1617 und Privilegierung zur Universität 1622/1625, in: Festschrift Universität Salzburg 1622–1962–1972, Salzburg 1972, 3ff.; derselbe, Wissenschaft und Bildung II, in: Dopsch/Spatzenegger, Geschichte Salzburgs II/3, Salzburg 1991, 1864ff.; Martin, Salzburgs Fürsten, 71f.

[162] Heinisch, Absolutismus, 196f.; derselbe, Paris Lodron, 31ff.; Mayrhofer, Sedisvakanzen, 43ff.

[163] Heinisch, Wahlkapitulationen, 76ff. und 218ff. (Edition).

[164] Grauer, Paris Lodron, 54f.; Heinisch, Paris Lodron, 43ff.

[165] Reinhard R. Heinisch, Reichspatriotismus im Erzstift Salzburg, in: Heimat als Erbe und Auftrag. Festschrift Kurt Conrad, Salzburg 1984, 121ff.

[166] Reinhard R. Heinisch, Die Neutralitätspolitik Erzbischof Paris Lodrons und ihre Vorläufer. Salzburgs Verhältnis zu Liga und Reich, in: MGSL 110/111 (1970/71), 255ff.; derselbe, Paris Lodron, 122ff.

[167] Heinisch, Absolutismus, 202f.; derselbe, Paris Lodron, 73ff.

[168] Franz Dückher, Saltzburgische Chronica, Salzburg 1966, 285; Wallentin, 277–282;

[169] Heinisch, Paris Lodron, 88–105; derselbe, Absolutismus, 208f.; Hahnl, Von Markus Sittikus zur Säkularisation, 2186ff.

[170] Wallentin, Santino Solari, 282; Grauer, Paris Lodron, 123f.; Heinisch, Paris Lodron, 93.

171 Martin, Salzburgs Fürsten, 85ff.; Walter Kirchschlager, Salzburger Stadttore. Ein historischer Spaziergang entlang der alten Stadtmauern, Salzburg 1985.
172 Schlegel, Veste Hohensalzburg, 59–64; Wallentin, Santino Solari, 282f.
173 Heinisch, Paris Lodron, 104f.; Hübner, Stadt Salzburg I, XXVII.
174 Reinhard R. Heinisch, Die Stadt als Festung im 17. Jahrhundert, in: Die Städte Mitteleuropas im 17. und 18. Jahrhundert (Beiträge zur Geschichte der Städte Mitteleuropas 5), hg. v. Wilhelm Rausch, Linz 1981, 283–301; zur Auflassung der Stadt als Festung vgl. Hoffmann, Die Stadt im bürgerlichen Zeitalter, 2285ff.
175 Widmann III, 291f.; Heinisch, Paris Lodron, 206ff.
176 Ebenda, 270f.; Heinisch, Salzburg im Dreißigjährigen Krieg (wie Anm. 159), 194; Leopold Spatzenegger, Beiträge zur Geschichte der Pfarr- oder Franziskanerkirche in Salzburg, in: MGSL 9 (1869), 17.
177 Martin, Salzburgs Fürsten, 89; Heinisch, Absolutismus, 207 und 220.
178 Heinisch, Absolutismus, 211f.; derselbe, Salzburg im Dreißigjährigen Krieg (wie Anm. 159), Anhang XXIff.
179 Heinisch, Paris Lodron, 72ff.; Klein, Landstände, 124ff.
180 Heinisch, Paris Lodron, 82ff.; derselbe, Absolutismus, 211f.
181 Heinisch, Absolutismus, 212f.; derselbe, Paris Lodron, 131.
182 Robert Landauer, Geld im alten Salzburg, Salzburg 1940, 14f.; Heinisch, Paris Lodron, 131ff.
183 Josef Karl Mayr, Bauernunruhen in Salzburg am Ende des Dreißigjährigen Krieges, in: MGSL 91 (1951), 1–106; Heinisch, Absolutismus, 213f.; derselbe, Paris Lodron, 262–274.
184 Hermann, Wissenschaft und Bildung II, in: Dopsch/Spatzenegger, Geschichte Salzburgs II/3, Salzburg 1991, 1867f.; derselbe, Die Gründung der alten Salzburger Universität (1617 bis ca. 1635), Theol. Habil.-Schrift (masch.), Salzburg 1949; Heinisch, Paris Lodron, 106–119.
185 SLA Geheimes Archiv XIX, 6f.; Heinisch, Paris Lodron, 110ff.; Hermann, Das Werk der Erzbischöfe (wie Anm. 161), 32ff.
186 SLA Geheimes Archiv XIX, 6 h; Heinisch, Paris Lodron, 112f.
187 Ägidius Kolb, Präsidium und Professorenkollegium der Benediktiner-Universität Salzburg 1617–1734, in: MGSL 102 (1962), 118f.; Norbert Wölkart, Zur Geschichte der Medizin in Salzburg, in: Festschrift Universität Salzburg 1622–1962–1972, Salzburg 1972, 165–171.
188 Wallentin, Santino Solari, 286ff.; Hahnl, Von Markus Sittikus zur Säkularisation, 2189; Adolf Hahnl, Die Aula Academica der Alma Mater Paridiana in Salzburg. Studien zu Baugestalt und Ausstattung, in: StMOSB 83 (1972), 718–726; Max Kaindl-Hönig/Karl Heinz Ritschel, Die Salzburger Universität 1622–1964, Salzburg 1964, 30–43.
189 Ammerer, Notizen, 2106; P. M. Sattler, Collectaneen-Blätter zur Geschichte der ehemaligen Benediktiner-Universität Salzburg, Kempten 1890, 65, 67f.; Apfelauer, Studentengerichtsbarkeit, 95.
190 Hermann, Wissenschaft und Bildung II, in: Dopsch/Spatzenegger, Geschichte Salzburgs II/3, Salzburg 1991, 1867ff.; Sattler, Collectaneen-Blätter (wie Anm. 190), 179ff.; Judas Thaddäus Zauner, Biographische Nachrichten von den Salzburgischen Rechtslehrern von der Stiftung der Universität bis auf gegenwärtige Zeiten, Salzburg 1795–1797, 18.
191 Heinisch, Paris Lodron, 115–119.
192 Heinisch, Absolutismus, 215; derselbe, Paris Lodron, 147ff.; Martin, Salzburgs Fürsten, 89ff.
193 Heinisch, Paris Lodron, 155–160; Herbert Klein, Die Feierlichkeiten zur Domweihe des Jahres 1628, in: Der Dom von Salzburg. Zum 300jährigen Jubiläum 1628–1928, Salzburg 1928, 105ff.
194 Hahnl, Von Markus Sittikus zur Säkularisation, 2183f. und 2194f.; Martin, Salzburgs Fürsten, 99f.

¹⁹⁵ Heinisch, Paris Lodron, 266; Martin, Salzburgs Fürsten, 94f.; Hermann Pick, Urkundliche Materialien zu einer Geschichte der gräflich Lodronischen Kollegien Marianum und Rupertinum, in: MGSL 29 (1889), 263–435 und MGSL 30 (1890), 1–113 und 168–220.

¹⁹⁶ ÖKT IX, 186–190; Hahnl, Von Markus Sittikus zur Säkularisation, 2192.

¹⁹⁷ Franz Martin, Die Lodronstadt, in: MGSL 82/83, 1942/43, Beiheft 14; Wallentin, Santino Solari, 288ff.; Hahnl, Von Markus Sittikus zur Säkularisation, 2191f.

¹⁹⁸ Leopold Becker, Über den ehemaligen Lamberggarten in Salzburg, in: MGSL 40 (1900), 29–52; Wallentin, Santino Solari, 290f.;

¹⁹⁹ ÖKT XIII, 72; Wallentin, Santino Solari, 198ff.; Hahnl, Von Markus Sittikus zur Säkularisation, 2193; Herbert Klein, Warum ist das „Imhofstöckl" nur einstöckig?, in: MGSL 112/113 (1972/73), 135–137.

²⁰⁰ Martin, Salzburgs Fürsten, 92; Heinisch, Paris Lodron, 209–212; Peter Michael Lipburger/Gerhard Plasser, Schallmoos – Bau- und Entwicklungsgeschichte bis 1945, in: MGSL 130 (1990), 585ff. und 600ff.

²⁰¹ ÖKT XI, 389; Hahnl, Von Markus Sittikus zur Säkularisation, 2194; Georg Stadler, Maxglan in der Neuzeit, in: Maxglan. Ein Salzburger Stadtteil, hg. v. W. Häufler/G. Müller/M. Wiedemair, Salzburg 1990, 41 und 52.

²⁰² Adolf Hahnl, der Aiglhof, in: Dokumentation Pfarre Maxglan. 70 Jahre Pfarre, 20 Jahre neue Pfarrkirche, Salzburg 1976, 43; derselbe, Die Landsitze der Äbte von St. Peter, in: St. Peter in Salzburg, Ausstellungskatalog 1982, 54ff.

VIII. Glanz und Elend – Spätzeit und Ende der geistlichen Herrschaft (1653–1803)

¹ Hahnl, Von Markus Sittikus zur Säkularisation, 2194–2240.

² Dirninger, Staatliche Finanzwirtschaft, 537–576; Gerhard Ammerer, Frühe Neuzeit, 126–151.

³ Heinisch, Absolutismus, 221–244; Martin, Salzburgs Fürsten, 103–162.

⁴ Hammermayer, Aufklärung, 395–452.

⁵ Die Salzburger Bürgerschaft appellierte am 12. November 1816 an Kaiser Franz I. *das zu einem Betteldorf mit leeren Palästen herabgesunkene Salzburg wenigstens einigermaßen* zu retten. Vgl. dazu Hoffmann, Vormärz und Neoabsolutismus, 2244 mit Anm. 26; derselbe, Vom „Betteldorf zur Saisonstadt", 153 mit Anm. 10.

⁶ Druck des Generalmandats in: MGSL 25 (1885), 136; Heinisch, Absolutismus, 221ff.; Martin, Salzburgs Fürsten, 103ff.

⁷ Hahnl, Von Markus Sittikus zur Säkularisation, 2194ff.; Adolf Hahnl/Stefan Hiller, Beobachtungen zur Domfassade, in: Salzburger Museumsblätter 35 (1974), Nr. 2, 2f.

⁸ Archiv St. Peter, HS A 50; Hahnl, Von Markus Sittikus zur Säkularisation, 2195f.; ÖKT XII, LXXIVf.; August Eckhardt, Die Baukunst in Salzburg während des XVII. Jahrhunderts, in: Studien zur deutschen Kunstgeschichte 127, Straßburg 1910, 77.

⁹ Franz Martin, Der Meister des Residenzbrunnens, in: MGSL 80 (1940), 205f.; Nefzger, Brunnen, 55ff.; Kutschera, Brunnen, 14f.

¹⁰ Hahnl, Von Markus Sittikus zur Säkularisation, 2198 mit Abb. 589; Fuhrmann, Die Stadt, Tafel 20.

¹¹ ÖKT XIII, 143; Ilse Lackerbauer, Studiengebäude – Alte Universität, in: Baudokumentationen der Abtlg. 6, Bd. 11, Salzburg 1982, 11.

¹² Reinhard R. Heinisch, Der Salzburger Erzbischof Guidobald Graf Thun als kaiserlicher Prinzipalkommissar am Immerwährenden Reichstag von Regensburg, in: Bericht über den 15. österreichi-

schen Historikertag in Salzburg 1981 (Veröffentlichungen des Verbandes österreichischer Geschichtsvereine 23), Wien 1984, 116ff.; derselbe, Absolutismus, 224f.

[13] Dopsch, Legatenwürde und Primat, 280; Heinisch, Absolutismus, 226f.

[14] Martin, Salzburgs Fürsten, 126ff.; Heinisch, Absolutismus 227ff.

[15] Die Ordnung vom 17. Februar 1678 ist im Druck erschienen (ein Exemplar in der Universitätsbibliothek Salzburg 4997 I); eine Edition bietet Zauner, Auszug II, 146–150.

[16] Ernst Hintermaier, Missa Salisburgensis. Neue Erkenntnisse über Entstehung, Autor und Zweckbestimmung, in: Musicologica Austriaca 1 (1977), 154–196; derselbe, Musik-Musiker-Musikpflege, 1643ff.

[17] Neuausgabe in: Denkmäler der Domkunst in Österreich Nr. 97, Wien 1960; vgl. Hintermaier, Musik-Musiker-Musikpflege, 1647f.

[18] Martin, Salzburgs Fürsten, 120; derselbe, Barockfeste in Salzburg, Beiheft zu den MGSL 82/83 (1942/43); Zaisberger, Einzüge.

[19] Eva-Maria Hanzl, Dom Jean Mabillon und die österreichische Geschichtswissenschaft, Hausarbeit am Institut für Geschichte der Universität Salzburg (masch.), Salzburg 1981; Henri Leclercq, Dom Mabillon, 2 Bde., Paris 1959; Haslinger/Mittermayr, Salzburger Kulturlexikon, 304.

[20] ÖKT XI, 344; Adolf Hahnl, Zur Bau- und Kunstgeschichte des Plainer Heiligtums, in: StMOSB 85 (Ottobeuren 1974), 172–224.

[21] Hahnl, 2202–2208.

[22] Martin, Salzburgs Fürsten, 105.

[23] Ludwig Pezolt, Über Bergunglücke, Bergskapierung und die Bergputzer, MGSL 34 (1894), 21f.; Franz Martin, Eine Zeitung über den großen Bergsturz von 1669, in: MGSL 62 (1922), 27ff. Der ständige Einsatz von Bergputzern läßt sich erst ab 1778 nachweisen.

[24] Heinz Nagl, Der Zauberer-Jackl-Prozeß. Hexenprozesse im Erzstift Salzburg 1675–1690, in: MGSL 112/113 (1972/73), 385ff. und MGSL 114 (1974), 79ff.; Norbert Schindler, Die Entstehung der Unbarmherzigkeit. Zur Kultur und Lebensweise der Salzburger Bettler am Ende des 17. Jahrhunderts, in: Bayerisches Jahrbuch für Volkskunde 1988, 61–130; derselbe, Widerspenstige Leute. Studien zur Volkskultur in der frühen Neuzeit (Fischer TB 10685), Frankfurt 1992, 258–314 und 394–412.

[25] Heinisch, Absolutismus, 235–238; derselbe, Wahlkapitulationen, 101ff.

[26] Martin, Salzburgs Fürsten, 159f.; Ingrid König, Die Wahl Franz Anton von Harrachs zum Koadjutor und seine spätere Regierung als Erzbischof von Salzburg, Phil. Diss. (masch.), Salzburg 1975.

[27] Ludwig Hüttl, Max Emanuel. Der Blaue Kurfürst 1679–1726. Eine politische Biographie, München 1976; Heinisch, Absolutismus, 239f.

[28] Herbert Klein, Das Salzburger Reichskontingent im Spanischen Erbfolgekrieg (Freiburg im Breisgau 1705–1713), in: MGSL 81 (1941), 97ff.

[29] Nechansky, Wirtschaftliche und soziale Aspekte, 12ff.; Heinisch, Absolutismus, 243f.

[30] Widmann III, 335ff. und 340f.; Hübner, Stadt Salzburg II, 512ff.; Brettenthaler/Feurstein, Drei Jahrhunderte St.-Johanns-Spital.

[31] Hübner, Stadt Salzburg II., 542ff.; Widmann III, 342f.

[32] Hübner, Stadt Salzburg I, 127–129 und II, 336f.; Martin, Salzburgs Fürsten, 146.

[33] Hübner, Stadt Salzburg II, 221ff.; Widmann III, 342f.; Heinisch, Absolutismus, 242.

[34] Das hat gegen Martin, Salzburgs Fürsten, 149 und Widmann III, 345, Nechansky, Wirtschaftliche und soziale Aspekte, 174, nachgewiesen. Vgl. auch Heinisch, Absolutismus, 242f.

[35] Martin, Salzburgs Fürsten, 146; Heinisch, Absolutismus, 241; Hahnl, Von Markus Sittikus zur Säkularisation, 2208.

³⁶ ÖKT XIII, 159–161; Sedlmayr, Fischer von Erlach, 40 und Abb. 13 und 14; Fuhrmann, Die Stadt, Tafel 28 und Legende Nr. 5.
³⁷ Sedlmayr, Fischer von Erlach, 73 und 97; Stefan Hiller, Triumph des Pferdes, in: Johannes Graf von Moy (Hg.), Barock in Salzburg. Festschrift für Hans Sedlmayr, Salzburg 1977, 57ff.; Hahnl, Von Markus Sittikus zur Säkularisation, 2209f.
³⁸ ÖKT IX, 160f.; Sedlmayr, Fischer von Erlach, 98ff. und 340 Abb. 221; Johannes Neuhardt, Dreifaltigkeitskirche und Priesterhaus in Salzburg (Christliche Kunststätten Österreichs 12), Salzburg ²1964.
³⁹ ÖKT IX, 236f.; Hans Sedlmayr, Die Kollegienkirche und die Kirche der Sorbonne, in: MGSL 120/121 (1980/81), 371–398; derselbe, Die Kollegienkirche in Salzburg (Christliche Kunststätten Österreichs 120), Salzburg 1980.
⁴⁰ ÖKT IX, 271–280; Hübner, Stadt Salzburg I, 114–130; Sedlmayr, Fischer von Erlach, 107 und Abb. 116, 118, 226; M. E. Ehrenstraßer, Fischer von Erlach und die Markuskirche, in: Salzburger Museumsblätter 42 (1981), Nr. 3, 31ff.;
⁴¹ ÖKT IX, 256; Sedlmayr, Fischer von Erlach, 108f. und 269f.; Hahnl, Von Markus Sittikus zur Säkularisation, 2214f.
⁴² Sedlmayr, Fischer von Erlach, 125–127; derselbe, Bemerkungen zu Schloß Kleßheim, in: MGSL 109 (1969), 253–273; Georg Stadler, Schloß Kleßheim, Salzburg 1989.
⁴³ Wolfgang von Braunfels, Abendländische Stadtbaukunst, in: DuMont Dokumente, Reihe Kunstgeschichte/Wissenschaft, Köln 1977, 211f.
⁴⁴ ÖKT IX, 92f.; ÖKT XIII, 17 Fig. 16; Erich Hubala, Johann Michael Rottmayr, Wien/München 1981, 157f. mit Abb. 49–54.
⁴⁵ Hermann Spies, Geschichtliches über das Salzburger Glockenspiel, in: MGSL 86/87 (1946/47), 49–56; Desiré Fagot, War das Salzburger Glockenspiel einmal für Breda bestimmt?, in: MGSL 98 (1958), 199–208; Martin, Salzburgs Fürsten, 149f.
⁴⁶ ÖKT XIII, 150; Friederike Zaisberger, Der Chiemseehof, in: Der Salzburger Landtag (Schriftenreihe des Landespressebüros, Serie Sonderpublikationen), Salzburg 1980, 1–10; ÖKT XI, 23; Wendt von Kalnein, Schloß Anif. Ein Denkmal bayerischer Romantik in Salzburg (Veröffentlichungen des Zentralinstituts für Kunstgeschichte in München IX), Salzburg/München 1988, 16.
⁴⁷ Adolf Hahnl, Die Landsitze der Äbte von St. Peter, in: Ausstellungskatalog St. Peter in Salzburg, Salzburg 1982, 58; derselbe, Von Markus Sittikus zur Säkularisation, 2217.
⁴⁸ ÖKT VII, LV; ÖKT IX, 193; A. König, Salzburg-Mülln (christliche Kunststätten Österreichs 80), Salzburg 1968, 7.
⁴⁹ ÖKT XIII, 161f. und 181ff.; Bruno Grimschitz, Johann Lucas von Hildebrandt, Wien/München 1959 mit Abb. 83 und 84; Adolf Hahnl, Zum Salzburger Werk des Matthias Diesel, in: Von österreichischer Kunst. Festschrift Franz Fuhrmann, Klagenfurt 1983, 137–145, bes. 142f.
⁵⁰ ÖKT XI, 287–333; Peter M. Husty, Pater Bernhard Stuart (1706–1755). Ein Salzburger Hofarchitekt und die Aufgabe seiner Zeit, Diplomarbeit (masch.), Salzburg 1989; Haslinger/Mittermayr, Salzburger Kulturlexikon, 472.
⁵¹ Georg Stadler, Schloß Kleßheim (Kunstführer), Salzburg 1989; Hahnl, Von Markus Sittikus zur Säkularisation, 2224f.
⁵² Wagner, Bedeutung Salzburgs, 153.
⁵³ Gerhard Ammerer, Von Harrach bis Schrattenbach, 245–323, hat diese Zeit als eine Epoche des Niedergangs charakterisiert; vgl. auch Martin, Salzburgs Fürsten, 163.
⁵⁴ ÖKT XIII, 187; Hahnl, Von Markus Sittikus zur Säkularisation, 2233.
⁵⁵ Günther G. Bauer, Salzburger Barockzwerge. Das barocke Zwergenthater des Fischer von Erlach im Mirabellgarten zu Salzburg, Salzburg 1989; Ammerer, Von Harrach zu Schrattenbach, 251–256.

⁵⁶ Martin, Salzburgs Fürsten, 167; Friedrich Pirckmayer, Die Katastrophe zu Tüßlingen am 10. Dezember 1729 im Lichte der Quellen, in: MGSL 34 (1894), 37.

⁵⁷ Herbert Klein, Salzburger Straßenbauten im 18. Jahrhundert, in: MGSL 99 (1959), 91ff.

⁵⁸ Franz Loidl, Geschichte des Erzbistums Wien, Wien/München 1983, 114–127; Martin, Chronik Haselberger, in: MGSL 67 (1927), 54.

⁵⁹ Wagner, Aufklärung, 95f.; Ammerer, Von Harrach bis Schrattenbach, 288f.; Hammermayr, Aufklärung, 384f.

⁶⁰ Adolf Bühler, Salzburg und seine Fürsten, Bad Reichenhall ²1895, 184; Ammerer, Von Harrach bis Schrattenbach, 260f.

⁶¹ Widmann III, 346; Wenisch, Kampf um den Bestand, 308; Gerhard Winner, Passau, Lorch und das Erzbistum Wien, in: Festschrift zum hundertjährigen Bestand des Vereins für Landeskunde von Niederösterreich Wien, Bd. I, Wien 1964, 385ff.; R. Weiß, Das Bistum Passau unter Kardinal Joseph Dominikus von Lamberg (1723–1761). Zugleich ein Beitrag zur Geschichte des Kryptoprotestantismus in Oberösterreich (Münchner Theol. Studien I, Historische Abteilung 21), St. Ottilien 1979, 131ff.

⁶² Von der überreichen Literatur zur Protestantenemigration seien als wenige Beispiele genannt: Josef Karl Mayr, Die Emigration der Salzburger Protestanten von 1731/32. Das Spiel der politischen Kräfte, in: MGSL 69 (1929), 1–64, MGSL 70 (1930), 65–128 und MGSL 71 (1931), 129–191; Reformation, Emigration, Protestanten in Salzburg. Katalog zur zweiten Salzburger Landesausstellung, Salzburg 1981; Peter Putzer, Das Wesen des Rechtsbruches von 1731/32 oder: 250 Jahre und ein Jahr danach, in: MGSL 122 (1982), 295–320; Florey, Salzburger Protestanten, 79–221; Angelika Marsch, Die Salzburger Emigration in Bildern (Schriften des nordostdeutschen Kulturwerks Lüneburg), Weißenhorn/Bayern 1977; Ammerer, Von Harrach bis Schrattenbach, 261–282.

⁶³ Franz Ortner, Reformation, katholische Reform und Gegenreformation im Erzstift Salzburg, Salzburg 1981, 220; Hans Wagner, Politische Aspekte der Protestantenaustreibung, in: Reformation, Emigration, Protestanten in Salzburg, 95; Florey, Salzburger Protestanten, 85.

⁶⁴ Pichler, Salzburgs Landesgeschichte II, 534; Ammerer, Von Harrach bis Schrattenbach, 269.

⁶⁵ Gertraud Schwarz-Oberhummer, Die Auswanderung der Gasteiner Protestanten unter Erzbischof Leopold Anton von Firmian, in: MGSL 94 (1954), 26f.; Florey, Salzburger Protestanten, 116; Ortner, Reformation, 240; Ammerer, Von Harrach bis Schrattenbach, 270ff. mit Abb. 27a.

⁶⁶ Ammerer, Von Harrach bis Schrattenbach, 273–282; zur Auswanderung nach Süd-Carolina vgl. George Fenwick Jones, The Salzburger Saga. Religious Exiles and Other Germans along the Savannah, Athens/Georgia 1984; George F. Jones u. a. (Hg.), Detailed Reports on the Salzburger Emigrants Who Settled in America, 7 Bde., Athens/Georgia 1968–1985.

⁶⁷ Wilfried Keplinger, Die Emigration der Dürrnberger Bergknappen 1732, in: MGSL 100 (1960), 171–207; Ammerer, Von Harrach bis Schrattenbach, 280–282.

⁶⁸ Josef Brettenthaler, Die Wiederbesiedlung, in: Reformation, Emigration, 174ff.; Otto Kerschhofer, Die Salzburger Emigration nach Preußisch-Litauen, in: MGSL 116 (1976), 177ff.; Ammerer, Von Harrach bis Schrattenbach, 282–288.

⁶⁹ Hochfürstlich-Saltzburgische Verordnung. Zu Wiederherstellung gut-christlicher Sitten und Ehrbaren Lebens-Wandel, Salzburg 1736 (UB Salzburg 4993 I); vgl. Ammerer, Von Harrach bis Schrattenbach, 286f.

⁷⁰ Wagner, Neutralität, 216ff.; Peter Claus Hartmann, Karl Albrecht – Karl VII. Glücklicher Kurfürst – Unglücklicher Kaiser, Regensburg 1985.

⁷¹ Wagner, Neutralität, 224f.

⁷² Ebenda, 228ff.; Ammerer, Von Harrach bis Schrattenbach, 292f.

⁷³ Wagner, Neutralität, 234.

74 Wagner, Neutralität, 235–239; Ammerer, Von Harrach bis Schrattenbach, 294f.
75 Wagner, Neutralität, 240–249.
76 Wagner, Neutralität, 235ff.; Widmann III, 434; Ammerer, Funktionen, 168.
77 Widmann III, 434; Pichler, Salzburgs Landesgeschichte II, 584; Wenisch, Der Kampf, 313; W. v. Hoffmann, Das Säkularisationsprojekt von 1743, in: Festschrift für Siegmund Rizler, München 1913; Martin, Salzburgs Fürsten, 140f.
78 Wagner, Neutralität, 259ff.; Mayrhofer, Sedisvakanzen, 84ff.; Ammerer, Von Harrach bis Schrattenbach, 298f.
79 Ammerer, Von Harrach bis Schrattenbach, 299ff.; Franz Martin, Vom Salzburger Fürstenhof um die Mitte des 18. Jahrhunderts, in: MGSL 77 (1937), 29; derselbe, Salzburgs Fürsten, 196f.
80 Kreibich, Geschichte der Salzburger Hofbrauereien (Diss.), 570f.; Ammerer, Funktionen, 321 und 329f.
81 Martin, Salzburgs Fürsten, 197f.; Widmann III, 446; Ammerer, Von Harrach bis Schrattenbach, 302f. Zur geplanten Gründung eines Arbeitshauses vgl. Weiß, Providum imperium, 127.
82 Ammerer, Von Harrach bis Schrattenbach, 303ff.; Dirninger, Staatliche Finanzwirtschaft, 572f.; Martin, Salzburgs Fürsten, 203f.
83 Constantin Schneider, Die Musikstücke des Orgelwerkes im mechanischen Theater zu Hellbrunn, in: MGSL 67 (1927), 170; Martin, Salzburgs Fürsten, 206f.
84 Ammerer, Von Harrach bis Schrattenbach, 306ff.; Martin, 217ff., bes. 224; Salzmann, Erzbischof Schrattenbach und sein Domkapitel, 9–240.
85 (Johann Pezzl), Reise durch den Baierischen Kreis, Salzburg/Leipzig 1784, 240.
86 Tettenek, Armenanstalten, 85; Widmann III, 455; Hannes Stekl, Österreichs Zucht- und Arbeitshäuser 1671–1920. Institutionen zwischen Fürsorge und Strafvollzug (Sozial- und wirtschaftshistorische Studien 12), Wien 1978, 7f.; Gerhard Ammerer, Zur demographischen Entwicklung, 70; derselbe, Die frühe Neuzeit, 144; Weiß, Providum imperium, 127f.; Ammerer, Notizen, 2094f.
87 Ammerer, Von Harrach bis Schrattenbach, 310f.
88 Ammerer, Von Harrach bis Schrattenbach, 312ff.
89 Koller, Salzachschiffahrt, 44–47; Eckhart Schremmer, Die Wirtschaft Bayerns. Vom hohen Mittelalter bis zum Beginn der Industrialisierung. Bergbau, Gewerbe, Handel, München 1970, 272f.; derselbe (Hg.), Handelsstrategie und betriebswirtschaftliche Kalkulation im ausgehenden 18. Jahrhundert. Der süddeutsche Salzmarkt (Deutsche Handelsakten des Mittelalters und der Neuzeit XIV), Wiesbaden 1971, XV; Ernst Penninger, Über die Gewehrlichkeit der Salzlieferung vom Erzstift Salzburg an Churbayern, in: MGSL 110/111 (1970/71), 278; Ammerer, Von Harrach bis Schrattenbach, 315ff.
90 Franz Thaddäus von Kleimayrn, Nachrichten vom Zustand der Gegenden und Stadt Juvavia vor, während und nach Beherrschung der Römer bis zur Ankunft des hl. Rupert und von dessen Verwandlung in das heutige Salzburg, Salzburg 1784; Eduard Richter, Zum 100 jährigen Gedächtnis von Franz Thaddäus von Kleinmayrns Juvavia 1784–1884, in: MGSL 25 (1885), 2ff.; Haslinger/Mittermayer (Hg.), Salzburger Kulturlexikon, 279; Ammerer, Von Harrach bis Schrattenbach, 318–320; Hammermayer, Aufklärung, 413–416.
91 Wartburg, Getreideteuerung, 25ff. und 33ff.; Ammerer, Von Harrach bis Schrattenbach, 322f.
92 Wartburg, Getreideteuerung, 36.; Widmann III, 454; Landauer, Hafner, 77f.; Lospichl, Haffner und Triendl, 10–22, bes. 18 mit Anm. 35 und 36.
93 Hahnl, Wolfgang Hagenauer, 89–95; derselbe, Von Markus Sittikus zur Säkularisation, 2231f.; Ammerer, Von Harrach bis Schrattenbach, 309.
94 ÖKT XIII, 236; Adolf Hahnl, Das Neutor. Mit einem Anhang von Ernst Ziegeleder, in: Kulturgut der Heimat 6, Salzburg 1977, 21ff.; derselbe, Markus Sittikus, 2229ff.; Andreas Mudrich, Die Geschichte des St.-Siegmunds- oder Neutores bis 1774, in: MGSL 55 (1915), 113–150.

[95] Zillner, Stadtgeschichte II, 500f.; Ammerer, Notizen, 2116f.; vgl. diesen Bd. 295.
[96] Greinz, Fürsterzbischöfliche Kurie, 127.
[97] ÖKT XIII, 155ff.; Leopold Spatzenegger, Zur Geschichte des Rathauses in Salzburg (Separatabdruck auf der „Salzburger Zeitung"), Salzburg 1872; Franz Martin, Ein Rathausprojekt vor 130 Jahren, in: Beiheft zu den MGSL 82/83 (1942/43), 18f.; Rohrmoser, Salzburger Bürgertum, 83f.
[98] Ammerer, Notizen, 2118f.; Barth, Hagenauers, 316f.
[99] Zillner, Stadtgeschichte II, 547 und 556; Theodor v. Barchetti, Die Salzburger Familie Metzger aus Würzburg, in: Mainfränkisches Jahrbuch für Geschichte und Kunst 34 (1982), 64ff.; Barth, Hagenauer, 311 und 317.
[100] AStS, buchförmige Archivalien Nr. 265–554 (Kammeramtsraitungen); Friedrich Pirckmayer, Chronologie der General-Steuereinnehmer, in: MGSL 12 (1872), 411f.
[101] Ammerer, Notizen, 2120f.
[102] Vgl. die entsprechende Tabelle bei Ammerer, Notizen, 2121.
[103] AStS, Pezolt-Akten, 102; Ammerer, Notizen, 2122.
[104] Franz Martin, Die alte Stadttrinkstube, in: Salzburger Volksblatt vom 1. Jänner 1920, 5; Hans Spatzenegger, Gasthaus zum Mohren. Eine Chronik des Hauses Judengasse 9, Salzburg 1972, 80ff.
[105] AStS, buchförmige Archivalien 495; Zillner, Stadtgeschichte II, 518 und 577; Ammerer, Funktionen, 325–330.
[106] Dirninger, Staatliche Finanzwirtschaft, 575f.; Ammerer, Notizen, 2123f.
[107] Hübner, Stadt Salzburg II, 297; Ammerer, Notizen, 2121.
[108] Karl Otto Wagner, Hoftheater, 285ff.; Friedrich Johann Fischer, Bühnen und Spielplätze in der Stadt Salzburg im 18. Jahrhundert (JSMCA 1959), Salzburg 1960, 234; U. Springer, Die Verfassungs- und Organisationsstruktur des Salzburger Hoftheaters unter der Regierung von Erzbischof Colloredo und Kurfürst Ferdinand III. (1775–1805), Berlin 1980; Gerhard Ammerer, in: Mozart-Katalog, 70; derselbe, Notizen, 2127f.
[109] Gisela Proßnitz, Vom Hof- übers Stadt- zum Landestheater. Salzburger Theatergeschichte – summarisch gesichtet, in: 200 Jahre Landestheater Salzburg 1775–1975, Salzburg 1975, 23; Ammerer, Notizen, 2127ff.
[110] AStS Pezolt-Akten 102 und 312; Ammerer, Notizen, 2126f.
[111] Zillner, Stadtgeschichte II, 552; Ludwig Pezolt, Über Bergunglücke, Bergskarpierung und die Bergputzer, in: MGSL 34 (1894), 22, 25 und 28; Ammerer, Notizen, 2129.
[112] Mathis, Bevölkerungsstruktur, 209; Ammerer, Notizen, 2131f.
[113] H. Wickingen, Die rote Hütte oder rote Bank im erzbischöflichen Salzburg, in: Wiener Tierärztliche Monatsschrift 48 (1961), Heft 6, 484f.; „Salzburger Intelligenzblatt" vom 11. Februar 1792, 91f.; Ammerer, Notizen, 2132f.
[114] Ammerer, Notizen, 2133.
[115] Fiebich-Ribke, Almkanal, 110f.; Dopsch, Almkanal, 50ff.
[116] Zillner, Stadtgeschichte II, 524f., 568, 581; Peter M. Lipburger/Gerhard Plasser, Schallmoos, Bau und Entwicklungsgeschichte bis 1945, in: MGSL 139 (1990), 609; Ammerer, Notizen, 2133f.
[117] Kutschera, Brunnen, 8f.; H. Loibl, Die Wasserversorgung der Stadt Salzburg in Vergangenheit, Gegenwart und Zukunft, phil. Diss. (masch.), Wien 1963, 80f.; Fiebich/Ribke, Almkanal, 110.
[118] Zillner, Waßerleitung, 20f., 29f., 123f.; Dopsch, Almkanal, 64.
[119] Zillner, Stadtgeschichte II, 578; Ammerer, Notizen, 2134.
[120] Druck bei Zauner, Auszug II, 46–59; vgl. Ammerer, Notizen, 2134f.
[121] Ammerer, Notizen, 2135f.
[122] Druck der Ordnung bei Zauner, Auszug II, 154–159; Zillner, Stadtgeschichte II, 530 mit Anm. 3; Ammerer, Notizen, 2137f.

¹²³ AStS, Pezolt-Akten 19; Zillner, Stadtgeschichte II, 526; Friedrich Pirckmayer, Miscelle. Nachtwächterruf, in: MGSL 33 (1893), 246.

¹²⁴ Zillner, Stadtgeschichte II, 564; Weiß, Providum imperium, 272ff.; Ammerer, Notizen, 2140; Gunda Barth, Hebammenwesen, 160ff.; Barth-Scalmani, Reform des Hebammenwesens, 373ff.

¹²⁵ Sonntag, Collegium Medicum, 475ff.

¹²⁶ H. Wickingen, Die Apotheken in Salzburg, Salzburg 1957; Kurt Ganzinger, in: Alte fürsterzbischöfliche Hofapotheke Salzburg, Alter Markt 6, Salzburg 1991; zur Biberapotheke vgl. Klein, Landstände, 127.

¹²⁷ Sonntag, Bedeutung der Badergerechtsame, 523–555; dieselbe, Hausapotheken und öffentliche Apotheken, 214ff.; H. Schuler, Nachrichten über Salzburger Ärzte, Bader und Apotheker des 18. Jahrhunderts, in: Jahrbuch Adler 13, 3. Folge (Wien 1987), 161–173; Ammerer, Notizen, 2140f.

¹²⁸ Zillner, Stadtgeschichte II, 530; Mitterauer, Vorindustrielle Familienformen, 59.

¹²⁹ Widmann III, 314; Hassinger, Villach, 261; Ammerer, Notizen, 2072f.; Mathis, Handwerk, Handel und Verkehr, 2585ff.

¹³⁰ Hassinger, Geschichte des Zollwesens, 539; derselbe, Villach, 265.

¹³¹ Ferdinand Tremel, Von der Salzburger Eisenniederlage in der Zeit um 1677, in: MGSL 108 (1968), 295–300; derselbe, Beiträge, 97; Ziller, Vom Fischerdorf zum Fremdenverkehrsort, 111ff.; Pagitz/Roscher, Niederleghaus, 160.

¹³² Ammerer, Notizen, 2075ff.

¹³³ Klein, Beschlagenes Gut, 549–558; Hans Freudlsperger, Die Salzburger Kugelmühlen und Kugelspiele, in: MGSL 59 (1919), 1–36; Mathis, Handwerk, Handel und Verkehr, 2563ff.

¹³⁴ Koller, Salzachschiffahrt, 83; Kieslinger, Die nutzbaren Gesteine, 185ff. und 281ff.; Marie Posch, Die Salzburger Spitzenklöppelei und der Spitzenhandel, in: MGSL 51 (1911), 107–134.

¹³⁵ SLA Hofrat-Akten, Salzburg 44; Ammerer, Notizen, 2073.

¹³⁶ Ein Exemplar dieser im Druck publizierten Verordnung befindet sich im SLA Causa Domini 1763, Lit. E; zu der vor allem in Hallein konzentrierten Produktion von Strümpfen in Heimarbeit vgl. Gerhard Ammerer, „Alles was sich rührt, beschäftigt sich mit Baumwolle stricken". Bemerkungen zum Halleiner Wollverlag im 17. und 18. Jahrhundert, in: Salzburg Archiv 2 (1986), 173–177; Mathis, Handwerk, Handel und Verkehr, 2575.

¹³⁷ Herbert Hassinger, Johann Joachim Becher 1653–1682. Ein Beitrag zur Geschichte des Merkantilismus, Wien 1951; derselbe, Wollmanufaktur, 174.

¹³⁸ Hassinger, Wollmanufaktur, 176 und 180ff.; Ammerer, Notizen, 2090f. und 2094f.; Mathis, Handwerk, Handel und Verkehr, 2580f.

¹³⁹ Franz Martin, Eine Salzburger Fabrik, in: MGSL 81 (1941), 129–144.

¹⁴⁰ Ebenda, 134f.; Ammerer, Notizen, 2093f.

¹⁴¹ Nechansky, Wirtschaftliche und soziale Aspekte, 45; Ammerer, Notizen, 2091; Joseph Ernst Ritter von Koch-Sternfeld, Parallele zwischen Salzburg und der Schweiz, in Rücksicht ihrer Natur- und Kunsterzeugnisse, in: derselbe, Salzburg und Berchtesgaden im historisch-statistisch-geographisch und staatsökonomischen Beyträgen 1, Salzburg 1810, 87.

¹⁴² Camillo Sitte, Zur Geschichte der Salzburger Weißgeschirrfabrikation, in: MGSL 22 (1882), 200–230; Mathis, Handwerk, Handel und Verkehr, 2582.

¹⁴³ (Herbert Klein), 340 Jahre Josef Anton Zezi (1610–1950). 125 Jahre Familie Arrigler-Haagn (1825–1950), Salzburg 1950, 40ff.; Nechansky, Wirtschaftliche und soziale Aspekte, 44; Franz Martin, Zezi, in: MGSL 77 (1937), 143f.; Ammerer, Notizen, 2097f.; Mathis, Handwerk, Handel und Verkehr, 2582.

¹⁴⁴ Mitterauer, Vorindustrielle Familienformen, 65.

¹⁴⁵ Ammerer, Notizen, 2091ff.

146 Mathis, Zur Bevölkerungsstruktur, 202f.; derselbe, Handwerk, Handel und Verkehr, 2571f.; Ammerer, Notizen, 2078f.; F. Eder, Geschlechterproportion und Arbeitsorganisation im Land Salzburg, 17.–19. Jahrhundert (sozial- und wirtschaftshistorische Studien 20), Wien 1990, 45.

147 Kreibich, Geschichte der Salzburger Hofbrauereien (Diss.), 290ff.; D. Bleckmann, Die Brauereiindustrie im Land Salzburg (Beiträge zur alpenländischen Wirtschafts- und Sozialforschung 134), Innsbruck 1972, 9; Waitzbauer, Stiegl-Bier, 54ff.; Ammerer, Notizen, 2079f. und 2124; Mathis, Handwerk, Handel und Verkehr, 2576ff.

148 Friedrich Pirckmayr, Das erste Billard in Salzburg, in: MGSL 26 (1886), 362; Zillner, Stadtgeschichte II, 656f.; Hübner, Stadt Salzburg II, 410; Ammerer, Notizen, 2081; derselbe, Das Kaffeehaus Staiger in Salzburg, in: Mozart. Bilder und Klänge, Katalog zur 6. Salzburger Landesausstellung, Salzburg 1991, 74.

149 Klein, Bevölkerung und Siedlung, 1308; Österreichisches Städtebuch, 2. Jg., Wien 1988, Artikel Salzburg, 13; Weiß, Providum imperium, 76ff.

150 Zillner, Stadtgeschichte II, 664f.

151 SLA Hofrat-Akten, Salzburg 9 1/2; Zauner, Auszug II, 56; Ammerer, Notizen, 2082f.

152 „Handtwerchs Mandata" 1682, AStS, Pezolt-Akten, 355; Zillner, Stadtgeschichte II, 554; Martin, Salzburgs Fürsten, 151; derselbe, Quellen zur Geschichte, 59.

153 Pichler, Landesgeschichte, 730; Friedrich Breitinger, Das ehrsame Handwerk der Salzburger Bäcker, in: Österreichische Bäckerzeitung, 49. Jg. (Wien 1945), 3; Ammerer, Notizen, 2087.

154 Franz Prochaska, Die Entwicklungsgeschichte des Gewerbeantritts und Befähigungsnachweises (Schriftenreihe der Bundeswirtschaftskammer 36), Wien 1978; derselbe, Aus der Geschichte des Gewerberechtes, in: Die Salzburger Wirtschaft, Jg. 1973, Nr. 23 vom 14. Juni 1973, Sonderbeilage I–VII; Putzer, Vom Zunftzwang zur Gewerbefreiheit, 120f.

155 Mathis, Zur Bevölkerungsstruktur, 215ff.; Besl, Handwerkliche Medizinalberufe, 84ff., bes. 89; Sonntag, Bedeutung der Badergerechtsame, 523ff.

156 A. W. Bauer/O. E. Deutsch, Mozart. Briefe und Aufzeichnungen, Gesamtausgabe Bd. 1, Kassel/¿Basel/London/New York 1962, 358f.; Ammerer, Notizen, 2104f.

157 Klein, Bevölkerung und Siedlung, 1343; Mathis, Zur Bevölkerungsstruktur, 175–177.

158 Ammerer, Notizen, 2098f.; Klein, Bevölkerung und Siedlung, 1306ff.

159 Mathis, Zur Bevölkerungsstruktur, 176f.

160 Bruckmüller/Ammerer, Land- und Forstwirtschaft, 2532f.; Ammerer, Notizen, 2101ff.

161 Mathis, Zur Bevölkerungsstruktur, 187f.; Heinisch, Politik und Gesellschaft, 11ff.

162 Bauer/Deutsch, Mozart. Briefe und Aufzeichnungen (wie Anm. 156); Ammerer, Notizen, 2104f.

163 Franz Martin, Geschlechter kommen und gehen, in: Beiheft zu den MGSL 82/83 (1942/43), 54; Herbert Klein, Von der hochfürstlichen Soldateska, in: Gedenkschrift für Herbert Klein, MGSL 112/113 (Salzburg 1972/73), 100ff.; Heinisch, Politik und Gesellschaft, 14.

164 Wagner, Studenten, 71–89; Apfelauer, Studentengerichtsbarkeit, 92–106; zum Benediktinertheater vgl. Beutner, Literatur und Theater, 1714–1722; Heiner Boberski, Das Theater der Benediktiner an der alten Universität Salzburg, 1617–1778, Wien 1978; Hintermaier, Musik-Musiker-Musikpflege, 1655ff.

165 Franz Martin, Vom Salzburger Fürstenhof um die Mitte des 18. Jahrhunderts, in: MGSL 77 (1937), 22; Ammerer, Von Harrach bis Schrattenbach, 302; derselbe, Notizen, 2106ff.

166 Evangelist Johann Engel, Prinz Tunora. Eine Schwindelgeschichte an der alten Salzburger Benediktineruniversität, in: MGSL 44 (1904), 329–361; Franz Karl Ginzkey, Prinz Tunora, Berlin/Leipzig/Wien 1934; Wagner, Studenten, 83ff.; Apfelauer, Studentengerichtsbarkeit, 101ff.

167 Apfelauer, Studentengerichtsbarkeit, 99ff.; Wagner, Studenten, 81f.; Blasius Huemer, Ein Studentenstreik an der Salzburger Universität 1711, Salzburg 1911, 6ff.

168 Martin, Geschlechter kommen und gehen, 53ff.; Barth-Scalmani, Handelsstand in der Stadt Salzburg, 59ff. und 78ff.
169 Karl Ledochowsky, Kaufmann von Söllheim, in: MGSL 77 (1937), 131ff.; Ammerer, Notizen, 2109f.
170 Robert Landauer, Hafner von Innbachhausen, in: MGSL 69 (1929), 77f.; Süß, Bürgermeister, 104ff. und 112–129 (mit Abdruck des Testaments); Lospichl, Familien Haffner und Triendl, 10–33.
171 Vinzenz Maria Süß, Beiträge zur Geschichte des salzburgischen Zunftwesens, in: Jahres-Bericht des vaterländischen Museums Carolino Augusteum 1855, 68; Ammerer, Salzburger Hafner, 54f.; derselbe, Notizen, 2113 mit Anm. 267; Zillner, Stadtgeschichte II, 589f.
172 Pezolt, Bürgertum, 33f.; Ammerer, Notizen, 2113ff.
173 Hübner, Stadt Salzburg II, 369f.; Zillner, Stadtgeschichte II, 586; Karl Ehrenfellner, Zur Wehrgeschichte der Salzburger Bürgerschaft, in: Der Gardist. Jahresschrift der Bürgergarde der Stadt Salzburg 8/9 (1989), 14f.
174 Pezolt, Bürgertum, 34.
175 Ammerer, Notizen, 2116.
176 Georg Stadler, Wolf Dietrichs soziale Einstellung, in: Fürsterzbischof Wolf Dietrich von Raitenau, Ausstellungskatalog, Salzburg 1987, 99.
177 AStS Pezolt-Akten, 96; Stadler, Bürgerspital, 181–217; Jetta, Hospitäler, 180–183; Ammerer, Notizen, 2146f.; Weiß, Providum imperium, 172ff.
178 AStS Pezolt-Akten, 173; Tettinek, Armenanstalten, 1ff.
179 AStS Pezolt-Akten, 96; Hubert Bastgen, Das Hofelemosynariat in Salzburg, in: MGSL 54 (1914), 263–266; Hübner, Stadt Salzburg II, 474; Zillner, Stadtgeschichte II, 580.
180 Alfred Stefan Weiß, Das Projekt der Rumford-Suppe in Salzburg, in: MGSL 134 (1994), 399–408.
181 Friedrich Graf Spaur, Reisen durch Oberdeutschland. In Briefen an einen vertrauten Freund, Bd. 2/2: Nachrichten ueber das Erzstift Salzburg nach der Saekularisation, Passau 1805 (Faksimilie-Ausgabe, Salzburg 1985), 21f.; Ammerer, Notizen, 2141ff.
182 Weiß, Providum imperium, 81ff. und 102ff.; Ammerer, Notizen, 2141.
183 Augustin Schelle, Ueber die Pflichten der Mildthätigkeit und verschiedene Arten die Armen zu versorgen nebst auserlesenen Sätzen aus der praktischen Philosophie, Salzburg 1785, 1f.; Weiß, Providum imperium, 102f.
184 Tettinek, Armenanstalten, 3ff. und 85; Spaur, Reisen durch Oberdeutschland, Bd. 2, 53; Weiß, Providum imperium, 101ff.
185 Greinz, Fürsterzbischöfliche Kurie, 337; Zillner, Stadtgeschichte II, 588; Ammerer, Notizen, 2144.
186 Zauner, Landesgesetze, 98ff. und 230ff.; Zillner, Stadtgeschichte II, 596f.; Spaur, Reisen durch Oberdeutschland, Bd. 2, 20.
187 Franz Martin, Barockfeste in Salzburg, in: Beiheft zu den MGSL 82/83 (1942/43), 67ff.; Leopold Spatzenegger, Sollener Einzug und Huldigung (Erzbischof Harrach 1709), in: MGSL 15 (1875), 209–215; Hübner, Stadt Salzburg II, 136f.; Martin, Salzburger Chronik, Tl. 2, 52.
188 Gertrude Alpi, Salzburger Feste und Unterhaltungen in der zweiten Hälfte des 18. Jahrhunderts, Hausarbeit am Institut für Geschichte (masch.), Salzburg 1972, 23; Wolfgang Steinitz, Ehrenpforten, Festgerüste und Trionfi, in: Barock in Salzburg. Festschrift für Hans Sedlmayr, hg. v. Johannes Graf Moy, Salzburg 1977, 198–200.
189 Martin, Salzburger Chronik, Tl. 3, 104ff.; Josef Schöttl, Kirchliche Reformen des Salzburger Erzbischofs Hieronymus von Colloredo im Zeitalter der Aufklärung, Salzburg 1939, 97ff.; Herbert Klein, Der Salzburger Antoniritt, in: MGSL 105 (1965), 257.
190 Martin, Barockfeste, 63; Elisabeth J. Luin, Fürstenbesuch in der Barockzeit, in: MGSL 95 (1955), 132; Ammerer, Notizen, 2150.

191 Ernst Hintermaier, Das Tanzwesen im Erzstift Salzburg im 18. Jahrhundert, in: Mozart-Jahrbuch 1978/79 (1979), 52f.; Alpi, Salzburger Feste, 92ff.; Martin, Die Salzburger Chronik, Tl. 3, 99; N. N., Miszelle, in: MGSL 38 (1898), 278–280 (Angaben über die Kostümierung der Teilnehmer an der Tanzveranstaltung vom 10. Februar 1655).

192 Sibylle Dahms, Theater und Tanz um 1600, in: Fürsterzbischof Wolf Dietrich von Raitenau, Ausstellungskatalog Salzburg 1987, 292–295; Hintermaier, Tanzwesen, 52ff.; Alpi, Salzburger Feste, 94f.

193 Martin, Vom Salzburger Fürstenhof, in: MGSL 77 (1937), 14 und 35; derselbe, Die Salzburger Chronik, Tl. 3, 115.

194 Martin, Vom Salzburger Fürstenhof, 68; Alpi, Salzburger Feste, 109; Stahl, Markus Sittikus, 232; Gerhard Ammerer, Die Türken und Salzburg, in: Salzburger Nachrichten vom 12. November 1983, 22; Erwin Niedermann, Sport und Spiel in Salzburg. Geschichte und Gegenwart, Salzburg 1978, 16.

195 Martin, Vom Salzburger Fürstenhof, 126; Alpi, Salzburger Feste, 117; Ammerer, Notizen, 2157; Bauer, Bölzlschießen, 26ff.; O. B. Deutsch, Aus Schiedenhofens Tagebuch, in: Mozart-Jahrbuch 1957 (1958), 15–24.

196 Günther G. Bauer, Bölzlschießen, 24; Ammerer, Das Kaffeehaus Staiger in Salzburg, in: Mozart. Bilder und Klänge, Katalog zur 6. Salzburger Landesausstellung, Salzburg 1991, 74.

197 Stahl, Markus Sittikus, 192ff.; D. R. Moser, Maskeraden auf Schlitten. Studentische Faschings-Schlittenfahrten im Zeitalter der Aufklärung, München 1988; Franz Martin, Die alte Stadttrinkstube, in: Salzburger Volksblatt vom 1. Jänner 1920, 7; Ammerer, Notizen, 2154f.

198 Karl Adrian, Das Fahnenschwingen der Metzger. Ein alter Salzburger Zunftbrauch, in: Ruperti-Kalender für das Jahr 1917; M. und H. Wickingen, Salzburger Metzgerbräuche im Fasching, in: Die Salzburger Wirtschaft vom 25. Februar 1971, 11–13; Dieter Goerge, Die Bäcker und Metzger, 502; Friedrich Johann Fischer, Der Salzburger Hanswurst, phil. Diss. (masch.), Innsbruck 1954; Karl Zinnburg, Salzburger Volksbräuche, Salzburg ²1977, 106.

199 Hübner, Stadt Salzburg I, 72f.; Martin, Vom Salzburger Fürstenhof, 34f.; Alpi, Salzburger Feste, 111f.; Friedrich Johann Fischer, Puppenspiel in Salzburg, in: MGSL 104 (1964), 241ff.; derselbe, Bühnen und Spielplätze in der Stadt Salzburg im 18. Jahrhundert, in: JSMCA 1959, 223f.

200 Die Tanzordnungen von 1772 und 1773 bei Zauner, Auszug II, 171–176; Alpi, Salzburger Feste, 89; Hans Roth, Von Freinächten und Tanzverboten im Erzstift Salzburg. Aufgezeigt an Belegen aus dem 16. und 18. Jahrhundert mit besonderer Berücksichtigung des Rupertiwinkels, in: Das Salzfaß NF. 17 (2983), 16–29; Ilka Peter, Salzburger Tänze, Salzburg 1975, 7f.

201 Bauer, Spielkultur Salzburgs, 242: Alpi, Salzburger Feste, 105.

202 Alpi, Salzburger Feste 107f.; Bauer, Spielkultur, 243; Ammerer, Notizen, 2149.

203 Johann Kaspar Riesbeck, Briefe eines reisenden Franzosen über Deutschland an seinen Bruder in Paris, Stuttgart 1967 (Erstveröffentlichung Zürich 1783), 80.

204 Johann Pezzl, Faustin oder das philosophische Jahrhundert, Zürich 1784, 294; Hammermayer, Salzburg und Bayern, 128; zu Pezzl vgl. derselbe, Aufklärung, 405.

205 Koch-Sternfeld, Die letzten 30 Jahre, München 1816, 323ff.; Widmann III, 556; Martin, Salzburgs Fürsten, 253f.

206 Martin, Salzburger Chronik, Tl. 2, 51f.; derselbe, Salzburgs Fürsten, 227f.; zur Biographie Colloredos vgl. Salzmann, Erzbischof Schrattenbach, 77–94; Bühler, Salzburg und seine Fürsten, 190–197; Hammermayer, Letzte Epoche, 453ff.; Weiß, Providum imperium, 36–44.

207 Hammermayer, Aufklärung, 381f.; Johann Laglsdorfer, Der Salzburger Sykophantsteit, phil. Diss. (masch.), Salzburg 1971; Wagner, Aufklärung, 99ff.

208 Hammermayer, Aufklärung, 389–395; (Joseph Felner), Das Leben des geheimen Kabinetts- und Staatsraths J. F. Th. v. Kleimayrn, Wien 1848; Franz Martin, Die Familienchronik derer von

Kleimayrn, in: MGSL 63 (1923), 89ff.; derselbe, Beiträge zur Salzburgischen Familiengeschichte, in: MGSL 76 (1936), Nr. 28.

[209] Hammermayer, Aufklärung, 395–408; derselbe, Salzburg und Bayern, 128ff.; Joseph Mack, Die Reform- und Aufklärungsbestrebungen im Erzstift Salzburg unter Erzbischof Hieronymus Graf Colloredo, phil. Diss., München 1912; Wagner, Aufklärung, 102ff.; Josef Schöttl, Kirchliche Reformen; Hersche, Colloredo und der Jansemismus, 231–268; Weiß, Providum imperium, 38ff.

[210] Martin, Die Salzburger Chronik, Tl. 3, 99f.; Karl Roll, Die Wahl- und Singsprüche auf den Münzen und Medaillen der Salzburger Erzbischöfe, in: Peter F. Kramml (Hg.), Ausgewählte Aufsätze des Salzburger Numismatikers Karl Roll (Salzburg Archiv 8), Salzburg 1989, 175; Karl Roll, Die Wahlmedaillen des letzten regierenden Erzbischofs von Salzburg Hieronymus Graf von Colloredo-Wallsee, ebenda, 109.

[211] Hammermayer, Aufklärung, 402ff., derselbe, Salzburg und Bayern, 186ff.; Wagner, Aufklärung, 111ff.

[212] Hammermayer, Die letzte Epoche, 470–488; H. Schotte, Zur Geschichte des Emser Kongresses, in: Historisches Jahrbuch 35 (1914), 86–109, 319–348, 781–820; A. Coulin, Der Emser Kongreß des Jahres 1786, in: Deutsche Zeitschrift für Kirchenrecht 25 (1915/16), 1–79; J. Steinruck, Bemühungen um die Reform der Reichskirche auf dem Emser Kongreß 1786, in: Reformatio Ecclesiae, Festgabe für Erwin Iserloh, Paderborn 1980, auch 63–882; K. H. Drobner, Johann Valentin Heimes 1741–1806 (Paderborner theologische Studien 18), Paderborn 1988, 107–161.

[213] Martin, Salzburger Chronik, Tl. 3, 102; Hammermayer, Aufklärung, 404f.; derselbe, Die letzte Epoche, 456f.; derselbe, Bayern im Reich, 1211–1220; Volker Press, Bayern am Scheideweg. Die Reichspolitik Kaiser Josephs II. und der Bayerische Erbfolgekrieg 1777/79, in: Festschrift Andreas Kraus (Münchener Historische Studien, Abt. Bayerische Geschichte Bd. 10), Kallmünz 1982, 277–307; Schallhammer, Kriegswesen, 30ff.; Widmann III, 518f.

[214] Martin, Salzburger Chronik, Tl. 2, 54; derselbe, Salzburgs Fürsten, 240; Hammermayer, Die letzte Epoche, 457–463; J. R. Kusej, Josef II. und die äußere Kirchenverfassung Innerösterreichs (Kirchenrechtliche Abhandlungen, hg. von Ulrich Stutz, 49/50), Stuttgart 1908; Wenisch, Kampf um den Bestand, 319–328.

[215] Hammermayer, Letzte Epoche, 461ff.; derselbe, Bayern im Reich, 1211–1224; Hoffmann, Säkularisation Salzburgs, 28ff.; Karl Othmar Frh. v. Aretin, Heiliges Römisches Reich 1776–1806. Reichsverfassung und Staatssouveränität, Bd. I, Wiesbaden 1967, 159ff.; derselbe, Bayerns Weg zum souveränen Staat. Landstände und Konstitution 1714–1818, München 1976, 64–120.

[216] Hammermayer, Aufklärung, 397f. und 413ff.; Martin, Salzburgs Fürsten, 230.

[217] Druck des Hirtenbriefs bei Peter Hersche, Der aufgeklärte Reformkatholizismus in Österreich (Quellen zur Neueren Geschichte 33), Bern 1976, 44–102; Hammermayer, Aufklärung, 406–408; Widmann III, 483ff.; Schöttl, Kirchliche Reformen, 15–19; Hersche, Colloredo, 247–250; Weiß, Providum imperium, 40ff.

[218] Martin, Salzburger Chronik, Tl. 2, 59f.

[219] Martin, Salzburger Chronik, Tl. 2, 52f. und Tl. 3, 106; Martin, Salzburgs Fürsten, 230; Peternell, Salzburg Chronik, 194f.

[220] Martin, Salzburger Chronik, Tl. 2, 58f., 62, 64, und Tl. 3, 105.

[221] Martin, Salzburger Chronik, Tl. 2, 65 und Tl. 3, 99; Peternell, Salzburg Chronik, 202.

[222] Martin, Salzburger Chronik, Tl. 2, 67f. und Tl. 3, 101; Hammermayer, Aufklärung, 407f.; Martin, Salzburgs Fürsten, 231f. Nachdem Colloredo 1782 auch die Aufstellung des Palmesels in Nonnberg verboten hatte, ließ die Äbtissin die Christusfigur herunternehmen, den Esel aber zerhacken und verbrennen. Vgl. Alpi, Salzburger Feste, 29f.; Hermann Spies, Salzburgs Palmsonntagsfeier in alter Zeit, in: Ruperti Kalender 1931, 84.

[223] Martin, Salzburger Chronik, Tl. 2, 64 und Tl. 3, 101 und 108.

[224] Martin, Salzburger Chronik, Tl. 2, 64ff. und Tl. 3, 101f., 105, und 108; Martin, Salzburgs Fürsten, 231f.; Schöttl, Kirchliche Reformen, 107f. und 112f.; Herbert Klein, Der Salzburger Antoniritt, in: MGSL 105 (1965), 257.

[225] Im Mai 1776 erschien eine Ordinariats-Weisung, die künftige Abhaltung der Prozessionen und Kreuzgänge betreffend. Druck bei Schöttl, Kirchliche Reformen, 97; Martin, Salzburger Chronik, Tl. 2, 62f., 64, 66ff. und Tl. 3, 101f., 105 und 113; Ammerer, Notizen, 2152.

[226] Zur diesbezüglichen Anordnung des Erzbischofs vom 2. Jänner 1789 vgl. Martin, Salzburger Chronik, Tl. 3, 107.

[227] Ammerer, Notizen, 2104f.; Riesbeck, Briefe eines reisenden Franzosen, 78f.; Martin, Salzburger Chronik, Tl. 3, 97, 99, 111.

[228] Martin, Salzburger Chronik, Tl. 3, 114f. und 117; Heinz Dopsch, Als man das Salz noch zu schätzen wußte. Die Mozarts und ihr Salzdeputat, in: Mitteilungen der internationalen Stiftung Mozarteum, 41. Jg. (1993), Heft 3–4, 73–76.

[229] Hintermaier, Musik, Musiker, Musikpflege, 1661ff., bes. 1666f.

[230] Gerhard Croll/Kurt Vössing, Johann Michael Haydn. Sein Leben – sein Schaffen – seine Zeit, Gütersloh 1987; H. Jancik, Michael Haydn, Ein vergessener Meister, Wien 1952; Hintermaier, Musik, Musiker, Musikpflege, 1671–1675.

[231] E. Valentin, Leopold Mozart, Portrait einer Persönlichkeit, München 1987; F. Langegger, Mozart. Vater und Sohn, Zürich 1978; J. Mancal, Leopold Mozart (1719–1787). Zum 200. Todestag eines Augsburgers, in: Leopold Mozart zum 200. Todestag. Ausstellung des Stadtarchivs Augsburg, Katalog, Augsburg 1987; Bernhard Paumgartner, Mozart, Zürich ^{9}1986; A. Einstein, Mozart. Sein Charakter, sein Werk, New York 1945 (Deutsche Neuauflage Frankfurt 1978); Gerhard Croll (Hg.), Wolfgang Amadeus Mozart (Wege der Forschung 233), Darmstadt 1977; Wolfgang Hildesheimer, Mozart, Frankfurt 1977; Gernot Gruber, Mozart und die Nachwelt, Salzburg 1985; Mozart – Bilder und Klänge. Katalog der 6. Salzburger Landesausstellung in Schloß Kleßheim, Salzburg 1991.

[232] Hintermaier, Musik, Musiker, Musikpflege, 1666–1670; Gerhard Ammerer, Die Stadt Salzburg zur Zeit Mozarts, in: Mozart – Bilder und Klänge, Ausstellungskatalog, Salzburg 1991, 62ff.; derselbe, Das bürgerliche Leben in Salzburg, ebenda, 74ff.; Salzburg zur Zeit der Mozart, Ausstellungskatalog, Salzburg 1991.

[233] Hammermayer, Aufklärung, 434–441; derselbe, Salzburg und Bayern, 193–205; Beutner, Literatur und Theater, 1728 und 1730f.; Schmolke, Medienwesen, 1963.; Wagner, Aufklärung, 111f.

[234] Lorenz Hübner, Beschreibung des Erzstiftes und Reichsfürstenthums Salzburg in Hinsicht auf Topographie und Statistik, 3 Bde., Salzburg 1796, (Nachdruck Salzburg 1983); derselbe, Beschreibung der hochfürstlich-erzbischöflichen Haupt- und Residenzstadt Salzburg und ihrer Gegenden verbunden mit ihrer ältesten Geschichte, 2 Bde., Salzburg 1792/93, (Nachdruck Salzburg 1982).

[235] Hammermayer, Aufklärung, 437f. und 441; Helmut Ruby, Lorenz Hübner. Leben und Werk als Publizist, Topograph und Historiker in Salzburg, phil. Diss. (masch.), Wien 1965; Ludwig Hammermayer, Geschichte der Bayerischen Akademie der Wissenschaften Bd. III, 1786–1807, München 1992.

[236] Widmann III, 492f.; Hammermayer, Aufklärung, 401f.; Hermann F. Wagner, Archivalische Beiträge zur Geschichte des Salzburger Schulwesens, in: MGSL 36 (1896), 117–122; Karl Otto Wagner, Schulverbesserung Tl. 1, in: MGSL 55 (1915), 151ff.; Rublack, Schule und Erwachsenenbildung, 1935ff.

[237] Hammermayer, Aufklärung, 429–434; Rublack, Schule und Erwachsenenbildung, 1937ff.; Karl Otto Wagner, Vierthalers Schulplan, in: MGSL 62 (1922), 33–50; Karl Köchl, Franz Michael Vierthalers Leben und Schaffen, in: MGSL 98 (1958), 1–50; Matthias Laireiter (Hg.), Franz Michael Vierthaler. Festschrift zum 200. Geburtstag (Veröffentlichungen des pädagogischen Insti-

tuts Salzburg, 2. Sonderheft), Salzburg 1958; Ulrich Salzmann, Franz Michael Vierthalers Leben. Einbegleitung zur Neuauflage von Vierthalers „Reisen und Wanderungen durch Salzburg", Salzburg 1983; Elmar Lechner, Salzburg als Entwicklungsort der österreichischen Pädagogischen Historiographie, in: MGSL 128 (1988), 315–344.

[238] Hammermayer, Aufklärung, 441–450; Anton von Schallhammer/Ludwig Köchel, Karl Maria Ehrenbert Frhr. v. Moll. Seine literarische Tätigkeit, in: MGSL 5 (1865), Anhang 1–79; Franz Martin, Von Sammlern und Sammlungen im alten Salzburg, in: MGSL 75 (1935), 61–67; derselbe, Beiträge zur Salzburger Familiengeschichte, in: MGSL 84/85 (1944/45), Nrn. 56–60; Hammermayer, Salzburg und Bayern, 189ff. und 205–211; zu Schroll vgl. Hammermayer, Salzburg und Bayern, 189ff.; Walter Del Negro, Die Pflege der Naturwissenschaften an der alten Universität, in: Universität Salzburg, 1622–1962–1972. Festschrift hg. vom Akademischen Senat der Universität Salzburg, Salzburg 1972, 116.

[239] Hammermayer, Aufklärung, 442; Aloys Weißenbach, Biographische Skizze von Johann Jakob Hartenkeil, Salzburg 1808; Virgil Redlich, Aus der Geistesgeschichte der Salzburger Universität, in: Zeitschrift für Deutsche Geistesgeschichte 1 (1935), 40–49; Norbert Wölkart, Zur Geschichte der Medizin in Salzburg, in: Universität Salzburg 1622–1962–1972, Salzburg 1972, 165–172; Sonntag, Zur Bedeutung der Hausapotheken, 214f.; dieselbe, Collegium Medicum, 475ff.; Barth, Hebammenwesen, 156ff.; Barth-Scalmani, Reform des Hebammenwesens, 379ff.; Besl, Handwerkliches Medizinalwesen, 262ff.; Sabine Falk/Alfred Stefan Weiß, „Hier sind die Blattern". Der Kampf von Staat und Kirche für die Durchsetzung der (Kinder) Schutzpockenimpfung in Stadt und Land Salzburg (Ende des 18. Jahrhunderts bis ca. 1820), in: MGSL 131 (1991), 163–186.

[240] Weiß, Providum imperium, 310ff.; derselbe, Armenpflege, 73ff.; Brettenthaler/Feurstein, St.-Johanns-Spital, 75ff.; Sonntag, Hausapotheken, 211ff.; Besl, Handwerkliches Medizinalwesen, 250ff. und 264ff.

[241] Weiß, Providum imperium, 314f.; Jetter, Hospitäler in Salzburg, 180; Schmitten, Schwachsinnig in Salzburg, 28.

[242] Belehrung und Warnung des hochfürstlichen Polizey-Amtes vom 27. Juli 1802; vgl. Ammerer, Notizen, 2137; als Colloredo 1778 wegen des Auftretens der Tollwut zahlreiche Hunde töten ließ, rief das in der Stadt großen Jammer und Empörung hervor. 1797 ordnete er erneut die Vertilgung von Hunden an: Martin, Salzburger Chronik, Tl. 3, 115.

[243] Weiß, Providum imperium, 45ff., 102ff. und 188–205; Ammerer, Notizen, 2141–2147.

[244] Ammerer, Von Harrach bis Schrattenbach, 310f.; derselbe, Notizen, 2143f.; Tettinek, Armenanstalten, 85; Martin, Salzburger Chronik Tl. 2, in: MGSL 68 (1928), 53; Weiß, Providum imperium, 131ff.

[245] Dirninger, Staatliche Finanzwirtschaft, 543f.; Johann R. Katschthaler, Die Steuerreform des Erzbischofs Hieronymus Colloredo (1772–1803) im Erzstift Salzburg (mit bes. Berücksichtigung des Pfleggerichts Taxenbach), phil. Diss. (masch.), Innsbruck, 1958.

[246] Dirninger, Staatliche Finanzwirtschaft, 575f.; Koch-Sternfeld, Die letzten 30 Jahre, 281ff., bes. 286f.

[247] Hammermayer, Die letzte Epoche, 488ff.; Widmann III, 520ff.; Martin, Salzburg Chronik, Tl. 3, 112.

[248] Martin, Die Salzburger Chronik, Tl. 3, 112f.; Hammermayer, Die letzte Epoche, 490f.

[249] Martin, Die Salzburger Chronik, Tl. 3, 113f.; Widmann III, 522f.; Martin, Salzburgs Fürsten, 241f.; Hammermayer, Die letzte Epoche, 491f.

[250] Hammermayer, Die letzte Epoche, 494f. und 498ff.; Putzer, Kursalzburg, 113–116; Eberhard Weis, Montgelas 1759–1799. Zwischen Revolution und Reform, München ²1987, 323–359.

[251] Hammermayer, Die letzte Epoche, 507ff.; Martin, Salzburger Chronik, Tl. 4, 163; Nikolaus Schafer, Zur Geschichte der Salzburger Geschütze im Jahre 1800, in: MGSL 125 (1985), 524.

²⁵² Martin, Salzburger Chronik, Tl. 4, 164 und 169; Widmann III, 529; Hammermayer, Die letzte Epoche, 509; Martin, Salzburgs Fürsten, 248f.
²⁵³ Hammermayer, Die letzte Epoche, 509ff. mit Anm. 384; Widmann III, 529–534.
²⁵⁴ Hammermayer, Die letzte Epoche, 512ff.
²⁵⁵ Friederike Zaisberger, Salzburg in napoleonischer Zeit und die Verschleppung seiner Kunstschätze, in: ARGE-ALP Informationsblatt, Bulletin Nr. 11, Innsbruck 1985/86, 82–114; Hammermayer, Die letzte Epoche, 513f.
²⁵⁶ Hammermayer, Die letzte Epoche, 515–524; Widmann III, 538f.
²⁵⁷ Hammermayer, Die letzte Epoche, 524ff.; Koch-Sternfeld, Die letzten 30 Jahre, 192–196; Widmann III, 536f.; Martin, Salzburger Chronik, Tl. 4, 167f.
²⁵⁸ Hammermayer, Die letzte Epoche 531–534, zum „Reichsdeputationshauptschluß" 532 mit Anm. 537; Johannes Emmer, Erzherzog Ferdinand III., Großherzog von Toscana als Churfürst von Salzburg, Berchtesgaden, Passau und Eichstätt, Salzburg 1878, 27.
²⁵⁹ Hammermayer, Die letzte Epoche, 534f.; Hubert Bastgen, Zur Sustentationsfrage des Fürsterzbischofs Colloredo, in: MGSL 58 (1918), 97–102; derselbe, Die Neuerrichtung der Bistümer in Österreich nach der Säkularisation, Wien 1914, 17f.; Wenisch, Kampf um den Bestand, 326ff.; Koch-Sternfeld, Die letzten 30 Jahre, 345; Widmann III, 539.

IX. Salzburg im Biedermeier

¹ Deutsch, Franz Schubert, 2. Bd., 1. Hälfte, 282f.
² Zillner, Salzburg in den letzten 50 Jahren, 282, 294.
³ Dirninger, Staatliche Finanzwirtschaft, 563; Pagitz, Salzburg in der Mitte des 19. Jahrhunderts, 19.
⁴ Spaur, Nachrichten über das Erzstift Salzburg, Bd. 2, 249, 263; Dirninger, Aspekte regionaler Finanzwirtschaft, 229.
⁵ Koch-Sternfeld, Die letzten dreissig Jahre, 286.
⁶ Ebd., 290–330; Widmann, Geschichte Salzburgs, Bd. 3, 537ff.; Hammermayer, Die letzte Epoche des Erzstifts, 524–529.
⁷ Zit. bei J. K. Mayr, Kaiser Franz, 71.
⁸ S. dazu Landauer, Das bayerische Salzburg; Miedaner, Salzburg unter bayerischer Herrschaft; Zaisberger, König Ludwig I.
⁹ Miedaner, Salzburg unter bayerischer Herrschaft, 59–86.
¹⁰ Landauer, Die Einverleibung Salzburgs durch Österreich, 23ff.; Miedaner, Salzburg unter bayerischer Herrschaft, 81.
¹¹ Zaisberger, König Ludwig I., 522; Hoffmann, Stadt Salzburg im Vormärz, 2243, Anm. 19.
¹² Glossy, Als Salzburg wieder an Österreich kam, 808.
¹³ Hoffmann, Salzburg im Biedermeier, 223ff.
¹⁴ Rottensteiner, Geschichte und Entwicklung, 19.
¹⁵ Roth, Gesammelte Schriften, Bd. 1, 120.
¹⁶ Zit. nach Hintner, Joseph Philipp Felner, 291.
¹⁷ Ebd., 292–302.
¹⁸ Rath, Caroline Augusta; Zaisberger, König Ludwig I.
¹⁹ Hoffmann, Erzherzog Franz Ferdinand, 13–16.
²⁰ Koch, Reise in Oberösterreich und Salzburg, 152.
²¹ Vgl. auch Klein, Bevölkerung und Siedlung, 1343f.
²² Lettner, Bevölkerungsgeographie der Stadt Salzburg, 29.

23 Quellenangaben: Hoffmann, Stadt Salzburg in Vormärz und Neoabsolutismus, 2246, Anm. 34.
24 Zillner, Kurze Geschichte der Stadt Salzburg, 135.
25 SLA, Populationskataster von 1815, Auswertung durch Brigitta Holzer (unpubl.).
26 Martin, Geschlechter kommen und gehen, 53f.
27 Spängler, Kurzer Rückblick.
28 Martin, Kunstgeschichte von Salzburg, 197.
29 Süß, Bürgermeister von Salzburg, 185ff.; Pagitz, Salzburg um die Mitte des 19. Jahrhunderts, 20.
30 Hintner, Joseph Philipp Felner, 292; Martin, Kunstgeschichte, 197.
31 Pichler, Salzburg's Landesgeschichte, 1028f.
32 Spängler, Kurzer Rückblick.
33 Salzburger Zeitung, 19. 10. 1864.
34 Zillner, Das Wachsthum der Stadt Salzburg II.
35 Zillner, Salzburger Stadtbevölkerung, 22.
36 Lettner, Bevölkerungsgeographie der Stadt Salzburg, 48.
37 Zillner, Einfluß der Witterung, 71ff.; s. a. AStS, Hs. 1021, Chronik der Choleraseuche in Salzburg 1831.
38 Zillner, Geschichte der Stadt Salzburg, 1. Bd., 97.
39 Aus Salzburg vor 70 Jahren. Ein Kulturbild aus der Großväterzeit, in: SV, 20. 2. 1937.
40 Koch, Reise in Oberösterreich und Salzburg, 150.
41 Zillner, Geschichte der Stadt Salzburg, Bd. 1, 194.
42 Berechnet nach: Orientierungsschema 1874.
43 SLA, Landespräs., Kt. 31, 1853/1310, liegt bei 1865/214.
44 Neue Salzburger Zeitung, 22. 10. 1857; Pillinger, Frühgeschichte der Salzburger Eisenbahnen, 61; Krejs, Salzburgs Stadterweiterung, 156f.
45 Salzburger Zeitung, 17. 1. 1859; Schumacher, Chronik, 52.
46 Jahresbericht der Handels- und Gewerbekammer, 1851, 25; Klein, Salzburgs Handel, 569.
47 Barth-Scalmani, Handelsstand, 113, 125.
48 Schallhammer, Über die Verhältnisse des Handels, 151ff., 173.
49 Koch, Reise in Oberösterreich und Salzburg, 105.
50 Hoffmann, Salzburg im Biedermeier, 234.
51 Lospichl, Die Familien Haffner und Triendl, 47.
52 Ziegleder, Arbeite – Sammle – Vermehre, 200f.; vgl. auch: Maier, Bankhaus Spängler.
53 Ziegleder, Arbeite – Sammle – Vermehre, 205.
54 Barth, Einige Unternehmer, 41, Falk-Veits, Mathias Bayrhammer.
55 Kernmayr, Brot und Eisen, 60; Maier, Bankhaus Spängler, 3–5; Barth, Einige Unternehmer, 92ff.
56 Zit. nach: Haslauer, Aus der Entwicklung der Salzburger Handelskammer, 227.
57 Ebd., 228f.
58 Pagitz, 125 Jahre Handelskammer, 12.
59 Ebd., 17ff.; Haslauer, Aus der Entwicklung der Salzburger Handelskammer, 232ff.
60 Jahresbericht der Handels- und Gewerbekammer, 1851, 1f.
61 Vgl. Dirninger, Diffusion der Sparkassenidee.
62 Arbeite – Sammle – Vermehre, 12.
63 Neue Salzburger Zeitung, 30. 4. 1856.
64 Martin, Industrie, Gewerbe und Kunst, 160.
65 Glossy, Als Salzburg wieder an Österreich kam, 807.
66 Martin, Industrie, Gewerbe und Kunst, 146ff.
67 Koch, Reise in Oberösterreich und Salzburg, 105.
68 Haslauer, Aus der Entwicklung der Salzburger Handelskammer, 229.

[69] Bundesgewerbeschule Salzburg, 9.
[70] Lospichl, Die Familien Haffner und Triendl, 34f.; Martin, Vom Tandelmarkt, 80.
[71] Adrian, Das Sattlerhandwerk in Salzburg, Teil 2, 121.
[72] Pezolt, Über Bürger und Bürgertum, 45.
[73] Vgl. Müller, „Die schöne Stadt".
[74] S. dazu: Hoffmann, Die Romantiker „entdecken" Salzburg; ders., Frühe Attraktionen.
[75] Boerner, Man reist ja nicht um anzukommen, 87.
[76] Hübner, Haupt- und Residenzstadt Salzburg, Bd. 1, 573.
[77] Salzmann, Friedrich Graf Spaurs Leben, 74f.
[78] Hoffmann, Die Romantiker „entdecken" Salzburg, 17.
[79] Zeller, Humboldts Aufenthalt in Salzburg, 64.
[80] Sartori, Neueste Reise durch Österreich, 2. Bd., 21.
[81] Salzmann, Friedrich Graf Spaurs Leben, 74.
[82] Spaur, Spaziergänge, Bd. 1, 4f.
[83] Schultes, Reise durch Salzburg, 2. Theil, 253.
[84] Sartori, Neueste Reise durch Österreich, 2. Bd., 10.
[85] Schultes, Reise durch Salzburg, 2. Theil, 226.
[86] Zeller, Humboldts Aufenthalt in Salzburg, 64.
[87] Stadler, Kavalierstour, 220ff.
[88] Schwarz, Salzburg und das Salzkammergut, 16.
[89] Sartori, Neueste Reise durch Österreich, 2. Bd., 30.
[90] Ebd., 19.
[91] Schwarz, Salzburg und das Salzkammergut, 13.
[92] Ebd., 19; vgl. außerdem: Fuhrmann, Salzburg in alten Ansichten, 33–37.
[93] Krüger, Biedermeier, 117.
[94] Reise von Venedig über Triest, 218.
[95] Schwarz, Salzburg und das Salzkammergut, 13.
[96] Ebd., 25f.
[97] Zit. nach Hintner, Joseph Philipp Felner, 291.
[98] Spaur, Spaziergänge, Bd. 1, 1.
[99] Brenner, Die Erfahrung der Fremde, 38.
[100] Kohl, Hundert Tage auf Reisen, 231.
[101] Trollope, Wien und die Oesterreicher, 199f.
[102] Kohl, Hundert Tage auf Reisen, 231.
[103] Stadler, Kavalierstour, 220ff.
[104] Koch, Reise in Oberösterreich und Salzburg, 139.
[105] Schwarz, Salzburg im Jahre 1815, Sp. 4.
[106] Schultes, Reise durch Salzburg, 2. Theil, 228.
[107] Roth, Gesammelte Schriften, Bd. 1, 122.
[108] Schubert, Briefe und Schriften, 135.
[109] Turnbull, Reise durch die österreichischen Staaten, 88.
[110] Ebd., 128.
[111] Bühler, Salzburg, seine Monumente und seine Fürsten, 135.
[112] Chimani, Meine Ferienreise von Wien, 2. Bd., 8.
[113] Stadler, Kavalierstour, 109–126.
[114] Gassner, Johann Michael Sattler.
[115] Schultes, Reise durch Salzburg, 2. Theil, 229f.

116 Eine Ausnahme: Zschokke, Die Irrfahrt des Philhellenen, zit. nach Hoffmann, Frühe Attraktionen 24.
117 Hübner, Haupt- und Residenzstadt Salzburg, 1. Bd., 334.
118 Sartori, Neueste Reise durch Österreich, 2. Bd., 15.
119 Erinnerungen an Paracelsus. Aus: Illustrierte Welt, Bd. 25, Heft 19, 481.
120 U. a. Reinbeck, Reise-Plaudereien, 262.
121 Schubert, Briefe und Schriften, 135.
122 Vgl. Angermüller, Das Salzburger Mozart-Denkmal.
123 Gruber, Mozart und die Nachwelt, 165f.
124 Trollope, Wien und die Oesterreicher, 1. Bd., 162; Reinbeck, Reise-Plaudereien, 262.
125 Reinbeck, Reise-Plaudereien, 261f.
126 Die Stadt Salzburg und ihre Umgebungen, 1840, 48.
127 Kohl, Hundert Tage, 247; Koch, Reise in Oberösterreich und Salzburg, 129.
128 Koch, Reise in Oberösterreich und Salzburg, 116.
129 Ebd., 232.
130 Wagner, Das Mozarteum, 23ff.
131 Trollope, Wien und die Oesterreicher, 1. Bd., 154.
132 Stadler, Kavalierstour, 227f.
133 Schultes, Reise durch Salzburg, 2. Theil, 251.
134 Stadler, Aigen.
135 Stadler, Kavalierstour, 192.
136 Zit. nach Stadler, Aigen, 28.
137 Mielichhofer, Das Mozart-Denkmal, 33f.
138 S. dazu Hoffmann, Frühe Attraktionen, 26f.
139 Gierse, Friedrich Baudri, 312.
140 (Schulz), Reise eines Liefländers, 96f.
141 Weidenholzer, Bürgerliche Geselligkeit.
142 Ebd.
143 Ebd.
144 Lettner, Bevölkerungsgeographie der Stadt Salzburg, 67–71.
145 Vgl. Barth, Einige Unternehmer, 39–51; Barth-Scalmani, Handelsstand, 20ff., 78ff.
146 Hoffmann, Salzburg im Biedermeier, 240, 246.
147 Vgl. die Aufstellung in Spatenka, Salzburg im Revolutionsjahr 1848, 85.
148 SLA, Kreisakten, 1817, Ball-Ordnung v. 1. 1. 1817.
149 Gierse, Baudri, 336ff.
150 Salzburger Zeitung, 18. 3. 1848.
151 Zillner, Salzburg in den letzten 50 Jahren, 294.
152 Vgl. SMCA, Inv.-Nr. 530/50, Paul Schellhorn, Die Kassuppengesellschaft, Aquarell um 1820; Zaisberger, König Ludwig I., 522.
153 Maier, Bankhaus Spängler, 20.
154 Hoffmann, Salzburgs Lycealstudenten, 394f., 400; Maier, Bankhaus Spängler, 42.
155 Vgl. Martin, Spuren der deutschen Burschenschaftsbewegung.
156 Vgl. Martin, Aus Franz Stelzhamers Gymnasialzeit.
157 Hoffmann, Salzburgs Lycealstudenten, 392–398.
158 Vgl. Angermüller, Errichtung des Salzburger Mozart-Denkmals.
159 Ebd., 429.
160 Vgl. Spatzenegger, Neue Dokumente.
161 Frankl, Erinnerungen, 315.

162 Vgl. Mielichhofer, Das Mozart-Denkmal; Hoffmann, Gesellschaft, Politik und Kultur.
163 Pichler, Salzburg's Landesgeschichte, 1038.
164 Haas, Salzburg in der Habsburgermonarchie, 687–692.
165 Wagner, Das Mozarteum, 35–106; Svoboda, Salzburger Kunstverein; Luin, Die „Liedertafel".
166 Vgl. Wolfsgruber, Friedrich Kardinal Schwarzenberg; Angermüller, „Denkbuch".
167 Süß, Das städtische Museum in Salzburg, 6f.
168 Vgl. Haas, Salzburger Vereinskultur.
169 Salzburger Zeitung, 9. 11. 1866.
170 Ebd.
171 Zum folgenden s. Hoffmann, Salzburg im Vormärz, 2263ff.; Spatenka, Salzburg im Revolutionsjahr 1848; Haas, Salzburg in der Habsburgermonarchie, 692–701.
172 Zur „Iuvavia" vgl. Spatenka, Salzburg im Revolutionsjahr 1848, 53ff.
173 Zit. Nach Haas, Salzburg in der Habsburgermonarchie, 698.
174 Ebd., 699.
175 Neue Salzburger Zeitung, 5. 8. 1850.
176 Ebd., 14. 8. 1850.
177 Ruthner an Lasser, Brief v. 22. 4. 1848, in: SV, 12. 3. 1898.
178 Spatenka, Salzburg im Revolutionsjahr 1848, 186; s. a. AStS, Pezolt Akten, Befehlsbuch der Nationalgarde I u. II, 1848–50.
179 Neue Salzburger Zeitung, 16. 3. 1849.
180 Engl, Gedenkbuch der Salzburger Liedertafel, 61f.
181 Vgl. Das Kronland Salzburg.
182 S. S. 469.
183 Zur Pauperismusfrage im österreichischen Zusammenhang vgl.: Häusler, Massenarmut, 80–123; zur Sozialfürsorge in Salzburg im späten 18. Jhdt: Weiß, „Providum imperium felix".
184 Spaur, Nachrichten über das Erzstift Salzburg, Bd. 2, 48.
185 SLA, Verlassenschaftsakten 1816/17 und 1849/50, ausgewertet von Brigitta Holzer.
186 Koch, Reise in Oberösterreich und Salzburg, 106.
187 Vgl. Mischler, Die Armenpflege; Stadler, Das Bürgerspital St. Blasius.
188 Spaur, Nachrichten über das Erzstift Salzburg, Bd 2., 50–56.
189 Pezolt, Salzburg, Statistischer Bericht, 15, Anm. 2; Stekl, Österreichs Arbeits- und Zuchthäuser, 85; Tettinek, Die Armen-, Versorgungs- und Heilanstalten, 84ff.
190 Spaur, Nachrichten über das Erzstift Salzburg, Bd 2., 48; vgl. a. Karl Otto Wagner, Spaur und seine Werke.
191 Vgl. Aus der Schmitten, Schwachsinnig in Salzburg.
192 Mussoni, Fonde und Stiftungen, 71–78; Marx, Wirtschaftliche Ursachen, 157.
193 Pezolt, Salzburg. Statistischer Bericht, 16; Mayr, Kaiser Franz, 77f.; Weiß, Rumford-Suppe.
194 Vgl. Karl Wagner, Gotthard Guggenmoos.
195 Pezolt, Salzburg. Statistischer Bericht, 16.
196 Hintner, Joseph Philipp Felner, 292.
197 Zillner, Salzburg in den letzten 50 Jahren, 292f.
198 Ebd.
199 Zit. nach Rottensteiner, Geschichte und Entwicklung, 104.
200 Marx, Revolution von 1848, 127.
201 Rottensteiner, Geschichte und Entwicklung, 104.
202 Vgl. Tettinek, Domizil- und Heimatrecht.
203 Marx, Revolution von 1848, 127.
204 Vgl. Tettinek, Die Theuerungs-Polizei.

205 Spatenka, Salzburg im Revolutionsjahr 1848, 29.
206 Marx, Revolution von 1848, 157.
207 Marx, Sicherheitsverhältnisse, 208.
208 Tettinek, Zur Zeit der Noth.
209 Spatenka, Salzburg im Revolutionsjahr 1848, 30.
210 Ebd.
211 Zillner, Geschichte der Stadt Salzburg, 2. Buch, 2. Hälfte, 612.
212 Süß, Bürgermeister in Salzburg, 107f.
213 Miedaner, Salzburg unter bayerischer Herrschaft, 106ff.
214 Zillner, Geschichte der Stadt Salzburg, 1. Buch, 441–449; Müller, Landwirtschaft, 66.
215 Süß, Bürgermeister in Salzburg, 165.
216 Spindler (Hg.), Handbuch der bayerischen Geschichte, 4. Bd., 1. Teil, 48f.
217 Süß, Bürgermeister in Salzburg, 181ff.
218 Hubbard, Auf dem Weg zur Großstadt, 139f.
219 Zit. nach Rottensteiner, Geschichte und Entwicklung, 35.
220 Salzburger Zeitung, 2. 8. 1818; Süß, Bürgermeister in Salzburg, 190ff.
221 Ebd., 191.
222 Mayrhofer, Handbuch für den politischen Verwaltungsdienst, 2. Bd., 425f.
223 Rottensteiner, Geschichte und Entwicklung, 36.
224 Ebd., 56.
225 Ebd., 54 ff.; zu Heffter: Süß, Bürgermeister in Salzburg, 190–221; zu Lergetporer: ebd., 222–253; s. a. Süß, Reihenfolge der Bürgermeister, 38f.
226 Zit. nach Rottensteiner, Geschichte und Entwicklung, 49.
227 Zit. nach ebd., 50.
228 Süß, Bürgermeister in Salzburg, 202f.
229 Zit. nach Rottensteiner, Geschichte und Entwicklung, 51.
230 Mayrhofer, Handbuch des politischen Verwaltungsdienstes, 426f., Anm. 3.
231 Ebd., 426, Anm. 2.
232 Klabouch, Gemeindeselbstverwaltung, 14.
233 Zit. nach Rottensteiner, Geschichte und Entwicklung, 61.
234 Zit. nach ebd., 62.
235 Zit. nach ebd., 62f.
236 Vgl. auch Spatenka, Salzburg im Revolutionsjahr 1848, 34.
237 Marx, Sicherheitsverhältnisse, 208f.
238 Ebd., 209.
239 Salzburger Zeitung, 3. 1. 1848, 18. 3. 1848.
240 Ebd., 22. 3. 1848.
241 Zu den Salzburger Landständen vgl.: Watteck, Salzburg auf dem Weg, 39–51.
242 Helfert, Aloys Fischer, 35; Watteck; Salzburg auf dem Weg, 41.
243 SMCA, Hs. 4036, Aloys Fischer, Mein Antheil an der Erhebung des Erzstiftes Salzburg zu einem Kronland der Monarchie.
244 Watteck, Salzburg auf dem Weg, 49; Klabouch, Gemeindeselbstverwaltung 18ff.
245 Klabouch, Gemeindeselbstverwaltung, 19.
246 Ebd., 22.
247 Helfert, Aloys Fischer, 40.
248 Salzburger Zeitung, 6. 5. 1848; Rottensteiner, Geschichte und Entwicklung, 65.
249 Salzburger Zeitung, 24. 5. 1848; Rottensteiner, Geschichte und Entwicklung, 66.
250 AStS, Städtische Akten, 143b, Circulare P. Z. 7302, Nr. 19, 22. 5. 1848.

²⁵¹ Salzburger Zeitung, 24. 5. 1848; vgl. auch: Neue Salzburger Zeitung, 31. 7. 1850.
²⁵² Zit. nach Spatenka, Salzburg im Revolutionsjahr 1848, 148.
²⁵³ Klabouch, Gemeindeselbstverwaltung, 22f.
²⁵⁴ Häusler, Massenarmut, 212.
²⁵⁵ Vgl. die Aufstellung bei: Spatenka, Salzburg im Revolutionsjahr 1848, 150f.
²⁵⁶ Vgl. Hoffmann, Salzburg im Biedermeier, 266.
²⁵⁷ Salzburger Constitutionelle Zeitung, 5. 11. 1848.
²⁵⁸ Iuvavia, 24. 12. 1848.
²⁵⁹ Vgl. die Aufstellung bei: Spatenka, Salzburg im Revolutionsjahr 1848, 151.
²⁶⁰ Klabouch, Gemeindeselbstverwaltung, 30.
²⁶¹ Abdruck des Entwurfs: Salzburger Constitutionelle Zeitung, 12. 7., 13. 7., 14. 7. 1849.
²⁶² Klabouch, Gemeindeselbstverwaltung, 51; Mayrhofer, Handbuch des politischen Verwaltungsdienstes, 2. Bd., 431.
²⁶³ Klabouch, Gemeindeselbstverwaltung, 41.
²⁶⁴ Gemeinde-Ordnung für die Stadt Salzburg, Salzburg 1850.
²⁶⁵ Klabouch, Gemeindeselbstverwaltung, 41.
²⁶⁶ Ebd., 43.
²⁶⁷ Neue Salzburger Zeitung, 24. 7. 1850.
²⁶⁸ AStS, Städtische Akten, 143b, Bürgermeister- und Gemeinderatswahlen 1847–1865, Verzeichnis der Wahlberechtigten zu der Wahl des Gemeinderates 1850.
²⁶⁹ Zur beruflichen Zusammensetzung der Salzburger Gemeindewählerschaft: Hoffmann, Salzburg im Biedermeier, 272.
²⁷⁰ Neue Salzburger Zeitung, 3. 9. 1850.
²⁷¹ Vgl. Hoffmann, Salzburg im Biedermeier, 272.
²⁷² Neue Salzburger Zeitung, 3. 9. 1850.
²⁷³ Klabouch, Gemeindeselbstverwaltung, 43.
²⁷⁴ Neue Salzburger Zeitung, 14. 10. 1850.
²⁷⁵ Ebd., 18. 11. 1850.
²⁷⁶ Mayrhofer, Handbuch des politischen Verwaltungsdienstes, 2. Bd., 431.
²⁷⁷ AStS, Städtische Akten, 149b, Statthalter-Stellvertreter an Bürgermeister Späth, 22. 2. 1852.
²⁷⁸ Klabouch, Gemeindeselbstverwaltung, 48.
²⁷⁹ Überliefert in: Rudolf Spängler, Nekrolog MGSL, 36, 1896, 415.
²⁸⁰ Salzburger Zeitung, 20. 2. 1861.

X. Die Stadt im bürgerlichen Zeitalter

¹ Bruckmüller, Sozialgeschichte Österreichs, S. 303, 371.
² Reulecke, Geschichte der Urbanisierung, S. 14.
³ Engelmann, Österreichs städtische Wohnplätze, 452; s. a. Hecke, Die Städte Österreichs, 213; Dirninger, Determinanten und Strukturmerkmale, 186.
⁴ SV, 30. 3. 1907.
⁵ Klein, Bevölkerung und Siedlung, 1313.
⁶ Österreichische Statistik, Bd. 1, 4. Heft, 54–61; ebd., Neue Folge 1/2, 2. Heft, 79.
⁷ Ebd., Neue Folge, 1/2, 2. Heft, 30.
⁸ Klabouch, Gemeindeselbstverwaltung, 70; zu ähnlichen Tendenzen in deutschen Städten: Sachße/Tennstedt, Geschichte der Armenfürsorge, 195–199.

⁹ Ebd., 28. 7. 1863.
¹⁰ Hoffmann, Die Stadt im bürgerlichen Zeitalter, 2284.
¹¹ SLA, Landespräs., 1914, XIXb, Kt. 522, Ott an Landespräs. V. 16. 1. 1914.
¹² Hecke, Die Städte Österreichs, 217; Österreichische Statistik, Neue Folge 1/4, 2ff.
¹³ Österreichische Statistik, Neue Folge 1/2, 2. Bd., 1. Heft, 2-27, 2. Heft, 1–3.
¹⁴ Martin, Geschlechter kommen und gehen, 53ff.
¹⁵ Feingold (Hg.), Ein ewiges Dennoch, 19ff.
¹⁶ Altmann, Geschichte der Juden, 274f.; Fellner, Zur Geschichte der Juden, 371; Haas/Koller, Jüdisches Gemeinschaftsleben, 31ff.
¹⁷ Vgl. Hubbard, Auf dem Weg zur Großstadt, 83, 88.
¹⁸ Hoffmann, Stadt im bürgerlichen Zeitalter, 2351; vgl. auch S. 515f.
¹⁹ Hubbard, Auf dem Weg zur Großstadt, 87ff.
²⁰ Reulecke, Geschichte der Urbanisierung, 43.
²¹ Österreichische Statistik, Neue Folge, Bd. 4, Heft 3, 6; für Salzburg s. Tabelle 5; für Wien und Graz s. Hubbard, Österreichs Großstädte, 402ff.
²² Haas, Salzburg in der Habsburgermonarchie, 934f.
²³ Vgl. Tabelle 5; vgl. Smolik, Zur Situation der Dienstmädchen in Salzburg; Mazohl-Wallnig (Hg:), Die andere Geschichte, 1, 197–202.
²⁴ Bauer, Arbeiteralltag und Arbeiterkultur in Itzling, 50.
²⁵ Zur Arbeiterbewegung vgl. Kaut, Der steinige Weg; Bauer, Arbeiterkultur in Salzburg; dies. (Hg.), Von der alten Solidarität; Haas, Salzburg in der Habsburgermonarchie, 934–990.
²⁶ Hoffmann, Stadt im bürgerlichen Zeitalter, 2335.
²⁷ Mitteilungen des k. k. Finanzministeriums, 4, 1898, 874ff. und 21, 1915, 95ff.
²⁸ Vgl. Hanisch/Fleischer, Im Schatten berühmter Zeiten, 58ff.
²⁹ Ebd., 2336, Tabellen 14 und 15.
³⁰ Österreichische Statistik, Neue Folge, Bd. 3, 3. Heft, 90, Tabelle X.
³¹ Vgl. Tabelle 5.
³² Vgl. Tabelle 6.
³³ Vgl. Tabelle 4.
³⁴ Hubbard, Auf dem Weg zur Großstadt, 111.
³⁵ S. die Hinweise bei: Hoffmann, Stadt im bürgerlichen Zeitalter, Anm. 265.
³⁶ Mitteilungen des k. k. Finanzministeriums, 21, 1915, 465.
³⁷ Mazohl-Wallnig (Hg.), Die andere Geschichte, 1, 103–151.
³⁸ Heiligenthal, Deutscher Städtebau, 83.
³⁹ Pichler, Salzburg's Landesgeschichte, 1044.
⁴⁰ SZ, 26. 5. 1860.
⁴¹ Ebd., 7. 1. 1860.
⁴² Hoffmann/Krejs, Neustadt, 646.
⁴³ Bericht der k. k. Geniedirektion Salzburg vom Jänner 1861, zit. nach Messner, Salzburg im Vormärz, Bd. 3, 310.
⁴⁴ Krejs, Salzburgs Stadterweiterung, 159.
⁴⁵ Zur Stadterweiterung vgl. vor allem: Krejs, Salzburgs Stadterweiterung; Braumann, Stadtplanung in Österreich.
⁴⁶ SZ, 16. 10. 1861.
⁴⁷ Zu Mayburger vgl.: Breitinger, Josef Mayburger; Schmiedbauer, J. M. Mayburger.
⁴⁸ SZ, 24. 7. 1862.
⁴⁹ Ebd., 7. 7. 1863.
⁵⁰ Ebd., 3. 10. 1862.

51 Krejs, Salzburgs Stadterweiterung, 170.
52 Zu Schwarz: Wurzbach, Biographisches Lexikon; Braumann, Carl Schwarz.
53 Krejs, Salzburgs Stadterweiterung, 161ff.
54 SZ, 26. 10. und 12. 12. 1861, 20. 3. 1862.
55 Hoffmann/Krejs, Neustadt, 649.
56 Braumann, Carl Schwarz, 32–35.
57 Krejs, in: Wilflinger/Lipburger (Red.), Vom Stadtrecht, 123.
58 SZ, 1. 5. 1866.
59 Zur Planungsdiskussion s.: Krejs, Salzburgs Stadterweiterung; 165ff.
60 Straniak, Bauliche Entwicklung.
61 Messner, Salzburg im Vormärz, Bd. 3, 310.
62 Feldbauer, Stadtwachstum, 67.
63 Statistischer Bericht, 1886–1890, XXIII.
64 Schumacher, Chronik, 66f.
65 Statistischer Bericht, 1886–1890, XXIII.
66 Schobersberger, Baumeister einer Epoche.
67 Braumann, Stadtplanung in Österreich, 55.
68 Straniak, Groß-Salzburg (Teil II).
69 Guido Müller, Der lange Weg zu den Eingemeindungen, 329, 331.
70 Straniak, Groß-Salzburg, (Teil I–IV).
71 Müller, Der lange Weg zu den Eingemeindungen, 331f.
72 Plasser, „Wohnpolitik" in Salzburg, 214.
73 Pribram, Wohngröße und Mietzinshöhe, 681.
74 Obernberger, Entstehung der Kaiserin-Elisabeth-Vorstadt; Hahnl/Hoffmann/Müller, Riedenburg; Hoffmann/Müller/Strasser, Lehen.
75 Plasser, „Wohnpolitik" in Salzburg, 215.
76 (Obernberger), Die Stadt Salzburg und ihr Entwicklungskampf, 23–25.
77 SV, Nr. 95, 26. April 1908; vgl. Lipburger/Plasser, Schallmoos.
78 Vgl. Achleitner, Österreichische Architektur im 20. Jahrhundert, Bd. 1, 246f.
79 Kunz, Neubauten und bauliche Pläne in Salzburg.
80 Martin, Kunstgeschichte von Salzburg, 212.
81 Lux, Bauverbrechen in Salzburg, 74–77.
82 Vgl. Sepp Lemberger, Das Schneiderhandwerk in der Stadt Salzburg.
83 Hildmann, Soziale Tätigkeit im Salzburger Wohnungswesen, 12f.
84 Buzek, Die Wohnungsverhältnisse von 60 Mittelstädten, 425–495; Klein, Bevölkerung und Siedlung, 1322.
85 Salzburger Wacht, 21. 3. 1902, zit. nach Schäffer, Wohnverhältnisse, 43.
86 Hildmann, Soziale Tätigkeit im Salzburger Wohnungswesen, 26f.
87 Schäffer, Wohnverhältnisse, 23–40.
88 Vgl. Hoffmann, Die Errichtung der ersten Arbeiterwohnhäuser.
89 Salzburger Wacht, 16. Juli 1907.
90 AStS, Wohnreformkomitee an Stadtgemeindevorstehung v. 1. 7. 1907. Bauakt Christian-Doppler-Str. 8/10.
91 Hoffmann, Die Errichtung der ersten Arbeiterwohnhäuser, 8–10.
92 R. Müller, Kehrseite des Eigenhauses, 170.
93 Schäffer, Wohnverhältnisse, 182–183.
94 Vgl. Dirninger, Determinanten und Strukturmerkmale, 208.
95 Ebd., 202.

[96] Ebd., 201.
[97] Gemeinderat v. 27. 12. 1862, SZ, 31. 12. 1862.
[98] Haslauer, Aus der Entwicklung der Salzburger Handelskammer, 236f.
[99] Bericht der Handels- und Gewerbekammer 1852–1853, 41ff.
[100] Vgl. Lospichl, Das ehrsame Handwerk der Schneider; Lemberger, Das Schneiderhandwerk in der Stadt Salzburg.
[101] Zillner, Salzburg in den letzten 50 Jahren, 253.
[102] Vgl. Waitzbauer, 500 Jahre Stieglbier; Weidenholzer, Das „Höllbräu", 85.
[103] Kernmayr, Brot und Eisen, 352.
[104] Pezolt, Über Mittel und Wege zur Ausbildung der Gewerbe.
[105] Salzburger Zeitung, 5. 4. 1865.
[106] 75 Jahre Bundesgewerbeschule Salzburg, 9.
[107] Jahres-Bericht des Salzburger Gewerbevereins für das Vereinsjahr 1876, 17–19.
[108] Vgl. u. a. Freisauff, Zunftwesen und Gewerbefreiheit.
[109] Summarischer Bericht der Handels- und Gewerbekammer 1892, 7.
[110] Ergebnisse der gewerblichen Betriebszählung 1902, 42.
[111] Seefeldner, Zur Stadterweiterungsfrage, in: SZ, 26. 2. 1862.
[112] Vgl. Hoffmann, Stadt im bürgerlichen Zeitalter, Tabelle 7.
[113] Statistischer Bericht 1871–1880, 253.
[114] SZ, 30. 7. 1860; vgl. auch Mielichhofer, Die Dampfschiffahrt auf der Salzach.
[115] Harrer, Zur Dampfschiffahrt auf der Salzach.
[116] Zillner, Salzburg in den letzten 50 Jahren, 254; vgl. Petition der Salzburger Kammer für Handel und Gewerbe, SZ, 7. 6. 1861.
[117] Statistischer Bericht, 1871–1880, 209; Statistischer Bericht, 1886-1890, XXIV.
[118] Maier, Geschichte des Bankhauses Spängler & Co, 49; Barth, Einige Unternehmer, 75.
[119] Barth, Einige Unternehmer, 75.
[120] Ebd., 72.
[121] Bericht der Handels- und Gewerbekammer, 1852–1853, 45.
[122] Bericht der Handels- und Gewerbekammer 1854–1858, 207.
[123] Statistischer Bericht 1886–1890, 176.
[124] Summarischer Bericht der Handels- und Gewerbekammer 1893, 189f.
[125] Denkschrift der Handels- und Gewerbekammer, Salzburger Zeitung, 29. 10. 1864; Statistischer Bericht 1871–1880, 246.
[126] Ott, Bericht 1892–1918, 80.
[127] AStS, Protokolle des Gemeinderats v. 11. 6. 1911.
[128] Ott, Bericht 1892–1918, 80f.
[129] Barth, Einige Unternehmer, 75.
[130] Ebd., 112ff., 119ff.
[131] Ebd., 40; Schöpfer-Volderauer, Salzburger Erinnerungen, 79.
[132] Vgl. Hanisch/Fleischer, Im Schatten berühmter Zeiten, 42ff.
[133] Vgl. Sandgruber, Die Anfänge der Konsumgesellschaft, 124.
[134] Zur Berechnung s. Hoffmann, Stadt im bürgerlichen Zeitalter, Anm. 174–177.
[135] Körner, Über Industrie und Handel in Stadt und Land Salzburg, 289.
[136] Summarischer Bericht der Handels- und Gewerbekammer 1893, III.
[137] Hanisch/Fleischer, Im Schatten berühmter Zeiten, 25.
[138] Barth, Einige Unternehmer, 77.
[139] Summarischer Bericht der Handels- und Gewerbekammer 1893, 160.
[140] Vgl. Hoffmann, Reisen unter Dampf.

¹⁴¹ Koch, Reise in Oberösterreich und Salzburg, 150; Bericht der Handels- und Gewerbekammer 1852–1853, 57.
¹⁴² SZ, 28. 7. 1860.
¹⁴³ S. die täglich in der „Salzburger Zeitung" wiedergegebenen Frequenzzahlen.
¹⁴⁴ Ebd., 25. 8. 1860.
¹⁴⁵ Salzburger Fremdenzeitung, Nr. 1, 15. 5. 1888, 11.
¹⁴⁶ Vgl. allg. zur Geschichte des Massentourismus: Reulecke, Kommunikation durch Tourismus?
¹⁴⁷ SZ, 28. 8. 1862.
¹⁴⁸ Hoffmann, Bürgerliche Kommunikationsstrukturen.
¹⁴⁹ SZ, 6. 9. 1862.
¹⁵⁰ Ebd., 8. 7. 1863.
¹⁵¹ Hoffmann, Salzburg wird „Saisonstadt", 45.
¹⁵² Zit. nach Steinhauser, das europäische Modebad, 95.
¹⁵³ Rath, Caroline Auguste, 36ff.
¹⁵⁴ Karrer, Villenarchitektur in Aigen, 21ff.
¹⁵⁵ Salzburger Fremden-Zeitung, Nr. 1, 15. 5. 1888.
¹⁵⁶ SZ, 3. 8. 1861.
¹⁵⁷ Ebd., 19. 2. 1862.
¹⁵⁸ Ebd., 25. 1. 1862.
¹⁵⁹ Zur Entwicklung v. Gastgewerbe und Fremdenverkehr: Stadler, Kavalierstour.
¹⁶⁰ Nekrolog Georg Jung, MGSL, 39, 1899, 278; SZ, 25. 8. 1865; Kapeller, Grand Hôtel de l'Europe, 72ff.
¹⁶¹ SZ, 21. 7. 1864, 27. 9. 1866.
¹⁶² Ebd., 5. 6. 1866.
¹⁶³ Ebd., 5. 5. 1865.
¹⁶⁴ Ebd., 7. 11. 1865.
¹⁶⁵ Ebd., 9. 8. 1862.
¹⁶⁶ Ebd., 9. 5. 1863, 1. 2. 1864.
¹⁶⁷ Ebd., 4. 1. und 5. 1. 1866.
¹⁶⁸ Ebd., 31. 3. 1866.
¹⁶⁹ Gassner, Johann Michael Sattler.
¹⁷⁰ SV, Nr. 24, 1872.
¹⁷¹ Salzburger Fremden-Zeitung, Nr. 29, 21. 8. 1888.
¹⁷² Fremden-Zeitung, Nr. 50, 1892.
¹⁷³ SZ, 22. 9. 1863.
¹⁷⁴ Karrer, Villenarchitektur in Aigen, 62.
¹⁷⁵ Salzburger Fremden-Zeitung, Nr. 3, 22. 5. 1888; zu den Salzburger Musikfesten: Angermüller, Internationale Stiftung Mozarteum.
¹⁷⁶ Gallup, Salzburger Festspiele, 15f.
¹⁷⁷ Fremden-Zeitung, Nr. 12, 1899.
¹⁷⁸ Fred, Salzburg, 44.
¹⁷⁹ Tätigkeits-Bericht 1912 des Vereins zur Hebung des Fremdenverkehrs, 8f.
¹⁸⁰ Angermüller, Internationale Stiftung Mozarteum, 89.
¹⁸¹ Fremden-Zeitung, Nr. 65, 1891.
¹⁸² Ebd., Nr, 35, 1895.
¹⁸³ Ebd., Nr. 35, 1895.
¹⁸⁴ Angermüller, Internationale Stiftung Mozarteum, 89.
¹⁸⁵ Hellmuth/Hiebl, Tourismusindustrie, 95f.

186 Ergebnisse der gewerblichen Betriebszählung v. 3. Juni 1902, 4. Heft, 41.
187 Zit. nach Dirninger, Determinanten und Strukturmerkmale, 210.
188 Fremden-Zeitung, Nr. 22, 1895.
189 Vgl. Reulecke, Geschichte der Urbanisierung, 18.
190 Vgl. Kreis, Aufbruch und Abbruch, 218.
191 SZ, 20. 3. 1862.
192 Ebd., 14. 12. 1861.
193 Zur Begriffsbestimmung vgl.: Lepsius, Soziologie des Bürgertums.
194 Schumacher, Chronik, 201.
195 Reulecke, Urbanisierung, Chronik, 20.
196 Nekrolog Biebl, MGSL, 35, 1895; Nekrolog Harrer, MGSL, 45, 1905, 41.
197 Schumacher, Chronik, 184ff.
198 Scheibl, Altsalzburgische Betrachtungen, 98.
199 Engl, Die Familie Engl, 304.
200 Ebd., 309.
201 Vgl. Haas, Salzburg in der Habsburgermonarchie, 818ff., 828ff.
202 S. auch S. 491.
203 Klieber, Erzbischof Johannes Kardinal Katschthaler, 323; ders., Politischer Katholizismus, 62ff., 195f.
204 Zit. Nach Schausberger, Eine Stadt lernt Demokratie, 17f.
205 Ebd.
206 Klieber, Politischer Katholizismus, 244.
207 Hoffmann, Schönerianisches Milieu.
208 Zur kommunalpolitischen Entwicklung s. S. 506ff.
209 Schumacher, Chronik, 186.
210 Vgl. Hanisch/Fleischer, Im Schatten berühmter Zeiten, 66f.; Haas, Salzburg in der Habsburgermonarchie, 856ff.
211 SV, Nr. 236, 1900.
212 Haas/Koller, Integration und Ausgrenzung, 178.
213 Vgl. allg: Fellner, Antisemitismus in Salzburg; Haas/Koller, Jüdisches Gemeinschaftsleben.
214 Haas, Salzburg in der Habsburgermonarchie, 813f.
215 Ebd., 4. 8. 1863.
216 Weichselbaum, Georg Trakl, 18f.
217 Haas, Salzburg in der Habsburgermonarchie, 862–865; Klieber, Politischer Katholizismus, 26f.
218 Klieber, Politischer Katholizismus, 13f.
219 Hanisch/Fleischer, Im Schatten berühmter Zeiten, 98f.; Haas, Salzburg in der Habsburgermonarchie, 867ff.
220 Vgl. Kocka, Bürgertum und Bürgerlichkeit, 43.
221 Zit. nach Hanisch, Provinzbürgertum und die Kunst der Moderne, 134.
222 Hanisch/Fleischer, Im Schatten berühmter Zeiten, 104.
223 Schaffer, Malerei . Plastik . Architektur, 39.
224 Hanisch, Provinzbürgertum und die Kunst der Moderne, 135.
225 Hanisch/Fleischer, Im Schatten berühmter Zeiten, 114–121.
226 Hintermaier, Musik – Musiker – Musikpflege, 1683–1706.
227 Klabouch, Gemeindeselbstverwaltung, 58ff.; Ucakar, Demokratie und Wahlrecht, 121–125.
228 Gemeinderatssitzung v. 19. 11. 1860, in: SZ, 20. 11. 1860.
229 Ebd.; SLA 35 Präs., Landeshauptmann Gourcy an Statthalterei in Linz, 20. 11. 1860.
230 SZ, 23. 12. 1860.

231 Ebd., 5., 7. 1. 1861.
232 Klabouch, Gemeindeselbstverwaltung, 59.
233 SLA, 16 P, L. H., Landeshauptmann an Statthalterei in Linz, 6. 2. 1861; s. a. SLA, Präs. 31 (1860/61), Wahl des Gemeinderates und Bürgermeisters der Landeshauptstadt Salzburg 1864–1868.
234 SZ, 2. 3. 1861, Inserat v. Dr. Schöpf.
235 SLA (wie Anm. 233).
236 Ebd.; SZ, 19. 2. 1861; vgl. Schöchl, Heinrich Ritter von Mertens.
237 Gemeinderatssitzung v. 2. 4. 1861, in: SZ, 9. 4. 1861.
238 SZ, 24. 4. 1862 sowie 13. 4. 1863.
239 Ebd., 17. 4. 1863.
240 Ebd., 13. 4. 1863.
241 Ebd., 13. 4. 1864.
242 Ebd., 11. 4. 1866.
243 Ebd., 3. 3. 1862.
244 Ebd., 1. 8. 1863; Protokolle des österreichischen Ministerrats 1848–1867, V. Abt., Bd. 6, 263.
245 Gemeinderatssitzung v. 7. 7. 1866, in: SZ, 7. 7. 1866.
246 Wandruszka, Österreich-Ungarn, 356, Charmatz, Österreichs innere Geschichte, Bd. 1, 71.
247 SZ, 14. 8. 1866.
248 Ebd., 29. 9. 1863.
249 Hoffmann, Bürgerliche Kommunikationsstrategien, 322ff; s. a. S. 469.
250 SZ, 22. 8. 1866.
251 S. S. 451ff.
252 Vgl. Weidenholzer, Behördenorganisation.
253 Klabouch, Gemeindeselbstverwaltung, 8f.
254 Ebd., 81; Salzburger Zeitung, 3. 4. 1866.
255 Mertens, Bericht des Bürgermeisters, 23.
256 Klabouch, Gemeindeselbstverwaltung, 116ff., 149ff.; Riemer, Der Haushalt der Städte mit eigenem Statut.
257 Mertens, Bericht des Bürgermeisters, 5ff.
258 Reichsgemeindegesetz v. 5. 3. 1862, RGBl. Nr. 18, § XXIV.
259 SZ, 26. 10. 1866; Mertens, Bericht des Bürgermeisters, 5.
260 Gemeinderatssitzung v. 11. 1. 1864, in: SZ, 16. 1. 1864, vgl. Gnilsen, Ecclesia Militans, 144–150.
261 Mayrhofer, Handbuch für den politischen Verwaltungsdienst, Bd. 5, 4, Anm. 3.
262 Vgl. Klabouch, Gemeindeselbstverwaltung, 87f.
263 Bericht des Bürgermeisters (Mertens), 6f.; vgl. allg. Ucakar/Welan, Kommunale Selbstverwaltung, 24f.
264 Gemeinde-Statut und Gemeinde-Wahlordnung, (LGBl. 1869/41).
265 Ebd. 22f., §§ 39–40.
266 Gemeindestatut und Gemeindewahlordnung, § 15.
267 Pezolt, Bürger und Bürgertum, 36.
268 Klabouch, Gemeindeselbstverwaltung, 136.
269 Zu Graz vgl. Hubbard, Auf dem Weg zur Großstadt, 151f.
270 Vgl. AStS, HS. 960, Gemeinderatsverzeichnis der Stadt Salzburg 1861–1899.
271 SZ, 18. 3. 1870.
272 LGBl. 1890/6.
273 Zur Änderung der Wahlordnung: SV, 7. 8. und 8. 8. 1889.
274 Seliger, Liberale Fraktionen im Wiener Gemeinderat.

²⁷⁵ Gruber, Große Politik in der kleinen Stadt, 33.
²⁷⁶ Wahlaufruf des liberalen Vereins, Beilage zur Salzburger Zeitung, Nr. 58, 1870.
²⁷⁷ Vgl. allg. Klabouch, Gemeindeselbstverwaltung, 99f.
²⁷⁸ Nekrolog Harrer, MGSL, 45, 1905, 43.
²⁷⁹ Nekrolog Biebl, MGSL, 35, 1895, 260.
²⁸⁰ Zur Amtszeit Harrers s.: Harrer, Gemeinde-Verwaltung 1872 bis 1875.
²⁸¹ Harrer, Die Hochquellenleitung von Fürstenbrunn.
²⁸² Harrer, Gemeinde-Verwaltung 1872 bis 1875, 29f.
²⁸³ Wahlaufruf des liberalen Vereins (wie Anm. 276).
²⁸⁴ Gemeinde-Verwaltung 1872 bis 1875, 9f.
²⁸⁵ Bericht über das 25jährige Wirken ... der Volks- und Bürgerschule Salzburg, 4.
²⁸⁶ Nekrolog Harrer (wie Anm. 278), 41.
²⁸⁷ Gnilsen, Ecclesia Militans, 167.
²⁸⁸ Nekrolog Anton Erben, MGSL, 45, 1905, 34.
²⁸⁹ Ebd., 33f.; s. auch: Behacker, Geschichte des Volks- und Bürgerschulwesens, 76ff.
²⁹⁰ Rom, Der Bildungsgrad der Bevölkerung, 786.
²⁹¹ Bericht des Vizebürgermeisters Dr. Rudolf Spängler, 15.
²⁹² Schöchl, Heinrich Ritter von Mertens, 21; Schöpfer-Volderauer, Salzburger Erinnerungen, 79.
²⁹³ Scheibl, Altsalzburgische Betrachtungen, 102f.
²⁹⁴ Gemeinde-Verwaltung 1872–1875, 4ff.
²⁹⁵ Gnilsen, Ecclesia Militans, 136f.; Janschek, Salzburg von 1800–1900, 226–229.
²⁹⁶ Pigerle, Vermögensgebarung der Städte, 319.
²⁹⁷ (Biebl), Bericht des Bürgermeisters, 9.
²⁹⁸ Vgl. allg. Krabbe, Kommunalpolitik und Industrialisierung, 80.
²⁹⁹ (Max Ott), Die städtischen Objekte, VI/3; Bayer, Das Bad- und Kurhaus in Salzburg.
³⁰⁰ Sylvester, Die Gemeindebetriebe der Stadt Salzburg.
³⁰¹ Weidenholzer, Behördenorganisation.
³⁰² (Biebl), Bericht des Bürgermeisters, 3.
³⁰³ Eder, Zur Erinnerung; Ziegleder, Hundert Jahre Kommunalfriedhof.
³⁰⁴ Eder, Zur Erinnerung, 17.
³⁰⁵ SZ, Nr. 60, 66, 1878; Steinkellner, Georg Lienbacher, 271.
³⁰⁶ SV, 27. 3. und 1. 4. 1880.
³⁰⁷ Ebd., 10. 3. 1883.
³⁰⁸ Ebd., 24. und 27. 2. 1883.
³⁰⁹ Schumacher, Chronik, 52f.; Havinga, Bürgermeister Dr. Albert Schumacher.
³¹⁰ Schumacher, Chronik, 57–61.
³¹¹ Thätigkeit der conservativen Majorität des Salzburger Landtages in den Jahren 1878–1884, Salzburg (1889), 29–33.
³¹² Verhandlungen des Landtages, 1884, 1497–1544; Havinga, Bürgermeister Dr. Albert Schumacher, 36–42; vgl. allg. Klabouch, Gemeindeselbstverwaltung, 116.
³¹³ SV, Nr. 83, 1883.
³¹⁴ Ebd., Nr. 122, 1884; SCh, Nr. 115, 1884.
³¹⁵ Steinkellner, Lienbacher, 82–84; Schumacher, 63–65.
³¹⁶ S. a. Haas, Salzburg in der Habsburgermonarchie, 918–922.
³¹⁷ Ebd., 934–981; zur Salzburger Arbeiterbewegung s. a.: Kaut, Der steinige Weg; Hellmuth/Windtner, Liberalismus und Sozialdemokratie.
³¹⁸ Ebd., 947.
³¹⁹ Ebd., 948f.

320 Ebd., 951; Hellmuth/Windtner, Liberalismus und Sozialdemokratie, 286–270.
321 Ebd., 273.
322 Schumacher, Chronik, 105.
323 Haas, Salzburg in der Habsburgermonarchie, 848.
324 Schumacher, Chronik, 105.
325 SV, 4. 4. 1896.
326 Schumacher, Chronik, 65, 125
327 Hoffmann, ‚Schönerianisches' Milieu, 282f.
328 Der Kyffhäuser, Nr. 26, 3. 7. 1887.
329 SV, 16. 3. 1901.
330 Ebd., 21. 3. 1889.
331 Ebd.
332 Ebd., 30. 3., 1. 4., 6. 4., 8. 4. 1889.
333 Ebd., Nr. 247, 249, 254, 274, 1890.
334 Gemeinderatssitzung, 3. 2. 1890, SV, 4. 2. 1890.
335 SV, 12. 12. 1892; s. a. Fellner, Antisemitismus in Salzburg, 61–68.
336 SV, Nr. 282, 1891.
337 Ebd, Nr. 280, 1892.
338 Ebd., Nr. 81, 83, 1893; Nekrolog Spängler, MGSL, 36, 1896, 415.
339 SV, 3. 4., 7. 4., 14. 4., 1894.
340 Ebd., 8. 5. 1894.
341 Nekrolog Zeller, MGSL, 42, 1902, 202–206.
342 Schumacher, Chronik, 111.
343 Gemeinderatssitzung, 11. 2. 1895; SV, 12. 2. 1895.
344 Salzburger Tagblatt, 31. 3. 1896; SV, 9. 4. 1895.
345 Ebd.
346 SV, 6. 4. 1895.
347 Ebd., 28. 3. und 4. 4. 1896.
348 Ebd., 14. 4. 1896.
349 Schumacher, Chronik, 132.
350 Salzburger Tagblatt, 8. 4. 1896.
351 Kaut, Der steinige Weg, 54ff.
352 SV, 5. 3. und 16. 3. 1901.
353 Vgl. Haas, Salzburg in der Habsburgermonarchie, 856–862; Hanisch/Fleischer, Im Schatten berühmter Zeiten, 66–69.
354 Vgl. Pagitz, 125 Jahre Handelskammer Salzburg, 82.
355 Zu Zellers und Scheibls Rücktritt: SV, 6. 7. 1898 und 17. 7. 1900.
356 Ebd., 21. 7., 25. 7. und 16. 10. 1900; Schumacher, Chronik, 138.
357 SV, 20., 21., 22., 23. 3. 1899.
358 Haas, Salzburg in der Habsburgermonarchie, 856.
359 SV, 20. 10. 1900.
360 Klieber, Kardinal Katschthaler, 304; ders., Politischer Katholizismus, 244; Schausberger, Eine Stadt lernt Demokratie, 23ff.
361 SV, 16. 4. 1914.
362 Ebd., 29. 3., 31. 3., 3. 4. 1914.
363 SLA, Präs, 1899, Kt. 1, Zl 1222.
364 Vgl. Hoffmann, Die Stadt im bürgerlichen Zeitalter, 2366.
365 Der Salzburger Wirtschafts-Klub, in: Salzburger Volksblatt, 26. 4. 1908.

366 Vgl. Hoffmann, Die Stadt im bürgerlichen Zeitalter, 2366.
367 SV, 23. 3., 25. 3. 1911; 31. 3. 1914; Vgl. Hanisch, Zur Frühgeschichte des Nationalsozialismus in Salzburg, 376–379.
368 Haas, Salzburg in der Habsburgermonarchie, 973–981; vgl. a. Bauer, Arbeiterkultur in Salzburg.
369 Haas, Salzburg in der Habsburgermonarchie, 978.
370 Ebd., 970f.; Bauer, Salzburg 1900–1910, 32ff.
371 Kaut, Der steinige Weg, 54f.
372 Ebd., 65.
373 SV, 2. 4., 11. 4. 1914; Kaut, der steinige Weg, 75f.
374 Krabbe, Kommunalpolitik, 77ff.
375 SV, 26. 3. 1898.
376 Prossnitz, Vom Hof- übers Stadt- zum Landestheater, 32; E. Marx, Der Neubau des Salzburger Theaters.
377 Ott, Bericht 1892–1918, 61f.
378 SV, 20. 10. 1900.
379 Ott, Die städtischen Objekte, 13f.
380 Ott, Bericht 1892–1918, 28f.
381 Riemer, Haushalt einiger Städte mit eigenem Statut, 601f.
382 Zum Salzburger Armenwesen: Mayr, Sozialhilfe in Salzburg; Hanisch/Fleischer; 182–190; Haas, Salzburg in der Habsburgermonarchie, 954–964; Mair-Gruber/Stranzinger, Armenpflege und sozial-karitative Vereine.
383 Pollak, Das erste Jahr der neuen Armenpflege, 3.
384 Vgl. Lackner, Die öffentliche offene Armenpflege.
385 Pollak, Zur Errichtung einer Beschäftigungsanstalt.
386 SV, 26. 3., 25. 6. 1898.
387 Ott, Bericht 1892-1918, 86.
388 Ebd., 83.
389 Ebd.
390 Das Millionen-Anlehen der Stadt Salzburg, 4; SV, 14. 3. 1907.
391 Ebd., 7. 4. 1910; Frey, 100 Jahre Salzburger Gaswerk.
392 Ott, Bericht 1892–1918, 26f., 75F.; 50 Jahre Elektrizitätsversorgung, 25f.
393 AStS, Gemeinderatssitzungsprotokoll v. 7. 11. 1910, 443ff.; Ott, Bericht 1892–1912, 83.
394 SV, 31. 1. 1911, 1. 4. 1914.
395 Vgl. Höllbacher, Salzburg: Landschaft und Stadt, 183.
396 AStS, Städtische Akten, Fasz. 31, Stadtbauamt an Stadtgemeinde-Vorstehung, 20. 9. 1899.
397 SV, 31. 1. 1911.
398 Plasser, Stadterweiterung II, 186–195.
399 Salzburger Zeitung, 21. 7. 1888, zit. nach Höllbacher, Salzburg: Landschaft und Stadt, 164.
400 Zum Linzer Tor vgl. Helfert, Eine Geschichte von Thoren; Pezolt, Historische Nachrichten; Hoffmann, Erzherzog Franz Ferdinand, 65f.
401 Hoffmann, Salzburg im bürgerlichen Zeitalter, 2362.
402 Höllbacher, Salzburg: Stadt und Landschaft, 171ff.
403 Zit. Helfert, Denkmalpflege, 171.
404 Hoffmann, Erzherzog Franz Ferdinand, 66f.
405 Ebd., 16ff.
406 Leitinger, Die Entwicklung des städtischen Raums beim Justizgebäude, 148f.
407 Glaise-Horstenau, Erinnerungen, Bd. 1, 218.
408 Hackl, Salzburger Bauprojekte.

409 Chlumecky, Erzherzog Franz Ferdinands Wirken, 320.
410 Kunz, Projektierte unausgeführte Monumentalbauten.
411 Höllbacher, Salzburg: Stadt und Landschaft, 192ff.
412 AStS, Städtische Akten, Fasz. 231, Gutachten über die Regulierung der Altstadt Salzburg v. 12. 8. 1905.
413 AStS, Gemeinderatssitzung v. 8. 7. 1907.
414 Braumann, Stadtplanung in Österreich, 52f.
415 SV, 11. 4. 1909.
416 Hoffmann, Erzherzog Franz Ferdinand, 71ff.
417 SLA, Landesreg., Kt. 445, 1912 XIX b Zl. 19002, Militärkanzlei Franz Ferdinand an Landesregierung v. 26. 7. 1907.
418 Schumacher, Chronik, 186.
419 SV, 26. 4. 1908.
420 Harrer/Holcomb, Salzburger Lokalbahnen, 9–13.
421 Schumacher, Chronik, 62.
422 Harrer/Holcomb, Salzburger Lokalbahnen, 13.
423 Scholz, Die städtische elektrische Straßenbahn, 649–654.
424 Ein stimmungsvolles Bild der Tramwaygesellschaft bietet, Buschbeck, Die Dampftramway.
425 Vgl. Tabelle 6; Österreichisches Städtebuch 14, 1913, 45–47; Hubbard, Auf dem Weg zur Großstadt, 176.
426 Schumacher, Chronik, 47.
427 SV, 1. 4. 1880.
428 Schumacher, Chronik, 107.
429 Klabouch, Gemeindeselbstverwaltung, 139.
430 AStS, Beilage zum Gemeinderatssitzungsprot. v. 17. 1. 1910.
431 SV, 8. 3. 1901.
432 AStS, Beilage zum Gemeinderatssitzungsprot. v. 17. 1. 1910.
433 Ebd.
434 AStS, Gemeinderatssitzungsprot. v. 17. 1. 1910.
435 Ebd.
436 Vgl. auch: Mazohl-Wallnig (Hg.), Die andere Geschichte, 1, 26–31.
437 AStS, Beilage zum Gemeinderatssitzungsprot. v. 17. 1. 1910.
438 Ebd.
439 SV, 8. 3. 1901.
440 Verhandlungen des Landtages, 28. Sitzung d. 1. Session der 10. Wahlperiode am 19. 2. 1910, 2509–2513.
441 Ebd., 14. Sitzung v. 29. 2. 1912, 1922; AStS; Gemeinderatssitzungsprot. 8. 2. 1912.
442 Paragraph 5 des abgeänderten Gemeindestatuts, AStS, Gemeinderatssitzungsprot. v. 17. 1. 1910.
443 AStS, Gemeinderatssitzungsprot. v. 23. 6. 1913.
444 SLA, Landespräs. 1914, XIXb, Kt. 522, Bürgermeister Ott an Landespräs., 16. 1. 1914.
445 Verhandlungen des Landtages, v. 14. 10. 1913.
446 Klabouch, Gemeindeselbstverwaltung, 166f.
447 Ott, Bericht 1892 bis 1918, 95.
448 Kaut, Der steinige Weg, 77.
449 Heute im Rainermuseum auf der Festung.
450 Ott, Bericht 1892 bis 1935, 5.
451 Allg. zur sozialen Lage im Krieg vgl.: Köfner, Hunger, Not und Korruption; Bauer, Patriotismus, Hunger, Protest.

[452] Köfner, Hunger, Not und Korruption, 67.
[453] Ebd. 73.
[454] Ebd., 75ff.
[455] Ebd., 97–108, Bauer, Die Hungerdemonstration vom 19. September 1918; dies., Patriotismus, Hunger, Protest, 307.
[456] Köfner, Hunger, Not und Korruption, 182.

XI. Zwischenkriegszeit und Zweiter Weltkrieg

[1] Vgl. Köfner, Hunger, Not und Korruption, 146–152.
[2] Schuchter, So war es in Salzburg, 33.
[3] Salzburger Wacht, 13. 11. 1918, zit. nach Bauer, Von der alten Solidarität, 92.
[4] Schuchter, So war es in Salzburg, 33.
[5] Vgl. Köfner, Hunger, Not und Korruption, 146–152.
[6] Rehrl, Österreich als Zweckverband der Kultureinheiten, 13f.
[7] Dirninger, Determinanten und Strukturmerkmale, 196.
[8] Ebd.
[9] Hanisch, Provinz und Metropole, 67.
[10] Vgl. Ardelt u. a., Von der Monarchie bis zum Anschluß, Bd. 1, 190.
[11] Vgl. Tabelle im Anhang.
[12] Ebd., 1327.
[13] Vgl. Hanisch, Wirtschaftswachstum ohne Industrialisierung.
[14] Zweig, Die Welt von gestern, 394f.
[15] Kaut, Festspiele in Salzburg, 18; vgl. auch Gallup, Die Geschichte der Salzburger Festspiele, 18–22.
[16] Zit. nach Prossnitz, Die Salzburger Festspiele, 1780.
[17] Hofmannsthal, zit. nach: Ardelt u. a., Von der Monarchie bis zum Anschluß, 150.
[18] Hanisch, Wirtschaftswachstum ohne Industrialisierung, 106; vgl. Steinberg, The Meaning of the Salzburg Festival.
[19] Zweig, Die Welt von gestern, 329f.
[20] Erwin G. Rainalter in SV, 2. 8. 1921, zit. nach Ardelt u. a., Von der Monarchie bis zum Anschluß, 153f.
[21] Rohrmoser, Der Kulturpolitiker Franz Rehrl, 170.
[22] Ebd., 183.
[23] Ebd. 199; Schausberger, Eine Stadt lernt Demokratie, 86–91; Hanisch, Provinz und Metropole, 97.
[24] Zit. nach Fuhrmann, Anton Faistauer, 21.
[25] Mayrhofer, Besuche bei Professor Max Reinhardt auf Schloß Leopoldskron, 73.
[26] Kammerhofer-Aggermann, Kulturmetropole Salzburg, 117.
[27] AStS, Gemeinderatsprotokoll, 28. 1. 1929.
[28] Gebert, Betriebswirtschaftlicher Querschnitt, 14.
[29] Hanisch, Wirtschaftswachstum ohne Industrialisierung, 109.
[30] Zit. nach Kammerhofer-Aggermann, Kulturmetropole Salzburg, 116.
[31] Ott, Bericht 1912–1918, 21.
[32] StGBl. Nr. 81/1918, zit. nach Köfner, Hunger, Not und Korruption, 183.
[33] Ebd., 184.
[34] Khakzadeh, Gemeinderatswahlen, 16; Schausberger, Eine Stadt lernt Demokratie, 41.

35 LGBl. Nr. 74/1919; Schausberger, Eine Stadt lernt Demokratie, 41f.
36 LGBl. Nr. 34, 1923; vgl. Khakzadeh, Gemeinderatswahlen, 18; Schausberger, Eine Stadt lernt Demokratie, 42.
37 Khakzadeh, Gemeinderatswahlen, 48.
38 Vgl. Tabelle 9.
39 Hanisch, Im Zeichen des allgemeinen Wahlrechts, 2379.
40 Vgl. allg. Hanisch, Zur Frühgeschichte des Nationalsozialismus.
41 Vgl. Hanisch, Im Zeichen des allgemeinen Wahlrechts, 2378.
42 Das Stimmenergebnis nach Wahlsprengeln, Salzburger Wacht, 14. 7. 1919.
43 Ergänzungswahl, bei der nur die Hälfte der Mandate neu besetzt wurde.
44 Die Großdeutschen kandidierten nicht als geschlossene Liste. Die in den folgenden Zeilen angeführten wahlwerbenden Gruppierungen werden jedoch dem großdeutschen Lager zugezählt.
45 Großdeutsche und Dt. Arbeiterpartei kandidierten auf einer gemeinsamen Liste.
46 Kandidatur als Nationaler Wirtschafts- und Ständeblock.
47 Nationalsozialisten der Schulz-Richtung.
48 Nationalsozialisten der Hitler-Richtung.
49 Bauer/Weitgruber, 1895–1985 Itzling, 54; Steinkellner, Die Gemeinde Maxglan, 82f.
50 Steinkellner, Die Gemeinde Maxglan, 82f.
51 Zit. nach Hanisch, Im Zeichen des allgemeinen Wahlrechts, 2378.
52 Schausberger, Eine Stadt lernt Demokratie, 47.
53 Vgl. Weidenholzer, Entwicklung der Behördenorganisation, 15f.
54 Khakzadeh, Gemeinderatswahlen, 20f.
55 Weidenholzer, Entwicklung der Behördenorganisation, 66.
56 Schausberger, Eine Stadt lernt Demokratie, 141.
57 Ebd., 142.
58 Hanisch, Im Zeichen des allgemeinen Wahlrechts, 2380; vgl. Tweraser, Der Linzer Gemeinderat 1914–1934, 273.
59 Ott, Bericht 1892–1935, 17.
60 Schausberger, Eine Stadt lernt Demokratie, 95; AStS, Gemeinderatssitzungsprotokolle v. 5. 3. 1928, 28. 1. 1929, 27. 1. 1930, 27. 2. 1931, 22. 3. 1932, 20. 2. 1933, 12. 1. 1934.
61 Hanisch, Die Erste Republik, 1069.
62 Zur zusammenfassenden Bewertung der Persönlichkeit von J. Preis sowie des christlichsozialen Wirkens im Gemeinderat nach 1918 s. Schausberger, Eine Stadt lernt Demokratie, 11–15.
63 Vgl. ebd., 111–127.
64 Ebd., 102ff.
65 Ebd., 100.
66 Ebd., 105; Hanisch, Im Zeichen des allgemeinen Wahlrechts, 2385.
67 Schausberger, Eine Stadt lernt Demokratie, 68–71.
68 AStS, Gemeinderatssitzungsprotokoll v. 27. 1. 1930.
69 Zu Dobler und Witternig s. Kaut, Der steinige Weg, 260, 270.
70 Vgl. Schausberger, Eine Stadt lernt Demokratie, 57.
71 AStS, Gemeinderatsprotokoll v. 27. 2. 1931.
72 Witternigg 1925 im Gemeinderat, zit. nach Schausberger, Eine Stadt lernt Demokratie, 70.
73 Schausberger, Eine Stadt lernt Demokratie, 68.
74 Vgl. Kaut, Der steinige Weg, 113; Schausberger, Eine Stadt lernt Demokratie, 76–78.
75 AStS, Gemeinderatsprotokoll, 22. 3. 1932.
76 AStS, Gemeinderatsprotokoll, 28. 1. 1929.
77 Ebd.

78 AStS, Gemeinderatsprotokoll, 27. 1. 1930.
79 AStS, Gemeinderatsprotokoll, 27. 10. 1933;. Ziegleder, 100 Jahre Kommunalfriedhof, 34f.
80 Hanisch, Im Zeichen des allgemeinen Wahlrechts, 2387.
81 Salzburger Wacht, 14. 4. 1931, zit. nach Schausberger, Eine Stadt lernt Demokratie, 138.
82 AStS, Gemeinderatsprotokoll, 22. 3. 1932.
83 Hanisch, Im Zeichen des allgemeinen Wahlrechts, 2388.
84 Schausberger, Eine Stadt lernt Demokratie, 139.
85 Dirninger, Determinanten und Strukturmerkmale, 196.
86 Ebd., 197.
87 Dieser Abschnitt folgt – sofern nicht anders ausgewiesen – der ausführlichen Darstellung von Ardelt, „Christlicher Ständestaat".
88 AStS, Gemeinderatsprotokoll v. 2. 5. 1933.
89 Hanisch, Die Erste Republik, 1073.
90 Zweig, Die Welt von gestern, 430f.
91 Salzburger Volksbote, 8. 7. 1934, zit. nach Hanisch, Salzburg, 921.
92 Vgl. Schausberger, Eine Stadt lernt Demokratie, 141.
93 Thurner, Der 12. Februar 1934 in Salzburg, 19.
94 Ebd., 24f.
95 LGBl. 53/1934.
96 SCh, 6. 5. 1934, zit. nach Ardelt, „Christlicher Ständestaat", 2041.
97 Ebd.
98 Ardelt, „Christlicher Ständestaat", 2402f.
99 BGBl. 239/1934.
100 SCh, 4. 2. 1935, zit. nach Ardelt. „Christlicher Ständestaat", 2405.
101 Sten. Protokoll der 6. öffentl. Sitzung des Salzburger Landtages, 1. Session, 21. Mai 1934.
102 Braumann, Stadtplanung in Österreich, 73.
103 Vgl. Müller, Der lange Weg zu den Eingemeindungen, 334.
104 Vgl. auch Steinkellner, Die Gemeinde Maxglan, 88f.
105 Stadtrecht der Landeshauptstadt Salzburg v. 6. 7. 1935, LGBl. 39/1935.
106 BGBl. 75/1934, § 39.
107 Ardelt, „Christlicher Ständestaat", 2405.
108 Vgl. Schausberger, Eine Stadt lernt Demokratie, 197ff.
109 Hildmann, Ansprache des Bürgermeisters, 2.
110 Salzburger Chronik, 11. 7. 1935.
111 Ardelt, „Christlicher Ständestaat", 2412.
112 Hildmann, Ansprache des Bürgermeisters, 3; Kellner/Kuchner, Erstellung eines quantitativen Befunds, 16, 23.
113 Kellner/Kuchner, Erstellung eines quantitativen Befunds, 16f.
114 Ebd., 29.
115 Vgl. auch Hanisch, Wirtschaftswachstum ohne Industrialisierung, 107; Gebert, Betriebswirtschaftlicher Querschnitt, 22.
116 Dirninger , Determinanten und Strukturmerkmale, 217.
117 Dirninger, Wandel und Konstanz, 285.
118 Glaise-Horstenau, Erinnerungen, Bd. 2, 111.
119 Bruno Walter, in: Salzburger Illustrierte, I, Nr. 4, 4. 7. 1936, zit. nach Kammerhofer-Aggermann, Kulturmetropole Salzburg, 118.
120 Vgl. Müller, Die Glan wird gebändigt.

[121] Ardelt, „Christlicher Ständestaat", 2419.
[122] Ebd., 2423; vgl. auch Bauer/Ebeling-Winkler, Sozialisten, 49–60; Haas, Kommunisten, 125–134.
[123] Ardelt, „Christlicher Ständestaat", 2423.
[124] Ebd., 2424.
[125] Hanisch, Die Erste Republik, 1120.
[126] Stuhlpfarrer, Die deutsche Penetration Österreichs, 322f.
[127] Glaise-Horstenau, Erinnerungen, Bd. 2, 108.
[128] Klein, Bevölkerung und Siedlung, 1326; vgl. Tabelle im Anhang.
[129] Zit. nach Braumann, Stadtplanung in Österreich, 66.
[130] Braumann, Stadtplanung in Österreich, 56.
[131] Ebd., 69.
[132] Bauböck, Wohnungspolitik, 22–25.
[133] Hildmann, Soziale Tätigkeit, 10.
[134] Ebd., 17.
[135] Schäffer, Wohnverhältnisse, 243–245.
[136] Zweig, Die Welt von gestern, 331f.
[137] Ebd., 262–264.
[138] Schausberger, Eine Stadt lernt Demokratie, 116–118.
[139] Ebd., 116–118; Schäffer, Wohnverhältnisse, 268–270.
[140] Schausberger, Eine Stadt lernt Demokratie, 124–125.
[141] Ebd. 127–128.
[142] Preis, Bauwesen, 155.
[143] Hanisch, Im Zeichen des allgemeinen Wahlrechts, 2385.
[144] Vgl. Tätigkeitsbericht über die dreijährige Funktionsperiode; Baumgartner, Die Arbeit der Sozialdemokraten; Plasser, Zur Baugeschichte von Maxglan, 116.
[145] Bonczák, Ein Leben, 136.
[146] Preis, Bauwesen, 156.
[147] Rede auf dem Trabrennplatz, 11. 9. 1933, Reichspost, 12. 9. 1933.
[148] Vgl. allg. Hoffmann, Hack' und Spaten, 217–268.
[149] Ebd., Tabelle 7, 291–292.
[150] Stuhlpfarrer, Zum Problem der deutschen Penetration, 322.
[151] Hanisch, Nationalsozialistische Herrschaft, 20.
[152] Ebd., 24.
[153] Ebd., 26.
[154] Ebd., 27.
[155] Salzburger Landeszeitung, 11. 3. 1939, zit. nach: Ardelt (u. a.), Nationalsozialismus und Krieg, 23.
[156] Ebd., 36.
[157] Ebd., 36.
[158] Hanisch, Nationalsozialistische Herrschaft, 43f.
[159] Ardelt (u. a.), Nationalsozialismus und Krieg, 18.
[160] Ardelt (u. a.), Nationalsozialismus und Krieg, 40.
[161] Zit. nach Kerschbaumer, Faszination Drittes Reich, 53.
[162] Hanisch, Peripherie und Zentrum, 329.
[163] Hanisch, Nationalsozialistische Herrschaft, 68.
[164] Ardelt, Die Stadt in der NS-Zeit, 2430.
[165] Ebd.
[166] Hanisch, Nationalsozialistische Herrschaft, 146.
[167] SZ, 2. 6. 1938, zit. nach Ardelt, Die Stadt in der NS-Zeit, 2436.

168 Deutsche Gemeindeordnung vom 30. Januar 1935 (= Gesetzblatt für die Republik Österreich, 408/1938).
169 Ebd.
170 Zur Funktion des Gemeinderats: Deutsche Gemeindeordnung, § 48–57.
171 Ardelt, Die Stadt in der NS-Zeit, 2437f.
172 AStS, Städtischer Amtsschematismus v. Juni 1940, zusammengestellt von Magistratsdirektor Emanuel Jenal.
173 Ardelt, Die Stadt in der NS-Zeit, 2437.
174 Botz, Die Eingliederung Österreichs, 108.
175 AStS, Städtischer Amtsschematismus v. Juni 1940, zusammengestellt von Magistratsdirektor Emanuel Jenal.
176 Deutsche Gemeindeordnung, § 51.
177 Deutsche Gemeindeordnung, § 57/2.
178 Weidenholzer, Entwicklung der Behördenorganisation, 23.
179 Hanisch, Nationalsozialistische Herrschaft, 130–233.
180 Vgl. S. 581.
181 Hanisch, Nationalsozialistische Herrschaft, 10ff.; ders., Peripherie und Zentrum, 331.
182 Hanisch, Nationalsozialistische Herrschaft, 78.
183 Ebd., 78.
184 Zit. nach ebd.
185 SV, 3. 3. 1938, zit. nach N. Mayr, Das Vorzimmer des Deutschen Reichs, 480.
186 Hanisch, Nationalsozialistische Herrschaft, 178.
187 Ebd., 124.
188 Ebd., 181.
189 Ebd., 140.
190 Kerschbaumer, Faszination Drittes Reich, 171ff.
191 Hanisch, Nationalsozialistische Herrschaft, 141.
192 Ebd., 142.
193 Zit. nach ebd., 115.
194 Hanisch, Nationalsozialistische Herrschaft, 194.
195 Kerschbaumer, Faszination Drittes Reich, 118ff.
196 Hanisch, Nationalsozialistische Herrschaft, 182.
197 RGBL, I/1939, 603; Hanisch, Nationalsozialistische Herrschaft, 200; Braumann, Stadtplanung in Österreich, 114.
198 Braumann, Stadtplanung in Österreich, 117.
199 Pogatschnigg, Salzburgs Leistung und Aufbau, 5, zit. nach Braumann, Stadtplanung in Österreich, 119.
200 Interview Wintersteiger, zit. bei Braumann, Stadtplanung in Österreich, 119.
201 Ebd., 120.
202 Braumann, Stadtplanung in Österreich, 120ff; N. Mayr, Eine NS-Akropolis für Salzburg.
203 Braumann, Stadtplanung in Österreich, 136f.
204 Ebd., 137.
205 Ebd., 123f.
206 Ebd., 114.
207 Dirninger, Determinanten und Strukturmerkmale, 197.
208 Ebd.
209 Ebd.
210 Ardelt, Die Stadt in der NS-Zeit, 2438f.

[211] Zit. nach Braumann, Stadtplanung in Österreich, 113.
[212] Braumann, Stadtplanung in Österreich, 114; vgl. auch Müller, Der lange Weg zu den Eingemeindungen.
[213] Statistisches Jahrbuch der Landeshauptstadt Salzburg, 10, 1959, 52.
[214] Hanisch, Nationalsozialistische Herrschaft, 120.
[215] Statistisches Jahrbuch der Landeshauptstadt Salzburg, 10, 1959, 52.
[216] Braumann, Stadtplanung in Österreich, 113.
[217] Hanisch, Nationalsozialistische Herrschaft, 125.
[218] Ebd., 120.
[219] Braumann, Stadtplanung in Österreich, 113.
[220] Vgl. dazu u. a.: Neue Heimat für neue Familien, 10 Jahre Salzburger Wohnsiedlungsgenossenschaft.
[221] Kerschbaumer, Faszination Drittes Reich, 34ff.
[222] Weidenholzer, Kriegsgefangene.
[223] Braumann, Stadtplanung in Österreich, 136.
[224] Kerschbaumer, Tourismus im politischen Wandel, 122.
[225] Ebd.
[226] Ebd. 122f.
[227] Braumann, Stadtplanung in Salzburg, 127.
[228] Kerschbaumer, Tourismus im politischen Wandel, 127.
[229] Zum folgenden Kapitel vgl.: Widerstand und Verfolgung in Salzburg, 2 Bde.
[230] Dachs, Das katholisch-konservative Lager, 11ff.
[231] Fellner, Die Verfolgung der Juden, 435.
[232] Ebd.
[233] Ebd., 445.
[234] Widerstand und Verfolgung, Bd. 2, 459.
[235] Fellner, Verfolgung der Juden, 438.
[236] Kerschbaumer, Von der Vertreibung zum Neubeginn, 210f.
[237] Zit. nach Ardelt u. a., Nationalsozialismus und Krieg, 90.
[238] Vgl. Hanisch/Spatzenegger, Die katholische Kirche, 134ff.
[239] Ebd., 136.
[240] Ebd., 174.
[241] Ebd., 138.
[242] Aus der Schmitten/Reschreiter, „Euthanasie", 566.
[243] Ebd., 567.
[244] Thurner, Die Verfolgung der Zigeuner, 475.
[245] Ebd., 479f.
[246] Hanisch, Nationalsozialistische Herrschaft, 266.
[247] Hanisch, Politische Prozesse, 210ff.
[248] Ebd.
[249] Ebd., 214ff.
[250] Widerstand und Verfolgung, Bd. 2, 429.
[251] Bauer, Sozialisten, 268f.
[252] Ebd., 270.
[253] Haas, Kommunisten, 334f.
[254] Dieser Abschnitt folgt den Beiträgen von Heinisch, Waitzbauer und Marx in: E. Marx (Hg.), Bomben auf Salzburg.
[255] Zillich (Hg.), Das Flügelroß, 5.
[256] Waitzbauer, Sirene, Bunker, Splittergraben, 97f.

[257] Ebd., 98.
[258] Ebd., 99.
[259] Marx, „Dann ging es Schlag auf Schlag", 152–199.
[260] Ebd., 143.
[261] Ebd., 270f.
[262] Heinisch, Der Luftkrieg, 25.
[263] Marx, „Dann ging es Schlag auf Schlag", 271.
[264] Zit. nach Hanisch, Nationalsozialistische Herrschaft, 250.
[265] Zit. nach Lackerbauer, Das Kriegsende in der Stadt Salzburg, 33.
[266] Ebd., 34.
[267] Ebd., 36f.
[268] Kramml, „… und des Sterbens war kein Ende", 40–45.

XII. Die Stadt nach 1945

[1] Vgl. Martin, Kunstwerk der deutschen Stadt.
[2] Vgl. Salzburg – Kleinod von Österreich.
[3] Zweig, Salzburg – die Stadt als Rahmen, 87ff.
[4] Luger, Salzburg als Bühne und Kulisse, 176.
[5] Vgl. Müller, „Die schöne Stadt".
[6] Bernhard, Die Ursache, 75.
[7] Vgl. Salzburger Stadtbuch, Nr. 2, 6ff.; Voggenhuber, Bericht an den Souverän, 7ff.
[8] Wysocki, Entwicklung bis zur Gegenwart, 25.
[9] Sandgruber, Ökonomie und Politik, 453ff.; Hanisch, Tradition und Modernität, 9f.
[10] Rothschild, Wurzeln und Triebkräfte, 110.
[11] 25 Jahre Aufbau und Fortschritt, 378; Schmidjell, Salzburgs Wirtschaft, 21.
[12] Barth, Wirtschaftssystem, 446, Tabelle 85.
[13] Amtsblatt der Landeshauptstadt Salzburg, 1967, Nr. 1/2, 3.
[14] Bäck, 25 Jahre Republik – 25 Jahre Stadtverwaltung, 5.
[15] Ardelt, Das Wahlverhalten im Bundesland Salzburg, 193.
[16] Dirninger, Wandel und Konstanz der Wirtschaftsstruktur, 274.
[17] Schmidjell, Salzburgs Wirtschaft, 48.
[18] Barth, Wirtschaftssystem, 415.
[19] Ausländische Betriebsneugründungen.
[20] Dirninger, Wandel und Konstanz der Wirtschaftsstruktur, 292.
[21] Ebd., 296.
[22] Schmidjell, Technologiepolitik für Salzburg.
[23] Wysocki, Entwicklung bis zur Gegenwart, 26.
[24] Vgl. Kerschbaumer/Müller, Begnadet für das Schöne.
[25] Hanisch, Tradition und Modernität, 11f.
[26] Luger, Salzburg als Bühne und Kulisse, 176.
[27] Hanisch, Der lange Schatten des Staates, 434.
[28] Gallup, Die Geschichte der Salzburger Festspiele, 240.
[29] Riemer, Von Karajan zu Mortier, 147.
[30] SN, 27. 8. 1992, zit. nach Riemer, Von Karajan zu Mortier, 155.

[31] Riemer, Die Festspielreform im dritten Jahr, 195.
[32] Kyrer, Der wirtschaftliche Nutzen von Festspielen.
[33] Vgl. Aus Leidenschaft. 22 Jahre Szene Salzburg; Luger (Red.), Salzburger Kulturgespräche, Bd. 1.
[34] Luger, Salzburg als Bühne und Kulisse, 177.
[35] Ebd., 181.
[36] Ebd., 184.
[37] Bastei, Dezember 1995, 35f.
[38] Zit. nach Haslinger, Salzburg, 256.
[39] AStS, Provisorischer Gemeindeausschuß v. 15. 4. 1946.
[40] Rauchensteiner, GIs und Chesterfield, 63.
[41] Schmidt, Patrioten, Pläne und Parteien, 77; Aufzeichnungen eines Magistratsbeamten, S. 143.
[42] Hanisch, Von den schwierigen Jahren, 15.
[43] Schmid, Patrioten, Pläne und Parteien, 11, 13.
[44] Vgl. Kolmbauer, Gründung und Aufbau, 286ff.
[45] Schmidt, Patrioten, Pläne und Parteien, 77.
[46] Bernhard, Die Ursache, 75.
[47] AStS, Bürgermeister Hildmann – Tätigkeitsbericht v. 10. 4. 1946, Prov. Gemeindeausschuß v. 16. 4. 1946.
[48] Holzer, Die Salzburger Geld- und Kreditwirtschaft, 55f.
[49] AStS, Bürgermeister Hildmann – Tätigkeitsbericht v. 10. 4. 1946 (wie Anm. 47).
[50] Ebd.
[51] Marx/Waitzbauer, Die Auswirkungen des Luftkrieges, 22.
[52] AStS, Bürgermeister Hildmann – Tätigkeitsbericht v. 10. 4. 1946 (wie Anmerkung 47).
[53] Waitzbauer, Thomas Bernhard in Salzburg, 35.
[54] AStS, Bürgermeister Hildmann – Tätigkeitsbericht v. 10. 4. 1946 (wie Anm. 47).
[55] Ebd.
[56] Wagnleitner, Der kulturelle Einfluß der amerikanischen Besatzung, 223.
[57] AStS, Bürgermeister Hildmann – Tätigkeitsbericht v. 10. 4. 1946 (wie Anm. 47).
[58] Wagnleitner, Der kulturelle Einfluß der amerikanischen Besatzung, 225.
[59] Ebd., 224f.
[60] Rathkolb, US-Entnazifizierung in Österreich, 308f.; Hanisch, Braune Flecken, 322f.
[61] AStS, Bürgermeister Hildmann – Tätigkeitsbericht v. 10. 4. 1946 (wie Anm. 47).
[62] Ebd.; vgl. auch: SN, 20. 11. 1945.
[63] StGBl. Nr. 68/1945.
[64] StGBl. Nr. 66/1945.
[65] Hanisch, Von den schwierigen Jahren, 15.
[66] Schmid, Patrioten, 47.
[67] Thurner, „Nach '45", 78.
[68] AStS, Ersuchen der Landesreg. v. 28. 7. 1945, zit. nach Weidenholzer, Entwicklung der Behördenorganisation, 24.
[69] AStS, Bürgermeister Hildmann – Tätigkeitsbericht v. 10. 4. 1946 (wie Anm. 47).
[70] Genehmigung der Militärregierung v. 19. 10. 1945, zit. nach Weidenholzer, Behördenorganisation, 25.
[71] Demokratisches Volksblatt, 2. 12. 1945, zit. nach Thurner, „Nach '45", 151.
[72] SN, Nr. 160, 17. 12. 1945.
[73] Kundmachung der Sbg. Landesregierung v. 4. 3. 1946, LGBl. Nr. 14/1945.

[74] LGBl. Nr.14/1945; Beschlüsse des Salzburger Landtages v. 7. 2., 18. 3. und 5. 4. 1946, zit. nach Weidenholzer, Behördenorganisation, 25.
[75] AStS, Vertrauliche Sitzung des provisorischen Gemeindeausschusses v. 2. 5. 1946; LGBl. Nr. 13/1946.
[76] SN, Nr. 38, 60, 70, 1946; Thurner, Von der Gauhauptstadt zur „offenen Stadt", 271.
[77] AStS, Prov. Gemeindeausschuß v. 15. 4. 1946.
[78] Seeger, Hundert Jahre Gemeindeordnung.
[79] Vorläufiges Gemeindegesetz, Art. 4.
[80] LGBl. Nr. 19/1949.
[81] AStS, Gemeinderat v. 9. 2., 12. 3.,17. 5. 1953; SN, Nr. 47, 1953; Nr. 39, 1954, Nr. 60, 61, 90, 97, 107, 1957.
[82] LGBl. Nr 74/1957.
[83] LGBl. Nr. 41/1950.
[84] G. Müller, Der lange Weg zu den Eingemeindungen, 334.
[85] SN, Nr. 164, 18. 7. 1981.
[86] Thurner, „Nach '45", 153.
[87] AStS, Prov. Gemeindeausschuß v. 15. 4. 1946.
[88] Ebd.
[89] Zum Wiederaufbau vgl.: Lebendiges Salzburg; Salzburg – Kleinod von Österreich; der aufbau, November/Dezember 1961.
[90] Hans Haas, Wiederaufbau und Bautätigkeit, 537.
[91] Vgl. Kerschbaumer, Wiederbelebung der Glanzzeiten, 129–133.
[92] Lebendiges Salzburg, 4.
[93] Ebd.
[94] Vgl. Haas, In Opposition, 331ff.
[95] Ardelt, Wahlen im ersten Jahrzehnt der Zweiten Republik, 85.
[96] Marx, Die Anfänge des Verbands der Unabhängigen, 132.
[97] Dachs, Das Parteiensystem im Bundesland Salzburg, 130; Ardelt, Wahlverhalten, 197f.
[98] Vgl. Hanisch, Zeitgeschichtliche Dimensionen, 16ff.
[99] Ebd., 19.
[100] Interview Steinocher.
[101] Ebd.
[102] Vgl. S. 597f.
[103] Ardelt, Die sozialistische Partei, 252.
[104] Zwink, Die fünf Bürgermeister seit 1945, 18.
[105] Ardelt, Wahlverhalten im Bundesland Salzburg, 227.
[106] Vgl. Kolmbauer, Gründung und Aufbau der ÖVP; Kriechbaumer, Die Österreichische Volkspartei, 238–242.
[107] Kolmbauer, Gründung und Aufbau der ÖVP, 288.
[108] SN, 9. 10. 1989.
[109] SN, Nr. 17, 21. 1. 1967.
[110] Kriechbaumer, Die Österreichische Volkspartei, 242f.
[111] Interview Lechner.
[112] Interview Salfenauer.
[113] Vgl. Marx, Die Geschichte der Salzburger Freiheitlichen.
[114] Interview Steinocher.
[115] Interview Salfenauer.
[116] Ebd.; Interview Lechner.

[117] Amtsblatt der Landeshauptstadt Salzburg, 1967, Nr. 1/2, 3.
[118] AStS, Bürgermeister Alfred Bäck: Stellungnahme zur Entwicklung des Gemeindeausgleichsfonds v. 22. 7. 1968.
[119] SN, Nr. 29, 1962.
[120] Amtsblatt der Landeshauptstadt Salzburg, Jg. 19, Nr. 21, 15. 10. 1968, 17.
[121] SN, Nr. 165, 19. 7. 1969.
[122] Interview Lechner.
[123] Kriechbaumer, Kultur, 132–139; Lechner, Der Weg zur Universität Salzburg, 53–65; Horner, Die Entwicklung der Wissenschaft, 481–494.
[124] S. S. 591, 597.
[125] Ardelt, Die Sozialistische Partei, 257.
[126] Vgl. Oberläuter, Politik und Praxis.
[127] Zur Frage des Wohnungsdefizits, 12.
[128] Jahrbuch der Arbeiterkammer Salzburg, 1952, 176; Bauer/Weidenholzer, Baracken, 33ff.
[129] Der Wohnungsbau im Bundesland Salzburg 1945 bis 1960, 4.
[130] Die Wohnbaufinanzierung des Bundes, 1948 bis 1961, Anlage 6e.
[131] SN, 6. 8. 1955; 7. 9. 1960.
[132] Häuser- und Wohnungszählung 1951, H.11, Tab. 16.
[133] SN, 12. 11. 1953; Salzburg – Kleinod von Österreich, 126; Zehn Jahre Kammer für Arbeiter, 41f.
[134] Jahrbuch der Arbeiterkammer Salzburg 1959, Tabelle nach 309.
[135] Interview Lechner; Interview Steinocher; Der Wohnungsbau im Bundesland Salzburg 1945 bis 1960, 46.
[136] SN, Nr. 110, 114, 157, 1961; Wohnungsbau und Wohnbaufinanzierung 1945 bis 1976, 3.
[137] SN, Nr. 121, 1965.
[138] SN, Nr. 149, 1949; Gauß/Oberläuter, Das Zweite Dach, 39.
[139] Gauß/Oberläuter, Das Zweite Dach, 43.
[140] Ebd., 26f.
[141] Hoffmann, Soziale Entwicklung, 110f.
[142] Wohnbau und Wohnbaufinanzierung 1945–1976, 4.
[143] Salzburg – Kleinod von Österreich, 130.
[144] SN, Nr. 235, 1962.
[145] SN, 6. 10. 1955.
[146] SN, 4. 10., 5. 10., 6. 10. 1955.
[147] Vgl. Hoppe, Die Denkmalpflege in Salzburg, 509f; Plasser, Griesgassen-Durchbruch.
[148] SN, 2. 7. 1953.
[149] Schaber, Bauen und Baugesinnung, 515.
[150] Ebd., 514.
[151] Braumann, Stadtplanung in Österreich, 143ff.
[152] Voggenhuber, Bericht an den Souverän, 44; vgl. auch Oberläuter, Politik und Praxis, 57f.
[153] Herbert Lechner, Salzburger Stadtwerke, 545ff.; Leitich, Salzburger Stadtwerke, 123ff.
[154] Ardelt (u. a.), Vom Wiederaufbau zum Wirtschaftswunder, 219f.
[155] Braumann, Stadtplanung in Österreich, 146.
[156] Kerschbaumer/Müller, Begnadet für das Schöne, 187ff.
[157] Salzburger Nachrichten, Nr. 187, 14. 8., Nr. 200, 30. 8., Nr. 243, 19. 10., 1951.
[158] Zwink, Fünf Bürgermeister, 18.
[159] Hanisch, Landespolitik, 33f.
[160] Neck, Innenpolitische Entwicklung, 167.
[161] SN, Nr. 222, 229, 1953.

[162] SN, Nr. 240, 17./18. 10. 1953.
[163] SN, Nr. 229, 235, 238, 1953.
[164] Hanisch, Landespolitik, 34.
[165] SN, Nr. 272, 24. 11. 1953.
[166] SN, Nr. 276, 28./29.11.1953.
[167] Hanisch, Landespolitik, 34.
[168] Interview Steinocher.
[169] SN, Nr. 213, 253, 295, 1956.
[170] SN, Nr. 224, 1957.
[171] Marx, Geschichte der Salzburger Freiheitlichen, 285.
[172] SN, Nr. 268, 1957.
[173] Hanisch, Zeitgeschichtliche Dimensionen, 19.
[174] SN, Nr. 146, 188, 231, 1962; Nr. 1, 1964; Nr. 1, 1965.
[175] Ardelt, Die Sozialistische Partei, 256.
[176] SN, Nr. 115, 1958; Bäck, Die kommunale Wirtschaft, 1–5.
[177] Kriechbaumer, Kultur, 132–139.
[178] Demokratisches Volksblatt, 13. 10. 1962.
[179] SV, 13. 10. 1962.
[180] Salzburger Volkszeitung, 13. 10. 1962.
[181] SN, Nr. 165, 1963; Nr. 170, 1964.
[182] SN, Nr. 1, 1964.
[183] Vgl. Neue Heimat für neue Familien; 15 Jahre Salzburger Wohnsiedlungsgesellschaft.
[184] SN, Nr 183, 1961.
[185] SN, Nr. 17, 20, 146, 1964; vgl. auch Oberläuter, Politik und Praxis, 52ff.
[186] Hans Haas, Wiederaufbau und Bautätigkeit, 536f.; SN, Nr. 289, 1961.
[187] SN, Nr. 236, 1961; Interview Lechner.
[188] Interview Steinocher.
[189] Zwink (Hg.), Hans Lechner, 186.
[190] SN, Nr. 123, 1967; s. dazu Hoffmann, Salzburg nach 1945, 2479ff.
[191] Oberläuter, Politik und Praxis, 54ff.
[192] Marx, Geschichte der Salzburger Freiheitlichen, 292.
[193] SN, Nr. 284, 9. 12. 1966.
[194] SN, Nr. 276, 1964.
[195] Vgl. SN, Nr. 62, 1966; Nr. 113, 118, 165, 1967; Nr. 36, 1968.
[196] Marx, Geschichte der Salzburger Freiheitlichen, 292.
[197] Zwink, Bürgermeister über den Parteien.
[198] SN, Nr. 75, 31. 3. 1965.
[199] SN, Nr. 193, 21. 8. 1965.
[200] SN, Nr. 268, 1965.
[201] SN, Nr. 221, 1965.
[202] Interview Salfenauer.
[203] SN, Nr. 231, 5. 10. 1966.
[204] SN, Nr. 284, 9. 12. 1966.
[205] SN, Nr.124, 1. 6. 1967.
[206] AStS, Rechenschaftsbericht über das Finanzressort der Landeshauptstadt Salzburg für die Zeit 1946–1965.
[207] ÖVP-Klubobmann Kläring im Gemeinderat, zit. nach: Amtsblatt, 18, 15. 1. 1967, Nr. 1/2, 7.
[208] SN, Nr. 136, 15. 6. 1967.

[209] SN, Nr. 215, 16. 9. 1967.
[210] Netsch, Gemeinderatswahlen, 238f.
[211] SN, Nr. 17, 22.1. z. Nr. 123, 30. 5. 1969.
[212] Amtsblatt, 21, Nr. 19, 1. 10. 1970.
[213] Eberhard Zwink, Vor Ende einer Ära, in: SN, Nr. 72, 27. 3. 1970.
[214] SN, Nr. 204, 4. 9. 1970.
[215] Marx, Geschichte der Salzburger Freiheitlichen, 295.
[216] Dachs, Über die Verhältnisse von Bürger und Politik, 354; derselbe, Die Karawane zieht weiter …?
[217] Vgl. Platzer, Bürgerinitiativen in Salzburg; Gutmann, „Bürgernähe"; Hütter, So kam es zur Altstadtuniversität.
[218] Vgl. Dachs, Parteiensystem im Bundesland Salzburg, 170–182.
[219] Netsch, Gemeinderatswahlen, 153–155.
[220] Gemeinderatswahl 1987; Dachs, Über die Verhältnisse von Bürger und Politik, 354.
[221] Schmolke, Immer recht behalten, 23; ders., Lust am Konflikt, 185.
[222] S. allg.: Marx/Weidenholzer, Chronik der Stadt Salzburg, 1970–1979.
[223] Beschluß der Landesregierung v. 18. 6. 1973; Interview Salfenauer.
[224] Landesregierungssitzung v. 26. 5. 1986.
[225] Entwicklungsplan, 10.
[226] Vgl. Hoffmann, Die Stadt nach 1945, 2460, Tabelle 3.
[227] Stadtgemeinde Salzburg, Stadtentwicklungsplan; Braumann, Stadtplanung, 149.
[228] Vgl. Voggenhuber, Bericht an den Souverän, 55–59.
[229] Sedlmayr, Stadt ohne Landschaft.
[230] SN, Nr. 281, 5./6. 12. 1970.
[231] Vgl. Platzer; Bürgerinitiativen in Salzburg; Voggenhuber, Bericht an den Souverän.
[232] Gesamtverkehrsplan der Landeshauptstadt Salzburg; Braumann, Stadtplanung in Österreich, 151.
[233] Braumann, Stadtplanung in Österreich, 152; vgl. auch Doblhamer, Die Entwicklung der Stadtplanung.
[234] Braumann, Stadtplanung in Österreich, 152; vgl. auch Doblhamer, Stadtentwicklungsplanung durch Stadtteilplanung.
[235] Hütter, So kam es zur Altstadtuniversität; Horner, Die Wiedererrichtung der Universität.
[236] SN, Nr. 93, 1976.
[237] SN, Nr. 110, 12. 5. 1976.
[238] U. a. Karl Heinz Ritschel, Für Altstadt-Universität, in: SN, Nr. 182, 1976.
[239] SN, Nr. 192, 1976.
[240] SN, Nr. 25, 1976.
[241] Kutil, Der Rotstift als Retter, 55–64.
[242] Vgl. Dietmar Steiner (Hg.), Das Salzburg-Projekt.
[243] SN, Nr. 298, 1974.
[244] Wohnungsbau und Wohnbaufinanzierung 1945–1976, Tabellenanhang.
[245] Jahrbuch der Arbeiterkammer Salzburg, 1972, 260.
[246] Platzer, Bürgerinitiativen in Salzburg, 188ff.
[247] SN, Nr. 102, 236, 1973.
[248] SN, Nr. 100, 28./29. 4. 1984.
[249] SN, Nr. 83, 1977.
[250] Braumann, Generationenwechsel in der Raumplanung, 103.
[251] Magistrat Salzburg, Räumliches Entwicklungskonzept, Aigen-Parsch.
[252] Strasser, Wohnungspolitik und Stadtplanung, 88.
[253] Vgl. Weichart, Wohnsitzpräferenzen; Marx, Wohnwünsche und Realität.

²⁵⁴ SN, 1. 4. 1994.
²⁵⁵ AStS, Jahresbericht der Magistratsabteilung 12 – Bodenpolitik v. 15. 2. 1995.
²⁵⁶ Sedlmayr, Die demolierte Schönheit.
²⁵⁷ SN, Nr. 236, 1965.
²⁵⁸ LGBl. Nr. 54/1967.
²⁵⁹ Schaber, Bauen und Baugesinnung, 516.
²⁶⁰ Ebd., 517.
²⁶¹ LGBl. Nr. 50/1980; Zwink (Hg.), Salzburger Altstadterhaltungsgesetz; Käfer; Der Weg zum Salzburger Altstadterhaltungsgesetz; Voggenhuber, Bericht an den Souverän, 88–93.
²⁶² Novelle zum Salzburger Altstadterhaltungsgesetz 1980 vom 1. Juli 1995.
²⁶³ Waitzbauer, Wohin mit den Autos?
²⁶⁴ Hans Donnenberg, Die Verkehrssituation in Salzburg, 484; Theodor Hoppe, Todfeind ist der Verkehr, in: SN, Nr. 175, 1966.
²⁶⁵ SN, Nr. 95, 1966.
²⁶⁶ SN, Nr. 203, 1970.
²⁶⁷ SN, Nr. 262, 1971.
²⁶⁸ Amtsblatt der Stadt Salzburg, 30. 6. 1973, 20.
²⁶⁹ Voggenhuber, Bericht an den Souverän, 109–114.
²⁷⁰ SN, Nr. 50, 1965.
²⁷¹ SN, 24. 2. 1992.
²⁷² Vgl. Dachs, Eine Renaissance des ‚mündigen Bürgers'?, 314ff.; s. allg: Marx/Weidenholzer, Chronik der Stadt Salzburg, 1980–1989.
²⁷³ SN, Nr. 23, 1978.
²⁷⁴ SN, Nr. 166, 1978.
²⁷⁵ SN, Nr. 282, 1978.
²⁷⁶ SN, Nr. 92, 1978.
²⁷⁷ SN, Nr. 272, 1978.
²⁷⁸ SN, Nr. 189, 14. 8. 1980.
²⁷⁹ Statistische Mitteilungen der Stadtgemeinde Salzburg, Salzburg 1987, 322.
²⁸⁰ Reschen, Aktuelle Fragen der Finanz- und Wirtschaftspolitik, 9; Penker, Den finanziellen Handlungsspielraum wiedergewonnen.
²⁸¹ Die Bürgerliste informiert, Salzburg 1981; Dachs, Eine Renaissance des ‚mündigen Bürgers'?, 316ff.; Dachs, Über die Verhältnisse von Bürger und Politik, 353.
²⁸² Dachs, Eine Renaissance des ‚mündigen Bürgers'?, 321.
²⁸³ Vgl. Netsch, Gemeinderatswahlen, 288–304.
²⁸⁴ Vgl. Seifert, Das politische System.
²⁸⁵ Netsch, Gemeinderatswahlen, 292.
²⁸⁶ SN, 28. 6. 1982.
²⁸⁷ Gernot Zieser, Trend, aus dem der Bürgerlisten-Sieg kam, in: SN, 5. 1982; Fröschl, Salzburger Bürgerliste; Fabris, Mit Etikettenvergabe nicht so einfach machen.
²⁸⁸ Zieser, Trend; Dachs, Renaissance des ‚mündigen Bürgers'?, 323ff.
²⁸⁹ Voggenhuber, Bericht an den Souverän, 114–119.
²⁹⁰ Voggenhuber, Grundsteine, 27–35.
²⁹¹ Voggenhuber, Bericht an den Souverän, 114–119.
²⁹² Ritschel, Um die Zukunft Salzburgs, in: SN; Nr. 100, 28. 4. 1984; Voggenhuber, Bericht an den Souverän, 121–128; Ritschel, Über das Bauen in der Stadt Salzburg.
²⁹³ S. die Beiträge von F. Achleitner, W. Holzbauer und G. Doblhamer, in: Steiner (Hg.), Das Salzburg-Projekt.

[294] Doblhamer, Die Salzburger Architekturreform, in: Steiner, Das Salzburg-Projekt, 130.
[295] Vgl. Dachs, Die Karawane zieht weiter…?
[296] Penker, Den finanziellen Handlungsspielraum wiedergewonnen, 207.
[297] Perterer, Rien ne va plus, 169.
[298] Pöschl, Stadtkultur - Lebenskultur; Gröchenig, Kultur vor Ort; Stronegger, Freiräume; Zur Lage der Salzburger Kulturstätten; Museum – Ein kulturelles Kapital?
[299] Rohrecker u. a., Sanierungsprojekt Liefering-Süd; Rücker, Sozialpolitik im Umbruch.
[300] Fischer-Kramer, Städtepartnerschaften mit der Dritten Welt.
[301] SN, 30. 6. 1989.
[302] Vgl. Bruck, Die Mozart Krone.
[303] Dachs, ‚Politiker-Politik' in der Falle.
[304] Ebd., 37; vgl. auch Schausberger, Vom Mehrparteiensystem.
[305] Karl Heinz Ritschel, in: SN, 11. 9. 1992.
[306] SN, 30. 9. 1995.
[307] Vgl. Dimmel, Sozialhilfe unter Druck, 69–73.
[308] SN, 20. und 21. 10. 1995.
[309] SN, 30. 9. 1995.
[310] Ebd.
[311] Vgl. Dechant und Padutsch im Salzburger Fenster, 4. 10. 1995.
[312] Info-Z, Juli 1995.
[313] Vgl. die Beiträge von Christof Baum, J. Voggenhuber und Dietmar Steiner, in: profil, Nr. 17, 22. 4. 1996.
[314] Alain Touraine, Das Ende der Städte, in: Die Zeit, Nr. 23, 31. 6. 1996, 24.
[315] Borst, Geschichte der Stadt Esslingen, 523.

QUELLEN- UND LITERATURVERZEICHNIS

Quellen

Bernhard *Bischoff,* Salzburger Briefe und Formelbücher aus Tassilonischer und Karolingischer Zeit, in: Sitzungsberichte der bayerischen Akademie der Wissenschaften, phil.-hist. Kl. 1973, Heft 4.

Die Briefe des hl. Bonifatius ed. Reinhold *Rau* (Ausgewählte Quellen zur deutschen Geschichte des Mittelalters IV b); Darmstadt 1968.

Die Briefe des hl. Bonifatius und Lullus, ed. Michael *Tangl*, MGH Epp. sel. 1; Berlin 1955.

Conversio Bagoariorum ed Carantanorum, ed. Herwig *Wolfram,* Das Weißbuch der Salzburger Kirche über die erfolgreiche Mission in Karantanien und Pannonien; Graz 1979 (Böhlau Quellen Bücher).

Paulus *Diaconus*, Historia Langobardorum, ed. Georg *Waitz,* in: MGH SS rerum Germanicarum in Usum Scholarum 48; Hannover 1878, 12–187.

Wilhelm *Erben,* Quellen zur Geschichte des Stiftes und der Herrschaft Mattsee; Wien 1896 (FRA II/49), 1–226.

Günther *Franz* (Hg.), Quellen zur Geschichte des Bauernkrieges; Darmstadt 1963 (Ausgewählte Quellen zur deutschen Geschichte der Neuzeit 2).

Gesta sancti Hrodberti confessoris, ed. Wilhelm *Levison,* in: MGH SS rer. Merov. VI; Hannover, Leipzig 1913, 159ff.

Historia calamitatum ecclesiae Salisburgensis, ed. Bernhard *Pez,* Thesaurus anecdotorum novissimus. Bd. 2; Augsburg 1721, Col. 199–218.

Günther *Hödl*, Peter *Classen*, Die Admonter Briefsammlung nebst ergänzenden Briefen, in: MGH Epp., Die Briefe der deutschen Kaiserzeit 6; Hannover 1983.

Christine E. *Janotta,* Das älteste Salzburger Bürgerbuch 1441–1551, in: JSMCA 32 (1986), 6–192.

Friedrich *Leist* (Hg.), Quellenbeiträge zur Geschichte des Bauernaufruhrs in Salzburg 1525/26, in: MGSL 27 (1887), 243–408.

Peter M. *Lipburger,* Das sogenannte Christan Reuttersche Stadtbuch. Staatsprüfungsarbeit am IÖG (masch.); Wien 1983.

Registrum Eberhardi. Das Register Erzbischof Eberhards III. von Salzburg, ed. Fritz *Koller*. Staatsprüfungsarbeit am IÖG (masch.); Wien 1974.

Kurt *Reindel,* Die bayerischen Luitpoldinger, Quellen und Erörterungen zur bayerischen Geschichte NF 11; München 1953.

Ernst von *Schwind*, Alphons *Dopsch,* Ausgewählte Urkunden zur Verfassungsgeschichte der deutsch-österreichischen Erblande im Mittelalter; Innsbruck 1895 (Nachdruck Aalen 1968).

Johann *Serlinger,* Catalogus episcoporum Salisburgensium, ed. Gerhard *Scheibner,* Beiträge zur salzburgischen Historiographie am Ausgang des Mittelalters, in: Programm des Gymnasiums am Collegium Borromäum zu Salzburg 62 (Salzburg 1911), 3–42.

Leopold *Spatzenegger,* Privilegienbuch der Stadt Salzburg, in: MGSL 5 (1865), 146–240.

Franz V. *Spechtler,* Rudolf *Uminsky* (Hg.), Die Salzburger Stadt- und Polizeiordnung 1524; Göppingen 1978 (Frühneuhochdeutsche Rechtstexte I, Göppinger Arbeiten zur Germanistik 222).

Franz V. *Spechtler,* Rudolf *Uminsky* (Hg.), Die Salzburger Landesordnung 1526 (Göppinger Arbeiten zur Germanistik 305); Göppingen 1981.

Stadtbuch des Christan Reutter 1498, AStS, Buchförmige Archivalien Nr. 2.

Samuel *Steinherz*, Dokumente zur Geschichte des großen abendländischen Schismas; Prag 1932 (Quellen und Forschungen aus dem Gebiete der Geschichte 11).

Leonardus Tornatoris Chronicon Salisburgense, ed. Hieronymus *Pez,* Scriptores rerum Austriacarum II; Leipzig 1721, 427ff.

Das Verbrüderungsbuch von St. Peter in Salzburg, ed. Karl *Forstner.* Vollständige Faksimile-Ausgabe; Graz 1974 (Codices selecti 51).

Wilhelm *Vogt,* Die Correspondenz des Schwäbischen Bundeshauptmannes Ulrich Artzt von Augsburg aus den Jahren 1524 bis 1527. Ein Beitrag zur Geschichte des Schwäbischen Bundes und des Bauernkrieges, in: Zeitschrift des Histor. Vereins für Schwaben und Neuburg 10 (1883), 3–300. Die ersten Teile in den Bänden 6 (1879), 7 (1880) und 9 (1882) sind für den Salzburger Bauernkrieg nicht relevant.

Literatur

Friedrich *Achleitner,* Österreichische Architektur im 20. Jahrhundert. Bd. 1: Oberösterreich, Salzburg, Tirol, Vorarlberg; Salzburg, Wien 1980.
Karl *Adrian,* Die Salzburger Dult; Salzburg 1927.
Karl *Adrian,* Das Sattlerhandwerk in Salzburg, in: MGSL 80 (1940), 33–85, u. 81 (1941), 115–121.
Richard *Allesch,* Arsenik. Seine Geschichte in Österreich; Klagenfurt 1959 (Archiv für vaterländische Geschichte und Topographie 54).
Gertrude *Alpi*, Salzburger Feste und Unterhaltungen in der zweiten Hälfte des 18. Jahrhunderts. Hausarbeit am Institut für Geschichte; Salzburg 1972.
Adolf *Altmann,* Geschichte der Juden in Stadt und Land Salzburg. 2 Bände; Berlin 1913 u. Frankfurt 1930 (Ergänzter Nachdruck in einem Band, Salzburg 1990).
Karl-Otto *Ambronn,* Die Fürstpropstei Berchtesgaden unter den Pröpsten Wolfgang Lenberger, Wolfgang Griesstätter und Jakob Pütrich (1523–1594), in: *Brugger/Dopsch/Kramml,* Geschichte von Berchtesgaden, 543–626.
Gerhard *Ammerer,* Zur demographischen, wirtschaftlichen und sozialen Entwicklung der Stadt von Erzbischof Wolf Dietrich bis zur Säkularisation (1587–1803), in: *Dopsch,* Festschrift, 64–74.
Gerhard *Ammerer,* Wolf Dietrich als Verwaltungsreformer, in: Wolf-Dietrich-Katalog, 138–142.
Gerhard *Ammerer,* Funktionen, Finanzen und Fortschritt. Die Regionalverwaltung im Spätabsolutismus am Beispiel des geistlichen Fürstentums Salzburg; Salzburg 1987 (auch in MGSL 126 [1986] u. 127 [1987]). Zitiert wird nach der kursiven Seitennumerierung des Gesamtbandes.
Gerhard *Ammerer,* Die frühe Neuzeit von Wolf Dietrich bis zur Säkularisation (1587–1803), in: Chronik der Salzburger Wirtschaft; Salzburg 1988, 126–151.
Gerhard *Ammerer,* Von Franz Anton von Harrach bis Siegmund Christoph von Schrattenbach – Eine Zeit des Niedergangs, in: *Dopsch/Spatzenegger,* Geschichte Salzburgs II/1; 1988, 245–324.
Gerhard *Ammerer,* Verfassung, Verwaltung und Gerichtsbarkeit von Matthäus Lang bis zur Säkularisation (1519–1803) – Aspekte zur Entwicklung der neuzeitlichen Staatlichkeit, in: *Dopsch/Spatzenegger,* Geschichte Salzburgs II/1; 1988, 325–374.
Gerhard *Ammerer,* Notizen zur städtischen Wirtschaft, Gesellschaft und Verwaltung in der frühen Neuzeit, in: *Dopsch/Spatzenegger,* Geschichte Salzburgs II/4; 1991, 2071–2159.
Karl *Amon,* Virgils Nachleben – Heiligsprechung und Kult, in: *Dopsch/Juffinger,* Virgil von Salzburg, 386f.
Rudolph *Angermüller,* Die Errichtung des Salzburger Mozart-Denkmals, in: Österreichische Zeitschrift für Musikwissenschaft 26 (1971), 429–434.
Rudolph *Angermüller,* Die Bedeutung der Internationalen Stiftung Mozarteum Salzburg für das Salzburger Kulturleben bis zum Ersten Weltkrieg, in: Bürgerliche Musikkultur im 19. Jahrhundert in Salzburg; Salzburg 1981, 58–92.

Rudolph *Angermüller,* Das Salzburger Mozart-Denkmal: Eine Dokumentation (bis 1845) zur 150-Jahre-Enthüllungsfeier; Salzburg 1992.
Rudolph *Angermüller,* Das „Denkbuch des Dom Musik Vereines und Mozarteums zu Salzburg", in: MGSL 134 (1994), 433–584.
Richard W. *Apfelauer,* Studentengerichtsbarkeit an der alten Universität in Salzburg, in: *Dopsch,* Festschrift, 92–106.
Arbeite – Sammle – Vermehre, 1855–1955. Festschrift der Salzburger Sparkasse; Salzburg 1955.
Rudolf G. *Ardelt,* Wahlen im ersten Jahrzehnt der Zweiten Republik, in: Eberhard *Zwink* (Hg.), Salzburg und das Werden der Zweiten Republik. VI. Landessymposium; Salzburg 1985 (Salzburg Diskussionen 7), 81–92.
Rudolf G. *Ardelt,* Das Wahlverhalten im Bundesland Salzburg bei den Nationalrats- und Landtagswahlen 1945–1948, in: Herbert *Dachs,* Das politische, wirtschaftliche und soziale System im Bundesland Salzburg. Festschrift zum Jubiläum „40 Jahre Salzburger Landtag in der Zweiten Republik"; Salzburg 1985 (Salzburg Dokumentationen 87), 189–236.
Rudolf G. *Ardelt,* Individueller Widerstand, in: Widerstand und Verfolgung in Salzburg 1934–1945. Eine Dokumentation. Bd. 2; Wien, Salzburg 1991, 354–431.
Rudolf G. *Ardelt,* Die Ära des „Christlichen Ständestaates" (1934–1938), in: *Dopsch/Spatzenegger,* Geschichte Salzburgs II/4; 1991, 2391–2426.
Rudolf G. *Ardelt,* Die Stadt in der NS-Zeit, in: *Dopsch/Spatzenegger,* Geschichte Salzburgs II/4; 1991, 2427–2443.
Rudolf G. *Ardelt* (u. a.), Von der Monarchie bis zum Anschluß. Ein Lesebuch zur Geschichte Salzburgs; Salzburg 1993.
Rudolf G. *Ardelt* (u. a.), Nationalsozialismus und Krieg. Ein Lesebuch zur Geschichte Salzburgs; Salzburg 1993.
Rudolf G. *Ardelt* (u. a.), Vom Wiederaufbau zum Wirtschaftswunder. Ein Lesebuch zur Geschichte Salzburgs; Salzburg 1994.
25 Jahre Aufbau und Fortschritt. Das Bundesland Salzburg 1945–1970; Salzburg 1970.
Aufzeichnungen eines Landesbeamten. Vor zehn Jahren. Mai 1945, in: Amtsblatt der Landeshauptstadt Salzburg Nr. 18/19, 1955.
Inghwio *Aus der Schmitten,* Schwachsinnig in Salzburg, Zur Geschichte einer Aussonderung; Salzburg 1985.
Inghwio *Aus der Schmitten,* Walter *Reschreiter,* „Euthanasie" und Zwangssterilisierung, in: Widerstand und Verfolgung in Salzburg 1934–1945. Eine Dokumentation. Bd. 2; Wien, Salzburg 1991, 565–600.
Ausländische Betriebsneugründungen im Lande Salzburg 1956–1961; Salzburg 1962 (Schriftenreihe der Salzburger Wirtschaft).
Aus Leidenschaft. 22 Jahre Szene Salzburg; Salzburg 1992 (Schriftenreihe des Landespressebüros, Serie „Sonderpublikationen" 98).
Alfred *Bäck,* Die kommunale Wirtschaft im Rahmen der österreichischen Volkswirtschaft, in: Die Stadt Salzburg in Wort, Bild und Zahl – 1959/60 (= Amtsblatt der Landeshauptstadt Salzburg, Sondernummer 1960), 1–5.
Alfred *Bäck,* 25 Jahre Republik – 25 Jahre Stadtverwaltung, in: Amtsblatt der Landeshauptstadt Salzburg 21, Nr. 9, v. 1.5.1970, 2–4.
Gunda *Barth,* Einige Unternehmer und Unternehmungen in der Stadt Salzburg im 19. Jahrhundert. Ein Beitrag zu einer Salzburger Wirtschaftsgeschichte. Hausarbeit aus Geschichte; Salzburg 1981.
Gunda *Barth,* Das Wirtschaftssystem im Bundesland Salzburg, in: Herbert *Dachs* (Hg.), Das politische, wirtschaftliche und soziale System im Bundesland Salzburg. Festschrift zum Jubiläum „40 Jahre Salzburger Landtag in der Zweiten Republik"; Salzburg 1985 (Salzburg Dokumentationen 87), 393–476.

Gunda *Barth,* Die Hagenauers. Ein Salzburger Bürgergeschlecht aus Ainring: Die Einbindung einer Handelsfamilie in Wirtschaft, Politik und Kultur Salzburgs im späten 17. und 18. Jahrhundert, in: Heimatbuch Ainring; Ainring 1990, 312ff.

Gunda *Barth,* Kurzer Abriß der Entwicklung des Hebammenwesens in Salzburg bis zum Ende des Erzstiftes, in: Frau sein in Salzburg. XI. Landessymposion am 17. November 1990; Salzburg 1991 (Salzburg Diskussionen 14), 156–182 mit Dokumentenanhang.

Gunda *Barth-Scalmani,* Der Handelsstand in der Stadt Salzburg am Ende des 18. Jahrhunderts: Altständisches Bürgertum in Politik, Wirtschaft und Kultur. Geisteswiss. Diss.; Salzburg 1992.

Gunda *Barth-Scalmani,* Die Reform des Hebammenwesens in Salzburg zwischen 1760 und 1815, in: MGSL 134 (1994), 365–398.

Gunda *Barth-Scalmani,* Brigitte *Mazohl-Wallnig,* Ernst *Wangermann* (Hg.), Genie und Alltag. Bürgerliche Stadtkultur zur Mozartzeit; Salzburg 1994.

Gunda *Barth-Scalmani,* Vater und Sohn Mozart und das (Salzburger) Bürgertum, oder: „Sobald ich den Credit verliere, ist auch meine Ehre hin", in: Genie und Alltag. Bürgerliche Stadtkultur zur Mozartzeit, hg. von derselben u. a.; Salzburg 1994, 173–202.

Franz *Bastian,* Das Runtingerbuch 1383–1407 und verwandtes Material zum Regensburger-südostdeutschen Handel- und Münzwesen. 3 Bände, Bd. 1, 1944; Bd. 2, 1935; Bd. 3, 1943 (Deutsche Handelsakten des Mittelalters und der Neuzeit 6–8).

Günther G. *Bauer,* Bölzlschießen, Brandeln und Tresette. Anmerkungen zum spielenden Menschen Mozart, in: Mitteilungen der internationalen Stiftung Mozarteum 39 (1991), 30ff.

Günther G. *Bauer,* Die Spielkultur Salzburgs zur Mozartzeit, in: Salzburg zur Zeit der Mozart. Ausstellungskatalog, JSMCA 37/38 (1991/92), 242f.

Günther G. *Bauer,* Spielen in Salzburg im 18. Jahrhundert, in: Genie und Alltag. Bürgerliche Stadtkultur zur Mozartzeit, hg. von Gunda *Barth-Scalmani* u. a.; Salzburg 1994, 135–171.

Ingrid *Bauer,* Erinnerte Geschichte – „Brot und Frieden": Die Hungerdemonstration vom 19. September 1918 in Salzburg, in: Mitteilungen des Karl-Steinocher-Fonds zur Erforschung der Geschichte der Arbeiterbewegung im Lande Salzburg, Heft 2, Juni 1982.

Ingrid *Bauer,* Salzburg 1900 bis 1910 – Protest- und Kampfformen der Arbeiterbewegung: Der Boykott, in: Mitteilungen des Karl-Steinocher-Fonds zur Erforschung der Geschichte der Arbeiterbewegung im Lande Salzburg, Heft 4/5/6, Juli 1984, 32–47.

Ingrid *Bauer,* Arbeiteralltag und Arbeiterkultur in Itzling: 1860 bis 1945, in: dieselbe, Wilhelm *Weitgruber,* 1895–1985 Itzling; Salzburg 1985, 39–96.

Ingrid *Bauer,* Arbeiterkultur im Salzburg der Jahrhundertwende, in: *Dopsch,* Festschrift, 199–213.

Ingrid *Bauer* (Hg.), Von der alten Solidarität zur neuen sozialen Frage. Ein Salzburger Bilderlesebuch; Salzburg 1988.

Ingrid *Bauer,* Sozialisten, in: Widerstand und Verfolgung in Salzburg 1934–1945. Eine Dokumentation. Bd. 1; Wien, Salzburg 1991, 261–326.

Ingrid *Bauer,* Thomas *Weidenholzer,* Baracken, Flüchtlinge und Wohnungsnot: Salzburger Nachkriegsalltag, in: Wohnen in Salzburg. Geschichte und Perspektiven; Salzburg 1989 (Schriftenreihe des Archivs der Stadt Salzburg 1), 33–48.

Eduard *Baumgartner,* Die Arbeit der Sozialdemokraten in den Gemeinden Salzburgs und die Hemmnisse dieser Arbeit; Salzburg 1931.

Franz Rudolf *Bayer,* Das Bad- und Kurhaus in Salzburg, in: Allgemeine Bauzeitung 72 (1872), 353–354.

Hans *Bayr,* Die Personal- und Familienpolitik des Erzbischofs Matthäus Lang von Wellenburg (1519–1540) im Erzstift Salzburg unter Einbeziehung des Zeitraumes von 1495–1519. Phil. Diss. (masch.); Salzburg 1990.

Anton *Behacker,* Geschichte des Volks- und Bürgerschulwesens im Lande Salzburg; Salzburg 1923.

Beiträge zur Ur- und Frühgeschichte von Stadt und Land Salzburg. Gedenkschrift für Martin Hell; Salzburg 1977 (MGSL Erg.-Bd. 6).

Bericht der Handels- und Gewerbekammer für das Herzogthum Salzburg über den Zustand der Landeskultur, der Industrie, des Handels und der Verkehrsmittel in den Jahren 1852–1853; Salzburg 1855.

Bericht der Handels- und Gewerbekammer für das Herzogthum Salzburg über den Zustand der Landeskultur, der Industrie, des Handels und der Verkehrsmittel in den Jahren 1854–1858; Salzburg 1858.

Bericht der Handels- und Gewerbekammer für das Herzogthum Salzburg über den Zustand der Landeskultur, der Industrie, des Handels und der Verkehrsmittel in den Jahren 1857–1861; Salzburg 1862.

Bericht über das 25jährige Wirken und Programm zur 25jährigen Jubiläums- und Schlußfeier der Volks- und Bürgerschule Salzburg am 14. Juli 1898; Salzburg 1898.

Thomas *Bernhard,* Die Ursache. Eine Andeutung; Salzburg 1975.

Friedrich *Besl,* Die Entwicklung des handwerklichen Medizinalwesens im Land Salzburg vom 15. bis zum 19. Jahrhundert. Geisteswiss. Diss. (masch.); Salzburg 1996.

Eduard *Beutner,* Literatur und Theater vom 16. bis zum 18. Jahrhundert, in: *Dopsch/Spatzenegger,* Geschichte Salzburgs II/3; 1991, 1707–1732.

(Rudolf *Biebl*), Bericht des Bürgermeisters Rudolf Biebl über die Thätigkeit der Stadtgemeinde-Vertretung Salzburg im Jahre 1876; Salzburg 1877.

Bernhard *Bischoff,* Salzburger Formelbücher und Briefe aus Tassilonscher und Karolingischer Zeit; München 1973 (Sitzungsberichte der Bayerischen Akademie der Wissenschaften, Heft 4).

Bernhard *Bischoff,* Die südostdeutschen Schreibschulen und Bibliotheken der Karolingerzeit. Bd. 2: Die vorwiegend österreichischen Diözesen; Wiesbaden 1980.

Peter *Boerner,* Man reist ja nicht, um anzukommen: oder als Reisender und Bleibender, in: Hans-Wolf *Jäger* (Hg.), Europäische Reisen im Zeitalter der Aufklärung; Heidelberg 1992 (Neue Bremer Beiträge 7), 86–92.

Wilhelm *Bonczák,* Ein Leben im Dienste der gemeinnützigen Wohnungsfürsorge. Autobiographische Schilderung; Wien 1947.

Otto *Borst,* Geschichte der Stadt Esslingen am Neckar; 2. Aufl., Esslingen 1977.

Christoph *Braumann,* Stadtplanung in Österreich von 1918 bis 1945 unter besonderer Berücksichtigung der Stadt Salzburg; Wien 1986 (Schriftenreihe des Instituts für Städtebau, Raumplanung und Raumordnung 21).

Christoph *Braumann,* Carl Schwarz und seine Bedeutung für die Salzburger Stadterweiterung. Zur Rolle von Privatunternehmern im modernen Städtebau im 19. Jahrhundert, in: Berichte zur Raumforschung und Raumplanung 31 (1987), Heft 5–6, 25–38.

Christoph *Braumann,* Generationenwechsel in der Raumplanung? Das Salzburger Raumordnungsgesetz 1992 und seine planungspolitischen Anliegen, in: Salzburger Jahrbuch für Politik 1995, 101–130.

F. *Breitinger,* Josef Mayburger. Sein Leben und sein Werk, in: Schriftenreihe des Stadtvereins Salzburg, Kulturgut der Heimat Heft 2, 1952.

Peter J. *Brenner,* Die Erfahrung der Fremde. Zur Entwicklung einer Wahrnehmungsform in der Geschichte des Reiseberichts, in: derselbe (Hg.), Der Reisebericht. Die Entwicklung einer Gattung in der deutschen Literatur; Frankfurt a. M. 1989, 14–39.

Josef *Brettenthaler,* Volkmar *Feurstein,* Drei Jahrhunderte St.-Johanns-Spital Landeskrankenhaus Salzburg. Das Landeskrankenhaus in der Geschichte der Salzburger Medizin; Salzburg 1986.

Peter *Broucek* (Hg.), Ein General im Zwielicht. Die Erinnerungen Edmund Glaises von Horstenau. Bd. 1 und 2; Wien, Köln, Graz 1980 u. 1983 (Veröffentlichungen der Kommission für Neuere Geschichte Österreichs 67 u. 70).

Peter *Bruck* (Hg.), Die Mozart-Krone. Zur Empörung eines Boulevardblattes und der medialen Konstruktion eines Kulturkampfes; Wien, St. Johann 1991.

Ernst *Bruckmüller,* Sozialgeschichte Österreichs; Wien, München 1985.

Ernst *Bruckmüller,* Gerhard *Ammerer,* Die Land- und Forstwirtschaft in der frühen Neuzeit, in: *Dopsch/Spatzenegger,* Geschichte Salzburgs II/4; 1991, 2501–2562.
Karl *Brunner,* Herzogtümer und Marken. Vom Ungarnsturm bis ins 12. Jahrhundert; Wien 1994 (Österreichische Geschichte, Bd. 2, hg. von Herwig *Wolfram).*
Adolph *Bühler,* Salzburg, seine Monumente und seine Fürsten. Historisch-topographischer Führer durch die Stadt und ihre Umgebung; Salzburg 1873.
Bundesgewerbeschule Salzburg 1876–1951. Festschrift zur Erinnerung an den 75jährigen Bestand; Salzburg 1951.
Erhard *Buschbeck,* Die Dampftramway, oder: Meine alten Tanten reisen um die Welt. Ein Salzburger Familienidyll; Wien 1946.
Josef *Buzek,* Die Wohnungsverhältnisse von 60 Mittelstädten Österreichs auf Grund der Wohnungsaufnahme vom 31. Dezember 1900, in: Statistische Monatsschrift NF 8 (1903), 425–495.
Leopold *Chimani,* Meine Ferienreise von Wien durch das Land unter und ob der Enns, über Linz und das k. k. Salzkammergut, nach Salzburg, Berchtesgaden und Gastein und von da zurück durch einen Teil der Steiermark, unternommen und beschrieben von Leopold *Chimani* im Jahre 1829. 2. Bd.; Wien 1830.
Leopold von *Chlumecky,* Erzherzog Franz Ferdinands Wirken und Wollen; Berlin 1929.
Herbert *Dachs,* Eine Renaissance des „mündigen Bürgers"? Über den Aufstieg der Salzburger Bürgerliste, in: Österreichische Zeitschrift für Politikwissenschaft 3 (1983), 311–330.
Herbert *Dachs,* Über die Verhältnisse von Bürger und Politik, in: *Dopsch,* Festschrift, 346–357.
Herbert *Dachs,* Die Karawane zieht weiter...? – Bemerkungen zur politischen Kultur in der Stadt Salzburg, in: Erich *Marx* (Hg.), Stadt im Umbruch. Salzburg 1980 bis 1990; Salzburg 1991 (Schriftenreihe des Archivs der Stadt Salzburg 3), 9–36.
Herbert *Dachs,* Das katholisch-konservative Lager, in: Widerstand und Verfolgung in Salzburg 1934–1945. Eine Dokumentation. Bd. 2; Wien, Salzburg 1991, 11–104.
Herbert *Dachs,* „Politiker-Politik" in der Falle? Bemerkungen zur Gemeinderatswahl in der Stadt Salzburg 1992, in: Salzburger Jahrbuch für Politik 1993, 27–41.
Hermann *Dannheimer,* Heinz *Dopsch* (Hg.), Die Baiuwaren – Von Severin bis Tassilo. Katalog der gemeinsamen Landesausstellung in Rosenheim und Mattsee; Salzburg 1988.
Franz Paul *Datterer,* Des Cardinals und Erzbischofs von Salzburg Matthäus Lang Verhalten zur Reformation (vom Beginn seiner Regierung 1519 bis zu den Bauernkriegen 1525). Phil. Diss.; Erlangen, Freising 1890.
Otto Erich *Deutsch* (Hg.), Franz Schubert. Die Dokumente seines Lebens und Schaffens. 2. Bd., 1. Hälfte; München, Leipzig 1914.
Nikolaus *Dimmel,* Sozialhilfe unter Druck. Nutzenverteilung, Legitimationsprobleme und Kostenlast der Sozialhilfe in Salzburg, in: Salzburger Jahrbuch für Politik 1995, 54–84.
Christian *Dirninger,* Aspekte regionaler Distribution in der staatlichen Finanzwirtschaft des Erzstifts Salzburg in der zweiten Hälfte des 18. Jh.s, in: Neithard *Bulst* u. a. (Hg.), Bevölkerung, Wirtschaft und Gesellschaft. Stadt-Land-Beziehungen in Deutschland und Frankreich, 14. bis 19. Jh.; Trier 1983, 191–229.
Christian *Dirninger,* Wandel und Konstanz der Wirtschaftsstruktur im 20. Jahrhundert, in: *Dopsch,* Festschrift, 274–301.
Christian *Dirninger,* Grundzüge der Wirtschaftspolitik im Bundesland Salzburg in den sechziger und siebziger Jahren, in: Die Ära Lechner, Das Land in den sechziger und siebziger Jahren; Salzburg 1988 (Schriftenreihe des Landespressebüros, Serie „Sonderpublikationen" 71), 63–94.
Christian *Dirninger,* Determinanten und Strukturmerkmale der Wirtschaftsentwicklung im 20. Jahrhundert, in: Chronik der Salzburger Wirtschaft; Salzburg 1988, 183–234.
Christian *Dirninger,* Staatliche Finanzwirtschaft im Erzstift Salzburg im 18. Jahrhundert, in: *Dopsch/Spatzenegger,* Geschichte Salzburgs II/1; 1988, 537–576.

Christian *Dirninger,* Die Diffusion der Sparkassenidee in Österreich in regionaler Perspektive, in: M. *Pix,* H. *Pohl* (Hg.), Invention – Innovation – Diffusion; Stuttgart 1992 (VSWG-Beiheft 103).
Gerhard *Doblhamer,* Die Entwicklung der Stadtplanung in der Stadt Salzburg, ihre Aufgaben und Möglichkeiten, in: Planung – Raum – Ordnung. Festschrift für Rudolf Wurzer; Wien 1970.
Gerhard *Doblhamer,* Stadtentwicklungsplanung durch Stadtteilplanung – am Beispiel der Stadt Salzburg, in: Berichte zur Raumforschung und Raumplanung 23, Heft 5 (1979).
Hans *Donnenberg,* Die Verkehrssituation in Salzburg, in: der aufbau 16, November/Dezember 1961, Nr. 11/12, 484.
Heinz *Dopsch,* Der bayerische Adel und die Besetzung des Erzbistums Salzburg im 10. und 11. Jahrhundert, in: MGSL 110/111 (1970/1971), 125–151.
Heinz *Dopsch,* Adel und Kirche als gestaltende Kräfte in der frühen Geschichte des Südostalpenraumes, in: Carinthia I, 166 (1976), 21–49.
Heinz *Dopsch,* Hohensalzburg im Mittelalter, in: 900 Jahre Hohensalzburg; Salzburg 1977 (Schriftenreihe das Landespressebüros, Serie „Sonderpublikationen" 1), 91–125.
Heinz *Dopsch,* Die Burggrafen, Pfleger und Hauptleute von Hohensalzburg (1111–1806), ihre Rechte und Pflichten, in: 900 Jahre Festung Hohensalzburg; Salzburg 1977 (Schriftenreihe des Landespressebüros, Serie „Sonderpublikationen" 1), 151–163.
Heinz *Dopsch,* Die erzbischöflichen Ordnungen für die Salzachschiffahrt (1267 u. 1278) und die Anfänge der Schifferschützen von Laufen-Oberndorf, in: Das Salzfaß NF 12 (1978), Heft 2, 56–80.
Heinz *Dopsch,* Premysl Ottokar II. und das Erzstift Salzburg, in: Ottokar-Forschungen, hg. v. Max *Weltin,* Jahrbuch für Landeskunde von Niederösterreich 44/45 (1978/79), 470–508.
Heinz *Dopsch,* Landschaft, Landstände und Landtag, in: Der Salzburger Landtag; Salzburg 1980 (Schriftenreihe des Landespressebüros, Serie „Sonderpublikationen" 27), 11–31.
Heinz *Dopsch,* Die steirischen Otakare. Beiträge zu ihrer Herkunft und ihren dynastischen Verbindungen, in: Das Werden der Steiermark – Die Zeit der Traungauer, hg. von Gerhard *Pferschy;* Graz 1980, 75–139.
Heinz *Dopsch,* Der Almkanal in Salzburg. Ein städtisches Kanalbauwerk des hohen Mittelalters in Vergangenheit und Gegenwart, in: Städtische Versorgung und Entsorgung im Wandel der Geschichte, hg. von Erich *Maschke,* Jürgen *Sydow;* Sigmaringen 1981 (Stadt in der Geschichte 8), 46–76.
Heinz *Dopsch,* Friedrich III., Das Wiener Konkordat und die Salzburger Hoheitsrechte über Gurk, in: Mitteilungen des Österr. Staatsarchivs 34 (1981), 45–88.
Heinz *Dopsch,* St. Peter und das Erzstift Salzburg – Einheit, Krise und Erneuerung, in: St. Peter in Salzburg; Salzburg 1982, 38–43.
Heinz *Dopsch,* Der Salzburger Bauernkrieg und Michael Gaismair, in: Fridolin *Dörrer* (Hg.), Die Bauernkriege und Michael Gaismair; Innsbruck 1982 (Veröffentlichungen des Tiroler Landesarchivs 2), 225–246.
Heinz *Dopsch,* Die Zeit der Karolinger und Ottonen, in: *Dopsch/Spatzenegger,* Geschichte Salzburgs I/1; ²1983, 157–228.
Heinz *Dopsch,* Die soziale Entwicklung im Hochmittelalter, in: *Dopsch/Spatzenegger,* Geschichte Salzburgs I/1; ²1983, 361–418.
Heinz *Dopsch,* Die wirtschaftliche Entwicklung der Stadt Salzburg, in: *Dopsch/Spatzenegger,* Geschichte Salzburgs I/2; ²1983, 757–835.
Heinz *Dopsch,* Recht und Verwaltung, in: *Dopsch/Spatzenegger,* Geschichte Salzburgs I/2; ²1983, 867–950.
Heinz *Dopsch,* Der auswärtige Besitz, in: *Dopsch/Spatzenegger,* Geschichte Salzburgs I/2; ²1983, 951–981.
Heinz *Dopsch,* Klöster und Stifte, in: *Dopsch/Spatzenegger,* Geschichte Salzburgs I/2; ²1983, 1002–1053.

Heinz *Dopsch*, Virgil von Salzburg. Aus dem Leben und Wirken des Patrons der Rattenberger Pfarrkirche, in: St. Virgil in Rattenberg; Rattenberg 1983, 15–59.
Heinz *Dopsch*, Das Domstift Salzburg von den Anfängen bis zur Säkularisation (1511), in: 900 Jahre Stift Reichersberg am Inn. Augustiner Chorherren zwischen Passau und Salzburg, Katalog der Oberösterreichischen Landesausstellung; Linz 1984, 171–188.
Heinz *Dopsch*, Tittmoning – Vom Markt zur Stadt. Zur Bedeutung der Urkunde Erzbischof Eberhards II. vom 17. Oktober 1234, in: Das Salzfaß NF 18 (1984), 53–73.
Heinz *Dopsch*, Legatenwürde und Primat der Erzbischöfe von Salzburg, in: Institutionen, Kultur und Gesellschaft im Mittelalter (Festschrift für Josef Fleckenstein); Sigmaringen 1984, 265–284.
Heinz *Dopsch* (Hg.), Salzburg und die Slawenmission. Zum 1100. Todestag des hl. Methodius; Salzburg 1986 (auch in: MGSL 126 [1986], 5–40).
Heinz *Dopsch*, Slawenmission und päpstliche Politik – Zu den Hintergründen des Methodius-Konfliktes, in: Salzburg und die Slawenmission, 303–340 (auch in: MGSL 126 [1986]).
Heinz *Dopsch*, Die Grundlagen der Salzburger Wirtschaft aus dem Mittelalter, in: Chronik der Salzburger Wirtschaft; Salzburg 1987, 79–125.
Heinz *Dopsch*, Bauernkrieg und Glaubensspaltung, in: Dopsch/Spatzenegger, Geschichte Salzburgs II/1; 1988, 11–132.
Heinz *Dopsch*, Die Frühzeit Salzburgs, in: Österreich im Hochmittelalter (907–1246); Wien 1991 (Veröffentlichungen der Kommission für die Geschichte Österreichs 17), 155–193.
Heinz *Dopsch*, 650 Jahre „Land" Salzburg. Vom Werden eines Landes, in: ÖGL 15 (1992), Heft 5, 255–276.
Heinz *Dopsch*, Der heilige Rupert in Salzburg, in: Hl. Rupert von Salzburg 696–1996. Ausstellungskatalog; Salzburg 1996, 66–88.
Heinz *Dopsch*, Roswitha *Juffinger* (Hg.), Virgil von Salzburg – Missionar und Gelehrter; Salzburg 1985.
Heinz *Dopsch*, Paracelsus – Die Reformation und der Bauernkrieg, in: *Dopsch/Kramml*, Paracelsus und Salzburg, 201–216.
Heinz *Dopsch*, Testament, Tod und Grabmal des Paracelsus, in: *Dopsch/Kramml*, Paracelsus und Salzburg, 251–277.
Heinz *Dopsch*, Peter Michael *Lipburger*, Die rechtliche und soziale Entwicklung der Stadt Salzburg, in: *Dopsch/Spatzenegger*, Geschichte Salzburgs I/2; ²1983, 675–746.
Heinz *Dopsch*, Peter Michael *Lipburger*, Das 16. Jahrhundert – Von Leonhard von Keutschach zu Wolf Dietrich von Raitenau (1519–1587), in: *Dopsch/Spatzenegger*, Geschichte Salzburgs II/4; 1991, 2015–2070.
Heinz *Dopsch*, Peter F. *Kramml* (Hg.), Paracelsus und Salzburg. Vorträge bei den internationalen Kongressen in Salzburg und Badgastein anläßlich des Paracelsus-Jahres 1993; Salzburg 1994 (MGSL Erg.-Bd. 14).
Josef *Eder*, Zur Erinnerung an den fünfzigjährigen Bestand des Salzburger Kommunalfriedhofs 1879–1929; Salzburg 1929.
Petrus *Eder*, Johann *Kronbichler* (Hg.), Hl. Rupert von Salzburg 696–1996. Ausstellungskatalog; Salzburg 1996.
Wilhelm *Eikenberg*, Das Handelshaus der Runtinger zu Regensburg; Göttingen 1976 (Veröffentlichungen des Max-Planck-Instituts für Geschichte 43).
50 Jahre Elektrizitäts-Versorgung der Stadt Salzburg, 1887–1937; Salzburg 1937.
Richard *Engelmann*, Österreichs städtische Wohnplätze mit mehr als 25.000 Einwohnern Ende 1910, ihr Wachstum seit 1869 und die konfessionelle Zusammensetzung ihrer Bevölkerung 1880–1910, in: Statistische Monatsschrift NF 19 (1914), 413–510.
Johann Evangelist *Engl*, Gedenkbuch der Salzburger Liedertafel zum fünfundzwanzigsten Stiftungs-Feste am 2. November 1872; Salzburg 1872.

Johann Evangelist *Engl,* Die Familie Engl in Salzburg. Ein Salzburger Lebens- und Sittenbild aus vergangener Zeit, in: MGSL 36 (1896), 285–316.
Entwicklungsplan. Die Stadt und ihr Umland; Salzburg 1971.
Wilhelm *Erben,* Herbstruperti. Eine festgeschichtliche Studie, in: MGSL 50 (1910), 45–90.
Wilhelm *Erben,* Mühldorfer Ritterweihen der Jahre 1319 und 1322; Graz, Wien, Leipzig 1932 (Veröffentlichungen des Histor. Seminars der Universität Graz XII).
Ergebnisse der gewerblichen Betriebszählung v. 3. Juni 1902, 4. Heft: Oberösterreich und Salzburg; Wien 1905.
Hans-Heinz *Fabris,* Mit Etikettenvergabe nicht so einfach machen, in: Zukunft, Dezember 1982, 39f.
Sabine *Falk-Veits,* Mathias Bayrhammer. Auf den Spuren eines Wohltäters 150 Jahre nach seinem Tod, in: Salzburg Archiv 20 (1995), 185–208.
Marko M. *Feingold* (Hg.), Ein ewiges Dennoch. 125 Jahre Juden in Salzburg; Wien, Köln, Weimar 1993.
Peter *Feldbauer,* Stadtwachstum und Wohnungsnot. Determinanten unzureichender Wohnungsversorgung in Wien 1848 bis 1914; Wien 1977 (Sozial- und wirtschaftshistorische Studien 9).
Günter *Fellner,* Antisemitismus in Salzburg 1918–1938; Wien, Salzburg 1979 (Veröffentlichungen des Historischen Instituts der Universität Salzburg 15).
Günter *Fellner,* Zur Geschichte der Juden in Salzburg von 1911 bis zum Zweiten Weltkrieg, in: Adolf *Altmann,* Geschichte der Juden in Stadt und Land Salzburg; Neuauflage, Salzburg 1990, 371–380.
Günter *Fellner,* Die Verfolgung der Juden, in: Widerstand und Verfolgung in Salzburg 1934–1945. Eine Dokumentation. Bd. 2; Wien, Salzburg 1991, 432–473.
Festschrift Erzabtei St. Peter in Salzburg 582–1982; Salzburg 1982 (= StMOSB 93).
Festschrift der Handels- und Gewerbekammer für das Herzogtum Salzburg aus Anlaß der Eröffnung des neuen Amtsgebäudes; Salzburg 1912.
Egon *Fiebich-Ripke,* Der Salzburger Almkanal – Ein Werk ältester Salzburger Ingenieurkunst, in: Österreichische Wasserwirtschaft 11 (1959), 105–116.
Alois *Fischer,* Mein Antheil an der Erhebung des Erzstiftes Salzburg zu einem Kronland der Monarchie; Museum C. A., Hs. 4036.
Wilhelm *Fischer,* Die Personal- und Amtsdaten der Erzbischöfe von Salzburg im Mittelalter. Diss. phil.; Leipzig, Anklam 1912.
Dorit *Fischer-Kramer* (Hg.), Städtepartnerschaften mit der Dritten Welt. Eine Dokumentation; Wien 1988.
Gerhard *Florey,* Geschichte der Salzburger Protestanten und ihrer Emigration 1731/32; Wien, Köln, Graz 1977 (Studien und Texte zur Kirchengeschichte und Geschichte, 1. Reihe, Bd. II).
Günther *Franz,* Der Salzburger Bauernaufstand 1462, in: MGSL 68 (1928), 79–112.
Günther *Franz,* Der deutsche Bauernkrieg; Darmstadt [11]1977.
W. *Fred,* Salzburg; Berlin 1907 (Die Kultur 22).
John B. *Freed,* Diemut von Högl. Eine Salzburger Erbtochter und die erzbischöfliche Ministerialität im Hochmittelalter, in: MGSL 120/121 (1980/1981), 581–657.
Rudolf von *Freisauff,* Zunftwesen und Gewerbefreiheit. Vortrag gehalten im Salzburger Gewerbe-Verein; Salzburg o. J.
Rudolf *Frey,* 100 Jahre Salzburger Gaswerk, in: Amtsblatt der Landeshauptstadt Salzburg 10, 3.2.1959, Nr. 5/6, 33–37.
Guido *Friedl,* Die Grabendächer. Bauformen der Salzburger Altstadt 1; Salzburg 1993.
Ernst von *Frisch,* Der „Salzburger Bauernkrieg" des Egidius Rem in seiner ursprünglichen Fassung von 1525, in: MGSL 82/83 (1942/1943), 86–91.
Erich *Fröschl,* Salzburger Bürgerliste – pseudogrün und konservativ, in: Zukunft, November 1982, 8–11.
Eberhard *Fugger,* Das Museum Carolino-Augusteum und seine Sammlungen 1833 bis 1908; Salzburg 1908.

Franz *Fuhrmann,* Anton Faistauer 1887–1930, mit einem Werkverzeichnis der Gemälde; Salzburg 1972.
Franz *Fuhrmann,* Salzburg in alten Ansichten. Bd. 1: Die Stadt; Salzburg ²1982.
Franz *Fuhrmann,* Salzburg in alten Ansichten. Bd. 2: Das Land; Salzburg 1981.
Franz *Fuhrmann,* Die bildende Kunst, in: *Dopsch/Spatzenegger,* Geschichte Salzburgs I/2; ²1983, 1107–1136.
Franz *Fuhrmann,* Die bildende Kunst, in: *Dopsch/Spatzenegger,* Geschichte Salzburgs II/3; 1991, 1551–1617 (zitiert als: *Fuhrmann,* Bildende Kunst II).
Stephen *Gallup,* Die Geschichte der Salzburger Festspiele; Wien 1989.
Josef *Gassner,* Johann Michael Sattler und sein Panorama von Salzburg, in: JSMCA 4 (1958), 103–122.
Adalbert K. *Gauß,* Flüchtlingsland Österreich; Salzburg 1957.
Adalbert K. *Gauß,* Bruno *Oberläuter,* Das Zweite Dach. Eine Zwischenbilanz über Barackennot und Siedlerwillen 1945 bis 1979; Salzburg 1979 (Donauschwäbische Beiträge 72).
Erich *Gebert,* Betriebswirtschaftlicher Querschnitt durch zehn Jahre Salzburger Gaststättengewerbe; Salzburg 1936.
Gemeindelexikon der im Reichsrate vertretenen Königreiche und Länder, III: Salzburg; Wien 1907.
Gemeinde-Ordnung für die Stadt Salzburg; Salzburg 1850.
Gemeinde-Statut und Gemeinde-Wahlordnung für die Landeshauptstadt Salzburg; Salzburg 1870.
Geschichte des Landes Tirol, red. v. Josef *Fontana.* 4 Bände in 5 Teilen; Bozen 1985–1988.
Ludwig *Gierse,* Das Salzburger Tagebuch des Malers Friedrich Baudri aus dem Jahre 1836, in: MGSL 117 (1977), 269–370.
Karl *Glossy,* Als Salzburg wieder an Österreich kam. Vertrauliche Berichte, eingeleitet und mitgeteilt von K.G., in: Österreichische Rundschau 17 (1921), 804–809.
Harald *Gnilsen,* Ecclesia Militans Salisburgensis. Kulturkampf in Salzburg 1848–1914; Wien, Salzburg 1972 (Veröffentlichungen des Historischen Instituts in Salzburg 2).
Dieter *Goerge,* Die Bäcker und Metzger in den salzburgischen Städten, in: MGSL 120/21 (1980/1981), 459–515.
Karl J. *Grauer,* Paris Lodron, Erzbischof von Salzburg. Ein Staatsmann des Friedens; Salzburg 1953.
Christian *Greinz,* Die fürsterzbischöfliche Kurie und das Stadtdekanat zu Salzburg; Salzburg 1929.
Gerda *Griesinger,* Das Salzburger Zensurwesen im Vormärz. Phil. Diss.; Wien 1969.
Gerald *Gröchenig,* Kultur vor Ort – Salzburgs dezentrale Kulturbetriebe weisen die programmatische Zukunft, in: Erich *Marx* (Hg.), Stadt im Umbruch. Salzburg 1980 bis 1990; Salzburg 1991 (Schriftenreihe des Archivs der Stadt Salzburg 3), 81–92.
Andreas *Gruber,* Große Politik in der kleinen Stadt. Der Salzburger „Liberale Verein", in: Hanns *Haas* (Hg.), Salzburg zur Gründerzeit; Salzburg 1994 (Salzburg Archiv 17), 29–78.
Fritz *Gruber,* Karl-Heinz *Ludwig,* Salzburger Bergbaugeschichte; Salzburg, München 1982.
Fritz *Gruber,* Karl-Heinz *Ludwig,* Der Metallbergbau, in: *Dopsch/Spatzenegger,* Geschichte Salzburgs II/4; 1991, 2595–2630.
Gernot *Gruber,* Mozart und die Nachwelt; München, Zürich 1987 (Serie Piper 592).
Raimund *Gutmann,* „Bürgernähe" als neues Handlungsmuster lokaler Politik am Beispiel der Stadt Salzburg. Phil. Diss.; Salzburg 1983.
Hans *Haas,* Wiederaufbau und Bautätigkeit im Gebiet der Stadt Salzburg, 1945–1960, in: der aufbau 11/12 (1961), 536–539.
Hanns *Haas,* Von liberal zu national. Salzburgs Bürgertum im ausgehenden 19. Jahrhundert, in: Politik und Gesellschaft im alten und neuen Österreich. Festschrift für Rudolf Neck zum 60. Geburtstag; Wien 1981, 109–132.
Hanns *Haas,* Nationalbewußtsein und Salzburger Landesbewußtsein, in: Salzburg und das Werden der Zweiten Republik. VI. Landessymposion am 4. Mai 1985; Salzburg 1985 (Salzburg Diskussionen 7), 27–46.

Hanns *Haas*, „Die Grundfeste des freien Staates ist die freie Gemeinde". Salzburger Erfahrungen zur Gemeindeautonomie; in: MGSL 126 (1986), 555–568.
Hanns *Haas*, Salzburg in der Habsburgermonarchie, in: *Dopsch/Spatzenegger,* Geschichte Salzburgs II/2; 1988, 661–1022.
Hanns *Haas*, Kommunisten, in: Widerstand und Verfolgung in Salzburg 1934–1945. Eine Dokumentation. Bd. 1; Wien, Salzburg 1991, 327–458.
Hanns *Haas*, Salzburger Vereinskultur im Hochliberalismus (1860–1870), in: derselbe (Hg.), Salzburg zur Gründerzeit; Salzburg 1994 (Salzburg Archiv 17), 79–114.
Hanns *Haas*, Krieg und Frieden am regionalen Salzburger Beispiel 1914, in: Salzburg Archiv 20 (1995), 303–320.
Hanns *Haas*, Robert *Hoffmann*, Kurt *Luger* (Hg.), Weltbühne und Naturkulisse. Zwei Jahrhunderte Salzburg-Tourismus; Salzburg 1994.
Hanns *Haas*, Monika *Koller*, Jüdisches Gemeinschaftsleben in Salzburg – Von der Neuansiedlung bis zum Ersten Weltkrieg, in: Marko M. *Feingold* (Hg.), Ein ewiges Dennoch. 125 Jahre Juden in Salzburg; Wien, Köln, Weimar 1993, 31–52.
Alois *Hackl*, Salzburger Bauprojekte. Stadtsäle – Makartplatz. Bahnhof-Um- und Neubauten; Wien 1907.
Wolfgang *Hahn*, Moneta Radasponensis. Bayerns Münzprägung im 9., 10. u. 11. Jahrhundert; Braunschweig 1976.
Wolfgang *Hahn*, Die Salzburger Münzstätte bis zum Eintritt der bischöflichen Prägetätigkeit 1009/10, in: Christoph *Mayrhofer*, Günther *Rohrer* (Hg.), 1000 Jahre Salzburger Münzrecht; Salzburg 1996 (Salzburg Archiv 21), 35–54.
Adolf *Hahnl*, Studien zu Wolfgang IV. Hagenauer. Phil. Diss. (masch.); Salzburg 1969.
Adolf *Hahnl*, Die bauliche Entwicklung der Stadt Salzburg, in: *Dopsch/Spatzenegger,* Geschichte Salzburgs I/2; ²1983, 836–864.
Adolf *Hahnl*, Die Brüder Wolfgang, Johann Baptist und Johann Georg Hagenauer, in: Heimatbuch Ainring; Ainring 1990, 330–389.
Adolf *Hahnl*, Die bauliche Entwicklung der Stadt Salzburg von Markus Sittikus bis zur Säkularisation (1612–1803), in: *Dopsch/Spatzenegger,* Geschichte Salzburgs II/4; 1991, 2183–2240.
Adolf *Hahnl*, Robert *Hoffmann*, Guido *Müller*, Der Stadtteil Riedenburg. Bau- und Entwicklungsgeschichte bis 1945, in: MGSL 126 (1986), 569–584.
Siegfried *Haider*, Zur Baugeschichte des Salzburger Virgil-Domes, in: MIÖG 80 (1972), 35–47.
Siegfried *Haider*, Die schriftlichen Quellen zur Geschichte des österreichischen Raumes im frühen und hohen Mittelalter, in: Die Quellen der Geschichte Österreichs, hg. von Erich *Zöllner;* Wien 1982 (Schriften des Institutes für Österreichkunde 40), 26–49.
Ludwig *Hammermayer*, Salzburg und Bayern im 18. Jahrhundert. Prolegomena zu einer Geschichte ihrer Wissenschafts- und Geistesbeziehungen im Spätbarock und in der Aufklärung, in: MGSL 120/121 (1980/1981), 128–218.
Ludwig *Hammermayer*, Illuminaten und Freimaurer zwischen Bayern und Salzburg, in: Land und Reich, Stamm und Nation, Festgabe für Max Spindler zum 90. Geburtstag; München 1984 (Schriftenreihe der Kommission für Bayerische Landesgeschichte 79), 321–355.
Ludwig *Hammermayer*, Die Aufklärung in Wissenschaft und Gesellschaft, in: Max *Spindler* (Hg.), Handbuch der bayerischen Geschichte II; München ²1988, 1136–1197.
Ludwig *Hammermayer*, Bayern im Reich und zwischen den großen Mächten, in: Max *Spindler* (Hg.), Handbuch der bayerischen Geschichte II; München ²1988, 1198–1235.
Ludwig *Hammermayer*, Die Aufklärung in Salzburg (ca. 1715–1803), in: *Dopsch/Spatzenegger,* Geschichte Salzburgs II/1; 1988, 375–452.
Ludwig *Hammermayer*, Die letzte Epoche des Erzstifts Salzburg. Politik und Kirchenpolitik unter Erzbischof Graf Hieronymus Colloredo (1772–1803), in: *Dopsch/Spatzenegger,* Geschichte Salzburgs II/1; 1988, 453–535.

Ernst *Hanisch,* Zur Frühgeschichte des Nationalsozialismus in Salzburg (1913–1925), in: MGSL 117 (1977), 371–410.

Ernst *Hanisch,* Landespolitik. Das politische System: Proporzdemokratie in Salzburg, in: Wolfgang *Huber* (Hg.), Landeshauptmann Klaus und der Wiederaufbau Salzburgs; Salzburg 1980, 23–54.

Ernst *Hanisch,* Provinz und Metropole. Gesellschaftsgeschichtliche Perspektiven der Beziehungen des Bundeslandes Salzburg zu Wien (1918–1934), in: Alfred *Edelmayer* u. a. (Hg.), Beiträge zur Föderalismusdiskussion; Salzburg 1981 (Salzburg Dokumentationen 59).

Ernst *Hanisch,* Nationalsozialistische Herrschaft in der Provinz. Salzburg im Dritten Reich; Salzburg 1983 (Salzburg Dokumentationen 71).

Ernst *Hanisch,* Zeitgeschichtliche Dimensionen der politischen Kultur in Salzburg, in: Herbert *Dachs* (Hg.), Das politische, wirtschaftliche und soziale System im Bundesland Salzburg. Festschrift zum Jubiläum „40 Jahre Salzburger Landtag in der Zweiten Republik"; Salzburg 1985 (Salzburg Dokumentationen 87), 15–52.

Ernst *Hanisch,* Von den schwierigen Jahren der Zweiten Republik – Salzburg in Wiederaufbau, in: Roland *Floimair* (Hg.), Salzburg und das Werden der Zweiten Republik; Salzburg 1985, 13–26.

Ernst *Hanisch,* Braune Flecken im Goldenen Westen. Die Entnazifizierung in Salzburg, in: Sebastian *Meissl* u. a. (Hg.), Verdrängte Schuld, verfehlte Sühne. Entnazifizierung in Österreich; Wien 1986, 321–336.

Ernst *Hanisch,* Im Zeichen des allgemeinen Wahlrechts 1918–1934, in: *Dopsch,* Festschrift, 223–234.

Ernst *Hanisch,* Die Erste Republik, in: *Dopsch/Spatzenegger,* Geschichte Salzburgs II/2; 1988, 1057–1120.

Ernst *Hanisch,* Provinzbürgertum und die Kunst der Moderne, in: Ernst *Bruckmüller* u. a. (Hg.), Bürgertum in der Habsburgermonarchie; Wien, Köln 1990, 127–139.

Ernst *Hanisch,* Im Zeichen des allgemeinen Wahlrechts, in: *Dopsch/Spatzenegger,* Geschichte Salzburgs II/4; 1991, 2377–2390.

Ernst *Hanisch,* Wirtschaftswachstum ohne Industrialisierung. Fremdenverkehr und sozialer Wandel in Salzburg 1918–1938, in: *Haas/Hoffmann/Luger,* Weltbühne und Naturkulisse, 104–112.

Ernst *Hanisch,* Der lange Schatten des Staates. Österreichische Gesellschaftsgeschichte im 20. Jahrhundert; Wien 1994.

Ernst *Hanisch,* Tradition und Modernität. Grundzüge der Geschichte Salzburgs in der Zweiten Republik 1945–1955, in: Salzburger Jahrbuch für Politik 1995, 9–27.

Ernst *Hanisch,* Peripherie und Zentrum: die Entprovinzialisierung während der NS-Herrschaft in Österreich, in: Horst *Möller* (Hg.), Nationalismus in der Region. Beiträge zur regionalen und lokalen Forschung und zum internationalen Vergleich; München 1996, 329–334.

Ernst *Hanisch,* Ulrike *Fleischer,* Im Schatten berühmter Zeiten. Salzburg in den Jahren Georg Trakls (1887–1914); Salzburg 1986 (Trakl-Studien 13).

Ernst *Hanisch,* Hans *Spatzenegger,* Die katholische Kirche, in: Widerstand und Verfolgung in Salzburg 1934–1945. Eine Dokumentation. Bd. 2; Wien, Salzburg 1991, 134–322.

Heinrich *Harrer,* Zur Dampfschiffahrt auf der Salzach, in: MGSL 126 (1986), 585–596.

Heinrich *Harrer,* Bruce *Holcombe,* Salzburger Lokalbahnen; Wien 1980.

Ignaz *Harrer,* Die Gemeinde-Verwaltung der Landeshauptstadt Salzburg vom Ende des Jahres 1872 bis dahin 1875; Salzburg 1875.

Ignaz *Harrer,* Die Hochquellenwasserleitung vom Fürstenbrunnen am Untersberg, in: MGSL 40 (1900), 117–154.

Reinhard *Härtel* (Hg.), Die Friesacher Münze im Alpen-Adria-Raum; Graz 1996 (Grazer grundwissenschaftliche Forschungen 2).

Günther *Haseloff,* Der Tassilokelch; München 1951 (Münchner Beiträge zur Vor- und Frühgeschichte).

Wilfried *Haslauer*, Aus der Entwicklung der Salzburger Handelskammer, in: Hans Gustl *Kernmayer* (Hg.), Brot und Eisen. Salzburg, mit der Festschrift der Handelskammer Salzburg anläßlich ihres 100jährigen Bestehens; Salzburg 1951, 225–250.
Adolf *Haslinger* (Hg.), Salzburg. Reisebuch; Frankfurt a. M., Leipzig 1993.
Adolf *Haslinger*, Peter *Mittermayr* (Hg.), Salzburger Kulturlexikon; Salzburg 1987.
Herbert *Hassinger*, Johann Joachim Bechers Kampf gegen Frankreich und die Gründung einer Wollmanufaktur in Salzburg im Jahre 1677, in: MGSL 78 (1938), 169–182.
Herbert *Hassinger*, Zollwesen und Verkehr in den österreichischen Alpenländern bis um 1300, in: MIÖG 73 (1965), 292–361.
Herbert *Hassinger*, Die Übergänge über die Hohen Tauern vom Frühmittelalter bis ins 19. Jahrhundert, in: Tauernautobahn-Scheitelstrecke; Salzburg 1976, 215–246.
Herbert *Hassinger*, Die Handels- und Verkehrsstellung Villachs bis in die Mitte des 19. Jahrhunderts, in: Carinthia I, 116 (1976), 211–282.
Herbert *Hassinger*, Geschichte des Zollwesens, Handels und Verkehrs in den östlichen Alpenländern vom Spätmittelalter bis in die zweite Hälfte des 18. Jahrhunderts. Teil 1: Regionaler Teil, erste Hälfte: Westkärnten-Salzburg; Stuttgart 1987 (Deutsche Handelsakten des Mittelalters und der Neuzeit XVI/1, Deutsche Zolltarife des Mittelalters und der Neuzeit V).
Häuser- und Wohnungszählung 1981. Hauptergebnisse Österreich; Wien 1983 (Beiträge zur österreichischen Statistik 640, 10. Heft), 4.
Wolfgang *Häusler*, Von der Massenarmut zur Arbeiterbewegung. Demokratie und soziale Frage in der Wiener Revolution von 1848; Wien, München 1979.
Willibald *Hauthaler* (Hg.), Das Leben, Regierung und Wandel des Hochwürdigsten in Gott Fürsten und Herrn, Herrn Wolf Dietrichen, gewesten Erzbischoven zu Salzburg etc. etc. von Johann Stainhauser, in: MGSL 13 (1873), 3–140.
Edith *Havinga*, Bürgermeister Dr. Albert Schumacher (1844–1913), Hausarbeit für Geschichte; Salzburg 1978.
Wilhelm *Hecke*, Die Städte Österreichs nach der Volkszählung v. 31.12.1910, in: Statistische Monatsschrift NF 18 (1913), 179–221.
Franz *Heffeter*, Die Salzschiffahrt und die Stadt Laufen, in: MGSL 129 (1989), 5–60, u. MGSL 130 (1990), 297–344.
Norbert *Heger*, Salzburg in römischer Zeit; Salzburg 1973 (JSMCA 19).
Norbert *Heger* (Bearb.), Die Skulpturen von Juvavum; Wien 1975 (Corpus signorum imperii Romani, Österreich III/1).
Norbert *Heger*, Die Römerzeit, in: *Dopsch/Spatzenegger*, Geschichte Salzburgs I/1; ²1983, 75–92.
Norbert *Heger*, Das römische Gräberfeld vom Bürglstein in Salzburg, in: Heinrich *Lange*, Römische Terrakotten aus Salzburg; Salzburg 1990 (Schriftenreihe des SMCA 9), 5–15.
Roman *Heiligenthal*, Deutscher Städtebau: Ein Handbuch für Architekten, Ingenieure, Verwaltungsbeamte und Volkswirte; Heidelberg 1921.
Reinhard R. *Heinisch*, Die Neutralitätspolitik Erzbischof Paris Lodrons und ihre Vorläufer. Salzburgs Verhältnis zu Liga und Reich, in: MGSL 110/111 (1970/1971), 255–276.
Reinhard Rudolf *Heinisch*, Die bischöflichen Wahlkapitulationen im Erzstift Salzburg, 1514–1688; Wien 1977 (FRA II/82).
Reinhard Rudolf *Heinisch*, Politik und Gesellschaft in Salzburg zur Mozartzeit, in: Friederike *Prodinger*, Reinhard R. *Heinisch* (Hg.), Gewand und Stand. Kostüm und Trachtenbilder der Kuenburg-Sammlung; Salzburg 1983.
Reinhard Rudolf *Heinisch*, Die Zeit des Absolutismus, in: *Dopsch/Spatzenegger*, Geschichte Salzburgs II/1; 1988, 167–244.
Reinhard Rudolf *Heinisch*, Paris Lodron – Reichsfürst und Erzbischof von Salzburg; Wien 1991.
Reinhard Rudolf *Heinisch*, Der Luftkrieg, in: Erich *Marx* (Hg.), Bomben auf Salzburg. Die „Gauhauptstadt" im „Totalen Krieg"; Salzburg 1995 (Schriftenreihe des Archivs der Stadt Salzburg 6), 9–28.

Reinhard Rudolf *Heinisch,* Von der Euphorie zum Inferno. Leben und Leid in der „Gauhauptstadt" Salzburg, in: Erich *Marx* (Hg.), Bomben auf Salzburg. Die „Gauhauptstadt" im „Totalen Krieg"; Salzburg 1995 (Schriftenreihe des Archivs der Stadt Salzburg 6), 29–60.

Heimold *Helczmanovski,* Die Entwicklung der Bevölkerung Österreichs in den letzten hundert Jahren, in: Beiträge zur Bevölkerungs- und Sozialgeschichte Österreichs; Wien 1973.

Josef Alexander Frh. v. *Helfert,* Aloys Fischer. Lebens- und Charakterbild; Innsbruck 1885.

Josef Alexander Frh. v. *Helfert,* Eine Geschichte von Thoren; Wien 1894 (Sonderabdruck aus: Mittheilungen der k.k. Central-Commission zur Erforschung und Erhaltung der kunst- und historischen Denkmale NF, 20. Jg., 1894).

Josef Alexander Frh. v. *Helfert,* Denkmalpflege. Öffentliche Obsorge für Gegenstände der Kunst und des Alterthums nach dem neuesten Stande der Gesetzgebung in den verschiedenen Culturstaaten; Wien, Leipzig 1897.

Martin *Hell,* Spätantike Basilika in Juvavum. Archäologisches zur ältesten Kirchengeschichte von Salzburg, in: MGSL 107 (1967), 71ff.

Thomas *Hellmuth,* Ewald *Hiebl,* Tourismusindustrie. Organisation und quantitative Entwicklung des Salzburger Fremdenverkehrs (1860–1938), in: *Haas/Hoffmann/Luger,* Weltbühne und Naturkulisse, 91–97.

Thomas *Hellmuth,* Elisabeth *Windtner,* Liberalismus und Sozialdemokratie. Ein Beitrag zur frühen Salzburger Arbeiterbewegung (1868–1874), in: Hanns *Haas* (Hg.), Salzburg zur Gründerzeit; Salzburg 1994 (Salzburg Archiv 17), 243–282.

Friedrich *Herrmann,* Salzburgs hohe Schule zwischen den Volluniversitäten 1810 bis 1962, in: StMOSB 83 (1972), 3/4, 356–602.

Friedrich *Herrmann,* 987. Trennung der Abtei vom Bistum, in: Festschrift Erzabtei St. Peter; Salzburg 1982, 26–55.

Peter *Hersche,* Erzbischof Hieronymus Graf Colloredo und der Jansenismus in Salzburg, in: MGSL 117 (1977), 231–268.

Richard *Hildmann,* Soziale Tätigkeit im Salzburger Wohnungswesen und die künftige Wohnungsreform; Salzburg 1922.

(Richard *Hildmann),* Ansprache des Bürgermeisters bei der Eröffnungssitzung des neuen Gemeindetages am 11. Juli 1935; Salzburg 1935.

Ernst *Hintermaier,* Das Tanzwesen im Erzstift Salzburg im 18. Jahrhundert, in: Mozart-Jahrbuch 1978/79 (1979), 50ff.

Ernst *Hintermaier,* Musik – Musiker – Musikpflege, in: *Dopsch/Spatzenegger,* Geschichte Salzburgs II/3; 1991, 1619–1706.

Hanna *Hintner,* Joseph Philipp Felner (1769–1850) als Staatsmann, Historiker und Mensch. Phil. Diss.; Wien 1967.

Liselotte *Hoffmann,* Die Säkularisation Salzburgs. Salzburg zwischen Campo Formio und Schönbrunn. Pläne und Tatsachen. Phil. Diss. (masch.); Wien 1943.

Robert *Hoffmann,* Salzburg im Biedermeier. Die Stadt und ihre Einwohner in der ersten Hälfte des 19. Jahrhunderts, in: MGSL 120/121 (1980/1981), 219–274.

Robert *Hoffmann,* Soziale Entwicklung, in: Wolfgang *Huber* (Hg.), Landeshauptmann Klaus und der Wiederaufbau Salzburgs; Salzburg 1980, 89–128.

Robert *Hoffmann,* Gesellschaft, Politik und Kultur in der Stadt Salzburg in der ersten Hälfte des 19. Jahrhunderts, in: Rudolf *Angermüller* (Hg.): Bürgerliche Musikkultur im 19. Jahrhundert in Salzburg; Salzburg 1981, 9–30.

Robert *Hoffmann,* Salzburgs Lycealstudenten im Vormärz. Soziale Struktur und politisches Verhalten, in: MGSL 122 (1982), 371–402.

Robert *Hoffmann,* Die Errichtung der ersten Arbeiterwohnhäuser in der Stadt Salzburg, in: Mitteilungen des Karl-Steinocher-Fonds zur Erforschung der Geschichte der Arbeiterbewegung im Lande Salzburg, Heft 3, Juni 1983, 3–15.

Robert *Hoffmann,* Die freie Gemeinde als Grundlage des freien Staates. Salzburgs Bürgertum zwischen bürokratischer Bevormundung und kommunalem Herrschaftsanspruch 1816–1869, in: *Dopsch,* Festschrift, 137–154.

Robert *Hoffmann,* „Nimm Hack' und Spaten..." Siedlung und Siedlerbewegung in Österreich 1918–1938; Wien 1987 (Österreichische Texte zur Gesellschaftskritik 33).

Robert *Hoffmann,* Salzburg in Salzburg. Zum Verhältnis von Stadt und Land Salzburg, in: Die Ära Lechner. Das Land Salzburg in den sechziger und siebziger Jahren; Salzburg 1988 (Schriftenreihe des Landespressebüros, Serie „Sonderpublikationen" 71), 379–406.

Robert *Hoffmann,* Salzburgs Weg vom „Betteldorf" zur „Saisonstadt". Grundzüge der städtischen Wirtschaftsentwicklung, in: Chronik der Salzburger Wirtschaft; Salzburg 1988, 152–182.

Robert *Hoffmann,* Stadtentwicklung und Wohnungswesen in Salzburg 1800 bis 1945, in: Wohnen in Salzburg. Geschichte und Perspektiven; Salzburg 1989 (Schriftenreihe des Archivs der Stadt Salzburg 1), 9–32.

Robert *Hoffmann,* Gab es schönerianisches Milieu? Versuch einer Kollektivbiographie von Mitgliedern des „Vereins der Salzburger Studenten in Wien", in: Ernst *Bruckmüller* u. a. (Hg.): Bürgertum in der Habsburgermonarchie; Wien, Köln 1990, 275–298.

Robert *Hoffmann,* Die Stadt Salzburg in Vormärz und Neoabsolutismus, in: *Dopsch/Spatzenegger,* Geschichte Salzburgs II/4; 1991, 2241–2280.

Robert *Hoffmann,* Die Stadt im bürgerlichen Zeitalter, in: *Dopsch/Spatzenegger,* Geschichte Salzburgs II/4; 1991, 2281–2376.

Robert *Hoffmann,* Die Stadt nach 1945, in: *Dopsch/Spatzenegger,* Geschichte Salzburgs II/4; 1991, 2445–2500.

Robert *Hoffmann,* Bürgerliche Kommunikationsstrategien zu Beginn der liberalen Ära. Salzburg und der Eisenbahnanschluß, in: Hannes *Stekl,* Peter *Urbanitsch,* Ernst *Bruckmüller,* Hans *Heiss* (Hg.), „Durch Arbeit, Besitz, Wissen und Gerechtigkeit"; Wien, Köln, Weimar 1992 (Bürgertum in der Habsburgermonarchie II), 317–336.

Robert *Hoffmann,* Die Romantiker „entdecken" Salzburg, in: *Haas/Hoffmann/Luger,* Weltbühne und Naturkulisse, 16–21.

Robert *Hoffmann,* Frühe Attraktionen, in: *Haas/Hoffmann/Luger,* Weltbühne und Naturkulisse, 22–28.

Robert *Hoffmann,* Reisen unter Dampf, in: *Haas/Hoffmann/Luger,* Weltbühne und Naturkulisse, 38–44.

Robert *Hoffmann,* Salzburg wird „Saisonstadt", in: *Haas/Hoffmann/Luger,* Weltbühne und Naturkulisse, 45–51.

Robert *Hoffmann,* Erzherzog Franz Ferdinand und der Fortschritt. Altstadterhaltung und bürgerlicher Modernisierungswille um die Jahrhundertwende in Salzburg; Wien, Köln, Weimar 1994.

Robert *Hoffmann,* Christiane *Krejs,* Die Salzburger „Neustadt" – Bau- und Entwicklungsgeschichte eines gründerzeitlichen Stadtviertels, in: MGSL 130 (1990), 635–668.

Robert *Hoffmann,* Guido *Müller,* Rudolf *Strasser,* Lehen. Historische Grundlagen für die Stadtplanung der Landeshauptstadt Salzburg; Salzburg 1982 (Schriftenreihe zur Salzburger Stadtplanung, Heft 17).

Albert *Holländer,* Studien zum Salzburger Bauernkrieg mit besonderer Berücksichtigung der reichsfürstlichen Sonderpolitik, in: MGSL 72 (1932), 1–44, u. 73 (1933), 39–108.

Roman *Höllbacher,* Landschaft und Stadt als entwicklungsgeschichtliche Paradigmen – der Wandel der Rezeption vom Ende des 18. bis zum Beginn des 20. Jahrhunderts. Phil. Diss.; Salzburg 1990.

Sabine R. *Holzer,* Die Salzburger Geld- und Kreditwirtschaft im Spannungsfeld von Universalisierung und Regionalisierung (1945 – 1979). Geisteswiss. Diss.; Salzburg 1993.

Franz *Hörburger,* Salzburger Ortsnamenbuch, bearb. v. Ingo *Reiffenstein,* Leopold *Ziller;* Salzburg 1982 (MGSL Erg.-Bd. 9).

Franz *Horner,* Die Wiedererrichtung der Universität (1962) und die Entwicklung der Wissenschaft in Stadt und Land, in: *Dopsch/Spatzenegger,* Geschichte Salzburgs II/3; 1991, 1907–1930.

Siegfried *Hoyer,* Das Militärwesen im Deutschen Bauernkrieg 1524–1526; Berlin 1975 (Militärhistorische Studien NF 16).
William H. *Hubbard,* Der Wachstumsprozeß in den österreichischen Großstädten 1869–1910. Eine historisch-demographische Untersuchung, in: Peter Christian *Ludz,* Soziologie und Sozialgeschichte. Aspekte und Probleme; Opladen 1972 (Kölner Zeitschrift für Soziologie und Sozialpsychologie, Sonderheft 16), 386–418.
William H. *Hubbard,* Auf dem Weg zur Großstadt. Eine Sozialgeschichte der Stadt Graz 1850–1914; Wien 1984 (Sozial- und wirtschaftshistorische Studien 17).
Alfons *Huber,* Geschichte der Vereinigung Tirols mit Österreich und der vorbereitenden Ereignisse; Innsbruck 1864.
Lorenz *Hübner,* Beschreibung der hochfürstlich-erzbischöflichen Haupt- und Residenzstadt Salzburg und ihrer Gegenden verbunden mit ihrer ältesten Geschichte. 2 Bände; Salzburg 1792/93 (Neuauflage Salzburg 1982).
Bernhard *Hütter,* So kam es zur Altstadtuniversität. Die Standortfrage der Universität Salzburg im Spiegel der Medien. Phil. Diss.; Salzburg 1980.
Joachim *Jahn,* Ducatus Baiovariorum. Das bairische Herzogtum der Agilolfinger; Stuttgart 1991 (Monographien zur Geschichte des Mittelalters 35).
Jahresbericht der Handels- und Gewerbekammer für das Herzogtum Salzburg über Industrie, Handel und Verkehrsmittel im Jahre 1851; Salzburg 1852.
Hubert *Janschek,* Salzburg von 1880–1900. Ein Beitrag zur Landesgeschichte Salzburgs. Phil. Diss.; Innsbruck 1950.
Dieter *Jetter,* Hospitäler in Salzburg, in: Sudhoffs Archiv. Zeitschrift für Wissenschaftsgeschichte 64 (1980), 163–186.
Werner *Jobst,* Römische Mosaiken in Salzburg; Wien 1982.
Rudolf *Käfer,* Der Weg zum Salzburger Altstadterhaltungsgesetz; Salzburg 1990.
Zehn Jahre Kammer für Arbeiter und Angestellte Salzburg; Salzburg 1956.
Ulrike *Kammerhofer-Aggermann,* Kulturmetropole Salzburg. Der Festspieltourismus der Zwischenkriegszeit, in: *Haas/Hoffmann/Luger,* Weltbühne und Naturkulisse, 113–199.
Andreas *Kapeller,* Das Grand Hôtel de l'Europe in der Stadt Salzburg. Ein Luxushotel aus der Zeit des Historismus. Diplomarbeit; Salzburg 1992.
Pius *Karner,* Austria sancta. Die Heiligen und Seeligen Salzburgs; Wien 1913 (Studien und Mitteilungen aus dem kirchengeschichtlichen Seminar der Theologischen Fakultät der Universität Wien, Heft 12).
Paul *Karnitsch,* Sigillata von Juvavum (Salzburg). Die reliefverzierte Sigillata im Salzburger Museum Carolino Augusteum; Salzburg 1971 (JSMCA 16).
Helene *Karrer,* 200 Jahre Villenbau in Aigen, mit Abfalter, Parsch und Glas; Salzburg 1995.
Stefan *Karwiese,* Erster vorläufiger Gesamtbericht über die Ausgrabungen zu St. Peter in Salzburg, in: Festschrift Erzabtei St. Peter; Salzburg 1982, 404–532.
Josef *Kaut,* Festspiele in Salzburg; Salzburg 1965.
Josef *Kaut,* Der Steinige Weg. Geschichte der sozialistischen Arbeiterbewegung im Lande Salzburg; 2. Aufl., Salzburg 1982.
Isabella *Kellner,* Eva *Kuchner,* Erstellung eines quantitativen Befundes der kommunalen Finanzen von 1919 bis 1945. Seminararbeit am Institut für Geschichte; Salzburg 1990.
Wilfried *Keplinger,* Eine unveröffentlichte Chronik über die Regierung Erzbischof Wolf Dietrichs, in: MGSL 95 (1955), 67–91.
Gert *Kerschbaumer,* Faszination Drittes Reich. Kunst und Alltag der Kulturmetropole Salzburg; Salzburg o. J.
Gert *Kerschbaumer,* Von der Vertreibung zum Neubeginn, in: Marko M. *Feingold* (Hg.), Ein ewiges Dennoch. 125 Jahre Juden in Salzburg; Wien, Köln, Weimar 1993, 209–240.

Gert *Kerschbaumer,* Tourismus im politischen Wandel der 30er und 40er Jahre, in: *Haas/Hoffmann/Luger,* Weltbühne und Naturkulisse, 120–128.

Gert *Kerschbaumer,* Die Wiederbelebung der Glanzzeiten in den Nachkriegsjahren, in: *Haas/Hoffmann/Luger,* Weltbühne und Naturkulisse, 129–133.

Gert *Kerschbaumer,* Karl *Müller,* Begnadet für das Schöne. Der rot-weiß-rote Kulturkampf gegen die Moderne; Wien 1992 (Beiträge zur Kulturwissenschaft und Kulturpolitik 2).

Emmi *Khakzadeh,* Gemeinderatswahlen in der Stadt Salzburg 1919–1934. Hausarbeit aus Geschichte; Salzburg 1979.

Jiri *Klabouch,* Die österreichische Gemeindeselbstverwaltung in Österreich 1848–1918; Wien 1968 (Österreich Archiv).

Rudolph *Klehr,* Die Getreidegasse mit Rathausplatz und Kranzlmarkt – Historische Erinnerungen bei Spaziergängen in der Salzburger Altstadt; Salzburg 1994 (Schriftenreihe des Stadtvereins Salzburg, Sonderband).

Rudolph *Klehr,* Die Linzer Gasse; Salzburg ²1995 (Schriftenreihe des Stadtvereins Salzburg, Sonderband).

Herbert *Klein,* Das salzburgische Söldnerheer im 14. Jahrhundert, in: MGSL 66 (1926), 99–158.

Herbert *Klein,* Neue Quellen zum Salzburger Bauernaufstand 1462/63, in: MGSL 77 (1937), 49–80.

Herbert *Klein,* Quellenbeiträge zur Geschichte der Salzburger Bauernunruhen im 15. Jahrhundert, in: MGSL 93 (1953), 1–59.

Herbert *Klein,* Salzburg und seine Landstände von den Anfängen bis 1861, in: Hundert Jahre selbständiges Land Salzburg. Festschrift des Salzburger Landtags; Salzburg 1961, 124–147.

Herbert *Klein,* 100 Jahre Salzburger Handelsregister – 100 Jahre Salzburger Wirtschaftsgeschichte, in: Salzburger Wirtschaft 5.3.1964, 3–6.

Herbert *Klein,* Juvavum-Salzburg, in: Vorträge und Forschungen IV, Studien zu den Anfängen des europäischen Städtewesens; Konstanz 1958, 77–85 (Wiederabdruck in Klein-Festschrift, 1–9. Danach wird im folgenden zitiert).

Herbert *Klein,* Salzburg und seine Landstände von den Anfängen bis 1861, in: Klein-Festschrift, 115–136.

Herbert *Klein,* Brenner und Radstädter Tauern, in: Klein-Festschrift, 411–425.

Herbert *Klein,* Der Saumhandel über die Tauern, in: Klein-Festschrift, 427–503.

Herbert *Klein,* Beschlagenes Gut, in: Klein-Festschrift, 549–558.

Herbert *Klein,* Salzburgs Handel im Wandel der Zeiten, in: Klein-Festschrift, 559–574.

Herbert *Klein,* Geschäftsreisen eines Salzburgers im 16. Jahrhundert, in: Klein-Festschrift, 575–584.

Herbert *Klein,* Das Geleitsrecht der Grafen von Görz „vom Meer bis zum Katschberg", in: Klein-Festschrift, 599–615.

Herbert *Klein,* Kaiser Sigismunds Handelssperre gegen Venedig und die Salzburger Alpenstraße, in: Klein-Festschrift, 617–630.

Herbert *Klein,* Die Tuchweberei am unteren Inn und an der unteren Salzach im 15. und 16. Jahrhundert nach Salzburger Quellen, in: MGSL 106 (1966), 115–140.

Herbert *Klein,* Beiträge zur Geschichte der Stadt Salzburg im Mittelalter I: Die „reichen" und die „armen" Bürger von 1287, in: MGSL 107 (1967), 115–128.

Herbert *Klein,* Beiträge zur Geschichte der Stadt Salzburg im Mittelalter II: Zur Geschichte der Juden in Salzburg, in: MGSL 108 (1968), 181–195.

Herbert *Klein,* Erzbischof Pilgrim II. von Puchheim (1365–1369), in: MGSL 112/113 (1972/1973), 13–71.

Kurt *Klein,* Bevölkerung und Siedlung, in: *Dopsch/Spatzenegger,* Geschichte Salzburgs II/2; 1988, 1289–1360.

Rupert Johannes *Klieber,* Erzbischof Johannes Kardinal Katschthaler (1900–1914). Skizze einer kulturkampflustigen Amtsperiode, in: MGSL 129 (1989), 295–373.

Rupert Johannes *Klieber,* Politischer Katholizismus in der Provinz. Salzburgs Christlichsoziale in der Parteienlandschaft Alt-Österreichs; Wien, Salzburg 1994 (Veröffentlichungen des Internationalen Forschungszentrums für Grundfragen der Wissenschaften Salzburg NF 55).

Bernhard *Koch,* Der Salzburger Pfenning, in: Numismatische Zeitschrift Wien 75 (1953), 35–73.

Matthias *Koch,* Reise in Oberösterreich und Salzburg auf der Route von Linz nach Salzburg, Gastein und Ischl; Wien 1846.

(Joseph Ernst Ritter von *Koch-Sternfeld),* Die letzten dreissig Jahre des Hochstifts und Erzbisthums Salzburg. Ein Beitrag zur teutschen Staats-, Kirchen- und Landesgeschichte; Nürnberg 1816.

Karl *Köchl,* Die Bauernkriege im Erzstifte Salzburg in den Jahren 1525/26, in: MGSL 47 (1907), 1–117.

Jürgen *Kocka* (Hg.), Bürgertum und Bürgerlichkeit als Probleme der deutschen Geschichte vom späten 18. zum frühen 20. Jahrhundert, in: derselbe (Hg.), Bürger und Bürgerlichkeit im 19. Jahrhundert; Göttingen 1987, 21–63.

Gottfried *Köfner,* Hunger, Not und Korruption. Der Übergang Österreichs von der Monarchie zur Republik am Beispiel Salzburgs; Salzburg 1980.

Johann Georg *Kohl,* Hundert Tage auf Reisen in den österreichischen Staaten. 5. Theil: Reise in Steiermark und im bairischen Hochlande; Dresden, Leipzig 1842.

Fritz *Koller,* Hallein im frühen und hohen Mittelalter, in: MGSL 116 (1976), 3–116.

Fritz *Koller,* Das Salzburger Landesarchiv (Schriftenreihe des Salzburger Landesarchivs Nr. 4); Salzburg 1987.

Fritz *Koller,* Bayern–Salzburg–Berchtesgaden. Der Streit um den Salzhandel 1587–1611, in: ZBLG 50 (1987), 769–805.

Fritz *Koller,* Wolf Dietrichs Wirtschaftspolitik, in: Wolf-Dietrich-Katalog, 143–152.

Fritz *Koller,* Die innere Entwicklung im Spätmittelalter, in: *Dopsch/Spatzenegger,* Geschichte Salzburgs I/1; ²1983, 594–661.

Fritz *Koller,* Die Salzachschiffahrt bis zum 16. Jahrhundert, in: MGSL 123 (1983), 1–126.

Fritz *Koller,* Guido *Müller,* Die Stadtteile Gnigl und Itzling. Bau- und Entwicklungsgeschichte bis 1945, in: MGSL 129 (1989), 179–194.

Johann *Kolmbauer,* Gründung und Aufbau der ÖVP in der Stadt Salzburg 1945/46, in: Franz *Schausberger* (Hg.), Im Dienste Salzburgs. Zur Geschichte der Salzburger ÖVP; Salzburg 1985 (Veröffentlichungen der Dr.-Hans-Lechner-Forschungsgesellschaft Salzburg 1), 257–291.

Gustav *Kolmer,* Parlament und Verfassung in Österreich. Bd. 1; Wien, Leipzig 1902.

R. *Körner,* Über Industrie und Handel in Stadt und Land Salzburg, in: Beiträge zur Kenntniss von Stadt und Land Salzburg. Ein Gedenkbuch an die 54. Versammlung deutscher Naturforscher und Ärzte; Salzburg 1881, 289–298.

Wilfried K. *Kovacsovics,* Archäologische Untersuchungen 1994 in der Stadt Salzburg, in: Salzburg Archiv 18 (1994), 37–54.

Wilfried K. *Kovacsovics,* Archäologische Untersuchungen 1995 in der Stadt Salzburg, in: Salzburg Archiv 20 (1995), 31–46.

Wolfgang R. *Krabbe,* Kommunalpolitik und Industrialisierung. Die Entfaltung der städtischen Leistungsverwaltung im 19. und frühen 20. Jahrhundert. Fallstudien zu Dortmund und Münster; Stuttgart 1985.

Wolfgang R. *Krabbe,* Die deutsche Stadt im 19. und 20 Jahrhundert. Eine Einführung; Göttingen 1989 (Kleine Vandenhoeck-Reihe 2543).

Peter F. *Kramml,* Propstei und Land Berchtesgaden im Spätmittelalter, in: *Brugger/Dopsch/Kramml,* Geschichte von Berchtesgaden, 387–542.

Peter F. *Kramml,* Paracelsus in Salzburg – Das Ende eines Mythos?, in: *Dopsch/Kramml,* Paracelsus und Salzburg, 175–199.

Peter F. *Kramml*, Zwischen Rezeption, Kult, Vermarktung und Vereinnahmung – Die Paracelsus-Tradition in der Stadt Salzburg, in: *Dopsch/Kramml*, Paracelsus und Salzburg, 279–346.
Peter F. *Kramml*, „...und des Sterbens war kein Ende" – Der Tod im Mai 1945, in: Erich *Marx* (Hg.), Befreit und besetzt. Die Stadt Salzburg im ersten Nachkriegsjahrzehnt; Salzburg 1996 (Schriftenreihe des Archivs der Stadt Salzburg 7), 40–45.
Heinz *Kreibich,* Die Geschichte der Salzburger Hofbrauereien. Teil I, Die Entwicklung des Brauwesens im Lande Salzburg bis Ende des 15. Jahrhunderts, in: Jahrbuch für Geschichte und Bibliographie des Brauwesens 1955, 7–69.
Heinz *Kreibich,* Die Geschichte der Salzburger Hofbrauereien 1495–1815. Phil. Diss. (masch.); Innsbruck 1956.
Georg *Kreis,* Aufbruch und Abbruch. Die „Entfestigung" der Stadt Basel, in: Ueli *Gyr* (Hg.), Soll und Haben. Alltag und Lebensformen bürgerlicher Kultur; Zürich 1995, 213–228.
Christiane *Krejs,* Salzburgs Stadterweiterung im 19. Jahrhundert. Planung und Realisierung, in: *Dopsch,* Festschrift, 155–173.
Christiane *Krejs,* Salzburgs Stadterweiterung im 19. Jahrhundert 1860–1874. Geisteswiss. Diss.; Salzburg 1990.
Christiane *Krejs,* Die Fassaden der Bürgerhäuser, mit besonderer Berücksichtigung des 19. Jahrhunderts und der Zwischenkriegszeit; Salzburg 1994 (Bauformen der Salzburger Altstadt 2).
Robert *Kriechbaumer,* Kultur, in: Wolfgang *Huber* (Hg.), Landeshauptmann Klaus und der Wiederaufbau Salzburgs; Salzburg 1980, 129–169.
Robert *Kriechbaumer,* Die österreichische Volkspartei, in: Die Ära Lechner. Das Land Salzburg in den sechziger und siebziger Jahren; Salzburg 1988 (Schriftenreihe des Landespressebüros, Serie „Sonderpublikationen" 71), 238–242.
Michaela *Krissl,* Die Salzburger Neubürger im 15. und 16. Jahrhundert, in: MGSL 128 (1988), 251–314, u. MGSL 129 (1989), 61–178.
Michaela *Krissl,* Addenda und Corrigenda zur Edition des Ersten Salzburger Bürgerbuchs, in: MGSL 130 (1990), 345–350.
Das Kronland Salzburg, dargestellt zur Feier der 14. Versammlung deutscher Land- und Forstwirthe 1851; Salzburg 1851.
Renate *Krüger,* Biedermeier. Eine Lebenshaltung zwischen 1815 und 1848; Wien 1979.
Otto *Kunz,* Neubauten und bauliche Pläne in Salzburg. Teil III, in: Salzburger Volksblatt 6.2.1926.
Otto *Kunz,* Von der Romantik zur neuen Sachlichkeit. Ein Stück abendländische Baugeschichte an Hand der Werke des Architekten Paul Geppert, in: Bergland 16 (1934), Nr. 1, 19–24.
Otto *Kunz,* Projektierte unausgeführte Monumentalbauten in Salzburg in den letzten sechzig Jahren, in: Salzburger Volksblatt, Jubiläumsausgabe (1930).
Hans *Kutil,* Der Rotstift als Retter von Freisaal, in: Baudokumentation Universität und Ersatzbauten. Teilband 2/1: Naturwissenschaftliche Fakultät; Salzburg 1983 (Schriftenreihe des Landespressebüros), 55–64.
Barbara *Kutschera,* Alte und neue Brunnen in Salzburg; Salzburg 1980.
Alfred *Kyrer,* Der wirtschaftliche Nutzen von Festspielen, Fachmessen und Flughäfen am Beispiel der Region Salzburg; Regensburg 1987.
Georg *Kyrle,* Urgeschichte des Kronlandes Salzburg. Österreichische Kunsttopographie. Bd. XVII; Wien 1918.
Karl *Lackenbauer,* Der Kampf der Stadt Salzburg gegen die Erzbischöfe 1481–1524. Phil. Diss. (masch.); Salzburg 1973 (gedruckt als Heft 2 „Freunde der Salzburger Geschichte"; Salzburg 1982, mit geänderter Paginierung).
Ilse *Lackerbauer,* Das Kriegsende in der Stadt Salzburg, in: Salzburg 1945–1955. Zerstörung und Wiederaufbau; Salzburg 1995 (JSMCA 40/41 [1994/95]), 25–40.
Alois *Lackner,* Die öffentliche offene Armenpflege der Stadt Salzburg in den Jahren 1897–1903; Salzburg 1904.

Robert *Landauer,* Beiträge zur Salzburger Familiengeschichte 10: Hafner von Innbachhausen, in: MGSL 69 (1929), 77f.

Robert *Landauer,* Die Einverleibung Salzburgs durch Österreich. Ein Kapitel aus Metternichs deutscher Politik, in: MGSL 73 (1933), 1–38.

Robert *Landauer,* Das bayerische Salzburg im Jahr 1813, in: ZBLG 6 (1933), 146–250.

Heinrich *Lange,* Römische Terrakotten aus Salzburg; Salzburg 1990 (Schriftenreihe des SMCA 9).

Lebendiges Salzburg; Salzburg o. J.

Hans *Lechner,* Der Weg zur Universität Salzburg. Die dramatischen Bemühungen bis zur Wiederbegründung, in: Eberhard *Zwink* (Hg.), Baudokumentation Universität und Ersatzbauten: Studiengebäude; Salzburg 1984 (Schriftenreihe des Landespressebüros), 53–65.

Herbert *Lechner,* Salzburger Stadtwerke. Fragen der Versorgung und des Verkehrs, in: der aufbau 11/12 (1961), 545–550.

Friedrich *Leitich,* Salzburger Stadtwerke. Geschichte der städtischen Versorgungs- und Verkehrsbetriebe; Salzburg 1990, 13ff.

Josef *Leitinger,* Die Entwicklung des städtischen Raumes beim Justizgebäude in der Stadt Salzburg von 1800 bis 1909, in: Peter *Putzer* u. a., Rechtspflege in Salzburg. 70 Jahre Justizgebäude; Salzburg 1979 (Salzburg Dokumentationen 44), S. 135–151.

Josef *Lemberger,* Das Schneiderhandwerk in der Stadt Salzburg in der 2. Hälfte des 19. Jahrhunderts unter besonderer Berücksichtigung der Verlassenschaftsakten des Bezirksgerichts Salzburg 1860–1897. Hausarbeit aus Geschichte; Salzburg 1986.

Egon *Lendl,* Bevölkerung und Wirtschaft, in: Hundert Jahre selbständiges Land Salzburg; Salzburg 1961.

M. Rainer *Lepsius,* Zur Soziologie des Bürgertums und der Bürgerlichkeit, in: Jürgen *Kocka* (Hg.), Bürger und Bürgerlichkeit im 19. Jahrhundert; Göttingen 1987, 79–100.

Johann *Lettner,* Bevölkerungsgeographie der Stadt Salzburg vom ausgehenden 18. bis zur Mitte des 19. Jahrhunderts. Hausarbeit aus Geographie und Wirtschaftskunde; Salzburg 1980.

Alphons *Lhotsky,* Quellenkunde zur mittelalterlichen Geschichte Österreichs; Graz, Köln 1963 (MIÖG Erg.-Bd. 19).

Alphons *Lhotsky,* Geschichte Österreichs seit der Mitte des 13. Jahrhunderts (1281–1358). Neubearbeitung der Geschichte Österreichs von Alfons *Huber* 2/1; Wien 1967 (Veröffentlichungen der Kommission für Geschichte Österreichs 1).

Peter Michael *Lipburger,* Bürgerschaft und Stadtherr. Vom Stadtrecht des 14. Jahrhunderts zur Stadt- und Polizeiordnung des Kardinals Matthäus Lang (1524), in: *Dopsch,* Festschrift, 40–63.

Peter M. *Lipburger,* Gerhard *Plasser,* Schallmoos. Bau- und Entwicklungsgeschichte bis 1945, in: MGSL 130 (1990), 585–634.

Fritz *Lošek,* Notitia Arnonis und Breves Notitiae. Die Salzburger Güterverzeichnisse aus der Zeit um 800, in: MGSL 130 (1990), 5–192.

Johann *Loserth,* Zur Geschichte der Wiedertäufer in Salzburg, in: MGSL 52 (1912), 35–60.

Franz von *Lospichl,* Die Familien Haffner und Triendl. Ein Beitrag zur Salzburger Familien- und Unternehmergeschichte; Salzburg 1970 (Schriftenreihe zur Salzburger Wirtschaft).

Franz von *Lospichl,* Das ehrsame Handwerk der Schneider in Salzburg. Eine Chronik seiner Zunft von den ältesten Zeugnissen bis zum Ende der Zünfte um die Mitte des 19. Jahrhunderts; Salzburg 1975.

Friedrich *Lotter,* Die historischen Daten zur Endphase römischer Präsenz in Ufernorikum, in: Vorträge und Forschungen 25; Sigmaringen 1979, 27–90.

Friedrich *Lotter,* Severinus von Noricum. Legende und historische Wirklichkeit; Stuttgart 1976 (Monographien zur Geschichte des Mittelalters 12).

Karl-Heinz *Ludwig,* Fritz *Gruber,* Gold- und Silberbergbau im Übergang vom Mittelalter zur Neuzeit. Das Salzburger Revier von Gastein und Rauris; Köln, Wien 1987.

Kurt *Luger* (Red.), Was ist uns die Kultur wert? Zur Lage der Salzburger Kulturstätten; Salzburg 1991 (Salzburger Kulturgespräche 1).

Kurt *Luger,* Salzburg als Bühne und Kulisse. Die Stadt als Schauplatz der internationalen Unterhaltungsindustrie, in: *Haas/Hoffmann/Luger,* Weltbühne und Naturkulisse, 176–187.
E. J. *Luin,* Die „Liedertafel", ein Hort des musikalischen Salzburgertums, in: MGSL 90 (1950), 1–36.
Joseph August *Lux,* Bauverbrechen in Salzburg, in: Süddeutsche Bauzeitung 17 (1907), 74–77.
Gertrude *Maier,* Geschichte des Bankhauses Carl Spängler & Co. Phil. Diss.; Wien 1973.
Sabine *Mair-Gruber,* Dagmar *Stranzinger,* Armenpflege und sozial-karitative Vereine in Salzburg im 19. Jahrhundert, in: Hanns Haas (Hg.), Salzburg zur Gründerzeit; Salzburg 1994 (Salzburg Archiv 17), 217–242.
Ilse *Maltzan,* Die Arkadenhöfe Salzburgs; Salzburg 1996 (Bauformen der Salzburger Altstadt 3).
Franz *Martin,* Beiträge zur Geschichte Erzbischof Wolf Dietrichs von Raitenau, in: MGSL 51 (1911), 209–335.
Franz *Martin,* Die archivalischen Bestände des städtischen Museums Carolino Augusteum in Salzburg, in: Mitteilungen des kk. Archivrates 2 (1916), 250–293.
Franz *Martin,* Eine Zeitung über den großen Bergsturz von 1669, in: MGSL 62 (1922), 27–32.
Franz *Martin,* Kunstgeschichte von Salzburg; Wien 1925.
Franz *Martin,* Quellen zur Geschichte des Salzburger Kunsthandwerks, in: Albert *Walcher-Molthein* (Hg.), Altes Kunsthandwerk I; Wien 1927, 51–72 u. 133–141.
Franz *Martin,* Die Urkunden der Goldschmiedelade in Salzburg 1428–1780; in: Altes Kunsthandwerk I, hg. von Albert *Walcher-Molthein;* Wien 1927, 147–214.
Franz *Martin,* Die Salzburger Chronik des Felix Adauktus Haselberger, in: MGSL 67 (1927), 33–64; 68 (1928), 51–68; 69 (1929), 97–119; 74 (1934), 159–168.
Franz *Martin,* Geschichtliche Entwicklung von Stadt und Land Salzburg, in: Die Städte Deutschösterreichs. Bd. 8: Salzburg; Berlin-Friedenau 1932, 19–24.
Franz *Martin,* Aus den alten Rechnungsbüchern der Stadt Salzburg, in: MGSL 74 (1934), 109–124.
Franz *Martin,* Von Sammlern und Sammlungen im alten Salzburg, in: MGSL 75 (1935), 33–80.
Franz *Martin,* Die Museums-Gesellschaft. Salzburgs ältester Verein, in: MGSL 75 (1935), 119–132.
Franz *Martin,* Vom Salzburger Fürstenhof um die Mitte des 18. Jahrhunderts, in: MGSL 77 (1937), 1–48; 78 (1938), 89–136; 80 (1940), 145–204; auch als Sonderband mit durchgehender Paginierung, nach dem hier zitiert wird.
Franz *Martin,* Salzburg in alten Reisebeschreibungen, in: Heinrich *Zillich* (Hg.), Das Flügelroß. Erstes Kunstjahrbuch des Reichsgaues Salzburg; Salzburg 1941, 172–184.
Franz *Martin,* Eine Salzburger Fabrik, in: MGSL 81 (1941), 129–144.
Franz *Martin,* Industrie, Gewerbe und Kunst in Salzburg 1819, in: MGSL 81 (1941), 145–160.
Franz *Martin,* Aus Franz Stelzhammers Gymnasialzeit, in: MGSL 82/83 (1942/1943), 49–52.
Franz *Martin,* Spuren der deutschen Burschenschaftsbewegung in Salzburg, in: MGSL 82/83 (1942/1943), 81–89.
Franz *Martin,* Kunstwerk der deutschen Stadt; Salzburg, München 1943 (Die Kunst dem Volke 91).
Franz *Martin,* Hundert Salzburger Familien; Salzburg 1946.
Franz *Martin,* Die Luftangriffe auf die Stadt Salzburg, in: MGSL 86/87 (1946/1947), 118–121.
Franz *Martin,* Salzburgs Fürsten in der Barockzeit 1587–1812; Salzburg ^{4}1982.
Erich *Marx,* Die Anfänge des Verbands der Unabhängigen in Salzburg, in: Eberhard *Zwink* (Hg.), Salzburg und das Werden der Zweiten Republik. VI. Landessymposium; Salzburg 1985 (Salzburg Diskussionen 7), 123–133.
Erich *Marx,* Die Geschichte der Salzburger Freiheitlichen, in: Die Ära Lechner. Das Land Salzburg in den sechziger und siebziger Jahren; Salzburg 1988 (Schriftenreihe des Landespressebüros, Serie „Sonderpublikationen" 71), 281–314.
Erich *Marx,* Wohnwünsche und Realität – Ergebnisse repräsentativer Erhebungen in Salzburg, in: Wohnen in Salzburg. Geschichte und Perspektiven; Salzburg 1989 (Schriftenreihe des Archivs der Stadt Salzburg 1), 121–130.

Erich *Marx* (Hg.), Stadt im Umbruch. Salzburg 1980 bis 1990; Salzburg 1991 (Schriftenreihe des Archivs der Stadt Salzburg 3).
Erich *Marx,* Der Neubau des Salzburger Theaters in den Jahren 1892 und 1893, in: Salzburg Archiv 14 (1992), 211–238.
Erich *Marx* (Hg.), Bomben auf Salzburg. Die „Gauhauptstadt" im „Totalen Krieg"; Salzburg 1995 (Schriftenreihe des Archivs der Stadt Salzburg 6).
Erich *Marx,* „Dann ging es Schlag auf Schlag". Die Bombenangriffe auf die Stadt Salzburg, in: derselbe (Hg.), Bomben auf Salzburg. Die „Gauhauptstadt" im „Totalen Krieg"; Salzburg 1995 (Schriftenreihe des Archivs der Stadt Salzburg 6), 139–274.
Erich *Marx* (Hg.), Befreit und besetzt. Die Stadt Salzburg im ersten Nachkriegsjahrzehnt; Salzburg 1996 (Schriftenreihe des Archivs der Stadt Salzburg 7), 127–136.
Erich *Marx,* Thomas *Weidenholzer,* Chronik der Stadt Salzburg 1980–1989; Salzburg 1990 (Schriftenreihe des Archivs der Stadt Salzburg 2).
Erich *Marx,* Thomas *Weidenholzer,* Chronik der Stadt Salzburg 1970–1979; Salzburg 1993 (Schriftenreihe des Archivs der Stadt Salzburg 5).
Julius *Marx,* Die Sicherheitsverhältnisse in den Hauptstädten des deutschen Österreich 1840–1848, in: MIÖG 54 (1941), 187–212.
Julius *Marx,* Die wirtschaftlichen Ursachen der Revolution von 1848 in Österreich; Graz, Köln 1965 (Veröffentlichungen der Kommission für neuere Geschichte Österreichs 51).
Franz *Mathis,* Handwerk, Handel und Verkehr (1519–1816), in: *Dopsch/Spatzenegger,* Geschichte Salzburgs II/4; 1991, 2563–2594.
Franz *Mathis,* Zur Bevölkerungsstruktur österreichischer Städte im 17. Jahrhundert; München 1977.
Maxglan. Ein Salzburger Stadtteil; Salzburg 1990.
Elisabeth *Mayer,* Sozialhilfe in Salzburg. Gesetzgebung und Praxis in der Zeit der ausgehenden Monarchie, in: Jahrbuch der Universität Salzburg 1979–1981; Salzburg 1981, 52–72.
Theodor *Mayer,* Zwei Passauer Mautbücher aus den Jahren 1400–1401 u. 1401–1402, in: Verhandlungen des historischen Vereins für Niederbayern 44 (1908) u. 45 (1909) (auch als Einzelband mit gesonderter Zählung).
Franz Martin *Mayer,* Über die Abdankung des Erzbischofs Bernhard von Salzburg und den Ausbruch des dritten Krieges zwischen Kaiser Friedrich und König Matthias von Ungarn, in: AÖG 55 (1877), 169–246.
Josef Karl *Mayr,* Kaiser Franz in Salzburg, in: MGSL 96 (1956), 67–133.
Josef Karl *Mayr,* Aufmarsch um Salzburg 1816, in: MGSL 100 (1960), 309–359.
Norbert *Mayr,* Eine NS-Akropolis für Salzburg. Das Wirken der Architekten Otto Strohmayr und Otto Reitter, in: Jan *Tabor* (Hg.), Kunst und Diktatur. Architektur, Bildhauerei und Malerei in Österreich, Deutschland, Italien und der Sowjetunion 1922–1956; Baden 1994, 342–349.
Norbert *Mayr,* Ein Nazi-Obdach für Mozart. Umbau des Festspielhauses und des Theaters in Salzburg 1937–1939, in: Jan *Tabor* (Hg.), Kunst und Diktatur. Architektur, Bildhauerei und Malerei in Österreich, Deutschland, Italien und der Sowjetunion 1922–1956; Baden 1994, 430–441.
Norbert *Mayr,* Das Vorzimmer des Deutschen Reichs. Die NS-Neugestaltungspläne für Salzburg, in: Jan *Tabor* (Hg.), Kunst und Diktatur. Architektur, Bildhauerei und Malerei in Österreich, Deutschland, Italien und der Sowjetunion 1922–1956; Baden 1994, 480–485.
Emma W. *Mayrhofer,* Die Sedisvakanzen im Erzstift Salzburg. Phil. Diss. (masch.); Salzburg 1969.
Ernst *Mayrhofer,* Handbuch für den politischen Verwaltungsdienst in den im Reichsrathe vertretenen Königreichen und Ländern mit besonderer Berücksichtigung der diesen Ländern gemeinsamen Gesetze und Verordnungen. 2. Bd.; 5. Aufl., Wien 1896.
Thomas *Mayrhofer,* Besuche bei Professor Max Reinhardt auf Schloß Leopoldskron, in: Erwin *Stein* (Hg.), Die Städte Deutschösterreichs. Bd. VIII: Salzburg; Berlin-Friedenau 1932, 69–73.
Brigitte *Mazohl-Wallnig* (Hg.), Die andere Geschichte. Bd. 1: Eine Salzburger Frauengeschichte von der ersten Mädchenschule (1695) bis zum Frauenwahlrecht (1918); Salzburg, München 1995.

Brigitte *Mazohl-Wallnig,* Josef *Wallnig,* Reisen zur Mozart-Zeit – die Mozarts auf Reisen, in: Gunda *Barth-Scalmani,* Brigitte *Mazohl-Wallnig,* Ernst *Wangermann* (Hg.), Genie und Alltag. Bürgerliche Stadtkultur zur Mozartzeit; Salzburg 1994, 11–33.
Heinrich *Medicus,* 40 Jahre Wohnbauförderung in Land und Stadt Salzburg, in: Wohnen in Salzburg. Geschichte und Perspektiven; Salzburg 1989 (Schriftenreihe des Archivs der Stadt Salzburg 1), 67–84.
Herbert *Meister,* Der Entwurf zum neuen Stadtrecht, in: Amtsblatt 1965, Nr. 1/2/3, 22f.
Richard *Mell,* Abhandlungen zur Geschichte der Landstände im Erzstift Salzburg, in: MGSL 43 (1903), 93–178 u. 347–363; 44 (1904), 139–255; 45 (1905), 79–104.
(Heinrich von *Mertens),* Bericht des Bürgermeisters der Landeshauptstadt Salzburg über die Ergebnisse der Gemeindeverwaltung in den Jahren 1861–1869; Salzburg 1870.
Robert *Messner,* Salzburg im Vormärz. Historisch-topographische Darstellung der Stadt Salzburg auf Grund der Katastralvermessung. 3. Bd.; Wien 1993.
Stefan *Miedaner,* Salzburg unter bayerischer Herrschaft. Die Kreishauptstadt und der Salzachkreis von 1810 bis 1816, in: MGSL 125 (1985), 9–305.
Ludwig *Mielichhofer,* Salzburg im Jahr 1847, in: Feuilleton der k. k. priv. Salzburger Zeitung, 3. 1. 1848.
(Ludwig) *Mielichhofer,* Die Dampfschiffahrt auf der Salzach, in: SZ, Nr. 108, 10. 5. 1860, u. Nr. 109, 11. 5. 1860.
Das Millionen-Anlehen der Stadt Salzburg und die Landesgarantie. Eine wirkliche Aufklärung über diese Frage; Salzburg 1904.
Ernst *Mischler,* Die Armenpflege in den österreichischen Städten und ihre Reform, in: Statistische Monatsschrift 15 (1889), 493–522, 555–620.
Michael *Mitterauer,* Karolingische Markgrafen im Südosten, AÖG 123 (1963).
Michael *Mitterauer,* Vorindustrielle Familienformen. Zur Funktionsentlastung des „ganzen Hauses" im 17. und 18. Jahrhundert, in: derselbe, Grundtypen alteuropäischer Sozialformen. Haus und Gemeinde in vorindustriellen Gesellschaften (Kultur und Gesellschaft 5); Stuttgart/Bad Cannstatt 1979.
Paul *Molisch,* Die deutschen Hochschulen in Österreich und die politisch-nationale Entwicklung nach dem Jahre 1848; München 1922.
Fritz *Moosleitner,* Die ur- und frühgeschichtliche Forschungsarbeit in Salzburg, in: Mitteilungen der österr. Arbeitsgemeinschaft für Ur- und Frühgeschichte 26 (1976), 77ff.
Fritz *Moosleitner,* Ein hallstattzeitlicher „Fürstensitz" am Hellbrunnerberg bei Salzburg, in: Germania 57 (1979), 53–74.
Fritz *Moosleitner,* Die Schnabelkanne vom Dürrnberg. Ein Meisterwerk keltischer Handwerkskunst; Salzburg 1985 (Schriftenreihe des SMCA 7).
Fritz *Moosleitner,* Rettungsgrabung in Salzburg-Maxglan, in: Archäologie Österreichs, Mitteilungen der österr. Gesellschaft für Ur- und Frühgeschichte 43 (1993), Heft 4/2, 10–20.
Adalbert *Mueller,* Die Eisenbahnen in Salzburg. Geschichte der Schienen und Seilbahnen; Salzburg 1976.
Albert *Müller,* Räumliche Rekrutierung und soziale Reproduktion. Beispiele aus dem spätmittelalterlichen und frühzeitlichen Städtebürgertum Österreichs, in: Gerhard *Jaritz,* Albert *Müller* (Hg.), Migration in der Feudalgesellschaft; Frankfurt, New York 1988 (Studien zur Historischen Sozialwissenschaft 8), 89–111.
Guido *Müller,* Die Landwirtschaft als prägendes und geprägtes Element in der Stadtlandschaft. Unter besonderer Berücksichtigung der Stadt Salzburg; Salzburg 1971 (Arbeiten aus dem geographischen Institut der Universität Salzburg 2).
Guido *Müller,* Der lange Weg zu den Eingemeindungen, in: *Dopsch,* Festschrift, 329–336.
Guido *Müller,* Maxglan verliert seine politische Eigenständigkeit, in: Maxglan. Ein Salzburger Stadtteil; Salzburg 1990, 103–106.
Guido *Müller,* Die Glan wird gebändigt, in: Maxglan. Ein Salzburger Stadtteil; Salzburg 1990, 121–124.

Guido *Müller,* Malvine *Stenzel,* Die Stadt Salzburg als Standort des Gastgewerbes, in: MGSL 120/121 (1980/1981), 517–562.
Karl *Müller,* „Die schöne Stadt". Salzburg-Mythos und Bilder des anderen Salzburg, in: Österreich in Geschichte und Literatur 36 (1992), 312–323.
Rudolf *Müller,* Die Kehrseite des Eigenhauses, in: Der Kampf 5 (1911/12), 170–173.
Museum – Ein kulturelles Kapital? Zur Salzburger Museumsdiskussion; Salzburg 1991 (Salzburger Kulturgespräche 2).
Georg *Mussoni,* Fonde und Stiftungen der Landeshauptstadt Salzburg; Salzburg 1890.
Verena *Nechansky,* Wirtschaftliche und soziale Aspekte der Entwicklung in der Regierungszeit des Salzburger Erzbischofs Johann Ernst Graf Thun. Phil. Diss. (masch.); Salzburg 1985.
Rudolf *Neck,* Innenpolitische Entwicklung, in: Erika *Weinzierl,* Kurt *Skalnik* (Hg.), Österreich. Die Zweite Republik. Bd. 1; Graz, Wien, Köln 1972, 149–168.
Ulrich *Nefzger,* Salzburg und seine Brunnen. Spiegelbilder einer Stadt; Salzburg 1980.
Karl *Nehring,* Matthias Corvinus, Kaiser Friedrich III. und das Reich; München 1975 (Südosteuropäische Arbeiten 72).
Ludwig *Netsch,* Gemeinderatswahlen in der Stadt Salzburg. Phil. Diss.; Salzburg 1986.
Neue Heimat für neue Familien. 20 Jahre Wohnungsbau; Salzburg 1959 (= Rechenschaftsbericht der gemeinnützigen Wohn- und Siedlungsgenossenschaft „Neue Heimat" Salzburg).
(Sylvester *Obernberger),* Die Stadt Salzburg und ihr Entwicklungskampf. Das Verhältnis des rechtsseitigen Stadtteiles zur Altstadt am linken Ufer der Salzach. Von einem Bürger und Wähler der Neustadt, in: Die neuesten Nachrichten aus dem Flachgau und dem unteren Salzkammergut, 1906, Nr. 3–8 (erschienen auch als eigene Broschüre).
Sylvester *Oberberger,* Entstehung der Kaiserin Elisabeth-Vorstadt in Salzburg; Salzburg 1916.
Bruno *Oberläuter,* Salzburgs Stadtrandsiedlungen; Wien 1961.
Bruno *Oberläuter,* Salzburgs städtische Gliederung; Salzburg 1964.
Orientierungsschema für die gassenweise Häuser-Nummerierung der Landeshauptstadt Salzburg; Salzburg 1874.
Franz *Ortner,* Reformation, katholische Reform und Gegenreformation im Erzstift Salzburg; Salzburg 1981.
Franz *Ortner,* Reformation und Gegenreformation, in: *Dopsch/Spatzenegger,* Geschichte Salzburgs II/1; 1988 (^{2}1995), 133–166.
Österreichische Statistik. 1. Bd., Heft 3: Die Bevölkerung der im Reichsrathe vertretenen Königreiche und Länder nach Beruf und Erwerb, 34–49.
(Max *Ott),* Die städtischen Objekte und deren Erträgnis. Vortrag des Herrn Bürgermeister-Stellvertreters Max Ott in der Hauptversammlung des Bürgerklubs am 7. März 1904; Salzburg 1904.
(Max *Ott),* Bericht über die Tätigkeit des Herrn Bürgermeisters Max Ott und des Gemeinderates der Landeshauptstadt Salzburg für die Zeit von 1912 bis 1918; Salzburg 1918.
(Max *Ott),* Bericht über die Tätigkeit des Gemeinderates und des Bürgermeisters Max Ott vom Jahre 1892 bis Ende 1918; Salzburg 1918.
Max *Ott,* Bericht über meine 43-jährige Tätigkeit im öffentlichen Leben der Stadt Salzburg vom Jahre 1892 bis 1935; Salzburg 1938.
Hans *Paarhammer,* Wolf Dietrich und das Domkapitel, in: Wolf-Dietrich-Katalog, 113–118.
Franz *Pagitz,* Zwei Beiträge zum Wirken Stephan Krumenauers im Inn-Salzach-Gebiet, in: MGSL 106 (1966), 141–180.
Franz *Pagitz,* Quellenkundliches zu den mittelalterlichen Domen und zum Domkloster in Salzburg, in: MGSL 108 (1968), 21–156.
Franz *Pagitz,* Virgil als Bauherr der Salzburger Dome, in: MGSL 109 (1969), 15–59.
Franz *Pagitz,* Salzburg in der Mitte des 19. Jahrhunderts, in: Die Salzburger Wirtschaft, Nr. 37, Oktober 1970, 17–21.

Franz *Pagitz,* Salzburgs Geschichte in der Epoche der Spätgotik, in: Spätgotik in Salzburg. Die Malerei 1400–1530; Salzburg 1972 (JSMCA 17), 21–35.
Franz *Pagitz,* Die mittelalterlichen Dome in historischer Sicht, in: 1200 Jahre Dom zu Salzburg; Salzburg 1974, 31–45.
Franz *Pagitz,* 125 Jahre Handelskammer Salzburg 1850–1975; Salzburg 1975.
Franz *Pagitz,* Der Pfalzbezirk um St. Michael in Salzburg, in: MGSL 115 (1975), 175–242.
Magda *Pagitz-Roscher,* Chronik des Niederleghauses, in: MGSL 110/111 (1970/1971), 153–198.
Ludwig *Pauli* (Red.), Die Kelten in Mitteleuropa. Kultur, Kunst, Wirtschaft. Katalog der Salzburger Landesausstellung in Hallein; Salzburg 1980.
Ludwig *Pauli,* Das keltische Mitteleuropa vom 6. bis zum 2. Jahrhundert v. Chr., in: Die Kelten in Mitteleuropa, 25–36.
Walter *Penker,* Den finanziellen Handlungsspielraum wiedergewonnen – Zur Finanz- und Wirtschaftspolitik der Stadt Salzburg in den achtziger Jahren, in: Erich *Marx* (Hg.), Stadt im Umbruch. Salzburg 1980 bis 1990; Salzburg 1991 (Schriftenreihe des Archivs der Stadt Salzburg 3), 205–217.
Ernst *Penninger,* Die Vorgeschichte, in: *Dopsch/Spatzenegger,* Geschichte Salzburgs I/1; ²1983, 11–74.
Manfred *Perterer,* Rien ne va plus? Salzburgs Stadtpolitik zu Beginn der neunziger Jahre, in: Salzburger Jahrbuch für Politik 1991, 168f.
Pert *Peternell,* Salzburg-Chronik, überarbeitet und erweitert von Heinz *Dopsch* und Robert *Hoffmann;* Salzburg 1984.
Georg *Pezolt,* Über Mittel und Wege zur Ausbildung der Gewerbe in Salzburg, in: Salzburger Zeitung, Nr. 239 und 146, 21. 10. und 29. 10. 1863.
Leopold *Pezolt,* Die Elsenheimer. Von ihrem ersten Auftreten in Salzburg bis zum Ende des Mittelalters, in: MGSL 40 (1900), 155–248.
Ludwig *Pezolt,* Salzburg. Statistischer Bericht über die wichtigsten demographischen Verhältnisse; Wien 1888 (Sonderdruck aus: Österreichisches Städtebuch 2 [1888]).
Ludwig *Pezolt,* Historische Nachrichten über das Linzertor, in: MGSL 30 (1890), 145ff.
Ludwig *Pezolt,* Die urkundlich nachgewiesenen Bürgermeister bis zur Aufhebung des Geschworenenrates 1511, in: MGSL 39 (1899), 150–152.
Ludwig *Pezolt,* Über Bürger und Bürgertum in der Stadt Salzburg, in: MGSL 45 (1905), 23–45.
Georg Abdon *Pichler,* Salzburg's Landesgeschichte. 2 Bände; Salzburg 1861–1865.
M. *Pigerle,* Vermögensgebarung der Städte Österreichs 1870–1876, verglichen mit den Ergebnissen der größeren Städte Europas, in: Statistische Monatsschrift NF (1879), 308–323.
Roswitha *Pillinger,* Die Frühgeschichte der Salzburger Eisenbahnen. Phil. Diss.; Wien 1965.
Johann Carl *Pillwax,* Hohen-Salzburg. Seine Geschichte, Baulichkeiten und Ausstattung, in: MGSL 17 (1877), 3–88.
Richard *Pittioni,* Urzeit. Geschichte Österreichs I/2; Wien 1980.
Günther *Probszt,* Die Münzen Salzburgs; Graz ²1975.
Bruno *Plasser,* Politik und Praxis des sozialen Wohnungsbaues in der Stadt Salzburg, in: Wohnen in Salzburg. Geschichte und Perspektiven; Salzburg 1989 (Schriftenreihe des Archivs der Stadt Salzburg 1), 49–66.
Gerhard *Plasser,* Zur Forschungslage, in: derselbe, Elisabeth *Kamenicek,* Christiane *Krejs,* Die Stadterweiterung Salzburgs im 19. Jahrhundert, in: Kunsthistoriker. Mitteilungen des Österreichischen Kunsthistorikerverbandes 1 (1984), Nr. 4; 2 (1985), Nr. 1, 37–42.
Gerhard *Plasser,* „Wohnpolitik" in Salzburg (1900–1914). Zwischen „Katastrophenpolitik" und „Wieder eine Steuer", in: *Dopsch,* Festschrift, 214–219.
Gerhard *Plasser,* Zur Baugeschichte von Maxglan 1830–1945, in: Maxglan. Ein Salzburger Stadtteil; Salzburg 1990, 107–120.
Gerhard *Plasser,* Stadt lesen: Salzburger Plätze, Gestalt und Funktion. Geisteswiss. Diss.; Salzburg 1995.

Gerhard *Plasser,* Der Griesgassen-Durchbruch, in: Erich *Marx* (Hg.), Befreit und besetzt. Die Stadt Salzburg im ersten Nachkriegsjahrzehnt; Salzburg 1996 (Schriftenreihe des Archivs der Stadt Salzburg 7), 127–136.
Renate *Platzer,* Bürgerinitiativen in Salzburg. Eine vergleichende Untersuchung der Bürgerinitiative „Schützt Salzburgs Landschaft" mit der „Initiative für mehr Lebensqualität in Lehen"; München 1983 (Beiträge zur Kommunalwissenschaft 8).
Josef *Pollak,* Das erste Jahr der neuen Armenpflege in Salzburg; Salzburg 1894.
Herwig *Pöschl,* Stadtkultur – Lebenskultur, in: *Dopsch,* Festschrift, 369–371.
Josef *Preis,* Bauwesen, in: Erwin *Stein* (Hg.), Die Städte Deutschösterreichs. Bd. VIII: Salzburg; Berlin-Friedenau 1932, 152–156.
Karl *Pribram,* Wohngröße und Mietzinshöhe in den hauszinssteuerpflichtigen Orten Österreichs, in: Statistische Monatsschrift NF 17 (1912), 641–683.
Gisela *Prossnitz,* Die Salzburger Festspiele, in: *Dopsch/Spatzenegger,* Geschichte Salzburgs II/3; 1991, 1779–1802.
Provinzial-Handbuch von Österreich ob der Enns und Salzburg für das Jahr 1845; Linz 1845.
Peter *Putzer,* Kursalzburg. Ein Beitrag zur Territorialen Verfassungs- und Verwaltungsgeschichte gegen Ende des alten Reiches. Jur. Habilitationsschrift (masch.); Salzburg 1969.
Peter *Putzer,* Vom Zunftzwang zur Gewerbefreiheit. Aspekte der rechtlichen Ordnung des Salzburger Gewerbes, in: *Dopsch,* Festschrift, 107–125.
Werner *Rainer,* Zum Sozialstatus des Berufsmusikers im 18. Jahrhundert am Beispiel der Salzburger Hofmusik, in: Genie und Alltag. Bürgerliche Stadtkultur zur Mozartzeit, hg. von Gunda *Barth-Scalmani* u. a.; Salzburg 1994, 243–258.
Elisabeth *Rath,* Caroline Auguste (1792–1873). Kaiserliche Wohltäterin in Salzburg, in: Caroline Auguste (1792–1873). Namenspatronin des Salzburger Museums; Salzburg 1993, 15–161.
Oliver *Rathkolb,* U.S.-Entnazifizierung in Österreich zwischen kontrollierter Revolution und Elitenrestauration (1945–1949), in: Zeitgeschichte 11 (1983/84), 302–324.
Manfried *Rauchensteiner,* GIs und Chesterfield. Die amerikanischen Besatzungstruppen in Salzburg, in: Salzburg 1945–1955. Zerstörung und Wiederaufbau; Salzburg 1995 (Jahresschrift des Salzburger Museums Carolino Augusteum 40/41 [1994/95]), 59–76.
Wilhelm *Rausch,* Handel an der Donau I: Die Geschichte der Linzer Märkte im Mittelalter; Linz 1969.
Oswald *Redlich,* Rudolf von Habsburg. Das deutsche Reich nach dem Untergang des alten Kaisertums; Innsbruck 1903.
Franz *Rehrl,* Österreich als Zweckverband von Kultureinheiten, in: Erwin *Stein* (Hg.), Die Städte Deutschösterreichs. Bd. VIII: Salzburg; Berlin-Friedenau 1932, 13–14.
Ingo *Reiffenstein,* Sprachgeschichte: Ortsnamen, Schreibsprachen und Mundarten im Land Salzburg, in: *Dopsch/Spatzenegger,* Geschichte Salzburgs II/3; 1991, 1803–1824.
Georg *Reinbeck,* Reise-Plaudereien über Ausflüge nach Wien (1811), Salzburg und dem Salzkammergut in Ober-Österreich (1834), Weimar (1806), in die Württembergische Alb (1824) und nach den Vor-Cantonen der Schweiz und dem Rigi (1818). 1. Bd.; Stuttgart 1837.
Kurt *Reindel,* Das Zeitalter der Agilolfinger (bis 788), in: Handbuch der bayerischen Geschichte, hg. von Max *Spindler.* Bd. 1; München ²1981, 97–234.
Kurt *Reindel,* Bayern vom Zeitalter der Karolinger bis zum Ende der Welfenherrschaft (788–1180), in: Handbuch der bayerischen Geschichte, hg. von Max *Spindler.* Bd. 1; München ²1981, 249–349.
Helga *Reindel-Schedl,* Laufen an der Salzach. Die altsalzburgischen Pfleggerichte Laufen, Stauffeneck, Taisendorf, Tittmoning und Waging; München 1989 (HAB, Teil Altbayern, Heft 55).
Reise von Venedig über Triest, Krain, Kärnten, Steiermark und Salzburg samt historisch-statistischen Bemerkungen über die Regierung und Einwohner dieser Länder; Frankfurt, Leipzig 1793.
Josef *Reschen,* Aktuelle Fragen der Finanz- und Wirtschaftspolitik in Österreichs Gemeinden, in: Gemeinden in der Wirtschaftspolitik. Möglichkeiten und Grenzen kommunaler Finanz- und Wirtschaftspolitik bei vermindertem wirtschaftlichem Wachstum; Wien 1985, 9–21.

Jürgen *Reulecke,* Geschichte der Urbanisierung in Deutschland; Frankfurt a. M. 1985.
Jürgen *Reulecke,* Kommunikation durch Tourismus? Zur Geschichte des organisierten Reisens im 19. und 20. Jahrhundert, in: Hans *Pohl* (Hg.), Die Bedeutung der Kommunikation für Wirtschaft und Gesellschaft; Stuttgart 1989 (Vierteljahrschrift für Wirtschafts- und Sozialgeschichte, Beiheft 87), 358–378.
Sabine *Rieckhoff-Pauli,* Das Ende der keltischen Welt. Kelten – Römer – Germanen, in: Die Kelten in Mitteleuropa, 37–47.
Johann *Riedl,* Salzburgs Zeitungswesen, in: MGSL 3 (1863), 289–461.
Riemer, Der Haushalt der Städte mit eigenem Statut und einiger anderer Städte in den Jahren 1888–1897, in: Statistische Monatsschrift NF 5 (1900), 590–608.
Werner *Riemer,* Von Karajan zu Mortier. Eine Reform der Salzburger Festspiele, in: Salzburger Jahrbuch für Politik 1993, 144–167.
Werner *Riemer,* Festspielreform im dritten Jahr, in: Salzburger Jahrbuch für Politik 1995, 193–196.
Alfred *Rinnerthaler,* Nonnen unter dem Hakenkreuz, in: MGSL 135 (1995), 273–308.
Klaus *Rischar,* Das Leben und Sterben der Wiedertäufer in Salzburg und Süddeutschland, in: MGSL 108 (1968), 197–207.
Karl Heinz *Ritschel,* Zu einer Bilanz der rechten Altstadt, in: SN, 2. 10. 1987.
Karl Heinz *Ritschel,* Über das Bauen in der Stadt Salzburg – Gedanken zur Architektur- und Altstadtpolitik in den achtziger Jahren, in: Erich *Marx* (Hg.), Stadt im Umbruch. Salzburg 1980 bis 1990; Salzburg 1991 (Schriftenreihe des Archivs der Stadt Salzburg 3), 37–54.
Karl Heinz *Ritschel,* Salzburg: Anmut und Macht; Salzburg 1995.
Albin *Rohrmoser,* Der Kulturpolitiker Franz Rehrl, in: Wolfgang *Huber* (Hg.), Franz Rehrl. Landeshauptmann von Salzburg 1922–1938; Salzburg 1975, 169–214.
G. *Rohrrecker* u. a., Sanierungsprojekt Liefering Süd. Das Pilotprojekt und die weitere Vorgangsweise. Zwischenbericht des Salzburger Sanierungsbeirates; Salzburg 1986.
Stephan Ludwig *Roth,* Gesammelte Schriften und Briefe. Bd. 1: Die Wanderschaft. Dokumente aus den Jahren 1815–1819, hauptsächlich aus Tübingen und Iferten; 2. Aufl., Berlin 1970.
Emmi *Rottensteiner,* Geschichte und Entwicklung der Stadt Salzburg im Vormärz. Hausarbeit für Geschichte; Salzburg 1971.
Reinhard *Rublack,* Schule und Erwachsenenbildung, in: *Dopsch/Spatzenegger,* Geschichte Salzburgs II/3; 1991, 1931–1961.
Fritz *Rücker,* Sozialpolitik im Umbruch, in: Erich *Marx* (Hg.), Stadt im Umbruch. Salzburg 1980 bis 1990; Salzburg 1991 (Schriftenreihe des Archivs der Stadt Salzburg 3), 179–204.
Christoph *Sachße,* Florian *Tennstedt,* Geschichte der Armenfürsorge in Deutschland. Vom Spätmittelalter bis zum Ersten Weltkrieg; Berlin, Köln, Mainz 1980.
Johann *Sallaberger,* Bischof an der Zeitenwende. Der Salzburger Erzbischof Kardinal Matthäus Lang von Wellenburg (1519–1540). Sein Leben und sein bischöflich-kirchliches Wirken im Erzstift Salzburg bis zum Ende des 2. Salzburger Aufstandes 1526. Theol. Habilitationsschrift (masch.); Salzburg 1987.
Johann *Sallaberger,* Johann von Staupitz, Die Stiftprediger und die Mendikanten-Termineien in Salzburg, in: Festschrift Erzabtei St. Peter zu Salzburg 582–1982; Salzburg 1982, 218–269.
Die Stadt Salzburg und ihre Umgebungen. Ein Taschenbuch und Wegweiser für Fremde und Einheimische; 5. Aufl., Salzburg 1840.
Die Stadt Salzburg und ihr Entwicklungskampf, oder: „Sylvester, wach' auf, Du schläfst!"; Salzburg o. J. [1906].
Der Salzburger Wirtschafts-Klub, in: Salzburger Volksblatt Nr. 95, 26. 4. 1908.
Aus Salzburg vor siebzig Jahren. Ein Kulturbild aus der Großväterzeit, in: Salzburger Volksblatt, 20. 2. 1937.
15 Jahre Salzburger Wohnsiedlungsgesellschaft 1940 bis 1955; Salzburg 1955.
Salzburg – Kleinod von Österreich, 10 Jahre Aufbau 1945–1955; Salzburg o. J.

Salzburger Stadtrecht 1966, LGBl. Nr. 47/1966.
Salzburger Stadtbuch, Nr. 2; 2. Aufl., Salzburg 1982.
Salzburg zur Zeit der Mozarts. Ausstellungskatalog; Salzburg 1991.
Ulrich *Salzmann,* Der Salzburger Erzbischof Siegmund Christoph Graf von Schrattenbach (1753–1771) und sein Domkapitel, in: MGSL 124 (1984), 9–240.
Ulrich *Salzmann,* Friedrich Graf Spaurs Leben, in: Begleitband und Register zur Neuauflage der Werke Spaurs; Salzburg 1985.
Roman *Sandgruber,* Die Anfänge der Konsumgesellschaft. Konsumgüterverbrauch, Lebensstandard und Alltagskultur in Österreich im 18. und 19. Jahrhundert; Wien 1982 (Sozial- und wirtschaftshistorische Studien 15).
Roman *Sandgruber,* Ökonomie und Politik. Österreichische Wirtschaftsgeschichte vom Mittelalter bis zur Gegenwart; Wien 1995.
Franz *Sartori,* Neueste Reise durch Österreich ob der Enns, Salzburg, Berchtesgaden, Kärnthen und Steyermark. 2 Bände; Wien 1811.
Wilfried *Schaber,* Bauen und Baugesinnung nach dem Wiederaufbau, in: Die Ära Lechner, Das Land in den sechziger und siebziger Jahren; Salzburg 1988 (Schriftenreihe des Landespressebüros, Serie „Sonderpublikationen" 71), 509–526.
Wilfried *Schaber,* Wohnbauarchitektur in Salzburg nach 1945 – Versuch einer Phänomenologie, in: Wohnen in Salzburg. Geschichte und Perspektiven; Salzburg 1989 (Schriftenreihe des Archivs der Stadt Salzburg 1), 153–168.
Nikolaus *Schaffer,* Kurzer Höhenflug und langsames Stranden. Oppositionen innerhalb des Kunstvereins: „Wassermann" und „Sonderbund", in: 150 Jahre Salzburger Kunstverein. Kunst und Öffentlichkeit; Salzburg 1994, 114–143.
Nikolaus *Schaffer,* Malerei. Plastik. Architektur, in: Salzburg 1905; Salzburg 1995 (Festschrift zum 90jährigen Bestehen der Raiffeisenkasse), 39–60.
Gerhard-Christian *Schäffer,* Wohnverhältnisse, Wohnungsnot und Sozialer Wohnbau. Die Wohnsituation der unteren Gesellschaftsschichten in der Stadt Salzburg und Umgebung 1900–1921. Phil. Diss.; Salzburg 1987.
Anton von *Schallhammer,* Das erzbischöfliche Salzburger Kriegswesen, in: MGSL 7 (1867), 24–45.
(Franz) Ritter von *Schallhammer,* Über die Verhältnisse des Handels, des Geldkurses und des Mauthsystems, in: Joseph Ernst Ritter von *Koch-Sternfeld* (Hg.), Salzburg und Berchtesgaden in historisch-, statistisch-, geographisch- und staatsökonomischen Beyträgen; Salzburg 1810, 145–177.
Franz *Schausberger,* Eine Stadt lernt Demokratie. Bürgermeister Josef Preis und die Salzburger Kommunalpolitik 1919–1927; Salzburg 1988.
Franz *Schausberger,* Vom Mehrparteien- zum Vielparteiensystem. Die Gemeinderatswahl 1992 in der Stadt Salzburg, in: Österreichisches Jahrbuch für Politik, 1992, 303–339.
Eligius *Scheibl,* Altsalzburgische Betrachtungen, in: Rupertikalender 1924, 96–104.
Richard *Schlegel,* Das Salzburger Stadtbild, in: MGSL 79 (1939), 1–8 u. Beilage.
Richard *Schlegel,* Fragmente zur Geschichte der Bautätigkeit Erbischof Wolf Dietrichs von Raitenau, in: MGSL 92 (1952), 130–146.
Richard *Schlegel,* Veste Hohensalzburg; Salzburg 1952.
Richard *Schlegel,* Die Baugeschichte der Festung Hohensalzburg, in: 900 Jahre Hohensalzburg (Schriftenreihe des Landespressebüros, Serie „Sonderpublikationen" 1); Salzburg 1977, 11–79.
Bruno *Schmid,* Probleme der Stadtverwaltung. Das neue Stadtrecht – Die Stadtverwaltung im Übergang, in: Amtsblatt 1965, Nr. 24, 9.
Richard *Schmidjell,* Salzburgs Wirtschaft – gestern, heute, morgen; Salzburg 1975 (Schriftenreihe der Salzburger Volkswirtschaftlichen Gesellschaft 3).
Richard *Schmidjell,* Technologiepolitik für Salzburg: Atmosphäre für High-Tech; Salzburg 1990.
Gerhard *Schmidt,* Patrioten, Pläne und Parteien. Das Werden der Österreichischen Volkspartei und ihrer Bünde im Bundesland Salzburg vom 30. April 1945 bis zu den ersten Nationalsratswahlen am 25. November 1945; Salzburg 1971.

Alois *Schmiedbauer*, J. M. Mayburger, 1814–1908. Ein Retter Salzburgs, in: Alois *Stockklausner* (Hg.), In Salzburg geboren; Salzburg 1973, 170–173.
Michael *Schmolke*, Immer recht behalten in dieser Stadt. Indikatoren einer Wende in der Salzburger Publizistik, in: Salzburger Jahrbuch für Politik 1993, 9–26.
Michael *Schmolke*, Lust am Konflikt, in: Salzburger Jahrbuch für Politik 1995, 184–186.
Walburga *Schoberserger*, Baumeister einer Epoche. Das gründerzeitliche Wirken der Baumeister und Architektenfamilie Ceconi in Stadt und Land Salzburg, in: MGSL 125 (1985), 703–745.
Karl *Schöchl*, Heinrich Ritter von Mertens, Bürgermeister von Salzburg 1861–1872, in: 125 Jahre Stadtverein Salzburg 1862/1987, Bastei 36, 6/7, 19–21.
Wilhelm *Scholz*, Die elektrische Straßenbahn nach Riedenburg in Salzburg, in: Zeitschrift des österreichischen Ingenieur- und Architektenvereines (1916), Heft 35, 649–654.
Maria *Schöpfer-Volderauer*, Salzburger Erinnerungen. Ein Familienbild aus dem 19. Jahrhundert; Salzburg 1988.
Josef *Schöttl*, Kirchliche Reformen des Salzburger Erzbischof Hieronymus von Colloredo im Zeitalter der Aufklärung (Südostbayerische Heimatstudien 16); Hirschenhausen 1939.
Franz *Schubert*, Briefe und Schriften. 4. Aufl.; Wien 1954.
Johanna *Schuchter*, So war es in Salzburg. Aus einer Familienchronik; Salzburg 1976.
Albert von *Schumacher*, Chronik der Familie Schumacher 1810–1912; Salzburg 1912.
Joseph August *Schultes*, Reise durch Salzburg und Berchtesgaden. 2 Teile; Wien 1804.
(Joachim Christoph Friedrich *Schulz*), Reise eines Liefländers von Riga nach Warschau, durch Südpreußen, über Breslau, Dresden, Karlsbad, Bayreuth, Nürnberg, Regensburg, München, Salzburg, Linz, Wien und Klagenfurt nach Botzen in Tyrol. III. Teil, sechstes Heft; Berlin 1785.
Ernst *Schwarz*, Baiern und Walchen, in: ZBLG 33 (1970), 857–938.
Heinrich *Schwarz*, Salzburg im Jahre 1815. Nach den Reiseberichten des Arztes Ludwig Hermann Friedländer, in: Salzburger Museumsblätter 15 (1936), Nr. 1–3, Sp. 1–12.
Heinrich *Schwarz*, Salzburg und das Salzkammergut. Die künstlerische Entdeckung der Stadt und der Landschaft im 19. Jahrhundert; Wien 1936.
Heinrich *Schwarz*, unter Mitarbeit von Karl *Schöchl*, Besucher Salzburgs. Künstler, Musiker, Dichter, Schauspieler, Gelehrte und Staatsmänner. Auszüge aus dem Salzburger Fremdenanzeiger 1815–1830, in: MGSL 100 (1960), 487–527.
Hans *Sedlmayr*, Die demolierte Schönheit. Ein Aufruf zur Rettung der Altstadt Salzburgs; Salzburg 1965.
Hans *Sedlmayr*, Die Stadt ohne Landschaft. Salzburgs Schicksal morgen?; Salzburg 1970.
Hans *Sedlmayr*, Johann Bernhard Fischer von Erlach, in: Große Meister, Epochen und Themen der österreichischen Kunst; Wien ²1976.
Erich *Seefeldner*, Salzburg und seine Landschaften; Salzburg, Stuttgart 1961 (MGSL Erg.-Bd. 2).
Richard *Seeger*, Hundert Jahre Gemeindeordnung, in: Österreichische Gemeinde-Zeitung 15, 15.3.1949, Nr. 6.
Wilhelmine *Seidenschnur*, Die Salzburger Erzbistümer in ihrer reichs-, kirchen- und landesrechtlichen Stellung, in: ZSRG 40 (1919), kanon. Abtlg. 9, 177–287.
Josef *Semmler*, Geistliches Leben in Salzburgs Frühzeit (5.–10. Jahrhundert), in: *Dopsch/Juffinger*, Virgil von Salzburg, 362–380.
Hans-Rudolf *Sennhauser*, Mausoleen, Krypten, Klosterkirchen und St. Peter I–III in Salzburg, in: Frühes Mönchtum in Salzburg; Salzburg 1983 (Salzburg Diskussionen 4), 57–78.
Georg W. *Seunig*, Das Werden einer Barockstadt – Salzburgs städtebauliche Entwicklung unter Wolf Dietrich von Raitenau, in: *Dopsch/Spatzenegger*, Geschichte Salzburgs II/4; 1991, 2161–2182.
Henry *Simonsfeld*, Der Fondaco dei Tedeschi in Venedig und die venezianischen Handelsbeziehungen. 2 Bände; Stuttgart 1887.
Sabine *Smolik*, Zur Situation der Dienstmädchen in der Stadt Salzburg von 1880 bis 1914. Diplomarbeit; Salzburg 1988.

Cornelia Desirée *Sonntag,* Zur Bedeutung der Hausapotheken und öffentlichen Apotheken für das Gesundheitswesen in Stadt und Land Salzburg zu Beginn des 19. Jahrhunderts (1800–1837), in: MGSL 123 (1983), 211–281.

Cornelia Desirée *Sonntag,* Das Salzburger Collegium Medicum und seine Entwicklung bis zur Errichtung des Kurfürstlichen Medizinalrats (1680–1804), in: MGSL 125 (1985), 469–488.

Cornelia Desirée *Sonntag,* Die Bedeutung der Badergerechtsame bei den Reformen im Salzburger Gesundheitswesen zu Beginn des 19. Jahrhunderts (1800–1810), in: MGSL 130 (1990), 523–555.

Rudolf *Spängler,* Kurzer Rückblick auf die Entwicklungsgeschichte der Stadt Salzburg in den letzten Jahrzehnten, in: Salzburger Volksblatt Nr. 10, 1894.

Hans *Spatzenegger,* Neue Dokumente zur Entstehung des Mozart-Denkmales in Salzburg, in: Mozart-Jahrbuch 1980–83.

(Friedrich Graf *Spaur),* Nachrichten über das Erzstift Salzburg nach der Säkularisation. 2 Bände; Passau 1805 (Reisen durch Oberdeutschland. In Briefen an einen vertrauten Freund 2/2).

Friedrich Graf *Spaur,* Spaziergänge in den Umgebungen von Salzburg. 2 Bände; Salzburg 1813 u. 1815, Neuauflage 1834 (1985).

Max *Spindler* (Hg.), Handbuch der bayerischen Geschichte. 4. Bd., 1. Teil: Das neue Bayern 1800 bis 1970; München 1974.

Georg *Stadler,* Von der Kavalierstour zum Sozialtourismus. Kulturgeschichte des Salzburger Fremdenverkehrs; Salzburg 1975.

Georg *Stadler,* Aigen. Park und Gesundbrunnen zur Zeit der Romantik, in: Ernst *Ziegeleder* (Hg.), Naturpark Aigen; Salzburg 1975 (Schriftenreihe des Stadtvereins Salzburg. Kulturgut der Heimat, Heft 5), 15–35.

Georg *Stadler,* Das Salzburger Bürgerspital; Salzburg 1982.

Josef Klemens *Stadler,* Beiträge zur Rechtsgeschichte der Stadt Salzburg im Mittelalter; Hirschenhausen 1934 (Südostbayerische Heimatstudien 9).

Eva *Stahl,* Wolf Dietrich von Salzburg. Weltmann auf dem Bischofsthron; Wien, München ²1987.

Eva Maria *Stahl,* Markus Sittikus. Leben und Spiele eines geistlichen Fürsten; Wien, München 1988.

Statistischer Bericht der Salzburger Handels- und Gewerberkammer für das Herzogtum Salzburg über die volkswirtschaftlichen Verhältnisse im Jahre 1870; Salzburg 1872.

Statistischer Bericht der Salzburger Handels- und Gewerberkammer für das Herzogtum Salzburg über die volkswirtschaftlichen Verhältnisse in den Jahren 1871–1880; Salzburg 1883.

Statistischer Bericht der Salzburger Handels- und Gewerberkammer für das Herzogtum Salzburg über die volkswirtschaftlichen Verhältnisse in den Jahren 1886–1890; Salzburg 1892.

Statistischer Bericht über die wichtigsten demographischen Verhältnisse. Verfaßt von der Stadtgemeindevorstehung von Salzburg; Wien 1887.

Statistisches Jahrbuch der Landeshauptstadt Salzburg 10 (1959).

Michael P. *Steinberg,* The Meaning of the Salzburg Festival. Austria as Theatre and Ideology 1890–1938; Ithaca, London 1990.

Carl *Steiner,* Die Tauernbahn-Frage; Salzburg 1885.

Dietmar *Steiner* (Hg.), Das Salzburg-Projekt. Entwurf einer europäischen Stadt. Architektur – Politik – Öffentlichkeit; Salzburg 1986.

Monika *Steinhauser,* Das europäische Modebad des 19. Jahrhunderts. Baden-Baden – Eine Residenz des Glücks, in: Ludwig *Grote* (Hg.), Die deutsche Stadt im 19. Jahrhundert. Stadtplanung und Baugestaltung im industriellen Zeitalter; München 1974 (Studien zur Kunst des 19. Jahrhunderts 249), 95–128.

Samuel *Steinherz,* Zur Geschichte der Stadt Salzburg, in: Zeitschrift für Sozial- und Wirtschaftsgeschichte 5 (Weimar 1899), 184–201.

Friedrich *Steinkellner,* Georg Lienbacher. Salzburger Abgeordneter zwischen Konservativismus, Liberalismus und Nationalismus 1870–1896; Wien, Salzburg 1984 (Veröffentlichungen des Instituts für kirchliche Zeitgeschichte NF, Bd. 17).

Friedrich *Steinkellner,* Die Gemeinde Maxglan vom Kriegsende 1918/19 bis zur Eingemeindung 1935, in: Maxglan. Ein Salzburger Stadtteil; Salzburg 1990, 81–98.
Ludwig *Straniak,* Groß-Salzburg. Teile I–IV, in: Salzburger Volksblatt Nr. 51–54, 4. bis 7. März 1914.
Ludwig *Straniak,* Die bauliche Entwicklung der Stadt Salzburg von 1830 bis 1915, in: Salzburger Volksblatt Nr. 264, 18.11.1926.
Josef *Strasser,* Salzburg vor hundert Jahren (1816), in: Ruperti-Kalender 1917, 57–62.
Rudolf *Strasser,* Wohnungspolitik und Stadtplanung, in: Wohnen in Salzburg. Geschichte und Perspektiven; Salzburg 1989 (Schriftenreihe des Archivs der Stadt Salzburg 1), 85–108.
Felix F. *Strauss,* Herzog Ernst von Bayern (1500–1560), ein süddeutscher fürstlicher Unternehmer des 16. Jahrhunderts, in: MGSL 101 (1961), 269–284.
Alfred A. *Strnad,* Zur Kardinalserhebung Burkhards von Weißbriach, in: MGSL 106 (1966), 181–246.
Siegbert *Stronegger,* Freiräume für das Vertraute und das Neue – Zur Kultur der achtziger Jahre in der Stadt Salzburg, in: Erich *Marx* (Hg.), Stadt im Umbruch. Salzburg 1980 bis 1990; Salzburg 1991 (Schriftenreihe des Archivs der Stadt Salzburg 3), 55–80.
Josef *Strzygowski,* Die Kunstdenkmäler im Salzburger Stadtbild, in: Gemeinsame Tagung für Denkmalpflege und Heimatschutz, Salzburg 14. und 15. September 1911; Berlin 1912, 34–42.
Karl *Stuhlpfarrer,* Zum Problem der deutschen Penetration Österreichs, in: Das Juliabkommen von 1936; Wien 1977 (Veröffentlichungen der Wissenschaftlichen Kommission des Theodor-Körner-Stiftungsfonds und des Leopold-Kunschak-Preises zur Erforschung der österreichischen Geschichte der Jahre 1927 bis 1938, Bd. 4), 315–327.
Hans *Sturmberger,* Der Weg zum Verfassungsstaat. Die politische Entwicklung in Oberösterreich von 1792 bis 1861; Wien 1962.
Vinzenz Maria *Süß,* Die Bürgermeister von Salzburg von 1433 bis 1840; Salzburg 1840.
Vinzenz Maria *Süß,* Das städtische Museum in Salzburg. Erster und vollständiger Bericht über dessen Entstehen und Inhalt; Salzburg 1844.
Vinzenz Maria *Süß,* Reihenfolge der Bürgermeister in der Landeshauptstadt Salzburg, von der Einführung eines geschworenen Stadtrathes im Jahr 1481 bis zur Einsetzung des ersten constitutionellen Bürgermeisters an der Spitze eines Gemeinderathes im Jahr 1850, in: JSMCA 1850, 29–41.
Summarischer Bericht der Handels und Gewerbekammer Salzburg über das Jahr 1892; Salzburg 1893.
Summarischer Bericht der Handels und Gewerbekammer Salzburg über das Jahr 1893; Salzburg 1894.
Christa *Svoboda,* Der Salzburger Kunstverein 1844–1922. Phil. Diss.; Salzburg 1977.
Julius *Sylvester,* Die Gemeindebetriebe der Stadt Salzburg, in: Carl Johannes *Fuchs* (Hg.), Die Gemeindebetriebe in Österreich; Leipzig 1909 (Schriften des Vereins für Sozialpolitik 130, 1. Teil), 237–239.
Tätigkeitsbericht über die dreijährige Funktionsperiode 1925–1928 der sozialdemokratischen Gemeindevertretungs-Mehrheit von Gnigl; Salzburg 1928.
Tafeln zur Statistik der österreichischen Monarchie, Provinzialübersichten, 1828–1851.
Johann Ernst *Tettinek,* Zur Zeit der Noth ein wohlfeiles Brod. Vorschläge zur Herbeischaffung von Getreidevorräthen auf Rechnung und zum Nutzen der Stadtgemeinde; Salzburg 1848.
Johann Ernst *Tettinek,* Die Armen-, Versorgungs- und Heilanstalten im Herzogthume Salzburg; Salzburg 1850.
Erika *Thurner,* Der 12. Februar 1934 in Salzburg aus der Sicht von Zeitzeugen, in: Mitteilungen des Karl-Steinocher-Fonds zur Erforschung der Geschichte der Arbeiterbewegung im Lande Salzburg, Heft 4/5/6, Juli 1984, 16–30.
Erika *Thurner,* „Nach '45 war man als ‚Rote/Roter' auch ein Mensch." Der Wiederaufbau der Salzburger Sozialdemokratie nach 1945; Wien, Zürich 1985 (Materialien zur Geschichte der Arbeiterbewegung 53).
Erika *Thurner,* Von der Gauhauptstadt zur „offenen Stadt" – Das Jahr 1945, in: *Dopsch,* Festschrift, 259–273.

Erika *Thurner,* Die Verfolgung der Zigeuner, in: Widerstand und Verfolgung in Salzburg 1934–1945. Eine Dokumentation. Bd. 2; Wien, Salzburg 1991, 474–521.

Ferdinand *Tremel,* Beiträge zur Geschichte des steirisch-salzburgischen Handels, in: MGSL 93 (1953), 97–113.

Frances *Trollope,* Wien und die Oesterreicher, sammt Reisebildern aus Schwaben, Baiern, Tyrol und Salzburg. 1. Bd.; Leipzig 1838.

Peter Evan *Turnbull,* Reise durch die österreichischen Staaten; Leipzig 1838.

Kurt *Tweraser,* Der Linzer Gemeinderat 1914–1934. Krise der parlamentarischen Demokratie, in: Historisches Jahrbuch der Stadt Linz 1980, 199–274.

Franz *Tyroller,* Genealogie des altbayerischen Adels im Hochmittelalter, in: Genealogische Tafeln zur mitteleuropäischen Geschichte, hg. von Wilhelm *Wegener;* Göttingen 1962–1969, 45–611.

Karl *Ucakar,* Demokratie und Wahlrecht in Österreich. Zur Entwicklung von politischer Partizipation und staatlicher Legitimationspolitik; Wien 1985 (Österreichische Texte zur Gesellschaftskritik 24).

Karl *Ucakar,* Manfried *Welan,* Kommunale Selbstverwaltung und konstitutioneller Rechtsstaat, in: Forschungen und Beiträge zur Wiener Stadtgeschichte. Bd. 1 (1978), 5–30.

Verzeichnis der Häuser der k.k. Landeshauptstadt Salzburg, deren Vorstädte und Ortschaften; Salzburg 1858.

Hermann *Vetters,* Die mittelalterlichen Dome Salzburgs, in: *Dopsch/Juffinger,* Virgil von Salzburg, 286–316.

Johannes *Voggenhuber,* Grundsteine, in: Dietmar *Steiner* (Hg.), Das Salzburg-Projekt. Entwurf einer europäischen Stadt. Architektur – Politik – Öffentlichkeit; Salzburg 1986, 27–35.

Johannes *Voggenhuber,* Bericht an den Souverän. Salzburg: Der Bürger und seine Stadt; Salzburg, Wien 1988.

Wilhelm *Vogt,* Die Correspondenz des Schwäbischen Bundeshauptmannes Ulrich Artzt von Augsburg aus den Jahren 1524–1527. Ein Beitrag zur Geschichte des Schwäbischen Bundes und des Bauernkrieges, in: Zeitschrift des Historischen Vereins für Schwaben und Neuburg 10 (1883).

Hans *Wagner,* Kardinal Matthäus Lang, in: Lebensbilder aus dem Bayerischen Schwaben. Bd. 5; München 1956, 45–69.

Hans *Wagner,* Die Neutralität Salzburgs im österreichischen Erbfolgekrieg 1741–1745, in: MGSL 100 (1960), 209–271.

Hans *Wagner,* Die Bedeutung Salzburgs im Zeitalter der Aufklärung, in: Salzburg in der europäischen Geschichte. Symposium der Gesellschaft für Salzburger Landeskunde anläßlich des Landesfestes „900 Jahre Hohensalzburg"; Salzburg 1977 (Salzburg Dokumentationen 19), 153–174.

Hans *Wagner,* Die Studenten an der alten Universität, in: Salzburg und Österreich. Aufsätze und Vorträge von Hans Wagner, Festschrift für Hans Wagner zum 60. Geburtstag; Salzburg 1982 (MGSL Erg.-Bd. 8), 71–89.

Hans *Wagner,* Die Aufklärung im Erzstift Salzburg, in: Salzburg und Österreich. Festschrift für Hans Wagner zum 60. Geburtstag; Salzburg 1982 (MGSL Erg.-Bd. 8), 99–116.

Hans *Wagner,* Vom Interregnum bis Pilgrim von Puchheim, in: *Dopsch/Spatzenegger,* Geschichte Salzburgs I/1; ²1983, 437–486.

Hans *Wagner,* Herbert *Klein,* Salzburgs Domherren 1300–1514, in: MGSL 92 (1952), 1–81.

Karl *Wagner,* Gotthard Guggenmoos und seine Lehranstalt in Hallein und Salzburg, in: MGSL 58 (1918), 103–130, u. 59 (1919), 43–64.

Karl *Wagner,* Das Mozarteum. Geschichte und Entwicklung einer kulturellen Institution; Innsbruck 1993.

Karl Otto *Wagner,* Das Salzburger Hoftheater 1775–1805, in: MGSL 50 (1910), 285–328.

Karl Otto *Wagner,* Zur Geschichte der Schulverbesserung in Salzburg unter Erzbischof Hieronymus Colloredo, in: MGSL 55 (1915), 151–122; 56 (1916), 95–192; 64 (1924), 97–128.

Karl Otto *Wagner,* Der Domherr Friedrich Graf Spaur und seine Werke, in: MGSL 74 (1934), 145–158.

Reinhold *Wagnleitner,* Der kulturelle Einfluß der amerikanischen Besatzung in Salzburg, in: Salzburg 1945–1955. Zerstörung und Wiederaufbau; Salzburg 1995 (JSMCA 40/41 [1994/95]), 223–236.

Harald *Waitzbauer* (u. a.), 500 Jahre Salzburger Stiegl-Bier, 1492–1992; Wien 1992.

Harald *Waitzbauer,* Sirene, Bunker, Splittergraben. Die Bevölkerung im „Totalen Krieg", in: Erich *Marx* (Hg.), Bomben auf Salzburg. Die „Gauhauptstadt" im „Totalen Krieg"; Salzburg 1995 (Schriftenreihe des Archivs der Stadt Salzburg 6), 61–138.

Harald *Waitzbauer,* Thomas Bernhard in Salzburg 1943–1955; Wien, Köln, Weimar 1995 (Schriftenreihe des Forschungsinstituts für politisch-historische Studien der Dr.-Wilfried-Haslauer-Bibliothek Salzburg 3).

Harald *Waitzbauer,* Wohin mit den Autos? in: Erich *Marx* (Hg.), Befreit und besetzt. Die Stadt Salzburg im ersten Nachkriegsjahrzehnt; Salzburg 1996 (Schriftenreihe des Archivs der Stadt Salzburg 7), 152–157.

Julius *Waldt,* Salzburg in den Märztagen des Jahres 1848, in Salzburger Volksblatt Nr. 62, 15.3.1908.

Michael *Walz,* Beitrag zur Geschichte des Fehdewesens in Salzburg am Schluße des Mittelalters, in: Programm des kk. Staatsgymnasiums in Salzburg 15 (1865), 1–45.

Ingeborg *Wallentin,* Der Salzburger Hofbaumeister Santino Solari 1576–1646. Leben und Werk auf Grund der historischen Quellen. Phil. Diss. (masch.); Salzburg 1985.

Ernst *Wangermann,* Ethik und Ästhetik – Moralische Auflagen an die schönen Künste im Zeitalter der Aufklärung, in: Genie und Alltag. Bürgerliche Stadtkultur zur Mozartzeit, hg. von Gunda *Barth-Scalmani* u. a.; Salzburg 1994, 281–293.

Antonie *Wartburg,* Die Große Getreideteuerung von 1770–1774 in Salzburg. Phil. Diss. (masch.); Salzburg o. J.

Nora *Watteck,* Streiflichter auf das protestantische Bürgertum in der Stadt Salzburg, in: Reformation, Emigration, Protestanten in Salzburg. Ausstellungskatalog; Salzburg 1981, 64–68.

Wilfried *Watteck,* Salzburg auf dem Wege zu einem autonomen Kronlande (1816–1860), in: MGSL 63 (1923), 17–60.

Peter *Weichart,* Wohnwünsche, Wohnbedürfnisse und Wohnqualität – Überlegungen zu einer nutzerorientierten Konzeption, in: Wohnen in Salzburg. Geschichte und Perspektiven; Salzburg 1989 (Schriftenreihe des Archivs der Stadt Salzburg 1), 109–120.

Hans *Weichselbaum,* Georg Trakl. Eine Biographie mit Bildern, Texten und Dokumenten; Salzburg 1994.

(Thomas *Weidenholzer),* Entwicklung der Behördenorganisation der Stadtgemeinde Salzburg von der Mitte des 19. Jahrhunderts bis heute. Bestandsverzeichnis des Archivs der Stadt Salzburg. Unpubl. Manuskript; Salzburg o. J.

Thomas *Weidenholzer,* Das „Höllbräu" – Zur Geschichte eines Salzburger Braugasthofes von 1700 bis in die Gegenwart, in: Erich *Marx* (Hg.), Das „Höllbräu" zu Salzburg. Geschichte eines Braugasthofes; Salzburg 1992 (Schriftenreihe des Archivs der Stadt Salzburg 4), 61–132.

Thomas *Weidenholzer,* Kriegsgefangene, „Ostarbeiter" und ausländische Arbeiter in Salzburg während der nationalsozialistischen Herrschaft. Eine Erhebung von schriftlichen Quellen im Archiv der Stadt Salzburg auf Grund des Antrages der sozialdemokratischen Fraktion im Gemeinderat auf Errichtung eines Denkmales bei der Staatsbrücke. Unpubl. Manuskript.

Thomas *Weidenholzer,* Bürgerliche Geselligkeit und Formen der Öffentlichkeit in Salzburg, 1780–1820, in: Robert *Hoffmann,* Gunda *Barth* (Hg.), Bürger zwischen Tradition und Modernität (Bürgertum in der Habsburgermonarchie 6), erscheint 1996.

Franz Xaver *Weilmeyr,* Salzburg, Die Hauptstadt des Salzachkreises. Ein Hand- und Addreß-Buch für Jedermann; Salzburg 1813.

Stefan *Weinfurter,* Salzburger Bistumsreform und Bischofspolitik im 12. Jahrhundert; Köln 1975 (Kölner Historische Abhandlungen 24).

Alfred Stefan *Weiß,* Armen- und Krankenpflege unter Erzbischof Hieronymus Graf Colloredo, in: Salzburg Archiv 6 (1988), 73–94.

Alfred Stefan *Weiß*, „Providum imperium felix". Glücklich ist eine voraussehende Regierung. Aspekte der Sozialfürsorge im Zeitalter der Aufklärung dargestellt anhand Salzburger Quellen (ca. 1770–1803). Geisteswiss. Diss. (masch.); Salzburg 1993 (die Arbeit wird derzeit für die Drucklegung vorbereitet).
Alfred Stefan *Weiß*, Das Projekt der Rumfordsuppe in Salzburg. Ein Beitrag zur Geschichte der „naturalen" Armenversorgung, in: MGSL 134 (1994), 399–408.
Aloys *Weißenbach*, Der Brand zu Salzburg den 30. April 1818; Wien 1818.
Ernst *Wenisch*, Der Kampf um den Bestand des Erzbistums Salzburg 1743–1825, in: MGSL 106 (1966), 303–346.
Markus J. *Wenninger*, Zur Geschichte der Juden in Salzburg, in: *Dopsch/Spatzenegger*, Geschichte Salzburgs I/2; ²1983, 747–756.
Widerstand und Verfolgung in Salzburg 1934–1945. Eine Dokumentation. 2 Bände; Wien, Salzburg 1991.
Franz *Widmann*, Über eine Beschwerdeschrift der Stadt Salzburg von 1525, in: derselbe, Zwei Beiträge zur salzburgischen Geschichte, in: Programm des kk. Gymnasiums Salzburg; Salzburg 1897, 16–27.
Hans *Widman*, Geschichte Salzburgs. 3. Bd. (1519–1805); Gotha 1914.
Birgit *Wiedl*, Das Goldschmiedehandwerk in Salzburg, in: MGSL 135 (1995), 497–604.
Joachim *Wild*, Wolf Dietrich und Herzog Maximilian I. von Bayern, in: Wolf-Dietrich-Katalog, 75–78.
Rainer *Wilflinger*, Peter M. *Lipburger* (Red.), Vom Stadtrecht zur Bürgerbeteiligung. Ausstellungskatalog „700 Jahre Stadtrecht von Salzburg"; Salzburg 1987.
Kurt *Willvonseder*, Martin Hell und die ur- und frühgeschichtliche Forschung in Salzburg, in: MGSL 101 (1961), 91–112.
Die Wohnbaufinanzierung des Bundes, der Bundesländer und Gemeinden 1948 bis 1961; Salzburg 1963 (Salzburger Landesstatistik, Heft 6).
20 Jahre Wohnungsbau im Bundesland Salzburg unter besonderer Berücksichtigung der Wohnbauförderungsmaßnahmen; Salzburg 1966 (Salzburger Landesstatistik, Heft 12).
Der Wohnungsbau im Bundesland Salzburg 1945 bis 1960 unter besonderer Berücksichtigung der Wohnbauförderungsmaßnahmen; Salzburg 1961 (Salzburger Landesstatistik, Heft 2).
Wohnungsbau und Wohnbaufinanzierung im Bundesland Salzburg 1945–1976 unter Berücksichtigung der bestehenden Förderungsmöglichkeiten; Salzburg 1977.
Zur Frage des Wohnungsdefizits in Österreich; Wien 1953, in: Monatsberichte des österreichischen Instituts für Wirtschaftsforschung 26. Jg., Nr. 10, Beilage Nr. 22.
Herwig *Wolfram*, Der hl. Rupert und die antikarolingische Adelsopposition, in: MIÖG 80 (1972), 4–34.
Herwig *Wolfram*, Libellus virgilii. Ein quellenkritisches Problem der ältesten Salzburger Güterverzeichnisse, in: Vorträge und Forschungen 20; Sigmaringen 1974, 177–214.
Herwig *Wolfram*, Die Zeit der Agilolfinger – Rupert und Virgil, in: *Dopsch/Spatzenegger*, Geschichte Salzburgs I/1; ²1983, 121–156.
Herwig *Wolfram*, Vier Fragen zur Geschichte des hl. Rupert. Eine Nachlese, in: Festschrift St. Peter in Salzburg 582–1982; St. Ottilien 1982 (Studien und Mitteilungen zur Geschichte des Benediktinerordens und seiner Zweige 93), 2–25.
Herwig *Wolfram*, Die Goten. Von den Anfängen bis zur Mitte des 6. Jahrhunderts. Entwurf einer historischen Ethnographie; München ³1990.
Herwig *Wolfram*, Salzburg, Bayern, Österreich; Wien, München 1995 (MIÖG Erg.-Bd. 31).
Herwig *Wolfram*, Grenzen und Räume, Geschichte Österreichs vor seiner Entstehung (Österreichische Geschichte 378–907); Wien 1995.
Wolfsgruber, Friedrich Kardinal Schwarzenberg: Fürsterzbischof von Salzburg. 2 Bände; Wien, Leipzig 1910.
Josef *Wysocki*, Die gewerbliche Wirtschaft Salzburgs von 1816 bis 1860, in: Zeitschrift für Unternehmensgeschichte 24 (1979), 150–179.

Josef *Wysocki,* Historische Grundlagen der räumlichen Wirtschaftsstruktur des Landes Salzburg, in: Mitteilungen und Berichte, Salzburger Institut für Raumforschung (1983), Heft 3/4, 15–31.

Josef *Wysocki,* Entwicklung bis zur Gegenwart, in: Wirtschaft in Salzburg. VIII. Landes-Symposium am 26. September 1987; Salzburg 1987 (Salzburg Diskussionen 9), 19–26.

Friederike *Zaisberger,* Bernhard von Rohr und Johann Beckenschlager, Erzbischof von Gran, zwei Salzburger Kirchenfürsten in der zweiten Hälfte des 15. Jahrhunderts. Phil. Diss. (masch.); Wien 1963.

Friederike *Zaisberger,* Stadt und Land Salzburg im Leben von König Ludwig I. von Bayern, in: ZBLG 1985, 509–537.

Friederike *Zaisberger,* Salzburg in napoleonischer Zeit und die Verschleppung seiner Kunstschätze, in: Die Alpenländer zur Zeit Napoleons. Arbeitsgemeinschaft Alpenländer, Historikertagung in Hall in Tirol, 3.–5. X. 1984; Innsbruck 1985, 82–114 (italienische Übersetzung ebenda, 115–121).

Friederike *Zaisberger,* Fritz *Koller* (Red.), Die alte Stadt im Gebirge. 700 Jahre Stadt Radstadt; Salzburg 1989.

Alois *Zauner,* Günther K. *Kalliauer,* Die protestantischen Salzburger Bürger in Vöcklabruck und Wels, in: Wolf-Dietrich-Katalog, 127–131.

Judas Thaddäus *Zauner,* Auszug der wichtigsten hochfürstlichen salzburgischen Landesgesetze […]. Bd. 1–3; Salzburg 1785–1790.

Judas Thaddäus *Zauner,* Sammlung der wichtigsten Salzburgischen Landesgesetze seit dem Jahre 1790 bis zum Schluß der hochfürstlichen Erzbischöflichen Regierung; Salzburg 1805.

Kurt *Zeillinger,* Erzbischof Konrad I. von Salzburg (1106–1147), Wiener Dissertationen aus dem Gebiete der Geschichte 10; Wien 1968.

Gustav *Zeller,* Alexander von Humboldts Aufenthalt in Salzburg, in: MGSL 40 (1900), 53–66.

Kurt W. *Zeller,* Die Salzherren vom Dürrnberg, in: Salz. Katalog der Salzburger Landesausstellung in Hallein; Salzburg 1994.

Kurt W. *Zeller,* Kriegswesen und Bewaffnung der Kelten, in: Die Kelten in Mitteleuropa, 111–132.

Ernst *Ziegeleder,* Arbeite – sammle – vermehre. Das Geld-, Kredit- und Versicherungswesen in Salzburg, in: Hans Gustl *Kernmayer* (Hg.), Brot und Eisen. Salzburg, mit der Festschrift der Handelskammer Salzburg anläßlich ihres 100jährigen Bestehens; Salzburg 1951, 199–216.

Ernst *Ziegeleder,* Woher stammen die Salzburger?, in: Amtsblatt der Landeshauptstadt Salzburg 21, 15. 4. 1970, Nr. 8, 2–3.

Ernst *Ziegeleder,* Hundert Jahre Kommunalfriedhof; Salzburg 1980 (Schriftenreihe „Kulturgut der Heimat" 8).

Leopold *Ziller,* Vom Fischerdorf zum Fremdenverkehrsort. Geschichte St. Gilgens und des Aberseelandes. 2 Bände; St. Gilgen ²1988.

Heinrich *Zillich* (Hg.), Das Flügelroß; Salzburg 1941 (Erstes Kunstjahrbuch des Reichsgaues Salzburg).

(Franz Valentin *Zillner),* Das Wachsthum der Stadt Salzburg II, in: Neue Salzburger Zeitung 1854, Nr. 44.

Franz Valentin *Zillner,* Die Salzburger Stadtbevölkerung, in: MGSL 1 (1861), 17–26.

Franz Valentin *Zillner,* Die Waßerleitung der Alm, in: MGSL 4 (1864), 5–128.

Franz Valentin *Zillner,* Über den Einfluß der Witterung auf die Entstehung gastrischer Krankheiten in der Salzburger Stadtbevölkerung und über die Ursachen der Typhusepedemie des Jahres 1865 zu Salzburg, in: MGSL 6 (1866), 71–168.

Franz Valentin *Zillner,* Salzburg in den letzten fünfzig Jahren, in: MGSL 6 (1866), 235–302.

Franz Valentin *Zillner,* Über die Bevölkerungsverhältnisse des Landes Salzburg, in: MGSL 12 (1872).

Franz Valentin *Zillner,* Kurze Geschichte der Stadt Salzburg, in: Beiträge zur Kenntniss von Stadt und Land Salzburg. Ein Gedenkbuch an die 54. Versammlung deutscher Naturforscher und Ärzte; Salzburg 1881, 121–136.

Franz Valentin *Zillner,* Zur Volks- und Lebensstatistik der Stadt Salzburg, in: Beiträge zur Kenntniss von Stadt und Land Salzburg. Ein Gedenkbuch an die 54. Versammlung deutscher Naturforscher und Ärzte; Salzburg 1881, 137–159.

Franz Valentin *Zillner,* Geschichte der Stadt Salzburg. 2 Bände; Salzburg 1890.

Heinrich *Zimburg,* Herbert *Klein* (Hg.), „Gasteinerische Chronika" 1540, in: MGSL 81 (1941), 1–40.

Stefan *Zweig,* Salzburg – Die Stadt als Rahmen, in: Almanach der Salzburger Festspiele, 1925.

Stefan *Zweig,* Die Welt von gestern. Erinnerungen eines Europäers; Leck 1992.

Eberhard *Zwink,* Die fünf Bürgermeister seit 1945, in: Salzburg. 25 Jahre Gemeinderat; Salzburg 1971, 17–19.

Eberhard *Zwink* (Hg.), Salzburger Altstadterhaltungsgesetz 1980; Salzburg 1980 (Salzburg Dokumentationen 47).

Eberhard *Zwink* (Hg.), Dipl.-Ing. DDr. Hans Lechner. Zitate und Bilder. Zum 70. Geburtstag des Landeshauptmannes der Jahre 1961 bis 1977; Salzburg 1983 (Salzburg Dokumentationen 74).

REGISTER

(Erstellt von Andrea Grabs und Wolfgang Schrempf)

Das Register ist als Kreuzregister angelegt, in dem vorwiegend Personennamen und topographische Angaben zusammengefaßt sind. Aufgrund ihrer besonderen historischen Bedeutung wurden einige Ereignisbezeichnungen ebenfalls im Register aufgenommen. Die Anmerkungen und Bildunterschriften wurden jedoch nicht berücksichtigt.

Das Register unterliegt ausschließlich einer alphabetischen Ordnung. Die Reihenfolge der gleichlautenden Vornamen (z. B.: Rudolf, Gregor) wird daher nur durch die jeweils nachfolgenden Zeichen bedingt (z.B.: Rudolf I.). Bei synonymen Orts- oder Personennamen wird in Klammern auf deren weitere Begriffe hingewiesen. Ist bei einem Ort, der mehrere Namen trägt, keine Referenzangabe (Seitennummer) angeführt, so weist ein geklammerter Ausdruck auf jenen Namen hin, bei dem die Referenz zu finden ist. Bei manchen Begriffen wird durch eine nachstehend angeführte Bemerkung deren Bedeutung im Kontext hervorgehoben (z.B.: Aaron, Jude).

Folgende Abkürzungen wurden verwendet:

Ebf.	=	Erzbischof	Ks.	= Kaiser
Bf.	=	Bischof	Ksn.	= Kaiserin
Hlg.	=	Heiliger	Kg.	= König
Hlge.	=	Heilige	Kgn.	= Königin
Ehg.	=	Erzherzog	Bm.	= Bürgermeister
Hg.	=	Herzog	Kurfst.	= Kurfürst
Hgn.	=	Herzogin	Kurfstn.	= Kurfürstin
Mgf.	=	Markgraf	Fst.	= Fürst
Mgfn.	=	Markgräfin	Sbg.	= Salzburger
Gf.	=	Graf	Kl.	= Kloster
Gfn.	=	Gräfin	Fa.	= Firma

Aaron, Sbg. Jude 176
Abenberg 124
Abens in Niederbayern 151
Abraham a Sancta Clara (siehe „Megerle, Ulrich")
Abtenau im Lammertal 146, 160
Abtsgasse (siehe „Sigmund-Haffner-Gasse")
Abtswiese 264
Adalbero, Mgf. 131
Adalbert II., Ebf. 151, 153 f., 155 ff.
Adalram, Ebf. 113, 115
Adalwin, Bf. v. Regensburg 107, 116 f.

Adlhart, Jakob 525
Admont, Kl. 131, 153, 164, 173, 208
Admonter Hof 155, 161
Adnet 230
Adolf v. Nassau, Kg. 173
Adrian, Sbg. Familie 404
Aetius 66
Ager Gallicus (siehe „Keltische Mark")
Agilolfinger, Herzogsgeschlecht 72, 74 f., 80, 83, 89, 91, 94 f., 98, 102, 105 f., 110 f., 113
Agnes v. Poitou, Ksn. 130
Aguntum (bei Lienz in Osttirol) 40, 70

Aibling 204
Aicher, Anton 518
Aigen 20, 48, 351, 421, 469 f., 473, 539, 549, 560, 612
Aigen, Schloß 421
Aigener Park 421
Aigl, Georg 238
Aigl, Sbg. Familie 238
Aiglhof 238, 321, 546, 548, 561
Aigner Kanzel 421
Alarich, Kg. 66
Albanien 28
Albert, Baumeister 148
Albert, Dompropst 139
Albina (siehe „Oberalm")
Albrecht I., Hg. 164, 173 f.
Albrecht I., Kg. 171
Albrecht V., Hg. 191
Albrecht, Hg. 314
Albwin, Ebfl. Güterverwalter 134
Alexander II., Papst 130
Alexander III., Papst 151, 154
Alim, Bf. v. Säben 107
Alkuin 70, 105, 107, 109 ff., 113
Allgäu 317
Allgemeiner Arbeiterverein 498
Alma mater Paridiana (siehe „Universität")
Almkanal 12, 147 f., 196, 208, 244, 261, 281, 356 f., 406
Alpen 25 f., 28 f., 33, 38, 41, 59, 66 f., 71, 83, 89, 228, 308
Alpenhauptkamm 65
Alpenstraße 593
Alpenvorland 11, 14 f., 72 f., 75, 86
Alt, Sbg. Familie 360
Alt, Ludwig, Bm. 225
Alt, Salome 289, 291, 297, 303 ff.
Alt, Sbg. Familie 277, 281, 297
Alte Residenz 281, 305
Alte Römerstraße 86
Alte Türnitz 312
Alte Universität 60, 326
Altemps (siehe „Hohenems")

Altenau, Schloß 289 f., 297, 304 f., 311
Altenerding 72
Altenmarkt 158
Altentann 238
Alter Flughafen von Maxglan 61
Alter Markt 45 f., 161 f., 241, 244, 280, 287, 405, 420, 513, 563, 614
Altes Borromäum 193, 290, 320, 405, 614
Althamer, Ludwig 277
Althofen 135
Altinum bei Venedig 59
Altösterreich 523
Altötting 142, 314 f.
Altstadtuniversität 610
Amandus, Hlg. 110
Amerang 238
Anastasius, Hlg. 110
Ancona 33
Andessner, Karl 456
Andlau 205
Andräkirche 279, 281, 329
Andre Hofer, Fa. 466
Andreas Jakob v. Dietrichstein, Gf., Ebf. 267, 346, 361
Andreas v. Liebenberg, Bm. 319
Andreas v. Neuhaus 190
Andreas, Hlg. 110
Anif 78 f., 106, 123
Anif, Schloß 336
Ankara 33
Ansprand, langobard. Kg. 83
Anthering 106
Antiphonar v. St. Peter 91
Antisemitismus 447, 480 f., 498
Antonius v. Padua, Hlg. 372
Antwerpen 229, 360
Anzogolus, Abt 92, 102
Aquileia 38, 55, 59, 107, 109, 113, 131, 151, 231 f.
Aquitanien 105
Arbeiter-Bildungsverein 497
Arbeitsanstalt 430
Arbeitshaus (Zuchthaus) 346 f., 379, 395

Arbeitslager 565
Arbeo, Bf. v. Freising 99
Arco, Karl Joseph, Gf. 390
Arenbergstraße 363
Arent, Benno v. 557
Arezzo 59
ARGE Nonntal 620
Arichis, Hg. v. Benevent 105
Aripert, Hg. v. Turin 83
Armen(bürger)säckel 354, 377, 431
Arn(o), Ebf. 103 ff., 107 f., 109, 111, 113
Arnoldstein 231
Arnsdorf 229
Arnulf, Hg. v. Bayern 119
Arnulf, „v. Kärnten", Ks. 117 f.
Aschach an der Donau 69
Aschheim 92
Aschhof 244
Athen 32
Atlantik 360
Attergau 42
Attersee 78
Attila, Kg. 66
Atto, Bf. v. Freising 107
Atzwang 372
Atzwanger, Fa. 409
Atzwanger, Sbg. Familie 372, 404
Au am Inn, Kl. 97
Auer, Leonhard Dr. 272
Auerspergstraße 457
Aufner, Sbg. Familie 238
Aufner, Martin Bürger 205, 208
Augsburg 106, 122, 204, 218, 225, 230, 233, 237, 239, 247 f., 267 f., 276, 284, 289, 297, 344, 360, 424, 506
Augusta Vindelicum (Augsburg) 46
Augustulus, Romulus, (siehe „Romulus Augustulus")
Augustus, Ks. 38, 40, 54, 127
Aula Academica 317
Aula der Universität 43
Aurel, Marc, Ks. (siehe „Marc Aurel")
Auschwitz 566

Äußerer Stein 279
Ausstellungszentrum 590, 607
Autobahn 561
AVA-Haus 493, 614
Avignon 183, 186 f., 191
Awaren 86
Babenberger 123
Bacher, Gerd 597
Bacher, Gerhardt 604, 617 f.
Bäck, Alfred, Bm. 573, 588 f., 591, 596 f., 599 ff., 613
Bad Aussee 229
Bad Gastein 159, 175 f., 183, 215, 238, 240, 264, 538
Bad Ischl 204
Bad Reichenhall 32, 34, 38, 71, 78, 82 f., 90, 95, 119 f., 129, 153, 156, 160, 225, 301, 321, 343, 562
Baden-Baden 471
Badeni, Kasimir F., Gf. 481, 515
Bahnhof 452, 456, 468, 470 f., 513, 517, 580
Bahnhofsviertel 459, 506
Bahr, Hermann 522
Bajuwarenstraße 72
Baldauf, Hans 258
Baldi, Sbg. Familie 404
Balduin, Ebf. 130
Balkan 25, 28, 33
Ballhaus 355
Ballsaal 356
Bally, Fa. 563
Balthasar 193
Bamberg 130, 204, 231, 344
Bärengäßchen 620
Bärenhöhle bei Torren 15
Bärenhorst am Untersberg 15
Barisani, Silvester Dr. 394
Barmherzige Brüder, Spital 207, 335
Barmherzige Brüder, Kl. 333
Barmherzige Schwestern 565
Bärnklau 345
Bartolini, Riccardo 277
Basel (Konzil v.) 191
Basteigasse 148, 163

Baudri, Friedrich 423
Bauernfeind, Sbg. Familie 239
Baumann, Hans 280, 284
Baumkircher, Andreas 194
Bayer, Rudolf 453, 455, 470
Bayern 17, 18, 38, 86, 90 f., 92, 94 ff., 98, 102 f., 105, 107, 109, 111, 113, 117 ff., 120, 127, 129, 130, 132, 154, 156, 159 f., 162, 164, 174 f., 182 ff., 204, 215, 229, 236 f., 244, 267, 271, 292, 300 f., 309, 314 f., 317, 321, 324, 332, 337, 341 f., 342, 344, 348 f., 361 f., 364, 369, 371, 385 ff., 392, 396, 400, 408, 424, 521, 559
Bayreuth 474, 526
Bayrhammer, Mathias 409
Bazar, Café 526
Becher, Johann Joachim 361
Bechinie, Ludwig 563
Beck, Dominikus 358
Beckenschlager, Johann (siehe „Johann Beckenschlager")
Becket, Thomas, Ebf. (siehe „Thomas Becket")
Beinkofer, Josef 530
Belgien 103, 361, 386
Bellicius, Achilles 53
Bellicius, Lucius Quartio, Bm. 53
Bellicius, Seccio 53
Benedikt XIV., Papst 346
Benedikt, Hlg. 106, 110, 117
Benediktiner-Universität (siehe „Universität")
Berchtesgaden 156, 160 f., 183, 186 f., 191, 264, 301, 397, 416, 422, 549, 562
Berchtesgadenerhof 280
Berchtesgadenerstraße 282
Berg, Karl Dr., Ebf. 340
Bergamo 28
Berger, Franz, Bm. 409, 466, 501
Bergerbräu 471
Bergheim 49, 76, 106, 141, 539, 585, 626
Bergheimerstraße 281
Bergstraße 46, 281
Bergstraßentor 281, 311
Bergsturz vom Mönchsberg 329
Berlin 522, 569 f.
Berndorf am Grabensee 14

Bernhard v. Rohr, Ebf. 194 f., 196, 199, 221
Bernhard, Thomas 579
Bernini 336
Bertha (Hörige) 139
Berthold v. Moosburg, Gegenebf. 132, 146
Berthold v. Wehing, Bf. v. Freising 190
Berthold, Hg. v. Bayern 120
Berthold Pürstinger, Bf. v. Chiemsee 219, 225
Berufsschule 595
Beschäftigungsanstalt 505
Beyer, Franz 580
Biber, Heinrich Ignaz Franz 328, 334, 369
Biberapotheke 359
Biberg bei Saalfelden 34
Biburg 151
Biebl, Familie 478
Biebl, Rudolf, Bm. 478, 486, 492 f., 495 f.
Binnennoricum 65, 68, 70, 91
Birnbaum auf dem Walserfeld 109
Bischofsburg 123 ff., 128 f., 139 f., 142, 146, 148, 161, 173
Bischofshof 284, 286
Bischofshofen 18, 95 f., 99, 102, 284
Bischofsresidenz 290
Bismarck 498
Blasiuskapelle 208
Blasiuskirche 155, 205, 281
Boeckhn, Placidus v. 339
Bogner, Ludwig 585
Böhmen 33, 38, 72 ff., 162, 204, 222, 233, 236, 300 f., 308, 317, 342, 348 f., 369, 446
Bologna 164
Bonifatius, Ebf., Hlg. 92, 94, 96, 102
Bonifaz IX., Papst 186, 191
Bönike, Johann Michael Dr. 386 f., 393
Bork, Max v. 571
Bormann, Martin 555
Borromäum 565
Borromäus, Karl, Ebf. v. Mailand 285
Borromini 336
Borst, Otto 627
Bozen 236, 241, 360, 372
Brabant 236, 360

Brahms, Johannes 473
Brandmayer, Fa. 464
Brauhaus im Kai 364
Braunau 239, 464
Braunfels, Wolfgang 336
Braunschweig 289
Breda 336
Breisach 332
Breitinger, Sbg. Familie 404
Brenner 29
Brennerstraße 230
Breslau 91, 235, 237
Breves Notitiae 109, 111
Brežice 160
Bristol, Hotel 476
Britische Inseln 28, 54
Brixen 157, 191 f.
Brixental 192
Brodgasse 45, 243
Brücke 243
Bruderhaus 207, 215, 238, 263, 275, 281, 354, 374 f., 377, 379, 394, 505
Brun v. Kärnten (siehe „Gregor V.")
Bruneck 207
Brünn 384, 396 f., 452
Brunnhaus 261
Buchberg bei Bischofshofen 18
Buchenauer, Joachim, Abt v. St. Peter 308
Buchleitner, Gerhard 617, 621
Bugenhagen, Reformator 265
Bühler, Adolph 419
Bulgarien 117
Bulle, Erasmus 289
Burgenland 115, 447
Bürgerklub 458, 480 f., 500 ff., 504, 506, 515 f., 528
Bürgerliste (BL) 588, 605 f., 610, 616 ff., 620, 624
Bürgermeistertor 312
Bürgerschule 493
Bürgerspital 42, 124, 155, 161, 205, 207 f., 211, 217, 226, 238, 245, 261, 263, 281, 354, 359, 374 f., 377, 505, 569
Bürgerwehr 261, 281

Burgfried 433
Burkhard v. Weißpriach, Ebf. 192 ff., 196
Burghausen 163, 205, 229
Bürglstein 14, 24, 27, 36, 39, 42, 46, 60, 62, 142, 239, 245, 420
Bürglstein, Schloß 421
Burgund 72
Busterminal Nonntal 615
Byzanz 151
Cadzand 341
Calixt II., Papst 134
Camp Roeder 585, 594
Campo Formio 396
Canaval, Gustav A. 582
Canossa 131
Carabinierisaal 288, 326, 380
Caracalla, Ks. 54
Carlone, Diego 336
Caroline Augusta, Ksn. 402, 469
Cäsar, Ks. 33, 34, 35, 38
Castello, Elia 286
Cattaneo, Sebastian (siehe „Sebastian Cattaneo")
Cave del Predil (siehe „Raibl")
Ceconi, Fa. 457
Ceconi, Jakob 480
Ceconi, Sbg. Familie 404
Celeia (Celje in Slowenien) 40
Cham im Bayerischen Wald 17
Chamer Senke 74
Champagne 33
Chiemgau 34, 42, 75
Chiemsee 562
Chiemsee, Bistum 34, 159, 161, 175, 183, 189, 326, 336, 396
Chiemseehof 261, 280, 336, 551, 556, 590
Childebert III. (Hiltiperht), Kg. 84
Chorinsky, Carl, Gf. 497
Christian-Doppler-Straße 461
Christine v. Schweden, Kgn. 326
Christlichsoziale Partei 480, 502, 515, 529 ff, 537, 545
Christoph Ebran v. Wildenberg, Dompropst 195 f., 199
Chuniald 88, 91

Churfürststraße 243 f.
Clark, Mark W. 584
Claudius, Ks. 40, 60, 64
Clemens V., Papst 172
Clemens VII., Papst 183, 186
Clermont 59
Cles in Welschtirol 341
Clessin, Heinrich 583
Cola, Antonio, Dr. 317
Collegium Germanicum 285, 303
Collegium Medicum 359, 393
Colloredo, Hieronymus (siehe „Hieronymus Colloredo")
Columban der Ältere (Columba), Hlg. 110
Commodus, Ks. 64
Constantinopel 415
Corpus Evangelicorum 341
Cosmas, Hlg. 110
Cucullis (Kuchl) 66, 80
Cyriacus, Hlg. 111
Dachau 237, 564
Dacus 57
Damian, Hlg. 110
Dänemark 129
Dankl, Ulrich, Bm. 249
Danreiter, Franz Anton 338 f.
Dario, Giovanni Antonio 305, 325 f., 328
Dasch, Max 582
Dechant, Josef, Dr., Bm. 589 f., 604, 624 f.
Deininger, Wunibald 548
Desiderius III., Kg. 98
Deutscher Turnverein 545
Deutscher Verein 501 f.
Deutsches Theater 522
Deutschland 233, 236, 257, 267, 304, 312, 320, 326, 361, 385, 390, 401 f., 404, 418, 420, 425, 469, 481, 487, 521, 535, 544, 562, 586
Deutschösterreich 519 f.
Diaz, Antonio, Nuntius 301, 304
Die Wabe, Verein 621
Diemut v. Högl 153
Dienstl, Ulrich 192
Diesel, Mathias 337

Dietmar I., Ebf. (siehe „Theotmar")
Dietmar, Bürger 164
Dietrichsruhe 288, 305
Dietrichstein, Andreas Jakob (siehe „Andreas Jakob, Ebf.")
Dingolfing 109
Diokletian, Ks. 60, 65
Dobler, Michael 527, 530, 533
Dollfuß, Engelbert 535 f., 548
Dom 45, 90, 94, 97, 102 f., 110, 115 f., 123, 129, 133, 141, 146 ff., 153 ff., 157, 163, 183, 186, 193, 208, 245, 249, 278 f., 280 f., 287, 289 f., 304 f., 309, 320 f., 325, 329, 336, 388, 419, 425 f., 569
Dombezirk 289
Dombögen 288, 305, 321, 325, 512, 614
Domdechantei 305
Domfrauenkloster 193 f.
Domfriedhof 155, 288, 293
Domhof 281
Domitian, Ks. 57
Domkapitel 12, 102, 126, 132 ff., 139 f., 142, 146, 148, 151, 155, 161 f., 170, 174, 189, 194 f., 207, 221, 246, 258, 261, 268, 281, 285, 292, 301, 304, 309, 315, 321, 330, 344 ff., 357, 368 f., 381, 384, 386, 398
Domkloster 111, 146, 153, 154 f., 281
Dom-Musik-Verein 425
Domplatz 42, 44 f., 71, 80, 287, 325 f., 350, 412
Domportal 384
Dompropstei 215, 308
Domspital 281
Donau 29, 34, 64 ff., 70, 74 f., 106 f., 115, 123, 196, 229, 231, 236
Donauschiffahrt 464
Donnenberg, Hans 590, 596, 602
Donner, Georg Raffael 337
Dorothea v. Welsperg 309
Drahtseilbahn 476
Drau 106
Drei Alliierte, Gasthaus 418, 470
Dreifaltigkeitsgasse 46, 65, 320
Dreifaltigkeitskirche 317, 334 ff., 345
Dreißigjähriger Krieg 228, 321

Drittes Reich 543, 571, 599
Drobny, Franz 512
Drusus, röm. Feldheer 38
Dubdá-chrich, Bf. 95, 97
Durchgangshöhle (Schlenken) 15
Duregger, Alois 409
Duregger, Sbg. Familie 404, 478
Dürer, Albrecht 271
Dürnkrut 163
Dürrnberg 21, 24, 26 ff., 36, 38, 82, 91, 156, 329, 341, 422
Ebenauer, Thomas 196
Ebenezer 341
Eberhard I., Ebf. 151, 155, 159
Eberhard II., Ebf. 156 ff., 159 ff., 162, 164
Eberhard III. v. Neuhaus, Ebf. 189 f., 191, 247
Eberhard, Hg. v. Bayern 120
Eberlin 369
Ebersberger Forst 396
Ebroin 85
Eck, Leonhard Dr. 267, 277
Eder, Christian 274
Eder, Sbg. Familie 277
Egger, Wilhelm 284
Eichethofsiedlung 593
Eichheimer, Ministerialengeschlecht 141
Eichstätt 204, 236, 344, 397
Einem, Gottfried v. 575
Eingemeindungen 444, 457 f., 522, 529, 539, 546, 554, 559 f., 584 f.
Einödberg 18
Eisack 29
Eisenbahn 422, 451, 454, 464, 468 f., 472, 592
Eisenstraße 229
Ekhardt, Heinz 610
Elberfeld 505
Elektrizitätswerk 468, 506, 545, 595
Elisabeth Renata, Kurfstn. 314
Elisabeth-Vorstadt (Froschheim) 20, 458 f., 461, 503, 529, 546, 548
Elsaß 246, 470
Elsbethen 16, 20, 36, 49, 78, 336, 593

Elsenheimer, Familie 239
Elsenheimer, Hans 235, 239
Elsenheimer, Oswald, Bm. 213, 217, 239
Emmeram, Hlg. 85, 92
Emsburg 308
Emser Kongreß 385
Emser Punktationen 385
Emslieb, Schloß 308
Engelbert v. Spanheim, Gf. 132
Engl, Sbg. Familie 404
England 99, 236, 257, 361, 474
Enns 46, 65, 75, 115, 118, 173, 177, 204
Ennstal 162, 164
Enslingen 201
Enzwip, Bürgerin 139
Erben, Anton 493
Erenbert, Bf. v. Freising 94
Erhard, Johann Christoph 416
Erhardkirche 329
Erhardspital 505
Erintrud(is), Äbtissin, Hlge. 88 f., 91, 117
Erlach, Fischer v. (siehe „Fischer von Erlach")
Ernst, Hg. v. Bayern, Administrator v. Sgb. 204, 236, 240, 266 f., 283 ff.
Erzberg 229
Erzbischöfliches Palais 536, 556, 564 f.
Erzherzog Karl, Gasthaus (Stadttrinkstube) 418
Erzherzog-Ludwig-Viktor-Brücke (siehe „Lehenerbrücke")
Estland 129
Etsch 29
Ettenius, Cornelius 277
Eugen IV., Papst 191 f.
Eugen, Prinz v. Savoyen 319, 332
Eugendorf 626
Eugippius, Biograph 67 f.
Eustachius v. Heiterwang (siehe „Heiterwang")
Faber, Moritz 456
Faberhäuser 456 f.
Faistauer, Anton 483, 525
Falkenauer (Valkenauer), Hans 222, 258
Falterbauer, Heinrich 587
Fanny-von-Lehnert-Straße 547

Fardulf, Abt 107
Fartacek, Helmut Dr. 621, 624
Faust, Wolfhart 247
Favorite (siehe „Kleßheim, Schloß")
Feichtner, Franz 553 f.
Feik, Hubert 503
Feirgil (siehe „Virgil")
Felbertauern 131, 159, 229
Felbiger, Ignaz 393
Fellinger, Anton 599 f.
Fellner und Helmer, Fa. 474, 512
Felsenreitschule 334, 420, 525
Fendt, Sbg. Familie 372, 404
Ferdinand I., Ks. 223, 231, 267, 271
Ferdinand II., Ks. 308 f., 316, 360, 437
Ferdinand v. Köln, Kurfst. 309
Ferdinand v. Toscana, Kurfst. 289, 393, 317, 397, 400
Fernheiz(kraft)werk 598
Fernsprechamt 551
Festspielbezirk 42, 525, 577
Festspiele 474, 522, 525, 536, 546, 557, 568, 575 f.
Festspielhaus 326, 523, 543, 551, 558, 590 f., 593, 598
Festung (Hohensalzburg) 37, 39, 131 ff., 136, 141, 146, 153, 176, 196, 199, 213 f., 221 ff., 225, 258, 261, 264 f., 267, 270, 277 f., 280, 288, 291, 301, 303, 312, 314, 332, 336, 343, 396, 396, 416, 460, 469, 513, 558
Festungsberg 12 ff., 20, 37, 39, 42, 65 f., 71, 80 ff., 86, 89, 105 f., 131, 135, 193, 196, 268, 296
Fiedler, Christoph 362
Filzer, Johannes, Bf. 564
Finanzlandesdirektion 610
Finck, Heinrich 271
Findelanstalt 358
Finnland 129
Firmian, Franz Laktanz 337, 343, 525
Firmian, Leopold Anton, Ebf. (siehe „Leopold Anton Frh. v. Firmian, Ebf.")
Fischach 106
Fischer v. Erlach, Johann Bernhard 207, 304, 317, 324, 330, 334 ff., 419.

Fischer, Alois Dr., Statthalter 427, 437, 439
Fisslthaler, Mühle 463
Fiume 360
Flachgau 72, 75 f., 177, 400, 519, 545, 612
Flacius Illyricus, Mathias 284
Flandern 142, 235 f., 257, 360
Flobrigis, Bf. 92, 102
Florenz 289
Florian, Hlg. 110
Florianibrunnen 241, 261
Flughafen 590, 598, 620
Fohnsdorfer 173
Fohr, Carl Philipp 416
Folchaid, Hgn. 85
Fondaco dei Tedeschi 231, 233, 238 f.
Fondaco dei Turchi 233
Fontaine, Jean 364
Franceschi, Andrea de 277
Franken 74, 91, 105, 119 f., 240, 314, 385
Frankenreich 103, 105,
Frankfurt 236, 240, 309, 324, 332, 334 360, 397, 438
Frankl, Ludwig August 425
Franklin, Benjamin 358
Frankreich 151, 342, 395 ff.
Franz Ferdinand, Ehg. 511
Franz I. (Franz Stephan von Lothringen), Ks. 62
Franz I. (II.), Ks. 122, 396 f., 401 f., 433؛
Franz Joseph I., Ks. 312, 365, 408, 439, 487
Franz-Josef-Straße 455, 457
Franziskanergasse 289
Franziskanerkirche (siehe "Stadtpfarrkirche")
Franziskanerkloster 289, 565
Franziskischlößl 558
Franzosenkriege 353
Frascati 305
Frauengarten 124, 142, 146 ff., 193, 260, 279, 281, 286, 317
Frauenhaus 262
Frauentreffpunkt 621
Freiburg 316
Freiheitliche Partei Österreichs (FPÖ) 588, 590, 597 f., 600 ff., 606, 608, 615, 618, 624

Freilassing 119, 571
Freisaal 609 f.
Freisaal, Schloß 187, 222, 305, 379
Freisauff, Rudolf v. 463, 496
Freising 92, 94, 107, 118, 126 f., 190, 344
Freisinger Domschule 104
Freysauff, Christoph 373
Freysauff, Fa. 409
Freysauff, Familie 372
Friaul 25, 55, 125, 233, 241
Fried, Erich 578
Friedenhain 74
Friedhof 494
Friedrich „der Schöne", Kg. 174 f.
Friedrich der Weise, Hg. v. Niederbayern 183
Friedrich Heinrich, Gf. v. Seckendorff 343
Friedrich I. Barbarossa, Ks. 139, 150 f., 153, 155, 159
Friedrich I., Ebf. 122 f.
Friedrich II. „der Streitbare", Hg. 158
Friedrich II. v. Preußen 342
Friedrich II., Ks. 157 f., 159
Friedrich III., Ebf. 171, 174 f., 176, 179, 208
Friedrich III., Ks. 191 f., 193 ff., 199, 211, 214 f., 217, 219, 229, 237, 245, 250, 264, 278, 436
Friedrich IV. v. Emmerberg, Ebf. 191, 246
Friedrich v. Haunsberg, Edler 134
Friedrich II. v. Walchen, Ebf. 163 f.
Friedrich V. Gf. v. Schaunberg, Ebf. 214 f.
Friedrich Wilhelm I., Kg. v. Preußen 341
Friedrich, Höriger 140
Friesach 131, 155, 160 f., 173, 190
Fritztal 240
Fröhlich 334
Fronhof 281
Froschheim (siehe „Elisabeth-Vorstadt")
Fröschlmoser, Fa. 360
Fröschlmoser, Familie 238
Fröschlmoser, Hieronymus 238
Fröschlmoser, Virgil, Bm. 200, 211
Frueauf, Rueland „der Ältere" 258
Frundsberg, Georg v. 268
Führer, Georg 223

Fünfhaus 456
Fünfkirchen (Pécs) 115, 126
Fürstenbrunn 230, 406, 422, 472, 493 f.
Fürsterzbischöfliches Palais (siehe „Erzbischöfliches Palais")
Fuscher Tauern 229
Fuschlsee 422
Fußgängerzone 614 f., 619
Fux, Herbert 616 f.
Gabelsbergerstraße 457
Gablerbräu 248
Gabrielskapelle 286, 303
Gaglham 141
Gaisberg 12, 13, 82
Gaismair, Michael 270
Galba, Ks. 64
Galizien 517
Gallien 33, 59, 65
Gallienus, Ks. 65
Gamp 78
Gandolf, Max, Gf. v. Kuenburg (siehe „Max Gandolf v. Kuenburg")
Gansl, Räuber 215
Garber, Monika 621
Gardasee 239
Gars am Inn, Kl. 97
Gärtner, Corbinan 371
Gas- und Wasserwerke 595
Gasparotti, Familie 404
Gastein (siehe „Bad Gastein")
Gasteiner Handel 238
Gaswerkgasse 461
Gatari, Andrea, Chronist 182
Gaubald, Bf. v. Regensburg 94
Gauhalle 557
Gebäranstalt (Gebärhaus) 358, 377
Gebhard, Ebf. 130 f., 132, 135
Gebodunum 278
Gefängnis 353
Gehmacher, Friedrich 522
Geizkofler, Sbg. Familie 297
Gemona (Glemaun) 230, 232
General-Keyes-Straße 594

Genf (Genava) 40, 532
Georg v. Frundsberg (siehe „Frundsberg")
Georg v. Kuenburg, Ebf. 285
Georgenberg bei Kuchl 66, 80
Georgskirche 222
Geppert, Paul d. Ä. 459, 480, 502
Gerhoch v. Itzling 136
Gerichtshaus 161, 171, 243
Gersberg 37, 261, 263
Gertraudenkapelle 154
Gesellschaft für Salzburger Landeskunde 481, 509
Gessele, Sbg. Familie 404, 478
Getreidegasse 46, 142, 148, 155, 161, 164, 194, 238, 243, 281, 356 f., 405, 418, 420, 470, 476, 563, 614, 617
Getreidemagazin (siehe „Schranne")
Gewerbeschule 610
Gewerbeverein 426, 463
Gfalls 78
Giger, Anton, Bm. 551, 553 ff., 559 f., 571
Girlinger, Sepp 553 f.
Gisalbert, Abt., Bf. 105
Gisilhari (Gislar) 88, 91
Glacis 311
Glan 20, 48, 141
Glanhofen 123
Glas 77, 106, 141
Glasenbach 37
Glaser, Hermann 589
Glatz in Schlesien, Grafschaft 204, 284
Glavenberger, Hans, Bm. 262
Gleißner, Heinrich 596
Glemmtal bei Viehhofen 18
Glockenspiel 286, 334, 336, 420, 545
Gmain 78
Gmünd 195, 231 f., 235
Gmunden 297
Gneis 77
Gnigl 17, 20, 37, 77, 123, 245, 321, 444 f., 448, 620
Gnigl/Itzling 529 f., 537, 539, 542, 584
Gois 77
Gold, Hans 268

Goldegger, Ministerialengeschlecht 141
Goldene Stube 258, 277
Goldener Saal 268, 277
Goldenes Schiff, Gasthaus 418, 471
Goldenstein, Schloß 37, 305, 336
Goldseisen, Hans 236, 240
Golling 15, 297
Gollinger Wasserfall 422
Göriach 235
Göring, Hermann 551, 555
Görz 204, 231 f., 232 f., 241
Gosau 173
Gottfried, Hg. v. Schwaben 94
Göttingen 387
Gottsreiter, Christoph 326
Goutta, Moritz 428
Graf, Christoph 270
Grass, Kaspar 326
Gräul, Hans 201
Graz 195, 199, 231, 257, 278, 360, 386, 408, 444 f., 452, 484, 487, 490, 498, 513, 569, 574
Graz-Thalerhof 49
Graziadei, Sbg. Familie 404
Gredler, Willfried 598
Gregor I. der Große, Papst 75
Gregor II., Papst 92
Gregor III., Papst 92, 94
Gregor V., Papst 127
Gregor VII., Papst 131 ff.
Gregor IX., Papst 103, 158
Gregor Schenk v. Osterwitz, Ebf. 188, 190
Grenier, Josefine 371
Grenier, Ludwig 371
Grenoble 240
Griechenland 33
Gries 193, 244, 289, 312, 321, 356, 493
Griesgasse 512, 597
Griessenböck, Erich Dr. 585
Grillberg bei Elsbethen 12, 17, 20, 36
Grimming, Rudolf v. Freiherr 320
Grimmingschloß 281
Grimoald, Hg. 94

Grödig 15, 37, 78 f., 106, 123, 194, 225
Groß-Salzburg 539
Großarl 362
Großdeutsche Volkspartei 503, 529 ff., 533 ff.
Großes Festspielhaus 590, 598
Großgmain 225
Gruber, Michael 270
Grünbühel bei Aigen 351
Grundlsee 562
Gschnitzer, Faktorei 465, 467
Gschnitzer, Sbg. Familie 404
Gschnitzer, Matthias, Bm. 409, 427, 436 ff., 443, 467, 486
Gschwendtner, Fa. 411
Gschwendtner, Sbg. Familie 372
Gschwendtner, Vital 363
Gstättengasse 193
Gstättentor 148
Gstättenviertel 12, 161, 323, 329, 333
Gugg, Franz Xaver 411
Guggenthal 261
Guidobald, Gf. Thun, Ebf. 248, 320, 326, 357, 361, 375
Gumbinnen 341
Guntrud, Hgn. 83
Gurk 130 f., 154 f., 159, 161, 191 f., 195, 221, 384, 386
Gusetti, Sbg. Familie 404
Gustav Adolf, Kg. v. Schweden 314
Guthund, Stefan 296
Gutrater, Ministerialengeschlecht 141
Gutratsberg 156
Gutzner, Paul, Bürger 274
Gymnasium 309, 316 f.
Haagn, Julius 497
Haagn, Sbg. Familie 478
Habsburger 163 f., 173 f., 176 f., 182, 222, 267, 292, 296, 300, 309, 324, 326, 332, 343, 360, 369, 396, 400, 402, 404, 408, 432 f., 437, 444, 452, 476, 487, 498, 520 f.
Hadrian I., Papst 98, 103
Hadrian II., Papst 115, 117
Haffner, Sbg. Familie 372, 404
Haffner, Sigmund d. Ä., Bm. 346, 349 f., 372

Haffner, Sigmund d. J., „Edler v. Imbachhausen" 372, 377
Haffner-Triendl, Faktorei 465
Haffnerstiftung 354
Hagenauer, Dominikus, Abt v. St. Peter 397
Hagenauer, Sbg. Familie 372
Hagenauer, Georg 352
Hagenauer, Johann Baptist 350
Hagenauer, Joseph Martin 351
Hagger, Conrad 339
Haider, Jörg 605, 624
Haim, Franz 437
Haislip, Wade H. 579
Hallein 15, 21, 24, 26, 82, 91, 156 f., 160, 163, 166, 169, 173, 187, 190, 199, 213, 229, 239, 240, 264 f., 300 f., 344, 348, 364, 444, 506, 585, 588
Hallein-Papier-AG 620
Hallenbad 598
Hallstatt 18, 21, 24, 26, 82
Hallwang 123, 539
Hamburg 466
Hammerle, Alois 496
Han, Erhard aus Zabern 246
Hannibal 33
Hannibalgarten 290
Hannibalplatz 334
Hans, Kleriker 182
Hanselitsch, Alois Dr. 604, 617
Hanuschplatz 614
Harrach, Franz Anton, Gf., Ebf. 324, 332, 336, 338
Harrer, Ignaz, Bm. 478, 492 f., 496
Hartenkeil, Johann Jakob Dr. 359, 393, 414
Hartheim, Vernichtungsanstalt 565
Hartig, Gf. 384
Hartwig, Ebf. 98, 126 ff., 129, 155
Hartwigdom 129 f.
Haselberger, Felix Adauktus 384
Hasengraben, Bastionen 312
Hasenperger 297
Haslauer, Wilfried, Dr., Landeshauptmann 589, 603 f., 607
Haunsperger 174

Hauptbahnhof (siehe „Bahnhof")
Hauptstraße (siehe „Franz-Josef-Straße")
Haus der Natur (Ursulinenkloster) 407, 556
Hauslabjoch in Tirol 11
Haydn, Johann Michael 324, 369, 389, 420
Haze, Melchior de 336
Hebammenschule 393
Heckentheater 337
Heffter, Anton v., Bm. 396, 431, 434 f.
Heffter, Ignaz v., Bm. 433 f.
Heidelberg 297
Heiligenblut 230
Heilmayer, Mühle 463
Heinrich der Payzz 166
Heinrich I., Hg. v. Bayern 121 f.
Heinrich I., Kg., Hg. v. Sachsen 119 f.
Heinrich II., Ks. 124, 129
Heinrich II. „der Zänker", Hg. v. Bayern 122, 124, 129
Heinrich III., Ks. 130 f.
Heinrich IV., Hg. v. Bayern (siehe „Heinrich II., Ks.")
Heinrich IV., Ks. 130 f., 132 f., 155 f., 157
Heinrich v. Admont, Abt 164
Heinrich v. Berchtesgaden (Gegenerzbischof) 154
Heinrich v. d. Pforte, Bürger 139
Heinrich v. Laufenberg 187
Heinrich v. Pirnbrunn, Ebf. 175 f.
Heinrich V., Ks. 133 f.
Heinrich (VII.), Kg. 159
Heinrich VIII., Hg. v. Niederbayern 162 f., 164
Heinrich, Sbg. Arzt 163
Heiterwang, Eustachius v. 264
Held, Karl 502, 516
Helena, Mutter v. Wolf Dietrich 303
Helfendorf 92
Helfert, Alexander Freiherr v. 509
Hellbrunn 37, 303, 307, 347, 464, 513
Hellbrunn, Schloß 305, 308, 346, 421
Hellbrunner Allee 308, 329, 505, 608
Hellbrunner Hügel 305
Hellbrunner Sternweiher 357

Hellbrunner Wasserspiele 421
Hellbrunnerberg 12, 17, 20, 21, 24, 25, 26, 27, 30, 36
Hellbrunnergarten 421
Heller & Pollak, Fa. 456
Hellerhäuser 457
Helmer, Oskar 596
Hemmel, Peter, v. Andlau 205
Hennegau 103
Hermann II., Hg. v. Kärnten 162
Hermann, Kleriker 182
Hermes, Herrmann 319
Hermes, Hlg. 115
Herold, Ebf. 121 f.
Herrenchiemsee 159
Heuberg 12
Hexenturm 193, 356, 358
Hilbert, Egon 575
Hieronymus Colloredo, Gf., Ebf. 324, 338, 355 f., 359, 362, 373, 379 ff., 385 ff., 389 f., 393, 395 ff., 422 f., 430
Hildebald, Ebf. v. Köln 109, 127
Hildebrandt, Johann Lukas v. 324, 330, 336 ff.
Hildmann, Richard, Dipl.-Ing., Bm. 523, 530, 532, 538, 542 ff., 547, 553, 578 ff., 583 f., 587, 589, 624
Hiltrud, Hgn. 95
Himmler, Heinrich 555 f., 565
Hindenburg, Paul 518
Hirschenwiese 548
Hitler, Adolf 526, 534, 536, 543, 549, 551, 557 f.
Hofbauamt 356
Hofbogengebäude (Wallistrakt) 288
Hofer, Andre, Fa.
Hofer, Franz 556
Hofer, Margot 605
Hofer, Michael 410
Hofer, Virgil, Bürger 207, 239
Hoferin, Walburga, Bürgerin 274
Hoffmann, Johann 621
Hofhaymer, Paul, Organist 187, 271
Hofkammer 379
Hofmann, Karl 512

Hofmann, Rosa 567
Hofmann, Sigmund 471
Hofmannsthal, Hugo v. 522 f., 557
Hofmarstall 289, 334
Hofrat 379
Hofstallgasse 289, 326
Hofstallungen 523
Hoftheater in der Residenz 308, 351, 356
Hofzahlamt 375
Hohe Tauern 14
Hohenegg 158
Hohenems 301, 303
Hohenems, Familie 303
Hohenlinden 396
Hohensalzburg (siehe „Festung")
Hohenwerfen 131 f., 157, 264, 291, 301
Hoher Stock 280, 312
Höhere Technische Lehranstalt 610
Höllbräu 161, 177, 190, 244, 248
Holzbauer, Wilhelm 610
Holzmeister, Clemens 525, 543, 557, 598
Honoratus, Lollius 60
Honorius III., Papst 159
Honorius, Ks. 66
Hopfgarten 182
Hörl, Richard 610, 617
Hotel Elektrizitätswerke (Hotel Bristol) 476
Hôtel de l'Europe 471, 476
Hoyos-Schlößl 334
Huber, Josef 624
Hübner, Lorenz 311 f., 392 f., 413 f., 423
Hueber, Franz v. 499 f.
Hugbert, Hg. 94, 105
Humboldt, Alexander v. 11, 414 f.
Hus, Johannes, Reformator 191
Hüttenberg 235
Hütter, Eduard 523
Hy 95
Idria 238
Il Gesù 305
Imberg 261, 279, 281, 286, 329
Infantrie-Kaserne 505
Ingelheim 105

Ingolstadt 34, 191, 265, 316
Inn 29, 32, 174, 178, 229, 231, 344
Innozenz III., Papst 157, 159
Innozenz IV., Papst 158
Innozenz XII., Papst 330
Innsbruck 218, 223, 247, 278, 368, 408, 569, 574
Inntal 183, 225, 264
Innviertel 42, 386, 519
Inzinger, Christian 258
Iona, Kl. 95, 102, 110
Ioviaco (Schlögen) 69
Irland 90, 95
Irresberger, Karl 471
Isaak, Jude 190
Isabella v. Aragon, Hgn. 174
Isonzogebiet 26
Istrien 59, 108 f., 211
Italien 25, 29, 32 ff., 42, 75, 83, 99, 122, 126, 130, 133, 142, 153, 155, 233, 236, 257, 286, 317, 332, 349, 360, 369, 373, 380, 385, 390, 404, 418, 579, 584
Itter 182 f., 215
Itzling 20, 37, 76 f., 106, 111, 141 f., 357, 444 f., 448, 460, 529 f., 537, 539, 544, 548 f., 567
Itzling-Zaisberger, Ministerialengeschlecht 141
Itzlinger, Ministerialengeschlecht 140
Iulitta 111
Iuvavum 28, 39 ff., 44 ff., 48 ff., 58 ff., 64 ff., 79 f., 81 ff., 86, 88, 90, 94 f., 127, 350
Izio (Ezius), Abt 92
Jahn, Otto 62
Jakob v. Mühldorf, Dichter 182
Jakob Ernst, Gf. v. Liechtenstein, Ebf. 345
Jakob Hannibal v. Raitenau, Vater v. Wolf Dietrich 303, 308
Jakob Koller (Tischler) (siehe „Zauberer-Jackl")
Jakobskapelle 147
Jenal, Emanuel Dr. 553
Jenbach 372
Jentsch, Friedrich 496
Jesuiten 340, 342
Joachim, Joseph 473

Johann Ernst, Gf. Thun, „der Stifter", Ebf. 286, 330, 332 ff., 336, 338, 365, 369

Johann Beckenschlager, Ebf. v. Gran und Salzburg 195 f., 199, 211, 213, 221

Johann Jakob v. Kuen-Belasy, Ebf. 274 f., 278, 284 f., 292

Johann v. Staupitz, Abt 223, 225

Johann, Ehg. 396, 412

Johannes der Evangelist 147

Johannes der Täufer, Hlg. 110 f.

Johannes VIII., Papst 117

Johannes IX., Papst 117

Johannes XII., Papst 122

Johannes XIX., Papst 130

Johannes, Bf. 92, 94 f.

Johanneskapelle 133

Johannesschlößl 261

Jonas, Franz 596

Jordanes 74

Jörger, Christoph 232

Joseph II., Ks. 377, 385 f., 433

Juden, 161, 176 f., 190 f., 446 f., 449, 481, 557, 563 f.

Judengasse 161, 164, 177, 190, 281, 512, 614

Judentor 164

Jugoslawien 569

Jung, Louis 471

Juridische Fakultät 288, 319

Justizgebäude 481, 511

Käferheim 76

Käfermarkt 207

Kaffeehaus Mozart 614

Kaffeehaus 364

Kaigasse 40, 45, 51, 60, 62, 124, 257, 266, 512

Kaindl, Fabrik 620

Kaiviertel 142, 146 ff., 161, 265, 336, 406, 569, 614

Kajetanerkirche 329

Kajetanerpforte 311

Kajetanerplatz 215, 481

Kajetanerschanze 312

Kalbsohr, Hans 266

Kaltenhausen, Brauerei 215, 239, 248, 364

Kaltner, Balthasar, Ebf. 502

Kamitz, Reinhard, Dr. 596

Kammer, Herrschaft 232

Kapitelgasse 45, 305

Kapitelhaus 42, 346, 610

Kapitelplatz 71, 80, 88, 110, 287, 325 f., 512, 556, 565

Kapitelschwemme 326

Kaprun 296

Kapuzinerberg 12 ff., 17, 21, 24, 27, 37, 39, 66, 164, 279, 311, 343, 356, 396, 455, 470, 472, 476, 494, 558 f.

Kapuzinerkloster, Kl. 281, 286, 558, 565

Karajan, Herbert v. 350, 576 f.

Karantanien (Kärnten) 83, 86, 88, 91, 97, 106 ff., 115 ff., 126, 130 f.

Karawanken 65

Karl Albrecht, Kfst. v. Bayern (siehe „Karl VII., Ks.")

Karl Borromäus, Hlg. 303

Karl der Große, Ks. 98, 103, 105 ff., 109, 111

Karl V., Ks. 222

Karl VI., Ks. 339, 342

Karl VII., Ks. 342 ff.

Karl Joseph, Gf. Arco (siehe „Arco, Karl Joseph)

Karl Theodor v. der Pfalz, Kfst. 385, 392

Karl, Hans 248, 289

Karl-Borromäus-Kirche 614

Karlsruhe 59

Karlstein 32, 34, 38

Karnische Alpen 65

Kärnten (vgl. Karantanien) 34, 36, 38, 66, 131, 135, 155, 160 ff., 173, 176 f., 184, 191, 195, 204, 211, 214 f., 218, 229, 236 f., 267, 301, 339, 360, 556, 575

Karolinenbrücke (Nonntalerbrücke) 408, 511, 561, 614

Karolinger 84 f.

Karst 211

Kaserer, Stefan 233, 238

Kasererbräu 248

Käsgasse 244

Kaspar v. Stubenberg, Dompropst 195

Kasseroller, Sbg. Familie 404

Katakomben 69 f., 88

Katalaunische Felder 66
Katharina v. Mabon (siehe „Mabon, Katharina v.")
Katholische Liga 300, 304, 314
Katschberg 131, 230, 232, 301, 339, 360
Katschthaler, Hans, Dr., Landeshauptmann 590
Katze, Bastion 312
Kaufmann, Sbg. Familie 372
Kaufmann, Johann 372
Kaut, Josef 598
Kefari 76
Keil, Hans 296
Keltische Mark (Ager Gallicus) 33
Kematen 372
Kemeting 48 f.
Kempten 236
Kerath bei Bergheim 49
Keutschach, Leonhard v. (siehe „Leonhard v. Keutschach")
Keutzl, Hans 235, 238
Keutzl, Max zu Bürgelstein 238
Keutzl, Rupert Abt 195
Keutzl, Sbg. Familie 281
Keutzlturm 279
Kiel 289
Kiesel, Druckhaus 563
Kirchdorfer, Erhard Bürger 237
Kitzbühel 271
Klagenfurt 386, 569
Klampferergäßchen 45, 162, 208, 244, 281
Klampferertor 164, 279
Klaner, Augustin (Klanner) 205, 239
Klaner, Sbg. Familie (Klanner) 239, 277, 297
Klaner, Sebastian, Bm. (Klanner) 263
Kläring, Franz 589, 604, 617
Klaus, Josef, Dr., Landeshauptmann 590, 593, 596
Klausentor 46, 148, 245, 281, 321, 343, 453
Kleber, Johann 337
Kleimayrn, Franz Thaddäus v. 349, 385 f.
Klein, Johann Adam 416
Kleinasien 33
Kleines Festspielhaus 42

Kleines Theater 620
Kleimayrn (Kleinmayrn), Hieronymus v. 433
Kleßheim 20, 24, 37, 46, 76, 334 f.
Kleßheim, Schloß 335 f., 338, 402
Kleßheimer Allee 20, 22, 23
Klettham 72
Kletzl, Wolfgang 218, 220
Klughammer, Petrus Abt 193
Knoll, Hans Bm. 213
Koch, Familie 404
Koch, Matthias 402, 406, 412, 418 f., 430
Koch-Sternfeld, Josef Ernst v. 399
Koflern, Sigmund v. 425
Kohl, Johann Georg 417 f.
Kolig, Anton 525
Kollegienkirche (siehe „Universitätskirche")
Koller, Jakob (siehe „Zauberer-Jackl")
Köllerergrube in Morzg 19
Kolmann 372
Köln 109, 134, 142 f., 215, 218, 289, 309, 316, 320
Kommunalfriedhof 495 f., 534
Kommunistische Partei Österreichs (KPÖ) 596
Kongreßhaus 598
Königgrätz 487
Königsegg, Anna Bertha 565
Königsgäßchen 164
Königssee 422
Konrad „der Humbel" 166
Konrad I., v. Abenberg, Ebf. 124, 133 ff., 145 f., 147 ff., 151, 155
Konrad I., Kg. 119
Konrad II., Ebf. 151, 153
Konrad III., Ebf. 103, 148, 154 f.
Konrad III., Kg. 148
Konrad IV., Ebf. 171, 173 f.
Konrad v. Furt, Bürger 139
Konsistorium 379
Konstantin (Kyrill), Hlg. 116, 117
Konstantin I., Ks. 60, 65, 67
Konstantinopel 11
Konstanz (Konzil v.) 191, 303
Korbinian, Bf., Hlg. 85, 92, 99

Körner, Theodor, Bundespräsident 596
Kozel, Fst. 117
Kraimoser, Rupert 357
Krain 211, 218, 230, 317
Krainburg (Kranj) 200, 257
Krainburger, Kaspar 200
Krakau 207, 257
Kranzlmarkt 244, 411, 533
Kraupner, Hans 584
Kreisamt 410
Kreisky, Bruno Dr. 607
Krems 140, 163, 229
Kremsbrücke 231
Kremsmünster, Kl. 98 f.
Kroatien 38
Kronenzeitung 607
Kropfsberg 183
Krotachgasse 45
Krumenauer, Stefan 205, 246
Kuchl 66 f., 78, 80
Kuchler 136
Kuen-Belasy, Johann Jakob v., Ebf. (siehe „Johann Jakob v. Kuen-Belasy")
Kuenburg, Georg v. (siehe „Georg v. Kuenburg")
Kuenburg, Leopold Joseph, Gf. 380
Kuenburg, Michael v., Ebf. (siehe „Michael v. Kuenburg")
Kuenburg, Sbg. Familie 369
Kuenburgbastei 278, 335
Kühberg 14, 66
Kumpfmühltor 148, 163 f., 279, 281
Kunigunde, Ksn. 129
Kuno v. Teising 208
Kunschak, Leopold 532
Kunsteisbahn 598
Kuranstalt Kreuzbrückl 562
Kurhaus 473, 494, 562, 597, 602
Kurpark 473
Kürsinger, Franz Anton Ignaz, Freiherr v. 386
Kurz, Veit 257
Kyrill (siehe „Konstantin")
La Horie 397
La Tène (Neuenburgersee) 33

La Turbie 38
Laib, Konrad, Maler 201, 258
Laimprucher 372
Lambach, Kl. 131
Lamberg, Hugo, Gf. 497
Lamberggarten 289, 321
Lammer 157
Lammertal 17
Lampoding 268
Lamprechtshausen 545
Lana, Familie 372
Landesgericht 551
Landesheilanstalt Lehen 565
Landeshypothekenanstalt 418, 471
Landeskrankenanstalten (LKH) 332 f., 375, 377
Landesmann, Hans 577
Landesregierung 551
Landesschützen-Kaserne 505
Landestheater 356, 483, 505, 543
Landkartengalerie 289
Landschaftsbauamt 356
Landshut 175, 179, 192
Lang, Heinrich 471
Lang, Matthäus (siehe „Matthäus Lang v. Wellenburg")
Langenhof 329
Langer, Johann Dr. 563
Langobarden 75, 83, 99
Lanisch 235
Lantperht 92
Laschensky, Georg 363
Lasser 297
Lasser v. Zollheim, Josef 428
Lasserstraße 457, 564
Latisana 230, 232
Lauer, Fritz 599
Laufen 151, 155 f., 160 f., 163, 174, 187, 190, 229, 273, 345
Lauffen 204
Laurentius, Hlg. 147
Lauriacum (Lorch) 46, 65, 70, 86, 91, 109
Lausanne 191

Lavant, Bistum 159, 161, 195
Laxenburg 50
Lebenau 159
Lech 74
Lechfeld 122
Lechner, Hans, Dr. 590 f., 593, 598, 603, 613
Lederergäßchen 164, 260, 470
Lederertor 164, 279, 289 f., 452
Lederwasch, Christoph 380
Lehen 336, 338, 458, 461, 505 f., 529, 546 ff., 561, 565, 593 f., 611, 617, 621
Lehener Sportanlage (Stadion) 598, 607
Lehenerbrücke 506
Lehmann, Lili 474
Leibnitz 40, 160
Leihhaus (siehe "Pfandleihanstalt")
Leipzig 241, 319, 360
Leitner, Hans 365
Leitner, Walter 590
Lengfelden 321
Leo III., Papst 107 f., 109
Leo IV., Papst 115
Leoben 229, 267, 360, 386, 396
Leobersdorf 362
Leon 621
Leonhard Colonna, Freiherr v. Völs 223, 225
Leonhard v. Keutschach, Ebf. 179, 190, 204, 207, 211, 215, 217 ff., 222, 230, 248, 251, 270, 277, 297
Leopold I., Ks. 326, 332, 356
Leopold, Anton, Ebf., Freiherr v. Firmian 337, 339 ff., 343, 345, 379 f., 384, 525
Leopold, Ehg., Bf. v. Passau 309
Leopoldskron 337, 343, 445, 539, 549, 565
Leopoldskron, Schloß 339, 402, 525
Leopoldskron-Moos 560
Leopoldskroner Bad 598
Leopoldskroner Moor 15, 20
Lepperdinger, Hans 571
Leprosenhaus 207, 281, 347, 354, 377
Lergetporer, Alois, Bm. 434 f., 437
Lergetporer, Sbg. Familie 372, 404
Lettner, Harald Dr., Bm. 604, 621, 624
Lettner, Harald, Dr., Magistratsdirektor 555, 583

Levante 233
Lezoux 59
Liberaler Verein 492, 496 f., 499, 513
Licinius, Ks. 67
Liebhard v. Bergheim 139
Liechtenstein 345
Liechtenstein, Jakob Ernst (siehe „Jakob Ernst, Ebf.")
Liefering 20, 21, 37, 48, 76 f., 106, 141, 176, 545, 549, 560, 607, 620 f.
Lienbacher, Georg 497
Lienz 40
Lieserhofen 231
Linksstadt 287
Linz 75, 106, 173, 190, 199, 236 f., 241, 244, 278, 314, 341, 347, 368, 401, 403, 409, 412, 435, 437, 448, 466, 537, 557, 559, 565, 569, 591
Linzer Gasse 37, 46, 68, 111, 126, 148, 162, 164, 211, 244, 274, 281, 357, 394, 406, 420, 505, 509, 574
Linzer Tor 46, 48, 50, 148, 164, 193, 279, 281, 314, 509 f.
Linzer-Gassen-Garage 615
Linzer-Gassen-Viertel 509
Liste Masopust 624
Liupold v. Salzburg, Bürger 140
Liupramm, Ebf. 115 f.
Liuti, Bf. 96
Liutpirc, Hgn. 96
Liutprand, Kg. 83
Liutwin, Gf. 147
Liverio (Liberio) 76
Lodron'scher Primogeniturpalast (siehe „Altes Borromäum")
Lodron, Familie, Gfn. 320, 369, 405
Lodron, Nikolaus Sebastian, Gf. 380
Lodron, Nikolaus, Gf. 309
Lodron, Paris Gf., Ebf. (siehe „Paris Graf Lodron")
Lodronbogen 320
Lodrone im Legertal, Schloß (Valle Lagarina) 309
Lodronstadt 320
Loegaire, Königsgeschlecht aus Irland 95

Lofer 225
Loig 37, 49 f., 62
Lokalbahn 512 f., 616
Lombardei 236
London 468
Lorch bei Enns (siehe: „Lauriacum")
Lorenz, Franz, Dr., 553 ff., 583
Loretogasse (siehe „Paris-Lodron-Straße")
Loretokirche 320, 330
Loretokloster 320, 431
Loß, Gregor 204
Lothar III. v. Supplinburg, Ks. 148
Lucius III., Papst 154
Ludwig der Bayer, Ks. 174, 176
Ludwig der Deutsche, Kg. 113, 115 ff.
Ludwig der Fromme, Ks. 103, 111, 113
Ludwig I. „der Kelheimer", Hg. v. Bayern 159
Ludwig I. v. Bayern, Kg. 315, 402
Ludwig IV., das Kind, Kg. 119
Ludwig IX., „der Reiche", Hg. 192 f.
Ludwig X. v. Bayern, Hg. 267 f., 270
Ludwig v. Ungarn, Kg. 179
Ludwig Viktor, Ehg. 402
Ludwig XIV., „Sonnenkönig", Kg. 332
Ludwig, Kronprinz v. Bayern 400
Lueger, Karl, Dr. 532
Luftschutzstollen 569
Luitpold, Mgf. v. Bayern 118 f.
Liutpold (Leopold I.), Mgf. v. Österreich 123
Luitpoldinger 120 f.
Luneville 397
Lungau 42, 159 f., 174, 195, 235, 330
Luther, Martin, Reformator 223, 264 f., 277, 284
Lüttich 386
Lux, Joseph August 460
Luxemburg 317
Luxemburger 177, 183
Mabillon, Dom Jean 328
Mabon, Katharina v. 304, 308
Machiavelli, Niccolò 292
Mädchenbürgerschule 493
Magdalena, Hlg. 147

Magdalenenspital 163, 280
Magdalensberg 34
Magdeburg 134, 326
Magistrat 350, 373, 377, 379, 389, 431 ff., 437 f., 440, 452, 497, 531, 553, 555, 585 f., 609, 612, 618
Mähren 117 f., 317, 345, 349, 369, 446, 453
Maierwies 123
Mailand 151, 285
Main 65
Mainz 132, 134, 155, 392
Makart, Hans 483
Makartplatz 193, 290, 334, 345, 355, 468, 511, 549
Manching 34, 38
Mangin, Franz Xaver 411
Mangold v. Ostheim 218
Marald, Johann Nikolaus Dr. 330
Marburg 257
Mar(cus) Aurel(ius), Ks. 64
Margarethenkapelle 70, 110, 419
Maria Plain, Wallfahrtskirche 111, 328, 388
Maria Theresia, Ksn. 62, 342, 347 f.
Maria, Hlge. 111
Marianum 320
Marienkapelle 180, 205
Marienkirche (siehe „Stadtpfarrkirche")
Marienkirche am Nonnberg 110, 124, 129
Marini, Antonio 240
Mark Brandenburg 204
Markus Sittikus v. Hohenems, Ebf. 145, 289, 293, 300 f., 303 ff., 308 f., 311, 319
Markuskirche 335
Markusrepublik 237
Markward de Porta 139
Markward der Dicke, Bürger 139
Marseille (Massilia) 36
Marstall 326, 420
Martell, Karl 94 f.
Martin, Franz 321
Martin, Hlg. 74, 81, 111
Martin, Kleriker 182
Martinskirche 82, 105, 111, 117, 124
Marzoll 78

Mascagni, Arsenio 308
Masopust, Dietrich 605, 615, 624
Mathilde v. Tuszien, Mgfn. 134
Matrei in Osttirol 159
Matsperg 238
Matsperger, Asam 237
Matsperger, Erasmus 233
Matsperger, Sbg. Familie 238
Matsperger, Hans 218 ff., 238
Mattersburg 446
Matthäus Lang v. Wellenburg, Ebf., Kardinal 178, 194, 217, 221 ff., 225 f., 251 ff., 264 f., 267 f., 270 ff., 275 f., 283 f.
Matthias Corvinus, Kg. 195 f., 211, 214
Mattighofen 371
Mattsee 182, 187, 201
Maurikanische Felder 66
Mausoleum 286
Mautern 201
Mauterndorf 231
Max Emanuel v. Bayern, Kfst. 332
Max Gandolf v. Kuenburg, Ebf. 286, 326 f., 329, 356, 365, 369
Max Josef I., Kg. 400
Max-Gandolf-Bibliothek 328
Maxglan 16, 20 f., 24, 37, 49, 106, 123, 193, 347, 388, 444 f., 457 f., 460 f., 513, 529 f., 537, 539, 542, 544, 548 f., 565, 580, 584, 620
Maxglanerstraße 561
Maximianus 69
Maximilian I., Hg. v. Bayern, Kfst. 309, 314 f.
Maximilian I., Ks. 191, 214 f., 218, 220 f., 222, 225, 257, 271, 300 f.
Maximilian, Hlg. 88, 110
Maximilianszelle 88, 90, 96, 102
Maximus 69
Maximuskapelle 69 f.
Maxwald, Maria 567
Mayburger, Josef 406, 453 f., 472
Mayr, Fa. 409
Mayr, Sbg. Familie 372
Mayr, Vinzenz 362
Mayreder, Karl 512

Mayrhauser, Plazidus, Abt v. St. Peter 336
Mayrhofer, Thomas 525
Mayrische Faktorei 409
Mazedonien 28
Mazelin 388
Megerle, Ulrich (Abraham a Sancta Clara) 319
Megingod II., Gf. 153
Meichsner, Hans 201
Meierhof in Nonntal 361
Meingot v. Surberg, Burggf. 141
Melanchthon, Reformator 265
Menz, Hans 257
Meran 182, 372
Merk Sittich v. Hohenems, Kardinal 285
Merowinger 74, 81, 84, 91
Mertens, Heinrich Ritter v., Bm. 463, 471, 486 f., 492, 494
Method, Hlg. 116 f.
Metternich, Fst. 437
Metzger, Johann Peter, Bm. 351
Metzgerviertel 356
Michael, Hlg. 110
Michaelbeuern, Kl. 92
Michaelskirche 105, 110, 124, 154, 161, 171, 396
Michaelstor 321
Mielichhofer, Ludwig 427
Milchgasse 243
Minnesheim, Gut 320
Mirabell, Hotel 476
Mirabell, Schloß 290, 297, 311, 314, 337 f., 400, 421, 494, 512, 582, 590, 620
Mirabellgarage 615
Mirabellgarten 312, 326, 334, 337 f., 421
Mirabellglacis 311, 454
Mirabellplatz 46, 279, 311, 320, 511, 558
Mirabelltor 311
Mitteldeutschland 404, 411
Mittelmeerraum 27, 29, 34, 228
Mittelrheingebiet 33
Mitterbacherbogen (Lodronbogen) 320, 511
Mitterberg bei Mühlbach am Hochkönig 18
Mitterberger Hauptgang 18

Mitterndorfer, Siegfried, Dr. 605, 624
Mitterpinzgau 17
Mittersill 264
Mödlhamer, Gregor 496
Moimir II., Hg., Fst. 115, 117
Mölck, Franz Felix Freiherr v. 386, 388
Moll, Karl Ehrenbert v. 392 f., 414
Mommsen, Theodor 62
Monaco 38
Mönch v. Salzburg 182, 187
Mönchhausen 123
Mönchsberg 12, 13, 17, 42, 46, 66, 68 ff., 88, 124, 135, 147 f., 161, 164, 180 f., 185, 196, 208, 217, 220, 261, 263, 270, 274, 278, 281, 296, 311 f., 329 f., 343, 346, 350, 356, 396, 414, 416, 419, 421, 429, 453, 472, 474, 512, 558, 580, 620
Mönchsberg-Wasserspeicher 595
Mönchsbergaufzug 595
Mönchsberggarage 607, 615
Mondsee 422
Mondsee, Kl. 215
Monikapforte 311, 453
Mons Pietatis 345
Monteverdi, Claudio 308
Montgelas, Maximilian Gf. v. 393, 433
Moosburg 132 f.
Moosham im Lungau 61
Moosstraße 15
Moreau, Jean Victor 396 f.
Mortier, Gérard 577
Morzg 19, 21, 49, 77, 106, 539, 542, 549, 560
Morzger Hügel 20
Mosapurc (Zalavár) 115
Moselgebiet 62
Moser, Johann Michael 361
Mosto, Ottavio 334
Mozart, Konstanze 392, 420
Mozart, Leopold 368, 369, 372, 380 ff., 389
Mozart, Maria Anna Walburga („Nannerl") 420
Mozart, Sbg. Familie 381
Mozart, Wolfgang Amadeus 55, 324, 338, 369, 372, 380, 382, 384, 389 f., 419 f., 429, 473 f., 484, 572, 576

Mozartarchiv 476
Mozartdenkmal 43 f., 56, 66, 421, 425, 473, 621
Mozarteum 320, 425, 473 f., 481, 484, 556
Mozartplatz 43 f., 56, 59, 164, 287, 311, 321
Mozarts Geburtshaus 420, 476
Muffat, Georg 328, 334, 369
Mühlbach am Hochkönig 18, 588
Mühlberger, Fa. 563
Mühldorf 121, 160 f., 174 f., 178 f., 223, 270, 275
Müllegg, Schloß 281, 335
Mülleggertor 335
Mülln 20, 37, 46, 63, 76, 80, 106, 126, 142, 151, 164, 185, 190, 193, 245, 258, 263, 265, 278, 281, 311, 332, 336, 358, 365, 377, 407, 496
Müllner Schule 505
Müllnersteg 496
München 162, 179, 190, 204, 230, 314, 360 f., 387, 393, 400, 468, 523, 549, 559, 563, 571, 575
Münchner Hof 390
Municipalrat 433
Münster 315
Muntigl 20, 106, 141
Münzgasse 357
Murano 231, 233
Muratori, Ludovico Antonio 384
Muratorikreis 385
Murau 229
Murauer, Sbg. Familie 240
Museum Carolino Augusteum 31, 420, 427, 476, 509, 569, 590, 610
Museums-Gesellschaft 420, 423, 425, 431
Musikschulwerk 590
Mussoni, Sbg. Familie 404
Nachem, Sbg. Jude 190
Nachtgall, Ottmar 278
Napoleon I., Ks. 324, 396
Nationaltheater Wien 355
Naturwissenschaftliche Fakultät 610
Neapel 11, 415, 419
Neckar 240

Nelböck, Georg 470
Nelböckgründe 457
Nestler, Christoph Neubürger 201
Netzwerk Lehen 621
Neubau 207
Neuburg an der Donau 73 ff., 83, 107
Neue Favorite (siehe „Kleßheim, Schloß")
Neue Residenz 288
Neuenburgersee 33
Neumarkt am Wallersee 14
Neumarkter Sattel 236
Neumayr, Anton, Bm. 584 f., 587 f., 591, 595 f.
Neumeister, Meinhard 166
Neupöck, Matheus 240
Neureiter, Sigune 589, 604, 620
Neutitschein 453
Neutor 355, 405, 513
Neutorstraße 405
Neutra (Nitra), Bistum 115
Nicaragua 621
Niederbayern 109, 151, 162, 173, 183, 384
Niederlande 236, 248, 289, 317, 321, 332, 334, 336, 341, 357, 361, 386
Niederleghaus 220, 242, 353
Niederösterreich 115 f., 135, 160, 446
Nikolaus V., Papst 191
Nitra (siehe „Neutra")
Nockstein 14, 82, 117
Nonn 78
Nonnberg Basteien 312
Nonnberg, Kl. 12 ff., 65 f., 71, 81 f., 88 f., 105, 110 f., 117, 124, 126, 134 f., 139, 146, 151, 161 f., 170, 205, 208, 239, 261, 280, 336, 380, 388, 416
Nonnberger Hochstraße 124
Nonnberger Stiftskirche (Marienkirche) 110, 419
Nonnbergterrasse 66, 71, 80 ff., 89, 105 f., 124
Nonntal 37, 46, 124, 146, 196, 199, 245, 264, 279 f., 282, 311 f., 329, 505, 512 f., 529, 569, 612, 615, 620
Nonntalerbrücke (siehe „Karolinenbrücke")
Nonntalklause 148, 193
Nonntalschanze 312

Nonntaltor 161, 270, 281, 311
Nördliche Kalkalpen 13, 14
Nordsee 228, 360
Noricum 33, 38, 40 f., 52, 58 ff., 83, 86, 108, 154, 278
Northumbrien 99
Novello, Vincent und Mary 420
Noviziatstrakt 336
NSDAP 529 f., 536, 545, 553 f., 587
Nuovomonte, Giovanni Battista Gaspari de 384 f.
Nürnberg 204, 228, 233, 235, 239, 268, 289
Oberalm 78 f., 80, 88, 96
Oberammergau 474
Obere Burg 82, 86, 88, 105 f., 111
Obere Straße 229 f.
Oberloiben 229
Obermayr, Joseph 357
Obernberger, Sylvester 458 f.
Oberndorf 381, 513
Oberösterreich 75, 232, 244, 277, 285, 297, 342, 412, 446, 461, 466, 573
Oberösterreichische Seen 18
Oberpfalz 33
Obersalzberg 555
Obersee 422
Oder 129
Öder, Sbg. Familie 239
Öder, Ruprecht 235
Odilo, Hg. 94 f., 96, 98
Odoakar 70 f.
Ofen (Buda) 179
Olivier, Ferdinand 416
Olivier, Friedrich 416
Olmütz 345
Opstal, Bartholomäus v. 334
ORF 582
Ornstein, Robert 563
Ortenburg 231
Ortolf v. Weißeneck, Ebf. 177
Osmanen 194, 299 f., 332 f., 334
Osnabrück 315
Ostalpen 228

Österreich 278, 320, 334, 341, 345, 361, 364, 386 f., 396, 400 f., 405, 408, 470, 521, 522, 530, 537, 543, 546, 549, 551, 553, 557, 559, 563, 572 f., 578 f., 581, 584, 609, 621
Österreich ob der Enns (siehe „Oberösterreich")
Österreichische Autofahrer- und Bürgerinteressenspartei 624
Österreichische Nationalbibliothek 99
Österreichische Volkspartei (ÖVP) 588 ff., 591, 593, 596 ff., 600 ff., 606 ff., 611, 617 f., 620, 624
Österreichischer Hof 471, 476
Ostertag, Jonas 289
Ostertor (Linzertor) 148, 164, 193, 274, 279, 281, 509
Ostfränkisches Reich 113, 119
Ostindien 334
Ostmark 556, 566
Ostpreußen 341
Osttirol 40, 159
Oswald v. Wolkenstein (siehe „Wolkenstein, Oswald v.")
Ota 92
Otakar II., Mgf. 134
Otho, Ks. 64
Ott, Familie 404
Ott, Max, Bm. 445, 501, 506, 518 f., 525, 527, 530 ff., 537 f., 542
Otting, Kl. 97, 102
Öttingen 201
Otto I., der Große, Ks. 120 ff.
Otto II., Hg. v. Bayern 162
Otto II., Ks. 122
Otto III., Hg. von Bayern 173
Otto III., Ks. 126 f.
Otto IV., Ks. 157
Otto Müller Verlag 575
Otto, Hg. v. Lüneburg 267
Ottonen 119
Ovilava (siehe „Wels")
Pabo v. Salzburg, Bürger 140
Pacher, Michael 207, 239
Pacher, Stanislaus, Bm. 586 ff., 590, 596
Paderborn 109
Padua 164

Padutsch, Johann 624
Palazzo Pitti 289
Palladio, Andrea 305
Pannonien 58, 86, 106 f., 109, 115 f., 117 f., 122
Paracelsus (Theophrastus Bombastus v. Hohenheim) 261, 264 f., 266 f., 271, 419
Paracelsuszimmer 420
Paris 130, 316, 390, 471, 523
Paris Graf Lodron, Ebf. 15, 278, 282, 292 f., 300, 303 ff., 308 f., 311 f., 314 ff., 319 ff., 323, 373, 452, 468
Paris-Lodron-Straße 65, 193, 358, 405, 537
Parkgaragen 590
Parsch 20, 21, 37, 77, 123, 513, 561, 612
Partschins 182
Paschal II., Papst 133 f.
Paß Lueg 72, 422
Passau (Batavis) 69, 83, 92, 94, 107, 109, 115, 163, 175, 182, 229, 239, 257 f., 309, 339 f., 344, 362, 397
Patrick (Patricius), Hlg. 102
Paul v. Leutschau 207
Paul v. Liechtenstein 218
Paul V., Papst 301, 309
Paulinus v. Aquileia, Patriarch 107
Paulus, Hlg. 110
Paumann, Georg 204
Paumann, Wolfgang 276
Pausilippogrotte 419
Pécs (siehe „Fünfkirchen")
Pedena (Petena, Pićanj), Bistum 108 f.
Pegasusbrunnen 326
Permoser, Balthasar 334
Pertinax, Helvius, Ks. 64
Perugia 277
Pestlazarett 323
Peter v. Sachsen, Dichter 182
Petersbrunnstraße 561
Petersdom in Rom 109, 122, 419
Petrus, Hlg. 86, 110, 117, 127
Pettau (Poetovio, Ptuj) 108, 117, 190
Peuschelsdorf (Venzone) 232
Peyerl, Franz 544, 585, 596

Pezolt, Georg 69, 453
Pezzl, Johann 347, 384
Pfaffenhofen 59
Pfalz 105, 153, 173
Pfalzkirche St. Michael 111, 123, 146, 154
Pfandleihanstalt 345, 511
Pfarrkirche 145, 146, 226
Pfeifergasse 164, 261, 265, 512
Pferdeschwemme 334
Philipp v. Schwaben 157
Philipp v. Spanheim Elekt v. Sbg. 159, 162 f.
Phillipp, Ludwig Gf. Sinzendorf 319
Piasten 163
Piazza del Popolo 336
Piazza Navona 334
Pichler, Georg Abdon 405, 452
Pighius, Stephan 278
Pilgrim II. v. Puchheim, Ebf. 178 f., 181 f., 183 f., 185 ff., 191, 245
Pilgrim, Bf. v. Passau 109, 119 f.
Pilgrimskapelle 186
Pillersdorf 437
Pinzgau 34, 38, 72, 92, 120, 159, 163, 192, 239, 270, 296
Pippin II., der Mittlere 84 f., 90, 94
Pippin III., der Jüngere, Kg. 96, 105 f.
Pitter, Karl und Babette 471
Pius IV., Papst 285
Pićanj (siehe „Pedena")
Plain 78, 225
Plain, Gfn. 153
Plainberg 12, 24, 37, 48, 585
Plainstraße 548
Plattensee 34, 106, 115
Platzl 46, 164, 193, 244, 279, 281, 287, 511, 614, 617
Plinius der Ältere 40, 41, 59
Pockenepidemie 368
Poebene 33
Poetovio (siehe „Pettau")
Pointing 76
Poitiers 92
Polen 233, 241, 565

Polizeidirektion 551, 610
Pollak, Albert 446
Pollak, Josef, Dr. 500
Pongau 86, 88, 95 f., 159, 192, 195, 330, 342
Ponholzer, Otto Dr. 587
Ponte Mammolo, Vertrag v. 134
Porta (siehe „Bischofsburg")
Portogruaro 230, 232
Povinelli, Karl Dr. 500, 515
Prag, Bistum 122, 163, 183, 240, 248, 304
Prager Frieden 309
Prähauser, Jakob 504
Praun, Sbg. Familie 277, 297
Preis, Josef, Bm. 480, 502, 527, 530, 532 ff., 538, 542, 547
Přemysl Otakar II., Kg. v. Böhmen 162 f.
Presbyterium des Salzburger Doms 328
Preßburg 118 f., 222, 408
Přestovice 74
Preußen 317, 342, 348
Preußler, Kurt 590
Preußler, Robert 504, 517, 519 f.
Priefer, Sebastian 274
Priesterhaus 46, 565
Priesterseminar 317, 329, 334
Primogeniturpalast 321, 405
Priwina, Fst. 115 f.
Prunkraum 286, 288
Psallierchor 336
Pschaider, Klarenz 387
Ptolemaios 34
Ptuj (siehe „Pettau")
Puch 80, 96
Puchler, Hans 236
Purchstetter, Vinzenz Bürger 240
Purkheimer, Hermann, Notar 185
Pürstinger, Berthold (siehe „Berthold Pürstinger")
Püttricher, Kilian, Abt 69
Pyrenäen 38
Quierzy 96
Quirini 215
Raab 106, 421

Raab, Julius, Bundeskanzler 596
Raban der Reiche 140
Rabl-Stadler, Helga 577
Racher 388
Radecker 174
Radkersburg 257
Radlegger, Wolfgang 621
Radstadt 158, 173 f., 179, 187, 219 f., 229, 270 f., 360
Radstädter Tauern 46, 131, 230, 235, 360
Raffelstetten (Zollordnung) 129
Raibl (Cave del Predil) 240
Rainberg 12, 13, 16, 17, 20, 21, 23, 27, 35, 36, 37, 39, 268
Rainer, Friedrich (Gauleiter) 551, 556 f., 563 f., 567
Rainer, Hermann 539
Rainerstraße 456 f., 471
Raitenau 231, 244, 248, 277, 283, 285, 295, 297, 304
Raitenau, Hans Werner v. 285, 299
Raitenau, Jakob Hannibal 286
Raitenhaslach 183
Raitter, Heinrich 252
Rallo, Antonio Cristani di 341 ff., 345 f.
Ramek, Rudolf, Dr. 537
Ramsaukopf 26, 29, 30, 32
Ramsautal 29, 32
Rann an der Save (Brežice) 160 f.
Rappl, Hans 265
Rapplbad 261, 265
Rasi, Francesco 308
Rathaus 213, 238, 242, 244, 279 f., 287, 350 f., 353, 358, 380, 388 f., 534, 551, 553, 579, 603, 617
Rathausbogen 279
Rathausplatz 617
Rathaussaal 356
Rathausturm 358, 578
Rätien 57 f., 64 f., 83
Rauris 38, 160, 175 f., 183, 229, 238, 240, 264
Rauriser Tauern 131, 229
Raveliens 311
Realschule 614

Rechtsstadt 287, 311, 321, 335, 357
Recklein, Bürger 230
Regensburg 73 ff., 83 ff., 92, 94 f., 106 f., 117, 123 f., 126 f., 142, 148, 151, 154, 157, 162, 179, 182 f., 190, 230, 235, 297, 300, 315, 341, 344, 386, 397
Regintrud, Hgn., Hlg. 89
Rehrl, Franz Dr. 523, 525, 531 ff., 537, 539, 543, 549
Reichenhall (siehe "Bad Reichenhall")
Reichenhallerstraße 561
Reichl, Martin v. 439
Reichlich, Marx 258
Reichsautobahn Salzburg-Wien 551, 559, 561
Reichsiegl, Florian 388
Reichskristallnacht 564
Reichsstraße 46
Reinhalteverband Salzburg Stadt und Umlandgemeinden (siehe "Siggerwiesen")
Reinhardt, Max 522, 525, 557, 563
Reinhold, Heinrich und Philipp 416
Reinthaler, Alois 600, 617
Reisbach, Synoden v. 109
Reisinger, Matthias 388
Reiter, Hotel 320
Reitlechner, Josef 503
Reitter, Albert 557
Reitter, Leonhard 585
Reitter, Otto 558
Rennbahn 547, 565
Reschen, Josef, Dr. 604, 606, 617 f., 620 f.
Residenz 42, 111, 133, 147 f., 184, 193 f., 244, 261, 265, 278, 280, 286, 288 f., 297, 305, 308, 324 ff., 338, 343, 358, 367, 375, 380, 399, 401 ff., 413, 469, 556, 610
Residenzbezirk 289
Residenzbrunnen 45, 326
Residenzoratorium 289
Residenzplatz 42, 44 f., 66, 80, 105, 186, 244, 287, 325 f., 345, 418, 471, 520, 549, 551, 564
Residenzverlag 575
Reubi, Gregor, Abt v. Ottobeuren 308
Reuter, Christian 201
Reyer, Alexander 427

Rhein 38, 54, 65, 84, 91, 228, 236, 240
Rheinfelden 131
Rheingebiet 62, 385
Rheinland 360, 408
Rheinzabern 59
Rialtobrücke 233
Ribeisen, Niklas, Dr. 267
Richker, Abt 166
Richolf 139
Richter, Ludwig 416
Richterhöhe 17
Riedenburg 15, 17, 217, 268, 270, 275, 279, 321, 350, 362, 458, 513, 529
Riedenburgkaserne 505
Riedenburgportal 350
Rieder, Ignaz, Ebf. 536
Rieser, Josef 546
Rif, Schloß 78, 305
Rinderholz 193, 244
Riß, Christoph 265
Riß, Hans 274
Ritschel, Karl Heinz 608
Robinighof 368
Röchlinger, Peter 237
Röcklbrunn, Schloß 321
Rom 12, 28, 33 f., 41, 52, 59, 70, 91 f., 98, 103, 107, 109, 116, 122, 126, 130, 132, 154, 173, 188, 191, 222, 284 f., 300, 303, 309, 336, 344, 346, 419
Rommelsheim 411
Romulus Augustulus, Ks. 70
Rosenegger, Joseph 62, 420
Rosenheim 59
Rosittenbach 148
Rosperger, Wolfgang 223
Roßpforte 37, 39
Rotgülden 235
Roth, Stephan Ludwig 418
Rothenburg ob der Tauber 284
Rothschädl, Franz 600
Rott 20
Rottachgau 94
Rottenmann 229
Rottmayr, Johann Michael 336, 380

Rottweil 199
Rousseau, Jean Jaques 414
Rudlin, Schneider 166
Rudolf I. v. Habsburg, Kg. 163 f., 173
Rudolf II., Ks., 297, 299, 300
Rudolf IV., Hg. 177, 236
Rudolf v. Hohenegg, Ebf. 158, 164, 166 f., 173, 178
Rudolf v. Rheinfelden, Kg. 131
Rudolf, Sbg. Priester 176
Rudolfskai 505
Rumänien 569
Runtinger 235
Rupert (Ruprecht, Hrodbertus), Bf., Hlg. 70, 79 f., 81 ff., 88 ff., 94 f., 99, 102 f., 109 f., 113, 115, 117, 124, 309, 328
Rupertiner, Hochadelsgeschlecht 84 f.
Rupertinum 320
Rupertiwinkel 42, 76, 97, 132, 177, 400 f.
Rupertustor 311
Ruprecht v. d. Pfalz 187
Russegger, Joseph 433 f.
Rußland 233, 238, 241
Ruthner, Anton 428
Saalach 12, 20, 32, 37, 119, 571
Saalachkraftwerk 595
Saalachtal 17, 34, 34
Saaldorf 132
Saalfelden 34, 396
Säben, Bistum 107, 118, 122
Sabina 154
Sacellum 317
Sachs, Hans 241, 284
Sachsen 120, 131 f., 134, 204, 317, 342, 385
Sachsenburg 135
Safferstätten 94
Saint Denis, Kl. 98
Saint-Julien-Wallsee, Clemens, Gf, Landespräsident 512
Sakristei v. St. Peter 336
Sala terrena im Toskanatrakt 288
Saleph 155
Salfenauer, Heinrich, Bm. 589, 603 f., 607, 610, 617

Salvatorkirche 110 f., 154
Salzach 12 f., 20, 32, 40, 45 ff., 57, 71, 80, 82, 94 f., 98, 107, 109 ff., 117, 126, 135, 148, 151, 155, 160 ff., 170, 176, 193, 229, 231, 244, 260, 266, 273, 278 f., 281 f., 285 f., 289, 305, 311 f., 328 ff., 335 f., 356 f., 385, 395, 400, 407, 410, 416 f., 437, 446, 453 ff., 464, 468 f., 471, 474, 493, 562, 573, 576, 590, 615, 620
Salzachbrücke 46
Salzachgletscher 14 f.
Salzachöfen 420
Salzachschiffahrt 464
Salzachseesiedlung 593
Salzachtal 17, 30, 66
Salzbergwerk am Dürrnberg 422
Salzburger Alpenvorland (siehe "Alpenvorland")
Salzburger Becken 12, 14, 17, 23, 72, 78 f., 415
Salzburger Dom (siehe "Dom")
Salzburger Eisenbahner (Widerstand) 567
Salzburger Flughafen (Salzburg Berchtesgaden) 559
Salzburger Hof 123
Salzburger Kunstverein 425, 481 f.
Salzburger Liedertafel 426 f., 429, 482, 487, 499
Salzburger Museum 56
Salzburger Nachrichten 575, 582, 590, 597, 603, 607 f., 608, 617, 624
Salzburger See 15
Salzburger Sparkasse 410, 462, 466, 497, 580, 597, 626
Salzburger Stadtwerke 595
Salzburger Stier 336, 419
Salzburger Tauernweg 230
Salzburger Turnverein 499
Salzburger Universität (siehe "Universität")
Salzburger Volksblatt 463, 496, 500, 515 f., 525, 562 f.
Salzburger Wacht 504
Salzburger Zeitung 427 f., 437, 439, 443, 452, 454, 473, 553
Salzburggau 76
Salzburghofen, Königshof 76, 119, 153, 498
Salzkammergut 296, 360, 422, 476
Samer, Sbg. Familie 238

Samer, Ulrich 208
Samer Mösl 15
Samuel, Jude 176
San Germano 158
Santa Agnese 334
Saplia, Belatumara 53
Sartori, Franz 415 f.
Sattler, Johann Michael 419, 473
Sauolus, Abt 92
Saurer, Jörg 220
Sauter, Jeremias 336
Savaria (Steinamanger) 81
Save 65, 160 f.
Saverne (Zabern) 246
Savoyen 328
Saxio 55
Scamozzi, Vicenzo 287 ff., 304 f., 329
Scamozzi-Dom 288
Schaden, Heinz Dr. 624
Schalk, Franz 522
Schall, Sbg. Familie 404
Schallhammer, Franz v. 408
Schallmoos 15, 46, 279, 281, 321, 357, 368, 458 f., 503, 509, 511, 529
Schallmooser Hauptstraße 46
Schanzlgasse 193, 312
Schärf, Adolf, Dr. 596
Scharte 312
Schartentor 312
Schatz, Sbg. Familie 404
Schedel, Hartmann 279
Scheel, Gustav Adolf, Dr. (Gauleiter) 569 f.
Scheibl, Eligius, Bm. 478, 501
Scheibl, Leopold, Bm. 496
Schellenberg 213, 264
Schelling, Friedrich Wilhelm Joseph 416
Schemel, Adolf Dr. 532, 534, 579
Schenk, Gregor, v. Osterwitz 182 f., 186 f., 191
Schernberg (St. Veit) 565
Scherz, Heinrich, Bürger 139
Scherzin, Mathilde, Hörige 139
Schiedeck, Bernd 621
Schiegg, Ulrich 358

Schießstattwirtshaus 470

Schifer, Heinrich 567

Schilling, Julius 425

Schinderhaus 359

Schinkel, Carl Friedrich 416

Schinagl, Gasthaus 305

Schlachthof 598

Schlachthofgründe 585

Schladming 268

Schlammbräu 248

Schlegel, Friedrich 416

Schleiferbogen 321

Schleifmühle 353

Schlenken 15

Schlesien 163, 204, 284, 342, 345, 348 f.

Schlögen 69

Schloß Altenau (siehe „Altenau")

Schloß Mirabell (siehe „Mirabell")

Schloß Müllegg (siehe „Müllegg")

Schmalzburg 339

Schmerling, Anton v. 484

Schmid, Franz Xaver 428

Schmitt-Gasteiger, Felix v. 520

Schneider-Manns Au, Karl 587

Schnorr, Julius v. Carolsfeld 416

Schober 229

Schönerer, Georg Ritter v. 480, 498

Schönerianer 481, 501 ff., 514

Schoppe, Julius 416

Schottland 317

Schranne 161, 220, 243, 275, 353

Schrattenbach, Siegmund, Gf., (siehe „Siegmund v. Schrattenbach")

Schreiber, Daniel 257

Schreiner, Helmut Dr. 589

Schroll, Caspar M. B. 392

Schubauer, Anton 546

Schubert, Franz 399, 419

Schuchter, Johanna 520 f.

Schulgebäude am Gries 493 f.

Schultes, Joseph August 415, 418 f.

Schulz, Joachim Christoph Friedrich 422

Schumacher, Albert (v.), Dr., Bm., Landeshauptmann 478, 496 ff., 499, 513

Schumann, Clara 473

Schuschnigg, Kurt 545, 548 f., 551

Schwaben 120, 131, 142, 157, 164, 183, 229, 236, 285, 314, 317, 371, 386, 408

Schwäbischer Städtebund 183, 267 f., 270 f.

Schwaiger, Virgil 218, 220

Schwarz, Karl Freiherr v. 453 ff., 471

Schwarz, Kaufhaus 534, 563

Schwarz, Paul und Max 563

Schwarz, Walter 563

Schwarzenberg, Ernst, Fst. v. 421

Schwarzenberg, Felix Fst. 439

Schwarzenberg, Friedrich, Fst., Ebf., Kardinal 427 f.

Schwaz in Tirol 268

Schwaz, Familie 372

Schweden 129, 309

Schweiz 33, 204, 317, 471, 476, 533, 548

Scio, Sbg. Familie 404

Sebastian Cattaneo, Bf. v. Chiemsee 297

Sebastianskirche 207, 249, 267, 281

Sebastiansschanze 275

Sebastianstor 311, 509

Seckau 159 ff., 195, 330, 386

Sedlmayr, Hans 608, 613

Seeauer, Beda, Abt 355

Seebruck 34

Seekirchen am Wallersee 78, 86, 123, 409, 545

Seetal 229

Seewalchen am Attersee 78

Seiwalther, Elias 204

Semmering 408

Septimius Severus, Ks. 48, 64

Serdika (Sofia) 67

Serlinger, Johann Chronist 214

Setznagel, Michael 265 ff.

Severin, Hlg. 64, 66 ff., 69 ff., 88, 91

Seyß-Inquart, Arthur 551

Siboto v. Surberg 141

Sidonius, Bf. v. Passau 95

Siebenbürgen 57

Siebenjähriger Krieg 348
Siebenstädter Kollegium 333
Siechenhaus 263, 359, 379
Siegismund, Kg. v. Polen 222
Siegmund Christoph, Gf. v. Schrattenbach, Ebf. 347 f., 362, 384 f., 389 f.
Siegmund v. Hollenegg, Ebf. 214, 247
Siegmund v. Neuhaus 190
Siegmund, v. Volkensdorf, Ebf. 192 f., 240
Siegmund, Gf. v. Ortenburg 219
Siegmund, Hg. v. Tirol 193
Siegmund (Siegismund) v. Luxemburg, Ks. 191, 237
Siegmundsplatz 350, 512
Siegmundstor 350
Siezenheim 20, 76, 204, 539, 549, 585, 594
Sig(e)hard 76
Siggerwiesen 591, 607
Sighardinger 76
Sigmund Haffner (siehe „Haffner, Sigmund")
Sigmund-Haffner-Gasse 124, 141, 148, 194, 243 f., 244, 281, 329, 338
Singida 621
Sintpert, Bf. v. Neuburg 107
Sitte, Camillo 463 f.
Sitticus, Markus (siehe „Markus Sitticus")
Sixtus V., Papst 297
Slowakei 18, 38, 115, 207
Slowenien 25, 40, 108, 160, 200
Solari, Santino 278, 303 ff., 311 f., 317, 319 ff., 323 ff., 329, 336
Solari-Dom 288
Solarihäuser 321
Söllheim 141, 372
Söllheimer Moor 15, 20
Solva (Flavia Solva bei Leibnitz i. d. Steiermark) 40, 41
Sommerreitschule (siehe „Felsenreitschule")
Sozialdemokratie 448, 467, 498, 501 ff., 515, 517, 519, 527, 529 ff., 533 ff., 537, 544, 566
Sozialistische (Sozialdemokratische) Partei Österreichs (SPÖ) 584 f., 587 f., 590 f., 593, 596 ff., 600 ff., 606, 608, 610 f., 617 f., 620 f., 624
Spach, Melchior 264 f.

Spängler & Trauner, Sbg. Bankhaus 409, 465
Spängler, Alois 424, 443
Spängler, Carl 409, 424
Spängler, Rudolf Dr. 494, 497, 500
Spängler, Sbg. Familie 372, 404, 478
Spanheim, Engelbert v., Gf. (siehe „Engelbert v. Spanheim")
Spanien 28, 342
Sparkasse (siehe „Salzburger Sparkasse")
Späth jn., Faktorei 465
Späth, Franz Xaver, Bm. 372, 400, 443
Späth, Sbg. Familie 372, 404
Spaur, Franz Vigilius Gf. 326
Spaur, Friedrich Gf. 414 f., 430 f.
Spech, Melchior 204
Sperl, Johann 443
Speyer 91
Spinnanstalt 395
Spital 133, 142, 147, 207 f., 211, 379, 393
Spitalskirche 335
Spittal an der Drau 40, 231 f.
Springenschmid, Karl 564
St. Amand zu Elnon, Kl. 103 f., 113
St. Andrä im Lavanttal 159 f.
St. Andrä Kirche (siehe „Andräkirche")
St. Andrä-Volks- und Bürgerschule 505
St. Augustintor 311
St. Bartholomä am Königssee 422
St. Blasius Bürgerspital (siehe „Bürgerspital")
St. Denis 107
St. Ehrentraudpforte (Kajetanerpforte) 311
St. Emmeram in Regensburg, Kl. 123
St. Gallen 236
St. Gilgen 229, 571
St. Jakobs-Kapelle 141
St. Johann im Pongau 18
St. Johann Kirche am Imberg 329
St. Johannestor (Steintor) 311
St. Johanns-Spital (siehe „Landeskrankenanstalten")
St. Leonhard bei Grödig 15, 513
St. Martin im Lungau 58
St. Michael im Lungau 111

St. Peter Bezirk 70, 88

St. Peter Stiftskirche 60 f., 68 ff., 88, 92, 110, 280, 419 f.

St. Peter, Kl. 12, 69, 86, 88, 91 f., 94, 97, 102, 106, 111, 123 f., 126, 132 f., 134 f., 140, 146 ff., 151, 154 ff., 161 ff., 166, 170, 180, 183, 193 f., 195, 207 f., 223, 225, 258, 260 f., 280 f., 287 f., 293, 305, 308, 317, 321, 325, 328, 336, 355, 357, 372, 388, 396, 565, 593

St. Peters-Friedhof 37, 69, 88, 110, 141, 416, 512

St. Rochus, Pestlazarett (Leprosenhaus) 321, 347

St. Sebastian Bruderhaus 211, 226, 238, 263, 275

St. Sebastian Irrenanstalt 359

St. Sebastians-Friedhof 286, 293, 420

St. Veit im Pongau 38, 236, 565

St. Virgiltor 311

St. Wolfgang 215

St. Zeno in Isen, Kl. 104

St. Zeno in Reichenhall, Kl. 153

Staatsbrücke 45, 47, 244, 561, 614

Staatsgewerbeschule 412, 463 f., 505

Staatsoper Wien 522

Stadelmayr, Alphons 317

Stadion, Franz Graf 439 f.

Stadtalmosenkasse 377

Stadtbrücke 208, 217, 244, 279, 281, 287, 289, 356

Stadtbücherei 582

Stadtgericht 351

Städtische Fleischbank 356

Städtische Trinkstube 353, 418

Städtische Verkehrsbetriebe 595

Städtischer Brunnen 353

Städtischer Getreidespeicher 356

Städtischer Schlachthof 494

Stadtmagistrat (siehe „Magistrat")

Stadtpfarre 354

Stadtpfarrkirche (Franziskanerkirche, Marienkirche) 97, 111, 146, 155, 205, 239, 246, 249, 263, 280 f., 288 f., 315, 419 (siehe auch „Michaelskirche")

Stadtsaal 326, 525

Stadttheater (siehe „Landestheater")

Stadtturm 213

Stainer, Adolf 499

Stainer, Hans 284

Staufer 148, 151, 158

Stauffeneck 343

Staupitz, Johann v., Abt. (siehe „Johann v. Staupitz")

Steiermark 40, 115 f., 131, 134, 158 ff., 164, 173 f., 184, 191, 194, 195, 199, 211, 214, 218, 229, 236, 360, 396

Steigerhof 368

Stein (Arenbergstraße) 45, 142, 279, 358, 363

Stein, Peter 577

Steinamanger (Szombathély) 81, 116

Steiner, Waldemar 605, 618

Steingasse 46, 126, 148, 162, 193, 244, 258, 279, 372

Steinhauser 297, 360

Steintheater v. Hellbrunn 308, 380

Steintor 148, 164, 193, 245, 260, 311

Stelzhamer, Franz 425

Stephan I., Kg. 122

Stephan III., Hg. v. Oberbayern 183, 191

Stephan v. Niederbayern, Hg. 173

Stephan V., Papst 117

Stephan, Hlg. 110

Sterngäßchen 193

Stetheimer, Hans 205

Steuerstube v. St. Peter 293

Steyr 278

Stiegl, Brauerei 248, 321, 463

Stiftskirche der Heiligen Maria (siehe „Marienkirche am Nonnberg")

Stöffling 34

Stoiber, Ernst 567

Stoß, Veit 207

Straniak, Sbg. Familie 404

Straniak, Ludwig 457 f., 546

Straßburg 205, 278

Strasser 240, 360

Straßwalchen 78, 182, 187

Straubing 72 ff., 83

Strauß, Richard 522

Strobl 229

Strohmayr, Otto 558
Strubklammkraftwerk 532
Stuart, Bernhard 337
Stumpp, Sbg. Familie 404
Süd-Carolina 341
Südbayern 559
Süddeutschland 300, 308, 320, 360, 384 f., 404, 435, 559
Südtirol 125, 182, 207, 239, 241, 345
Südtirolersiedlung 561
Suitger, Bf. v. Bamberg (Papst Clemens II.) 130
Summus, Marcus Haterius, Bm. 51, 56
Suozo (Sizo) 76
Supplinburg, Lothar v. (siehe „Lothar III., Ks.")
Surberg 153
Surberger, Ministerialengeschlecht 141
Süß, Vinzenz Maria 427
Süßpeck, Hans Bürger 274
Sutri, Synode v. 130
Sylvester, Julius 498
Synagoge 161, 177, 190, 244, 564
Synodalkirche (siehe „Stadtpfarrkirche")
Szombathély (siehe „Steinamanger")
Taafe, Graf Eduard 463, 496
Tandelmarkt 412
Tansania 621
Tassilo III., Hg. v. Bayern 95, 98, 103, 105 f.
Taubstummenanstalt 431
Tauern 38, 228, 230, 231, 235
Tauernautobahn 575
Tauernhauptkamm 42
Tauernstraße 46
Taufkind, Konrad, Bm. 180, 205
Taufkind, Kunz 235
Taxham 37, 76, 593
Technologiezentrum 574
Teisendorf 343
Teising 142
Teisinger, Konrad, Bürger 136, 140, 142
Teissenberger, Georg 266
Tennengau 612
Teurnia (bei Spittal a.d. Drau) 40, 42, 70
Thalhammer, Fa. 563

Thalhammer, Ernst 617
Thannenberger, Hans 600 f.
Theater (siehe „Landestheater")
Theatergasse 452
Theatinerkirche 334
Thenn 277
Thenn, Hans 297
Theodbert, Hg. 83, 86, 88 f., 90, 94, 105
Theodelinde, Kgn. 75
Theoderich der Große, Kg. 70
Theoderich, Bf. 106
Theodo, Hg. v. Bayern 83 ff., 88, 90 f., 92, 98 f., 105, 109
Theodosius, der Große, Ks. 67
Theologische Fakultät 565
Theophrastus Bombastus v. Hohenheim (siehe „Paracelsus")
Theotmar (Dietmar I.), Ebf. 117 f., 118 f.
Theotmar II., Ebf. 130
Theresia, Maria, Ksn. (siehe „Maria Theresia")
Thiemo, Ebf., Abt 132
Thietmar (siehe „Theotmar")
Thomas Becket, Ebf. v. Canterbury, Hlg. 154
Thomas Josef, Gf. v. Liechtenstein 345
Thumegg 282
Thun, Johann Ernst, Gf. (siehe „Johann Ernst, Gf. Thun")
Thüringen 204
Thurner 174
Thury, L., Kaufmann 420
Tiberius, Ks. 38, 54
Tilly, Johann Tserclaes v. 319
Tirol 18, 79, 177, 204, 215, 229, 231, 236 f., 264, 267 f., 270 f., 371 f., 404, 408, 446, 476, 556, 565, 573
Tito, Abt von St. Peter 123
Tittmoning 159 ff., 175, 187, 240, 276, 345
Tivoli 305
Toldt, Gottfried, Dr. 515, 527
Tomaselli, Sbg. Familie 404
Tornator, Leonhard 219
Torren 78
Torsteherhäusl 355

Toscana 397, 402

Toscanatrakt 42, 43, 45, 244, 288, 305, 338, 402, 610

Toscanini, Arturo 526

Tours 81

Traian, Ks. 57

Traismauer 135, 160

Trakl, Georg 481, 483

Trakl, Tobias 483

Trapp, Familie 578

Tratz, Eduard Paul 556

Traunstein 343

Treffpunkt, Verein 621

Treml, Kajetan 371

Treubach 382

Treviso 182

Triendl, Anton 372, 377, 409

Triendl, Sbg. Familie 371, 404

Triendl, Maria Elisabeth 372

Triendl, Siegmund 358

Trient (Konzil v.) 284

Triest 339, 360, 408, 466

Trollope, Francis 418

Trompeterschloß 279, 286

Trompeterturm 281

Trostberg 52

Troyes 66

Trumerseen 15

Tuch-Eisen-Straße 360

Tüchler, Bartlmä 204

Tunora, Fst. v. Strivali 371

Türk 78

Turnbull, Peter Evan 419

Tuval 156

Überacker, Virgil 218

Udine 408

Udo, Bf. v. Freising 118

Ufernoricum 65 ff., 71 f.

Ulm 236, 267

Ulrich III., Hg. v. Kärnten 163

Ulrich v. Seckau, Ebf. 162 f.

Ulrich, Bürger 139

Ungarn 17, 18, 86, 115, 117 ff., 120, 122, 151, 195, 214, 222, 236, 274, 308, 362, 446 f., 466, 481, 569

Universität 37, 42 f., 194, 316 f., 319 f., 328, 339, 348, 358, 369, 371, 377, 385, 393, 396, 400 f., 423, 482, 556, 575, 590 f., 598, 609

Universitätsgericht 371

Universitätskirche (Kollegienkirche) 43, 317, 329, 334 ff., 345, 419

Universitätsplatz 42, 334

Universitätstheater 371

Unschlittmagazin 356

Untere Straße 230 f.

Unterholzer, Sbg. Familie 277, 297

Unterholzer, Sebastian 233, 239

Unterpinzgau 17, 159

Untersberg 12, 37, 49 f., 66, 109, 148, 230, 357, 422

Untersberger Moor 15, 20, 148, 282

Untersbergseilbahn 598

Untersteiermark 292

Unverdorben, Adam 257

Urban III., Papst 155

Urban VI., Papst 183

Urban VIII., Papst 317, 319

Ursulinen 333 f., 377

Ursulinenkirche 336, 407

Ursus 96

Uruguay 601

Uskokenkrieg 360

Uttendorf 372

Uzilo (Utto) 76

Valentinian I., Ks. 65

Vanderwald, Andre 357

Vaugoin, Carl 536

Vavrovsky, Walter, Dr. 590, 602

Venantius, Fortunatus, Bf. 74

Venedig 154, 176, 182, 208, 215, 228, 230 ff., 236 ff., 241 f., 257, 275, 360, 372, 523, 578

Venediger, Paul 235, 238

Venetien 55

Venzone 232

Venustinus 53, 55

Verband der Unabhängigen (VdU) 587 f., 596 f.

Vereinigte Christen 480, 500, 505

Vereinshaus 620
Verona 122, 142, 409
Versorgungshaus (Vereinigte-Versorgungs-Anstalten) 505
Verviers 361
Vesco, Sbg. Familie 404
Vespasian, Ks. 41, 64
Vianen, Paulus van 248, 289
Viehhausen 141
Viehhofen 18
Vierthaler, Franz Michael 392, 393, 413 f.
Vigaun 15, 78
Vilas, Hermann v., Dr. 515
Villach 231 f.
Virgil (Feirgil), Bf. 88, 90 f., 95 ff., 102 f., 110 f., 113, 115, 129, 155, 158
Virgildom 91, 98, 111
Virgilianisches Collegium (Virgilianum) 333 f.
Virunum 40, 46, 70
Vitalis, Bf. 91 f.
Vitalistor 311
Vitellius, Ks. 64
Vivilo, Bf. v. Passau 92, 94
Vöcklabruck 277, 285, 297
Vöcklamarkt 204
Vogelweiderstraße 321, 561
Voggenhuber, Johannes 614, 617 ff., 620
Vogl, Kaspar 297, 303
Volckmer, Tobias 289
Volderauer, Sbg. Familie 404
Volderauer, Friedrich 437, 494
Volksschule Nonntal 505
Volovicus 55
Vonderthon, Ambrosius 358
Vorarlberg 285, 303, 556, 573
Vordernberg 229, 360
Waagplatz 42, 44 f., 105, 111, 139, 161, 164, 171, 208, 220, 243, 287, 304, 353, 418
Wachau 229, 241
Wackersdorf 620
Waging im Rupertiwinkel 97, 102
Waginger, Sebastian, Bm. 225
Waginger, Virgil, Bm. 263

Wagner, Hans 338
Wagner, Richard 483, 557
Wagner, Wilhelm 361
Währing 229
Waisenhaus 361, 377
Waiser, Stadtrat 395
Waitz, Sigismund, Ebf. 556, 564
Walchsee 79
Walchun „der Reiche" 140
Walhalla 315
Wallenstein, Albrecht v. 319
Wallersee 15, 86
Wallistrakt der Residenz 44
Wals 76, 78, 106, 123, 585, 594, 626
Walserberg 36, 401, 551
Waltrich v. Passau, Bf. 107
Wassertor 311
Weichart v. Polheim, Ebf. 174
Weichsel 129
Weichselbaumhof 123
Weichselbaumsiedlung 561
Weilhartner, Sepp 590, 603, 605
Weilheimer, Sbg. Familie 240
Weimar 387
Weingarten 196
Weingarten, Kl. in Schwaben 319
Weinkamer, Sbg. Familie 404
Weiser, Ignaz Anton, Bm. 351, 355, 380
Weiser, Martha 602
Weiserhof 368
Weiserstraße 457, 561
Weiß, Christoph 204
Weiß, Engelbert 567
Weiß, Sbg. Familie 277, 297
Weißenecker, Ministerialengeschlecht 177
Weißer Saal 305
Weißes Roß, Gasthaus 266
Weißgeschirrfabrik 362 f.
Weitmoser, Christoph 223
Weizner, Konrad 405, 437
Welfen 151
Wels 46, 53, 277, 285, 297
Welschtirol 309, 341

Weltenburg, Kl. 74
Wenzel, Kg. 183, 187
Werfen 161, 223, 231, 284
Wessicken, Josef 456
Westautobahn 575
Westbahn 454
Westbahnstraße (siehe „Rainerstraße")
Westerndorf 59
Westertor 148, 155, 164
Westfalen 237
Westfälischer Frieden 228, 315, 326, 341
Westrußland 129
Westungarn 81, 106, 115 ff., 447
Wetterau 236, 360
Wetzlar 348
Wien 99, 115, 117, 119, 126, 145, 173 f., 177, 179, 194 ff., 197, 214, 229, 236, 248, 278, 311, 316, 319, 332, 339, 344, 347, 354 f., 358, 360, 382, 384 f., 387, 389, 392, 395 f., 400 f., 416, 420, 424 f., 428, 432, 435, 437 ff., 444, 448, 452 f., 456 f., 468, 474, 481, 486 ff., 492 f., 506, 511 f., 521 ff., 537, 548, 551, 555 f., 559, 562, 569, 572 f., 575, 577, 596
Wiener Neustadt 195
Wienerwald 115
Wiesbach 136
Wiesmüller, Heinrich, Dr. 577
Wiestal 506
Wilhelm IV., Hg. v. Bayern 219, 267
Wilhelm V., Hg. v. Bayern 300
Wilhelm v. Losenstein 218
Wilhelm v. Trauttmansdorf, Domherr 284
Willigis, Ebf. v. Mainz 127
Windisch-Matrei 159
Winterreitschule 334, 380, 525
Wintersteiger, Anton 549, 551, 556, 558, 564
Wintersteiner, Franz 534
Wirtschaftsclub 458, 502 f., 528
Wittelsbacher 173 f., 177, 183, 186, 283, 292, 309, 332, 361, 386, 400
Wittenberg 223
Witternigg, Josef 533, 537, 544
Wladislaw I., Kg. v. Böhmen 153
Wladislaw II., Kg. v. Böhmen u. Ungarn 222

Wlodizlaus, Ebf. 163
Wolf Dietrich v. Raitenau, Ebf. 148, 207, 231, 244, 248, 277 f., 282 f., 285 ff., 288 ff., 295 f., 299, 301, 303 ff., 308 f., 321, 325, 338, 356, 359, 374
Wolf-Dietrich-Straße 193
Wolfgang, Bf. v. Regensburg, Hlg. 123
Wolfgangsee 229, 422
Wolgemut, Michael 279
Wolkenstein, Oswald v. 187
Worms 84, 88, 90 f., 92, 103, 132, 134
Würth, Wolfgang Ignaz 371
Württemberg 204
Würzburg 91, 164, 344, 386, 388
Würzburger Domkapitel 395
Wüstenrot, Bausparkasse 543, 549
ZigeunerWysocki, Josef 572
Zacharias, Bf. v. Säben 118
Zacharias, Papst 96
Zahnradbahn 476
Zala 115
Zalavár (siehe „Mosapurc")
Zauberer Jackl 330
Zauberer-Jackl-Prozeß 330, 353
Zauberflötenhäuschen 476
Zauner, Judas Thaddäus 392, 414
Zeil-Trauchburg, Sigmund Christoph, Gf. v. 396
Zeil-Waldburg, Ferdinand Christoph, Gf. v. 384
Zell am See, Kl. 97, 120, 296
Zeller, Franz 439, 471, 478
Zeller, Gustav, Bm. 500 f., 505
Zeller, Ludwig 476
Zeller, Sbg. Familie 478
Zellereck am Platzl 511
Zeughaus auf dem Hasengraben 312
Zezi, Christian 363
Zezi, Fa. 411
Zezi, Sbg. Familie 373, 404
Ziegelstadel 263
Ziegler, Familie 404
Zigeuner 565 f.
Zigeunerloch bei Elsbethen 16, 17

Zillertal 316, 396
Zillner, Franz Valentin, Dr. 405 f., 424, 432
Zillner, Sebastian Dr. 330
Zips 207
Zott, Sbg. Familie 297
Zucalli (Zugalli), Caspar (Giovanni Gaspare) 329, 334, 336
Zuchthaus (siehe „Arbeitshaus")
Zum Mozart, Fa. 466
Züngel 136
Zürich 157, 275, 523, 533
Zweig, Stefan 522 f., 547, 563 f.
Zwerglgarten 312
Zyla, Hans 589 f., 600, 617